여러분의 합격을 응원하는

해커스PSAT의 특별 혜택

해커스PSAT 온라인 단과강의 **20% 할인쿠폰**

7A23D906K4002000

해커스PSAT 사이트(psat.Hackers.com) 접속 후 로그인 ▶
우측 퀵배너 [쿠폰/수강권등록] 클릭 ▶ 위 쿠폰번호 입력 후 이용

* 등록 후 15일간 사용 가능(ID당 1회에 한해 등록 가능)

PSAT 패스 10% 할인쿠폰

K7AAD9083990D000

해커스PSAT 사이트(psat.Hackers.com) 접속 후 로그인 ▶
우측 퀵배너 [쿠폰/수강권등록] 클릭 ▶ 위 쿠폰번호 입력 후 이용

* 등록 후 15일간 사용 가능(ID당 1회에 한해 등록 가능)

쿠폰 이용 관련 문의 **1588-4055**

해커스PSAT

7급+민경채 PSAT

17개년 기출문제집

자료해석

해커스

김용훈

이력
- 서울시립대 법학부 졸업
- 서울대 행정대학원 행정학 전공 석사과정 재학 중
- 2012~2014년 5급 공채 행시 1차 PSAT 합격
- (현) 해커스 5급 및 7급 공채 PSAT 자료해석 강사
- (전) 베리타스 법학원 5급 공채 PSAT 자료해석 강사
- (전) 위포트 NCS 필기 강사
- (전) 법률저널 PSAT 전국모의고사 출제 및 검수위원
- (전) 중앙대 정보해석 출강 교수

저서
- 해커스PSAT 7급 PSAT 김용훈 자료해석 실전동형모의고사
- 해커스PSAT 7급+민경채 PSAT 17개년 기출문제집 자료해석
- 해커스PSAT 5급 PSAT 김용훈 자료해석 13개년 기출문제집
- 해커스PSAT 7급 PSAT 유형별 기출 200제 자료해석
- 해커스PSAT 7급 PSAT 기본서 자료해석
- 해커스PSAT 7급 PSAT 입문서
- EBS 와우패스 NCS 한국전력공사
- EBS 와우패스 NCS 한국수력원자력
- EBS 와우패스 NCS NH농협은행 5급
- EBS 와우패스 NCS 고졸채용 통합마스터
- PSAT 자료해석의 MIND 기본서 실전편
- PSAT 초보자를 위한 입문서 기초편

서문

7급 PSAT, 민간경력자 PSAT,
어떻게 준비해야 하나요?

PSAT은 종합적 사고력, 문제해결력을 필요로 하는 시험이기 때문에 분석적인 접근과 풀이전략에 대한 충분한 훈련이 필요합니다.
따라서 충분히 많은 분량의 기출문제를 풀고, 문제 분석 및 경향을 익히고, 자신의 취약점을 파악해 보완하는 것이 가장 중요합니다.

전 개년의 7급 PSAT, 민간경력자 PSAT 기출문제를 통해 효과적으로 실전에 대비할 수 있도록,
정확한 문제 분석으로 보다 빠르고 효율적으로 문제를 풀 수 있도록,
본인의 약점을 확실히 파악하고 시험 전까지 완벽하게 극복할 수 있도록,

해커스는 수많은 고민을 거듭한 끝에
「**해커스PSAT 7급+민경채 PSAT 17개년 기출문제집 자료해석**」을 출간하게 되었습니다.

「해커스PSAT 7급+민경채 PSAT 17개년 기출문제집 자료해석」은

1. 7급(2025~2020년) 및 민간경력자(2021~2011년) PSAT 기출문제를 전 개년 수록하여
   7급 및 민간경력자 PSAT 기출 경향과 출제 유형을 확실하게 파악할 수 있습니다.
2. 상세한 분석과 꼼꼼한 해설을 통해 실전에 전략적으로 대비하고, 취약 유형 분석표와 취약 유형 공략 포인트를 통해
   본인의 취약점을 효과적으로 진단하고 학습할 수 있습니다.
3. 7급 및 민간경력자 PSAT 출제 유형에 맞게 5급 PSAT 기출문제에서 엄선한 5급 기출 재구성 모의고사를 통해
   실전 감각을 키우고 고득점을 달성할 수 있습니다.

「해커스PSAT 7급+민경채 PSAT 17개년 기출문제집 자료해석」을 통해
7급 및 민간경력자 PSAT에 대비하는 수험생 모두 합격의 기쁨을 누리시기 바랍니다.

김용훈

목차

7급 기출문제

민경채 기출문제

합격을 위한 **이 책의 활용법**

1 **전 개년 기출문제 풀이**로 문제풀이 능력을 향상시킨다.

· 7급 및 민간경력자 PSAT 기출문제 전 문항을 풀고 분석하면서 문제풀이 능력을 향상시키고 실전 감각을 끌어올릴 수 있습니다.

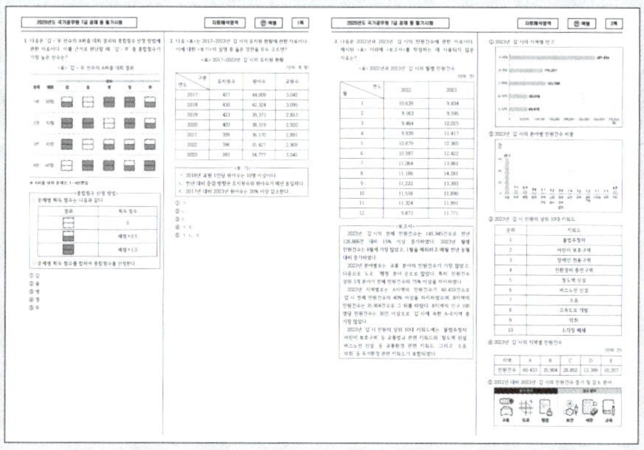

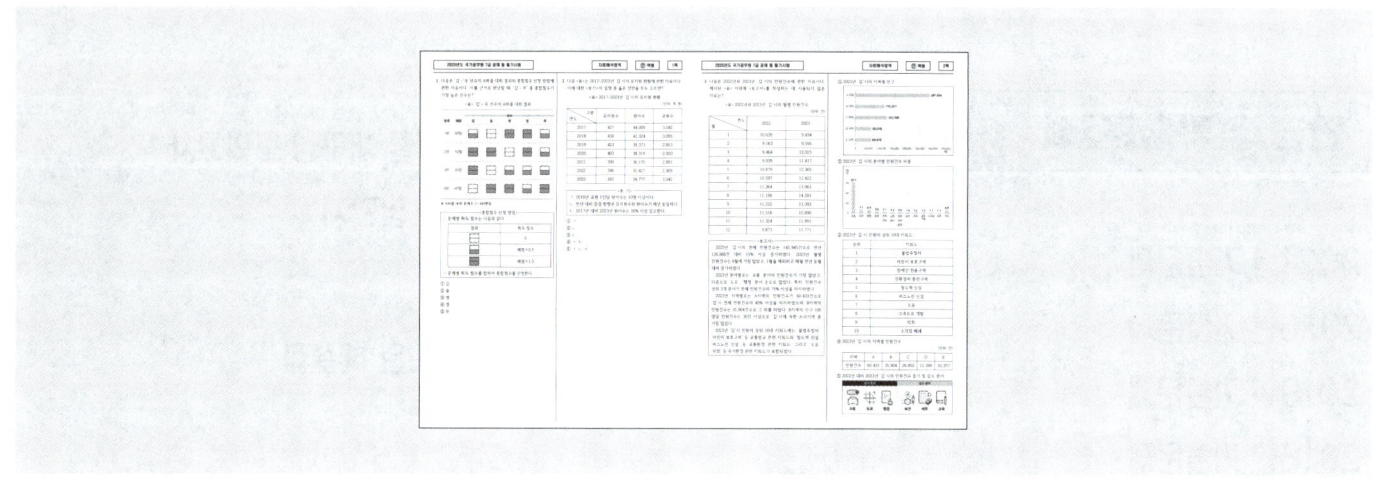

2 **꼼꼼한 기출 분석**으로 출제 경향을 파악하고, **취약 유형 분석**으로 약점을 파악한다.

· PSAT 전문가의 연도별 기출 총평을 통해 출제 경향을 정확히 파악하여 시험에 효과적으로 대비할 수 있습니다.

· 유형별로 맞힌 문제 개수와 정답률을 체크하며 약점을 진단할 수 있습니다.

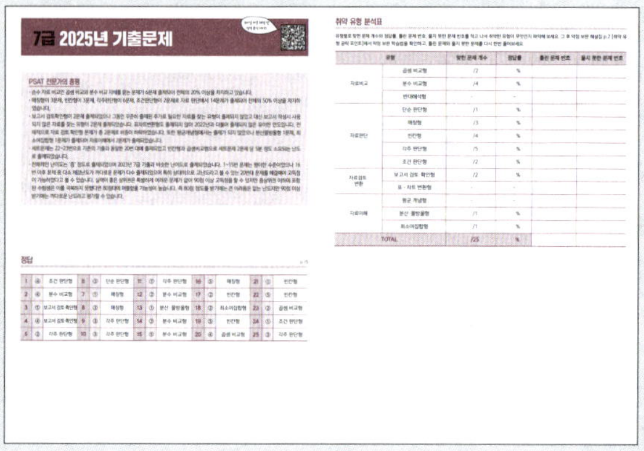

3 상세한 해설로 기출문제를 완벽 정리하고, 취약 유형 공략 포인트로 약점을 극복한다.

- 모든 문제에 제시된 유형과 난이도로 문제의 특성을 확인하며 실력을 점검할 수 있습니다.
- 효과적인 문제 접근법과 문제를 빠르게 해결할 수 있는 TIP을 얻을 수 있습니다.
- 해설을 완벽히 정리한 후에는 취약 유형 공략 포인트로 취약 유형 극복 전략을 학습할 수 있습니다.

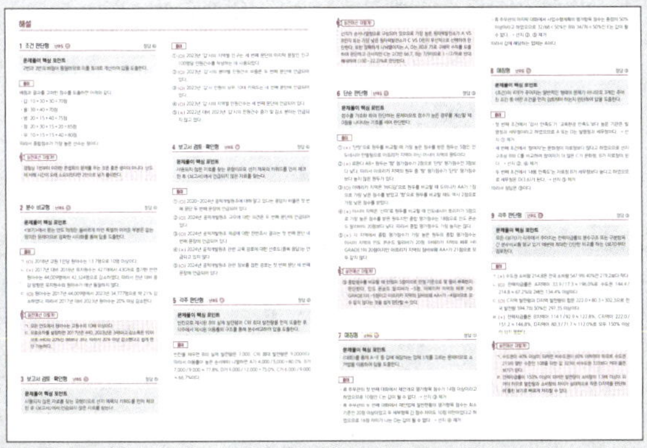

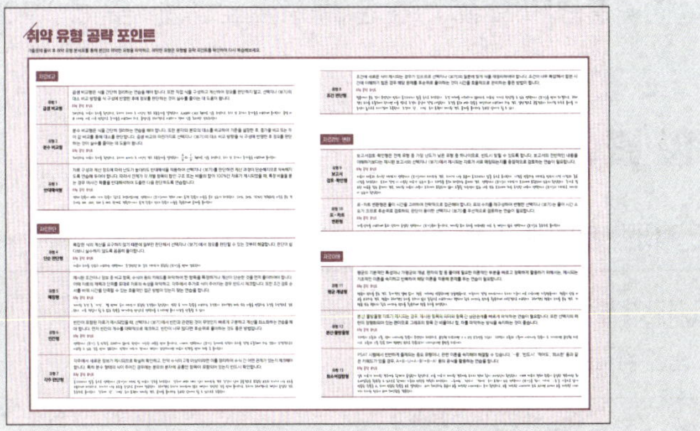

4 추가로 제공되는 자료를 활용하여 학습 효율을 높인다.

- 7급 및 민간경력자 PSAT의 출제 유형에 맞게 엄선된 5급 기출 재구성 모의고사를 통해 실력을 점검하고 고난도 문제에 대비할 수 있습니다.
- 회독용 답안지로 실제 시험처럼 마킹하며 문제를 풀어봄으로써 실전 감각을 극대화하고 시간 관리 연습도 할 수 있습니다.

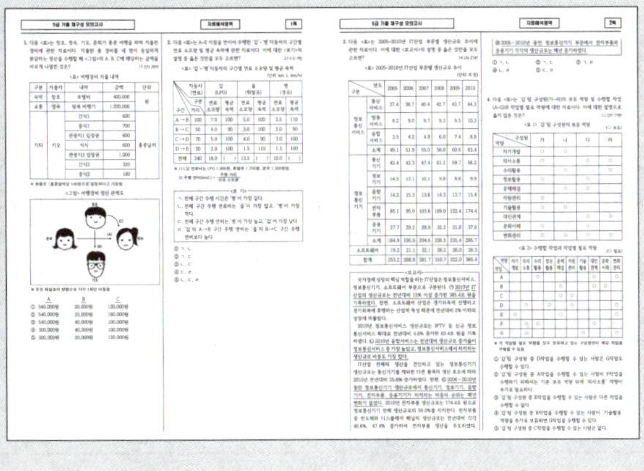

학습 타입별 맞춤 학습 플랜

자신이 원하는 학습 타입에 맞는 학습 플랜을 선택하여 계획을 수립하고, 계획에 따라 그날에 해당하는 분량을 공부합니다. 여러 번 반복하여 학습하고 싶은 경우 회독별 학습 가이드를 참고하여 효과적으로 학습할 수 있습니다.

실전 집중 대비 학습 플랜

- 실제 시험처럼 회독용 답안지에 마킹하며 제한 시간에 따라 기출문제를 풀어봅니다.
- 채점 후 틀린 문제와 풀지 못한 문제를 중심으로 해설을 꼼꼼히 읽으며 정답과 오답의 이유를 분석하고, 유형별 취약점을 복습하며 마무리합니다.

5일 완성 플랜

이런 분에게 추천합니다!

- 시간이 부족하여 단기간에 기출학습을 끝내야 하는 분
- 실전 감각을 높이고 싶은 분

1일	2일	3일	4일	5일
___월 ___일	___월 ___일	___월 ___일	___월 ___일	___월 ___일
2025~2021년 7급 풀이	· 2020년 7급 풀이 · 2021~2018년 민경채 풀이	2017~2014년 민경채 풀이	· 2013~2011년 민경채 풀이 · 5급 기출 재구성 풀이	취약 유형 복습

10일 완성 플랜

이런 분에게 추천합니다!

- 연도별 기출문제를 꼼꼼히 학습하고 싶은 분
- 자신의 취약점을 찾아 집중적으로 보완하고 싶은 분

1일	2일	3일	4일	5일
___월 ___일	___월 ___일	___월 ___일	___월 ___일	___월 ___일
2025~2021년 7급 풀이	2025~2021년 7급 복습	· 2020년 7급 풀이 · 2021~2019년 민경채 풀이	· 2020년 7급 복습 · 2021~2019년 민경채 복습	2018~2015년 민경채 풀이
6일	**7일**	**8일**	**9일**	**10일**
___월 ___일	___월 ___일	___월 ___일	___월 ___일	___월 ___일
2018~2015년 민경채 복습	2014~2011년 민경채 풀이	2014~2011년 민경채 복습	5급 기출 재구성 풀이 및 복습	취약 유형 복습

유형 중점 대비 학습 플랜

- 시간을 정해 놓고 한 문제를 꼼꼼히 풀어봅니다.
- 틀린 문제와 풀지 못한 문제를 확인하며 취약한 유형을 파악하고, 빠르고 정확한 풀이 전략을 정리하며 유형별 취약점을 중점적으로 학습합니다.

15일 완성 플랜

이런 분에게 추천합니다!

- 기출문제를 유형별로 학습하고 싶은 분
- 출제 유형부터 풀이 전략까지 차근차근 학습하고 싶은 분

1일	2일	3일	4일	5일
___월 ___일	___월 ___일	___월 ___일	___월 ___일	___월 ___일
2025년 7급 풀이	2024년 7급 풀이	2023~2022년 7급 풀이	2021~2020년 7급 풀이	2025~2020년 7급 취약 유형 복습
6일	**7일**	**8일**	**9일**	**10일**
___월 ___일	___월 ___일	___월 ___일	___월 ___일	___월 ___일
2021년 민경채 풀이	2020년 민경채 풀이	2019~2018년 민경채 풀이	2017~2016년 민경채 풀이	2021~2016년 민경채 취약 유형 복습
11일	**12일**	**13일**	**14일**	**15일**
___월 ___일	___월 ___일	___월 ___일	___월 ___일	___월 ___일
2015년 민경채 풀이	2014년 민경채 풀이	2013~2012년 민경채 풀이	· 2011년 민경채 풀이 · 5급 기출 재구성 풀이	· 2015~2011년 민경채 취약 유형 복습 · 5급 기출 재구성 취약 유형 복습

회독별 학습 가이드

1회독 "실전 감각 익히기"

- 정해진 시간 내에 회독용 답안지에 마킹하며 실전처럼 풀이한다.
- 틀린 문제와 풀지 못한 문제를 확인하며 취약한 부분을 파악하고, 풀이법을 숙지한다.

2회독 "문제 풀이 전략 심화 학습"

- 취약 유형 분석표와 취약 유형 공략 포인트를 바탕으로 취약한 부분을 꼼꼼히 복습한다.
- 기출 분석과 해설을 꼼꼼히 학습하고, 정답과 오답의 이유를 분석하여 더 빠르고 정확한 문제풀이 전략을 정리한다.

3회독 "취약 유형 보완 및 고득점 달성"

- 회독별 점수와 정답률 등을 분석하여 반복적으로 틀리는 문제를 파악한다.
- 문제풀이 핵심 포인트를 적용하여 취약한 유형의 문제를 중점적으로 풀어보고, 취약점을 극복한다.

7급+민경채 PSAT 알아보기

7급 공채 소개

1. 7급 공채란?

7급 공채는 인사혁신처에서 학력, 경력에 관계없이 7급 행정직 및 기술직 공무원으로 임용되기를 원하는 불특정 다수인을 대상으로 실시하는 공개경쟁채용을 말합니다. 신규 7급 공무원 채용을 위한 균등한 기회 보장과 보다 우수한 인력의 공무원을 선발하는 데에 시험의 목적이 있습니다. 경력경쟁채용이나 지역인재채용과 달리 18세 이상(교정·보호직렬은 20세 이상)의 연령이면서 국가공무원법 제33조에서 정한 결격사유에 저촉되지 않는 한, 누구나 학력 제한이나 응시상한연령 없이 시험에 응시할 수 있습니다.

- **경력경쟁채용:** 공개경쟁채용시험에 의하여 충원이 곤란한 분야에 대해 채용하는 제도로서 다양한 현장 경험과 전문성을 갖춘 민간전문가를 공직자로 선발합니다.
- **지역인재채용:** 자격요건을 갖춘 자를 학교별로 추천받아 채용하는 제도로서 일정 기간의 수습 근무를 마친 후 심사를 거쳐 공직자로 선발합니다.

2. 7급 공채 채용 프로세스

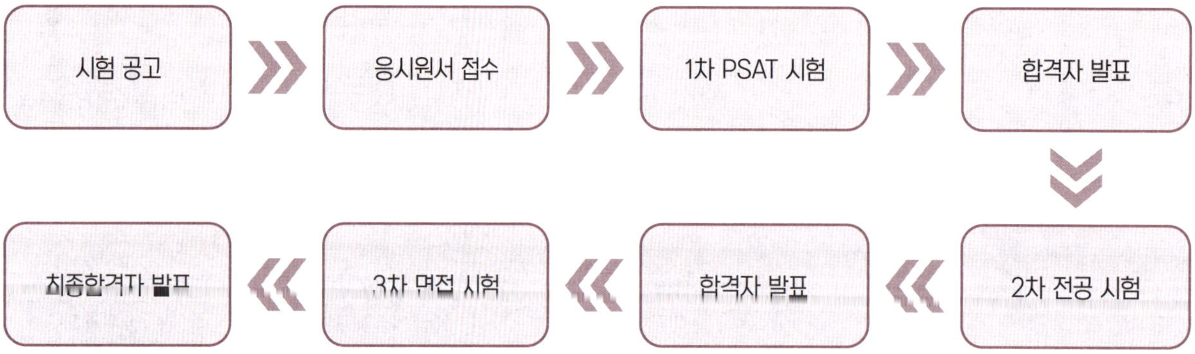

* 2025년 국가직 7급 공채 기준이며, 1차 PSAT 시험에서는 최종 선발 예정 인원의 약 7배수를 선발함
* 최신 시험의 상세 일정은 사이버국가고시센터(www.gosi.kr) 참고

민간경력자 채용 소개

1. 민간경력자 채용이란?

민간경력자 채용은 경력경쟁채용의 일종으로 다양한 현장 경험과 전문성을 갖춘 민간전문가를 공직자로 선발하는 제도입니다. 정부는 민간경력자 채용을 통해 공직사회 개방을 촉진하고 현장의 경험을 정책에 접목하여 공직의 전문성과 경쟁력을 높이기 위해 해당 제도를 운영하고 있습니다.

공개경쟁채용과의 차이점

공개경쟁채용은 일반적으로 응시연령 외에 특별한 제한이 없고, 인사혁신처에서 시험을 주관합니다. 그러나 민간경력자 채용은 경력, 자격증, 학위 등 일정한 자격 요건이 있으며, 인사혁신처뿐 아니라 각 부처에서 임용을 담당하기도 합니다.

2. 민간경력자 채용 프로세스

선발단계	적격성평가		면접시험
	1차 필기시험(PSAT)	2차 서류전형	
평가내용	기본 적격성+경력과 전문성+업무역량과 종합적 자질		

7급+민경채 PSAT 알아보기

PSAT 소개

1. PSAT란?

PSAT(Public Service Aptitude Test, 공직적격성평가)는 공직과 관련된 상황에서 발생하는 여러 가지 문제에 신속히 대처할 수 있는 문제해결의 잠재력을 가진 사람을 선발하기 위해 도입된 시험입니다. 즉, 특정 과목에 대한 전문 지식 보유 수준을 평가하는 대신, 공직자로서 지녀야 할 기본적인 자질과 능력 등을 종합적으로 평가하는 시험입니다. 이에 따라 PSAT는 이해력, 추론 및 분석능력, 문제해결능력 등을 평가하는 자료해석, 상황판단, 자료해석 세 가지 영역으로 구성됩니다. 2022년 시험부터 7급 공채와 민간경력자 채용의 시험 구성이 동일해지면서, 서로 완전히 동일한 문항 수와 문제가 출제됩니다.

2. 시험 구성 및 평가 내용

과목	시험 구성	평가 내용
자료해석	각 25문항/120분	글의 이해, 표현, 추론, 비판과 논리적 사고 등의 능력을 평가함
상황판단		제시문과 표를 이해하여 상황 및 조건에 적용하고, 판단과 의사결정을 통해 문제를 해결하는 능력을 평가함
자료해석	25문항/60분	표, 그래프, 보고서 형태로 제시된 수치 자료를 이해하고 계산하거나 자료 간의 연관성을 분석하여 정보를 도출하는 능력을 평가함

* 본 시험 구성은 2022년 시험부터 적용

시험장 Tip

1. 시험장 준비물

- **필수 준비물**: 신분증(주민등록증, 운전면허증, 여권, 주민등록번호가 포함된 장애인등록증 등), 응시표, 컴퓨터용 사인펜
- **기타**: 수정테이프(수정액 사용 불가), 손목시계, 무음 스톱워치, 클리어 파일, 풀이용 필기구(연필, 지우개) 등

2. 시험 시간표

시험 시간	단계	내용
12:50~13:30 (40분)	1교시 응시자 교육	12:50까지 시험실 입실 소지품 검사, 답안지 배부 등
13:30~15:30 (120분)	1교시 시험	자료해석영역·상황판단영역 * 2개 영역(자료해석, 상황판단)이 1개의 문제책으로 배부되며, 과목별 문제풀이 시간은 구분되지 않음
15:30~16:00 (30분)	휴식시간	16:00까지 시험실 입실
16:00~16:30 (30분)	2교시 응시자 교육	소지품 검사, 답안지 배부 등
16:30~17:30 (60분)	2교시 시험	자료해석영역

3. 시험장 실전 전략

- 시험 종료 후에는 별도의 OCR 답안지 작성 시간이 주어지지 않으므로 시험 시간 내에 OCR 답안지 작성을 완료할 수 있도록 답안지 작성 시간을 고려하여 문제 풀이 시간을 조절합니다.
- 시험 시간 중 화장실 사용은 지정된 시간(시험 시작 20분 이후 ~ 시험 종료 10분 전)에 1회에 한하여 사용할 수 있습니다.
  - 지정된 화장실만 사용 가능하고 사용 전·후 소지품 검사를 실시하며, 소지품 검사, 대기시간 등 화장실 사용과 관련된 모든 시간은 시험시간에 포함되므로 시험시간 관리에 유념해야 함

7급+민경채 PSAT 자료해석 출제 경향 및 출제 유형

영역 분석

자료해석은 문제에 제시된 표, 그래프, 보고서 형태로 제시된 수치 자료를 이해하고 계산하거나 자료 간의 연관성을 분석하여 정보를 도출하는 능력을 평가하는 영역입니다. 이에 따라 사전에 암기한 지식을 통해 해결하는 문제보다는 종합적인 사고를 요하는 문제가 출제됩니다.

출제 경향

- **유형**: 신유형 문제 없이, 5급 및 민간경력자 PSAT 시험에 출제되었던 유형이 모두 동일하게 출제되고 있습니다. 제시된 자료의 수치를 곱셈 또는 분수 비교하는 유형 외에 각주를 판단하여 문제를 해결하고 보고서의 내용을 검토하여 접근해야 하는 문제가 높은 비중으로 출제되었습니다.
- **난도**: 2025년 시험은 전반부는 평이했으나 후반부로 갈수록 체감 난도가 까다로웠으며 특히 상대적으로 20번대 일부 문항의 난도가 높은 편이었습니다. 따라서 70점 이상은 누구나 할 수 있었으나 80점을 받기에는 어려운 부분이 분명 존재했고 90점 이상을 받기에는 정말 쉽지 않은 난도였다고 평가할 수 있습니다.
- **소재**: 2025년 시험에서는 2023년과 마찬가지로 인포그래픽 형태의 시각 자료나 보고서가 제시된 문제의 출제 비중이 높지 않았고 자료해석 영역에서 가장 흔하게 제시되는 표의 형태를 가지는 자료가 20문제로 가장 큰 비중으로 출제되었습니다.

출제 유형

자료해석은 크게 네 가지 유형으로 나눌 수 있으며, 네 유형 모두 표나 그래프 등의 수치 자료를 올바르게 분석 또는 계산하여 해석하여야 하므로 주어진 시간 내에 자료를 빠르고 정확하게 파악하는 능력이 필요합니다.

자료비교	제시된 자료의 수치를 올바르게 비교하고 분석할 수 있는지 평가하는 유형	
	곱셈 비교형	주어진 자료의 수치를 토대로 곱셈식을 구성하고, 이를 서로 비교하여 선택지나 〈보기〉의 내용이 옳은지 판단하는 유형
	분수 비교형	실수 또는 비율 자료가 제시되고, 분수 형태의 수식을 비교하여 선택지나 〈보기〉의 내용이 옳은지 판단하는 유형
	반대해석형	제시된 자료에서 기준과 합계가 같은 2가지 이상의 항목이 제시되고, 선택지나 〈보기〉에서 특정 항목의 비율을 물어볼 때, 반대되는 항목의 비율로 해석하거나 반대되는 항목과의 배수 관계를 파악하여 선택지나 〈보기〉의 내용이 올바른지 판단하는 유형

자료판단	제시된 자료와 조건을 활용하여 올바르게 항목을 매칭하고, 추가로 제시된 각주 및 정보를 활용하여 올바르게 판단할 수 있는지 평가하는 유형	
	단순 판단형	자료해석 영역에서 요구되는 기본적인 이론에 대한 학습이 없어도 답을 도출할 수 있는 단순한 유형
	매칭형	자료와 함께 조건이나 정보가 제시되고, 이를 활용하여 자료의 항목과 선택지의 항목이 일치하도록 매칭하는 유형
	빈칸형	제시된 자료 중 일부 항목이 빈칸으로 나타나고, 이 누락된 수치를 직접 또는 간접적으로 파악하여 선택지나 〈보기〉의 내용이 올바른지 판단하는 유형
	각주 판단형	각주에 문제 풀이에 관한 핵심적인 정보나 계산식 등이 추가로 제시되고, 이를 적용하여 새로운 항목값을 계산·비교하는 유형
	조건 판단형	표 또는 그래프와 함께 박스 형태로 추가적인 규칙이나 계산방식이 제시되었을 때, 이를 자료에 적용하여 문제에서 요구하는 항목을 도출하는 유형
자료 검토·변환	보고서나 보도자료 등으로 제시된 자료를 해석하고, 특정 형태의 자료를 다른 형태로 변환할 수 있는지 평가하는 유형	
	보고서 검토·확인형	보고서를 작성하기 위해 추가로 필요한 자료가 있는지 검토하거나, 보고서 작성 시 사용된 자료가 있는지 표나 그래프를 통해 확인하는 유형
	표-차트 변환형	표가 1~3개 내외로 제시되고, 제시된 자료를 그래프로 나타내었을 때 옳지 않게 변환한 자료를 판단하는 유형
논리의 체계	다양한 형태의 자료를 제시하고, 평균, 반대해석, 최소여집합 등의 개념을 활용하여 자료를 올바르게 이해할 수 있는지 평가하는 유형	
	평균 개념형	일반 단순평균인 산술평균과 가중치를 적용한 가중평균에 관한 원리를 활용하여 선택지나 〈보기〉가 올바른지 판단하는 유형
	분산·물방울형	가로축과 세로축에 제시된 항목 간의 상관관계를 파악하여 선택지나 〈보기〉의 내용이 올바른지 판단하는 유형
	최소여집합형	자료의 합계는 동일하나 기준은 2가지 이상인 자료가 제시되고, 선택지나 〈보기〉에서 자료의 공통적인 속성을 모두 만족하는 항목의 수를 물어볼 때, 최소여집합을 활용하여 선택지나 〈보기〉의 내용이 올바른지 판단하는 유형

PSAT 자료해석 예시문제 분석

7급 PSAT 시험은 2019년에 인사혁신처에서 공개한 예시문제를 기반으로 문제가 출제되고 있으며, 민간경력자 PSAT 시험도 이와 동일한 문제가 출제됩니다. 실제 기출문제를 풀기 전에 예시문제를 꼼꼼히 분석해서 출제 유형을 학습해 봅시다.

1. 다음 〈표〉는 '갑' 박물관 이용자를 대상으로 12개 평가항목에 대해 항목별 중요도와 만족도를 조사한 결과이다. 이를 바탕으로 평가항목을 〈그림〉과 같이 4가지 영역으로 분류할 때, 이에 대한 설명으로 옳은 것은?

〈표〉 평가항목별 중요도와 만족도 조사결과

(단위: 점)

구분 / 평가항목	중요도	만족도
홈페이지	4.45	4.51
안내 직원	( )	4.23
안내 자료	4.39	4.13
안내 시설물	4.32	4.42
전시공간 규모	4.33	4.19
전시공간 환경	4.46	4.38
전시물 수	4.68	4.74
전시물 다양성	4.59	4.43
전시물 설명문	4.34	4.44
기획 프로그램	4.12	4.41
휴게 시설	4.18	4.39
교통 및 주차	4.29	4.17
평균	4.35	4.37

〈그림〉 중요도와 만족도에 따른 평가항목 영역 분류

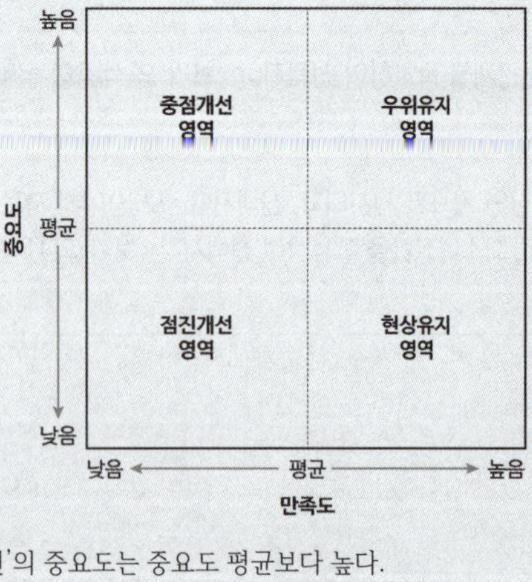

① '안내 직원'의 중요도는 중요도 평균보다 높다.
② '교통 및 주차'는 '현상유지 영역'으로 분류된다.
③ '점진개선 영역'으로 분류되는 항목은 2개이다.
④ '우위유지 영역'으로 분류되는 항목의 수는 '현상유지 영역'으로 분류되는 항목의 수와 같다.
⑤ '중점개선 영역'으로 분류된 항목은 없다.

문제 특징

2개 이상의 자료를 서로 연계하여 정보를 도출한 후, 평균, 반대해석, 최소여집합 등의 개념을 활용하여 도출된 정보가 올바른지 판단하는 문제이다. 수치를 바탕으로 빈칸을 채워야 하는 자료가 제시되기도 한다.

문제풀이 핵심 포인트

평균과 편차의 합을 도출하여 비교한 후, 평가항목의 일부를 검토하는 선택지부터 순차적으로 해결한다.

정답 ④

'우위유지 영역'으로 분류되는 항목은 '홈페이지', '전시공간 규모', '전시공간 환경', '전시물 수'이고 '현상유지 영역'으로 분류되는 항목은 '안내 시설물', '전시물 설명문', '기획 프로그램', '휴게 시설'이다. 따라서 모두 4개 항목으로 같으므로 옳은 설명이다.

오답 분석

① '안내 직원'의 중요도는 4.05점으로 중요도 평균 4.35점보다 낮으므로 옳지 않은 설명이다. '안내 직원'의 중요도를 도출할 때 편차를 이용하면 빠르게 확인할 수 있다.

② '현상유지 영역'은 중요도는 평균보다 낮지만 만족도는 평균보다 높다. '교통 및 주차'는 중요도가 4.29점으로 평균 4.35점보다 낮고 만족도는 4.17점으로 평균 4.37점보다 낮다. 따라서 '교통 및 주차'는 중요도와 만족도 모두 평균보다 낮아 '점진개선 영역'으로 분류되므로 옳지 않은 설명이다.

③ '점진개선 영역'은 중요도와 만족도 모두 평균보다 낮다. 따라서 '점진개선 영역'으로 분류되는 항목은 '교통 및 주차', '안내직원', '전시공간 규모'로 3개이므로 옳지 않은 설명이다.

⑤ '중점개선 영역'은 중요도는 평균보다 높지만 만족도는 평균보다 낮다. '안내 자료'는 평균보다 중요도는 높고 만족도는 낮아 '중점개선 영역'으로 분류되므로 옳지 않은 설명이다.

2. 다음 식품의약품안전처 〈보도자료〉 내용에 대한 〈보기〉의 설명 중 옳은 것만을 모두 고르면?

식품의약품안전처 **보도자료** 보다 나은 정부

보도일시	브리핑(14시 이후)		
배포일시	2019.□□.□□	담당부서	식품의약품안전처 ○○○○과
담당과장	김◇◇(044-000-0001)	담당자	박△△(044-000-0009)

신선한 달걀, 산란일자 표시로 확인하세요!

○ 식품의약품안전처는 8월 23일 '달걀 산란일자 표시제' 전면 시행으로 산란일자가 표시된 달걀만 유통·판매되는 만큼 소비자는 시장, 마트 등에서 산란일자를 확인하고 신선한 달걀을 구입할 수 있게 되었다고 밝혔습니다.
- '달걀 산란일자 표시제'는 달걀의 안전성을 확보하고 소비자에게 달걀에 대한 정보제공을 강화하고자 마련한 제도로, 안정적인 정착을 위해 180일 간의 계도기간이 끝난 시점인 2019년 8월 23일 전면 시행되었습니다.
- 전면 시행 1개월을 앞두고 지난 7월 대형마트 100곳, 중소형마트 100곳에 유통 중인 달걀 전체를 대상으로 산란일자 표시여부를 조사하였고, 그 결과는 다음과 같습니다.

구분	대형마트	중소형마트	전체
표시율(%)	90	70	85

○ '달걀 산란일자 표시제' 시행 후 생산된 달걀 껍데기에는 산란일자 4자리 숫자를 포함하여 생산자고유번호(5자리), 사육환경번호(1자리) 순서로 총 10자리가 표시됩니다.

〈예 시〉

0823M3FDS2

산란일자 생산자고유번호 사육환경번호

사육환경번호	사육환경	내용
1	방사	방목장에서 닭이 자유롭게 다니도록 키우는 사육방식
2	평사	케이지와 축사를 자유롭게 다니도록 키우는 사육방식
3	개선 케이지	닭을 키우는 케이지 면적이 $0.075m^2$/마리 이상
4	기존 케이지	닭을 키우는 케이지 면적이 $0.05m^2$/마리 이상

〈보 기〉

ㄱ. '달걀 산란일자 표시제'의 계도기간은 2019년 2월에 시작되었다.
ㄴ. '1023M3FDS3'으로 표시된 달걀이 $150m^2$ 면적의 케이지에서 산란되었다면, 10월 23일 기준 해당 케이지의 닭은 2,000마리 이하이다.
ㄷ. 2019년 7월 산란일자 표시여부 조사 대상 달걀 수는 대형마트가 중소형마트의 4배 미만이다.

① ㄱ　② ㄴ　③ ㄷ　④ ㄱ, ㄴ　⑤ ㄱ, ㄴ, ㄷ

문제 특징

보고서 형태로 제시된 자료를 올바르게 이해했는지를 묻는 문제이다. 표나 그림, 보고서 같은 기본적인 자료뿐만 아니라 실무와 관련성이 높은 보도자료 형식이 자료로 제시된다.

문제풀이 핵심 포인트

보도자료가 제시된 보고서 일치부합형 문제이므로 보도자료의 내용을 필요한 부분 위주로 빠르게 읽고, 〈보기〉와 매칭하여 풀이한다.

정답 ⑤

ㄱ. '달걀 산란일자 표시제'는 2019년 8월 23일 전면 시행되었으므로 이는 180일인 약 6개월간의 계도기간이 끝난 시점임을 알 수 있다. 따라서 '달걀 산란일자 표시제'의 계도기간은 2019년 2월에 시작되었다는 것은 옳은 설명이다.

ㄴ. '1023M3FDS3'으로 표시된 달걀의 사육환경번호는 3이므로 사육환경은 개선 케이지임을 알 수 있다. 개선 케이지는 닭을 키우는 케이지 면적이 $0.075m^2$/마리 이상이 되어야 하므로 $150m^2$ 면적의 케이지에서 산란되었다면 150/0.075 = 2,000마리를 초과할 수 없다. 따라서 10월 23일 기준 해당 케이지의 닭은 2,000마리 이하이므로 옳은 설명이다.

ㄷ. 표시율을 기준으로 판단하면 전체 85%와 대형마트 90%의 비율 차이는 90 − 85 = 5%p이고, 전체 85%와 중소형마트 70%의 비율 차이는 85 − 70 = 15%p이다. 따라서 2019년 7월 산란일자 표시여부 조사대상 달걀 수는 대형마트 : 중소형마트 = 3 : 1 비율로 대형마트가 중소형마트의 4배 미만이므로 옳은 설명이다.

PSAT 자료해석 예시문제 분석

3. 다음 〈그림〉은 2012~2018년 동안 A제품과 B제품의 판매수량 및 평균 판매단가를 지수화하여 표시한 것이다. 〈그림〉으로부터 알 수 없는 것은?

〈그림 1〉 A제품과 B제품의 판매수량 지수

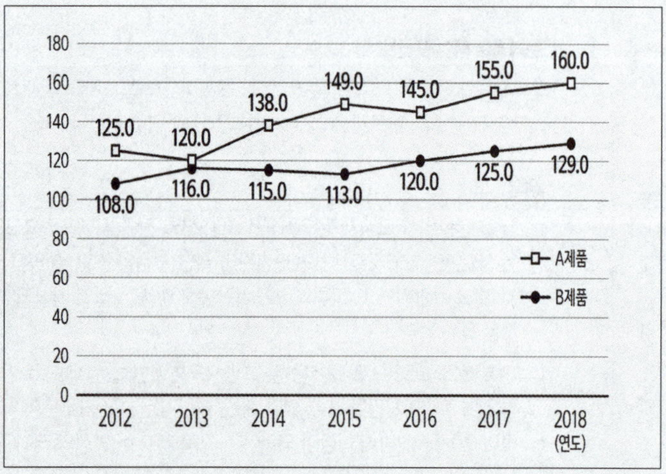

※ 판매수량 지수는 2011년의 판매수량을 100으로 하였을 때 해당연도 판매수량의 상대적 비율임.

〈그림 2〉 A제품과 B제품의 평균 판매단가 지수

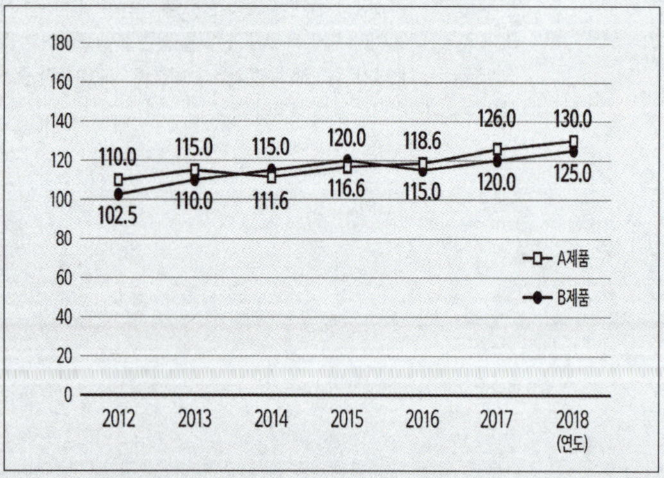

※ 1) 평균 판매단가 지수는 2011년의 평균 판매단가를 100으로 하였을 때 해당 연도 평균 판매단가의 상대적 비율임.
2) 2011년 A제품의 평균 판매단가는 B제품과 동일함.
3) 매출액 = 평균 판매단가 × 판매수량

① A제품 매출액의 연평균 증가율
② 2012년 A제품 매출액 대비 B제품 매출액 비율
③ B제품 평균 판매단가의 연평균 증가율
④ 2018년 B제품 평균 판매단가 대비 A제품 평균 판매단가 비율
⑤ B제품 판매수량의 연평균 증가율

문제 특징

각주에 추가적인 정보가 제시되고, 제시된 자료 내에서 판단할 수 있는 항목과 판단할 수 없는 항목을 구별하는 문제이다.

문제풀이 핵심 포인트

〈그림〉 이외에 각주가 추가로 제시되었으므로 각주의 내용을 파악한다. 이 문제의 경우 〈그림〉과 각주를 토대로 계산하여 항목값이 도출 가능한지를 묻고 있으므로 직접 계산하지 않고, 〈그림〉과 각주를 토대로 계산이 가능한지 검토한다.

정답 ②

각주 3)에 따르면 매출액 = 평균 판매단가 × 판매수량이고, 각주 2)에서 2011년 A제품의 평균 판매단가는 B제품과 동일하다고 했으나 2011년 A제품과 B제품의 판매수량을 알 수 없으므로 2012년 A제품과 B제품의 판매수량 역시 알 수 없다. 따라서 2012년 A제품 매출액 대비 B제품 매출액 비율은 알 수 없다.

오답 분석

① 각주 3)에 따르면 매출액 = 평균 판매단가 × 판매수량이고, 2011년 100을 기준으로 2012년 이후 평균 판매단가 지수와 판매수량 지수가 모두 제시되어 있으므로 A제품 매출액의 연평균 증가율을 알 수 있다.
③ 2011년 B제품 평균 판매단가를 100으로 하였을 때, 연도별 평균 판매단가 지수가 제시되어 있으므로 B제품 평균 판매단가의 연평균 증가율을 알 수 있다.
④ 각주 2)에 따르면 2011년 A제품의 평균 판매단가는 B제품과 동일하다고 했고, 2011년 100을 기준으로 2012년 이후 B제품과 A제품 평균 판매단가 지수가 제시되어 있으므로 2018년 B제품 평균 판매단가 대비 A제품 평균 판매단가 비율을 알 수 있다.
⑤ 2011년 B제품 판매수량을 100으로 하였을 때, 연도별 판매수량 지수가 제시되어 있으므로 B제품 판매수량의 연평균 증가율을 알 수 있다.

4. 다음 <표>는 국민 삶의 질을 평가하는 다양한 개별지표와 종합 지수이다. <표>의 종합 지수를 아래의 <대화>에 근거하여 재작성할 경우, '환산된 2014년 주관적 웰빙 영역 지수'(A)와 '2015년 기준의 종합 지수 대비 재작성된 종합 지수의 변화'(B)를 바르게 나열한 것은?

<표> 영역별 지수 및 종합 지수

영역 \ 연도	2006	2007	2008	2009	2010	2011	2012	2013	2014	2015
소득소비	100.0	99.4	103.9	109.0	109.6	108.7	111.9	113.4	114.4	116.5
고용·임금	100.0	102.1	103.0	100.3	99.8	101.8	103.6	105.2	103.6	103.2
사회복지	100.0	101.3	103.2	108.4	107.8	107.8	110.0	112.8	115.4	116.3
주거	100.0	100.3	100.5	101.3	102.0	101.9	102.1	103.6	105.2	105.2
건강	100.0	112.7	114.2	110.6	107.1	108.5	105.6	105.7	108.9	107.2
교육	100.0	104.5	107.7	114.3	116.7	119.7	124.4	119.7	122.5	123.9
문화여가	100.0	99.9	98.9	98.9	99.5	95.4	104.4	111.0	111.4	112.7
가족·공동체	100.0	98.3	98.2	94.9	95.6	96.6	98.5	98.5	98.2	98.6
시민참여	100.0	103.1	111.5	116.1	114.8	114.1	116.9	116.3	113.4	111.1
안전	100.0	96.9	97.5	101.3	108.9	113.2	114.5	116.3	121.4	122.2
환경	100.0	102.7	109.5	103.9	103.8	105.3	109.4	107.1	108.5	111.9
종합	100.0	101.9	104.4	105.4	106.0	106.6	109.2	110.0	111.2	111.7

<대 화>

사무관: 2013년부터 '주관적 웰빙' 영역의 개별지표값이 처음으로 측정되어 이 영역이 추가됩니다. '주관적 웰빙' 영역의 개별지표값은 정리되었나요?

주무관: 네. '주관적 웰빙' 영역의 개별지표값은 다음과 같습니다.

영역	개별지표 \ 연도	2013	2014	2015
주관적 웰빙	삶에 대한 만족도	5.0	5.0	5.7
	긍정정서	6.0	5.7	6.6

사무관: '주관적 웰빙' 영역까지 포함한 종합 지수를 재작성해야 합니다. 작성방법은 다음과 같습니다.

> □ 영역 지수는 기준년도(2006년) 대비 당해연도 영역별 '개별지표 비율'의 산술평균임.(단, '주관적 웰빙' 영역의 기준년도는 2013년임)
>
> ○ 개별지표 비율 = $\frac{\text{당해연도 지표값}}{\text{기준년도 지표값}} \times 100$
>
> □ 종합 지수는 모든 영역 지수의 산술평균임.

주무관: 영역 지수에 '주관적 웰빙' 영역을 추가하고, 종합 지수를 재작성하겠습니다.

사무관: 아! 그런데, 2013년 '주관적 웰빙' 영역 지수는 2013년 기존 종합 지수 값인 110.0을 사용하고, 이 값을 기준으로 2014년과 2015년의 '주관적 웰빙' 영역 지수를 환산해주세요.

※ 지수는 소수점 둘째자리에서 반올림함.

	A	B		A	B
①	97.5	감소	②	97.5	증가
③	107.3	감소	④	107.3	증가
⑤	107.3	없음			

문제 특징

기본적인 표나 그림 자료 외에 추가로 계산식, 조건 등의 규칙이 제시되고, 이를 연계하여 새로운 항목의 구체적인 수치를 계산하는 문제이다.

문제풀이 핵심 포인트

<대화>에 구체적인 종합 지수의 작성법이 규칙으로 제시되었다. 이 문제에서는 2013년 110.0을 기준으로 2014년과 2015년 변화된 지수를 판단한다.

정답 ④

- 2013년 '주관적 웰빙' 영역 지수는 2013년 기존 종합 지수 값인 110.0을 사용하고, 이 값을 기준으로 2014년의 '주관적 웰빙' 영역 지수를 환산해야 하므로 2014년 개별지표인 '삶에 대한 만족도'는 2013년과 동일한 110.0이다. '긍정정서'는 6.0에서 5.7로 6.0 − 5.7 = 0.3 감소하여 (0.3/6) × 100=5% 감소했으므로 2014년 '긍정정서'는 2013년 110.0에서 5% 감소한 110.0 × 0.95 = 104.5이다. 따라서 '환산된 2014년 주관적 웰빙 영역 지수'는 개별지표 '삶에 대한 만족도'와 '긍정정서'의 산술평균인 (110.0 + 104.5)/2 ≒ 107.3이다.
- 종합 지수는 모든 영역 지수의 산술평균이므로 영역별 가중치는 동일하다. 종합 지수는 2013년이 110.0, 2015년이 111.7으로 2013년 대비 2015년 종합 지수 증가율은 {(111.7 − 110.0)/110.0} × 100 ≒ 1.5%이다. 한편, '주관적 웰빙' 영역을 구성하는 개별지표인 '삶에 대한 만족도'는 5.0에서 5.7로 10% 이상 증가하고, '긍정정서'는 6.0에서 6.6으로 10% 증가하므로 2013년 대비 2015년에 '주관적 웰빙' 영역은 10% 이상 증가한다. 따라서 2015년 재작성된 종합 지수는 2013년 대비 10% 이상 증가했으므로 '2015년 기준의 종합 지수 대비 재작성된 종합 지수의 변화'는 증가한다.

7급 기출문제

2025년 기출문제

2024년 기출문제

2023년 기출문제

2022년 기출문제

2021년 기출문제

2020년 모의평가

✓ 문제풀이 시작과 종료 시각을 정하여 실전처럼 기출문제를 모두 푼 뒤, 약점 보완 해설집의 '취약 유형 분석표'로 자신의 취약한 유형을 파악해 보시기 바랍니다.

✓ 2021년 7급 PSAT는 2021년 민간경력자 PSAT와 15문항이 동일하게 출제되었습니다. 1~15번 문제는 2021년 민간경력자 PSAT의 11~25번 문제와 동일한 문제이니, 문제풀이에 참고하시기 바랍니다.

시험일: ______년 ______월 ______일

2025년도 국가공무원 7급 공채 등 필기시험

| 자료해석영역 |

응시번호	
성명	

문제책형

인

응시자 주의사항

1. **시험시작 전 시험문제를 열람하는 행위나 시험종료 후 답안을 작성하는 행위를 한 사람**은 「공무원 임용시험령」 제51조에 의거 **부정행위자**로 처리됩니다.
2. **답안지 책형 표기는 시험시작 전** 감독관의 지시에 따라 **문제책 앞면에 인쇄된 문제책형을 확인**한 후, **답안지 책형란에 해당 책형(1개)**을 '●'로 표기하여야 합니다.
3. 시험이 시작되면 문제를 주의 깊게 읽은 후, **문항의 취지에 가장 적합한 하나의 정답만을 고르며**, 문제내용에 관한 질문은 할 수 없습니다.
4. **답안을 잘못 표기하였을 경우에는 답안지를 교체하여 작성**하거나 **수정할 수 있으며**, 표기한 답안을 수정할 때는 **응시자 본인이 가져온 수정테이프만을 사용**하여 해당 부분을 완전히 지우고 부착된 수정테이프가 떨어지지 않도록 손으로 눌러주어야 합니다. **(수정액 또는 수정 스티커 등은 사용 불가)**
5. **시험시간 관리의 책임은 응시자 본인에게 있습니다.**
   ※ 문제책은 시험종료 후 가지고 갈 수 있습니다.

모바일 자동 채점 및 성적 분석 서비스

'약점 보완 해설집'에 회차별로 수록된 QR코드를 인식하면 응시 인원 대비 자신의 성적 위치를 확인할 수 있습니다.

해커스PSAT

1. 다음은 '갑'~'무'선수의 A퍼즐 대회 결과와 종합점수 산정 방법에 관한 자료이다. 이를 근거로 판단할 때, '갑'~'무' 중 종합점수가 가장 높은 선수는?

<표> '갑'~'무'선수의 A퍼즐 대회 결과

문제	배점	선수: 갑	을	병	정	무
1번	20점	□/■	□/□	■/■	■/■	□/■
2번	30점	■/■	■/■	□/□	■/■	□/■
3번	30점	■/■	□/□	□/■	□/■	□/■
4번	40점	□/□	■/■	■/■	□/■	■/■

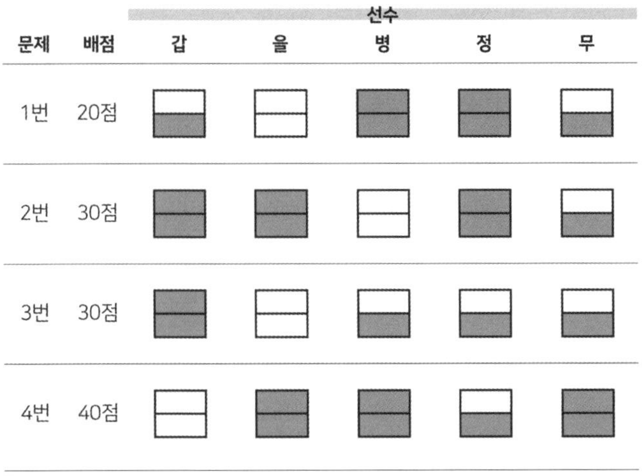

※ A퍼즐 대회 문제는 1~4번뿐임.

<종합점수 산정 방법>

○ 문제별 획득 점수는 다음과 같다.

결과	획득 점수
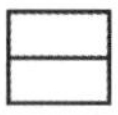 □/□	0
 □/■	배점×0.5
 ■/■	배점×1.0

○ 문제별 획득 점수를 합하여 종합점수를 산정한다.

① 갑
② 을
③ 병
④ 정
⑤ 무

2. 다음 <표>는 2017~2023년 '갑'시의 유치원 현황에 관한 자료이다. 이에 대한 <보기>의 설명 중 옳은 것만을 모두 고르면?

<표> 2017~2023년 '갑'시의 유치원 현황

(단위: 개, 명)

연도 \ 구분	유치원수	원아수	교원수
2017	427	44,009	3,042
2018	430	42,324	3,095
2019	423	39,373	2,853
2020	403	38,319	2,920
2021	399	36,170	2,891
2022	396	35,427	2,909
2023	393	34,777	3,042

<보 기>

ㄱ. 2018년 교원 1인당 원아수는 10명 이상이다.
ㄴ. 전년 대비 증감 방향은 유치원수와 원아수가 매년 동일하다.
ㄷ. 2017년 대비 2023년 원아수는 20% 이상 감소한다.

① ㄱ
② ㄴ
③ ㄷ
④ ㄱ, ㄷ
⑤ ㄱ, ㄴ, ㄷ

3. 다음은 2022년과 2023년 '갑'시의 민원건수에 관한 자료이다. 제시된 <표> 이외에 <보고서>를 작성하는 데 사용되지 않은 자료는?

<표> 2022년과 2023년 '갑'시의 월별 민원건수

(단위: 건)

월 \ 연도	2022	2023
1	10,639	9,834
2	9,163	9,595
3	9,464	12,025
4	9,939	11,417
5	10,879	12,365
6	10,597	12,422
7	11,064	13,961
8	11,186	14,281
9	11,222	13,393
10	11,516	12,890
11	11,324	11,991
12	9,873	11,771

<보고서>

2023년 '갑'시의 전체 민원건수는 145,945건으로 전년 126,866건 대비 15% 이상 증가하였다. 2023년 월별 민원건수는 8월에 가장 많았고, 1월을 제외하고 매월 전년 동월 대비 증가하였다.

2023년 분야별로는 '교통' 분야의 민원건수가 가장 많았고, 다음으로 '도로', '행정' 분야 순으로 많았다. 특히, 민원건수 상위 3개 분야가 전체 민원건수의 75% 이상을 차지하였다.

2023년 지역별로는 A지역의 민원건수가 60,433건으로 '갑'시 전체 민원건수의 40% 이상을 차지하였으며, B지역의 민원건수는 35,904건으로 그 뒤를 따랐다. B지역의 인구 100명당 민원건수는 30건 이상으로 '갑'시에 속한 A~E지역 중 가장 많았다.

2023년 '갑'시 민원의 상위 10대 키워드에는 '불법주정차', '어린이 보호구역' 등 교통법규 관련 키워드와 '철도역 신설', '버스노선 신설' 등 교통환경 관련 키워드, 그리고 '소음', '악취' 등 주거환경 관련 키워드가 포함되었다.

① 2023년 '갑'시의 지역별 인구

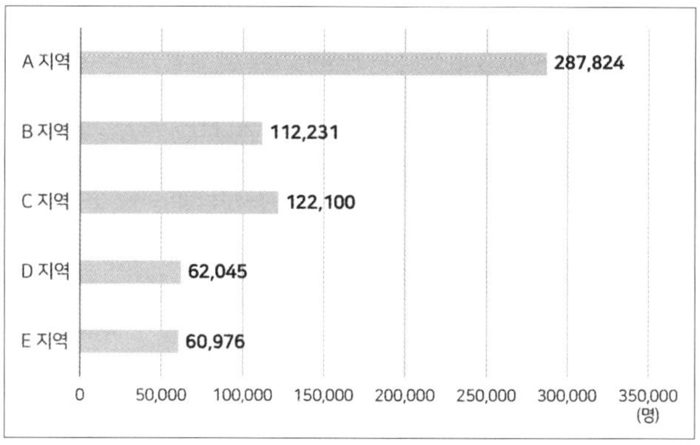

② 2023년 '갑'시의 분야별 민원건수 비중

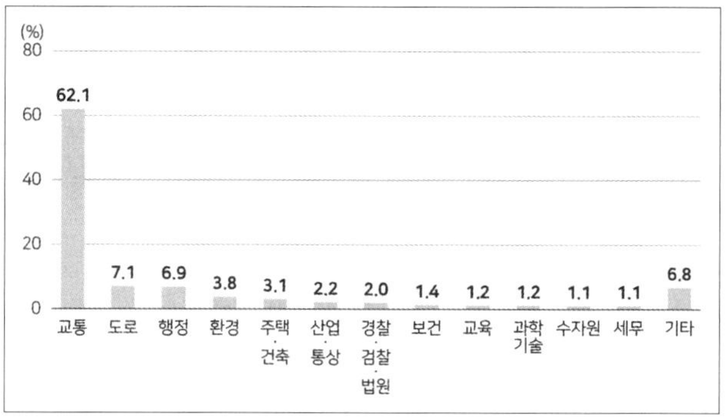

③ 2023년 '갑'시 민원의 상위 10대 키워드

순위	키워드
1	불법주정차
2	어린이 보호구역
3	장애인 전용구역
4	친환경차 충전구역
5	철도역 신설
6	버스노선 신설
7	소음
8	고속도로 개발
9	악취
10	소각장 폐쇄

④ 2023년 '갑'시의 지역별 민원건수

(단위: 건)

지역	A	B	C	D	E
민원건수	60,433	35,904	26,852	12,399	10,357

⑤ 2022년 대비 2023년 '갑'시의 민원건수 증가 및 감소 분야

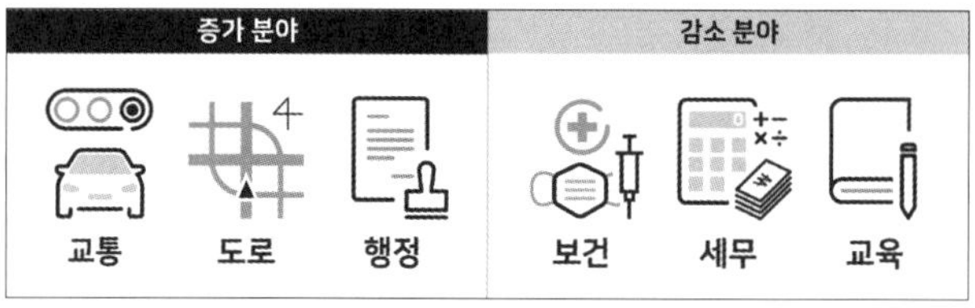

4. 다음은 2024년 '갑'국의 공적개발원조에 대한 국민인식 조사 보고서이다. <보고서>를 작성하는 데 사용되지 않은 자료는?

<보고서>

2024년 '갑'국 국민 1,200명을 대상으로 공적개발원조에 대한 인식을 조사했다. 공적개발원조에 대해 알고 있다는 응답자 비율은 83.8%이고 2021년 이후 증가 추세에 있는 것으로 나타났다. 공적개발원조 관련 정보를 접한 경로로는 'TV 또는 라디오'로 응답한 비율이 가장 높았고, '신문'과 '동영상 플랫폼'이 그 뒤를 이었다. 공적개발원조 제공에 대한 찬반조사 결과를 보면 찬성 비율은 77.8%로 반대 비율보다 높았으며, 특히 여성이 남성보다 찬성 비율이 높게 나타났다.

2024년 공적개발원조 규모에 대한 의견으로는 '부족함'이 48.0%, '적정함'이 31.2%, '과다함'이 20.8%로 나타났다. '갑'국의 2024년 공적개발원조 규모가 과다하다고 응답한 이유로는 '현재 경제상황이 나쁘기 때문에'라는 답변이 46.8%로 가장 많았고, '원조가 어떻게 사용되는지 모르기 때문에'라는 답변이 24.0%로 그 뒤를 이었다. 이에 따라, 공적개발원조 관련 교육의 확대 필요성이 대두되고 있다.

① 2020~2024년 공적개발원조에 대해 알고 있다는 응답자 비율

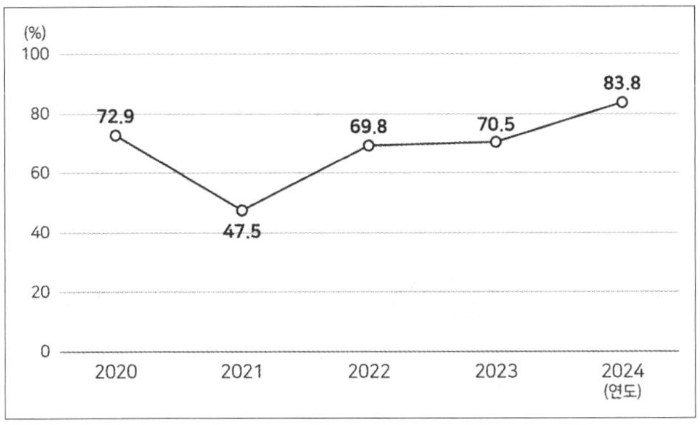

② 2024년 공적개발원조 규모에 대한 의견

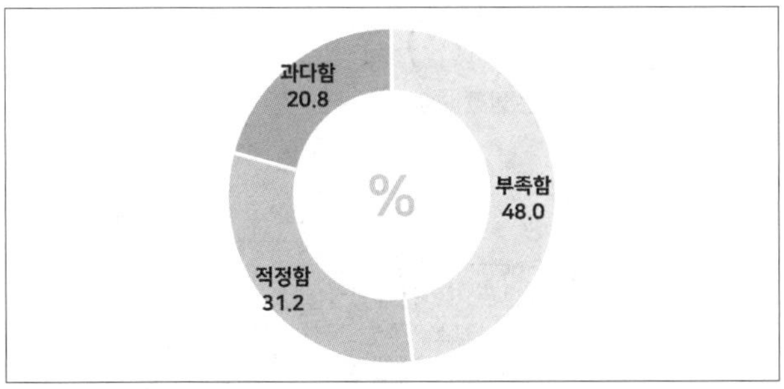

③ 2024년 공적개발원조 제공에 대한 찬반조사 결과

(단위: %)

성별 \ 구분	찬성		반대	
	매우 찬성한다	약간 찬성한다	약간 반대한다	매우 반대한다
전체	15.0	62.8	16.8	5.4
남성	18.3	55.6	19.2	6.9
여성	11.5	70.6	14.1	3.8

④ 2024년 공적개발원조 관련 교육 경로에 대한 선호도(중복 응답)

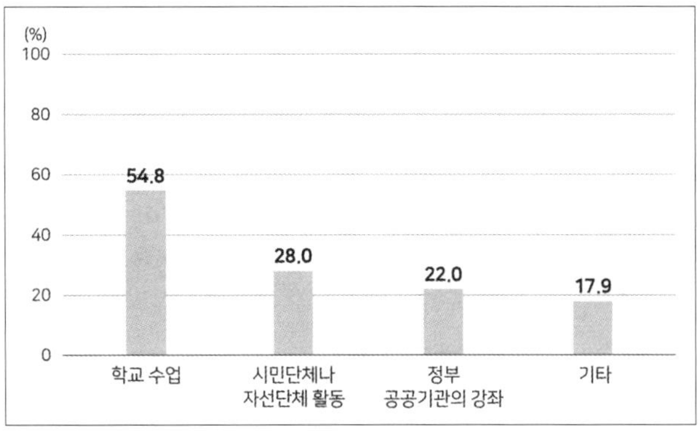

⑤ 2024년 공적개발원조 관련 정보를 접한 경로

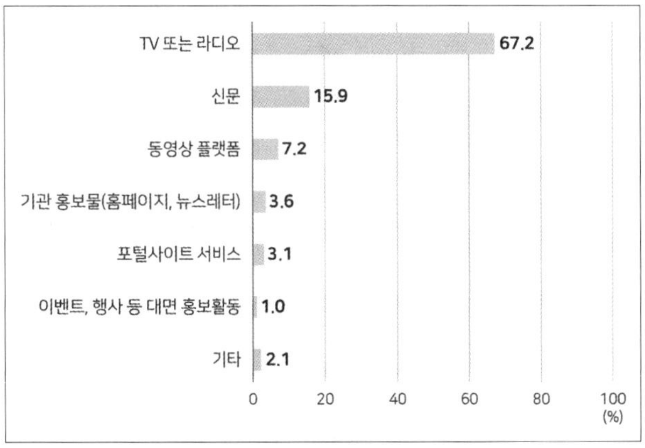

5. 다음 <표>는 2024년 '갑'국 원자력발전소 A~D의 발전량에 관한 자료이다. 이를 근거로 A~D를 이용률이 가장 높은 원자력발전소부터 순서대로 바르게 나열한 것은?

<표> 2024년 '갑'국 원자력발전소 A~D의 발전량 현황

(단위: GWh)

원자력발전소 \ 구분	실제 발전량	최대 발전량
A	4,000	5,000
B	( )	9,000
C	6,000	( )
D	9,000	12,000
합계	26,000	35,000

※ 이용률(%) = $\frac{\text{실제 발전량}}{\text{최대 발전량}} \times 100$

① A, B, C, D
② A, B, D, C
③ A, C, B, D
④ B, A, C, D
⑤ B, A, D, C

6. 다음 <표>는 '갑' 연구소가 지역별 커피 원두를 항목별로 평가한 결과이다. 이에 대한 설명으로 옳은 것은?

<표> 지역별 커피 원두의 항목별 평가결과

지역	원두	항목: 향	산미	단맛	쓴맛	바디감
아시아	인도네시아 자바	●●●●○	●●○○○	●●●○○	●●○○○	●●●●○
	인도네시아 만델링	●●●●○	●●○○○	●●●●●	●●○○○	●●●●○
	인도네시아 발리 칸타마니	●●●●○	●●○○○	●●●○○	●●○○○	●●●○○
	인도네시아 토리자	●●●●○	●●●●●	●●●○○	●●○○○	●●●●○
	인도 몬순드 말리바	●●●●●	●●●●○	●●●●○	●●●○○	●●●●○
아메리카	콜롬비아 슈프리모	●●●●●	●●●●●	●●●○○	●●○○○	●●●○○
	과테말라 SHB	●●●●●	●●●●○	●●●○○	●●●○○	●●●●○
	도미니카 AA	●●○○○	●●●●○	●●●○○	●●○○○	●○○○○
	브라질 산토스	●●●●○	●●●○○	●●●○○	●●○○○	●●○○○
	페루 HB GRADE1	●●●●●	●●●●○	●●●●○	●●●○○	●●●●○
아프리카	에티오피아 예가체프	●●●●○	●●●●●	●●●○○	●●●○○	●●●●○
	르완다 AB+	●●○○○	●●●○○	●●●○○	●●●○○	●●●●○
	짐바브웨 AA+	●●●●○	●●●●●	●●●●○	●●●●○	●●●●○
	케냐 AA	●●●●○	●●●●●	●●●○○	●●●○○	●●●●○

※ 1) ●(○)는 1(0)점을 나타내며, 항목별로 ● 1개당 1점을 부여하여 5점 척도로 항목별 평가점수를 계산함.
2) 종합 평가점수는 항목별 평가점수의 합임.

① '단맛'으로 원두를 비교할 때 가장 높은 점수를 받은 원두는 아프리카 지역의 원두이다.
② 아프리카 지역의 원두는 모두 '향' 평가점수가 '단맛' 평가점수보다 높다.
③ 아메리카 지역은 '바디감'으로 원두를 비교할 때 가장 낮은 점수를 받은 원두가 '향'으로 원두를 비교할 때도 가장 낮은 점수를 받았다.
④ 아시아 지역은 '산미'로 원두를 비교할 때 가장 높은 점수를 받은 원두가 종합 평가점수도 가장 높다.
⑤ 각 지역에서 종합 평가점수가 가장 높은 원두의 종합 평가점수는 모두 같다.

7. 다음 <표>는 업체 A~E가 제출한 국립묘지 관리사업 제안서를 평가한 결과이고, <대화>는 '갑' 업체의 평가결과에 대한 팀장과 주무관 사이의 대화 내용이다. 이를 근거로 판단할 때, A~E 중 '갑'에 해당하는 업체는?

<표> 업체 A~E의 국립묘지 관리사업 제안서 평가결과

(단위: 점)

평가항목	제안개요		제안업체 일반현황		사업수행계획		총점
세부항목 / 업체	제안요청서 부합성	사업 이해도	조직 관리능력	지식·기술능력	세부 계획	사후 관리	
A	4	10	6	14	32	10	76
B	8	6	10	12	24	8	68
C	6	4	8	16	34	2	70
D	8	6	4	20	36	8	82
E	10	6	10	16	28	6	76

※ 평가항목 점수는 해당 평가항목에 속한 세부항목 점수의 합이며, 총점은 각 평가항목 점수의 합임.

<대 화>

이번 국립묘지 관리사업 제안서 평가는 어떻게 되었나요?
5개 업체가 입찰에 참여했던데, '갑' 업체부터 평가결과를 요약해주세요.
네, '갑' 업체의 평가결과에 대해 말씀드리겠습니다.
윤 팀장
류 주무관
먼저 '제안개요' 평가항목 점수를 보면 14점 이상으로 나타났습니다.
다음으로 '제안업체 일반현황'의 평가항목 점수는 최소 기준인 20점 이상이었고, 두 세부항목 간 점수 차이도 10점 미만이었습니다.
마지막으로 '사업수행계획'의 평가항목 점수는 총점의 50% 이상이었습니다.

① A
② B
③ C
④ D
⑤ E

8. 다음 <표>는 2024년 '갑'국 기관 A~D의 재직자 교육 프로그램에 대한 만족도 조사 결과이다. <표>와 <조건>을 근거로 A~D에 해당하는 기관을 바르게 연결한 것은?

<표> 기관 A~D의 재직자 교육 프로그램 만족도

(단위: 명, 점)

기관	참여자	교육환경 만족도	내용 만족도	강사 만족도
A	190	4.2	4.1	4.3
B	120	3.9	4.0	3.8
C	180	4.6	4.8	4.1
D	150	3.8	3.6	3.9

※ A~D는 문화청, 발명청, 세무청, 자료청 중 하나임.

<조 건>

○ '강사 만족도'가 '교육환경 만족도'보다 높은 기관은 발명청과 세무청이다.
○ '내용 만족도'는 자료청이 세무청보다 높다.
○ '참여자'는 문화청이 자료청보다 많다.

	A	B	C	D
①	문화청	세무청	발명청	자료청
②	발명청	문화청	자료청	세무청
③	발명청	자료청	문화청	세무청
④	세무청	문화청	자료청	발명청
⑤	세무청	자료청	문화청	발명청

9. 다음 <표>는 2024년 '갑'국의 전력수급 현황에 관한 자료이다. 이에 대한 <보기>의 설명 중 옳은 것만을 모두 고르면?

<표> '갑'국의 전력수급 현황

(단위: TWh)

구분	수도권	비수도권					전국
			A지역	B지역	C지역	D지역	
발전량	144.4	450.3	33.9	114.1	222.0	80.3	594.7
소비량	214.8	333.1	17.3	92.9	151.2	71.7	547.9

※ 전력자급률(%) = $\frac{\text{발전량}}{\text{소비량}} \times 100$

<보 기>

ㄱ. 수도권 소비량은 전국 소비량의 40% 이상이다.
ㄴ. 전력자급률은 A지역이 수도권의 2배 이상이다.
ㄷ. C지역 발전량과 D지역 발전량의 합은 전국 발전량의 50% 이상이다.
ㄹ. B~D 각 지역의 전력자급률은 150% 이상이다.

① ㄱ, ㄴ
② ㄱ, ㄹ
③ ㄴ, ㄷ
④ ㄴ, ㄹ
⑤ ㄷ, ㄹ

10. 다음 <표>는 2021~2024년 '갑'국 제조업의 산업군별 재고지수 및 출하지수에 관한 자료이다. 이에 대한 <보기>의 설명 중 옳은 것만을 모두 고르면?

<표> 2021~2024년 산업군별 재고지수 및 출하지수

연도	산업군 / 지수	고위기술 산업군	중고위기술 산업군	중저위기술 산업군	저위기술 산업군
2021	재고지수	102.9	80.0	89.9	91.8
	출하지수	96.2	102.8	116.7	108.5
2022	재고지수	106.6	91.4	93.8	90.0
	출하지수	92.2	107.1	111.6	107.3
2023	재고지수	112.2	98.9	96.4	95.9
	출하지수	93.4	106.0	106.4	104.7
2024	재고지수	95.0	97.7	97.5	94.9
	출하지수	93.8	104.6	105.9	103.7

※ 1) 산업군은 '고위기술산업군', '중고위기술산업군', '중저위기술산업군', '저위기술산업군'으로만 구성됨.
2) 재고(출하)지수는 기준연도 2020년의 재고(출하)량을 100으로 할 때, 해당 연도 재고(출하)량의 상대적인 값임.
3) 연도별 재고율(%) = $\frac{\text{해당 연도의 재고지수}}{\text{해당 연도의 출하지수}} \times 100$

<보 기>

ㄱ. 2020년 이후 출하지수의 연도별 증감 방향이 '저위기술산업군'과 동일한 산업군은 '중저위기술산업군'뿐이다.
ㄴ. 기준연도를 2024년으로 변경한다면, 모든 산업군별 재고지수는 매년 각각 100 이상이 된다.
ㄷ. 재고율이 매년 100% 이상인 산업군은 '고위기술산업군' 뿐이다.

① ㄱ
② ㄴ
③ ㄱ, ㄷ
④ ㄴ, ㄷ
⑤ ㄱ, ㄴ, ㄷ

11. 다음 <표>는 통산 승점 기준 상위 9개 국가의 역대 FIFA 월드컵 본선 성적에 관한 자료이다. 이에 대한 <보기>의 설명 중 옳은 것만을 모두 고르면?

<표> 통산 승점 기준 상위 9개 국가의 역대 FIFA 월드컵 본선 성적

순위	국가	통산 승점	경기수	승리	무승부	패배
1	브라질	247	114	76	19	19
2	독일	225	112	68	21	23
3	아르헨티나	158	88	47	17	24
4	이탈리아	156	83	45	21	17
5	프랑스	131	73	39	14	20
6	잉글랜드	118	74	32	22	20
7	스페인	110	67	31	17	19
8	네덜란드	104	55	30	14	11
9	우루과이	88	59	25	13	21

※ 1) 평균 승점 = $\frac{\text{통산 승점}}{\text{경기수}}$

2) 승률 = $\frac{\text{승리 경기수}}{\text{경기수}}$

<보 기>

ㄱ. 순위 8위 이내 국가 중 승률이 0.5 이하인 국가는 2개이다.
ㄴ. 순위가 높은 국가일수록 평균 승점이 높다.
ㄷ. 경기수 중 무승부 경기수의 비중은 독일이 잉글랜드보다 크다.

① ㄱ
② ㄴ
③ ㄷ
④ ㄱ, ㄴ
⑤ ㄱ, ㄷ

12. 다음 <표>는 '갑'국의 '환경친화적 자동차 구매목표제' 시행에 따른 민간부문과 공공부문의 구매실적에 관한 자료이다. 이를 근거로 작성한 <보고서>의 (가)~(다)에 해당하는 내용을 바르게 연결한 것은?

<표 1> 2024년 민간부문 구매실적

(단위: 대)

업종구분 \ 차종		하이브리드차	전기차	수소차	합계
공시대상기업집단		6,333	8,771	(　　)	15,177
자동차대여사업자		9,393	7,537	6	16,936
시내버스운송사업자		0	399	(　　)	407
일반택시운송사업자		0	64	0	64
화물자동차 운수사업자	우수물류	4	68	0	72
	택배서비스	7	62	0	69
전체		15,737	16,901	87	32,725

<표 2> 2019~2024년 공공부문 구매실적

(단위: 대)

연도 \ 차종	하이브리드차	전기차	수소차	합계
2019	833	2,104	61	2,998
2020	1,135	1,486	20	2,641
2021	1,916	2,366	109	4,391
2022	3,422	1,307	136	4,865
2023	682	2,813	174	3,669
2024	307	2,939	95	3,341

※ 환경친화적 자동차는 하이브리드차, 전기차, 수소차뿐임.

<보고서>

'갑'국에서는 에너지 절감을 위한 '환경친화적 자동차 구매목표제'를 2019년부터 시행하고 있다. 2024년 민간부문과 공공부문 구매실적의 합이 가장 큰 차종은 (가) 였다.

2024년 민간부문의 업종구분별 구매실적을 보면, 자동차대여사업자는 하이브리드차를 가장 많이 구매하였고 그 외의 업종구분에서는 전기차를 가장 많이 구매하였다. 한편, 전기차 구매실적 대비 수소차 구매실적 비율이 가장 높은 업종구분은 (나) (으)로 나타났다.

2019~2024년 공공부문 구매실적을 보면, 하이브리드차의 공공부문 구매실적은 정책 시행 시작연도인 2019년부터 매년 증가하여 (다) 년에 최대가 되었다가 이후 매년 감소하였다.

	(가)	(나)	(다)
①	전기차	공시대상기업집단	2022
②	전기차	시내버스운송사업자	2022
③	전기차	시내버스운송사업자	2023
④	하이브리드차	공시대상기업집단	2023
⑤	하이브리드차	시내버스운송사업자	2023

13. 다음 <그림>은 배양기 A~J의 온도지수 및 습도지수이고, <표>는 '갑'세포 생존지수에 따른 배양환경 유형에 관한 자료이다. 이를 근거로 A~J 중 배양환경 유형이 '주의'인 배양기만을 모두 고르면?

<그림> 배양기 A~J의 온도지수 및 습도지수

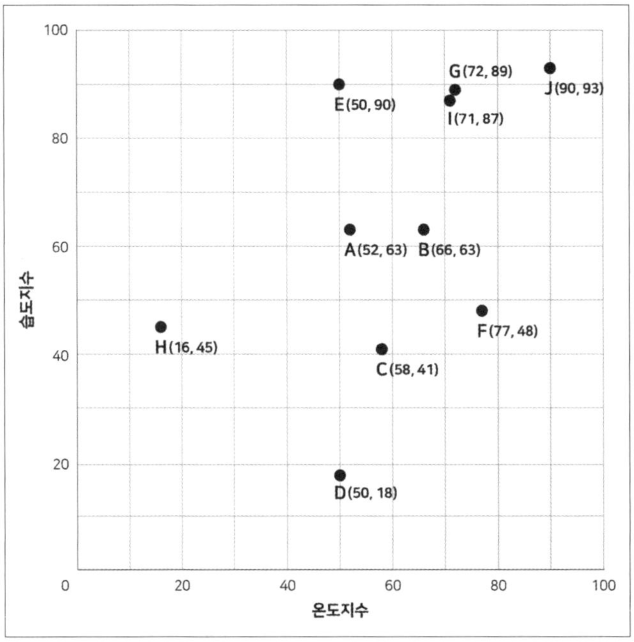

<표> '갑'세포 생존지수에 따른 배양환경 유형

'갑'세포 생존지수	150 미만	150 이상 300 미만	300 이상 350 미만	350 이상
유형	양호	주의	경고	위험

※ '갑'세포 생존지수 = 3 × 온도지수 + 2 × 습도지수

① A, C, D
② B, E, F
③ C, D, H
④ E, G, I, J
⑤ A, B, C, D, F

14. 다음 <보고서>는 2022~2024년 A부처의 정부포상 실적에 관한 자료이다. <보고서>의 내용과 부합하는 자료는?

<보고서>

A부처는 민간기관의 참여 활성화를 위해 매년 정부포상을 실시하고 있다. 정부포상은 「정부 표창 규정」에 따라 '대통령표창', '국무총리표창', 그리고 '장관표창'으로 구분되고, 2022~2024년 A부처의 연도별 정부포상 실적은 다음과 같다.

먼저, '대통령표창'과 '국무총리표창'은 포상분야 및 포상인원이 각각 매년 증가하였다. 특히 '국무총리표창'의 포상분야는 2024년이 2022년 대비 20% 이상 증가하였다. 2024년 정부포상을 포상분야 1개당 포상인원이 많은 표창부터 순서대로 나열하면 '장관표창', '국무총리표창', '대통령표창' 순이다.

①
(단위: 개, 명)

연도 / 표창 \ 구분	2022		2023		2024	
	포상분야	포상인원	포상분야	포상인원	포상분야	포상인원
대통령표창	8	24	12	26	15	27
국무총리표창	25	112	27	132	28	141
장관표창	41	253	37	281	39	277

②
(단위: 개, 명)

연도 / 표창 \ 구분	2022		2023		2024	
	포상분야	포상인원	포상분야	포상인원	포상분야	포상인원
대통령표창	8	21	12	25	9	27
국무총리표창	25	112	31	109	36	117
장관표창	44	253	43	281	45	297

③
(단위: 개, 명)

연도 / 표창 \ 구분	2022		2023		2024	
	포상분야	포상인원	포상분야	포상인원	포상분야	포상인원
대통령표창	4	24	5	26	6	27
국무총리표창	25	112	27	132	30	141
장관표창	41	253	37	281	39	277

④
(단위: 개, 명)

연도 / 표창 \ 구분	2022		2023		2024	
	포상분야	포상인원	포상분야	포상인원	포상분야	포상인원
대통령표창	8	21	9	25	9	27
국무총리표창	25	112	31	115	36	117
장관표창	44	281	43	253	45	257

⑤
(단위: 개, 명)

연도 / 표창 \ 구분	2022		2023		2024	
	포상분야	포상인원	포상분야	포상인원	포상분야	포상인원
대통령표창	4	24	5	26	6	27
국무총리표창	25	129	31	132	36	141
장관표창	41	351	37	281	39	314

15. 다음 <보고서>는 2024년 '갑'국의 행정기관위원회에 관한 자료이다. <보기>의 자료 중 <보고서>의 내용에 부합하는 것만을 모두 고르면?

<보고서>

2024년 '갑'국의 행정기관위원회는 총 590개이고, 이중 행정위원회가 40개, 자문위원회가 550개였다. 행정기관위원회를 소속별로 보면 부처 소속이 514개로 가장 많았고, 다음으로 국무총리, 대통령 소속 순이었다. 그리고 부처 소속 행정기관위원회는 2020년 이후 매년 전체 행정기관위원회의 80% 이상을 차지한 것으로 나타났다.

2024년 행정기관위원회의 회의 개최 횟수를 살펴보면 4회 이상 회의를 개최한 행정기관위원회는 전체 행정기관위원회의 절반에도 미치지 못했다. 특히 회의를 한 번도 개최하지 않은 행정기관위원회는 69개로 나타났다.

2024년 행정기관위원회를 예산규모별로 보면 예산이 5천만 원을 초과한 행정기관위원회는 전체 행정기관위원회의 20%에도 미치지 못했다. 특히 예산이 미편성된 행정기관위원회가 전체 행정기관위원회의 55%를 넘었다.

<보 기>

ㄱ. 2020~2024년 행정기관위원회 중 행정위원회 비중

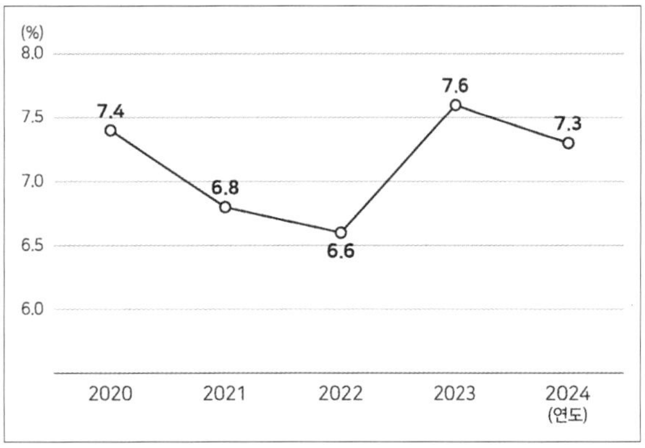

ㄴ. 2020~2024년 소속별 행정기관위원회 수

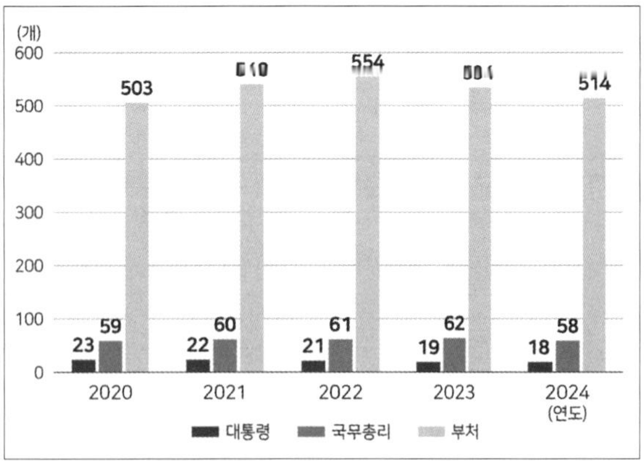

ㄷ. 2024년 회의 개최 횟수별 행정기관위원회 수

(단위: 개)

회의 횟수	0회	1회	2회	3회	4회	5~10회	11~20회	21회 이상	전체
위원회 수	69	88	78	55	62	101	59	78	590

ㄹ. 2024년 예산규모별 행정기관위원회 수

(단위: 백만 원, 개)

예산규모	미편성	0 초과 10 이하	10 초과 50 이하	50 초과 200 이하	200 초과 1,000 이하	1,000 초과
위원회 수	336	71	90	60	27	6

① ㄱ, ㄴ
② ㄱ, ㄷ
③ ㄱ, ㄹ
④ ㄴ, ㄷ
⑤ ㄴ, ㄹ

16. 다음 <표>는 2022년과 2023년 A국의 중고차 수출량에 관한 자료이다. <표>와 <조건>을 근거로 판단할 때, 2023년 A국의 중고차 수출량 기준 상위 10개 수출대상국 중 '갑'국에 해당하는 국가는?

<표> 2023년 A국의 중고차 수출량 기준 상위 10개 수출대상국으로의 2022년과 2023년 중고차 수출량

(단위: 대)

순위	수출대상국 \ 연도	2023	2022
1	리비아	150,087	54,826
2	이집트	58,534	37,197
3	튀르키예	48,501	21,689
4	요르단	30,865	40,762
5	키르기스스탄	30,734	13,741
6	아제르바이잔	17,584	7,675
7	아랍에미리트연합	16,777	7,137
8	타지키스탄	15,758	12,000
9	알바니아	13,752	1,811
10	몽골	10,735	5,491
A국 전체		502,028	303,416

<조 건>

○ 2023년 A국 전체 중고차 수출량에서 '갑'국으로의 중고차 수출량이 차지하는 비중은 10% 이하이다.
○ A국 전체 중고차 수출량에서 '갑'국으로의 중고차 수출량이 차지하는 비중은 2023년이 2022년보다 크다.
○ 2021년 대비 2022년 A국에서 '갑'국으로의 중고차 수출량 증가율이 20%라면, 2021년 A국에서 '갑'국으로의 중고차 수출량은 12,000대 이상이다.

① 리비아
② 요르단
③ 키르기스스탄
④ 타지키스탄
⑤ 튀르키예

17. 다음 <표>는 2024년 '갑'시 A~D지역의 도로 현황에 관한 자료이다. 이에 대한 설명으로 옳지 않은 것은?

<표> 2024년 '갑'시 A~D지역의 도로 현황

(단위: km, km^2, %)

구분 지역	도로 연장	도로 면적	시가화 면적	도로율
A	323	3.43	11.79	29.1
B	330	3.20	13.85	23.1
C	442	5.80	( )	22.2
D	257	2.35	( )	23.9

※ 1) '갑'시는 A~D지역으로만 구성됨.

2) 도로율(%) = $\frac{\text{도로 면적}}{\text{시가화 면적}} \times 100$

① '도로 연장'당 '도로 면적'은 A지역이 D지역보다 크다.
② B지역의 '도로 연장'은 '갑'시 '도로 연장'의 25% 이상이다.
③ '도로율'이 가장 낮은 지역은 '시가화 면적'이 가장 크다.
④ D지역의 '시가화 면적'은 $10km^2$ 이하이다.
⑤ '갑'시의 '시가화 면적'은 $50km^2$ 이상이다.

18. 다음 <표>는 2020~2024년 A시의 빛공해 민원건수에 관한 자료이다. 이에 대한 설명으로 옳은 것은?

<표 1> 피해유형별 빛공해 민원건수

(단위: 건)

피해유형 연도	수면방해	생활불편	눈부심	심리불안	전체
2020	2,014	217	177	5	2,413
2021	2,096	294	167	20	2,577
2022	1,490	388	264	26	2,168
2023	1,107	354	333	50	1,844
2024	885	502	390	57	1,834
계	7,592	1,755	1,331	158	10,836

<표 2> 조명종류별 빛공해 민원건수

(단위: 건)

조명종류 연도	공간 조명	광고 조명	전광판 조명	장식 조명	기타	전체
2020	1,792	353	53	75	140	2,413
2021	1,768	464	82	55	208	2,577
2022	1,176	626	41	107	218	2,168
2023	829	560	44	120	291	1,844
2024	827	522	90	101	294	1,834
계	6,392	2,525	310	458	1,151	10,836

① 장식조명 민원건수가 전년 대비 증가한 모든 해에는 전광판조명 민원건수도 전년 대비 증가한다.
② 2023년 공간조명으로 인한 수면방해 민원건수는 92건 이상이다.
③ 2021년 전체 민원건수 중 수면방해 민원건수의 비중은 85% 이상이다.
④ 눈부심 민원건수의 전년 대비 증가율은 2024년이 가장 높다.
⑤ 기타를 제외하고 매년 조명종류의 민원건수 순위는 동일하다.

19. 다음 <표>는 2023년 '갑'항구의 월별 컨테이너 물동량에 관한 자료이다. 이에 대한 <보기>의 설명 중 옳은 것만을 모두 고르면?

<표> 2023년 '갑'항구의 월별 컨테이너 물동량

(단위: 천 TEU)

구분 월	물동량	누적 물동량
1	273	273
2	229	( )
3	( )	( )
4	( )	( )
5	282	1,370
6	280	1,650
7	287	( )
8	( )	2,222
9	307	2,529
10	300	( )
11	312	3,141
12	( )	3,461

※ 1) 누적 물동량은 1월부터 해당 월까지의 물동량을 합한 값임.
2) 월평균 물동량은 1~12월 물동량의 합을 12(개월)로 나눈 값임.

<보 기>

ㄱ. 8월 물동량은 7월 물동량보다 많다.
ㄴ. 1월 대비 12월 물동량의 증가율은 15% 이상이다.
ㄷ. 2023년 월평균 물동량보다 물동량이 많은 달은 5개 이상이다.

① ㄱ
② ㄴ
③ ㄷ
④ ㄱ, ㄴ
⑤ ㄴ, ㄷ

20. 다음은 '갑'국 공공기관 A~D의 예산액에 관한 자료이다. 이에 대한 <보기>의 설명 중 옳은 것만을 모두 고르면?

<그림> 2018~2023년 연도별 공공기관 예산액 중 A~D 예산액 비중

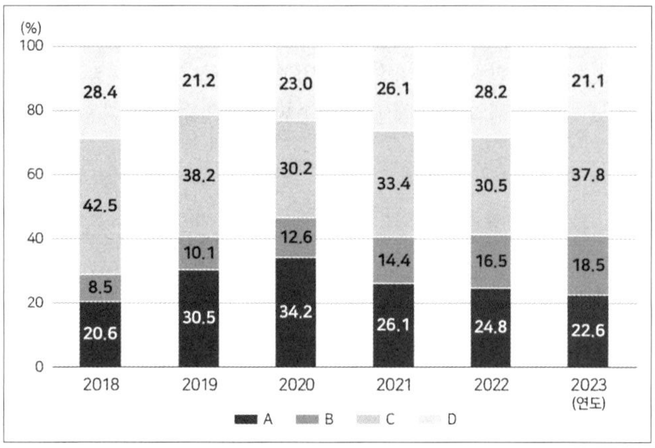

※ '갑'국 공공기관은 A~D뿐임.

<표> 2021~2023년 연도별 공공기관 A의 예산액

(단위: 억 원)

구분 \ 연도		2021	2022	2023
일반관리비	인건비	139	160	135
	경비	70	88	80
사업비		443	581	( )
출연금		250	250	260
합계		902	1,079	1,129

※ 예산액은 일반관리비(인건비, 경비), 사업비, 출연금으로만 구성됨.

<보 기>

ㄱ. 2018~2023년 동안 공공기관 예산액 중 B의 예산액 비중은 매년 1%p 이상 증가하였다.

ㄴ. 2023년 A는 사업비가 출연금의 3배 이상이다.

ㄷ. 2021~2023년 동안 A는 매년 인건비가 일반관리비의 60% 이상이다.

ㄹ. 2022년 C의 예산액은 전년 대비 증가하였다.

① ㄱ, ㄴ
② ㄱ, ㄷ
③ ㄴ, ㄹ
④ ㄱ, ㄷ, ㄹ
⑤ ㄴ, ㄷ, ㄹ

21. 다음은 '갑'국의 2024학년도와 2025학년도 대학입학시험 응시 현황에 관한 자료이다. 이를 근거로 A와 D에 해당하는 값을 바르게 연결한 것은?

<보고서>

2024학년도 대학입학시험 응시 현황을 살펴보면, 응시원서 접수 인원은 504,588명이었고, 응시 인원은 그중 88.2%에 해당하는 444,870명이었다. 응시원서 접수 인원 중 '재학생'은 326,646명, '졸업생 및 검정고시학력 인정자'는 177,942명이었다. 응시 인원 중 '재학생'은 287,502명, '졸업생 및 검정고시학력 인정자'는 157,368명으로, 각각 응시 인원의 64.6%, 35.4%를 차지하였다.

<그림> 2025학년도 대학입학시험 응시 현황

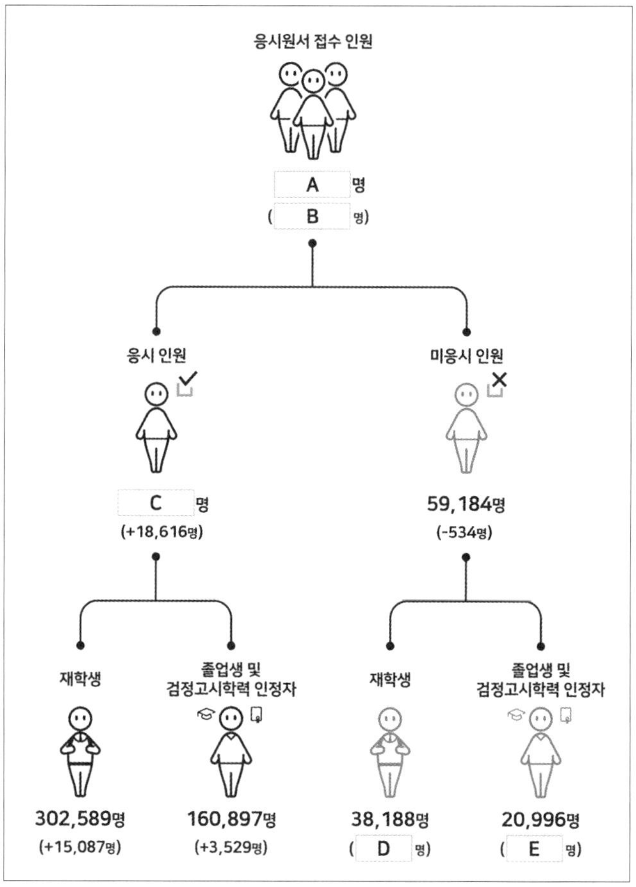

※ 1) ( )안의 수치는 2025학년도 인원에서 2024학년도 인원을 뺀 값임.
2) 응시원서 접수 인원은 '재학생', '졸업생 및 검정고시학력 인정자'로만 구분됨.

	A	D
①	522,670	-956
②	522,670	-926
③	522,670	422
④	523,738	-956
⑤	523,738	422

[22~23] 다음 <표>는 2025년 1월 A도매점 및 B소매점의 수산물 가격과 '갑'~'무'요리사가 1월 5주 B소매점에서 구매한 수산물에 관한 자료이다. 다음 물음에 답하시오.

<표 1> A도매점의 주별 수산물 가격

(단위: 원/kg)

수산물 \ 주 (어종)	(상태)	1	2	3	4	5	평균
고등어	냉장	7,700	7,300	6,200	6,900	6,700	6,960
	냉동	5,500	5,600	5,300	5,400	5,600	5,480
갈치	냉동	11,600	11,600	12,100	( )	( )	13,000
오징어	냉장	16,500	16,100	13,500	13,800	14,300	14,840
	냉동	12,300	12,900	14,300	13,900	13,600	13,400
명태	냉동	2,400	2,300	2,200	2,100	2,300	2,260
멸치	건조	14,300	14,200	12,800	12,900	12,800	13,400

<표 2> B소매점의 주별 수산물 가격

(단위: 원/kg)

수산물 \ 주 (어종)	(상태)	1	2	3	4	5	평균
고등어	냉장	11,700	11,200	12,300	12,700	14,100	12,400
	냉동	12,200	13,500	11,500	11,400	12,800	12,280
갈치	냉동	15,200	15,700	13,600	( )	( )	14,000
오징어	냉장	26,700	24,800	26,300	25,300	26,400	25,900
	냉동	20,100	19,300	20,000	19,200	22,400	20,200
명태	냉동	5,700	5,400	5,500	5,400	6,100	5,620
멸치	건조	29,600	29,200	27,500	27,900	28,800	28,600

※ 1) A도매점과 B소매점은 제시된 수산물만 판매함.
2) 주별 수산물 가격은 해당 주 동안 일정함.
3) 평균은 1~5주 가격의 합을 5로 나눈 값임.

<표 3> '갑'~'무'요리사의 1월 5주 B소매점 구매 수산물 및 총 구매액

(단위: kg, 원)

수산물 \ 요리사 (어종)	(상태)	갑	을	병	정	무
고등어	냉장	4	3	5	5	5
오징어	냉장	4	5	3	2	1
명태	냉동	2	2	2	3	4
총구매액		174,200	186,500	161,900	141,600	121,300

22. 위 <표>에 대한 <보기>의 설명 중 옳은 것만을 모두 고르면?

<보 기>

ㄱ. 냉동 고등어 가격의 전주 대비 증감 방향은 A도매점과 B소매점이 동일하다.
ㄴ. 냉장 수산물 중 1주 가격 대비 3주 가격 증감률이 가장 큰 어종은 A도매점과 B소매점이 동일하다.
ㄷ. A도매점이 B소매점보다 주별 냉동 갈치 가격이 높은 주가 있다.

① ㄴ
② ㄷ
③ ㄱ, ㄴ
④ ㄱ, ㄷ
⑤ ㄴ, ㄷ

23. '갑'~'무'요리사가 <표 3>에서 구매한 수산물을 1월 5주에 A도매점에서 구매한다면, 총구매액이 가장 큰 폭으로 감소하는 요리사는?

① 갑
② 을
③ 병
④ 정
⑤ 무

24. 다음은 주요 10개국의 인공지능(AI) 반도체 분야에 대한 국가별 기술점수 산정 방법과 결과에 관한 자료이다. 이에 대한 <보기>의 설명 중 옳은 것만을 모두 고르면?

<국가별 기술점수 산정 방법>

○ 해당 국가의 원점수는 '논문', '특허', '전문가 평가' 3가지 부문별로 집계한다.
○ 해당 국가의 변환점수는 3가지 부문별로 다음과 같이 산출한다.
  - 해당 부문에서 원점수가 가장 높은 국가 원점수 대비 해당 국가 원점수의 비율을 구한다.
  - 위 비율에 해당 부문 배점을 곱하여 변환점수를 산출한다. (단, 3가지 부문 배점의 합은 100점임)
○ 해당 국가의 기술점수는 3가지 부문 변환점수를 합하여 산정한다.

<표> AI 반도체 분야 주요 10개국 기술점수

(단위: 점)

국가 \ 부문	논문		특허		전문가 평가		기술점수
점수	원점수	변환점수	원점수	변환점수	원점수	변환점수	
미국	511	6.7	4,104	20.0	1,000	70.0	96.7
중국	767	10.0	431	2.1	850	59.5	71.6
한국	153	2.0	248	1.2	835	58.5	61.7
영국	138	1.8	167	0.8	760	53.2	55.8
대만	45	0.6	22	0.1	770	53.9	54.6
이스라엘	14	0.2	117	0.6	760	53.2	54.0
일본	47	0.6	430	2.1	725	50.8	53.5
프랑스	56	0.7	143	0.7	710	49.7	51.1
독일	62	0.8	105	0.5	700	49.0	50.3
캐나다	73	1.0	85	0.4	680	47.6	49.0

※ 변환점수는 소수 둘째 자리에서 반올림한 값임.

<보 기>

ㄱ. '전문가 평가' 부문 배점은 '논문'과 '특허' 부문 배점 합의 2배 이상이다.
ㄴ. 독일의 '논문' 부문 원점수만 50점 증가한다면, 기술점수는 독일이 프랑스보다 높아진다.
ㄷ. '논문'과 '특허' 부문 배점이 서로 바뀐다면, 기술점수는 이스라엘이 대만보다 높아진다.

① ㄱ
② ㄷ
③ ㄱ, ㄴ
④ ㄱ, ㄷ
⑤ ㄴ, ㄷ

25. 다음 <표>는 2024년 133개 국가를 대상으로 세계혁신지수(GII)를 조사하고 소득그룹별로 GII 기준 상위 10개 국가씩 나타낸 자료이다. 이에 대한 <보기>의 설명 중 옳은 것만을 모두 고르면?

<표> 2024년 소득그룹별 GII 기준 상위 10개 국가

소득그룹 (국가 수)	고소득(51)		중상소득(34)		중저소득(38)		저소득(10)	
소득그룹 내 순위 \ 구분	국가	GII 순위	국가	GII 순위	국가	GII 순위	국가	GII 순위
1	스위스	1	중국	11	인도	39	르완다	104
2	스웨덴	2	말레이시아	33	베트남	44	마다가스카르	110
3	미국	3	튀르키예	37	필리핀	53	토고	117
4	싱가포르	4	불가리아	38	우크라이나	60	우간다	121
5	영국	5	태국	41	이란	64	부룬디	127
6	대한민국	6	브라질	50	모로코	66	모잠비크	128
7	핀란드	7	세르비아	52	몽골	67	부르키나파소	129
8	네덜란드	8	인도네시아	54	요르단	73	에티오피아	130
9	독일	9	모리셔스	55	튀니지	81	말리	131
10	덴마크	10	멕시코	56	우즈베키스탄	83	니제르	132

※ 1) 조사 대상 133개 국가는 고소득그룹, 중상소득그룹, 중저소득그룹, 저소득그룹 중 하나로만 분류됨.
2) GII 순위는 133개 국가를 대상으로 부여되었으며 공동 순위는 없음.
3) 소득그룹 내 순위는 소득그룹별로 GII 순위가 높은 국가부터 순서대로 부여됨.

<보 기>

ㄱ. GII 순위가 스위스보다 낮고 중국보다 높은 국가는 모두 고소득그룹 국가이다.
ㄴ. GII 순위 41위부터 50위까지 국가 중 고소득그룹 국가 수는 7개이다.
ㄷ. 마다가스카르보다 GII 순위가 낮으면서 저소득그룹이 아닌 국가 수는 14개이다.
ㄹ. 중상소득그룹과 중저소득그룹을 중소득그룹으로 묶으면, 필리핀의 중소득그룹 내 순위는 10위이다.

① ㄱ, ㄷ
② ㄱ, ㄴ, ㄷ
③ ㄱ, ㄴ, ㄹ
④ ㄱ, ㄷ, ㄹ
⑤ ㄴ, ㄷ, ㄹ

약점 보완 해설집 p.4

시험일: _____년 _____월 _____일

2024년도 국가공무원 7급 공채 등 필기시험

❙ 자료해석영역 ❙

응시번호	
성명	

문제책형 **사**

응시자 주의사항

1. **시험시작 전 시험문제를 열람하는 행위나 시험종료 후 답안을 작성하는 행위를 한 사람**은 「공무원 임용시험령」 제51조에 의거 **부정행위자**로 처리됩니다.
2. **답안지 책형 표기는 시험시작 전** 감독관의 지시에 따라 **문제책 앞면에 인쇄된 문제책형을 확인**한 후, **답안지 책형란에 해당 책형(1개)**을 '●'로 표기하여야 합니다.
3. 시험이 시작되면 문제를 주의 깊게 읽은 후, **문항의 취지에 가장 적합한 하나의 정답만을 고르며**, 문제내용에 관한 질문은 할 수 없습니다.
4. **답안을 잘못 표기하였을 경우에는 답안지를 교체하여 작성**하거나 **수정할 수 있으며**, 표기한 답안을 수정할 때는 **응시자 본인이 가져온 수정테이프만을 사용**하여 해당 부분을 완전히 지우고 부착된 수정테이프가 떨어지지 않도록 손으로 눌러주어야 합니다. **(수정액 또는 수정 스티커 등은 사용 불가)**
5. **시험시간 관리의 책임은 응시자 본인에게 있습니다.**
   ※ 문제책은 시험종료 후 가지고 갈 수 있습니다.

모바일 자동 채점 및 성적 분석 서비스

'약점 보완 해설집'에 회차별로 수록된 QR코드를 인식하면 응시 인원 대비 자신의 성적 위치를 확인할 수 있습니다.

해커스PSAT

1. 다음 <표>는 2023년 도시 A~E의 '갑' 감염병 현황에 관한 자료이다. 이를 근거로 치명률이 가장 높은 도시와 가장 낮은 도시를 바르게 연결한 것은?

<표> 2023년 도시 A~E의 '갑' 감염병 현황

(단위: 명)

구분 / 도시	환자 수	사망자 수
A	300	16
B	20	1
C	50	2
D	100	6
E	200	9

※ 치명률(%) = $\frac{\text{사망자 수}}{\text{환자 수}} \times 100$

	가장 높은 도시	가장 낮은 도시
①	A	C
②	A	E
③	D	B
④	D	C
⑤	D	E

2. 다음 <그림>은 2023년 A~C구 공사 건수 및 평균 공사비를 나타낸 자료이다. 이를 근거로 계산한 2023년 A~C구 전체 공사의 평균 공사비는?

<그림> 2023년 A~C구 공사 건수 및 평균 공사비

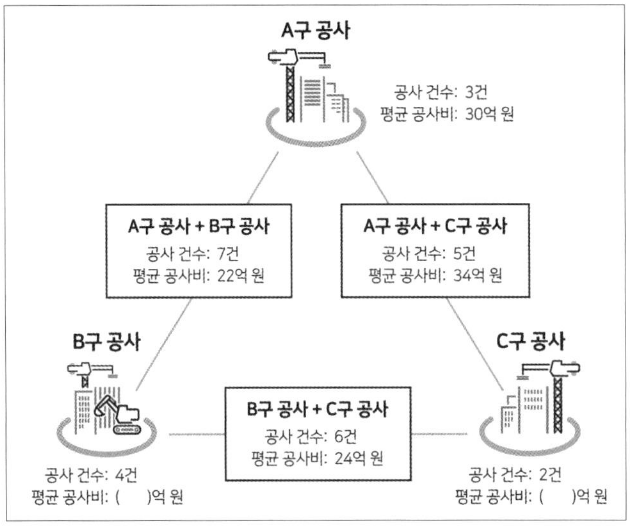

① 26억 원
② 27억 원
③ 28억 원
④ 29억 원
⑤ 30억 원

3. 다음 <보고서>는 '갑'시 시민의 2023년 문화예술교육 수강 현황에 관한 자료이다. <보고서>를 작성하는 데 사용되지 않은 자료는?

<보고서>

'갑'시 시민 1,000명을 대상으로 2023년 한 해 동안의 문화예술교육 수강 현황을 조사한 결과, 316명이 수강 경험이 있다고 응답하였다. 문화예술교육 수강 경험이 있는 응답자가 가장 많이 수강한 상위 5개 분야는 기타를 제외하고 영화, 사진, 음악, 공예, 미술 순이었다. 문화예술교육 수강자의 평균 지출 비용은 38만 8천 원이었는데, 연령대별로는 40대가 48만 4천 원으로 가장 많았다. 또한 문화예술교육 수강자의 동반자 유형 구성을 살펴보면, '혼자(동반자 없음)' 수강한 비율은 50% 이상이었고, '친구 및 연인'과 함께 수강한 비율은 18.4%였다. 문화예술교육 인지 경로는 '인터넷 검색'이 33.2%로 가장 높았고, 다음으로 '주변 지인'이 19.0%였다. 수강한 문화예술교육의 교육방식은 '예술적 기량 향상을 위한 강습'이 27.5%로 가장 높았다. 문화예술교육 수강 장소별 만족도는 미술관이 가장 높았고, 그 다음으로 박물관, 공연장, 지역문화재단의 순이었다.

① 문화예술교육 수강 경험 유무 및 수강 분야 구성비

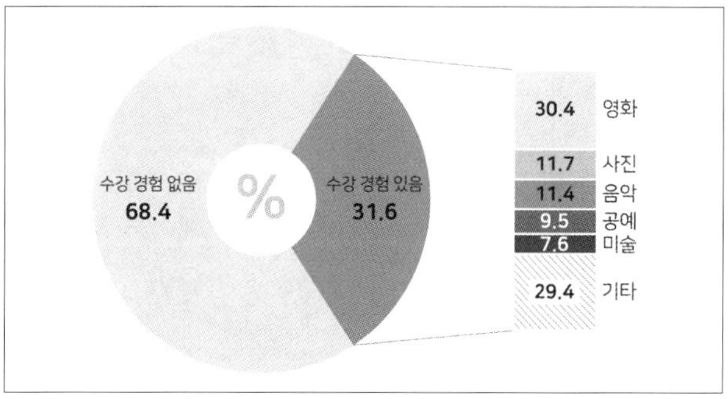

② 문화예술교육 수강자의 연령대별 평균 지출 비용

(단위: 만 원)

연령대	20대 이하	30대	40대	50대	60대 이상	전체
평균 지출 비용	36.8	46.9	48.4	39.5	19.9	38.8

③ 문화예술교육 수강자의 동반자 유형 구성비

(단위: %)

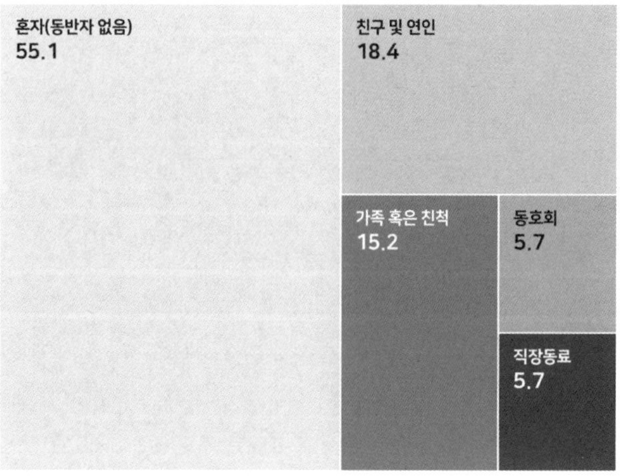

④ 문화예술교육 인지 경로 상위 5개 비율

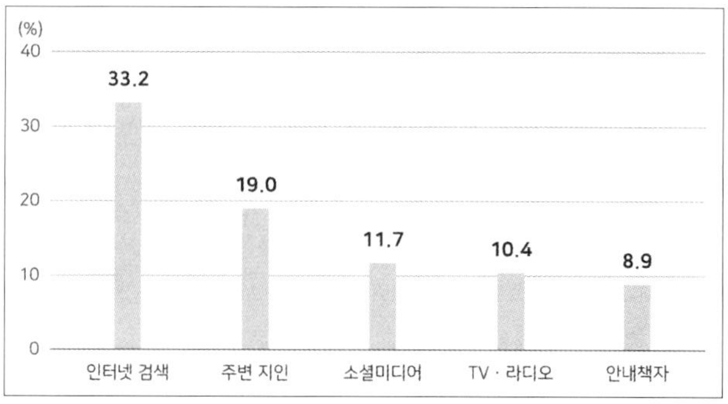

⑤ 문화예술교육 수강 이유 상위 5개 비율

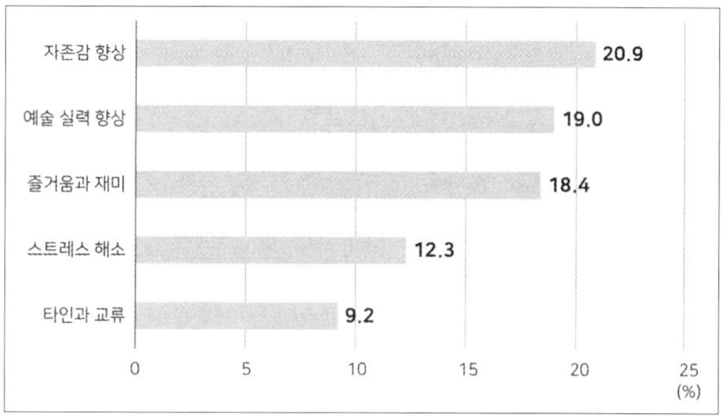

4. 다음은 2023년 '갑'국의 연근해 어선 감척지원금 산정에 관한 자료이다. 이를 근거로 어선 A~D 중 산정된 감척지원금이 가장 많은 어선과 가장 적은 어선을 바르게 연결한 것은?

<정 보>

○ 감척지원금 = 어선 잔존가치 + (평년수익액 × 3) + (선원 수 × 선원당 월 통상임금 고시액 × 6)

○ 선원당 월 통상임금 고시액: 5백만 원/명

<표> 감척지원금 신청 어선 현황

(단위: 백만 원, 명)

어선	어선 잔존가치	평년수익액	선원 수
A	170	60	6
B	350	80	8
C	200	150	10
D	50	40	3

	가장 많은 어선	가장 적은 어선
①	A	B
②	A	C
③	B	A
④	B	D
⑤	C	D

5. 다음은 2022년과 2023년 '갑'국 주택소유통계에 관한 자료이다. 제시된 <표>와 <정보> 이외에 <보고서>를 작성하기 위해 추가로 필요한 자료만을 <보기>에서 모두 고르면?

<표> 2022년과 2023년 주택소유 가구 수

(단위: 만 가구)

연도	2022	2023
주택소유 가구 수	1,146	1,173

<정 보>

$$\text{가구 주택소유율(\%)} = \frac{\text{주택소유 가구 수}}{\text{가구 수}} \times 100$$

<보고서>

'갑'국의 주택 수는 2022년 1,813만 호에서 2023년 1,853만 호로 2.2% 증가하였다. 개인소유 주택 수는 2022년 1,569만 호에서 2023년 1,597만 호로 1.8% 증가하였다. 주택소유 가구 수는 2022년 1,146만 가구에서 2023년 1,173만 가구로 2.4% 증가하였지만, 가구 주택소유율은 2022년 56.3%에서 2023년 56.0%로 감소하였다. 2023년 지역별 가구 주택소유율을 살펴보면, 상위 3개 지역은 A(64.4%), B(63.0%), C(61.0%)로 나타났다.

<보 기>

ㄱ. 2019~2023년 '갑'국 주택 수 및 개인소유 주택 수

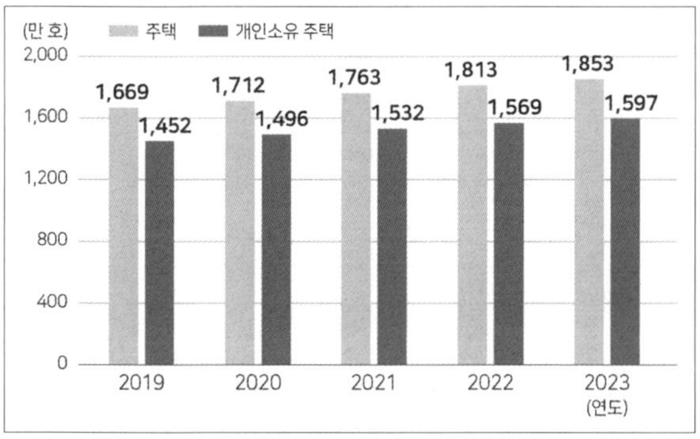

ㄴ. 2022년과 2023년 '갑'국 가구 수

(단위: 만 가구)

연도	2022	2023
가구 수	2,034	2,093

ㄷ. 2023년 '갑'국 지역별 가구 주택소유율 상위 3개 지역

(단위: %)

지역	A	B	C
가구 주택소유율	64.4	63.0	61.0

ㄹ. 2023년 '갑'국 가구주 연령대별 가구 주택소유율

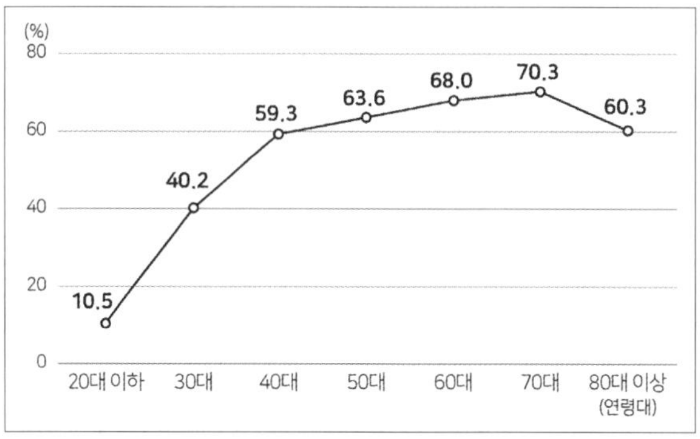

① ㄱ, ㄴ ② ㄱ, ㄹ ③ ㄴ, ㄷ
④ ㄴ, ㄹ ⑤ ㄱ, ㄴ, ㄷ

6. 다음은 '갑'국이 구매를 고려 중인 A~E전투기의 제원과 평가방법에 관한 자료이다. 이를 근거로 A~E 중 '갑'국이 구매할 전투기를 고르면?

<표> A~E전투기의 평가항목별 제원

(단위: 마하, 개, km, 억 달러)

평가항목 \ 전투기	A	B	C	D	E
최고속력	3.0	1.5	2.5	2.0	2.7
미사일 탑재 수	12	14	9	10	8
항속거리	1,400	800	1,200	1,250	1,500
가격	1.4	0.8	0.9	0.7	1.0
공중급유	가능	가능	불가능	가능	불가능
자체수리	불가능	가능	불가능	가능	가능

<평가방법>

○ 평가항목 중 최고속력, 미사일 탑재 수, 항속거리, 가격은 평가항목별로 전투기 간 상대평가를 하여 가장 우수한 전투기부터 5점, 4점, 3점, 2점, 1점 순으로 부여한다.
○ 최고속력은 높을수록, 미사일 탑재 수는 많을수록, 항속거리는 길수록, 가격은 낮을수록 전투기가 우수하다고 평가한다.
○ 평가항목 중 공중급유와 자체수리는 평가항목별로 '가능'이면 1점, '불가능'이면 0점을 부여한다.
○ '갑'국은 평가항목 점수의 합이 가장 큰 전투기를 구매한다. 단, 동점일 경우 그중에서 가격이 가장 낮은 전투기를 구매한다.

① A ② B ③ C ④ D ⑤ E

7. 다음 <표>는 2023년 '갑'국에서 배달대행과 퀵서비스 업종에 종사하는 운전자 실태에 관한 자료이다. 제시된 <표> 이외에 <보고서>를 작성하기 위해 추가로 필요한 자료만을 <보기>에서 모두 고르면?

<표 1> 운전자 연령대 구성비 및 평균 연령

(단위: %, 세)

구분 \ 업종	연령대					평균 연령
	20대 이하	30대	40대	50대	60대 이상	
배달대행	40.0	36.1	17.8	5.4	0.7	33.2
퀵서비스	0.0	3.1	14.1	36.4	46.4	57.8

<표 2> 이륜자동차 운전 경력 및 서비스 제공 경력의 평균

(단위: 년)

구분 \ 업종	배달대행	퀵서비스
이륜자동차 운전 경력	7.4	19.8
서비스 제공 경력	2.8	13.7

<표 3> 일평균 근로시간 및 배달건수

(단위: 시간, 건)

구분 \ 업종	배달대행	퀵서비스
근로시간	10.8	9.8
운행시간	8.5	6.1
운행 외 시간	2.3	3.7
배달건수	41.5	15.1

<보고서>

'갑'국에서 배달대행과 퀵서비스 업종에 종사하는 운전자 실태를 조사한 결과는 다음과 같다. 두 업종 모두 이륜자동차를 이용하여 유사한 형태의 서비스를 제공하지만, 운전자 특성에는 큰 차이가 있었다. 우선, 운전자 평균 연령은 퀵서비스가 57.0세로 배달대행 33.2세보다 높았다. 이는 배달대행은 30대 이하 운전자 비중이 전체의 70% 이상이지만 퀵서비스는 50대 이상 운전자가 전체의 80% 이상을 차지하기 때문이다. 운전자의 이륜자동차 운전 경력의 평균과 서비스 제공 경력의 평균도 각각 퀵서비스가 배달대행에 비해 10년 이상 길었다. 한편, 운전자가 배달대행이나 퀵서비스 시장에 진입하기 위해서는 이륜자동차 구입 비용이 소요되는데, 신차와 중고차 구입 각각에서 배달대행이 퀵서비스보다 평균 구입 비용이 높았다. 또한, 운행시간과 운행 외 시간을 합한 일평균 근로시간은 배달대행이 퀵서비스보다 1.0시간 길었고, 월평균 근로일수도 배달대행이 퀵서비스보다 3일 이상 많은 것으로 나타났다.

<보 기>

ㄱ. 이륜자동차 운전 경력 구성비

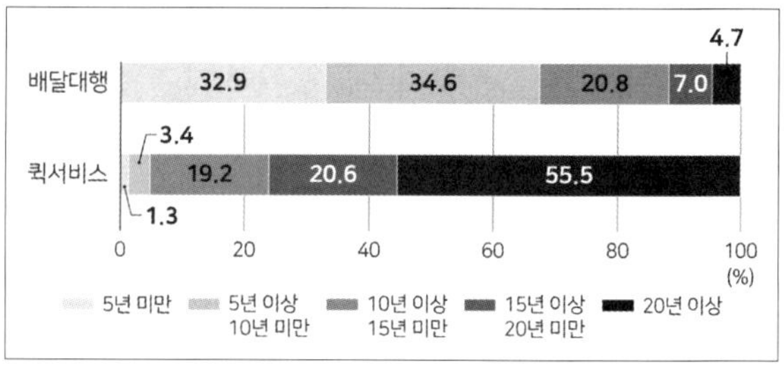

ㄴ. 서비스 제공 경력 구성비

(단위: %)

업종 \ 경력	5년 미만	5년 이상 10년 미만	10년 이상 15년 미만	15년 이상 20년 미만	20년 이상	전체
배달대행	81.9	15.8	2.3	0.0	0.0	100
퀵서비스	14.8	11.3	26.8	14.1	33.0	100

ㄷ. 배달대행 및 퀵서비스 시장 진입을 위한 이륜자동차 평균 구입 비용

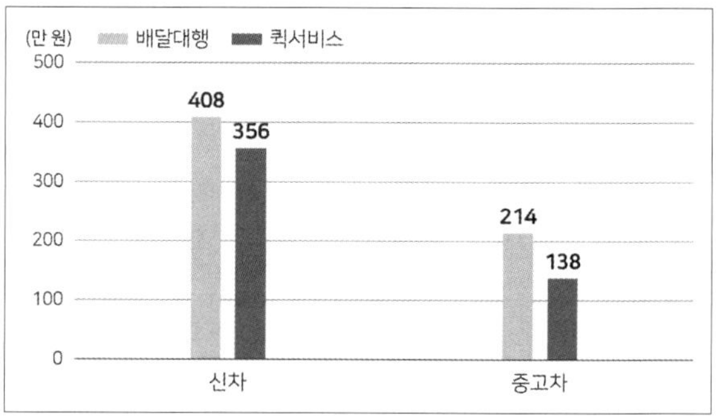

ㄹ. 월평균 근로일수

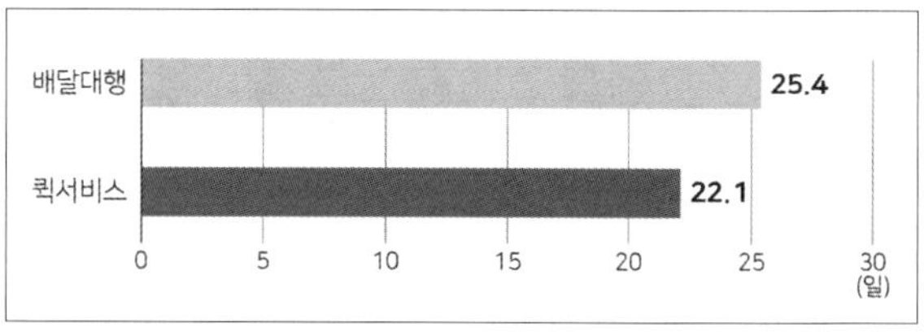

① ㄱ, ㄴ
② ㄴ, ㄷ
③ ㄷ, ㄹ
④ ㄱ, ㄴ, ㄹ
⑤ ㄱ, ㄷ, ㄹ

8. 다음은 2023년 '갑'국 주요 10개 업종의 특허출원 현황에 관한 자료이다. 이를 근거로 A~C에 해당하는 업종을 바르게 연결한 것은?

<표> 주요 10개 업종의 기업규모별 특허출원건수 및 특허출원기업 수

(단위: 건, 개)

구분 / 업종	기업규모별 특허출원건수			특허출원 기업 수
	대기업	중견기업	중소기업	
A	25,234	1,575	4,730	1,725
전기장비	6,611	501	3,265	1,282
기계	1,314	1,870	5,833	2,360
출판	204	345	8,041	2,550
자동차	5,460	1,606	1,116	617
화학제품	2,978	917	2,026	995
의료	52	533	2,855	1,019
B	18	115	3,223	1,154
건축	113	167	2,129	910
C	29	7	596	370

※ 기업규모는 '대기업', '중견기업', '중소기업'으로만 구분됨.

<정 보>

○ '중소기업' 특허출원건수가 해당 업종 전체 기업 특허출원건수의 90% 이상인 업종은 '연구개발', '전문서비스', '출판'이다.

○ '대기업' 특허출원건수가 '중견기업'과 '중소기업' 특허출원건수 합의 2배 이상인 업종은 '전자부품', '자동차'이다.

○ 특허출원기업당 특허출원건수는 '연구개발'이 '전문서비스'보다 많다.

	A	B	C
①	연구개발	전자부품	전문서비스
②	전자부품	연구개발	전문서비스
③	전자부품	전문서비스	연구개발
④	전문서비스	연구개발	전자부품
⑤	전문서비스	전자부품	연구개발

9. 다음 <표>는 2018~2023년 짜장면 가격 및 가격지수와 짜장면 주재료 품목의 판매단위당 가격에 관한 자료이다. 이에 대한 설명으로 옳은 것은?

<표 1> 2018~2023년 짜장면 가격 및 가격지수

(단위: 원)

구분 \ 연도	2018	2019	2020	2021	2022	2023
가격	5,011	5,201	5,276	5,438	6,025	( )
가격지수	95.0	98.6	100	103.1	114.2	120.6

※ 가격지수는 2020년 짜장면 가격을 100으로 할 때, 해당 연도 짜장면 가격의 상대적인 값임.

<표 2> 2018~2023년 짜장면 주재료 품목의 판매단위당 가격

(단위: 원)

품목	판매단위 \ 연도	2018	2019	2020	2021	2022	2023
춘장	14kg	26,000	27,500	27,500	33,000	34,500	34,500
식용유	900mL	3,890	3,580	3,980	3,900	4,600	5,180
밀가루	1kg	1,280	1,280	1,280	1,190	1,590	1,880
설탕	1kg	1,630	1,680	1,350	1,790	1,790	1,980
양파	2kg	2,250	3,500	5,000	8,000	5,000	6,000
청오이	2kg	4,000	8,000	8,000	10,000	10,000	15,000
돼지고기	600g	10,000	10,000	10,000	13,000	15,000	13,000

※ 짜장면 주재료 품목은 제시된 7개뿐임.

① 짜장면 가격지수가 80.0이면 짜장면 가격은 4,000원 이하이다.

② 2023년 짜장면 가격은 2018년에 비해 20% 이상 상승하였다.

③ 2018년에 비해 2023년 판매단위당 가격이 2배 이상인 짜장면 주재료 품목은 1개이다.

④ 2020년에 식용유 1,800mL, 밀가루 2kg, 설탕 2kg의 가격 합계는 15,000원 이상이다.

⑤ 매년 판매단위당 가격이 상승한 짜장면 주재료 품목은 2개 이상이다.

10. 다음 <표>는 2017~2023년 '갑'국의 '어린이 안전 체험 교실' 사업 운영 현황에 관한 자료이다. 이를 바탕으로 작성한 <보고서>의 A~C에 해당하는 내용을 바르게 연결한 것은?

<표> 2017~2023년 '어린이 안전 체험 교실' 사업 운영 현황

(단위: 개, 회, 명)

연도 \ 구분	참여 자치 단체 수	운영 횟수	교육 참여		자원 봉사자 수
			어린이 수	학부모 수	
2017	9	11	10,265	6,700	2,083
2018	15	30	73,060	19,465	1,600
2019	14	38	55,780	15,785	2,989
2020	18	35	58,680	13,006	2,144
2021	19	39	61,380	11,660	2,568
2022	17	38	59,559	9,071	2,406
2023	18	40	72,261	8,619	2,071

<보고서>

안전 체험 시설이 없는 지역으로 찾아가는 '어린이 안전 체험 교실' 사업이 2017년부터 2023년까지 운영되었다. 해당 기간 동안 참여 자치 단체 수, 운영 횟수 등이 변화하였는데 그중 참여 자치 단체 수와 교육 참여 [A] 수의 전년 대비 증감 방향은 매년 같았다.

2021년은 사업 기간 중 참여 자치 단체 수가 가장 많았던 해로 2020년보다 운영 횟수와 교육 참여 어린이 수가 늘었다. 운영 횟수당 교육 참여 어린이 수는 2021년이 2020년보다 [B].

본 사업에 자원봉사자도 꾸준히 참여하였다. 2019년에는 사업 기간 중 가장 많은 자원봉사자가 참여하였다. 자원봉사자당 교육 참여 어린이 수는 2019년이 2017년보다 [C].

	A	B	C
①	어린이	많았다	많았다
②	어린이	적었다	많았다
③	어린이	적었다	적었다
④	학부모	많았다	적었다
⑤	학부모	적었다	적었다

11. 다음 <표>는 2019~2023년 '갑'국의 항공편 지연 및 결항에 관한 자료이다. 이에 대한 <보기>의 설명 중 옳은 것만을 모두 고르면?

<표 1> 2019~2023년 항공편 지연 현황

(단위: 편)

분기	월	국내선 2019	국내선 2020	국내선 2021	국내선 2022	국내선 2023	국제선 2019	국제선 2020	국제선 2021	국제선 2022	국제선 2023
1	1	0	0	0	0	0	1	0	0	1	0
	2	0	0	0	0	0	0	0	0	0	2
	3	0	0	0	0	0	6	0	0	0	0
2	4	0	0	0	0	0	0	0	2	0	1
	5	1	0	0	0	0	5	0	0	1	0
	6	0	0	0	0	0	0	0	10	11	1
3	7	40	0	0	3	68	53	23	11	83	55
	8	3	0	0	3	1	27	58	61	111	50
	9	0	0	0	0	161	7	48	46	19	368
4	10	0	93	0	23	32	21	45	44	98	72
	11	0	0	0	1	0	0	0	0	5	11
	12	0	0	0	0	0	2	1	6	0	17
전체		44	93	0	30	262	122	175	180	329	577

<표 2> 2019~2023년 항공편 결항 현황

(단위: 편)

분기	월	국내선 2019	국내선 2020	국내선 2021	국내선 2022	국내선 2023	국제선 2019	국제선 2020	국제선 2021	국제선 2022	국제선 2023
1	1	0	0	0	0	0	0	0	0	0	0
	2	0	0	0	0	0	0	0	0	0	14
	3	0	0	0	0	0	0	0	0	0	0
2	4	1	0	0	0	0	0	0	0	0	0
	5	6	0	0	0	0	10	0	0	0	0
	6	0	0	0	0	0	0	0	0	1	0
3	7	311	0	0	187	507	93	11	5	162	143
	8	62	0	0	1,008	115	39	11	71	127	232
	9	0	0	4	0	1,351	16	30	42	203	437
4	10	0	85	0	589	536	4	48	49	112	176
	11	0	0	0	0	0	0	0	0	0	4
	12	0	0	0	0	0	0	4	4	0	22
전체		380	85	4	1,784	2,509	162	104	171	605	1,028

<보 기>

ㄱ. 2022년 3분기 국제선 지연편수는 전년 동기 대비 100편 이상 증가하였다.

ㄴ. 2023년 9월의 결항편수는 국내선이 국제선의 3배 이상이다.

ㄷ. 매년 1월과 3월에는 항공편 결항이 없었다.

① ㄱ ② ㄷ ③ ㄱ, ㄴ

④ ㄴ, ㄷ ⑤ ㄱ, ㄴ, ㄷ

12. 다음 <표>는 2022학년도 '갑'대학교 졸업생의 취업 및 진학 현황에 관한 자료이다. 이에 대한 설명으로 옳지 않은 것은?

<표> 2022학년도 '갑'대학교 졸업생의 취업 및 진학 현황

(단위: 명, %)

구분 / 계열	졸업생 수	취업자 수	취업률	진학자 수	진학률
A	800	500	(　)	60	7.5
B	700	400	57.1	50	7.1
C	500	200	40.0	40	(　)
전체	2,000	1,100	55.0	150	7.5

※ 1) 취업률(%) = $\frac{\text{취업자 수}}{\text{졸업생 수}} \times 100$

2) 진학률(%) = $\frac{\text{진학자 수}}{\text{졸업생 수}} \times 100$

3) 진로 미결정 비율(%) = 100 − (취업률 + 진학률)

① 취업률은 A계열이 B계열보다 높다.
② 진로 미결정 비율은 B계열이 C계열보다 낮다.
③ 진학자 수만 계열별로 20%씩 증가한다면, 전체의 진학률은 10% 이상이 된다.
④ 취업자 수만 계열별로 10%씩 증가한다면, 전체의 취업률은 60% 이상이 된다.
⑤ 진학률은 A~C계열 중 C계열이 가장 높다.

13. 다음 <그림>은 오이와 고추의 재배방식별 파종, 정식, 수확 가능 시기에 관한 자료이다. 이에 대한 설명으로 옳지 않은 것은?

<그림> 오이와 고추의 재배방식별 파종, 정식, 수확 가능 시기

작물	재배방식	1	2	3	4	5	6	7	8	9	10	11	12
오이	촉성	정식	수확	수확	수확	수확						파종	정식
	반촉성	파종	정식	수확	수확	수확	수확						
	조숙			파종	정식	수확	수확	수확	수확				
	보통				파종	정식	수확	수확	수확				
	억제					파종	정식	수확	수확	수확	수확	수확	
고추	촉성	수확	수확	수확	수확	수확					파종		정식
	반촉성		정식	수확	수확	수확	수확	수확				파종	
	조숙		파종		정식	수확	수확	수확	수확	수확	수확		
	보통			파종		정식	수확	수확	수확	수확	수확		
	억제				파종		정식	수확	수확	수확	수확	수확	

(월) 파종 / 정식 / 수확

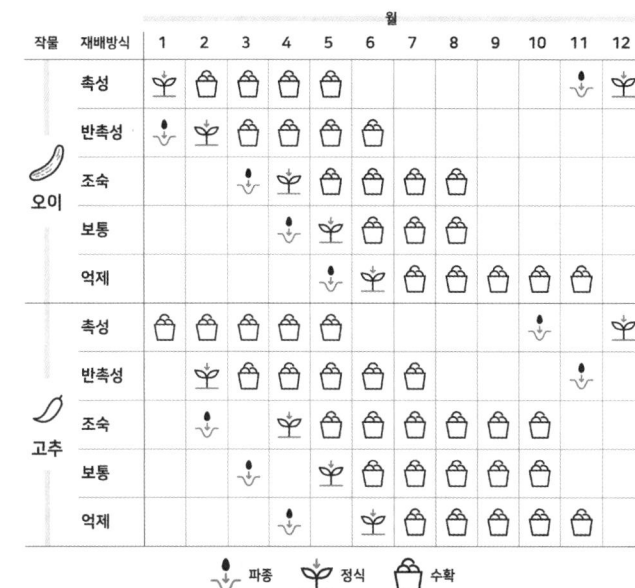

① '촉성' 재배방식에서 정식이 가능한 달의 수는 오이가 고추보다 많다.
② 고추의 각 재배방식에서 파종 가능 시기와 정식 가능 시기의 차이는 1개월 이상이다.
③ 오이는 고추보다 정식과 수확이 모두 가능한 달의 수가 더 많다.
④ 고추의 경우, 수확이 가능한 재배방식의 수는 7월이 가장 많다.
⑤ 오이의 재배방식 중 수확이 가능한 달의 수가 가장 적은 것은 '보통'이다.

14. 다음 <표>는 2019~2023년 '갑'국의 양식 품목별 면허어업 건수에 관한 자료이다. 이에 대한 설명으로 옳은 것은?

<표> 2019~2023년 양식 품목별 면허어업 건수

(단위: 건)

연도 양식 품목	2019	2020	2021	2022	2023
김	781	837	853	880	812
굴	1,292	1,314	1,317	1,293	1,277
새고막	1,076	1,093	1,096	1,115	1,121
바지락	570	587	576	582	565
미역	802	920	898	882	678
전체	4,521	4,751	4,740	4,752	4,453

※ 양식 품목은 '김', '굴', '새고막', '바지락', '미역'뿐임.

① '김' 면허어업 건수는 매년 증가한다.
② '굴'과 '새고막'의 면허어업 건수 합은 매년 전체의 50% 이상이다.
③ '바지락' 면허어업 건수의 전년 대비 증가율은 2020년이 2022년보다 낮다.
④ '미역' 면허어업 건수는 2023년이 2020년보다 많다.
⑤ 2023년에 면허어업 건수가 전년 대비 증가한 양식 품목은 2개이다.

15. 다음은 2019~2022년 우리나라의 원산지별 목재펠릿 수입량에 관한 자료이다. 이를 근거로 A~E국 중 우리나라에 해당하는 국가를 고르면?

<보고서>

목재펠릿은 작은 원통형으로 성형한 목재 연료로, 재생 가능한 청정에너지원이며 바이오매스 발전에 사용되고 있다. 2022년 기준 국내 목재펠릿 이용량의 84%가 수입산으로, 전체 수입량은 전년 대비 10% 이상 증가하였다. 매년 전체 목재펠릿 수입량의 절반 이상이 베트남산으로, 베트남에 대한 과도한 의존이 지속되고 있다. 2021년부터 충청남도 서산과 당진에 있는 바이오매스 발전소에 캐나다산 목재펠릿을 공급하면서 캐나다산 목재펠릿 수입이 증가하여 2022년 캐나다산 목재펠릿 수입량은 2019년 대비 30배 이상이 되었다. 또한, 2022년에는 유럽 시장에 수출길이 막힌 러시아산 목재펠릿의 수입량이 크게 증가하여 2022년 기준 러시아산이 우리나라 목재펠릿 수입량 2위를 차지하였다. 인도네시아산 목재펠릿 수입량은 2019년 이후 꾸준히 증가해 2022년에는 말레이시아산 목재펠릿 수입량을 추월하였다.

<표 1> 2019~2021년 우리나라의 원산지별 목재펠릿 수입량

(단위: 천 톤)

원산지 연도	베트남	말레이시아	캐나다	인도네시아	러시아	기타	전체
2019	1,941	520	11	239	99	191	3,001
2020	1,912	508	52	303	165	64	3,004
2021	2,102	406	329	315	167	39	3,358

<표 2> 2022년 A~E국의 원산지별 목재펠릿 수입량

(단위: 천 톤)

원산지 국가	베트남	말레이시아	캐나다	인도네시아	러시아	기타	전체
A	2,201	400	348	416	453	102	3,920
B	2,245	453	346	400	416	120	3,980
C	2,264	416	400	346	453	106	3,985
D	2,022	322	346	416	400	40	3,546
E	2,010	346	322	400	416	142	3,636

① A
② B
③ C
④ D
⑤ E

16. 다음 <표>는 2017~2022년 '갑'시 공공한옥시설의 유형별 현황에 관한 자료이다. 이에 대한 <보기>의 설명 중 옳은 것만을 모두 고르면?

<표> 2017~2022년 '갑'시 공공한옥시설의 유형별 현황

(단위: 개소)

유형 \ 연도	2017	2018	2019	2020	2021	2022
문화전시시설	8	8	10	11	12	12
전통공예시설	14	14	11	10	(　)	9
주민이용시설	3	3	5	6	8	8
주거체험시설	0	0	1	3	4	(　)
한옥숙박시설	2	2	(　)	0	0	0
전체	27	27	28	30	34	34

※ 공공한옥시설의 유형은 '문화전시시설', '전통공예시설', '주민이용시설', '주거체험시설', '한옥숙박시설'로만 구분됨.

<보 기>

ㄱ. '전통공예시설'과 '한옥숙박시설'의 전년 대비 증감 방향은 매년 같다.

ㄴ. 전체 공공한옥시설 중 '문화전시시설'의 비율은 매년 20% 이상이다.

ㄷ. 2020년 대비 2022년 공공한옥시설의 유형별 증가율은 '주거체험시설'이 '주민이용시설'의 2배이다.

ㄹ. '한옥숙박시설'이 '주거체험시설'보다 많은 해는 2017년과 2018년뿐이다.

① ㄱ, ㄴ
② ㄴ, ㄷ
③ ㄴ, ㄹ
④ ㄱ, ㄷ, ㄹ
⑤ ㄴ, ㄷ, ㄹ

17. 다음 <그림>은 2015~2023년 '갑'국의 해외직접투자 규모와 최저개발국 직접투자 비중에 관한 자료이다. 이에 대한 설명으로 옳은 것은?

<그림> 해외직접투자 규모와 최저개발국 직접투자 비중

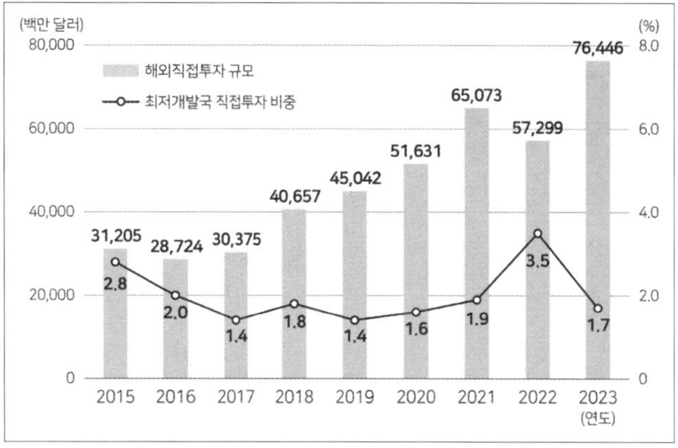

※ 최저개발국 직접투자 비중(%) = $\frac{\text{최저개발국 직접투자 규모}}{\text{해외직접투자 규모}} \times 100$

① 최저개발국 직접투자 규모는 2023년이 2015년보다 크다.
② 2021년 최저개발국 직접투자 비중은 전년보다 감소하였다.
③ 2018년 최저개발국 직접투자 규모는 10억 달러 이상이다.
④ 2023년 해외직접투자 규모는 전년 대비 40% 이상 증가하였다.
⑤ 2017년에 해외직접투자 규모와 최저개발국 직접투자 비중 모두 전년 대비 증가하였다.

18. 다음 <표>는 '갑'국의 가맹점 수 기준 상위 5개 편의점 브랜드 현황에 관한 자료이다. 이에 대한 <보기>의 설명 중 옳은 것만을 모두 고르면?

<표> 가맹점 수 기준 상위 5개 편의점 브랜드 현황

(단위: 개, 천 원/개, 천 원/m^2)

순위	브랜드	가맹점 수	가맹점당 매출액	가맹점 면적당 매출액
1	A	14,737	583,999	26,089
2	B	14,593	603,529	32,543
3	C	10,294	465,042	25,483
4	D	4,082	414,841	12,557
5	E	787	559,684	15,448

※ 가맹점 면적당 매출액(천 원/m^2) = $\frac{\text{해당 브랜드 전체 가맹점 매출액의 합}}{\text{해당 브랜드 전체 가맹점 면적의 합}}$

<보 기>

ㄱ. '갑'국의 전체 편의점 가맹점 수가 5만 개라면 편의점 브랜드 수는 최소 14개이다.

ㄴ. A~E 중, 가맹점당 매출액이 가장 큰 브랜드가 전체 가맹점 매출액의 합도 가장 크다.

ㄷ. A~E 중, 해당 브랜드 전체 가맹점 면적의 합이 가장 작은 편의점 브랜드는 E이다.

① ㄱ
② ㄴ
③ ㄷ
④ ㄴ, ㄷ
⑤ ㄱ, ㄴ, ㄷ

19. 다음 <표>는 2023년 '갑'시 소각시설 현황에 관한 자료이다. 이에 대한 설명으로 옳은 것은?

<표> 2023년 '갑'시 소각시설 현황

(단위: 톤/일, 톤, 명)

소각시설	시설용량	연간소각실적	관리인원
전체	2,898	689,052	314
A	800	163,785	66
B	48	12,540	34
C	750	169,781	75
D	400	104,176	65
E	900	238,770	74

※ 시설용량은 1일 가동 시 소각할 수 있는 최대량임.

① '연간소각실적'이 많은 소각시설일수록 '관리인원'이 많다.
② '시설용량' 대비 '연간소각실적' 비율이 가장 높은 소각시설은 E이다.
③ '연간소각실적'은 A가 D의 1.5배 이하이다.
④ C의 '시설용량'은 전체 '시설용량'의 30% 이상이다.
⑤ B의 2023년 가동 일수는 250일 미만이다.

[20 ~ 21] 다음 <표>는 2019~2023년 '갑'국 및 A지역의 식량작물 생산 현황에 관한 자료이다. 다음 물음에 답하시오.

<표 1> 2019~2023년 식량작물 생산량

(단위: 톤)

구분 \ 연도	2019	2020	2021	2022	2023
'갑'국 전체	4,397,532	4,374,899	4,046,574	4,456,952	4,331,597
A지역 전체	223,472	228,111	203,893	237,439	221,271
미곡	153,944	150,901	127,387	155,501	143,938
맥류	270	369	398	392	201
잡곡	29,942	23,823	30,972	33,535	30,740
두류	9,048	10,952	9,560	10,899	10,054
서류	30,268	42,066	35,576	37,112	36,338

<표 2> 2019~2023년 식량작물 생산 면적

(단위: ha)

구분 \ 연도	2019	2020	2021	2022	2023
'갑'국 전체	924,470	924,291	906,106	905,034	903,885
A지역 전체	46,724	47,446	46,615	47,487	46,542
미곡	29,006	28,640	28,405	28,903	28,708
맥류	128	166	177	180	98
잡곡	6,804	6,239	6,289	6,883	6,317
두류	5,172	5,925	5,940	5,275	5,741
서류	5,614	6,476	5,804	6,246	5,678

※ A지역 식량작물은 미곡, 맥류, 잡곡, 두류, 서류뿐임.

20. 위 <표>에 대한 설명으로 옳지 않은 것은?

① 2023년 식량작물 생산량의 전년 대비 감소율은 A지역 전체가 '갑'국 전체보다 낮다.
② 2019년 대비 2023년 생산량 증감률이 가장 큰 A지역 식량작물은 맥류이다.
③ 미곡은 매년 A지역 전체 식량작물 생산 면적의 절반 이상을 차지한다.
④ 2023년 생산 면적당 생산량이 가장 많은 A지역 식량작물은 서류이다.
⑤ A지역 전체 식량작물 생산량과 A지역 전체 식량작물 생산 면적의 전년 대비 증감 방향은 매년 같다.

21. 위 <표>를 이용하여 작성한 <보기>의 자료 중 옳은 것만을 모두 고르면?

<보 기>

ㄱ. 2020~2023년 '갑'국 전체 식량작물 생산 면적의 전년 대비 감소량

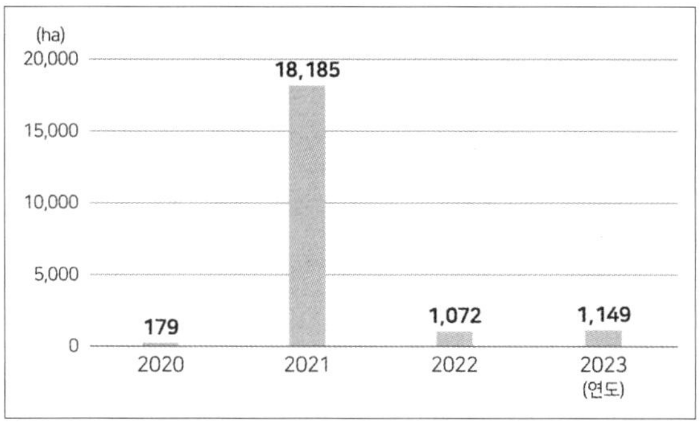

ㄴ. 연도별 A지역 잡곡, 두류, 서류 생산량

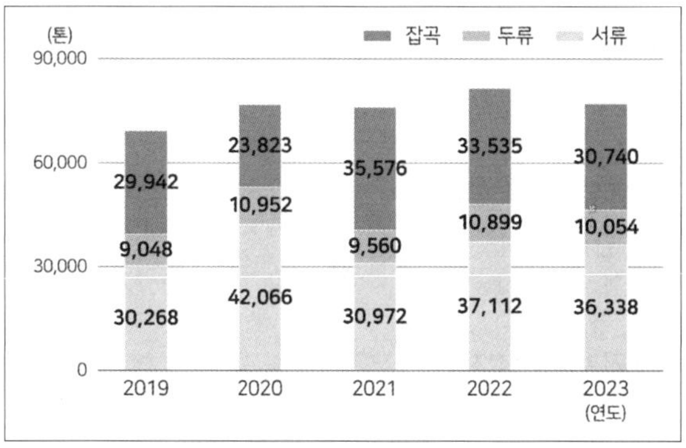

ㄷ. 2019년 대비 연도별 A지역 맥류 생산 면적 증가율

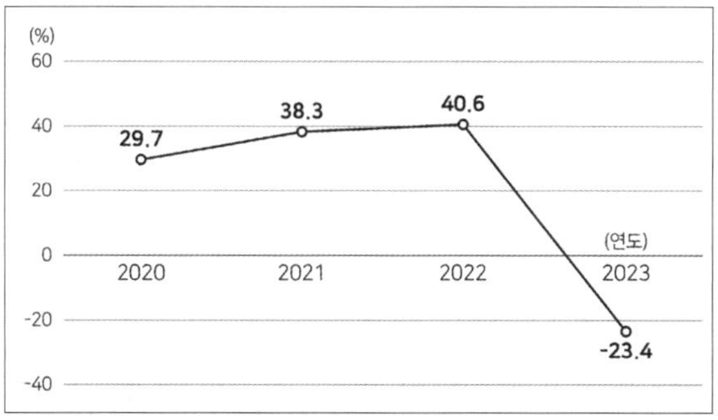

ㄹ. 2023년 A지역 식량작물 생산량 구성비

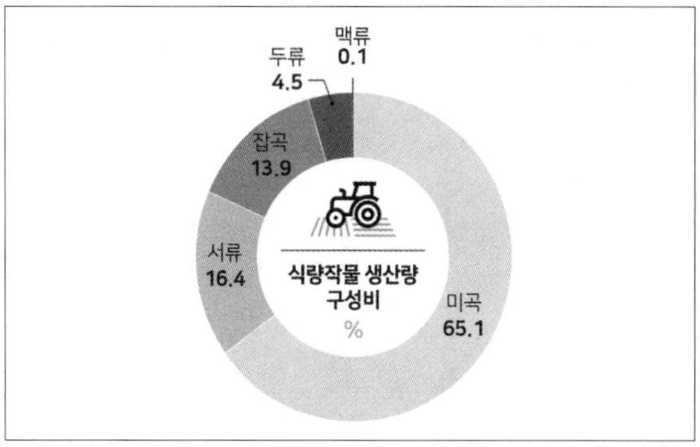

① ㄱ, ㄴ ② ㄱ, ㄷ ③ ㄴ, ㄹ
④ ㄱ, ㄷ, ㄹ ⑤ ㄴ, ㄷ, ㄹ

22. 다음 <표>는 2022년 3월 기준 '갑'시 A~L동의 지방소멸위험지수 및 지방소멸위험 수준에 관한 자료이다. 이에 대한 설명으로 옳지 않은 것은?

<표 1> 2022년 3월 기준 '갑'시 A~L동의 지방소멸위험지수

(단위: 명)

동	총인구	65세 이상 인구	20~39세 여성 인구	지방소멸 위험지수
A	14,056	2,790	1,501	0.54
B	23,556	3,365	(　　)	0.88
C	29,204	3,495	3,615	1.03
D	21,779	3,889	2,614	0.67
E	11,224	2,300	1,272	(　　)
F	16,792	2,043	2,754	1.35
G	19,163	2,469	3,421	1.39
H	27,146	4,045	4,533	1.12
I	23,813	2,656	4,123	(　　)
J	29,649	5,733	3,046	0.53
K	36,326	7,596	3,625	(　　)
L	15,226	2,798	1,725	0.62

※ 지방소멸위험지수 $= \frac{\text{20~39세 여성 인구}}{\text{65세 이상 인구}}$

<표 2> 지방소멸위험 수준

지방소멸위험지수	지방소멸위험 수준
1.5 이상	저위험
1.0 이상 1.5 미만	보통
0.5 이상 1.0 미만	주의
0.5 미만	위험

① 지방소멸위험 수준이 '주의'인 동은 5곳이다.
② '20~39세 여성 인구'는 B동이 G동보다 적다.
③ 지방소멸위험지수가 가장 높은 동의 '65세 이상 인구'는 해당 동 '총인구'의 10% 이상이다.
④ '총인구'가 가장 많은 동은 지방소멸위험지수가 가장 낮다.
⑤ 지방소멸위험 수준이 '보통'인 동의 '총인구' 합은 90,000명 이상이다.

23. 다음 <표>는 2023년 '갑'국의 생활계 폐기물 처리실적에 관한 자료이다. 이에 대한 설명으로 옳은 것은?

<표> 2023년 처리방법별, 처리주체별 생활계 폐기물 처리실적

(단위: 만 톤)

처리방법 / 처리주체	재활용	소각	매립	기타	합
공공	403	447	286	7	1,143
자가	14	5	1	1	21
위탁	870	113	4	119	1,106
계	1,287	565	291	127	2,270

① 전체 처리실적 중 '매립'의 비율은 15% 이상이다.
② 기타를 제외하고, 각 처리방법에서 처리실적은 '공공'이 '위탁'보다 많다.
③ 각 처리주체에서 '매립'의 비율은 '공공'이 '자가'보다 높다.
④ 처리주체가 '위탁'인 생활계 폐기물 중 '재활용'의 비율은 75% 이하이다.
⑤ '소각' 처리 생활계 폐기물 중 '공공'의 비율은 90% 이상이다.

24. 다음 자료는 2020~2023년 우리나라 시도 행정심판위원회 사건 처리 현황이다. 이에 대한 <보고서>의 설명 중 옳은 것만을 모두 고르면?

<표> 2020~2022년 시도 행정심판위원회 인용률

(단위: %)

시도 \ 연도	2020	2021	2022
서울	18.4	15.9	16.3
부산	22.6	15.9	12.8
대구	35.9	39.9	38.4
인천	33.3	36.0	38.1
광주	22.2	30.6	36.0
대전	28.1	47.7	35.8
울산	33.0	38.1	50.9
세종	7.7	16.7	0.0
경기	23.3	19.6	22.3
강원	21.4	14.1	18.2
충북	23.6	28.5	24.3
충남	26.7	19.9	23.1
전북	31.7	34.0	22.1
전남	36.2	34.5	23.8
경북	10.6	23.3	22.9
경남	18.5	25.7	12.4
제주	31.6	25.3	26.2

※ 인용률(%) = $\frac{\text{인용 건수}}{\text{처리 건수}} \times 100$

<그림> 2022년과 2023년 시도 행정심판위원회 처리 건수 상위 5개 시도 현황

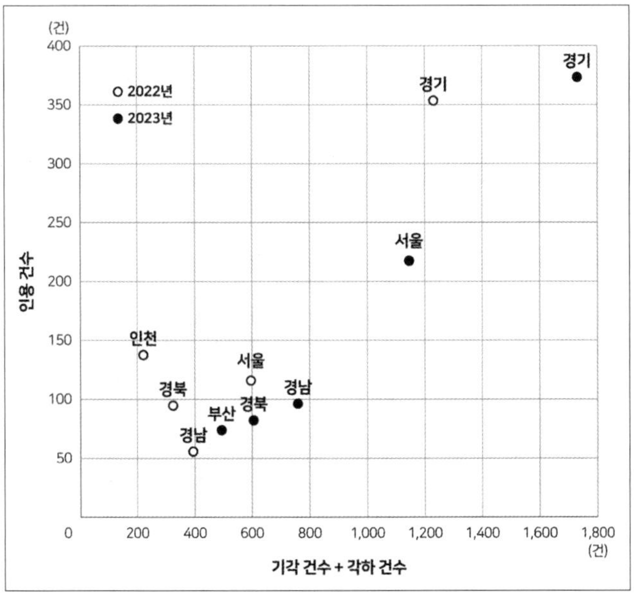

※ 처리 건수=인용 건수+기각 건수+각하 건수

<보고서>

2023년 우리나라 시도 행정심판위원회 처리 건수 상위 5개 시도는 경기, 서울, 경남, 경북, 부산이었다. 2022년에는 인천이 처리 건수 362건으로 상위 5개 시도에 속했으나, 2023년 부산에 자리를 넘겨주었다. 또한, ㉠ 2023년 처리 건수 상위 5개 시도의 처리 건수는 각각 전년 대비 증가하였다. 인용 건수를 살펴보면, ㉡ 2023년 처리 건수가 가장 많은 시도의 2023년 인용 건수는 2022년 인용률이 가장 높은 시도의 2022년 인용 건수의 1.5배 이상이다. 인용률을 살펴보면, ㉢ 2020년부터 2023년까지 인용률이 매년 감소한 시도는 3개이다.

① ㄱ ② ㄴ ③ ㄷ
④ ㄱ, ㄴ ⑤ ㄱ, ㄴ, ㄷ

25. 다음 <표>는 A회사 전체 임직원 100명의 직급별 인원과 시간당 임금에 관한 자료이다. 이에 대한 <보기>의 설명 중 옳은 것만을 모두 고르면?

<표> A회사의 직급별 임직원 수와 시간당 임금

(단위: 명, 원)

직급 \ 구분	임직원 수	시간당 임금					
		평균	최저	Q1	중간값	Q3	최고
공장 관리직	4	25,000	15,000	15,000	25,000	30,000	( )
공장 생산직	52	21,500	12,000	20,500	23,500	26,500	31,000
본사 임원	8	( )	24,000	25,600	48,000	48,000	55,000
본사 직원	36	22,000	11,500	16,800	23,500	27,700	29,000

※ 1) 해당 직급 임직원의 시간당 임금을 낮은 값부터 순서대로 나열하여 4등분한 각 집단을 나열 순서에 따라 1분위, 2분위, 3분위, 4분위로 정함.
2) Q1과 Q3은 각각 1분위와 3분위에 속한 값 중 가장 높은 값임.
3) 해당 직급 임직원 수가 짝수인 경우, 중간값은 2분위에 속한 값 중 가장 높은 값과 3분위에 속한 값 중 가장 낮은 값의 평균임.

<보 기>

ㄱ. 공장 관리직의 ‘시간당 임금’ 최고액은 35,000원이다.
ㄴ. ‘시간당 임금’이 같은 본사 임원은 3명 이상이다.
ㄷ. 본사 임원의 ‘시간당 임금’ 평균은 40,000원 이상이다.
ㄹ. ‘시간당 임금’이 23,000원 이상인 임직원은 50명 미만이다.

① ㄱ, ㄴ ② ㄱ, ㄹ ③ ㄴ, ㄷ
④ ㄷ, ㄹ ⑤ ㄱ, ㄴ, ㄷ

약점 보완 해설집 p.14

시험일: ______년 ______월 ______일

2023년도 국가공무원 7급 공채 등 필기시험

| 자료해석영역 |

응시번호	
성명	

문제책형

인

응시자 주의사항

1. **시험시작 전 시험문제를 열람하는 행위나 시험종료 후 답안을 작성하는 행위를 한 사람**은 「공무원 임용시험령」 제51조에 의거 **부정행위자**로 처리됩니다.

2. **답안지 책형 표기는 시험시작 전** 감독관의 지시에 따라 **문제책 앞면에 인쇄된 문제책형을 확인**한 후, **답안지 책형란에 해당 책형(1개)**을 '●'로 표기하여야 합니다.

3. 시험이 시작되면 문제를 주의 깊게 읽은 후, **문항의 취지에 가장 적합한 하나의 정답만을 고르며**, 문제내용에 관한 질문은 할 수 없습니다.

4. **답안을 잘못 표기하였을 경우에는 답안지를 교체하여 작성**하거나 **수정할 수 있으며**, 표기한 답안을 수정할 때는 **응시자 본인이 가져온 수정테이프만을 사용**하여 해당 부분을 완전히 지우고 부착된 수정테이프가 떨어지지 않도록 손으로 눌러주어야 합니다. **(수정액 또는 수정 스티커 등은 사용 불가)**

5. **시험시간 관리의 책임은 응시자 본인에게 있습니다.**
   ※ 문제책은 시험종료 후 가지고 갈 수 있습니다.

모바일 자동 채점 및 성적 분석 서비스

'약점 보완 해설집'에 회차별로 수록된 QR코드를 인식하면 응시 인원 대비 자신의 성적 위치를 확인할 수 있습니다.

해커스PSAT

1. 다음 <그림>은 '갑' 지역의 리조트 개발 후보지 A~E의 지리정보 조사 결과이다. 이를 근거로 A~E 중 <입지조건>을 모두 만족하는 리조트 개발 후보지를 고르면?

<그림> 리조트 개발 후보지 A~E의 지리정보 조사 결과

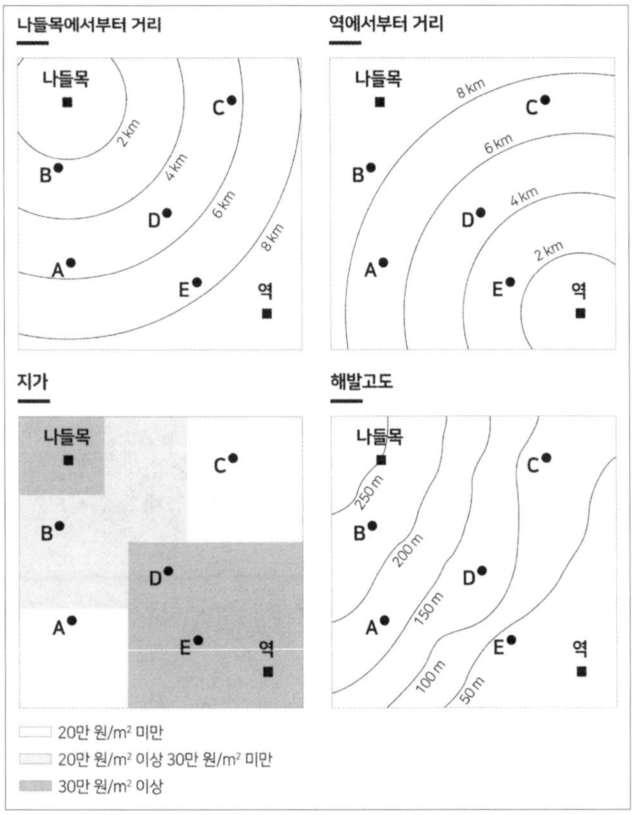

<입지조건>

○ 나들목에서부터 거리가 6km 이내인 장소
○ 역에서부터 거리가 8km 이내인 장소
○ 지가가 30만 원/m^2 미만인 장소
○ 해발고도가 100m 이상인 장소

① A
② B
③ C
④ D
⑤ E

2. 다음 <표>는 4월 5일부터 4월 11일까지 종합병원 A의 날짜별 진료 실적에 관한 자료이다. 4월 7일의 진료의사 1인당 진료환자 수는?

<표> 종합병원 A의 날짜별 진료 실적

(단위: 명)

구분 / 날짜	진료의사 수	진료환자 수	진료의사 1인당 진료환자 수
4월 5일	23	782	34
4월 6일	26	988	38
4월 7일	( )	580	( )
4월 8일	25	700	28
4월 9일	30	1,050	35
4월 10일	15	285	19
4월 11일	4	48	12
계	143	4,433	-

① 20
② 26
③ 29
④ 32
⑤ 38

3. 다음 <표>는 2022년 '갑'국 주요 수입 농산물의 수입경로별 수입량에 관한 자료이다. 이를 근거로 육로수입량 비중을 농산물별로 비교할 때, 육로수입량 비중이 가장 큰 농산물은?

<표> 2022년 '갑'국 주요 수입 농산물의 수입경로별 수입량

(단위: 톤)

수입경로 / 농산물	육로	해상	항공
콩	2,593	105,340	246,117
건고추	2,483	78,437	86,097
땅콩	2,260	8,219	26,146
참깨	2,024	12,986	76,812
팥	2,020	7,102	42,418

※ 1) 농산물별 수입량
= 농산물별 육로수입량 + 농산물별 해상수입량 + 농산물별 항공수입량

2) 농산물별 육로수입량 비중(%) = $\frac{\text{농산물별 육로수입량}}{\text{농산물별 수입량}} \times 100$

① 건고추
② 땅콩
③ 참깨
④ 콩
⑤ 팥

4. 다음 <표>는 '갑'시 공공정책 홍보사업에 입찰한 A~F홍보업체의 온라인 홍보매체 운영현황에 관한 자료이다. 이를 근거로 A~F 홍보업체 중 <선정방식>에 따라 홍보업체를 고르면?

<표> A~F홍보업체의 온라인 홍보매체 운영현황

(단위: 만 명)

구분 / 홍보업체	미디어채널 구독자 수	SNS 팔로워 수	공공정책 홍보경력
A	90	50	유
B	180	0	무
C	50	80	유
D	80	60	무
E	100	40	무
F	60	45	유

<선정방식>

○ 공공정책 홍보경력이 있는 홍보업체 중 인지도가 가장 높은 1곳과 공공정책 홍보경력이 없는 홍보업체 중 인지도가 가장 높은 1곳을 각각 선정함.
○ 홍보업체 인지도 =
(미디어채널 구독자 수 × 0.4) + (SNS 팔로워 수 × 0.6)

① A, D
② A, E
③ B, C
④ B, F
⑤ C, D

5. 다음은 2013~2022년 '갑'국 국방연구소가 출원한 지식재산권에 관한 자료이다. 제시된 <표> 이외에 <보고서>를 작성하기 위해 추가로 필요한 자료만을 <보기>에서 모두 고르면?

<표> 2013~2022년 '갑'국 국방연구소의 특허 출원 건수

(단위: 건)

구분 \ 연도	2013	2014	2015	2016	2017	2018	2019	2020	2021	2022
국내 출원	287	368	385	458	514	481	555	441	189	77
국외 출원	34	17	9	26	21	13	21	16	2	3

<보고서>

'갑'국 국방연구소는 국방에 필요한 무기와 국방과학기술을 연구·개발하면서 특허, 상표권, 실용신안 등 관련 지식재산권을 출원하고 있다.

2013~2022년 '갑'국 국방연구소가 출원한 연도별 특허 건수는 2017년까지 매년 증가하였고, 2019년 이후에는 매년 감소하였다. 2013~2022년 국외 출원 특허 건수를 대상 국가별로 살펴보면, 미국에 출원한 특허가 매년 가장 많았다.

2013~2022년 '갑'국 국방연구소는 2015년에만 상표권을 출원하였으며, 그중 국외 출원은 없었다. 또한, 2016년부터 2년마다 1건씩 총 4건의 실용신안을 국내 출원하였다.

<보 기>

ㄱ. '갑'국 국방연구소의 연도별 전체 특허 출원 건수

(단위: 건)

연도	2013	2014	2015	2016	2017	2018	2019	2020	2021	2022
전체	321	385	394	484	535	494	576	457	191	80

ㄴ. '갑'국 국방연구소의 국외 출원 대상 국가별 특허 출원 건수

(단위: 건)

대상 국가 \ 연도	2013	2014	2015	2016	2017	2018	2019	2020	2021	2022
독일	1	1	1	0	0	0	0	0	0	0
미국	26	15	8	18	20	11	16	15	2	3
일본	0	1	0	2	0	0	1	1	0	0
영국	0	0	0	5	1	1	0	0	0	0
프랑스	7	0	0	0	0	0	0	0	0	0
호주	0	0	0	0	0	0	3	0	0	0
기타	0	0	0	1	0	1	1	0	0	0
계	34	17	9	26	21	13	21	16	2	3

ㄷ. '갑'국 국방연구소의 연도별 상표권 출원 건수

(단위: 건)

구분 \ 연도	2013	2014	2015	2016	2017	2018	2019	2020	2021	2022
국내 출원	0	0	2	0	0	0	0	0	0	0
국외 출원	0	0	0	0	0	0	0	0	0	0

ㄹ. '갑'국 국방연구소의 연도별 실용신안 출원 건수

(단위: 건)

구분 \ 연도	2013	2014	2015	2016	2017	2018	2019	2020	2021	2022
국내 출원	0	0	0	1	0	1	0	1	0	1
국외 출원	0	0	0	0	0	0	0	0	0	0

① ㄱ, ㄴ
② ㄱ, ㄷ
③ ㄴ, ㄷ
④ ㄷ, ㄹ
⑤ ㄴ, ㄷ, ㄹ

6. 다음 <표>는 2022년 A~E국의 연구개발 세액감면 현황에 관한 자료이다. 이에 대한 <보기>의 설명 중 옳은 것만을 모두 고르면?

<표> 2022년 A~E국의 연구개발 세액감면 현황

(단위: 백만 달러, %)

국가 \ 구분	연구개발 세액감면액	GDP 대비 연구개발 세액감면액 비율	연구개발 총지출액 대비 연구개발 세액감면액 비율
A	3,613	0.20	4.97
B	12,567	0.07	2.85
C	2,104	0.13	8.15
D	4,316	0.16	10.62
E	6,547	0.13	4.14

<보 기>

ㄱ. GDP는 C국이 E국보다 크다.
ㄴ. 연구개발 총지출액이 가장 큰 국가는 B국이다.
ㄷ. GDP 대비 연구개발 총지출액 비율은 A국이 B국보다 높다.

① ㄱ
② ㄴ
③ ㄷ
④ ㄴ, ㄷ
⑤ ㄱ, ㄴ, ㄷ

7. 다음 <표>는 2013~2022년 '갑'국의 농업진흥지역 면적에 관한 자료이다. 이에 대한 <보고서>의 설명 중 옳은 것만을 모두 고르면?

<표> 2013~2022년 '갑'국의 농업진흥지역 면적

(단위: 만ha)

구분 / 연도	전체 농지	농업진흥지역		
			논	밭
2013	180.1	91.5	76.9	14.6
2014	175.9	81.5	71.6	9.9
2015	171.5	80.7	71.0	9.7
2016	173.0	80.9	71.2	9.7
2017	169.1	81.1	71.4	9.7
2018	167.9	81.0	71.3	9.7
2019	164.4	78.0	67.9	10.1
2020	162.1	77.7	67.9	9.8
2021	159.6	77.8	68.2	9.6
2022	158.1	77.6	68.7	8.9

<보고서>

'갑'국은 우량농지를 보전하고 농지이용률을 높인다는 취지로 농업진흥지역을 지정하고 있다. 그러나, ㉠ 2014년부터 2022년까지 매년 농업진흥지역 면적은 전체 농지 면적의 50% 이하에 그치고 있다. 또한, ㉡ 같은 기간 농업진흥지역 면적은 매년 감소하여, 농업기반이 취약해지는 것으로 분석된다.

농업진흥지역 면적은 2013년 91.5만ha에서 2022년 77.6만ha로 15% 이상 감소했으며, 이는 같은 기간 전체 농지 면적의 감소율보다 크다. 한편, ㉢ 농업진흥지역 면적에서 밭 면적이 차지하는 비중은 2013년 이후 매년 15% 이하이다.

① ㄱ
② ㄴ
③ ㄱ, ㄴ
④ ㄱ, ㄷ
⑤ ㄴ, ㄷ

8. 다음은 '갑'군의 농촌관광 사업에 관한 <방송뉴스>이다. <방송뉴스>의 내용과 부합하는 자료는?

<방송뉴스>

앵커: 농촌경제 활성화를 위하여 ○○부가 추진해오고 있는 농촌관광 사업이 있습니다. 최근 감염병으로 인해 농촌관광 사업도 큰 어려움을 겪고 있다고 합니다. □□□기자가 어려움을 겪고 있는 농촌관광 사업에 대해 보도합니다.

기자: …(중략)… '갑'군은 농촌의 소득 다변화를 위하여 다양한 농촌관광 사업을 추진했습니다. 하지만 감염병 확산으로 2020년 '갑'군의 농촌관광 방문객 수와 매출액이 크게 줄었습니다. 농촌체험마을은 2020년 방문객 수와 매출액이 2019년에 비해 75% 이상 감소하였습니다. 농촌민박도 2020년 방문객 수와 매출액이 전년과 비교하여 30% 이상 줄어들었습니다. 다만, 농촌융복합사업장은 2020년 방문객 수와 매출액이 전년과 비교해 줄어든 비율이 농촌체험마을보다는 작았습니다.

①

(단위: 명, 천 원)

구분 / 연도	농촌체험마을		농촌민박		농촌융복합사업장	
	방문객 수	매출액	방문객 수	매출액	방문객 수	매출액
2019	1,118	12,280	2,968	98,932	395	6,109
2020	266	3,030	2,035	67,832	199	1,827

②

(단위: 명, 천 원)

구분 / 연도	농촌체험마을		농촌민박		농촌융복합사업장	
	방문객 수	매출액	방문객 수	매출액	방문객 수	매출액
2019	1,118	12,320	2,968	98,932	395	6,109
2020	266	3,180	2,035	67,832	199	1,827

③

(단위: 명, 천 원)

구분 / 연도	농촌체험마을		농촌민박		농촌융복합사업장	
	방문객 수	매출액	방문객 수	매출액	방문객 수	매출액
2019	1,118	12,280	2,968	98,932	395	6,309
2020	266	3,030	2,035	67,832	199	1,290

④

(단위: 명, 천 원)

구분 / 연도	농촌체험마을		농촌민박		농촌융복합사업장	
	방문객 수	매출액	방문객 수	매출액	방문객 수	매출액
2019	1,118	12,320	2,968	96,932	395	6,309
2020	266	3,180	2,035	70,069	199	1,290

⑤

(단위: 명, 천 원)

구분 / 연도	농촌체험마을		농촌민박		농촌융복합사업장	
	방문객 수	매출액	방문객 수	매출액	방문객 수	매출액
2019	1,118	12,280	2,968	96,932	395	6,109
2020	266	3,030	2,035	70,069	199	1,827

9. 다음 <그림>은 2020년과 2021년 '갑'국의 농림축수산물 종류별 수출입량에 관한 자료이다. 이에 대한 <보기>의 설명 중 옳은 것만을 모두 고르면?

<그림> 2020년과 2021년 농림축수산물 종류별 수출입량

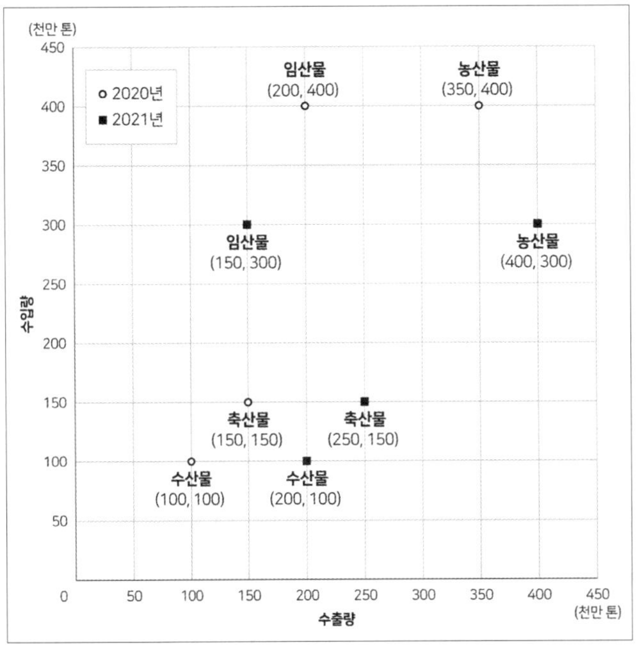

※ 농림축수산물 종류는 농산물, 임산물, 축산물, 수산물로만 구분됨.

<보 기>

ㄱ. 2021년 농산물, 축산물, 수산물의 수출량은 각각 전년 대비 증가하였다.

ㄴ. 2021년 농림축수산물 총수입량은 전년 대비 증가하였다.

ㄷ. 수출량 대비 수입량 비율이 가장 높은 농림축수산물 종류는 2020년과 2021년이 같다.

ㄹ. 2021년 수출량의 전년 대비 증가율은 축산물이 가장 높다.

① ㄱ, ㄴ
② ㄱ, ㄷ
③ ㄱ, ㄹ
④ ㄴ, ㄷ
⑤ ㄴ, ㄹ

10. 다음 <표>는 조선왕조실록에 수록된 1401~1418년의 이상 기상 및 자연재해 발생 건수에 관한 자료이다. 이에 대한 <보기>의 설명 중 옳은 것만을 모두 고르면?

<표> 1401~1418년 이상 기상 및 자연재해 발생 건수

(단위: 건)

유형 / 연도	천둥번개	큰비	벼락	폭설	큰바람	우박	한파 및 이상 고온	서리	짙은 안개	황충 피해	가뭄 및 홍수	지진 및 해일	전체
1401	2	1	6	0	2	8	3	7	5	1	3	1	39
1402	3	0	5	3	1	3	5	0	( )	2	2	2	41
1403	7	13	12	3	1	3	2	3	9	0	4	0	57
1404	1	18	0	0	1	4	2	0	3	0	0	0	29
1405	8	27	0	6	7	9	5	4	0	5	1	2	74
1406	4	( )	11	3	1	3	3	10	1	0	2	0	59
1407	4	14	8	4	1	3	4	2	2	3	4	0	49
1408	0	4	3	1	1	3	1	0	( )	3	0	0	23
1409	4	7	6	5	2	8	3	2	4	0	2	0	43
1410	14	14	5	1	2	6	1	1	5	2	6	1	58
1411	3	11	6	1	2	6	1	3	1	0	9	1	44
1412	4	8	4	2	5	6	2	0	3	2	2	0	38
1413	5	20	4	3	6	1	0	2	1	5	5	0	52
1414	5	21	7	3	3	3	5	5	0	0	6	0	58
1415	9	18	9	1	3	2	3	2	3	3	2	2	57
1416	5	11	5	1	5	2	0	3	4	1	3	0	40
1417	0	9	5	1	7	4	3	6	1	7	3	0	46
1418	5	17	0	0	6	2	0	2	0	3	3	1	39
합	83	( )	96	38	56	76	43	52	64	37	57	10	846

<보 기>

ㄱ. 연도별 전체 발생 건수 상위 2개 연도의 발생 건수 합은 하위 2개 연도의 발생 건수 합의 3배 이상이다.

ㄴ. '큰 비'가 가장 많이 발생한 해에는 '우박'도 가장 많이 발생했다.

ㄷ. 1401~1418년 동안의 발생 건수 합 상위 5개 유형은 '천둥번개', '큰 비', '벼락', '우박', '짙은 안개'이다.

ㄹ. 1402년에 가장 많이 발생한 유형은 1408년에도 가장 많이 발생했다.

① ㄱ, ㄴ
② ㄱ, ㄷ
③ ㄴ, ㄹ
④ ㄷ, ㄹ
⑤ ㄴ, ㄷ, ㄹ

11. 다음 <표>는 위원회 회의참석수당 지급규정에 대한 자료이다. 이를 근거로 <회의>의 (가)~(라) 중 총지급액이 가장 큰 회의와 세 번째로 큰 회의를 바르게 연결한 것은?

<표 1> 위원회 회의참석수당 지급규정

(단위: 천 원/인)

구분		전체위원회		조정위원회		전문 위원회	기타 위원회
		전체 회의	소위	전체 회의	소위		
안건 검토비	위원장	300	250	200	150	200	150
	위원	250	200	150	100	150	100
회의참석비		회의시간이 2시간 미만인 경우 150 회의시간이 2시간 이상인 경우 200					
교통비		교통비 지급규정에 따라 정액 지급					

※ 1) 총지급액은 위원장과 위원의 회의참석수당 합임.
2) 위원(장) 회의참석수당=위원(장) 안건검토비+회의참석비+교통비

<표 2> 교통비 지급규정

(단위: 천 원/인)

회의개최장소	1급지	2급지	3급지	4급지
교통비	12	16	25	30

※ 교통비는 회의개최장소의 등급에 따라 지급하고, 회의개최장소는 1~4급지로 구분됨.

<회 의>

(가) 1급지에서 개최되고 위원장 1인과 위원 2인이 참석하며, 회의시간이 1시간인 전체위원회 소위
(나) 2급지에서 개최되고 위원장 1인과 위원 2인이 참석하며, 회의시간이 3시간인 조정위원회 전체회의
(다) 3급지에서 개최되고 위원장 1인과 위원 2인이 참석하며, 회의시간이 1시간인 전문위원회
(라) 4급지에서 개최되고 위원장 1인과 위원 2인이 참석하며, 회의시간이 4시간인 기타 위원회

	총지급액이 가장 큰 회의	총지급액이 세 번째로 큰 회의
①	(나)	(가)
②	(나)	(다)
③	(나)	(라)
④	(라)	(나)
⑤	(라)	(다)

12. 다음은 '갑'국의 특허 출원인 A~E의 IT 분야 등록특허별 피인용 횟수에 관한 자료이다. 이를 근거로 영향력 지수가 가장 큰 출원인과 기술력 지수가 가장 작은 출원인을 바르게 연결한 것은?

<표> '갑'국의 특허 출원인 A~E의 IT 분야 등록특허별 피인용 횟수

(단위: 회)

특허 출원인	등록특허	피인용 횟수
A	A1	3
	A2	25
B	B1	1
	B2	3
	B3	20
C	C1	3
	C2	2
	C3	10
	C4	5
	C5	6
D	D1	12
	D2	21
	D3	15
E	E1	6
	E2	56
	E3	4
	E4	12

※ A~E는 IT 분야 외 등록특허가 없음.

<정 보>

○ 해당 출원인의 영향력 지수 = $\frac{\text{해당 출원인의 피인용도 지수}}{\text{IT 분야 전체 등록특허의 피인용도 지수}}$

○ 해당 출원인의 기술력 지수 = 해당 출원인의 영향력 지수 × 해당 출원인의 등록특허 수

○ 해당 출원인의 피인용도 지수 = $\frac{\text{해당 출원인의 등록특허 피인용 횟수의 합}}{\text{해당 출원인의 등록특허 수}}$

○ IT 분야 전체 등록특허의 피인용도 지수 = $\frac{\text{IT 분야 전체의 등록특허 피인용 횟수의 합}}{\text{IT 분야 전체의 등록특허 수}}$

	영향력 지수가 가장 큰 출원인	기술력 지수가 가장 작은 출원인
①	A	B
②	D	A
③	D	C
④	E	B
⑤	E	C

13. 다음 <표>는 2018~2022년 '갑'국의 양자기술 분야별 정부 R&D 투자금액에 관한 자료이다. <표>를 이용하여 작성한 자료로 옳지 않은 것은?

<표> 양자기술 분야별 정부 R&D 투자금액

(단위: 백만 원)

분야 \ 연도	2018	2019	2020	2021	2022	합
양자컴퓨팅	61	119	200	285	558	1,223
양자내성암호	102	209	314	395	754	1,774
양자통신	110	192	289	358	723	1,672
양자센서	77	106	125	124	209	641
계	350	626	928	1,162	2,244	5,310

※ 양자기술은 양자컴퓨팅, 양자내성암호, 양자통신, 양자센서 분야로만 구분됨.

① 2019~2022년 양자통신 분야 정부 R&D 투자금액의 전년 대비 증가율

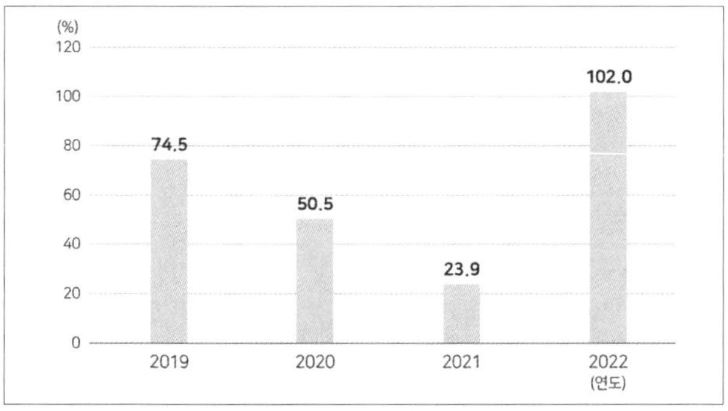

② 연도별 양자컴퓨팅, 양자통신 분야 정부 R&D 투자금액

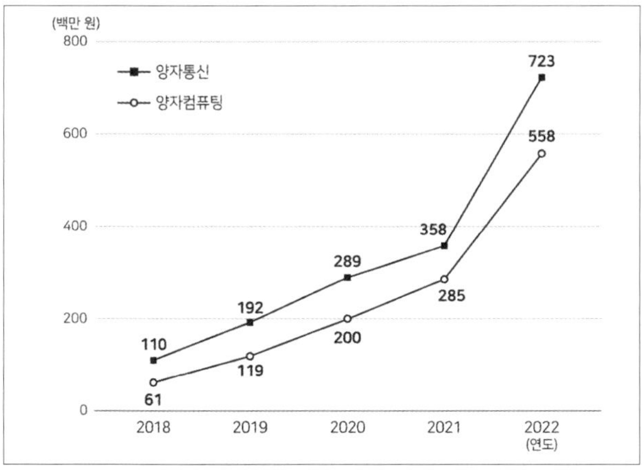

③ 2018~2022년 양자기술 정부 R&D 총투자금액의 분야별 구성비

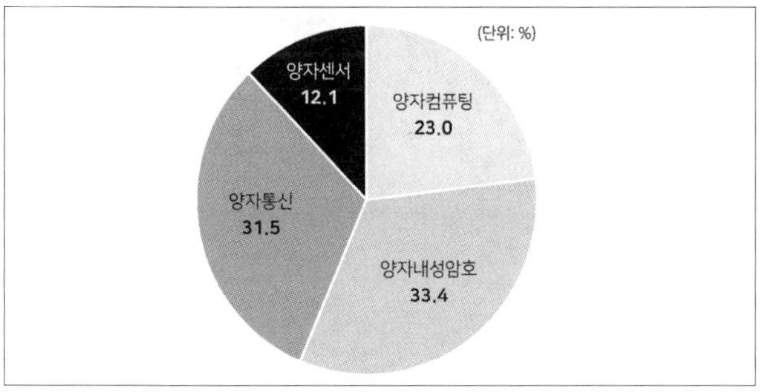

④ 연도별 양자내성암호 분야 정부 R&D 투자금액 대비 양자센서 분야 정부 R&D 투자금액 비율

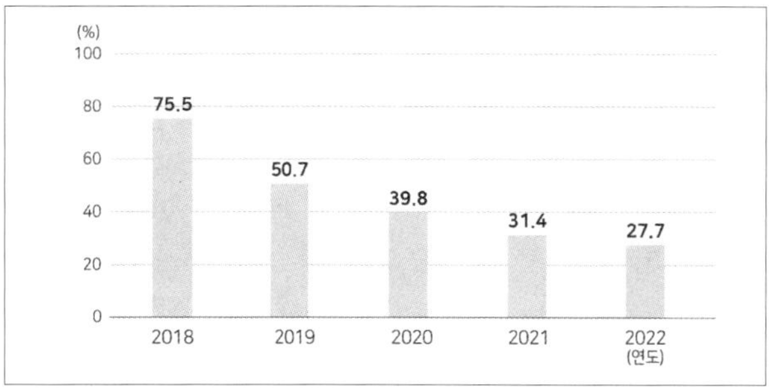

⑤ 2018~2022년 양자기술 정부 R&D 투자금액의 분야별 비중

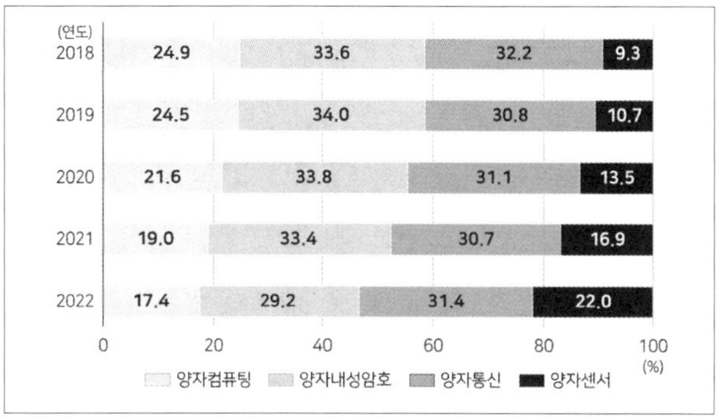

14. 다음 <표>는 2017~2022년 '갑'국의 병해충 발생면적에 관한 자료이다. 이에 대한 <보기>의 설명 중 옳은 것만을 모두 고르면?

<표> 2017~2022년 '갑'국의 병해충 발생면적

(단위: ha)

병해충 \ 연도	2017	2018	2019	2020	2021	2022
흰불나방	35,964	32,235	29,325	29,332	28,522	32,627
솔잎혹파리	35,707	38,976	(　)	27,530	27,638	20,840
솔껍질깍지벌레	4,043	7,718	6,380	5,024	3,566	3,497
참나무시들음병	1,733	1,636	1,576	1,560	1,240	(　)
전체	77,447	(　)	69,812	63,446	60,966	58,451

<보 기>

ㄱ. 2019~2022년 발생면적이 매년 감소한 병해충은 '솔껍질깍지벌레'뿐이다.

ㄴ. 전체 병해충 발생면적이 전년 대비 증가한 해는 2018년뿐이다.

ㄷ. 2019년 '솔잎혹파리' 발생면적은 2022년 '참나무시들음병' 발생면적의 30배 이상이다.

ㄹ. 2022년 병해충 발생면적의 전년 대비 증가율은 '참나무시들음병'이 '흰불나방'보다 낮다.

① ㄱ　② ㄷ　③ ㄱ, ㄴ

④ ㄷ, ㄹ　⑤ ㄱ, ㄴ, ㄹ

15. 다음은 '갑'국의 2017년과 2022년 A~H학생의 신장 및 체중과 체질량지수 분류기준에 관한 자료이다. 이에 대한 설명으로 옳지 않은 것은?

<그림> 2017년과 2022년 A~H학생의 신장 및 체중

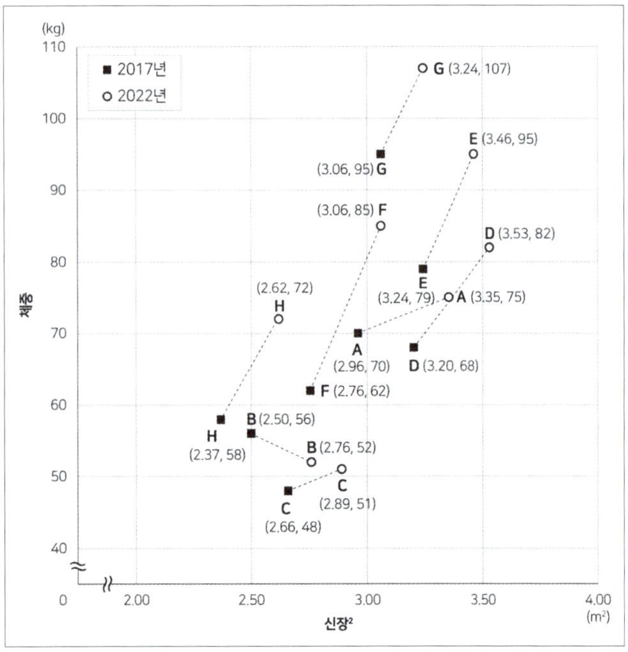

<표> '갑'국의 체질량지수 분류기준

(단위: kg/m²)

체질량지수	분류
20 미만	저체중
20 이상 25 미만	정상
25 이상 30 미만	과체중
30 이상 40 미만	비만
40 이상	고도비만

※ 체질량지수(kg/m²) $= \frac{체중}{신장^2}$

① '저체중'으로 분류된 학생의 수는 2022년이 2017년보다 많다.
② 2022년 A~H학생 체중의 평균은 2017년 대비 10% 이상 증가하였다.
③ 2017년과 2022년에 모두 '정상'으로 분류된 학생은 2명이다.
④ 2017년과 2022년 신장의 차이가 가장 큰 학생은 A이다.
⑤ 2022년 A~H학생의 체질량지수 중 가장 큰 값은 가장 작은 값의 2배 이상이다.

16. 다음은 2016~2022년 '갑'국의 스마트농업 정부연구비에 관한 자료이다. 이에 대한 <보기>의 설명 중 옳은 것만을 모두 고르면?

<그림> 연도별 스마트농업 정부연구비 및 연구과제 수

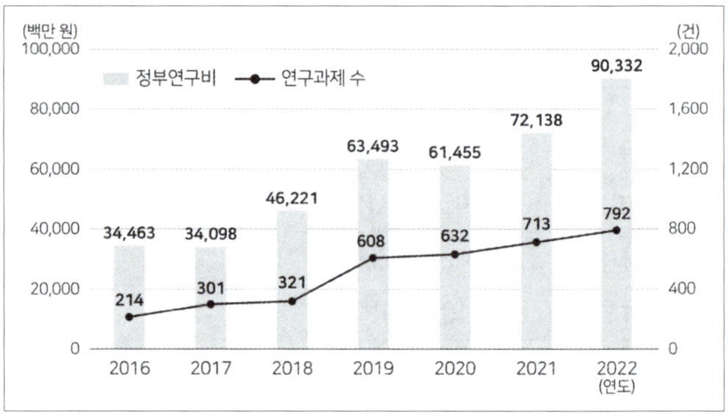

<표> 연도별·분야별 스마트농업 정부연구비

(단위: 백만 원)

분야 \ 연도	2016	2017	2018	2019	2020	2021	2022	전체
데이터기반구축	3,520	4,583	8,021	10,603	11,677	16,581	18,226	73,211
자동화설비기기	27,082	19,975	23,046	25,377	22,949	24,330	31,383	( )
융합연구	3,861	9,540	15,154	27,513	26,829	31,227	40,723	( )

※ 스마트농업은 데이터기반구축, 자동화설비기기, 융합연구 분야로만 구분됨.

<보 기>

ㄱ. 스마트농업의 연구과제당 정부연구비가 가장 많은 해는 2016년이다.
ㄴ. 전체 정부연구비가 가장 많은 스마트농업 분야는 '자동화설비기기'이다.
ㄷ. 스마트농업 정부연구비의 전년 대비 증가율이 가장 높은 해는 2022년이다.
ㄹ. 2019년 대비 2022년 정부연구비 증가율이 가장 높은 스마트농업 분야는 '데이터기반구축'이다.

① ㄱ, ㄴ
② ㄱ, ㄷ
③ ㄷ, ㄹ
④ ㄱ, ㄴ, ㄹ
⑤ ㄴ, ㄷ, ㄹ

17. 다음 <표>는 A지역 산불피해 복구에 대한 국비 및 지방비 지원금액에 관한 자료이다. 이에 대한 <보기>의 설명 중 옳은 것만을 모두 고르면?

<표 1> A지역 산불피해 복구에 대한 지원항목별, 재원별 지원금액

(단위: 천만 원)

지원항목 \ 재원	국비	지방비	합
산림시설 복구	32,594	9,000	41,594
주택 복구	5,200	1,800	7,000
이재민 구호	2,954	532	3,486
상·하수도 복구	10,930	260	11,190
농경지 복구	1,540	340	1,880
생계안정 지원	1,320	660	1,980
기타	520	0	520
전체	55,058	(　)	(　)

<표 2> A지역 산불피해 복구에 대한 부처별 국비 지원금액

(단위: 천만 원)

부처	행정안전부	산림청	국토교통부	환경부	보건복지부	그 외	전체
지원금액	2,930	33,008	(　)	9,520	350	240	55,058

<보 기>

ㄱ. 기타를 제외하고, 국비 지원금액 대비 지방비 지원금액 비율이 가장 높은 지원항목은 '주택 복구'이다.
ㄴ. 산림청의 '산림시설 복구' 지원금액은 1,000억 원 이상이다.
ㄷ. 국토교통부의 지원금액은 전체 국비 지원금액의 20% 이상이다.
ㄹ. 전체 지방비 지원금액은 '상·하수도 복구' 국비 지원금액보다 크다.

① ㄱ, ㄴ
② ㄱ, ㄷ
③ ㄴ, ㄷ
④ ㄴ, ㄹ
⑤ ㄷ, ㄹ

18. 다음 <표>는 2022년도 '갑'국의 운전면허 종류별 응시자 및 합격자 수에 관한 자료이다. 이에 대한 설명으로 옳은 것은?

<표> '갑'국의 운전면허 종류별 응시자 및 합격자 수

(단위: 명)

종류 \ 구분	응시자	응시자 남자	응시자 여자	합격자	합격자 남자	합격자 여자
전체	71,976	56,330	15,646	44,012	33,150	10,862
1종	29,507	(　)	1,316	16,550	15,736	814
대형	4,199	4,149	50	995	991	4
보통	24,388	23,133	1,255	15,346	14,536	810
특수	920	909	11	209	209	0
2종	(　)	(　)	14,330	27,462	17,414	10,048
보통	39,312	25,047	14,265	26,289	16,276	10,013
소형	1,758	1,753	5	350	349	1
원동기	1,399	1,339	60	823	789	34

※ $\text{합격률(\%)} = \dfrac{\text{합격자 수}}{\text{응시자 수}} \times 100$

① 2종 면허 응시자 수는 1종 면허 응시자 수의 2배 이상이다.
② 전체 합격률은 60% 미만이다.
③ 1종 보통 면허 합격률은 2종 보통 면허 합격률보다 높다.
④ 1종 면허 남자 응시자 수는 2종 면허 남자 응시자 수보다 많다.
⑤ 1종 대형 면허 여자 합격률은 2종 소형 면허 여자 합격률보다 높다.

19. 다음 <표>는 2022년 A~E국의 국방비와 GDP, 군병력, 인구에 관한 자료이다. 이에 대한 <보기>의 설명 중 옳은 것만을 모두 고르면?

<표> 2022년 A~E국의 국방비와 GDP, 군병력, 인구

(단위: 억 달러, 만 명)

구분 / 국가	국방비	GDP	군병력	인구
A	8,010	254,645	133	33,499
B	195	13,899	12	4,722
C	502	16,652	60	5,197
D	320	20,120	17	6,102
E	684	30,706	20	6,814

<보 기>

ㄱ. 국방비가 가장 많은 국가의 국방비는 A~E국 국방비 합의 80% 이상이다.
ㄴ. 인구 1인당 GDP는 B국이 C국보다 크다.
ㄷ. 국방비가 많은 국가일수록 GDP 대비 국방비 비율이 높다.
ㄹ. 군병력 1인당 국방비는 A국이 D국의 3배 이상이다.

① ㄱ, ㄴ
② ㄱ, ㄹ
③ ㄴ, ㄷ
④ ㄱ, ㄷ, ㄹ
⑤ ㄴ, ㄷ, ㄹ

20. 다음은 '갑'국의 건설공사 안전관리비에 관한 자료이다. 이에 대한 <보기>의 설명 중 옳은 것만을 모두 고르면?

<표> '갑'국의 건설공사 종류 및 대상액별 안전관리비 산정 기준

대상액 / 구분 / 공사 종류	5억 원 미만	5억 원 이상 50억 원 미만		50억 원 이상
	요율(%)	요율(%)	기초액(천 원)	요율(%)
일반건설공사(갑)	2.93	1.86	5,350	1.97
일반건설공사(을)	3.09	1.99	5,500	2.10
중건설공사	3.43	2.35	5,400	2.46
철도·궤도신설공사	2.45	1.57	4,400	1.66
특수 및 기타 건설공사	1.85	1.20	3,250	1.27

<안전관리비 산정 방식>

○ 대상액이 5억 원 미만 또는 50억 원 이상인 경우,
안전관리비 = 대상액 × 요율
○ 대상액이 5억 원 이상 50억 원 미만인 경우,
안전관리비 = 대상액 × 요율 + 기초액

<보 기>

ㄱ. 대상액이 10억 원인 경우, 안전관리비는 '일반건설공사(을)'가 '중건설공사'보다 적다.
ㄴ. 대상액이 4억 원인 경우, '일반건설공사(갑)'와 '철도·궤도신설공사'의 안전관리비 차이는 200만 원 이상이다.
ㄷ. '특수 및 기타 건설공사' 안전관리비는 대상액이 100억 원인 경우가 대상액이 10억 원인 경우의 10배 이상이다.

① ㄱ
② ㄴ
③ ㄱ, ㄷ
④ ㄴ, ㄷ
⑤ ㄱ, ㄴ, ㄷ

21. 다음 <표>는 '갑'국 재외국민의 5개 지역별 투표 결과에 관한 자료이다. 이에 대한 <보기>의 설명 중 옳은 것만을 모두 고르면?

<표> 재외국민 지역별 투표 결과

(단위: 개소, 명, %)

지역 \ 구분	제20대 선거				제19대 선거	
	투표소 수	선거인 수	투표자 수	투표율	투표자 수	투표율
아주	( )	110,818	78,051	70.4	106,496	74.0
미주	62	( )	50,440	68.7	68,213	71.7
유럽	47	32,591	25,629	( )	36,170	84.9
중동	21	6,818	5,658	83.0	8,210	84.9
아프리카	21	2,554	2,100	82.2	2,892	85.4
전체	219	226,162	161,878	71.6	221,981	75.3

※ 1) 투표율(%) = $\frac{\text{투표자 수}}{\text{선거인 수}} \times 100$

2) '아주'는 '중동'을 제외한 아시아 및 오세아니아 지역을 의미함.

<보 기>

ㄱ. 제20대 선거에서 투표소 수는 '아주'가 '중동'의 4배 이상이다.

ㄴ. 제20대 선거에서 투표율이 가장 높은 지역과 가장 낮은 지역의 투표율 차이는 15%p 이상이다.

ㄷ. 제20대 선거에서 투표소당 선거인 수는 '미주'가 '유럽'보다 많다.

ㄹ. 제20대 선거와 제19대 선거의 선거인 수 차이가 큰 지역부터 순서대로 나열하면 '아주', '미주', '유럽', '중동', '아프리카' 순이다.

① ㄱ
② ㄹ
③ ㄷ, ㄹ
④ ㄱ, ㄴ, ㄷ
⑤ ㄴ, ㄷ, ㄹ

22. 다음 <표>는 2017~2021년 '갑'국의 해양사고 유형별 발생 건수와 인명피해 인원 현황이다. <표>와 <조건>을 근거로 A~E에 해당하는 유형을 바르게 연결한 것은?

<표 1> 2017~2021년 해양사고 유형별 발생 건수

(단위: 건)

연도 \ 유형	A	B	C	D	E
2017	258	65	29	96	160
2018	250	46	38	119	162
2019	244	110	61	132	228
2020	277	108	69	128	203
2021	246	96	54	149	174

<표 2> 2017~2021년 해양사고 유형별 인명피해 인원

(단위: 명)

연도 \ 유형	A	B	C	D	E
2017	35	20	25	3	60
2018	19	25	1	0	52
2019	10	19	0	16	52
2020	8	25	2	8	79
2021	9	27	3	3	76

※ 해양사고 유형은 '안전사고', '전복', '충돌', '침몰', '화재폭발' 중 하나로만 구분됨.

<조 건>

○ 2017~2019년 동안 '안전사고' 발생 건수는 매년 증가한다.
○ 2020년 해양사고 발생 건수 대비 인명피해 인원의 비율이 두 번째로 높은 유형은 '전복'이다.
○ 해양사고 발생 건수는 매년 '충돌'이 '전복'의 2배 이상이다.
○ 2017~2021년 동안의 해양사고 인명피해 인원 합은 '침몰'이 '안전사고'의 50% 이하이다.
○ 2020년과 2021년의 해양사고 인명피해 인원 차이가 가장 큰 유형은 '화재폭발'이다.

	A	B	C	D	E
①	충돌	전복	침몰	화재폭발	안전사고
②	충돌	전복	화재폭발	안전사고	침몰
③	충돌	침몰	전복	화재폭발	안전사고
④	침몰	전복	안전사고	화재폭발	충돌
⑤	침몰	충돌	전복	안전사고	화재폭발

23. 다음 <표>는 2017~2022년 '갑'시의 택시 위법행위 유형별 단속건수에 관한 자료이다. 이에 대한 설명으로 옳은 것은?

<표> 2017~2022년 '갑'시의 택시 위법행위 유형별 단속건수

(단위: 건)

유형 \ 연도	승차거부	정류소 정차 질서문란	부당요금	방범등 소등위반	사업구역 외 영업	기타	전체
2017	( )	1,110	125	1,001	123	241	4,166
2018	1,694	701	301	( )	174	382	4,131
2019	1,991	1,194	441	825	554	349	5,354
2020	717	1,128	51	769	2,845	475	( )
2021	130	355	40	1,214	1,064	484	( )
2022	43	193	268	( )	114	187	2,067

① 위법행위 단속건수 상위 2개 유형은 2017년과 2018년이 같다.
② '부당요금' 단속건수 대비 '승차거부' 단속건수 비율이 가장 높은 연도는 2017년이다.
③ 전체 단속건수가 가장 많은 연도는 2020년이다.
④ 전체 단속건수 중 '방범등 소등위반' 단속건수가 차지하는 비중은 매년 감소한다.
⑤ 2017년 '승차거부' 단속건수는 2022년 '방범등 소등위반' 단속건수보다 적다.

[24 ~ 25] 다음 <표>는 '갑'국의 2022년 4~6월 A~D정유사의 휘발유와 경유 가격에 관한 자료이다. 다음 물음에 답하시오.

<표> 정유사별 휘발유와 경유 가격

(단위: 원/L)

유종	휘발유			경유		
정유사 \ 월	4	5	6	4	5	6
A	1,840	1,825	1,979	1,843	1,852	2,014
B	1,795	1,849	1,982	1,806	1,894	2,029
C	1,801	1,867	2,006	1,806	1,885	2,013
D	1,807	1,852	1,979	1,827	1,895	2,024

※ 가격은 해당 월의 정유사별 공시가임.

24. 위 <표>에 대한 설명으로 옳은 것은?

① 휘발유와 경유의 가격 차이가 가장 큰 정유사는 매월 같다.
② 4월에 휘발유 가격보다 경유 가격이 낮은 정유사는 1개이다.
③ 5월 휘발유 가격이 가장 높은 정유사는 5월 경유 가격도 가장 높다.
④ 각 정유사의 경유 가격은 매월 높아졌다.
⑤ 각 정유사의 5월과 6월 가격 차이는 경유가 휘발유보다 크다.

25. 위 <표>와 다음 <정보>를 근거로 <보기>의 설명 중 옳은 것만을 모두 고르면?

<정 보>

○ 가격 = 원가 + 유류세 + 부가가치세
○ 4월 유류세는 원가의 50%임.
○ 부가가치세는 원가와 유류세를 합한 금액의 10%임.

<보 기>

ㄱ. 5월 B의 휘발유 유류세가 원가의 40%라면, 5월 B의 휘발유 원가는 1,300원/L 이상이다.
ㄴ. 5월 C의 경유 원가가 전월과 같다면, 5월 C의 경유 유류세는 600원/L 이상이다.
ㄷ. 6월 D의 경유 유류세가 4월과 같은 금액이라면, 6월 D의 경유 유류세는 원가의 50% 이상이다.

① ㄱ
② ㄴ
③ ㄷ
④ ㄱ, ㄴ
⑤ ㄴ, ㄷ

약점 보완 해설집 p.22

시험일: ______년 ______월 ______일

2022년도 국가공무원 7급 공채 등 필기시험

┃ 자료해석영역 ┃

응시번호	
성명	

문제책형 **가**

응시자 주의사항

1. **시험시작 전 시험문제를 열람하는 행위나 시험종료 후 답안을 작성하는 행위를 한 사람**은 「공무원 임용시험령」 제51조에 의거 **부정행위자**로 처리됩니다.
2. **답안지 책형 표기는 시험시작 전** 감독관의 지시에 따라 **문제책 앞면에 인쇄된 문제책형을 확인**한 후, **답안지 책형란에 해당 책형(1개)**을 '●'로 표기하여야 합니다.
3. 시험이 시작되면 문제를 주의 깊게 읽은 후, **문항의 취지에 가장 적합한 하나의 정답만을 고르며**, 문제내용에 관한 질문은 할 수 없습니다.
4. **답안을 잘못 표기하였을 경우에는 답안지를 교체하여 작성**하거나 **수정할 수 있으며**, 표기한 답안을 수정할 때는 **응시자 본인이 가져온 수정테이프만을 사용**하여 해당 부분을 완전히 지우고 부착된 수정테이프가 떨어지지 않도록 손으로 눌러주어야 합니다. **(수정액 또는 수정 스티커 등은 사용 불가)**
5. **시험시간 관리의 책임은 응시자 본인에게 있습니다.**
   ※ 문제책은 시험종료 후 가지고 갈 수 있습니다.

모바일 자동 채점 및 성적 분석 서비스

'약점 보완 해설집'에 회차별로 수록된 QR코드를 인식하면 응시 인원 대비 자신의 성적 위치를 확인할 수 있습니다.

해커스PSAT

1. 다음 <그림>은 2021년 7월 '갑'지역의 15세 이상 인구를 대상으로 한 경제활동인구조사 결과를 정리한 자료이다. <그림>의 A, B에 해당하는 값을 바르게 나열한 것은?

<그림> 2021년 7월 경제활동인구조사 결과

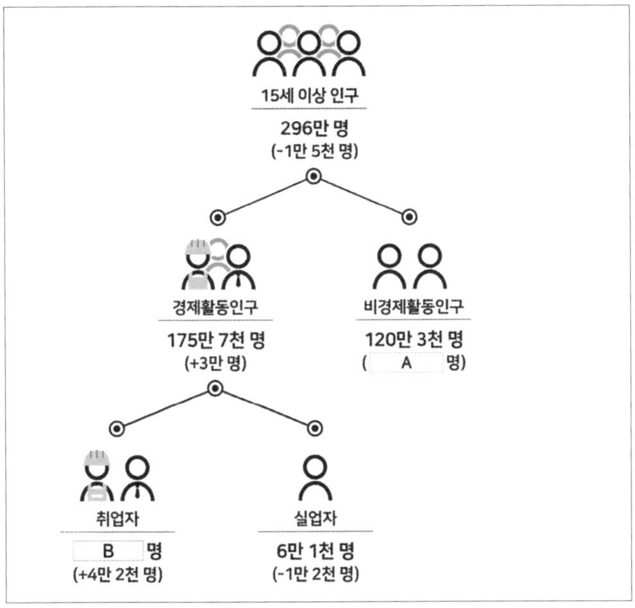

※ ( )는 2020년 7월 대비 증감 인구수임.

	A	B
①	- 4만 5천	169만 6천
②	- 4만 5천	165만 4천
③	- 1만 2천	172만 7천
④	- 1만 2천	169만 6천
⑤	+ 4만 2천	172만 7천

2. 다음 <표>는 2017~2021년 '갑'국의 청구인과 피청구인에 따른 특허심판 청구건수에 관한 자료이다. 이에 대한 <보기>의 설명 중 옳은 것만을 모두 고르면?

<표> 청구인과 피청구인에 따른 특허심판 청구건수

(단위: 건)

청구인 / 피청구인 / 연도	내국인		외국인	
	내국인	외국인	내국인	외국인
2017	765	270	204	172
2018	889	1,970	156	119
2019	795	359	191	72
2020	771	401	93	230
2021	741	213	152	46

<보 기>

ㄱ. 2019년 청구인이 내국인인 특허심판 청구건수의 전년 대비 감소율은 50% 이상이다.

ㄴ. 2021년 피청구인이 내국인인 특허심판 청구건수는 피청구인이 외국인인 특허심판 청구건수의 3배 이상이다.

ㄷ. 2017년 내국인이 외국인에게 청구한 특허심판 청구건수는 2020년 외국인이 외국인에게 청구한 특허심판 청구건수보다 많다.

① ㄱ
② ㄷ
③ ㄱ, ㄴ
④ ㄴ, ㄷ
⑤ ㄱ, ㄴ, ㄷ

3. 다음 <보고서>는 2018~2021년 '갑'국의 생활밀접업종 현황에 대한 자료이다. <보고서>의 내용과 부합하지 않는 자료는?

<보고서>

생활밀접업종은 소매, 음식, 숙박, 서비스 등과 같이 일상 생활과 밀접하게 관련된 재화 또는 용역을 공급하는 업종이다. 생활밀접업종 사업자 수는 2021년 현재 2,215천 명으로 2018년 대비 10% 이상 증가하였다. 2018년 대비 2021년 생활밀접업종 중 73개 업종에서 사업자 수가 증가하였는데, 이 중 스포츠시설 운영업이 가장 높은 증가율을 기록하였고 펜션·게스트하우스, 애완용품점이 그 뒤를 이었다.

그러나 혼인건수와 출생아 수가 줄어드는 사회적 현상은 관련 업종에도 직접 영향을 미친 것으로 나타났다. 산부인과 병·의원 사업자 수는 2018년 이후 매년 감소하였다. 또한, 2018년 이후 예식장과 결혼상담소의 사업자 수도 각각 매년 감소하는 것으로 나타났다.

한편 복잡한 현대사회에서 전문직에 대한 수요는 꾸준히 증가하고 있다. 생활밀접업종을 소매, 음식, 숙박, 병·의원, 전문직, 교육, 서비스의 7개 그룹으로 분류했을 때 전문직 그룹의 2018년 대비 2021년 사업자 수 증가율이 17.6%로 가장 높았다.

① 생활밀접업종 사업자 수

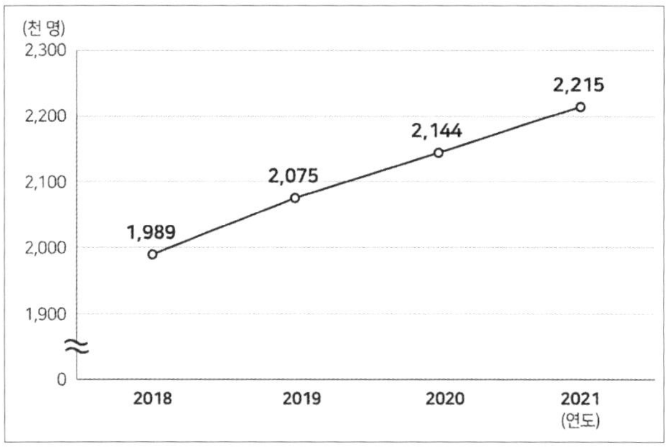

② 2018년 대비 2021년 생활밀접업종 사업자 수 증가율 상위 10개 업종

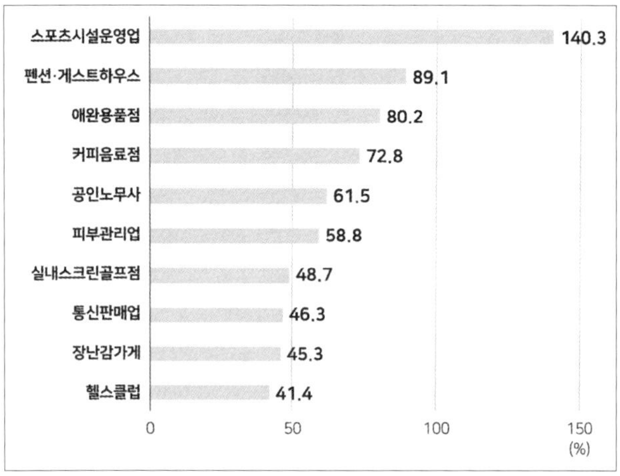

③ 주요 진료과목별 병·의원 사업자 수

(단위: 명)

진료과목 \ 연도	2018	2019	2020	2021
신경정신과	1,270	1,317	1,392	1,488
가정의학과	2,699	2,812	2,952	3,057
피부과·비뇨의학과	3,267	3,393	3,521	3,639
이비인후과	2,259	2,305	2,380	2,461
안과	1,485	1,519	1,573	1,603
치과	16,424	16,879	17,217	17,621
일반외과	4,282	4,369	4,474	4,566
성형외과	1,332	1,349	1,372	1,414
내과·소아과	10,677	10,861	10,975	11,130
산부인과	1,726	1,713	1,686	1,663

④ 예식장 및 결혼상담소 사업자 수

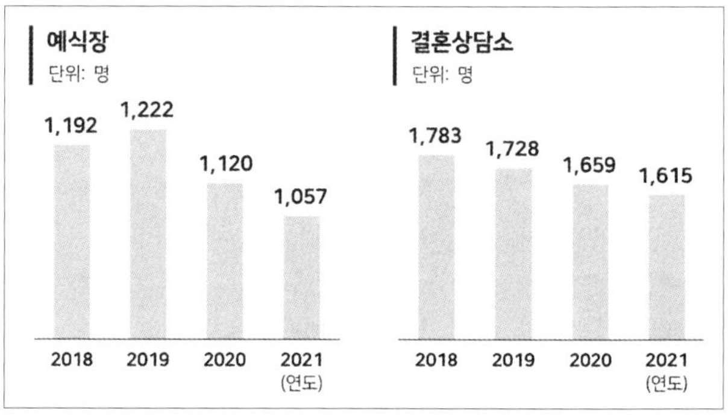

⑤ 2018년 대비 2021년 생휠밀집입종의 7개 그룹별 사업자 수 증가율

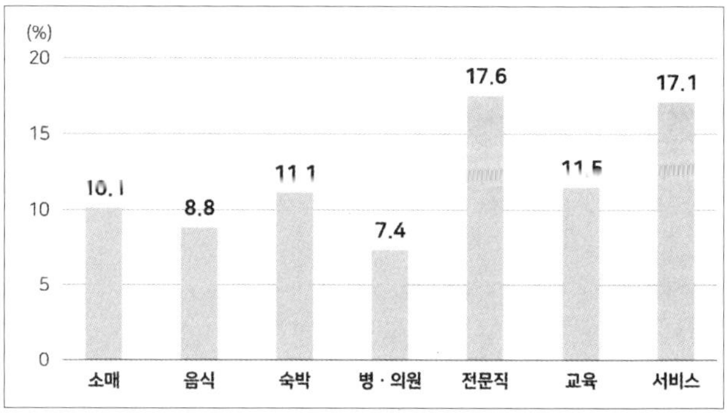

4. 다음 <표>는 '갑'국 A 위원회의 24~26차 회의 심의결과에 관한 자료이다. 이에 대한 <보기>의 설명 중 옳은 것만을 모두 고르면?

<표> A 위원회의 24~26차 회의 심의결과

회차 / 동의 여부 / 위원	24		25		26	
	동의	부동의	동의	부동의	동의	부동의
기획재정부장관	○		○		○	
교육부장관	○			○	○	
과학기술정보통신부장관	○		○			○
행정안전부장관	○			○	○	
문화체육관광부장관	○			○	○	
농림축산식품부장관		○	○		○	
산업통상자원부장관		○		○		○
보건복지부장관	○		○		○	
환경부장관		○	○			○
고용노동부장관		○		○	○	
여성가족부장관	○		○		○	
국토교통부장관	○		○		○	
해양수산부장관	○		○		○	
중소벤처기업부장관		○	○			○
문화재청장	○		○		○	
산림청장	○			○	○	

※ 1) A 위원회는 <표>에 제시된 16명의 위원으로만 구성됨.
2) A 위원회는 매 회차 개최 시 1건의 안건만을 심의함.

<보 기>

ㄱ. 24~26차 회의의 심의안건에 모두 동의한 위원은 6명이다.
ㄴ. 심의안건에 부동의한 위원 수는 매 회차 증가하였다.
ㄷ. 전체 위원의 $\frac{2}{3}$ 이상이 동의해야 심의안건이 의결된다면, 24~26차 회의의 심의안건은 모두 의결되었다.

① ㄱ
② ㄴ
③ ㄱ, ㄷ
④ ㄴ, ㄷ
⑤ ㄱ, ㄴ, ㄷ

5. 다음 <표>는 1990년대 이후 A~E 도시의 시기별 및 자본금액별 창업 건수에 관한 자료이고, <보고서>는 A~E 중 한 도시의 창업 건수에 관한 설명이다. 이를 근거로 판단할 때, <보고서>의 내용에 부합하는 도시는?

<표> A~E 도시의 시기별 및 자본금액별 창업 건수

(단위: 건)

시기 / 자본금액 / 도시	1990년대		2000년대		2010년대		2020년 이후	
	1천만 원 미만	1천만 원 이상	1천만 원 미만	1천만 원 이상	1천만 원 미만	1천만 원 이상	1천만 원 미만	1천만 원 이상
A	198	11	206	32	461	26	788	101
B	46	0	101	5	233	4	458	16
C	12	2	19	17	16	17	76	14
D	27	3	73	34	101	24	225	27
E	4	0	25	0	53	3	246	7

<보고서>

이 도시의 시기별 및 자본금액별 창업 건수는 다음과 같은 특징이 있다. 첫째, 1990년대 이후 모든 시기에서 자본금액 1천만 원 미만 창업 건수가 자본금액 1천만 원 이상 창업 건수보다 많다. 둘째, 자본금액 1천만 원 미만 창업 건수와 1천만 원 이상 창업 건수의 차이는 2010년대가 2000년대의 2배 이상이다. 셋째, 2020년 이후 전체 창업 건수는 1990년대 전체 창업 건수의 10배 이상이다. 넷째, 2020년 이후 전체 창업 건수 중 자본금액 1천만 원 이상 창업 건수의 비중은 3% 이상이다.

① A
② B
③ C
④ D
⑤ E

6. 다음 <표>는 '갑'국의 원료곡종별 및 등급별 가공단가와 A~C 지역의 가공량에 관한 자료이다. 이에 대한 <보기>의 설명 중 옳은 것만을 모두 고르면?

<표 1> 원료곡종별 및 등급별 가공단가

(단위: 천 원/톤)

원료곡종 \ 등급	1등급	2등급	3등급
쌀	118	109	100
현미	105	97	89
보리	65	60	55

<표 2> A~C 지역의 원료곡종별 및 등급별 가공량

(단위: 톤)

지역	원료곡종 \ 등급	1등급	2등급	3등급	합계
A	쌀	27	35	25	87
	현미	43	20	10	73
	보리	5	3	7	15
B	쌀	23	25	55	103
	현미	33	25	21	79
	보리	9	9	5	23
C	쌀	30	35	20	85
	현미	30	37	25	92
	보리	8	30	2	40
전체	쌀	80	95	100	275
	현미	106	82	56	244
	보리	22	42	14	78

※ 가공비용 = 가공단가 × 가공량

<보 기>

ㄱ. A 지역의 3등급 쌀 가공비용은 B 지역의 2등급 현미 가공비용보다 크다.

ㄴ. 1등급 현미 전체의 가공비용은 2등급 현미 전체 가공비용의 2배 이상이다.

ㄷ. 3등급 쌀과 3등급 보리의 가공단가가 각각 90천 원/톤, 50천 원/톤으로 변경될 경우, 지역별 가공비용 총액 감소폭이 가장 작은 지역은 A이다.

① ㄱ
② ㄷ
③ ㄱ, ㄴ
④ ㄱ, ㄷ
⑤ ㄴ, ㄷ

7. 다음 <표>는 재해위험지구 '갑', '을', '병'지역을 대상으로 정비사업 투자의 우선순위를 결정하기 위한 자료이다. '편익', '피해액', '재해발생위험도' 3개 평가 항목 점수의 합이 큰 지역일수록 우선순위가 높다. 이에 대한 <보기>의 설명 중 옳은 것만을 모두 고르면?

<표 1> '갑'~'병'지역의 평가 항목별 등급

지역 \ 평가 항목	편익	피해액	재해발생위험도
갑	C	A	B
을	B	D	A
병	A	B	C

<표 2> 평가 항목의 등급별 배점

(단위: 점)

등급 \ 평가 항목	편익	피해액	재해발생위험도
A	10	15	25
B	8	12	17
C	6	9	10
D	4	6	0

<보 기>

ㄱ. '재해발생위험도' 점수가 높은 지역일수록 우선순위가 높다.

ㄴ. 우선순위가 가장 높은 지역과 가장 낮은 지역의 '피해액' 점수 차이는 '재해발생위험도' 점수 차이보다 크다.

ㄷ. '피해액' 점수와 '재해발생위험도' 점수의 합이 가장 큰 지역은 '갑'이다.

ㄹ. '갑'지역의 '편익' 등급이 B로 변경되면, 우선순위가 가장 높은 지역은 '갑'이다.

① ㄱ, ㄴ
② ㄱ, ㄷ
③ ㄴ, ㄹ
④ ㄱ, ㄷ, ㄹ
⑤ ㄴ, ㄷ, ㄹ

8. 다음 <그림>은 2017~2021년 '갑'국의 반려동물 사료 유형별 특허 출원건수에 관한 자료이다. 이에 대한 <보기>의 설명 중 옳은 것만을 모두 고르면?

<그림> 반려동물 사료 유형별 특허 출원건수

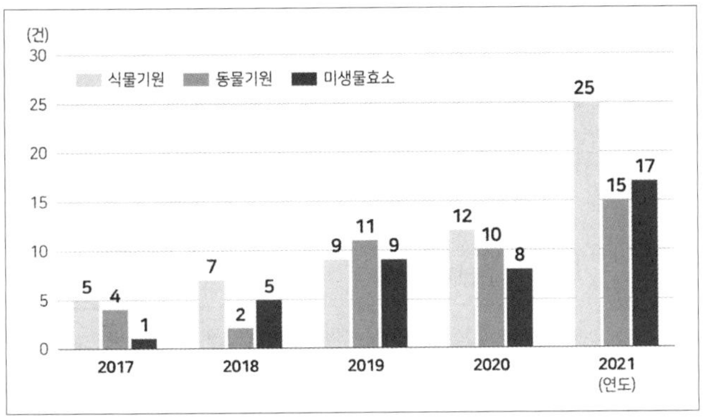

※ 반려동물 사료 유형은 식물기원, 동물기원, 미생물효소로만 구분함.

<보 기>

ㄱ. 2017~2021년 동안의 특허 출원건수 합이 가장 작은 사료 유형은 '미생물효소'이다.
ㄴ. 연도별 전체 특허 출원건수 대비 각 사료 유형의 특허 출원건수 비율은 '식물기원'이 매년 가장 높다.
ㄷ. 2021년 특허 출원건수의 전년 대비 증가율이 가장 높은 사료 유형은 '식물기원'이다.

① ㄱ
② ㄷ
③ ㄱ, ㄴ
④ ㄱ, ㄷ
⑤ ㄴ, ㄷ

9. 다음 <표>는 2019년과 2020년 지역별 전체주택 및 빈집 현황에 관한 자료이다. 이를 바탕으로 작성한 <보고서>의 A~C에 해당하는 내용을 바르게 나열한 것은?

<표> 2019년과 2020년 지역별 전체주택 및 빈집 현황

(단위: 호, %)

연도	2019			2020		
지역 \ 구분	전체주택	빈집	빈집비율	전체주택	빈집	빈집비율
서울특별시	2,953,964	93,402	3.2	3,015,371	96,629	3.2
부산광역시	1,249,757	109,651	8.8	1,275,859	113,410	8.9
대구광역시	800,340	40,721	5.1	809,802	39,069	4.8
인천광역시	1,019,365	66,695	6.5	1,032,774	65,861	6.4
광주광역시	526,161	39,625	7.5	538,275	41,585	7.7
대전광역시	492,797	29,640	6.0	496,875	26,983	5.4
울산광역시	391,596	33,114	8.5	394,634	30,241	7.7
세종특별자치시	132,257	16,437	12.4	136,887	14,385	10.5
경기도	4,354,776	278,815	6.4	4,495,115	272,358	6.1
강원도	627,376	84,382	13.4	644,023	84,106	13.1
충청북도	625,957	77,520	12.4	640,256	76,877	12.0
충청남도	850,525	107,609	12.7	865,008	106,430	12.3
전라북도	724,524	91,138	12.6	741,221	95,412	12.9
전라남도	787,816	121,767	15.5	802,043	122,103	15.2
경상북도	1,081,216	143,560	13.3	1,094,306	139,770	12.8
경상남도	1,266,739	147,173	11.6	1,296,944	150,982	11.6
제주특별자치도	241,788	36,566	15.1	246,451	35,105	14.2
전국	18,126,954	1,517,815	8.4	18,525,844	1,511,306	8.2

※ 빈집비율(%) = $\frac{\text{빈집}}{\text{전체주택}} \times 100$

<보고서>

2020년 우리나라 전체주택 수는 전년 대비 39만 호 이상 증가하였으나 빈집 수는 6천 호 이상 감소하여 빈집비율은 전년 대비 감소하였다. 특히 세종특별자치시의 빈집비율이 가장 큰 폭으로 감소하였다.

하지만 2020년에는 (A)개 지역에서 빈집 수가 전년 대비 증가하였고, 전년 대비 빈집비율이 가장 큰 폭으로 증가한 지역은 (B)였다. 빈집비율이 가장 높은 지역과 가장 낮은 지역의 빈집비율 차이는 2019년에 비해 2020년이 (C)하였다.

	A	B	C
①	5	광주광역시	감소
②	5	전라북도	증가
③	6	광주광역시	증가
④	6	전라북도	증가
⑤	6	전라북도	감소

10. 다음 <표>와 <보고서>는 2021년 '갑'국의 초등돌봄교실에 관한 자료이다. 제시된 <표> 이외에 <보고서>를 작성하기 위해 추가로 필요한 자료만을 <보기>에서 모두 고르면?

<표 1> 2021년 초등돌봄교실 이용학생 현황

(단위: 명, %)

구분 \ 학년		1	2	3	4	5	6	합
오후돌봄교실	학생 수	124,000	91,166	16,421	7,708	3,399	2,609	245,303
	비율	50.5	37.2	6.7	3.1	1.4	1.1	100.0
저녁돌봄교실	학생 수	5,215	3,355	772	471	223	202	10,238
	비율	50.9	32.8	7.5	4.6	2.2	2.0	100.0

<표 2> 2021년 지원대상 유형별 오후돌봄교실 이용학생 현황

(단위: 명, %)

구분 \ 지원대상 유형		우선지원대상					일반 지원대상	합
		저소득층	한부모	맞벌이	기타	소계		
오후돌봄교실	학생 수	23,066	6,855	174,297	17,298	221,516	23,787	245,303
	비율	9.4	2.8	71.1	7.1	90.3	9.7	100.0

<보고서>

2021년 '갑'국의 초등돌봄교실 이용학생은 오후돌봄교실 245,303명, 저녁돌봄교실 10,238명이다. 오후돌봄교실의 경우 2021년 기준 전체 초등학교의 98.9%가 참여하고 있다.

오후돌봄교실의 우선지원대상은 저소득층 가정, 한부모 가정, 맞벌이 가정, 기타로 구분되며, 맞벌이 가정이 전체 오후돌봄교실 이용학생의 71.1%로 가장 많고 다음으로 저소득층 가정이 9.4%로 많다.

저녁돌봄교실의 경우 17시부터 22시까지 운영하고 있으나, 19시를 넘는 늦은 시간까지 이용하는 학생 비중은 11.2%에 불과하다. 2021년 현재 저녁돌봄교실 이용학생은 1~2학년이 8,570명으로 전체 저녁돌봄교실 이용학생의 83.7%를 차지한다.

초등돌봄교실 담당인력은 돌봄전담사, 현직교사, 민간위탁업체로 다양하다. 담당인력 구성은 돌봄전담사가 10,237명으로 가장 많고, 다음으로 현직교사 1,480명, 민간위탁업체 565명 순이다. 그중 돌봄전담사는 무기계약직이 6,830명이고 기간제가 3,407명이다.

<보 기>

ㄱ. 연도별 오후돌봄교실 참여 초등학교 수 및 참여율

(단위: 개, %)

구분 \ 연도	2016	2017	2018	2019	2020	2021
학교 수	5,652	5,784	5,938	5,972	5,998	6,054
참여율	96.0	97.3	97.3	96.9	97.0	98.9

ㄴ. 2021년 저녁돌봄교실 이용학생의 이용시간별 분포

(단위: 명, %)

구분 \ 이용시간	17~18시	17~19시	17~20시	17~21시	17~22시	합
이용학생 수	6,446	2,644	1,005	143	0	10,238
비율	63.0	25.8	9.8	1.4	0.0	100.0

ㄷ. 2021년 저녁돌봄교실 이용학생의 학년별 분포

(단위: 명, %)

구분 \ 학년	1~2	3~4	5~6	합
이용학생 수	8,570	1,243	425	10,238
비율	83.7	12.1	4.2	100.0

ㄹ. 2021년 초등돌봄교실 담당인력 현황

(단위: 명, %)

구분	돌봄전담사			현직교사	민간위탁업체	합
	무기계약직	기간제	소계			
인력	6,830	3,407	10,237	1,480	565	12,282
비율	55.6	27.7	83.3	12.1	4.6	100.0

① ㄱ, ㄴ ② ㄱ, ㄷ ③ ㄷ, ㄹ
④ ㄱ, ㄴ, ㄹ ⑤ ㄴ, ㄷ, ㄹ

11. 다음 <표>는 2016~2020년 '갑'국의 해양사고 심판현황이다. 이에 대한 <보기>의 설명 중 옳은 것만을 모두 고르면?

<표> 2016~2020년 해양사고 심판현황

(단위: 건)

구분 \ 연도	2016	2017	2018	2019	2020
전년 이월	96	100	( )	71	89
해당 연도 접수	226	223	168	204	252
심판대상	322	( )	258	275	341
재결	222	233	187	186	210

※ '심판대상' 중 '재결'되지 않은 건은 다음 연도로 이월함.

<보 기>

ㄱ. '심판대상' 중 '전년 이월'의 비중은 2018년이 2016년보다 높다.

ㄴ. 다음 연도로 이월되는 건수가 가장 많은 연도는 2016년이다.

ㄷ. 2017년 이후 '해당 연도 접수' 건수의 전년 대비 증가율이 가장 높은 연도는 2020년이다.

ㄹ. '재결' 건수가 가장 적은 연도에는 '해당 연도 접수' 건수도 가장 적다.

① ㄱ, ㄴ ② ㄱ, ㄷ ③ ㄴ, ㄷ
④ ㄴ, ㄹ ⑤ ㄷ, ㄹ

12. 다음 <표>는 '갑'주무관이 해양포유류 416종을 4가지 부류(A~D)로 나눈 후 2022년 기준 국제자연보전연맹(IUCN) 적색 목록 지표에 따라 분류한 자료이다. 이를 근거로 작성한 <보고서>의 A, B에 해당하는 해양포유류 부류를 바르게 연결한 것은?

<표> 해양포유류의 IUCN 적색 목록 지표별 분류 현황

(단위: 종)

지표 \ 해양포유류 부류	A	B	C	D	합
절멸종(EX)	3	-	2	8	13
야생절멸종(EW)	-	-	-	2	2
심각한위기종(CR)	-	-	-	15	15
멸종위기종(EN)	11	1	-	48	60
취약종(VU)	7	2	8	57	74
위기근접종(NT)	2	-	-	38	40
관심필요종(LC)	42	2	1	141	186
자료부족종(DD)	2	-	-	24	26
미평가종(NE)	-	-	-	-	0
계	67	5	11	333	416

<보고서>

국제자연보전연맹(IUCN)의 적색 목록(Red List)은 지구 동식물종의 보전 상태를 나타내며, 각 동식물종의 보전 상태는 9개의 지표 중 1개로만 분류된다. 이 중 심각한위기종(CR), 멸종위기종(EN), 취약종(VU) 3개 지표 중 하나로 분류되는 동식물종을 멸종우려종(threatened species)이라 한다.

조사대상 416종의 해양포유류를 '고래류', '기각류', '해달류 및 북극곰', '해우류' 4가지 부류로 나눈 후, IUCN의 적색 목록 지표에 따라 분류해 보면 전체 조사대상의 약 36%가 멸종우려종에 속하고 있다. 특히, 멸종우려종 중 '고래류'가 차지하는 비중은 80% 이상이다. 또한 '해달류 및 북극곰'은 9개의 지표 중 멸종우려종 또는 관심필요종(LC)으로만 분류된 것으로 나타났다.

한편 해양포유류에 대한 과학적인 이해가 부족하여 26종은 자료부족종(DD)으로 분류되고 있다. 다만 '해달류 및 북극곰'과 '해우류'는 자료부족종(DD)으로 분류된 종이 없다.

	A	B
①	고래류	기각류
②	고래류	해우류
③	기각류	해달류 및 북극곰
④	기각류	해우류
⑤	해우류	해달류 및 북극곰

13. 다음 <표>와 <조건>은 공유킥보드 운영사 A~D의 2022년 1월 기준 대여요금제와 대여방식이고 <보고서>는 공유킥보드 대여요금제 변경 이력에 관한 자료이다. <보고서>에서 (다)에 해당하는 값은?

<표> 공유킥보드 운영사 A~D의 2022년 1월 기준 대여요금제

(단위: 원)

구분 \ 운영사	A	B	C	D
잠금해제료	0	250	750	1,600
분당대여료	200	150	120	60

<조 건>

○ 대여요금 = 잠금해제료 + 분당대여료 × 대여시간

○ 공유킥보드 이용자는 공유킥보드 대여시간을 분단위로 미리 결정하고 운영사 A~D의 대여요금을 산정한다.

○ 공유킥보드 이용자는 산정된 대여요금이 가장 낮은 운영사의 공유킥보드를 대여한다.

<보고서>

2022년 1월 기준 대여요금제에 따르면 운영사 (가)는 이용자의 대여시간이 몇 분이더라도 해당 대여시간에 대해 운영사 A~D 중 가장 낮은 대여요금을 제공하지 못하는 것으로 나타났다. 자사 공유킥보드가 1대도 대여되지 않고 있음을 확인한 운영사 (가)는 2월부터 잠금해제 이후 처음 5분간 분당대여료를 면제하는 것으로 대여요금제를 변경하였다.

운영사 (나)가 2월 기준 대여요금제로 운영사 A~D의 대여요금을 재산정한 결과, 이용자의 대여시간이 몇 분이더라도 해당 대여시간에 대해 운영사 A~D 중 가장 낮은 대여요금을 제공하지 못하는 것을 파악하였다. 이에 운영사 (나)는 3월부터 분당대여료를 50원 인하하는 것으로 대여요금제를 변경하였다.

그 결과 대여시간이 20분일 때, 3월 기준 대여요금제로 산정된 운영사 (가)와 (나)의 공유킥보드 대여요금 차이는 (다)원이다.

① 200
② 250
③ 300
④ 350
⑤ 400

14. 다음 <보고서>는 2021년 '갑'국 사교육비 조사결과에 대한 자료이다. <보고서>의 내용과 부합하지 않는 자료는?

<보고서>

2021년 전체 학생 수는 532만 명으로 전년보다 감소하였지만, 사교육비 총액은 23조 4천억 원으로 전년 대비 20% 이상 증가하였다. 또한, 사교육의 참여율과 주당 참여시간도 전년 대비 증가한 것으로 나타났다.

2021년 전체 학생의 1인당 월평균 사교육비는 전년 대비 20% 이상 증가하였고, 사교육 참여학생의 1인당 월평균 사교육비 또한 전년 대비 6% 이상 증가하였다. 2021년 전체 학생 중 월평균 사교육비를 20만 원 미만 지출한 학생의 비중은 전년 대비 감소하였으나, 60만 원 이상 지출한 학생의 비중은 전년 대비 증가한 것으로 나타났다.

한편, 2021년 방과후학교 지출 총액은 4,434억 원으로 2019년 대비 50% 이상 감소하였으며, 방과후학교 참여율 또한 28.9%로 2019년 대비 15.0%p 이상 감소하였다.

① 전체 학생 수와 사교육비 총액

(단위: 만 명, 조 원)

구분 \ 연도	2020	2021
전체 학생 수	535	532
사교육비 총액	19.4	23.4

② 사교육의 참여율과 주당 참여시간

(단위: %, 시간)

구분 \ 연도	2020	2021
참여율	67.1	75.5
주당 참여시간	5.3	6.7

③ 학생 1인당 월평균 사교육비

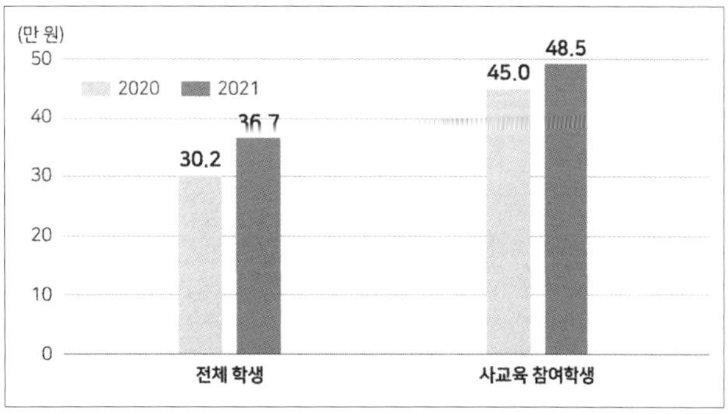

④ 전체 학생의 월평균 사교육비 지출 수준에 따른 분포

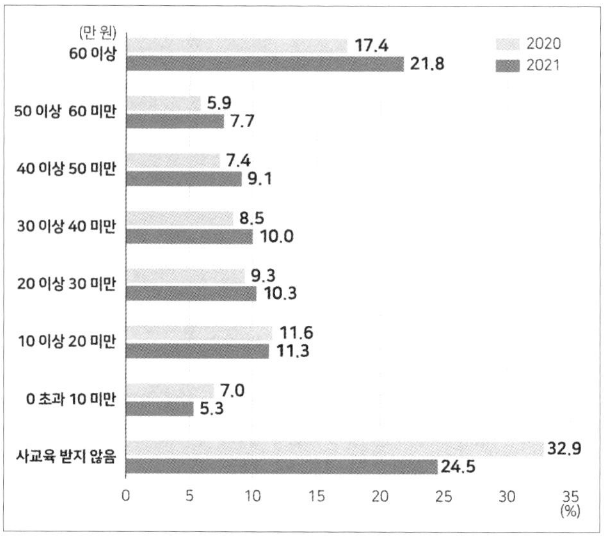

⑤ 방과후학교의 지출 총액과 참여율

(단위: 억 원, %)

구분 \ 연도	2019	2021
지출 총액	8,250	4,434
참여율	48.4	28.9

15. 다음 <표>는 '갑'국의 학교급별 여성 교장 수와 비율을 1980년부터 5년마다 조사한 자료이다. 이에 대한 설명으로 옳은 것은?

<표> 학교급별 여성 교장 수와 비율

(단위: 명, %)

조사연도 \ 학교급 / 구분	초등학교		중학교		고등학교	
	여성 교장 수	비율	여성 교장 수	비율	여성 교장 수	비율
1980	117	1.8	66	3.6	47	3.4
1985	122	1.9	98	4.9	60	4.0
1990	159	2.5	136	6.3	64	4.0
1995	222	3.8	181	7.6	66	3.8
2000	490	8.7	255	9.9	132	6.5
2005	832	14.3	330	12.0	139	6.4
2010	1,701	28.7	680	23.2	218	9.5
2015	2,058	34.5	713	24.3	229	9.9
2020	2,418	40.3	747	25.4	242	10.4

※ 1) 학교급별 여성 교장 비율(%) = $\frac{\text{학교급별 여성 교장 수}}{\text{학교급별 전체 교장 수}} \times 100$

2) 교장이 없는 학교는 없으며, 각 학교의 교장은 1명임.

① 2000년 이후 중학교 여성 교장 비율은 매년 증가한다.
② 초등학교 수는 2020년이 1980년보다 많다.
③ 고등학교 남성 교장 수는 1985년이 1990년보다 많다.
④ 1995년 초등학교 수는 같은 해 중학교 수와 고등학교 수의 합보다 많다.
⑤ 초등학교 여성 교장 수는 2020년이 2000년의 5배 이상이다.

16. 다음 <표>는 도지사 선거 후보자 A와 B의 TV 토론회 전후 '가'~'마'지역 유권자의 지지율에 대한 자료이고, <보고서>는 이 중 한 지역의 지지율 변화를 분석한 자료이다. <보고서>의 내용에 해당하는 지역을 '가'~'마' 중에서 고르면?

<표> 도지사 선거 후보자 TV 토론회 전후 지지율

(단위: %)

시기 / 지역 \ 후보자	TV 토론회 전		TV 토론회 후	
	A	B	A	B
가	38	52	50	46
나	28	40	39	41
다	31	59	37	36
라	35	49	31	57
마	29	36	43	41

※ 1) 도지사 선거 후보자는 A와 B뿐임.
2) 응답자는 '후보자 A 지지', '후보자 B 지지', '지지 후보자 없음' 중 하나만 응답하고, 무응답은 없음.

<보고서>

도지사 선거 후보자 TV 토론회를 진행하기 전과 후에 실시한 이 지역의 여론조사 결과, 도지사 후보자 지지율 변화는 다음과 같다. TV 토론회 전에는 B 후보자에 대한 지지율이 A 후보자보다 10%p 이상 높게 집계되어 B 후보자가 선거에 유리한 것으로 보였으나, TV 토론회 후에는 지지율 양상에 변화가 있는 것으로 분석된다.

TV 토론회 후 '지지 후보자 없음'으로 응답한 비율이 줄어 TV 토론회가 그동안 어떤 후보자에 투표할지 고민하던 유권자의 선택에 영향을 미친 것으로 판단된다. 또한, A 후보자에 대한 지지율 증가폭이 B 후보자보다 큰 것으로 나타나 TV 토론회를 통해 A 후보자의 강점이 더 잘 드러났던 것으로 분석된다. 그러나 TV 토론회 후 두 후보자간 지지율 차이가 3%p 이내에 불과하여 이 지역에서 선거의 결과는 예측하기 어렵다.

① 가
② 나
③ 다
④ 라
⑤ 마

17. 다음 <그림>은 '갑'공업단지 내 8개 업종 업체 수와 업종별 스마트시스템 도입률 및 고도화율에 관한 자료이다. 이에 대한 <보기>의 설명 중 옳은 것만을 모두 고르면?

<그림 1> 업종별 업체 수

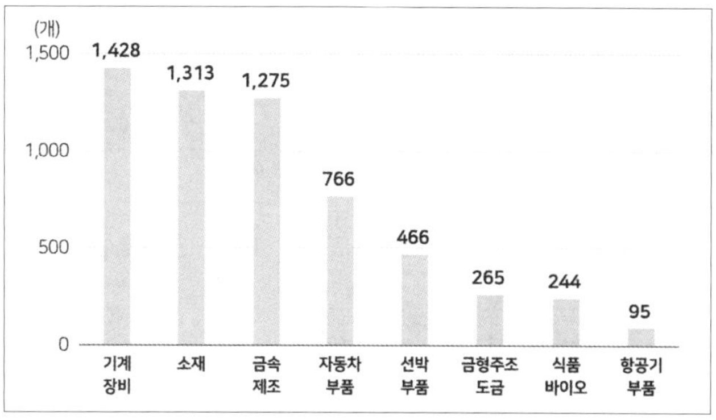

<그림 2> 업종별 스마트시스템 도입률 및 고도화율

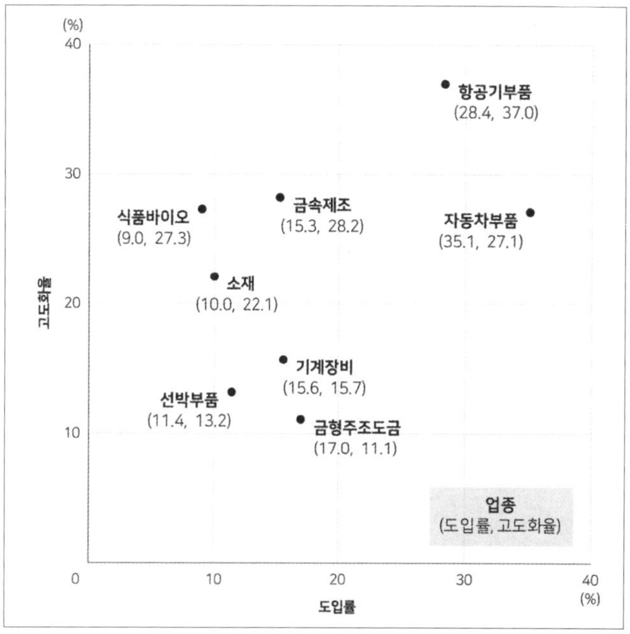

※ 1) 도입률(%) = $\frac{\text{업종별 스마트시스템 도입 업체 수}}{\text{업종별 업체 수}} \times 100$

2) 고도화율(%) = $\frac{\text{업종별 스마트시스템 고도화 업체 수}}{\text{업종별 스마트시스템 도입 업체 수}} \times 100$

<보 기>

ㄱ. 스마트시스템 도입 업체 수가 가장 많은 업종은 '자동차부품'이다.
ㄴ. 고도화율이 가장 높은 업종은 스마트시스템 고도화 업체 수도 가장 많다.
ㄷ. 업체 수 대비 스마트시스템 고도화 업체 수가 가장 높은 업종은 '항공기부품'이다.
ㄹ. 도입률이 가장 낮은 업종은 고도화율도 가장 낮다.

① ㄱ, ㄴ
② ㄱ, ㄷ
③ ㄱ, ㄹ
④ ㄴ, ㄷ
⑤ ㄴ, ㄹ

18. 다음 <표>는 운전자 A~E의 정지시거 산정을 위해 '갑'시험장에서 측정한 자료이다. <표>와 <정보>에 근거하여 맑은 날과 비 오는 날의 운전자별 정지시거를 바르게 연결한 것은?

<표> 운전자 A~E의 정지시거 산정을 위한 자료

(단위: m/초, 초, m)

구분 \ 운전자	자동차	운행 속력	반응 시간	반응 거리	마찰계수	
					맑은 날	비 오는 날
A	가	20	2.0	40	0.4	0.1
B	나	20	2.0	( )	0.4	0.2
C	다	20	1.6	( )	0.8	0.4
D	나	20	2.4	( )	0.4	0.2
E	나	20	1.4	( )	0.4	0.2

<정 보>

○ 정지시거 = 반응거리 + 제동거리

○ 반응거리 = 운행속력 × 반응시간

○ 제동거리 = $\frac{(\text{운행속력})^2}{2 \times \text{마찰계수} \times g}$

(단, g는 중력가속도이며 10m/초^{2}으로 가정함)

	운전자	맑은 날 정지시거[m]	비 오는 날 정지시거[m]
①	A	120	240
②	B	90	160
③	C	72	82
④	D	98	158
⑤	E	78	128

19. 다음 <표>와 <그림>은 '갑'국 8개 어종의 2020년 어획량에 관한 자료이다. 이에 대한 <보기>의 설명 중 옳은 것만을 모두 고르면?

<표> 8개 어종의 2020년 어획량

(단위: 톤)

어종	갈치	고등어	광어	멸치	오징어	전갱이	조기	참다랑어
어획량	20,666	64,609	5,453	26,473	23,703	19,769	23,696	482

<그림> 8개 어종 2020년 어획량의 전년비 및 평년비

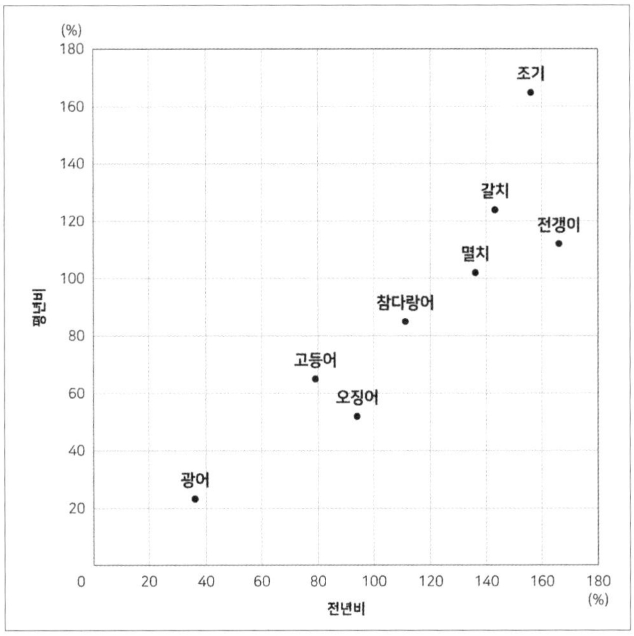

※ 1) 전년비(%) = $\frac{\text{2020년 어획량}}{\text{2019년 어획량}} \times 100$

2) 평년비(%) = $\frac{\text{2020년 어획량}}{\text{2011~2020년 연도별 어획량의 평균}} \times 100$

<보 기>

ㄱ. 8개 어종 중 2019년 어획량이 가장 많은 어종은 고등어이다.

ㄴ. 8개 어종 각각의 2019년 어획량은 해당 어종의 2011~2020년 연도별 어획량의 평균보다 적다.

ㄷ. 2021년 갈치 어획량이 2020년과 동일하다면 갈치의 2011~2021년 연도별 어획량의 평균은 2011~2020년 연도별 어획량의 평균보다 크다.

① ㄱ

② ㄴ

③ ㄱ, ㄷ

④ ㄴ, ㄷ

⑤ ㄱ, ㄴ, ㄷ

20. 다음 <표>는 2021년 A시에서 개최된 철인3종경기 기록이다. 이에 대한 <보기>의 설명 중 옳은 것만을 모두 고르면?

<표> A시 개최 철인3종경기 기록

(단위: 시간)

종합기록 순위	국적	종합	수영	T1	자전거	T2	달리기
1	러시아	9:22:28	0:48:18	0:02:43	5:04:50	0:02:47	3:23:50
2	브라질	9:34:36	0:57:44	0:02:27	5:02:30	0:01:48	3:30:07
3	대한민국	9:37:41	1:04:14	0:04:08	5:04:21	0:03:05	3:21:53
4	대한민국	9:42:03	1:06:34	0:03:33	5:11:01	0:03:33	3:17:22
5	대한민국	9:43:50	(　　)	0:03:20	5:00:33	0:02:14	3:17:24
6	일본	9:44:34	0:52:01	0:03:28	5:25:59	0:02:56	3:20:10
7	러시아	9:45:06	1:08:32	0:03:55	5:07:46	0:03:02	3:21:51
8	독일	9:46:48	1:03:49	0:03:53	4:59:20	0:03:00	(　　)
9	영국	(　　)	1:07:01	0:03:37	5:07:07	0:03:55	3:26:27
10	중국	9:48:18	1:02:28	0:03:29	5:16:09	0:03:47	3:22:25

※ 1) 기록 '1:01:01'은 1시간 1분 1초를 의미함.
2) 'T1', 'T2'는 각각 '수영'에서 '자전거', '자전거'에서 '달리기'로 전환하는 데 걸리는 시간임.
3) 경기 참가 선수는 10명뿐이고, 기록이 짧을수록 순위가 높음.

<보 기>

ㄱ. '수영'기록이 한 시간 이하인 선수는 'T2'기록이 모두 3분 미만이다.
ㄴ. 종합기록 순위 2~10위인 선수 중, 종합기록 순위가 한 단계 더 높은 선수와의 '종합'기록 차이가 1분 미만인 선수는 3명뿐이다.
ㄷ. '달리기'기록 상위 3명의 국적은 모두 대한민국이다.
ㄹ. 종합기록 순위 10위인 선수의 '수영'기록 순위는 '수영'기록과 'T1'기록의 합산 기록 순위와 다르다.

① ㄱ, ㄴ
② ㄱ, ㄷ
③ ㄷ, ㄹ
④ ㄱ, ㄴ, ㄹ
⑤ ㄴ, ㄷ, ㄹ

21. 다음 <표>는 제품 A~E의 제조원가에 관한 자료이다. 제품 A~E 중 매출액이 가장 작은 제품은?

<표> 제품 A~E의 고정원가, 변동원가율, 제조원가율

(단위: 원, %)

구분 / 제품	고정원가	변동원가율	제조원가율
A	60,000	40	25
B	36,000	60	30
C	33,000	40	30
D	50,000	20	10
E	10,000	50	10

※ 1) 제조원가 = 고정원가 + 변동원가
2) 고정원가율(%) = $\frac{\text{고정원가}}{\text{제조원가}} \times 100$
3) 변동원가율(%) = $\frac{\text{변동원가}}{\text{제조원가}} \times 100$
4) 제조원가율(%) = $\frac{\text{제조원가}}{\text{매출액}} \times 100$

① A
② B
③ C
④ D
⑤ E

[22~23] 다음 <표>는 2018~2020년 '갑'국 방위산업의 매출액 및 종사자 수에 관한 자료이다. 다음 물음에 답하시오.

<표 1> 2018~2020년 '갑'국 방위산업의 국내외 매출액

(단위: 억 원)

구분 \ 연도	2018	2019	2020
총매출액	136,493	144,521	153,867
국내 매출액	116,502	( )	( )
국외 매출액	19,991	21,048	17,624

<표 2> 2020년 '갑'국 방위산업의 기업유형별 매출액 및 종사자 수

(단위: 억 원, 명)

기업유형 \ 구분	총매출액	국내 매출액	국외 매출액	종사자 수
대기업	136,198	119,586	16,612	27,249
중소기업	17,669	16,657	1,012	5,855
전체	153,867	( )	17,624	33,104

<표 3> 2018~2020년 '갑'국 방위산업의 분야별 매출액

(단위: 억 원)

분야 \ 연도	2018	2019	2020
항공유도	41,984	45,412	49,024
탄약	24,742	21,243	25,351
화력	20,140	20,191	21,031
함정	18,862	25,679	20,619
기동	14,027	14,877	18,270
통신전자	14,898	15,055	16,892
화생방	726	517	749
기타	1,114	1,547	1,931
전체	136,493	144,521	153,867

<표 4> 2018~2020년 '갑'국 방위산업의 분야별 종사자 수

(단위: 명)

분야 \ 연도	2018	2019	2020
A	9,651	10,133	10,108
B	6,969	6,948	6,680
C	3,996	4,537	4,523
D	3,781	3,852	4,053
E	3,988	4,016	3,543
화력	3,312	3,228	3,295
화생방	329	282	228
기타	583	726	674
전체	32,609	33,722	33,104

※ '갑'국 방위산업 분야는 기타를 제외하고 항공유도, 탄약, 화력, 함정, 기동, 통신전자, 화생방으로만 구분함.

22. 위 <표>에 근거한 <보기>의 설명 중 옳은 것만을 모두 고르면?

<보 기>

ㄱ. 방위산업의 국내 매출액이 가장 큰 연도에 방위산업 총매출액 중 국외 매출액 비중이 가장 작다.

ㄴ. '기타'를 제외하고, 2018년 대비 2020년 매출액 증가율이 가장 낮은 방위산업 분야는 '탄약'이다.

ㄷ. 2020년 방위산업의 기업유형별 종사자당 국외 매출액은 대기업이 중소기업의 4배 이상이다.

ㄹ. 2020년 '항공유도' 분야 대기업 국내 매출액은 14,500억 원 이상이다.

① ㄱ, ㄴ
② ㄱ, ㄷ
③ ㄴ, ㄹ
④ ㄷ, ㄹ
⑤ ㄱ, ㄴ, ㄹ

23. 위 <표>와 다음 <보고서>를 근거로 '항공유도'에 해당하는 방위산업 분야를 <표 4>의 A~E 중에서 고르면?

<보고서>

2018년 대비 2020년 '갑'국 방위산업의 총매출액은 약 12.7% 증가하였으나 방위산업 전체 종사자 수는 약 1.5% 증가하는 데 그쳤다. '기타'를 제외한 7개 분야에 대해 이를 구체적으로 분석하면 다음과 같다.

2018년 대비 2020년 방위산업 분야별 매출액은 모두 증가하였으나 종사자 수는 '통신전자', '함정', '항공유도' 분야만 증가하고 나머지 분야는 감소한 것으로 나타났다. 2018~2020년 동안 매출액과 종사자 수 모두 매년 증가한 방위산업 분야는 '통신전자'뿐이고, '탄약'과 '화생방' 분야는 종사자 수가 매년 감소하였다. 특히, '기동' 분야는 2018년 대비 2020년 매출액 증가율이 방위산업 분야 중 가장 높았지만 종사자 수는 가장 많이 감소하였다. 2018년 대비 2020년 '함정' 분야 매출액 증가율은 방위산업 전체 매출액 증가율보다 낮았으나 종사자 수는 방위산업 분야 중 가장 많이 증가하였다. 이에 따라 방위산업의 분야별 종사자당 매출액 순위에도 변동이 있었다. 2018년에는 '화력' 분야의 종사자당 매출액이 가장 컸고, 다음으로 '함정', '항공유도' 순으로 컸다. 한편, 2020년에는 '화력' 분야의 종사자당 매출액이 가장 컸고, 다음으로 '기동', '항공유도' 순으로 컸다.

① A
② B
③ C
④ D
⑤ E

24. 다음 <표>는 2021년 국가 A~D의 국내총생산, 1인당 국내총생산, 1인당 이산화탄소 배출량에 관한 자료이다. 이를 근거로 국가 A~D를 이산화탄소 총배출량이 가장 적은 국가부터 순서대로 바르게 나열한 것은?

<표> 국가별 국내총생산, 1인당 국내총생산, 1인당 이산화탄소 배출량

(단위: 달러, 톤CO_2eq.)

구분 \ 국가	국내총생산	1인당 국내총생산	1인당 이산화탄소 배출량
A	20조 4,941억	62,795	16.6
B	4조 9,709억	39,290	9.1
C	1조 6,194억	31,363	12.4
D	13조 6,082억	9,771	7.0

※ 1) 1인당 국내총생산 = $\frac{\text{국내총생산}}{\text{총인구}}$

2) 1인당 이산화탄소 배출량 = $\frac{\text{이산화탄소 총배출량}}{\text{총인구}}$

① A, C, B, D
② A, D, C, B
③ C, A, D, B
④ C, B, A, D
⑤ D, B, C, A

25. 다음 <표>는 2019~2021년 '갑'국의 장소별 전기차 급속충전기 수에 관한 자료이다. 이에 대한 <보기>의 설명 중 옳은 것만을 모두 고르면?

<표> 장소별 전기차 급속충전기 수

(단위: 대)

구분	장소 \ 연도	2019	2020	2021
다중이용시설	쇼핑몰	807	1,701	2,701
	주유소	125	496	( )
	휴게소	( )	( )	2,099
	문화시설	757	1,152	1,646
	체육시설	272	498	604
	숙박시설	79	146	227
	여객시설	64	198	378
	병원	27	98	152
	소계	2,606	5,438	8,858
일반시설	공공시설	1,595	( )	( )
	주차전용시설	565	898	1,275
	자동차정비소	119	303	375
	공동주택	( )	102	221
	기타	476	499	522
	소계	2,784	4,550	6,145
전체		5,390	9,988	15,003

<보 기>

ㄱ. 전체 급속충전기 수 대비 '다중이용시설' 급속충전기 수의 비율은 매년 증가한다.
ㄴ. '공공시설' 급속충전기 수는 '주차전용시설'과 '쇼핑몰' 급속충전기 수의 합보다 매년 많다.
ㄷ. '기타'를 제외하고, 2019년 대비 2021년 급속충전기 수의 증가율이 가장 큰 장소는 '주유소'이다.
ㄹ. 급속충전기 수는 '휴게소'가 '문화시설'보다 매년 많다.

① ㄱ, ㄴ
② ㄱ, ㄷ
③ ㄱ, ㄹ
④ ㄴ, ㄷ
⑤ ㄴ, ㄹ

약점 보완 해설집 p.32

시험일: ______년 ______월 ______일

2021년도 국가공무원 7급 공채 등 필기시험

┃ 자료해석영역 ┃

응시번호

성명

문제책형

나

응시자 주의사항

1. **시험시작 전 시험문제를 열람하는 행위나 시험종료 후 답안을 작성하는 행위를 한 사람**은 「공무원 임용시험령」 제51조에 의거 **부정행위자**로 처리됩니다.
2. **답안지 책형 표기는 시험시작 전** 감독관의 지시에 따라 **문제책 앞면에 인쇄된 문제책형을 확인**한 후, **답안지 책형란에 해당 책형(1개)**을 '●'로 표기하여야 합니다.
3. 시험이 시작되면 문제를 주의 깊게 읽은 후, **문항의 취지에 가장 적합한 하나의 정답만을 고르며**, 문제내용에 관한 질문은 할 수 없습니다.
4. **답안을 잘못 표기하였을 경우에는 답안지를 교체하여 작성**하거나 **수정할 수 있으며**, 표기한 답안을 수정할 때는 **응시자 본인이 가져온 수정테이프만을 사용**하여 해당 부분을 완전히 지우고 부착된 수정테이프가 떨어지지 않도록 손으로 눌러주어야 합니다. **(수정액 또는 수정 스티커 등은 사용 불가)**
5. **시험시간 관리의 책임은 응시자 본인에게 있습니다.**
   ※ 문제책은 시험종료 후 가지고 갈 수 있습니다.

모바일 자동 채점 및 성적 분석 서비스

'약점 보완 해설집'에 회차별로 수록된 QR코드를 인식하면 응시 인원 대비 자신의 성적 위치를 확인할 수 있습니다.

1. 다음 <표>와 <보고서>는 2019년 전국 안전체험관과 생활안전에 관한 자료이다. 제시된 <표> 이외에 <보고서>를 작성하기 위해 추가로 이용한 자료만을 <보기>에서 모두 고르면?

<표> 2019년 전국 안전체험관 규모별 현황

(단위: 개소)

전체	대형		중형		소형
	일반	특성화	일반	특성화	
473	25	7	5	2	434

<보고서>

2019년 생활안전 통계에 따르면 전국 473개소의 안전체험관이 운영 중인 것으로 확인되었다. 전국 안전체험관을 규모별로 살펴보면, 대형이 32개소, 중형이 7개소, 소형이 434개소였다. 이 중 대형 안전체험관은 서울이 가장 많고 경북, 충남이 그 뒤를 이었다.

전국 안전사고 사망자 수는 2015년 이후 매년 감소하다가 2018년에는 증가하였다. 교통사고 사망자 수는 2015년 이후 매년 줄어들었고, 특히 2018년에 전년 대비 11.2% 감소하였다.

2019년 분야별 지역안전지수 1등급 지역을 살펴보면 교통사고 분야는 서울, 경기, 화재 분야는 광주, 생활안전 분야는 경기, 부산으로 나타났다.

<보 기>

ㄱ. 연도별 전국 교통사고 사망자 수

(단위: 명)

연도	2015	2016	2017	2018
사망자 수	4,380	4,019	3,973	3,529

ㄴ. 분야별 지역안전지수 4년 연속(2015~2018년) 1등급, 5등급 지역(시·도)

분야 / 등급	교통사고	화재	범죄	생활안전	자살
1등급	서울, 경기	-	세종	경기	경기
5등급	전남	세종	제주	제주	부산

ㄷ. 연도별 전국 안전사고 사망자 수

(단위: 명)

연도	2015	2016	2017	2018
사망자 수	31,582	30,944	29,545	31,111

ㄹ. 2018년 지역별 안전체험관 수

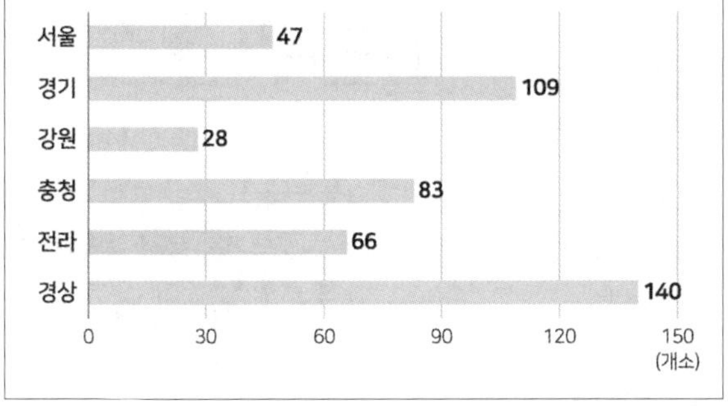

① ㄱ, ㄴ ② ㄱ, ㄷ ③ ㄴ, ㄹ
④ ㄱ, ㄷ, ㄹ ⑤ ㄴ, ㄷ, ㄹ

2. 다음 <표>는 아프리카연합이 주도한 임무단의 평화유지활동에 관한 자료이다. 이를 바탕으로 작성한 <보고서>의 설명 중 옳지 않은 것은?

<표> 임무단의 평화유지활동(2021년 5월 기준)

(단위: 명)

임무단	파견지	활동기간	주요 임무	파견규모
부룬디 임무단	부룬디	2003. 4.~2004. 6.	평화협정 이행 지원	3,128
수단 임무단	수단	2004. 10.~2007. 12.	다르푸르 지역 정전 감시	300
코모로 선거감시 지원 임무단	코모로	2006. 3.~2006. 6.	코모로 대통령 선거 감시	462
소말리아 임무단	소말리아	2007. 1.~현재	구호 활동 지원	6,000
코모로 치안 지원 임무단	코모로	2007. 5.~2008. 10.	앙주앙 섬 치안 지원	350
다르푸르 지역 임무단	수단	2007. 7.~현재	민간인 보호	6,000
우간다 임무단	우간다	2012. 3.~현재	반군 소탕작전	3,350
말리 임무단	말리	2012. 12.~2013. 7.	정부 지원	1,450
중앙아프리카 공화국 임무단	중앙아프리카 공화국	2013. 12.~2014. 9.	안정 유지	5,961

<보고서>

아프리카연합은 아프리카 지역 분쟁 해결 및 평화 구축을 위하여 2021년 5월 현재까지 9개의 임무단을 구성하고 평화유지활동을 주도하였다. ㉠ 평화유지활동 중 가장 오랜 기간 동안 활동한 임무단은 '소말리아 임무단'이다. 이 임무는 소말리아 과도 연방정부가 아프리카연합에 평화유지군을 요청한 것을 계기로 시작되어 현재에 이르고 있다. 한편, ㉡ '코모로 선거감시 지원 임무단'은 가장 짧은 기간 동안 활동하였다. 2006년 코모로는 대통령 선거를 앞두고 아프리카연합에 지원을 요청하였고 같은 해 3월 시작된 평화유지활동은 선거가 끝난 6월에 임무가 종료되었다.

㉢ 아프리카연합이 현재까지 평화유지활동을 위해 파견한 임무단의 총규모는 25,000명 이상이며, 현재 활동 중인 임무단의 규모는 소말리아 6,000명, 수단 6,000명, 우간다 3,350명으로 총 15,000여 명이다.

아프리카연합은 아프리카 내의 문제를 자체적으로 해결하기 위해 다양한 임무단 활동을 활발히 수행하였다. 특히 ㉣ 수단과 코모로에서는 각각 2개의 임무단이 활동하였다.

현재 평화유지활동을 수행 중인 임무단은 3개이지만 ㉤ 2007년 10월 기준 평화유지활동을 수행 중이었던 임무단은 5개였다.

① ㉠ ② ㉡ ③ ㉢
④ ㉣ ⑤ ㉤

3. 다음 <그림>은 2014~2020년 연말 기준 '갑'국의 국가채무 및 GDP에 관한 자료이다. 이에 대한 <보기>의 설명 중 옳은 것만을 모두 고르면?

<그림 1> GDP 대비 국가채무 및 적자성채무 비율 추이

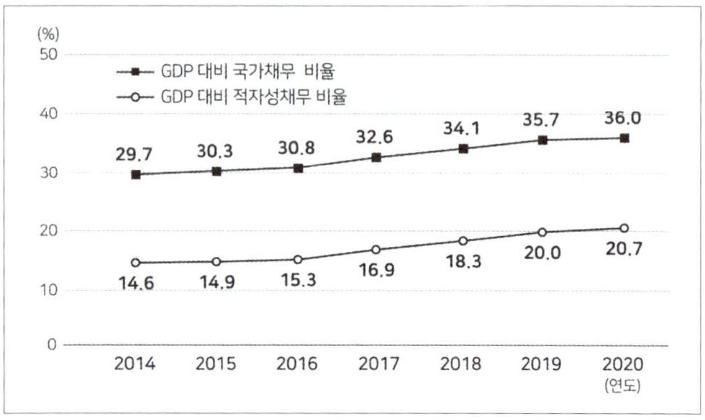

※ 국가채무 = 적자성채무 + 금융성채무

<그림 2> GDP 추이

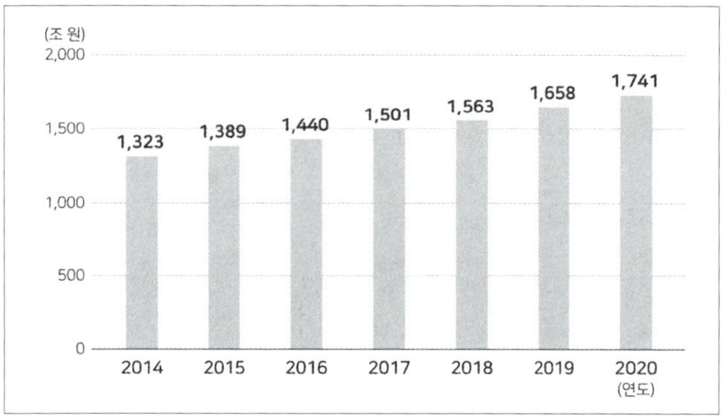

<보 기>

ㄱ. 2020년 국가채무는 2014년의 1.5배 이상이다.
ㄴ. GDP 대비 금융성채무 비율은 매년 증가한다.
ㄷ. 적자성채무는 2019년부터 300조 원 이상이다.
ㄹ. 금융성채무는 매년 국가채무의 50% 이상이다.

① ㄱ, ㄴ
② ㄱ, ㄷ
③ ㄴ, ㄹ
④ ㄱ, ㄷ, ㄹ
⑤ ㄴ, ㄷ, ㄹ

4. 다음 <표>는 최근 이사한 100가구의 이사 전후 주택규모에 관한 조사 결과이다. 이에 대한 <보기>의 설명 중 옳은 것만을 모두 고르면?

<표> 이사 전후 주택규모 조사 결과

(단위: 가구)

이사 전 / 이사 후	소형	중형	대형	합
소형	15	10	( )	30
중형	( )	30	10	( )
대형	5	10	15	( )
계	( )	( )	( )	100

※ 주택규모는 '소형', '중형', '대형'으로만 구분하며, 동일한 주택규모는 크기도 같음.

<보 기>

ㄱ. 주택규모가 이사 전 '소형'에서 이사 후 '중형'으로 달라진 가구는 없다.
ㄴ. 이사 전후 주택규모가 달라진 가구 수는 전체 가구 수의 50% 이하이다.
ㄷ. 주택규모가 '대형'인 가구 수는 이사 전이 이사 후보다 적다.
ㄹ. 이사 후 주택규모가 커진 가구 수는 이사 후 주택규모가 작아진 가구 수보다 많다.

① ㄱ, ㄴ ② ㄱ, ㄷ ③ ㄴ, ㄹ
④ ㄷ, ㄹ ⑤ ㄱ, ㄴ, ㄷ

5. 다음 <그림>은 A사 플라스틱 제품의 제조공정도이다. 1,000kg의 재료가 '혼합' 공정에 투입되는 경우, '폐기처리' 공정에 전달되어 투입되는 재료의 총량은 몇 kg인가?

<그림> A사 플라스틱 제품의 제조공정도

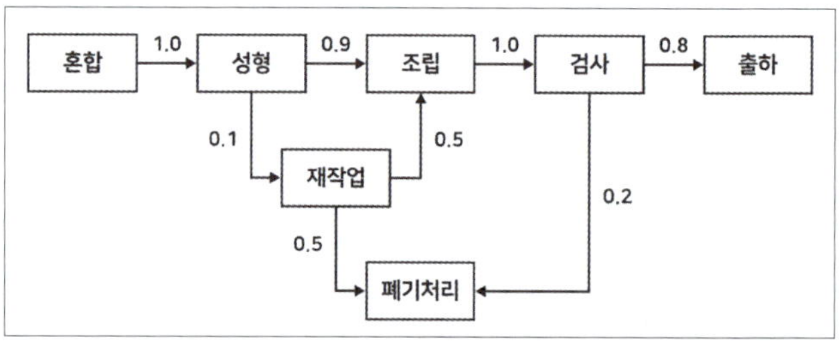

※ 제조공정도 내 수치는 직진율 $\left(=\frac{\text{다음 공정에 전달되는 재료의 양}}{\text{해당 공정에 투입되는 재료의 양}}\right)$을 의미함. 예를 들어, 가 →(0.2) 나 는 해당 공정 '가'에 100kg의 재료가 투입되면 이 중 20kg(= 100kg×0.2)의 재료가 다음 공정 '나'에 전달되어 투입됨을 의미함.

① 50 ② 190 ③ 230
④ 240 ⑤ 280

6. 다음 <그림>은 12개 국가의 수자원 현황에 관한 자료이며, A~H는 각각 특정 국가를 나타낸다. <그림>과 <조건>을 근거로 판단할 때, 국가명을 알 수 없는 것은?

<그림> 12개 국가의 수자원 현황

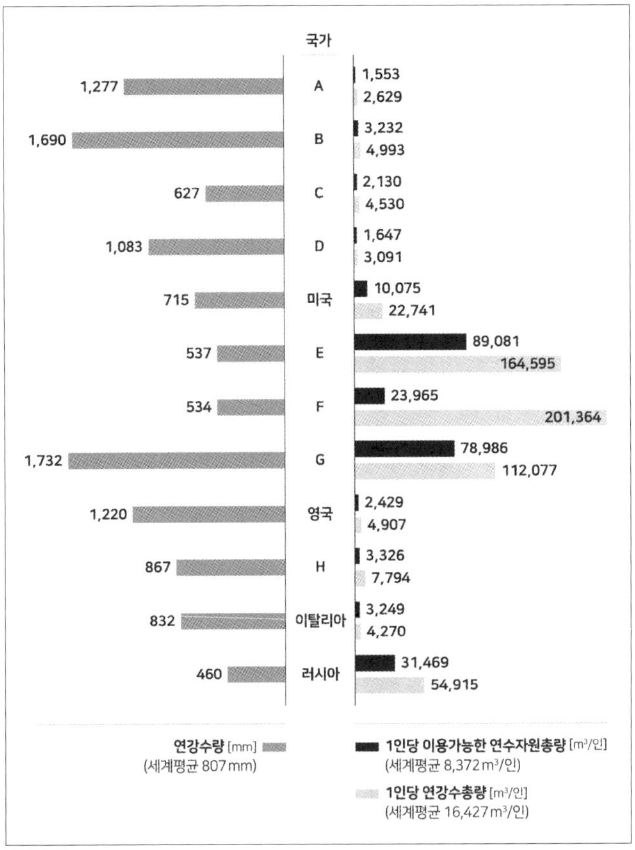

<조 건>

○ '연강수량'이 세계평균의 2배 이상인 국가는 일본과 뉴질랜드이다.
○ '연강수량'이 세계평균보다 많은 국가 중 '1인당 이용가능한 연수자원총량'이 가장 적은 국가는 대한민국이다.
○ '1인당 연강수총량'이 세계평균의 5배 이상인 국가를 '연강수량'이 많은 국가부터 나열하면 뉴질랜드, 캐나다, 호주이다.
○ '1인당 이용가능한 연수자원총량'이 영국보다 적은 국가 중 '1인당 연강수총량'이 세계평균의 25% 이상인 국가는 중국이다.
○ '1인당 이용가능한 연수자원총량'이 6번째로 많은 국가는 프랑스이다.

① B
② C
③ D
④ E
⑤ F

7. 다음 <표>는 학생 '갑'~'무'의 중간고사 3개 과목 점수에 관한 자료이다. 이에 대한 <보기>의 설명 중 옳은 것만을 모두 고르면?

<표> '갑'~'무'의 중간고사 3개 과목 점수

(단위: 점)

학생	갑	을	병	정	무
과목 \ 성별	남	여	(　)	여	남
국어	90	85	60	95	75
영어	90	85	100	65	100
수학	75	70	85	100	100

<보 기>

ㄱ. 국어 평균 점수는 80점 이상이다.
ㄴ. 3개 과목 평균 점수가 가장 높은 학생과 가장 낮은 학생의 평균 점수 차이는 10점 이하이다.
ㄷ. 국어, 영어, 수학 점수에 각각 0.4, 0.2, 0.4의 가중치를 곱한 점수의 합이 가장 큰 학생은 '정'이다.
ㄹ. '갑'~'무'의 성별 수학 평균 점수는 남학생이 여학생보다 높다.

① ㄱ, ㄷ　② ㄱ, ㄹ　③ ㄴ, ㄷ
④ ㄱ, ㄷ, ㄹ　⑤ ㄴ, ㄷ, ㄹ

8. 다음 <표>는 2021~2027년 시스템반도체 중 인공지능반도체의 세계 시장규모 전망이다. 이에 대한 <보기>의 설명 중 옳은 것만을 모두 고르면?

<표> 시스템반도체 중 인공지능반도체의 세계 시장규모 전망

(단위: 억 달러, %)

구분 \ 연도	2021	2022	2023	2024	2025	2026	2027
시스템반도체	2,500	2,310	2,686	2,832	(　)	3,525	(　)
인공지능반도체	70	185	325	439	657	927	1,179
비중	2.8	8.0	(　)	15.5	19.9	26.3	31.3

<보 기>

ㄱ. 인공지능반도체 비중은 매년 증가한다.
ㄴ. 2027년 시스템반도체 시장규모는 2021년보다 1,000억 달러 이상 증가한다.
ㄷ. 2022년 대비 2025년의 시장규모 증가율은 인공지능반도체가 시스템반도체의 5배 이상이다.

① ㄷ　② ㄱ, ㄴ　③ ㄱ, ㄷ
④ ㄴ, ㄷ　⑤ ㄱ, ㄴ, ㄷ

9. 다음 <표>는 A~H지역의 화물 이동 현황에 관한 자료이다. 이에 대한 <보기>의 설명 중 옳은 것만을 모두 고르면?

<표> 화물의 지역 내, 지역 간 이동 현황

(단위: 개)

출발 지역 \ 도착 지역	A	B	C	D	E	F	G	H	합
A	65	121	54	52	172	198	226	89	977
B	56	152	61	55	172	164	214	70	944
C	29	47	30	22	62	61	85	30	366
D	24	61	30	37	82	80	113	45	472
E	61	112	54	47	187	150	202	72	885
F	50	87	38	41	120	188	150	55	729
G	78	151	83	73	227	208	359	115	1,294
H	27	66	31	28	94	81	116	46	489
계	390	797	381	355	1,116	1,130	1,465	522	6,156

※ 출발 지역과 도착 지역이 동일한 경우는 해당 지역 내에서 화물이 이동한 것임.

<보 기>

ㄱ. 도착 화물보다 출발 화물이 많은 지역은 3개이다.

ㄴ. 지역 내 이동 화물이 가장 적은 지역은 도착 화물도 가장 적다.

ㄷ. 지역 내 이동 화물을 제외할 때, 출발 화물과 도착 화물의 합이 가장 작은 지역은 출발 화물과 도착 화물의 차이도 가장 작다.

ㄹ. 도착 화물이 가장 많은 지역은 출발 화물 중 지역 내 이동 화물의 비중도 가장 크다.

① ㄱ, ㄴ
② ㄱ, ㄷ
③ ㄴ, ㄷ
④ ㄴ, ㄹ
⑤ ㄱ, ㄷ, ㄹ

10. 다음 <표>와 <대화>는 4월 4일 기준 지자체별 자가격리자 및 모니터링 요원에 관한 자료이다. <표>와 <대화>를 근거로 C와 D에 해당하는 지자체를 바르게 나열한 것은?

<표> 지자체별 자가격리자 및 모니터링 요원 현황(4월 4일 기준)

(단위: 명)

구분 \ 지자체		A	B	C	D
내국인	자가격리자	9,778	1,287	1,147	9,263
	신규 인원	900	70	20	839
	해제 인원	560	195	7	704
외국인	자가격리자	7,796	508	141	7,626
	신규 인원	646	52	15	741
	해제 인원	600	33	5	666
모니터링 요원		10,142	710	196	8,898

※ 해당일 기준 자가격리자 = 전일 기준 자가격리자 + 신규 인원 − 해제 인원

<대 화>

갑: 감염병 확산에 대응하기 위한 회의를 시작합시다. 오늘은 대전, 세종, 충북, 충남의 4월 4일 기준 자가격리자 및 모니터링 요원 현황을 보기로 했는데, 각 지자체의 상황이 어떤가요?

을: 4개 지자체 중 세종을 제외한 3개 지자체에서 4월 4일 기준 자가격리자가 전일 기준 자가격리자보다 늘어났습니다.

갑: 모니터링 요원의 업무 부담과 관련된 통계 자료도 있나요?

을: 4월 4일 기준으로 대전, 세종, 충북은 모니터링 요원 대비 자가격리자의 비율이 1.8 이상입니다.

갑: 지자체에 모니터링 요원을 추가로 배치해야 할 것 같습니다. 자가격리자 중 외국인이 차지하는 비중이 4개 지자체 가운데 대전이 가장 높으니, 외국어 구사가 가능한 모니터링 요원을 대전에 우선 배치하는 방향으로 검토해 봅시다.

	C	D
①	충북	충남
②	충북	대전
③	충남	충북
④	세종	대전
⑤	대전	충북

11. 다음 <그림>과 <조건>은 직장인 '갑'~'병'이 마일리지 혜택이 있는 알뜰교통카드를 사용하여 출근하는 방법 및 교통비에 관한 자료이다. 이에 근거하여 월간 출근 교통비를 많이 지출하는 직장인부터 순서대로 나열하면?

<그림> 직장인 '갑'~'병'의 출근 방법 및 교통비 관련 정보

직장인	이동거리 A [m]	출근 1회당 대중교통요금 [원]	이동거리 B [m]	월간 출근 횟수 [회]	저소득층 여부
갑	600	3,200	200	15	○
을	500	2,300	500	22	×
병	400	1,800	200	22	○

<조 건>

○ 월간 출근 교통비

$= \{\text{출근1회당대중교통요금} - (\text{기본마일리지} + \text{추가마일리지}) \times \left(\frac{\text{마일리지 적용거리}}{800}\right)\} \times \text{월간 출근 횟수}$

○ 기본 마일리지는 출근 1회당 대중교통요금에 따라 다음과 같이 지급함.

출근 1회당 대중교통요금	2천 원 이하	2천 원 초과 3천 원 이하	3천 원 초과
기본 마일리지(원)	250	350	450

○ 추가 마일리지는 저소득층에만 다음과 같이 지급함.

출근 1회당 대중교통요금	2천 원 이하	2천 원 초과 3천 원 이하	3천 원 초과
추가 마일리지(원)	100	150	200

○ 마일리지 적용거리(m)는 출근 1회당 도보·자전거로 이동한 거리의 합이며 최대 800m까지만 인정함.

① 갑, 을, 병
② 갑, 병, 을
③ 을, 갑, 병
④ 을, 병, 갑
⑤ 병, 을, 갑

12. 다음 <그림>은 개발원조위원회 29개 회원국 중 공적개발원조액 상위 15개국과 국민총소득 대비 공적개발원조액 비율 상위 15개국 자료이다. 이에 대한 <보기>의 설명 중 옳은 것만을 모두 고르면?

<그림 1> 공적개발원조액 상위 15개 회원국

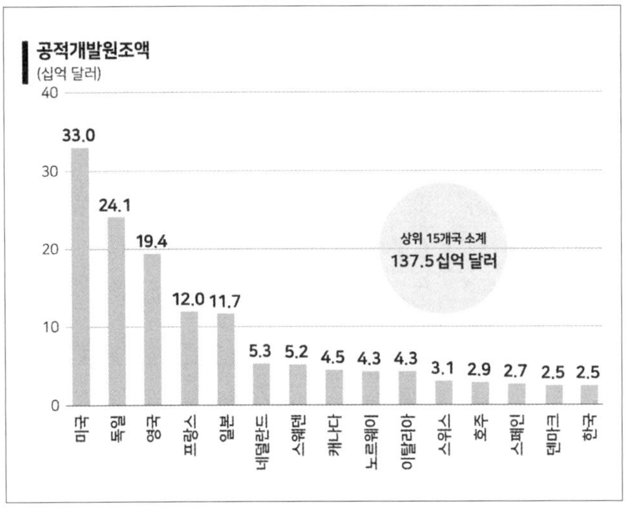

<그림 2> 국민총소득 대비 공적개발원조액 비율 상위 15개 회원국

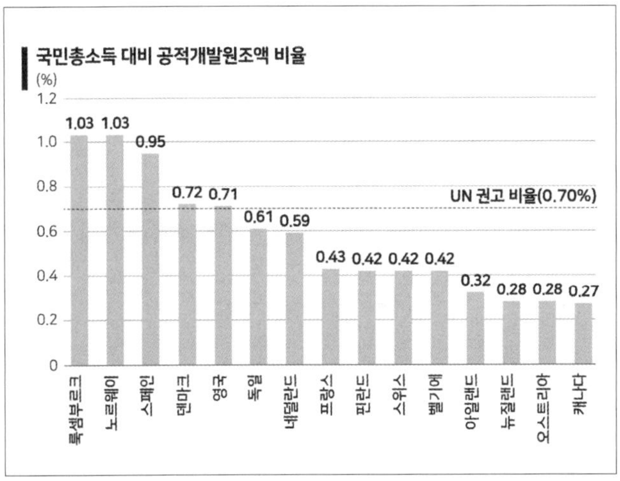

<보 기>

ㄱ. 국민총소득 대비 공적개발원조액 비율이 UN 권고 비율보다 큰 국가의 공적개발원조액 합은 250억 달러 이상이다.

ㄴ. 공적개발원조액 상위 5개국의 공적개발원조액 합은 개발원조위원회 29개 회원국 공적개발원조액 합의 50% 이상이다.

ㄷ. 독일이 공적개발원조액만 30억 달러 증액하면 독일의 국민총소득 대비 공적개발원조액 비율은 UN 권고 비율 이상이 된다.

① ㄱ
② ㄷ
③ ㄱ, ㄴ
④ ㄴ, ㄷ
⑤ ㄱ, ㄴ, ㄷ

13. 다음 <표>는 '갑'국의 2020년 농업 생산액 현황 및 2021~2023년의 전년 대비 생산액 변화율 전망치에 관한 자료이다. 이에 대한 <보기>의 설명 중 옳은 것만을 모두 고르면?

<표> 농업 생산액 현황 및 변화율 전망치

(단위: 십억 원, %)

구분	2020년 생산액	전년 대비 생산액 변화율 전망치		
		2021년	2022년	2023년
농업	50,052	0.77	0.02	1.38
재배업	30,270	1.50	-0.42	0.60
축산업	19,782	-0.34	0.70	2.57
소	5,668	3.11	0.53	3.51
돼지	7,119	-3.91	0.20	1.79
닭	2,259	1.20	-2.10	2.82
달걀	1,278	5.48	3.78	3.93
우유	2,131	0.52	1.12	0.88
오리	1,327	-5.58	5.27	3.34

※ 축산업은 소, 돼지, 닭, 달걀, 우유, 오리의 6개 세부항목으로만 구성됨.

<보 기>

ㄱ. 2021년 '오리' 생산액 전망치는 1.2조 원 이상이다.
ㄴ. 2021년 '돼지' 생산액 전망치는 같은 해 '농업' 생산액 전망치의 15% 이상이다.
ㄷ. '축산업' 중 전년 대비 생산액 변화율 전망치가 2022년보다 2023년이 낮은 세부항목은 2개이다.
ㄹ. 2020년 생산액 대비 2022년 생산액 전망치의 증감폭은 '재배업'이 '축산업'보다 크다.

① ㄱ, ㄴ
② ㄱ, ㄷ
③ ㄴ, ㄹ
④ ㄱ, ㄷ, ㄹ
⑤ ㄴ, ㄷ, ㄹ

14. 다음 <그림>은 2020년 기준 A 공제회 현황에 관한 자료이다. 이에 대한 설명으로 옳지 않은 것은?

<그림> 2020년 기준 A 공제회 현황

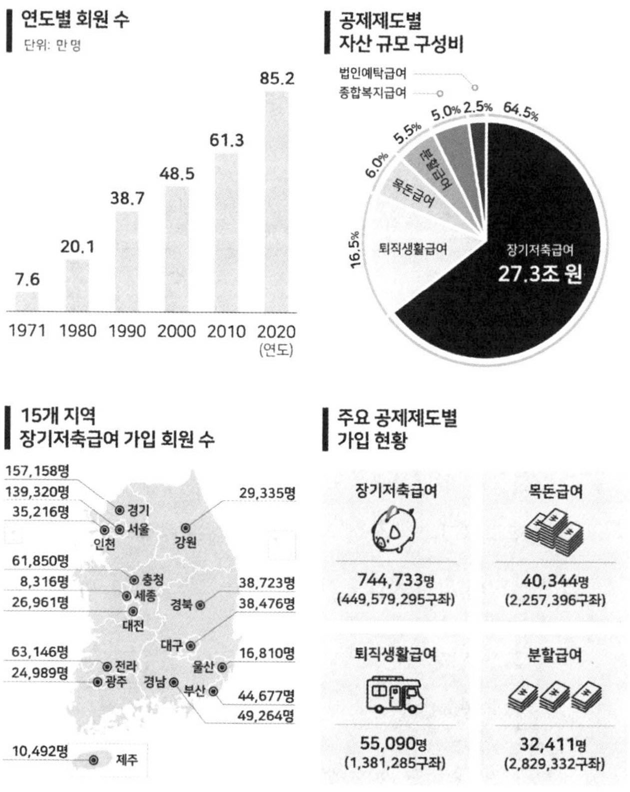

※ 1) 공제제도는 장기저축급여, 퇴직생활급여, 목돈급여, 분할급여, 종합복지급여, 법인예탁급여로만 구성됨.
2) 모든 회원은 1개 또는 2개의 공제제도에 가입함.

① 장기서축급여 가입 회원 수는 전체 회원의 85% 이하이다.
② 공제제도의 총자산 규모는 40조 원 이상이다.
③ 자산 규모 상위 4개 공제제도 중 2개의 공제제도에 가입한 회원은 2만 명 이상이다.
④ 충청의 장기저축급여 가입 회원 수는 15개 지역 평균 장기저축급여 가입 회원 수보다 많다.
⑤ 공제제도별 1인당 구좌 수는 장기저축급여가 분할급여의 5배 이상이다.

15. 다음은 국내 광고산업에 관한 문화체육관광부의 보도자료이다. 이에 부합하지 않는 자료는?

문화체육관광부	보도자료		사람이 있는 문화
보도일시	배포 즉시 보도해 주시기 바랍니다.		
배포일시	2020. 2. XX.	담당부서	□□□□국
담당과장	○○○(044-203-○○○○)	담당자	사무관△△△ (044-203-○○○○)

2018년 국내 광고산업 성장세 지속

○ 문화체육관광부는 국내 광고사업체의 현황과 동향을 조사한 '2019년 광고산업조사(2018년 기준)' 결과를 발표했다.

○ 이번 조사 결과에 따르면 2018년 기준 광고산업 규모는 17조 2,119억 원(광고사업체 취급액* 기준)으로, 전년 대비 4.5% 이상 증가했고, 광고사업체당 취급액 역시 증가했다.

* 광고사업체 취급액은 광고주가 매체(방송국, 신문사 등)와 매체 외 서비스에 지불하는 비용 전체(수수료 포함)임.

- 업종별로 살펴보면 광고대행업이 6조 6,239억 원으로 전체 취급액의 38% 이상을 차지했으나, 취급액의 전년 대비 증가율은 온라인광고대행업이 16% 이상으로 가장 높다.

○ 2018년 기준 광고사업체의 매체 광고비* 규모는 11조 362억 원(64.1%), 매체 외 서비스 취급액은 6조 1,757억 원(35.9%)으로 조사됐다.

* 매체 광고비는 방송매체, 인터넷매체, 옥외광고매체, 인쇄매체 취급액의 합임.

- 매체 광고비 중 방송매체 취급액은 4조 266억 원으로 가장 큰 비중을 차지하고 있으며, 그 다음으로 인터넷매체, 옥외광고매체, 인쇄매체 순으로 나타났다.
- 인터넷매체 취급액은 3조 8,804억 원으로 전년 대비 6% 이상 증가했다. 특히, 모바일 취급액은 전년 대비 20% 이상 증가하여 인터넷 광고시장의 성장세를 이끌었다.
- 한편, 간접광고(PPL) 취급액은 전년 대비 14% 이상 증가하여 1,270억 원으로 나타났으며, 그 중 지상파TV와 케이블TV 간 비중의 격차는 5%p 이하로 조사됐다.

① 광고사업체 취급액 현황(2018년 기준)

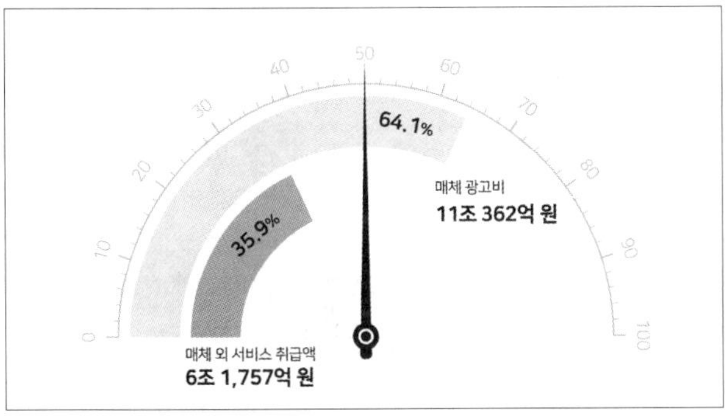

② 인터넷매체(PC, 모바일) 취급액 현황

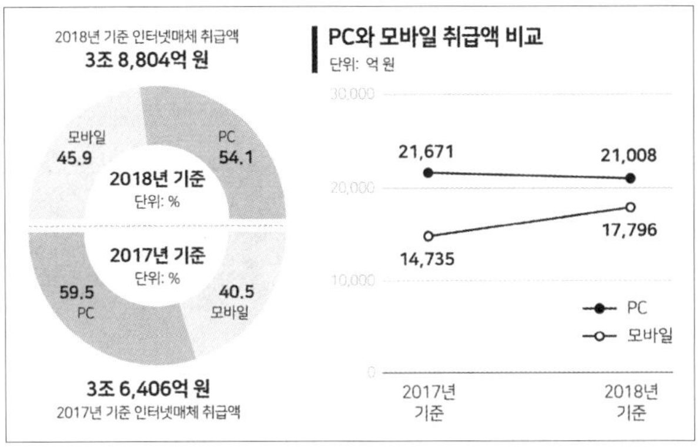

③ 간접광고(PPL) 취급액 현황

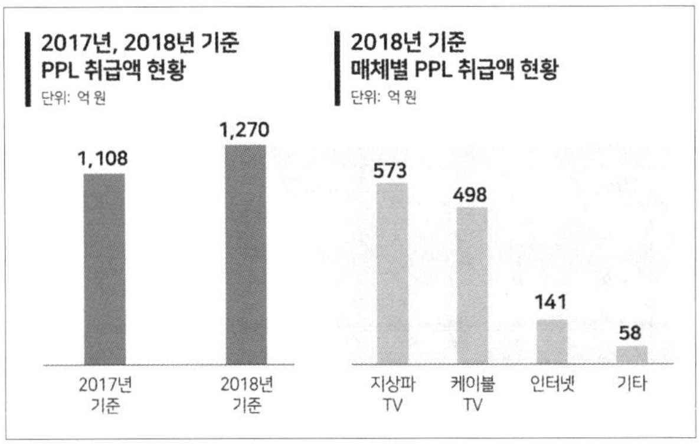

④ 업종별 광고사업체 취급액 현황

(단위: 개소, 억 원)

업종 \ 구분	2018년 조사(2017년 기준)		2019년 조사(2018년 기준)	
	사업체 수	취급액	사업체 수	취급액
전체	7,234	164,133	7,256	172,119
광고대행업	1,910	64,050	1,887	66,239
광고제작업	1,374	20,102	1,388	20,434
광고전문서비스업	1,558	31,535	1,553	33,267
인쇄업	921	7,374	921	8,057
온라인광고대행업	780	27,335	900	31,953
옥외광고업	691	13,737	607	12,169

⑤ 매체별 광고사업체 취급액 현황(2018년 기준)

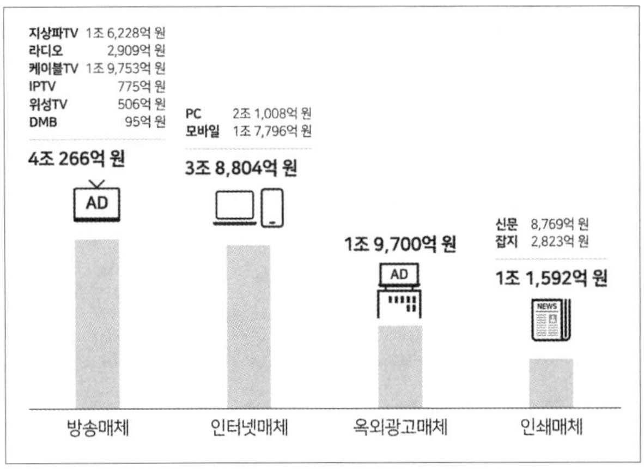

16. 다음 <그림>은 2020년 '갑'시의 교통사고에 관한 자료이다. 이에 대한 <보기>의 설명 중 옳은 것만을 모두 고르면?

<그림 1> 2020년 월별 교통사고 사상자

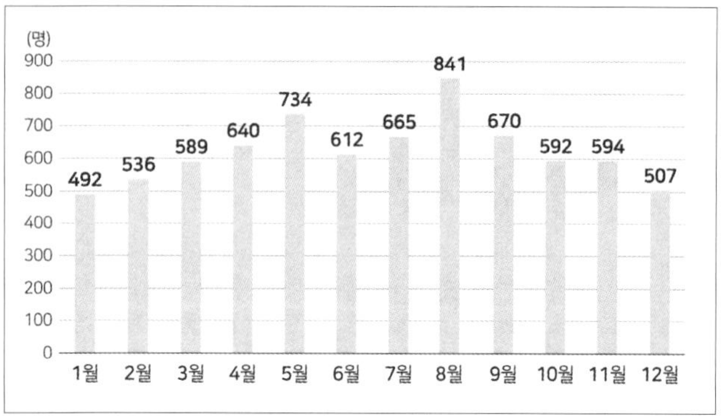

<그림 2> 2020년 월별 교통사고 건수

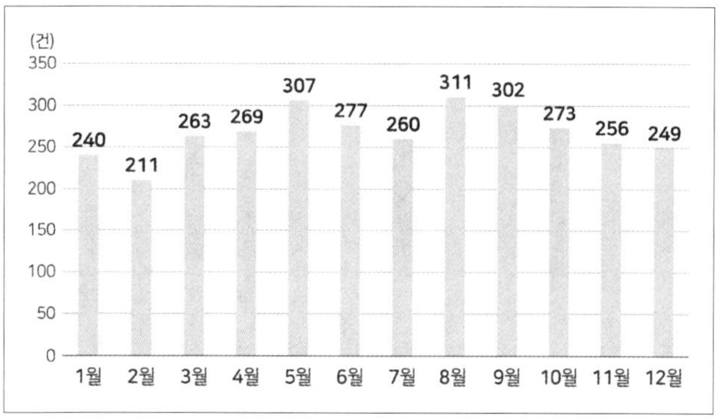

<그림 3> 2020년 교통사고 건수의 사고원인별 구성비

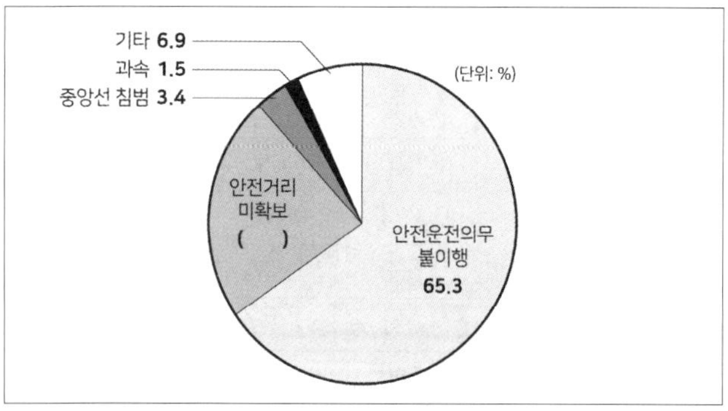

<보 기>

ㄱ. 월별 교통사고 사상자는 가장 적은 달이 가장 많은 달의 60% 이하이다.
ㄴ. 2020년 교통사고 건당 사상자는 1.9명 이상이다.
ㄷ. '안전거리 미확보'가 사고원인인 교통사고 건수는 '중앙선 침범'이 사고원인인 교통사고 건수의 7배 이상이다.
ㄹ. 사고원인이 '안전운전의무 불이행'인 교통사고 건수는 2,000건 이하이다.

① ㄱ, ㄴ
② ㄱ, ㄷ
③ ㄴ, ㄷ
④ ㄷ, ㄹ
⑤ ㄱ, ㄴ, ㄹ

17. 다음 <표>와 <정보>는 A~J 지역의 지역발전 지표에 관한 자료이다. 이를 근거로 '가'~'라'에 들어갈 수 있는 값으로만 나열한 것은?

<표> A~J 지역의 지역발전 지표

(단위: %, 개)

지표 / 지역	재정 자립도	시가화 면적 비율	10만 명당 문화시설수	10만 명당 체육시설수	주택 노후화율	주택 보급률	도로 포장률
A	83.8	61.2	4.1	111.1	17.6	105.9	92.0
B	58.5	24.8	3.1	(다)	22.8	93.6	98.3
C	65.7	35.7	3.5	103.4	13.5	91.2	97.4
D	48.3	25.3	4.3	128.0	15.8	96.6	100.0
E	(가)	20.7	3.7	133.8	12.2	100.3	99.0
F	69.5	22.6	4.1	114.0	8.5	91.0	98.1
G	37.1	22.9	7.7	110.2	20.5	103.8	91.7
H	38.7	28.8	7.8	102.5	19.9	(라)	92.5
I	26.1	(나)	6.9	119.2	33.7	102.5	89.6
J	32.6	21.3	7.5	113.0	26.9	106.1	87.9

<정 보>

○ 재정자립도가 E보다 높은 지역은 A, C, F임.
○ 시가화 면적 비율이 가장 낮은 지역은 주택노후화율이 가장 높은 지역임.
○ 10만 명당 문화시설수가 가장 적은 지역은 10만 명당 체육시설수가 네 번째로 많은 지역임.
○ 주택보급률이 도로포장률보다 낮은 지역은 B, C, D, F임.

	가	나	다	라
①	58.6	20.9	100.9	92.9
②	60.8	19.8	102.4	92.5
③	63.5	20.1	115.7	92.0
④	65.2	20.3	117.1	92.6
⑤	65.8	20.6	118.7	93.7

18. 다음 <표>는 '갑'국 대학 기숙사 수용 및 기숙사비 납부 방식에 관한 자료이다. 이에 대한 <보고서>의 설명 중 옳은 것만을 모두 고르면?

<표 1> 2019년과 2020년 대학 기숙사 수용 현황

(단위: 명, %)

대학유형 \ 연도·구분		2020 수용가능 인원	2020 재학생 수	2020 수용률	2019 수용가능 인원	2019 재학생 수	2019 수용률
전체(196개교)		354,749	1,583,677	22.4	354,167	1,595,436	22.2
설립주체	국공립(40개교)	102,025	381,309	26.8	102,906	385,245	26.7
	사립(156개교)	(　)	1,202,368	21.0	251,261	1,210,191	20.8
소재지	수도권(73개교)	122,099	672,055	18.2	119,940	676,479	(　)
	비수도권(123개교)	232,650	911,622	25.5	234,227	918,957	25.5

※ 수용률(%) = $\frac{\text{수용가능 인원}}{\text{재학생 수}} \times 100$

<표 2> 2020년 대학 기숙사비 납부 방식 현황

(단위: 개교)

대학유형 \ 납부 방식·기숙사 유형		카드납부 가능 직영	카드납부 가능 민자	카드납부 가능 공공	카드납부 가능 합계	현금분할납부 가능 직영	현금분할납부 가능 민자	현금분할납부 가능 공공	현금분할납부 가능 합계
전체(196개교)		27	20	0	47	43	25	9	77
설립주체	국공립(40개교)	20	17	0	37	18	16	0	34
	사립(156개교)	7	3	0	10	25	9	9	43
소재지	수도권(73개교)	3	2	0	5	16	8	4	28
	비수도권(123개교)	24	18	0	42	27	17	5	49

※ 각 대학은 한 가지 유형의 기숙사만 운영함.

<보고서>

2020년 대학 기숙사 수용률은 22.4%로, 2019년의 22.2%에 비해 증가하였지만 여전히 20%대 초반에 그쳤다. 대학유형별 기숙사 수용률은 사립대학보다는 국공립대학이 높고, 수도권 대학보다는 비수도권 대학이 높았다. 한편, ㉠ 2019년 대비 2020년 대학유형별 기숙사 수용률은 국공립대학보다 사립대학이, 비수도권대학보다 수도권대학이 더 큰 폭으로 증가하였다.

2020년 대학 기숙사 수용가능 인원의 변화를 설립주체별로 살펴보면, ㉡ 국공립대학은 전년 대비 800명 이상 증가하였으나, 사립대학은 전년 대비 1,400명 이상 감소하였다. 소재지별로 살펴보면 수도권 대학의 기숙사 수용가능 인원은 2019년 119,940명에서 2020년 122,099명으로 2,100명 이상 증가하였으나, 비수도권 대학은 2019년 234,227명에서 2020년 232,650명으로 1,500명 이상 감소하였다.

2020년 대학 기숙사비 납부 방식을 살펴보면, ㉢ 전체 대학 중 기숙사비 카드납부가 가능한 대학은 37.9%에 불과하였다. 이를 기숙사 유형별로 자세히 보면, ㉣ 카드납부가 가능한 공공기숙사는 없었고, 현금분할납부가 가능한 공공기숙사도 사립대학 9개교뿐이었다.

① ㄱ
② ㄱ, ㄴ
③ ㄱ, ㄹ
④ ㄷ, ㄹ
⑤ ㄴ, ㄷ, ㄹ

19. 다음 <조건>과 <표>는 2018~2020년 '가'부서 전체 직원 성과급에 관한 자료이다. 이를 근거로 판단할 때, '가'부서 전체 직원의 2020년 기본 연봉의 합은?

<조 건>

- 매년 각 직원의 기본 연봉은 변동 없음.
- 성과급은 전체 직원에게 각 직원의 성과등급에 따라 매년 1회 지급함.
- 성과급 = 기본 연봉 × 지급비율
- 성과등급별 지급비율 및 인원 수

구분 \ 성과등급	S	A	B
지급비율	20%	10%	5%
인원 수	1명	2명	3명

<표> 2018~2020년 '가'부서 전체 직원 성과급

(단위: 백만 원)

직원 \ 연도	2018	2019	2020
갑	12.0	6.0	3.0
을	5.0	20.0	5.0
병	6.0	3.0	6.0
정	6.0	6.0	12.0
무	4.5	4.5	4.5
기	6.0	6.0	12.0

① 430백만 원
② 460백만 원
③ 490백만 원
④ 520백만 원
⑤ 550백만 원

20. 다음 <표>는 '갑'국 하수처리장의 1일 하수처리용량 및 지역등급별 방류수 기준이고, <그림>은 지역등급 및 36개 하수처리장 분포이다. 이에 근거한 <보기>의 설명 중 옳은 것만을 모두 고르면?

<표> 하수처리장 1일 하수처리용량 및 지역등급별 방류수 기준

(단위: mg/L)

1일 하수처리용량	항목 / 지역등급	생물학적 산소요구량	화학적 산소요구량	총질소	총인
$500m^3$ 이상	Ⅰ	5 이하	20 이하	20 이하	0.2 이하
	Ⅱ	5 이하	20 이하	20 이하	0.3 이하
	Ⅲ	10 이하	40 이하	20 이하	0.5 이하
	Ⅳ	10 이하	40 이하	20 이하	2.0 이하
$50m^3$ 이상 $500m^3$ 미만	Ⅰ~Ⅳ	10 이하	40 이하	20 이하	2.0 이하
$50m^3$ 미만	Ⅰ~Ⅳ	10 이하	40 이하	40 이하	4.0 이하

<그림> 지역등급 및 하수처리장 분포

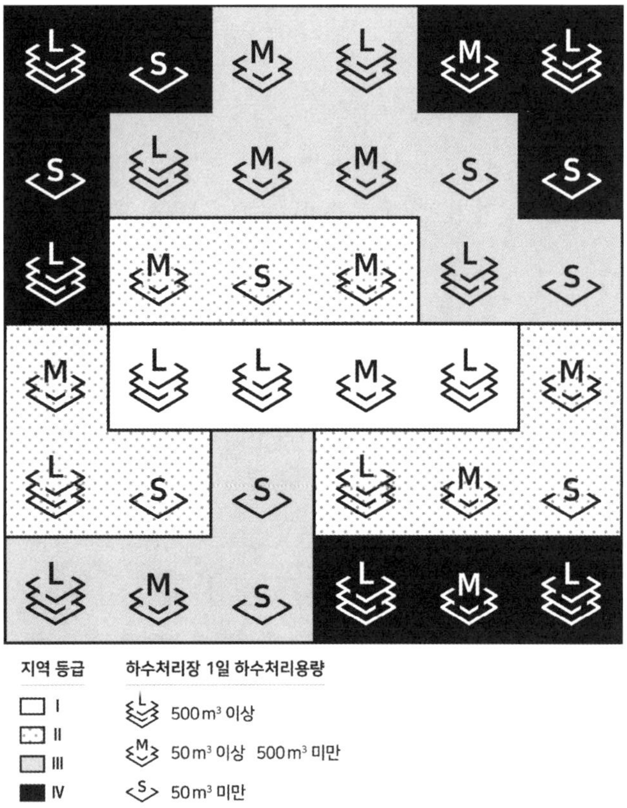

<보 기>

ㄱ. 방류수의 생물학적 산소요구량 기준이 '5mg/L 이하'인 하수처리장 수는 5개이다.

ㄴ. 1일 하수처리용량 $500m^3$ 이상인 하수처리장 수는 1일 하수처리용량 $50m^3$ 미만인 하수처리장 수의 1.5배 이상이다.

ㄷ. Ⅱ등급 지역에서 방류수의 총인 기준이 '0.3mg/L 이하'인 하수처리장의 1일 하수처리용량 합은 최소 $1,000m^3$이다.

ㄹ. 방류수의 총질소 기준이 '20mg/L 이하'인 하수처리장 수는 방류수의 화학적 산소요구량 기준이 '20mg/L 이하'인 하수처리장 수의 5배 이상이다.

① ㄱ, ㄴ ② ㄱ, ㄷ ③ ㄴ, ㄹ
④ ㄱ, ㄷ, ㄹ ⑤ ㄴ, ㄷ, ㄹ

21. 다음 <표>는 직원 '갑'~'무'에 대한 평가자 A~E의 직무평가 점수이다. 이에 대한 <보기>의 설명 중 옳은 것만을 모두 고르면?

<표> 직원 '갑'~'무'에 대한 평가자 A~E의 직무평가 점수

(단위: 점)

직원 \ 평가자	A	B	C	D	E	종합점수
갑	91	87	( )	89	95	89.0
을	89	86	90	88	( )	89.0
병	68	76	( )	74	78	( )
정	71	72	85	74	( )	77.0
무	71	72	79	85	( )	78.0

※ 1) 직원별 종합점수는 해당 직원이 평가자 A~E로부터 부여받은 점수 중 최댓값과 최솟값을 제외한 점수의 평균임.
2) 각 직원은 평가자 A~E로부터 각각 다른 점수를 부여받았음.
3) 모든 평가자는 1~100점 중 1점 단위로 점수를 부여하였음.

<보 기>

ㄱ. '을'에 대한 직무평가 점수는 평가자 E가 가장 높다.

ㄴ. '병'의 종합점수로 가능한 최댓값과 최솟값의 차이는 5점 이상이다.

ㄷ. 평가자 C의 '갑'에 대한 직무평가 점수는 '갑'의 종합점수보다 높다.

ㄹ. '갑'~'무'의 종합점수 산출 시, 부여한 직무평가 점수가 한 번도 제외되지 않은 평가자는 없다.

① ㄱ
② ㄱ, ㄹ
③ ㄴ, ㄷ
④ ㄱ, ㄴ, ㄹ
⑤ ㄴ, ㄷ, ㄹ

[22~23] **다음 <표 1>과 <표 2>는 '갑'국 A~E 5개 도시의 지난 30년 월평균 지상 10m 기온과 월평균 지표면 온도이고, <표 3>과 <표 4>는 도시별 설계적설하중과 설계기본풍속이다. 다음 물음에 답하시오.**

<표 1> 도시별 월평균 지상 10m 기온

(단위: ℃)

월 \ 도시	A	B	C	D	E
1	-2.5	1.6	-2.4	-4.5	-2.3
2	-0.3	3.2	-0.5	-1.8	-0.1
3	5.2	7.4	4.5	4.2	5.1
4	12.1	13.1	10.7	11.4	12.2
5	17.4	17.6	15.9	16.8	17.2
6	21.9	21.1	20.4	21.5	21.3
7	25.9	25.0	24.0	24.5	24.4
8	25.4	25.7	24.9	24.3	25.0
9	20.8	21.2	20.7	18.9	19.7
10	14.4	15.9	14.5	12.1	13.0
11	6.9	9.6	7.2	4.8	6.1
12	-0.2	4.0	0.6	-1.7	-0.1

<표 2> 도시별 월평균 지표면 온도

(단위: ℃)

월 \ 도시	A	B	C	D	E
1	-2.4	2.7	-1.2	-2.7	0.3
2	-0.3	4.8	0.8	-0.7	2.8
3	5.6	9.3	6.3	4.8	8.7
4	13.4	15.7	13.4	12.6	16.3
5	19.7	20.8	19.4	19.1	22.0
6	24.8	24.2	24.5	24.4	25.9
7	26.8	27.7	26.8	26.9	28.4
8	27.4	28.5	27.5	27.0	29.0
9	22.5	19.6	22.8	21.4	23.5
10	14.8	17.9	15.8	13.5	16.9
11	6.2	10.8	7.5	5.3	8.6
12	-0.1	4.7	1.1	-0.7	2.1

<표 3> 도시별 설계적설하중

(단위: kN/m^2)

도시	A	B	C	D	E
설계적설하중	0.5	0.5	0.7	0.8	2.0

<표 4> 도시별 설계기본풍속

(단위: m/s)

도시	A	B	C	D	E
설계기본풍속	30	45	35	30	40

22. 위 <표>를 근거로 <보기>의 설명 중 옳은 것만을 모두 고르면?

<보 기>

ㄱ. '월평균 지상 10m 기온'이 가장 높은 달과 '월평균 지표면 온도'가 가장 높은 달이 다른 도시는 A뿐이다.

ㄴ. 2월의 '월평균 지상 10m 기온'은 영하이지만 '월평균 지표면 온도'가 영상인 도시는 C와 E이다.

ㄷ. 1월의 '월평균 지표면 온도'가 A~E 도시 중 가장 낮은 도시의 설계적설하중은 5개 도시 평균 설계적설하중보다 작다.

ㄹ. 설계기본풍속이 두 번째로 큰 도시는 8월의 '월평균 지상 10m 기온'도 A~E 도시 중 두 번째로 높다.

① ㄱ, ㄴ
② ㄴ, ㄷ
③ ㄴ, ㄹ
④ ㄷ, ㄹ
⑤ ㄱ, ㄷ, ㄹ

23. 폭설피해 예방대책으로 위 <표 3>에 제시된 도시별 설계적설하중을 수정하고자 한다. <규칙>에 따라 수정하였을 때, A~E 도시 중 설계적설하중 증가폭이 두 번째로 큰 도시와 가장 작은 도시를 바르게 연결한 것은?

<규 칙>

단계 1: 각 도시의 설계적설하중을 50% 증가시킨다.

단계 2: '월평균 지상 10m 기온'이 영하인 달이 3개 이상인 도시만 단계 1에 의해 산출된 값을 40% 증가시킨다.

단계 3: 설계기본풍속이 40m/s 이상인 도시만 단계 1~2를 거쳐 산출된 값을 20% 감소시킨다.

단계 4: 단계 1~3을 거쳐 산출된 값을 수정된 설계적설하중으로 한다. 단, 1.0kN/m^2 미만인 경우 1.0kN/m^2으로 한다.

	두 번째로 큰 도시	가장 작은 도시
①	A	B
②	A	C
③	B	D
④	D	B
⑤	D	C

24. 다음 <표>는 2017년과 2018년 '갑'국에 운항하는 항공사의 운송실적 및 피해구제 현황에 관한 자료이다. <표>를 이용하여 작성한 그래프로 옳지 않은 것은?

<표 1> 2017년과 2018년 국적항공사의 노선별 운송실적

(단위: 천 명)

국적항공사 \ 노선, 연도		국내선 2017	국내선 2018	국제선 2017	국제선 2018
대형 항공사	태양항공	7,989	6,957	18,925	20,052
	무지개항공	5,991	6,129	13,344	13,727
저비용 항공사	알파항공	4,106	4,457	3,004	3,610
	에어세종	0	0	821	1,717
	청렴항공	3,006	3,033	2,515	2,871
	독도항공	4,642	4,676	5,825	7,266
	참에어	3,738	3,475	4,859	5,415
	동해항공	2,935	2,873	3,278	4,128
합계		32,407	31,600	52,571	58,786

<표 2> 2017년 피해유형별 항공사의 피해구제 접수 건수 비율

(단위: %)

항공사 \ 피해유형	취소환불위약금	지연결항	정보제공미흡	수하물지연파손	초과판매	기타	합계
국적항공사	57.14	22.76	5.32	6.81	0.33	7.64	100.00
외국적항공사	49.06	27.77	6.89	6.68	1.88	7.72	100.00

<표 3> 2018년 피해유형별 항공사의 피해구제 접수 건수

(단위: 건)

항공사 \ 피해유형		취소환불위약금	지연결항	정보제공미흡	수하물지연파손	초과판매	기타	합계	전년대비증가
대형 항공사	태양항공	31	96	0	7	0	19	153	13
	무지개항공	20	66	0	5	0	15	106	-2
저비용 항공사	알파항공	9	9	0	1	0	4	23	-6
	에어세종	19	10	2	1	0	12	44	7
	청렴항공	12	33	3	4	0	5	57	16
	독도항공	34	25	3	9	0	27	98	-35
	참에어	33	38	0	6	0	8	85	34
	동해항공	19	32	1	10	0	10	72	9
국적항공사		177	309	9	43	0	100	638	36
외국적항공사		161	201	11	35	0	78	486	7

① 2017년 피해유형별 외국적항공사의 피해구제 접수 건수 대비 국적항공사의 피해구제 접수 건수 비

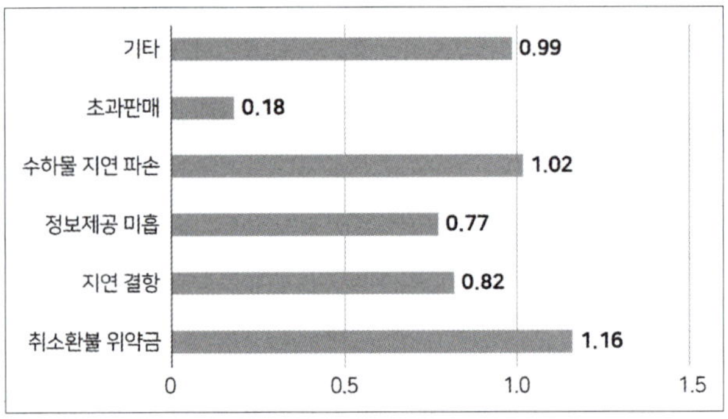

② 2017년 국적항공사별 피해구제 접수 건수 비중

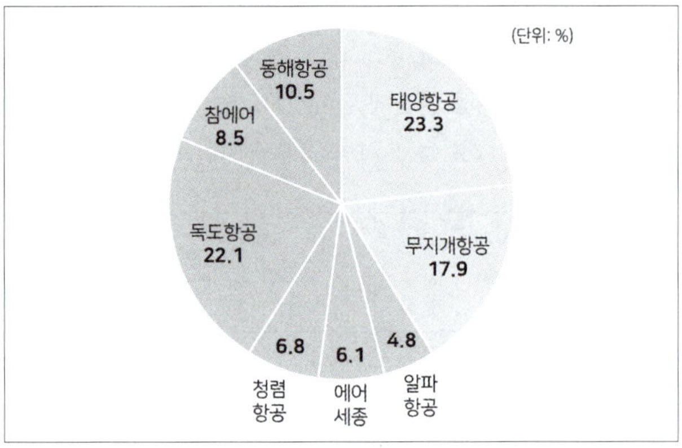

③ 2017년 피해유형별 국적항공사의 피해구제 접수 건수

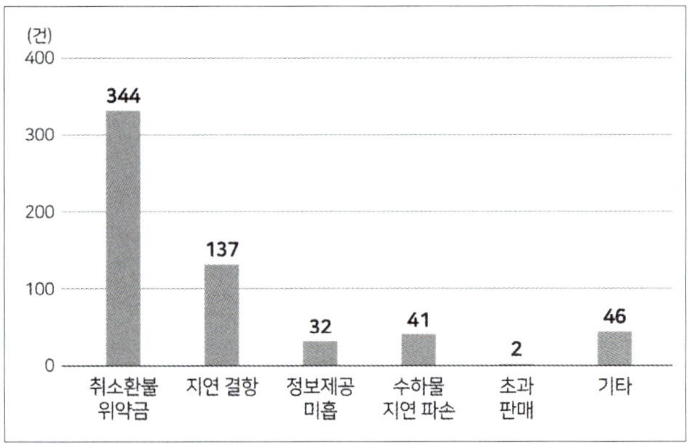

④ 2017년 대비 2018년 저비용 국적항공사의 전체 노선 운송실적 증가율

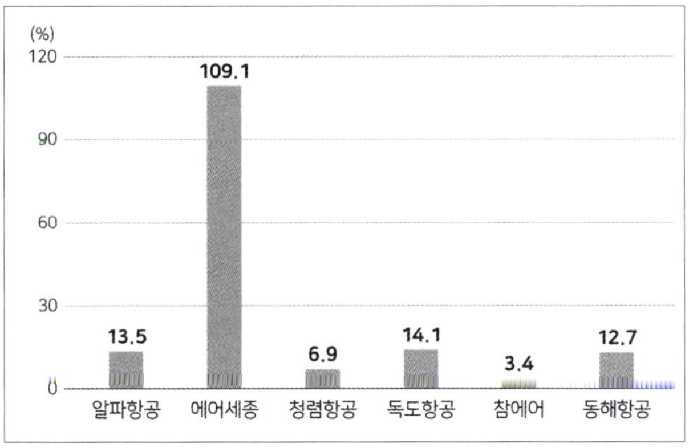

⑤ 대형 국적항공사의 전체 노선 운송실적 대비 피해구제 접수 건수 비

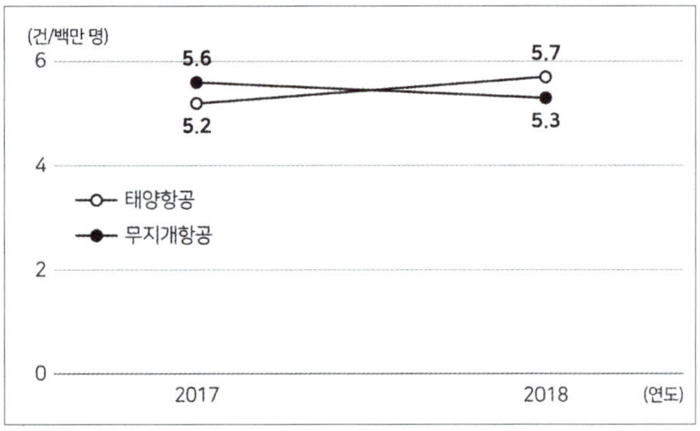

25. 다음 <표>는 2011~2020년 산불 건수 및 산불 가해자 검거 현황과 2020년 산불 원인별 가해자 검거 현황에 관한 자료이다. 이에 대한 <보기>의 설명 중 옳은 것만을 모두 고르면?

<표 1> 2011~2020년 산불 건수 및 산불 가해자 검거 현황

(단위: 건, %)

구분 연도	산불 건수	가해자 검거 건수	검거율
2011	277	131	47.3
2012	197	73	( )
2013	296	137	46.3
2014	492	167	33.9
2015	623	240	38.5
2016	391	( )	( )
2017	692	305	( )
2018	496	231	46.6
2019	653	239	36.6
2020	620	246	39.7
계	( )	1,973	( )

<표 2> 2020년 산불 원인별 산불 건수 및 가해자 검거 현황

(단위: 건, %)

구분 산불 원인	산불 건수	가해자 검거 건수	검거율
입산자 실화	( )	32	( )
논밭두렁 소각	49	45	( )
쓰레기 소각	65	( )	( )
담뱃불 실화	75	17	22.7
성묘객 실화	9	6	( )
어린이 불장난	1	1	100.0
건축물 실화	54	33	61.1
기타	150	52	34.7
전체	( )	246	39.7

※ 1) 산불 1건은 1개의 산불 원인으로만 분류함.

2) 가해자 검거 건수는 해당 산불 발생 연도를 기준으로 집계함.

3) 검거율(%) = $\frac{\text{가해자 검거 건수}}{\text{산불 건수}} \times 100$

<보 기>

ㄱ. 2011~2020년 연평균 산불 건수는 500건 이하이다.

ㄴ. 산불 건수가 가장 많은 연도의 검거율은 산불 건수가 가장 적은 연도의 검거율보다 높다.

ㄷ. 2020년에는 기타를 제외하고 산불 건수가 적은 산불 원인일수록 검거율이 높다.

ㄹ. 2020년 전체 산불 건수 중 입산자 실화가 원인인 산불 건수의 비율은 35%이다.

① ㄱ, ㄴ ② ㄴ, ㄹ ③ ㄷ, ㄹ
④ ㄱ, ㄴ, ㄷ ⑤ ㄱ, ㄴ, ㄹ

약점 보완 해설집 p.40

시험일: _____년 _____월 _____일

2020년도 7급 PSAT 모의평가

| 자료해석영역 |

응시번호
성명

응시자 주의사항

1. **시험시작 전 시험문제를 열람하는 행위나 시험종료 후 답안을 작성하는 행위를 한 사람**은 「공무원 임용시험령」 제51조에 의거 **부정행위자**로 처리됩니다.
2. **답안지 책형 표기는 시험시작 전** 감독관의 지시에 따라 **문제책 앞면에 인쇄된 문제책형을 확인**한 후, **답안지 책형란에 해당 책형(1개)**을 '●'로 표기하여야 합니다.
3. 시험이 시작되면 문제를 주의 깊게 읽은 후, **문항의 취지에 가장 적합한 하나의 정답만을 고르며**, 문제내용에 관한 질문은 할 수 없습니다.
4. **답안을 잘못 표기하였을 경우에는 답안지를 교체하여 작성**하거나 **수정할 수 있으며**, 표기한 답안을 수정할 때는 **응시자 본인이 가져온 수정테이프만을 사용**하여 해당 부분을 완전히 지우고 부착된 수정테이프가 떨어지지 않도록 손으로 눌러주어야 합니다. **(수정액 또는 수정 스티커 등은 사용 불가)**
5. **시험시간 관리의 책임은 응시자 본인에게 있습니다.**
   ※ 문제책은 시험종료 후 가지고 갈 수 있습니다.

모바일 자동 채점 및 성적 분석 서비스

'약점 보완 해설집'에 회차별로 수록된 QR코드를 인식하면 응시 인원 대비 자신의 성적 위치를 확인할 수 있습니다.

해커스PSAT

1. 다음 <보고서>는 2019년 '갑'시의 5대 축제(A~E)에 관한 조사 결과이다. 이에 부합하지 않는 자료는?

<보고서>

'갑'시의 5대 축제를 분석·평가한 결과, 우수축제로 선정된 A 축제는 관람객 수, 인지도, 콘텐츠 영역에서 B 축제보다 높은 점수를 받았으나 경제적 효과 영역에서는 B 축제보다 낮은 점수를 받았다. 한편, 5대 축제의 관람객 만족도를 보면, 먹거리 만족도가 매년 떨어지고 있고 2019년에는 살거리 만족도도 2018년보다 낮아져 대책 마련이 시급하다는 평가도 있다.

설문조사에 따르면 축제 관련 정보 획득 매체는 연령대별로 차이를 보였다. 20대 이하와 30~40대는 각각 인터넷을 통해 정보를 획득한 관람객 수가 가장 많았다. 반면, 50대 이상은 현수막을 통해 정보를 획득한 관람객 수가 가장 많아 관람객의 연령대별 맞춤형 홍보 전략이 필요하다는 것을 보여준다.

축제로 인한 경제적 효과도 중요한 분석 대상이다. D 축제의 경우 취업자 수와 고용인 수 모두 가장 적지만, 고용인 1인당 취업자 수는 가장 많았다. 관람객 1인당 총지출액에서 숙박비의 비중이 가장 높은 축제는 C 축제이고 먹거리 비용의 비중이 가장 높은 축제는 E 축제이다.

① 5대 축제별 취업자 수와 고용인 수

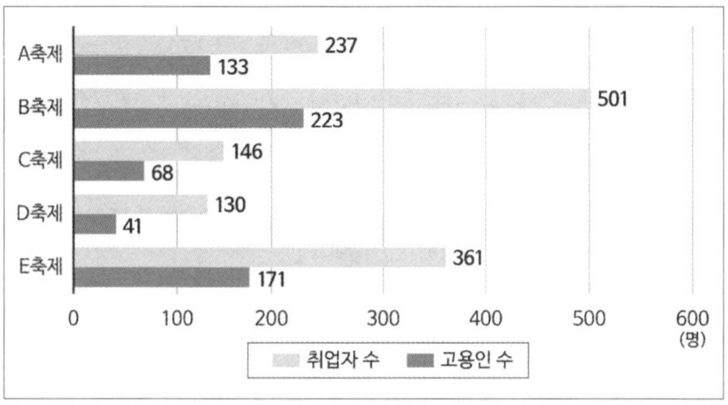

② 5대 축제의 관람객 만족도

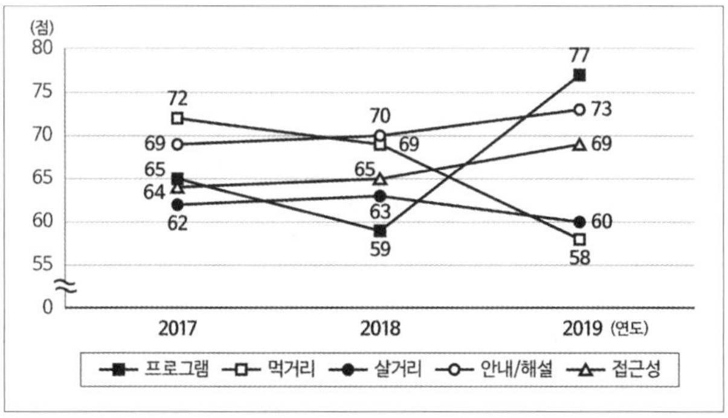

③ 5대 축제별 관람객 1인당 지출액

(단위: 원)

구분 \ 축제	A	B	C	D	E
숙박비	22,514	9,100	27,462	3,240	4,953
먹거리 비용	18,241	19,697	15,303	8,882	20,716
왕복교통비	846	1,651	9,807	1,448	810
상품구입비	17,659	4,094	6,340	3,340	411
기타	9	48	102	255	1,117
총지출액	59,269	34,590	59,014	17,165	28,007

④ A, B 축제의 영역별 평가점수

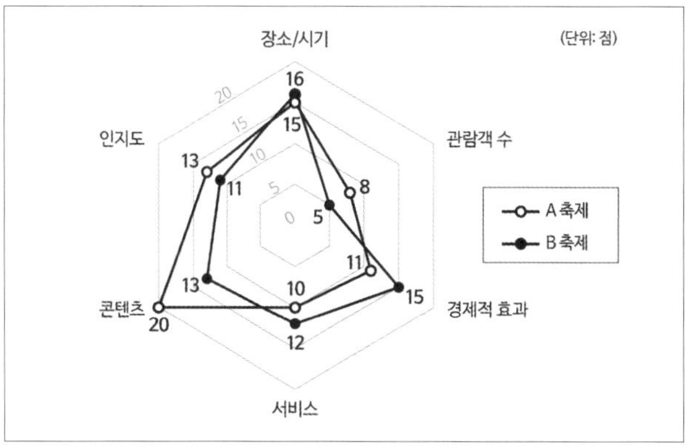

⑤ 관람객의 연령대별 5대 축제 관련 정보 획득 매체

(단위: %)

연령대 \ 매체	TV	인터넷	신문	현수막	기타
20대 이하	22.0	58.6	10.8	17.5	11.5
30~40대	25.4	35.0	16.5	18.0	9.0
50대 이상	35.0	20.2	21.0	29.5	8.0
전체	26.0	41.5	15.1	20.1	9.8

※ 중복응답 가능함.

2. 다음 <표>는 2019년 10월 첫 주 '갑' 편의점의 간편식 A~ F의 판매량에 관한 자료이다. <표>와 <조건>을 이용하여 간편식 B, E의 판매량을 바르게 나열한 것은?

<표> 간편식 A~F의 판매량

(단위: 개)

간편식	A	B	C	D	E	F	평균
판매량	95	( )	( )	( )	( )	43	70

<조 건>

○ A와 C의 판매량은 같다.
○ B와 D의 판매량은 같다.
○ E의 판매량은 D보다 23개 적다.

	B	E
①	70	47
②	70	57
③	83	47
④	83	60
⑤	85	62

3. 다음 <표>는 2015~2019년 '갑'국의 가스사고 현황에 관한 자료이다. 이에 대한 <보기>의 설명 중 옳은 것만을 모두 고르면?

<표 1> 원인별 사고건수

(단위: 건)

원인 \ 연도	2015	2016	2017	2018	2019
사용자 취급부주의	41	41	41	38	31
공급자 취급부주의	23	16	22	26	29
제품노후	4	12	19	12	18
고의사고	21	16	16	12	9
타공사	2	6	4	8	7
자연재해	12	9	5	3	3
시설미비	18	20	11	23	24
전체	121	120	118	122	121

<표 2> 사용처별 사고건수

(단위: 건)

사용처 \ 연도	2015	2016	2017	2018	2019
주택	48	50	39	42	47
식품접객업소	21	10	27	14	20
특수허가업소	14	14	16	16	12
공급시설	3	7	5	5	6
차량	4	5	4	5	6
제1종 보호시설	3	8	6	8	5
공장	9	6	7	6	4
다중이용시설	0	0	0	0	1
야외	19	20	14	26	20
전체	121	120	118	122	121

<보 기>

ㄱ. 2015년 대비 2019년 사고건수의 증가율은 '공급자 취급부주의'가 '시설미비'보다 작다.

ㄴ. '주택'과 '차량'의 연도별 사고건수 증감방향은 같다.

ㄷ. 2016년에는 사고건수 기준 상위 2가지 원인에 의한 사고건수의 합이 나머지 원인에 의한 사고건수의 합보다 적다.

ㄹ. 전체 사고건수에서 '주택'이 차지하는 비중은 매년 35% 이상이다.

① ㄱ, ㄴ
② ㄱ, ㄹ
③ ㄴ, ㄷ
④ ㄱ, ㄷ, ㄹ
⑤ ㄴ, ㄷ, ㄹ

4. 다음 <표>는 2015~2019년 A~D 지역의 해양수질, 해조류 군집 및 해양 저서동물 출현종수에 관한 자료이다. 이에 대한 설명으로 옳지 않은 것은?

<표 1> A~D 지역의 해양수질

(단위: mg/L)

측정항목	지역 \ 연도	2015	2016	2017	2018	2019
용존 산소량 (DO)	A	8.22	8.13	7.95	8.40	7.60
	B	8.18	8.23	8.12	8.60	8.10
	C	10.20	8.06	8.73	8.10	8.50
	D	7.51	6.97	7.39	8.43	8.35
화학적 산소 요구량 (COD)	A	1.73	1.38	1.19	1.54	1.34
	B	1.38	1.40	1.26	1.47	1.54
	C	2.35	2.29	1.71	1.59	1.69
	D	0.96	0.82	0.70	1.30	1.59
총질소 (Total-N)	A	0.16	0.14	0.16	0.15	0.12
	B	0.16	0.13	0.20	0.15	0.12
	C	0.45	0.51	0.68	0.11	0.08
	D	0.20	0.06	0.05	0.57	0.07

※ 해양수질 등급은 아래 기준으로 판정함.
- 1등급은 DO가 7.50mg/L 이상이고 COD는 1.00mg/L 이하이며 Total-N이 0.30mg/L 이하인 경우임.
- 2등급은 1등급에 해당하지 않으면서 DO가 2.00mg/L 이상이고 COD는 2.00mg/L 이하이며 Total-N이 0.60mg/L 이하인 경우임.
- 등급 외는 1, 2등급에 해당하지 않는 경우임.

<표 2> A~D 지역의 해조류 군집 및 해양 저서동물 출현종수

(단위: 개)

항목	지역 \ 연도	2015	2016	2017	2018	2019
해조류 군집 출현종수	A	108	77	46	48	48
	B	102	77	49	49	52
	C	26	27	28	29	27
	D	102	136	199	86	87
해양 저서동물 출현종수	A	147	79	126	134	153
	B	90	73	128	142	141
	C	112	34	58	85	102
	D	175	351	343	303	304

① 2015~2019년 A와 B 지역의 총질소(Total-N)의 연간 증감방향은 매년 동일하다.
② 2016년 B 지역은 해조류 군집 출현종수의 전년대비 증감률이 해양 저서동물 출현종수의 전년대비 증감률보다 크다.
③ 2019년에는 해양 저서동물 출현종수가 가장 많은 지역이 총질소(Total-N)가 가장 낮다.
④ 2015년에 해양수질이 1등급인 지역은 D가 유일하다.
⑤ A와 C 지역의 해양수질은 2015년부터 2017년까지 2등급으로 일정하다.

5. 다음 <그림>과 <표>는 2018~2019년 '갑'국의 월별 최대전력수요와 전력수급현황에 관한 자료이다. 이에 대한 설명으로 옳은 것은?

<그림> '갑'국의 월별 최대전력수요

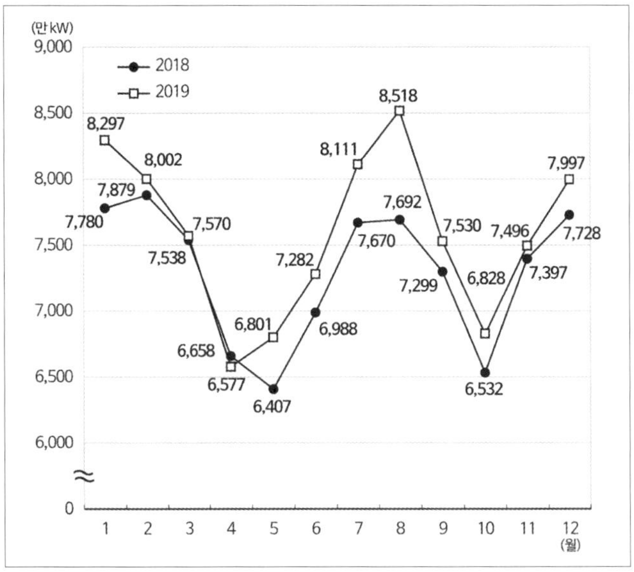

<표> '갑'국의 전력수급현황

(단위: 만 kW)

구분 \ 시기	2018년 2월	2019년 8월
최대전력수요	7,879	8,518
전력공급능력	8,793	9,240

※ 1) 공급예비력 = 전력공급능력 − 최대전력수요

2) 공급예비율(%) = $\frac{\text{공급예비력}}{\text{최대전력수요}} \times 100$

① 공급예비력은 2018년 2월이 2019년 8월보다 작다.

② 공급예비율은 2018년 2월이 2019년 8월보다 낮다.

③ 2019년 1~12월 동안 최대전력수요의 월별 증감방향은 2018년과 동일하다.

④ 해당 연도 1~12월 중 최대전력수요가 가장 큰 달과 가장 작은 달의 최대전력수요 차이는 2018년이 2019년보다 작다.

⑤ 2019년 최대전력수요의 전년동월 대비 증가율이 가장 높은 달은 1월이다.

6. 다음 <표>는 2018년 '갑'국 A~E 지역의 산사태 위험인자 현황에 관한 자료이다. <평가 방법>에 근거하여 산사태 위험점수가 가장 높은 지역과 가장 낮은 지역을 바르게 나열한 것은?

<표> A~E 지역의 산사태 위험인자 현황

위험인자 \ 지역	A	B	C	D	E
경사길이(m)	180	220	150	80	40
모암	화성암	퇴적암	변성암(편마암)	변성암(천매암)	변성암(편마암)
경사위치	중하부	중상부	중하부	상부	중상부
사면형	상승사면	복합사면	하강사면	복합사면	평형사면
토심(cm)	160	120	70	110	80
경사도(°)	30	20	25	35	55

<평가 방법>

○ 산사태 위험인자의 평가점수는 다음과 같다.

위험인자 \ 평가점수	0점	10점	20점	30점
경사길이(m)	50 미만	50 이상 100 미만	100 이상 200 미만	200 이상
모암	퇴적암	화성암	변성암(천매암)	변성암(편마암)
경사위치	하부	중하부	중상부	상부
사면형	상승사면	평형사면	하강사면	복합사면
토심(cm)	20 미만	20 이상 100 미만	100 이상 150 미만	150 이상
경사도(°)	40 이상	30 이상 40 미만	25 이상 30 미만	25 미만

○ 개별 지역의 산사태 위험점수는 6개 위험인자에 대한 평가점수의 합임.

	가장 높은 지역	가장 낮은 지역
①	B	A
②	B	E
③	D	A
④	D	C
⑤	D	E

7. 다음 <표>는 '갑' 회사 구내식당의 월별 이용자 수 및 매출액에 관한 자료이고, <보고서>는 '갑' 회사 구내식당 가격인상에 관한 내부검토 자료이다. '2019년 1월의 이용자 수 예측'에 대한 그래프로 <표>와 <보고서>의 내용에 부합하는 것은?

<표> 2018년 '갑' 회사 구내식당의 월별 이용자 수 및 매출액

(단위: 명, 천 원)

구분 월	특선식		일반식		총매출액
	이용자 수	매출액	이용자 수	매출액	
7	901	5,406	1,292	5,168	10,574
8	885	5,310	1,324	5,296	10,606
9	914	5,484	1,284	5,136	10,620
10	979	5,874	1,244	4,976	10,850
11	974	5,844	1,196	4,784	10,628
12	952	5,712	1,210	4,840	10,552

※ 총매출액은 특선식 매출액과 일반식 매출액의 합임.

<보고서>

2018년 12월 현재 회사 구내식당은 특선식(6,000원)과 일반식(4,000원)의 두 가지 메뉴를 판매하고 있다. 2018년 11월부터 구내식당 총매출액이 감소하고 있어 지난 2년 동안 동결되었던 특선식과 일반식 중 한 가지 메뉴의 가격을 2019년 1월부터 1,000원 인상할지를 검토하였다.

메뉴 가격에 변동이 없을 경우, 일반식 이용자와 특선식 이용자의 수가 모두 2018년 12월에 비해 감소하여 2019년 1월의 총매출액은 2018년 12월보다 감소할 것으로 예측된다.

특선식 가격만을 1,000원 인상하여 7,000원으로 할 경우, 특선식 이용자 수는 2018년 7월 이후 최저치 이하로 감소하지만, 가격 인상의 영향 등으로 총매출액은 2018년 10월 이상으로 증가할 것으로 예측된다.

일반식 가격만을 1,000원 인상하여 5,000원으로 할 경우, 일반식 이용자 수는 2018년 12월 대비 10% 이상 감소하며, 특선식 이용자 수는 2018년 10월보다 증가하지는 않으리라 예측된다.

①
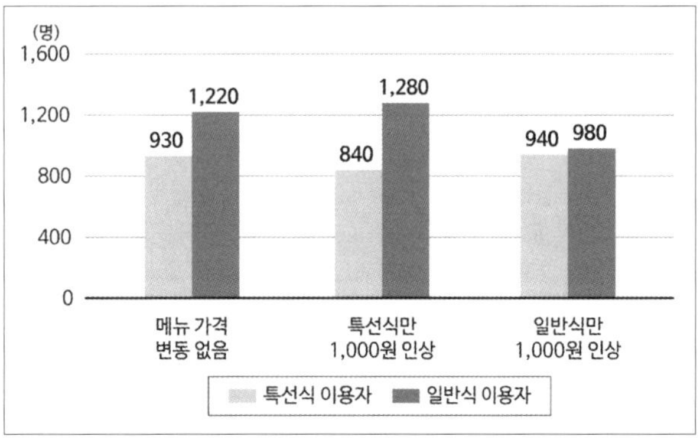

②
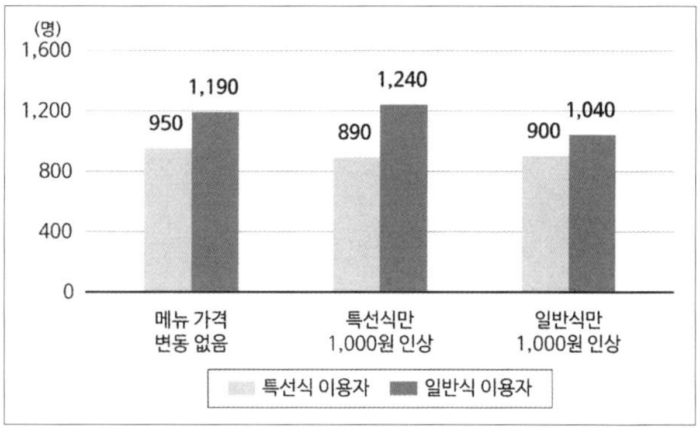

③
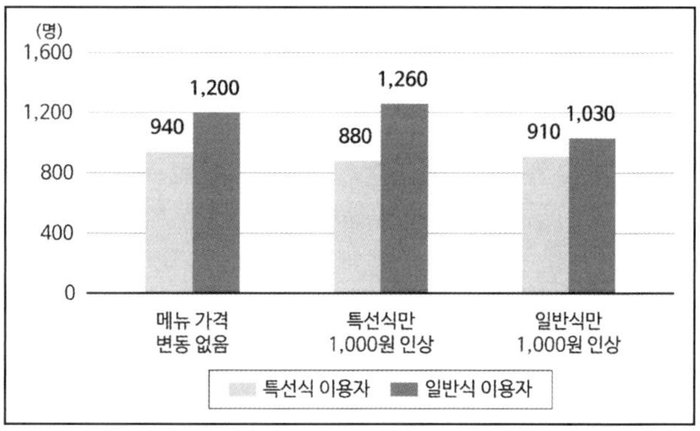

④
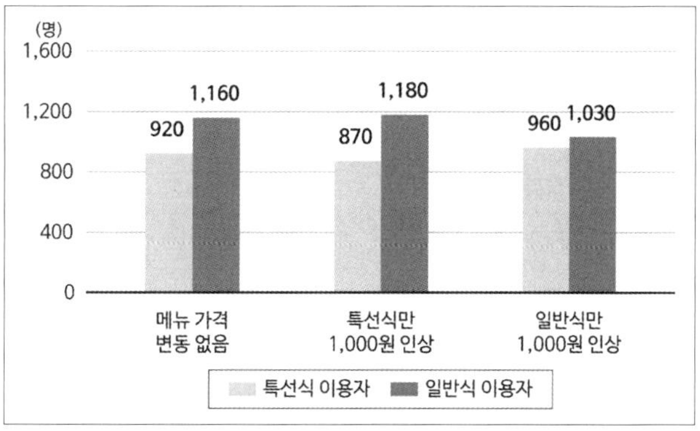

⑤
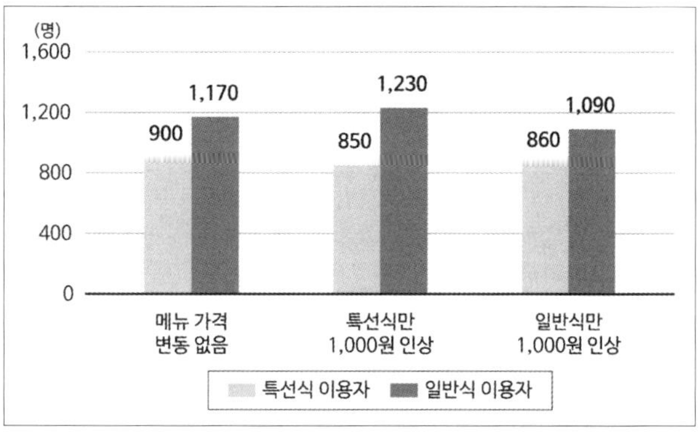

8. 다음 <표>는 '갑'시에서 주최한 10km 마라톤 대회에 참가한 선수 A~D의 구간별 기록이다. 이에 대한 <보기>의 설명 중 옳은 것만을 모두 고르면?

<표> 선수 A~D의 10km 마라톤 대회 구간별 기록

구간 \ 선수	A	B	C	D
0~1km	5분 24초	5분 44초	6분 40초	6분 15초
1~2km	5분 06초	5분 42초	5분 27초	6분 19초
2~3km	5분 03초	5분 50초	5분 18초	6분 00초
3~4km	5분 00초	6분 18초	5분 15초	5분 54초
4~5km	4분 57초	6분 14초	5분 24초	5분 35초
5~6km	5분 10초	6분 03초	5분 03초	5분 27초
6~7km	5분 25초	5분 48초	5분 14초	6분 03초
7~8km	5분 18초	5분 39초	5분 29초	5분 24초
8~9km	5분 10초	5분 33초	5분 26초	5분 11초
9~10km	5분 19초	5분 03초	5분 36초	5분 15초
계	51분 52초	( )	54분 52초	57분 23초

※ 1) A~D는 출발점에서 동시에 출발하여 휴식 없이 완주함.
2) A~D는 각 구간 내에서 일정한 속도로 달림.

<보 기>

ㄱ. 출발 후 6km 지점을 먼저 통과한 선수부터 나열하면 A, C, D, B 순이다.
ㄴ. B의 10km 완주기록은 60분 이상이다.
ㄷ. 3~4km 구간에서 B는 C에게 추월당한다.
ㄹ. A가 10km 지점을 통과한 순간, D는 7~8km 구간을 달리고 있다.

① ㄱ, ㄴ
② ㄱ, ㄷ
③ ㄱ, ㄹ
④ ㄴ, ㄷ
⑤ ㄷ, ㄹ

9. 다음 <그림>은 OECD 회원국 중 5개국의 2018년 가정용, 산업용 전기요금 지수를 나타낸 것이다. 이에 대한 <보기>의 설명 중 옳은 것만을 모두 고르면?

<그림> OECD 회원국 중 5개국의 가정용, 산업용 전기요금 지수

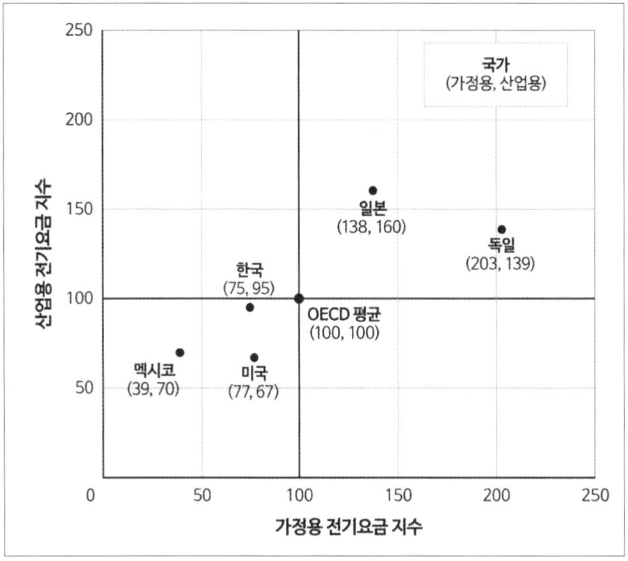

※ 1) OECD 각 국가의 전기요금은 100kWh당 평균 금액($)임.
2) 가정용(산업용) 전기요금 지수 = $\frac{\text{해당 국가의 가정용(산업용) 전기요금}}{\text{OECD 평균 가정용(산업용) 전기요금}} \times 100$
3) 2018년 한국의 가정용, 산업용 전기요금은 100kWh당 각각 $120, $95임.

<보 기>

ㄱ. 산업용 전기요금은 일본이 가장 비싸고 가정용 전기요금은 독일이 가장 비싸다.
ㄴ. OECD 평균 전기요금은 가정용이 산업용의 1.5배 이상이다.
ㄷ. 가정용 전기요금이 한국보다 비싼 국가는 산업용 전기요금도 한국보다 비싸다.
ㄹ. 일본은 산업용 전기요금이 가정용 전기요금보다 비싸다.

① ㄱ, ㄴ
② ㄱ, ㄷ
③ ㄴ, ㄹ
④ ㄷ, ㄹ
⑤ ㄱ, ㄴ, ㄹ

10. 다음 <표>는 2014~2018년 공공기관 신규채용 합격자 현황에 관한 자료이다. 이를 이용하여 작성한 그래프로 옳지 않은 것은?

<표 1> 공공기관 신규채용 합격자 현황

(단위: 명)

합격자 \ 연도	2014	2015	2016	2017	2018
전체	17,601	19,322	20,982	22,547	33,832
여성	7,502	7,664	8,720	9,918	15,530

<표 2> 공공기관 유형별 신규채용 합격자 현황

(단위: 명)

유형	합격자 \ 연도	2014	2015	2016	2017	2018
공기업	전체	4,937	5,823	5,991	6,805	9,070
	여성	1,068	1,180	1,190	1,646	2,087
준정부기관	전체	5,055	4,892	6,084	6,781	9,847
	여성	2,507	2,206	2,868	3,434	4,947
기타공공기관	전체	7,609	8,607	8,907	8,961	14,915
	여성	3,927	4,278	4,662	4,838	8,496

※ 공공기관은 공기업, 준정부기관, 기타공공기관으로만 구성됨.

① 공공기관 유형별 신규채용 합격자 현황

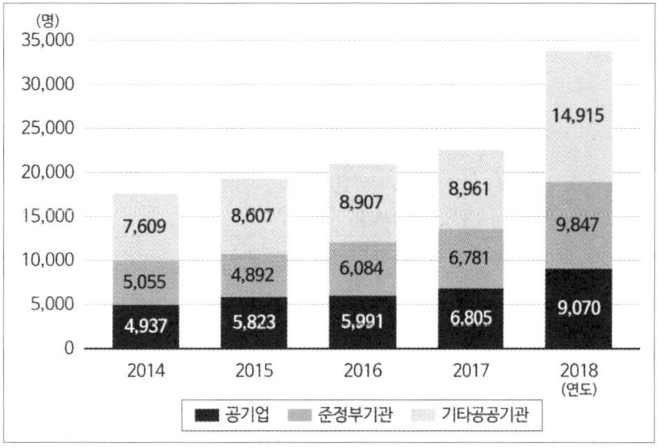

② 2016년 공공기관 유형별 신규채용 남성 합격자 현황

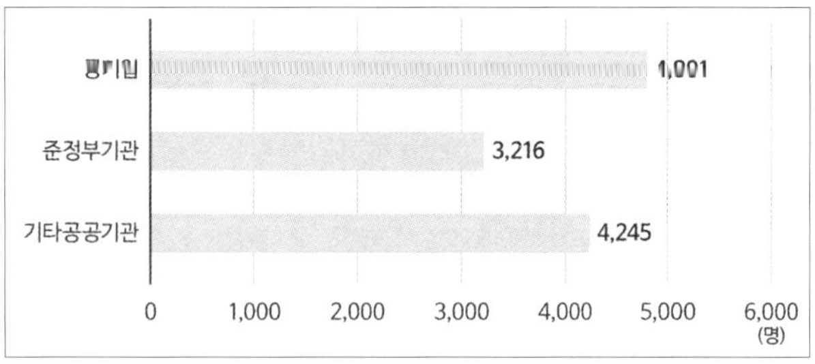

③ 공공기관 유형별 신규채용 합격자 중 여성 비중

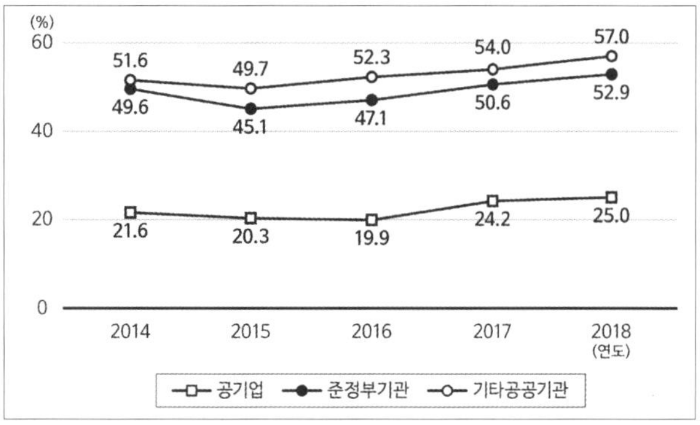

④ 공공기관 신규채용 합격자의 전년대비 증가율

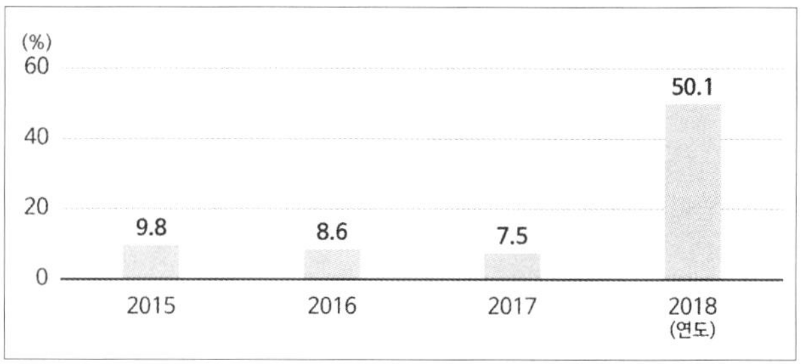

⑤ 2018년 공공기관 신규채용 합격자의 공공기관 유형별 구성비

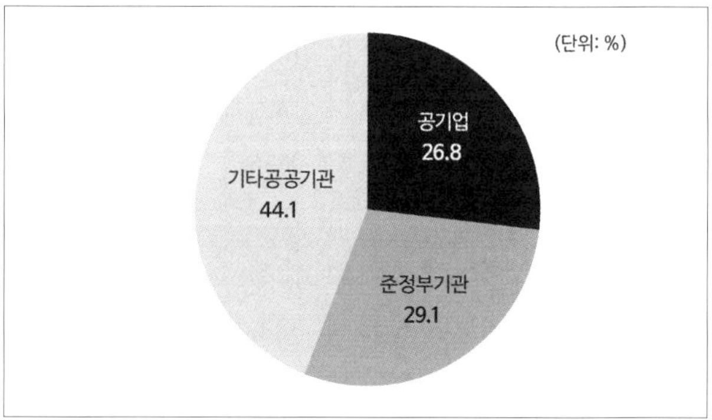

11. 다음 <표>는 2019년 기관 A~D 소속 퇴직예정공직자의 재취업을 위한 직무관련성 심사결과에 대한 자료이다. <표>와 <조건>을 근거로 A~D에 해당하는 기관을 바르게 나열한 것은?

<표> 직무관련성 심사결과

(단위: 건)

기관 \ 구분	관련있음	관련없음	각하	전체
A	8	33	4	45
B	17	77	3	97
C	99	350	59	508
D	0	9	0	9

<조 건>

○ 우주청의 전체 심사결과 중 '관련없음'의 비중은 혁신청의 전체 심사결과 중 '관련없음'의 비중보다 작다.
○ 기관별 전체 심사결과 중 '관련없음'의 비중은 문화청이 가장 크다.
○ '각하' 건수는 과학청이 혁신청보다 많다.
○ '관련없음' 대비 '관련있음' 건수의 비는 과학청이 우주청보다 높다.

	A	B	C	D
①	과학청	문화청	혁신청	우주청
②	과학청	혁신청	우주청	문화청
③	문화청	혁신청	우주청	과학청
④	우주청	혁신청	과학청	문화청
⑤	혁신청	우주청	과학청	문화청

12. 다음 <그림>은 가구 A~L의 2020년 1월 주거비와 식비, 필수생활비에 관한 자료이다. 이에 대한 설명으로 옳은 것은?

<그림 1> 가구 A~L의 주거비와 식비

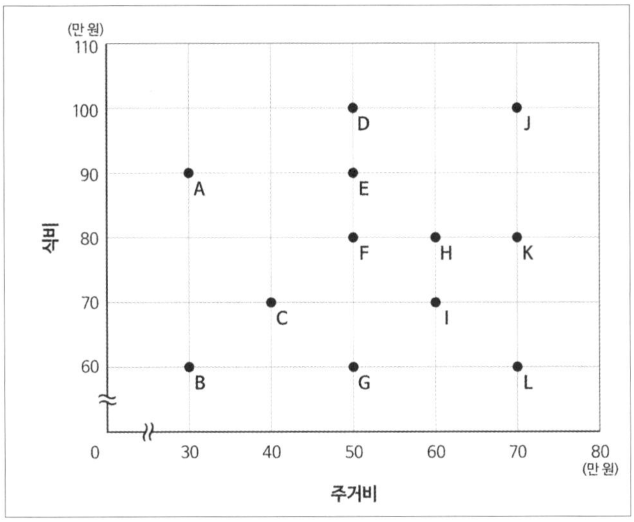

<그림 2> 가구 A~L의 식비와 필수생활비

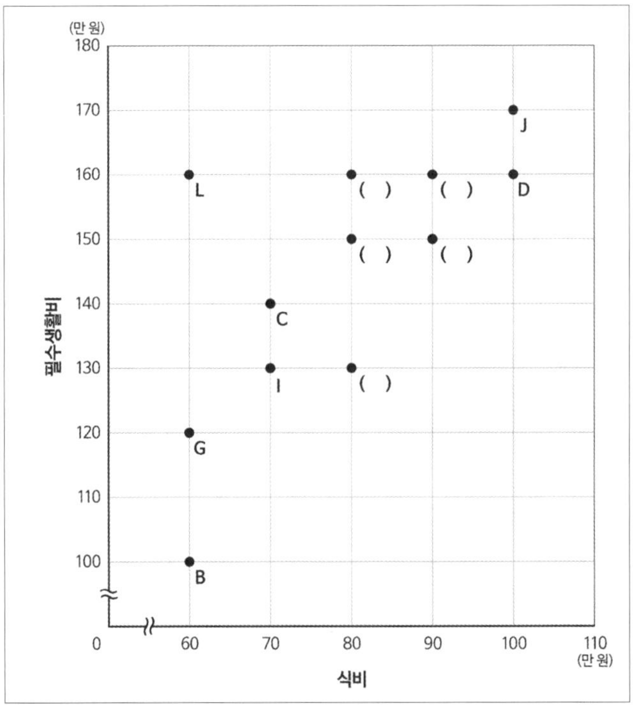

※ 필수생활비 = 주거비 + 식비 + 의복비

① 의복비는 가구 A가 가구 B보다 작다.
② 의복비가 0원인 가구는 1곳이다.
③ 주거비가 40만 원 이하인 가구의 의복비는 각각 10만 원 이상이다.
④ 식비 하위 3개 가구 의복비의 합은 60만 원 이상이다.
⑤ 식비가 80만 원이면서 필수생활비가 130만 원인 가구는 K이다.

13. 다음 <그림>은 추락사고가 발생한 항공기 800대의 사고 발생시점과 사고 원인을 정리한 자료이다. 이에 대한 <보기>의 설명 중 옳은 것만을 모두 고르면?

<그림> 항공기 추락사고의 사고 발생시점과 사고 원인

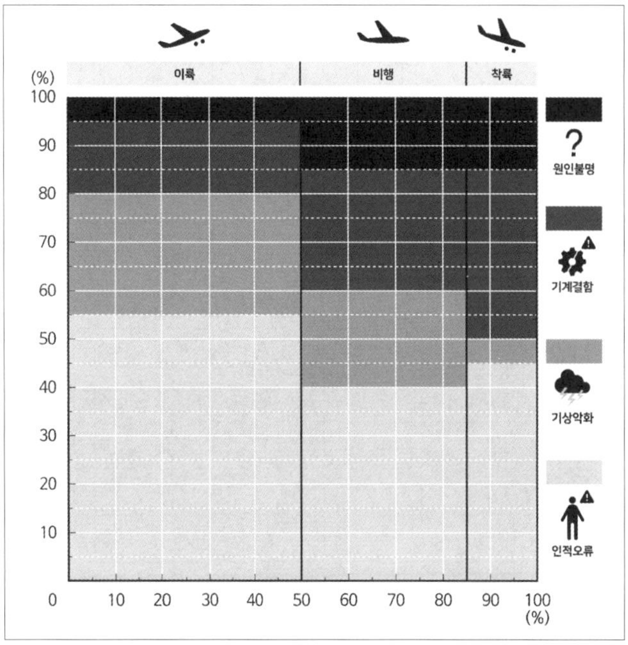

※ 사고 발생시점은 이륙, 비행, 착륙 중 하나이며, 사고 원인은 인적오류, 기상악화, 기계결함, 원인불명 중 하나임.

<보 기>

ㄱ. 이륙 중에 인적오류로 추락한 항공기 수는 착륙 중에 원인불명으로 추락한 항공기 수의 12배 이상이다.
ㄴ. 비행 중에 원인불명으로 추락한 항공기 수는 착륙 중에 기계결함으로 추락한 항공기 수보다 많다.
ㄷ. 비행 중에 인적오류로 추락한 항공기 수는 이륙 중에 기계결함으로 추락한 항공기 수보다 56대 더 많다.
ㄹ. 기계결함으로 추락한 항공기 수는 추락사고가 발생한 항공기 수의 20% 이상이다.

① ㄱ, ㄴ
② ㄱ, ㄷ
③ ㄱ, ㄹ
④ ㄴ, ㄷ
⑤ ㄷ, ㄹ

14. 다음 <표>는 '갑'국의 2020년 3월 1~15일 기상상황과 드론 비행 및 촬영 허가신청 결과에 관한 자료이다. <표>와 <조건>에 근거한 <보기>의 설명으로 옳은 것만을 모두 고르면?

<표> 기상상황과 드론 비행 및 촬영 허가신청 결과

구분 / 날짜 \ 항목	기상상황			허가신청 결과	
	지자기지수	풍속(m/s)	날씨	비행	촬영
3월 1일	1	3	🌧	불허	불허
3월 2일	2	2	☀	불허	불허
3월 3일	3	3	☁	허가	허가
3월 4일	4	1	🌧	허가	허가
3월 5일	5	7	☁	허가	허가
3월 6일	5	12	☁	허가	허가
3월 7일	5	5	☀	허가	허가
3월 8일	4	3	☀	허가	허가
3월 9일	6	6	☀	허가	허가
3월 10일	3	4	☁	허가	불허
3월 11일	4	3	☁	허가	불허
3월 12일	2	2	☀	허가	허가
3월 13일	2	13	☀	허가	허가
3월 14일	3	5	🌧	허가	허가
3월 15일	1	3	☀	허가	허가

<조 건>

○ 기상상황 항목별 드론 비행 및 촬영 기준

구분 / 항목	비행	촬영
지자기지수	5 미만	10 미만
풍속(m/s)	10 미만	5 미만
날씨	☀ 또는 ☁	☀ 또는 ☁

○ 기상상황 항목별 비행 기준을 모두 충족하고 비행 허가신청 결과가 '허가'일 때, 비행에 적합함.
○ 기상상황 항목별 촬영 기준을 모두 충족하고 촬영 허가신청 결과가 '허가'일 때, 촬영에 적합함.
○ 기상상황 항목별 비행 및 촬영 기준을 모두 충족하고 비행 및 촬영 허가신청 결과가 모두 '허가'일 때, 항공촬영에 적합함.

<보 기>

ㄱ. 비행에 적합한 날은 총 6일이다.
ㄴ. 촬영에 적합한 날은 총 5일이다.
ㄷ. 항공촬영에 적합한 날은 총 4일이다.

① ㄱ
② ㄷ
③ ㄱ, ㄴ
④ ㄱ, ㄷ
⑤ ㄴ, ㄷ

15. 다음 <표>는 산림경영단지 A~E의 임도 조성 현황에 관한 자료이다. 이 경우 면적이 가장 넓은 산림경영단지는?

<표> 산림경영단지 A~E의 임도 조성 현황

(단위: %, km, km/ha)

구분 / 산림경영단지	작업임도 비율	간선임도 길이	임도 밀도
A	30	70	15
B	20	40	10
C	30	35	20
D	50	20	10
E	40	60	20

※ 1) 임도 길이(km) = 작업임도 길이 + 간선임도 길이

2) 작업임도 비율(%) = $\frac{\text{작업임도 길이}}{\text{임도 길이}} \times 100$

3) 간선임도 비율(%) = $\frac{\text{간선임도 길이}}{\text{임도 길이}} \times 100$

4) 임도 밀도(km/ha) = $\frac{\text{임도 길이}}{\text{산림경영단지 면적}}$

① A ② B ③ C
④ D ⑤ E

16. 다음 <표>는 2019년 '갑'국 국회의원선거의 당선자 수에 관한 자료이다. 이에 대한 <보기>의 설명 중 옳은 것만을 모두 고르면?

<표> '갑'국 국회의원선거의 당선자 수

(단위: 명)

정당 / 권역	A	B	C	D	E	합
가	48	( )	0	1	7	65
나	2	( )	( )	0	0	( )
기타	55	98	2	1	4	160
전체	105	110	25	2	11	253

※ '갑'국의 정당은 A~E만 존재함.

<보 기>

ㄱ. E 정당 전체 당선자 중 '가' 권역 당선자가 차지하는 비중은 60% 이상이다.
ㄴ. 당선자 수의 합은 '가' 권역이 '나' 권역의 3배 이상이다.
ㄷ. C 정당 전체 당선자 중 '나' 권역 당선자가 차지하는 비중은 A 정당 전체 당선자 중 '가' 권역 당선자가 차지하는 비중의 2배 이상이다.
ㄹ. B 정당 당선자 수는 '나' 권역이 '가' 권역보다 많다.

① ㄱ, ㄴ ② ㄱ, ㄷ ③ ㄴ, ㄷ
④ ㄴ, ㄹ ⑤ ㄷ, ㄹ

17. 다음 <표>는 소프트웨어 경쟁력 종합점수 산출을 위한 영역별 가중치와 소프트웨어 경쟁력 종합순위 1~10위 국가의 영역별 순위 및 원점수에 관한 자료이다. 이에 대한 설명으로 옳지 않은 것은?

<표 1> 소프트웨어 경쟁력 종합점수 산출을 위한 영역별 가중치

영역	환경	인력	혁신	성과	활용
가중치	0.15	0.20	0.25	0.15	0.25

<표 2> 소프트웨어 경쟁력 평가대상 국가 중 종합순위 1~10위 국가의 영역별 순위 및 원점수

(단위: 점)

종합순위	종합점수	국가	환경		인력		혁신		성과		활용	
			순위	원점수	순위	원점수	순위	원점수	순위	원점수	순위	원점수
1	72.41	미국	1	67.1	1	89.6	1	78.5	2	54.8	2	66.3
2	47.04	중국	28	20.9	8	35.4	2	66.9	18	11.3	1	73.6
3	41.48	일본	6	50.7	10	34.0	3	44.8	19	10.5	7	57.2
4	( )	호주	5	51.6	6	37.9	7	33.1	22	9.2	3	62.8
5	( )	캐나다	17	37.7	15	29.5	4	42.9	16	13.3	6	57.6
6	38.35	스웨덴	9	42.6	5	38.9	8	28.1	3	26.5	10	52.7
7	38.12	영국	12	40.9	3	46.3	12	20.3	6	23.3	8	56.6
8	( )	프랑스	11	41.9	2	53.6	11	22.5	15	13.8	11	49.3
9	( )	핀란드	10	42.5	14	30.5	10	22.6	4	24.9	4	59.4
10	( )	한국	2	62.9	19	27.5	5	41.5	25	6.7	21	41.1

※ 1) 점수가 높을수록 순위가 높음.
2) 영역점수 = 영역 원점수×영역 가중치
3) 종합점수는 5개 영역점수의 합임.

① 종합순위가 한국보다 낮은 국가 중에 '성과' 영역 원점수가 한국의 8배 이상인 국가가 있다.
② 종합순위 3~10위 국가의 종합점수 합은 320점 이하이다.
③ 소프트웨어 경쟁력 평가대상 국가는 28개국 이상이다.
④ 한국은 5개 영역점수 중 '혁신' 영역점수가 가장 높다.
⑤ 일본의 '활용' 영역 원점수가 중국의 '활용' 영역 원점수로 같아지면 국가별 종합순위는 바뀐다.

18. 다음 <표>는 2019년 주요 7개 지역(A~G)의 재해 피해 현황이다. 이에 대한 설명으로 옳지 않은 것은?

<표> 2019년 주요 7개 지역의 재해 피해 현황

구분 \ 지역	피해액(천 원)	행정면적(km^2)	인구(명)	1인당 피해액(원)
전국	187,282,994	100,387	51,778,544	3,617
A	2,898,417	1,063	2,948,542	983
B	2,883,752	10,183	12,873,895	224
C	3,475,055	10,540	3,380,404	1,028
D	7,121,830	16,875	1,510,142	4,716
E	24,482,562	8,226	2,116,770	11,566
F	86,648,708	19,031	2,691,706	32,191
G	( )	7,407	1,604,432	36,199

※ 피해밀도(원/km^2) = $\frac{\text{피해액}}{\text{행정면적}}$

① G 지역의 피해액은 전국 피해액의 35% 이하이다.
② 주요 7개 지역을 합친 지역의 1인당 피해액은 나머지 전체 지역의 1인당 피해액보다 크다.
③ D 지역과 F 지역을 합친 지역의 1인당 피해액은 전국 1인당 피해액의 5배 이상이다.
④ 피해밀도는 A 지역이 B 지역의 9배 이상이다.
⑤ 주요 7개 지역 중 피해밀도가 가장 낮은 지역은 D 지역이다.

19. 다음 <표>는 A 사에서 실시한 철근강도 평가 샘플 수 및 합격률에 관한 자료이다. 이에 대한 설명으로 옳은 것은?

<표> 철근강도 평가 샘플 수 및 합격률

(단위: 개, %)

구분 \ 종류		SD400	SD500	SD600	전체
샘플 수		35	( )	25	( )
평가항목별 합격률	항복강도	100.0	95.0	92.0	96.0
	인장강도	100.0	100.0	88.0	( )
최종 합격률		100.0	( )	84.0	( )

※ 1) 평가한 철근 종류는 SD400, SD500, SD600뿐임.
2) 항복강도와 인장강도 평가에서 모두 합격한 샘플만 최종 합격임.
3) 합격률(%) = $\frac{\text{합격한 샘플 수}}{\text{샘플 수}} \times 100$
4) 평가 결과는 합격 또는 불합격임.

① SD500 샘플 수는 50개 이상이다.
② 인장강도 평가에서 합격한 SD600 샘플은 항복강도 평가에서도 모두 합격하였다.
③ 항복강도 평가에서 불합격한 SD500 샘플 수는 4개이다.
④ 최종 불합격한 전체 샘플 수는 5개 이하이다.
⑤ 항복강도 평가에서 불합격한 SD600 샘플 수는 최종 불합격한 SD500 샘플 수와 같다.

20. 다음 <표>는 2015년 와인 생산량 및 소비량 상위 8개국 현황에 관한 자료이다. 이에 대한 <보기>의 설명 중 옳은 것만을 모두 고르면?

<표 1> 2015년 와인 생산량 상위 8개국 현황

(단위: 천 L, %)

국가 \ 구분	2015년 생산량	구성비	2013년 생산량 대비 증가율
이탈리아	4,950	17.4	-8.3
프랑스	4,750	16.7	12.8
스페인	3,720	13.1	-18.0
미국	2,975	10.4	-4.5
아르헨티나	1,340	4.7	-10.7
칠레	1,290	4.5	0.8
호주	1,190	4.2	-3.3
남아프리카공화국	1,120	3.9	22.4
계	21,335	74.9	-3.8

<표 2> 2015년 와인 소비량 상위 8개국 현황

(단위: 천 L, %)

국가 \ 구분	2015년 소비량	구성비	2013년 소비량 대비 증가율
미국	3,320	13.3	6.5
프랑스	2,720	10.9	-3.5
이탈리아	2,050	8.2	-5.9
독일	2,050	8.2	1.0
중국	1,600	6.4	-8.4
영국	1,290	5.2	1.6
아르헨티나	1,030	4.1	-0.4
스페인	1,000	4.0	2.0
계	15,060	60.2	-0.8

※ 1) 구성비는 세계 와인 생산(소비)량에서 각 국가 생산(소비)량이 차지하는 비율임.
2) 구성비와 증가율은 소수 둘째 자리에서 반올림한 값임.

<보기>

ㄱ. 2015년 와인 생산량 상위 8개국 중 와인 소비량이 생산량보다 많은 국가는 1개이다.

ㄴ. 2015년 와인 생산량 상위 8개국만 와인 생산량이 각각 10%씩 증가했다면, 2015년 세계 와인 생산량은 30,000천 L 이상이었을 것이다.

ㄷ. 2015년 중국 와인 소비량은 같은 해 세계 와인 생산량의 6% 미만이다.

ㄹ. 2013년 스페인 와인 생산량은 같은 해 영국 와인 소비량의 3배 미만이다.

① ㄱ, ㄷ ② ㄴ, ㄹ ③ ㄷ, ㄹ
④ ㄱ, ㄴ, ㄷ ⑤ ㄱ, ㄴ, ㄹ

21. 다음 <표>는 2017년 부산항 해운항만산업 사업실적에 관한 자료이다. 이에 대한 <보고서>의 내용 중 업종 A~D에 해당하는 사업체 수의 합은?

<표> 2017년 부산항 해운항만산업 사업실적

(단위: 억 원, 개)

업종 \ 구분	매출액	영업비용	영업이익	사업체 수
여객운송업	957	901	56	18
화물운송업	58,279	56,839	1,440	359
대리중개업	62,276	59,618	2,658	1,689
창고업	14,480	13,574	906	166
하역업	15,298	12,856	2,442	65
항만부대업	14,225	13,251	974	323
선용품공급업	58,329	54,858	3,471	1,413
수리업	8,275	7,493	782	478
전체	232,119	219,390	12,729	4,511

※ 영업이익률(%) = $\frac{\text{영업이익}}{\text{매출액}} \times 100$

<보고서>

2017년 부산항 해운항만산업 전체 매출액은 232,119억 원이다. 업종별로 보면, 매출액은 대리중개업이 가장 많고, 영업이익은 [A]이 가장 많다.

2017년 부산항 해운항만산업 전체의 영업이익률은 약 5.5%이다. [B]을 제외한 모든 업종이 10% 이하의 영업이익률을 기록하여 해운항만산업 고도화를 통한 부가가치 증대의 필요성을 보여준다.

2017년 부산항 해운항만산업 전체의 사업체당 매출액은 51억 원 이상이다. [C]은 사업체당 매출액이 부산항 해운항만산업 전체의 사업체당 매출액보다 적지만, 사업체당 영업이익이 3억 원을 초과한다. 반면, [D]은 부산항 해운항만산업 업종 중 사업체당 영업비용과 사업체당 매출액이 모두 가장 적다.

① 1,032
② 1,967
③ 2,232
④ 2,279
⑤ 3,333

22. 다음 <표>는 제품 A~E의 회수 시점의 평가 항목별 품질 상태를 나타낸 자료이다. <정보>에 근거하여 재사용 또는 폐기까지의 측정 및 가공 작업에 소요되는 비용이 가장 적은 제품과 가장 많은 제품을 바르게 나열한 것은?

<표> 제품 A~E의 회수 시점의 평가 항목별 품질 상태

평가 항목 / 제품	오염도	강도	치수
A	12	11	12
B	6	8	8
C	5	11	7
D	5	3	8
E	10	9	12

<정 보>

○ 제품 품질 측정 및 가공 작업 공정

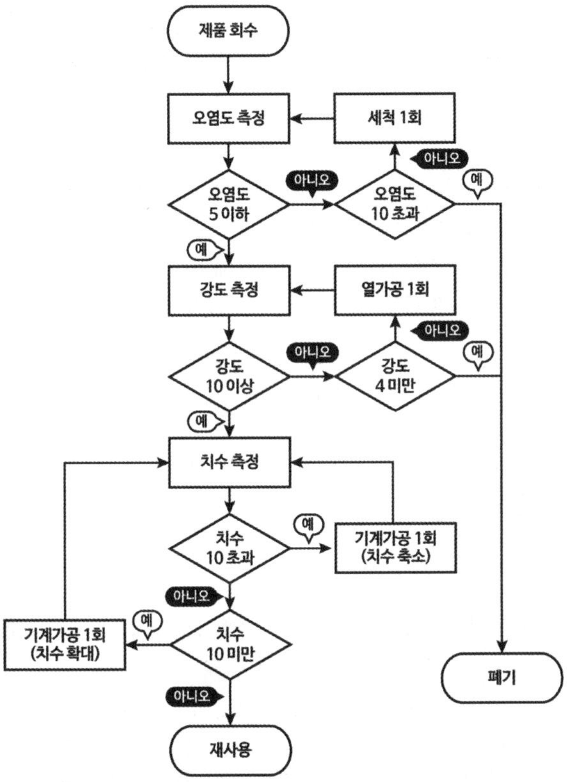

○ 단위작업별 내용 및 1회당 비용

(단위: 천 원)

단위작업	내용		비용
측정 작업	오염도 측정		5
	강도 측정		10
	치수 측정		2
가공 작업	세척		5
	열가공		50
	기계가공	치수 확대	20
		치수 축소	10

※ 세척 1회 시 오염도 1 감소, 열가공 1회 시 강도 1 증가, 기계가공 1회 시 치수 1만큼 확대 또는 축소됨.

	비용이 가장 적은 제품	비용이 가장 많은 제품
①	A	B
②	A	C
③	C	E
④	D	B
⑤	D	C

23. 다음 <그림>은 '갑'국의 2003~2019년 교통사고 현황에 관한 자료이다. 이를 근거로 2003년 인구와 2019년 인구 1만 명당 교통사고 건수를 바르게 나열한 것은?

<그림 1> 교통사고 건수 및 교통사고 사망자 수

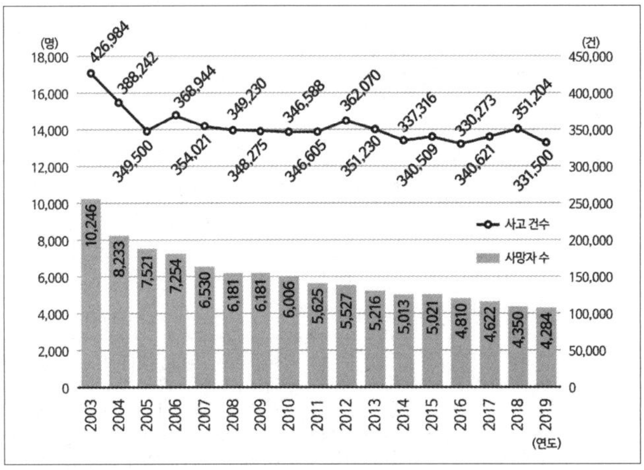

<그림 2> 인구 10만 명당 교통사고 사망자 수

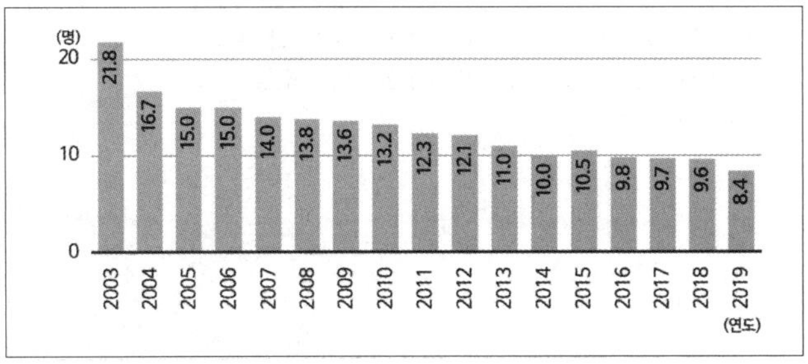

	2003년 인구(백만 명)	2019년 인구 1만 명당 교통사고 건수(건)
①	44	65
②	44	650
③	47	65
④	47	650
⑤	49	65

[24~25] 다음 <그림>과 <표>는 세계 및 국내 조선업 현황에 대한 자료이다. 다음 물음에 답하시오.

<그림> 세계 조선업 수주량 추이

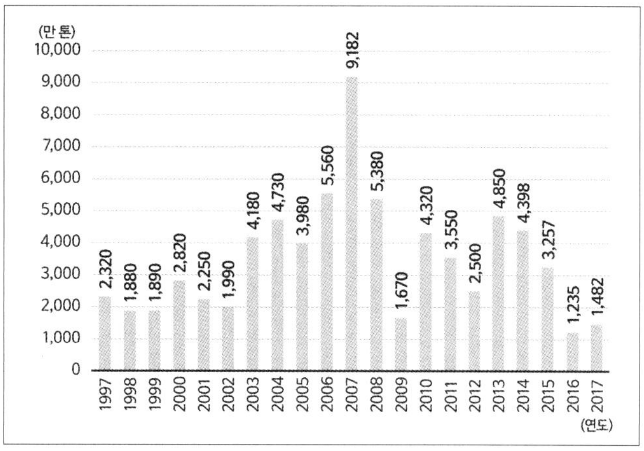

<표 1> 2014~2017년 국내 조선업 수주량 및 수주잔량

(단위: 만 톤, %)

구분 연도	수주량	전년대비 증가율	수주잔량	전년대비 증가율
2014	1,286	- 30.1	3,302	- 1.6
2015	1,066	(　)	3,164	- 4.2
2016	221	(　)	2,043	(　)
2017	619	(　)	1,761	- 13.8

※ 해당 연도 수주잔량 = 전년도 수주잔량 + 해당 연도 수주량 − 해당 연도 건조량

<표 2> 2014~2016년 국내 조선기자재업체 기업규모별 업체 수 및 이자보상배율이 1 미만인 업체 비율

(단위: 개, %)

기업규모	업체 수 \ 연도	2014	2015	2016
대형	20	15.0	20.0	25.0
중형	35	25.7	17.1	34.3
소형	96	19.8	28.1	38.5
전체	151	20.5	24.5	35.8

※ 1) 2014년 이후 기업규모별 업체 수는 변화 없음.
2) 비율은 소수 둘째 자리에서 반올림한 값임.

24. 제시된 <그림>과 <표> 이외에 <보고서>를 작성하기 위해 추가로 필요한 자료만을 <보기>에서 모두 고르면?

<보고서>

세계 조선업 경기는 최악의 부진에서 벗어나는 모습이다. 2016년 세계 조선업의 수주량은 1997년 이후 최저치였다. 2017년 한국은 중국을 밀어내고 수주량 1위를 차지했는데, 이는 2012년 중국에 1위 자리를 내어준 이후 6년 만이다. 3대 조선강국으로 분류되는 일본은 자국 발주 확대에도 불구하고 세계 수주량의 5.8%까지 비중이 하락하였다.

2016년 국내 조선업은 전년대비 79.3% 감소한 수주량을 기록하면서 유례없는 수주절벽을 경험하였다. 그리고 수주량 급감의 영향으로 2016년 수주잔량은 2,043만 톤까지 줄어든 것으로 조사되었다. 2014~2016년 3년간 국내 조선업 평균 건조량이 약 1,295만 톤이었음을 고려하면 수주잔량은 2년 치 미만 일감에 불과한 것으로 나타나 우려는 더욱 커졌다.

2017년 국내 대형 조선사는 해양플랜트 수주량 증가에 힘입어 실적이 개선되고 있다. 그러나 국내 중소형 조선사는 여전히 부진에서 벗어나지 못하고 있으며 국내 조선기자재업체의 실적 회복도 어려울 것으로 전망된다.

<보 기>

ㄱ. 2010~2017년 세계 조선업 수주량의 국가별 점유율
ㄴ. 2014~2016년 국내 조선업 건조량
ㄷ. 2014~2016년 중국 조선기자재업체 실적
ㄹ. 2010~2017년 국내 조선사 규모별 해양플랜트 수주량

① ㄱ, ㄴ　② ㄱ, ㄷ　③ ㄱ, ㄹ
④ ㄴ, ㄷ　⑤ ㄴ, ㄹ

25. 위 <표>에 근거한 <보기>의 설명 중 옳은 것만을 모두 고르면?

<보 기>

ㄱ. 2014~2016년 중 국내 조선업 건조량이 가장 적은 해는 2016년이다.
ㄴ. 2014년 이후 국내 조선업 수주량의 전년대비 증감률이 가장 큰 해는 2017년이다.
ㄷ. 2014년 이자보상배율이 1 미만인 국내 조선기자재업체 수는 중형이 대형의 3배이다.
ㄹ. 이자보상배율이 1 미만인 국내 조선기자재업체 수의 2015년 대비 2016년 증감폭이 가장 큰 기업규모는 중형이다.

① ㄱ, ㄴ　② ㄴ, ㄷ　③ ㄴ, ㄹ
④ ㄷ, ㄹ　⑤ ㄱ, ㄷ, ㄹ

약점 보완 해설집 p.50

해커스PSAT **7급+민경채 PSAT 17개년** 기출문제집 자료해석

민경채 기출문제

✔ 문제풀이 시작과 종료 시각을 정하여 실전처럼 기출문제를 모두 푼 뒤, 약점 보완 해설집의 '취약 유형 분석표'로 자신의 취약한 유형을 파악해 보시기 바랍니다.

✔ 2021년 민간경력자 PSAT는 2021년 7급 PSAT와 15문항이 동일하게 출제되었습니다. 11~25번 문제는 2021년 7급 PSAT의 1~15번 문제와 동일한 문제이니, 문제풀이에 참고하시기 바랍니다.

시험일: ______년 ______월 ______일

2021년도 국가공무원 5급 및 7급 민경채 필기시험

| 자료해석영역 |

응시번호

성명

문제책형

나

응시자 주의사항

1. **시험시작 전 시험문제를 열람하는 행위나 시험종료 후 답안을 작성하는 행위를 한 사람**은 「공무원 임용시험령」 제51조에 의거 **부정행위자**로 처리됩니다.
2. **답안지 책형 표기는 시험시작 전** 감독관의 지시에 따라 **문제책 앞면에 인쇄된 문제책형을 확인**한 후, **답안지 책형란에 해당 책형(1개)**을 '●'로 표기하여야 합니다.
3. 시험이 시작되면 문제를 주의 깊게 읽은 후, **문항의 취지에 가장 적합한 하나의 정답만을 고르며**, 문제내용에 관한 질문은 할 수 없습니다.
4. **답안을 잘못 표기하였을 경우에는 답안지를 교체하여 작성**하거나 **수정할 수 있으며**, 표기한 답안을 수정할 때는 **응시자 본인이 가져온 수정테이프만을 사용**하여 해당 부분을 완전히 지우고 부착된 수정테이프가 떨어지지 않도록 손으로 눌러주어야 합니다. **(수정액 또는 수정 스티커 등은 사용 불가)**
5. **시험시간 관리의 책임은 응시자 본인에게 있습니다.**
   ※ 문제책은 시험종료 후 가지고 갈 수 있습니다.

모바일 자동 채점 및 성적 분석 서비스

'약점 보완 해설집'에 회차별로 수록된 QR코드를 인식하면 응시 인원 대비 자신의 성적 위치를 확인할 수 있습니다.

1. 다음 <표>는 2021년 우리나라 17개 지역의 도시재생사업비이다. 이에 대한 <보기>의 설명 중 옳은 것만을 모두 고르면?

<표> 지역별 도시재생사업비

(단위: 억 원)

지역	사업비
서울	160
부산	240
대구	200
인천	80
광주	160
대전	160
울산	120
세종	0
경기	360
강원	420
충북	300
충남	320
전북	280
전남	320
경북	320
경남	440
제주	120
전체	( )

<보 기>

ㄱ. 부산보다 사업비가 많은 지역은 8개이다.
ㄴ. 사업비 상위 2개 지역의 사업비 합은 사업비 하위 4개 지역의 사업비 합의 2배 이상이다.
ㄷ. 사업비가 전체 사업비의 10% 이상인 지역은 2개이다.

① ㄱ
② ㄷ
③ ㄱ, ㄴ
④ ㄴ, ㄷ
⑤ ㄱ, ㄴ, ㄷ

2. 다음 <표>는 전분기 대비 2분기의 권역별 지역경제 동향을 부문별로 정리한 자료이다. 이에 대한 <보고서>의 내용이 <표>와 부합하지 않은 부문은?

<표> 전분기 대비 2분기의 권역별 지역경제 동향

부문 \ 권역	수도권	동남권	충청권	호남권	대경권	강원권	제주권
제조업 생산	▲	-	▲	▲	▲	-	▽
서비스업 생산	-	▽	-	▽	-	-	▲
소비	▲	▽	-	-	-	-	-
설비투자	▲	-	▲	▲	▲	-	-
건설투자	-	▲	▽	▽	-	▽	▽
수출	▲	▽	▲	▲	▲	▲	-

※ 전분기 대비 경제동향은 ▲(증가), -(보합), ▽(감소)로만 구분됨.

<보고서>

제조업 생산은 수도권과 충청권, 호남권, 대경권이 '증가'이고, 동남권 및 강원권이 '보합', 제주권이 '감소'였다. 서비스업 생산은 제주권이 '증가'이고, 동남권과 호남권이 '감소'인 가운데 나머지 권역이 '보합'이었다. 소비는 수도권이 '증가'이고 동남권이 '감소'였으며, 나머지 권역의 소비는 모두 '보합'이었다. 설비투자는 수도권과 충청권, 호남권, 대경권이 '증가'이고 나머지 권역이 '보합'이었다. 건설투자는 동남권만 '증가'인 반면, 수출은 동남권을 제외한 모든 권역이 '증가'였다.

① 제조업 생산 ② 서비스업 생산 ③ 소비
④ 건설투자 ⑤ 수출

3. 다음 <표>는 2014~2018년 독립유공자 포상 인원에 관한 자료이다. 이에 대한 <보기>의 설명 중 옳은 것만을 모두 고르면?

<표> 연도별 독립유공자 포상 인원

(단위: 명)

연도 \ 훈격	전체	건국훈장				건국포장	대통령표창
			독립장	애국장	애족장		
2014	341(10)	266(2)	4(0)	111(1)	151(1)	30(2)	45(6)
2015	510(21)	326(3)	2(0)	130(0)	194(3)	74(5)	110(13)
2016	312(14)	204(4)	0(0)	87(0)	117(4)	36(2)	72(8)
2017	269(11)	152(8)	1(0)	43(0)	108(8)	43(1)	74(2)
2018	355(60)	150(11)	0(0)	51(2)	99(9)	51(9)	154(40)

※ ( ) 안은 포상 인원 중 여성 포상 인원임.

<보 기>

ㄱ. 여성 건국훈장 포상 인원은 매년 증가한다.
ㄴ. 매년 건국훈장 포상 인원은 전체 포상 인원의 절반 이상이다.
ㄷ. 남성 애국장 포상 인원과 남성 애족장 포상 인원의 차이가 가장 큰 해는 2015년이다.
ㄹ. 건국포장 포상 인원 중 여성 비율이 가장 낮은 해에는 대통령표창 포상 인원 중 여성 비율도 가장 낮다.

① ㄱ, ㄴ ② ㄱ, ㄹ ③ ㄴ, ㄷ
④ ㄱ, ㄷ, ㄹ ⑤ ㄴ, ㄷ, ㄹ

4. 다음 <표>는 2020년 '갑'국 관세청의 민원 상담 현황에 관한 자료이고, <그림>은 상담내용 A와 B의 민원인별 상담건수 구성비를 나타낸 자료이다. 이를 근거로 A와 B를 바르게 나열한 것은?

<표> 2020년 민원 상담 현황

(단위: 건)

민원인 / 상담내용	관세사	무역업체	개인	세관	선사/항공사	기타	합계
전산처리	24,496	63,475	48,658	1,603	4,851	4,308	147,391
수입	24,857	5,361	4,290	7,941	400	664	43,513
사전검증	22,228	5,179	1,692	241	2,247	3,586	35,173
징수	9,948	5,482	3,963	3,753	182	476	23,804
요건신청	4,944	12,072	380	37	131	251	17,815
수출	6,678	4,196	3,053	1,605	424	337	16,293
화물	3,846	896	36	3,835	2,619	3,107	14,339
환급	3,809	1,040	79	1,815	13	101	6,857

<그림> 상담내용 A와 B의 민원인별 상담건수 구성비(2020년)

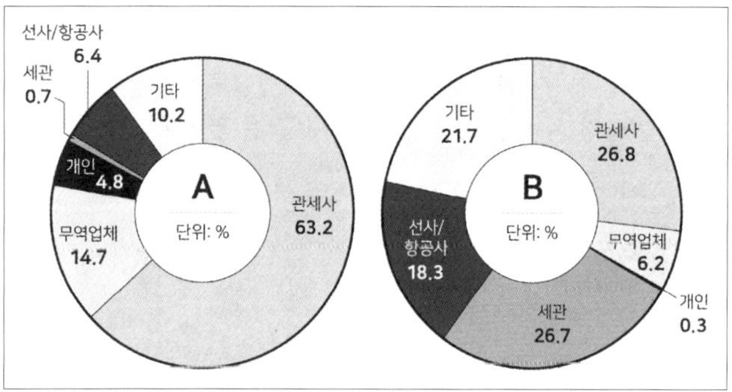

	A	B
①	수입	요건신청
②	사전검증	화물
③	사전검증	환급
④	환급	요건신청
⑤	환급	화물

5. 다음 <표>는 '갑'잡지가 발표한 세계 스포츠 구단 중 2020년 가치액 기준 상위 10개 구단에 관한 자료이다. 이에 대한 <보기>의 설명 중 옳은 것만을 모두 고르면?

<표> 2020년 가치액 상위 10개 스포츠 구단

(단위: 억 달러)

순위	구단	종목	가치액
1(1)	A	미식축구	58(58)
2(2)	B	야구	50(50)
3(5)	C	농구	45(39)
4(8)	D	농구	44(36)
5(9)	E	농구	42(33)
6(3)	F	축구	41(42)
7(7)	G	미식축구	40(37)
8(4)	H	축구	39(41)
9(11)	I	미식축구	37(31)
10(6)	J	축구	36(38)

※ (　　) 안은 2019년도 값임.

<보 기>

ㄱ. 2020년 상위 10개 스포츠 구단 중 전년보다 순위가 상승한 구단이 순위가 하락한 구단보다 많다.

ㄴ. 2020년 상위 10개 스포츠 구단 중 미식축구 구단 가치액 합은 농구 구단 가치액 합보다 크다.

ㄷ. 2020년 상위 10개 스포츠 구단 중 전년 대비 가치액 상승률이 가장 큰 구단의 종목은 미식축구이다.

ㄹ. 연도별 상위 10개 스포츠 구단의 가치액 합은 2019년이 2020년보다 크다.

① ㄱ, ㄴ
② ㄱ, ㄹ
③ ㄷ, ㄹ
④ ㄱ, ㄴ, ㄷ
⑤ ㄴ, ㄷ, ㄹ

6. 다음 <표>와 <보고서>는 A시 청년의 희망직업 취업 여부에 관한 조사 결과이다. 제시된 <표> 이외에 <보고서>를 작성하기 위해 추가로 이용한 자료만을 <보기>에서 모두 고르면?

<표> 전공계열별 희망직업 취업 현황

(단위: 명, %)

구분 \ 전공계열	전체	인문사회계열	이공계열	의약/교육/예체능계열
취업자 수	2,988	1,090	1,054	844
희망직업 취업률	52.3	52.4	43.0	63.7
희망직업 외 취업률	47.7	47.6	57.0	36.3

<보고서>

A시의 취업한 청년 2,988명을 대상으로 조사한 결과 52.3%가 희망직업에 취업했다고 응답하였다. 전공계열별로 살펴보면 의약/교육/예체능계열, 인문사회계열, 이공계열 순으로 희망직업 취업률이 높게 나타났다.

전공계열별로 희망직업을 선택한 동기를 살펴보면 이공계열과 의약/교육/예체능계열의 경우 '전공분야'라고 응답한 비율이 각각 50.3%와 49.9%였고, 인문사회계열은 그 비율이 33.3%였다. 전공계열별 희망직업의 선호도 분포를 분석한 결과, 인문사회계열은 '경영', 이공계열은 '연구직', 그리고 의약/교육/예체능계열은 '보건·의료·교육'에 대한 선호도가 가장 높았다.

한편, 전공계열별로 희망직업에 취업한 청년과 희망직업 외에 취업한 청년의 직장만족도를 살펴보면 차이가 가장 큰 계열은 이공계열로 0.41점이었다.

<보 기>

ㄱ. 구인·구직 추이

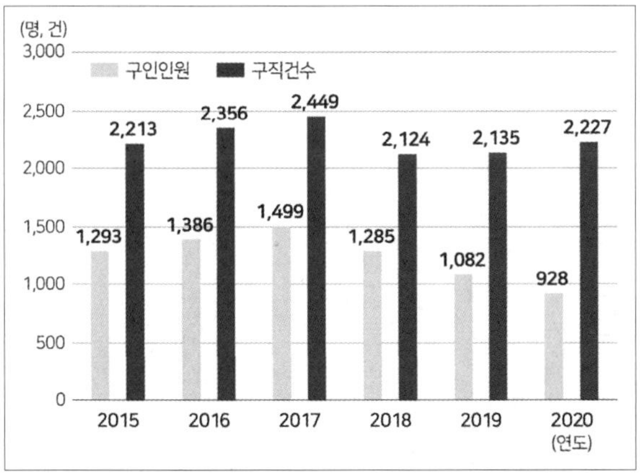

ㄴ. 전공계열별 희망직업 선호도 분포

(단위: %)

희망직업 \ 전공계열	전체	인문사회계열	이공계열	의약/교육/예체능계열
경영	24.2	47.7	15.4	5.1
연구직	19.8	1.9	52.8	1.8
보건·의료·교육	33.2	28.6	14.6	62.2
예술·스포츠	10.7	8.9	4.2	21.2
여행·요식	8.7	12.2	5.5	8.0
생산·농림어업	3.4	0.7	7.5	1.7

ㄷ. 전공계열별 희망직업 선택 동기 구성비

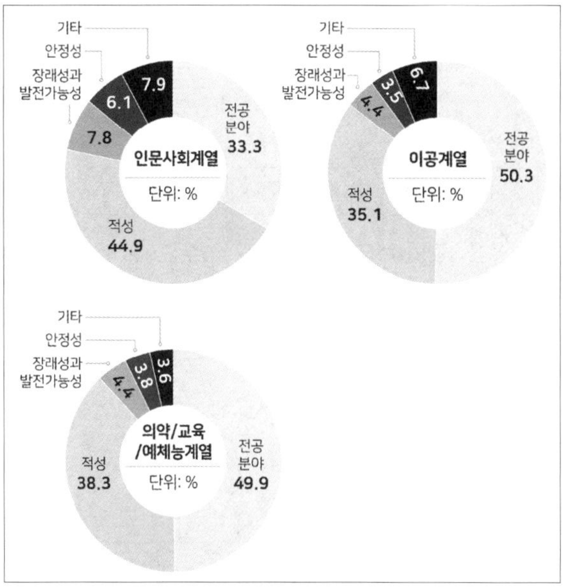

ㄹ. 희망직업 취업여부에 따른 항목별 직장 만족도(5점 만점)

(단위: 점)

희망직업 취업여부 \ 항목	업무내용	소득	고용안정
전체	3.72	3.57	3.28
희망직업 취업	3.83	3.70	3.35
희망직업 외 취업	3.59	3.42	3.21

① ㄱ, ㄷ　② ㄱ, ㄹ　③ ㄴ, ㄷ
④ ㄱ, ㄴ, ㄹ　⑤ ㄴ, ㄷ, ㄹ

7. 다음 <표>는 A프로세서 성능 평가를 위한 8개 프로그램 수행 결과에 관한 자료이다. 이에 대한 설명으로 옳은 것은?

<표> A프로세서 성능 평가를 위한 8개 프로그램 수행 결과

(단위: 십억 개, 초)

프로그램 \ 항목	명령어 수	CPI	수행시간	기준시간	성능지표
숫자 정렬	2,390	0.70	669	9,634	14.4
문서 편집	221	2.66	235	9,120	38.8
인공지능 바둑	1,274	1.10	(　)	10,490	18.7
유전체 분석	2,616	0.60	628	9,357	14.9
인공지능 체스	1,948	0.80	623	12,100	19.4
양자 컴퓨팅	659	0.44	116	20,720	178.6
영상 압축	3,793	0.50	759	22,163	29.2
내비게이션	1,250	1.00	500	7,020	(　)

※ 1) CPI(clock cycles per instruction) = $\frac{\text{클럭 사이클 수}}{\text{명령어 수}}$

2) 성능지표 = $\frac{\text{기준시간}}{\text{수행시간}}$

① 명령어 수가 많은 프로그램일수록 수행시간이 길다.
② CPI가 가장 낮은 프로그램은 기준시간이 가장 길다.
③ 수행시간은 인공지능 바둑이 내비게이션보다 짧다.
④ 기준시간이 짧은 프로그램일수록 클럭 사이클 수가 적다.
⑤ 성능지표가 가장 낮은 프로그램은 내비게이션이다.

8. 다음 <표>와 <그림>은 2019년 '갑'국의 A~J 지역별 산불피해 현황에 관한 자료이다. 이에 대한 <보기>의 설명 중 옳은 것만을 모두 고르면?

<표> A~J 지역별 산불 발생건수

(단위: 건)

지역	A	B	C	D	E	F	G	H	I	J
산불 발생건수	516	570	350	277	197	296	492	623	391	165

<그림 1> A~J 지역별 산불 발생건수 및 피해액

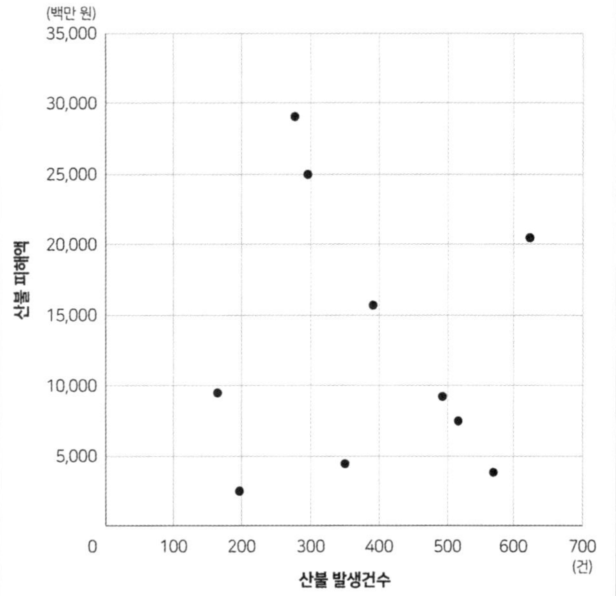

※ 산불 피해액은 산불로 인한 손실 금액을 의미함.

<그림 2> A~J 지역별 산불 발생건수 및 피해재적

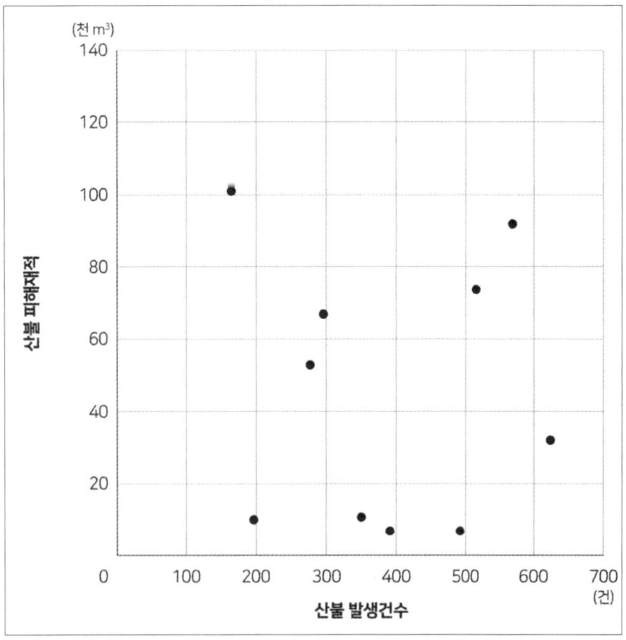

※ 산불 피해재적은 산불 피해를 입은 입목의 재적을 의미함.

<그림 3> A~J 지역별 산불 발생건수 및 발생건당 피해면적

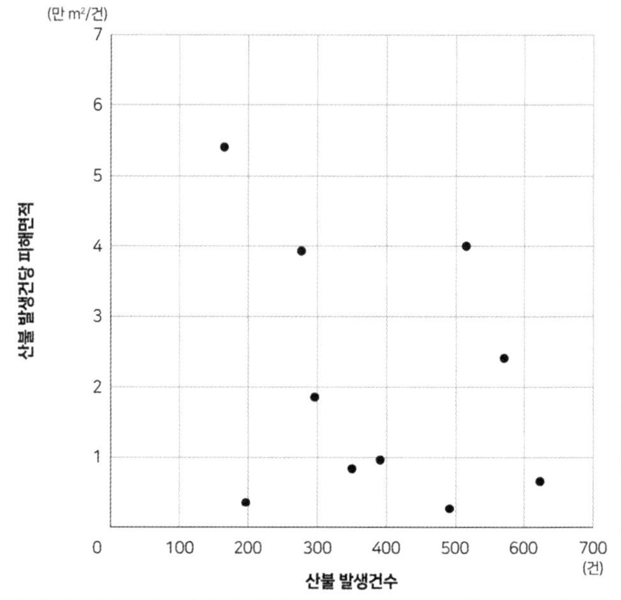

※ 산불 피해면적은 산불이 발생하여 지상입목, 관목, 시초 등을 연소시키면서 지나간 면적을 의미함.

<보 기>

ㄱ. 산불 발생건당 피해면적은 J지역이 가장 크다.

ㄴ. 산불 발생건당 피해재적은 B지역이 가장 크고 E지역이 가장 작다.

ㄷ. 산불 발생건당 피해액은 D지역이 가장 크고 B지역이 가장 작다.

ㄹ. 산불 피해면적은 H지역이 가장 크고 E지역이 가장 작다.

① ㄱ, ㄴ
② ㄱ, ㄷ
③ ㄱ, ㄹ
④ ㄴ, ㄷ
⑤ ㄷ, ㄹ

9. 다음 <표>는 2020년 '갑'국 A~E지역의 월별 최대 순간 풍속과 타워크레인 작업 유형별 작업제한 기준 순간 풍속에 관한 자료이다. <표>와 <정보>에 근거하여 '가'~'다'를 큰 것부터 순서대로 나열한 것은?

<표 1> A~E지역의 월별 최대 순간 풍속

(단위: m/s)

월 \ 지역	A	B	C	D	E
1	15.7	12.8	18.4	26.9	23.4
2	14.5	13.5	19.0	25.7	(다)
3	19.5	17.5	21.5	23.5	24.5
4	18.9	16.7	19.8	24.7	26.0
5	13.7	21.0	14.1	22.8	21.5
6	16.5	18.8	17.0	29.0	24.0
7	16.8	22.0	25.0	32.3	31.5
8	15.8	29.6	25.2	33.0	31.6
9	21.5	19.9	(나)	32.7	34.2
10	18.2	16.3	19.5	21.4	28.8
11	12.0	17.3	20.1	22.2	19.2
12	19.4	(가)	20.3	26.0	23.9

<표 2> 타워크레인 작업 유형별 작업제한 기준 순간 풍속

(단위: m/s)

타워크레인 작업 유형	설치	운전
작업제한 기준 순간 풍속	15	20

※ 순간 풍속이 타워크레인 작업 유형별 작업제한 기준 이상인 경우, 해당 작업 유형에 대한 작업제한 조치가 시행됨.

<정 보>

○ B지역에서 타워크레인 작업제한 조치가 한 번도 시행되지 않은 '월'은 3개이다.
○ 매월 C지역의 최대 순간 풍속은 A지역보다 높고 D지역보다 낮다.
○ E지역에서 '설치' 작업제한 조치는 매월 시행되었고 '운전' 작업제한 조치는 2개 '월'을 제외한 모든 '월'에 시행되었다.

① 가, 나, 다
② 가, 다, 나
③ 나, 가, 다
④ 나, 다, 가
⑤ 다, 가, 나

10. 다음 <표>는 5개국의 발전원별 발전량 및 비중에 관한 자료이다. 이에 대한 설명으로 옳지 않은 것은?

<표> 5개국의 발전원별 발전량 및 비중

(단위: TWh, %)

국가	연도 \ 발전원	원자력	화력			수력	신재생 에너지	전체
			석탄	LNG	유류			
독일	2010	140.6 (22.2)	237.5 (43.2)	90.4 (14.3)	8.7 (1.4)	27.4 (4.3)	92.5 (14.6)	633.1 (100.0)
	2015	91.8 (14.2)	283.7 (43.9)	63.0 (9.7)	6.2 (1.0)	24.9 (3.8)	177.3 (27.4)	646.9 (100.0)
미국	2010	838.9 (19.2)	1,994.2 (45.5)	1,017.9 (23.2)	48.1 (1.1)	286.3 (6.5)	193.0 (4.4)	4,378.4 (100.0)
	2015	830.3 (19.2)	1,471.0 (34.1)	1,372.6 (31.8)	38.8 (0.9)	271.1 (6.3)	333.3 ( )	4,317.1 (100.0)
프랑스	2010	428.5 (75.3)	26.3 (4.6)	23.8 (4.2)	5.5 (1.0)	67.5 (11.9)	17.5 (3.1)	569.1 (100.0)
	2015	437.4 ( )	12.2 (2.1)	19.8 (3.5)	2.2 (0.4)	59.4 (10.4)	37.5 (6.6)	568.5 (100.0)
영국	2010	62.1 (16.3)	108.8 (28.5)	175.3 (45.9)	5.0 (1.3)	6.7 (1.8)	23.7 (6.2)	381.6 (100.0)
	2015	70.4 (20.8)	76.7 (22.6)	100.0 (29.5)	2.1 (0.6)	9.0 (2.7)	80.9 ( )	339.1 (100.0)
일본	2010	288.2 (25.1)	309.5 (26.9)	318.6 (27.7)	100.2 (8.7)	90.7 (7.9)	41.3 (3.6)	1,148.5 (100.0)
	2015	9.4 (0.9)	343.2 (33.0)	409.8 (39.4)	102.5 (9.8)	91.3 (8.8)	85.1 (8.2)	1,041.3 (100.0)

※ 발전원은 원자력, 화력, 수력, 신재생 에너지로만 구성됨.

① 2015년 프랑스의 전체 발전량 중 원자력 발전량의 비중은 75% 이하이다.
② 영국의 전체 발전량 중 신재생 에너지 발전량의 비중은 2010년 대비 2015년에 15%p 이상 증가하였다.
③ 2010년 석탄 발전량은 미국이 일본의 6배 이상이다.
④ 2010년 대비 2015년 전체 발전량이 증가한 국가는 독일뿐이다.
⑤ 2010년 대비 2015년 각 국가에서 신재생 에너지의 발전량과 비중은 모두 증가하였다.

11. 다음 <표>와 <보고서>는 2019년 전국 안전체험관과 생활안전에 관한 자료이다. 제시된 <표> 이외에 <보고서>를 작성하기 위해 추가로 이용한 자료만을 <보기>에서 모두 고르면?

<표> 2019년 전국 안전체험관 규모별 현황

(단위: 개소)

전체	대형		중형		소형
	일반	특성화	일반	특성화	
473	25	7	5	2	434

<보고서>

2019년 생활안전 통계에 따르면 전국 473개소의 안전체험관이 운영 중인 것으로 확인되었다. 전국 안전체험관을 규모별로 살펴보면, 대형이 32개소, 중형이 7개소, 소형이 434개소였다. 이 중 대형 안전체험관은 서울이 가장 많고 경북, 충남이 그 뒤를 이었다.

전국 안전사고 사망자 수는 2015년 이후 매년 감소하다가 2018년에는 증가하였다. 교통사고 사망자 수는 2015년 이후 매년 줄어들었고, 특히 2018년에 전년 대비 11.2% 감소하였다.

2019년 분야별 지역안전지수 1등급 지역을 살펴보면 교통사고 분야는 서울, 경기, 화재 분야는 광주, 생활안전 분야는 경기, 부산으로 나타났다.

<보 기>

ㄱ. 연도별 전국 교통사고 사망자 수

(단위: 명)

연도	2015	2016	2017	2018
사망자 수	4,380	4,019	3,973	3,529

ㄴ. 분야별 지역안전지수 4년 연속(2015~2018년) 1등급, 5등급 지역(시·도)

등급 \ 분야	교통사고	화재	범죄	생활안전	자살
1등급	서울, 경기	-	세종	경기	경기
5등급	전남	세종	제주	제주	부산

ㄷ. 연도별 전국 안전사고 사망자 수

(단위: 명)

연도	2015	2016	2017	2018
사망자 수	31,582	30,944	29,545	31,111

ㄹ. 2018년 지역별 안전체험관 수

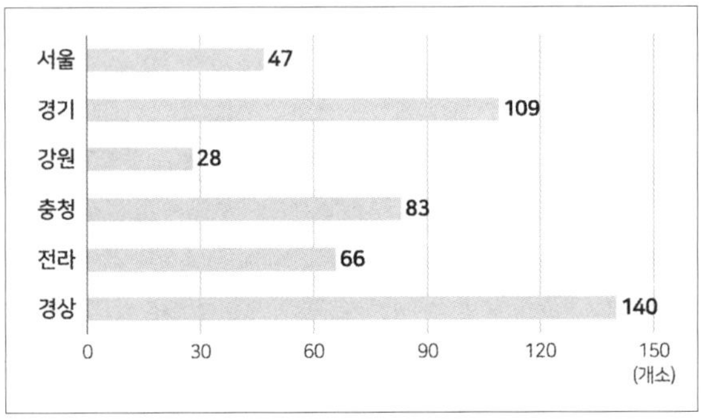

① ㄱ, ㄴ ② ㄱ, ㄷ ③ ㄴ, ㄹ
④ ㄱ, ㄷ, ㄹ ⑤ ㄴ, ㄷ, ㄹ

12. 다음 <표>는 아프리카연합이 주도한 임무단의 평화유지활동에 관한 자료이다. 이를 바탕으로 작성한 <보고서>의 설명 중 옳지 않은 것은?

<표> 임무단의 평화유지활동(2021년 5월 기준)

(단위: 명)

임무단	파견지	활동기간	주요 임무	파견규모
부룬디 임무단	부룬디	2003. 4.~2004. 6.	평화협정 이행 지원	3,128
수단 임무단	수단	2004. 10.~2007. 12.	다르푸르 지역 정전 감시	300
코모로 선거감시 지원 임무단	코모로	2006. 3.~2006. 6.	코모로 대통령 선거 감시	462
소말리아 임무단	소말리아	2007. 1.~현재	구호 활동 지원	6,000
코모로 치안 지원 임무단	코모로	2007. 5.~2008. 10.	앙주앙 섬 치안 지원	350
다르푸르 지역 임무단	수단	2007. 7.~현재	민간인 보호	6,000
우간다 임무단	우간다	2012. 3.~현재	반군 소탕작전	3,350
말리 임무단	말리	2012. 12.~2013. 7.	정부 지원	1,450
중앙아프리카 공화국 임무단	중앙아프리카 공화국	2013. 12.~2014. 9.	안정 유지	5,961

<보고서>

아프리카연합은 아프리카 지역 분쟁 해결 및 평화 구축을 위하여 2021년 5월 현재까지 9개의 임무단을 구성하고 평화유지활동을 주도하였다. ㉠ 평화유지활동 중 가장 오랜 기간 동안 활동한 임무단은 '소말리아 임무단'이다. 이 임무는 소말리아 과도 연방정부가 아프리카연합에 평화유지군을 요청한 것을 계기로 시작되어 현재에 이르고 있다. 한편, ㉡ '코모로 선거감시 지원 임무단'은 가장 짧은 기간 동안 활동하였다. 2006년 코모로는 대통령 선거를 앞두고 아프리카연합에 지원을 요청하였고 같은 해 3월 시작된 평화유지활동은 선거가 끝난 6월에 임무가 종료되었다.

㉢ 아프리카연합이 현재까지 평화유지활동을 위해 파견한 임무단의 총규모는 25,000명 이상이며, 현재 활동 중인 임무단의 규모는 소말리아 6,000명, 수단 6,000명, 우간다 3,350명으로 총 15,000여 명이다.

아프리카연합은 아프리카 내의 문제를 자체적으로 해결하기 위해 다양한 임무단 활동을 활발히 수행하였다. 특히 ㉣ 수단과 코모로에서는 각각 2개의 임무단이 활동하였다.

현재 평화유지활동을 수행 중인 임무단은 3개이지만 ㉤ 2007년 10월 기준 평화유지활동을 수행 중이었던 임무단은 5개였다.

① ㉠ ② ㉡ ③ ㉢
④ ㉣ ⑤ ㉤

13. 다음 <그림>은 2014~2020년 연말 기준 '갑'국의 국가채무 및 GDP에 관한 자료이다. 이에 대한 <보기>의 설명 중 옳은 것만을 모두 고르면?

<그림 1> GDP 대비 국가채무 및 적자성채무 비율 추이

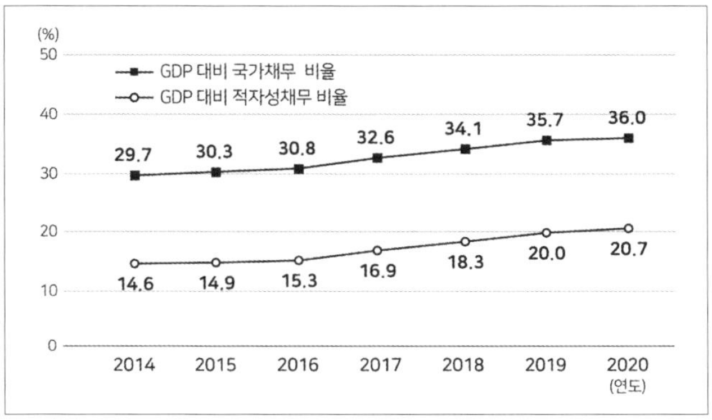

※ 국가채무 = 적자성채무 + 금융성채무

<그림 2> GDP 추이

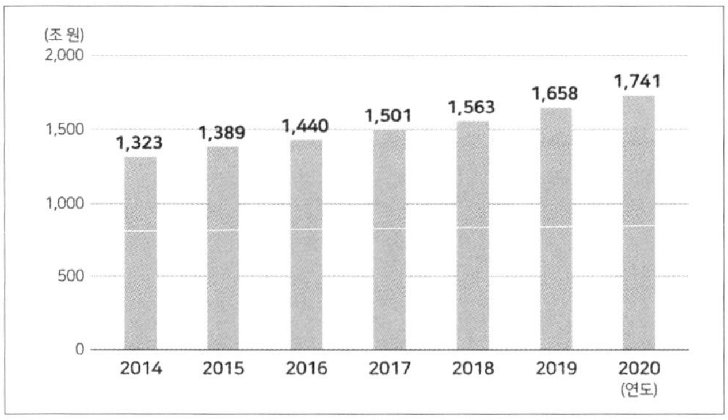

<보 기>

ㄱ. 2020년 국가채무는 2014년의 1.5배 이상이다.
ㄴ. GDP 대비 금융성채무 비율은 매년 증가한다.
ㄷ. 적자성채무는 2019년부터 300조 원 이상이다.
ㄹ. 금융성채무는 매년 국가채무의 50% 이상이다.

① ㄱ, ㄴ
② ㄱ, ㄷ
③ ㄴ, ㄹ
④ ㄱ, ㄷ, ㄹ
⑤ ㄴ, ㄷ, ㄹ

14. 다음 <표>는 최근 이사한 100가구의 이사 전후 주택규모에 관한 조사 결과이다. 이에 대한 <보기>의 설명 중 옳은 것만을 모두 고르면?

<표> 이사 전후 주택규모 조사 결과

(단위: 가구)

이사 전 \ 이사 후	소형	중형	대형	합
소형	15	10	( )	30
중형	( )	30	10	( )
대형	5	10	15	( )
계	( )	( )	( )	100

※ 주택규모는 '소형', '중형', '대형'으로만 구분하며, 동일한 주택규모는 크기도 같음.

<보 기>

ㄱ. 주택규모가 이사 전 '소형'에서 이사 후 '중형'으로 달라진 가구는 없다.
ㄴ. 이사 전후 주택규모가 달라진 가구 수는 전체 가구 수의 50% 이하이다.
ㄷ. 주택규모가 '대형'인 가구 수는 이사 전이 이사 후보다 적다.
ㄹ. 이사 후 주택규모가 커진 가구 수는 이사 후 주택규모가 작아진 가구 수보다 많다.

① ㄱ, ㄴ ② ㄱ, ㄷ ③ ㄴ, ㄹ
④ ㄷ, ㄹ ⑤ ㄱ, ㄴ, ㄷ

15. 다음 <그림>은 A사 플라스틱 제품의 제조공정도이다. 1,000kg의 재료가 '혼합' 공정에 투입되는 경우, '폐기처리' 공정에 전달되어 투입되는 재료의 총량은 몇 kg인가?

<그림> A사 플라스틱 제품의 제조공정도

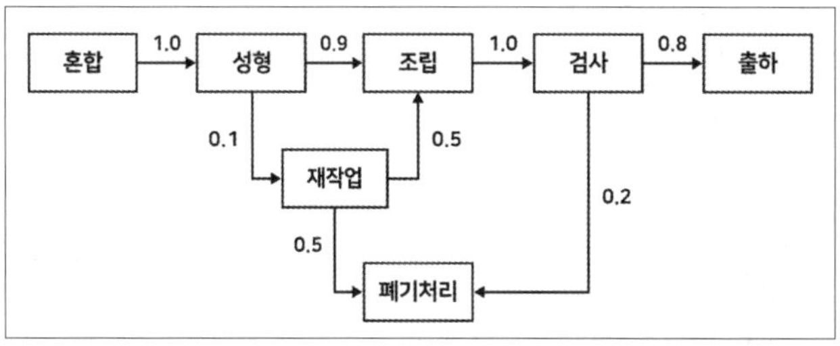

※ 제조공정도 내 수치는 직진율 $\left(= \frac{\text{다음 공정에 전달되는 재료의 양}}{\text{해당 공정에 투입되는 재료의 양}}\right)$을 의미 함. 예를 들어, [가] —0.2→ [나] 는 해당 공정 '가'에 100kg의 재료가 투입되면 이 중 20kg(= 100kg×0.2)의 재료가 다음 공정 '나'에 전달되어 투입됨을 의미함.

① 50 ② 190 ③ 230
④ 240 ⑤ 280

16. 다음 <그림>은 12개 국가의 수자원 현황에 관한 자료이며, A~H는 각각 특정 국가를 나타낸다. <그림>과 <조건>을 근거로 판단할 때, 국가명을 알 수 없는 것은?

<그림> 12개 국가의 수자원 현황

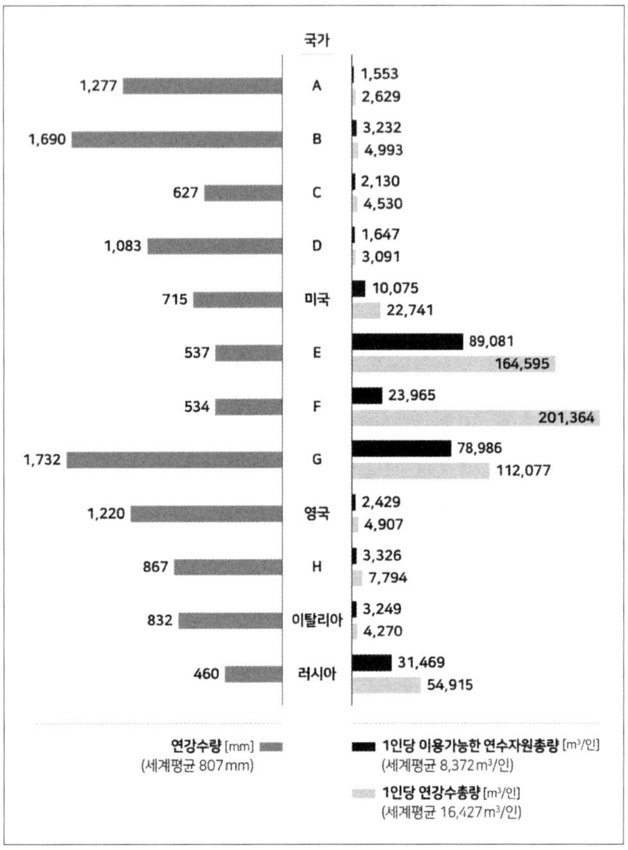

<조 건>

○ '연강수량'이 세계평균의 2배 이상인 국가는 일본과 뉴질랜드이다.
○ '연강수량'이 세계평균보다 많은 국가 중 '1인당 이용가능한 연수자원총량'이 가장 적은 국가는 대한민국이다.
○ '1인당 연강수총량'이 세계평균의 5배 이상인 국가를 '연강수량'이 많은 국가부터 나열하면 뉴질랜드, 캐나다, 호주이다.
○ '1인당 이용가능한 연수자원총량'이 영국보다 적은 국가 중 '1인당 연강수총량'이 세계평균의 25% 이상인 국가는 중국이다.
○ '1인당 이용가능한 연수자원총량'이 6번째로 많은 국가는 프랑스이다.

① B
② C
③ D
④ E
⑤ F

17. 다음 <표>는 학생 '갑'~'무'의 중간고사 3개 과목 점수에 관한 자료이다. 이에 대한 <보기>의 설명 중 옳은 것만을 모두 고르면?

<표> '갑'~'무'의 중간고사 3개 과목 점수

(단위: 점)

학생	갑	을	병	정	무
과목 \ 성별	남	여	( )	여	남
국어	90	85	60	95	75
영어	90	85	100	65	100
수학	75	70	85	100	100

<보 기>

ㄱ. 국어 평균 점수는 80점 이상이다.
ㄴ. 3개 과목 평균 점수가 가장 높은 학생과 가장 낮은 학생의 평균 점수 차이는 10점 이하이다.
ㄷ. 국어, 영어, 수학 점수에 각각 0.4, 0.2, 0.4의 가중치를 곱한 점수의 합이 가장 큰 학생은 '정'이다.
ㄹ. '갑'~'무'의 성별 수학 평균 점수는 남학생이 여학생보다 높다.

① ㄱ, ㄷ ② ㄱ, ㄹ ③ ㄴ, ㄷ
④ ㄱ, ㄷ, ㄹ ⑤ ㄴ, ㄷ, ㄹ

18. 다음 <표>는 2021~2027년 시스템반도체 중 인공지능반도체의 세계 시장규모 전망이다. 이에 대한 <보기>의 설명 중 옳은 것만을 모두 고르면?

<표> 시스템반도체 중 인공지능반도체의 세계 시장규모 전망

(단위: 억 달러, %)

구분 \ 연도	2021	2022	2023	2024	2025	2026	2027
시스템반도체	2,500	2,310	2,686	2,832	( )	3,525	( )
인공지능반도체	70	185	325	439	657	927	1,179
비중	2.8	8.0	( )	15.5	19.9	26.3	31.3

<보 기>

ㄱ. 인공지능반도체 비중은 매년 증가한다.
ㄴ. 2027년 시스템반도체 시장규모는 2021년보다 1,000억 달러 이상 증가한다.
ㄷ. 2022년 대비 2025년의 시장규모 증가율은 인공지능반도체가 시스템반도체의 5배 이상이다.

① ㄷ ② ㄱ, ㄴ ③ ㄱ, ㄷ
④ ㄴ, ㄷ ⑤ ㄱ, ㄴ, ㄷ

19. 다음 <표>는 A~H지역의 화물 이동 현황에 관한 자료이다. 이에 대한 <보기>의 설명 중 옳은 것만을 모두 고르면?

<표> 화물의 지역 내, 지역 간 이동 현황

(단위: 개)

출발 지역 \ 도착 지역	A	B	C	D	E	F	G	H	합
A	65	121	54	52	172	198	226	89	977
B	56	152	61	55	172	164	214	70	944
C	29	47	30	22	62	61	85	30	366
D	24	61	30	37	82	80	113	45	472
E	61	112	54	47	187	150	202	72	885
F	50	87	38	41	120	188	150	55	729
G	78	151	83	73	227	208	359	115	1,294
H	27	66	31	28	94	81	116	46	489
계	390	797	381	355	1,116	1,130	1,465	522	6,156

※ 출발 지역과 도착 지역이 동일한 경우는 해당 지역 내에서 화물이 이동한 것임.

<보 기>

ㄱ. 도착 화물보다 출발 화물이 많은 지역은 3개이다.
ㄴ. 지역 내 이동 화물이 가장 적은 지역은 도착 화물도 가장 적다.
ㄷ. 지역 내 이동 화물을 제외할 때, 출발 화물과 도착 화물의 합이 가장 작은 지역은 출발 화물과 도착 화물의 차이도 가장 작다.
ㄹ. 도착 화물이 가장 많은 지역은 출발 화물 중 지역 내 이동 화물의 비중도 가장 크다.

① ㄱ, ㄴ
② ㄱ, ㄷ
③ ㄴ, ㄷ
④ ㄴ, ㄹ
⑤ ㄱ, ㄷ, ㄹ

20. 다음 <표>와 <대화>는 4월 4일 기준 지자체별 자가격리자 및 모니터링 요원에 관한 자료이다. <표>와 <대화>를 근거로 C와 D에 해당하는 지자체를 바르게 나열한 것은?

<표> 지자체별 자가격리자 및 모니터링 요원 현황(4월 4일 기준)

(단위: 명)

구분		A	B	C	D
내국인	자가격리자	9,778	1,287	1,147	9,263
	신규 인원	900	70	20	839
	해제 인원	560	195	7	704
외국인	자가격리자	7,796	508	141	7,626
	신규 인원	646	52	15	741
	해제 인원	600	33	5	666
모니터링 요원		10,142	710	196	8,898

※ 해당일 기준 자가격리자 = 전일 기준 자가격리자 + 신규 인원 − 해제 인원

<대 화>

갑: 감염병 확산에 대응하기 위한 회의를 시작합시다. 오늘은 대전, 세종, 충북, 충남의 4월 4일 기준 자가격리자 및 모니터링 요원 현황을 보기로 했는데, 각 지자체의 상황이 어떤가요?

을: 4개 지자체 중 세종을 제외한 3개 지자체에서 4월 4일 기준 자가격리자가 전일 기준 자가격리자보다 늘어났습니다.

갑: 모니터링 요원의 업무 부담과 관련된 통계 자료도 있나요?

을: 4월 4일 기준으로 대전, 세종, 충북은 모니터링 요원 대비 자가격리자의 비율이 1.8 이상입니다.

갑: 지자체에 모니터링 요원을 추가로 배치해야 할 것 같습니다. 자가격리자 중 외국인이 차지하는 비중이 4개 지자체 가운데 대전이 가장 높으니, 외국어 구사가 가능한 모니터링 요원을 대전에 우선 배치하는 방향으로 검토해 봅시다.

	C	D
①	충북	충남
②	충북	대전
③	충남	충북
④	세종	대전
⑤	대전	충북

21. 다음 <그림>과 <조건>은 직장인 '갑'~'병'이 마일리지 혜택이 있는 알뜰교통카드를 사용하여 출근하는 방법 및 교통비에 관한 자료이다. 이에 근거하여 월간 출근 교통비를 많이 지출하는 직장인부터 순서대로 나열하면?

<그림> 직장인 '갑'~'병'의 출근 방법 및 교통비 관련 정보

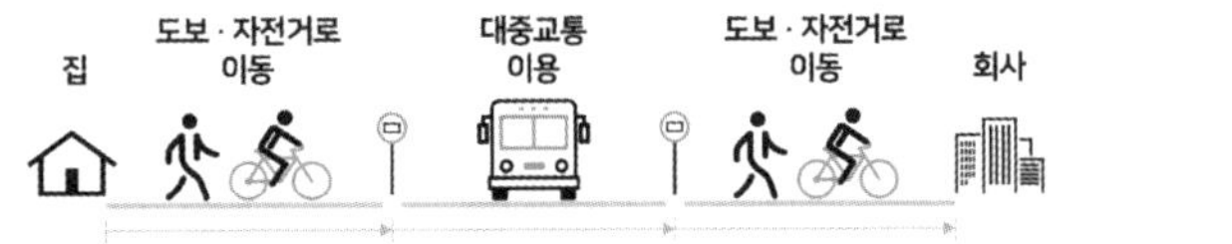

직장인	이동거리 A [m]	출근 1회당 대중교통요금 [원]	이동거리 B [m]	월간 출근 횟수 [회]	저소득층 여부
갑	600	3,200	200	15	○
을	500	2,300	500	22	×
병	400	1,800	200	22	○

<조 건>

○ 월간 출근 교통비

$$= \{출근1회당대중교통요금 - (기본마일리지 + 추가마일리지) \times \left(\frac{마일리지\ 적용거리}{800}\right)\} \times 월간\ 출근\ 횟수$$

○ 기본 마일리지는 출근 1회당 대중교통요금에 따라 다음과 같이 지급함.

출근 1회당 대중교통요금	2천 원 이하	2천 원 초과 3천 원 이하	3천 원 초과
기본 마일리지 (원)	250	350	450

○ 추가 마일리지는 저소득층에만 다음과 같이 지급함.

출근 1회당 대중교통요금	2천 원 이하	2천 원 초과 3천 원 이하	3천 원 초과
추가 마일리지 (원)	100	150	200

○ 마일리지 적용거리(m)는 출근 1회당 도보·자전거로 이동한 거리의 합이며 최대 800m까지만 인정함.

① 갑, 을, 병
② 갑, 병, 을
③ 을, 갑, 병
④ 을, 병, 갑
⑤ 병, 을, 갑

22. 다음 <그림>은 개발원조위원회 29개 회원국 중 공적개발원조액 상위 15개국과 국민총소득 대비 공적개발원조액 비율 상위 15개국 자료이다. 이에 대한 <보기>의 설명 중 옳은 것만을 모두 고르면?

<그림 1> 공적개발원조액 상위 15개 회원국

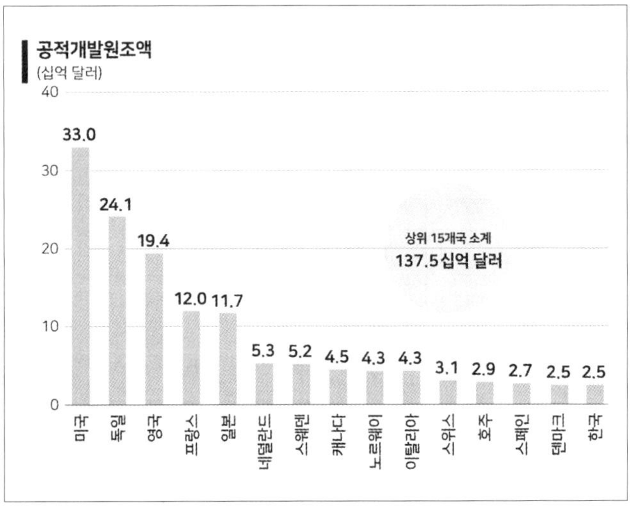

<그림 2> 국민총소득 대비 공적개발원조액 비율 상위 15개 회원국

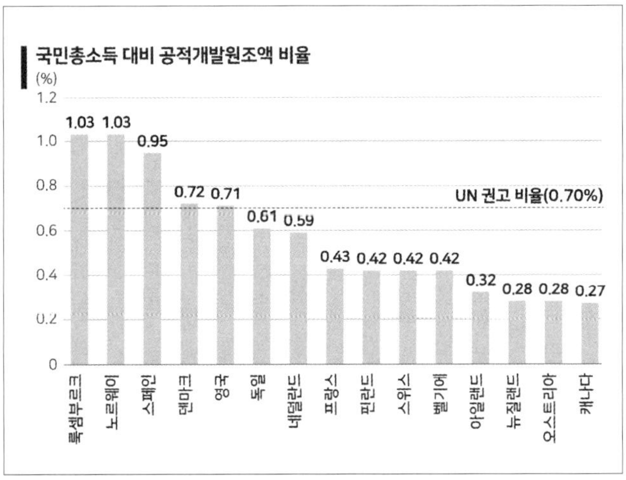

<보 기>

ㄱ. 국민총소득 대비 공적개발원조액 비율이 UN 권고 비율보다 큰 국가의 공적개발원조액 합은 250억 달러 이상이다.
ㄴ. 공적개발원조액 상위 5개국의 공적개발원조액 합은 개발원조위원회 29개 회원국 공적개발원조액 합의 50% 이상이다.
ㄷ. 독일이 공적개발원조액만 30억 달러 증액하면 독일의 국민총소득 대비 공적개발원조액 비율은 UN 권고 비율 이상이 된다.

① ㄱ
② ㄷ
③ ㄱ, ㄴ
④ ㄴ, ㄷ
⑤ ㄱ, ㄴ, ㄷ

23. 다음 <표>는 '갑'국의 2020년 농업 생산액 현황 및 2021~2023년의 전년 대비 생산액 변화율 전망치에 관한 자료이다. 이에 대한 <보기>의 설명 중 옳은 것만을 모두 고르면?

<표> 농업 생산액 현황 및 변화율 전망치

(단위: 십억 원, %)

구분	2020년 생산액	전년 대비 생산액 변화율 전망치		
		2021년	2022년	2023년
농업	50,052	0.77	0.02	1.38
재배업	30,270	1.50	-0.42	0.60
축산업	19,782	-0.34	0.70	2.57
소	5,668	3.11	0.53	3.51
돼지	7,119	-3.91	0.20	1.79
닭	2,259	1.20	-2.10	2.82
달걀	1,278	5.48	3.78	3.93
우유	2,131	0.52	1.12	0.88
오리	1,327	-5.58	5.27	3.34

※ 축산업은 소, 돼지, 닭, 달걀, 우유, 오리의 6개 세부항목으로만 구성됨.

<보 기>

ㄱ. 2021년 '오리' 생산액 전망치는 1.2조 원 이상이다.

ㄴ. 2021년 '돼지' 생산액 전망치는 같은 해 '농업' 생산액 전망치의 15% 이상이다.

ㄷ. '축산업' 중 전년 대비 생산액 변화율 전망치가 2022년보다 2023년이 낮은 세부항목은 2개이다.

ㄹ. 2020년 생산액 대비 2022년 생산액 전망치의 증감폭은 '재배업'이 '축산업'보다 크다.

① ㄱ, ㄴ
② ㄱ, ㄷ
③ ㄴ, ㄹ
④ ㄱ, ㄷ, ㄹ
⑤ ㄴ, ㄷ, ㄹ

24. 다음 <그림>은 2020년 기준 A 공제회 현황에 관한 자료이다. 이에 대한 설명으로 옳지 않은 것은?

<그림> 2020년 기준 A 공제회 현황

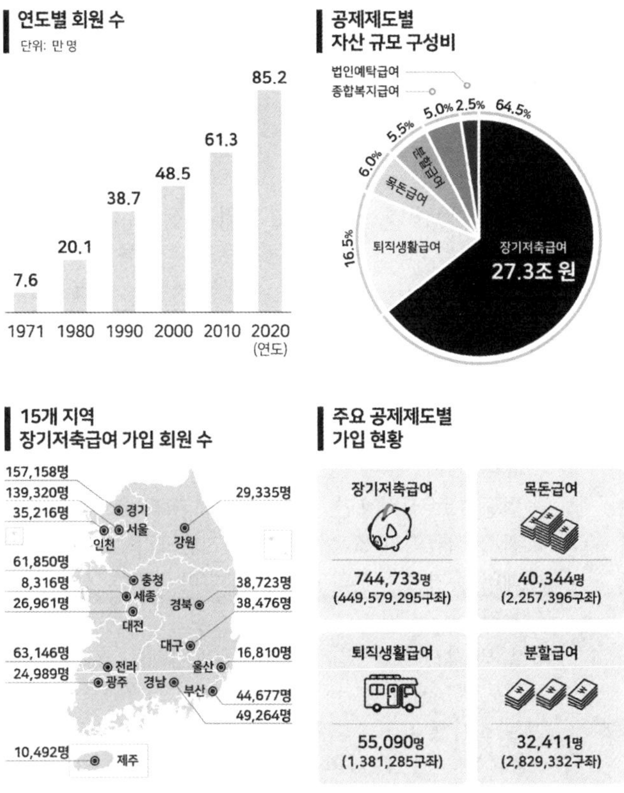

※ 1) 공제제도는 장기저축급여, 퇴직생활급여, 목돈급여, 분할급여, 종합복지급여, 법인예탁급여로만 구성됨.
2) 모든 회원은 1개 또는 2개의 공제제도에 가입함.

① 장기저축급여 가입 회원 수는 전체 회원의 85% 이하이다.
② 공제제도의 총자산 규모는 40조 원 이상이다.
③ 자산 규모 상위 4개 공제제도 중 2개의 공제제도에 가입한 회원은 2만 명 이상이다.
④ 충청의 장기저축급여 가입 회원 수는 15개 지역 평균 장기저축급여 가입 회원 수보다 많다.
⑤ 공제제도별 1인당 구좌 수는 장기저축급여가 분할급여의 5배 이상이다.

25. 다음은 국내 광고산업에 관한 문화체육관광부의 보도자료이다. 이에 부합하지 않는 자료는?

문화체육관광부	보도자료		사람이 있는 문화
보도일시	배포 즉시 보도해 주시기 바랍니다.		
배포일시	2020. 2. XX.	담당부서	□□□□국
담당과장	○○○(044-203-○○○○)	담당자	사무관△△△ (044-203-○○○○)

2018년 국내 광고산업 성장세 지속

○ 문화체육관광부는 국내 광고사업체의 현황과 동향을 조사한 '2019년 광고산업조사(2018년 기준)' 결과를 발표했다.

○ 이번 조사 결과에 따르면 2018년 기준 광고산업 규모는 17조 2,119억 원(광고사업체 취급액* 기준)으로, 전년 대비 4.5% 이상 증가했고, 광고사업체당 취급액 역시 증가했다.

* 광고사업체 취급액은 광고주가 매체(방송국, 신문사 등)와 매체 외 서비스에 지불하는 비용 전체(수수료 포함)임.

- 업종별로 살펴보면 광고대행업이 6조 6,239억 원으로 전체 취급액의 38% 이상을 차지했으나, 취급액의 전년 대비 증가율은 온라인광고대행업이 16% 이상으로 가장 높다.

○ 2018년 기준 광고사업체의 매체 광고비* 규모는 11조 362억 원(64.1%), 매체 외 서비스 취급액은 6조 1,757억 원(35.9%)으로 조사됐다.

* 매체 광고비는 방송매체, 인터넷매체, 옥외광고매체, 인쇄매체 취급액의 합임.

- 매체 광고비 중 방송매체 취급액은 4조 266억 원으로 가장 큰 비중을 차지하고 있으며, 그 다음으로 인터넷매체, 옥외광고매체, 인쇄매체 순으로 나타났다.

- 인터넷매체 취급액은 3조 8,804억 원으로 전년 대비 6% 이상 증가했다. 특히, 모바일 취급액은 전년 대비 20% 이상 증가하여 인터넷 광고시장의 성장세를 이끌었다.

- 한편, 간접광고(PPL) 취급액은 전년 대비 14% 이상 증가하여 1,270억 원으로 나타났으며, 그 중 지상파TV와 케이블TV 간 비중의 격차는 5%p 이하로 조사됐다.

① 광고사업체 취급액 현황(2018년 기준)

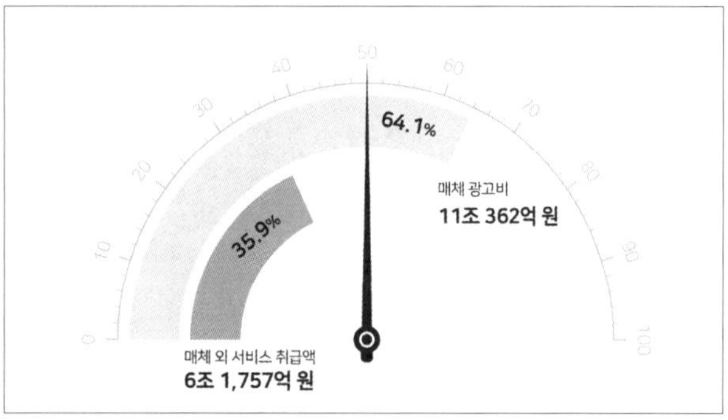

② 인터넷매체(PC, 모바일) 취급액 현황

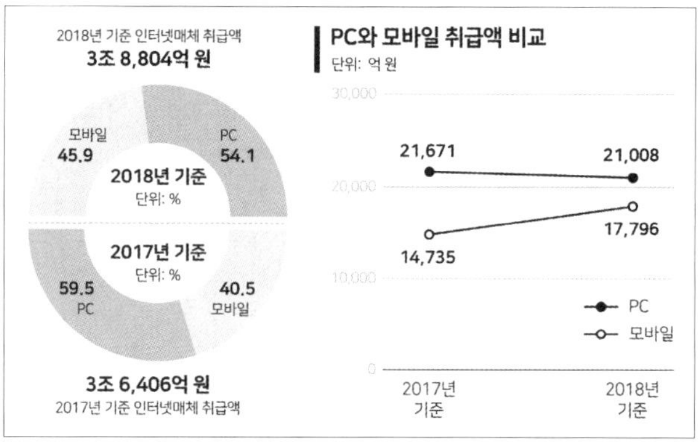

③ 간접광고(PPL) 취급액 현황

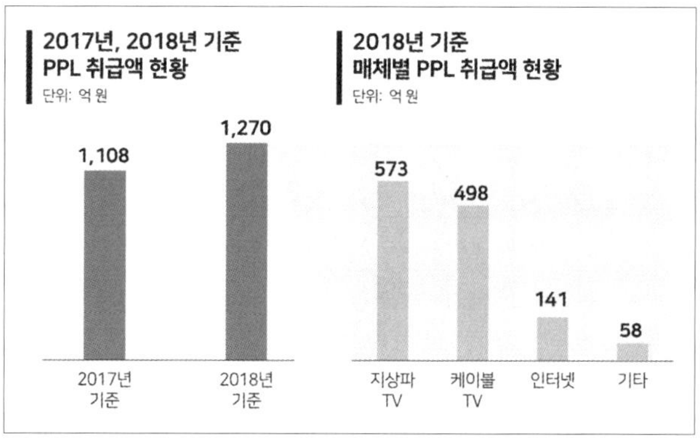

④ 업종별 광고사업체 취급액 현황

(단위: 개소, 억 원)

구분 \ 업종	2018년 조사(2017년 기준)		2019년 조사(2018년 기준)	
	사업체 수	취급액	사업체 수	취급액
전체	7,234	164,133	7,256	172,119
광고대행업	1,910	64,050	1,887	66,239
광고제작업	1,374	20,102	1,388	20,434
광고전문서비스업	1,558	31,535	1,553	33,267
인쇄업	921	7,374	921	8,057
온라인광고대행업	780	27,335	900	31,953
옥외광고업	691	13,737	607	12,169

⑤ 매체별 광고사업체 취급액 현황(2018년 기준)

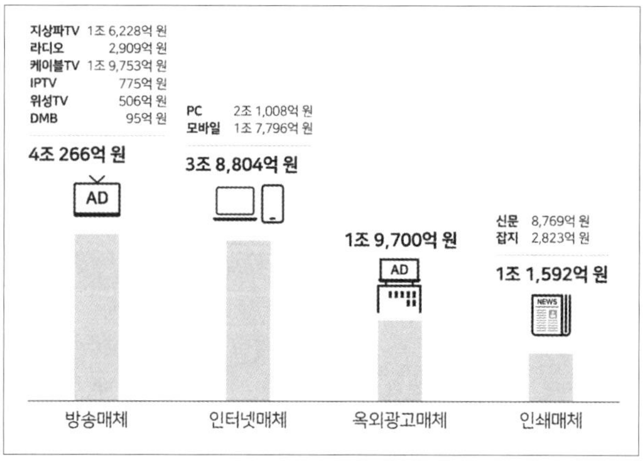

약점 보완 해설집 p.60

시험일: ______년 ______월 ______일

2020년도 국가공무원 5급 및 7급 민경채 필기시험

┃자료해석영역┃

응시번호	
성명	

문제책형

가

응시자 주의사항

1. **시험시작 전 시험문제를 열람하는 행위나 시험종료 후 답안을 작성하는 행위를 한 사람**은 「공무원 임용시험령」 제51조에 의거 **부정행위자**로 처리됩니다.

2. **답안지 책형 표기는 시험시작 전** 감독관의 지시에 따라 **문제책 앞면에 인쇄된 문제책형을 확인**한 후, **답안지 책형란에 해당 책형(1개)**을 '●'로 표기하여야 합니다.

3. 시험이 시작되면 문제를 주의 깊게 읽은 후, **문항의 취지에 가장 적합한 하나의 정답만을 고르며**, 문제내용에 관한 질문은 할 수 없습니다.

4. **답안을 잘못 표기하였을 경우에는 답안지를 교체하여 작성**하거나 **수정할 수 있으며**, 표기한 답안을 수정할 때는 **응시자 본인이 가져온 수정테이프만을 사용**하여 해당 부분을 완전히 지우고 부착된 수정테이프가 떨어지지 않도록 손으로 눌러주어야 합니다. **(수정액 또는 수정스티커 등은 사용 불가)**

5. **시험시간 관리의 책임은 응시자 본인에게 있습니다.**
   ※ 문제책은 시험종료 후 가지고 갈 수 있습니다.

모바일 자동 채점 및 성적 분석 서비스

'약점 보완 해설집'에 회차별로 수록된 QR코드를 인식하면 응시 인원 대비 자신의 성적 위치를 확인할 수 있습니다.

해커스PSAT

1. 다음은 회계부정행위 신고 및 포상금 지급에 관한 <보고서>이다. 이를 작성하기 위해 사용된 자료만을 <보기>에서 모두 고르면?

<보고서>

2019년 회계부정행위 신고 건수는 모두 64건으로 2018년보다 29건 감소하였다. 회계부정행위 신고에 대한 최대 포상금 한도가 2017년 11월 규정 개정 후에는 1억 원에서 10억 원으로 상향됨에 따라 회계부정행위 신고에 대한 사회적 관심이 증가하여 2018년에는 신고 건수가 전년 대비 크게 증가(111.4%)하였다. 2019년 회계부정행위 신고 건수는 전년 대비 31.2% 감소하였지만 2013년부터 2016년까지 연간 최대 32건에 불과하였던 점을 감안하면 2017년 11월 포상금 규정 개정 전보다 여전히 높은 수준이었다.

<보 기>

ㄱ. 회계부정행위 신고 현황

(단위: 건, %)

구분 \ 연도	2017	2018	2019
회계부정행위 신고 건수	44	93	64
전년 대비 증가율	-	111.4	-31.2

ㄴ. 연도별 회계부정행위 신고 건수 추이(2013~2016년)

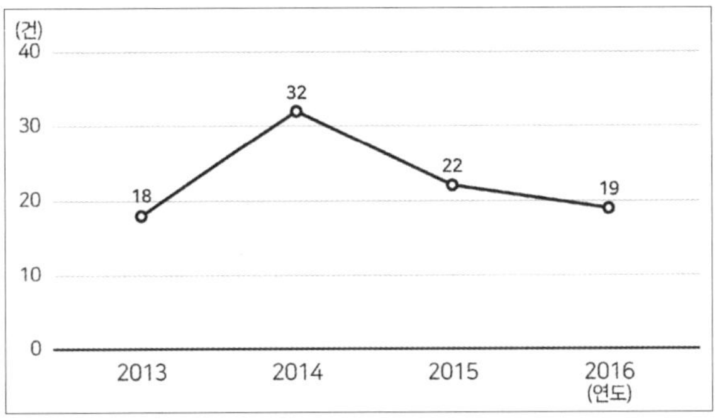

ㄷ. 회계부정행위 신고에 대한 최대 포상금 규정

(단위: 만 원)

시점 \ 구분		최대 포상금 한도	
		자산총액 5천억 원 미만 기업	자산총액 5천억 원 이상 기업
2017년 11월 규정 개정	개정 후	50,000	100,000
	개정 전	5,000	10,000

ㄹ. 회계부정행위 신고 포상금 지급 현황

(단위: 건, 만 원)

구분 \ 연도	2008~2015	2016	2017	2018	2019	합계
지급 건수	6	2	2	1	2	13
지급액	5,010	2,740	3,610	330	11,940	23,630

① ㄱ, ㄷ
② ㄴ, ㄹ
③ ㄷ, ㄹ
④ ㄱ, ㄴ, ㄷ
⑤ ㄱ, ㄴ, ㄹ

2. 다음 <표>는 '갑'건축물을 건설하기 위한 공종의 공법별 공사기간 및 항목별 공사비에 관한 자료이다. <표>와 <조건>에 근거하여 총공사비를 최소화하도록 공법을 적용할 때, 총공사기간은?

<표> 공종의 공법별 공사기간 및 항목별 공사비

(단위: 개월, 억 원)

공종 \ 공법 (구분)		공사기간	항목별 공사비		
			재료비	노무비	경비
토공사	A	4	4	6	4
	B	3	7	5	3
	C	3	5	5	3
골조공사	D	12	30	20	14
	E	14	24	20	15
	F	15	24	24	16
마감공사	G	6	50	30	10
	H	7	50	24	12

<조 건>

○ 공종, 공법, 항목별 공사비는 각각 제시된 3가지, 8종류, 3항목만 있음.
○ 공사는 세 가지 공종을 모두 포함하고, 공종별로 한 종류의 공법만을 적용함.
○ 항목별 공사비는 해당 공법의 공사기간 동안 소요되는 해당 항목의 총비용임.
○ 총공사기간은 공종별로 적용한 공법의 공사기간의 합이고, 총공사비는 공종별로 적용한 공법의 항목별 공사비의 총합임.

① 22개월
② 23개월
③ 24개월
④ 25개월
⑤ 26개월

3. 다음 <표>는 2017~2019년 '갑'대학의 장학금 유형(A~E)별 지급 현황에 관한 자료이다. 이에 대한 <보기>의 설명 중 옳은 것만을 고르면?

<표> 2017~2019년 '갑'대학의 장학금 유형별 지급 현황

(단위: 명, 백만 원)

학기		장학금 유형 / 구분	A	B	C	D	E
2017년	1학기	장학생 수	112	22	66	543	2,004
		장학금 총액	404	78	230	963	2,181
	2학기	장학생 수	106	26	70	542	1,963
		장학금 총액	379	91	230	969	2,118
2018년	1학기	장학생 수	108	21	79	555	1,888
		장학금 총액	391	74	273	989	2,025
	2학기	장학생 수	112	20	103	687	2,060
		장학금 총액	404	70	355	1,216	2,243
2019년	1학기	장학생 수	110	20	137	749	2,188
		장학금 총액	398	70	481	1,330	2,379
	2학기	장학생 수	104	20	122	584	1,767
		장학금 총액	372	70	419	1,039	1,904

※ '갑'대학의 학기는 매년 1학기와 2학기만 존재함.

<보 기>

ㄱ. 2017~2019년 동안 매학기 장학생 수가 증가하는 장학금 유형은 1개이다.

ㄴ. 2018년 1학기에 비해 2018년 2학기에 장학생 수와 장학금 총액이 모두 증가한 장학금 유형은 4개이다.

ㄷ. 2019년 2학기 장학생 1인당 장학금이 가장 많은 장학금 유형은 B이다.

ㄹ. E장학금 유형에서 장학생 수와 장학금 총액이 가장 많은 학기는 2019년 1학기이다.

① ㄱ, ㄴ
② ㄱ, ㄷ
③ ㄴ, ㄷ
④ ㄴ, ㄹ
⑤ ㄷ, ㄹ

4. 다음 <표>는 2019년 '갑'회사의 지점(A~E)별 매출 관련 현황에 관한 자료이다. 이에 대한 <보기>의 설명 중 옳은 것만을 모두 고르면?

<표> '갑'회사의 지점별 매출 관련 현황

(단위: 억 원, 명)

구분 \ 지점	A	B	C	D	E	전체
매출액	10	21	18	10	12	71
목표매출액	15	26	20	13	16	90
직원수	5	10	8	3	6	32

※ 목표매출액 달성률(%) = $\frac{\text{매출액}}{\text{목표매출액}} \times 100$

<보 기>

ㄱ. 직원 1인당 매출액이 가장 많은 지점은 D이다.

ㄴ. 목표매출액 달성률이 가장 높은 지점은 C이다.

ㄷ. 지점 매출액이 5개 지점 매출액의 평균을 초과하는 지점은 3곳이다.

ㄹ. 5개 지점의 매출액이 각각 20%씩 증가한다면, 전체 매출액은 전체 목표매출액을 초과한다.

① ㄱ, ㄴ ② ㄱ, ㄷ ③ ㄷ, ㄹ
④ ㄱ, ㄴ, ㄹ ⑤ ㄴ, ㄷ, ㄹ

5. 다음 <표>는 A~C가 참가한 사격게임 결과에 대한 자료이다. <표>와 <조건>을 근거로 1~5라운드 후 A의 총적중 횟수의 최솟값과 C의 총적중 횟수의 최댓값의 차이를 구하면?

<표> 참가자의 라운드별 적중률 현황

(단위: %)

참가자 \ 라운드	1	2	3	4	5
A	20.0	( )	60.0	37.5	( )
B	40.0	62.5	100.0	12.5	12.5
C	( )	62.5	80.0	( )	62.5

※ 사격게임 결과는 적중과 미적중으로만 구분함.

<조 건>

○ 1, 3라운드에는 각각 5발을 발사하고, 2, 4, 5라운드에는 각각 8발을 발사함.

○ 각 참가자의 라운드별 적중 횟수는 최소 1발부터 최대 5발까지임.

○ 참가자별로 1발만 적중시킨 라운드 횟수는 2회 이하임.

① 10 ② 11 ③ 12
④ 13 ⑤ 14

6. 다음 <그림>은 2015년 16개 지역의 초미세먼지 농도, 연령표준화사망률 및 초미세먼지로 인한 조기사망자수를 조사한 자료이다. 이에 대한 <보기>의 설명 중 옳은 것만을 고르면?

<그림> 지역별 초미세먼지 농도, 연령표준화사망률 및 초미세먼지로 인한 조기사망자수

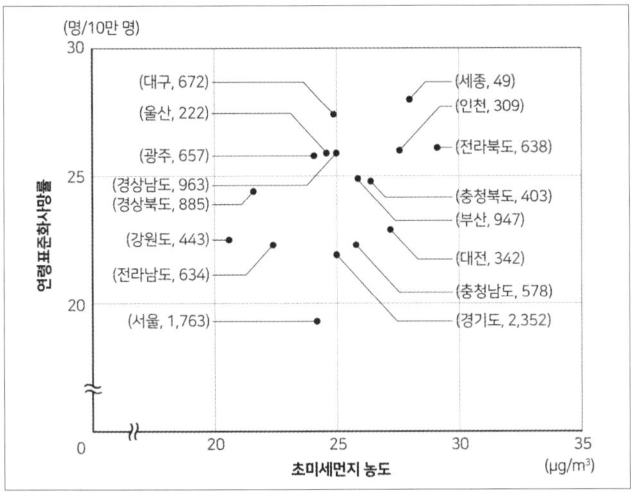

※ 1) (지역, N)은 해당 지역의 초미세먼지로 인한 조기사망자수가 N명임을 의미함.
2) 연령표준화사망률은 인구구조가 다른 집단 간의 사망 수준을 비교하기 위하여 연령 구조가 사망률에 미치는 영향을 제거한 사망률을 의미함.

<보 기>

ㄱ. 초미세먼지로 인한 조기사망자수가 가장 많은 지역은 서울이다.
ㄴ. 연령표준화사망률이 높은 지역일수록 초미세먼지로 인한 조기사망자수는 적다.
ㄷ. 초미세먼지 농도가 가장 낮은 지역의 초미세먼지로 인한 조기사망자수는 충청북도보다 많다.
ㄹ. 대구는 부산보다 연령표준화사망률은 높지만 초미세먼지로 인한 조기사망자수는 적다.

① ㄱ, ㄴ
② ㄱ, ㄷ
③ ㄴ, ㄷ
④ ㄴ, ㄹ
⑤ ㄷ, ㄹ

7. 다음 <표>는 2018년과 2019년 14개 지역에 등록된 5톤 미만 어선 수에 관한 자료이다. 이에 대한 설명으로 옳은 것은?

<표> 2018년과 2019년 14개 지역에 등록된 5톤 미만 어선 수

(단위: 척)

연도	톤급 / 지역	1톤 미만	1톤 이상 2톤 미만	2톤 이상 3톤 미만	3톤 이상 4톤 미만	4톤 이상 5톤 미만
2019	부산	746	1,401	374	134	117
	대구	6	0	0	0	0
	인천	98	244	170	174	168
	울산	134	378	83	51	32
	세종	8	0	0	0	0
	경기	910	283	158	114	118
	강원	467	735	541	296	179
	충북	427	5	1	0	0
	충남	901	1,316	743	758	438
	전북	348	1,055	544	168	184
	전남	6,861	10,318	2,413	1,106	2,278
	경북	608	640	370	303	366
	경남	2,612	4,548	2,253	1,327	1,631
	제주	123	145	156	349	246
2018	부산	793	1,412	351	136	117
	대구	6	0	0	0	0
	인천	147	355	184	191	177
	울산	138	389	83	52	33
	세종	7	0	0	0	0
	경기	946	330	175	135	117
	강원	473	724	536	292	181
	충북	434	5	1	0	0
	충남	1,036	1,429	777	743	468
	전북	434	1,203	550	151	188
	전남	7,023	10,246	2,332	1,102	2,297
	경북	634	652	372	300	368
	경남	2,789	4,637	2,326	1,313	1,601
	제주	142	163	153	335	250

① 2019년 경기의 5톤 미만 어선 수의 전년 대비 증감률은 10% 미만이다.
② 2019년 대구를 제외한 각 지역에서 '1톤 미만' 어선 수는 전년보다 감소한다.
③ 2018년 대구, 세종, 충북을 제외한 각 지역에서 '1톤 이상 2톤 미만'부터 '4톤 이상 5톤 미만'까지 톤급이 증가할수록 어선 수는 감소한다.
④ 2018년과 2019년 모두 '1톤 이상 2톤 미만' 어선 수는 충남이 세 번째로 크다.
⑤ 2018년과 2019년 모두 '1톤 미만' 어선 수 대비 '3톤 이상 4톤 미만' 어선 수의 비가 가장 높은 지역은 인천이다.

8. 다음 <표>는 2008~2018년 '갑'국의 황산화물 배출권 거래 현황에 대한 자료이다. <표>를 이용하여 작성한 그래프로 옳지 않은 것은?

<표> 2008~2018년 '갑'국의 황산화물 배출권 거래 현황

(단위: 건, kg, 원/kg)

연도	전체		무상거래		유상거래				
	거래건수	거래량	거래건수	거래량	거래건수	거래량	거래가격		
							최고	최저	평균
2008	10	115,894	3	42,500	7	73,394	1,000	30	319
2009	8	241,004	4	121,624	4	119,380	500	60	96
2010	32	1,712,694	9	192,639	23	1,520,055	500	50	58
2011	25	1,568,065	6	28,300	19	1,539,765	400	10	53
2012	32	1,401,374	7	30,910	25	1,370,464	400	30	92
2013	59	2,901,457	5	31,500	54	2,869,957	600	60	180
2014	22	547,500	1	2,000	21	545,500	500	65	269
2015	12	66,200	5	22,000	7	44,200	450	100	140
2016	10	89,500	3	12,000	7	77,500	500	150	197
2017	20	150,966	5	38,100	15	112,866	160	100	124
2018	28	143,324	3	5,524	25	137,800	250	74	140

① 2010~2013년 연도별 전체 거래의 건당 거래량

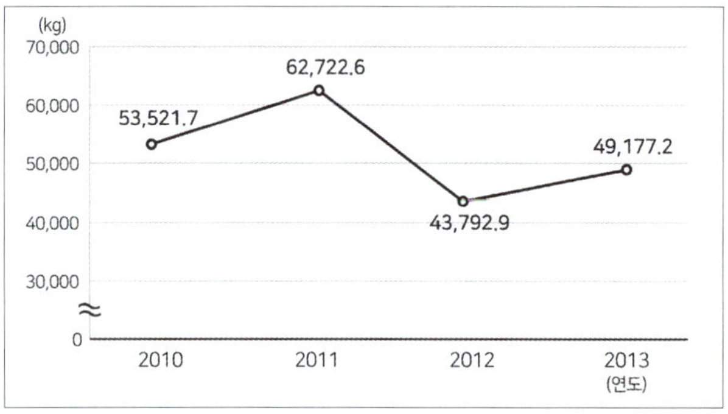

② 2009~2013년 유상거래 최고 가격과 최저 가격

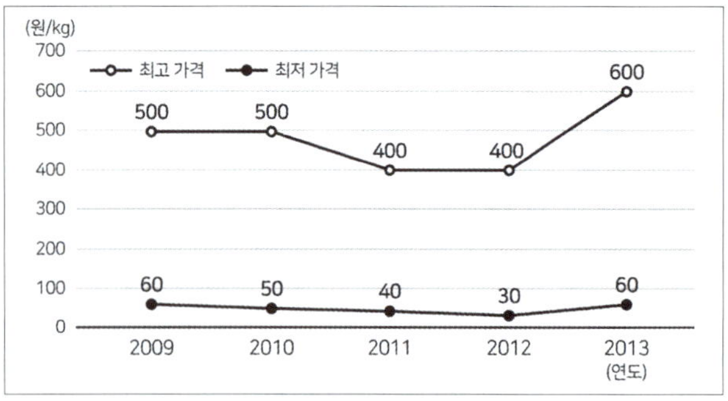

③ 2013~2017년 유상거래 평균 가격

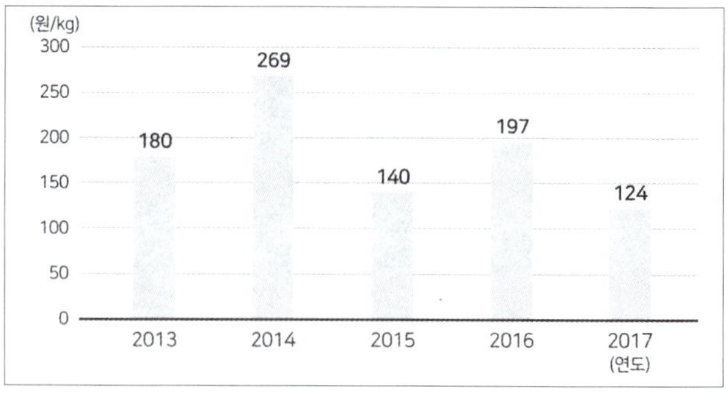

④ 2008년 전체 거래량 구성비

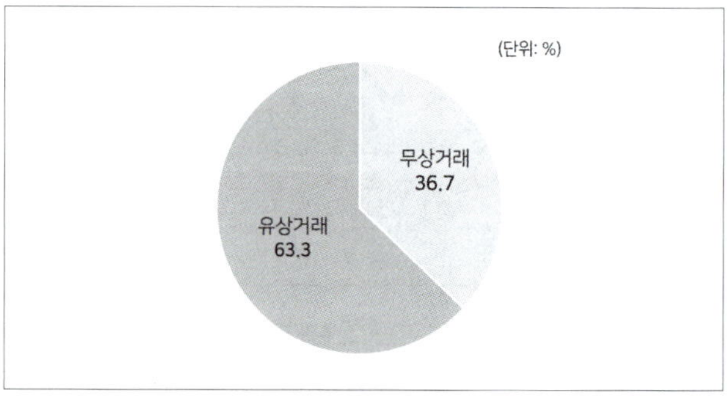

⑤ 2010~2013년 무상거래 건수와 유상거래 건수

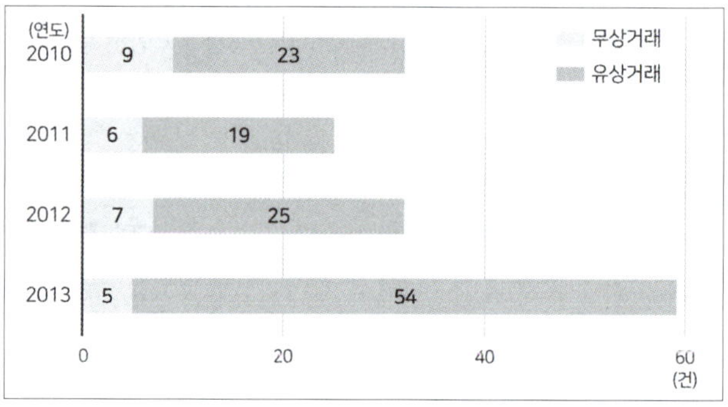

9. 다음 <표>는 성인 남녀 1,500명을 대상으로 탈모 증상 경험 여부와 탈모 증상 경험자의 탈모 증상 완화 시도 방법에 관해 설문조사한 결과이다. 이에 대한 설명으로 옳지 않은 것은?

<표 1> 탈모 증상 경험 여부

구분			응답자 수(명)	탈모 증상 경험 여부(%)	
				있음	없음
성별	남성		743	28.8	71.2
	여성		757	15.2	84.8
연령대	20대		259	4.6	95.4
	30대		253	12.6	87.4
	40대		295	21.4	78.6
	50대		301	25.6	74.4
	60대		392	37.0	63.0
성별·연령대	남성	20대	136	5.1	94.9
		30대	130	16.2	83.8
		40대	150	30.0	70.0
		50대	151	35.8	64.2
		60대	176	49.4	50.6
	여성	20대	123	4.1	95.9
		30대	123	8.9	91.1
		40대	145	12.4	87.6
		50대	150	15.3	84.7
		60대	216	26.9	73.1

※ 1) 무응답과 복수응답은 없음.
2) 소수점 아래 둘째 자리에서 반올림한 값임.

<표 2> 탈모 증상 경험자의 탈모 증상 완화 시도 여부 및 방법

구분		응답자 수(명)	탈모 증상 완화 시도 방법(%)					시도하지 않음(%)
			모발관리제품사용	민간요법	치료제구입	병원진료	미용실탈모관리	
성별	남성	214	38.8	14.0	9.8	8.9	4.2	49.1
	여성	115	45.2	7.0	2.6	4.3	11.3	44.3
연령대	20대	12	50.0	0.0	16.7	16.7	16.7	0.0
	30대	32	62.5	12.5	6.3	9.4	9.4	25.0
	40대	63	52.4	7.9	6.3	12.7	7.9	36.5
	50대	77	46.8	15.6	10.4	5.2	10.4	39.0
	60대	145	26.2	11.7	6.2	4.1	2.8	62.8
부모의 탈모경험 여부	있음	236	47.0	14.8	8.1	7.2	8.9	41.1
	없음	93	24.7	4.3	7.5	7.5	1.1	62.4
탈모 증상의 심각성	심각함	150	45.3	16.0	13.3	13.3	10.0	34.0
	심각하지 않음	179	36.9	7.8	2.8	2.2	2.8	58.1

※ 1) 무응답은 없으며, 탈모 증상 완화 시도 방법에 대한 복수응답을 허용함.
2) 소수점 아래 둘째 자리에서 반올림한 값임.

① 남녀 각각 연령대가 높을수록 탈모 증상 경험자의 비율도 높다.
② 탈모 증상 경험자 중 탈모 증상 완화 시도 방법으로 미용실 탈모 관리를 받았다고 한 응답자의 수는 남성이 여성보다 많다.
③ 탈모 증상 경험자의 연령대가 낮을수록 탈모 증상 완화를 시도한 응답자의 비율이 높다.
④ 탈모 증상 경험자 중 부모의 탈모 경험이 있다고 한 응답자의 비율은 70% 이상이다.
⑤ 탈모 증상이 심각하다고 한 응답자 중 부모의 탈모 경험이 있다고 한 응답자는 57명 이상이다.

10. 다음 <표>는 도입과 출산을 통한 반달가슴곰 복원 현황에 관한 자료이다. 이에 대한 <보기>의 설명 중 옳은 것만을 모두 고르면?

<표> 도입과 출산을 통한 반달가슴곰 복원 현황

(단위: 개체)

구분		생존			폐사	전체	폐사원인
			자연적응	학습장			
도입처	러시아	13	5	8	9	22	자연사: 8 올무: 3 농약: 1 기타: 3
	북한	3	2	1	4	7	
	중국	3	0	3	1	4	
	서울대공원	6	5	1	1	7	
	청주동물원	1	0	1	0	1	
	소계	26	12	14	15	41	
출산방식	자연출산	41	39	2	5	46	자연사: 4 올무: 2
	증식장출산	7	4	3	1	8	
	소계	48	43	5	6	54	
계		74	55	19	21	95	-

※ 1) 도입처(출산방식)별 자연적응률(%)

$$= \frac{\text{도입처(출산방식)별 자연적응 반달가슴곰 수}}{\text{도입처(출산방식)별 전체 반달가슴곰 수}} \times 100$$

2) 도입처(출산방식)별 생존율(%)

$$= \frac{\text{도입처(출산방식)별 생존 반달가슴곰 수}}{\text{도입처(출산방식)별 전체 반달가슴곰 수}} \times 100$$

3) 도입처(출산방식)별 폐사율(%)

$$= \frac{\text{도입처(출산방식)별 폐사 반달가슴곰 수}}{\text{도입처(출산방식)별 전체 반달가슴곰 수}} \times 100$$

<보 기>

ㄱ. 도입처가 서울대공원인 반달가슴곰의 자연적응률은 자연출산 반달가슴곰의 자연적응률보다 낮다.
ㄴ. 자연출산 반달가슴곰의 생존율은 90%를 넘는다.
ㄷ. 반달가슴곰의 폐사율은 자연출산이 증식장출산보다 낮다.
ㄹ. 도입처가 러시아인 반달가슴곰 중 적어도 두 개체의 폐사 원인은 '자연사'이다.

① ㄱ, ㄴ ② ㄱ, ㄷ ③ ㄴ, ㄹ
④ ㄱ, ㄷ, ㄹ ⑤ ㄴ, ㄷ, ㄹ

11. 다음은 세계 및 국내 드론 산업 현황에 관한 <보고서>이다. 이를 작성하기 위해 사용하지 않은 자료는?

<보고서>

세계의 드론 산업 시장은 주로 미국과 유럽을 중심으로 형성되어 왔으나, 2013년과 비교하여 2018년에는 유럽 시장보다 오히려 아시아·태평양 시장의 점유율이 더 높아졌다.

2017년 국내 드론 활용 분야별 사업체수를 살펴보면, 농업과 콘텐츠 제작 분야의 사업체수가 전체의 80% 이상을 차지하였고, 사업체수의 전년 대비 증가율에 있어서는 교육 분야가 농업과 콘텐츠 제작 분야보다 각각 높았다. 2017년 국내 드론 활용 산업의 주요 관리 항목을 2013년 대비 증가율이 높은 항목부터 순서대로 나열하면, 조종자격 취득자수, 장치신고 대수, 드론 활용 사업체수 순이다.

우리나라는 성장 잠재력이 큰 드론 산업 육성을 위해 다양한 정책을 추진하고 있다. 특히 세계 최고 수준과의 기술 격차를 줄이기 위해 정부 R&D 예산 비중을 꾸준히 확대하고 있다. 2015~2017년 기술 분야별로 정부 R&D 예산 비중을 살펴보면, 기반기술과 응용서비스기술의 예산 비중의 합은 매년 65% 이상이다.

① 2016~2017년 국내 드론 활용 분야별 사업체수 현황

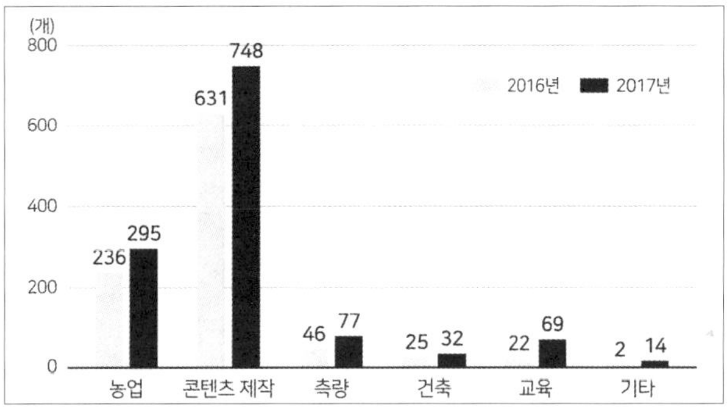

② 2013년과 2018년 세계 드론 시장 점유율 현황

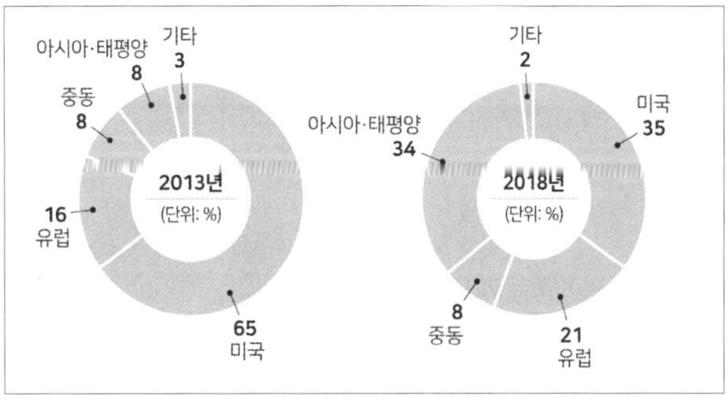

③ 2015~2017년 국내 드론 산업 관련 민간 R&D 기업규모별 투자 현황

(단위: 백만 원)

구분 \ 연도	2015	2016	2017
대기업	2,138	10,583	11,060
중견기업	4,122	3,769	1,280
중소기업	11,500	29,477	43,312

④ 2015~2017년 국내 드론 산업 관련 기술 분야별 정부 R&D 예산 비중 현황

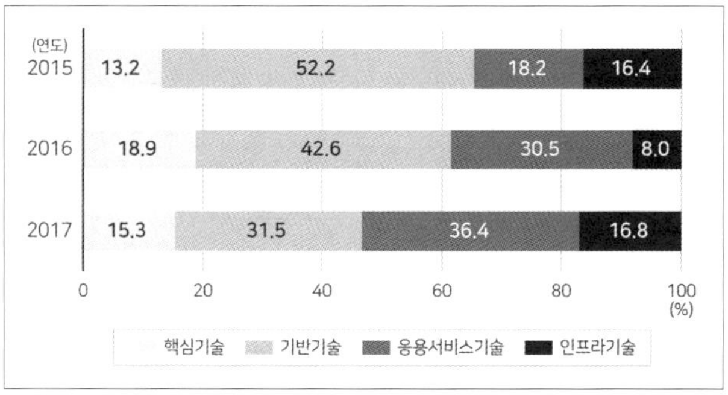

⑤ 2013~2017년 국내 드론 활용 산업의 주요 관리 항목별 현황

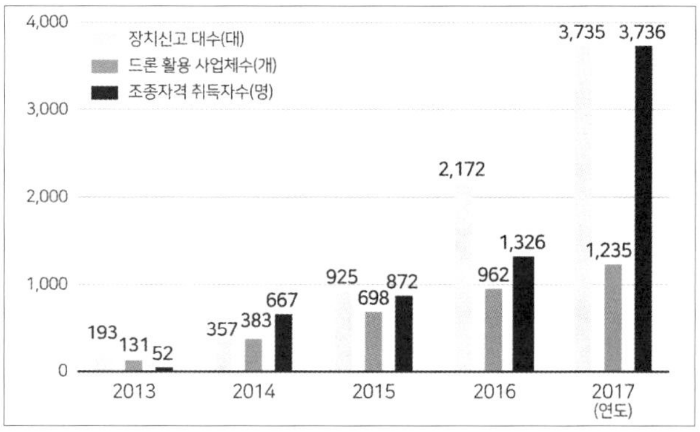

12. 다음 <표>는 A대학 재학생 교육 만족도 조사 결과에 관한 자료이다. 이에 대한 <보기>의 설명 중 옳은 것만을 고르면?

<표> A대학 재학생 교육 만족도 조사 결과

(단위: 명, 점)

학년	응답인원 \ 항목	전공	교양	시설	기자재	행정
1	2,374	3.90	3.70	3.78	3.73	3.63
2	2,349	3.95	3.75	3.76	3.71	3.64
3	2,615	3.96	3.74	3.74	3.69	3.66
4	2,781	3.94	3.77	3.75	3.70	3.65

※ 점수는 5점 만점이며, 점수가 높을수록 만족도가 높음.

<보 기>

ㄱ. '시설'과 '기자재' 항목은 응답인원이 많은 학년일수록 항목별 교육 만족도가 높다.

ㄴ. 항목별로 교육 만족도가 높은 순서대로 학년을 나열할 때, 순서가 일치하는 항목들이 있다.

ㄷ. 학년이 높아질수록 항목별 교육 만족도가 높아지는 항목은 1개이다.

ㄹ. 각 학년에서 교육 만족도가 가장 높은 항목은 모두 '전공'이다.

① ㄱ, ㄴ ② ㄱ, ㄷ ③ ㄴ, ㄷ
④ ㄴ, ㄹ ⑤ ㄷ, ㄹ

13. 다음 <표>는 2017~2019년 '갑'국 A~D지역의 1인 1일당 단백질 섭취량과 지역별 전체 인구에 대한 자료이다. <표>를 이용하여 작성한 그래프로 옳지 않은 것은?

<표 1> 지역별 1인 1일당 단백질 섭취량

(단위: g)

지역 \ 연도	2017	2018	2019
A	50	60	75
B	100	100	110
C	100	90	80
D	50	50	50

※ 단백질은 동물성 단백질과 식물성 단백질로만 구성됨.

<표 2> 지역별 1인 1일당 식물성 단백질 섭취량

(단위: g)

지역 \ 연도	2017	2018	2019
A	25	25	25
B	10	30	50
C	20	20	20
D	10	5	5

<표 3> 지역별 전체 인구

(단위: 명)

지역 \ 연도	2017	2018	2019
A	1,000	1,000	1,100
B	1,000	1,000	1,000
C	800	700	600
D	100	100	100

① 2017~2019년 B와 D지역의 1인 1일당 동물성 단백질 섭취량

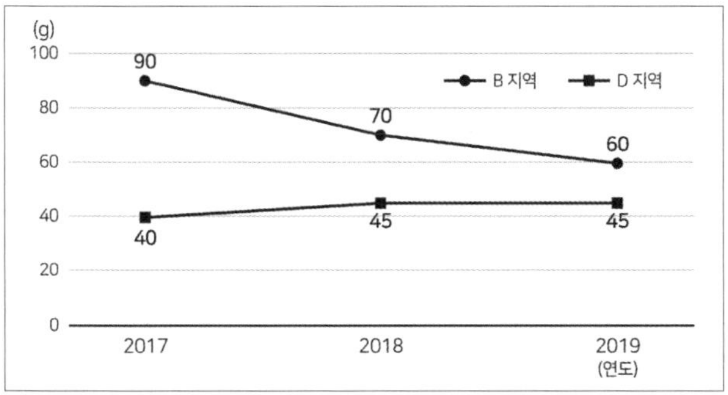

② 2019년 지역별 1일 단백질 총섭취량

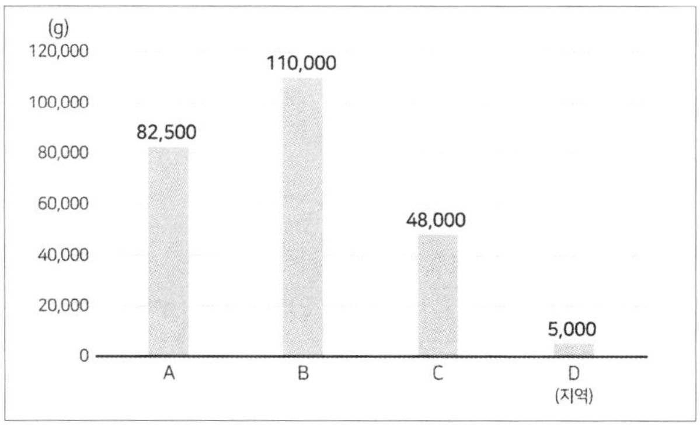

③ 2017년 지역별 1인 1일당 단백질 섭취량 구성비

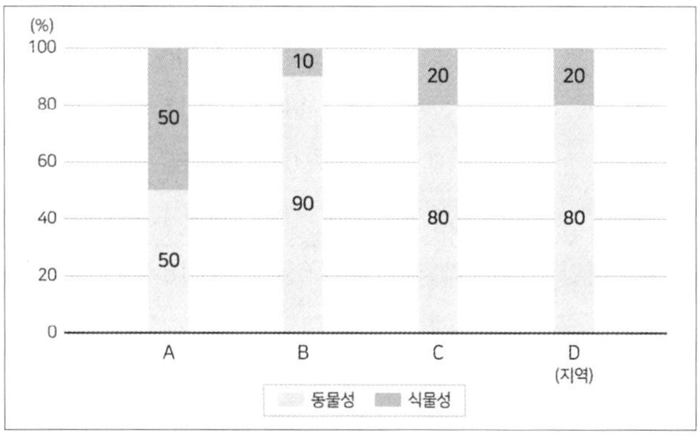

④ 2017~2019년 A와 C지역의 1인 1일당 동물성 단백질 섭취량과 1인 1일당 식물성 단백질 섭취량의 차이

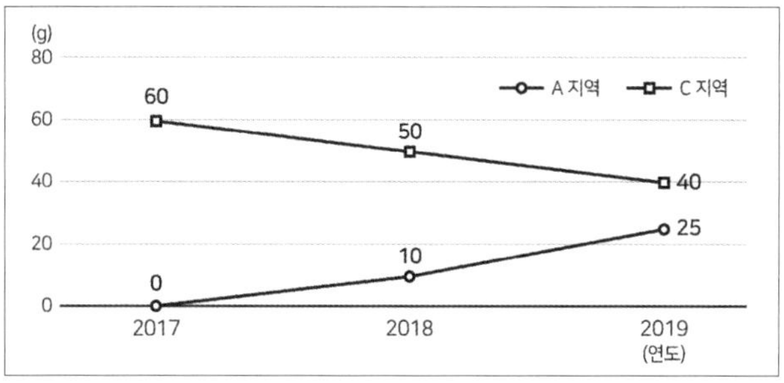

⑤ 지역별 2017년 대비 2018년 1인 1일당 식물성 단백질 섭취량 증감률

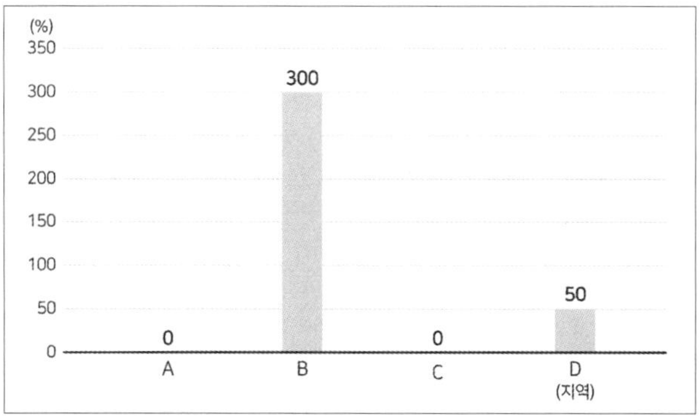

14. 다음 <표>는 2016~2019년 '갑'국의 방송통신 매체별 광고매출액에 관한 자료이다. 이에 대한 <보기>의 설명 중 옳은 것만을 고르면?

<표> 2016~2019년 방송통신 매체별 광고매출액

(단위: 억 원)

매체	세부 매체 \ 연도	2016	2017	2018	2019
방송	지상파TV	15,517	14,219	12,352	12,310
	라디오	2,530	2,073	1,943	1,816
	지상파DMB	53	44	36	35
	케이블PP	18,537	17,130	16,646	(　)
	케이블SO	1,391	1,408	1,275	1,369
	위성방송	480	511	504	503
	소계	38,508	35,385	32,756	31,041
온라인	인터넷(PC)	19,092	20,554	19,614	19,109
	모바일	28,659	36,618	45,678	54,781
	소계	47,751	57,172	65,292	73,890

<보 기>

ㄱ. 2017~2019년 동안 모바일 광고매출액의 전년 대비 증가율은 매년 30% 이상이다.

ㄴ. 2017년의 경우, 방송 매체 중 지상파TV 광고매출액이 차지하는 비중은 온라인 매체 중 인터넷(PC) 광고매출액이 차지하는 비중보다 작다.

ㄷ. 케이블PP의 광고매출액은 매년 감소한다.

ㄹ. 2016년 대비 2019년 광고매출액 증감률이 가장 큰 세부 매체는 모바일이다.

① ㄱ, ㄴ
② ㄱ, ㄷ
③ ㄴ, ㄷ
④ ㄴ, ㄹ
⑤ ㄷ, ㄹ

15. 다음 <그림>은 '갑'국 6개 지방청 전체의 부동산과 자동차 압류건수의 지방청별 구성비에 관한 자료이다. <그림>과 <조건>을 근거로 B와 D에 해당하는 지방청을 바르게 나열한 것은?

<그림 1> 부동산 압류건수의 지방청별 구성비

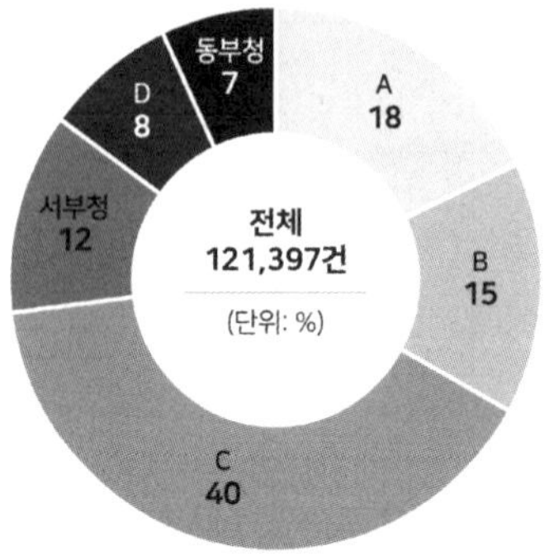

※ 지방청은 동부청, 서부청, 남부청, 북부청, 남동청, 중부청으로만 구성됨.

<그림 2> 자동차 압류건수의 지방청별 구성비

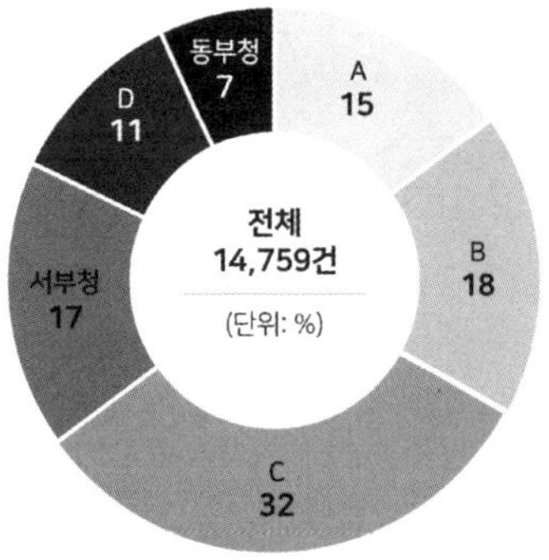

<조 건>

○ 자동차 압류건수는 중부청이 남동청의 2배 이상이다.
○ 남부청과 북부청의 부동산 압류건수는 각각 2만 건 이하이다.
○ 지방청을 부동산 압류건수와 자동차 압류건수가 큰 값부터 순서대로 각각 나열할 때, 순서가 동일한 지방청은 동부청, 남부청, 중부청이다.

	B	D
①	남동청	남부청
②	남동청	북부청
③	남부청	북부청
④	북부청	남부청
⑤	중부청	남부청

16. 다음 <표>는 조사연도별 국세 및 국세청세수와 국세청세수 징세비 및 국세청 직원수 현황에 대한 자료이다. <보고서>를 작성하기 위해 <표> 이외에 추가로 필요한 자료만을 <보기>에서 모두 고르면?

<표 1> 국세 및 국세청세수 현황

(단위: 억 원)

구분 조사연도	국세	국세청세수		
			일반회계	특별회계
2002	1,039,678	966,166	876,844	89,322
2007	1,614,591	1,530,628	1,479,753	50,875
2012	2,030,149	1,920,926	1,863,469	57,457
2017	2,653,849	2,555,932	2,499,810	56,122

<표 2> 국세청세수 징세비 및 국세청 직원수 현황

(단위: 백만 원, 명)

구분 조사연도	징세비	국세청 직원수
2002	817,385	15,158
2007	1,081,983	18,362
2012	1,339,749	18,797
2017	1,592,674	19,131

<보고서>

2017년 국세청세수는 255.6조 원으로, 전년도보다 22.3조 원 증가하였다. 세목별로는 소득세(76.8조 원), 부가가치세(67.1조 원), 법인세(59.2조 원) 순으로 높다. 세무서별로 살펴보면 세수 1위는 남대문세무서(11.6조 원), 2위는 수영세무서(10.9조 원)이다. 2017년 기준 국세청세수에서 특별회계가 차지하는 비중은 2.2%로서, 2002년 기준 9.2%와 비교해 감소하였다. 국세는 국세청세수에 관세청 소관분과 지방자치단체 소관분을 합한 금액으로, 2002년부터 2017년까지 국세 대비 국세청세수의 비율은 매년 증가 추세를 보인다. 2002년 기준 92.9%였던 국세 대비 국세청세수의 비율은 2017년에는 96.3%로 3.0%p 이상 증가하였다.

구체적으로 살펴보면, 국세청 직원 1인당 국세청세수는 2007년 8,336백만 원, 2017년 13,360백만 원으로 큰 폭의 상승세를 보인다. 국세청세수 100원당 징세비는 2017년 기준 0.62원으로 2002년 0.85원에 비해 20% 이상 감소하였다. 2017년 현재 19,131명의 국세청 직원들이 세수확보를 위해 노력 중이며, 국세청 직원수는 2002년 대비 25% 이상 증가하였다.

<보 기>

ㄱ. 2003~2016년의 국세 및 국세청세수
ㄴ. 2003~2016년의 관세청 소관분
ㄷ. 2017년의 세무서별·세목별 세수 실적
ㄹ. 2002~2017년의 국세청 직원 1인당 국세청세수

① ㄱ, ㄴ ② ㄱ, ㄷ ③ ㄴ, ㄹ
④ ㄱ, ㄷ, ㄹ ⑤ ㄴ, ㄷ, ㄹ

17. 다음 <표>는 '가'곤충도감에 기록된 분류군별 경제적 중요도와 '갑~병'국의 종의 수에 관한 자료이다. 이에 대한 <보기>의 설명 중 옳은 것만을 고르면?

<표> 분류군별 경제적 중요도와 '갑~병'국의 종의 수

(단위: 종)

분류군	경제적 중요도	국가			전체
		갑	을	병	
무시류	C	303	462	435	11,500
고시류	C	187	307	1,031	8,600
메뚜기목	A	297	372	1,161	34,300
강도래목	C	47	163	400	2,000
다듬이벌레목	B	12	83	280	4,400
털이목	C	4	150	320	2,800
이목	C	22	32	70	500
총채벌레목	A	87	176	600	5,000
노린재목	S	1,886	2,744	11,300	90,000
풀잠자리목	A	52	160	350	6,500
딱정벌레목	S	3,658	9,992	30,000	350,000
부채벌레목	C	7	22	60	300
벌목	S	2,791	4,870	17,400	125,000
밑들이목	C	11	44	85	600
벼룩목	C	40	72	250	2,500
파리목	S	1,594	4,692	18,000	120,000
날도래목	C	202	339	975	11,000
나비목	S	3,702	5,057	11,000	150,000

※ 해당 국가의 분류군별 종 다양성(%)

$= \frac{\text{해당 국가의 분류군별 종의 수}}{\text{분류군별 전체 종의 수}} \times 100$

<보 기>

ㄱ. 경제적 중요도가 S인 분류군 중, '갑'국에서 종의 수가 세 번째로 많은 분류군은 노린재목이다.
ㄴ. 경제적 중요도가 A인 분류군 중, '을'국에서 종의 수가 두 번째로 많은 분류군은 총채벌레목이다.
ㄷ. 경제적 중요도가 C인 분류군 중, '갑'국의 분류군별 종 다양성이 가장 낮은 분류군은 털이목이다.
ㄹ. 경제적 중요도가 S인 분류군 중, '병'국의 분류군별 종 다양성이 10% 이상인 분류군은 4개이다.

① ㄱ, ㄴ
② ㄱ, ㄷ
③ ㄴ, ㄷ
④ ㄴ, ㄹ
⑤ ㄷ, ㄹ

18. 다음 <표>는 '갑'공기업의 신규 사업 선정을 위한 2개 사업(A, B) 평가에 관한 자료이다. <표>와 <조건>에 근거한 <보기>의 설명 중 옳은 것만을 고르면?

<표 1> A와 B사업의 평가 항목별 원점수

(단위: 점)

구분	평가 항목	A사업	B사업
사업적 가치	경영전략 달성 기여도	80	90
	수익창출 기여도	80	90
공적 가치	정부정책 지원 기여도	90	80
	사회적 편익 기여도	90	80
참여 여건	전문인력 확보 정도	70	70
	사내 공감대 형성 정도	70	70

※ 평가 항목별 원점수는 100점 만점임.

<표 2> 평가 항목별 가중치

구분	평가 항목	가중치
사업적 가치	경영전략 달성 기여도	0.2
	수익창출 기여도	0.1
공적 가치	정부정책 지원 기여도	0.3
	사회적 편익 기여도	0.2
참여 여건	전문인력 확보 정도	0.1
	사내 공감대 형성 정도	0.1
계		1.0

<조 건>

○ 신규 사업 선정을 위한 각 사업의 최종 점수는 평가 항목별 원점수에 해당 평가 항목의 가중치를 곱한 값을 모두 합하여 산정함.

○ A와 B사업 중 최종 점수가 더 높은 사업을 신규 사업으로 최종 선정함.

<보 기>

ㄱ. 각 사업의 6개 평가 항목 원점수의 합은 A사업과 B사업이 같다.

ㄴ. '공적 가치'에 할당된 가중치의 합은 '참여 여건'에 할당된 가중치의 합보다 작고, '사업적 가치'에 할당된 가중치의 합보다 크다.

ㄷ. '갑'공기업은 A사업을 신규 사업으로 최종 선정한다.

ㄹ. '정부정책 지원 기여도' 가중치와 '수익창출 기여도' 가중치를 서로 바꾸더라도 최종 선정되는 신규 사업은 동일하다.

① ㄱ, ㄴ
② ㄱ, ㄷ
③ ㄱ, ㄹ
④ ㄴ, ㄹ
⑤ ㄷ, ㄹ

19. 다음 <표>는 2016~2019년 '갑'조사기관이 발표한 이미지 분야 및 실체 분야 국가브랜드 상위 10개국을 나타낸 자료이다. 이를 바탕으로 작성한 <보고서>의 A~C에 해당하는 내용을 바르게 나열한 것은?

<표> 2016~2019년 국가브랜드 상위 10개국

연도	2016	2017	2018	2019	
순위 \ 분야	이미지	이미지	이미지	이미지	실체
1	프랑스	독일	일본	미국	미국
2	일본	캐나다	독일	독일	독일
3	스웨덴	일본	미국	영국	프랑스
4	영국	미국	캐나다	일본	영국
5	독일	영국	영국	스위스	일본
6	미국	스위스	프랑스	스웨덴	스위스
7	스위스	프랑스	스웨덴	캐나다	호주
8	캐나다	스웨덴	호주	프랑스	스웨덴
9	네덜란드	이탈리아	스위스	호주	네덜란드
10	이탈리아	호주	오스트리아	네덜란드	캐나다

※ 1) 국가브랜드는 이미지 분야와 실체 분야로 나누어 각각 순위가 결정되며 공동 순위는 없음.
2) 조사대상 국가는 매년 동일함.

<보고서>

최근 국가브랜드의 중요성이 커지면서 국가브랜드 순위에 대한 관심이 높아지고 있다. '갑'조사기관이 발표한 2016~2019년 이미지 분야 및 실체 분야 국가브랜드 순위를 살펴보면, 미국의 이미지 분야 순위는 매년 [A]하고 있다. 또한, 이 기간에 연도별 이미지 분야 순위가 모두 상위 10위 이내에 든 국가는 총 8개국이다.

2019년 이미지 분야 순위가 상위 10위 이내에 든 국가는 모두 2019년 실체 분야 순위도 상위 10위 이내에 들었다. 2019년 이미지 분야 순위 상위 10개국 중 2019년 이미지 분야 순위와 실체 분야 순위의 차이가 가장 큰 국가는 [B]인 것으로 나타났다. 2017년 이미지 분야 순위 상위 10개국 중 2016년에 비해 2017년 이미지 분야 순위가 상승한 국가는 총 [C]개국이었고, 특히 캐나다의 높은 순위 상승이 눈에 띈다. 2019년에는 2018년과 비교하여 이미지 분야 순위가 하락한 국가가 많았으나, 네덜란드의 경우 이미지 분야 순위가 상승하여 주목받고 있다.

	A	B	C
①	상승	캐나다	6
②	상승	프랑스	5
③	상승	프랑스	6
④	하락	스웨덴	5
⑤	하락	캐나다	6

20. 다음 <그림>은 W경제포럼이 발표한 25개 글로벌 리스크의 분류와 영향도 및 발생가능성 지수에 관한 자료이다. 이에 대한 설명으로 옳지 않은 것은?

<그림> 글로벌 리스크의 분류와 영향도 및 발생가능성 지수

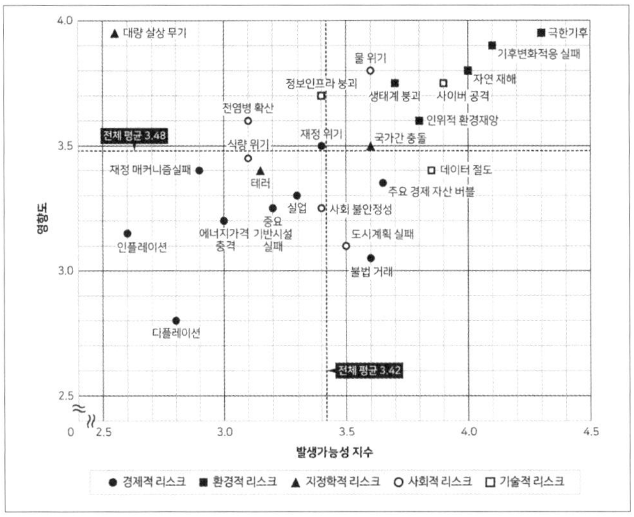

① 모든 환경적 리스크의 발생가능성 지수 대비 영향도의 비는 1 이상이다.

② 영향도와 발생가능성 지수의 차이가 가장 큰 글로벌 리스크는 '대량 살상 무기'이다.

③ '에너지가격 충격'의 영향도 대비 발생가능성 지수의 비는 1 이하이다.

④ 영향도와 발생가능성 지수가 각각의 '전체 평균' 이하인 경제적 리스크의 수는 영향도나 발생가능성 지수가 각각의 '전체 평균' 이상인 경제적 리스크의 수보다 많다.

⑤ 모든 환경적 리스크는 영향도와 발생가능성 지수가 각각의 '전체 평균' 이상이다.

21. 다음 <표>는 '갑'국의 멸종위기종 지정 현황에 관한 자료이다. 이에 대한 설명으로 옳지 않은 것은?

<표> 멸종위기종 지정 현황

(단위: 종)

분류 \ 지정	멸종위기종	멸종위기 I 급	멸종위기 II 급
포유류	20	12	8
조류	63	14	49
양서·파충류	8	2	6
어류	27	11	16
곤충류	26	6	20
무척추동물	32	4	28
식물	88	11	77
전체	264	60	204

※ 멸종위기종은 멸종위기 I 급과 멸종위기 II 급으로 구분함.

① 멸종위기종으로 '포유류'만 10종을 추가로 지정한다면, 전체 멸종위기종 중 '포유류'의 비율은 10% 이상이다.

② 각 분류에서 멸종위기종 중 멸종위기 I 급의 비율은 '무척추동물'과 '식물'이 동일하다.

③ 각 분류의 멸종위기종에서 5종씩 지정을 취소한다면, 전체 멸종위기종 중 '조류'의 비율은 감소한다.

④ 각 분류에서 멸종위기종 중 멸종위기 II 급의 비율은 '조류'가 '양서·파충류'보다 높다.

⑤ '포유류'를 제외한 모든 분류에서 각 분류의 멸종위기종 중 멸종위기 II 급의 비율은 각 분류의 멸종위기종 중 멸종위기 I 급의 비율보다 높다.

22. 다음 <조사개요>와 <표>는 A기관 5개 지방청에 대한 외부고객 만족도 조사 결과이다. 이에 대한 설명으로 옳지 않은 것은?

<조사개요>

○ 조사기간: 2019년 7월 28일~2019년 8월 8일
○ 조사방법: 전화 조사
○ 조사목적: A기관 5개 지방청 외부고객의 주소지 관할 지방청에 대한 만족도 조사
○ 응답자 수: 총 101명(조사항목별 무응답은 없음)
○ 조사항목: 업무 만족도, 인적 만족도, 시설 만족도

<표> A기관 5개 지방청 외부고객 만족도 조사 결과

(단위: 점)

구분 \ 조사항목		업무 만족도	인적 만족도	시설 만족도
전체		4.12	4.29	4.20
성별	남자	4.07	4.33	4.19
	여자	4.15	4.27	4.20
연령대	30세 미만	3.82	3.83	3.70
	30세 이상 40세 미만	3.97	4.18	4.25
	40세 이상 50세 미만	4.17	4.39	4.19
	50세 이상	4.48	4.56	4.37
지방청	경인청	4.35	4.48	4.30
	동북청	4.20	4.39	4.28
	호남청	4.00	4.03	4.04
	동남청	4.19	4.39	4.30
	충청청	3.73	4.16	4.00

※ 1) 주어진 점수는 응답자의 조사항목별 만족도의 평균이며, 점수가 높을수록 만족도가 높음(5점 만점).
2) 점수는 소수점 아래 셋째 자리에서 반올림한 값임.

① 모든 연령대에서 '업무 만족도'보다 '인적 만족도'가 높다.
② '업무 만족도'가 높은 지방청일수록 '인적 만족도'도 높다.
③ 응답자의 연령대가 높을수록 '업무 만족도'와 '인적 만족도'가 모두 높다.
④ '업무 만족도', '인적 만족도', '시설 만족도'의 합이 가장 큰 지방청은 경인청이다.
⑤ 남자 응답자보다 여자 응답자가 많다.

23. 다음 <그림>은 2019년 '갑'국의 가구별 근로장려금 산정기준에 관한 자료이다. 이에 대한 <보기>의 설명 중 옳은 것만을 모두 고르면?

<그림> 2019년 가구별 근로장려금 산정기준

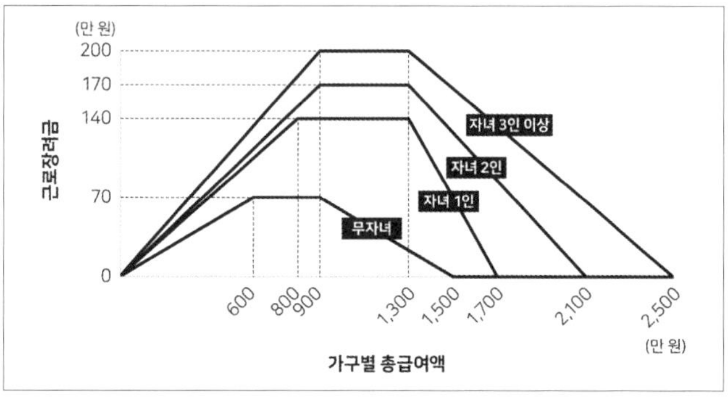

※ 2019년 가구별 근로장려금은 2018년 가구별 자녀수와 총급여액을 기준으로 산정함.

<보 기>

ㄱ. 2018년 총급여액이 1,000만 원이고 자녀가 1명인 가구의 2019년 근로장려금은 140만 원이다.
ㄴ. 2018년 총급여액이 800만 원 이하인 무자녀 가구는 2018년 총급여액이 많을수록 2019년 근로장려금도 많다.
ㄷ. 2018년 총급여액이 2,200만 원이고 자녀가 3명 이상인 가구의 2019년 근로장려금은 2018년 총급여액이 600만 원이고 자녀가 1명인 가구의 2019년 근로장려금보다 적다.
ㄹ. 2018년 총급여액이 2,000만 원인 가구의 경우, 자녀가 많을수록 2019년 근로장려금도 많다.

① ㄱ, ㄷ
② ㄱ, ㄹ
③ ㄴ, ㄷ
④ ㄱ, ㄴ, ㄹ
⑤ ㄴ, ㄷ, ㄹ

24. 다음 <그림>은 '갑'지역의 주민을 대상으로 육교 설치에 대한 찬성 또는 반대 의견을 3차례 조사한 결과이다. 이에 대한 설명으로 옳은 것은?

<그림> '갑'지역 육교 설치에 대한 1~3차 조사 결과

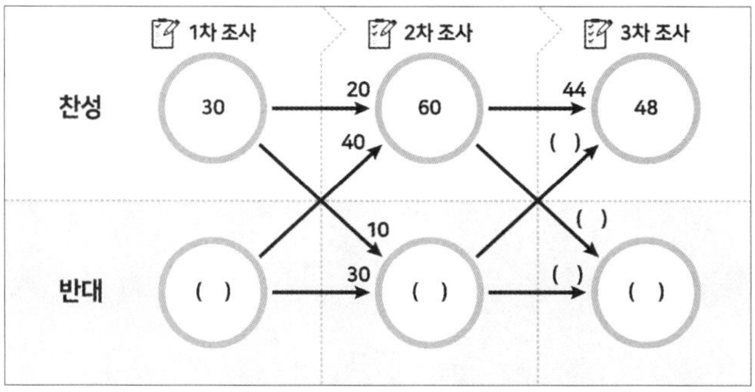

※ 1) 1~3차 조사에 응답한 사람은 모두 같고, 무응답과 복수응답은 없음.

2) 예를 들어, 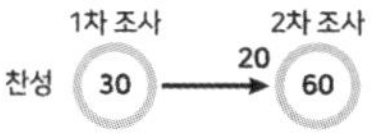 은 1차 조사에서 찬성한다고 응답한 30명 중 20명이 2차 조사에서도 찬성한다고 응답하였고, 2차 조사에서 찬성한다고 응답한 사람은 총 60명임을 의미함.

① 3차 조사에 응답한 사람은 130명 이상이다.
② 2차 조사에서 반대한다고 응답한 사람 중 3차 조사에서도 반대한다고 응답한 사람은 32명이다.
③ 2차 조사에서 찬성한다고 응답한 사람 중 3차 조사에서 반대한다고 응답한 사람은 20명이다.
④ 1차 조사에서 반대한다고 응답한 사람 중 3차 조사에서 찬성한다고 응답한 사람은 45명 이상이다.
⑤ 1~3차 조사에서 한 번도 의견을 바꾸지 않은 사람은 30명 이상이다.

25. 다음 <그림>과 <표>는 조사연도별 '갑'국 병사의 계급별 월급과 군내매점에서 판매하는 주요품목 가격에 관한 자료이다. 이에 대한 설명으로 옳은 것은?

<그림> 조사연도별 병사의 계급별 월급

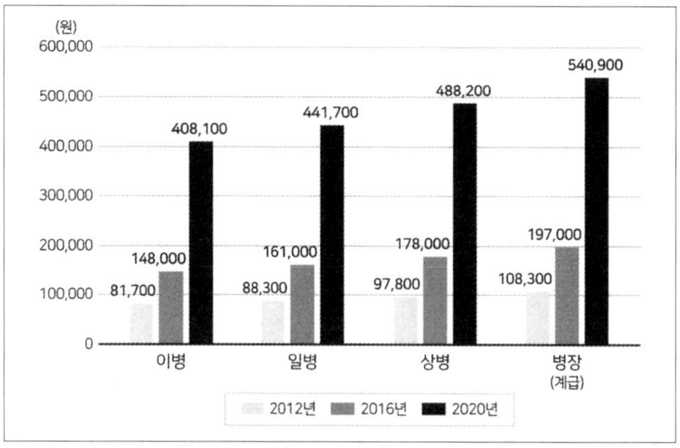

<표> 조사연도별 군내매점 주요품목 가격

(단위: 원/개)

품목 / 조사연도	캔커피	단팥빵	햄버거
2012	250	600	2,400
2016	300	1,000	2,800
2020	500	1,400	3,500

① 이병 월급은 2020년이 2012년보다 500% 이상 증액되었다.
② 2012년 대비 2016년 상병 월급 증가율은 2016년 대비 2020년 상병 월급 증가율보다 더 높다.
③ 군내매점 주요품목 각각의 2012년 대비 2016년 가격인상률은 2016년 대비 2020년 가격인상률보다 낮다.
④ 일병이 한 달 월급만을 사용하여 군내매점에서 해당 연도 가격으로 140개의 단팥빵을 구매하고 남은 금액은 2016년이 2012년보다 15,000원 이상 더 많다.
⑤ 병장이 한 달 월급만을 사용하여 군내매점에서 해당 연도 가격으로 구매할 수 있는 햄버거의 최대 개수는 2020년이 2012년의 3배 이하이다.

약점 보완 해설집 p.70

시험일: ______년 ______월 ______일

2019년도 국가공무원 5급 및 7급 민경채 필기시험

| 자료해석영역 |

응시번호

성명

문제책형

나

응시자 주의사항

1. **시험시작 전 시험문제를 열람하는 행위나 시험종료 후 답안을 작성하는 행위를 한 사람**은 「공무원 임용시험령」 제51조에 의거 **부정행위자**로 처리됩니다.
2. **답안지 책형 표기는 시험시작 전** 감독관의 지시에 따라 **문제책 앞면에 인쇄된 문제책형을 확인**한 후, **답안지 책형란에 해당 책형(1개)**을 '●'로 표기하여야 합니다.
3. 시험이 시작되면 문제를 주의 깊게 읽은 후, **문항의 취지에 가장 적합한 하나의 정답만을 고르며**, 문제내용에 관한 질문은 할 수 없습니다.
4. **답안을 잘못 표기하였을 경우에는 답안지를 교체하여 작성**하거나 **수정할 수 있으며**, 표기한 답안을 수정할 때는 **응시자 본인이 가져온 수정테이프만을 사용**하여 해당 부분을 완전히 지우고 부착된 수정테이프가 떨어지지 않도록 손으로 눌러주어야 합니다. **(수정액 또는 수정 스티커 등은 사용 불가)**
5. **시험시간 관리의 책임은 응시자 본인에게 있습니다.**
   ※ 문제책은 시험종료 후 가지고 갈 수 있습니다.

모바일 자동 채점 및 성적 분석 서비스

'약점 보완 해설집'에 회차별로 수록된 QR코드를 인식하면 응시 인원 대비 자신의 성적 위치를 확인할 수 있습니다.

해커스PSAT

1. 다음 <표>와 <보고서>는 '갑'국 13~19대 국회 의원입법안 발의 및 처리 현황에 대한 자료이다. <보고서>를 작성하기 위해 <표> 이외에 추가로 필요한 자료만을 <보기>에서 모두 고르면?

<표> 국회 의원입법안 발의 및 처리 법안수 현황

(단위: 건)

구분 \ 국회	13대	14대	15대	16대	17대	18대	19대
발의 법안수	570	321	1,144	1,912	6,387	12,220	16,728
처리 법안수	352	167	687	1,028	2,893	4,890	6,626

※ 1) 법안 반영률(%) = $\frac{\text{처리 법안수}}{\text{발의 법안수}} \times 100$

2) 각 국회별로 국회의원 임기는 4년이고, 해당 국회에서 처리되지 않은 법안은 폐기됨.

<보고서>

19대 국회의 의원입법안을 분석한 결과 16,728건이 발의되었고 이는 19대 국회 동안 월평균 340건 이상, 국회의원 1인당 50건 이상의 법안이 제출된 셈이다.

국회 상임위원회 활동으로 보면 상임위원회당 처리 법안수가 13대 20.7건에서 19대 414.1건으로 20배 이상이 되었다. 하지만 국회 상임위원회 법안소위에도 오르지 않은 법안의 증가로 인해 13대 국회에서 61.8%에 달했던 법안 반영률은 19대에 39.6%까지 낮아졌다.

이처럼 국회 본연의 임무인 입법 기능이 저하되는 가운데 국회 국민청원건수는 16대 이후로 감소하고 있다. 구체적으로는 13대 503건에서 지속적으로 증가해 16대에 765건으로 정점을 찍은 후 급감하였고, 19대 들어 227건에 그쳐 13대 이후 최저 수준을 기록하였다.

<보 기>

ㄱ. 국회 국민청원건수

국회	13대	14대	15대	16대	17대	18대	19대
건수(건)	503	534	595	765	432	272	227

ㄴ. 국회 국민청원 중 본회의 처리건수

국회	13대	14대	15대	16대	17대	18대	19대
건수(건)	13	11	3	4	4	3	2

ㄷ. 국회 상임위원회수

국회	13대	14대	15대	16대	17대	18대	19대
상임위원회수(개)	17	16	16	17	17	16	16

ㄹ. 국회의원수

국회	13대	14대	15대	16대	17대	18대	19대
의원수(명)	299	299	299	273	299	299	300

① ㄱ, ㄴ ② ㄱ, ㄹ ③ ㄱ, ㄴ, ㄷ
④ ㄱ, ㄷ, ㄹ ⑤ ㄴ, ㄷ, ㄹ

2. 다음 <그림>과 <표>는 주요 10개국의 인간개발지수와 시민지식 평균점수 및 주요 지표에 관한 자료이다. 이에 대한 <보기>의 설명 중 옳은 것만을 모두 고르면?

<그림> 국가별 인간개발지수와 시민지식 평균점수의 산포도

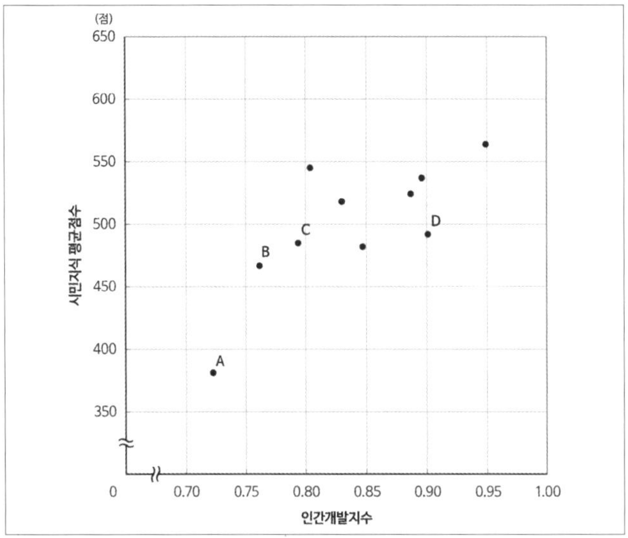

<표> 국가별 주요 지표

국가 \ 구분	인간개발지수	최근 국회의원 선거 투표율(%)	GDP 대비 공교육비 비율(%)	인터넷 사용률(%)	1인당 GDP(달러)
벨기에	0.896	92.5	6.4	85	41,138
불가리아	0.794	54.1	3.5	57	16,956
칠레	0.847	49.3	4.6	64	22,145
도미니카 공화국	0.722	69.6	2.1	52	13,375
이탈리아	0.887	75.2	4.1	66	33,587
대한민국	0.901	58.0	4.6	90	34,387
라트비아	0.830	58.9	4.9	79	22,628
멕시코	0.762	47.7	5.2	57	16,502
노르웨이	0.949	78.2	7.4	97	64,451
러시아	0.804	60.1	4.2	73	23,895

<보 기>

ㄱ. A국의 인터넷 사용률은 60% 미만이다.
ㄴ. B국은 C국보다 GDP 대비 공교육비 비율이 낮다.
ㄷ. D국은 최근 국회의원 선거 투표율 하위 3개국 중 하나이다.
ㄹ. 1인당 GDP가 가장 높은 국가는 시민지식 평균점수도 가장 높다.

① ㄱ, ㄴ
② ㄱ, ㄷ
③ ㄱ, ㄹ
④ ㄴ, ㄷ
⑤ ㄴ, ㄹ

3. 다음 <표>는 2012~2017년 '갑'국의 화재발생 현황에 대한 자료이다. 이를 이용하여 작성한 그래프로 옳지 않은 것은?

<표> '갑'국의 화재발생 현황

(단위: 건, 명)

구분 / 연도	화재발생건수	인명피해자수	구조활동건수
2012	43,249	2,222	427,735
2013	40,932	2,184	400,089
2014	42,135	2,180	451,050
2015	44,435	2,093	479,786
2016	43,413	2,024	609,211
2017	44,178	2,197	655,485
평균	43,057	2,150	503,893

① 화재발생건수

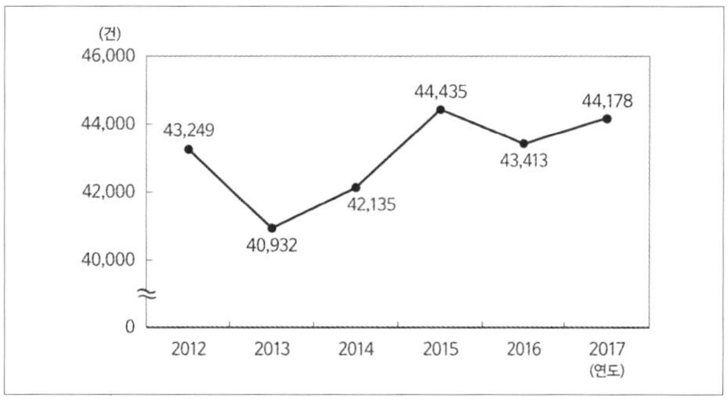

② 인명피해자수 편차의 설냇값

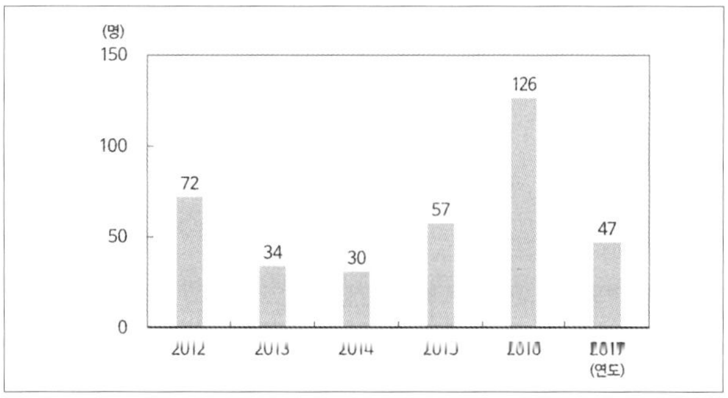

※ 인명피해자수 편차는 해당년도 인명피해자수에서 평균 인명피해자수를 뺀 값임.

③ 구조활동건수의 전년대비 증가량

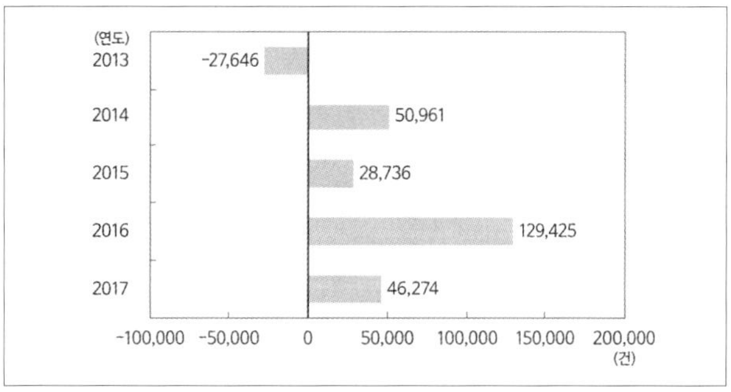

④ 화재발생건수 대비 인명피해자수 비율

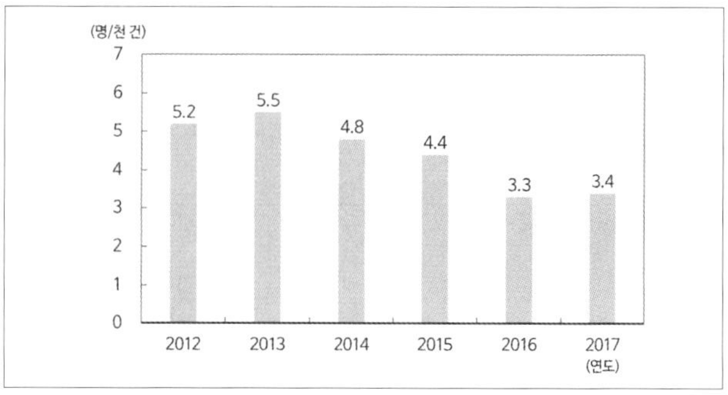

⑤ 화재발생건수의 전년대비 증가율

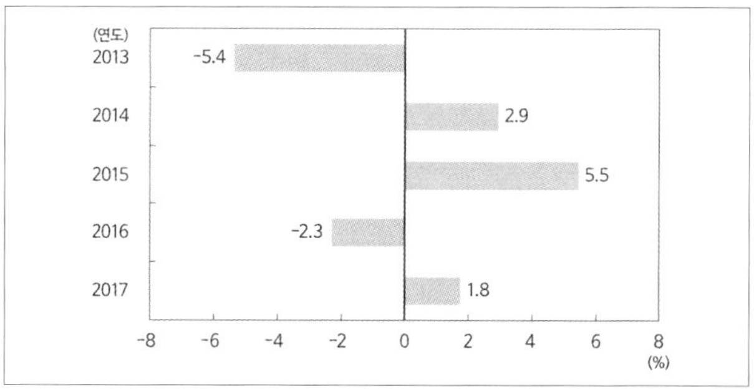

4. 다음 <표>는 2012~2018년 '갑'국의 지가변동률에 대한 자료이다. 이에 대한 <보기>의 설명 중 옳은 것만을 모두 고르면?

<표> 연도별 지가변동률

(단위: %)

지역 / 연도	수도권	비수도권
2012	0.37	1.47
2013	1.20	1.30
2014	2.68	2.06
2015	1.90	2.77
2016	2.99	2.97
2017	4.31	3.97
2018	6.11	3.64

<보 기>

ㄱ. 비수도권의 지가변동률은 매년 상승하였다.

ㄴ. 비수도권의 지가변동률이 수도권의 지가변동률보다 높은 연도는 3개이다.

ㄷ. 전년대비 지가변동률 차이가 가장 큰 연도는 수도권과 비수도권이 동일하다.

① ㄱ ② ㄴ ③ ㄱ, ㄷ
④ ㄴ, ㄷ ⑤ ㄱ, ㄴ, ㄷ

5. 다음 <그림>과 <표>는 '갑'국을 포함한 주요 10개국의 학업성취도 평가 자료이다. 이에 대한 설명으로 옳은 것은?

<그림> 1998~2018년 '갑'국의 성별 학업성취도 평균점수

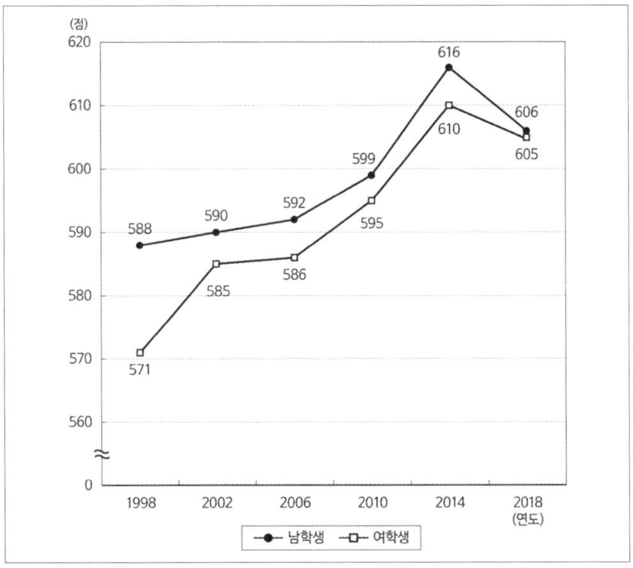

※ 학업성취도 평균점수는 소수점 아래 첫째 자리에서 반올림한 값임.

<표> 2018년 주요 10개국의 학업성취도 평균점수 및 점수대별 누적 학생비율

(단위: 점, %)

구분 / 국가	평균 점수	학업성취도 점수대별 누적 학생비율			
		625점 이상	550점 이상	475점 이상	400점 이상
A	621	54	81	94	99
갑	606	43	75	93	99
B	599	42	72	88	97
C	594	37	75	92	98
D	586	34	67	89	98
E	538	14	46	78	95
F	528	12	41	71	91
G	527	7	39	78	96
H	523	7	38	76	94
I	518	10	36	69	93

※ 학업성취수준은 수월수준(625점 이상), 우수수준(550점 이상 625점 미만), 보통수준(475점 이상 550점 미만), 기초수준(400점 이상 475점 미만), 기초수준 미달(400점 미만)로 구분됨.

① '갑'국 남학생과 여학생의 평균점수 차이는 2018년이 1998년보다 크다.
② '갑'국의 평균점수는 2018년이 2014년보다 크다.
③ 2018년 주요 10개 국가는 '수월수준'의 학생비율이 높을수록 평균점수가 높다.
④ 2018년 주요 10개 국가 중 '기초수준 미달'의 학생비율이 가장 높은 국가는 I국이다.
⑤ 2018년 '우수수준'의 학생비율은 D국이 B국보다 높다.

6. 다음 <표>는 2017년과 2018년 주요 10개 자동차 브랜드 가치평가에 관한 자료이다. 이에 대한 <보기>의 설명 중 옳은 것만을 모두 고르면?

<표 1> 브랜드 가치평가액

(단위: 억 달러)

연도 / 브랜드	2017	2018
TO	248	279
BE	200	218
BM	171	196
HO	158	170
FO	132	110
WO	56	60
AU	37	42
HY	35	41
XO	38	39
NI	32	31

<표 2> 브랜드 가치평가액 순위

구분 / 연도 / 브랜드	전체 제조업계 내 순위		자동차업계 내 순위	
	2017	2018	2017	2018
TO	9	7	1	1
BE	11	10	2	2
BM	16	15	3	3
HO	19	19	4	4
FO	22	29	5	5
WO	56	56	6	6
AU	78	74	8	7
HY	84	75	9	8
XO	76	80	7	9
NI	85	90	10	10

<보 기>

ㄱ. 2017년 대비 2018년 '전체 제조업계 내 순위'가 하락한 브랜드는 2017년 대비 2018년 브랜드 가치평가액도 감소하였다.
ㄴ. 2017년과 2018년의 브랜드 가치평가액 차이가 세 번째로 큰 브랜드는 BE이다.
ㄷ. 2017년 대비 2018년 '전체 제조업계 내 순위'와 '자동차업계 내 순위'가 모두 상승한 브랜드는 2개뿐이다.
ㄹ. 연도별 '자동차업계 내 순위' 기준 상위 7개 브랜드 가치평가액 평균은 2018년이 2017년보다 크다.

① ㄱ, ㄴ ② ㄱ, ㄹ ③ ㄴ, ㄷ
④ ㄴ, ㄹ ⑤ ㄷ, ㄹ

7. 다음 <표>는 2019년 5월 10일 A프랜차이즈의 지역별 가맹점수와 결제 실적에 관한 자료이다. 이에 대한 설명으로 옳지 않은 것은?

<표 1> A프랜차이즈의 지역별 가맹점수, 결제건수 및 결제금액

(단위: 개, 건, 만 원)

지역 \ 구분		가맹점수	결제건수	결제금액
서울		1,269	142,248	241,442
6대 광역시	부산	34	3,082	7,639
	대구	8	291	2,431
	인천	20	1,317	2,548
	광주	8	306	793
	대전	13	874	1,811
	울산	11	205	635
전체		1,363	148,323	257,299

<표 2> A프랜차이즈의 가맹점 규모별 결제건수 및 결제금액

(단위: 건, 만 원)

가맹점 규모 \ 구분	결제건수	결제금액
소규모	143,565	250,390
중규모	3,476	4,426
대규모	1,282	2,483
전체	148,323	257,299

① '서울' 지역 소규모 가맹점의 결제건수는 137,000건 이하이다.
② 6대 광역시 가맹점의 결제건수 합은 6,000건 이상이다.
③ 결제건수 대비 결제금액을 가맹점 규모별로 비교할 때 가장 작은 가맹점 규모는 중규모이다.
④ 가맹점수 대비 결제금액이 가장 큰 지역은 '대구'이다.
⑤ 전체 가맹점수에서 '서울' 지역 가맹점수 비중은 90% 이상이다.

8. 다음 <표>와 <그림>은 '갑'국의 방송사별 만족도지수, 질평가지수, 시청자평가지수를 나타낸 자료이다. 이에 대한 <보기>의 설명 중 옳은 것만을 모두 고르면?

<표> 방송사별 전체 및 주시청 시간대의 만족도지수와 질평가지수

유형 \ 방송사 \ 구분		전체 시간대		주시청 시간대	
		만족도 지수	질평가 지수	만족도 지수	질평가 지수
지상파	A	7.37	7.33	( )	7.20
	B	7.22	7.05	7.23	( )
	C	7.14	6.97	7.11	6.93
	D	7.32	7.16	( )	7.23
종합편성	E	6.94	6.90	7.10	7.02
	F	7.75	7.67	( )	7.88
	G	7.14	7.04	7.20	( )
	H	7.03	6.95	7.08	7.00

<그림> 방송사별 주시청 시간대의 시청자평가지수

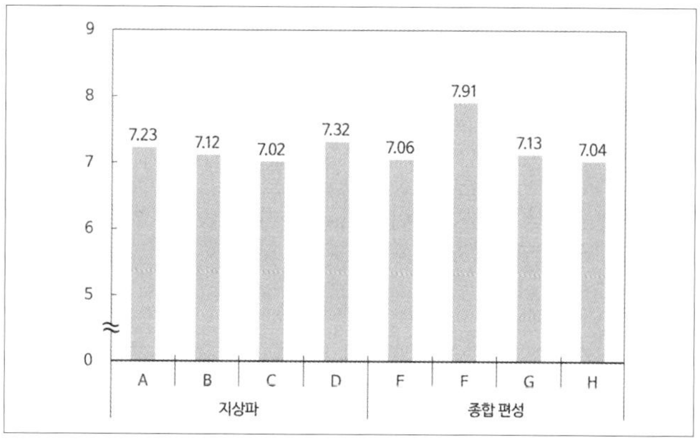

※ 전체(주시청)시간대 시청자평가지수 = $\left(\frac{\text{전체(주시청)시간대 만족도지수} + \text{전체(주시청)시간대 질평가지수}}{2}\right)$

<보 기>

ㄱ. 각 지상파 방송사는 전체 시간대와 주시청 시간대 모두 만족도지수가 질평가지수보다 높다.
ㄴ. 각 종합편성 방송사의 질평가지수는 주시청 시간대가 전체 시간대보다 높다.
ㄷ. 각 지상파 방송사의 시청자평가지수는 전체 시간대가 주시청 시간대보다 높다.
ㄹ. 만족도지수는 주시청 시간대가 전체 시간대보다 높으면서 시청자평가지수는 주시청 시간대가 전체 시간대보다 낮은 방송사는 2개이다.

① ㄱ, ㄴ
② ㄱ, ㄷ
③ ㄴ, ㄹ
④ ㄱ, ㄷ, ㄹ
⑤ ㄴ, ㄷ, ㄹ

9. 다음 <표>와 <그림>은 2018년 A대학의 학생상담 현황에 대한 자료이다. 이에 대한 <보기>의 설명 중 옳은 것만을 모두 고르면?

<표> 상담자별, 학년별 상담건수

(단위: 건)

학년 / 상담자	1학년	2학년	3학년	4학년	합
교수	1,085	1,020	911	1,269	4,285
상담직원	154	97	107	56	414
진로컨설턴트	67	112	64	398	641
전체	1,306	1,229	1,082	1,723	5,340

<그림 1> 상담횟수별 학생 수

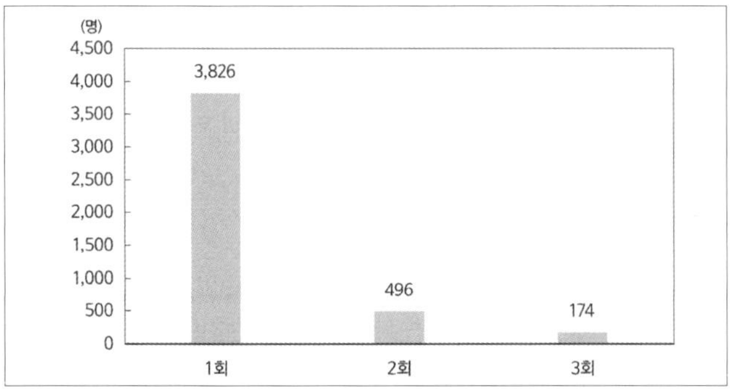

<그림 2> 전체 상담건수의 유형별 구성비

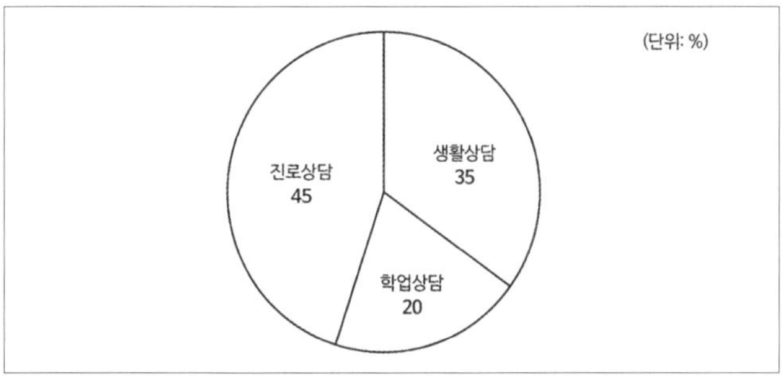

<보 기>

ㄱ. 학년별 전체 상담건수 중 '상담직원'의 상담건수가 차지하는 비중이 큰 학년부터 순서대로 나열하면 1학년, 2학년, 3학년, 4학년 순이다.

ㄴ. '진로컨설턴트'가 상담한 유형이 모두 진로상담이고, '상담직원'이 상담한 유형이 모두 생활상담 또는 학업상담이라면, '교수'가 상담한 유형 중 진로상담이 차지하는 비중은 30% 이상이다.

ㄷ. 상담건수가 많은 학년부터 순서대로 나열하면 4학년, 1학년, 2학년, 3학년 순이다.

ㄹ. 최소 한 번이라도 상담을 받은 학생 수는 4,600명 이하이다.

① ㄱ, ㄷ
② ㄴ, ㄹ
③ ㄱ, ㄴ, ㄷ
④ ㄱ, ㄷ, ㄹ
⑤ ㄴ, ㄷ, ㄹ

10. 다음 <표>는 2018년 A~E기업의 영업이익, 직원 1인당 영업이익, 평균연봉을 나타낸 자료이다. <보기>의 설명을 근거로 '나', '라'에 해당하는 기업을 바르게 나열한 것은?

<표> A~E기업의 영업이익, 직원 1인당 영업이익, 평균연봉

(단위: 백만 원)

항목 / 기업	영업이익	직원 1인당 영업이익	평균연봉
가	83,600	34	66
나	33,900	34	34
다	21,600	18	58
라	24,600	7	66
마	50,100	30	75

<보 기>

○ A는 B, C, E에 비해 직원 수가 많다.
○ C는 B, D, E에 비해 평균연봉 대비 직원 1인당 영업이익이 적다.
○ A, B, C의 영업이익을 합쳐도 D의 영업이익보다 적다.
○ E는 B에 비해 직원 1인당 영업이익이 적다.

	나	라
①	B	A
②	B	D
③	C	B
④	C	E
⑤	D	A

11. 다음 <보고서>는 2017년 세종특별자치시의 자원봉사 현황을 요약한 자료이다. <보고서>의 내용을 작성하는 데 직접적인 근거로 활용되지 않은 자료는?

<보고서>

○ 자원봉사자 등록 현황

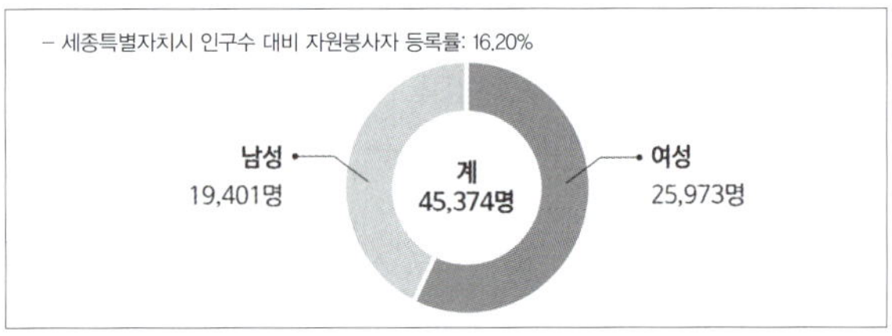

○ 자원봉사단체 등록 현황

○ 연령대별 자원봉사자 등록 현황

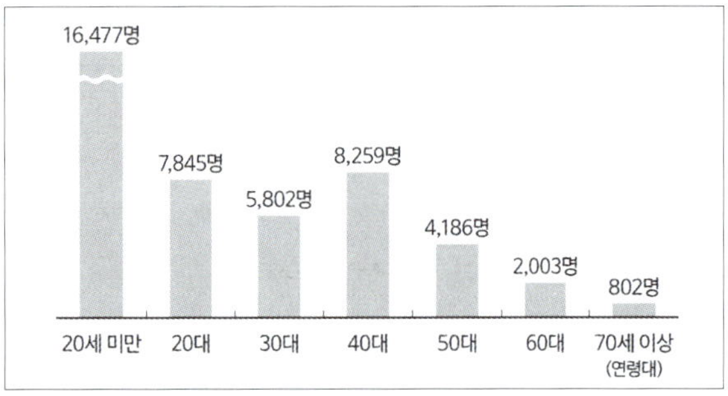

○ 자원봉사자 활동 현황

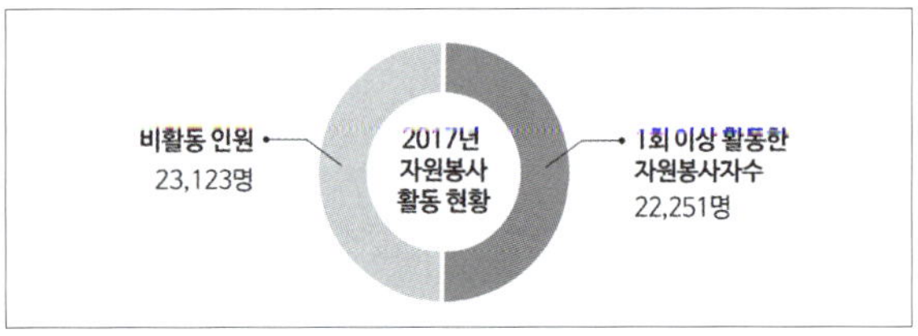

○ 자원봉사 누적시간대별 자원봉사 참여자수 현황

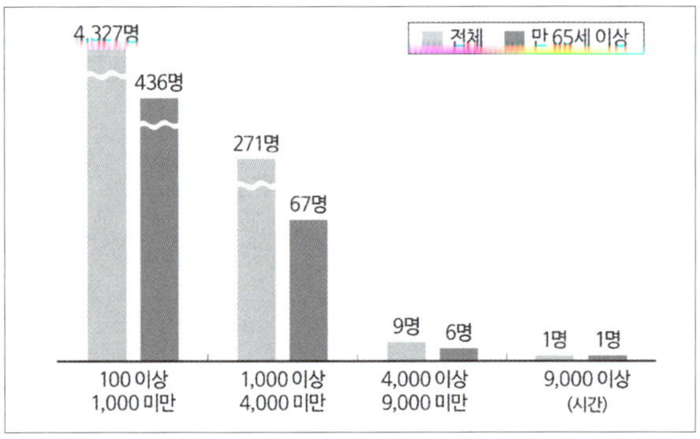

① 2017년 세종특별자치시에 등록된 자원봉사단체별 회원수 현황
② 2017년 세종특별자치시 인구 현황
③ 2017년 세종특별자치시에 등록된 성별, 연령별 자원봉사자수 현황
④ 2017년 세종특별자치시 연간 1회 이상 활동한 자원봉사자수 현황
⑤ 2017년 세종특별자치시 연령별, 1일 시간대별 자원봉사 참여자수 현황

12. 다음 <표>는 2018년 '갑'국의 대학유형별 현황에 관한 자료이다. 이에 대한 <보기>의 설명 중 옳은 것만을 모두 고르면?

<표> 대학유형별 현황

(단위: 개, 명)

구분 \ 유형	국립대학	공립대학	사립대학	전체
학교	34	1	154	189
학과	2,776	40	8,353	11,169
교원	15,299	354	49,770	65,423
여성	2,131	43	12,266	14,440
직원	8,987	205	17,459	26,651
여성	3,254	115	5,259	8,628
입학생	78,888	1,923	274,961	355,772
재적생	471,465	13,331	1,628,497	2,113,293
졸업생	66,890	1,941	253,582	322,413

<보 기>

ㄱ. 학과당 교원 수는 공립대학이 사립대학보다 많다.
ㄴ. 전체 대학 입학생 수에서 국립대학 입학생 수가 차지하는 비율은 20% 이상이다.
ㄷ. 입학생 수 대비 졸업생 수의 비율은 공립대학이 국립대학보다 높다.
ㄹ. 각 대학유형에서 남성 직원 수가 여성 직원 수보다 많다.

① ㄱ, ㄷ
② ㄱ, ㄹ
③ ㄴ, ㄹ
④ ㄱ, ㄴ, ㄷ
⑤ ㄴ, ㄷ, ㄹ

13. 다음 <표>는 2014~2018년 '갑'국 체류외국인수 및 체류외국인 범죄건수에 대한 자료이다. 이에 대한 <보기>의 설명 중 옳은 것만을 모두 고르면?

<표> 체류외국인수 및 체류외국인 범죄건수

(단위: 명, 건)

구분 \ 연도	2014	2015	2016	2017	2018
체류외국인수	1,168,477	1,261,415	1,395,077	1,445,103	1,576,034
합법체류외국인수	990,522	1,092,900	1,227,297	1,267,249	1,392,928
불법체류외국인수	177,955	168,515	167,780	177,854	183,106
체류외국인 범죄건수	21,235	19,445	25,507	22,914	24,984
합법체류외국인 범죄건수	18,645	17,538	23,970	21,323	22,951
불법체류외국인 범죄건수	2,590	1,907	1,537	1,591	2,033

<보 기>

ㄱ. 매년 불법체류외국인수는 체류외국인수의 10% 이상이다.
ㄴ. 불법체류외국인 범죄건수의 전년대비 증가율이 가장 높은 해에 합법체류외국인 범죄건수의 전년대비 증가율도 가장 높다.
ㄷ. 체류외국인 범죄건수가 전년에 비해 감소한 해에는 합법체류외국인 범죄건수와 불법체류외국인 범죄건수도 각각 전년에 비해 감소하였다.
ㄹ. 매년 합법체류외국인 범죄건수는 체류외국인 범죄건수의 80% 이상이다.

① ㄱ, ㄹ
② ㄴ, ㄷ
③ ㄴ, ㄹ
④ ㄱ, ㄴ, ㄷ
⑤ ㄱ, ㄷ, ㄹ

14. 다음 <그림>은 한국, 일본, 미국, 벨기에의 2010년, 2015년, 2020년 자동차 온실가스 배출량 기준에 관한 자료이다. <그림>과 <조건>에 근거하여 A~D에 해당하는 국가를 바르게 나열한 것은?

<그림> 자동차 온실가스 배출량 기준

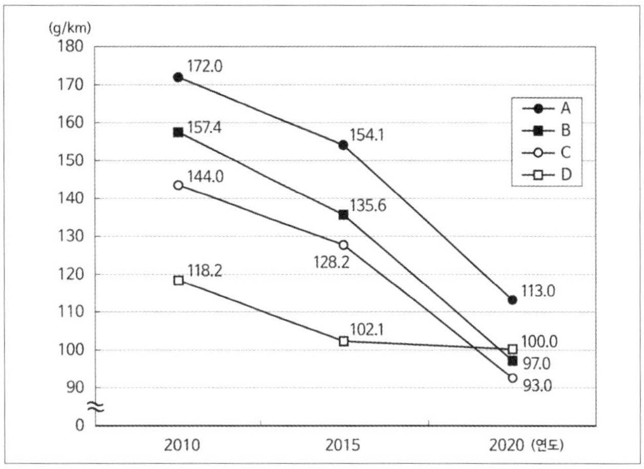

<조 건>

○ 2010년 대비 2020년 자동차 온실가스 배출량 기준 감소율은 한국이 일본, 미국, 벨기에보다 높다.
○ 2015년 한국과 일본의 자동차 온실가스 배출량 기준 차이는 30g/km 이상이다.
○ 2020년 자동차 온실가스 배출량 기준은 미국이 한국과 벨기에보다 높다.

	A	B	C	D
①	미국	벨기에	한국	일본
②	미국	한국	벨기에	일본
③	벨기에	한국	미국	일본
④	일본	벨기에	한국	미국
⑤	한국	일본	벨기에	미국

15. 다음 <그림>은 '갑' 자치구의 예산내역에 관한 자료이다. 이에 대한 <보기>의 설명 중 옳은 것만을 모두 고르면?

<그림> '갑' 자치구 예산내역

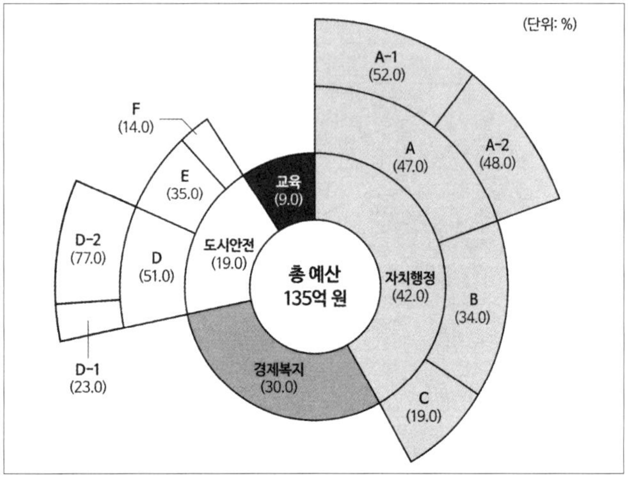

※ 1) 괄호 안의 값은 예산 비중을 의미함.
2) 예를 들어, A(47.0)은 A사업의 예산이 '자치행정' 분야 예산의 47.0%임을 나타내고, D-1사업의 예산은 3.0억 원임.

<보 기>

ㄱ. '교육' 분야 예산은 13억 원 이상이다.
ㄴ. C사업 예산은 D사업 예산보다 적다.
ㄷ. '경제복지' 분야 예산은 B사업과 C사업 예산의 합보다 많다.
ㄹ. '도시안전' 분야 예산은 A-2사업 예산의 3배 이상이다.

① ㄱ, ㄴ
② ㄱ, ㄷ
③ ㄴ, ㄷ
④ ㄴ, ㄹ
⑤ ㄷ, ㄹ

16. 다음 <표>는 고려시대 왕의 혼인종류별 후비(后妃) 수를 조사한 것이다. 이에 대한 설명으로 옳지 않은 것은?

<표> 고려시대 왕의 혼인종류별 후비 수

(단위: 명)

혼인종류 / 왕		족외혼	족내혼	몽골출신	혼인종류 / 왕		족외혼	족내혼	몽골출신
1대	태조	29	0	-	19대	명종	0	1	-
2대	혜종	4	0	-	20대	신종	0	1	-
3대	정종	3	0	-	21대	희종	0	1	-
4대	광종	0	2	-	22대	강종	1	1	-
5대	경종	1	( )	-	23대	고종	0	1	-
6대	성종	2	1	-	24대	원종	1	1	-
7대	목종	1	1	-	25대	충렬왕	1	1	1
8대	현종	10	3	-	26대	충선왕	3	1	2
9대	덕종	3	2	-	27대	충숙왕	2	0	( )
10대	정종	5	0	-	28대	충혜왕	3	1	1
11대	문종	4	1	-	29대	충목왕	0	0	0
12대	순종	2	1	-	30대	충정왕	0	0	0
13대	선종	3	0	-	31대	공민왕	3	1	1
14대	헌종	0	0	-	32대	우왕	2	0	0
15대	숙종	1	0	-	33대	창왕	0	0	0
16대	예종	2	2	-	34대	공양왕	1	0	0
17대	인종	4	0	-	전체		( )	28	8
18대	의종	1	1	-					

※ 혼인종류는 족외혼, 족내혼, 몽골출신만으로 구성되며, 몽골출신과의 혼인은 충렬왕부터임.

① 전체 족외혼 후비 수는 전체 족내혼 후비 수의 3배 이상이다.
② 몽골출신 후비 수가 가장 많은 왕은 충숙왕이다.
③ 태조부터 경종까지의 족내혼 후비 수의 합은 문종부터 희종까지의 족내혼 후비 수의 합과 같다.
④ 태조의 후비 수는 광종과 경종의 모든 후비 수의 합의 4배 이상이다.
⑤ 경종의 족내혼 후비 수가 충숙왕의 몽골출신 후비 수보다 많다.

17. 다음 <그림>은 '갑'국 국회의원 선거의 지역별 정당지지율에 관한 자료이다. <그림>과 <조건>에 근거하여 선거구를 획정할 때, <보기> 중 B정당의 국회의원이 가장 많이 선출되는 선거구 획정방법을 고르면?

<그림> 국회의원 선거의 지역별 정당지지율

(단위: %)

가 (90:10:0)	나 (80:20:0)	다 (70:20:10)	라 (40:50:10)
마 (60:20:20)	바 (60:10:30)	사 (30:30:40)	아 (10:60:30)
자 (30:60:10)	차 (20:40:40)	카 (20:20:60)	타 (10:80:10)

※ 괄호 안의 수치는 해당 지역의 각 정당지지율(A정당:B정당:C정당)을 의미함.

<조 건>

○ 3개 지역을 묶어서 1개의 선거구로 획정한다.
- 지역 경계는 점선(---)으로 표시되며, 선거구 경계는 실선(—)으로 표시된다.
- 아래 그림은 '가', '나', '바' 지역이 1개의 선거구로 획정됨을 의미한다.

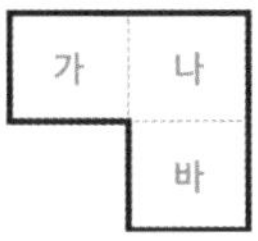

○ 선거구당 1명의 국회의원을 선출한다.
○ 선거구 내 지역별 각 정당지지율의 합이 가장 큰 정당의 후보가 국회의원으로 선출된다.

<보 기>

ㄱ.

ㄴ.

ㄷ.

ㄹ.
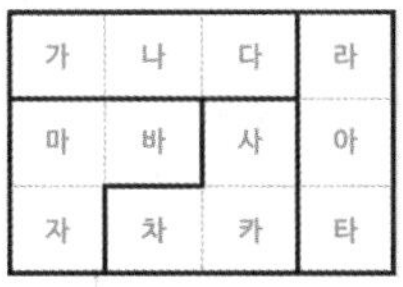

ㅁ.

① ㄱ
② ㄴ
③ ㄷ
④ ㄹ
⑤ ㅁ

18. 다음 <표>는 '갑'국 A~E대학의 재학생수 및 재직 교원수와 법정 필요 교원수 산정기준에 관한 자료이다. 이에 근거하여 법정 필요 교원수를 충족시키기 위해 충원해야 할 교원수가 많은 대학부터 순서대로 나열하면?

<표 1> 재학생수 및 재직 교원수

(단위: 명)

구분 \ 대학	A	B	C	D	E
재학생수	900	30,000	13,300	4,200	18,000
재직 교원수	44	1,260	450	130	860

<표 2> 법정 필요 교원수 산정기준

재학생수	법정 필요 교원수
1,000명 미만	재학생 22명당 교원 1명
1,000명 이상 10,000명 미만	재학생 21명당 교원 1명
10,000명 이상 20,000명 미만	재학생 20명당 교원 1명
20,000명 이상	재학생 19명당 교원 1명

※ 법정 필요 교원수 계산 시 소수점 아래 첫째 자리에서 올림.

① B, C, D, A, E
② B, C, D, E, A
③ B, D, C, E, A
④ C, B, D, A, E
⑤ C, B, D, E, A

19. 다음 <표>는 2018년 행정구역별 공동주택의 실내 라돈 농도에 대한 자료이다. 이에 대한 <보고서>의 설명 중 옳은 것만을 모두 고르면?

<표> 행정구역별 공동주택 실내 라돈 농도

항목 행정구역	조사대상 공동주택수 (호)	평균값 (Bq/m^3)	중앙값 (Bq/m^3)	$200Bq/m^3$ 초과 공동주택수 (호)
서울특별시	532	66.5	45.4	25
부산광역시	434	51.4	35.3	12
대구광역시	437	61.5	41.6	16
인천광역시	378	48.5	33.8	9
광주광역시	308	58.3	48.2	6
대전광역시	201	110.1	84.2	27
울산광역시	247	55.0	35.3	7
세종특별자치시	30	83.8	69.8	1
경기도	697	74.3	52.5	37
강원도	508	93.4	63.6	47
충청북도	472	86.3	57.8	32
충청남도	448	93.3	59.9	46
전라북도	576	85.7	56.7	40
전라남도	569	75.5	51.5	32
경상북도	610	72.4	48.3	34
경상남도	640	57.5	36.7	21
제주특별자치도	154	68.2	40.9	11
전국	7,241	-	-	403

<보고서>

우리나라에서는 2018년 처음으로 공동주택에 대한 '실내 라돈 권고 기준치'를 $200Bq/m^3$ 이하로 정하고 공동주택의 실내 라돈 농도를 조사하였다.

이번 공동주택 실내 라돈 농도 조사에서 ㉠조사대상 공동주택의 실내 라돈 농도 평균값은 경기도가 서울특별시의 1.1배 이상이다. 한편, ㉡행정구역별로 비교했을 때 실내 라돈 농도의 평균값이 클수록 중앙값도 컸으며 두 항목 모두 대전광역시가 가장 높았다. ㉢조사대상 공동주택 중 실내 라돈 농도가 실내 라돈 권고 기준치를 초과하는 공동주택의 비율이 5% 이상인 행정구역은 9곳이며, 10% 이상인 행정구역은 2곳으로 조사되었다.

① ㄱ
② ㄴ
③ ㄱ, ㄷ
④ ㄴ, ㄷ
⑤ ㄱ, ㄴ, ㄷ

20. 다음 <표>는 콘크리트 유형별 기준강도 및 시험체 강도판정결과에 관한 자료이다. <표>와 <판정기준>에 근거하여 (가), (나), (다)에 해당하는 강도판정결과를 바르게 나열한 것은?

<표> 콘크리트 유형별 기준강도 및 시험체 강도판정결과

(단위: MPa)

구분 콘크리트 유형	기준 강도	시험체 강도				강도판정 결과
		시험체 1	시험체 2	시험체 3	평균	
A	24	22.8	29.0	20.8	( )	(가)
B	27	26.1	25.0	28.1	( )	불합격
C	35	36.9	36.8	31.6	( )	(나)
D	40	36.4	36.3	47.6	40.1	합격
E	45	40.3	49.4	46.8	( )	(다)

※ 강도판정결과는 '합격'과 '불합격'으로 구분됨.

<판정기준>

○ 아래 조건을 모두 만족하는 경우에만 강도판정결과가 '합격'이다.
- 시험체 강도의 평균은 기준강도 이상이어야 한다.
- 기준강도가 35MPa 초과인 경우에는 각 시험체 강도가 모두 기준강도의 90% 이상이어야 한다.
- 기준강도가 35MPa 이하인 경우에는 각 시험체 강도가 모두 기준강도에서 3.5MPa을 뺀 값 이상이어야 한다.

	(가)	(나)	(다)
①	합격	합격	합격
②	합격	합격	불합격
③	합격	불합격	불합격
④	불합격	합격	합격
⑤	불합격	합격	불합격

21. 다음 <표>는 2017~2018년 '갑' 학교 학생식당의 메뉴별 제공횟수 및 만족도에 대한 자료이다. <표>와 <조건>에 근거한 설명으로 옳지 않은 것은?

<표> 메뉴별 제공횟수 및 만족도

(단위: 회, 점)

메뉴 \ 구분	제공횟수	만족도	
메뉴 \ 연도	2017	2017	2018
A	40	87	75
B	34	71	72
C	45	53	35
D	31	79	79
E	40	62	77
F	60	74	68
G	-	-	73
전체	250	-	-

<조 건>

○ 전체 메뉴 제공횟수는 매년 250회로 일정하며, 2018년에는 메뉴 G만 추가되었고, 2019년에는 메뉴 H만 추가되었다.

○ 각 메뉴의 다음 연도 제공횟수는 당해 연도 만족도에 따라 아래와 같이 결정된다.

만족도	다음 연도 제공횟수
0점 이상 50점 미만	당해 연도 제공횟수 대비 100% 감소
50점 이상 60점 미만	당해 연도 제공횟수 대비 20% 감소
60점 이상 70점 미만	당해 연도 제공횟수 대비 10% 감소
70점 이상 80점 미만	당해 연도 제공횟수와 동일
80점 이상 90점 미만	당해 연도 제공횟수 대비 10% 증가
90점 이상 100점 이하	당해 연도 제공횟수 대비 20% 증가

① 메뉴 A~F 중 2017년 대비 2019년 제공횟수가 증가한 메뉴는 1개이다.

② 2018년 메뉴 G의 제공횟수는 9회이다.

③ 2019년 메뉴 H의 제공횟수는 42회이다.

④ 2019년 메뉴 E의 제공횟수는 메뉴 A의 제공횟수보다 많다.

⑤ 메뉴 A~G 중 2018년과 2019년 제공횟수의 차이가 두 번째로 큰 메뉴는 F이다.

22. 다음 <그림>과 <표>는 2017~2018년 A, B기업이 '갑' 자동차 회사에 납품한 엔진과 변속기에 관한 자료이다. 이에 대한 설명으로 옳은 것은?

<그림 1> 연도별 '갑' 자동차 회사가 납품받은 엔진과 변속기 개수의 합

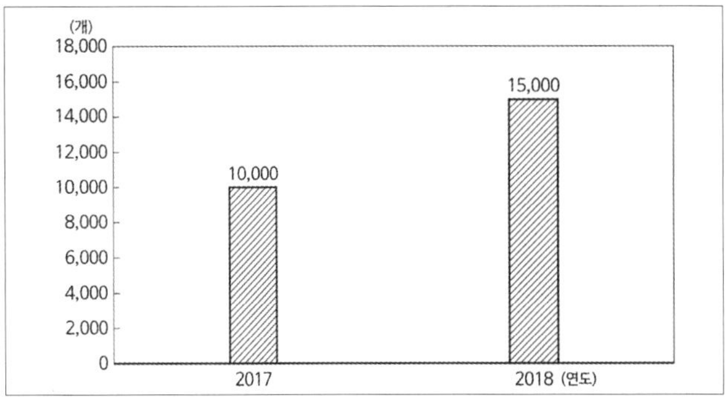

<그림 2> 2018년 기업별 엔진과 변속기 납품 개수의 합

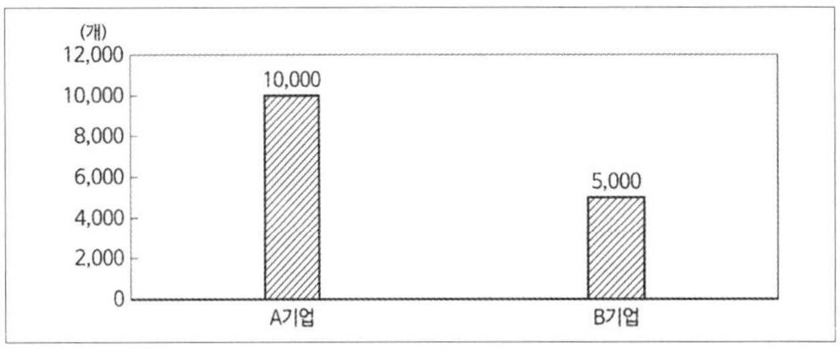

<그림 3> A기업의 연도별 엔진과 변속기 납품 개수 비율

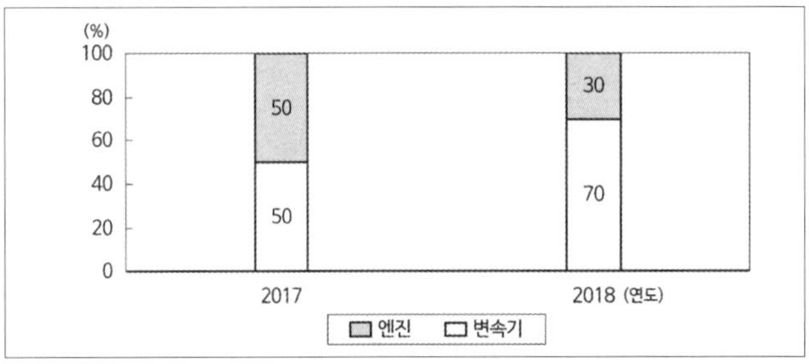

※ 1) '갑' 자동차 회사는 엔진과 변속기를 2017년에는 A기업으로부터만 납품받았으며, 2018년에는 A, B 두 기업에서만 납품받았음.
2) A, B기업은 '갑' 자동차 회사에만 납품함.
3) 매년 '갑' 자동차 회사가 납품받는 엔진 개수는 변속기 개수와 같음.

<표> A, B기업의 연도별 엔진과 변속기의 납품 단가

(단위: 만 원/개)

연도 \ 구분	엔진	변속기
2017	100	80
2018	90	75

① A기업의 엔진 납품 개수는 2018년이 2017년의 80%이다.

② 2018년 B기업은 변속기 납품 개수가 엔진 납품 개수의 12.5%이다.

③ '갑' 자동차 회사가 납품받은 엔진과 변속기 납품액 합은 2018년이 2017년에 비해 30% 이상 증가하였다.

④ '갑' 자동차 회사가 납품받은 변속기 납품 개수는 2018년이 2017년의 2배 이상이다.

⑤ 2018년 A, B기업의 엔진 납품액 합은 변속기 납품액 합보다 작다.

23. 다음 <표>는 A~F 행정동으로 구성된 '갑'시의 자치구 개편 및 행정동 간 인접 현황에 관한 자료이다. <표>와 <조건>에 근거한 설명으로 옳지 않은 것은?

<표 1> 행정동별 인구와 개편 전·후 자치구 현황

구분 / 행정동	인구(명)	개편 전 자치구	개편 후 자치구
A	1,500	가	( )
B	2,000	( )	( )
C	1,500	나	( )
D	1,500	( )	라
E	1,000	( )	마
F	1,500	다	( )

※ 자치구 개편 전·후 각 행정동의 인구수는 변화없음.

<표 2> 행정동 간 인접 현황

행정동	A	B	C	D	E	F
A		1	0	1	0	0
B	1		1	1	1	0
C	0	1		0	1	1
D	1	1	0		1	0
E	0	1	1	1		1
F	0	0	1	0	1	

※ 두 행정동이 인접하면 1, 인접하지 않으면 0임.

<조 건>

○ 개편 전 자치구는 '가', '나', '다' 3개이며, 개편 후 자치구는 '라', '마' 2개이다.
○ 개편 전에는 한 자치구에 2개의 행정동이 속하고, 개편 후에는 3개의 행정동이 속한다.
○ 동일 자치구에 속하는 행정동은 서로 인접하고 있으며, 행정동 간 인접 여부는 <표 2>에 따라 판단한다.

① 자치구 개편 전, 행정동 E는 자치구 '다'에 속한다.
② 자치구 개편 후, 행정동 C와 행정동 E는 같은 자치구에 속한다.
③ 자치구 개편 전, 자치구 '가'의 인구가 자치구 '나'의 인구보다 많다.
④ 자치구 개편 후, 자치구 '라'의 인구가 자치구 '마'의 인구보다 많다.
⑤ 행정동 B는 개편 전 자치구 '나'에 속하고, 개편 후 자치구 '라'에 속한다.

24. 다음 <그림>은 A기업 4개팀 체육대회의 종목별 대진표 및 중간경기결과이며, <표>는 종목별 승점 배점표이다. 이에 근거하여 남은 경기결과에 따른 최종 대회성적에 대한 설명으로 옳지 않은 것은?

<그림> A기업 체육대회의 종목별 대진표 및 중간경기결과

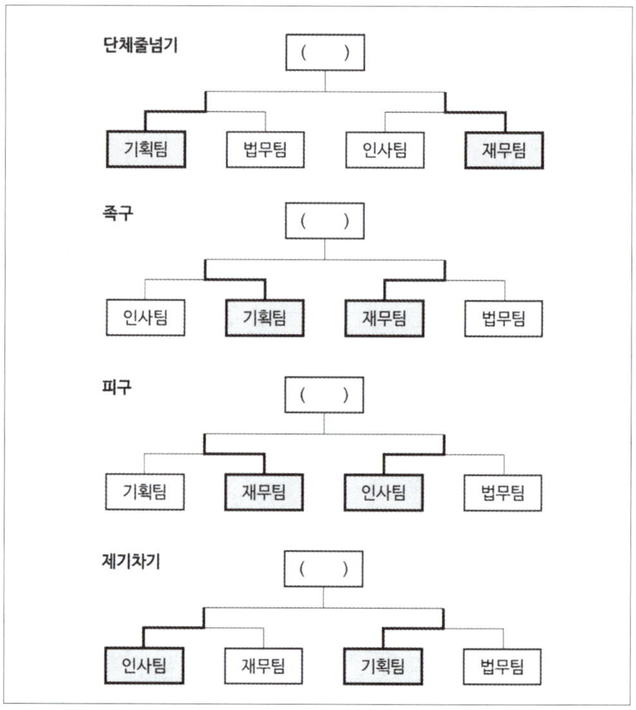

※ 굵은 선과 음영(▭)으로 표시된 팀은 이긴 팀을 의미하며, 결승전만을 남긴 상황임.

<표> 종목별 승점 배점표

종목 / 순위	단체줄넘기	족구	피구	제기차기
1위	120	90	90	60
2위	80	60	60	40
3·4위	40	30	30	20

※ 1) 최종 대회성적은 종목별 승점합계가 가장 높은 팀이 종합 우승, 두 번째로 높은 팀이 종합 준우승임.
2) 승점합계가 동일한 팀이 나올 경우, 단체줄넘기 종목의 순위가 높은 팀이 최종 순위가 높음.
3) 모든 경기에 무승부는 없음.

① 남은 경기결과와 상관없이 법무팀은 종합 우승을 할 수 없다.
② 재무팀이 남은 경기 중 2종목에서 이기더라도 기획팀이 종합 우승을 할 수 있다.
③ 기획팀이 남은 경기에서 모두 지면, 재무팀이 종합 우승을 한다.
④ 재무팀이 남은 경기에서 모두 지더라도 재무팀은 종합 준우승을 한다.
⑤ 인사팀이 남은 경기에서 모두 이기더라도 인사팀은 종합 우승을 할 수 없다.

25. 다음 <표>, <정보>, <그림>은 A사의 공장에서 물류센터까지의 수송량과 수송비용에 관한 자료이다. 이에 대한 설명으로 옳지 않은 것은?

<표> 공장에서 물류센터까지의 수송량

(단위: 개)

공장 \ 물류센터	서울	부산	대구	광주
구미	0	200	( )	( )
청주	300	( )	0	0
덕평	300	0	0	0

<정 보>

○ 해당 공장에서 각 물류센터까지의 수송량의 합은 해당 공장의 '최대공급량'보다 작거나 같다.
○ 각 공장에서 해당 물류센터까지의 수송량의 합은 해당 물류센터의 '최소요구량'보다 크거나 같다.
○ 공장별 '최대공급량'은 구미 600개, 청주 500개, 덕평 300개이다.
○ 물류센터별 '최소요구량'은 서울 600개, 부산 400개, 대구 200개, 광주 150개이다.
○ 수송비용 = (수송량) × (개당 수송비용)
○ 총 수송비용은 각 공장에서 각 물류센터까지의 수송비용의 합이다.

<그림> 공장에서 물류센터까지의 개당 수송비용

(단위: 천 원/개)

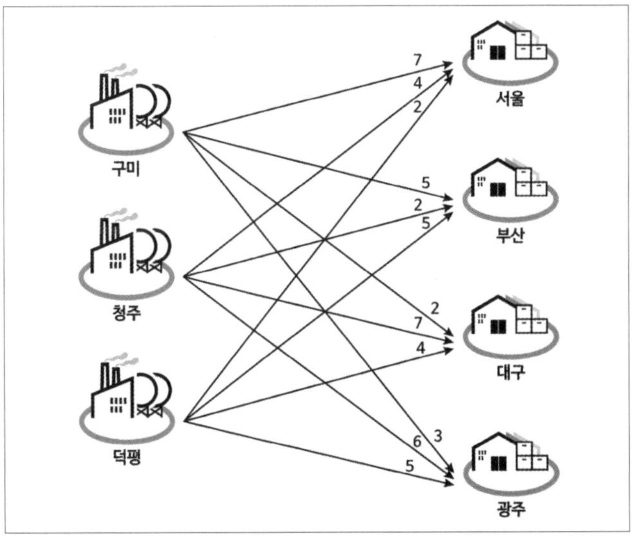

※ 예시: '청주 $\xrightarrow{2}$ 부산'은 청주 공장에서 부산 물류센터까지의 개당 수송비용이 2천 원임을 의미함.

① 청주 공장에서 부산 물류센터까지의 수송량은 200개이다.
② 총 수송비용을 최소화할 때, 구미 공장에서 광주 물류센터까지의 수송량은 150개이다.
③ 총 수송비용의 최소 금액은 405만 원이다.
④ 구미 공장에서 서울 물류센터까지의 개당 수송비용이 7천 원에서 8천 원으로 증가해도 총 수송비용의 최소 금액은 증가하지 않는다.
⑤ 구미 공장의 '최대공급량'이 600개에서 550개로 줄어들면, 총 수송비용의 최소 금액은 감소한다.

약점 보완 해설집 p.78

시험일: ______년 ______월 ______일

2018년도 국가공무원 5급 및 7급 민경채 필기시험

| 자료해석영역 |

응시번호	
성명	

문제책형 가

응시자 주의사항

1. **시험시작 전 시험문제를 열람하는 행위나 시험종료 후 답안을 작성하는 행위를 한 사람**은 「공무원 임용시험령」 제51조에 의거 **부정행위자**로 처리됩니다.
2. **답안지 책형 표기는 시험시작 전** 감독관의 지시에 따라 **문제책 앞면에 인쇄된 문제책형을 확인**한 후, **답안지 책형란에 해당 책형(1개)**을 '●'로 표기하여야 합니다.
3. 시험이 시작되면 문제를 주의 깊게 읽은 후, **문항의 취지에 가장 적합한 하나의 정답만을 고르며**, 문제내용에 관한 질문은 할 수 없습니다.
4. **답안을 잘못 표기하였을 경우에는 답안지를 교체하여 작성**하거나 **수정할 수 있으며**, 표기한 답안을 수정할 때는 **응시자 본인이 가져온 수정테이프만을 사용**하여 해당 부분을 완전히 지우고 부착된 수정테이프가 떨어지지 않도록 손으로 눌러주어야 합니다. **(수정액 또는 수정 스티커 등은 사용 불가)**
5. **시험시간 관리의 책임은 응시자 본인에게 있습니다.**
   ※ 문제책은 시험종료 후 가지고 갈 수 있습니다.

모바일 자동 채점 및 성적 분석 서비스

'약점 보완 해설집'에 회차별로 수록된 QR코드를 인식하면 응시 인원 대비 자신의 성적 위치를 확인할 수 있습니다.

해커스PSAT

1. 다음 <표>는 '갑' 연구소에서 제습기A~E의 습도별 연간소비전력량을 측정한 자료이다. 이에 대한 <보기>의 설명 중 옳은 것만을 모두 고르면?

<표> 제습기A~E의 습도별 연간소비전력량

(단위: kWh)

제습기 \ 습도	40%	50%	60%	70%	80%
A	550	620	680	790	840
B	560	640	740	810	890
C	580	650	730	800	880
D	600	700	810	880	950
E	660	730	800	920	970

<보 기>

ㄱ. 습도가 70%일 때 연간소비전력량이 가장 적은 제습기는 A이다.

ㄴ. 각 습도에서 연간소비전력량이 많은 제습기부터 순서대로 나열하면, 습도 60%일 때와 습도 70%일 때의 순서는 동일하다.

ㄷ. 습도가 40%일 때 제습기E의 연간소비전력량은 습도가 50%일 때 제습기B의 연간소비전력량보다 많다.

ㄹ. 제습기 각각에서 연간소비전력량은 습도가 80%일 때가 40%일 때의 1.5배 이상이다.

① ㄱ, ㄴ
② ㄱ, ㄷ
③ ㄴ, ㄹ
④ ㄱ, ㄷ, ㄹ
⑤ ㄴ, ㄷ, ㄹ

2. 다음 <표>는 통신사 '갑', '을', '병'의 스마트폰 소매가격 및 평가점수 자료이다. 이에 대한 <보기>의 설명 중 옳은 것만을 모두 고르면?

<표> 통신사별 스마트폰의 소매가격 및 평가점수

(단위: 달러, 점)

통신사	스마트폰	소매가격	평가항목					종합품질점수
			화질	내비게이션	멀티미디어	배터리수명	통화성능	
갑	A	150	3	3	3	3	1	13
	B	200	2	2	3	1	2	( )
	C	200	3	3	3	1	1	( )
을	D	180	3	3	3	2	1	( )
	E	100	2	3	3	2	1	11
	F	70	2	1	3	2	1	( )
병	G	200	3	3	3	2	2	( )
	H	50	3	2	3	2	1	( )
	I	150	3	2	2	3	2	12

※ 스마트폰의 '종합품질점수'는 해당 스마트폰의 평가항목별 평가점수의 합임.

<보 기>

ㄱ. 소매가격이 200달러인 스마트폰 중 '종합품질점수'가 가장 높은 스마트폰은 C이다.

ㄴ. 소매가격이 가장 낮은 스마트폰은 '종합품질점수'도 가장 낮다.

ㄷ. 통신사 각각에 대해서 해당 통신사 스마트폰의 '통화성능' 평가점수의 평균을 계산하여 통신사별로 비교하면 '병'이 가장 높다.

ㄹ. 평가항목 각각에 대해서 스마트폰 A~I 평가점수의 합을 계산하여 평가항목별로 비교하면 '멀티미디어'가 가장 높다.

① ㄱ
② ㄷ
③ ㄱ, ㄴ
④ ㄴ, ㄹ
⑤ ㄷ, ㄹ

3. 다음 <표>는 2016년과 2017년 A~F항공사의 공급석 및 탑승객 수를 나타낸 자료이다. <표>를 이용하여 작성한 그래프로 옳지 않은 것은?

<표> 항공사별 공급석 및 탑승객 수

(단위: 만 개, 만 명)

구분 / 연도 / 항공사	공급석 수		탑승객 수	
	2016	2017	2016	2017
A	260	360	220	300
B	20	110	10	70
C	240	300	210	250
D	490	660	410	580
E	450	570	380	480
F	250	390	200	320
전체	1,710	2,390	1,430	2,000

① 연도별 A~F항공사 전체의 공급석 및 탑승객 수

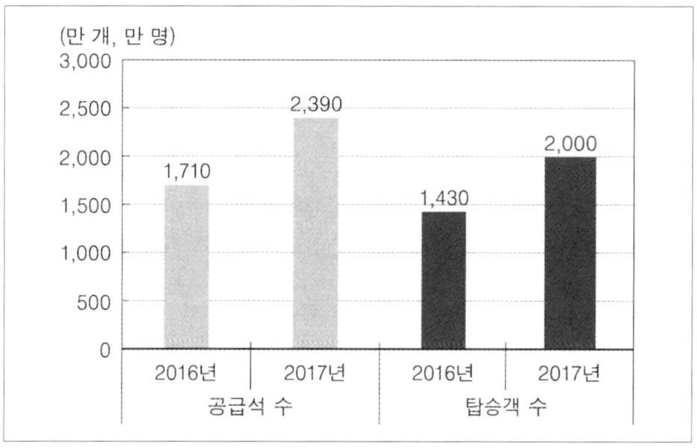

② 항공사별 탑승객 수

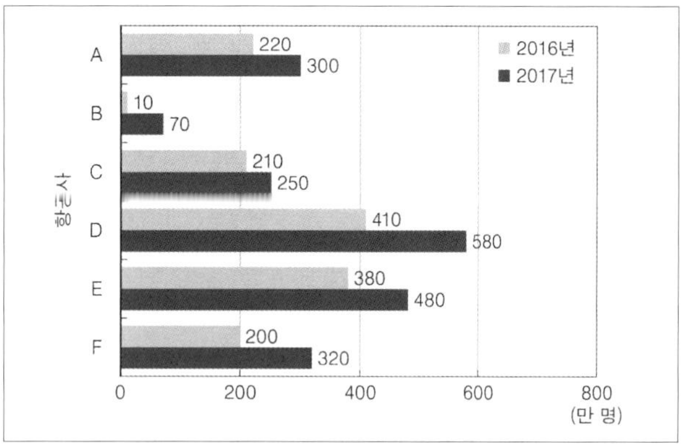

③ 2017년 탑승객 수의 항공사별 구성비

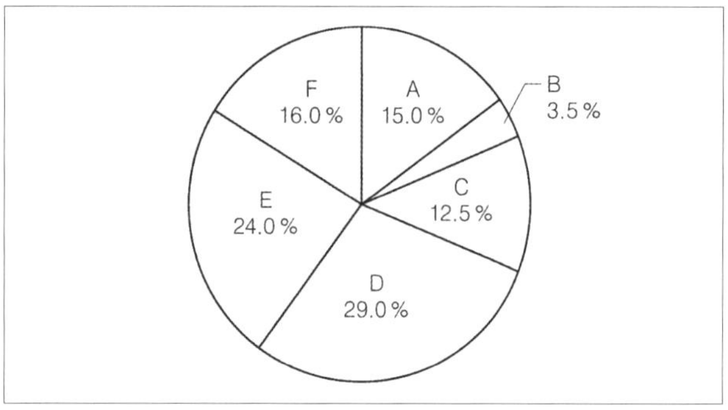

④ 2016년 대비 2017년 항공사별 공급석 수 증가량

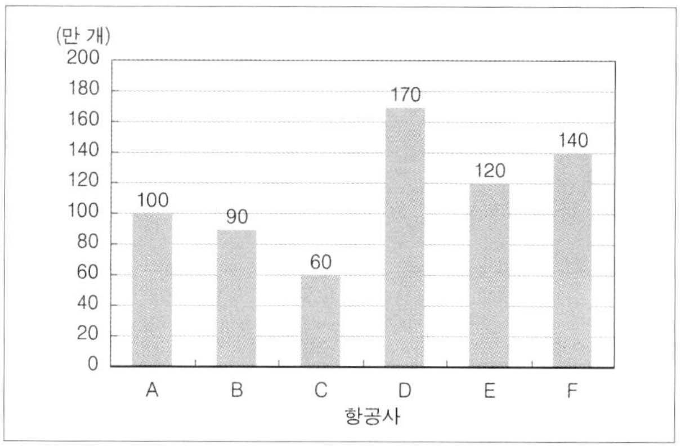

⑤ 2017년 항공사별 잔여석 수

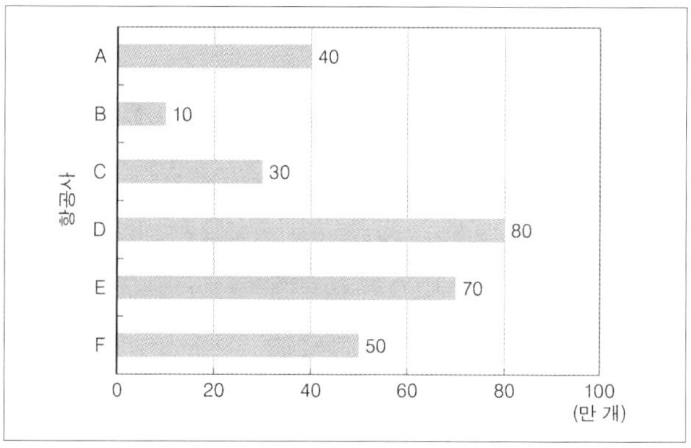

※ 잔여석 수 = 공급석 수 − 탑승객 수

4. 다음 <그림>은 A국의 2012~2017년 태양광 산업 분야 투자액 및 투자건수에 관한 자료이다. 이에 대한 설명으로 옳지 않은 것은?

<그림> 태양광 산업 분야 투자액 및 투자건수

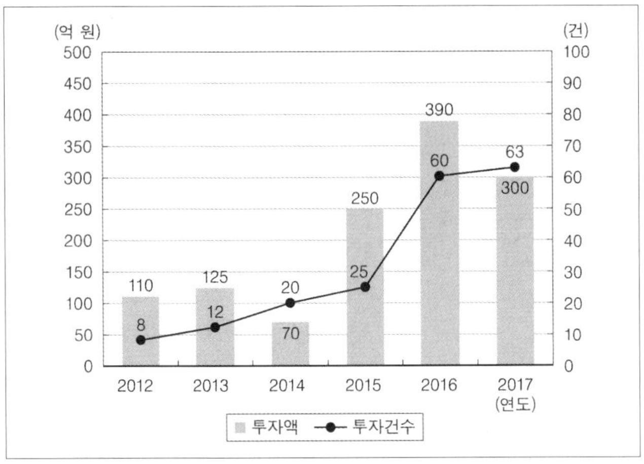

① 2013~2017년 동안 투자액의 전년대비 증가율은 2016년이 가장 높다.
② 2013~2017년 동안 투자건수의 전년대비 증가율은 2017년이 가장 낮다.
③ 2012년과 2015년 투자건수의 합은 2017년 투자건수보다 작다.
④ 투자액이 가장 큰 연도는 2016년이다.
⑤ 투자건수는 매년 증가하였다.

5. 다음 <표>는 15개 종목이 개최된 2018 평창 동계올림픽 참가국 A~D의 메달 획득 결과를 나타낸 자료이다. 이에 대한 설명으로 옳은 것은?

<표> 2018 평창 동계올림픽 참가국 A~D의 메달 획득 결과

(단위: 개)

국가 / 종목 \ 메달	A국			B국			C국			D국		
	금	은	동	금	은	동	금	은	동	금	은	동
노르딕복합	3	1	1					1				
루지	3	1	2		1						1	1
바이애슬론	3	1	3				1	3	2			
봅슬레이	3	1			1					1		1
쇼트트랙					1					1	1	3
스노보드		1	1	4	2	1				1	2	1
스켈레톤		1										
스키점프	1	3					2	1	2			
스피드스케이팅						1	2	1	1	1	1	
아이스하키		1		1							1	1
알파인스키				1	1	1	1	4	2			
컬링				1					1	1		
크로스컨트리				1			7	4	3			
프리스타일스키				1	2	1	1			4	2	1
피겨스케이팅	1					2				2		2

※ 빈칸은 0을 의미함.

① 동일 종목에서, A국이 획득한 모든 메달 수와 B국이 획득한 모든 메달 수를 합하여 종목별로 비교하면, 15개 종목 중 스노보드가 가장 많다.
② A국이 획득한 금메달 수와 C국이 획득한 동메달 수는 같다.
③ A국이 루지, 봅슬레이, 스켈레톤 종목에서 획득한 모든 메달 수의 합은 C국이 크로스컨트리 종목에서 획득한 모든 메달 수보다 많다.
④ A~D국 중 메달을 획득한 종목의 수가 가장 많은 국가는 D국이다.
⑤ 획득한 은메달 수가 많은 국가부터 순서대로 나열하면 C, B, A, D국 순이다.

6. 다음 <표>는 A국의 흥행순위별 2017년 영화개봉작 정보와 월별 개봉편수 및 관객수에 대한 자료이다. 이에 대한 설명으로 옳지 않은 것은?

<표 1> A국의 흥행순위별 2017년 영화개봉작 정보

(단위: 천 명)

흥행순위	영화명	개봉시기	제작	관객수
1	버스운전사	8월	국내	12,100
2	님과 함께	12월	국내	8,540
3	동조	1월	국내	7,817
4	거미인간	7월	국외	7,258
5	착한도시	10월	국내	6,851
6	군함만	7월	국내	6,592
7	소년경찰	8월	국내	5,636
8	더 킨	1월	국내	5,316
9	투수와 야수	3월	국외	5,138
10	킨스맨	9월	국외	4,945
11	썬더맨	10월	국외	4,854
12	꾸러기	11월	국내	4,018
13	가랑비	12월	국내	4,013
14	동래산성	10월	국내	3,823
15	좀비	6월	국외	3,689
16	행복의 질주	4월	국외	3,653
17	나의 이름은	4월	국외	3,637
18	슈퍼카인드	7월	국외	3,325
19	아이 캔 토크	9월	국내	3,279
20	캐리비안	5월	국외	3,050

※ 관객수는 개봉일로부터 2017년 12월 31일까지 누적한 값임.

<표 2> A국의 2017년 월별 개봉편수 및 관객수

(단위: 편, 천 명)

제작	국내		국외	
월 \ 구분	개봉편수	관객수	개봉편수	관객수
1	35	12,682	105	10,570
2	39	8,900	96	6,282
3	31	4,369	116	9,486
4	29	4,285	80	6,929
5	31	6,470	131	12,210
6	49	4,910	124	10,194
7	50	6,863	96	14,495
8	49	21,382	110	8,504
9	48	5,987	123	6,733
10	35	12,964	91	8,622
11	56	6,427	104	6,729
12	43	18,666	95	5,215
전체	495	113,905	1,271	105,969

※ 관객수는 당월 상영영화에 대해 월말 집계한 값임.

① 흥행순위 1~20위 내의 영화 중 한 편의 영화도 개봉되지 않았던 달에는 국외제작영화 관객수가 국내제작영화 관객수보다 적다.

② 10월에 개봉된 영화 중 흥행순위 1~20위 내에 든 영화는 국내제작영화뿐이다.

③ 국외제작영화 개봉편수는 국내제작영화 개봉편수보다 매달 많다.

④ 국외제작영화 관객수가 가장 많았던 달에 개봉된 영화 중 흥행순위 1~20위 내에 든 국외제작영화 개봉작은 2편이다.

⑤ 흥행순위가 1위인 영화의 관객수는 국내제작영화 전체 관객수의 10% 이상이다.

7. 다음 <표>는 조선시대 A지역 인구 및 사노비 비율에 대한 자료이다. 이에 대한 <보기>의 설명 중 옳은 것만을 모두 고르면?

<표> A지역 인구 및 사노비 비율

조사년도 \ 구분	인구(명)	인구 중 사노비 비율(%)			
		솔거노비	외거노비	도망노비	전체
1720	2,228	18.5	10.0	11.5	40.0
1735	3,143	13.8	6.8	12.8	33.4
1762	3,380	11.5	8.5	11.7	31.7
1774	3,189	14.0	8.8	12.0	34.8
1783	3,056	14.9	6.7	9.3	30.9
1795	2,359	18.2	4.3	6.5	29.0

※ 1) 사노비는 솔거노비, 외거노비, 도망노비로만 구분됨.
2) 비율은 소수점 둘째 자리에서 반올림한 값임.

<보 기>

ㄱ. A지역 인구 중 도망노비를 제외한 사노비가 차지하는 비율은 조사년도 중 1720년이 가장 높다.

ㄴ. A지역 사노비 수는 1774년이 1720년보다 많다.

ㄷ. A지역 사노비 중 외거노비가 차지하는 비율은 1720년이 1762년보다 높다.

ㄹ. A지역 인구 중 솔거노비가 차지하는 비율은 매 조사년도마다 낮아진다.

① ㄱ, ㄴ

② ㄱ, ㄷ

③ ㄷ, ㄹ

④ ㄱ, ㄴ, ㄹ

⑤ ㄴ, ㄷ, ㄹ

8. 다음 <표>는 2013~2017년 '갑'국의 사회간접자본(SOC) 투자규모에 관한 자료이다. 이에 대한 설명으로 옳지 않은 것은?

<표> '갑'국의 사회간접자본(SOC) 투자규모

(단위: 조 원, %)

구분 \ 연도	2013	2014	2015	2016	2017
SOC 투자규모	20.5	25.4	25.1	24.4	23.1
총지출 대비 SOC 투자규모 비중	7.8	8.4	8.6	7.9	6.9

① 2017년 총지출은 300조 원 이상이다.
② 2014년 'SOC 투자규모'의 전년대비 증가율은 30% 이하이다.
③ 2014~2017년 동안 'SOC 투자규모'가 전년에 비해 가장 큰 비율로 감소한 해는 2017년이다.
④ 2014~2017년 동안 'SOC 투자규모'와 '총지출 대비 SOC 투자규모 비중'의 전년대비 증감방향은 동일하다.
⑤ 2018년 'SOC 투자규모'의 전년대비 감소율이 2017년과 동일하다면, 2018년 'SOC 투자규모'는 20조 원 이상이다.

9. 다음 <표>는 물품 A~E의 가격에 대한 자료이다. <조건>에 부합하는 (가), (나), (다)로 가능한 것은?

<표> 물품 A~E의 가격

(단위: 원/개)

물품	가격
A	24,000
B	(가)
C	(나)
D	(다)
E	16,000

<조 건>

○ '갑', '을', '병'의 배낭에 담긴 물품은 각각 다음과 같다.
  - 갑: B, C, D
  - 을: A, C
  - 병: B, D, E
○ 배낭에는 해당 물품이 한 개씩만 담겨있다.
○ 배낭에 담긴 물품 가격의 합이 높은 사람부터 순서대로 나열하면 '갑', '을', '병' 순이다.
○ '병'의 배낭에 담긴 물품 가격의 합은 44,000원이다.

	(가)	(나)	(다)
①	11,000	23,000	14,000
②	12,000	14,000	16,000
③	12,000	19,000	16,000
④	13,000	19,000	15,000
⑤	13,000	23,000	15,000

10. 다음 <표>와 <그림>은 A국 초·중·고등학생 평균 키 및 평균 체중과 비만에 대한 자료이다. 이에 대한 <보기>의 설명 중 옳은 것만을 모두 고르면?

<표 1> 학교급별 평균 키 및 평균 체중 현황

(단위: cm, kg)

학교급	성별	2017년 키	2017년 체중	2016년 키	2016년 체중	2015년 키	2015년 체중	2014년 키	2014년 체중	2013년 키	2013년 체중
초	남	152.1	48.2	151.4	46.8	151.4	46.8	150.4	46.0	150.0	44.7
	여	152.3	45.5	151.9	45.2	151.8	45.1	151.1	44.4	151.0	43.7
중	남	170.0	63.7	169.7	62.3	169.2	61.9	168.9	61.6	168.7	60.5
	여	159.8	54.4	159.8	54.3	159.8	54.1	159.5	53.6	160.0	52.9
고	남	173.5	70.0	173.5	69.4	173.5	68.5	173.7	68.3	174.0	68.2
	여	160.9	57.2	160.9	57.1	160.9	56.8	161.1	56.2	161.1	55.4

<표 2> 2017년 학교급별 비만학생 구성비

(단위: %)

학교급 \ 구분	성별	비만 아닌 학생	비만학생: 경도 비만	비만학생: 중등도 비만	비만학생: 고도 비만	학생 비만율
초	남	82.6	8.5	7.3	1.6	17.4
	여	88.3	6.5	4.4	0.8	11.7
중	남	81.5	9.0	7.5	2.0	18.5
	여	86.2	7.5	4.9	1.4	13.8
고	남	79.5	8.7	8.4	3.4	20.5
	여	81.2	8.6	7.5	2.7	18.8
전체		83.5	8.1	6.5	1.9	16.5

※ '학생비만율'은 학생 중 비만학생(경도 비만 + 중등도 비만 + 고도 비만)의 구성비임.

<그림> 연도별 초·중·고 전체의 비만학생 구성비

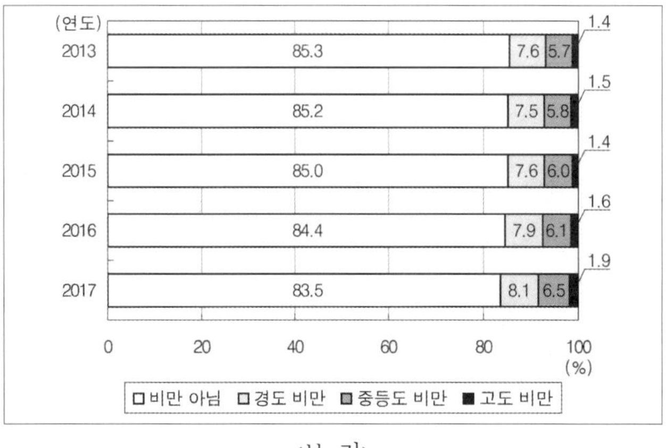

<보 기>

ㄱ. 중학교 여학생의 평균 키는 매년 증가하였다.
ㄴ. 초·중·고 전체의 '학생비만율'은 매년 증가하였다.
ㄷ. 고등학교 남학생의 '학생비만율'은 2013년이 2017년보다 작다.
ㄹ. 2017년 '학생비만율'의 남녀 학생 간 차이는 중학생이 초등학생보다 작다.

① ㄱ, ㄴ ② ㄴ, ㄷ ③ ㄴ, ㄹ
④ ㄷ, ㄹ ⑤ ㄱ, ㄷ, ㄹ

11. 다음 <그림>은 A~F국의 2016년 GDP와 'GDP 대비 국가자산총액'을 나타낸 자료이다. 이에 대한 <보기>의 설명 중 옳은 것만을 모두 고르면?

<그림> A~F국의 2016년 GDP와 'GDP 대비 국가자산총액'

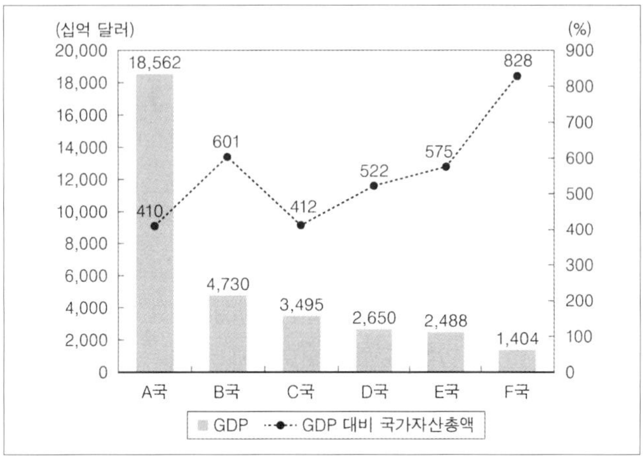

※ GDP 대비 국가자산총액(%) = $\frac{\text{국가자산총액}}{\text{GDP}} \times 100$

<보 기>

ㄱ. GDP가 높은 국가일수록 'GDP 대비 국가자산총액'이 작다.
ㄴ. A국의 GDP는 나머지 5개국 GDP의 합보다 크다.
ㄷ. 국가자산총액은 F국이 D국보다 크다.

① ㄱ
② ㄴ
③ ㄷ
④ ㄱ, ㄴ
⑤ ㄴ, ㄷ

12. 다음 <그림>은 아래 <규칙>에 따라 2에서 10까지의 서로 다른 자연수의 관계를 나타낸 것이다. 이때 '가', '나', '다'에 해당하는 수의 합은?

<그 림>

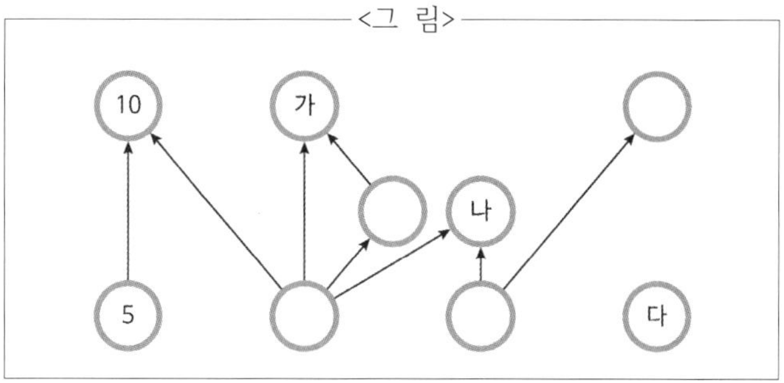

<규 칙>

○ <그림>에서 2에서 10까지의 자연수는 ◯ 안에 한 개씩만 사용되고, 사용되지 않는 자연수는 없다.
○ 2에서 10까지의 서로 다른 임의의 자연수 3개를 x, y, z라고 할 때,
  - ⓧ → ⓨ는 y가 x의 배수임을 나타낸다.
  - 화살표로 연결되지 않은 ⓩ는 z가 x, y와 약수나 배수 관계가 없음을 나타낸다.

① 20
② 21
③ 22
④ 23
⑤ 24

13. 다음 <표>는 7월 1~10일 동안 도시 A~E에 대한 인공지능 시스템의 예측 날씨와 실제 날씨이다. 이에 대한 <보기>의 설명 중 옳은 것만을 모두 고르면?

<표> 도시 A~E에 대한 예측 날씨와 실제 날씨

도시	구분 \ 날짜	7.1.	7.2.	7.3.	7.4.	7.5.	7.6.	7.7.	7.8.	7.9.	7.10.
A	예측	☂	☁	☼	☂	☼	☼	☂	☂	☼	☁
	실제	☂	☼	☂	☂	☼	☼	☂	☼	☼	☂
B	예측	☼	☂	☼	☂	☁	☼	☂	☼	☼	☼
	실제	☂	☼	☼	☂	☁	☼	☂	☂	☼	☼
C	예측	☂	☼	☂	☂	☼	☂	☼	☂	☂	☂
	실제	☂	☂	☼	☁	☂	☂	☁	☂	☂	☂
D	예측	☂	☂	☼	☼	☼	☂	☂	☼	☼	☂
	실제	☂	☁	☂	☂	☂	☂	☂	☂	☼	☼
E	예측	☂	☼	☼	☂	☂	☂	☼	☁	☼	☂
	실제	☂	☂	☁	☂	☂	☼	☂	☼	☂	☼

※ ☼: 맑음, ☁: 흐림, ☂: 비

<보 기>

ㄱ. 도시 A에서는 예측 날씨가 '비'인 날 실제 날씨도 모두 '비'였다.

ㄴ. 도시 A~E 중 예측 날씨와 실제 날씨가 일치한 일수가 가장 많은 도시는 B이다.

ㄷ. 7월 1~10일 중 예측 날씨와 실제 날씨가 일치한 도시수가 가장 적은 날짜는 7월 2일이다.

① ㄱ
② ㄴ
③ ㄷ
④ ㄴ, ㄷ
⑤ ㄱ, ㄴ, ㄷ

14. 다음 <표>는 1930~1934년 동안 A지역의 곡물 재배면적 및 생산량을 정리한 자료이다. 이에 대한 설명으로 옳은 것은?

<표> A지역의 곡물 재배면적 및 생산량

(단위: 천 정보, 천 석)

곡물	구분 \ 연도	1930	1931	1932	1933	1934
미곡	재배면적	1,148	1,100	998	1,118	1,164
	생산량	15,276	14,145	13,057	15,553	18,585
맥류	재배면적	1,146	773	829	963	1,034
	생산량	7,347	4,407	4,407	6,339	7,795
두류	재배면적	450	283	301	317	339
	생산량	1,940	1,140	1,143	1,215	1,362
잡곡	재배면적	334	224	264	215	208
	생산량	1,136	600	750	633	772
서류	재배면적	59	88	87	101	138
	생산량	821	1,093	1,228	1,436	2,612
전체	재배면적	3,137	2,468	2,479	2,714	2,883
	생산량	26,520	21,385	20,585	25,176	31,126

① 1931~1934년 동안 재배면적의 전년대비 증감방향은 미곡과 두류가 동일하다.
② 생산량은 매년 두류가 서류보다 많다.
③ 재배면적은 매년 잡곡이 서류의 2배 이상이다.
④ 1934년 재배면적당 생산량이 가장 큰 곡물은 미곡이다.
⑤ 1933년 미곡과 맥류 재배면적의 합은 1933년 곡물 재배면적 전체의 70% 이상이다.

15. 다음 <그림>은 주요국(한국, 미국, 일본, 프랑스)이 화장품산업 경쟁력 4대 분야에서 획득한 점수에 대한 자료이다. 이에 대한 설명으로 옳은 것은?

<그림> 주요국의 화장품산업 경쟁력 4대 분야별 점수

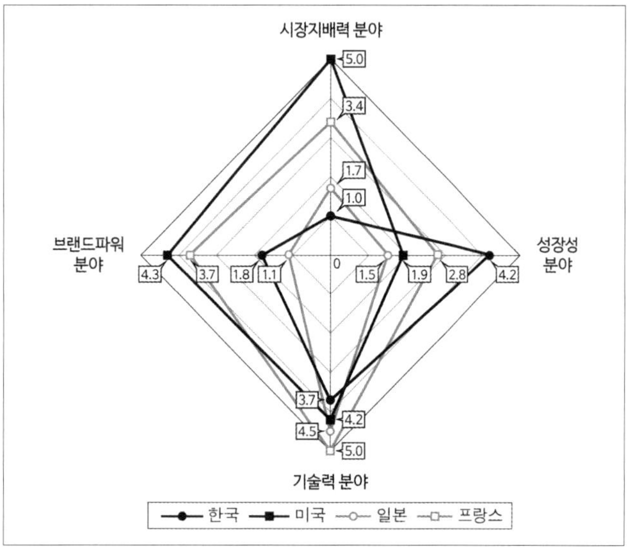

① 기술력 분야에서는 한국의 점수가 가장 높다.

② 성장성 분야에서 점수가 가장 높은 국가는 시장지배력 분야에서도 점수가 가장 높다.

③ 브랜드파워 분야에서 각국이 획득한 점수의 최댓값과 최솟값의 차이는 3 이하이다.

④ 미국이 4대 분야에서 획득한 점수의 합은 프랑스가 4대 분야에서 획득한 점수의 합보다 크다.

⑤ 시장지배력 분야의 점수는 일본이 프랑스보다 높지만 미국보다는 낮다.

16. 다음 <그림>은 기업 A, B의 2014~2017년 에너지원단위 및 매출액 자료이다. 이에 대한 <보기>의 설명 중 옳은 것만을 모두 고르면?

<그림> 기업 A, B의 2014~2017년 에너지원단위 및 매출액

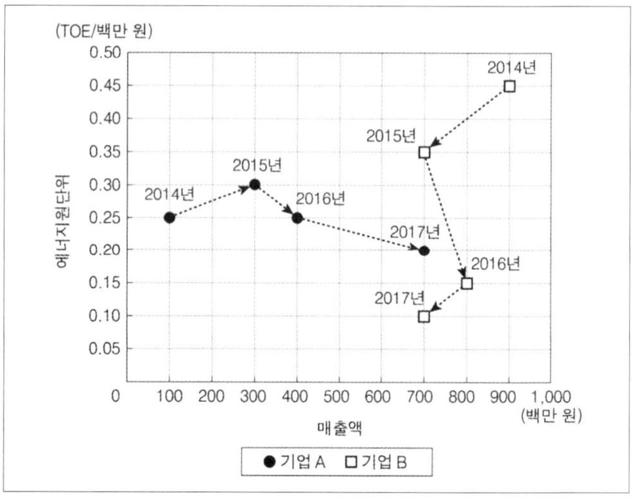

※ 에너지원단위(TOE/백만 원) = $\frac{\text{에너지소비량(TOE)}}{\text{매출액(백만 원)}}$

<보 기>

ㄱ. 기업 A, B는 각각 에너지원단위가 매년 감소하였다.
ㄴ. 기업 A의 에너지소비량은 매년 증가하였다.
ㄷ. 2016년 에너지소비량은 기업B가 기업A보다 많다.

① ㄱ
② ㄴ
③ ㄷ
④ ㄱ, ㄴ
⑤ ㄴ, ㄷ

17. 다음 <표>와 <그림>은 A지역 2016년 주요 버섯의 도·소매가와 주요 버섯 소매가의 전년 동분기 대비 등락액을 나타낸 자료이다. 이에 대한 <보기>의 설명 중 옳은 것만을 모두 고르면?

<표> 2016년 주요 버섯의 도·소매가

(단위: 원/kg)

버섯종류	구분 \ 분기	1분기	2분기	3분기	4분기
느타리	도매	5,779	6,752	7,505	7,088
	소매	9,393	9,237	10,007	10,027
새송이	도매	4,235	4,201	4,231	4,423
	소매	5,233	5,267	5,357	5,363
팽이	도매	1,886	1,727	1,798	2,116
	소매	3,136	3,080	3,080	3,516

<그림> 2016년 주요 버섯 소매가의 전년 동분기 대비 등락액

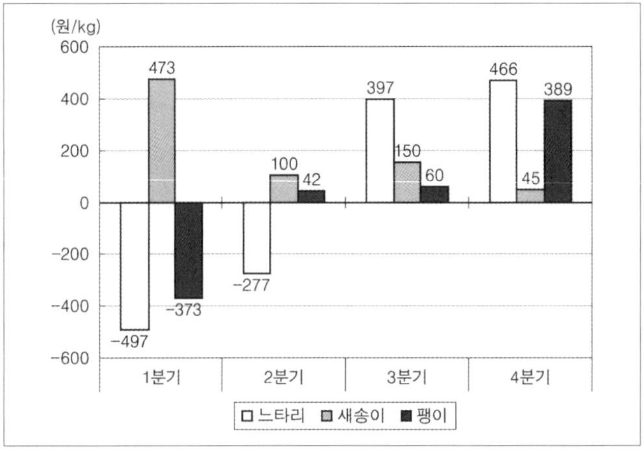

<보 기>

ㄱ. 2016년 매분기 ‘느타리’ 1kg의 도매가는 ‘팽이’ 3kg의 도매가보다 높다.
ㄴ. 2015년 매분기 ‘팽이’의 소매가는 3,000원/kg 이상이다.
ㄷ. 2016년 1분기 ‘새송이’의 소매가는 2015년 4분기에 비해 상승했다.
ㄹ. 2016년 매분기 ‘느타리’의 소매가는 도매가의 1.5배 미만이다.

① ㄱ, ㄴ
② ㄱ, ㄷ
③ ㄴ, ㄷ
④ ㄴ, ㄹ
⑤ ㄷ, ㄹ

18. 다음 <표>는 A~E 면접관이 ‘갑’~‘정’ 응시자에게 부여한 면접 점수이다. 이에 대한 <보기>의 설명 중 옳은 것만을 모두 고르면?

<표> ‘갑’~‘정’ 응시자의 면접 점수

(단위: 점)

면접관 \ 응시자	갑	을	병	정	범위
A	7	8	8	6	2
B	4	6	8	10	( )
C	5	9	8	8	( )
D	6	10	9	7	4
E	9	7	6	5	4
중앙값	( )	( )	8	( )	-
교정점수	( )	8	( )	7	-

※ 1) 범위: 해당 면접관이 각 응시자에게 부여한 면접 점수 중 최댓값에서 최솟값을 뺀 값
2) 중앙값: 해당 응시자가 A~E면접관에게 받은 모든 면접 점수를 크기 순으로 나열할 때 한가운데 값
3) 교정점수: 해당 응시자가 A~E면접관에게 받은 모든 면접 점수 중 최댓값과 최솟값을 제외한 면접 점수의 산술 평균값

<보 기>

ㄱ. 면접관 중 범위가 가장 큰 면접관은 B이다.
ㄴ. 응시자 중 중앙값이 가장 작은 응시자는 ‘정’이다.
ㄷ. 교정점수는 ‘병’이 ‘갑’보다 크다.

① ㄱ
② ㄴ
③ ㄱ, ㄷ
④ ㄴ, ㄷ
⑤ ㄱ, ㄴ, ㄷ

19. 다음 <표>는 2000년과 2013년 한국, 중국, 일본의 재화 수출액 및 수입액 자료이고, <용어 정의>는 무역수지와 무역특화지수에 대한 설명이다. 이에 대한 <보기>의 설명 중 옳은 것만을 모두 고르면?

<표> 한국, 중국, 일본의 재화 수출액 및 수입액

(단위: 억 달러)

연도	재화 \ 수출입액 \ 국가	한국		중국		일본	
		수출액	수입액	수출액	수입액	수출액	수입액
2000	원자재	578	832	741	1,122	905	1,707
	소비재	117	104	796	138	305	847
	자본재	1,028	668	955	991	3,583	1,243
2013	원자재	2,015	3,232	5,954	9,172	2,089	4,760
	소비재	138	375	4,083	2,119	521	1,362
	자본재	3,444	1,549	12,054	8,209	4,541	2,209

<용어 정의>

○ 무역수지 = 수출액 - 수입액

• 무역수지 값이 양(+)이면 흑자, 음(-)이면 적자이다.

○ 무역특화지수 = $\frac{\text{수출액} - \text{수입액}}{\text{수출액} + \text{수입액}}$

• 무역특화지수의 값이 클수록 수출경쟁력이 높다.

<보 기>

ㄱ. 2013년 한국, 중국, 일본 각각에서 원자재 무역수지는 적자이다.

ㄴ. 2013년 한국의 원자재, 소비재, 자본재 수출액은 2000년에 비해 각각 50% 이상 증가하였다.

ㄷ. 2013년 자본재 수출경쟁력은 일본이 한국보다 높다.

① ㄱ

② ㄴ

③ ㄱ, ㄴ

④ ㄱ, ㄷ

⑤ ㄴ, ㄷ

20. 다음 <표>는 A~D국의 성별 평균소득과 대학진학률의 격차지수만으로 계산한 '간이 성평등지수'에 관한 자료이다. 이에 대한 <보기>의 설명 중 옳은 것만을 모두 고르면?

<표> A~D국의 성별 평균소득, 대학진학률 및 '간이 성평등지수'

(단위: 달러, %)

국가 \ 항목	평균소득			대학진학률			간이 성평등지수
	여성	남성	격차지수	여성	남성	격차지수	
A	8,000	16,000	0.50	68	48	1.00	0.75
B	36,000	60,000	0.60	( )	80	( )	( )
C	20,000	25,000	0.80	70	84	0.83	0.82
D	3,500	5,000	0.70	11	15	0.73	0.72

※ 1) 격차지수는 남성 항목값 대비 여성 항목값의 비율로 계산하며, 그 값이 1을 넘으면 1로 함.

2) '간이 성평등지수'는 평균소득 격차지수와 대학진학률 격차지수의 산술 평균임.

3) 격차지수와 '간이 성평등지수'는 소수점 셋째자리에서 반올림한 값임.

<보 기>

ㄱ. A국의 여성 평균소득과 남성 평균소득이 각각 1,000달러씩 증가하면 A국의 '간이 성평등지수'는 0.80 이상이 된다.

ㄴ. B국의 여성 대학진학률이 85%이면 '간이 성평등지수'는 B국이 C국보다 높다.

ㄷ. D국의 여성 대학진학률이 4%p 상승하면 D국의 '간이 성평등지수'는 0.80 이상이 된다.

① ㄱ

② ㄴ

③ ㄷ

④ ㄱ, ㄴ

⑤ ㄱ, ㄷ

21. 다음 <표>와 <그림>은 2018년 테니스 팀 A~E의 선수 인원수 및 총 연봉과 각각의 전년대비 증가율에 대한 자료이다. 이에 대한 설명으로 옳지 않은 것은?

<표> 2018년 테니스 팀 A~E의 선수 인원수 및 총 연봉

(단위: 명, 억 원)

테니스 팀	선수 인원수	총 연봉
A	5	15
B	10	25
C	8	24
D	6	30
E	6	24

※ 팀 선수 평균 연봉 = $\frac{\text{총 연봉}}{\text{선수 인원수}}$

<그림> 2018년 테니스 팀 A~E의 선수 인원수 및 총 연봉의 전년대비 증가율

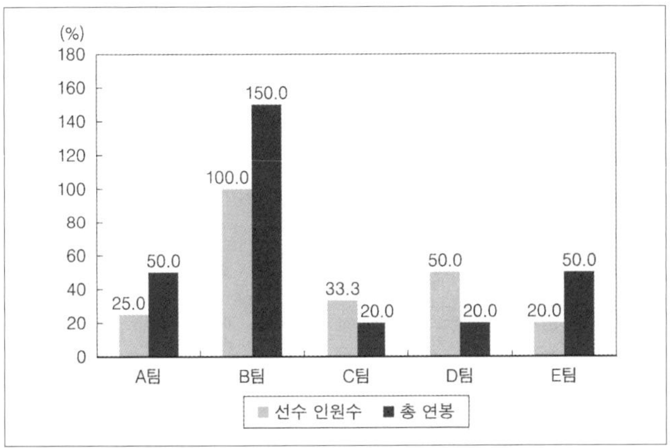

※ 전년대비 증가율은 소수점 둘째자리에서 반올림한 값임.

① 2018년 '팀 선수 평균 연봉'은 D팀이 가장 많다.
② 2018년 전년대비 증가한 선수 인원수는 C팀과 D팀이 동일하다.
③ 2018년 A팀의 '팀 선수 평균 연봉'은 전년대비 증가하였다.
④ 2018년 선수 인원수가 전년대비 가장 많이 증가한 팀은 총 연봉도 가장 많이 증가하였다.
⑤ 2017년 총 연봉은 A팀이 E팀보다 많다.

22. 다음 <표>는 A~D국의 연구개발비에 대한 자료이다. 다음 <보고서>를 작성하기 위해 <표> 이외에 추가로 필요한 자료만을 <보기>에서 모두 고르면?

<표> A~D국의 연구개발비

연도	구분 \ 국가	A	B	C	D
2016	연구개발비 (억 달러)	605	4,569	1,709	1,064
	GDP 대비(%)	4.29	2.73	3.47	2.85
2015	민간연구개발비: 정부연구개발비	24:76	35:65	25:75	30:70

※ 연구개발비 = 정부연구개발비 + 민간연구개발비

<보고서>

A~D국 모두 2015년에 비하여 2016년 연구개발비가 증가하였지만, A국은 약 3% 증가에 불과하여 A~D국 평균 증가율인 6% 수준에도 미치지 못했다. 특히, 2016년에 A국은 정부연구개발비 대비 민간연구개발비 비율이 가장 작다. 이는 2014~2016년 동안, A국 민간연구개발에 대한 정부의 지원금액이 매년 감소한 데 따른 것으로 분석된다.

<보 기>

ㄱ. 2013~2015년 A~D국 전년대비 GDP 증가율
ㄴ. 2015~2016년 연도별 A~D국 민간연구개발비
ㄷ. 2013~2016년 연도별 A국 민간연구개발에 대한 정부의 지원금액
ㄹ. 2014~2015년 A~D국 전년대비 연구개발비 증가율

① ㄱ, ㄴ
② ㄱ, ㄹ
③ ㄴ, ㄷ
④ ㄴ, ㄹ
⑤ ㄷ, ㄹ

23. 다음 <표>는 근무지 이동 전 '갑' 회사의 근무 현황에 대한 자료이다. <표>와 <근무지 이동 지침>에 따라 이동한 후 근무지별 인원수로 가능한 것은?

<표> 근무지 이동 전 '갑' 회사의 근무 현황

(단위: 명)

근무지	팀명	인원수
본관 1층	인사팀	10
	지원팀	16
	기획1팀	16
본관 2층	기획2팀	21
	영업1팀	27
본관 3층	영업2팀	30
	영업3팀	23
별관	-	0
전체		143

※ 1) '갑' 회사의 근무지는 본관 1, 2, 3층과 별관만 있음.
2) 팀별 인원수의 변동은 없음.

<근무지 이동 지침>

○ 본관 내 이동은 없고, 인사팀은 이동하지 않음.
○ 팀별로 전원 이동하며, 본관에서 별관으로 2개 팀만 이동함.
○ 1개 층에서는 최대 1개 팀만 별관으로 이동할 수 있음.
○ 이동한 후 별관 인원수는 40명을 넘지 않도록 함.

①
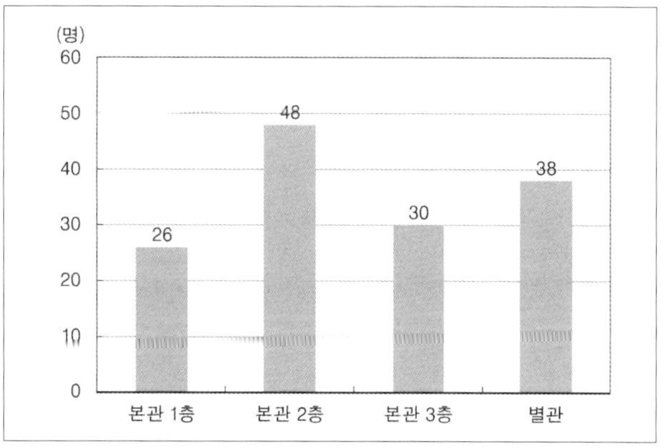

②
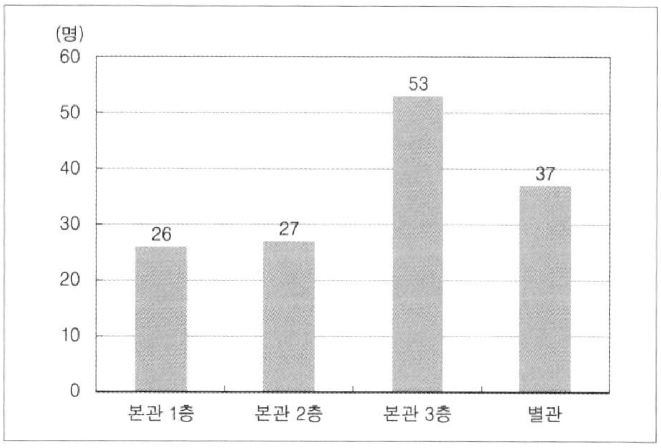

③
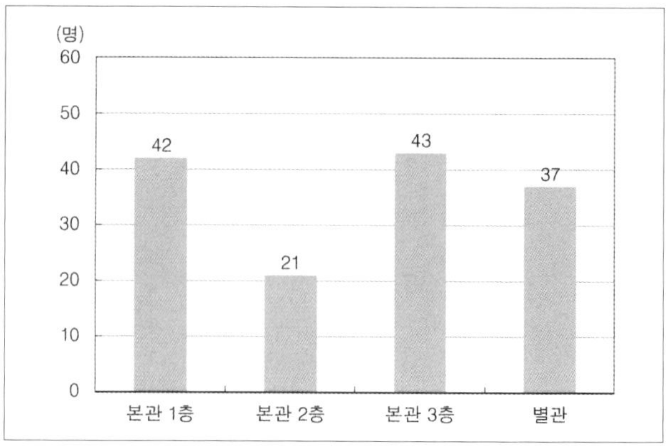

④
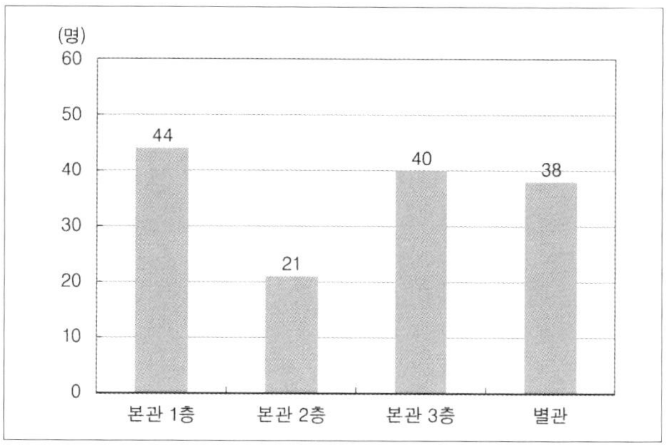

⑤
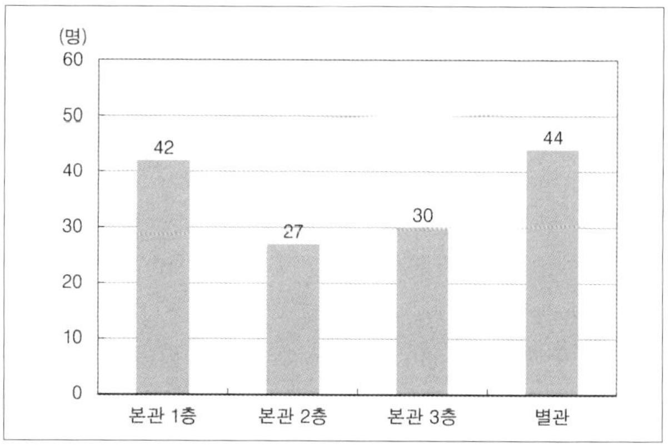

24. 다음 <표 1>은 창의경진대회에 참가한 팀A, B, C의 '팀 인원수' 및 '팀 평균점수'이며, <표 2>는 <표 1>에 기초하여 '팀 연합 인원수' 및 '팀 연합 평균점수'를 각각 산출한 자료이다. (가)와 (나)에 들어갈 값을 바르게 나열한 것은?

<표 1> 팀 인원수 및 팀 평균점수

(단위: 명, 점)

팀	A	B	C
인원수	( )	( )	( )
평균점수	40.0	60.0	90.0

※ 1) 각 참가자는 A, B, C팀 중 하나의 팀에만 속하고, 개인별로 점수를 획득함.

2) 팀 평균점수 = $\frac{\text{해당 팀 참가자 개인별 점수의 합}}{\text{해당 팀 참가자 인원수}}$

<표 2> 팀 연합 인원수 및 팀 연합 평균점수

(단위: 명, 점)

팀 연합	A+B	B+C	C+A
인원수	80	120	(가)
평균점수	52.5	77.5	(나)

※ 1) A+B는 A팀과 B팀, B+C는 B팀과 C팀, C+A는 C팀과 A팀의 인원을 합친 팀 연합임.

2) 팀 연합 평균점수 = $\frac{\text{해당 팀 연합 참가자 개인별 점수의 합}}{\text{해당 팀 연합 참가자 인원수}}$

	(가)	(나)
①	90	72.5
②	90	75.0
③	100	72.5
④	100	75.0
⑤	110	72.5

25. 다음 <표>는 참가자 A~D의 회차별 가위·바위·보 게임 기록 및 판정이고, <그림>은 아래 <규칙>에 따른 5회차 게임 종료 후 A~D의 위치를 나타낸 것이다. 이때 (가), (나), (다)에 해당하는 것을 바르게 나열한 것은?

<표> 가위·바위·보 게임 기록 및 판정

회차 / 구분 / 참가자	1		2		3		4		5	
	기록	판정	기록	판정	기록	판정	기록	판정	기록	판정
A	가위	승	바위	승	보	승	바위	( )	보	( )
B	가위	승	(가)	( )	바위	패	가위	( )	보	( )
C	보	패	가위	패	바위	패	(나)	( )	보	( )
D	보	패	가위	패	바위	패	가위	( )	(다)	( )

<그림> 5회차 게임 종료 후 A~D의 위치

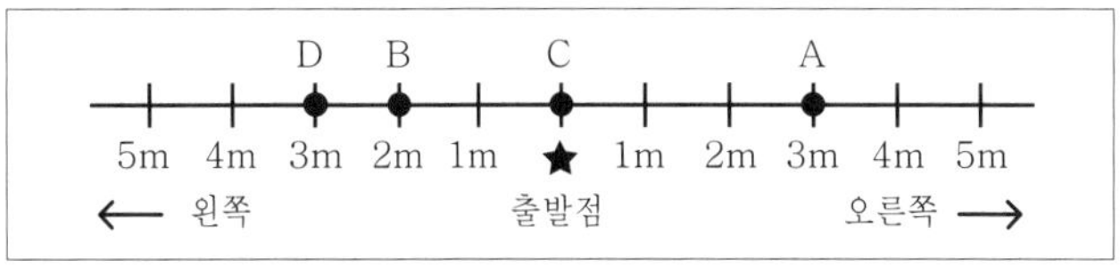

<규 칙>

○ A~D는 모두 출발점(★)에서 1회차 가위·바위·보 게임을 하고, 2회차부터는 직전 회차 게임 종료 후 각자의 위치에서 게임을 한다.

○ 각 회차의 판정에 따라 지거나 비기면 이동하지 않고, 가위로 이긴 사람은 왼쪽으로 3m, 바위로 이긴 사람은 오른쪽으로 1m, 보로 이긴 사람은 오른쪽으로 5m를 각각 이동하여 해당 회차 게임을 종료한다.

	(가)	(나)	(다)
①	가위	바위	보
②	가위	보	바위
③	바위	가위	보
④	바위	보	가위
⑤	보	바위	가위

약점 보완 해설집 p.88

시험일: ______년 ______월 ______일

2017년도 국가공무원 5급 및 7급 민경채 필기시험

| 자료해석영역 |

응시번호	
성명	

문제책형 ㉯

응시자 주의사항

1. **시험시작 전 시험문제를 열람하는 행위나 시험종료 후 답안을 작성하는 행위를 한 사람**은 「공무원 임용시험령」 제51조에 의거 **부정행위자**로 처리됩니다.
2. **답안지 책형 표기는 시험시작 전** 감독관의 지시에 따라 **문제책 앞면에 인쇄된 문제책형을 확인**한 후, **답안지 책형란에 해당 책형(1개)**을 '●'로 표기하여야 합니다.
3. 시험이 시작되면 문제를 주의 깊게 읽은 후, **문항의 취지에 가장 적합한 하나의 정답만을 고르며**, 문제내용에 관한 질문은 할 수 없습니다.
4. **답안을 잘못 표기하였을 경우에는 답안지를 교체하여 작성**하거나 **수정할 수 있으며**, 표기한 답안을 수정할 때는 **응시자 본인이 가져온 수정테이프만을 사용**하여 해당 부분을 완전히 지우고 부착된 수정테이프가 떨어지지 않도록 손으로 눌러주어야 합니다. **(수정액 또는 수정 스티커 등은 사용 불가)**
5. **시험시간 관리의 책임은 응시자 본인에게 있습니다.**
   ※ 문제책은 시험종료 후 가지고 갈 수 있습니다.

모바일 자동 채점 및 성적 분석 서비스

'약점 보완 해설집'에 회차별로 수록된 QR코드를 인식하면 응시 인원 대비 자신의 성적 위치를 확인할 수 있습니다.

1. 다음 <표>는 OECD 주요 국가별 삶의 만족도 및 관련 지표를 나타낸 것이다. 이에 대한 설명으로 옳지 않은 것은?

<표> OECD 주요 국가별 삶의 만족도 및 관련 지표

(단위: 점, %, 시간)

구분 \ 국가	삶의 만족도	장시간 근로자비율	여가·개인 돌봄시간
덴마크	7.6	2.1	16.1
아이슬란드	7.5	13.7	14.6
호주	7.4	14.2	14.4
멕시코	7.4	28.8	13.9
미국	7.0	11.4	14.3
영국	6.9	12.3	14.8
프랑스	6.7	8.7	15.3
이탈리아	6.0	5.4	15.0
일본	6.0	22.6	14.9
한국	6.0	28.1	14.6
에스토니아	5.4	3.6	15.1
포르투갈	5.2	9.3	15.0
헝가리	4.9	2.7	15.0

※ 장시간근로자비율은 전체 근로자 중 주 50시간 이상 근무한 근로자의 비율임.

① 삶의 만족도가 가장 높은 국가는 장시간근로자비율이 가장 낮다.
② 한국의 장시간근로자비율은 삶의 만족도가 가장 낮은 국가의 장시간근로자비율의 10배 이상이다.
③ 삶의 만족도가 한국보다 낮은 국가들의 장시간근로자비율의 산술평균은 이탈리아의 장시간근로자비율보다 높다.
④ 여가·개인돌봄시간이 가장 긴 국가와 가장 짧은 국가의 삶의 만족도 차이는 0.3점 이하이다.
⑤ 장시간근로자비율이 미국보다 낮은 국가의 여가·개인돌봄시간은 모두 미국의 여가·개인돌봄시간보다 길다.

2. 다음 <표>는 A성씨의 가구 및 인구 분포에 대한 자료이다. 이에 대한 설명으로 옳은 것은?

<표 1> A성씨의 광역자치단체별 가구 및 인구 분포

(단위: 가구, 명)

광역자치단체 \ 연도·구분		1980 가구	1980 인구	2010 가구	2010 인구
특별시	서울	28	122	73	183
광역시	부산	5	12	11	34
	대구	1	2	2	7
	인천	11	40	18	51
	광주	0	0	9	23
	대전	0	0	8	23
	울산	0	0	2	7
	소계	17	54	50	145
도	경기	( )	124	( )	216
	강원	0	0	7	16
	충북	0	0	2	10
	충남	1	5	6	8
	전북	0	( )	4	13
	전남	0	0	4	10
	경북	1	( )	6	17
	경남	1	( )	8	25
	제주	1	( )	4	12
	소계	35	140	105	327
전체		80	316	228	655

※ 광역자치단체 구분과 명칭은 2010년을 기준으로 함.

<표 2> A성씨의 읍·면·동 지역별 가구 및 인구 분포

(단위: 가구, 명)

지역 \ 연도·구분	1980 가구	1980 인구	2010 가구	2010 인구
읍	10	30	19	46
면	10	56	19	53
동	60	230	190	556
전체	80	316	228	655

※ 읍·면·동 지역 구분은 2010년을 기준으로 함.

① 2010년 A성씨의 전체 가구는 1980년의 3배 이상이다.
② 2010년 경기의 A성씨 가구는 1980년의 3배 이상이다.
③ 2010년 A성씨의 동 지역 인구는 2010년 A성씨의 면 지역 인구의 10배 이상이다.
④ 1980년 A성씨의 인구가 부산보다 많은 광역자치단체는 4곳 이상이다.
⑤ 1980년 대비 2010년의 A성씨 인구 증가폭이 서울보다 큰 광역자치단체는 없다.

3. 다음 <보고서>는 2016년 A시의 생활체육 참여실태에 관한 것이다. <보고서>의 내용을 작성하는 데 직접적인 근거로 활용되지 않은 자료는?

<보고서>

2016년에 A시 시민을 대상으로 생활체육 참여실태에 대해 조사한 결과 생활체육을 '전혀 하지 않음'이라고 응답한 비율은 51.8%로 나타났다. 반면, 주 4회 이상 생활체육에 참여한다고 응답한 비율은 28.6%이었다.

생활체육에 참여하지 않는 이유에 대해서는 '시설부족'이라고 응답한 비율이 30.3%로 가장 높아 공공체육시설을 확충하는 정책이 필요할 것으로 보인다. 2016년 A시의 공공체육시설은 총 388개소로 B시, C시의 공공체육시설 수의 50%에도 미치지 못하는 수준이다. 그러나 A시는 초등학교 운동장을 개방하여 간이운동장으로 활용할 계획이므로 향후 체육시설에 대한 접근성이 더 높아질 것으로 기대된다.

한편, 2016년 A시 생활체육지도자를 자치구별로 살펴보면, 동구 16명, 서구 17명, 남구 16명, 북구 18명, 중구 18명으로 고르게 분포된 것처럼 보인다. 그러나 2016년 북구의 인구가 445,489명, 동구의 인구가 103,016명임을 고려할 때 생활체육지도자 일인당 인구수는 북구가 24,749명으로 동구 6,439명에 비해 현저히 많아 지역 편중 현상이 존재한다. 따라서 자치구 인구 분포를 고려한 생활체육지도자 양성 전략이 필요해 보인다.

① 연도별 A시 시민의 생활체육 미참여 이유 조사결과

(단위: %)

연도 \ 이유	시설 부속	정보 부재	지도자 부재	동반자 부재	흥미 부족	기타
2012	25.1	20.8	14.3	8.2	9.5	22.1
2013	30.7	18.6	16.4	12.8	9.2	12.3
2014	28.1	17.2	15.1	11.6	11.0	17.0
2015	31.5	18.0	17.2	10.9	12.1	10.3
2016	30.3	15.2	16.0	10.0	10.4	18.1

② 2016년 A시 시민의 생활체육 참여 빈도 조사결과

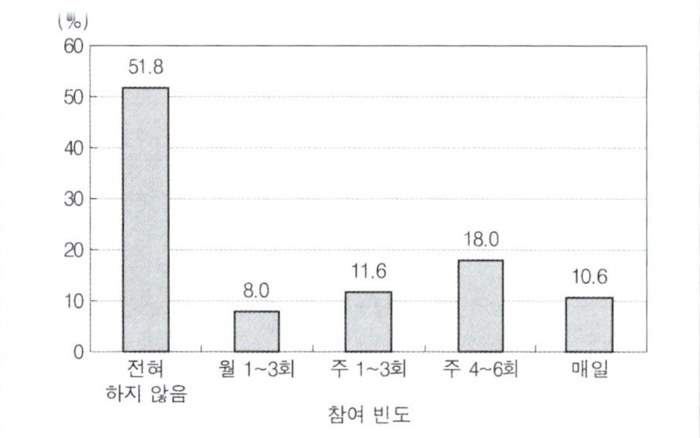

③ 2016년 A시의 자치구·성별 인구

(단위: 명)

성별 \ 자치구	동구	서구	남구	북구	중구	합
남자	51,584	155,104	104,891	221,433	197,204	730,216
여자	51,432	160,172	111,363	224,056	195,671	742,694
계	103,016	315,276	216,254	445,489	392,875	1,472,910

④ 2016년 도시별 공공체육시설 현황

(단위: 개소)

구분 \ 도시	A시	B시	C시	D시	E시
육상경기장	2	3	3	19	2
간이운동장	313	2,354	751	382	685
체육관	16	112	24	15	16
수영장	9	86	15	4	11
빙상장	1	3	1	1	0
기타	47	193	95	50	59
계	388	2,751	889	471	773

⑤ 2016년 생활체육지도자의 도시별 분포

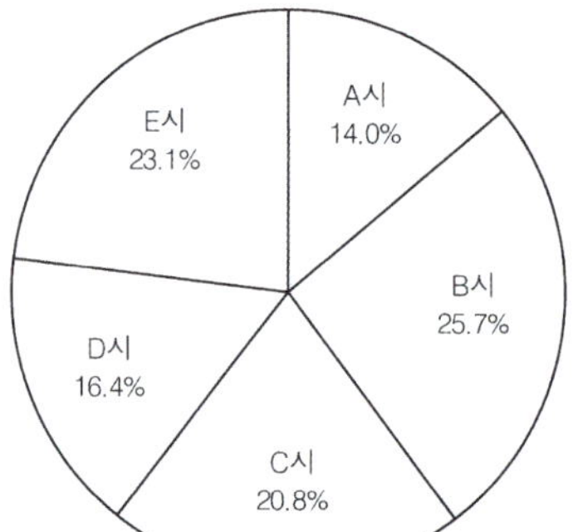

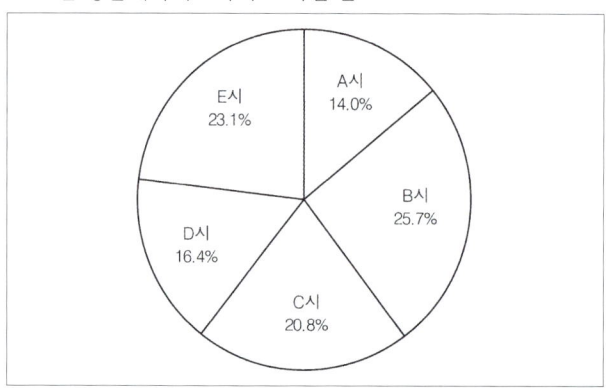

4. 다음 <표>는 세계 주요 터널화재 사고 A~F에 관한 자료이다. 이에 대한 설명으로 옳은 것은?

<표> 세계 주요 터널화재 사고 통계

사고 \ 구분	터널길이 (km)	화재규모 (MW)	복구비용 (억 원)	복구기간 (개월)	사망자 (명)
A	50.5	350	4,200	6	1
B	11.6	40	3,276	36	39
C	6.4	120	72	3	12
D	16.9	150	312	2	11
E	0.2	100	570	10	192
F	1.0	20	18	8	0

※ 사고비용(억 원) = 복구비용(억 원) + 사망자(명) × 5(억 원/명)

① 터널길이가 길수록 사망자가 많다.
② 화재규모가 클수록 복구기간이 길다.
③ 사고A를 제외하면 복구기간이 길수록 복구비용이 크다.
④ 사망자가 가장 많은 사고E는 사고비용도 가장 크다.
⑤ 사망자가 30명 이상인 사고를 제외하면 화재규모가 클수록 복구비용이 크다.

5. 다음 <표>는 2015년 9개 국가의 실질세부담률에 관한 자료이다. <표>와 <조건>에 근거하여 A~D에 해당하는 국가를 바르게 나열한 것은?

<표> 2015년 국가별 실질세부담률

구분 / 국가	독신 가구 실질세부담률(%)			다자녀 가구 실질세부담률(%)	독신 가구와 다자녀 가구의 실질세부담률 차이(%p)
		2005년 대비 증감(%p)	전년대비 증감(%p)		
A	55.3	-0.20	-0.28	40.5	14.8
일본	32.2	4.49	0.26	26.8	5.4
B	39.0	-2.00	-1.27	38.1	0.9
C	42.1	5.26	0.86	30.7	11.4
한국	21.9	4.59	0.19	19.6	2.3
D	31.6	-0.23	0.05	18.8	12.8
멕시코	19.7	4.98	0.20	19.7	0.0
E	39.6	0.59	-1.16	33.8	5.8
덴마크	36.4	-2.36	0.21	26.0	10.4

<조 건>

○ 2015년 독신 가구와 다자녀 가구의 실질세부담률 차이가 덴마크보다 큰 국가는 캐나다, 벨기에, 포르투갈이다.
○ 2015년 독신 가구 실질세부담률이 전년대비 감소한 국가는 벨기에, 그리스, 스페인이다.
○ 스페인의 2015년 독신 가구 실질세부담률은 그리스의 2015년 독신 가구 실질세부담률보다 높다.
○ 2005년 대비 2015년 독신 가구 실질세부담률이 가장 큰 폭으로 증가한 국가는 포르투갈이다.

	A	B	C	D
①	벨기에	그리스	포르투갈	캐나다
②	벨기에	스페인	캐나다	포르투갈
③	벨기에	스페인	포르투갈	캐나다
④	캐나다	그리스	스페인	포르투갈
⑤	캐나다	스페인	포르투갈	벨기에

6. 다음 <표>는 조선전기(1392~1550년) 홍수재해 및 가뭄재해 발생건수에 대한 자료이다. 이에 대한 <보기>의 설명 중 옳은 것만을 모두 고르면?

<표 1> 조선전기 홍수재해 발생건수

(단위: 건)

분류기간 \ 월	1	2	3	4	5	6	7	8	9	10	11	12	합
1392~1450년	0	0	0	0	4	12	8	3	0	0	0	0	27
1451~1500년	0	0	0	0	1	3	4	0	0	0	0	0	( )
1501~1550년	0	0	0	0	5	7	9	15	1	0	0	0	37
계	0	0	0	0	( )	22	21	( )	1	0	0	0	( )

<표 2> 조선전기 가뭄재해 발생건수

(단위: 건)

분류기간 \ 월	1	2	3	4	5	6	7	8	9	10	11	12	합
1392~1450년	0	1	1	5	9	8	9	2	1	0	0	1	37
1451~1500년	0	0	0	5	2	5	4	1	0	0	0	0	17
1501~1550년	0	0	0	4	7	7	6	1	0	0	0	0	( )
계	0	1	1	( )	18	( )	19	4	1	0	0	1	( )

<보 기>

ㄱ. 홍수재해 발생건수는 총 72건이며, 분류기간별로는 1501~1550년에 37건으로 가장 많이 발생했다.
ㄴ. 홍수재해는 모두 5~8월에만 발생했다.
ㄷ. 2~7월의 가뭄재해 발생건수는 전체 가뭄재해 발생건수의 90% 이상을 차지한다.
ㄹ. 매 분류기간마다 가뭄재해 발생건수는 홍수재해 발생건수보다 많다.

① ㄱ, ㄴ
② ㄱ, ㄷ
③ ㄴ, ㄹ
④ ㄱ, ㄷ, ㄹ
⑤ ㄴ, ㄷ, ㄹ

7. 다음 <표>와 <그림>은 2008~2016년 A국의 국세 및 지방세에 관한 자료이다. 이에 대한 설명으로 옳지 않은 것은?

<표> 국세 및 지방세 징수액과 감면액

(단위: 조 원)

구분 \ 연도		2008	2009	2010	2011	2012	2013	2014	2015	2016
국세	징수액	138	161	167	165	178	192	203	202	216
	감면액	21	23	29	31	30	30	33	34	33
지방세	징수액	41	44	45	45	49	52	54	54	62
	감면액	8	10	11	15	15	17	15	14	11

<그림> 국세 및 지방세 감면율 추이

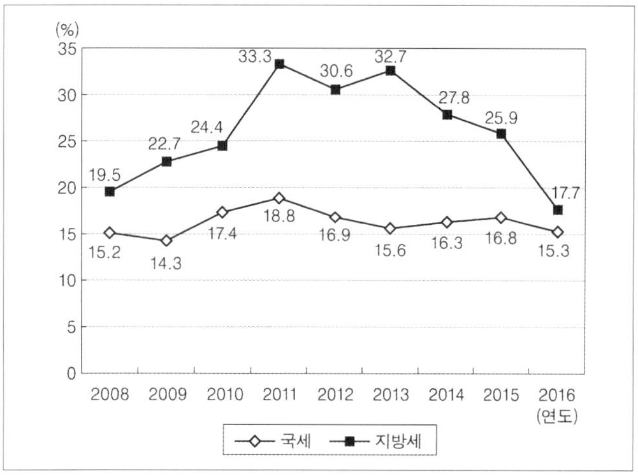

① 감면액은 국세가 지방세보다 매년 많다.
② 감면율은 지방세가 국세보다 매년 높다.
③ 2008년 대비 2016년 징수액 증가율은 국세가 지방세보다 높다.
④ 국세 징수액과 지방세 징수액의 차이가 가장 큰 해에는 국세 감면율과 지방세 감면율의 차이도 가장 크다.
⑤ 2014~2016년 동안 국세 감면액과 지방세 감면액의 차이는 매년 증가한다.

8. 다음 <표>는 학생 A~F의 시험점수에 관한 자료이다. <표>와 <조건>을 이용하여 학생 A, B, C의 시험점수를 바르게 나열한 것은?

<표> 학생 A~F의 시험점수

(단위: 점)

학생	A	B	C	D	E	F
점수	( )	( )	( )	( )	9	9

<조 건>

○ 시험점수는 자연수이다.
○ 시험점수가 같은 학생은 A, E, F뿐이다.
○ 산술평균은 8.5점이다.
○ 최댓값은 10점이다.
○ 학생 D의 시험점수는 학생 C보다 4점 높다.

	A	B	C
①	8	9	5
②	8	10	4
③	9	8	6
④	9	10	5
⑤	9	10	6

9. 다음 <그림>과 <표>는 F국제기구가 발표한 2014년 3월~2015년 3월 동안의 식량 가격지수와 품목별 가격지수에 대한 자료이다. 이에 대한 설명으로 옳지 않은 것은?

<그림> 식량 가격지수

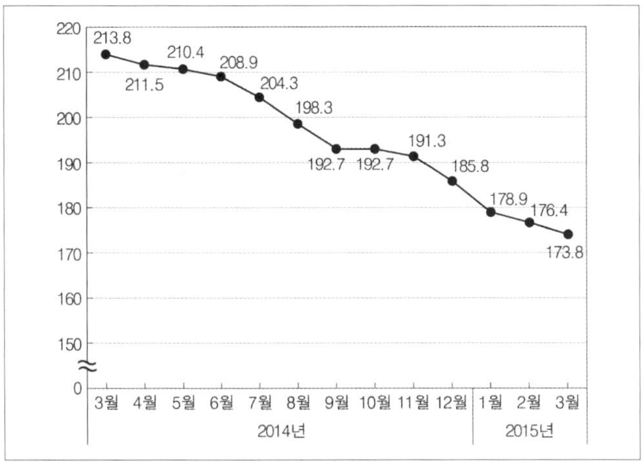

<표> 품목별 가격지수

시기		육류	낙농품	곡물	유지류	설탕
2014년	3월	185.5	268.5	208.9	204.8	254.0
	4월	190.4	251.5	209.2	199.0	249.9
	5월	194.6	238.9	207.0	195.3	259.3
	6월	202.8	236.5	196.1	188.8	258.0
	7월	205.9	226.1	185.2	181.1	259.1
	8월	212.0	200.8	182.5	166.6	244.3
	9월	211.0	187.8	178.2	162.0	228.1
	10월	210.2	184.3	178.3	163.7	237.6
	11월	206.4	178.1	183.2	164.9	229.7
	12월	196.4	174.0	183.9	160.7	217.5
2015년	1월	183.5	173.8	177.4	156.0	217.7
	2월	178.8	181.8	171.7	156.6	207.1
	3월	177.0	184.9	169.8	151.7	187.9

※ 기준년도인 2002년의 가격지수는 100임.

① 2015년 3월의 식량 가격지수는 2014년 3월에 비해 15% 이상 하락했다.

② 2014년 4월부터 2014년 9월까지 식량 가격지수는 매월 하락했다.

③ 2014년 3월에 비해 2015년 3월 가격지수가 가장 큰 폭으로 하락한 품목은 낙농품이다.

④ 육류 가격지수는 2014년 8월까지 매월 상승하다가 그 이후에는 매월 하락했다.

⑤ 2002년 가격지수 대비 2015년 3월 가격지수의 상승률이 가장 낮은 품목은 육류이다.

10. A시는 2016년에 폐업 신고한 전체 자영업자를 대상으로 창업교육 이수 여부와 창업부터 폐업까지의 기간을 조사하였다. 다음 <그림>은 조사결과를 이용하여 창업교육 이수 여부에 따른 기간별 생존비율을 비교한 자료이다. 이에 대한 설명으로 옳은 것은?

<그림> 창업교육 이수 여부에 따른 기간별 생존비율

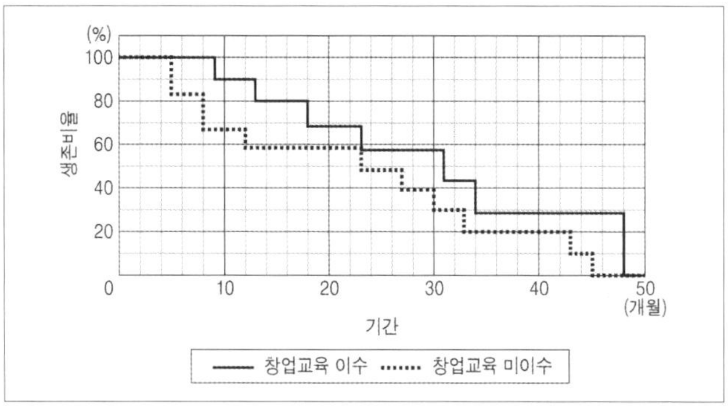

※ 1) 창업교육을 이수(미이수)한 폐업 자영업자의 기간별 생존비율은 창업교육을 이수(미이수)한 폐업 자영업자 중 생존기간이 해당 기간 이상인 자영업자의 비율임.
2) 생존기간은 창업부터 폐업까지의 기간을 의미함.

① 창업교육을 이수한 폐업 자영업자 수가 창업교육을 미이수한 폐업 자영업자 수보다 더 많다.

② 창업교육을 미이수한 폐업 자영업자의 평균 생존기간은 창업교육을 이수한 폐업 자영업자의 평균 생존기간보다 더 길다.

③ 창업교육을 이수한 폐업 자영업자의 생존비율과 창업교육을 미이수한 폐업 자영업자의 생존비율의 차이는 창업 후 20개월에 가장 크다.

④ 창업교육을 이수한 폐업 자영업자 중 생존기간이 32개월 이상인 자영업자의 비율은 50% 이상이다.

⑤ 창업교육을 미이수한 폐업 자영업자 중 생존기간이 10개월 미만인 자영업자의 비율은 20% 이상이다.

11. 다음 <표>는 AIIB(Asian Infrastructure Investment Bank)의 지분율 상위 10개 회원국의 지분율과 투표권 비율에 대한 자료이다. 이에 대한 <보기>의 설명 중 옳은 것만을 모두 고르면?

<표> 지분율 상위 10개 회원국의 지분율과 투표권 비율

(단위: %)

회원국	지역	지분율	투표권 비율
중국	A	30.34	26.06
인도	A	8.52	7.51
러시아	B	6.66	5.93
독일	B	4.57	4.15
한국	A	3.81	3.50
호주	A	3.76	3.46
프랑스	B	3.44	3.19
인도네시아	A	3.42	3.17
브라질	B	3.24	3.02
영국	B	3.11	2.91

※ 1) 회원국의 지분율(%) = $\frac{\text{해당 회원국이 AIIB에 출자한 자본금}}{\text{AIIB의 자본금 총액}} \times 100$

2) 지분율이 높을수록 투표권 비율이 높아짐.

<보 기>

ㄱ. 지분율 상위 4개 회원국의 투표권 비율을 합하면 40% 이상이다.

ㄴ. 중국을 제외한 지분율 상위 9개 회원국 중 지분율과 투표권 비율의 차이가 가장 큰 회원국은 인도이다.

ㄷ. 지분율 상위 10개 회원국 중에서, A지역 회원국의 지분율 합은 B지역 회원국의 지분율 합의 3배 이상이다.

ㄹ. AIIB의 자본금 총액이 2,000억 달러라면, 독일과 프랑스가 AIIB에 출자한 자본금의 합은 160억 달러 이상이다.

① ㄱ, ㄴ
② ㄴ, ㄷ
③ ㄷ, ㄹ
④ ㄱ, ㄴ, ㄹ
⑤ ㄱ, ㄷ, ㄹ

12. 다음 <표>는 2016년 '갑'시 5개 구 주민의 돼지고기 소비량에 관한 자료이다. <조건>을 이용하여 변동계수가 3번째로 큰 구와 4번째로 큰 구를 바르게 나열한 것은?

<표> 5개 구 주민의 돼지고기 소비량 통계

(단위: kg)

구	평균 (1인당 소비량)	표준편차
A	(　)	5.0
B	(　)	4.0
C	30.0	6.0
D	12.0	4.0
E	(　)	8.0

※ 변동계수(%) = $\frac{\text{표준편차}}{\text{평균}} \times 100$

<조 건>

○ A구의 1인당 소비량과 B구의 1인당 소비량을 합하면 C구의 1인당 소비량과 같다.

○ A구의 1인당 소비량과 D구의 1인당 소비량을 합하면 E구 1인당 소비량의 2배와 같다.

○ E구의 1인당 소비량은 B구의 1인당 소비량보다 6.0kg 더 많다.

	3번째	4번째
①	B	A
②	B	C
③	B	E
④	D	A
⑤	D	C

13. 다음 <표>는 지역별 마약류 단속에 관한 자료이다. 이에 대한 설명으로 옳은 것은?

<표> 지역별 마약류 단속 건수

(단위: 건, %)

지역 \ 마약류	대마	마약	향정신성 의약품	합	비중
서울	49	18	323	390	22.1
인천·경기	55	24	552	631	35.8
부산	6	6	166	178	10.1
울산·경남	13	4	129	146	8.3
대구·경북	8	1	138	147	8.3
대전·충남	20	4	101	125	7.1
강원	13	0	35	48	2.7
전북	1	4	25	30	1.7
광주·전남	2	4	38	44	2.5
충북	0	0	21	21	1.2
제주	0	0	4	4	0.2
전체	167	65	1,532	1,764	100.0

※ 1) 수도권은 서울과 인천·경기를 합한 지역임.
2) 마약류는 대마, 마약, 향정신성의약품으로만 구성됨.

① 대마 단속 전체 건수는 마약 단속 전체 건수의 3배 이상이다.
② 수도권의 마약류 단속 건수는 마약류 단속 전체 건수의 50% 이상이다.
③ 마약 단속 건수가 없는 지역은 5곳이다.
④ 향정신성의약품 단속 건수는 대구·경북 지역이 광주·전남 지역의 4배 이상이다.
⑤ 강원 지역은 향정신성의약품 단속 건수가 대마 단속 건수의 3배 이상이다.

14. 다음 <표>는 '갑' 기관의 10개 정책(가~차)에 대한 평가결과이다. '갑' 기관은 정책별로 심사위원 A~D의 점수를 합산하여 총점이 낮은 정책부터 순서대로 4개 정책을 폐기할 계획이다. 폐기할 정책만을 모두 고르면?

<표> 정책에 대한 평가결과

정책 \ 심사위원	A	B	C	D
가	●	●	◑	○
나	●	●	◑	●
다	◑	○	●	◑
라	( )	●	◑	( )
마	●	( )	●	◑
바	◑	◑	◑	●
사	◑	◑	◑	●
아	◑	◑	●	( )
자	◑	◑	( )	●
차	( )	●	◑	○
평균(점)	0.55	0.70	0.70	0.50

※ 정책은 ○(0점), ◑(0.5점), ●(1.0점)으로만 평가됨.

① 가, 다, 바, 사
② 나, 마, 아, 자
③ 다, 라, 바, 사
④ 다, 라, 아, 차
⑤ 라, 아, 자, 차

15. 다음 <표>는 2013~2016년 기관별 R&D 과제 건수와 비율에 관한 자료이다. <표>를 이용하여 작성한 그래프로 옳지 않은 것은?

<표> 2013~2016년 기관별 R&D 과제 건수와 비율

(단위: 건, %)

구분 \ 연도 / 기관	2013		2014		2015		2016	
	과제 건수	비율	과제 건수	비율	과제 건수	비율	과제 건수	비율
기업	31	13.5	80	9.4	93	7.6	91	8.5
대학	47	20.4	423	49.7	626	51.4	526	49.3
정부	141	61.3	330	38.8	486	39.9	419	39.2
기타	11	4.8	18	2.1	13	1.1	32	3.0
전체	230	100.0	851	100.0	1,218	100.0	1,068	100.0

① 연도별 기업 및 대학 R&D 과제 건수

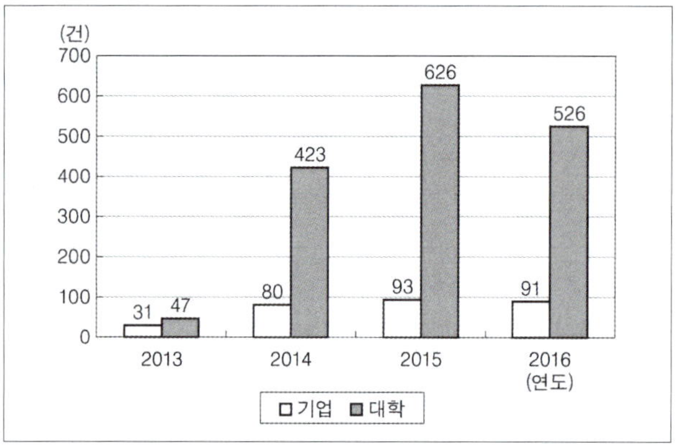

② 연도별 정부 및 전체 R&D 과제 건수

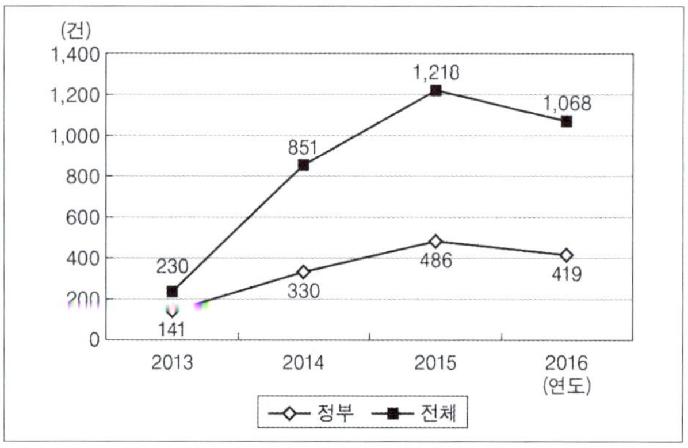

③ 2016년 기관별 R&D 과제 건수 구성비

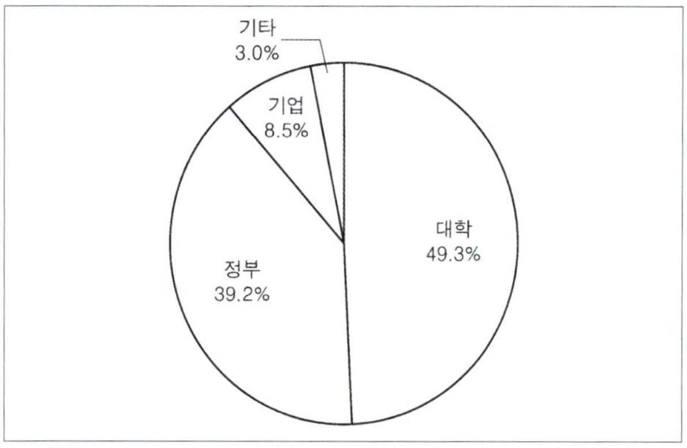

④ 전체 R&D 과제 건수의 전년대비 증가율(2014~2016년)

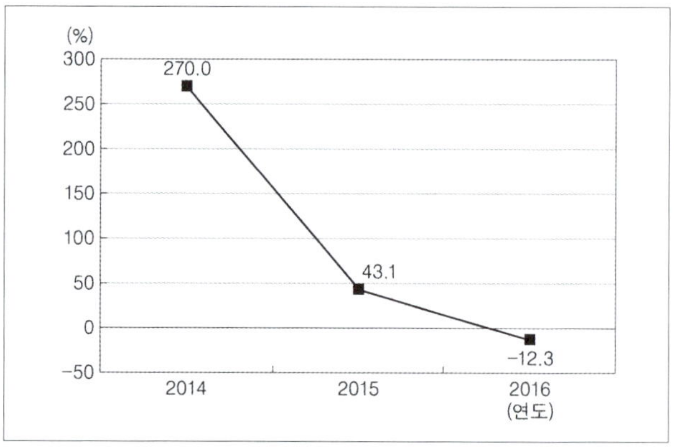

⑤ 연도별 기업 및 정부 R&D 과제 건수의 전년대비 증가율(2014~2016년)

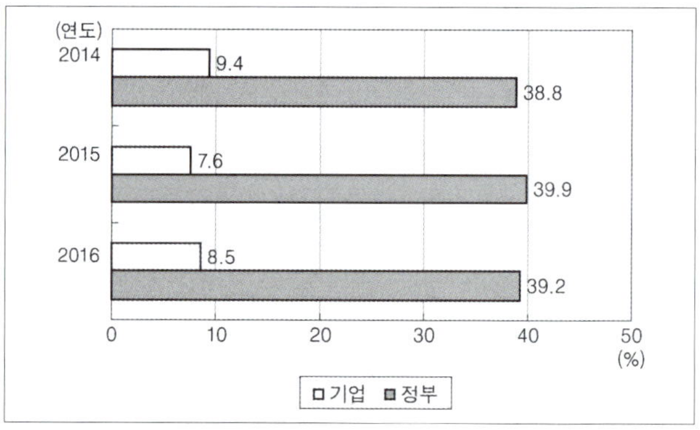

16. 다음 <표>는 5개 팀으로 구성된 '갑'국 프로야구 리그의 2016 시즌 팀별 상대전적을 시즌 종료 후 종합한 것이다. 이에 대한 설명으로 옳지 않은 것은?

<표> 2016 시즌 팀별 상대전적

상대팀 / 팀	A	B	C	D	E
A	-	(가)	( )	( )	( )
B	6-10-0	-	( )	( )	( )
C	7-9-0	8-8-0	-	8-8-0	( )
D	6-9-1	8-8-0	8-8-0	-	( )
E	4-12-0	8-8-0	6-10-0	10-6-0	-

※ 1) 표 안의 수는 승리-패배-무승부의 순으로 표시됨. 예를 들어, B팀의 A팀에 대한 전적(6-10-0)은 6승 10패 0무임.

2) 팀의 시즌 승률(%) = $\frac{\text{해당 팀의 시즌 승리 경기수}}{\text{해당 팀의 시즌 경기수}} \times 100$

① (가)에 들어갈 내용은 10-6-0이다.
② B팀의 시즌 승률은 50% 이하이다.
③ 시즌 승률이 50% 이상인 팀은 1팀이다.
④ C팀은 E팀을 상대로 승리한 경기가 패배한 경기보다 많다.
⑤ 시즌 전체 경기 결과 중 무승부는 1경기이다.

17. 다음 <표>는 동일한 상품군을 판매하는 백화점과 TV홈쇼핑의 상품군별 2015년 판매수수료율에 대한 자료이다. 이에 대한 <보고서>의 설명 중 옳은 것만을 모두 고르면?

<표 1> 백화점 판매수수료율 순위

(단위: %)

판매수수료율 상위 5개			판매수수료율 하위 5개		
순위	상품군	판매 수수료율	순위	상품군	판매 수수료율
1	셔츠	33.9	1	디지털기기	11.0
2	레저용품	32.0	2	대형가전	14.4
3	잡화	31.8	3	소형가전	18.6
4	여성정장	31.7	4	문구	18.7
5	모피	31.1	5	신선식품	20.8

<표 2> TV홈쇼핑 판매수수료율 순위

(단위: %)

판매수수료율 상위 5개			판매수수료율 하위 5개		
순위	상품군	판매 수수료율	순위	상품군	판매 수수료율
1	셔츠	42.0	1	여행패키지	8.4
2	여성캐주얼	39.7	2	디지털기기	21.9
3	진	37.8	3	유아용품	28.1
4	남성정장	37.4	4	건강용품	28.2
5	화장품	36.8	5	보석	28.7

<보고서>

백화점과 TV홈쇼핑의 전체 상품군별 판매수수료율을 조사한 결과, ㉠백화점, TV홈쇼핑 모두 셔츠 상품군의 판매수수료율이 전체 상품군 중 가장 높았다. 그리고 백화점, TV홈쇼핑 모두 상위 5개 상품군의 판매수수료율이 30%를 넘어섰다. ㉡여성정장 상품군과 모피 상품군의 판매수수료율은 TV홈쇼핑이 백화점보다 더 낮았으며, ㉢디지털기기 상품군의 판매수수료율은 TV홈쇼핑이 백화점보다 더 높았다. ㉣여행패키지 상품군의 판매수수료율은 백화점이 TV홈쇼핑의 2배 이상이었다.

① ㄱ, ㄴ
② ㄱ, ㄷ
③ ㄴ, ㄹ
④ ㄱ, ㄷ, ㄹ
⑤ ㄴ, ㄷ, ㄹ

18. 다음 <표>는 A국에서 2016년에 채용된 공무원 인원에 관한 자료이다. 이에 대한 <보기>의 설명 중 옳은 것만을 모두 고르면?

<표> A국의 2016년 공무원 채용 인원

(단위: 명)

채용방식 / 공무원구분	공개경쟁 채용	경력경쟁 채용	합
고위공무원	-	73	73
3급	-	17	17
4급	-	99	99
5급	296	205	501
6급	-	193	193
7급	639	509	1,148
8급	-	481	481
9급	3,000	1,466	4,466
연구직	17	357	374
지도직	-	3	3
우정직	-	599	599
전문경력관	-	104	104
전문임기제	-	241	241
한시임기제	-	743	743
전체	3,952	5,090	9,042

※ 1) 채용방식은 공개경쟁채용과 경력경쟁채용으로만 이루어짐.
2) 공무원구분은 <표>에 제시된 것으로 한정됨.

<보 기>

ㄱ. 2016년에 공개경쟁채용을 통해 채용이 이루어진 공무원 구분은 총 4개이다.
ㄴ. 2016년 우정직 채용 인원은 7급 채용 인원의 절반보다 많다.
ㄷ. 2016년에 공개경쟁채용을 통해 채용이 이루어진 공무원 구분 각각에서는 공개경쟁채용 인원이 경력경쟁채용 인원보다 많다.
ㄹ. 2017년부터 공무원 채용 인원 중 9급 공개경쟁채용 인원만을 해마다 전년대비 10%씩 늘리고 그 외 나머지 채용 인원을 2016년과 동일하게 유지하여 채용한다면, 2018년 전체 공무원 채용 인원 중 9급 공개경쟁채용 인원의 비중은 40% 이하이다.

① ㄱ, ㄴ
② ㄱ, ㄷ
③ ㄷ, ㄹ
④ ㄱ, ㄴ, ㄹ
⑤ ㄴ, ㄷ, ㄹ

19. 다음 <표>는 '갑'국 6개 수종의 기건비중 및 강도에 대한 자료이다. <조건>을 이용하여 A와 C에 해당하는 수종을 바르게 나열한 것은?

<표> 6개 수종의 기건비중 및 강도

수종	기건비중 (ton/m³)	강도(N/mm²)			
		압축강도	인장강도	휨강도	전단강도
A	0.53	48	52	88	10
B	0.89	64	125	118	12
C	0.61	63	69	82	9
삼나무	0.37	41	45	72	7
D	0.31	24	21	39	6
E	0.43	51	59	80	7

<조 건>

○ 전단강도 대비 압축강도 비가 큰 상위 2개 수종은 낙엽송과 전나무이다.
○ 휨강도와 압축강도 차가 큰 상위 2개 수종은 소나무와 참나무이다.
○ 참나무의 기건비중은 오동나무 기건비중의 2.5배 이상이다.
○ 인장강도와 압축강도의 차가 두 번째로 큰 수종은 전나무이다.

	A	C
①	소나무	낙엽송
②	소나무	전나무
③	오동나무	낙엽송
④	참나무	소나무
⑤	참나무	전나무

20. 다음 <표>와 <그림>은 2009~2012년 도시폐기물량 상위 10개국의 도시폐기물량지수와 한국의 도시폐기물량을 나타낸 것이다. 이에 대한 <보기>의 설명 중 옳은 것만을 모두 고르면?

<표> 도시폐기물량 상위 10개국의 도시폐기물량지수

순위	2009년		2010년		2011년		2012년	
	국가	지수	국가	지수	국가	지수	국가	지수
1	미국	12.05	미국	11.94	미국	12.72	미국	12.73
2	러시아	3.40	러시아	3.60	러시아	3.87	러시아	4.51
3	독일	2.54	브라질	2.85	브라질	2.97	브라질	3.24
4	일본	2.53	독일	2.61	독일	2.81	독일	2.78
5	멕시코	1.98	일본	2.49	일본	2.54	일본	2.53
6	프랑스	1.83	멕시코	2.06	멕시코	2.30	멕시코	2.35
7	영국	1.76	프랑스	1.86	프랑스	1.96	프랑스	1.91
8	이탈리아	1.71	영국	1.75	이탈리아	1.76	터키	1.72
9	터키	1.50	이탈리아	1.73	영국	1.74	영국	1.70
10	스페인	1.33	터키	1.63	터키	1.73	이탈리아	1.40

※ 도시폐기물량지수 = $\frac{\text{해당년도 해당 국가의 도시폐기물량}}{\text{해당년도 한국의 도시폐기물량}}$

<그림> 한국의 도시폐기물량

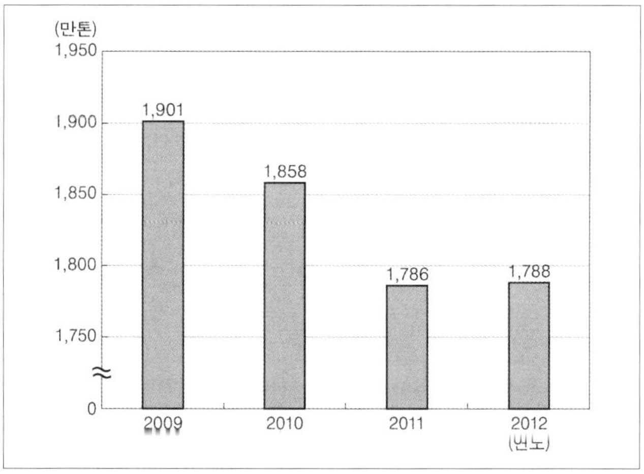

<보 기>

ㄱ. 2012년 도시폐기물량은 미국이 일본의 4배 이상이다.
ㄴ. 2011년 러시아의 도시폐기물량은 8,000만 톤 이상이다.
ㄷ. 2012년 스페인의 도시폐기물량은 2009년에 비해 감소하였다.
ㄹ. 영국의 도시폐기물량은 터키의 도시폐기물량보다 매년 많다.

① ㄱ, ㄷ
② ㄱ, ㄹ
③ ㄴ, ㄷ
④ ㄱ, ㄴ, ㄹ
⑤ ㄴ, ㄷ, ㄹ

21. 다음 <표>와 <그림>을 이용하여 환경 R&D 예산 현황에 관한 <보고서>를 작성하였다. 제시된 <표>와 <그림> 이외에 <보고서> 작성을 위하여 추가로 필요한 자료만을 <보기>에서 모두 고르면?

<표> 대한민국 정부 부처 전체 및 주요 부처별 환경 R&D 예산 현황

(단위: 억 원)

구분 / 연도	정부 부처 전체	A부처	B부처	C부처	D부처	E부처
2002	61,417	14,338	18,431	1,734	1,189	1,049
2003	65,154	16,170	17,510	1,963	1,318	1,074
2004	70,827	19,851	25,730	1,949	1,544	1,301
2005	77,996	24,484	28,550	2,856	1,663	1,365
2006	89,096	27,245	31,584	3,934	1,877	1,469
2007	97,629	30,838	32,350	4,277	1,805	1,663
2008	108,423	34,970	35,927	4,730	2,265	1,840
2009	123,437	39,117	41,053	5,603	2,773	1,969
2010	137,014	43,871	44,385	5,750	3,085	2,142
2011	148,902	47,497	45,269	6,161	3,371	2,355

<그림> 2009년 OECD 주요 국가별 전체 예산 중 환경 R&D 예산의 비중

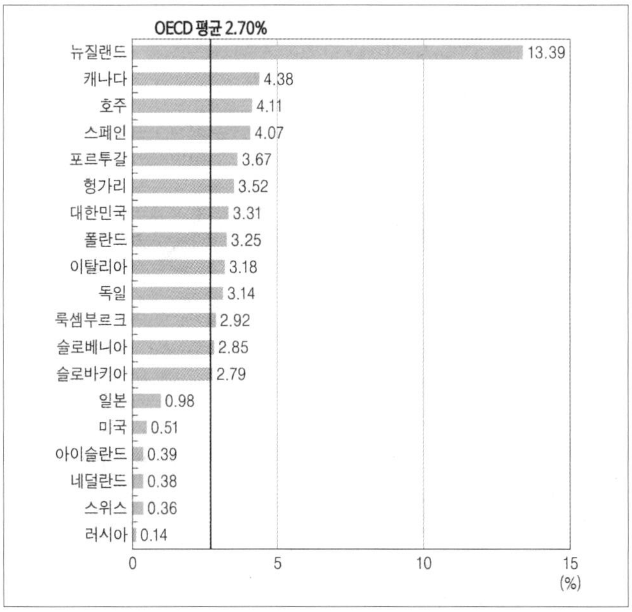

<보고서>

○ 환경에 대한 중요성이 강조됨에 따라 미국의 환경 R&D 예산은 2002년부터 2011년까지 증가 추세에 있음.
○ 대한민국의 2009년 전체 예산 중 환경 R&D 예산의 비중은 3.31%로 OECD 평균 2.70%에 비해 0.61%p 큼.
○ 미국의 2009년 전체 예산 중 환경 R&D 예산의 비중은 OECD 평균보다 작았지만, 2010년에는 환경 R&D 예산이 2009년 대비 30% 이상 증가하여 전체 예산 중 환경 R&D 예산의 비중이 커짐.
○ 2011년 대한민국 정부 부처 전체의 환경 R&D 예산은 약 14.9조 원 규모로 2002년 이후 연평균 10% 이상의 증가율을 보이고 있음.
○ 2011년 대한민국 E부처의 환경 R&D 예산은 정부 부처 전체 환경 R&D 예산의 1.6% 수준으로 정부 부처 중 8위에 해당함.

<보 기>

ㄱ. 2002년부터 2011년까지 미국의 전체 예산 및 환경 R&D 예산
ㄴ. 2002년부터 2011년까지 뉴질랜드의 부처별, 분야별 R&D 예산
ㄷ. 2011년 대한민국 모든 정부 부처의 부처별 환경 R&D 예산
ㄹ. 2010년 대한민국 모든 정부 부처 산하기관의 전체 R&D 예산

① ㄱ, ㄴ
② ㄱ, ㄷ
③ ㄴ, ㄹ
④ ㄱ, ㄷ, ㄹ
⑤ ㄴ, ㄷ, ㄹ

22. 다음 <표>는 2012~2016년 조세심판원의 연도별 사건처리 건수에 관한 자료이다. 이에 대한 <보기>의 설명 중 옳은 것만을 모두 고르면?

<표> 조세심판원의 연도별 사건처리 건수

(단위: 건)

구분		2012	2013	2014	2015	2016
처리대상 건수	전년이월 건수	1,854	( )	2,403	2,127	2,223
	당년접수 건수	6,424	7,883	8,474	8,273	6,003
	소계	8,278	( )	10,877	10,400	8,226
처리 건수	취하 건수	90	136	163	222	163
	각하 건수	346	301	482	459	506
	기각 건수	4,214	5,074	6,200	5,579	4,322
	재조사 건수	27	0	465	611	299
	인용 건수	1,767	1,803	1,440	1,306	1,338
	소계	6,444	7,314	8,750	8,177	6,628

※ 1) 당해 연도 전년이월 건수 = 전년도 처리대상 건수 − 전년도 처리 건수

2) 처리율(%) = $\frac{\text{처리 건수}}{\text{처리대상 건수}} \times 100$

3) 인용률(%) = $\frac{\text{인용 건수}}{\text{각하 건수} + \text{기각 건수} + \text{인용 건수}} \times 100$

<보 기>

ㄱ. 처리대상 건수가 가장 적은 연도의 처리율은 75% 이상이다.

ㄴ. 2013~2016년 동안 취하 건수와 기각 건수의 전년대비 증감방향은 동일하다.

ㄷ. 2013년 처리율은 80% 이상이다.

ㄹ. 인용률은 2012년이 2014년보다 높다.

① ㄱ, ㄴ

② ㄱ, ㄹ

③ ㄴ, ㄷ

④ ㄱ, ㄷ, ㄹ

⑤ ㄴ, ㄷ, ㄹ

23. 다음 <표>와 <그림>은 '갑'국 정당A~D의 지방의회 의석수에 관한 자료이다. 이에 대한 <보기>의 설명 중 옳은 것만을 모두 고르면?

<표> 정당별 전국 지방의회 의석수

(단위: 석)

연도 \ 정당	A	B	C	D	합
2010	224	271	82	39	616
2014	252	318	38	61	669

<그림> 정당별 수도권 지방의회 의석수

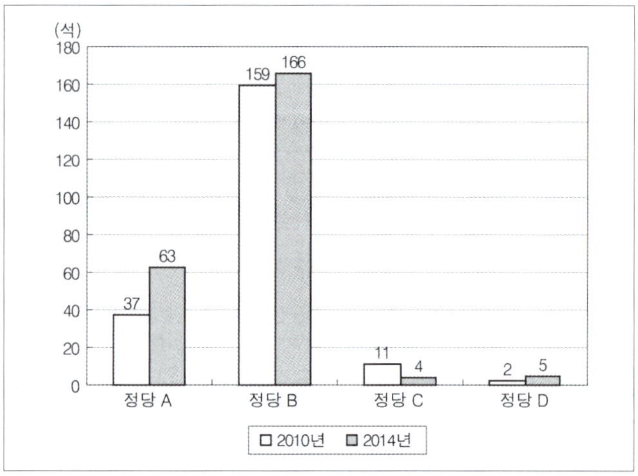

※ 1) '갑'국 지방의회 의원은 정당 A, B, C, D 소속만 있고, 무소속은 없음.

2) 전국 지방의회 의석수 = 수도권 지방의회 의석수 + 비수도권 지방의회 의석수

3) 정당별 지방의회 의석점유율(%) = $\frac{\text{정당별 지방의회 의석수}}{\text{지방의회 의석수}} \times 100$

<보 기>

ㄱ. 정당D의 전국 지방의회 의석점유율은 2014년이 2010년보다 높다.

ㄴ. 2010년에 비해 2014년 모든 정당의 전국 지방의회 의석수는 증가하였다.

ㄷ. 2014년 비수도권 지방의회 의석수는 정당B가 정당A보다 많다.

ㄹ. 정당B의 수도권 지방의회 의석점유율은 2014년이 2010년보다 낮다.

① ㄱ, ㄴ

② ㄱ, ㄹ

③ ㄴ, ㄷ

④ ㄱ, ㄷ, ㄹ

⑤ ㄴ, ㄷ, ㄹ

24. 다음 <표>는 2016년 '갑'국 10개 항공사의 항공기 지연 현황에 대한 자료이다. 이에 대한 <보기>의 설명 중 옳은 것만을 모두 고르면?

<표> 10개 항공사의 지연사유별 항공기 지연 대수

(단위: 대)

항공사	총 운항 대수	총 지연 대수	지연사유별 지연 대수			
			연결편 접속	항공기 정비	기상 악화	기타
EK	86,592	21,374	20,646	118	214	396
JL	71,264	12,487	11,531	121	147	688
EZ	26,644	4,037	3,628	41	156	212
WT	7,308	1,137	1,021	17	23	76
HO	6,563	761	695	7	21	38
8L	6,272	1,162	1,109	4	36	13
ZH	3,129	417	135	7	2	273
BK	2,818	110	101	3	1	5
9C	2,675	229	223	3	0	3
PR	1,062	126	112	3	5	6
계	214,327	41,840	39,201	324	605	1,710

※ 지연율(%) = $\frac{\text{총 지연 대수}}{\text{총 운항 대수}} \times 100$

<보 기>

ㄱ. 지연율이 가장 낮은 항공사는 BK항공이다.

ㄴ. 항공사별 총 지연 대수 중 항공기 정비, 기상 악화, 기타로 인한 지연 대수의 합이 차지하는 비중은 ZH항공이 가장 높다.

ㄷ. 기상 악화로 인한 전체 지연 대수 중 EK항공과 JL항공의 기상 악화로 인한 지연 대수 합이 차지하는 비중은 50% 이하이다.

ㄹ. 항공기 정비로 인한 지연 대수 대비 기상 악화로 인한 지연 대수 비율이 가장 높은 항공사는 EZ항공이다.

① ㄱ, ㄴ
② ㄱ, ㄷ
③ ㄴ, ㄹ
④ ㄱ, ㄷ, ㄹ
⑤ ㄴ, ㄷ, ㄹ

25. 다음 <표>는 2015년과 2016년 '갑' 회사의 강사 A~E의 시급과 수강생 만족도에 관한 자료이다. <표>와 <조건>에 근거한 설명으로 옳은 것은?

<표> 강사의 시급 및 수강생 만족도

(단위: 원, 점)

연도 / 구분 / 강사	2015		2016	
	시급	수강생 만족도	시급	수강생 만족도
A	50,000	4.6	55,000	4.1
B	45,000	3.5	45,000	4.2
C	52,000	( )	54,600	4.8
D	54,000	4.9	59,400	4.4
E	48,000	3.2	( )	3.5

<조 건>

○ 당해 연도 시급 대비 다음 연도 시급의 인상률은 당해 연도 수강생 만족도에 따라 아래와 같이 결정됨. 단, 강사가 받을 수 있는 시급은 최대 60,000원임.

수강생 만족도	인상률
4.5점 이상	10% 인상
4.0점 이상 4.5점 미만	5% 인상
3.0점 이상 4.0점 미만	동결
3.0점 미만	5% 인하

① 강사E의 2016년 시급은 45,600원이다.
② 2017년 시급은 강사D가 강사C보다 높다.
③ 2016년과 2017년 시급 차이가 가장 큰 강사는 C이다.
④ 강사C의 2015년 수강생 만족도 점수는 4.5점 이상이다.
⑤ 2017년 강사A와 강사B의 시급 차이는 10,000원이다.

약점 보완 해설집 p.96

시험일: ______년 ______월 ______일

2016년도 국가공무원 5급 및 7급 민경채 필기시험

| 자료해석영역 |

응시번호

성명

문제책형 5

응시자 주의사항

1. **시험시작 전 시험문제를 열람하는 행위나 시험종료 후 답안을 작성하는 행위를 한 사람**은 「공무원 임용시험령」 제51조에 의거 **부정행위자**로 처리됩니다.
2. **답안지 책형 표기는 시험시작 전** 감독관의 지시에 따라 **문제책 앞면에 인쇄된 문제책형을 확인**한 후, **답안지 책형란에 해당 책형(1개)**을 '●'로 표기하여야 합니다.
3. 시험이 시작되면 문제를 주의 깊게 읽은 후, **문항의 취지에 가장 적합한 하나의 정답만을 고르며**, 문제내용에 관한 질문은 할 수 없습니다.
4. **답안을 잘못 표기하였을 경우에는 답안지를 교체하여 작성**하거나 **수정할 수 있으며**, 표기한 답안을 수정할 때는 **응시자 본인이 가져온 수정테이프만을 사용**하여 해당 부분을 완전히 지우고 부착된 수정테이프가 떨어지지 않도록 손으로 눌러주어야 합니다. **(수정액 또는 수정 스티커 등은 사용 불가)**
5. **시험시간 관리의 책임은 응시자 본인에게 있습니다.**
   ※ 문제책은 시험종료 후 가지고 갈 수 있습니다.

모바일 자동 채점 및 성적 분석 서비스

'약점 보완 해설집'에 회차별로 수록된 QR코드를 인식하면 응시 인원 대비 자신의 성적 위치를 확인할 수 있습니다.

1. 다음 <그림>은 국가 A~J의 1인당 GDP와 1인당 의료비지출액을 나타낸 것이다. 이에 대한 <보기>의 설명 중 옳은 것만을 모두 고르면?

<그림> 1인당 GDP와 1인당 의료비지출액

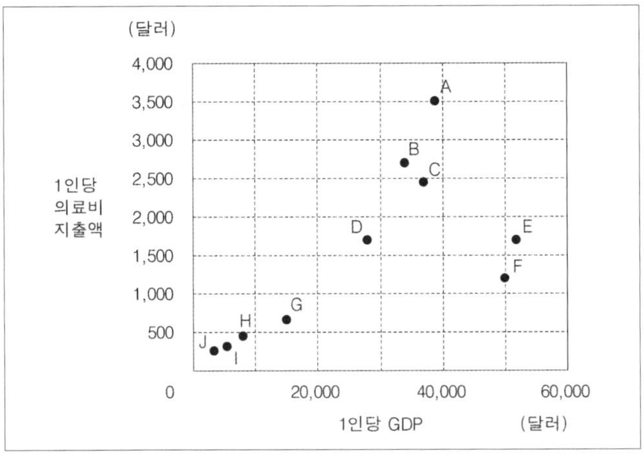

<보 기>

ㄱ. 1인당 GDP가 2만 달러 이상인 국가의 1인당 의료비지출액은 1천 달러 이상이다.
ㄴ. 1인당 의료비지출액이 가장 많은 국가와 가장 적은 국가의 1인당 의료비지출액 차이는 3천 달러 이상이다.
ㄷ. 1인당 GDP가 가장 높은 국가와 가장 낮은 국가의 1인당 의료비지출액 차이는 2천 달러 이상이다.
ㄹ. 1인당 GDP 상위 5개 국가의 1인당 의료비지출액 합은 1인당 GDP 하위 5개 국가의 1인당 의료비지출액 합의 5배 이상이다.

① ㄱ, ㄴ
② ㄱ, ㄷ
③ ㄷ, ㄹ
④ ㄱ, ㄴ, ㄹ
⑤ ㄴ, ㄷ, ㄹ

2. 다음 <표>는 과목 등급 산정기준과 과목별 이수단위 및 민수의 과목별 석차에 대한 자료이다. <표>와 <평균등급 산출 공식>에 따라 산정한 민수의 4개 과목 평균등급을 M이라 할 때, M의 범위로 옳은 것은?

<표 1> 과목 등급 산정기준

등급	과목석차 백분율
1	0% 초과 4% 이하
2	4% 초과 11% 이하
3	11% 초과 23% 이하
4	23% 초과 40% 이하
5	40% 초과 60% 이하
6	60% 초과 77% 이하
7	77% 초과 89% 이하
8	89% 초과 96% 이하
9	96% 초과 100% 이하

※ 과목석차 백분율(%) = $\frac{\text{과목석차}}{\text{과목이수인원}} \times 100$

<표 2> 과목별 이수단위 및 민수의 과목별 석차

구분 \ 과목	이수단위(단위)	석차(등)	이수인원(명)
국어	3	270	300
영어	3	44	300
수학	2	27	300
과학	3	165	300

<평균등급 산출 공식>

$$\text{평균등급} = \frac{(\text{과목별 등급} \times \text{과목별 이수단위})\text{의 합}}{\text{과목별 이수단위의 합}}$$

① $3 \leq M < 4$
② $4 \leq M < 5$
③ $5 \leq M < 6$
④ $6 \leq M < 7$
⑤ $7 \leq M < 8$

3. 다음 <표>는 2013년과 2014년 '갑'국 국제협력단이 공여한 공적개발원조액에 관한 자료이다. 이에 대한 <보고서>의 내용 중 옳은 것만을 모두 고르면?

<표 1> 지원형태별 공적개발원조액

(단위: 백만 원)

지원형태 \ 연도	2013	2014
양자	500,139	542,725
다자	22,644	37,827
전체	522,783	580,552

<표 2> 지원분야별 공적개발원조액

(단위: 백만 원, %)

지원분야 \ 구분	2013년		2014년	
	금액	비중	금액	비중
교육	153,539	29.4	138,007	23.8
보건	81,876	15.7	97,082	16.7
공공행정	75,200	14.4	95,501	16.5
농림수산	72,309	13.8	85,284	14.7
산업에너지	79,945	15.3	82,622	14.2
긴급구호	1,245	0.2	13,879	2.4
기타	58,669	11.2	68,177	11.7
전체	522,783	100.0	580,552	100.0

<표 3> 사업유형별 공적개발원조액

(단위: 백만 원, %)

사업유형 \ 구분	2013년		2014년	
	금액	비중	금액	비중
프로젝트	217,624	41.6	226,884	39.1
개발조사	33,839	6.5	42,612	7.3
연수생초청	52,646	10.1	55,214	9.5
봉사단파견	97,259	18.6	109,658	18.9
민관협력	35,957	6.9	34,595	6.0
물자지원	5,001	1.0	6,155	1.1
행정성경비	42,428	8.1	49,830	8.6
개발인식증진	15,386	2.9	17,677	3.0
국제기구사업	22,643	4.3	37,927	6.5
전체	522,783	100.0	580,552	100.0

<표 4> 지역별 공적개발원조액

(단위: 백만 원, %)

지역 \ 구분	2013년		2014년	
	금액	비중	금액	비중
동남아시아	230,758	44.1	236,096	40.7
아프리카	104,940	20.1	125,780	21.7
중남미	60,582	11.6	63,388	10.9
중동	23,847	4.6	16,115	2.8
유럽	22,493	4.3	33,839	5.8
서남아시아	22,644	4.3	37,827	6.5
기타	57,519	11.0	67,507	11.6
전체	522,783	100.0	580,552	100.0

<보고서>

㉠2014년 '갑'국 국제협력단이 공여한 전체 공적개발원조액(이하 원조액)은 전년대비 10% 이상 증가하여 5,800억 원을 상회하였다. ㉡2013년과 2014년 '양자' 지원형태로 공여한 원조액은 매년 전체 원조액의 90% 이상이다. ㉢지원분야별 원조액을 살펴보면, '기타'를 제외하고 2013년과 2014년 지원분야의 원조액 순위는 동일하였다. ㉣2013년에 비해 2014년에 공적개발원조액 전체에서 차지하는 비중이 낮아진 사업유형은 모두 3개였다. 지역별 원조액을 살펴보면, 2013년 대비 2014년 동남아시아에 대한 원조액은 증가한 반면에, 전체 원조액에서 동남아시아가 차지하는 비중은 감소하였다. ㉤2014년 지역별 원조액은 '기타'를 제외하고 살펴보면, 모든 지역에서 각각 전년대비 증가하였다.

① ㄱ, ㄴ, ㄹ
② ㄱ, ㄴ, ㅁ
③ ㄱ, ㄷ, ㅁ
④ ㄴ, ㄷ, ㄹ
⑤ ㄷ, ㄹ, ㅁ

4. 다음 <그림>은 국가 A~H의 GDP와 에너지사용량에 관한 자료이다. 이에 대한 설명으로 옳지 않은 것은?

<그림> 국가A~H의 GDP와 에너지사용량

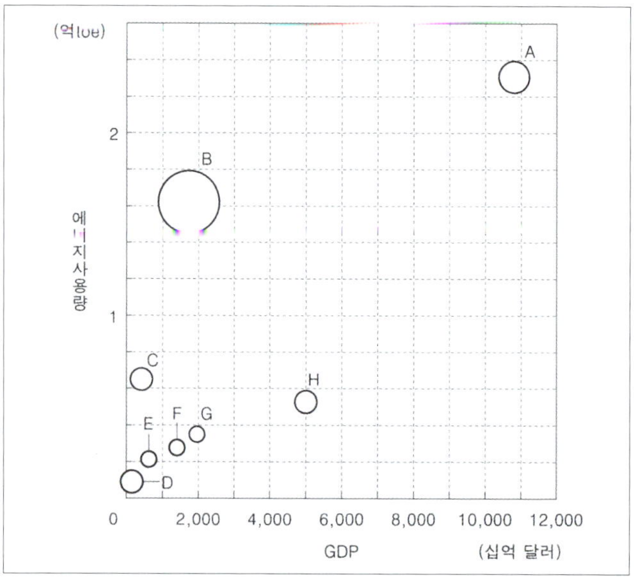

※ 1) 원의 면적은 각 국가 인구수에 정비례함.
2) 각 원의 중심좌표는 각 국가의 GDP와 에너지사용량을 나타냄.

① 에너지사용량이 가장 많은 국가는 A국이고 가장 적은 국가는 D국이다.
② 1인당 에너지사용량은 C국이 D국보다 많다.
③ GDP가 가장 낮은 국가는 D국이고 가장 높은 국가는 A국이다.
④ 1인당 GDP는 H국이 B국보다 높다.
⑤ 에너지사용량 대비 GDP는 A국이 B국보다 낮다.

5. 다음 <표>는 2012~2014년 A국 농축수산물 생산액 상위 10개 품목에 대한 자료이다. 이에 대한 <보기>의 설명 중 옳은 것만을 모두 고르면?

<표> A국 농축수산물 생산액 상위 10개 품목

(단위: 억 원)

순위 \ 구분 \ 연도	2012		2013		2014	
	품목	생산액	품목	생산액	품목	생산액
1	쌀	105,046	쌀	85,368	쌀	86,800
2	돼지	23,720	돼지	37,586	돼지	54,734
3	소	18,788	소	31,479	소	38,054
4	우유	13,517	우유	15,513	닭	20,229
5	고추	10,439	닭	11,132	우유	17,384
6	닭	8,208	달걀	10,853	달걀	13,590
7	달걀	6,512	수박	8,920	오리	12,323
8	감귤	6,336	고추	8,606	고추	9,913
9	수박	5,598	감귤	8,108	인삼	9,412
10	마늘	5,324	오리	6,490	감귤	9,065
농축수산물 전체		319,678		350,889		413,643

<보 기>

ㄱ. 2013년에 비해 2014년에 감귤 생산액 순위는 떨어졌으나 감귤 생산액이 농축수산물 전체 생산액에서 차지하는 비중은 증가하였다.
ㄴ. 쌀 생산액이 농축수산물 전체 생산액에서 차지하는 비중은 매년 감소하였다.
ㄷ. 상위 10위 이내에 매년 포함된 품목은 7개이다.
ㄹ. 오리 생산액은 매년 증가하였다.

① ㄱ, ㄴ
② ㄱ, ㄹ
③ ㄴ, ㄷ
④ ㄴ, ㄹ
⑤ ㄷ, ㄹ

6. 다음 <표>는 2013~2016년 '갑' 기업 사원 A~D의 연봉 및 성과평가등급별 연봉인상률에 대한 자료이다. 이에 대한 <보기>의 설명으로 옳은 것만을 모두 고르면?

<표 1> '갑' 기업 사원 A~D의 연봉

(단위: 천 원)

사원 \ 연도	2013	2014	2015	2016
A	24,000	28,800	34,560	38,016
B	25,000	25,000	26,250	28,875
C	24,000	25,200	27,720	33,264
D	25,000	27,500	27,500	30,250

<표 2> '갑' 기업의 성과평가등급별 연봉인상률

(단위: %)

성과평가등급	Ⅰ	Ⅱ	Ⅲ	Ⅳ
연봉인상률	20	10	5	0

※ 1) 성과평가는 해당연도 연말에 1회만 실시하며, 각 사원은 Ⅰ, Ⅱ, Ⅲ, Ⅳ 중 하나의 성과평가등급을 받음.
2) 성과평가등급을 높은 것부터 순서대로 나열하면 Ⅰ, Ⅱ, Ⅲ, Ⅳ의 순임.
3) 당해년도 연봉 = 전년도 연봉 × (1 + 전년도 성과평가등급에 따른 연봉인상률)

<보 기>

ㄱ. 2013년 성과평가등급이 높은 사원부터 순서대로 나열하면 D, A, C, B이다.
ㄴ. 2015년에 A와 B는 동일한 성과평가등급을 받았다.
ㄷ. 2013~2015년 동안 C는 성과평가에서 Ⅰ등급을 받은 적이 있다.
ㄹ. 2013~2015년 동안 D는 성과평가에서 Ⅲ등급을 받은 적이 있다.

① ㄱ, ㄴ
② ㄱ, ㄷ
③ ㄱ, ㄹ
④ ㄴ, ㄷ
⑤ ㄴ, ㄹ

7. 다음 <표>와 <그림>은 2002년과 2012년 '갑'국의 국적별 외국인 방문객에 관한 자료이다. 이에 대한 설명으로 옳은 것은?

<표> 외국인 방문객 현황

(단위: 명)

연도	2002	2012
외국인 방문객 수	5,347,468	9,794,796

<그림 1> 2002년 국적별 외국인 방문객 수(상위 10개국)

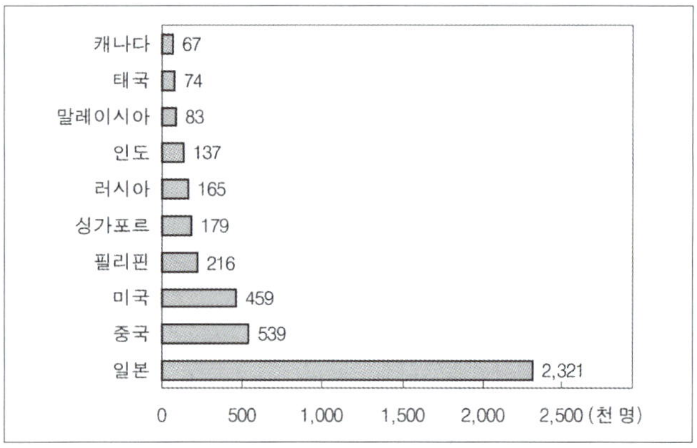

<그림 2> 2012년 국적별 외국인 방문객 수(상위 10개국)

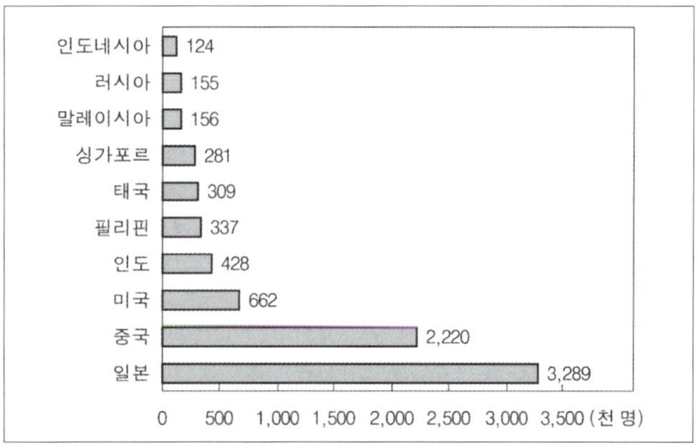

① 미국인, 중국인, 일본인 방문객 수의 합은 2012년이 2002년의 2배 이상이다.
② 2002년 대비 2012년 미국인 방문객 수의 증가율은 말레이시아인 방문객 수의 증가율보다 높다.
③ 전체 외국인 방문객 중 중국인 방문객 비중은 2012년이 2002년의 3배 이상이다.
④ 2002년 외국인 방문객 수 상위 10개국 중 2012년 외국인 방문객 수 상위 10개국에 포함되지 않은 국가는 2개이다.
⑤ 인도네시아인 방문객 수는 2002년에 비해 2012년에 55,000명 이상 증가하였다.

8. 다음 <표>와 <그림>은 수종별 원목생산량과 원목생산량 구성비에 관한 자료이다. 이에 대한 <보기>의 설명 중 옳은 것만을 모두 고르면?

<표> 2006~2011년 수종별 원목생산량

(단위: 만 m^3)

수종 \ 연도	2006	2007	2008	2009	2010	2011
소나무	30.9	25.8	28.1	38.6	77.1	92.2
잣나무	7.2	6.8	5.6	8.3	12.8	(　)
전나무	50.4	54.3	50.4	54.0	58.2	56.2
낙엽송	22.7	23.8	37.3	38.7	50.5	63.3
참나무	41.4	47.7	52.5	69.4	76.0	87.7
기타	9.0	11.8	21.7	42.7	97.9	85.7
전체	161.6	170.2	195.6	(　)	372.5	(　)

<그림> 2011년 수종별 원목생산량 구성비

(단위: %)

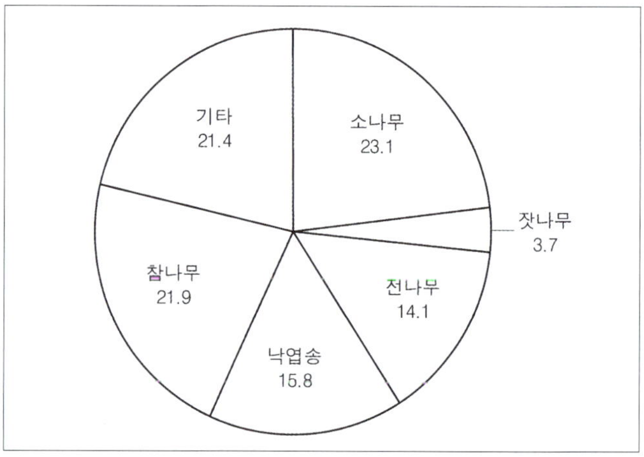

<보 기>

ㄱ. '기타'를 제외하고 2006년 대비 2011년 원목생산량 증가율이 가장 큰 수종은 소나무이다.
ㄴ. '기타'를 제외하고 2006~2011년 동안 원목생산량이 매년 증가한 수종은 3개이다.
ㄷ. 2010년 참나무 원목생산량은 2010년 잣나무 원목생산량의 6배 이상이다.
ㄹ. 전체 원목생산량 중 소나무 원목생산량의 비중은 2011년이 2009년보다 크다.

① ㄱ, ㄴ
② ㄱ, ㄷ
③ ㄱ, ㄹ
④ ㄴ, ㄷ
⑤ ㄷ, ㄹ

9. 다음 <그림>은 국가 A~D의 정부신뢰에 관한 자료이다. <그림>과 <조건>에 근거하여 A~D에 해당하는 국가를 바르게 나열한 것은?

<그림 1> 국가별 전체국민 정부신뢰율

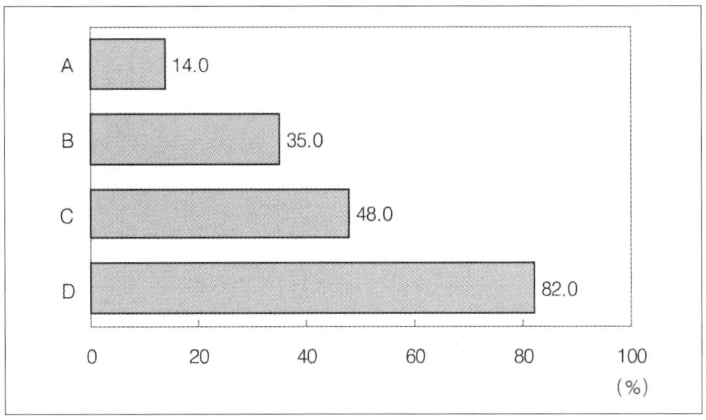

<그림 2> 국가별 청년층의 상대적 정부신뢰지수

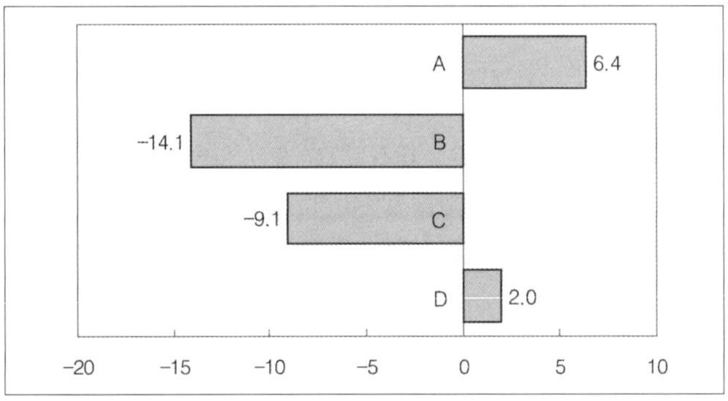

※ 1) 전체국민 정부신뢰율(%)

$= \frac{\text{정부를 신뢰한다고 응답한 응답자 수}}{\text{전체응답자 수}} \times 100$

2) 청년층 정부신뢰율(%)

$= \frac{\text{정부를 신뢰한다고 응답한 청년층 응답자 수}}{\text{청년층 응답자 수}} \times 100$

3) 청년층의 상대적 정부신뢰지수

= 전체국민 정부신뢰율(%) − 청년층 정부신뢰율(%)

<조 건>

○ 청년층 정부신뢰율은 스위스가 그리스의 10배 이상이다.
○ 영국과 미국에서는 청년층 정부신뢰율이 전체국민 정부신뢰율보다 높다.
○ 청년층 정부신뢰율은 미국이 스위스보다 30%p 이상 낮다.

	A	B	C	D
①	그리스	영국	미국	스위스
②	스위스	영국	미국	그리스
③	스위스	미국	영국	그리스
④	그리스	미국	영국	스위스
⑤	영국	그리스	미국	스위스

10. 다음 <표>는 조사년도별 우리나라의 도시수, 도시인구 및 도시화율에 대한 자료이다. 이에 대한 <보기>의 설명 중 옳은 것만을 모두 고르면?

<표> 조사년도별 우리나라의 도시수, 도시인구 및 도시화율

(단위: 개, 명, %)

조사년도	도시수	도시인구	도시화율
1910	12	1,122,412	8.4
1915	7	456,430	2.8
1920	7	508,396	2.9
1925	19	1,058,706	5.7
1930	30	1,605,669	7.9
1935	38	2,163,453	10.1
1940	58	3,998,079	16.9
1944	74	5,067,123	19.6
1949	60	4,595,061	23.9
1955	65	6,320,823	29.4
1960	89	12,303,103	35.4
1966	111	15,385,382	42.4
1970	114	20,857,782	49.8
1975	141	24,792,199	58.3
1980	136	29,634,297	66.2
1985	150	34,527,278	73.3
1990	149	39,710,959	79.5
1995	135	39,882,316	82.6
2000	138	38,784,556	84.0
2005	151	41,017,759	86.7
2010	156	42,564,502	87.6

※ 1) 도시화율(%) $= \frac{\text{도시인구}}{\text{전체인구}} \times 100$

2) 평균도시인구 $= \frac{\text{도시인구}}{\text{도시수}} \times 100$

<보 기>

ㄱ. 1949~2010년 동안 직전 조사년도에 비해 도시수가 증가한 조사년도에는 직전 조사년도에 비해 도시화율도 모두 증가한다.
ㄴ. 1949~2010년 동안 직전 조사년도 대비 도시인구 증가폭이 가장 큰 조사년도에는 직전 조사년도 대비 도시화율 증가폭도 가장 크다.
ㄷ. 전체인구가 처음으로 4천만 명을 초과한 조사년도는 1970년이다.
ㄹ. 조사년도 1955년의 평균도시인구는 10만 명 이상이다.

① ㄱ, ㄴ　② ㄱ, ㄷ　③ ㄴ, ㄷ
④ ㄴ, ㄹ　⑤ ㄱ, ㄷ, ㄹ

11. 다음 <표>는 지역별, 등급별, 병원유형별 요양기관 수를 나타낸 자료이다. 이에 대한 <보기>의 설명 중 옳은 것만을 모두 고르면?

<표 1> 지역별, 등급별 요양기관 수

(단위: 개소)

지역 \ 등급	1등급	2등급	3등급	4등급	5등급
서울	22	2	1	0	4
경기	17	2	0	0	1
경상	16	0	0	1	0
충청	5	2	0	0	2
전라	4	2	0	0	1
강원	1	2	0	1	0
제주	2	0	0	0	0
계	67	10	1	2	8

<표 2> 병원유형별, 등급별 요양기관 수

(단위: 개소)

병원유형 \ 등급	1등급	2등급	3등급	4등급	5등급	합
상급종합병원	37	5	0	0	0	42
종합병원	30	5	1	2	8	46

<보 기>

ㄱ. 경상지역 요양기관 중 1등급 요양기관의 비중은 서울지역 요양기관 중 1등급 요양기관의 비중보다 작다.

ㄴ. 5등급 요양기관 중 서울지역 요양기관의 비중은 2등급 요양기관 중 강원지역 요양기관의 비중보다 크다.

ㄷ. 1등급 '상급종합병원' 요양기관 수는 5등급을 제외한 '종합병원' 요양기관 수의 합보다 적다.

ㄹ. '상급종합병원' 요양기관 중 1등급 요양기관의 비중은 1등급 요양기관 중 '종합병원' 요양기관의 비중보다 크다.

① ㄱ, ㄴ
② ㄱ, ㄷ
③ ㄴ, ㄷ
④ ㄴ, ㄹ
⑤ ㄴ, ㄷ, ㄹ

12. 다음 <표>는 2000년 극한기후 유형별 발생일수와 발생지수에 관한 자료이다. <표>와 <산정식>에 따라 2000년 극한기후 유형별 발생지수를 산출할 때, 이에 대한 설명으로 옳은 것은?

<표> 2000년 극한기후 유형별 발생일수와 발생지수

유형	폭염	한파	호우	대설	강풍
발생일수(일)	16	5	3	0	1
발생지수	5.00	( )	( )	1.00	( )

※ 극한기후 유형은 폭염, 한파, 호우, 대설, 강풍만 존재함.

<산정식>

$$\text{극한기후 발생지수} = 4 \times \left(\frac{A-B}{C-B}\right) + 1$$

A = 당해년도 해당 극한기후 유형 발생일수
B = 당해년도 폭염, 한파, 호우, 대설, 강풍의 발생일수 중 최솟값
C = 당해년도 폭염, 한파, 호우, 대설, 강풍의 발생일수 중 최댓값

① 발생지수가 가장 높은 유형은 한파이다.
② 호우의 발생지수는 2.00 이상이다.
③ 대설과 강풍의 발생지수의 합은 호우의 발생지수보다 크다.
④ 극한기후 유형별 발생지수의 평균은 3.00 이상이다.
⑤ 폭염의 발생지수는 강풍의 발생지수의 5배이다.

13. 다음 <표>는 갑, 을, 병 회사의 부서 간 정보교환을 나타낸 것이다. <표>와 <조건>을 이용하여 작성한 각 회사의 부서 간 정보교환 형태가 <그림>과 같을 때, <그림>의 (A)~(C)에 해당하는 회사를 바르게 나열한 것은?

<표 1> '갑' 회사의 부서 간 정보교환

부서	a	b	c	d	e	f	g
a		1	1	1	1	1	1
b	1		0	0	0	0	0
c	1	0		0	0	0	0
d	1	0	0		0	0	0
e	1	0	0	0		0	0
f	1	0	0	0	0		0
g	1	0	0	0	0	0	

<표 2> '을' 회사의 부서 간 정보교환

부서	a	b	c	d	e	f	g
a		1	1	0	0	0	0
b	1		0	1	1	0	0
c	1	0		0	0	1	1
d	0	1	0		0	0	0
e	0	1	0	0		0	0
f	0	0	1	0	0		0
g	0	0	1	0	0	0	

<표 3> '병' 회사의 부서 간 정보교환

부서	a	b	c	d	e	f	g
a		1	0	0	0	0	1
b	1		1	0	0	0	0
c	0	1		1	0	0	0
d	0	0	1		1	0	0
e	0	0	0	1		1	0
f	0	0	0	0	1		1
g	1	0	0	0	0	1	

※ 갑, 을, 병 회사는 각각 a~g의 7개 부서만으로 이루어지며, 부서 간 정보교환이 있으면 1, 없으면 0으로 표시함.

<조 건>

○ 점(●)은 부서를 의미한다.
○ 두 부서 간 정보교환이 있으면 두 점을 선(—)으로 직접 연결한다.
○ 두 부서 간 정보교환이 없으면 두 점을 선(—)으로 직접 연결하지 않는다.

<그 림>

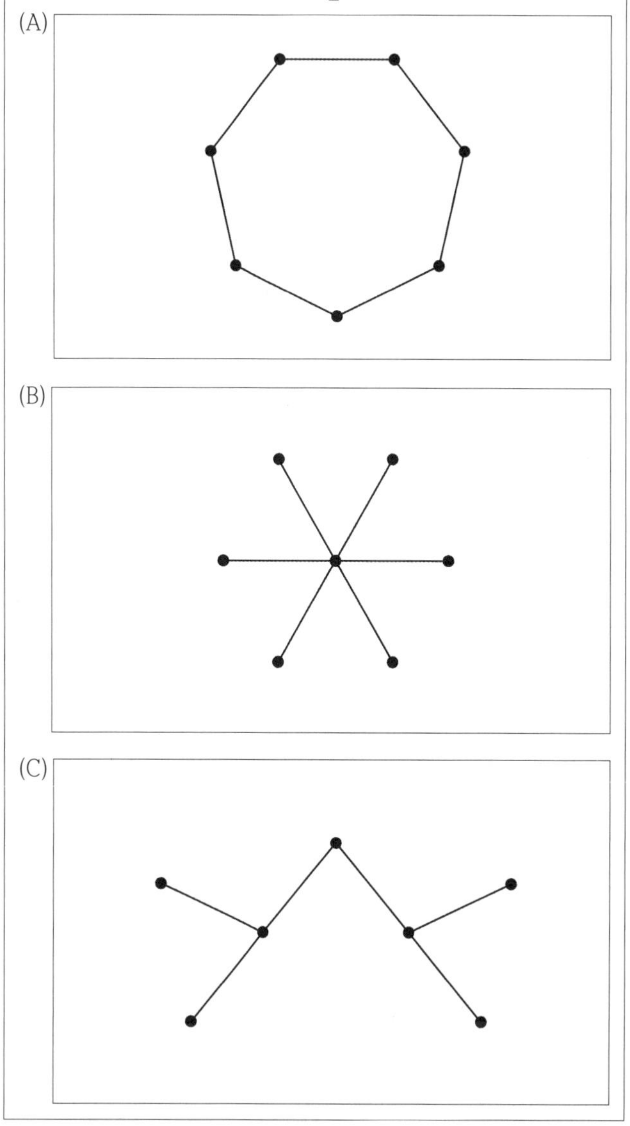

	(A)	(B)	(C)
①	갑	을	병
②	갑	병	을
③	을	갑	병
④	을	병	갑
⑤	병	갑	을

14. 다음 <표>는 '갑'국의 10대 미래산업 현황에 대한 자료이다. <표>와 <조건>을 이용하여 B, C, E에 해당하는 산업을 바르게 나열한 것은?

<표> '갑'국의 10대 미래산업 현황

(단위: 개, 명, 억 원, %)

산업	업체수	종사자수	부가가치액	부가가치율
A	403	7,500	788	33.4
기계	345	3,600	2,487	48.3
B	302	22,500	8,949	41.4
조선	103	1,100	282	37.0
에너지	51	2,300	887	27.7
C	48	2,900	4,002	42.4
안전	15	2,100	1,801	35.2
D	4	2,800	4,268	40.5
E	2	300	113	36.3
F	2	100	61	39.1
전체	1,275	45,200	23,638	40.3

※ 부가가치율(%) = $\frac{\text{부가가치액}}{\text{매출액}} \times 100$

<조 건>

- ○ 의료 종사자수는 IT 종사자수의 3배이다.
- ○ 의료와 석유화학의 부가가치액 합은 10대 미래산업 전체 부가가치액의 50% 이상이다.
- ○ 매출액이 가장 낮은 산업은 항공우주이다.
- ○ 철강 업체수는 지식서비스 업체수의 2배이다.

	B	C	E
①	의료	철강	지식서비스
②	의료	석유화학	지식서비스
③	의료	철강	항공우주
④	지식서비스	석유화학	의료
⑤	지식서비스	철강	의료

15. 다음 <표>는 성인 500명이 응답한 온라인 도박과 오프라인 도박 관련 조사결과이다. 이에 대한 <보기>의 설명 중 옳은 것만을 모두 고르면?

<표> 온라인 도박과 오프라인 도박 관련 조사결과

(단위: 명)

온라인 \ 오프라인	×	△	○	합
×	250	21	2	( )
△	113	25	6	144
○	59	16	8	( )
계	422	( )	( )	500

※ 1) ×: 경험이 없고 충동을 느낀 적도 없음.
2) △: 경험은 없으나 충동을 느낀 적이 있음.
3) ○: 경험이 있음.

<보 기>

ㄱ. 온라인 도박 경험이 있다고 응답한 사람은 83명이다.

ㄴ. 오프라인 도박에 대해, '경험은 없으나 충동을 느낀 적이 있음'으로 응답한 사람은 전체 응답자의 10% 미만이다.

ㄷ. 온라인 도박 경험이 있다고 응답한 사람 중 오프라인 도박 경험이 있다고 응답한 사람의 비중은 전체 응답자 중 오프라인 도박 경험이 있다고 응답한 사람의 비중보다 크다.

ㄹ. 온라인 도박에 대해, '경험이 없고 충동을 느낀 적도 없음'으로 응답한 사람은 전체 응답자의 50% 이하이다.

① ㄱ, ㄴ
② ㄱ, ㄷ
③ ㄷ, ㄹ
④ ㄱ, ㄴ, ㄷ
⑤ ㄱ, ㄷ, ㄹ

16. 사무관A는 다음 <표>와 <전문가 자문회의>를 바탕으로 <업무보고 자료>를 작성하였다. <업무보고 자료>의 ㉠~㉣ 중 <표>와 <전문가 자문회의> 내용에 부합하는 것만을 모두 고르면?

<표> 산업단지별 유해물질 배출 현황

(단위: kg/톤, 톤/일)

구분 / 산업단지	배출농도	배출유량
가	1.5	10
나	2.4	5
다	3.0	8
라	1.0	11

<전문가 자문회의>

사무관A: 지금까지 산업단지별 유해물질 배출 현황을 말씀드렸습니다. 향후 환경오염 방지를 위하여 유해물질 배출농도 허용기준을 강화하고자 합니다. 배출농도 허용기준을 현행보다 20% 낮추어 '2.0kg/톤 이하'로 하면 어떨까 합니다.

전문가 1: 현재보다 20% 낮추어 배출농도 허용기준을 강화하면 허용기준을 만족하지 못하는 산업단지가 추가로 생기게 됩니다.

전문가 2: 배출농도 허용기준 강화로 자칫 산업 활동에 위축을 가져오지 않을까 우려됩니다.

전문가 3: 배출 규제 방식을 바꾸면 어떨까 합니다. 허용기준을 정할 때 배출농도 대신, 배출농도와 배출유량을 곱한 총 배출량을 사용하면 어떨까요?

전문가 1: 배출농도가 높더라도 배출유량이 극히 적다면 유해물질 하루 총 배출량은 적을 수도 있고, 반대로 배출농도는 낮지만 배출유량이 매우 많다면 총 배출량도 많아지겠군요.

전문가 3: 그렇습니다. 배출되는 유해물질의 농도와 양을 종합적으로 고려하자는 것이죠. 유해물질 배출 규제를 개선하려면 총 배출량 허용기준을 '12kg/일 이하'로 정하면 될 것 같습니다.

사무관A: 제안하신 방식에 대한 문제점은 없을까요?

전문가 2: 배출유량의 정확한 측정이 어렵고 작은 오차라도 결과값에는 매우 큰 차이를 가져올 수 있습니다.

사무관A: 전문가 분들의 소중한 의견 감사드립니다.

<업무보고 자료>

I. 현황 및 추진배경
- □ ㉠현행 유해물질 배출농도 허용기준 적용 시 총 4개 산업단지 중 2곳만 허용기준을 만족함
- □ 유해물질 배출 규제 개선을 통해 환경오염을 미연에 방지하고 생태계 건강성을 유지하고자 함

II. 유해물질 배출 규제 개선(안)
- □ 배출농도 허용기준 강화
  - ○ 현행 허용기준보다 20% 낮추는 방안
    - ㉡현행 대비 20%를 낮출 경우 배출농도 허용기준은 '2.0kg/톤 이하'로 강화됨
    - ㉢강화된 기준 적용 시 총 4개 산업단지 중 1곳만 배출농도 허용기준을 만족함
  - ○ 문제점
    - 배출농도 허용기준 강화로 산업 활동 위축이 우려됨
- □ 배출 규제 방식 변경
  - ○ 총 배출량을 기준으로 유해물질 배출 규제
    - 총 배출량 = 배출농도 × 배출유량
    - 총 배출량 허용기준: 12kg/일 이하
    - ㉣새로운 배출 규제 방식 적용 시 총 4개 산업단지 중 2곳만 허용기준을 만족함
  - ○ 문제점
    - 배출유량의 정확한 측정이 어렵고 작은 오차라도 결과값에 큰 영향을 줄 수 있음

① ㄱ, ㄴ　② ㄱ, ㄷ　③ ㄴ, ㄹ
④ ㄱ, ㄷ, ㄹ　⑤ ㄴ, ㄷ, ㄹ

17. 다음 <표>는 임차인 A~E의 전·월세 전환 현황에 대한 자료이다. 이에 대한 <보기>의 설명 중 옳은 것만을 모두 고르면?

<표> 임차인 A~E의 전·월세 전환 현황

(단위: 만 원)

임차인	전세금	월세보증금	월세
A	( )	25,000	50
B	42,000	30,000	60
C	60,000	( )	70
D	38,000	30,000	80
E	58,000	53,000	( )

※ 전·월세 전환율(%) = $\frac{\text{월세} \times 12}{\text{전세금} - \text{월세보증금}} \times 100$

<보 기>

ㄱ. A의 전·월세 전환율이 6%라면, 전세금은 3억 5천만 원이다.

ㄴ. B의 전·월세 전환율은 10%이다.

ㄷ. C의 전·월세 전환율이 3%라면, 월세보증금은 3억 6천만 원이다.

ㄹ. E의 전·월세 전환율이 12%라면, 월세는 50만 원이다.

① ㄱ, ㄴ　② ㄱ, ㄷ　③ ㄱ, ㄹ
④ ㄴ, ㄹ　⑤ ㄷ, ㄹ

18. 다음 <표>는 2000~2013년 동안 세대문제 키워드별 검색 건수에 대한 자료이다. 이에 대한 <보기>의 설명 중 옳은 것만을 모두 고르면?

<표> 세대문제 키워드별 검색 건수

(단위: 건)

연도	부정적 키워드		긍정적 키워드		전체
	세대갈등	세대격차	세대소통	세대통합	
2000	575	260	164	638	1,637
2001	520	209	109	648	1,486
2002	912	469	218	1,448	3,047
2003	1,419	431	264	1,363	3,477
2004	1,539	505	262	1,105	3,411
2005	1,196	49	413	1,247	3,405
2006	940	494	423	990	2,847
2007	1,094	631	628	1,964	4,317
2008	1,726	803	1,637	2,542	6,708
2009	2,036	866	1,854	2,843	7,599
2010	2,668	1,150	3,573	4,140	11,531
2011	2,816	1,279	3,772	4,008	11,875
2012	3,603	1,903	4,263	8,468	18,237
2013	3,542	1,173	3,809	4,424	12,948

<보 기>

ㄱ. 부정적 키워드 검색 건수에 비해 긍정적 키워드 검색 건수가 많았던 연도의 횟수는 8번 이상이다.
ㄴ. '세대소통' 키워드의 검색 건수는 2005년 이후 매년 증가하였다.
ㄷ. 2001~2013년 동안 전년대비 전체 검색 건수 증가율이 가장 높은 해는 2002년이다.
ㄹ. 2002년에 전년대비 검색 건수 증가율이 가장 낮은 키워드는 세대소통이다.

① ㄱ, ㄴ
② ㄱ, ㄷ
③ ㄴ, ㄹ
④ ㄱ, ㄷ, ㄹ
⑤ ㄴ, ㄷ, ㄹ

19. 다음 <그림>은 약품A~C 투입량에 따른 오염물질 제거량을 측정한 자료이다. 이에 대한 <보기>의 설명 중 옳은 것만을 모두 고르면?

<그림> 약품A~C 투입량에 따른 오염물질 제거량

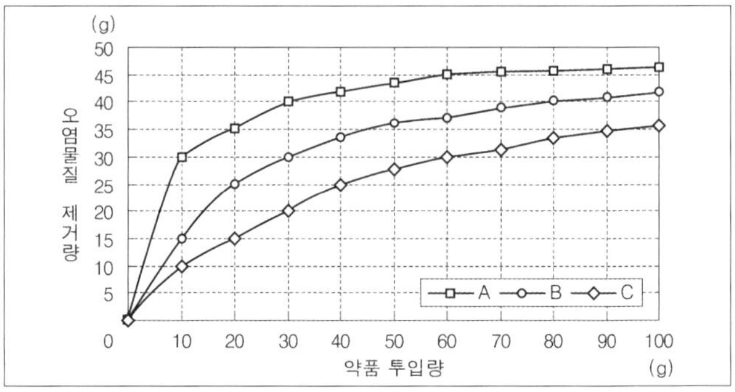

※ 약품은 혼합하여 투입하지 않으며, 측정은 모든 조건이 동일한 가운데 이루어짐.

<보 기>

ㄱ. 각 약품의 투입량이 20g일 때와 60g일 때를 비교하면, A의 오염물질 제거량 차이가 가장 작다.
ㄴ. 각 약품의 투입량이 20g일 때, 오염물질 제거량은 A가 C의 2배 이상이다.
ㄷ. 오염물질 30g을 제거하기 위해 필요한 투입량이 가장 적은 약품은 B이다.
ㄹ. 약품 투입량이 같으면 B와 C의 오염물질 제거량 차이는 7g 미만이다.

① ㄱ, ㄴ ② ㄴ, ㄹ ③ ㄷ, ㄹ
④ ㄱ, ㄴ, ㄷ ⑤ ㄴ, ㄷ, ㄹ

20. 다음 <표>는 2009~2012년 A추모공원의 신규 안치건수 및 매출액 현황을 나타낸 자료이다. 이에 대한 <보기>의 설명 중 옳은 것만을 모두 고르면?

<표> A추모공원의 신규 안치건수 및 매출액 현황

(단위: 건, 만 원)

구분 / 안치유형		신규 안치건수		매출액	
		2009~2011년	2012년	2009~2011년	2012년
개인단	관내	719	606	291,500	289,000
	관외	176	132	160,000	128,500
부부단	관내	632	557	323,900	330,000
	관외	221	134	291,800	171,000
계		1,748	1,429	1,067,200	918,500

<보 기>

ㄱ. 2012년 개인단의 신규 안치건수는 2009~2012년 개인단 신규 안치건수 합의 50% 이하이다.
ㄴ. 2009~2012년 신규 안치건수의 합은 관내가 관외보다 크다.
ㄷ. 2012년 부부단 관내와 부부단 관외의 매출액이 2011년에 비해 각각 50%가 증가한 것이라면, 2009~2010년 매출액의 합은 부부단 관내가 부부단 관외보다 작다.
ㄹ. 2009~2012년 4개 안치유형 중 신규 안치건수의 합이 가장 큰 안치유형은 부부단 관내이다.

① ㄱ, ㄴ ② ㄴ, ㄷ ③ ㄷ, ㄹ
④ ㄱ, ㄴ, ㄷ ⑤ ㄱ, ㄷ, ㄹ

21. 다음 <그림>은 A자선단체의 수입액과 지출액에 관한 자료이다. 이에 대한 설명 중 옳은 것은?

<그림 1> 수입액 구성비

(단위: %)

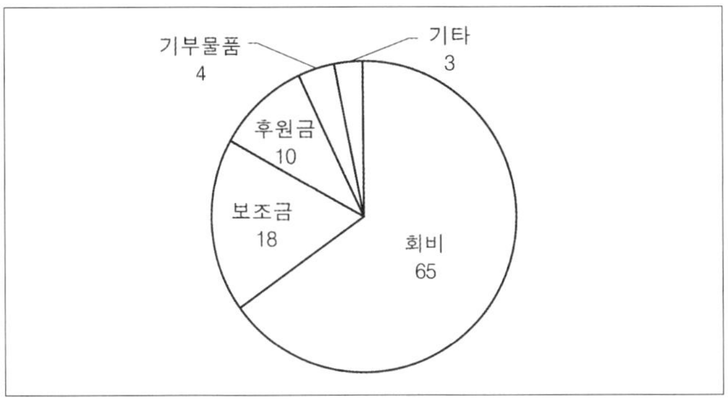

<그림 2> 지출액 구성비

(단위: %)

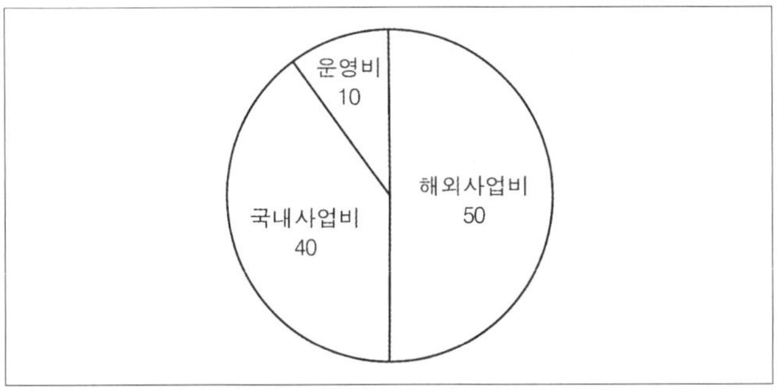

※ A자선단체의 수입액과 지출액은 항상 같음.

<그림 3> 국내사업비 지출액 세부 구성비

(단위: %)

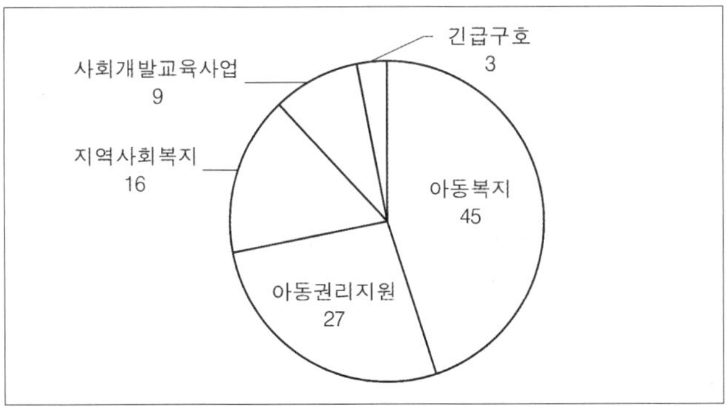

<그림 4> 해외사업비 지출액 세부 구성비

(단위: %)

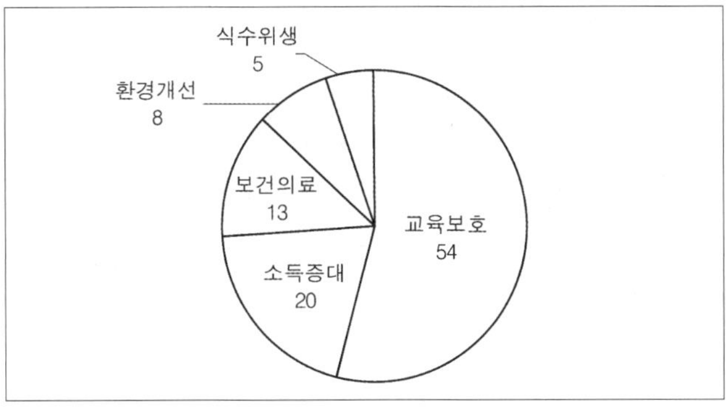

① 전체 수입액 중 후원금 수입액은 국내사업비 지출액 중 아동복지 지출액보다 많다.

② 국내사업비 지출액 중 아동권리지원 지출액은 해외사업비 지출액 중 소득증대 지출액보다 적다.

③ 국내사업비 지출액 중 아동복지 지출액과 해외사업비 지출액 중 교육보호 지출액의 합은 A자선단체 전체 지출액의 45%이다.

④ 해외사업비 지출액 중 식수위생 지출액은 A자선단체 전체 지출액의 2% 미만이다.

⑤ A자선단체 전체 수입액이 6% 증가하고 지역사회복지 지출액을 제외한 다른 모든 지출액이 동일하게 유지된다면, 지역사회복지 지출액은 2배 이상이 된다.

22. 다음 <표>는 지점 A~E의 지점 간 주행 가능한 도로 현황 및 자동차 '갑'과 '을'의 지점 간 이동정보이다. <표>와 <조건>에 근거한 설명으로 옳은 것은?

<표 1> 지점 간 주행 가능한 도로 현황

(단위: km)

도착지점 / 출발지점	B	C	D	E
A	200	*	*	*
B	-	400	200	*
C	*	-	*	200
D	*	*	-	400

※ 1) *는 출발지점에서 도착지점까지 주행 가능한 도로가 없음을 의미함.
2) 지점 간 주행 가능한 도로는 1개씩만 존재함.

<표 2> 자동차 '갑'과 '을'의 지점 간 이동정보

자동차	출발		도착	
	지점	시각	지점	시각
갑	A	10:00	B	(　)
	B	(　)	C	16:00
을	B	12:00	C	16:00
	C	16:00	E	18:00

※ 최초 출발지점에서 최종 도착지점까지 24시간 이내에 이동함을 가정함.

<조 건>

○ '갑'은 A→B→C, '을'은 B→C→E로 이동하였다.
○ A→B는 A 지점에서 출발하여 다른 지점을 경유하지 않고 B 지점에 도착하는 이동을 의미한다.
○ 이동시 왔던 길은 되돌아갈 수 없다.
○ 평균속력은 출발지점부터 도착지점까지의 이동거리를 소요시간으로 나눈 값이다.
○ 자동차의 최고속력은 200km/h이다.

① '갑'은 B 지점에서 13:00 이전에 출발하였다.
② '갑'이 B 지점에서 1시간 이상 머물렀다면 A→B 또는 B→C 구간에서 속력이 120km/h 이상인 적이 있다.
③ '을'의 경우, B→C 구간의 평균속력보다 C→E 구간의 평균속력이 빠르다.
④ B→C 구간의 평균속력은 '갑'이 '을'보다 빠르다.
⑤ B→C→E 구간보다 B→D→E 구간의 거리가 더 짧다.

23. 다음 <표>는 A지역의 저수지 현황에 대한 자료이다. 이에 대한 <보기>의 설명 중 옳은 것만을 모두 고르면?

<표 1> 관리기관별 저수지 현황

(단위: 개소, 천 m^3, ha)

구분 / 관리기관	저수지 수	총 저수용량	총 수혜면적
농어촌공사	996	598,954	69,912
자치단체	2,230	108,658	29,371
전체	3,226	707,612	99,283

<표 2> 저수용량별 저수지 수

(단위: 개소)

저수용량 (m^3)	10만 미만	10만 이상 50만 미만	50만 이상 100만 미만	100만 이상 500만 미만	500만 이상 1,000만 미만	1,000만 이상	합
저수지 수	2,668	360	100	88	3	7	3,226

<표 3> 제방높이별 저수지 수

(단위: 개소)

제방높이 (m)	10 미만	10 이상 20 미만	20 이상 30 미만	30 이상 40 미만	40 이상	합
저수지 수	2,566	533	99	20	8	3,226

<보 기>

ㄱ. 관리기관이 자치단체이고 제방높이가 '10 미만'인 저수지 수는 1,600개소 이상이다.
ㄴ. 저수용량이 '10만 미만'인 저수지 수는 전체 저수지 수의 80% 이상이다.
ㄷ. 관리기관이 농어촌공사인 저수지의 개소당 수혜면적은 관리기관이 자치단체인 저수지의 개소당 수혜면적의 5배 이상이다.
ㄹ. 저수용량이 '50만 이상 100만 미만'인 저수지의 저수용량 합은 전체 저수지 총 저수용량의 5% 이상이다.

① ㄴ, ㄷ
② ㄷ, ㄹ
③ ㄱ, ㄴ, ㄷ
④ ㄱ, ㄴ, ㄹ
⑤ ㄴ, ㄷ, ㄹ

24. 다음 <표>는 2015년 '갑'국 공항의 운항 현황을 나타낸 자료이다. 이에 대한 설명 중 옳은 것은?

<표 1> 운항 횟수 상위 5개 공항

(단위: 회)

국내선			국제선		
순위	공항	운항 횟수	순위	공항	운항 횟수
1	AJ	65,838	1	IC	273,866
2	KP	56,309	2	KH	39,235
3	KH	20,062	3	KP	18,643
4	KJ	5,638	4	AJ	13,311
5	TG	5,321	5	CJ	3,567
'갑'국 전체		167,040	'갑'국 전체		353,272

※ 일부 공항은 국내선만 운항함.

<표 2> 전년대비 운항 횟수 증가율 상위 5개 공항

(단위: %)

국내선			국제선		
순위	공항	증가율	순위	공항	증가율
1	MA	229.0	1	TG	55.8
2	CJ	23.0	2	AJ	25.3
3	KP	17.3	3	KH	15.1
4	TG	16.1	4	KP	5.6
5	AJ	11.2	5	IC	5.5

① 2015년 국제선 운항 공항 수는 7개 이상이다.
② 2015년 KP공항의 운항 횟수는 국제선이 국내선의 $\frac{1}{3}$ 이상이다.
③ 전년대비 국내선 운항 횟수가 가장 많이 증가한 공항은 MA공항이다.
④ 국내선 운항 횟수 상위 5개 공항의 국내선 운항 횟수 합은 전체 국내선 운항 횟수의 90% 미만이다.
⑤ 국내선 운항 횟수와 전년대비 국내선 운항 횟수 증가율 모두 상위 5개 안에 포함된 공항은 AJ 공항이 유일하다.

25. 다음 <표>는 A~D국 화폐 대비 원화 환율 및 음식가격에 대한 자료이다. 이에 대한 <보기>의 설명 중 옳은 것만을 모두 고르면?

<표 1> A~D국 화폐 대비 원화 환율

국가	화폐단위	환율 (원/각 국의 화폐 1단위)
A	a	1,200
B	b	2,000
C	c	200
D	d	1,000

<표 2> A~D국 판매단위별 음식가격

음식 / 판매단위 / 국가	햄버거	피자	치킨	삼겹살
판매단위	1개	1조각	1마리	1인분
A	5a	2a	15a	8a
B	6b	1b	9b	3b
C	40c	30c	120c	30c
D	10d	3d	20d	9d

<보 기>

ㄱ. 원화 120,000원으로 가장 많은 개수의 햄버거를 구매할 수 있는 국가는 A국이다.
ㄴ. B국에서 치킨 1마리 가격은 삼겹살 3인분 가격과 동일하다.
ㄷ. C국의 삼겹살 4인분과 A국의 햄버거 5개는 동일한 액수의 원화로 구매할 수 있다.
ㄹ. D국 화폐 대비 원화 환율이 1,000원/d에서 1,200원/d로 상승하면, D국에서 원화 600,000원으로 구매할 수 있는 치킨의 마리 수는 20% 이상 감소한다.

① ㄱ, ㄴ
② ㄱ, ㄷ
③ ㄴ, ㄷ
④ ㄱ, ㄴ, ㄹ
⑤ ㄴ, ㄷ, ㄹ

약점 보완 해설집 p.104

시험일: ______년 ______월 ______일

2015년도 국가공무원 5급 및 7급 민경채 필기시험

| 자료해석영역 |

응시번호	
성명	

문제책형

인

응시자 주의사항

1. **시험시작 전 시험문제를 열람하는 행위나 시험종료 후 답안을 작성하는 행위를 한 사람**은 「공무원 임용시험령」 제51조에 의거 **부정행위자**로 처리됩니다.
2. **답안지 책형 표기는 시험시작 전** 감독관의 지시에 따라 **문제책 앞면에 인쇄된 문제책형을 확인**한 후, **답안지 책형란에 해당 책형(1개)**을 '●'로 표기하여야 합니다.
3. 시험이 시작되면 문제를 주의 깊게 읽은 후, **문항의 취지에 가장 적합한 하나의 정답만을 고르며**, 문제내용에 관한 질문은 할 수 없습니다.
4. **답안을 잘못 표기하였을 경우에는 답안지를 교체하여 작성**하거나 **수정할 수 있으며**, 표기한 답안을 수정할 때는 **응시자 본인이 가져온 수정테이프만을 사용**하여 해당 부분을 완전히 지우고 부착된 수정테이프가 떨어지지 않도록 손으로 눌러주어야 합니다. **(수정액 또는 수정 스티커 등은 사용 불가)**
5. **시험시간 관리의 책임은 응시자 본인에게 있습니다.**
   ※ 문제책은 시험종료 후 가지고 갈 수 있습니다.

모바일 자동 채점 및 성적 분석 서비스

'약점 보완 해설집'에 회차별로 수록된 QR코드를 인식하면 응시 인원 대비 자신의 성적 위치를 확인할 수 있습니다.

해커스PSAT

1. 다음 <그림>은 보육 관련 6대 과제별 성과 점수 및 추진 필요성 점수를 나타낸 것이다. 이에 대한 <보기>의 설명 중 옳은 것만을 모두 고르면?

<그림 1> 보육 관련 6대 과제별 성과 점수

(단위: 점)

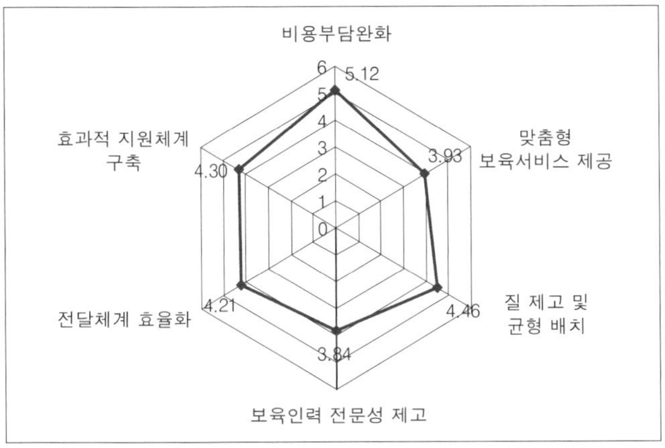

<그림 2> 보육 관련 6대 과제별 추진 필요성 점수

(단위: 점)

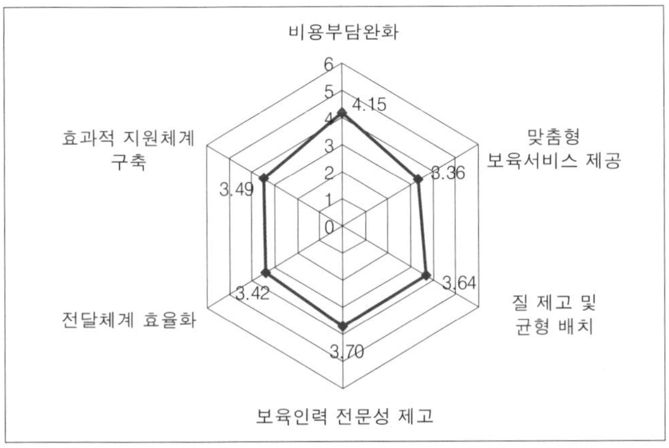

<보 기>

ㄱ. 성과 점수가 가장 높은 과제와 가장 낮은 과제의 점수 차이는 1.00점보다 크다.

ㄴ. 성과 점수와 추진 필요성 점수의 차이가 가장 작은 과제는 '보육인력 전문성 제고' 과제이다.

ㄷ. 6대 과제의 추진 필요성 점수 평균은 3.70점 이상이다.

① ㄴ
② ㄱ, ㄴ
③ ㄱ, ㄷ
④ ㄴ, ㄷ
⑤ ㄱ, ㄴ, ㄷ

2. 다음 <표>는 행정심판위원회 연도별 사건처리현황에 관한 자료이다. 이에 대한 <보기>의 설명 중 옳은 것만을 모두 고르면?

<표> 행정심판위원회 연도별 사건처리현황

(단위: 건)

구분 연도	접수	심리·의결				취하·이송
		인용	기각	각하	소계	
2010	31,473	4,990	24,320	1,162	30,472	1,001
2011	29,986	4,640	23,284	(　)	28,923	1,063
2012	26,002	3,983	19,974	1,030	24,987	1,015
2013	26,255	4,713	18,334	1,358	24,405	1,850
2014	26,014	4,131	19,164	(　)	25,270	744

※ 1) 당해연도에 접수된 사건은 당해연도에 심리·의결 또는 취하·이송됨.

2) $\text{인용률(\%)} = \frac{\text{인용 건수}}{\text{심리·의결 건수}} \times 100$

<보 기>

ㄱ. 인용률이 가장 높은 해는 2013년이다.

ㄴ. 취하·이송 건수는 매년 감소하였다.

ㄷ. 각하 건수가 가장 적은 해는 2011년이다.

ㄹ. 접수 건수와 심리·의결 건수의 연도별 증감방향은 동일하다.

① ㄱ, ㄴ
② ㄱ, ㄷ
③ ㄷ, ㄹ
④ ㄱ, ㄷ, ㄹ
⑤ ㄴ, ㄷ, ㄹ

3. 다음 <표>와 <그림>은 2000~2010년 3개국(한국, 일본, 미국)의 3D 입체영상 및 CG 분야 특허출원에 관한 자료이다. 이를 바탕으로 작성된 <보고서>의 내용 중 옳은 것만을 모두 고르면?

<표> 2000~2010년 3개국 3D 입체영상 및 CG 분야 특허출원 현황

(단위: 건)

국가 \ 분야	3D 입체영상	CG
한국	1,155	785
일본	3,620	2,380
미국	880	820
3개국 전체	5,655	3,985

<그림 1> 연도별 3D 입체영상 분야 3개국 특허출원 추이

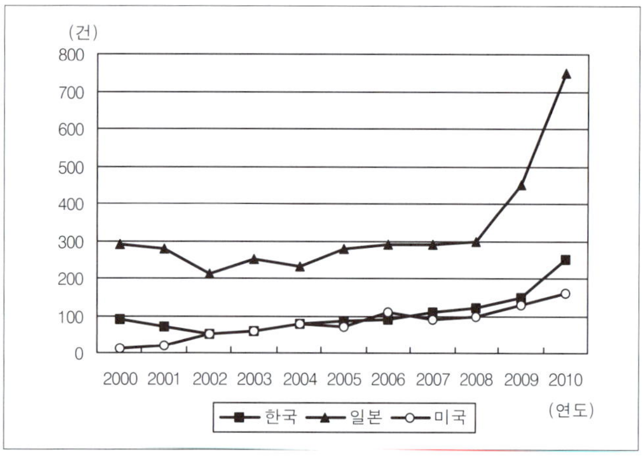

<그림 2> 연도별 CG 분야 3개국 특허출원 추이

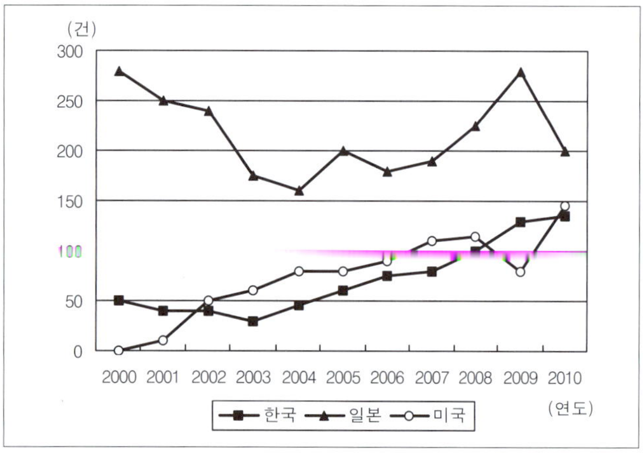

<보고서>

3D 입체영상 및 CG 분야에 대한 특허출원 경쟁은 한국, 일본, 미국을 중심으로 전개되고 있다. 일본이 기술개발을 선도하고 있는 ㉠3D 입체영상 분야의 경우 2000~2010년 일본 특허출원 건수는 3개국 전체 특허출원 건수의 60% 이상을 차지하였다. 하지만 2006년 이후부터 한국에서 관련 기술에 대한 연구가 활발히 진행되어 특허출원 건수가 증가하고 있다. 그 결과 ㉡3D 입체영상 분야에서 2007~2010년 동안 한국 특허출원 건수는 매년 미국 특허출원 건수를 초과하였다.

CG 분야에서도, 2000~2010년 3개국 전체 특허출원 건수 대비 일본 특허출원 건수가 차지하는 비중이 가장 높았으며, 그 다음으로 미국, 한국 순으로 나타났다. 이를 연도별로 살펴보면 ㉢2003년 이후 CG 분야에서 한국 특허출원 건수는 매년 미국 특허출원 건수보다 적지만, 관련 기술의 특허출원이 매년 증가하는 추세를 보이고 있다. 한편, ㉣2000~2010년 동안 한국과 일본의 CG 분야 특허출원 건수의 차이는 2010년에 가장 작았다.

① ㄱ, ㄴ ② ㄱ, ㄷ ③ ㄷ, ㄹ
④ ㄱ, ㄴ, ㄹ ⑤ ㄴ, ㄷ, ㄹ

4. 다음 <표>는 2005~2012년 A 기업의 콘텐츠 유형별 매출액에 관한 자료이다. 이에 대한 설명으로 옳지 않은 것은?

<표> 2005~2012년 A 기업의 콘텐츠 유형별 매출액

(단위: 백만 원)

연도 \ 콘텐츠 유형	게임	음원	영화	SNS	전체
2005	235	108	371	30	744
2006	144	175	355	45	719
2007	178	186	391	42	797
2008	269	184	508	59	1,020
2009	485	199	758	58	1,500
2010	470	302	1,031	308	2,111
2011	603	411	1,148	104	2,266
2012	689	419	1,510	341	2,959

① 2007년 이후 매출액이 매년 증가한 콘텐츠 유형은 영화뿐이다.
② 2012년에 전년대비 매출액 증가율이 가장 큰 콘텐츠 유형은 SNS이다.
③ 영화 매출액은 매년 전체 매출액의 40% 이상이다.
④ 2006~2012년 동안 콘텐츠 유형별 매출액이 각각 전년보다 모두 증가한 해는 2012년뿐이다.
⑤ 2009~2012년 동안 매년 게임 매출액은 음원 매출액의 2배 이상이다.

5. 다음 <표>는 탄소포인트제 가입자 A~D의 에너지 사용량 감축률 현황을 나타낸 자료이다. 아래의 <지급 방식>에 따라 가입자 A~D가 탄소포인트를 지급받을 때, 탄소포인트를 가장 많이 지급받는 가입자와 가장 적게 지급받는 가입자를 바르게 나열한 것은?

<표> 가입자 A~D의 에너지 사용량 감축률 현황

(단위: %)

에너지 사용유형 \ 가입자	A	B	C	D
전기	2.9	15.0	14.3	6.3
수도	16.0	15.0	5.7	21.1
가스	28.6	26.1	11.1	5.9

<지급 방식>

○ 탄소포인트 지급 기준

(단위: 포인트)

에너지 사용유형 \ 에너지 사용량 감축률	5% 미만	5% 이상 10% 미만	10% 이상
전기	0	5,000	10,000
수도	0	1,250	2,500
가스	0	2,500	5,000

○ 가입자가 지급받는 탄소포인트
=전기 탄소포인트+수도 탄소포인트+가스 탄소포인트
예) 가입자D가 지급받는 탄소포인트
=5,000+2,500+2,500=10,000

	가장 많이 지급받는 가입자	가장 적게 지급받는 가입자
①	B	A
②	B	C
③	B	D
④	C	A
⑤	C	D

6. 다음 <표>는 A, B, C 세 구역으로 구성된 '갑'시 거주구역별, 성별 인구분포에 관한 자료이다. '갑'시의 남성 인구는 200명, 여성 인구는 300명일 때 이에 대한 <보기>의 설명 중 옳은 것만을 모두 고르면?

<표> '갑'시 거주구역별, 성별 인구분포

(단위: %)

성별 \ 거주구역	A	B	C	합
남성	15	55	30	100
여성	42	30	28	100

<보 기>

ㄱ. A 구역 남성 인구는 B 구역 여성 인구의 절반이다.
ㄴ. C 구역 인구보다 A 구역 인구가 더 많다.
ㄷ. C 구역은 여성 인구보다 남성 인구가 더 많다.
ㄹ. B 구역 남성 인구의 절반이 C 구역으로 이주하더라도, C 구역 인구는 '갑'시 전체 인구의 40% 이하이다.

① ㄱ, ㄴ
② ㄱ, ㄷ
③ ㄴ, ㄷ
④ ㄴ, ㄹ
⑤ ㄷ, ㄹ

7. 다음 <표>는 '갑'국의 2013년 복지종합지원센터, 노인복지관, 자원봉사자, 등록노인 현황에 관한 자료이다. 이에 대한 <보기>의 설명 중 옳은 것만을 모두 고르면?

<표> 복지종합지원센터, 노인복지관, 자원봉사자, 등록노인 현황

(단위: 개소, 명)

구분 / 지역	복지종합지원센터	노인복지관	자원봉사자	등록노인
A	20	1,336	8,252	397,656
B	2	126	878	45,113
C	1	121	970	51,476
D	2	208	1,388	69,395
E	1	164	1,188	59,050
F	1	122	1,032	56,334
G	2	227	1,501	73,825
H	3	362	2,185	106,745
I	1	60	529	27,256
전국	69	4,377	30,171	1,486,980

<보 기>

ㄱ. 전국의 노인복지관, 자원봉사자 중 A 지역의 노인복지관, 자원봉사자의 비중은 각각 25% 이상이다.

ㄴ. A~I 지역 중 복지종합지원센터 1개소당 노인복지관 수가 100개소 이하인 지역은 A, B, D, I이다.

ㄷ. A~I 지역 중 복지종합지원센터 1개소당 자원봉사자 수가 가장 많은 지역과 복지종합지원센터 1개소당 등록노인 수가 가장 많은 지역은 동일하다.

ㄹ. 노인복지관 1개소당 자원봉사자 수는 H 지역이 C 지역보다 많다.

① ㄱ, ㄴ
② ㄱ, ㄷ
③ ㄱ, ㄹ
④ ㄴ, ㄷ
⑤ ㄴ, ㄹ

8. 다음 <표>는 '갑'국의 8개국 대상 해외직구 반입동향을 나타낸 자료이다. 다음 <조건>의 설명에 근거하여 <표>의 A~D에 해당하는 국가를 바르게 나열한 것은?

<표> '갑'국의 8개국 대상 해외직구 반입동향

(단위: 건, 천 달러)

연도	반입방법 / 국가	목록통관		EDI 수입		전체	
		건수	금액	건수	금액	건수	금액
2013	미국	3,254,813	305,070	5,149,901	474,807	8,404,714	779,877
	중국	119,930	6,162	1,179,373	102,315	1,299,303	108,477
	독일	71,687	3,104	418,403	37,780	490,090	40,884
	영국	82,584	4,893	123,001	24,806	205,585	29,699
	프랑스	172,448	6,385	118,721	20,646	291,169	27,031
	일본	53,055	2,755	138,034	21,028	191,089	23,783
	뉴질랜드	161	4	90,330	4,082	90,491	4,086
	호주	215	14	28,176	2,521	28,391	2,535
2014	미국	5,659,107	526,546	5,753,634	595,206	11,412,741	1,121,752
	(A)	170,683	7,798	1,526,315	156,352	1,696,998	164,150
	독일	170,475	7,662	668,993	72,509	839,468	80,171
	프랑스	231,857	8,483	336,371	47,456	568,228	55,939
	(B)	149,473	7,874	215,602	35,326	365,075	43,200
	(C)	87,396	5,429	131,993	36,963	219,389	42,392
	뉴질랜드	504	16	108,282	5,283	108,786	5,299
	(D)	2,089	92	46,330	3,772	48,419	3,864

<조 건>

○ 2014년 중국 대상 해외직구 반입 전체 금액은 같은 해 독일 대상 해외직구 반입 전체 금액의 2배 이상이다.

○ 2014년 영국과 호주 대상 EDI 수입 건수 합은 같은 해 뉴질랜드 대상 EDI 수입 건수의 2배보다 작다.

○ 2014년 호주 대상 해외직구 반입 전체 금액은 2013년 호주 대상 해외직구 반입 전체 금액의 10배 미만이다.

○ 2014년 일본 대상 목록통관 금액은 2013년 일본 대상 목록통관 금액의 2배 이상이다.

	A	B	C	D
①	중국	일본	영국	호주
②	중국	일본	호주	영국
③	중국	영국	일본	호주
④	일본	영국	중국	호주
⑤	일본	중국	호주	영국

9. 다음 <표>는 로봇 시장현황과 R&D 예산의 분야별 구성비에 대한 자료이다. 이에 대한 <보기>의 설명 중 옳은 것만을 모두 고르면?

<표 1> 용도별 로봇 시장현황(2013년)

구분 \ 용도	시장규모 (백만 달러)	수량 (천 개)	평균단가 (천 달러/개)
제조용	9,719	178	54.6
전문 서비스용	3,340	21	159.0
개인 서비스용	1,941	4,000	0.5
전체	15,000	4,199	3.6

<표 2> 분야별 로봇 시장규모(2011~2013년)

(단위: 백만 달러)

용도	분야 \ 연도	2011	2012	2013
제조용	제조	8,926	9,453	9,719
전문 서비스용	건설	879	847	883
	물류	166	196	216
	의료	1,356	1,499	1,449
	국방	748	818	792
개인 서비스용	가사	454	697	799
	여가	166	524	911
	교육	436	279	231

※ 로봇의 용도 및 분야는 중복되지 않음.

<표 3> 로봇 R&D 예산의 분야별 구성비(2013년)

(단위: %)

분야	제조	건설	물류	의료	국방	가사	여가	교육	합계
구성비	21	13	3	22	12	12	14	3	100

<보 기>

ㄱ. 2013년 전체 로봇 시장규모 대비 제조용 로봇 시장규모의 비중은 70% 이상이다.
ㄴ. 2013년 전문 서비스용 로봇 평균단가는 제조용 로봇 평균단가의 3배 이하이다.
ㄷ. 2013년 전체 로봇 R&D 예산 대비 전문 서비스용 로봇 R&D 예산의 비중은 50%이다.
ㄹ. 개인 서비스용 로봇 시장규모는 각 분야에서 매년 증가했다.

① ㄱ, ㄴ
② ㄱ, ㄹ
③ ㄴ, ㄷ
④ ㄴ, ㄹ
⑤ ㄷ, ㄹ

10. 다음 <표>는 A 발전회사의 연도별 발전량 및 신재생에너지 공급 현황에 관한 자료이다. 이에 대한 <보기>의 설명 중 옳은 것만을 모두 고르면?

<표> A 발전회사의 연도별 발전량 및 신재생에너지 공급 현황

구분		2012	2013	2014
발전량(GWh)		55,000	51,000	52,000
신재생 에너지	공급의무율(%)	1.4	2.0	3.0
	자체공급량(GWh)	75	380	690
	인증서구입량(GWh)	15	70	160

※ 1) 공급의무율(%) = $\frac{\text{공급의무량}}{\text{발전량}} \times 100$

2) 이행량(GWh) = 자체공급량 + 인증서구입량

<보 기>

ㄱ. 공급의무량은 매년 증가한다.
ㄴ. 2012년 대비 2014년 자체공급량의 증가율은 2012년 대비 2014년 인증서구입량의 증가율보다 작다.
ㄷ. 공급의무량과 이행량의 차이는 매년 증가한다.
ㄹ. 이행량에서 자체공급량이 차지하는 비중은 매년 감소한다.

① ㄱ, ㄴ
② ㄱ, ㄷ
③ ㄷ, ㄹ
④ ㄱ, ㄴ, ㄹ
⑤ ㄴ, ㄷ, ㄹ

11. 다음 <표>는 2012년 지역별 PC 보유율과 인터넷 이용률에 관한 자료이다. 이에 대한 <보기>의 설명 중 옳은 것만을 모두 고르면?

<표> 2012년 지역별 PC 보유율과 인터넷 이용률

(단위: %)

구분 / 지역	PC 보유율	인터넷 이용률
서울	88.4	80.9
부산	84.6	75.8
대구	81.8	75.9
인천	87.0	81.7
광주	84.8	81.0
대전	85.3	80.4
울산	88.1	85.0
세종	86.0	80.7
경기	86.3	82.9
강원	77.3	71.2
충북	76.5	72.1
충남	69.9	69.7
전북	71.8	72.2
전남	66.7	67.8
경북	68.8	68.4
경남	72.0	72.5
제주	77.3	73.6

<보 기>

ㄱ. PC 보유율이 네 번째로 높은 지역은 인터넷 이용률도 네 번째로 높다.

ㄴ. 경남보다 PC 보유율이 낮은 지역의 인터넷 이용률은 모두 경남의 인터넷 이용률보다 낮다.

ㄷ. 울산의 인터넷 이용률은 인터넷 이용률이 가장 낮은 지역의 1.3배 이상이다.

ㄹ. PC 보유율보다 인터넷 이용률이 높은 지역은 전북, 전남, 경남이다.

① ㄱ, ㄴ
② ㄱ, ㄷ
③ ㄱ, ㄹ
④ ㄴ, ㄷ
⑤ ㄴ, ㄹ

12. 사무관A는 다음 <표>와 추가적인 자료를 이용하여 과학기술 논문 발표현황에 관한 <보고서>를 작성하였다. 추가로 필요한 자료만을 <보기>에서 모두 고르면?

<표> 우리나라 SCI 과학기술 논문 발표현황

(단위: 편, %)

연도	2007	2008	2009	2010	2011	2012	2013
발표수	29,565	34,353	37,742	41,481	45,588	49,374	51,051
세계 점유율	2.23	2.40	2.50	2.62	2.68	2.75	2.77

<보고서>

최근 우리나라는 과학기술 분야의 연구에 많은 투자를 하고 있다. 2013년도 우리나라 SCI 과학기술 논문 발표수는 51,051편으로 전년대비 약 3.40% 증가했다. 우리나라 SCI 과학기술 논문 발표수의 세계 점유율은 2007년 2.23%에서 매년 증가하여 2013년 2.77%가 되었다. 이는 2007년 이후 기초·원천기술연구에 대한 투자규모의 지속적인 확대로 SCI 과학기술 논문 발표수가 꾸준히 증가하고 있는 것으로 분석된다. 2013년의 논문 1편당 평균 피인용횟수는 4.55회로 SCI 과학기술 논문 발표수 상위 50개 국가 중 32위를 기록했다.

<보 기>

ㄱ. 2007년 이후 우리나라 기초·원천기술연구 투자규모 현황

ㄴ. 2009~2013년 연도별 SCI 과학기술 논문 발표수 상위 50개 국가의 논문 1편당 평균 피인용횟수

ㄷ. 2007년 이후 세계 총 SCI 과학기술 학술지 수

ㄹ. 2009~2013년 우리나라 SCI 과학기술 논문 발표수의 전년대비 증가율

① ㄱ, ㄴ
② ㄱ, ㄷ
③ ㄴ, ㄷ
④ ㄴ, ㄹ
⑤ ㄷ, ㄹ

13. 다음 <표>와 <그림>은 A~E국의 국민부담률, 재정적자 비율 및 잠재적부담률과 공채의존도를 나타낸 자료이다. 이에 대한 <보기>의 설명 중 옳은 것만을 모두 고르면?

<표> 국민부담률, 재정적자 비율 및 잠재적부담률

(단위: %)

구분 \ 국가	A	B	C	D	E
국민부담률	38.9	34.7	49.3	( )	62.4
사회보장부담률	( )	8.6	10.8	22.9	24.6
조세부담률	23.0	26.1	( )	29.1	37.8
재정적자 비율	8.8	9.9	6.7	1.1	5.1
잠재적부담률	47.7	( )	56.0	53.1	( )

※ 1) 국민부담률(%) = 사회보장부담률 + 조세부담률
2) 잠재적부담률(%) = 국민부담률 + 재정적자 비율

<그림> 공채의존도

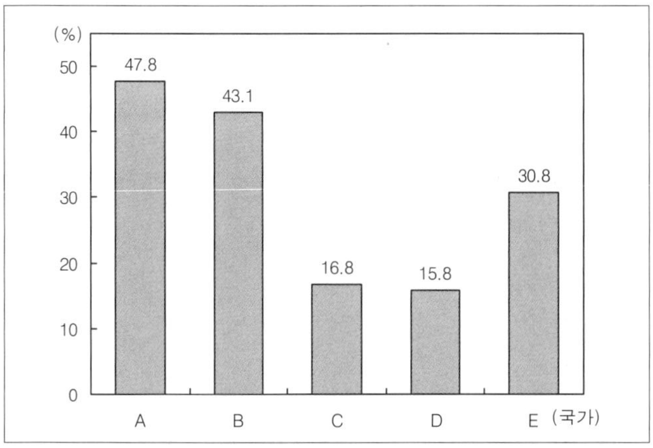

<보 기>

ㄱ. 잠재적부담률이 가장 높은 국가의 조세부담률이 가장 높다.
ㄴ. 공채의존도가 가장 낮은 국가의 국민부담률이 두 번째로 높다.
ㄷ. 사회보장부담률이 가장 높은 국가의 공채의존도가 가장 높다.
ㄹ. 잠재적부담률이 가장 낮은 국가는 B이다.

① ㄱ, ㄴ
② ㄱ, ㄷ
③ ㄴ, ㄷ
④ ㄴ, ㄹ
⑤ ㄷ, ㄹ

14. 다음 <표>는 2013년 A시 '가'~'다' 지역의 아파트실거래가격지수를 나타낸 자료이다. 이에 대한 설명으로 옳은 것은?

<표> 2013년 A시 '가'~'다' 지역의 아파트실거래가격지수

월 \ 지역	가	나	다
1	100.0	100.0	100.0
2	101.1	101.6	99.9
3	101.9	103.2	100.0
4	102.6	104.5	99.8
5	103.0	105.5	99.6
6	103.8	106.1	100.6
7	104.0	106.6	100.4
8	105.1	108.3	101.3
9	106.3	110.7	101.9
10	110.0	116.9	102.4
11	113.7	123.2	103.0
12	114.8	126.3	102.6

※ N월 아파트실거래가격지수

$= \frac{\text{해당 지역의 N월 아파트 실거래 가격}}{\text{해당 지역의 1월 아파트 실거래 가격}} \times 100$

① '가' 지역의 12월 아파트 실거래 가격은 '다' 지역의 12월 아파트 실거래 가격보다 높다.
② '나' 지역의 아파트 실거래 가격은 다른 두 지역의 아파트 실거래 가격보다 매월 높다.
③ '다' 지역의 1월 아파트 실거래 가격과 3월 아파트 실거래 가격은 같다.
④ '가' 지역의 1월 아파트 실거래 가격이 1억 원이면 '가' 지역의 7월 아파트 실거래 가격은 1억 4천만 원이다.
⑤ 2013년 7~12월 동안 아파트 실거래 가격이 각 지역에서 매월 상승하였다.

15. 다음 <표>는 쥐 A~E의 에탄올 주입량별 렘(REM)수면시간을 측정한 결과이다. 이에 대한 <보기>의 설명 중 옳은 것만을 모두 고르면?

<표> 에탄올 주입량별 쥐의 렘수면시간

(단위: 분)

에탄올 주입량(g) \ 쥐	A	B	C	D	E
0.0	88	73	91	68	75
1.0	64	54	70	50	72
2.0	45	60	40	56	39
4.0	31	40	46	24	24

<보 기>

ㄱ. 에탄올 주입량이 0.0g일 때 쥐 A~E 렘수면시간 평균은 에탄올 주입량이 4.0g일 때 쥐 A~E 렘수면시간 평균의 2배 이상이다.

ㄴ. 에탄올 주입량이 2.0g일 때 쥐 B와 쥐 E의 렘수면시간 차이는 20분 이하이다.

ㄷ. 에탄올 주입량이 0.0g일 때와 에탄올 주입량이 1.0g일 때의 렘수면시간 차이가 가장 큰 쥐는 A이다.

ㄹ. 쥐 A~E는 각각 에탄올 주입량이 많을수록 렘수면시간이 감소한다.

① ㄱ, ㄴ
② ㄱ, ㄷ
③ ㄴ, ㄷ
④ ㄴ, ㄹ
⑤ ㄷ, ㄹ

16. 다음 <표>는 2004~2013년 5개 자연재해 유형별 피해금액에 관한 자료이다. 이에 대한 <보기>의 설명 중 옳은 것만을 모두 고르면?

<표> 5개 자연재해 유형별 피해금액

(단위: 억 원)

유형 \ 연도	2004	2005	2006	2007	2008	2009	2010	2011	2012	2013
태풍	3,416	1,385	118	1,609	9	0	1,725	2,183	8,765	17
호우	2,150	3,520	19,063	435	581	2,549	1,808	5,276	384	1,581
대설	6,739	5,500	52	74	36	128	663	480	204	113
강풍	0	93	140	69	11	70	2	0	267	9
풍랑	0	0	57	331	0	241	70	3	0	0
전체	12,305	10,498	19,430	2,518	637	2,988	4,268	7,942	9,620	1,720

<보 기>

ㄱ. 2004~2013년 강풍 피해금액 합계는 풍랑 피해금액 합계보다 작다.

ㄴ. 2012년 태풍 피해금액은 2012년 5개 자연재해 유형 전체 피해금액의 90% 이상이다.

ㄷ. 피해금액이 매년 10억 원보다 큰 자연재해 유형은 호우뿐이다.

ㄹ. 피해금액이 큰 자연재해 유형부터 순서대로 나열하면 2010년과 2011년의 순서는 동일하다.

① ㄱ, ㄴ
② ㄱ, ㄷ
③ ㄷ, ㄹ
④ ㄱ, ㄴ, ㄹ
⑤ ㄴ, ㄷ, ㄹ

17. 다음 <표>는 2009~2014년 건설공사 공종별 수주액 현황을 나타낸 것이다. 이를 이용하여 작성한 그래프로 옳지 않은 것은?

<표> 건설공사 공종별 수주액 현황

(단위: 조 원, %)

구분 / 연도	전체	전년대비 증감률	토목	전년대비 증감률	건축	전년대비 증감률	주거용	비주거용
2009	118.7	−1.1	54.1	31.2	64.6	-18.1	39.1	25.5
2010	103.2	-13.1	41.4	-23.5	61.8	-4.3	31.6	30.2
2011	110.7	7.3	38.8	-6.3	71.9	16.3	38.7	33.2
2012	99.8	-9.8	34.0	-12.4	65.8	-8.5	34.3	31.5
2013	90.4	-9.4	29.9	-12.1	60.5	-8.1	29.3	31.2
2014	107.4	18.8	32.7	9.4	74.7	23.5	41.1	33.6

① 건축 공종의 수주액

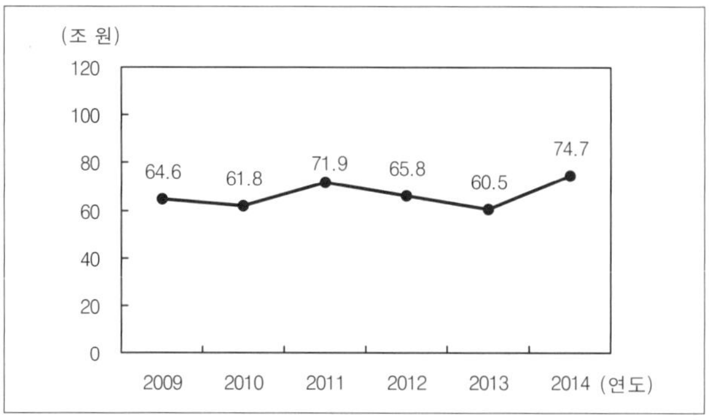

② 토목 공종의 수주액 및 전년대비 증감률

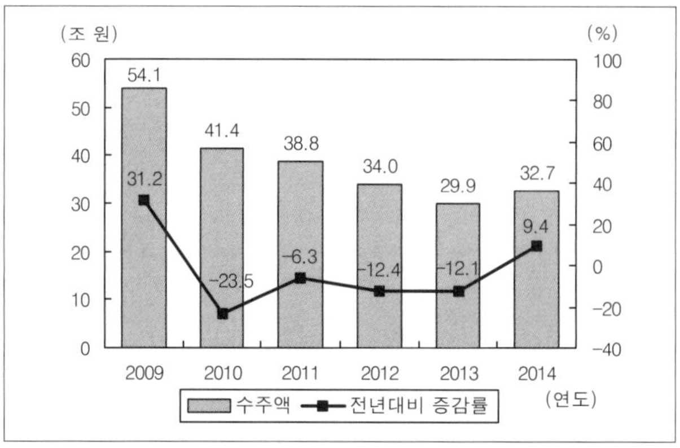

③ 건설공사 전체 수주액의 공종별 구성비

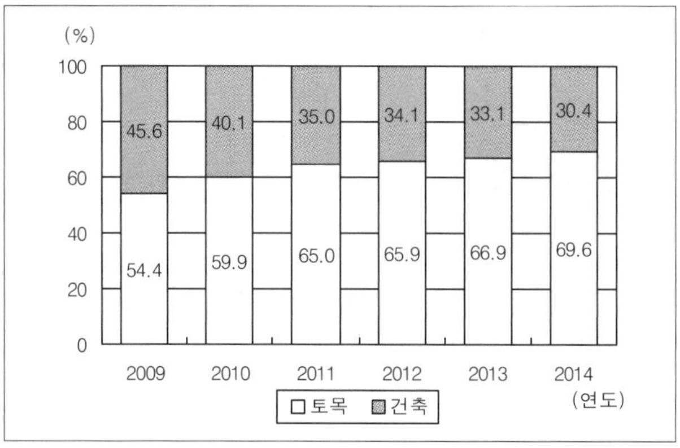

④ 건축 공종 중 주거용 및 비주거용 수주액

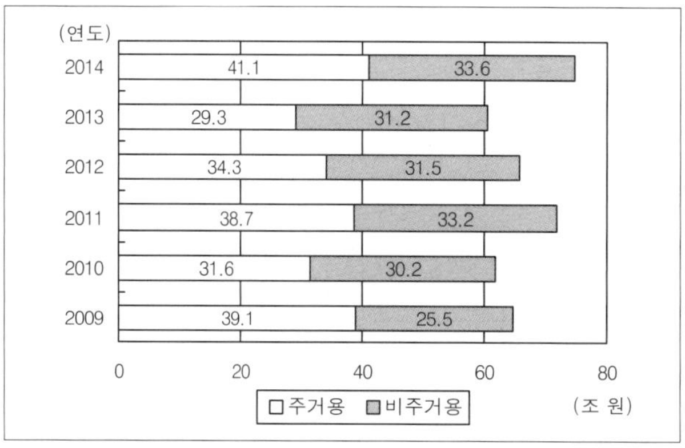

⑤ 건설공사 전체 및 건축 공종 수주액의 전년대비 증감률

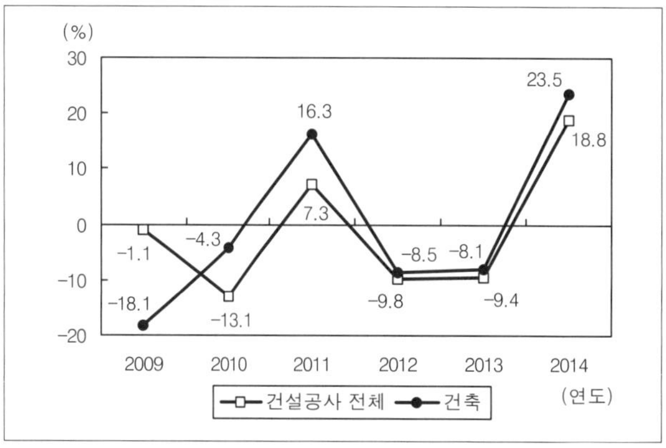

18. 다음 <표>는 2010~2014년 A 시의회의 발의 주체별 조례발의 현황에 관한 자료이다. 이에 대한 설명으로 옳지 않은 것은?

<표> A 시의회 발의 주체별 조례발의 현황

(단위: 건)

발의 주체 / 연도	단체장	의원	주민	합
2010	527	( )	23	924
2011	( )	486	35	1,149
2012	751	626	39	( )
2013	828	804	51	1,683
2014	905	865	( )	1,824
전체	3,639	3,155	202	( )

※ 조례발의 주체는 단체장, 의원, 주민으로만 구성됨.

① 2012년 조례발의 건수 중 단체장발의 건수가 50% 이상이다.
② 2011년 단체장발의 건수는 2013년 의원발의 건수보다 적다.
③ 주민발의 건수는 매년 증가하였다.
④ 2014년 의원발의 건수는 2010년과 2011년 의원발의 건수의 합보다 많다.
⑤ 2014년 조례발의 건수는 2012년 조례발의 건수의 1.5배 이상이다.

19. 다음 <표>는 섬유수출액 상위 10개국과 한국의 섬유수출액 현황에 대한 자료이다. 이에 대한 <보기>의 설명 중 옳은 것만을 모두 고르면?

<표 1> 상위 10개국의 섬유수출액 현황(2010년)

(단위: 억 달러, %)

순위 \ 구분	국가	섬유	원단	의류	전년 대비 증가율
1	중국	2,424	882	1,542	21.1
2	이탈리아	1,660	671	989	3.1
3	인도	241	129	112	14.2
4	터키	218	90	128	12.7
5	방글라데시	170	13	157	26.2
6	미국	169	122	47	19.4
7	베트남	135	27	108	28.0
8	한국	126	110	16	21.2
9	파키스탄	117	78	39	19.4
10	인도네시아	110	42	68	20.2
세계 전체		6,085	2,570	3,515	14.6

<표 2> 한국의 섬유수출액 현황(2006~2010년)

(단위: 억 달러, %)

구분 \ 연도	2006	2007	2008	2009	2010
섬유	177 (5.0)	123 (2.1)	121 (2.0)	104 (2.0)	126 (2.1)
원단	127 (8.2)	104 (4.4)	104 (4.2)	90 (4.4)	110 (4.3)
의류	50 (2.5)	19 (0.6)	17 (0.5)	14 (0.4)	16 (0.5)

※ 괄호 안의 수자는 세계 전체의 해당분야 수출액에서 한국의 해당분야 수출액이 차지하는 비중으로, 소수점 아래 둘째자리에서 반올림한 값임.

<보 기>

ㄱ. 2010년 한국과 인도의 섬유수출액 차이는 100억 달러 이상이다.
ㄴ. 2010년 세계 전체의 섬유수출액은 2006년의 2배 이하이다.
ㄷ. 2010년 한국 원단수출액의 전년대비 증가율과 의류수출액의 전년대비 증가율의 차이는 10%p 이상이다.
ㄹ. 2010년 중국의 의류수출액은 세계 전체 의류수출액의 50% 이하이다.

① ㄱ, ㄴ
② ㄱ, ㄷ
③ ㄷ, ㄹ
④ ㄱ, ㄴ, ㄹ
⑤ ㄴ, ㄷ, ㄹ

20. 다음 <표>는 2014년 '갑'국 지방법원(A~E)의 배심원 출석 현황에 관한 자료이다. 이에 대한 <보기>의 설명 중 옳은 것만을 모두 고르면?

<표> 2014년 '갑'국 지방법원(A~E)의 배심원 출석 현황

(단위: 명)

지방법원 \ 구분	소환인원	송달불능자	출석취소통지자	출석의무자	출석자
A	1,880	533	573	( )	411
B	1,740	495	508	( )	453
C	716	160	213	343	189
D	191	38	65	88	57
E	420	126	120	174	115

※ 1) 출석의무자 수 = 소환인원 − 송달불능자 수 − 출석취소통지자 수

2) 출석률(%) $= \frac{\text{출석자 수}}{\text{소환인원}} \times 100$

3) 실질출석률(%) $= \frac{\text{출석자 수}}{\text{출석의무자 수}} \times 100$

<보 기>

ㄱ. 출석의무자 수는 B지방법원이 A지방법원보다 많다.
ㄴ. 실질출석률은 E지방법원이 C지방법원보다 낮다.
ㄷ. D지방법원의 출석률은 25% 이상이다.
ㄹ. A~E지방법원 전체 소환인원에서 A지방법원의 소환인원이 차지하는 비율은 35% 이상이다.

① ㄱ, ㄴ
② ㄱ, ㄷ
③ ㄴ, ㄷ
④ ㄴ, ㄹ
⑤ ㄷ, ㄹ

21. 다음은 2011~2014년 주택건설 인허가 실적에 대한 <보고서>이다. <보고서>의 내용을 작성하는 데 직접적인 근거로 활용되지 않은 자료는?

<보고서>

○ 2014년 주택건설 인허가 실적은 전국 51.5만 호(수도권 24.2만 호, 지방 27.3만 호)로 2013년(44.1만 호) 대비 16.8% 증가하였다. 이는 당초 계획(37.4만 호)에 비하여 증가한 것이지만, 2014년의 인허가 실적은 2011년 55.0만 호, 2012년 58.6만 호, 2013년 44.1만 호 등 3년평균(2011~2013년, 52.6만 호)에 미치지 못하였다.

○ 2014년 아파트의 인허가 실적(34.8만 호)은 2013년 대비 24.7% 증가하였다. 아파트외 주택의 인허가 실적(16.7만 호)은 2013년 대비 3.1% 증가하였으나, 2013년부터 도시형생활주택 인허가 실적이 감소하면서 3년평균(2011~2013년, 18.9만 호) 대비 11.6% 감소하였다.

○ 2014년 공공부문의 인허가 실적(6.3만 호)은 일부 분양물량의 수급 조절에 따라 2013년 대비 21.3% 감소하였으며, 3년평균(2011~2013년, 10.2만 호) 대비로는 38.2% 감소하였다. 민간부문(45.2만 호)은 2013년 대비 25.2% 증가하였으며, 3년평균(2011~2013년, 42.4만 호) 대비 6.6% 증가하였다.

○ 2014년의 소형(60m^2이하), 중형(60m^2초과 85m^2이하), 대형(85m^2초과) 주택건설 인허가 실적은 2013년 대비 각각 1.2%, 36.4%, 4.9% 증가하였고, 2014년 85m^2이하 주택건설 인허가 실적의 비중은 2014년 전체 주택건설 인허가 실적의 약 83.5%이었다.

① 지역별 주택건설 인허가 실적 및 증감률

(단위: 만 호, %)

구분	2013년	3년평균 (2011~2013)	2014년		
				전년대비 증감률	3년평균 대비 증감률
전국	44.1	52.6	51.5	16.8	-2.1
수도권	19.3	24.5	24.2	25.4	-1.2
지방	24.8	28.1	27.3	10.1	-2.8

② 2011~2013년 지역별 주택건설 인허가 실적

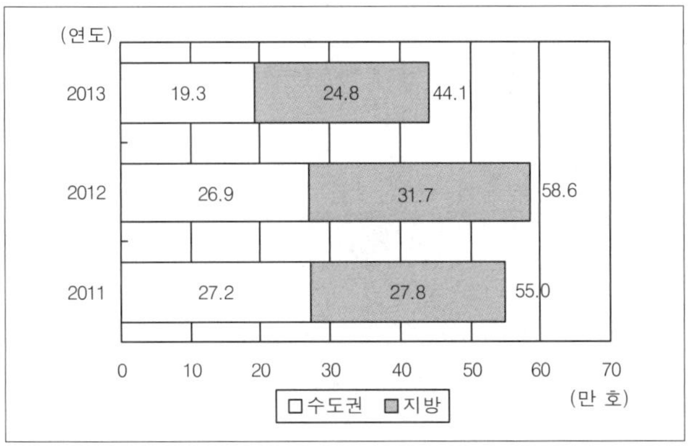

③ 공공임대주택 공급 실적 및 증감률

(단위: 만 호, %)

구분	2013년	3년평균 (2011~2013)	2014년		
				전년대비 증감률	3년평균 대비 증감률
영구·국민	2.7	2.3	2.6	-3.7	13.0
공공	3.1	2.9	3.6	16.1	24.1
매입·전세	3.8	3.4	3.4	-10.5	0.0

④ 유형별 주택건설 인허가 실적 및 증감률

(단위: 만 호, %)

구분	2013년	3년평균 (2011~2013)	2014년		
				전년대비 증감률	3년평균 대비 증감률
아파트	27.9	33.7	34.8	24.7	3.3
아파트외	16.2	18.9	16.7	3.1	-11.6

⑤ 건설 주체별·규모별 주택건설 인허가 실적 및 증감률

(단위: 만 호, %)

구분		2013년	3년평균 (2011~2013)	2014년		
					전년대비 증감률	3년평균 대비 증감률
건설 주체	공공부문	8.0	10.2	6.3	-21.3	-38.2
	민간부문	36.1	42.4	45.2	25.2	6.6
규모	60m^2이하	17.3	21.3	17.5	1.2	-17.8
	60m^2초과 85m^2이하	18.7	21.7	25.5	36.4	17.5
	85m^2초과	8.1	9.6	8.5	4.9	-11.5

22. 다음 <표>는 '갑'국의 주택보급률 및 주거공간 현황에 대한 자료이다. 이에 대한 <보기>의 설명 중 옳은 것만을 모두 고르면?

<표> '갑'국의 주택보급률 및 주거공간 현황

연도	가구수 (천 가구)	주택보급률 (%)	주거공간	
			가구당 (m^2/가구)	1인당 (m^2/인)
2000	10,167	72.4	58.5	13.8
2001	11,133	86.0	69.4	17.2
2002	11,928	96.2	78.6	20.2
2003	12,491	105.9	88.2	22.9
2004	12,995	112.9	94.2	24.9

※ 1) 주택보급률(%) = $\frac{\text{주택수}}{\text{가구수}} \times 100$

2) 가구당 주거공간(m^2/가구) = $\frac{\text{주거공간 총면적}}{\text{가구수}}$

3) 1인당 주거공간(m^2/인) = $\frac{\text{주거공간 총면적}}{\text{인구수}}$

<보 기>

ㄱ. 주택수는 매년 증가하였다.

ㄴ. 2003년 주택을 두 채 이상 소유한 가구수는 2002년보다 증가하였다.

ㄷ. 2001~2004년 동안 1인당 주거공간의 전년대비 증가율이 가장 큰 해는 2001년이다.

ㄹ. 2004년 주거공간 총면적은 2000년 주거공간 총면적의 2배 이상이다.

① ㄱ, ㄴ
② ㄱ, ㄷ
③ ㄴ, ㄹ
④ ㄱ, ㄷ, ㄹ
⑤ ㄴ, ㄷ, ㄹ

23. 다음 <정보>와 <표>는 2014년 A~E 기업의 기본생산능력과 초과생산량 및 1~3월 생산이력에 관한 자료이다. 이에 근거하여 기본생산능력이 가장 큰 기업과 세 번째로 큰 기업을 바르게 나열한 것은?

<정 보>

○ 각 기업의 기본생산능력(개/월)은 변하지 않는다.
○ A 기업의 기본생산능력은 15,000개/월이고 C 기업과 E 기업의 기본생산능력은 동일하다.
○ B, C, D 기업의 경우 2014년 1~3월 동안 초과생산량이 발생하지 않았다.
○ E 기업의 경우 2014년 3월에 기본생산능력에 해당하는 생산량 이외에 기본생산능력의 20%에 해당하는 초과생산량이 발생하였다.
○ 생산 참여기업의 월 생산량
　= 기본생산능력에 해당하는 월 생산량 + 월 초과생산량

<표> 2014년 1~3월 생산이력

구분	1월	2월	3월
생산 참여기업	B, C	B, D	C, E
손실비	0.0	0.5	0.0
총생산량(개)	23,000	17,000	22,000

※ 해당월 총생산량 = 해당월 '생산 참여기업의 월 생산량'의 합 × (1 − 손실비)

	가장 큰 기업	세 번째로 큰 기업
①	A	B
②	A	D
③	B	D
④	D	A
⑤	D	B

24. 다음 <표>는 '가'국의 PC와 스마트폰 기반 웹 브라우저 이용에 대한 설문조사를 바탕으로, 2013년 10월~2014년 1월 동안 매월 이용률 상위 5종 웹 브라우저의 이용률 현황을 정리한 자료이다. 이에 대한 설명으로 옳은 것은?

<표 1> PC 기반 웹 브라우저

(단위: %)

조사시기 / 웹 브라우저 종류	2013년			2014년
	10월	11월	12월	1월
인터넷 익스플로러	58.22	58.36	57.91	58.21
파이어폭스	17.70	17.54	17.22	17.35
크롬	16.42	16.44	17.35	17.02
사파리	5.84	5.90	5.82	5.78
오페라	1.42	1.39	1.33	1.28
상위 5종 전체	99.60	99.63	99.63	99.64

※ 무응답자는 없으며, 응답자는 1종의 웹 브라우저만을 이용한 것으로 응답함.

<표 2> 스마트폰 기반 웹 브라우저

(단위: %)

조사시기 / 웹 브라우저 종류	2013년			2014년
	10월	11월	12월	1월
사파리	55.88	55.61	54.82	54.97
안드로이드 기본 브라우저	23.45	25.22	25.43	23.49
크롬	6.85	8.33	9.70	10.87
오페라	6.91	4.81	4.15	4.51
인터넷 익스플로러	1.30	1.56	1.58	1.63
상위 5종 전체	94.39	95.53	95.68	95.47

※ 무응답자는 없으며, 응답자는 1종의 웹 브라우저만을 이용한 것으로 응답함.

① 2013년 10월 전체 설문조사 대상 스마트폰 기반 웹 브라우저는 10종 이상이다.
② 2014년 1월 이용률 상위 5종 웹 브라우저 중 PC 기반 이용률 순위와 스마트폰 기반 이용률 순위가 일치하는 웹 브라우저는 없다.
③ PC 기반 이용률 상위 5종 웹 브라우저의 이용률 순위는 매월 동일하다.
④ 스마트폰 기반 이용률 상위 5종 웹 브라우저 중 2013년 10월과 2014년 1월 이용률의 차이가 2%p 이상인 것은 크롬뿐이다.
⑤ 스마트폰 기반 이용률 상위 3종 웹 브라우저 이용률의 합은 매월 90% 이상이다.

25. 다음 <표>는 조선 후기 이후 인구 현황에 대한 자료이다. 이에 대한 <보기>의 설명 중 옳은 것만을 모두 고르면?

<표 1> 지역별 인구분포(1648년)

(단위: 천 명, %)

구분	전체	한성	경기	충청	전라	경상	강원	황해	평안	함경
인구	1,532	96	81	174	432	425	54	55	146	69
비중	100.0	6.3	5.3	11.4	28.2	27.7	3.5	3.6	9.5	4.5

<표 2> 지역별 인구지수

연도 / 지역	한성	경기	충청	전라	경상	강원	황해	평안	함경
1648	100	100	100	100	100	100	100	100	100
1753	181	793	535	276	391	724	982	868	722
1789	197	793	499	283	374	615	1,033	888	1,009
1837	213	812	486	253	353	589	995	584	1,000
1864	211	832	505	251	358	615	1,033	598	1,009
1904	200	831	445	216	261	559	695	557	1,087

※ 1) 인구지수 = $\frac{\text{해당연도 해당지역 인구}}{\text{1648년 해당지역 인구}} \times 100$

2) 조선 후기 이후 전체 인구는 9개 지역 인구의 합임.

<보 기>

ㄱ. 1753년 강원 지역 인구는 1648년 전라 지역 인구보다 많다.
ㄴ. 1789년 대비 1837년 인구 감소율이 가장 큰 지역은 평안이다.
ㄷ. 1864년 인구가 가장 많은 지역은 경상이다.
ㄹ. 1904년 전체 인구 대비 경기 지역 인구의 비중은 함경 지역 인구의 비중보다 크다.

① ㄱ, ㄴ
② ㄱ, ㄹ
③ ㄴ, ㄷ
④ ㄱ, ㄷ, ㄹ
⑤ ㄴ, ㄷ, ㄹ

약점 보완 해설집 p.114

시험일: _____년 _____월 _____일

2014년도 국가공무원 5급 및 7급 민경채 필기시험

| 자료해석영역 |

응시번호

성명

문제책형 A

응시자 주의사항

1. **시험시작 전 시험문제를 열람하는 행위나 시험종료 후 답안을 작성하는 행위를 한 사람**은 「공무원 임용시험령」 제51조에 의거 **부정행위자**로 처리됩니다.
2. **답안지 책형 표기는 시험시작 전** 감독관의 지시에 따라 **문제책 앞면에 인쇄된 문제책형을 확인**한 후, **답안지 책형란에 해당 책형(1개)**을 '●'로 표기하여야 합니다.
3. 시험이 시작되면 문제를 주의 깊게 읽은 후, **문항의 취지에 가장 적합한 하나의 정답만을 고르며**, 문제내용에 관한 질문은 할 수 없습니다.
4. **답안을 잘못 표기하였을 경우에는 답안지를 교체하여 작성**하거나 **수정할 수 있으며**, 표기한 답안을 수정할 때는 **응시자 본인이 가져온 수정테이프만을 사용**하여 해당 부분을 완전히 지우고 부착된 수정테이프가 떨어지지 않도록 손으로 눌러주어야 합니다. **(수정액 또는 수정스티커 등은 사용 불가)**
5. **시험시간 관리의 책임은 응시자 본인에게 있습니다.**
   ※ 문제책은 시험종료 후 가지고 갈 수 있습니다.

모바일 자동 채점 및 성적 분석 서비스

'약점 보완 해설집'에 회차별로 수록된 QR코드를 인식하면 응시 인원 대비 자신의 성적 위치를 확인할 수 있습니다.

1. 다음 <표>와 <정보>는 2014년 1월 전국 4개 도시에 각각 위치한 '갑' 회사의 공장(A~D)별 실제 가동시간과 가능 가동시간에 관한 자료이다. 이에 근거하여 공장A와 D가 위치한 도시를 바르게 나열한 것은?

<표> 공장별 실제 가동시간 및 가능 가동시간

(단위: 시간)

구분 \ 공장	A	B	C	D
실제 가동시간	300	150	250	300
가능 가동시간	400	200	300	500

※ 실가동률(%) = $\frac{\text{실제 가동시간}}{\text{가능 가동시간}} \times 100$

<정 보>

○ 광주와 인천 공장의 가능 가동시간 합은 서울과 부산 공장의 가능 가동시간 합보다 크다.
○ 부산과 광주 공장의 실제 가동시간 합은 서울과 인천 공장의 실제 가동시간 합보다 작다.
○ 서울과 부산 공장의 실가동률은 같다.
○ 인천 공장의 가능 가동시간이 가장 길다.

	A가 위치한 도시	D가 위치한 도시
①	서울	부산
②	서울	인천
③	부산	인천
④	부산	광주
⑤	광주	인천

2. 다음 <표>는 4개 안건(A~D)에 대한 심사위원(갑, 을, 병)의 선호를 나타낸 자료이다. 이 안건들 중 서로 다른 두 안건을 임의로 상정하고 위 3명의 심사위원이 한 표씩 투표하여 다수결 원칙에 따라 하나의 안건을 채택한다고 할 때, <보기>의 설명 중 옳은 것만을 모두 고르면?

<표> 4개 안건에 대한 심사위원의 선호

선호순위 \ 심사위원	갑	을	병
1순위	C	A	B
2순위	B	B	C
3순위	D	C	A
4순위	A	D	D

※ 각 심사위원은 상정된 두 안건 중 자신의 선호순위가 더 높은 안건에 반드시 투표함.

<보 기>

ㄱ. A 안건과 C 안건이 상정되면 C 안건이 채택된다.
ㄴ. B 안건은 어떠한 다른 안건과 함께 상정되어도 항상 채택된다.
ㄷ. C 안건이 상정되어 채택되는 경우는 모두 3가지이다.
ㄹ. D 안건은 어떠한 다른 안건과 함께 상정되어도 항상 채택되지 못한다.

① ㄱ, ㄴ ② ㄱ, ㄷ ③ ㄴ, ㄹ
④ ㄱ, ㄴ, ㄹ ⑤ ㄴ, ㄷ, ㄹ

3. 다음 <표>는 A지역 유치원 유형별 교지면적과 교사면적에 대한 자료이다. 이에 대한 설명으로 옳지 않은 것은?

<표> A지역 유치원 유형별 교지면적과 교사면적

(단위: m^2)

구분 \ 유치원 유형		국립	공립	사립
교지면적	유치원당	255.0	170.8	1,478.4
	원아 1인당	3.4	6.1	13.2
교사면적	유치원당	562.5	81.2	806.4
	원아 1인당	7.5	2.9	7.2

① 원아 1인당 교지면적은 사립이 공립의 2배 이상이다.
② 유치원당 교사면적이 가장 큰 유형부터 순서대로 나열하면 사립, 국립, 공립 순이다.
③ 유치원당 교지면적이 유치원당 교사면적보다 작은 유치원 유형은 국립뿐이다.
④ 유치원당 교지면적은 사립이 국립의 5.5배 이상이고 유치원당 교사면적은 사립이 국립의 1.4배 이상이다.
⑤ 유치원당 교지면적과 원아 1인당 교사면적은 국립이 사립보다 모두 작다.

4. 다음 <표>는 농산물 도매시장의 품목별 조사단위당 가격에 대한 자료이다. 이를 이용하여 작성한 그래프로 옳지 않은 것은?

<표> 품목별 조사단위당 가격

(단위: kg, 원)

구분	품목	조사단위	조사단위당 가격		
			금일	전일	전년 평균
곡물	쌀	20	52,500	52,500	47,500
	찹쌀	60	180,000	180,000	250,000
	검정쌀	30	120,000	120,000	106,500
	콩	60	624,000	624,000	660,000
	참깨	30	129,000	129,000	127,500
채소	오이	10	23,600	24,400	20,800
	부추	10	68,100	65,500	41,900
	토마토	10	34,100	33,100	20,800
	배추	10	9,500	9,200	6,200
	무	15	8,500	8,500	6,500
	고추	10	43,300	44,800	31,300

① 쌀, 찹쌀, 검정쌀의 조사단위당 가격

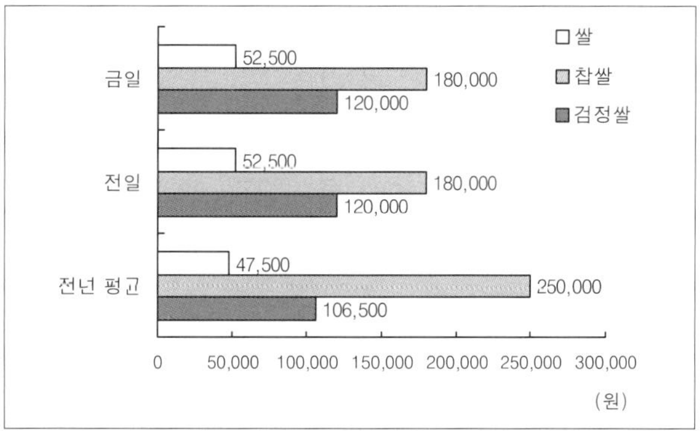

② 채소의 조사단위당 전일가격 대비 금일가격 등락액

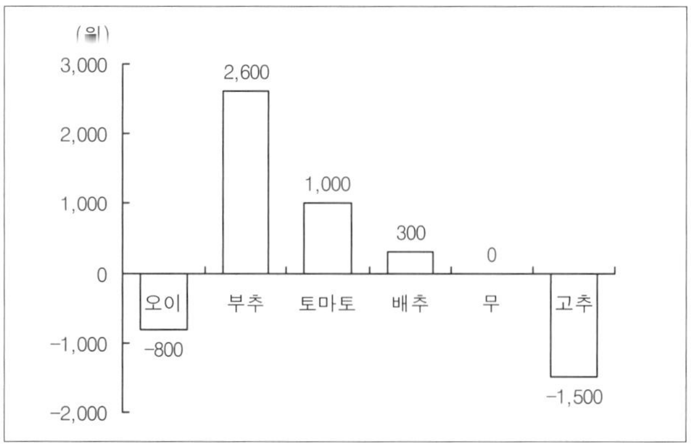

③ 채소 1kg당 금일가격

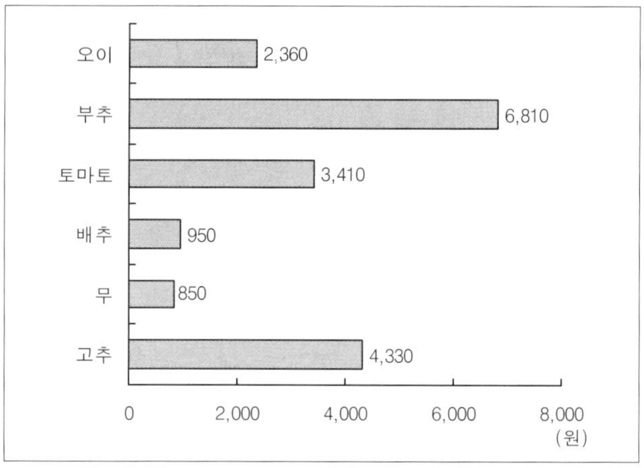

④ 곡물 1kg당 금일가격

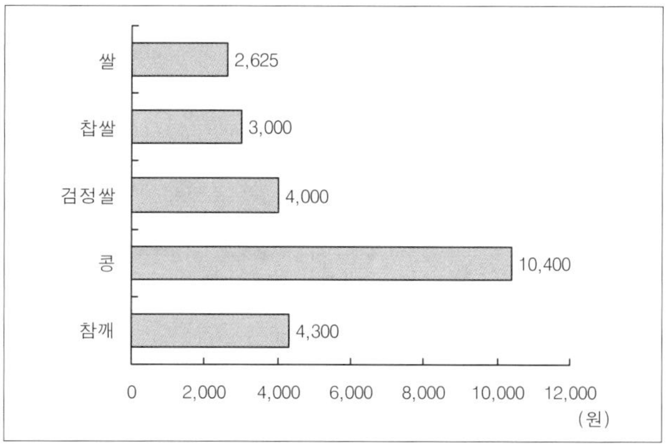

⑤ 채소의 조사단위당 전년 평균가격 대비 금일가격 비율

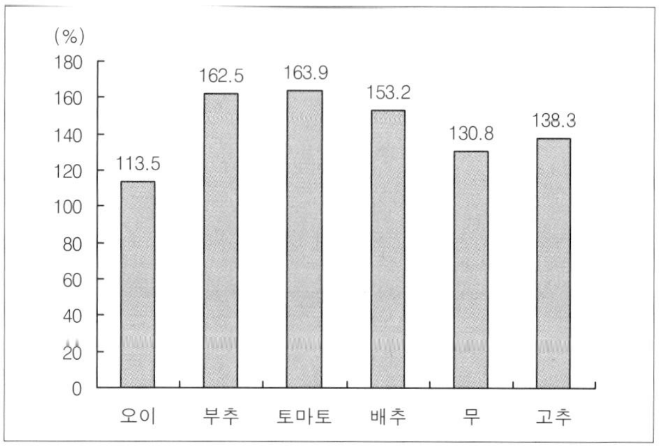

5. 다음 <표>는 어느 해 전국 농경지(논과 밭)의 가뭄 피해 현황에 대한 자료이다. 이에 대한 <보기>의 설명 중 옳은 것만을 모두 고르면?

<표 1> 지역별 논 가뭄 피해 현황

(단위: ha)

지역	재배면적	피해면적	피해 발생기간
충북	65,812	1,794	7.26.~7.31.
충남	171,409	106	7.15.~7.31.
전북	163,914	52,399	7.15.~8.9.
전남	221,202	59,953	7.11.~8.9.
경북	157,213	5,071	7.13.~7.31.
경남	130,007	25,235	7.12.~8.9.
대구	1,901	106	7.25.~7.26.
광주	10,016	3,226	7.18.~7.31.
기타	223,621	0	-
전체	1,145,095	147,890	7.11.~8.9.

<표 2> 지역별 밭 가뭄 피해 현황

(단위: ha)

지역	재배면적	피해면적	피해 발생기간
전북	65,065	6,212	7.19.~7.31.
전남	162,924	33,787	7.19.~7.31.
경북	152,137	16,702	7.19.~7.31.
경남	72,686	6,756	7.12.~7.31.
제주	65,294	8,723	7.20.~7.31.
대구	4,198	42	7.25.~7.26.
광주	5,315	5	7.24.~7.31.
기타	347,316	0	-
전체	874,935	72,227	7.12.~7.31.

<보 기>

ㄱ. 논 가뭄 피해면적이 가장 큰 지역은 밭 가뭄 피해면적도 가장 크다.

ㄴ. 논 가뭄 피해 발생기간이 가장 긴 지역과 밭 가뭄 피해 발생기간이 가장 긴 지역은 같다.

ㄷ. 전체 논 재배면적 대비 전체 논 가뭄 피해면적 비율은 15% 이하이다.

ㄹ. 밭 재배면적 대비 밭 가뭄 피해면적 비율은 경북이 경남보다 크다.

① ㄱ, ㄴ
② ㄱ, ㄷ
③ ㄴ, ㄹ
④ ㄱ, ㄷ, ㄹ
⑤ ㄴ, ㄷ, ㄹ

6. 다음 <그림>과 같이 3개의 항아리가 있다. 이를 이용하여 아래 <조건>을 만족시키면서 <수행순서>의 모든 단계를 완료한 후, '10L 항아리'에 남아 있는 물의 양을 구하면?

<그 림>

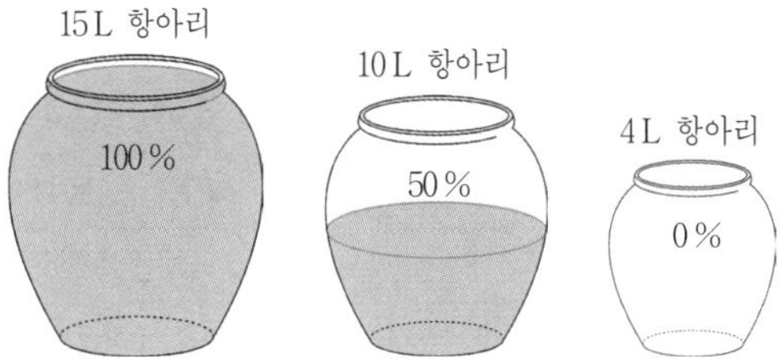

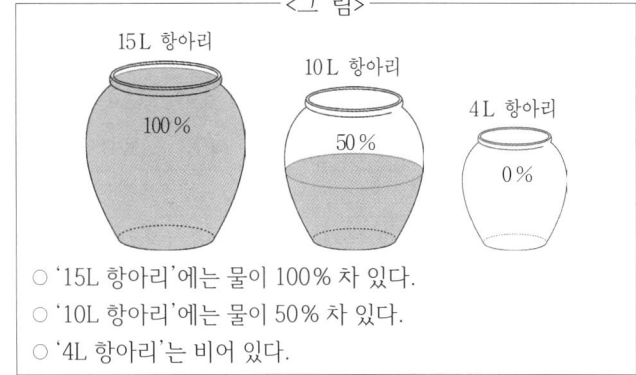

○ '15L 항아리'에는 물이 100% 차 있다.
○ '10L 항아리'에는 물이 50% 차 있다.
○ '4L 항아리'는 비어 있다.

<조 건>

○ 한 항아리에서 다른 항아리로 물을 부을 때, 주는 항아리가 완전히 비거나 받는 항아리가 가득 찰 때까지 물을 붓는다.
○ <수행순서> 각 단계에서 물의 손실은 없다.

<수행순서>

1단계: '15L 항아리'의 물을 '4L 항아리'에 붓는다.
2단계: '15L 항아리'의 물을 '10L 항아리'에 붓는다.
3단계: '4L 항아리'의 물을 '15L 항아리'에 붓는다.
4단계: '10L 항아리'의 물을 '4L 항아리'에 붓는다.
5단계: '4L 항아리'의 물을 '15L 항아리'에 붓는다.
6단계: '10L 항아리'의 물을 '15L 항아리'에 붓는다.

① 4L
② 5L
③ 6L
④ 7L
⑤ 8L

7. 다음 <표>는 2013년 '갑'국의 수도권 집중 현황에 관한 자료이다. <보고서>의 내용 중 <표>의 자료에서 도출할 수 있는 것은?

<표> 수도권 집중 현황

구분		전국 (A)	수도권(B)	$\frac{B}{A} \times 100$ (%)
인구 및 주택	인구(천 명)	50,034	24,472	48.9
	주택 수(천 호)	17,672	8,173	46.2
산업	지역 총 생산액(십억 원)	856,192	408,592	47.7
	제조업체 수(개)	119,181	67,799	56.9
	서비스업체 수(개)	765,817	370,015	48.3
금융	금융예금액(십억 원)	592,721	407,361	68.7
	금융대출액(십억 원)	699,430	469,374	67.1
기능	4년제 대학 수(개)	175	68	38.9
	공공기관 수(개)	409	345	84.4
	의료기관 수(개)	54,728	26,999	49.3

<보고서>

○ 전국 대비 수도권 인구 비중은 48.9%이다. ㉠수도권 인구밀도는 전국 인구밀도의 2배 이상이고, ㉡수도권 1인당 주택면적은 전국 1인당 주택면적보다 작다.

○ 산업측면에서 ㉢수도권 제조업과 서비스업 생산액이 전국 제조업과 서비스업 생산액에서 차지하는 비중은 각각 50% 이상이다.

○ 수도권 금융예금액은 전국 금융예금액의 65% 이상을 차지하고, ㉣수도권 1인당 금융대출액은 전국 1인당 금융대출액보다 많다.

○ 전국 대비 수도권의 의료기관 수 비중은 49.3%이고 공공기관 수 비중은 84.4%이다. ㉤4년제 대학 재학생 수는 수도권이 비수도권보다 적다.

① ㄱ
② ㄴ
③ ㄷ
④ ㄹ
⑤ ㅁ

8. 다음 <표>는 2006~2010년 '갑'국 연구개발비에 관한 자료이다. 이에 대한 설명으로 옳은 것은?

<표> 연도별 연구개발비

구분 \ 연도	2006	2007	2008	2009	2010
연구개발비(십억 원)	27,346	31,301	34,498	37,929	43,855
전년대비 증가율(%)	13.2	14.5	10.2	9.9	15.6
공공부담 비중(%)	24.3	26.1	26.8	28.7	28.0
인구 만 명당 연구개발비(백만 원)	5,662	6,460	7,097	7,781	8,452

※ 연구개발비 = 공공부담 연구개발비 + 민간부담 연구개발비

① 연구개발비의 공공부담 비중은 매년 증가하였다.
② 전년에 비해 인구 만 명당 연구개발비가 가장 많이 증가한 해는 2010년이다.
③ 2009년에 비해 2010년 '갑'국 인구는 증가하였다.
④ 전년대비 연구개발비 증가액이 가장 작은 해는 2009년이다.
⑤ 연구개발비의 전년대비 증가율이 가장 작은 해와 연구개발비의 민간부담 비중이 가장 큰 해는 같다.

9. 다음 <표>는 2001~2012년 '갑'국 식품산업 매출액 및 생산액 추이에 대한 자료이다. 이에 대한 <보기>의 설명 중 옳은 것만을 모두 고르면?

<표> '갑'국 식품산업 매출액 및 생산액 추이

(단위: 십억 원, %)

구분 \ 연도	식품산업 매출액	식품산업 생산액	제조업 생산액 대비 식품산업 생산액 비중	GDP 대비 식품산업 생산액 비중
2001	30,781	27,685	17.98	4.25
2002	36,388	35,388	21.17	4.91
2003	23,909	21,046	11.96	2.74
2004	33,181	30,045	14.60	3.63
2005	33,335	29,579	13.84	3.42
2006	35,699	32,695	14.80	3.60
2007	37,366	33,148	13.89	3.40
2008	39,299	36,650	14.30	3.57
2009	44,441	40,408	15.16	3.79
2010	38,791	34,548	10.82	2.94
2011	44,448	40,318	11.58	3.26
2012	47,328	43,478	12.22	3.42

<보 기>

ㄱ. 2012년 제조업 생산액은 2001년 제조업 생산액의 4배 이상이다.
ㄴ. 2005년 이후 식품산업 매출액의 전년대비 증가율이 가장 큰 해는 2009년이다.
ㄷ. GDP 대비 제조업 생산액 비중은 2012년이 2007년보다 크다.
ㄹ. 2008년 '갑'국 GDP는 1,000조 원 이상이다.

① ㄱ, ㄴ
② ㄱ, ㄷ
③ ㄱ, ㄹ
④ ㄴ, ㄹ
⑤ ㄷ, ㄹ

10. 다음 <표>는 2013년 11월 7개 도시의 아파트 전세가격 지수 및 전세수급 동향 지수에 대한 자료이다. 이에 관한 <보기>의 설명 중 옳은 것만을 모두 고르면?

<표> 아파트 전세가격 지수 및 전세수급 동향 지수

지수 \ 도시	면적별 전세가격 지수			전세수급 동향 지수
	소형	중형	대형	
서울	115.9	112.5	113.5	114.6
부산	103.9	105.6	102.2	115.4
대구	123.0	126.7	118.2	124.0
인천	117.1	119.8	117.4	127.4
광주	104.0	104.2	101.5	101.3
대전	111.5	107.8	108.1	112.3
울산	104.3	102.7	104.1	101.0

※ 1) 2013년 11월 전세가격 지수 = $\frac{\text{2013년 11월 평균 전세가격}}{\text{2012년 11월 평균 전세가격}} \times 100$

2) 전세수급 동향 지수는 각 지역 공인중개사에게 해당 도시의 아파트 전세공급 상황에 대해 부족·적당·충분 중 하나를 선택하여 응답하게 한 후, '부족'이라고 응답한 비율에서 '충분'이라고 응답한 비율을 빼고 100을 더한 값임.
예: '부족' 응답비율 30%, '충분' 응답비율 50%인 경우 전세수급 동향 지수는 (30 − 50) + 100 = 80

3) 아파트는 소형, 중형, 대형으로만 구분됨.

<보 기>

ㄱ. 2012년 11월에 비해 2013년 11월 7개 도시 모두에서 아파트 평균 전세가격이 상승하였다.
ㄴ. 중형 아파트의 2012년 11월 대비 2013년 11월 평균 전세가격 상승액이 가장 큰 도시는 대구이다.
ㄷ. 각 도시에서 아파트 전세공급 상황에 대해 '부족'이라고 응답한 공인중개사는 '충분'이라고 응답한 공인중개사보다 많다.
ㄹ. 광주의 공인중개사 중 60% 이상이 광주의 아파트 전세공급 상황에 대해 '부족'이라고 응답하였다.

① ㄱ, ㄴ
② ㄱ, ㄷ
③ ㄴ, ㄷ
④ ㄴ, ㄹ
⑤ ㄷ, ㄹ

11. 다음 <표>와 <정보>는 어느 상담센터에서 2013년에 실시한 상담가 유형별 가족상담건수에 관한 자료이다. 이에 근거할 때, 2013년 하반기 전문상담가에 의한 가족상담건수는?

<표> 2013년 상담가 유형별 가족상담건수

(단위: 건)

상담가 유형	가족상담건수
일반상담가	120
전문상담가	60

※ 가족상담은 일반상담가에 의한 가족상담과 전문상담가에 의한 가족상담으로만 구분됨.

<정 보>

○ 2013년 가족상담의 30%는 상반기에, 70%는 하반기에 실시되었다.
○ 2013년 일반상담가에 의한 가족상담의 40%는 상반기에, 60%는 하반기에 실시되었다.

① 38
② 40
③ 48
④ 54
⑤ 56

12. 다음 <표>는 '갑'국의 2008~2013년 연도별 산업 신기술검증 현황에 대한 자료이다. 이에 대한 설명으로 옳은 것은?

<표> 산업 신기술검증 연간건수 및 연간비용

(단위: 건, 천만 원)

구분 \ 연도		2008	2009	2010	2011	2012	2013
서류검증	건수	755	691	( )	767	725	812
	비용	54	( )	57	41	102	68
현장검증	건수	576	650	630	691	( )	760
	비용	824	1,074	1,091	( )	2,546	1,609
전체	건수	1,331	1,341	1,395	1,458	1,577	1,572
	비용	878	1,134	1,148	1,745	2,648	( )

※ 신기술검증은 서류검증과 현장검증으로만 구분됨.

① 산업 신기술검증 전체비용은 매년 증가하였다.
② 서류검증 건수는 매년 현장검증 건수보다 많다.
③ 서류검증 건당 비용은 2008년에 가장 크다.
④ 전년에 비해 현장검증 비용이 감소한 연도는 2개이다.
⑤ 전년에 비해 현장검증 건수가 감소한 해에는 전년에 비해 서류검증 건수가 증가하였다.

13. 다음 <표>는 지난 1개월간 패밀리레스토랑 방문경험이 있는 20~35세 여성 113명을 대상으로 연령대별 방문횟수와 직업을 조사한 자료이다. 이에 대한 설명으로 옳은 것은?

<표 1> 응답자의 연령대별 방문횟수 조사결과

(단위: 명)

방문횟수 \ 연령대	20~25세	26~30세	31~35세	합
1회	19	12	3	34
2~3회	27	32	4	63
4~5회	6	5	2	13
6회 이상	1	2	0	3
계	53	51	9	113

<표 2> 응답자의 직업 조사결과

(단위: 명)

직업	응답자
학생	49
회사원	43
공무원	2
전문직	7
자영업	9
가정주부	3
계	113

※ 복수응답과 무응답은 없음.

① 전체 응답자 중 20~25세 응답자가 차지하는 비율은 50% 이상이다.
② 26~30세 응답자 중 4회 이상 방문한 응답자 비율은 15% 미만이다.
③ 31~35세 응답자의 1인당 평균 방문횟수는 2회 미만이다.
④ 전체 응답자 중 직업이 학생 또는 공무원인 응답자 비율은 50% 이상이다.
⑤ 전체 응답자 중 20~25세인 전문직 응답자 비율은 5% 미만이다.

14. 다음 <그림>은 2013년 전국 지역별, 월별 영상회의 개최실적에 관한 자료이다. 이에 대한 설명으로 옳지 않은 것은?

<그림 1> 전국 지역별 영상회의 개최건수

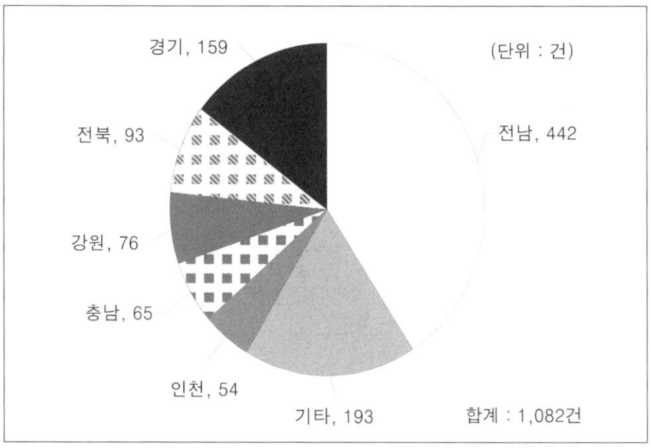

<그림 2> 전국 월별 영상회의 개최건수

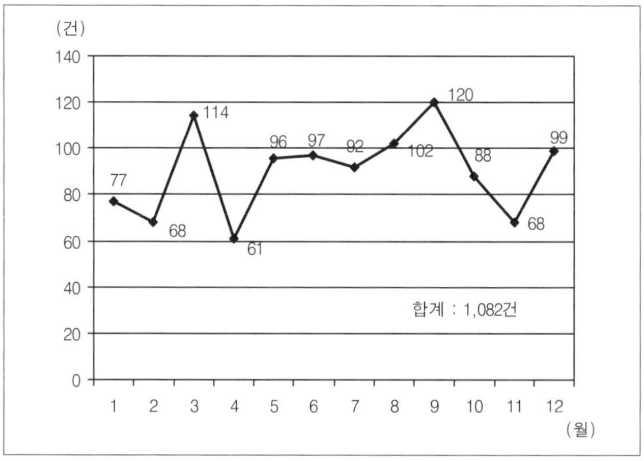

① 전국 월별 영상회의 개최건수의 전월대비 증가율은 5월이 가장 높다.
② 전국 월별 영상회의 개최건수를 분기별로 비교하면 3/4분기에 가장 많다.
③ 영상회의 개최건수가 가장 많은 지역은 전남이다.
④ 인천과 충남이 모든 영상회의를 9월에 개최했다면 9월에 영상회의를 개최한 지역은 모두 3개이다.
⑤ 강원, 전북, 전남의 영상회의 개최건수의 합은 전국 영상회의 개최건수의 50% 이상이다.

15. 다음 <그림>과 <표>는 전산장비(A~F) 연간유지비와 전산장비 가격 대비 연간유지비 비율을 나타낸 자료이다. 이에 대한 설명으로 옳은 것은?

<그림> 전산장비 연간유지비

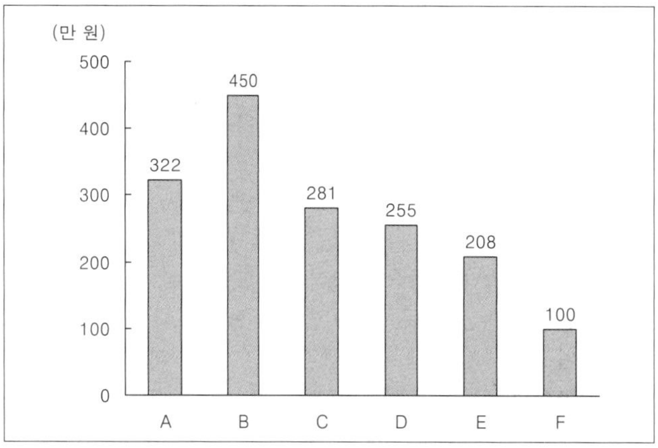

<표> 전산장비 가격 대비 연간유지비 비율

(단위: %)

전산장비	A	B	C	D	E	F
비율	8.0	7.5	7.0	5.0	4.0	3.0

① B의 연간유지비가 D의 연간유지비의 2배 이상이다.
② 가격이 가장 높은 전산장비는 A이다.
③ 가격이 가장 낮은 전산장비는 F이다.
④ C의 가격은 E의 가격보다 높다.
⑤ A를 제외한 전산장비는 가격이 높을수록 연간유지비도 더 높다.

16. 다음 <보고서>는 자동차 오염물질 및 배출가스 관리여건에 관한 것이다. <보고서>를 작성하는 데 활용되지 않은 자료는?

<보고서>

우리나라는 국토면적에 비해 자동차 수가 많아 자동차 배기 오염물질 관리에 많은 어려움이 있다. 국내 자동차 등록대수는 매년 꾸준히 증가하여 2008년 1,732만 대를 넘어섰다. 운송수단별 수송분담률에서도 자동차가 차지하는 비중은 2008년 75% 이상이다. 한편 2008년 자동차 1대당 인구는 2.9명으로 미국에 비해 2배 이상이다.

국내 자동차 등록현황을 사용 연료별로 살펴보면 휘발유 차량이 가장 많고 다음으로 경유, LPG 차량 순이다. 최근 국내 휘발유 가격대비 경유 가격이 상승하였다. 그 여파로 국내에서 경유 차량의 신규 등록이 휘발유 차량에 비해 줄어드는 추세를 보이고 있다. 이런 추세는 OECD 선진국에서 경유 차량이 일반화되는 현상과 대비된다.

자동차 등록대수의 빠른 증가는 대기오염은 물론이고 지구온난화를 야기하는 자동차 배기가스 배출량에 큰 영향을 미치고 있다. 2007년 기준으로 국내 대기오염물질 배출량 중 자동차 배기가스가 차지하는 비중은 일산화탄소(CO) 67.5%, 질소산화물(NO_x) 41.7%, 미세먼지(PM_{10}) 23.5%이다. 특히 질소산화물은 태양광선에 의해 광화학반응을 일으켜 오존을 발생시키고 호흡기질환 등을 유발하므로 이에 대한 저감 대책이 필요하다.

① 연도별 국내 자동차 등록현황

(단위: 천 대)

연도	2002	2003	2004	2005	2006	2007	2008
등록대수	14,586	14,934	15,397	15,895	16,428	16,794	17,325

② 2007년 국내 주요 대기오염물질 배출량

(단위: 천 톤/년)

구분	배출량	자동차 배기가스 (비중)
일산화탄소(CO)	809	546(67.5%)
질소산화물(NO_x)	1,188	495(41.7%)
이산화황(SO_2)	403	1(0.2%)
미세먼지(PM_{10})	98	23(23.5%)
휘발성유기화합물(VOCs)	875	95(10.9%)
암모니아(NH_3)	309	10(3.2%)
계	3,682	1,170(31.8%)

③ 2008년 국내 운송수단별 수송분담률

(단위: 백만 명, %)

구분	자동차	지하철	철도	항공	해운	합
수송인구	9,798	2,142	1,020	16	14	12,990
수송분담률	75.4	16.5	7.9	0.1	0.1	100.0

④ 2008년 OECD 국가의 자동차 연료별 상대가격

(휘발유 기준)

구분	휘발유	경유	LPG
OECD 회원국 전체	100	86	45
OECD 선진국	100	85	42
OECD 비선진국	100	87	54
OECD 산유국	100	86	50
OECD 비산유국	100	85	31

⑤ 2008년 국가별 자동차 1대당 인구

(단위: 명)

국가	한국	일본	미국	독일	프랑스
자동차 1대당 인구	2.9	1.7	1.2	1.9	1.7

17. 다음 <그림>은 2011년과 2012년 A 대학 학생들의 10개 소셜미디어 이용률에 관한 설문조사 자료이다. 이에 대한 <보기>의 설명 중 옳은 것만을 모두 고르면?

<그림> 소셜미디어 이용률

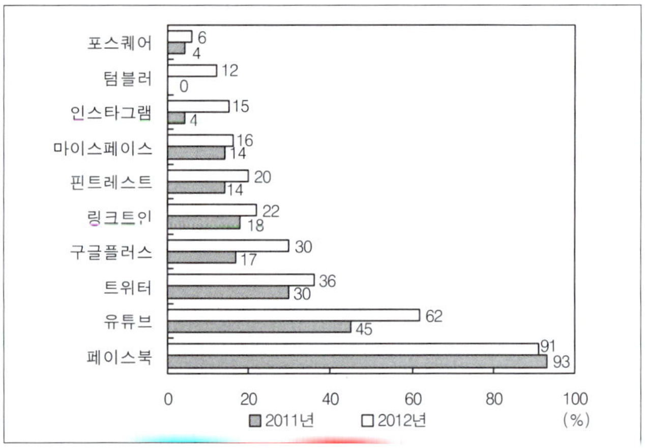

※ 1) 제시된 소셜미디어 외 다른 소셜미디어는 없는 것으로 가정함.
2) 각 소셜미디어 이용률은 전체 응답자 중 해당 소셜미디어를 이용한다고 응답한 학생의 비율임.

<보 기>

ㄱ. 2011년과 2012년 모두 이용률이 가장 높은 소셜미디어는 페이스북이다.
ㄴ. 2012년 소셜미디어 이용률 상위 5개 순위는 2011년과 다르다.
ㄷ. 2011년에 비해 2012년 이용률이 가장 큰 폭으로 증가한 소셜미디어는 구글플러스이다.
ㄹ. 2011년에 비해 2012년 이용률이 감소한 소셜미디어는 1개이다.
ㅁ. 2011년 이용률이 50% 이상인 소셜미디어는 유튜브와 페이스북이다.

① ㄱ, ㄴ, ㄹ　② ㄱ, ㄴ, ㅁ　③ ㄱ, ㄷ, ㄹ
④ ㄴ, ㄷ, ㅁ　⑤ ㄷ, ㄹ, ㅁ

18. 다음 <표>는 2013년 수도권 3개 지역의 지역 간 화물 유동량에 대한 자료이다. 이를 이용하여 작성한 그림으로 옳지 않은 것은?

<표> 2013년 수도권 3개 지역 간 화물 유동량

(단위: 백만 톤)

도착 지역 / 출발 지역	서울	인천	경기	합
서울	59.6	8.5	0.6	68.7
인천	30.3	55.3	0.7	86.3
경기	78.4	23.0	3.2	104.6
계	168.3	86.8	4.5	-

※ 수도권 외부와의 화물 이동은 고려하지 않음.

① 수도권 출발 지역별 경기 도착 화물 유동량

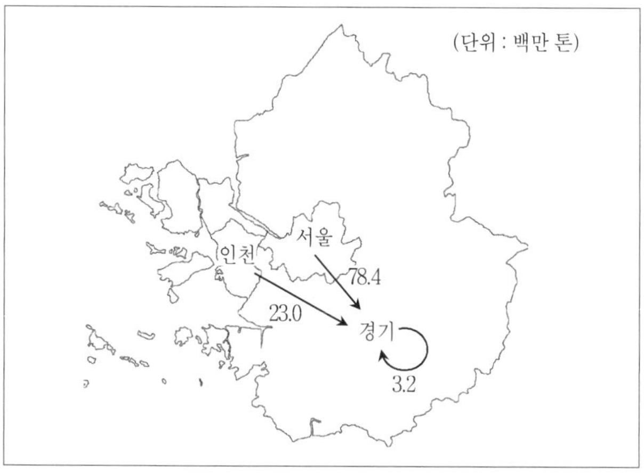

② 수도권 3개 지역별 도착 화물 유동량

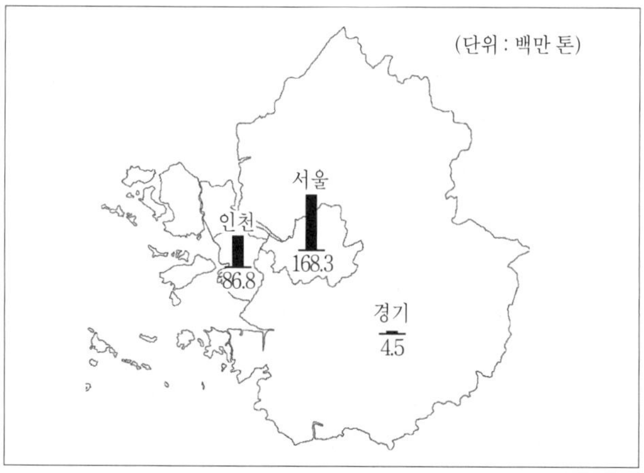

③ 수도권 3개 지역의 상호 간 화물 유동량

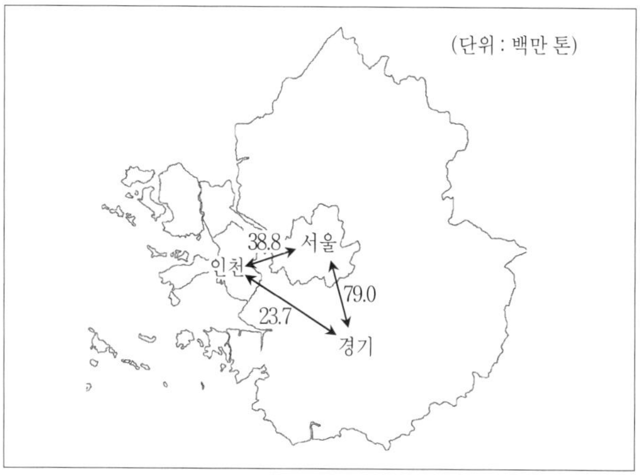

※ '상호 간 화물 유동량'은 두 지역 간 출발 화물 유동량과 도착 화물 유동량의 합임.

④ 수도권 3개 지역별 출발 화물 유동량

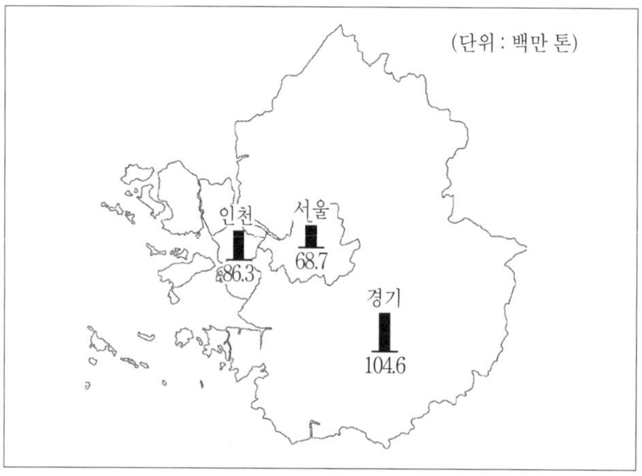

⑤ 인천 도착 화물 유동량의 수도권 출발 지역별 비중

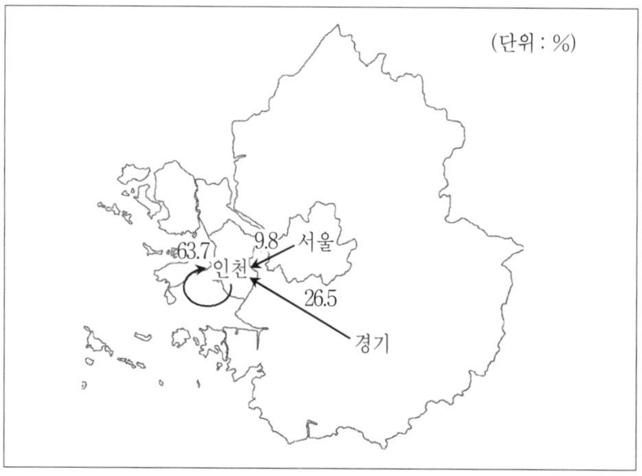

19. 다음 <표>는 11개 전통 건축물에 대해 조사한 자료이다. 이에 대한 <보고서>의 설명 중 옳은 것만을 모두 고르면?

<표> 11개 전통 건축물의 공포양식과 주요 구조물 치수

(단위: 척)

명칭	현 소재지	공포 양식	기둥 지름	처마 서까래 지름	부연	
					폭	높이
숭례문	서울	다포	1.80	0.60	0.40	0.50
관덕정	제주	익공	1.50	0.50	0.25	0.30
봉정사 화엄강당	경북	주심포	1.50	0.55	0.40	0.50
문묘 대성전	서울	다포	1.75	0.55	0.35	0.45
창덕궁 인정전	서울	다포	2.00	0.70	0.40	0.60
남원 광한루	전북	익공	1.40	0.60	0.55	0.55
화엄사 각황전	전남	다포	1.82	0.70	0.50	0.60
창의문	서울	익공	1.40	0.50	0.30	0.40
장곡사 상대웅전	충남	주심포	1.60	0.60	0.40	0.60
무량사 극락전	충남	다포	2.20	0.80	0.35	0.50
덕수궁 중화전	서울	다포	1.70	0.70	0.40	0.50

<보고서>

문화재연구소는 11개 전통 건축물의 공포양식과 기둥 지름, 처마서까래 지름, 그리고 부연의 치수를 조사하였다. 건축물 유형은 궁궐, 사찰, 성문, 누각 등으로 구분된다.

㉠11개 전통 건축물을 공포양식별로 구분하면 다포양식 6개, 주심포양식 2개, 익공양식 3개이다. 건축물의 현 소재지는 서울이 5곳으로 가장 많다.

㉡11개 전통 건축물의 기둥 지름은 최소 1.40척, 최대 2.00척이고, 처마서까래 지름은 최소 0.50척, 최대 0.80척이다. 각 건축물의 기둥 지름 대비 처마서까래 지름 비율은 0.30보다 크고 0.50보다 작다.

㉢11개 전통 건축물의 부연은 폭이 최소 0.25척, 최대 0.55척이고 높이는 최소 0.30척, 최대 0.60척으로, 모든 건축물의 부연은 높이가 폭보다 크다. ㉣기둥 지름 대비 부연 폭의 비율은 0.15보다 크고 0.40보다 작다.

① ㄱ, ㄴ
② ㄱ, ㄹ
③ ㄴ, ㄷ
④ ㄱ, ㄷ, ㄹ
⑤ ㄴ, ㄷ, ㄹ

20. 다음 <표>는 대학 졸업생과 산업체 고용주를 대상으로 12개 학습성과 항목별 보유도와 중요도를 설문조사한 자료이다. 이에 대한 설명으로 옳지 않은 것은?

<표> 학습성과 항목별 보유도 및 중요도 설문결과

학습성과 항목	대학 졸업생		산업체 고용주	
	보유도	중요도	보유도	중요도
기본지식	3.7	3.7	4.1	4.2
실험능력	3.7	4.1	3.7	4.0
설계능력	3.2	3.9	3.5	4.0
문제해결능력	3.3	3.0	3.3	3.8
실무능력	3.6	3.9	4.1	4.0
협업능력	3.3	3.9	3.7	4.0
의사전달능력	3.3	3.9	3.8	3.8
평생교육능력	3.5	3.4	3.3	3.3
사회적 영향	3.1	3.6	3.2	3.3
시사지식	2.6	3.1	3.0	2.5
직업윤리	3.1	3.3	4.0	4.1
국제적 감각	2.8	3.7	2.8	4.0

※ 1) 보유도는 대학 졸업생과 산업체 고용주가 각 학습성과 항목에 대해 대학 졸업생이 보유하고 있다고 생각하는 정도를 조사하여 평균한 값임.
2) 중요도는 대학 졸업생과 산업체 고용주가 각 학습성과 항목에 대해 중요하다고 생각하는 정도를 조사하여 평균한 값임.
3) 값이 클수록 보유도와 중요도가 높음.

① 대학 졸업생의 보유도와 중요도 간의 차이가 가장 큰 학습성과 항목과 산업체 고용주의 보유도와 중요도 간의 차이가 가장 큰 학습성과 항목은 모두 '국제적 감각'이다.
② 대학 졸업생 설문결과에서 중요도가 가장 높은 학습성과 항목은 '실험능력'이다.
③ 산업체 고용주 설문결과에서 중요도가 가장 높은 학습성과 항목은 '기본지식'이다.
④ 대학 졸업생 설문결과에서 보유도가 가장 낮은 학습성과 항목은 '시사지식'이다.
⑤ 학습성과 항목 각각에 대해 대학 졸업생 보유도와 산업체 고용주 보유도 차이를 구하면, 그 값이 가장 큰 학습성과 항목은 '실무능력'이다.

21. 다음 <표>와 <그림>은 묘목(A~E)의 건강성을 평가하기 위한 자료이다. 아래의 <평가방법>에 따라 묘목의 건강성 평가점수를 계산할 때, 평가점수가 두 번째로 높은 묘목과 가장 낮은 묘목을 바르게 나열한 것은?

<표> 묘목의 활착률과 병해충 감염여부

구분 \ 묘목	A	B	C	D	E
활착률	0.7	0.7	0.7	0.9	0.8
병해충 감염여부	감염	비감염	비감염	감염	비감염

<그림> 묘목의 줄기길이와 뿌리길이

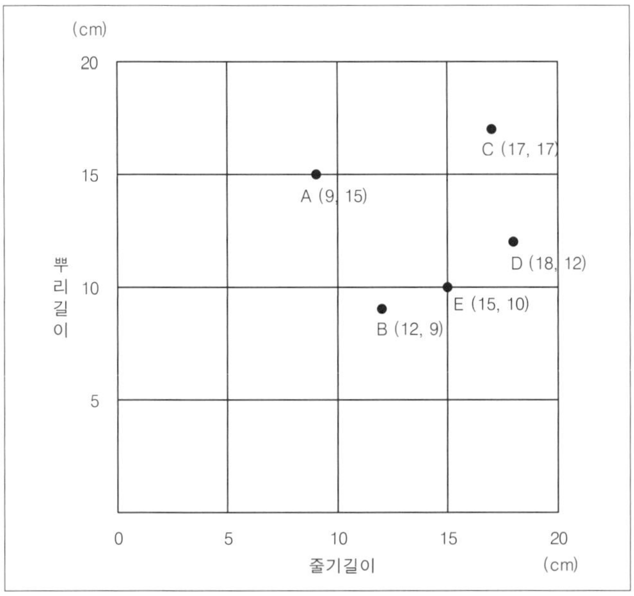

※ (,) 안의 수치는 각각 해당묘목의 줄기길이, 뿌리길이를 의미함.

<평가방법>

○ 묘목의 건강성 평가점수

$$= 활착률 \times 30 + \frac{뿌리길이}{줄기길이} \times 30 + 병해충\ 감염여부 \times 40$$

○ '병해충 감염여부'는 '감염'이면 0, '비감염'이면 1을 부여함.

	두 번째로 높은 묘목	가장 낮은 묘목
①	B	A
②	C	A
③	C	D
④	E	A
⑤	E	D

22. 다음 <표>는 3개 기업(A~C)의 반기별 수익률에 관한 자료이다. 다음 <조건>을 근거로 하여 △와 □에 해당하는 숫자를 바르게 나열한 것은?

<표> 기업의 반기별 수익률

(단위: %)

기업 \ 기간	상반기	하반기
A	☆△□	☆○△
B	□☆○	□△☆
C	○□☆	○△☆

<조 건>

○ 각 기호는 서로 다른 한 자리 자연수를 나타낸다.
○ 수익률 중 가장 높은 값은 532이다.
○ A의 수익률은 상반기보다 하반기에 높다.
○ B의 수익률은 하반기보다 상반기에 높다.
○ C의 수익률은 상반기보다 하반기에 높다.

	△	□
①	1	2
②	2	1
③	2	3
④	3	1
⑤	3	2

23. 다음 <표>는 '갑'국의 2013년 11월 군인 소속별 1인당 월지급액에 대한 자료이다. 이에 대한 설명으로 옳지 않은 것은?

<표> 2013년 11월 군인 소속별 1인당 월지급액

(단위: 원, %)

구분 \ 소속	육군	해군	공군	해병대
1인당 월지급액	105,000	120,000	125,000	100,000
군인수 비중	30	20	30	20

※ 1) '갑'국 군인의 소속은 육군, 해군, 공군, 해병대로만 구분됨.
2) 2013년 11월, 12월 '갑'국의 소속별 군인수는 변동 없음.

① 2013년 12월에 1인당 월지급액이 모두 동일한 액수만큼 증가한다면, 전월대비 1인당 월지급액 증가율은 해병대가 가장 높다.
② 2013년 12월에 1인당 월지급액이 해군 10%, 해병대 12% 증가한다면, 해군의 전월대비 월지급액 증가분은 해병대의 전월대비 월지급액 증가분과 같다.
③ 2013년 11월 '갑'국 전체 군인의 1인당 월지급액은 115,000원이다.
④ 2013년 11월 육군, 해군, 공군의 월지급액을 모두 합하면 해병대 월지급액의 4배 이상이다.
⑤ 2013년 11월 공군과 해병대의 월지급액 차이는 육군과 해군의 월지급액 차이의 2배 이상이다.

24. 다음 <표>는 농산물을 유전자 변형한 GMO 품목 가운데 전세계에서 승인받은 200개 품목의 현황에 관한 자료이다. 이에 대한 설명으로 옳은 것은?

<표> 승인받은 GMO 품목 현황

(단위: 개)

구분	승인 국가 수	전세계 승인 품목			국내 승인 품목		
		합	A유형	B유형	합	A유형	B유형
콩	21	20	18	2	11	9	2
옥수수	22	72	32	40	51	19	32
면화	14	35	25	10	18	9	9
유채	11	22	19	3	6	6	0
사탕무	13	3	3	0	1	1	0
감자	8	21	21	0	4	4	0
알팔파	8	3	3	0	1	1	0
쌀	10	4	4	0	0	0	0
아마	2	1	1	0	0	0	0
자두	1	1	1	0	0	0	0
치커리	1	3	3	0	0	0	0
토마토	4	11	11	0	0	0	0
파파야	3	2	2	0	0	0	0
호박	2	2	2	0	0	0	0

※ 전세계 승인 품목은 국내 승인 품목을 포함함.

① 승인 품목이 하나 이상인 국가는 모두 120개이다.
② 국내에서 92개, 국외에서 108개 품목이 각각 승인되었다.
③ 전세계 승인 품목 중 국내에서 승인되지 않은 품목의 비율은 50% 이상이다.
④ 옥수수, 면화의 국내 승인 품목은 각각 B유형이 A유형보다 많다.
⑤ 옥수수, 면화, 감자의 전세계 승인 품목은 각각 B유형이 20개 이상이다.

25. 다음 <그림>은 2012~2013년 16개 기업(A~P)의 평균연봉 순위와 평균연봉비에 관한 자료이다. 이에 대한 <보기>의 설명 중 옳은 것만을 모두 고르면?

<그림> 16개 기업 평균연봉 순위와 평균연봉비

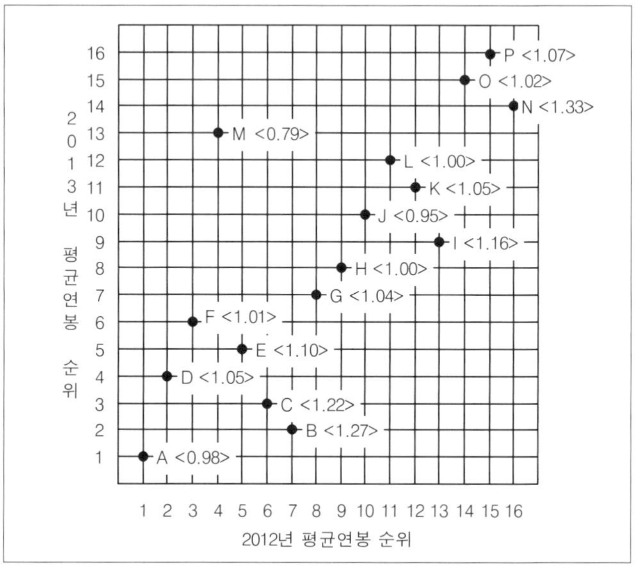

※1) < > 안의 수치는 해당기업의 평균연봉비를 나타냄.

$$\text{평균연봉비} = \frac{\text{2013년 평균연봉}}{\text{2012년 평균연봉}}$$

2) 점의 좌표는 해당기업의 2012년과 2013년 평균연봉 순위를 의미함.

<보 기>

ㄱ. 2012년에 비해 2013년 평균연봉 순위가 상승한 기업은 7개이다.
ㄴ. 2012년 대비 2013년 평균연봉 순위 하락폭이 가장 큰 기업은 평균연봉 감소율도 가장 크다.
ㄷ. 2012년 대비 2013년 평균연봉 순위 상승폭이 가장 큰 기업은 평균연봉 증가율도 가장 크다.
ㄹ. 2012년에 비해 2013년 평균연봉이 감소한 기업은 모두 평균연봉 순위도 하락하였다.
ㅁ. 2012년 평균연봉 순위 10위 이내 기업은 모두 2013년에도 10위 이내에 있다.

① ㄱ, ㄴ
② ㄱ, ㄷ
③ ㄱ, ㄴ, ㅁ
④ ㄴ, ㄷ, ㄹ
⑤ ㄷ, ㄹ, ㅁ

약점 보완 해설집 p.124

시험일: ______년 ______월 ______일

2013년도 국가공무원 5급 및 7급 민경채 필기시험

| 자료해석영역 |

응시번호	
성명	

문제책형

인

응시자 주의사항

1. **시험시작 전 시험문제를 열람하는 행위나 시험종료 후 답안을 작성하는 행위를 한 사람**은 「공무원 임용시험령」 제51조에 의거 **부정행위자**로 처리됩니다.
2. **답안지 책형 표기는 시험시작 전** 감독관의 지시에 따라 **문제책 앞면에 인쇄된 문제책형을 확인**한 후, **답안지 책형란에 해당 책형(1개)**을 '●'로 표기하여야 합니다.
3. 시험이 시작되면 문제를 주의 깊게 읽은 후, **문항의 취지에 가장 적합한 하나의 정답만을 고르며**, 문제내용에 관한 질문은 할 수 없습니다.
4. **답안을 잘못 표기하였을 경우에는 답안지를 교체하여 작성**하거나 **수정할 수 있으며**, 표기한 답안을 수정할 때는 **응시자 본인이 가져온 수정테이프만을 사용**하여 해당 부분을 완전히 지우고 부착된 수정테이프가 떨어지지 않도록 손으로 눌러주어야 합니다. **(수정액 또는 수정 스티커 등은 사용 불가)**
5. **시험시간 관리의 책임은 응시자 본인에게 있습니다.**
   ※ 문제책은 시험종료 후 가지고 갈 수 있습니다.

모바일 자동 채점 및 성적 분석 서비스

'약점 보완 해설집'에 회차별로 수록된 QR코드를 인식하면 응시 인원 대비 자신의 성적 위치를 확인할 수 있습니다.

1. 다음 <표>와 <그림>은 2001~2008년 동안 A국의 비행단계별, 연도별 항공기사고 발생 건수에 대한 자료이다. 이에 대한 <보기>의 설명 중 옳은 것만을 모두 고르면?

<표> 비행단계별 항공기사고 발생 건수(2001~2008년)

(단위: 건, %)

단계	발생 건수	비율
지상이동	4	6.9
이륙	2	3.4
상승	7	12.1
순항	22	37.9
접근	6	10.3
착륙	17	29.4
계	58	100.0

<그림> 연도별 항공기사고 발생 건수

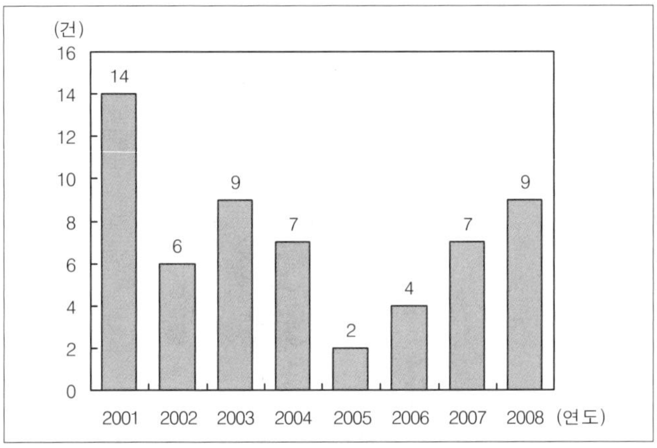

<보 기>

ㄱ. 2005년 이후 항공기사고 발생 건수는 매년 증가하였다.
ㄴ. 비행단계별 항공기사고 발생 건수가 많은 것부터 순서대로 나열하면 순항, 착륙, 접근, 상승 순이다.
ㄷ. 순항단계와 착륙단계의 항공기사고 발생 건수의 합은 총 항공기사고 발생 건수의 60% 이상이다.
ㄹ. 2006~2008년 동안 항공기사고 발생 건수의 전년대비 증가율은 매년 100% 이상이다.

① ㄱ, ㄴ
② ㄱ, ㄷ
③ ㄴ, ㄹ
④ ㄱ, ㄷ, ㄹ
⑤ ㄴ, ㄷ, ㄹ

2. 다음 <그림>은 2006~2010년 A~D국의 특허 및 상표출원 건수에 대한 자료이다. 이에 대한 <보기>의 설명을 이용하여 A~D에 해당하는 국가를 바르게 나열한 것은?

<그림 1> 연도별·국가별 특허출원 건수

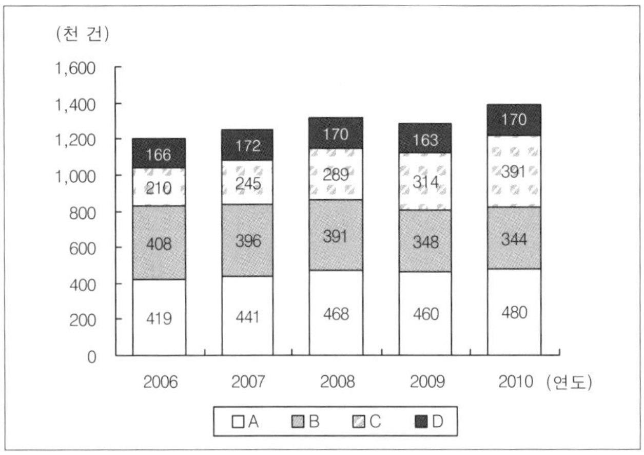

<그림 2> 연도별·국가별 상표출원 건수

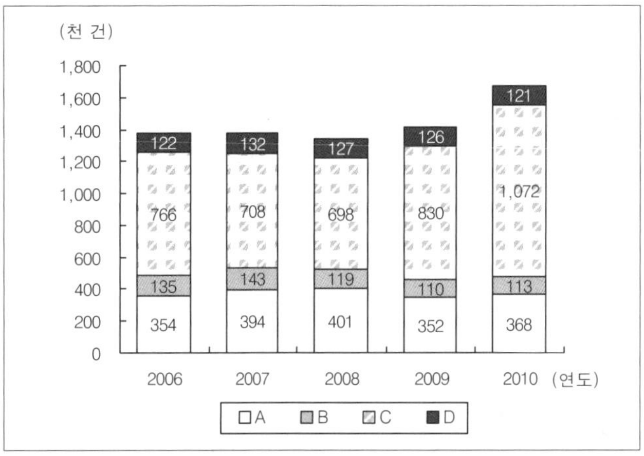

<보 기>

○ 2006년 대비 2010년 특허출원 건수 증가율이 가장 높은 국가는 중국이다.
○ 2007년 대비 2010년 특허출원 건수가 가장 큰 폭으로 감소한 국가는 일본이다.
○ 2007년 이후 한국의 상표출원 건수는 매년 감소하였다.
○ 2010년 상표출원 건수는 미국이 일본보다 10만 건 이상 많다.

	A	B	C	D
①	한국	일본	중국	미국
②	미국	일본	중국	한국
③	중국	한국	미국	일본
④	중국	미국	한국	일본
⑤	미국	중국	일본	한국

3. 다음 <표>와 <그림>은 2010년 대전광역시 행정구역별 교통 관련 현황 및 행정구역도이다. 이를 이용하여 작성한 그래프로 옳지 않은 것은?

<표> 2010년 대전광역시 행정구역별 교통 관련 현황

구분 \ 행정구역	전체	동구	중구	서구	유성구	대덕구
인구(천 명)	1,506	249	265	500	285	207
가구수(천 가구)	557	99	101	180	102	75
주차장 확보율(%)	81.5	78.6	68.0	87.2	90.5	75.3
승용차 보유대수 (천 대)	569	84	97	187	116	85
가구당 승용차 보유대수(대)	1.02	0.85	0.96	1.04	1.14	1.13
승용차 통행 발생량(만 통행)	179	28	32	61	33	25
화물차 수송 도착량에 대한 화물차 수송 발생량 비율(%)	51.5	46.8	36.0	30.1	45.7	91.8

※ 승용차 1대당 통행발생량(통행) = $\frac{\text{승용차 통행발생량}}{\text{승용차 보유대수}}$

<그림> 대전광역시 행정구역도

① 행정구역별 인구

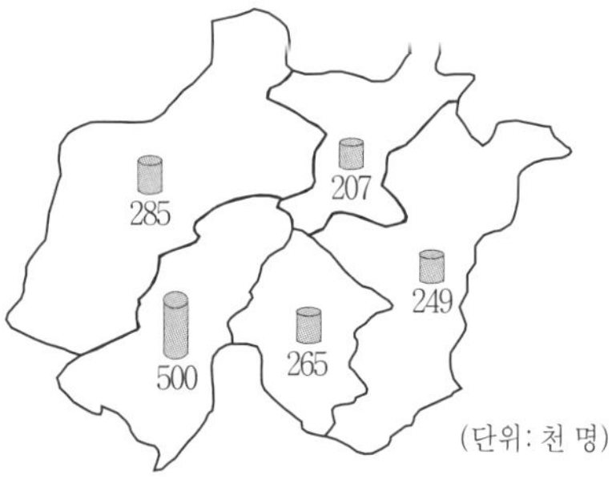

② 행정구역별 주차장 확보율

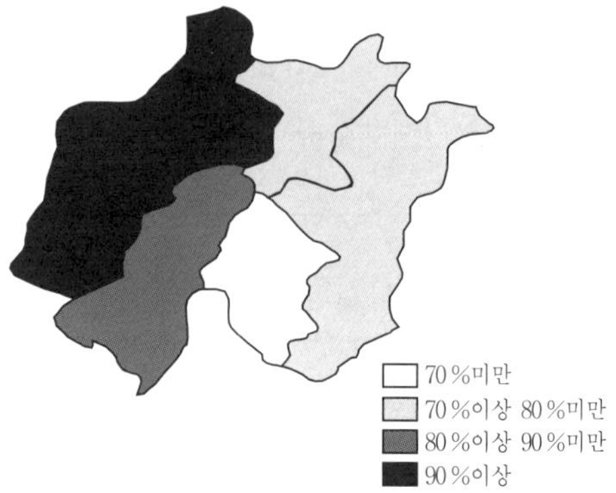

③ 행정구역별 가구당 승용차 보유대수

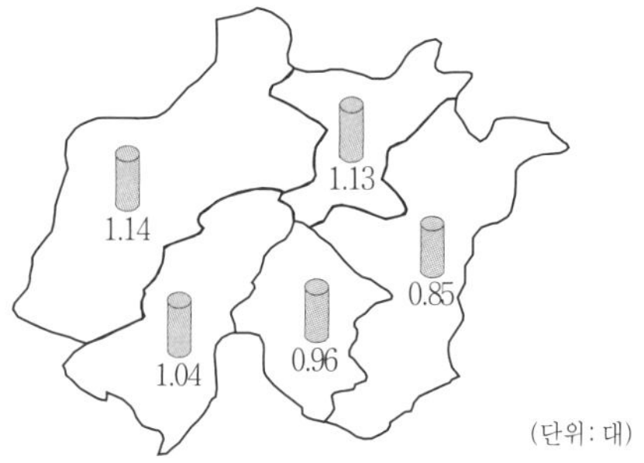

④ 행정구역별 화물차 수송도착량에 대한 화물차 수송발생량 비율

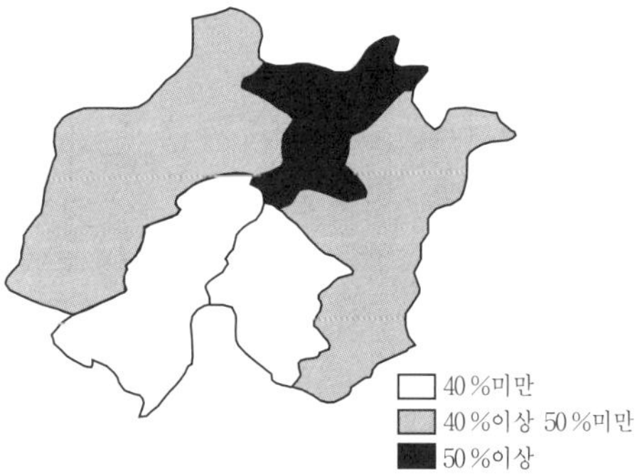

⑤ 행정구역별 승용차 1대당 통행발생량

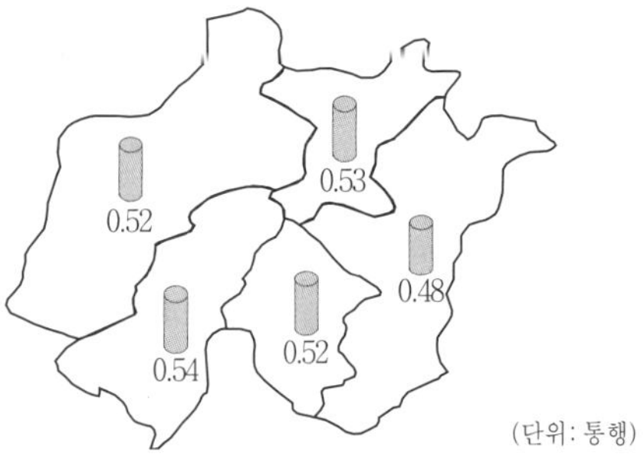

4. 다음 <표>는 어느 나라의 세목별 징수세액에 대한 자료이다. 이에 대한 <보기>의 설명을 이용하여 A~D에 해당하는 세목을 바르게 나열한 것은?

<표> 세목별 징수세액

(단위: 억 원)

세목 \ 연도	1989	1999	2009
소득세	35,569	158,546	344,233
법인세	31,079	93,654	352,514
A	395	4,807	12,207
증여세	1,035	4,205	12,096
B	897	10,173	10,163
C	52,602	203,690	469,915
개별소비세	12,570	27,133	26,420
주세	8,930	20,780	20,641
전화세	2,374	11,914	11,910
D	4,155	13,537	35,339

<보 기>

○ 1989년 징수세액이 5,000억 원보다 적은 세목은 상속세, 자산재평가세, 전화세, 증권거래세, 증여세이다.
○ 1989년에 비해 1999년에 징수세액이 10배 이상 증가한 세목은 상속세와 자산재평가세이다.
○ 1999년에 비해 2009년에 징수세액이 증가한 세목은 법인세, 부가가치세, 상속세, 소득세, 증권거래세, 증여세이다.

	A	B	C	D
①	상속세	자산재평가세	부가가치세	증권거래세
②	상속세	증권거래세	자산재평가세	부가가치세
③	자산재평가세	상속세	부가가치세	증권거래세
④	자산재평가세	부가가치세	상속세	증권거래세
⑤	증권거래세	상속세	부가가치세	자산재평가세

5. 다음 <표>는 어느 노래의 3월 24~27일 음원차트별 순위에 대한 자료 중 일부가 지워진 것이다. 이에 대한 설명으로 옳은 것은?

<표> 음원차트별 순위

날짜	음원차트					평균 순위
	A	B	C	D	E	
3월 24일	□(↑)	6(↑)	□(↑)	4(↑)	2(↑)	4.2
3월 25일	6(↑)	2(↑)	2(-)	2(↑)	1(↑)	2.6
3월 26일	7(↓)	6(↓)	5(↓)	6(↓)	5(↓)	5.8
3월 27일	□(-)	□(↑)	□(□)	7(↓)	□(-)	6.0

※ 1) □는 지워진 자료를 의미하며, ( )안의 ↑는 전일대비 순위 상승, ↓는 전일대비 순위 하락, -는 전일과 순위가 동일함을 의미함.
2) 순위의 숫자가 작을수록 순위가 높음을 의미함.
3) 평균 순위 = $\frac{\text{5개 음원차트별 순위의 합}}{5}$

① 평균 순위가 가장 높았던 날은 5개 음원차트별 순위가 전일대비 모두 상승하였다.
② 3월 24일 A음원차트에서의 순위는 8위였다.
③ 5개 음원차트별 순위가 전일대비 모두 하락한 날은 평균 순위가 가장 낮았다.
④ 3월 27일 C음원차트에서는 순위가 전일대비 하락하였다.
⑤ 평균 순위는 매일 하락하였다.

6. 다음 <표>는 2000~2007년 7개 도시 실질 성장률에 대한 자료이다. 이에 대한 설명으로 옳은 것은?

<표> 7개 도시 실질 성장률

(단위: %)

도시 \ 연도	2000	2001	2002	2003	2004	2005	2006	2007
서울	9.0	3.4	8.0	1.3	1.0	2.2	4.3	4.4
부산	5.3	7.9	6.7	4.8	0.6	3.0	3.4	4.6
대구	7.4	1.0	4.4	2.6	3.2	0.6	3.9	4.5
인천	6.8	4.9	10.7	2.4	3.8	3.7	6.8	7.4
광주	10.1	3.4	9.5	1.6	1.5	6.5	6.5	3.7
대전	9.1	4.6	8.1	7.4	1.6	2.6	3.4	3.2
울산	8.5	0.5	15.8	2.6	4.3	4.6	1.9	4.6

① 2005년 서울, 부산, 광주의 실질 성장률은 각각 2004년의 2배 이상이다.
② 2004년과 2005년 실질 성장률이 가장 높은 도시는 동일하다.
③ 2001년 각 도시의 실질 성장률은 2000년에 비해 감소하였다.
④ 2002년 대비 2003년 실질 성장률이 5%p 이상 감소한 도시는 모두 3개이다.
⑤ 2000년 실질 성장률이 가장 높은 도시가 2007년에는 실질 성장률이 가장 낮았다.

7. 다음 <그림>은 2006~2010년 동남권의 양파와 마늘 재배면적 및 생산량 추이를 나타낸 것이고, <표>는 2010년, 2011년 동남권의 양파와 마늘 재배면적의 지역별 분포를 나타낸 것이다. 이에 대한 설명으로 옳은 것은?

<그림> 동남권의 양파와 마늘 재배면적 및 생산량 추이

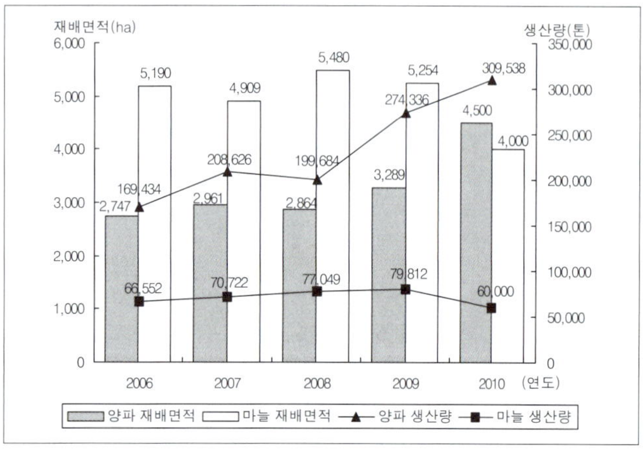

<표> 동남권의 양파와 마늘 재배면적의 지역별 분포

(단위: ha)

재배작물	지역	연도	
		2010	2011
양파	부산	56	40
	울산	( )	( )
	경남	4,100	4,900
	소계	( )	5,100
마늘	부산	24	29
	울산	42	66
	경남	3,934	4,905
	소계	4,000	5,000

※ 동남권은 부산, 울산, 경남으로만 구성됨.

① 2006~2010년 동안 동남권의 마늘 생산량은 매년 증가하였다.
② 2006~2010년 동안 동남권의 단위 재배면적당 양파 생산량은 매년 증가하였다.
③ 2011년 울산의 양파 재배면적은 전년에 비해 증가하였다.
④ 2006~2011년 동안 동남권의 마늘 재배면적은 양파 재배면적보다 매년 크다.
⑤ 2011년 동남권의 단위 재배면적당 마늘 생산량이 2010년과 동일하다면 2011년 동남권의 마늘 생산량은 75,000톤이다.

8. 다음 <표>는 '갑'사 공채 지원자에 대한 평가 자료이다. 이 <표>와 <평가점수와 평가등급의 결정방식>에 근거한 설명으로 옳지 않은 것은?

<표> '갑'사 공채 지원자 평가 자료

(단위: 점)

구분 지원자	창의성 점수	성실성 점수	체력 점수	최종 학위	평가 점수
가	80	90	95	박사	( )
나	90	60	80	학사	310
다	70	60	75	석사	300
라	85	( )	50	학사	255
마	95	80	60	학사	295
바	55	95	65	학사	280
사	60	95	90	석사	355
아	80	( )	85	박사	375
자	75	90	95	석사	( )
차	60	70	( )	학사	290

<평가점수와 평가등급의 결정방식>

○ 최종학위점수는 학사 0점, 석사 1점, 박사 2점임.
○ 지원자 평가점수
= 창의성점수 + 성실성점수 + 체력점수 × 2 + 최종학위점수 × 20
○ 평가등급 및 평가점수

평가등급	평가점수
S	350점 이상
A	300점 이상 350점 미만
B	300점 미만

① '가'의 평가점수는 400점으로 지원자 중 가장 높다.
② '라'의 성실성점수는 '다'보다 높지만 '마'보다는 낮다.
③ '아'의 성실성점수는 '라'와 같다.
④ S등급인 지원자는 4명이다.
⑤ '차'는 체력점수를 원래 점수보다 5점 더 받으면 A등급이 된다.

9. 다음 <표>와 <그림>은 1991년과 2010년의 품목별 항만 수출 실적 및 A항만 처리 분담률에 대한 자료이다. 이에 대한 <보기>의 설명 중 옳은 것만을 모두 고르면?

<표> 품목별 항만 수출 실적

(단위: 백만 달러)

품목	1991년		2010년	
	총 항만 수출액	A항만 수출액	총 항만 수출액	A항만 수출액
전기·전자	16,750	10,318	110,789	19,475
기계류	6,065	4,118	52,031	23,206
자동차	2,686	537	53,445	14,873
광학·정밀기기	766	335	37,829	11,415
플라스틱제품	1,863	1,747	23,953	11,878
철강	3,287	766	21,751	6,276
계	31,417	17,821	299,798	87,123

<그림 1> 1991년 품목별 A항만 처리 분담률

(단위: %)

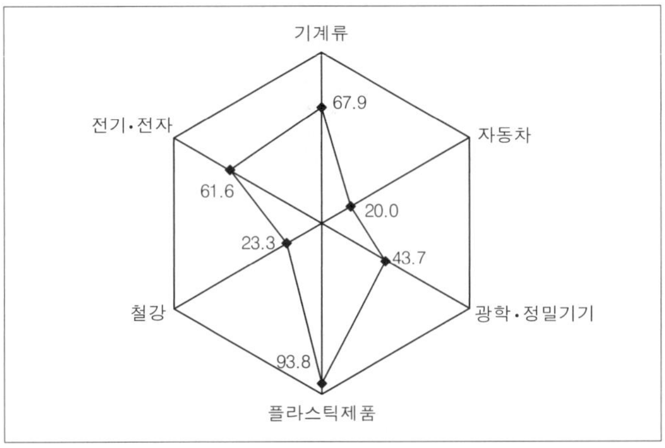

<그림 2> 2010년 품목별 A항만 처리 분담률

(단위: %)

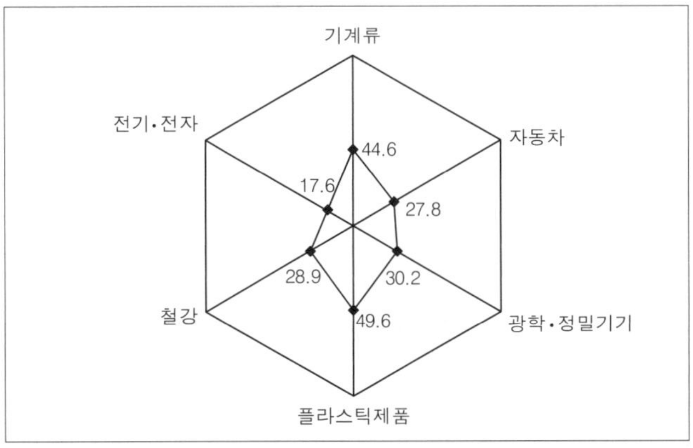

※ 해당 항만 처리 분담률(%) = $\frac{\text{해당 항만 수출액}}{\text{총 항만 수출액}} \times 100$

<보 기>

ㄱ. 품목별 총 항만 수출액과 A항만 수출액은 1991년 대비 2010년에 각각 증가하였다.
ㄴ. A항만 처리 분담률이 1991년 대비 2010년에 감소한 품목은 모두 4개이다.
ㄷ. 1991년 대비 2010년의 A항만 수출액 증가율이 가장 큰 품목은 자동차이다.
ㄹ. 플라스틱제품의 A항만 처리 분담률은 1991년 대비 2010년에 70% 이상 감소하였다.

① ㄱ, ㄴ
② ㄱ, ㄹ
③ ㄷ, ㄹ
④ ㄱ, ㄴ, ㄷ
⑤ ㄴ, ㄷ, ㄹ

10. 다음 <표>는 시설유형별 에너지 효율화 시장규모의 현황 및 전망에 대한 자료이다. 이에 대한 설명으로 옳은 것은?

<표> 시설유형별 에너지 효율화 시장규모의 현황 및 전망

(단위: 억 달러)

시설유형 \ 연도	2010	2011	2012	2015 (예상)	2020 (예상)
사무시설	11.3	12.8	14.6	21.7	41.0
산업시설	20.8	23.9	27.4	41.7	82.4
주거시설	5.7	6.4	7.2	10.1	18.0
공공시설	2.5	2.9	3.4	5.0	10.0
전체	40.3	46.0	52.6	78.5	151.4

① 2010~2012년 동안 '주거시설' 유형의 에너지 효율화 시장규모는 매년 15% 이상 증가하였다.
② 2015년 전체 에너지 효율화 시장규모에서 '사무시설' 유형이 차지하는 비중은 30% 이하일 것으로 전망된다.
③ 2015~2020년 동안 '공공시설' 유형의 에너지 효율화 시장규모는 매년 30% 이상 증가할 것으로 전망된다.
④ 2011년 '산업시설' 유형의 에너지 효율화 시장규모는 전체 에너지 효율화 시장규모의 50% 이하이다.
⑤ 2010년 대비 2020년 에너지 효율화 시장규모의 증가율이 가장 높을 것으로 전망되는 시설유형은 '산업시설'이다.

11. 다음 <그림>은 어느 도시의 미혼남과 미혼녀의 인원수 추이 및 미혼남녀의 직업별 분포를 나타낸 자료이다. 이에 대한 설명으로 옳지 않은 것은?

<그림 1> 2001~2007년 미혼남과 미혼녀의 인원수 추이

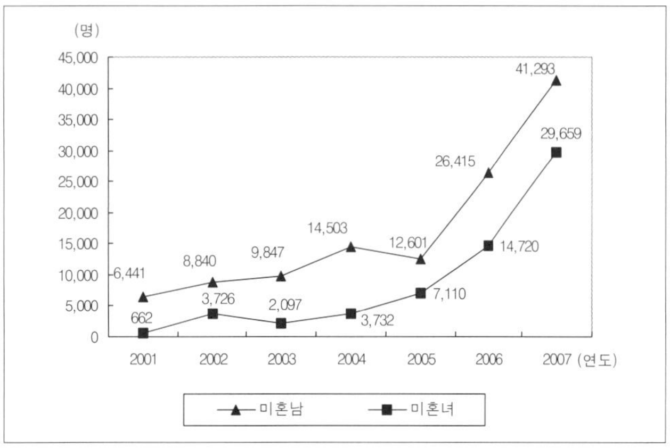

<그림 2> 2007년 미혼남녀의 직업별 분포

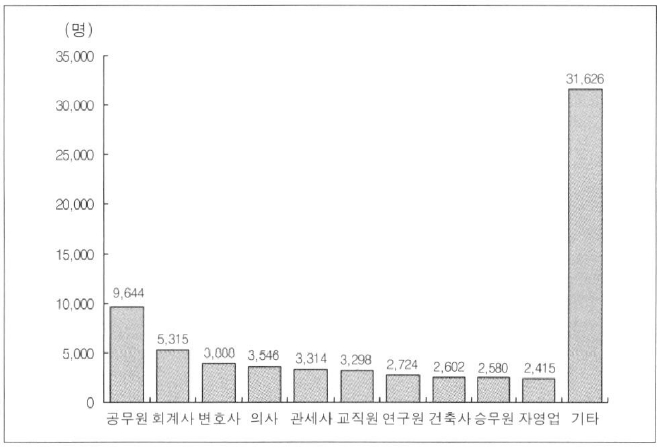

① 2004년 이후 미혼녀 인원수는 매년 증가하였다.
② 2007년 미혼녀 인원수는 2006년의 2배 이상이다.
③ 2007년 미혼녀와 미혼남의 인원수 차이는 2006년의 2배 이상이다.
④ 2007년 미혼남녀의 직업별 분포에서 공무원 수는 변호사 수의 2배 이상이다.
⑤ 2007년 미혼남녀의 직업별 분포에서 회계사 수는 승무원 수의 2배 이상이다.

12. 다음 <그림>은 2011년 영업팀 A~D의 분기별 매출액과 분기별 매출액에서 영업팀 A~D의 매출액이 차지하는 비중에 대한 자료이다. 이를 근거로 A~D 중 2011년 연매출액이 가장 많은 영업팀과 가장 적은 영업팀을 순서에 상관없이 바르게 짝지은 것은?

<그림 1> 영업팀 A~D의 분기별 매출액

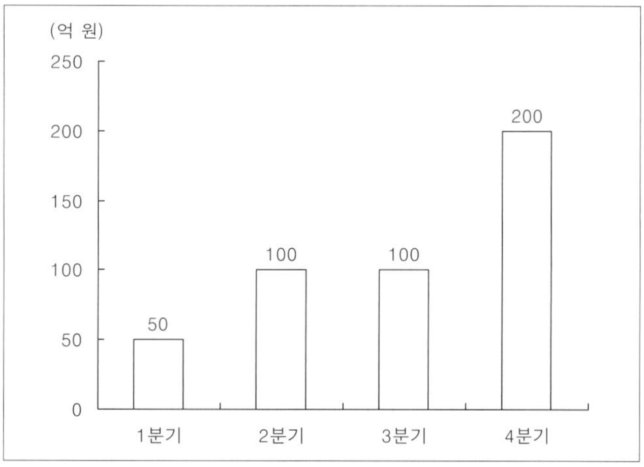

<그림 2> 분기별 매출액의 영업팀별 비중

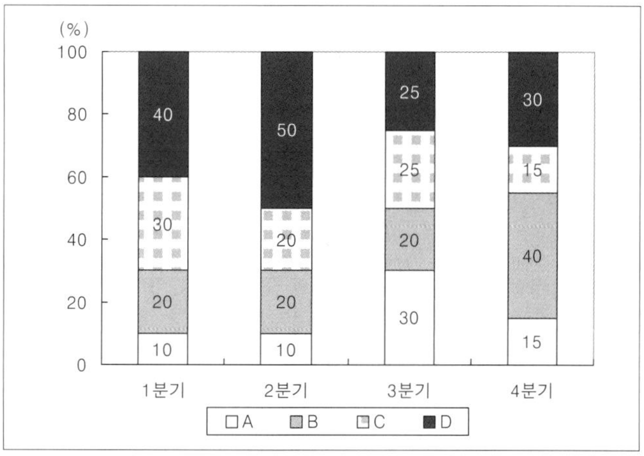

① A, B
② A, C
③ A, D
④ B, C
⑤ C, D

13. 다음 <그림>은 2012년 1~4월 동안 월별 학교폭력 신고에 대한 자료이다. 이에 대한 설명으로 옳은 것은?

<그림 1> 월별 학교폭력 신고 건수

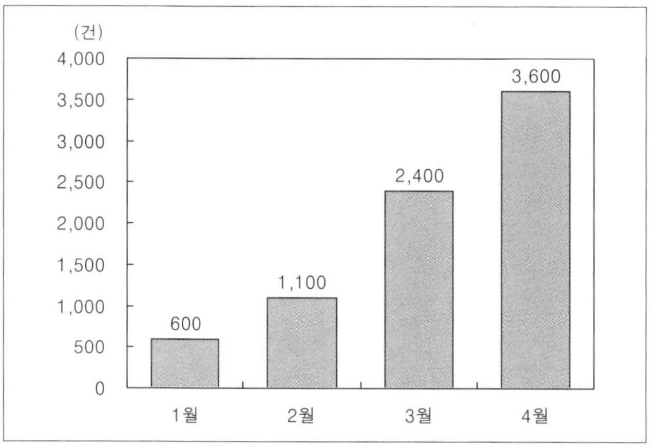

<그림 2> 월별 학교폭력 주요 신고자 유형별 비율

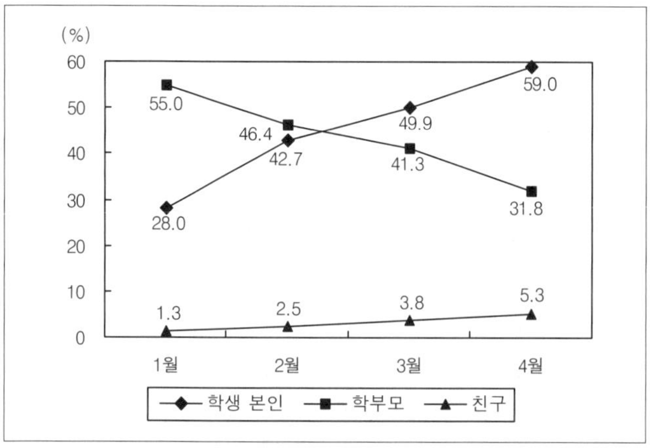

① 1월에 학부모의 학교폭력 신고 건수는 학생 본인의 학교폭력 신고 건수의 2배 이상이다.

② 학부모의 학교폭력 신고 건수는 매월 감소하였다.

③ 2~4월 중에서 전월대비 학교폭력 신고 건수 증가율이 가장 높은 달은 3월이다.

④ 학생 본인의 학교폭력 신고 건수는 1월이 4월의 10% 이상이다.

⑤ 학교폭력 발생 건수는 매월 증가하였다.

14. 다음 <그림>은 6가지 운동종목별 남자 및 여자 국가대표선수의 평균 연령과 평균 신장에 대한 자료이다. 이에 대한 <보기>의 설명 중 옳지 않은 것만을 모두 고르면?

<그림 1> 남자 국가대표선수의 평균 연령과 평균 신장

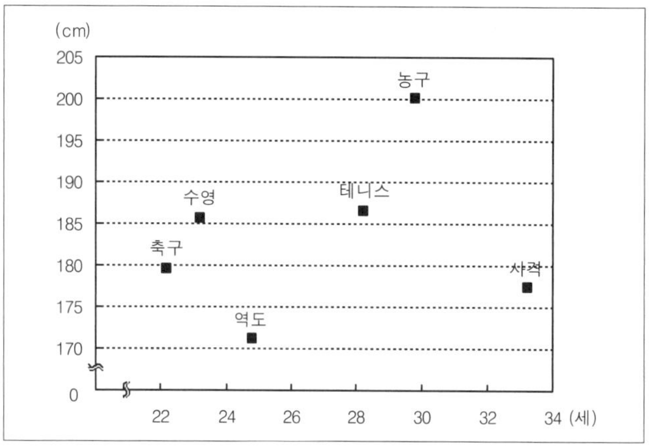

<그림 2> 여자 국가대표선수의 평균 연령과 평균 신장

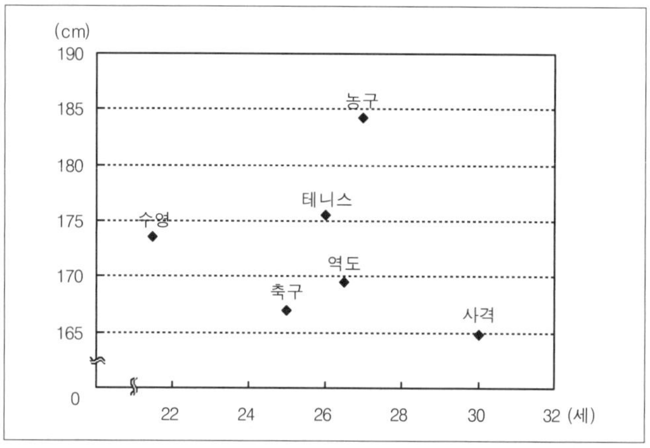

<보 기>

ㄱ. 평균 연령이 높은 순서대로 나열하면, 남자 국가대표선수의 종목 순서와 여자 국가대표선수의 종목 순서는 동일하다.

ㄴ. 평균 신장이 큰 순서대로 나열하면, 남자 국가대표선수의 종목 순서와 여자 국가대표선수의 종목 순서는 동일하다.

ㄷ. 종목별로 볼 때, 남자 국가대표선수의 평균 연령은 해당 종목 여자 국가대표선수의 평균 연령보다 높다.

ㄹ. 종목별로 볼 때, 남자 국가대표선수의 평균 신장은 해당 종목 여자 국가대표선수의 평균 신장보다 크다.

① ㄱ, ㄴ

② ㄴ, ㄹ

③ ㄷ, ㄹ

④ ㄱ, ㄴ, ㄷ

⑤ ㄱ, ㄷ, ㄹ

15. 다음 <표>는 1991~2000년 5개국의 국가별 인구변동에 대한 자료이다. 이를 근거로 <보기>의 A~C에 해당하는 국가를 바르게 나열한 것은?

<표 1> 국가별 출생률

(단위: 명)

국가 \ 연도	1991	1992	1993	1994	1995	1996	1997	1998	1999	2000
아프가니스탄	48.3	50.7	52.6	53.2	51.6	50.8	48.9	47.1	49.7	41.8
아랍에미리트	49.8	47.5	43.6	38.6	33.0	30.5	29.5	27.9	21.0	18.7
보스니아 헤르체고비나	37.1	34.7	31.1	25.1	21.3	19.6	18.2	17.1	12.6	6.5
르완다	47.3	49.6	51.2	52.4	52.9	52.8	50.4	45.2	43.9	35.8
라이베리아	48.0	49.5	50.3	49.6	48.1	47.4	47.2	47.3	49.1	47.5

<표 2> 국가별 인구자연증가율

(단위: 명)

국가 \ 연도	1991	1992	1993	1994	1995	1996	1997	1998	1999	2000
아프가니스탄	16.6	20.3	22.7	25.2	25.6	26.8	25.9	24.4	28.0	23.8
아랍에미리트	27.0	26.8	26.3	26.3	23.1	23.1	25.5	25.1	18.3	16.1
보스니아 헤르체고비나	24.2	24.1	22.2	17.6	14.4	13.1	11.4	10.0	5.6	-9.0
르완다	24.0	27.3	29.8	31.6	32.4	32.6	31.7	27.8	-0.7	14.8
라이베리아	20.8	24.0	26.5	27.8	28.5	29.3	30.5	31.5	21.2	32.2

<보 기>

1991년 이후 인구자연증가율이 매년 감소한 나라는 (A)이고, 1999년 출생률이 가장 높은 나라는 (B)이다. 1991년 이후 출생률이 매년 감소한 나라는 (C)와 보스니아 헤르체고비나이다.

	A	B	C
①	보스니아 헤르체고비나	라이베리아	아랍에미리트
②	보스니아 헤르체고비나	아프가니스탄	아랍에미리트
③	보스니아 헤르체고비나	아프가니스탄	르완다
④	아랍에미리트	라이베리아	아프가니스탄
⑤	아랍에미리트	라이베리아	르완다

16. 다음 <표>는 2013년 어느 금요일과 토요일 A씨 부부의 전체 양육활동유형 9가지에 대한 참여시간을 조사한 자료이다. 이에 대한 설명으로 옳지 않은 것은?

<표> 금요일과 토요일의 양육활동유형별 참여시간

(단위: 분)

유형	금요일		토요일	
	아내	남편	아내	남편
위생	48	4	48	8
식사	199	4	234	14
가사	110	2	108	9
정서	128	25	161	73
취침	55	3	60	6
배설	18	1	21	2
외출	70	5	101	24
의료간호	11	1	10	1
교육	24	1	20	3

① 토요일에 남편의 참여시간이 가장 많았던 양육활동유형은 정서활동이다.
② 아내의 총 양육활동 참여시간은 금요일에 비해 토요일에 감소하였다.
③ 남편의 양육활동 참여시간은 금요일에는 총 46분이었고, 토요일에는 총 140분이었다.
④ 금요일에 아내는 식사, 정서, 가사, 외출활동의 순으로 양육활동 참여시간이 많았다.
⑤ 아내의 양육활동유형 중 금요일에 비해 토요일에 참여시간이 가장 많이 감소한 것은 교육활동이다.

17. 다음 <표>는 A시 주철 수도관의 파손원인별 파손 건수에 대한 자료이다. 이에 대한 설명으로 옳지 않은 것은?

<표> A시 주철 수도관의 파손원인별 파손 건수

(단위: 건)

파손원인	주철 수도관 유형		합
	회주철	덕타일주철	
시설노후	105	71	176
부분 부식	1	10	11
수격압	51	98	149
외부충격	83	17	100
자연재해	1	1	2
재질불량	6	3	9
타공사	43	22	65
부실시공	1	4	5
보수과정 실수	43	6	49
계	334	232	566

※ 파손원인의 중복은 없음.

① 덕타일주철 수도관의 파손 건수가 50건 이상인 파손원인은 2가지이다.
② 회주철 수도관의 총 파손 건수가 덕타일주철 수도관의 총 파손 건수보다 많다.
③ 주철 수도관의 파손원인별 파손 건수에서 '자연재해' 파손 건수가 가장 적다.
④ 주철 수도관의 '시설노후' 파손 건수가 주철 수도관의 총 파손 건수에서 차지하는 비율은 30% 이상이다.
⑤ 회주철 수도관의 '보수과정 실수' 파손 건수가 회주철 수도관의 총 파손 건수에서 차지하는 비율은 10% 미만이다.

18. 다음 <그림>은 2011년 국내 원목 벌채와 이용의 흐름에 대한 자료이다. 이에 대한 설명으로 옳은 것은?

<그림> 2011년 국내 원목 벌채와 이용의 흐름

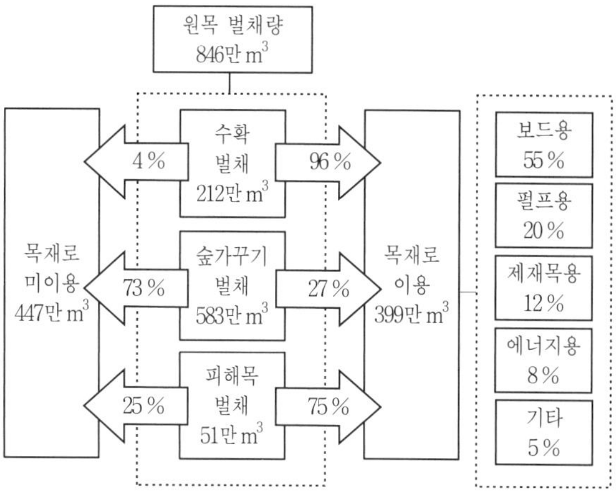

① 원목 벌채량 중 목재로 이용된 양이 목재로 미이용된 양보다 많았다.
② '숲가꾸기 벌채'로 얻은 원목이 목재로 이용된 원목에서 차지하는 비율이 가장 높았다.
③ 보드용으로 이용된 원목의 양은 200만 m^3보다 적었다.
④ '수확 벌채'로 얻은 원목 중 적어도 일부는 보드용으로 이용되었다.
⑤ '피해목 벌채'로 얻은 원목 중 목재로 미이용된 양은 10만 m^3보다 적었다.

19. 다음 <그림>은 우리나라의 직장어린이집 수에 대한 자료이다. 이에 대한 설명으로 옳은 것은?

<그림 1> 2000~2010년 전국 직장어린이집 수

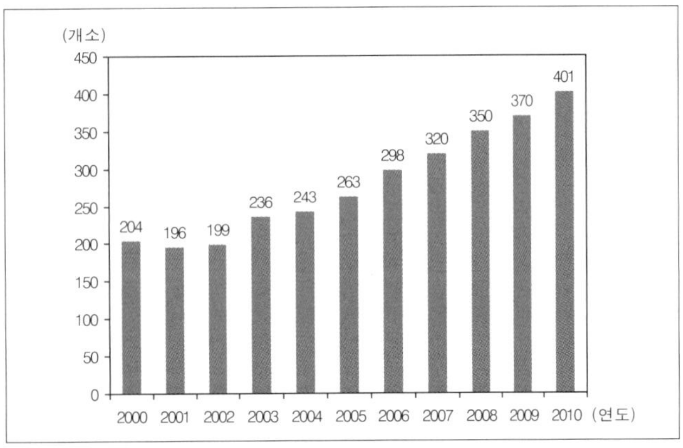

<그림 2> 2010년 지역별 직장어린이집 수

(단위: 개소)

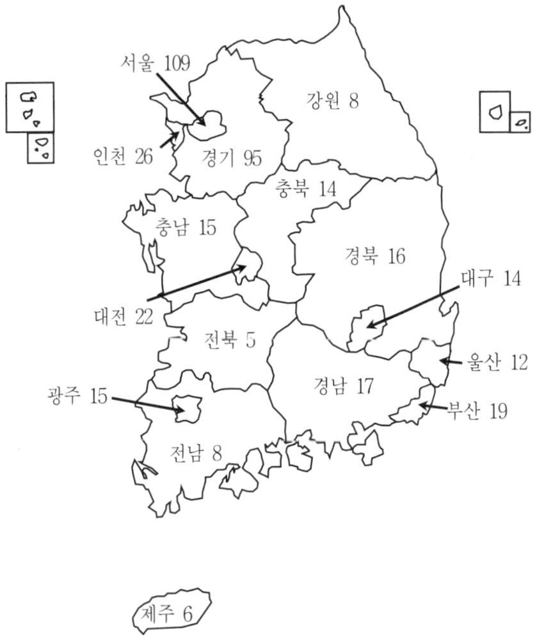

① 2000~2010년 동안 전국 직장어린이집 수는 매년 증가하였다.
② 2006년 대비 2008년 전국 직장어린이집 수는 20% 이상 증가하였다.
③ 2010년 인천 지역 직장어린이집 수는 2010년 전국 직장어린이집 수의 5% 이하이다.
④ 2000~2010년 동안 전국 직장어린이집 수의 전년대비 증가율이 10% 이상인 연도는 2003년뿐이다.
⑤ 2010년 서울과 경기 지역 직장어린이집 수의 합은 2010년 전국 직장어린이집 수의 절반 이상이다.

20. 다음 <표>를 이용하여 <보고서>를 작성하였다. 제시된 <표> 이외에 <보고서>를 작성하기 위해 추가로 필요한 자료만을 <보기>에서 모두 고르면?

<표 1> 연도별 세수 상위 세무서

(단위: 억 원)

구분	1위		2위		3위	
	세무서	세수	세무서	세수	세무서	세수
2005년	남대문	70,314	울산	70,017	영등포	62,982
2006년	남대문	83,158	영등포	74,291	울산	62,414
2007년	남대문	105,637	영등포	104,562	울산	70,281
2008년	남대문	107,933	영등포	88,417	울산	70,332
2009년	남대문	104,169	영등포	86,193	울산	64,911

<표 2> 연도별 세수 하위 세무서

(단위: 억 원)

구분	1위		2위		3위	
	세무서	세수	세무서	세수	세무서	세수
2005년	영주	346	영덕	354	홍성	369
2006년	영주	343	영덕	385	홍성	477
2007년	영주	194	영덕	416	거창	549
2008년	영주	13	해남	136	영덕	429
2009년	해남	166	영덕	508	홍성	540

<보고서>

2009년 세수 1위 세무서는 10조 4,169억 원(국세청 세입의 약 7%)을 거두어들인 남대문세무서이다. 한편, 2위와 3위는 각각 영등포세무서(8조 6,193억 원), 울산세무서(6조 4,911억 원)로 2006년 이후 순위변동이 없었다.

2009년 세수 최하위 세무서는 해남세무서(166억 원)로 남대문세무서 세수 규모의 0.2%에도 못 미치는 수준인 것으로 나타났다. 서울지역에서는 도봉세무서의 세수 규모가 2,862억 원으로 가장 적은 것으로 나타났다.

국세청 세입은 1966년 국세청 개청 당시 700억 원에서 2009년 154조 3,305억 원으로 약 2,200배 증가하였으며, 전국 세무서 수는 1966년 77개에서 1997년 136개로 증가하였다가 2009년 107개로 감소하였다.

<보 기>

ㄱ. 1966~2009년 연도별 국세청 세입액
ㄴ. 2009년 국세청 세입총액의 세원별 구성비
ㄷ. 2009년 서울 소재 세무서별 세수 규모
ㄹ. 1966~2009년 연도별 전국 세무서 수

① ㄱ, ㄴ
② ㄱ, ㄹ
③ ㄴ, ㄷ
④ ㄱ, ㄷ, ㄹ
⑤ ㄴ, ㄷ, ㄹ

21. 다음은 1995년과 2007년 도시근로자가구당 월평균 소비지출액 및 교통비지출액 현황에 대한 <보고서>이다. <보고서>의 내용과 부합하지 않는 자료는?

<보고서>

○ 도시근로자가구당 월평균 소비지출액은 1995년 1,231천 원에서 2007년 2,349천 원으로 증가하였다.
○ 도시근로자가구당 월평균 교통비지출액은 1995년 120.3천 원에서 2007년 282.4천 원으로 증가하였다.
○ 도시근로자가구당 월평균 교통비지출액 비중이 큰 세부 항목부터 순서대로 나열하면, 1995년에는 자동차구입(29.9%), 연료비(21.9%), 버스(18.3%), 보험료(7.9%), 택시(7.1%)의 순이었으나, 2007년에는 연료비(39.0%), 자동차구입(23.3%), 버스(12.0%), 보험료(6.2%), 정비 및 수리비(3.7%)의 순으로 변동되었다.
○ 사무직 도시근로자가구당 월평균 교통비지출액은 1995년 151.8천 원에서 2007년 341.4천 원으로 증가하였으며, 생산직 도시근로자가구당 월평균 교통비지출액은 1995년 96.3천 원에서 2007년 233.1천 원으로 증가하였다.
○ 1995년과 2007년 도시근로자가구당 월평균 교통비지출액 비중의 차이는 소득 10분위가 소득 1분위보다 작았다.

① 소득분위별 도시근로자가구당 월평균 교통비지출액 현황

(단위: 천 원, %)

소득분위	소비지출액 (A)		교통비지출액 (B)		교통비지출액 비중$\left(\frac{B}{A} \times 100\right)$	
	1995년	2007년	1995년	2007년	1995년	2007년
1분위	655.5	1,124.8	46.1	97.6	7.0	8.7
2분위	827.3	1,450.6	64.8	149.2	7.8	10.3
3분위	931.1	1,703.2	81.4	195.8	8.7	11.5
4분위	1,028.0	1,878.7	91.8	210.0	8.9	11.2
5분위	1,107.7	2,203.2	108.4	285.0	9.8	12.9
6분위	1,191.8	2,357.9	114.3	279.3	9.6	11.8
7분위	1,275.0	2,567.6	121.6	289.1	9.5	11.3
8분위	1,441.4	2,768.8	166.1	328.8	11.5	11.9
9분위	1,640.0	3,167.2	181.4	366.4	11.1	11.6
10분위	2,207.0	4,263.7	226.7	622.5	10.3	14.6

② 도시근로자가구당 월평균 교통비지출액 현황

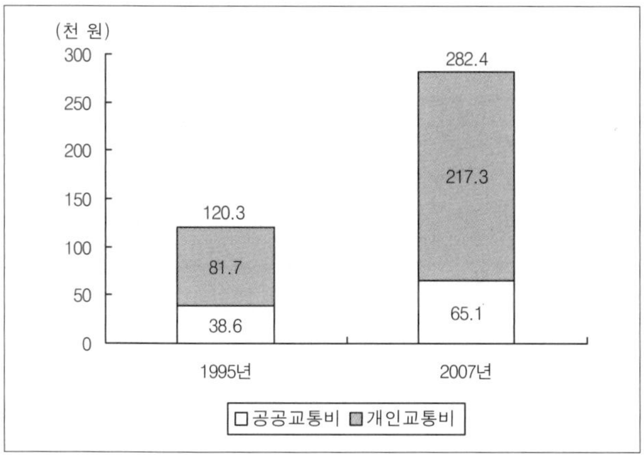

③ 세부항목별 도시근로자가구당 월평균 교통비지출액 현황

(단위: 원, %)

세부항목	1995년		2007년	
	지출액	비중	지출액	비중
버스	22,031	18.3	33,945	12.0
지하철 및 전철	3,101	2.6	9,859	3.5
택시	8,562	7.1	9,419	3.3
기차	2,195	1.8	2,989	1.1
자동차임차료	212	0.2	346	0.1
화물운송료	1,013	0.8	3,951	1.4
항공	1,410	1.2	4,212	1.5
기타공공교통	97	0.1	419	0.1
자동차구입	35,923	29.9	65,895	23.3
오토바이구입	581	0.5	569	0.2
자전거구입	431	0.4	697	0.3
부품 및 관련용품구입	1,033	0.9	4,417	1.6
연료비	26,338	21.9	110,150	39.0
정비 및 수리비	5,745	4.8	10,478	3.7
보험료	9,560	7.9	17,357	6.2
주차료	863	0.7	1,764	0.6
통행료	868	0.7	4,025	1.4
기타개인교통	310	0.2	1,902	0.7

④ 직업형태별 도시근로자가구당 월평균 교통비지출액 현황

(단위: 천 원)

직업형태	교통비	1995년	2000년	2005년	2006년	2007년
사무직	공공	39.8	54.1	62.5	64.4	67.0
	개인	112.0	190.5	240.9	254.1	274.4
	소계	151.8	244.6	303.4	318.5	341.4
생산직	공공	37.7	52.3	61.5	61.7	63.6
	개인	58.6	98.6	124.1	147.2	169.5
	소계	96.3	150.9	185.6	208.9	233.1

⑤ 연도별 도시근로자가구당 월평균 소비지출액 현황

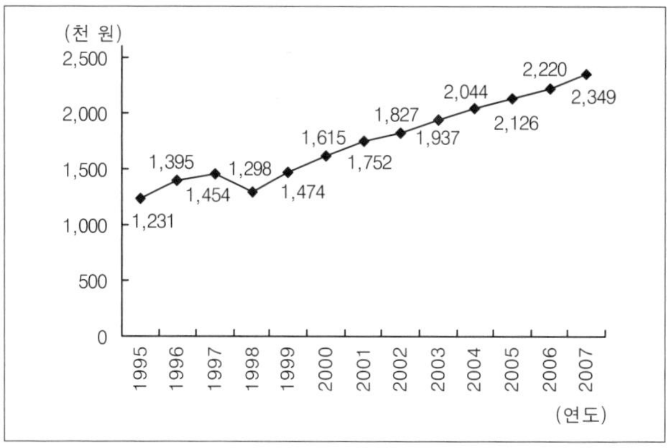

22. 다음 <표>는 4개 국가의 여성과 남성의 흡연율과 기대수명에 대한 자료이다. 이를 이용하여 작성한 그래프로 옳지 않은 것은?

<표 1> 여성과 남성의 흡연율

(단위: %)

연도 \ 국가 \ 성별	1980		1990		2000		2010	
	여성	남성	여성	남성	여성	남성	여성	남성
덴마크	44.0	57.0	42.0	47.0	29.0	33.5	20.0	20.0
일본	14.4	54.3	9.7	53.1	11.5	47.4	8.4	32.2
영국	37.0	42.0	30.0	31.0	26.0	28.0	20.7	22.3
미국	29.3	37.4	22.8	28.4	17.3	21.2	13.6	16.7

<표 2> 여성과 남성의 기대수명

(단위: 세)

연도 \ 국가 \ 성별	1980		1990		2000		2010	
	여성	남성	여성	남성	여성	남성	여성	남성
덴마크	77.3	71.2	77.8	72.0	79.2	74.5	81.4	77.2
일본	78.8	73.3	81.9	75.9	84.6	77.7	86.4	79.6
영국	76.2	70.2	78.5	72.9	80.3	75.5	82.6	78.6
미국	77.4	70.0	78.8	71.8	79.3	74.1	81.1	76.2

① 국가별 여성의 흡연율

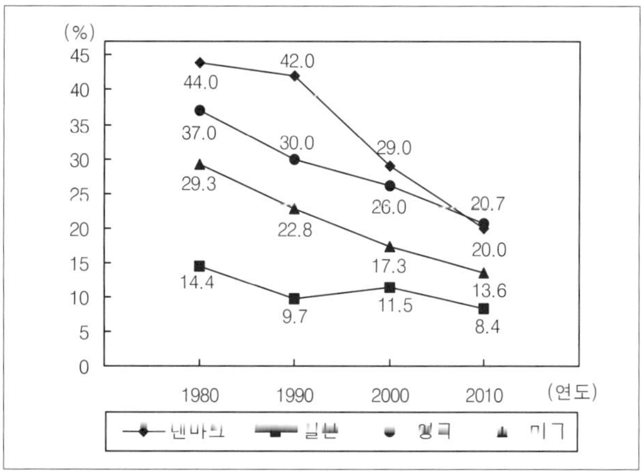

② 국가별 여성과 남성의 흡연율 차이

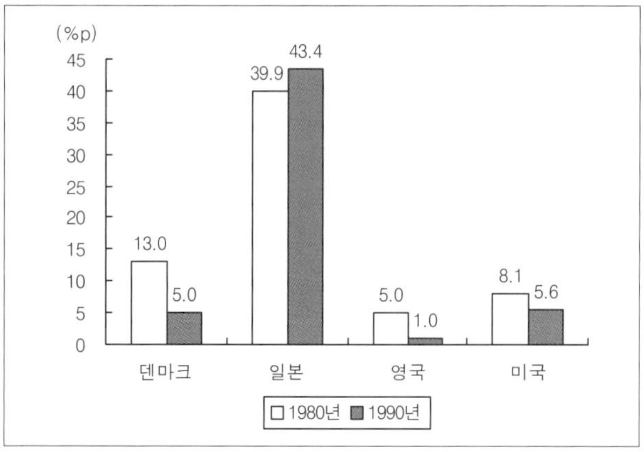

③ 국가별 흡연율

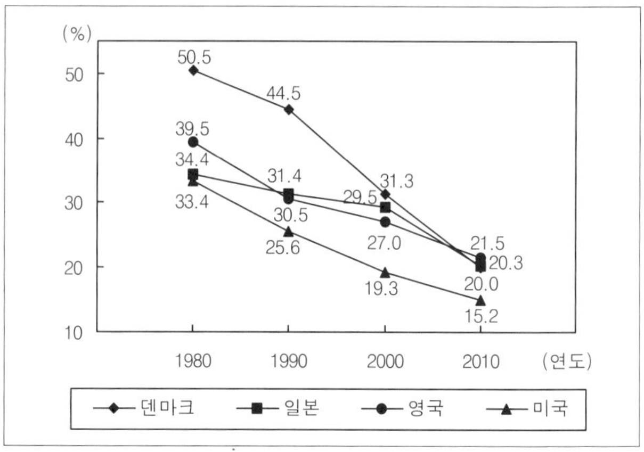

④ 국가별 여성과 남성의 기대수명 차이

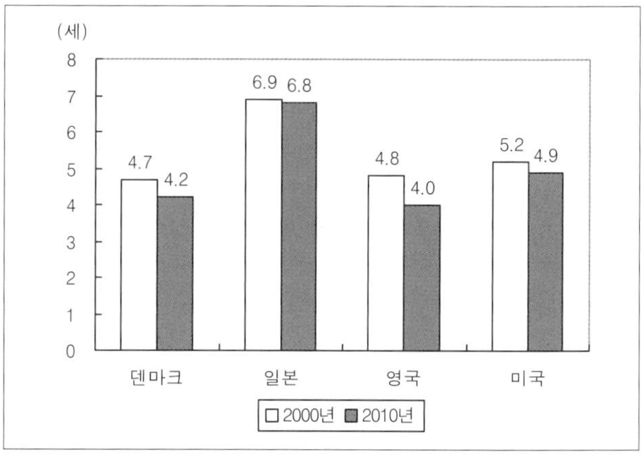

⑤ 일본 남성과 미국 남성의 흡연율과 기대수명

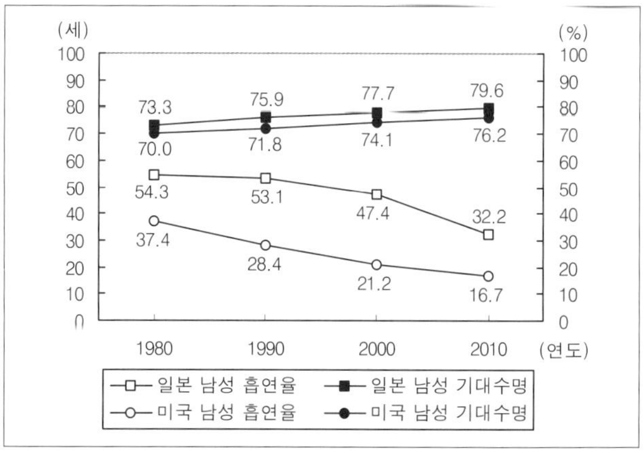

23. 다음 <표>는 '갑'국의 2012년 지급유형별·아동월령별 양육수당 월 지급금액과 신청가구별 아동 현황에 대한 자료이다. 이 <표>와 <2012년 양육수당 지급조건>에 근거하여 2012년 5월분의 양육수당이 많은 가구부터 순서대로 바르게 나열한 것은?

<2012년 양육수당 지급조건>

○ 만 5세 이하 아동을 양육하고 있는 가구를 대상으로 함.
○ 양육수당 신청시점의 지급유형 및 아동월령에 따라 양육수당 지급함.
○ 양육수당 신청일 현재 90일 이상 해외에 체류하고 있는 아동은 지급대상에서 제외함.
○ 가구별 양육수당은 수급가능한 모든 자녀의 양육수당을 합한 금액임.
○ 양육수당은 매월 15일에 신청받아 해당 월 말일에 지급함.

<표 1> 지급유형별·아동월령별 양육수당 월 지급금액

(단위: 만 원)

지급유형 \ 아동월령	12개월 이하	12개월 초과 24개월 이하	24개월 초과 36개월 이하	36개월 초과 48개월 이하	48개월 초과 60개월 이하
일반	20.0	15.0	10.0	10.0	10.0
농어촌	20.0	17.7	15.6	12.9	10.0
장애아동	22.0	20.5	18.0	16.5	15.0

<표 2> 신청가구별 아동 현황(2012년 5월 15일 현재)

신청가구	자녀		지급유형	비고
	구분	아동월령(개월)		
가	A	22	일반	
나	B	16	농어촌	
	C	2	농어촌	
다	D	23	장애아동	
라	E	40	일반	
	F	26	일반	
마	G	58	일반	2011년 1월부터 해외 체류 중
	H	35	일반	
	I	5	일반	

① 나 - 마 - 다 - 라 - 가
② 나 - 마 - 라 - 다 - 가
③ 다 - 라 - 나 - 마 - 가
④ 마 - 나 - 라 - 가 - 다
⑤ 마 - 나 - 다 - 라 - 가

24. 다음 <그림>은 1~7월 동안 A사 주식의 이론가격과 시장가격의 관계에 대한 자료이다. 이에 대한 <보기>의 설명 중 옳은 것만을 모두 고르면?

<그림> A사 주식의 이론가격과 시장가격의 관계

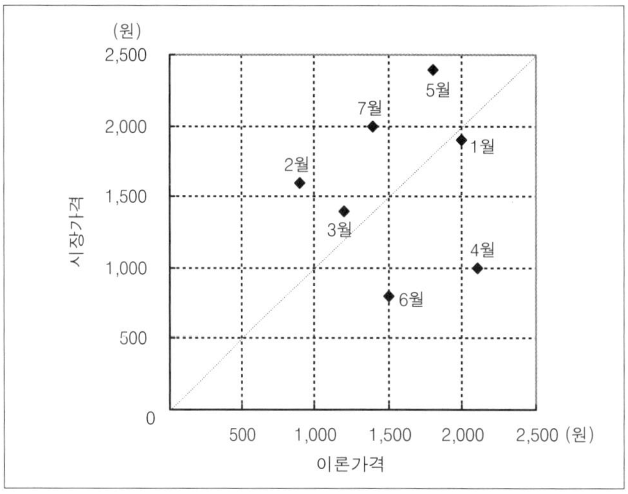

※ 해당 월 가격 괴리율(%) = $\left(\frac{\text{해당 월 시장가격} - \text{해당 월 이론가격}}{\text{해당 월 이론가격}}\right) \times 100$

<보 기>

ㄱ. 가격 괴리율이 0% 이상인 달은 4개이다.
ㄴ. 전월대비 이론가격이 증가한 달은 3월, 4월, 7월이다.
ㄷ. 전월대비 가격 괴리율이 증가한 달은 3개 이상이다.
ㄹ. 전월대비 시장가격이 가장 큰 폭으로 증가한 달은 6월이다.

① ㄱ, ㄴ
② ㄱ, ㄷ
③ ㄷ, ㄹ
④ ㄱ, ㄴ, ㄹ
⑤ ㄴ, ㄷ, ㄹ

25. 다음 <표>는 '갑'국 개인 A~D의 연소득에 대한 자료이고, 개인별 소득세산출액은 <소득세 결정기준>에 따라 계산한다. 이를 근거로 A~D 중 소득세산출액이 가장 많은 사람과 가장 적은 사람을 바르게 나열한 것은?

<표> 개인별 연소득 현황

(단위: 만 원)

개인	근로소득	금융소득
A	15,000	5,000
B	25,000	0
C	20,000	0
D	0	30,000

※ 1) 근로소득과 금융소득 이외의 소득은 존재하지 않음.
2) 모든 소득은 과세대상이고, 어떤 종류의 공제·감면도 존재하지 않음.

<소득세 결정기준>

○ 5천만 원 이하의 금융소득에 대해서는 15%의 '금융소득세'를 부과함.
○ 과세표준은 금융소득 중 5천만 원을 초과하는 부분과 근로소득의 합이고, <과세표준에 따른 근로소득세율>에 따라 '근로소득세'를 부과함.
○ 소득세산출액은 '금융소득세'와 '근로소득세'의 합임.

<과세표준에 따른 근로소득세율>

(단위: %)

과세표준	세율
1,000만 원 이하분	5
1,000만 원 초과 5,000만 원 이하분	10
5,000만 원 초과 1억 원 이하분	15
1억 원 초과 2억 원 이하분	20
2억 원 초과분	25

○ 예를 들어, 과세표준이 2,500만 원인 사람의 '근로소득세'는 다음과 같음.
1,000만 원 × 5% + (2,500만 원 − 1,000만 원) × 10%
= 200만 원

	가장 많은 사람	가장 적은 사람
①	A	B
②	A	D
③	B	A
④	D	A
⑤	D	C

약점 보완 해설집 p.134

시험일: ______년 ______월 ______일

2012년도 국가공무원 5급 및 7급 민경채 필기시험

| 자료해석영역 |

응시번호	
성명	

문제책형

인

응시자 주의사항

1. **시험시작 전 시험문제를 열람하는 행위나 시험종료 후 답안을 작성하는 행위를 한 사람**은 「공무원 임용시험령」 제51조에 의거 **부정행위자**로 처리됩니다.
2. **답안지 책형 표기는 시험시작 전** 감독관의 지시에 따라 **문제책 앞면에 인쇄된 문제책형을 확인**한 후, **답안지 책형란에 해당 책형(1개)**을 '●'로 표기하여야 합니다.
3. 시험이 시작되면 문제를 주의 깊게 읽은 후, **문항의 취지에 가장 적합한 하나의 정답만을 고르며**, 문제내용에 관한 질문은 할 수 없습니다.
4. **답안을 잘못 표기하였을 경우에는 답안지를 교체하여 작성**하거나 **수정할 수 있으며**, 표기한 답안을 수정할 때는 **응시자 본인이 가져온 수정테이프만을 사용**하여 해당 부분을 완전히 지우고 부착된 수정테이프가 떨어지지 않도록 손으로 눌러주어야 합니다. **(수정액 또는 수정 스티커 등은 사용 불가)**
5. **시험시간 관리의 책임은 응시자 본인에게 있습니다.**
   ※ 문제책은 시험종료 후 가지고 갈 수 있습니다.

모바일 자동 채점 및 성적 분석 서비스

'약점 보완 해설집'에 회차별로 수록된 QR코드를 인식하면 응시 인원 대비 자신의 성적 위치를 확인할 수 있습니다.

1. 다음 <그림>은 A강의 지점별 폭-수심비의 변화를 나타낸 것이다. 이에 대한 <보기>의 설명 중 옳은 것을 모두 고르면?

<그림> A강의 지점별 폭-수심비의 변화

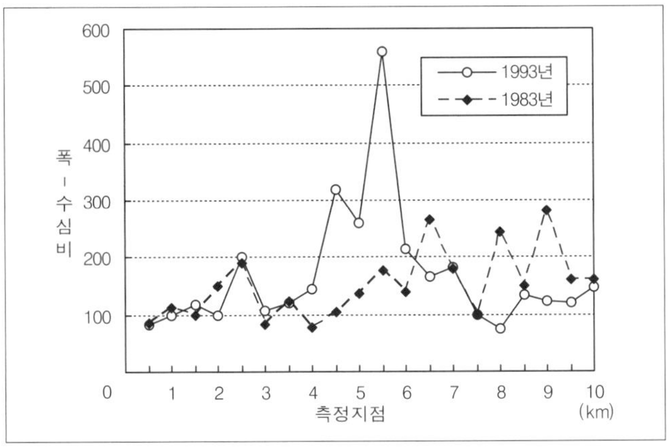

※ 폭-수심비는 전체 10km 측정구간 중 하류지점부터 매 500m마다의 측정지점에서 폭과 수심을 측정하여 계산한 결과임.

<보 기>

ㄱ. 1993년 폭-수심비 최댓값은 500보다 크다.
ㄴ. 1983년과 1993년의 폭-수심비 차이가 가장 큰 측정지점은 6.5km 지점이다.
ㄷ. 1983년 폭-수심비 최댓값과 최솟값의 차이는 300보다 크다.

① ㄱ　　② ㄴ　　③ ㄱ, ㄷ
④ ㄴ, ㄷ　　⑤ ㄱ, ㄴ, ㄷ

2. 다음은 2007~2010년 우리나라 국민건강영양조사 결과에 관한 <보고서>이다. <보고서>에 제시된 내용과 부합하지 않는 것은?

<보고서>

○ 2010년 19세 이상 성인의 비만율은 남성 36.3%, 여성 24.8%였고, 30세 이상 성인 중 남성의 경우 30대의 비만율이 가장 높았으며, 여성의 경우 60대의 비만율이 가장 높았다.
○ 2007~2010년 동안 19세 이상 성인 남성의 현재흡연율과 월평균음주율은 각각 매년 증가하였다. 같은 기간 동안 19세 이상 성인 남성과 여성의 간접흡연노출률도 각각 매년 증가하였다.

① 19세 이상 성인의 현재흡연율

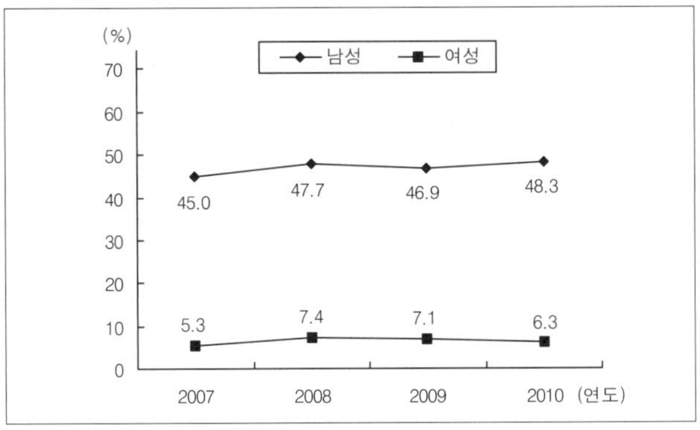

② 30세 이상 성인의 연령대별 비만율(2010년)

(단위: %)

30대		40대		50대		60대		70대 이상	
남성	여성	남성	여성	남성	여성	남성	여성	남성	여성
42.3	19.0	41.2	26.7	36.8	33.8	37.8	43.3	24.5	34.4

③ 19세 이상 성인의 월평균음주율

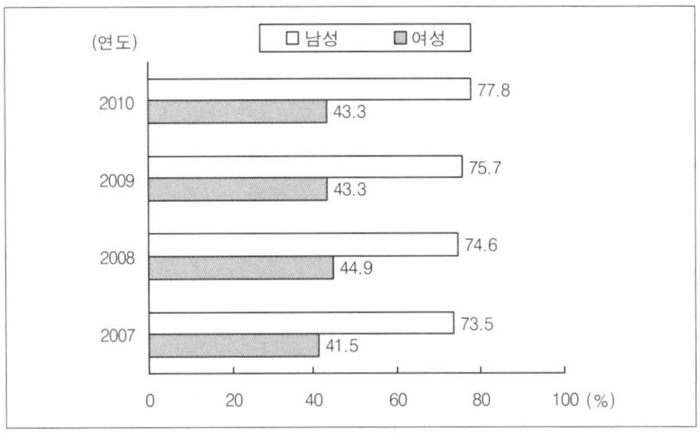

④ 19세 이상 성인의 비만율

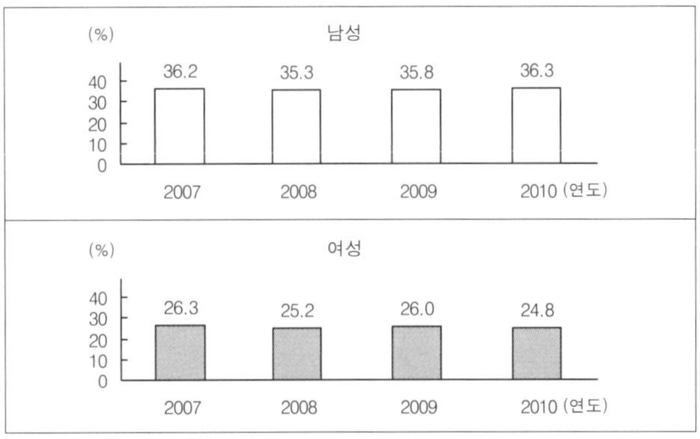

⑤ 19세 이상 성인의 간접흡연노출률

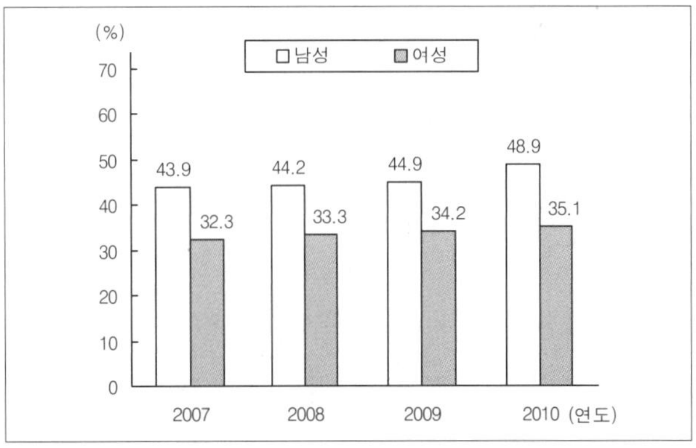

3. 다음은 <그림>과 <표>를 참고하여 작성한 외국인 관광객의 우리나라 지역축제 만족도와 이미지에 관한 <보고서>이다. <보고서>의 A~D에 들어갈 내용을 바르게 짝지은 것은?

<보고서>

우리나라 지역축제를 방문한 외국인 관광객을 대상으로 축제 만족도와 이미지를 5점 척도로 설문조사하였다.

외국인 관광객의 우리나라 지역축제에 대한 '전반적 만족도'는 평균 4.61점으로 만족 수준이 높았다. 우리나라 지역축제에 대해 '만족'('매우 만족'+'약간 만족')한다는 응답이 전체의 96.1%로 나타났으며, '보통'은 3.0%, '불만족'('매우 불만족'+'약간 불만족')은 (A)에 불과하였다.

외국인 관광객의 부문별 만족도를 성별로 살펴보면, (B) 부문만이 여성의 만족도가 남성의 만족도보다 높게 나타났으며, 그 외 부문은 남성의 만족도가 더 높은 것으로 나타났다.

연령대별로 살펴보면, '전반적 만족도'는 '50대 이상', '40대', '20대', '10대', '30대' 순으로 높았고, '음식', '쇼핑', '안내정보서비스' 부문에서는 (C) 연령대가 모든 연령대 중 가장 높은 만족도를 보였다.

외국인 관광객의 우리나라 지역축제에 대한 항목별 이미지를 성별로 분석해 본 결과, 남성은 여성에 비해 '다양하다'와 '역동적이다'는 이미지를 더 강하게 인식하는 반면, 여성은 남성에 비해 (D)의 이미지를 더 강하게 인식하고 있는 것으로 나타났다.

※ 5점 척도 값이 클수록 만족도가 높거나 이미지가 강한 것을 나타냄.

<그림 1> 외국인 관광객의 지역축제에 대한 '전반적 만족도' 응답 분포

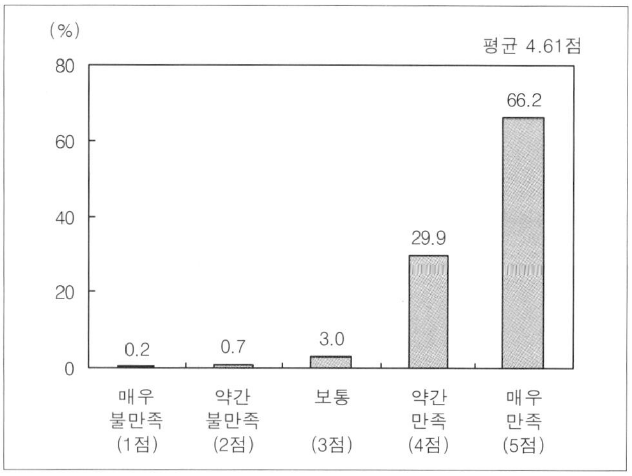

<그림 2> 외국인 관광객 성별 부문별 지역축제 만족도

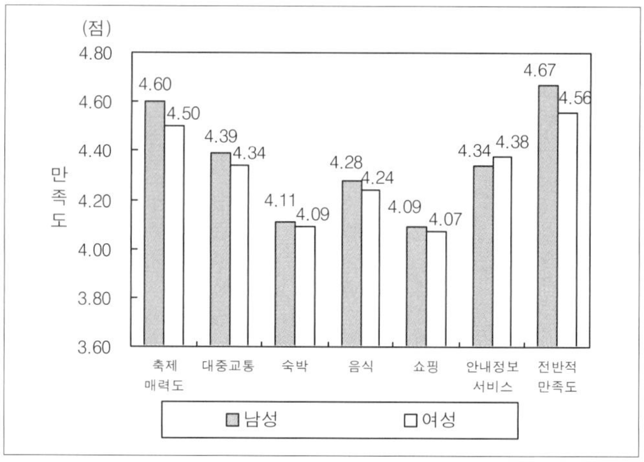

<그림 3> 외국인 관광객 성별 지역축제에 대한 이미지

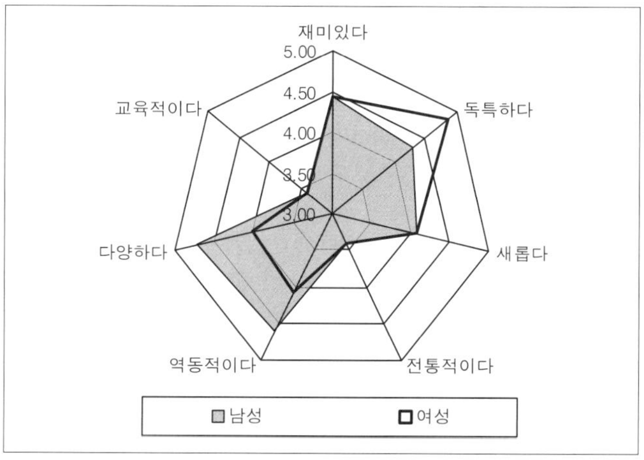

<표> 외국인 관광객 연령대별 부문별 지역축제 만족도

(단위: 점)

부문 \ 연령대	10대	20대	30대	40대	50대 이상	평균
축제 매력도	4.45	4.56	4.45	4.78	4.58	4.55
대중교통	4.37	4.34	4.41	4.65	4.60	4.36
숙박	4.43	4.07	4.09	4.45	4.43	4.10
음식	4.39	4.26	4.16	4.41	4.63	4.26
쇼핑	4.33	4.03	4.15	4.20	4.43	4.08
안내정보서비스	4.56	4.38	4.15	4.32	4.62	4.36
전반적 만족도	4.45	4.64	4.44	4.70	4.83	4.61

	A	B	C	D
①	0.7%	대중교통	40대	재미있다
②	0.7%	숙박	20대	새롭다
③	0.9%	안내정보서비스	20대	독특하다
④	0.9%	안내정보서비스	50대 이상	독특하다
⑤	0.9%	대중교통	50대 이상	재미있다

4. 다음 <그림>과 <표>는 2011~2014년 소셜네트워크 서비스 이용자 및 소셜광고 시장에 관한 자료이다. 이를 바탕으로 작성한 <보고서>의 내용 중 옳지 않은 것은?

<그림 1> 세계 소셜네트워크 서비스 이용자 현황 및 전망

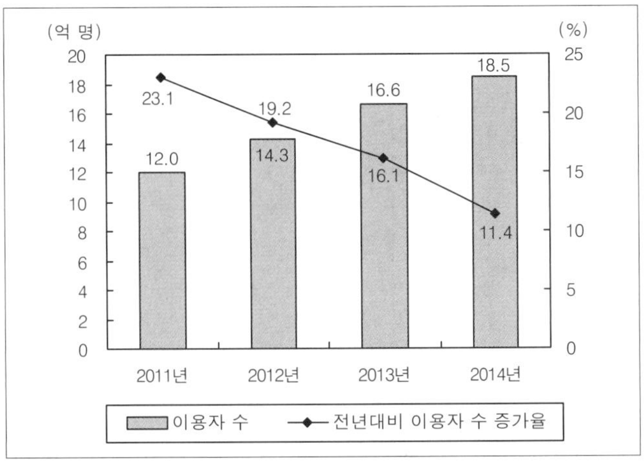

<그림 2> 세계 소셜광고 시장 현황 및 전망

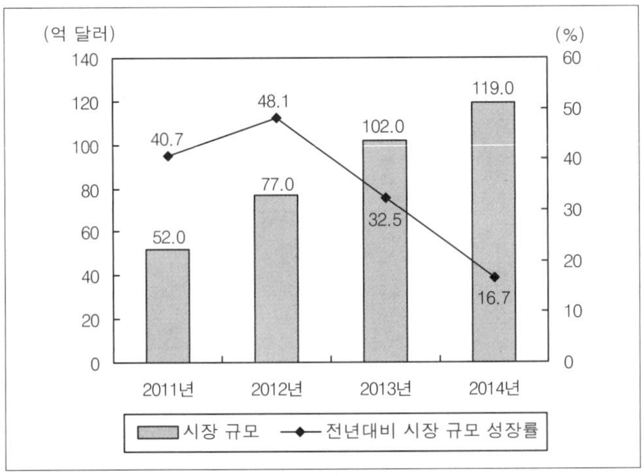

<표> 미국 소셜광고 사업자별 시장 현황 및 전망

(단위: 억 달러, %)

구분 \ 연도		2011	2012	2013	2014
시장 규모		25.4	36.3	47.3	55.9
시장 점유율	페이스북	67	71	70	67
	소셜게임	8	7	6	6
	트위터	5	6	7	8
	링크드인	4	4	4	4
	기타	16	12	13	15
합계		100	100	100	100

※ 기타는 시장점유율 3% 미만 업체의 시장점유율을 모두 합한 수치임.

<보고서>

㉠세계 소셜네트워크 서비스 이용자는 2011년의 12.0억 명에서 2014년에는 18.5억 명으로 50% 이상 증가할 것으로 전망된다. 소셜네트워크 서비스가 새로운 미디어 매체로 대두되면서 소셜광고 시장 또한 급성장하고 있다. ㉡세계 소셜광고 시장 규모는 2012년에 전년대비 48.1%의 성장률을 보이면서 77.0억 달러에 이를 것으로 예측되며, 이후에도 계속 성장하여 2014년에는 119.0억 달러를 기록할 것으로 전망된다. ㉢미국 소셜광고 시장 규모는 2011년 25.4억 달러에서 2014년에는 55.9억 달러로 성장하여 세계 소셜광고 시장의 50% 이상을 차지할 것으로 전망된다. 미국 소셜광고 사업자별 시장 현황 및 전망을 살펴보면 ㉣2011년 기준으로 페이스북이 67%로 가장 높은 시장 점유율을 나타내고 있으며, 소셜게임, 트위터, 링크드인이 그 뒤를 잇고 있다. ㉤2014년에는 페이스북의 시장 점유율이 2012년 대비 4%p 감소할 전망이나 여전히 높은 시장 점유율을 유지할 것으로 예측된다.

① ㄱ ② ㄴ ③ ㄷ
④ ㄹ ⑤ ㅁ

5. 다음 <표>는 2004~2011년 우리나라 연령대별 여성취업자에 관한 자료 중 일부이다. 이에 대한 설명 중 옳지 않은 것은?

<표> 연령대별 여성취업자

(단위: 천 명)

연도	전체 여성취업자	연령대		
		20대	50대	60대 이상
2004	9,364	2,233	1,283	993
2005	9,526	2,208	1,407	1,034
2006	9,706	2,128	1,510	1,073
2007	9,826	2,096	1,612	1,118
2008	9,874	2,051	1,714	1,123
2009	9,772	1,978	1,794	1,132
2010	9,914	1,946	1,921	1,135
2011	10,091	1,918	2,051	1,191

① 20대 여성취업자는 매년 감소하였다.
② 2011년 20대 여성취업자는 전년대비 3% 이상 감소하였다.
③ 50대 여성취업자가 20대 여성취업자보다 많은 연도는 2011년 한 해이다.
④ 2007~2010년 동안 전체 여성취업자의 전년대비 증감폭은 2010년이 가장 크다.
⑤ 전체 여성취업자 중 50대 여성취업자가 차지하는 비율은 2011년이 2005년보다 높다.

6. 다음 <그림>과 <표>는 OECD국가와 한국인의 성별 기대수명에 관한 자료이다. 이에 대한 설명 중 옳은 것은?

<그림> 2009년 OECD국가의 성별 기대수명(상위 10개국)

(단위: 세)

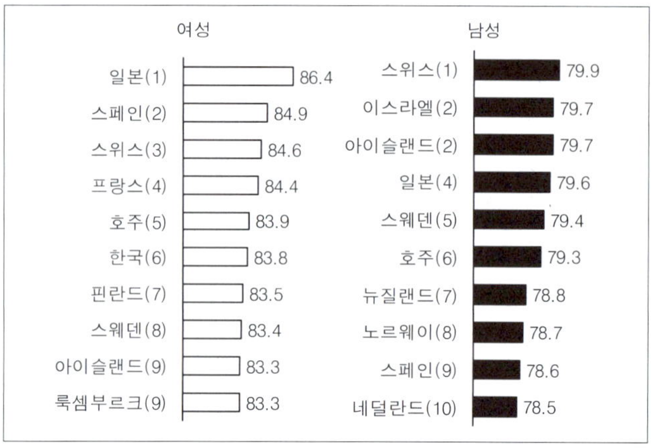

※ ( ) 안의 숫자는 OECD국가 중 해당 국가의 순위임.

<표> 한국인의 성별 기대수명(2003~2009년)

성별 / 연도 구분	여성		남성	
	순위	기대수명(세)	순위	기대수명(세)
2003	19	80.8	26	73.9
2006	13	82.4	23	75.7
2009	6	83.8	20	76.8

※ 순위는 OECD국가 중 한국의 순위임.

① 2003년 대비 2009년 한국 남성의 기대수명은 5% 이상 증가하였다.
② 2009년의 경우, 일본 남성의 기대수명은 일본 여성의 기대수명의 90% 이하이다.
③ 2009년 여성과 남성의 기대수명이 모두 상위 5위 이내인 OECD 국가의 수는 2개이다.
④ 2006년과 2009년 한국 남성의 기대수명 차이는 2006년과 2009년 한국 여성의 기대수명 차이보다 크다.
⑤ 2009년 스위스 여성과 스웨덴 여성의 기대수명 차이는 두 나라 남성의 기대수명 차이보다 작다.

7. 다음 <표>는 세계 38개 국가의 공적연금 체계를 비교한 자료이다. 이에 대한 설명 중 옳지 않은 것은?

<표> 세계 38개 국가의 공적연금 체계 비교

본인부담 여부	부담 방식				비부담 방식		해당국가
사회기여 방식	사회 보험식		퇴직 준비금식	강제 가입식	사회 수당식	사회 부조식	
체계 \ 급여 방식	정액 급여	소득 비례 급여	기여 비례 급여	기여 비례 급여	정액 급여	보충 급여	
일원 체계	○						네덜란드, 아이슬랜드
		○					독일, 오스트리아, 미국, 스페인, 포르투갈, 중국, 한국
					○		뉴질랜드, 브루나이
						○	호주, 남아프리카공화국
			○				싱가포르, 말레이시아, 인도, 인도네시아
이원 체계	○	○					일본, 영국, 노르웨이, 핀란드
	○					○	아일랜드
		○				○	이탈리아, 스웨덴, 프랑스, 벨기에, 불가리아, 루마니아, 스위스
		○		○			칠레, 멕시코, 아르헨티나, 페루, 콜롬비아
삼원 체계	○	○				○	이스라엘, 라트비아
	○				○	○	덴마크
		○			○	○	캐나다

※ '○'은 해당 국가에서 해당 방식을 도입한 것을 의미함.

① 기여비례급여를 도입한 국가는 모두 9개이다.
② 삼원체계로 분류된 국가 중 비부담 방식을 도입한 국가는 4개이다.
③ 일원체계로 분류된 국가의 수와 이원체계로 분류된 국가의 수는 같다.
④ 보충급여를 도입한 국가의 수는 소득비례급여를 도입한 국가의 수보다 많다.
⑤ 정액급여를 도입한 국가의 경우, 일원체계로 분류된 국가의 수는 이원체계로 분류된 국가의 수보다 적다.

8. 다음 <표>는 2004~2011년 참여공동체 및 참여어업인 현황에 대한 자료이다. 이에 대한 설명 중 옳지 않은 것은?

<표 1> 어업유형별 참여공동체 현황

(단위: 개소)

어업유형 \ 연도	2004	2005	2006	2007	2008	2009	2010	2011
마을어업	32	61	159	294	341	391	438	465
양식어업	11	15	46	72	78	80	85	89
어선어업	8	29	52	102	115	135	156	175
복합어업	12	17	43	94	102	124	143	153
내수면어업	0	0	8	17	23	28	41	50
전체	63	122	308	579	659	758	863	932

<표 2> 지역별 참여공동체 현황

(단위: 개소)

지역 \ 연도	2004	2005	2006	2007	2008	2009	2010	2011
부산	1	4	5	15	15	18	21	25
인천	6	7	13	25	29	36	40	43
울산	1	3	10	15	15	16	18	20
경기	2	5	12	23	24	24	29	32
강원	7	15	21	39	47	58	71	82
충북	0	0	5	7	8	12	16	17
충남	4	10	27	49	50	63	74	82
전북	5	9	25	38	41	41	41	44
전남	20	32	99	184	215	236	258	271
경북	7	15	37	69	73	78	87	91
경남	8	16	33	76	100	134	163	177
제주	2	6	21	39	42	42	45	48
전체	63	122	308	579	659	758	863	932

<표 3> 참여어업인 현황

(단위: 명)

구분 \ 연도	2004	2005	2006	2007	2008	2009	2010	2011
참여어업인	5,107	10,765	24,805	44,061	50,728	56,100	60,902	63,860

① 참여어업인은 매년 증가하였다.
② 2005년 전체 참여공동체 중 전남지역 참여공동체가 차지하는 비율은 30% 이상이다.
③ 충북지역을 제외하고, 2004년 대비 2011년 참여공동체 증가율이 가장 낮은 지역은 인천이다.
④ 2006년 이후 각 어업유형에서 참여공동체는 매년 증가하였다.
⑤ 참여공동체가 많은 지역부터 나열하면, 충남지역의 순위는 2009년과 2010년이 동일하다.

9. 다음 <표>는 어느 축구대회 1조에 속한 4개국(A~D)의 최종 성적을 정리한 자료이다. 이에 대한 설명 중 옳지 않은 것은?

<표> 1조의 최종 성적

구분	승	무	패	득점	실점	승점
A국	0	( )	2	1	4	1
B국	( )	1	( )	3	5	( )
C국	1	( )	1	3	( )	( )
D국	( )	1	0	4	0	( )

※ 1) 각 국가는 나머지 세 국가와 한 경기씩 총 세 경기를 하였음.
2) 국가별 승점 = 3 × 승리한 경기 수 + 1 × 무승부 경기 수 + 0 × 패배한 경기 수

① B국의 성적은 1승 1무 1패이다.
② 모든 국가는 각각 1무씩 거두었다.
③ D국은 2승을 거두었다.
④ C국의 실점은 2이다.
⑤ B국이 C국보다 승점이 더 높다.

10. 다음 <그림>과 <표>는 어느 도시의 엥겔계수 및 슈바베계수 추이와 소비지출 현황을 나타낸 것이다. 빈 칸 A~E에 들어갈 값으로 잘못 짝지어진 것은?

<그림> 엥겔계수 및 슈바베계수 추이(2005~2011년)

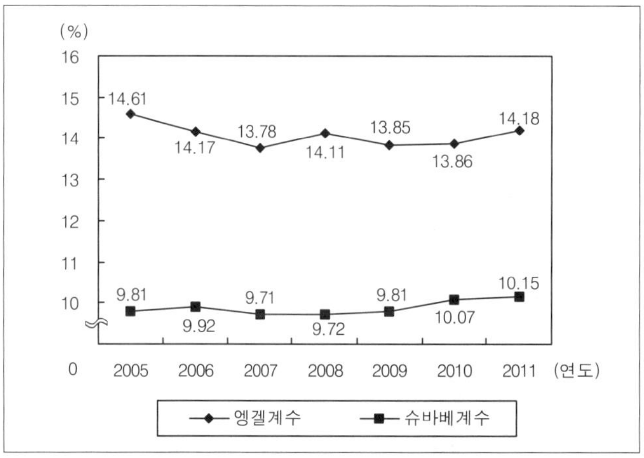

<표> 연도별 소비지출 현황(2008~2011년)

(단위: 억 원, %p)

연도 \ 구분	총소비지출	식료품·비주류음료 소비지출	주거·수도·광열 소비지출	계수 차이
2008	100,000	(A)	9,720	4.39
2009	120,000	16,620	(B)	4.04
2010	150,000	20,790	15,105	(C)
2011	(D)	(E)	20,300	4.03

※ 1) 엥겔계수(%) = $\frac{\text{식료품·비주류음료 소비지출}}{\text{총소비지출}} \times 100$
2) 슈바베계수(%) = $\frac{\text{주거·수도·광열 소비지출}}{\text{총소비지출}} \times 100$
3) 계수 차이 = |엥겔계수 − 슈바베계수|

① A: 14,110 ② B: 11,772 ③ C: 3.79
④ D: 200,000 ⑤ E: 27,720

11. 다음 <표>는 2007~2009년 방송사 A~D의 방송심의규정 위반에 따른 제재 현황을 나타낸 것이다. 이 <표>를 이용하여 작성한 그래프로 옳지 않은 것은?

<표> 방송사별 제재 건수

(단위: 건)

연도 / 제재 / 방송사	2007		2008		2009	
	법정제재	권고	법정제재	권고	법정제재	권고
A	21	1	12	36	5	15
B	25	3	13	29	20	20
C	12	1	8	25	14	20
D	32	1	14	30	24	34
전체	90	6	47	120	63	89

※ 제재는 법정제재와 권고로 구분됨.

① 방송사별 법정제재 건수 변화

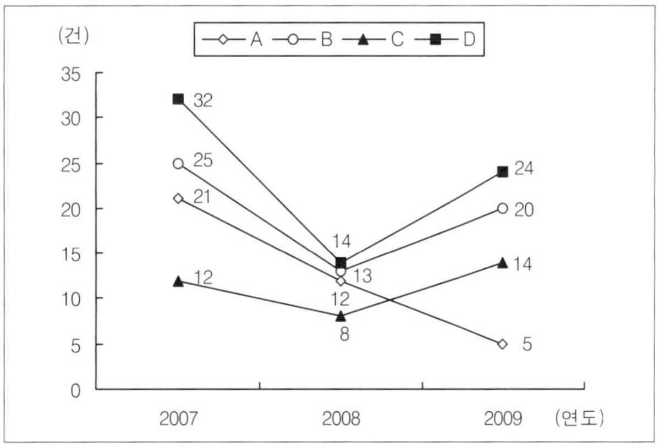

② 연도별 빙송사 전체의 법정제재 및 권고 건수

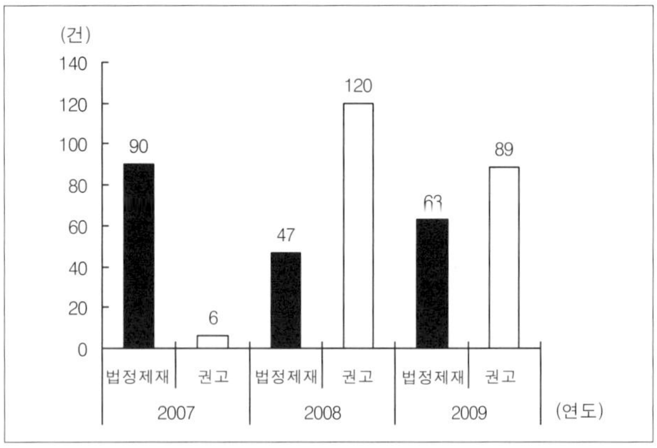

③ 2007년 법정제재 건수의 방송사별 구성비

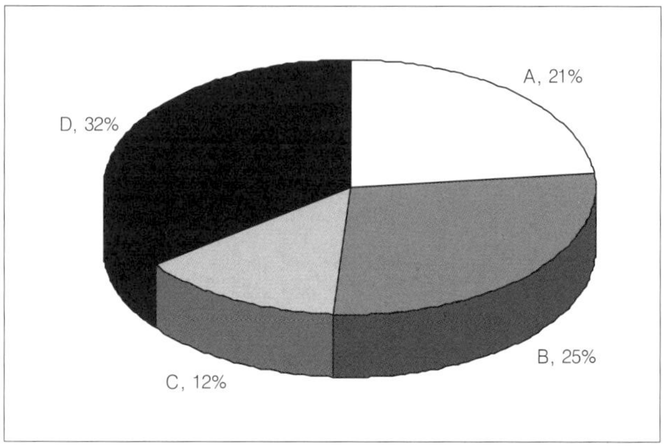

④ 2008년 방송사별 법정제재 및 권고 건수

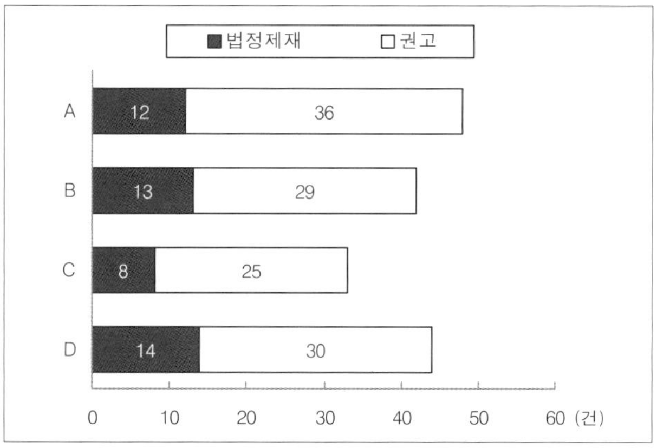

⑤ 2008년과 2009년 방송사별 권고 건수

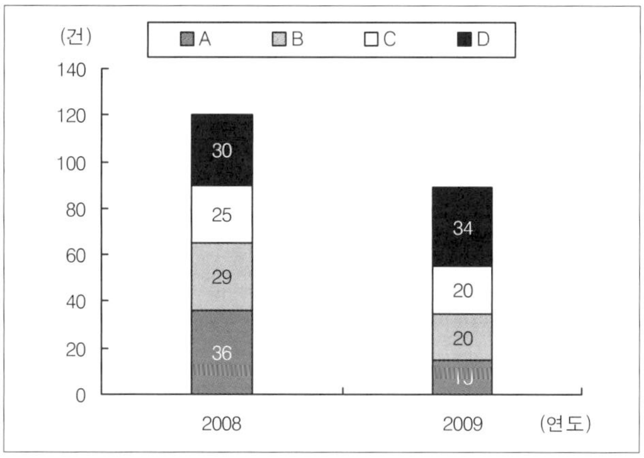

12. 다음 <표>는 어느 학급 전체 학생 55명의 체육점수 분포이다. 이에 대한 <보기>의 설명 중 옳은 것을 모두 고르면?

<표> 체육점수 분포

점수(점)	1	2	3	4	5	6	7	8	9	10
학생 수(명)	1	0	5	10	23	10	5	0	1	0

※ 점수는 1점 단위로 1~10점까지 주어짐.

<보 기>

ㄱ. 전체 학생을 체육점수가 낮은 학생부터 나열하면 중앙에 위치한 학생의 점수는 5점이다.
ㄴ. 4~6점을 받은 학생 수는 전체 학생 수의 86% 이상이다.
ㄷ. 학급의 체육점수 산술평균은 전체 학생이 받은 체육점수 중 최고점과 최저점을 제외하고 구한 산술평균과 다르다.
ㄹ. 학급에서 가장 많은 학생이 받은 체육점수는 5점이다.

① ㄱ ② ㄴ ③ ㄱ, ㄹ
④ ㄴ, ㄷ ⑤ ㄱ, ㄷ, ㄹ

13. 다음 <보고서>는 방송통신정책환경에 관한 내용이다. <보고서>를 작성하는 데 직접적인 근거로 활용되지 않은 것은?

<보고서>

2009년 세계 지역별 통신서비스 시장 매출액의 합계는 1조 3,720억 달러에 달하였으며, 2012년에는 1조 4,920억 달러일 것으로 추정된다. 2010년 세계 통신서비스 형태별 가입자 수를 살펴보면, 이동전화 서비스 가입자 수는 세계 인구의 79%에 해당하는 51억 6,700만 명으로 가장 많았고, 그 다음으로는 유선전화, 인터넷, 브로드밴드 순서로 가입자가 많았다.

한편 우리나라의 경우 2008~2010년 GDP에서 정보통신기술(ICT) 산업이 차지하는 비중은 매년 증가하여 2010년에는 11.2%였다. 2010년 4사분기 국내 IPTV 서비스 가입자 수는 308만 6천 명이고, Pre-IPTV와 IPTV 서비스 가입자 수의 합계는 365만 9천 명이다.

① 국내 Pre-IPTV와 IPTV 서비스 가입자 수 추이

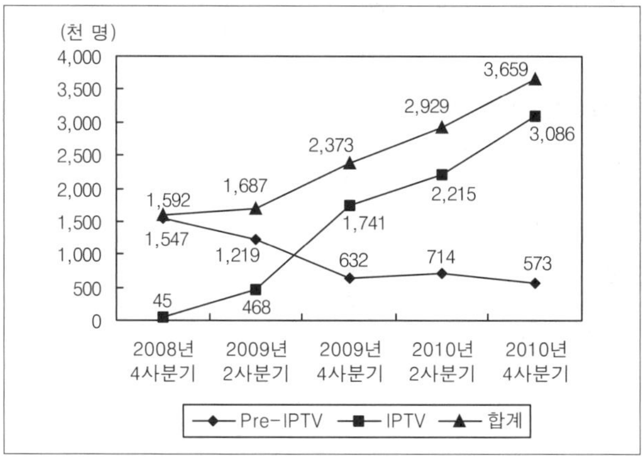

② 국내 IPTV 서비스 매출액

(단위: 억 원)

구분	2009년	2010년	2011년
매출액	807	4,168	5,320

③ 2010년 세계 통신서비스 형태별 가입자 수

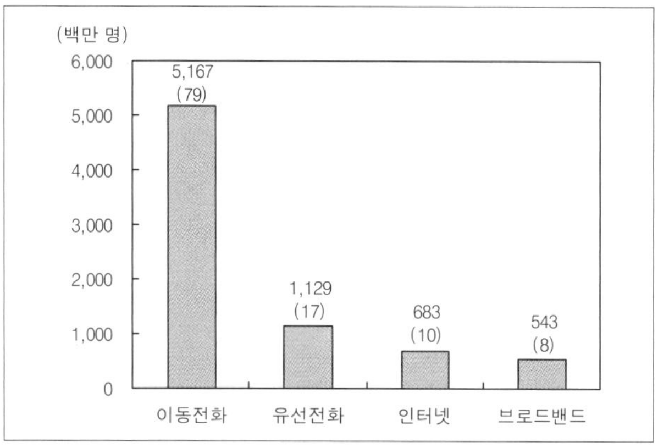

※ ( ) 안의 숫자는 세계 인구수 대비 비율(%)임.

④ 세계 지역별 통신서비스 시장 매출액

(단위: 십억 달러)

지역 \ 연도	2009	2010	2011	2012
북미	347	349	352	355
유럽	416	413	415	421
아시아/태평양	386	399	419	439
남미	131	141	152	163
중동/아프리카	92	99	107	114
합계	1,372	1,401	1,445	1,492

※ 2012년 자료는 추정치임.

⑤ 우리나라 GDP 대비 ICT산업 비중

(단위: %)

구분 \ 연도	2008	2009	2010
GDP 성장률	2.3	0.2	6.1
ICT산업 성장률	6.8	5.3	14.0
GDP 대비 ICT산업 비중	9.9	10.4	11.2

※ 백분율(%)은 소수점 아래 둘째 자리에서 반올림한 값임.

14. 다음 <그림>은 2011년 어느 회사에서 판매한 전체 10가지 제품유형(A~J)의 수요예측치와 실제수요의 관계를 나타낸 자료이다. 이에 대한 설명 중 옳은 것은?

<그림> 제품유형별 수요예측치와 실제수요

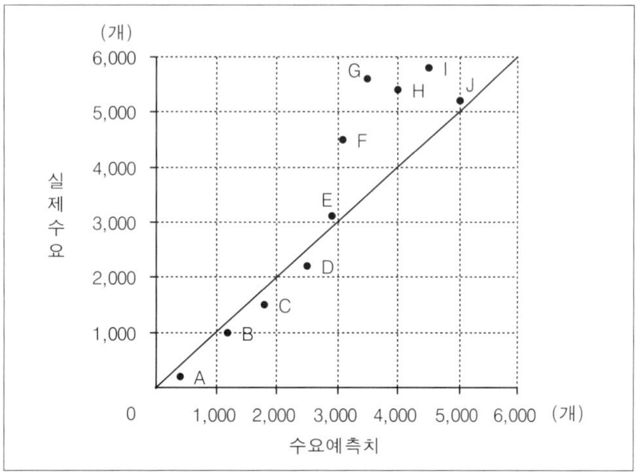

※ 수요예측 오차 = |수요예측치 − 실제수요|

① 수요예측 오차가 가장 작은 제품유형은 G이다.
② 실제수요가 큰 제품유형일수록 수요예측 오차가 작다.
③ 수요예측치가 가장 큰 제품유형은 실제수요도 가장 크다.
④ 실제수요가 3,000개를 초과한 제품유형 수는 전체 제품유형 수의 50% 이하이다.
⑤ 실제수요가 3,000개 이하인 제품유형은 각각 수요예측치가 실제수요보다 크다.

15. 다음 <표>는 피트니스 클럽의 입장료 및 사우나 유무에 대한 선호도 조사 결과이다. <표>와 <산식>을 이용하여 이용객 선호도를 구할 때, 입장료와 사우나 유무의 조합 중 이용객 선호도가 세 번째로 큰 조합은?

<표 1> 입장료 선호도 조사 결과

입장료	선호도
5,000원	4.0점
10,000원	3.0점
20,000원	0.5점

<표 2> 사우나 유무 선호도 조사 결과

사우나	선호도
유	3.3점
무	1.7점

<산 식>

이용객 선호도 = 입장료 선호도 + 사우나 유무 선호도

	입장료	사우나 유무
①	5,000원	유
②	5,000원	무
③	10,000원	유
④	10,000원	무
⑤	20,000원	유

16. 다음 <그림>은 20개 국가(A~T)의 1인당 GDP와 자살률의 관계를 나타낸 것이다. 이에 대한 설명 중 옳은 것은?

<그림> 20개 국가의 1인당 GDP와 자살률

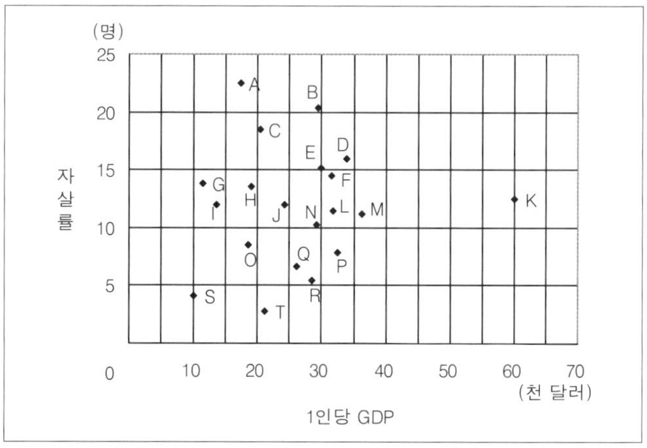

① 1인당 GDP가 가장 낮은 국가는 자살률도 가장 낮다.
② 1인당 GDP가 4만 달러 이상인 국가의 자살률은 10명 미만이다.
③ 자살률이 가장 높은 국가와 가장 낮은 국가의 자살률 차이는 15명 이하이다.
④ 자살률이 가장 높은 국가의 1인당 GDP는 자살률이 두 번째로 높은 국가의 1인당 GDP의 50% 이상이다.
⑤ C국보다 자살률과 1인당 GDP가 모두 낮은 국가의 수는 C국보다 자살률과 1인당 GDP가 모두 높은 국가의 수와 같다.

17. 다음 <그림>은 A~D 음료의 8개 항목에 대한 소비자평가 결과를 나타낸 것이다. 이에 대한 설명 중 옳은 것은?

<그림> A~D 음료의 항목별 소비자평가 결과

(단위: 점)

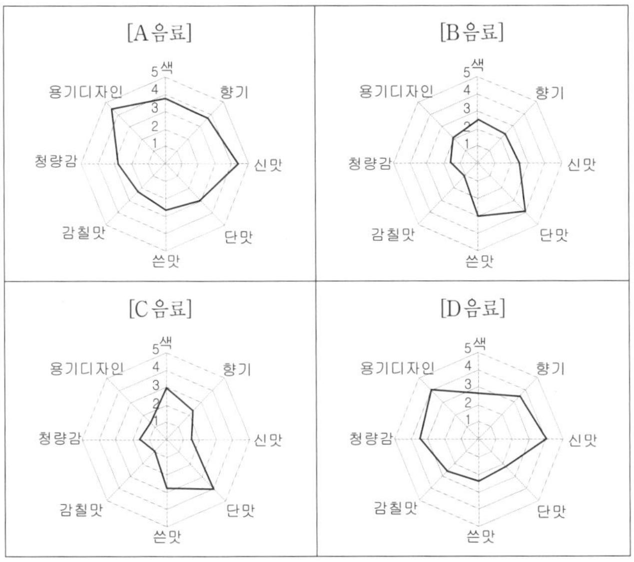

※ 1점이 가장 낮은 점수이고 5점이 가장 높은 점수임.

① C 음료는 8개 항목 중 '쓴맛'의 점수가 가장 높다.
② '용기디자인'의 점수는 A 음료가 가장 높고, C 음료가 가장 낮다.
③ A 음료는 B 음료보다 7개 항목에서 각각 높은 점수를 받았다.
④ 소비자평가 결과의 항목별 점수의 합은 B 음료가 D 음료보다 크다.
⑤ A~D 음료 간 '색'의 점수를 비교할 때 점수가 가장 높은 음료는 '단맛'의 점수를 비교할 때에도 점수가 가장 높다.

18. 다음 <표>는 2006~2011년 어느 나라 5개 프로 스포츠 종목의 연간 경기장 수용규모 및 관중수용률을 나타낸 것이다. 이에 대한 설명 중 옳은 것은?

<표> 프로 스포츠 종목의 연간 경기장 수용규모 및 관중수용률

(단위: 천 명, %)

종목 \ 구분 \ 연도		2006	2007	2008	2009	2010	2011
야구	수용규모	20,429	20,429	20,429	20,429	19,675	19,450
	관중수용률	30.6	41.7	53.3	56.6	58.0	65.7
축구	수용규모	40,255	40,574	40,574	37,865	36,952	33,314
	관중수용률	21.9	26.7	28.7	29.0	29.4	34.9
농구	수용규모	5,899	6,347	6,354	6,354	6,354	6,653
	관중수용률	65.0	62.8	66.2	65.2	60.9	59.5
핸드볼	수용규모	3,230	2,756	2,756	2,756	2,066	2,732
	관중수용률	26.9	23.5	48.2	43.8	34.1	52.9
배구	수용규모	5,129	5,129	5,089	4,843	4,409	4,598
	관중수용률	16.3	27.3	24.6	30.4	33.4	38.6

※ 관중수용률(%) = $\frac{\text{연간 관중 수}}{\text{연간 경기장 수용규모}} \times 100$

① 축구의 연간 관중 수는 매년 증가한다.
② 관중수용률은 농구가 야구보다 매년 높다.
③ 관중수용률이 매년 증가한 종목은 3개이다.
④ 2009년 연간 관중 수는 배구가 핸드볼보다 많다.
⑤ 2007~2011년 동안 연간 경기장 수용규모의 전년대비 증감 방향은 농구와 핸드볼이 동일하다.

19. 다음 <그림>은 2010~2011년 동안 변리사 A와 B의 특허출원 건수에 대한 자료이다. 2011년 변리사 B의 특허출원 건수는 2010년 변리사 B의 특허출원 건수의 몇 배인가? (단, 특허출원은 변리사 A 또는 B 단독으로만 이루어진다)

<그림 1> 2010~2011년 동안 변리사별 전체 특허출원 건수

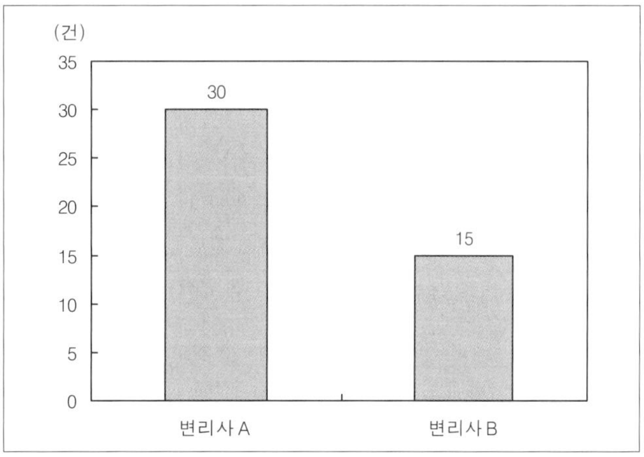

<그림 2> 변리사 A와 B의 전체 특허출원 건수 연도별 구성비

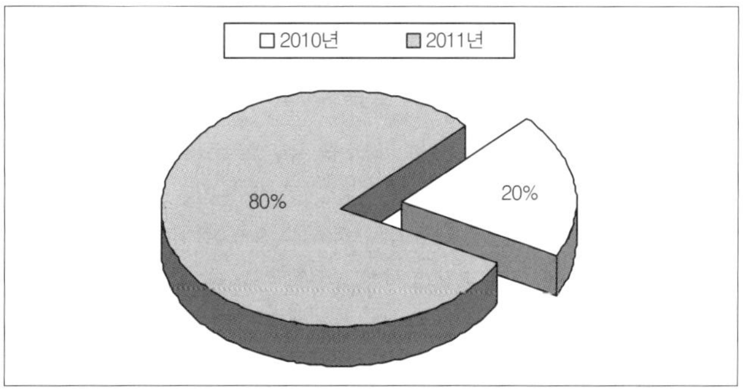

<그림 3> 변리사 A의 전체 특허출원 건수 연도별 구성비

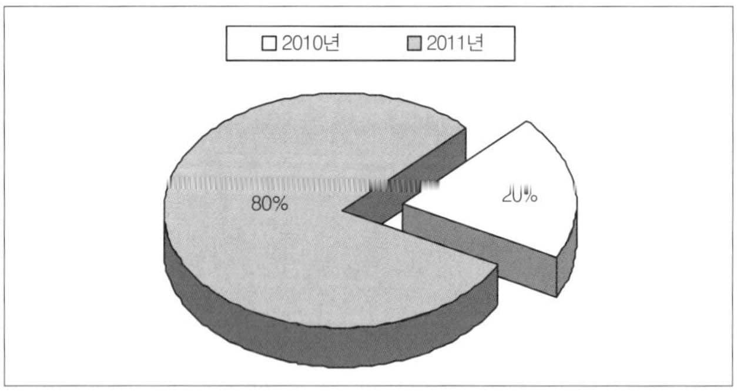

① 2배
② 3배
③ 4배
④ 5배
⑤ 6배

20. 다음 <그림>은 2011년 어느 회사 사원 A~C의 매출에 관한 자료이다. 2011년 4사분기의 매출액이 큰 사원부터 나열하면?

<그림 1> 2011년 1사분기의 사원별 매출액

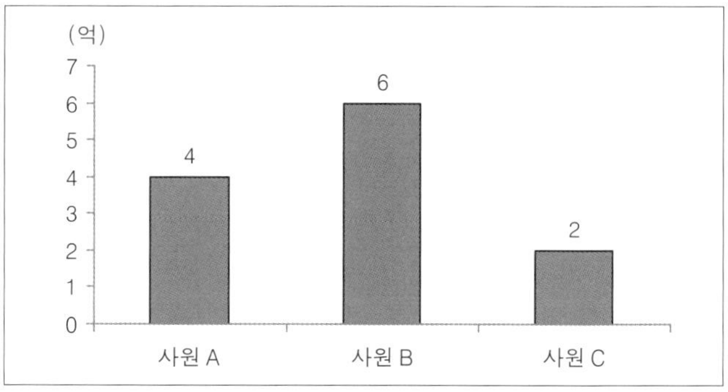

<그림 2> 2011년 2~4사분기 사원별 매출액 증감계수

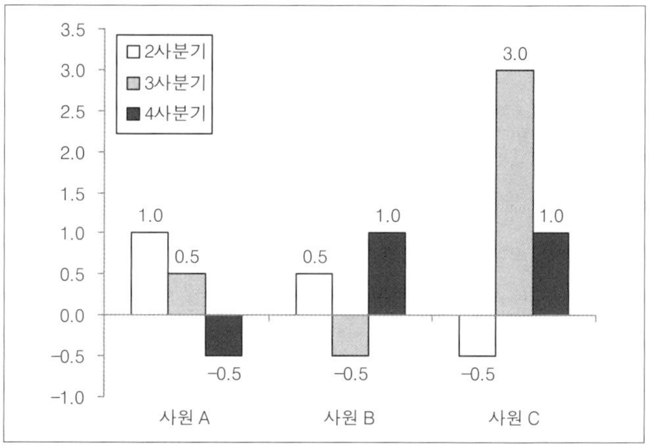

※ 해당 사분기 매출액 증감계수 = $\frac{\text{해당 사분기 매출액} - \text{직전 사분기 매출액}}{\text{직전 사분기 매출액}}$

① A, B, C
② A, C, B
③ B, A, C
④ B, C, A
⑤ C, A, B

21. 다음 <표>는 2010년과 2011년 주요 화재장소별 화재건수를 나타낸 것이다. <보기>를 이용하여 A~F를 구할 때 A, C, F에 해당하는 화재장소를 바르게 짝지은 것은?

<표> 주요 화재장소별 화재건수

(단위: 건)

구분	계	A	B	C	D	E	F
2011년 8월	2,200	679	1,111	394	4	4	8
2010년 8월	2,535	785	1,265	471	1	7	6
2011년 1~8월	24,879	7,140	11,355	3,699	24	49	2,612
2010년 1~8월	23,447	6,664	10,864	4,206	21	75	1,617

<보 기>

○ 2011년 8월에 전년동월대비 화재건수가 증가한 화재장소는 위험물보관소와 임야이다.
○ 2011년 1~8월 동안 화재건수가 많은 상위 두 곳은 사무실과 주택이다.
○ 2011년 1~8월 동안 화재건수가 100건이 넘지 않는 화재장소는 위험물보관소와 선박이다.
○ 2011년 1~8월 동안 주택과 차량에서 발생한 화재건수의 합은 사무실에서 발생한 화재건수보다 적다.

	A	C	F
①	사무실	선박	위험물보관소
②	사무실	차량	임야
③	주택	선박	임야
④	주택	선박	위험물보관소
⑤	주택	차량	임야

22. 다음 <표>는 2007~2011년 A국의 금융서비스 제공방식별 업무처리 건수 비중 현황이다. 이에 대한 <보기>의 설명 중 옳은 것을 모두 고르면?

<표> 금융서비스 제공방식별 업무처리 건수 비중 현황

(단위: %)

구분 연도	대면거래	비대면거래			합
		CD/ATM	텔레뱅킹	인터넷뱅킹	
2007	13.6	38.0	12.2	36.2	100.0
2008	13.8	39.5	13.1	33.6	100.0
2009	13.7	39.3	12.6	34.4	100.0
2010	13.6	39.8	12.4	34.2	100.0
2011	12.2	39.1	12.4	36.3	100.0

<보 기>

ㄱ. 2011년의 비대면거래 건수 비중은 2009년 대비 1.5%p 증가하였다.
ㄴ. 2008~2011년 동안 대면거래 건수는 매년 감소하였다.
ㄷ. 2007~2011년 동안 매년 비대면거래 중 업무처리 건수가 가장 적은 제공방식은 텔레뱅킹이다.
ㄹ. 2007~2011년 중 대면거래 금액이 가장 많았던 연도는 2008년이다.

① ㄱ, ㄷ ② ㄱ, ㄹ ③ ㄴ, ㄷ ④ ㄴ, ㄹ ⑤ ㄷ, ㄹ

23. 다음 <표>는 2008~2010년 동안 도로화물운송업의 분야별 에너지 효율성에 관한 자료이다. 이에 대한 <보기>의 설명 중 옳은 것을 모두 고르면?

<표> 도로화물운송업의 분야별 에너지 효율성

(단위: 리터, 톤·km, 톤·km/리터)

분야 연도 구분	일반화물			개별화물			용달화물		
	A	B	C	A	B	C	A	B	C
2008	4,541	125,153	27.6	1,722	37,642	21.9	761	3,714	4.9
2009	4,285	110,269	25.7	1,863	30,232	16.2	875	4,576	5.2
2010	3,970	107,943	27.2	1,667	18,523	11.1	683	2,790	4.1

※ 1) 도로화물운송업의 분야는 일반화물, 개별화물, 용달화물로 구분됨.
2) A: 화물차 1대당 월평균 에너지 사용량(리터)
B: 화물차 1대당 월평균 화물운송실적(톤·km)
C: 화물차 1대당 월평균 에너지 효율성(톤·km/리터) = $\frac{B}{A}$

<보 기>

ㄱ. 2008년 화물차 1대당 월평균 에너지 사용량이 가장 적은 분야는 용달화물이다.
ㄴ. 2009년 화물운송실적이 가장 큰 분야는 일반화물이다.
ㄷ. 2010년 화물차 1대당 월평균 에너지 효율성이 큰 분야부터 나열하면 일반화물, 개별화물, 용달화물이다.
ㄹ. 각 분야의 화물차 1대당 월평균 에너지 효율성은 매년 증가하였다.

① ㄱ, ㄴ
② ㄱ, ㄷ
③ ㄱ, ㄹ
④ ㄴ, ㄷ
⑤ ㄴ, ㄹ

24. 다음 <표>는 어느 해 주식 거래일 8일 동안 A사의 일별 주가와 <산식>을 활용한 5일이동평균을 나타낸 것이다. 이에 대한 <보기>의 설명 중 옳은 것을 모두 고르면?

<표> 주식 거래일 8일 동안 A사의 일별 주가 추이

(단위: 원)

거래일	일별 주가	5일이동평균
1	7,550	-
2	7,590	-
3	7,620	-
4	7,720	-
5	7,780	7,652
6	7,820	7,706
7	7,830	(　　)
8	(　　)	7,790

<산 식>

5일이동평균 = $\frac{\text{해당거래일 포함 최근 거래일 5일 동안의 일별 주가의 합}}{5}$

[예] 6거래일의 5일이동평균 = $\frac{7,590+7,620+7,720+7,780+7,820}{5} = 7,706$

<보 기>

ㄱ. 일별 주가는 거래일마다 상승하였다.
ㄴ. 5거래일 이후 5일이동평균은 거래일마다 상승하였다.
ㄷ. 2거래일 이후 일별 주가가 직전거래일 대비 가장 많이 상승한 날은 4거래일이다.
ㄹ. 5거래일 이후 해당거래일의 일별 주가와 5일이동평균 간의 차이는 거래일마다 감소하였다.

① ㄱ, ㄴ
② ㄴ, ㄷ
③ ㄷ, ㄹ
④ ㄱ, ㄴ, ㄷ
⑤ ㄴ, ㄷ, ㄹ

25. 다음 <그림>은 2008~2011년 외국기업의 국내 투자 현황에 대한 자료이다. 이에 대한 설명 중 옳은 것은?

<그림 1> 외국기업 국내 투자건수의 산업별 비율

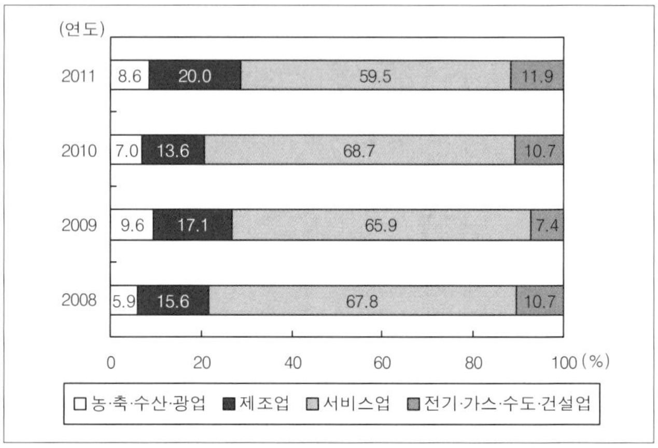

※ 비율은 소수점 아래 둘째자리에서 반올림한 값임.

<그림 2> 외국기업의 국내 서비스업 투자건수 및 총투자금액

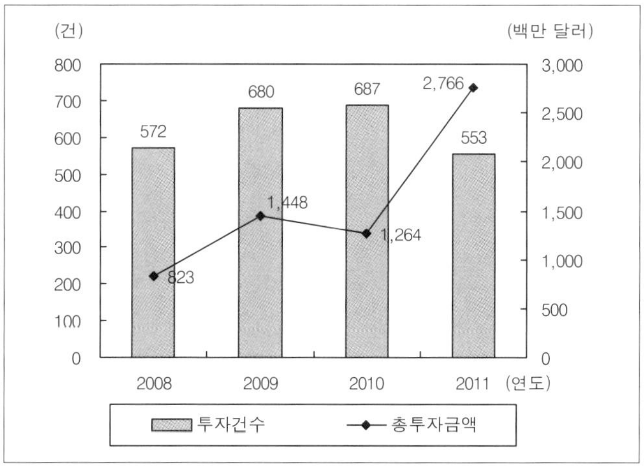

① 외국기업 국내 투자건수는 2010년이 2009년보다 적다.
② 2008년 외국기업의 국내 농·축·수산·광업에 대한 투자건수는 60건 이상이다.
③ 외국기업 국내 투자건수 중 제조업이 차지하는 비율은 매년 증가하였다.
④ 외국기업 국내 투자건수 중 각 산업이 차지하는 비율의 순위는 매년 동일하다.
⑤ 외국기업의 국내 서비스업 투자건당 투자금액은 매년 증가하였다.

약점 보완 해설집 p.142

시험일: ______년 ______월 ______일

2011년도 국가공무원 5급 및 7급 민경채 필기시험

| 자료해석영역 |

응시번호	
성명	

문제책형

경

응시자 주의사항

1. **시험시작 전 시험문제를 열람하는 행위나 시험종료 후 답안을 작성하는 행위를 한 사람**은 「공무원 임용시험령」 제51조에 의거 **부정행위자**로 처리됩니다.
2. **답안지 책형 표기는 시험시작 전** 감독관의 지시에 따라 **문제책 앞면에 인쇄된 문제책형을 확인**한 후, **답안지 책형란에 해당 책형(1개)**을 '●'로 표기하여야 합니다.
3. 시험이 시작되면 문제를 주의 깊게 읽은 후, **문항의 취지에 가장 적합한 하나의 정답만을 고르며**, 문제내용에 관한 질문은 할 수 없습니다.
4. **답안을 잘못 표기하였을 경우에는 답안지를 교체하여 작성**하거나 **수정할 수 있으며**, 표기한 답안을 수정할 때는 **응시자 본인이 가져온 수정테이프만을 사용**하여 해당 부분을 완전히 지우고 부착된 수정테이프가 떨어지지 않도록 손으로 눌러주어야 합니다. **(수정액 또는 수정 스티커 등은 사용 불가)**
5. **시험시간 관리의 책임은 응시자 본인에게 있습니다.**
   ※ 문제책은 시험종료 후 가지고 갈 수 있습니다.

모바일 자동 채점 및 성적 분석 서비스

'약점 보완 해설집'에 회차별로 수록된 QR코드를 인식하면 응시 인원 대비 자신의 성적 위치를 확인할 수 있습니다.

해커스PSAT

1. 다음 <그림>은 A사와 B사가 조사한 주요 TV 프로그램의 2011년 7월 넷째주 주간 시청률을 나타낸 자료이다. 이에 대한 <보기>의 설명 중 옳은 것을 모두 고르면?

<그림> 주요 TV 프로그램의 주간 시청률(2011년 7월 넷째주)

(단위: %)

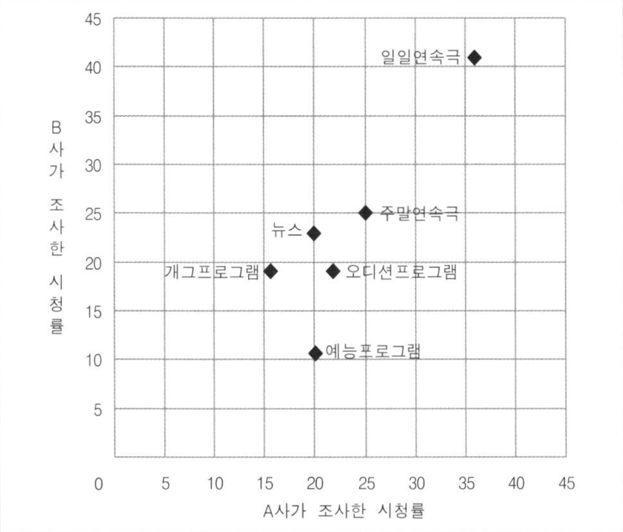

<보 기>

ㄱ. B사가 조사한 일일연속극 시청률은 40% 미만이다.
ㄴ. A사가 조사한 시청률과 B사가 조사한 시청률 간의 차이가 가장 큰 것은 예능프로그램이다.
ㄷ. 오디션프로그램의 시청률은 B사의 조사결과가 A사의 조사결과보다 높다.
ㄹ. 주말연속극의 시청률은 A사의 조사결과가 B사의 조사결과보다 높다.
ㅁ. A사의 조사에서는 오디션프로그램이 뉴스보다 시청률이 높으나 B사의 조사에서는 뉴스가 오디션프로그램보다 시청률이 높다.

① ㄱ, ㄷ
② ㄱ, ㅁ
③ ㄴ, ㄹ
④ ㄴ, ㅁ
⑤ ㄷ, ㄹ

2. 다음 <표>는 '갑'기업의 사채발행차금 상각 과정을 나타낸 것이다. 이에 대한 설명으로 옳지 않은 것은?

<표> 사채발행차금 상각 과정

(단위: 백만 원)

구분 \ 연도		1차년도	2차년도	3차년도	4차년도
이자비용(A)[=(전년도 E)×0.1]		-	900	( )	( )
액면이자(B)		-	600	600	600
사채발행차금	상각액(C) [=(당해년도 A)-(당해년도 B)]	-	300	( )	( )
	미상각잔액(D) [=(전년도 D)-(당해년도 C)]	3,000	2,700	( )	( )
사채장부가액(E) [=(전년도 E)+(당해년도 C)]		9,000	9,300	( )	9,993

※ 1차년도의 미상각잔액(3,000백만 원)과 사채장부가액(9,000백만 원)은 주어진 값임.

① 3차년도의 사채장부가액은 96억 원 이하이다.
② 3차년도, 4차년도의 상각액은 전년도 대비 매년 증가한다.
③ 3차년도, 4차년도의 이자비용은 전년도 대비 매년 증가한다.
④ 3차년도, 4차년도의 미상각잔액은 전년도 대비 매년 감소한다.
⑤ 3차년도 대비 4차년도의 사채장부가액 증가액은 4차년도의 상각액과 일치한다.

3. 다음 <표>는 성별에 따른 2008년도 국가별 암 발생률에 대한 자료이다. 이에 근거하여 정리한 것 중 옳지 않은 것은?

<표 1> 국가별 암 발생률(남자)

(단위: 명)

한국		일본		미국		영국	
위	63.8	위	46.8	전립선	83.8	전립선	62.1
폐	46.9	대장	41.7	폐	49.5	폐	41.6
대장	45.9	폐	38.7	대장	34.1	대장	36.2
간	38.9	전립선	22.7	방광	21.1	방광	13.0
전립선	23.0	간	17.6	림프종	16.3	림프종	12.0
기타	95.7	기타	79.8	기타	130.2	기타	115.9
계	314.2	계	247.3	계	335.0	계	280.8

※ 암 발생률: 특정기간 동안 해당 집단의 인구 10만 명당 새롭게 발생한 암 환자 수

<표 2> 국가별 암 발생률(여자)

(단위: 명)

한국		일본		미국		영국	
갑상선	68.6	유방	42.7	유방	76.0	유방	87.9
유방	36.8	대장	22.8	폐	36.2	대장	23.7
위	24.9	위	18.2	대장	25.0	폐	23.5
대장	24.7	폐	13.3	자궁체부	16.5	난소	12.8
폐	13.9	자궁경부	9.8	갑상선	15.1	자궁체부	11.1
기타	72.7	기타	60.8	기타	105.6	기타	90.5
계	241.6	계	167.6	계	274.4	계	249.5

① 성별에 따른 국가별 암 발생률의 계

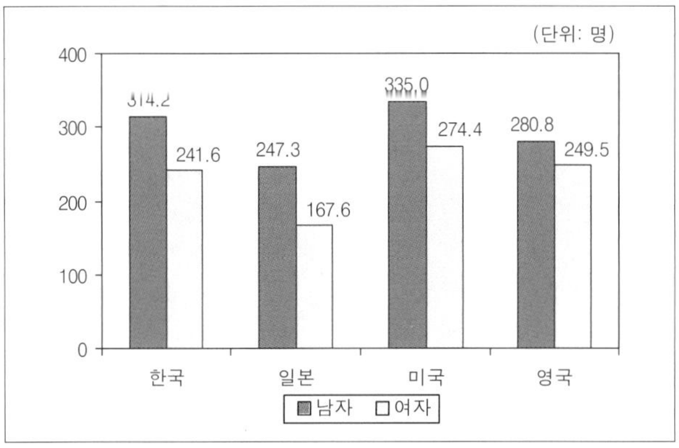

② 국가별 여성 유방암 발생자 수

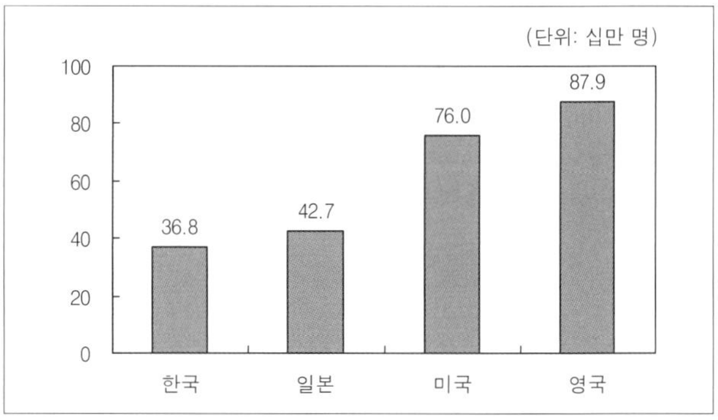

③ 한국의 성별 암 발생률

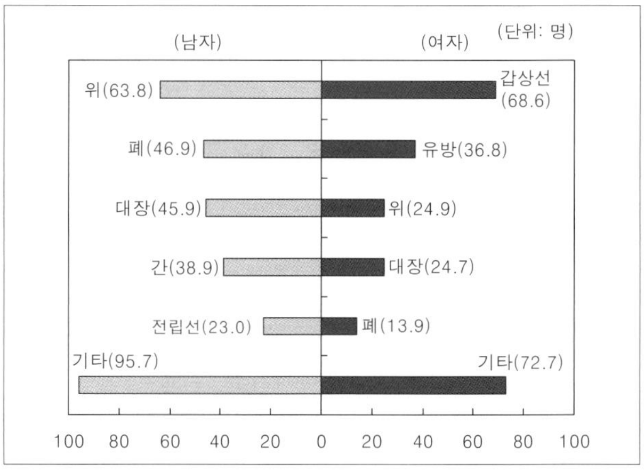

④ 한국과 일본의 암 발생률(남자)

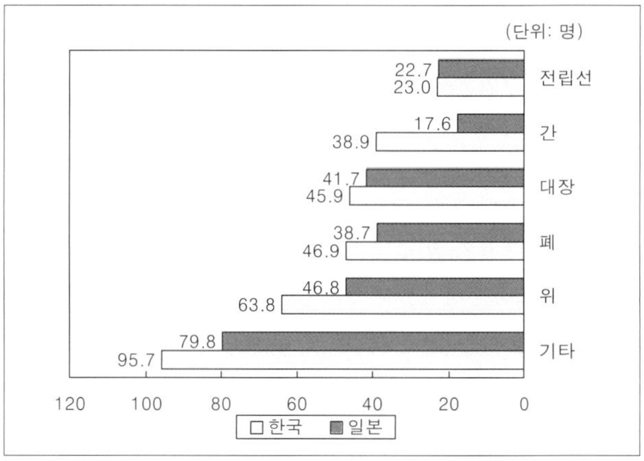

⑤ 한국 여성의 암 발생률의 구성비

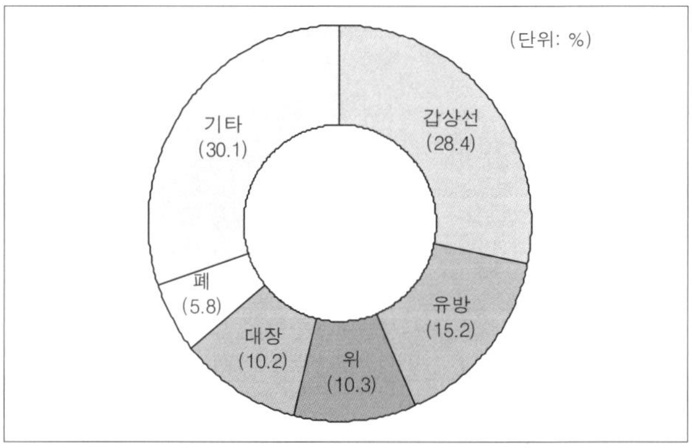

4. 다음 <표>는 2006년부터 2010년까지 정부지원 직업훈련 현황에 대한 자료이다. 이에 대한 <보기>의 설명 중 옳은 것을 모두 고르면?

<표> 연도별 정부지원 직업훈련 현황

(단위: 천 명, 억 원)

구분 \ 연도		2006	2007	2008	2009	2010
훈련인원	실업자	102	117	113	153	304
	재직자	2,914	3,576	4,007	4,949	4,243
	계	3,016	3,693	4,120	5,102	4,547
훈련지원금	실업자	3,236	3,638	3,402	4,659	4,362
	재직자	3,361	4,075	4,741	5,597	4,669
	계	6,597	7,713	8,143	10,256	9,031

<보 기>

ㄱ. 실업자 훈련인원과 실업자 훈련지원금의 연도별 증감방향은 서로 일치한다.
ㄴ. 훈련지원금 총액은 2009년에 1조 원을 넘어 최고치를 기록하였다.
ㄷ. 2006년 대비 2010년 실업자 훈련인원의 증가율은 실업자 훈련지원금 증가율의 7배 이상이다.
ㄹ. 훈련인원은 매년 실업자가 재직자보다 적었다.
ㅁ. 1인당 훈련지원금은 매년 실업자가 재직자보다 많았다.

① ㄱ, ㄴ, ㄷ
② ㄱ, ㄷ, ㄹ
③ ㄱ, ㄹ, ㅁ
④ ㄴ, ㄷ, ㅁ
⑤ ㄴ, ㄹ, ㅁ

5. 다음 <표>는 '갑' 공제회의 회원기금원금, 회원 수 및 1인당 평균 계좌 수, 자산 현황에 관한 자료이다. 이에 대한 <보기>의 설명 중 옳지 않은 것을 모두 고르면?

<표 1> 공제회 회원기금원금(연말 기준)

(단위: 억 원)

원금구분 \ 년	2005	2006	2007	2008	2009	2010
회원급여저축원금	19,361	21,622	21,932	22,030	23,933	26,081
목돈수탁원금	7,761	7,844	6,270	6,157	10,068	12,639
계	27,122	29,466	28,202	28,187	34,001	38,720

<표 2> 공제회 회원 수 및 1인당 평균 계좌 수(연말 기준)

(단위: 명, 개)

구분 \ 년	2005	2006	2007	2008	2009	2010
회원 수	166,346	169,745	162,425	159,398	162,727	164,751
1인당 평균 계좌 수	65.19	64.27	58.02	61.15	67.12	70.93

<표 3> 2010년 공제회 자산 현황(연말 기준)

(단위: 억 원, %)

구분	금액(비중)
회원급여저축총액	37,952 (46.8)
차입금	17,976 (22.1)
보조금 등	7,295 (9.0)
안정기금	5,281 (6.5)
목돈수탁원금	12,639 (15.6)
계	81,143(100.0)

※ 회원급여저축총액 = 회원급여저축원금 + 누적이자총액

<보 기>

ㄱ. 회원기금원금은 매년 증가하였다.
ㄴ. 공제회의 회원 수가 가장 적은 해에 목돈수탁원금도 가장 적다.
ㄷ. 2010년에 회원급여저축총액에서 누적이자총액이 차지하는 비중은 50% 이상이다.
ㄹ. 1인당 평균 계좌 수가 가장 많은 해에 회원기금원금도 가장 많다.

① ㄱ, ㄴ
② ㄱ, ㄷ
③ ㄴ, ㄷ
④ ㄴ, ㄹ
⑤ ㄱ, ㄷ, ㄹ

6. 다음 <표>는 2004년부터 2010년까지 친환경 농산물 생산량에 대한 자료이다. 이에 대한 설명 중 옳은 것은?

<표> 친환경 농산물 생산량 추이

(단위: 백 톤)

구분	2004년	2005년	2006년	2007년	2008년	2009년	2010년
유기 농산물	1,721	2,536	2,969	4,090	7,037	11,134	15,989
무농약 농산물	6,312	9,193	10,756	14,345	25,368	38,082	54,687
저농약 농산물	13,766	20,198	23,632	22,505	18,550	-	-
계	21,799	31,927	37,357	40,940	50,955	49,216	70,676

※ 1) 모든 친환경 농산물은 유기, 무농약, 저농약 중 한 가지 인증을 받아야 함.
2) 단, 2007년 1월 1일부터 저농약 신규 인증은 중단되며, 2009년 1월 1일부터 저농약 인증 자체가 폐지됨.

① 저농약 신규 인증 중단 이후 친환경 농산물 총생산량은 매년 감소하였다.
② 저농약 인증 폐지 전 저농약 농산물 생산량은 매년 친환경 농산물 총생산량의 절반 이상을 차지하였다.
③ 저농약 신규 인증 중단 이후 매년 무농약 농산물 생산량은 친환경 농산물 총생산량의 50% 이상을 차지하였다.
④ 2005년 이후 전년에 비해 친환경 농산물 총생산량이 처음으로 감소한 시기는 저농약 인증이 폐지된 해이다.
⑤ 2005년 이후 전년에 비해 무농약 농산물 생산량의 증가폭이 가장 큰 시기는 2008년이다.

7. 다음 <표>는 양성평등정책에 대한 의견을 성별 및 연령별로 정리한 자료이다. 이에 대한 <보기>의 설명 중 옳은 것을 모두 고르면?

<표> 양성평등정책에 대한 성별 및 연령별 의견

(단위: 명)

구분	30세 미만		30세 이상	
	여성	남성	여성	남성
찬성	90	78	60	48
반대	10	22	40	52
계	100	100	100	100

<보 기>

ㄱ. 30세 미만 여성이 30세 이상 여성보다 양성평등정책에 찬성하는 비율이 높다.
ㄴ. 30세 이상 여성이 30세 이상 남성보다 양성평등정책에 찬성하는 비율이 높다.
ㄷ. 양성평등정책에 찬성하는 비율의 성별 차이는 연령별 차이보다 크다.
ㄹ. 남성의 절반 이상이 양성평등정책에 찬성하고 있다.

① ㄱ, ㄷ ② ㄴ, ㄹ ③ ㄱ, ㄴ, ㄷ
④ ㄱ, ㄴ, ㄹ ⑤ ㄴ, ㄷ, ㄹ

8. 다음 <표>와 <그림>은 어느 지역의 교통사고 발생건수에 대한 자료이다. 이에 대한 <보기>의 설명 중 옳은 것을 모두 고르면?

<표> 연도별 교통사고 발생건수 현황

(단위: 천 건)

구분 \ 연도	2006	2007	2008	2009	2010
전체교통사고	231	240	220	214	213
음주교통사고	25	31	25	26	30

<그림> 2010년 교통사고 발생건수의 월별 구성비

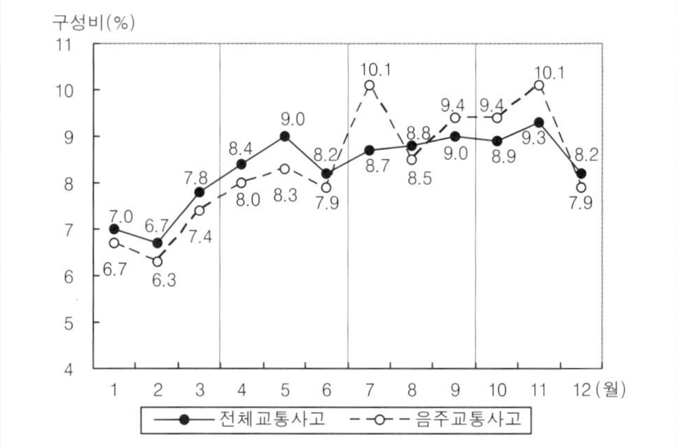

※ 전체(음주)교통사고 발생건수의 월별 구성비(%)

$$= \frac{\text{해당월 전체(음주)교통사고 발생건수}}{\text{해당연도 전체(음주)교통사고 발생건수}} \times 100$$

<보 기>

ㄱ. 2008년 이후 전체교통사고 발생건수는 매년 감소하였다.
ㄴ. 2010년 음주교통사고 발생건수는 2006년 대비 30% 이상 증가하였다.
ㄷ. 전체교통사고 발생건수 중 음주교통사고 발생선수의 비중은 2010년에 가장 높았다.
ㄹ. 2010년 음주교통사고의 분기별 발생건수는 3사분기(7, 8, 9월)에 가장 많았다.

① ㄱ, ㄹ
② ㄴ, ㄷ
③ ㄴ, ㄹ
④ ㄱ, ㄴ, ㄷ
⑤ ㄱ, ㄷ, ㄹ

9. 다음 <그림>은 국내 7개 시중은행의 경영통계(총자산, 당기순이익, 직원수)를 나타낸 그림이다. 이에 대한 <보기>의 설명으로 옳은 것을 모두 고르면?

<그림> 국내 7개 시중은행의 경영통계

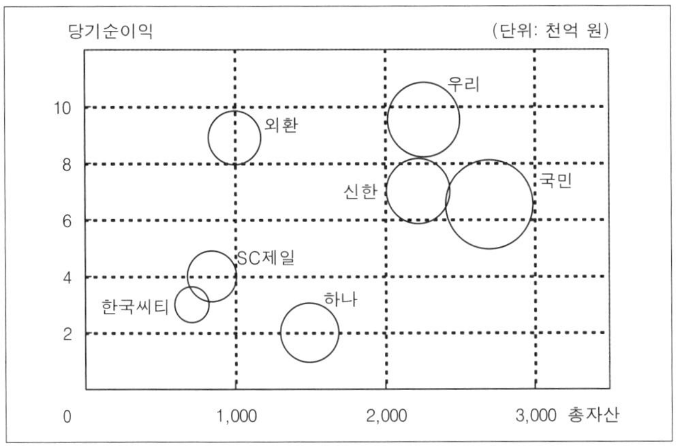

※ 1) 원의 면적은 직원수와 정비례함.
2) 직원수는 한국씨티은행(3,000명)이 가장 적고, 국민은행(18,000명)이 가장 많음.
3) 각 원의 중심 좌표는 총자산(X축)과 당기순이익(Y축)을 각각 나타냄.

<보 기>

ㄱ. 직원 1인당 총자산은 한국씨티은행이 국민은행보다 많다.

ㄴ. 총자산순이익률$\left(=\frac{\text{당기순이익}}{\text{총자산}}\right)$이 가장 낮은 은행은 하나은행이고, 가장 높은 은행은 외환은행이다.

ㄷ. 직원 1인당 당기순이익은 신한은행이 외환은행보다 많다.

ㄹ. 당기순이익이 가장 많은 은행은 우리은행이고, 가장 적은 은행은 한국씨티은행이다.

① ㄱ, ㄴ
② ㄱ, ㄹ
③ ㄴ, ㄷ
④ ㄷ, ㄹ
⑤ ㄱ, ㄴ, ㄹ

10. 다음 <표>는 6개 기관(가~바)에서 제시한 2011년 경제 전망을 나타낸 자료이다. <보고서>의 설명을 바탕으로 <표>의 A~F에 해당하는 기관을 바르게 짝지은 것은?

<표> 기관별 2011년 경제 전망

(단위: %)

기관	경제 성장률	민간소비 증가율	설비투자 증가율	소비자물가 상승률	실업률
A	4.5	4.1	6.5	3.5	3.5
B	4.2	4.1	8.5	3.2	3.6
C	4.1	3.8	7.6	3.2	3.7
D	4.1	3.9	5.2	3.1	3.7
E	3.8	3.6	5.1	2.8	3.5
F	5.0	4.0	7.0	3.0	3.4

<보고서>

'가' 기관과 '나' 기관은 2011년 실업률을 동일하게 전망하였으나, '가' 기관이 '나' 기관보다 소비자물가 상승률을 높게 전망하였다. 한편, '마' 기관은 '나' 기관보다 민간소비 증가율이 0.5%p 더 높을 것으로 전망하였으며, '다' 기관은 경제 성장률을 6개 기관 중 가장 높게 전망하였다. 설비투자 증가율을 7% 이상으로 전망한 기관은 '다', '라', '마' 3개 기관이었다.

	A	B	C	D	E	F
①	가	라	마	나	바	다
②	가	마	다	라	나	바
③	가	마	라	바	나	다
④	다	라	나	가	바	마
⑤	마	라	가	나	바	다

11. 다음 <표>는 국내 입지별 지식산업센터 수에 대한 자료이다. 이에 대한 설명 중 옳지 않은 것은?

<표> 국내 입지별 지식산업센터 수

(단위: 개)

지역 \ 구분		개별입지	계획입지	합
서울		54	73	127
6대 광역시	부산	3	6	9
	대구	2	2	4
	인천	7	11	( )
	광주	0	2	2
	대전	( )	4	6
	울산	1	0	1
경기		100	( )	133
강원		1	0	1
충북		0	0	0
충남		0	1	1
전북		0	1	1
전남		1	1	2
경북		2	0	2
경남		2	15	( )
제주		0	0	0
전국 합계		175	149	324

※ 지식산업센터가 조성된 입지는 개별입지와 계획입지로 구분됨.

① 국내 지식산업센터는 60% 이상이 개별입지에 조성되어 있다.
② 수도권(서울, 인천, 경기)의 지식산업센터 수는 전국 합계의 80%가 넘는다.
③ 경기지역의 지식산업센터는 계획입지보다 개별입지에 많이 조성되어 있다.
④ 동남권(부산, 울산, 경남)의 지식산업센터 수는 대경권(대구, 경북)의 4배 이상이다.
⑤ 6대 광역시 중 계획입지에 조성된 지식산업센터 수가 개별입지에 조성된 지식산업센터 수보다 적은 지역은 울산광역시뿐이다.

12. 다음 <표>는 약물 투여 후 특정기간이 지나 완치된 환자수에 관한 자료이다. 이에 대한 <보기>의 설명 중 옳은 것을 모두 고르면?

<표> 약물종류별, 성별, 질병별 완치 환자의 수

(단위: 명)

약물종류		약물 A		약물 B		약물 C		약물 D	
성별		남	여	남	여	남	여	남	여
질병	가	2	3	2	4	1	2	4	2
	나	3	4	6	4	2	1	2	5
	다	6	3	4	6	5	3	4	6
계		11	10	12	14	8	6	10	13

※ 1) 세 가지 질병(가~다)중 한 가지 질병에만 걸린 환자를 각 질병별로 40명씩, 총 120명을 선정하여 실험함.
2) 각 질병별 환자 40명을 무작위로 10명씩 4개 집단으로 나눠, 각 집단에 네 가지 약물(A~D) 중 하나씩 투여함.

<보 기>

ㄱ. 완치된 전체 남성 환자수가 완치된 전체 여성 환자수보다 많다.
ㄴ. 네 가지 약물 중 완치된 환자수가 많은 약물부터 나열하면 B, D, A, C이다.
ㄷ. '다' 질병의 경우 완치된 환자수가 가장 많다.
ㄹ. 전체 환자수 대비 약물 D를 투여 받고 완치된 환자수의 비율은 25% 이상이다.

① ㄱ
② ㄱ, ㄷ
③ ㄴ, ㄷ
④ ㄴ, ㄹ
⑤ ㄷ, ㄹ

13. 다음 <표>는 소비자 '갑'의 연도별 소득 및 X 재화의 구매량에 대한 자료이다. 아래의 <정보>를 활용한 <보기>의 설명 중 옳은 것을 모두 고르면?

<표> '갑'의 연도별 소득 및 X 재화의 구매량

연도	소득 (천 원)	X 재화 구매량 (개)	전년대비 소득변화율 (%)	X 재화의 전년대비 구매량 변화율 (%)
2000	8,000	5	-	-
2001	12,000	10	50.0	100.0
2002	16,000	15	33.3	50.0
2003	20,000	18	25.0	20.0
2004	24,000	20	20.0	11.1
2005	28,000	19	16.7	-5.0
2006	32,000	18	14.3	-5.3

<정 보>

○ X 재화의 소득탄력성 = $\frac{\text{X 재화의 전년대비 구매량 변화율}}{\text{전년대비 소득변화율}}$

○ 정상재: 소득이 증가할 때 구매량이 증가하는 재화로 소득탄력성이 0보다 크다. 특히 소득탄력성이 1보다 큰 정상재는 사치재라 한다.

○ 열등재: 소득이 증가할 때 구매량이 감소하는 재화로 소득탄력성이 0보다 작다.

<보 기>

ㄱ. 2000~2004년 동안 '갑'의 소득과 X 재화 구매량은 각각 매년 증가하였다.

ㄴ. 2001년 '갑'의 X 재화의 전년대비 구매량 증가율은 전년대비 소득증가율보다 크다.

ㄷ. 2004년에 X 재화는 '갑'에게 사치재이다.

ㄹ. 2006년에 X 재화는 '갑'에게 열등재이다.

① ㄱ, ㄴ
② ㄱ, ㄷ
③ ㄷ, ㄹ
④ ㄱ, ㄴ, ㄹ
⑤ ㄴ, ㄷ, ㄹ

14. 다음 <표>는 조업방법별 어업생산량과 어종별 양식어획량에 대한 자료이다. 이에 대한 설명 중 옳지 않은 것은?

<표 1> 조업방법별 어업생산량

(단위: 만 톤)

조업방법 \ 연도	2005	2006	2007	2008	2009
해면어업	109.7	110.9	115.2	128.5	122.7
양식어업	104.1	125.9	138.6	138.1	131.3
원양어업	55.2	63.9	71.0	66.6	60.5
내수면어업	2.4	2.5	2.7	2.9	3.0
계	271.4	303.2	327.5	336.1	317.5

※ 조업방법은 해면어업, 양식어업, 원양어업, 내수면어업으로 이루어짐.

<표 2> 어종별 양식어획량

(단위: 백만 마리)

어종 \ 연도	2005	2006	2007	2008	2009
조피볼락	367	377	316	280	254
넙치류	97	94	97	98	106
감성돔	44	50	48	46	35
참돔	53	32	26	45	37
숭어	33	35	30	26	29
농어	20	17	13	15	14
기타 어류	28	51	39	36	45
계	642	656	569	546	520

① 총어업생산량의 전년대비 증가율은 2007년이 2008년보다 크다.
② 2005년부터 2009년까지 어업생산량이 매년 증가한 조업방법은 내수면어업이다.
③ 2005년부터 2009년까지 연도별 총양식어획량에서 조피볼락이 차지하는 비율은 매년 50% 이상이다.
④ 기타 어류를 제외하고, 2009년 양식어획량이 전년대비 감소한 어종 중 감소율이 가장 작은 어종은 농어이다.
⑤ 기타 어류를 제외하고, 양식어획량이 많은 어종을 순서대로 나열하면, 2005년의 순서와 2009년의 순서는 동일하다.

15. 다음은 우리나라의 2011년 2월 출입국 현황에 대한 <보고서>이다. 다음 중 <보고서>의 작성에 사용되지 않은 자료는?

<보고서>

연평도 포격 사건 이후 안전에 대한 불안감, 구제역 등 악재의 영향이 계속되어 2011년 2월 외국인 입국자 수는 전년 동월 대비 약 4.4%의 낮은 증가에 그쳐 667,089명을 기록하였다. 한편 2011년 2월 국내 거주 외국인의 해외 출국자 수는 전년 동월에 비해 큰 변화가 없었다.

외국인의 입국 현황을 국가별로 살펴보면 태국, 말레이시아, 베트남 등으로부터의 입국자 수는 전년 동월 대비 증가하였으나, 대만으로부터의 입국자 수는 감소했다. 목적별로 살펴보면 승무원, 유학·연수, 기타 목적이 전년 동월 대비 각각 13.5%, 19.6%, 38.3% 증가하였으나, 업무와 관광 목적은 각각 2.3%, 3.5% 감소하였다. 또한 성별로는 남성이 335,215명, 여성은 331,874명이 입국하여 남녀 입국자 수는 비슷한 수준이었다.

① 연도별 2월 외국인 입국자 수

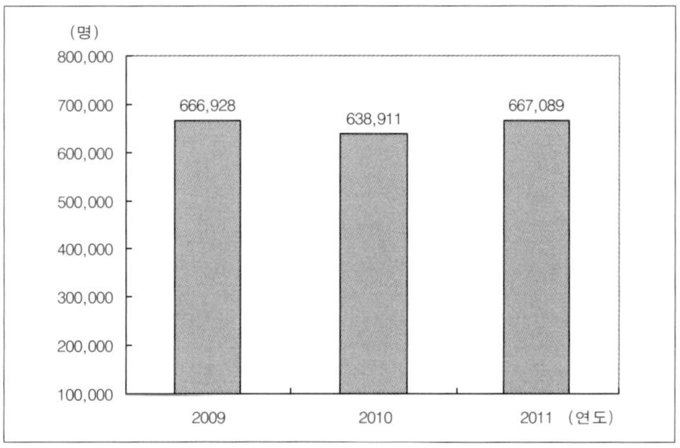

② 2011년 2월의 전년 동월 대비 국가별 외국인 입국자 수 증감률

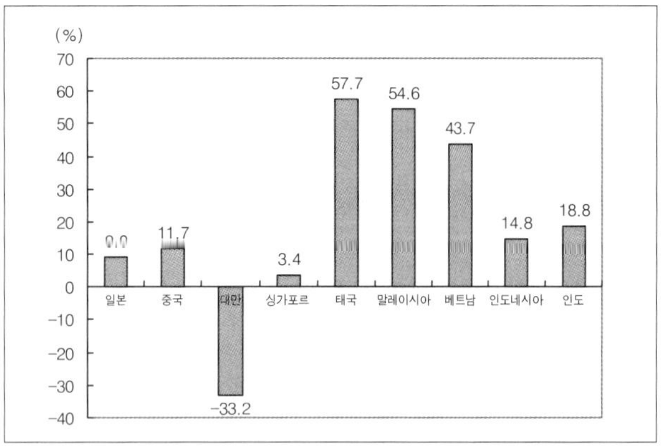

③ 2011년 2월 목적별 외국인 입국현황

입국목적	입국자(명)	전년 동월 대비 증감률(%)
관광	430,922	-3.5
업무	18,921	-2.3
유학·연수	42,644	19.6
승무원	70,118	13.5
기타	104,484	38.3

④ 2011년 2월 성별 외국인 입국자 수

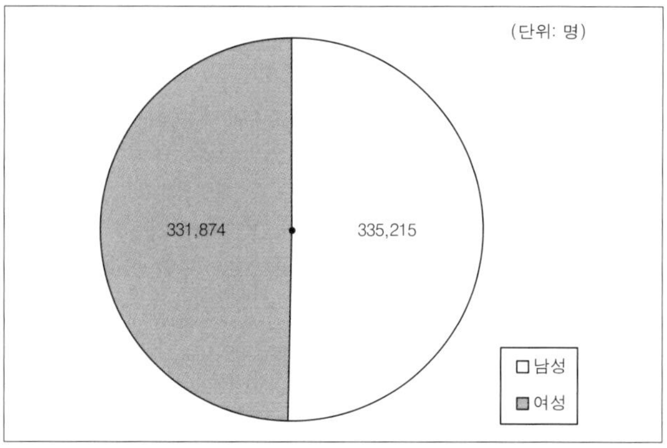

⑤ 2011년 2월 내국인의 해외 출국현황

방문국가	출국자(명)	전년 동월 대비 증감률(%)
일본	2,415,362	52.2
중국	4,076,400	27.5
대만	216,901	29.4
태국	815,970	32.0
말레이시아	264,052	16.2
싱가포르	360,652	32.6
필리핀	740,622	48.7
인도네시아	299,336	17.1
베트남	495,902	36.9

16. 다음 <그림>과 <표>는 A은행의 영업수익 추이와 2008년 주요 은행의 영업수익 현황에 대한 자료이다. 이에 대한 <보기>의 설명 중 옳은 것을 모두 고르면?

<그림> A은행의 영업수익 추이

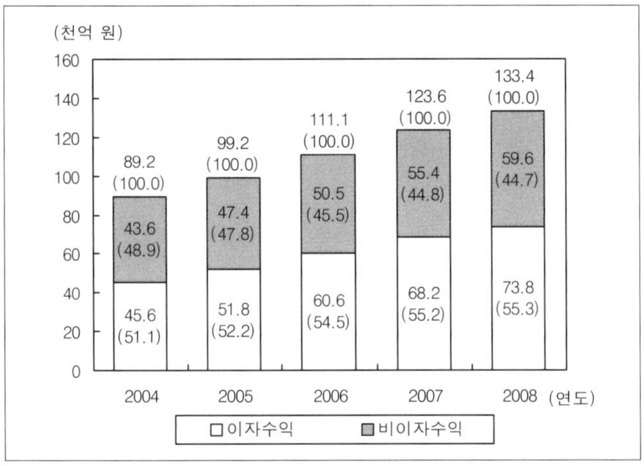

※ 1) 영업수익 = 이자수익 + 비이자수익
2) 괄호 안은 연도별 영업수익에서 차지하는 구성비(%)임.

<표> 2008년 주요 은행의 영업수익 현황

(단위: %)

구분 \ 은행	A	B	C	D	E	시중은행 평균
총자산 대비 영업수익 비율	5.2	12.8	8.6	4.7	5.6	7.2
총자산 대비 이자수익 비율	2.9	6.1	5.0	2.2	4.1	5.2

<보 기>

ㄱ. 2008년 총자산 대비 이자수익 비율은 A은행이 B은행의 절반에 미치지 못한다.
ㄴ. 2008년 총자산 대비 비이자수익 비율은 A은행이 시중은행 평균에 미치지 못한다.
ㄷ. 2005년부터 2008년까지 A은행 영업수익의 전년대비 증가율은 매년 10%를 상회하였다.
ㄹ. A은행은 영업수익에서 이자수익이 차지하는 비중이 2004년에 비해 2008년에 3.0%p 이상 증가하였다.

① ㄱ, ㄷ
② ㄱ, ㄹ
③ ㄴ, ㄷ
④ ㄴ, ㄹ
⑤ ㄷ, ㄹ

17. 다음 <표>와 <그림>은 복무기관별 공익근무요원 현황에 대한 자료이다. 이에 대한 <보기>의 설명 중 옳은 것을 모두 고르면?

<표> 복무기관별 공익근무요원 수 추이

(단위: 명)

복무기관 \ 연도	2004	2005	2006	2007	2008	2009
중앙정부기관	6,536	5,283	4,275	4,679	2,962	5,872
지방자치단체	19,514	14,861	10,935	12,335	11,404	12,837
정부산하단체	6,135	4,875	4,074	4,969	4,829	4,194
기타 기관	808	827	1,290	1,513	4,134	4,719
계	32,993	25,846	20,574	23,496	23,329	27,622

<그림> 공익근무요원의 복무기관별 비중

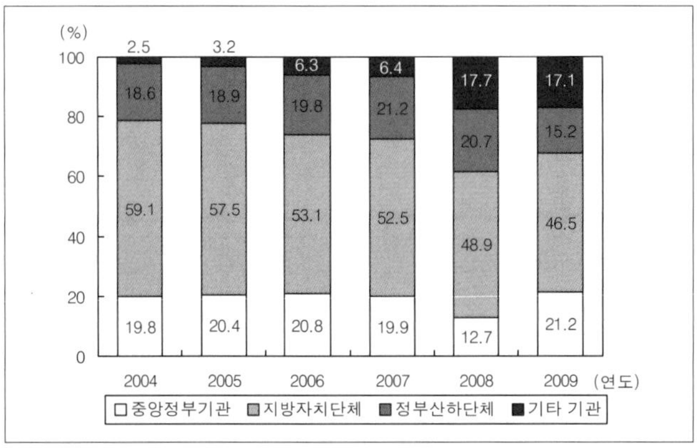

<보 기>

ㄱ. 전체 공익근무요원 수 중 기타 기관에 복무하는 공익근무요원 수가 차지하는 비중은 매년 증가하였다.
ㄴ. 2005년부터 2009년까지 중앙정부기관에 복무하는 공익근무요원 수의 증감방향은 전체 공익근무요원 수의 증감방향과 일치한다.
ㄷ. 정부산하단체에 복무하는 공익근무요원 수는 2004년 대비 2009년에 30% 이상 감소하였다.
ㄹ. 기타 기관을 제외하고, 2005년 공익근무요원 수의 전년대비 감소율이 가장 큰 복무기관은 지방자치단체이다.

① ㄱ, ㄴ
② ㄱ, ㄹ
③ ㄴ, ㄷ
④ ㄷ, ㄹ
⑤ ㄴ, ㄷ, ㄹ

18. 다음 <그림>은 외식업체 구매담당자들의 공급업체 유형별 신선편이농산물 속성에 대한 선호도 평가 결과이다. 이를 바탕으로 작성된 <보고서>의 내용 중 옳은 것을 모두 고르면?

<그림 1> 공급업체 유형별 신선편이농산물의 가격적정성·품질 선호도 평가

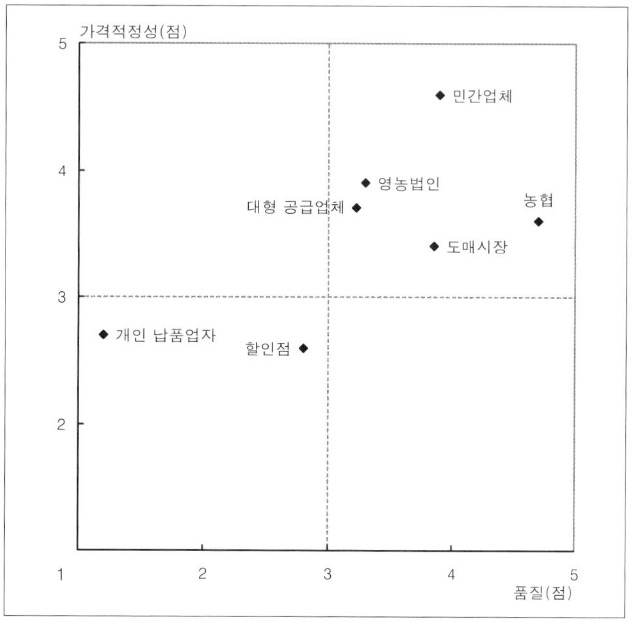

※ 1) 점선은 각 척도(1~5점)의 중간값을 표시함.
2) 각 속성별로 축의 숫자가 클수록 선호도가 높음을 의미함.

<그림 2> 공급업체 유형별 신선편이농산물의 위생안전성·공급력 선호도 평가

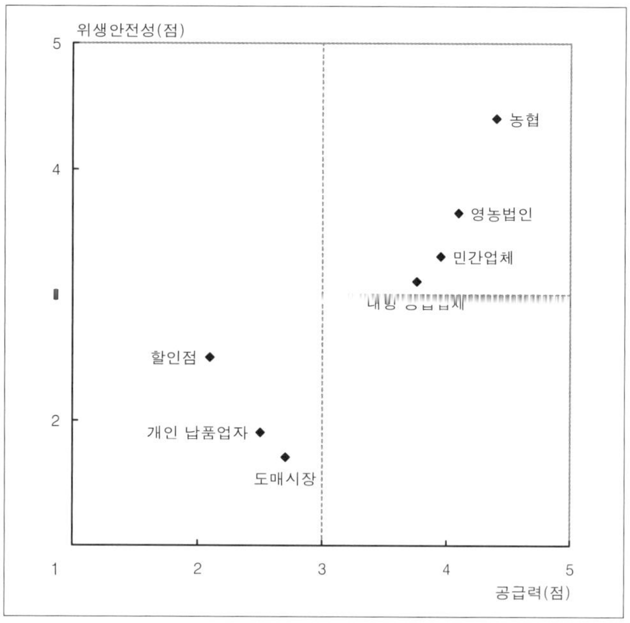

<보고서>

소비자의 제품 구입 의도는 제품에 대한 선호도에 의해 결정되므로 개별 속성에 대한 소비자의 인식을 파악하는 것이 중요하다. 신선편이농산물의 주된 소비자인 외식업체 구매담당자들을 대상으로 신선편이농산물의 네 가지 속성(가격적정성, 품질, 위생안전성, 공급력)에 의거하여 공급업체 유형별 선호도를 측정하였다. 그 결과를 바탕으로 두 가지 속성씩(가격적정성·품질, 위생안전성·공급력) 짝지어 공급업체들에 대한 선호도 분포를 2차원 좌표평면에 표시하였다.

이를 보면, ㉠외식업체 구매담당자들은 가격적정성과 품질 속성에서 각각 민간업체를 농협보다 선호하였다. ㉡네 가지 모든 속성에서 척도 중간값(3점) 이상의 평가를 받은 공급업체 유형은 총 네 개였고, ㉢특히 농협은 가격적정성, 품질, 공급력 속성에서 가장 선호도가 높았다. ㉣할인점은 공급력 속성에서 가장 낮은 선호도를 보인 공급업체 유형으로 나타났다. ㉤개인 납품업자는 네 가지 속성 각각에서 가장 낮은 선호도를 보였다.

① ㄱ, ㄷ
② ㄴ, ㄹ
③ ㄱ, ㄷ, ㅁ
④ ㄴ, ㄷ, ㄹ
⑤ ㄴ, ㄹ, ㅁ

19. 윤 사무관은 <표>를 비롯한 몇 가지 자료를 이용하여 세계 에너지 수요에 관한 <보고서>를 작성하였다. 제시된 <표> 이외에 추가로 이용한 자료를 <보기>에서 모두 고르면?

<표> 세계 에너지 수요 현황 및 전망

(단위: QBtu, %)

지역 \ 구분/연도		현황			전망			연평균 증가율 (2015~2035)
		1990	2000	2010	2015	2025	2035	
OECD	북미	101	120	121	126	138	149	0.9
	유럽	70	81	81	84	89	92	0.5
	아시아/오세아니아	27	37	38	39	43	45	0.8
		198	238	240	249	270	286	0.7
비OECD	유럽	67	50	51	55	63	69	1.3
	아시아/오세아니아	58	122	133	163	222	277	3.5
	아프리카	10	14	14	17	21	24	2.1
	중남미	15	23	23	28	33	38	1.8
		150	209	221	263	339	408	2.8
전체		348	447	461	512	609	694	1.8

<보고서>

전 세계 에너지 수요는 2010년 461QBtu(Quadrillion British thermal units)에서 2035년 694QBtu로 50% 이상 증가할 것으로 전망된다. 이 기간 동안 국제 유가와 천연가스 가격상승이 예측되어 장기적으로 에너지 수요를 다소 둔화시키는 요인으로 작용하겠으나, 비OECD 국가들의 높은 경제성장률과 인구증가율로 인해 세계 에너지 수요 증가율은 높은 수준을 유지할 것이다.

OECD 국가들의 에너지 수요는 2015~2035년 기간 중 연평균 0.7%씩 증가할 것으로 전망되어 2035년에는 2010년 수준에 비해 19.2% 늘어날 것으로 예상된다. 반면, 같은 기간 비OECD 국가들의 에너지 수요는 연평균 2.8%씩 증가하여 2035년에는 2010년 수준에 비해 84.6%나 늘어날 것으로 예상된다.

비OECD 국가들 중에서도 중국과 인도의 경제성장률이 가장 높게 전망되고 있으며, 두 국가의 2035년 에너지 수요는 2010년 수준보다 두 배 이상으로 증가하여 전 세계 에너지 수요의 25%를 점유할 것으로 예측되고 있다. 한편 전 세계에서 미국의 에너지 수요가 차지하는 비중은 2010년 22%에서 2035년 17%로 줄어들 것으로 보인다.

<보 기>

ㄱ. 1990~2035년 국제 유가와 천연가스 가격 현황 및 전망
ㄴ. 1990~2035년 국가별 경제성장률 현황 및 전망
ㄷ. 1990~2035년 국가별 인구증가율 현황 및 전망
ㄹ. 1990~2035년 국가별 에너지 생산 현황 및 전망

① ㄱ, ㄴ
② ㄱ, ㄹ
③ ㄷ, ㄹ
④ ㄱ, ㄴ, ㄷ
⑤ ㄴ, ㄷ, ㄹ

20. 다음 <그림>은 남미, 인도, 중국, 중동 지역의 2010년 대비 2030년 부문별 석유수요의 증감규모를 예측한 자료이다. <보기>의 설명을 참고하여 A~D에 해당하는 지역을 바르게 나열한 것은?

<그림> 2010년 대비 2030년 지역별, 부문별 석유수요의 증감규모

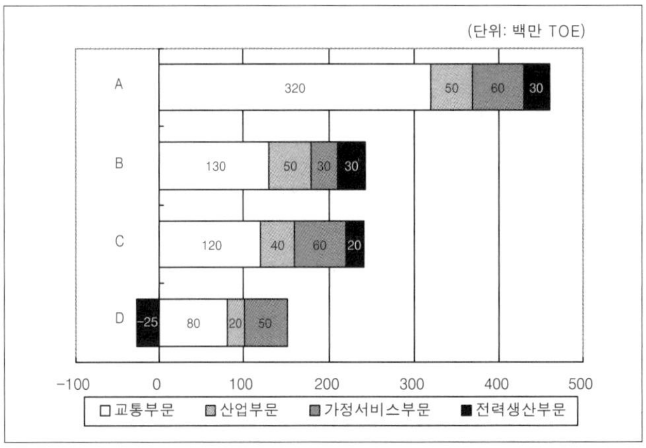

※ 주어진 네 부문 이외 석유수요의 증감은 없음.

<보 기>

○ 인도와 중동의 2010년 대비 2030년 전체 석유수요 증가규모는 동일하다.
○ 2010년 대비 2030년에 전체 석유수요 증가규모가 가장 큰 지역은 중국이다.
○ 2010년 대비 2030년에 전력생산부문의 석유수요 규모가 감소하는 지역은 남미이다.
○ 2010년 대비 2030년에 교통부문의 석유수요 증가규모가 해당 지역 전체 석유수요 증가규모의 50%인 지역은 중동이다.

	A	B	C	D
①	중국	인도	중동	남미
②	중국	중동	인도	남미
③	중국	인도	남미	중동
④	인도	중국	중동	남미
⑤	인도	중국	남미	중동

21. 다음 <표>는 2010년 지역별 외국인 소유 토지면적에 대한 자료이다. 이에 대한 <보기>의 설명 중 옳은 것을 모두 고르면?

<표> 2010년 지역별 외국인 소유 토지면적

(단위: 천 m^2)

지역	면적	전년대비 증감면적
서울	3,918	332
부산	4,894	-23
대구	1,492	-4
인천	5,462	-22
광주	3,315	4
대전	1,509	36
울산	6,832	37
경기	38,999	1,144
강원	21,747	623
충북	10,215	340
충남	20,848	1,142
전북	11,700	289
전남	38,044	128
경북	29,756	603
경남	13,173	530
제주	11,813	103
계	223,717	5,262

<보 기>

ㄱ. 2009년 외국인 소유 토지면적이 가장 큰 지역은 경기이다.
ㄴ. 2010년 외국인 소유 토지면적의 전년대비 증가율이 가장 큰 지역은 서울이다.
ㄷ. 2010년에 외국인 소유 토지면적이 가장 작은 지역이 2009년에도 외국인 소유 토지면적이 가장 작다.
ㄹ. 2009년 외국인 소유 토지면적이 세 번째로 큰 지역은 경북이다.

① ㄱ, ㄷ
② ㄴ, ㄷ
③ ㄴ, ㄹ
④ ㄱ, ㄴ, ㄹ
⑤ ㄱ, ㄷ, ㄹ

22. 다음 <표>는 어느 국가의 지역별 영유아 인구수, 보육시설 정원 및 현원에 관한 자료이다. 이에 대한 <보기>의 설명 중 옳은 것을 모두 고르면?

<표> 지역별 영유아 인구수, 보육시설 정원 및 현원

(단위: 천 명)

구분 / 지역	영유아 인구수	보육시설 정원	보육시설 현원
A	512	231	196
B	152	71	59
C	86	( )	35
D	66	28	24
E	726	375	283
F	77	49	38
G	118	67	52
H	96	66	51
I	188	109	84
J	35	28	25

※ 1) 보육시설 공급률(%) = $\frac{\text{보육시설 정원}}{\text{영유아 인구수}} \times 100$

2) 보육시설 이용률(%) = $\frac{\text{보육시설 현원}}{\text{영유아 인구수}} \times 100$

3) 보육시설 정원충족률(%) = $\frac{\text{보육시설 현원}}{\text{보육시설 정원}} \times 100$

<보 기>

ㄱ. A 지역의 보육시설 공급률과 보육시설 이용률의 차이는 10%p 미만이다.
ㄴ. 영유아 인구수가 10만 명 이상인 지역 중 보육시설 공급률이 50% 미만인 지역은 2곳이다.
ㄷ. 영유아 인구수가 가장 많은 지역과 가장 적은 지역 간 보육시설 이용률의 차이는 40%p 이상이다.
ㄹ. C 지역의 보육시설 공급률이 50%라고 가정하면 이 지역의 보육시설 정원충족률은 80% 이상이다.

① ㄱ, ㄴ
② ㄱ, ㄷ
③ ㄷ, ㄹ
④ ㄱ, ㄴ, ㄹ
⑤ ㄴ, ㄷ, ㄹ

23. 다음 <표>는 2010년 1월 1일자 '갑'기업의 팀(A~F)간 전출·입으로 인한 직원 이동에 관한 자료이다. 이에 대한 <보기>의 설명 중 옳은 것을 모두 고르면?

<표> '갑'기업의 팀별 전출·입 직원수

(단위: 명)

전출부서 \ 전입부서		식품 사업부				외식 사업부				전출 합계
		A팀	B팀	C팀	소계	D팀	E팀	F팀	소계	
식품 사업부	A팀	-	4	2	6	0	4	3	7	13
	B팀	8	-	0	8	2	1	1	4	12
	C팀	0	3	-	3	3	0	4	7	10
	소계	8	7	2	17	5	5	8	18	35
외식 사업부	D팀	0	2	4	6	-	0	3	3	9
	E팀	6	1	7	14	2	-	4	6	20
	F팀	2	3	0	5	1	5	-	6	11
	소계	8	6	11	25	3	5	7	15	40
전입합계		16	13	13	42	8	10	15	33	75

※ 1) '갑'기업은 식품 사업부와 외식 사업부로만 구성됨.
2) 표읽기 예시: A팀에서 전출하여 B팀으로 전입한 직원수는 4명임.

<보 기>

ㄱ. 전출한 직원보다 전입한 직원이 많은 팀들의 전입 직원수의 합은 기업 내 전체 전출·입 직원수의 70%를 초과한다.

ㄴ. 직원이 가장 많이 전출한 팀에서 전출한 직원의 40%는 직원이 가장 많이 전입한 팀에 배치되었다.

ㄷ. 식품 사업부에서 외식 사업부로 전출한 직원수는 외식 사업부에서 식품 사업부로 전출한 직원수보다 많다.

ㄹ. 동일한 사업부 내에서 전출·입한 직원수는 기업 내 전체 전출·입 직원수의 50% 미만이다.

① ㄱ, ㄴ
② ㄱ, ㄷ
③ ㄱ, ㄹ
④ ㄴ, ㄷ
⑤ ㄷ, ㄹ

24. 다음 <표>는 A국에 출원된 의약품 특허출원에 관한 자료이다. 이를 바탕으로 작성된 <보고서>의 내용 중 옳은 것을 모두 고르면?

<표 1> 의약품별 특허출원 현황

(단위: 건)

구분 \ 연도	2008	2009	2010
완제의약품	7,137	4,394	2,999
원료의약품	1,757	797	500
기타 의약품	2,236	1,517	1,220
계	11,130	6,708	4,719

<표 2> 의약품별 특허출원 중 다국적기업 출원 현황

(단위: 건)

구분 \ 연도	2008	2009	2010
완제의약품	404	284	200
원료의약품	274	149	103
기타 의약품	215	170	141
계	893	603	444

<표 3> 완제의약품 특허출원 중 다이어트제 출원 현황

(단위: 건)

구분 \ 연도	2008	2009	2010
출원건수	53	32	22

<보고서>

㉠2008년부터 2010년까지 의약품의 특허출원은 매년 감소하였다. 그러나 기타 의약품이 전체 의약품 특허출원에서 차지하는 비중은 매년 증가하여 ㉡2010년 전체 의약품 특허출원의 30% 이상이 기타 의약품 특허출원이었다. 다국적기업의 의약품 특허출원 현황을 보면, 원료의약품에서 다국적기업 특허출원이 차지하는 비중이 다른 의약품에 비해 매년 높아 ㉢2010년 원료의약품 특허출원의 20% 이상이 다국적기업 특허출원이었다. 한편, ㉣2010년 다국적기업에서 출원한 완제의약품 특허출원 중 다이어트제 특허출원은 11%였다.

① ㄱ, ㄴ
② ㄱ, ㄷ
③ ㄴ, ㄹ
④ ㄱ, ㄷ, ㄹ
⑤ ㄴ, ㄷ, ㄹ

25. 다음 <표>는 A회사의 2010년 월별 상품 판매고에 대한 자료이다. 2010년 7월부터 12월까지의 단순이동평균을 나타낸 그래프로 옳은 것은?

<표> A회사의 2010년 월별 상품 판매고

(단위: 백만 원)

월	판매고	단순이동평균
1월	330	-
2월	410	-
3월	408	-
4월	514	-
5월	402	-
6월	343	-
7월	438	401.2
8월	419	(　)
9월	374	(　)
10월	415	(　)
11월	451	(　)
12월	333	(　)

※ 단순이동평균은 해당 월 직전 6개월간 판매고의 평균을 말함. 예를 들어, 2010년 7월의 단순이동평균(401.2)은 2010년 1월부터 6월까지 판매고의 평균임.

①
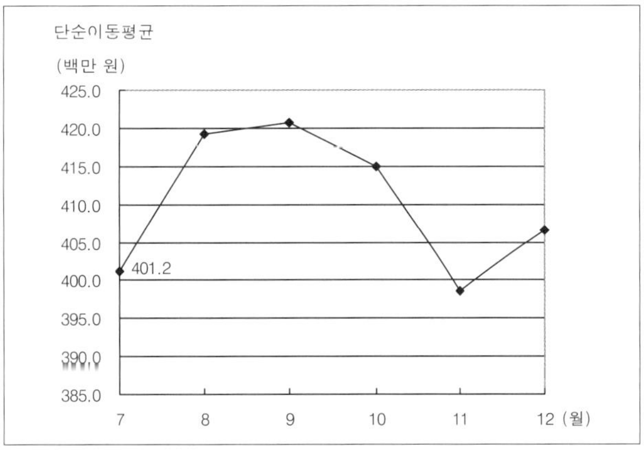

②
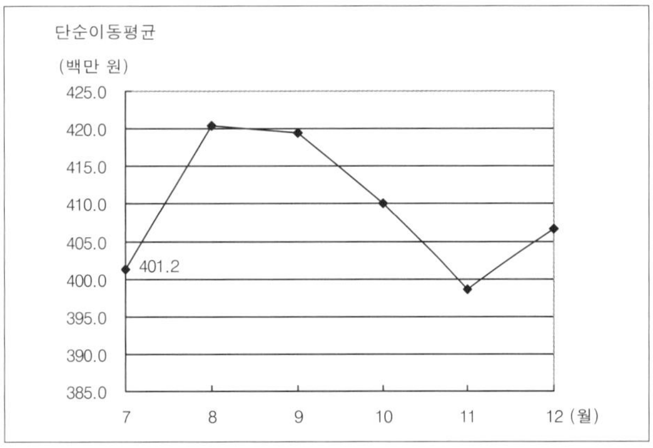

③
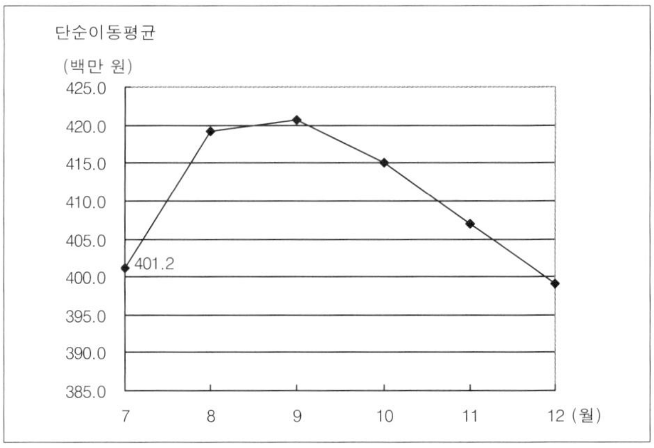

④
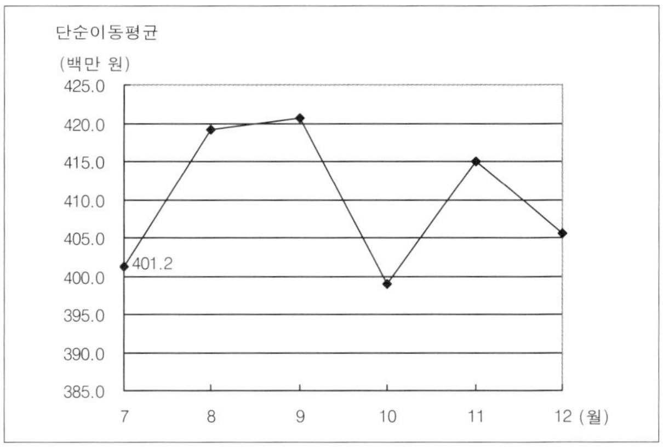

⑤
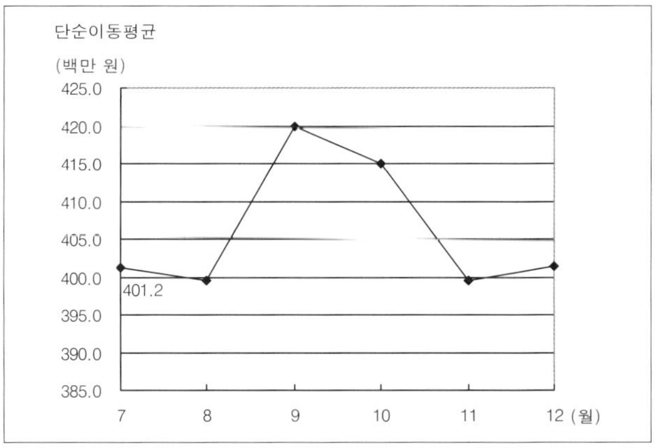

약점 보완 해설집 p.150

부록

5급 기출 재구성 모의고사

회독용 답안지

✓ 5급 기출 재구성 모의고사는 5급 PSAT 기출문제 중 7급 및 민간경력자 PSAT 대비에 도움이 될 문제를 엄선하여 수록하였습니다.

✓ 문제풀이 시작과 종료 시각을 정하여 실전처럼 기출문제를 모두 푼 뒤, 약점 보완 해설집의 '취약 유형 분석표'로 자신의 취약한 유형을 파악해보시기 바랍니다.

1. 다음 <표>는 창호, 영숙, 기오, 준희가 홍콩 여행을 하며 지출한 경비에 관한 자료이다. 지출한 총 경비를 네 명이 동일하게 분담하는 정산을 수행할 때 <그림>의 A, B, C에 해당하는 금액을 바르게 나열한 것은? 15 (인) 39번

<표> 여행경비 지출 내역

구분	지출자	내역	금액	단위
숙박	창호	호텔비	400,000	원
교통	영숙	왕복 비행기	1,200,000	
기타	기오	간식1	600	홍콩달러
		중식1	700	
		관광지1 입장권	600	
		석식	600	
		관광지2 입장권	1,000	
		간식2	320	
		중식2	180	

※ 환율은 1홍콩달러당 140원으로 일정하다고 가정함.

<그림> 여행경비 정산 관계도

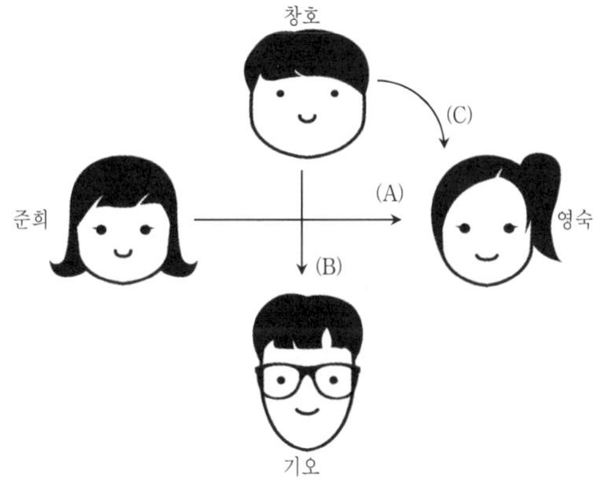

※ 돈은 화살표의 방향으로 각각 1회만 이동함.

	A	B	C
①	540,000원	20,000원	120,000원
②	540,000원	20,000원	160,000원
③	540,000원	40,000원	100,000원
④	300,000원	40,000원	100,000원
⑤	300,000원	20,000원	120,000원

2. 다음 <표>는 A~E 지점을 연이어 주행한 '갑'~'병'자동차의 구간별 연료 소모량 및 평균 속력에 관한 자료이다. 이에 대한 <보기>의 설명 중 옳은 것만을 모두 고르면? 22 (나) 2번

<표> '갑'~'병'자동차의 구간별 연료 소모량 및 평균 속력

(단위: km, L, km/h)

자동차(연료) / 구분 / 구간	거리	갑(LPG) 연료 소모량	갑(LPG) 평균 속력	을(휘발유) 연료 소모량	을(휘발유) 평균 속력	병(경유) 연료 소모량	병(경유) 평균 속력
A → B	100	7.0	100	5.0	100	3.5	110
B → C	50	4.0	90	3.0	100	2.0	90
C → D	70	5.0	100	4.0	90	3.0	100
D → E	20	2.0	100	1.5	110	1.5	100
전체	240	18.0	( )	13.5	( )	10.0	( )

※ 1) L당 연료비는 LPG 1,000원, 휘발유 1,700원, 경유 1,500원임.

2) 주행 연비(km/L) = $\frac{\text{주행 거리}}{\text{연료 소모량}}$

<보 기>

ㄱ. 전체 구간 주행 시간은 '병'이 가장 길다.
ㄴ. 전체 구간 주행 연료비는 '을'이 가장 많고, '병'이 가장 적다.
ㄷ. 전체 구간 주행 연비는 '병'이 가장 높고, '갑'이 가장 낮다.
ㄹ. '갑'의 A→B 구간 주행 연비는 '을'의 B→C 구간 주행 연비보다 높다.

① ㄱ, ㄴ
② ㄱ, ㄷ
③ ㄴ, ㄷ
④ ㄷ, ㄹ
⑤ ㄴ, ㄷ, ㄹ

3. 다음 <표>는 2005~2010년 IT산업 부문별 생산규모 추이에 관한 자료이다. 이에 대한 <보고서>의 설명 중 옳은 것만을 모두 고르면? 14 (A) 25번

<표> 2005~2010년 IT산업 부문별 생산규모 추이

(단위: 조 원)

구분 \ 연도		2005	2006	2007	2008	2009	2010
정보통신서비스	통신서비스	37.4	38.7	40.4	42.7	43.7	44.3
	방송서비스	8.2	9.0	9.7	9.3	9.5	10.3
	융합서비스	3.5	4.2	4.9	6.0	7.4	8.8
	소계	49.1	51.9	55.0	58.0	60.6	63.4
정보통신기기	통신기기	43.4	43.3	47.4	61.2	59.7	58.2
	정보기기	14.5	13.1	10.1	9.8	8.6	9.9
	음향기기	14.2	15.3	13.6	14.3	13.7	15.4
	전자부품	85.1	95.0	103.6	109.0	122.4	174.4
	응용기기	27.7	29.2	29.9	32.2	31.0	37.8
	소계	184.9	195.9	204.6	226.5	235.4	295.7
소프트웨어		19.2	21.1	22.1	26.2	26.0	26.3
합계		253.2	268.9	281.7	310.7	322.0	385.4

<보고서>

국가경제 성장의 핵심 역할을 하는 IT산업은 정보통신서비스, 정보통신기기, 소프트웨어 부문으로 구분된다. ㉠ 2010년 IT산업의 생산규모는 전년대비 15% 이상 증가한 385.4조 원을 기록하였다. 한편, 소프트웨어 산업은 경기위축에 선행하고 경기회복에 후행하는 산업적 특성 때문에 전년대비 2% 이하의 성장에 머물렀다.

2010년 정보통신서비스 생산규모는 IPTV 등 신규 정보통신서비스 확대로 전년대비 4.6% 증가한 63.4조 원을 기록하였다. ㉡ 2010년 융합서비스는 전년대비 생산규모 증가율이 정보통신서비스 중 가장 높았고, 정보통신서비스에서 차지하는 생산규모 비중도 가장 컸다.

IT산업 전체의 생산을 견인하고 있는 정보통신기기 생산규모는 통신기기를 제외한 다른 품목의 생산 호조에 따라 2010년 전년대비 25.6% 증가하였다. 한편, ㉢ 2006~2010년 동안 정보통신기기 생산규모에서 통신기기, 정보기기, 음향기기, 전자부품, 응용기기가 차지하는 비중의 순위는 매년 변화가 없었다. 2010년 전자부품 생산규모는 174.4조 원으로 정보통신기기 전체 생산규모의 59.0%를 차지한다. 전자부품 중 반도체와 디스플레이 패널의 생산규모는 전년대비 각각 48.6%, 47.4% 증가하여 전자부품 생산을 주도하였다. ㉣ 2005~2010년 동안 정보통신기기 부문에서 전자부품과 응용기기 각각의 생산규모는 매년 증가하였다.

① ㄱ, ㄴ ② ㄱ, ㄷ ③ ㄱ, ㄹ
④ ㄴ, ㄹ ⑤ ㄷ, ㄹ

4. 다음 <표>는 '갑'팀 구성원(가~라)의 보유 역량 및 수행할 작업(A~G)과 작업별 필요 역량에 대한 자료이다. 이에 대한 설명으로 옳지 않은 것은? 12 (인) 10번

<표 1> '갑'팀 구성원의 보유 역량

(○: 보유)

역량 \ 구성원	가	나	다	라
자기개발	○	○		
의사소통	○		○	○
수리활용		○		○
정보활용	○		○	
문제해결		○	○	
자원관리	○			
기술활용	○	○		
대인관계			○	○
문화이해	○		○	
변화관리	○	○	○	○

<표 2> 수행할 작업과 작업별 필요 역량

(○: 필요)

작업 \ 역량	자기개발	의사소통	수리활용	정보활용	문제해결	자원관리	기술활용	대인관계	문화이해	변화관리
A			○					○		○
B					○			○	○	
C					○	○				
D		○		○		○				○
E	○				○					○
F		○	○					○		
G		○					○			○

※ 각 작업별 필요 역량을 모두 보유하고 있는 구성원만이 해당 작업을 수행할 수 있음.

① '갑'팀 구성원 중 D작업을 수행할 수 있는 사람은 G작업도 수행할 수 있다.
② '갑'팀 구성원 중 A작업을 수행할 수 있는 사람이 F작업을 수행하기 위해서는 기존 보유 역량 외에 '의사소통' 역량이 추가로 필요하다.
③ '갑'팀 구성원 중 E작업을 수행할 수 있는 사람은 다른 작업을 수행할 수 없다.
④ '갑'팀 구성원 중 B작업을 수행할 수 있는 사람이 '기술활용' 역량을 추가로 보유하면 G작업을 수행할 수 있다.
⑤ '갑'팀 구성원 중 C작업을 수행할 수 있는 사람은 없다.

5. 다음 <표>는 세계 주요 지진의 인명피해 현황을 나타낸 자료이다. <표>와 <보고서>의 내용을 근거로 하여 A~F에 해당하는 지진을 바르게 나열한 것은? 12 (인) 29번

<표> 세계 주요 지진의 인명피해 현황

지진	발생년도	지진의 규모(M)	사망자 수(명)	부상자 수(명)
A	1976	7.5	240,000	799,000
B	1995	6.9	5,500	37,000
C	1999	7.6	2,400	8,700
D	2001	7.6	20,000	166,000
E	2003	6.9	27,000	30,000
F	2008	7.9	69,000	374,000

※ M은 리히터 지진규모의 단위임.

<보고서>

세계 주요 지진에 의한 인명피해 현황을 통해 지진에 대한 철저한 대비가 얼마나 중요한지 알 수 있다. 예를 들어, '가'지진과 '나'지진의 규모는 동일하나 '가'지진에 의한 사망자 수가 '나'지진에 의한 사망자 수의 4배 이상이었다. 이는 '나'지진이 건물 내진 설계와 주민 대피 훈련이 잘 이루어지는 국가에서 발생한데 반해, '가'지진은 건물 내진 설계와 주민 대피 훈련이 미흡한 국가에서 발생하였기 때문이다.

또한 '다'지진은 '가'지진보다 지진의 규모가 크지만 사망자 수와 부상자 수는 각각 적게 발생하였는데, 이는 '다'지진 또한 건물 내진 설계와 주민 대피 훈련이 잘 이루어지는 국가에서 발생하였기 때문이다. 따라서, '바'지진에 의한 사망자 수가 같은 규모 지진인 '다'지진에 의한 사망자 수보다 8배 이상 발생하였음을 볼 때, '다'지진이 발생한 국가보다 '바'지진이 발생한 국가의 건물 내진 설계와 주민 대피 훈련이 부족하였음을 추측할 수 있다.

한편 동일한 국가에서 발생한 '라'지진과 '마'지진의 경우, 비록 지진의 규모는 '마'지진이 크지만 '마'지진에 의한 사망자 수는 '라'지진에 의한 사망자 수의 30% 이하이다. 이는 '라'지진 발생 이후 해당 국가에서 건물의 내진 설계를 강화하고 주민들에게 지진에 대한 경각심을 꾸준히 높여 왔기 때문이다.

	A	B	C	D	E	F
①	가	나	다	바	라	마
②	다	가	마	바	나	라
③	다	나	바	마	가	라
④	라	나	다	바	가	마
⑤	마	나	다	바	가	라

6. 다음 <표>는 2010년 국가기록원의 '비공개기록물 공개 재분류 사업' 결과 및 현황이다. 이에 대한 설명으로 옳지 않은 것은? 14 (A) 22번

<표 1> 비공개기록물 공개 재분류 사업 결과

(단위: 건)

구분	합	재분류 결과			
		공개			비공개
		소계	전부공개	부분공개	
계	2,702,653	1,298,570	169,646	1,128,924	1,404,083
30년 경과 비공개기록물	1,199,421	1,079,690	33,012	1,046,678	119,731
30년 미경과 비공개기록물	1,503,232	218,880	136,634	82,246	1,284,352

<표 2> 30년 경과 비공개기록물 중 비공개로 재분류된 기록물의 비공개 사유별 현황

(단위: 건)

합	비공개 사유						
	법령상 비밀	국방 등 국익침해	국민의 생명 등 공익침해	재판 관련 정보	공정한 업무수행 지장	개인 사생활 침해	특정인의 이익침해
119,731	619	313	54,329	18,091	24	46,298	57

① 2010년 '비공개기록물 공개 재분류 사업' 대상 전체 기록물 중 절반 이상이 다시 비공개로 재분류되었다.

② 30년 경과 비공개기록물 중 전부공개로 재분류된 기록물 건수가 30년 경과 비공개기록물 중 '개인 사생활 침해' 사유에 해당하여 비공개로 재분류된 기록물 건수보다 적다.

③ 30년 경과 비공개기록물 중 공개로 재분류된 기록물의 비율이 30년 미경과 비공개기록물 중 비공개로 재분류된 기록물의 비율보다 낮다.

④ 재분류 건수가 많은 것부터 순서대로 나열하면, 30년 경과 비공개기록물은 부분공개, 비공개, 전부공개 순이고 30년 미경과 비공개기록물은 비공개, 전부공개, 부분공개 순이다.

⑤ 30년 경과 비공개기록물 중 '국민의 생명 등 공익침해'와 '개인 사생활 침해' 사유에 해당하여 비공개로 재분류된 기록물 건수의 합은 2010년 '비공개기록물 공개 재분류 사업' 대상 전체 기록물의 5% 이하이다.

7. 다음 <표>는 A국의 2008년과 2012년 의원 유형별, 정당별 전체 의원 및 여성 의원에 관한 자료이다. 이에 대한 <보기>의 설명 중 옳은 것만을 모두 고르면? 16 (4) 37번

<표 1> 2008년 의원 유형별, 정당별 전체 의원 및 여성 의원

(단위: 명)

의원 유형	구분 \ 정당	가	나	다	라	기타	전체
비례대표 의원	전체 의원 수	44	38	16	20	70	188
	여성 의원 수	21	18	6	10	25	80
지역구 의원	전체 의원 수	230	209	50	51	362	902
	여성 의원 수	16	21	2	7	17	63

<표 2> 2012년 의원 유형별, 정당별 전체 의원 및 여성 의원

(단위: 명, %)

의원 유형	구분 \ 정당	가	나	다	라	기타	전체
비례대표 의원	전체 의원 수	34	42	18	17	74	185
	여성 의원 비율	41.2	54.8	27.8	35.3	40.5	42.2
지역구 의원	전체 의원 수	222	242	60	58	344	926
	여성 의원 비율	7.2	12.4	10.0	13.8	4.1	8.0

※ 1) 의원 유형은 비례대표의원과 지역구의원으로만 구성됨.
2) 비율은 소수점 둘째 자리에서 반올림한 값임.

<보 기>

ㄱ. 2012년 A국 전체 의원 중 여성 의원의 비율은 15% 이하이다.

ㄴ. 2008년 정당별 지역구의원 중 여성 의원 비율은 '기타'를 제외하고 '라' 정당이 가장 높다.

ㄷ. 2008년 대비 2012년의 '가' 정당 여성 의원 비율은 비례대표의원 유형과 지역구의원 유형에서 모두 감소하였다.

ㄹ. 2008년 대비 2012년에 여성 지역구의원 수는 '가'~'라' 정당에서 모두 증가하였다.

① ㄱ, ㄴ
② ㄱ, ㄷ
③ ㄴ, ㄷ
④ ㄴ, ㄹ
⑤ ㄱ, ㄴ, ㄹ

8. 다음 <그림>은 2013년과 2014년 침해유형별 개인정보 침해경험을 설문조사한 결과이다. 이에 대한 설명으로 옳은 것은? 16 (4) 25번

<그림> 침해유형별 개인정보 침해경험 설문조사 결과

(단위: %)

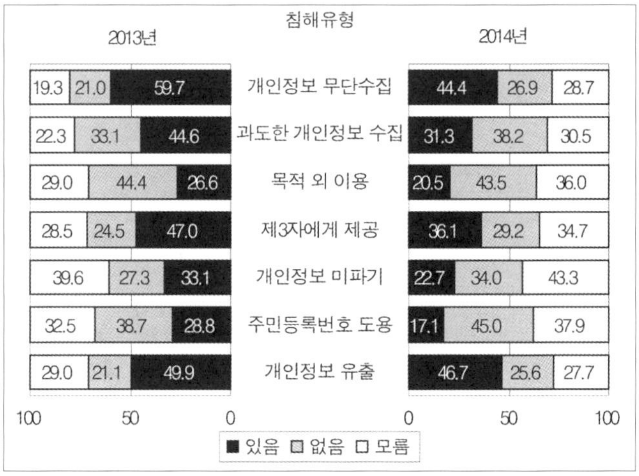

① '있음'으로 응답한 비율이 큰 침해유형부터 순서대로 나열하면 2013년과 2014년의 순서는 동일하다.
② 2014년 '개인정보 무단수집'을 '있음'으로 응답한 비율은 '개인정보 미파기'를 '있음'으로 응답한 비율의 2배 이상이다.
③ 2014년 '있음'으로 응답한 비율의 전년대비 감소폭이 가장 큰 침해유형은 '과도한 개인정보 수집'이다.
④ 2014년 '모름'으로 응답한 비율은 모든 침해유형에서 전년대비 증가하였다.
⑤ 2014년 '있음'으로 응답한 비율의 전년대비 감소율이 가장 큰 침해유형은 '주민등록번호 도용'이다.

9. 다음 <표>는 2023년 '갑'국 8개 도시(A~H)의 상수도 관련 자료이다. 이에 대한 설명으로 옳지 않은 것은? 24 (나) 20번

<표> '갑'국 A~H도시의 상수도 통계

(단위: %)

도시	유수율	무수율	누수율	계량기 불감수율	수도사업 용수량 비율
A	94.2	5.8	5.4	0.1	0.0
B	91.6	8.4	3.6	4.5	0.3
C	90.1	9.9	4.5	2.3	0.1
D	93.4	6.6	4.3	2.0	0.1
E	93.8	6.2	4.2	1.9	0.1
F	92.2	7.8	5.1	2.6	0.1
G	90.9	9.1	5.1	3.8	0.1
H	94.6	5.4	2.6	2.3	0.2

※ 1) 무수율 = 누수율 + 유효무수율
2) 유효무수율 = 계량기 불감수율 + 수도사업 용수량 비율 + 부정사용률

① 유효무수율이 가장 낮은 도시는 누수율이 가장 높다.
② 유수율이 가장 낮은 도시의 부정사용률은 유수율이 세 번째로 높은 도시의 부정사용률보다 높다.
③ 무수율과 부정사용률의 차이가 가장 큰 도시는 G이다.
④ 계량기 불감수율이 가장 높은 도시는 유효무수율도 가장 높다.
⑤ 부정사용률이 가장 높은 도시는 무수율도 가장 높다.

10. 다음 <그림>과 <표>를 이용하여 <보고서>를 작성하였다. 제시된 <그림>과 <표> 이외에 추가로 필요한 자료만을 <보기>에서 모두 고르면? 16 (4) 3번

<그림> 박사학위 취득자의 성별, 전공계열별 고용률 현황

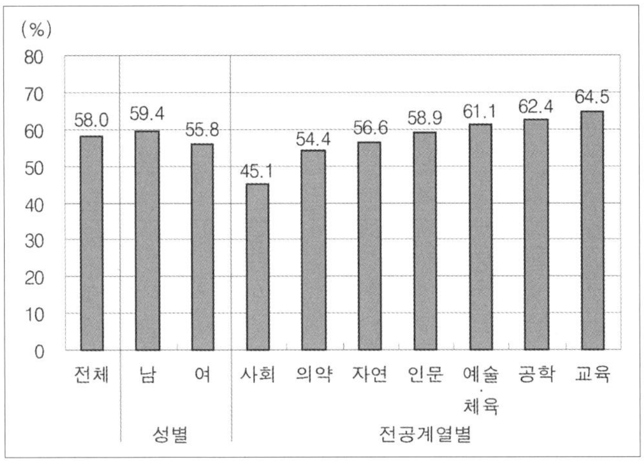

<표> 박사학위 취득자 중 취업자의 고용형태별 직장유형 구성비율

(단위: %)

직장유형 \ 고용형태	전체	정규직	비정규직
대학	54.2	9.3	81.1
민간기업	24.9	64.3	1.2
공공연구소	10.3	8.5	11.3
민간연구소	3.3	6.4	1.5
정부·지자체	1.9	2.4	1.7
기타	5.4	9.1	3.2
계	100.0	100.0	100.0

<보고서>

박사학위 취득자의 전체 고용률은 58.0%이었다. 전공계열 중 교육계열의 고용률이 가장 높고 그 다음으로 공학계열, 예술·체육계열, 인문계열의 순으로 나타났으며, 사회계열, 의약계열과 자연계열의 고용률은 상대적으로 낮았다.

박사학위 취득자 중 취업자의 직장유형 구성비율을 살펴보면 대학이 가장 높았고, 그 다음으로 민간기업, 공공연구소 등의 순이었다.

박사학위 취득자 중 취업자의 고용형태를 살펴보면, 여성 취업자 중 비정규직 비율은 75% 이상이었다. 전공계열별로는 인문계열의 비정규직 비율이 가장 높고, 그 다음으로 예술·체육계열, 의약계열, 사회계열, 자연계열, 교육계열, 공학계열 순으로 나타났다. 정규직은 과반수가 민간기업에 소속된 반면, 비정규직은 80% 이상이 대학에 소속된 것으로 나타났다.

박사학위 취득자 중 취업자의 고용형태에 따라 평균 연봉 차이가 큰 것으로 나타났다. 정규직 취업자의 직장유형을 기타를 제외하고 평균 연봉이 높은 것부터 순서대로 나열하면 민간기업, 민간연구소, 공공연구소, 대학, 정부·지자체 순이었다. 또한, 비정규직 내에서도 직장유형별 평균 연봉의 편차가 크게 나타났다.

<보 기>

ㄱ. 박사학위 취득자 중 취업자의 전공계열별 고용형태
ㄴ. 박사학위 취득자 중 취업자의 성별, 전공계열별 평균 연봉
ㄷ. 박사학위 취득자 중 취업자의 고용형태별, 직장유형별 평균 연봉
ㄹ. 박사학위 취득자 중 취업자의 성별 고용형태
ㅁ. 박사학위 취득자 중 비정규직 여성 취업자의 전공계열별 평균 근속기간

① ㄱ, ㄴ, ㄷ ② ㄱ, ㄷ, ㄹ ③ ㄱ, ㄷ, ㅁ
④ ㄴ, ㄷ, ㄹ ⑤ ㄴ, ㄹ, ㅁ

11. 다음 <표>는 2008~2012년 한국을 포함한 OECD 주요국의 공공복지예산에 관한 자료이다. 이에 대한 <보기>의 설명 중 옳은 것만을 모두 고르면? 16 (4) 32번

<표 1> 2008~2012년 한국의 공공복지예산과 분야별 GDP 대비 공공복지예산 비율

(단위: 십억 원, %)

연도 \ 구분	공공복지예산	분야별 GDP 대비 공공복지예산 비율					
		노령	보건	가족	실업	기타	합
2008	84,466	1.79	3.28	0.68	0.26	1.64	7.65
2009	99,856	1.91	3.64	0.74	0.36	2.02	8.67
2010	105,248	1.93	3.74	0.73	0.29	1.63	8.32
2011	111,090	1.95	3.73	0.87	0.27	1.52	8.34
2012	124,824	2.21	3.76	1.08	0.27	1.74	9.06

<표 2> 2008~2012년 OECD 주요국의 GDP 대비 공공복지 예산 비율

(단위: %)

국가 \ 연도	2008	2009	2010	2011	2012
한국	7.65	8.67	8.32	8.34	9.06
호주	17.80	17.80	17.90	18.20	18.80
미국	17.00	19.20	19.80	19.60	19.70
체코	18.10	20.70	20.80	20.80	21.00
영국	21.80	24.10	23.80	23.60	23.90
독일	25.20	27.80	27.10	25.90	25.90
핀란드	25.30	29.40	29.60	29.20	30.00
스웨덴	27.50	29.80	28.30	27.60	28.10
프랑스	29.80	32.10	32.40	32.00	32.50

<보 기>

ㄱ. 2011년 한국의 실업분야 공공복지예산은 4조 원 이상이다.
ㄴ. 한국의 공공복지예산 중 보건분야 예산이 차지하는 비중은 2011년과 2012년에 전년대비 감소한다.
ㄷ. 매년 한국의 노령분야 공공복지예산은 가족분야 공공복지예산의 2배 이상이다.
ㄹ. 2009~2012년 동안 OECD 주요국 중 GDP 대비 공공복지예산 비율이 가장 높은 국가와 가장 낮은 국가 간의 비율 차이는 전년대비 매년 증가한다.

① ㄱ, ㄹ ② ㄴ, ㄷ ③ ㄴ, ㄹ
④ ㄱ, ㄴ, ㄷ ⑤ ㄱ, ㄷ, ㄹ

12. 다음 <표>는 수자원 현황에 대한 자료이다. 이를 바탕으로 작성한 <보고서>의 내용 중 옳은 것만을 모두 고르면? 15 (인) 23번

<표 1> 지구상 존재하는 물의 구성

구분		부피(백만 km³)	비율(%)
총량		1,386.1	100.000
해수(바닷물)		1,351.0	97.468
담수	빙설(빙하, 만년설 등)	24.0	1.731
	지하수	11.0	0.794
	지표수(호수, 하천 등)	0.1	0.007

<표 2> 세계 각국의 강수량

구분	한국	일본	미국	영국	중국	캐나다	세계 평균
연평균 강수량 (mm)	1,245	1,718	736	1,220	627	537	880
1인당 강수량 (m³/년)	2,591	5,107	25,022	4,969	4,693	174,016	19,635

<표 3> 주요 국가별 1인당 물사용량

국가	독일	덴마크	프랑스	영국	일본	이탈리아	한국	호주
1인당 물사용량 (ℓ/일)	132	246	281	323	357	383	395	480

<보고서>

급격한 인구증가와 지구온난화로 인하여 인류가 사용할 수 있는 물의 양이 줄어들면서 물 부족 문제가 심화되고 있다. ㉠ 지구상에 존재하는 물의 97% 이상이 해수이고, 나머지는 담수의 형태로 존재한다. ㉡ 담수의 3분의 2 이상은 빙하, 만년설 등의 빙설이고, 나머지도 대부분 땅속에 있어 손쉽게 이용 가능한 지표수는 매우 적다.

최근 들어 강수량 및 확보 가능한 수자원이 감소되고 있는 실정이다. UN 조사에 따르면 이러한 상황이 지속될 경우 20년 후 세계 인구의 3분의 2는 물 스트레스 속에서 살게 될 것으로 전망된다. ㉢ 한국의 경우, 연평균 강수량은 세계평균의 1.4배 이상이지만, 1인당 강수량은 세계평균의 12% 미만이다. 또한 연강수량의 3분의 2가 여름철에 집중되어 수자원의 계절별, 지역별 편중이 심하다.

이와 같이 수자원 확보의 어려움에 직면하고 있으나 ㉣ 한국의 1인당 물사용량은 독일의 2.5배 이상이며, 프랑스의 1.4배 이상으로 오히려 다른 나라에 비해 높은 편이다.

① ㄱ, ㄴ
② ㄱ, ㄷ
③ ㄷ, ㄹ
④ ㄱ, ㄴ, ㄹ
⑤ ㄴ, ㄷ, ㄹ

13. 다음 <표>와 <조건>은 고객기관 유형별 기관수와 고객기관 유형별 공공데이터 자체활용 및 제공 현황이고, <그림>은 공공데이터의 제공 경로를 나타낸다. 이에 대한 <보기>의 설명 중 옳은 것만을 모두 고르면? 16 (4) 17번

<표> 고객기관 유형별 기관수

(단위: 개)

유형	기관수
1차 고객기관	600
2차 고객기관	300

<조 건>

○ 모든 1차 고객기관은 공공데이터 원천기관으로부터 제공받은 공공데이터를 보유하고 있으며, 1차 고객기관은 공공데이터를 자체활용만 하는 기관과 자체활용 없이 개인고객 또는 2차 고객기관에게 공공데이터를 제공하는 기관으로 구분된다.
○ 1차 고객기관 중 25%는 공공데이터를 자체활용만 한다.
○ 1차 고객기관 중 50%는 2차 고객기관에게 공공데이터를 제공하고, 1차 고객기관 중 60%는 개인고객에게 공공데이터를 제공한다.
○ 2차 고객기관 중 30%는 공공데이터를 자체활용만 하고, 70%는 개인고객에게 공공데이터를 제공한다.
○ 1차 고객기관으로부터 공공데이터를 제공받지 않는 2차 고객기관은 없다.

<그림> 공공데이터의 제공 경로

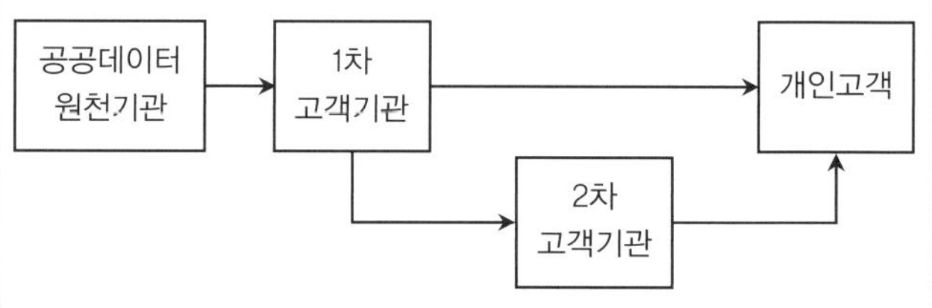

<보 기>

ㄱ. 개인고객에게 공공데이터를 제공하는 기관의 수는 1차 고객기관이 2차 고객기관보다 크다.
ㄴ. 공공데이터를 자체활용만 하는 기관의 수는 1차 고객기관이 2차 고객기관보다 크다.
ㄷ. 1차 고객기관 중 개인고객에게만 공공데이터를 제공하는 기관의 수는 1차 고객기관의 25%이다.
ㄹ. 1차 고객기관 중 개인고객에게만 공공데이터를 제공하는 기관의 수는 1차 고객기관 중 2차 고객기관에게만 공공데이터를 제공하는 기관의 수에 비해 70% 이상 더 크다.

① ㄱ, ㄴ
② ㄱ, ㄷ
③ ㄴ, ㄹ
④ ㄱ, ㄴ, ㄷ
⑤ ㄱ, ㄴ, ㄹ

14. 다음 <보고서>는 2012년 2분기말 외국인 국내토지 소유현황에 관한 것이다. <보고서>의 내용과 부합하지 않는 자료는?

13 (인) 19번

<보고서>

2012년 2분기말 현재 외국인의 국내토지 소유면적은 224,715천 m², 금액으로는 335,018억 원인 것으로 조사되었다. 면적 기준으로 2012년 1분기말 대비 2,040천 m², 보유필지수로는 1분기말 대비 3% 미만 증가한 것이다.

국적별로는 기타 지역을 제외하고 토지 소유면적이 넓은 것부터 나열하면 미국, 유럽, 일본, 중국 순이며, 미국 국적 외국인은 외국인 국내토지 소유면적의 50% 이상을 소유하였다. 용도별로 외국인 국내토지 소유면적을 넓은 것부터 나열하면 임야·농지, 공장용지, 주거용지, 상업용지, 레저용지 순이며, 이 중 주거용지, 상업용지, 레저용지 토지 면적의 합이 외국인 국내토지 소유면적의 10% 이상인 것으로 나타나 부동산 투기에 대한 지속적인 감시가 필요할 것으로 판단된다.

토지 소유 주체별로는 개인이 전체 외국인 소유 토지의 60% 이상을 차지하고 있으며, 특히 개인 소유 토지의 57.1%를 차지하고 있는 외국국적 교포의 토지 소유면적이 법인 및 외국정부단체 등이 소유한 토지 면적보다 더 넓은 것으로 나타났다. 외국인이 소유하고 있는 지역별 토지 면적을 넓은 것부터 나열하면 전남, 경기, 경북 순이고 이들 지역에서의 보유 면적의 합은 전체 외국인 국내토지 소유면적의 40%를 상회하고 있어 향후 집중적인 모니터링이 요구된다.

① 2012년 2분기말 주체별 외국인 국내토지 소유현황

구분	합	개인			법인			외국정부단체 등
		소계	외국국적교포	순수외국인	소계	합작법인	순수외국법인	
면적(천 m²)	224,715	137,040	128,252	8,788	87,173	71,810	15,363	502
비율(%)	100.0	61.0	57.1	3.9	38.8	32.0	6.8	0.2

② 외국인 국내토지 소유현황

구분	2011년 4분기말	2012년 1분기말	2012년 2분기말
면적(천 m²)	221,899	222,675	224,715
금액(억 원)	310,989	323,109	335,018
필지수(필)	79,992	81,109	82,729

③ 2012년 2분기말 국적별 외국인 국내토지 소유현황

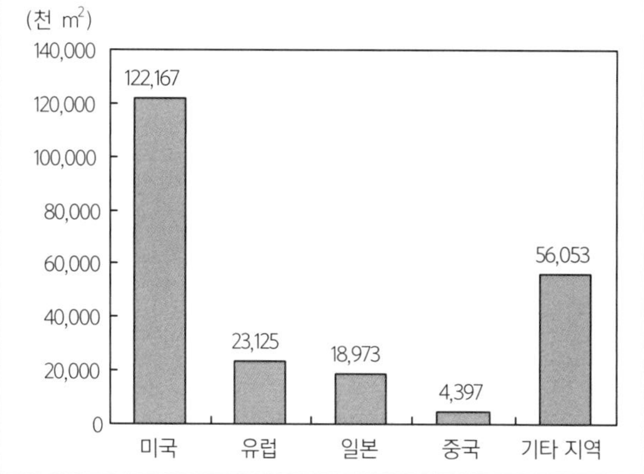

④ 2012년 2분기말 용도별 외국인 국내토지 소유현황

구분	임야·농지	공장용지	주거용지	상업용지	레저용지	합
면적(천 m²)	133,088	67,141	14,973	5,871	3,642	224,715

⑤ 2012년 2분기말 시도별 외국인 국내토지 소유현황

시도명	면적(천 m²)	비율(%)
서울	2,729	1.2
부산	5,738	2.6
대구	1,792	0.8
인천	4,842	2.2
광주	3,425	1.5
대전	837	0.4
울산	5,681	2.5
세종	867	0.4
경기	37,615	16.7
강원	18,993	8.5
충북	12,439	5.5
충남	22,313	9.9
전북	7,462	3.3
전남	37,992	16.9
경북	35,081	15.6
경남	17,058	7.6
제주	9,851	4.4
계	224,715	100.0

15. 다음 <표>는 출산여성의 임신기간 중 약물 복용횟수와 정상아 및 기형아 출산 현황에 대한 자료이다. 이에 대한 <보기>의 설명 중 옳은 것을 모두 고르면? 12 (인) 38번

<표> 약물 복용횟수와 정상아 및 기형아 출산 현황

(단위: 회, 명)

약물 복용횟수	출산여성 수		
	정상아 출산	기형아 출산	합계
0	15,952	48	16,000
1	12,460	40	12,500
2	792	8	800
3	194	6	200
4	38	2	40
5 이상	12	3	15

※ 1) 모든 출산여성은 정상아 또는 기형아 중 1명만 출산하였음.

2) 기형발생률(%)

$= \frac{\text{약물 복용횟수 해당 구간의 기형아 출산여성 수}}{\text{약물 복용횟수 해당 구간의 출산여성 수}} \times 100$

3) 기형발생 오즈(odds) $= \frac{\text{기형발생률}}{100 - \text{기형발생률}}$

<보 기>

ㄱ. 기형발생률은 약물 복용횟수가 1회인 경우가 0회인 경우보다 0.02%p 더 높다.

ㄴ. 약물 복용횟수가 2회 이하인 경우의 기형발생률은 1.62%이다.

ㄷ. 약물 복용횟수가 1회씩 증가할수록 기형발생률의 증가폭이 커진다.

ㄹ. 기형발생 오즈(odds)는 약물 복용횟수가 4회인 경우가 2회인 경우보다 5배 이상 높다.

① ㄱ, ㄴ
② ㄱ, ㄷ
③ ㄱ, ㄹ
④ ㄴ, ㄷ
⑤ ㄴ, ㄹ

16. 다음 <표>와 <그림>은 2015년 A~D국의 산업별 기업수와 국내총생산(GDP)에 대한 자료이다. 이와 <조건>에 근거하여 A~D에 해당하는 국가를 바르게 나열한 것은? 18 (나) 22번

<표> A~D국의 산업별 기업수

(단위: 개)

국가 \ 산업	전체	제조업	서비스업	기타
A	3,094,595	235,093	2,283,769	575,733
B	3,668,152	396,422	2,742,627	529,103
C	2,975,674	397,171	2,450,288	128,215
D	3,254,196	489,530	2,747,603	17,063

<그림> A~D국의 전체 기업수와 GDP

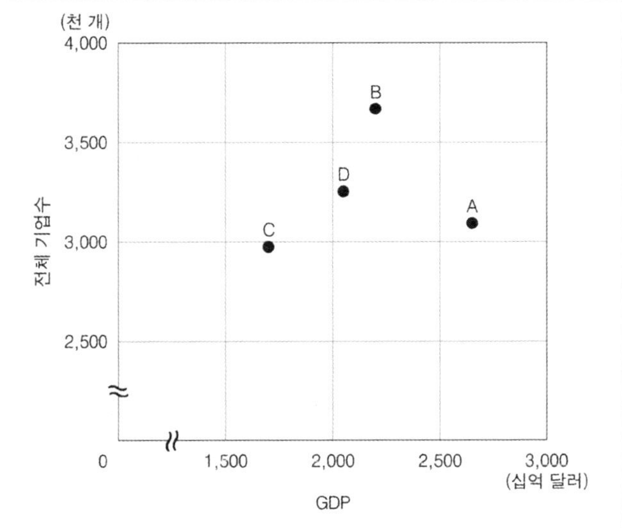

<조 건>

○ '갑'~'정'국 중 전체 기업수 대비 서비스업 기업수의 비중이 가장 큰 국가는 '갑'국이다.
○ '정'국은 '을'국보다 제조업 기업수가 많다.
○ '을'국은 '병'국보다 전체 기업수는 많지만 GDP는 낮다.

	A	B	C	D
①	갑	정	을	병
②	을	병	정	갑
③	병	을	갑	정
④	병	을	정	갑
⑤	정	을	병	갑

17. 다음 <표>와 <그림>은 '가'국의 수출입액 현황에 관한 자료이다. 이에 대한 <보기>의 설명 중 옳지 않은 것을 모두 고르면?

12 (인) 17번

<표> '가'국의 대상 지역별 수출입액 현황(2010~2011년)

(단위: 억 원, %)

구분	2010년			2011년			2011년 수출입액의 전년대비 증감률
	수출액	수입액	수출입액	수출액	수입액	수출입액	
아시아	939,383	2,320,247	3,259,630 (88.4)	900,206	2,096,471	2,996,677 (89.8)	-8.1
유럽	67,648	89,629	157,277 (4.3)	60,911	92,966	153,877 (4.6)	-2.2
미주	83,969	153,112	237,081 (6.4)	60,531	103,832	164,363 (4.9)	-30.7
아프리카	12,533	19,131	31,664 (0.9)	13,266	7,269	20,535 (0.7)	-35.1
전체	1,103,533	2,582,119	3,685,652 (100.0)	1,034,914	2,300,538	3,335,452 (100.0)	-9.5

※ 수출입액 = 수출액 + 수입액

<그림 1> '가'국의 대 유럽 수출입액 상위 6개국(2010년)

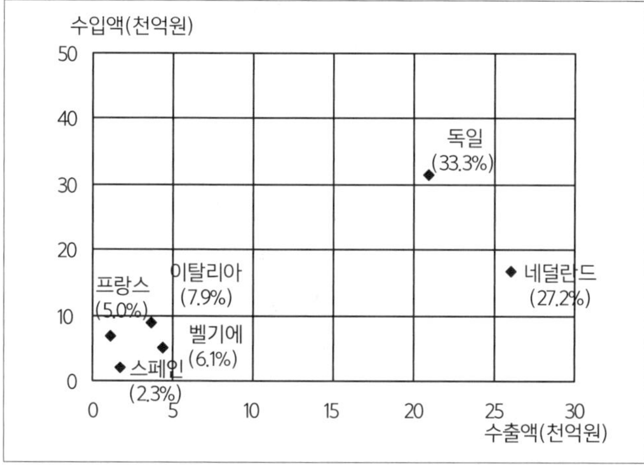

<그림 2> '가'국의 대 유럽 수출입액 상위 6개국(2011년)

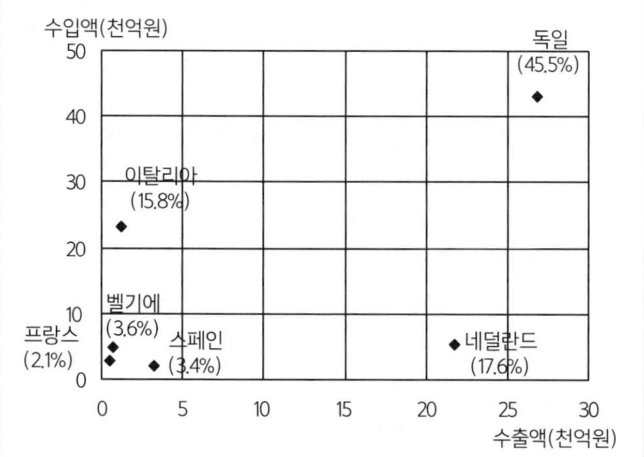

※ 1) '가'국의 유럽에 대한 전체 수출입액 중 해당국이 차지하는 수출입액의 비중이 큰 순서에 따라 상위 6개국을 선정함.
2) ( ) 안의 수치는 '가'국의 유럽에 대한 전체 수출입액 중 해당국이 차지하는 수출입액의 비중을 나타냄.

<보 기>

ㄱ. 2011년 '가'국의 아시아에 대한 수출입액은 전년대비 1.4%p 증가하여 2011년 전체 수출입액의 89.8%를 차지하였다.
ㄴ. 2011년 '가'국의 아시아, 유럽, 미주, 아프리카에 대한 수출입액은 각각 전년대비 감소하였다.
ㄷ. 2011년 '가'국의 유럽에 대한 수출입액은 전년대비 2.2% 감소하였고, 수출액은 전년대비 5.9% 감소하였으나, 수입액은 전년대비 3.7% 증가하였다.
ㄹ. 2011년 '가'국의 유럽에 대한 전체 수출입액 중 수출입액 상위 5개국이 차지하는 수출입액은 85.0% 이상이었다.
ㅁ. 2011년 '가'국의 네덜란드에 대한 수입액 대비 수출액 비율은 전년에 비해 감소하였고, 네덜란드에 대한 수출입액은 유럽에 대한 전체 수출입액의 17.6%를 차지하였다.

① ㄱ, ㄴ, ㄹ
② ㄱ, ㄷ, ㄹ
③ ㄱ, ㄷ, ㅁ
④ ㄴ, ㄷ, ㅁ
⑤ ㄴ, ㄹ, ㅁ

18. 다음 <그림>은 '갑'소독제 소독실험에서 소독제 누적주입량에 따른 병원성미생물 개체수의 변화를 나타낸 것이다. <그림>과 <실험정보>에 근거한 <보기>의 설명 중 옳은 것만을 모두 고르면? 17 (가) 13번

<그림> 소독제 누적주입량에 따른 병원성미생물 개체수 변화

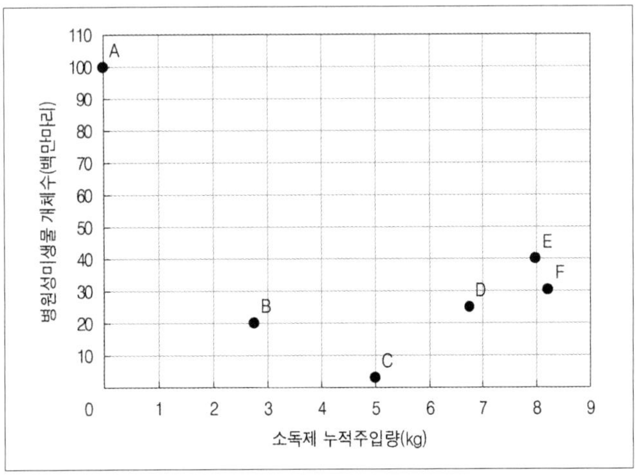

<실험정보>

○ 이 실험은 1회 시행한 단일 실험임.
○ 실험 시작시점(A)에서 측정한 값과, 이후 5시간 동안 소독제를 주입하면서 매 1시간이 경과하는 시점을 순서대로 B, C, D, E, F라고 하고 각 시점에서 측정한 값을 표시하였음.
○ 소독효율(마리/kg) = $\frac{\text{시작시점(A) 병원성미생물 개체수} - \text{측정시점 병원성미생물 개체수}}{\text{측정시점의 소독제 누적주입량}}$
○ 구간 소독속도(마리/시간) = $\frac{\text{구간의 시작시점 병원성미생물 개체수} - \text{구간의 종료시점 병원성미생물 개체수}}{\text{두 측정시점 사이의 시간}}$

<보 기>

ㄱ. 실험시작 후 2시간이 경과한 시점의 소독효율이 가장 높다.
ㄴ. 소독효율은 F가 D보다 낮다.
ㄷ. 구간 소독속도는 B~C 구간이 E~F 구간보다 낮다.

① ㄱ
② ㄴ
③ ㄷ
④ ㄴ, ㄷ
⑤ ㄱ, ㄴ, ㄷ

19. 다음 <그림 1>은 1인당 실질부가가치와 취업자 수 증가율에 따른 국가 유형 구분을 나타낸 것이다. <그림 2>는 <그림 1>을 주요 국가의 통신업과 금융업에 적용하여 작성된 자료이다. 이에 대한 <보기>의 설명 중 옳은 것을 모두 고르면? 12 (인) 13번

<그림 1> 1인당 실질부가가치와 취업자 수 증가율에 따른 국가 유형 구분

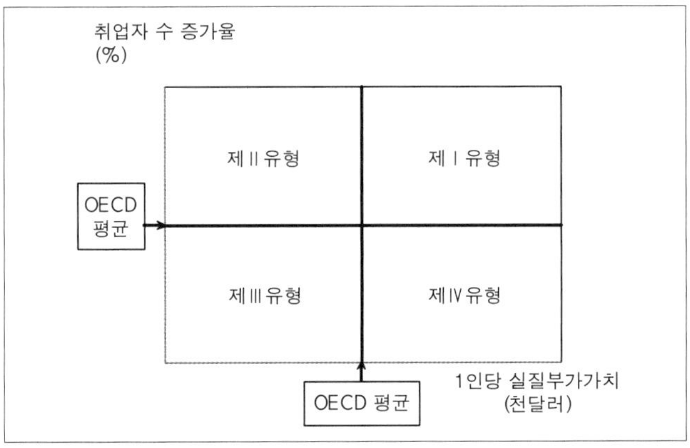

※ OECD 평균은 해당 업종의 OECD 회원국 평균을 나타냄.

<그림 2> 주요 국가의 통신업 및 금융업의 1인당 실질부가가치와 취업자 수 증가율

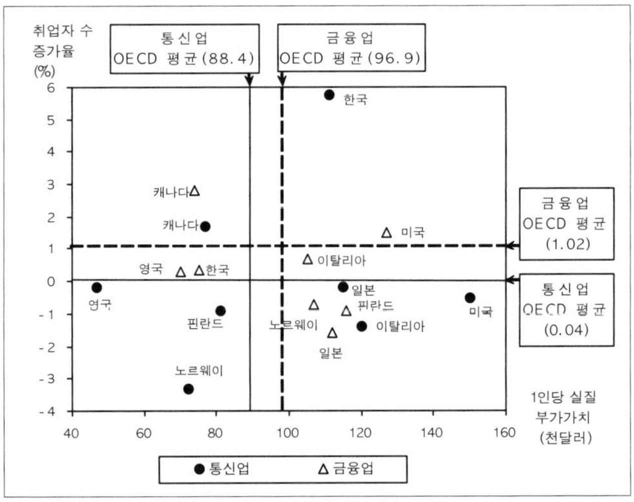

<보 기>

ㄱ. 한국과 일본의 통신업의 경우, 1인당 실질부가가치는 통신업의 OECD평균보다 각각 높다.
ㄴ. 한국의 경우 통신업의 1인당 실질부가가치와 취업자 수 증가율은 각각 금융업의 1인당 실질부가가치와 취업자 수 증가율보다 크다.
ㄷ. 통신업의 제Ⅲ유형에 속한 국가의 수와 금융업의 제Ⅳ유형에 속한 국가의 수는 같다.
ㄹ. 국가 유형에 따라 구분한 결과 통신업 유형과 금융업 유형이 동일한 국가의 수는 4개이다.
ㅁ. 금융업에서 미국의 1인당 실질부가가치는 캐나다의 1인당 실질부가가치에 비하여 2배 이상이다.

① ㄱ, ㄴ, ㄹ ② ㄱ, ㄴ, ㅁ ③ ㄱ, ㄷ, ㄹ
④ ㄴ, ㄷ, ㅁ ⑤ ㄷ, ㄹ, ㅁ

20. 다음 <표>와 <조건>은 주식매매 수수료율과 증권거래세율에 대한 자료이다. 이에 대한 <보기>의 설명 중 옳은 것을 모두 고르면?

13 (인) 39번

<표 1> 주식매매 수수료율과 증권거래세율

(단위: %)

구분 \ 연도	2001	2003	2005	2008	2011
주식매매 수수료율	0.1949	0.1805	0.1655	0.1206	0.0993
유관기관 수수료율	0.0109	0.0109	0.0093	0.0075	0.0054
증권사 수수료율	0.1840	0.1696	0.1562	0.1131	0.0939
증권거래세율	0.3	0.3	0.3	0.3	0.3

<표 2> 유관기관별 주식매매 수수료율

(단위: %)

유관기관 \ 연도	2001	2003	2005	2008	2011
한국거래소	0.0065	0.0065	0.0058	0.0045	0.0032
예탁결제원	0.0032	0.0032	0.0024	0.0022	0.0014
금융투자협회	0.0012	0.0012	0.0011	0.0008	0.0008
합계	0.0109	0.0109	0.0093	0.0075	0.0054

<조 건>

○ 주식매매 수수료는 주식 매도 시 매도자에게, 매수 시 매수자에게 부과됨.
○ 증권거래세는 주식 매도 시에만 매도자에게 부과됨.

※ 1) 주식거래 비용 = 주식매매 수수료 + 증권거래세
2) 주식매매 수수료 = 주식매매 대금 × 주식매매 수수료율
3) 증권거래세 = 주식매매 대금 × 증권거래세율

<보 기>

ㄱ. 2001년에 '갑'이 주식을 매수한 뒤 같은 해에 동일한 가격으로 전량 매도했을 경우, 매수 시 주식거래 비용과 매도 시 주식거래 비용의 합에서 증권사 수수료가 차지하는 비중은 50%를 넘지 않는다.
ㄴ. 2005년에 '갑'이 1,000만원 어치의 주식을 매수할 때 '갑'에게 부과되는 주식매매 수수료는 16,550원이다.
ㄷ. 모든 유관기관은 2011년 수수료율을 2008년보다 10% 이상 인하하였다.
ㄹ. 2011년에 '갑'이 주식을 매도할 때 '갑'에게 부과되는 주식거래 비용에서 유관기관 수수료가 차지하는 비중은 2% 이하이다.

① ㄱ, ㄴ
② ㄱ, ㄷ
③ ㄴ, ㄷ
④ ㄴ, ㄹ
⑤ ㄷ, ㄹ

21. 다음 <표>는 2022년 '갑'모터쇼에 전시된 전기차 A~E의 차량가격 및 제원에 관한 자료이다. 이에 대한 <보기>의 설명 중 옳은 것만을 모두 고르면?

24 (나) 9번

<표> 전기차 A~E의 차량가격 및 제원

(단위: 만 원, 분, km, kWh)

전기차 \ 구분	차량가격	완충시간	완충시 주행거리	배터리 용량
A	8,469	350	528	75.0
B	5,020	392	475	77.4
C	17,700	420	478	112.8
D	14,620	420	447	111.5
E	6,000	252	524	77.4

<보 기>

ㄱ. '배터리 용량'당 '차량가격'은 C가 가장 높다.
ㄴ. '차량가격'이 가장 낮은 전기차는 '완충시간' 대비 '배터리 용량'의 비율도 가장 낮다.
ㄷ. '완충시 주행거리' 대비 '완충시간'의 비율은 D가 E의 2배 이상이다.
ㄹ. '차량가격'이 높을수록 '배터리 용량'도 크다.

① ㄱ, ㄴ
② ㄱ, ㄷ
③ ㄷ, ㄹ
④ ㄱ, ㄴ, ㄹ
⑤ ㄴ, ㄷ, ㄹ

[22 ~ 23] 다음 <표>는 2019년 2월에 '갑'국 국민 중 표본을 추출하여 2017년, 2018년 고용형태와 소득분위의 변화를 조사한 자료이다. 다음 물음에 답하시오. 19 (가) 19~20번

<표 1> 2017년에서 2018년 표본의 고용형태 변화비율

(단위: %)

구분		2018년		합계
		사업가	피고용자	
2017년	사업가	80	20	100
	피고용자	30	70	100

※ 고용형태는 사업가와 피고용자로만 나누어지며 실업자는 없음.

<표 2> 고용형태 변화 유형별 표본의 소득분위 변화

(단위: %)

I. 사업가(2017년)→사업가(2018년)

2017년 \ 2018년	1분위	2분위	3분위	4분위	5분위	합계
1분위	40.0	35.0	10.0	10.0	5.0	100.0
2분위	10.0	55.0	25.0	5.0	5.0	100.0
3분위	5.0	15.0	45.0	25.0	10.0	100.0
4분위	5.0	5.0	20.0	45.0	25.0	100.0
5분위	0.0	0.0	5.0	15.0	80.0	100.0

II. 사업가(2017년)→피고용자(2018년)

2017년 \ 2018년	1분위	2분위	3분위	4분위	5분위	합계
1분위	70.0	30.0	0.0	0.0	0.0	100.0
2분위	25.0	55.0	15.0	5.0	0.0	100.0
3분위	5.0	25.0	50.0	15.0	5.0	100.0
4분위	5.0	10.0	20.0	50.0	15.0	100.0
5분위	0.0	5.0	5.0	15.0	75.0	100.0

III. 피고용자(2017년)→피고용자(2018년)

2017년 \ 2018년	1분위	2분위	3분위	4분위	5분위	합계
1분위	85.0	10.0	5.0	0.0	0.0	100.0
2분위	15.0	65.0	15.0	5.0	0.0	100.0
3분위	5.0	20.0	60.0	15.0	0.0	100.0
4분위	0.0	5.0	15.0	65.0	15.0	100.0
5분위	0.0	5.0	5.0	15.0	75.0	100.0

IV. 피고용자(2017년)→사업가(2018년)

2017년 \ 2018년	1분위	2분위	3분위	4분위	5분위	합계
1분위	50.0	40.0	5.0	5.0	0.0	100.0
2분위	10.0	60.0	20.0	5.0	5.0	100.0
3분위	5.0	20.0	50.0	20.0	5.0	100.0
4분위	0.0	10.0	20.0	50.0	20.0	100.0
5분위	0.0	0.0	5.0	35.0	60.0	100.0

※ 1) '가(2017년)→나(2018년)'는 고용형태 변화 유형을 나타내며, 2017년 고용형태 '가'에서 2018년 고용형태 '나'로 변화된 것을 의미함.
2) 소득분위는 1~5분위로 구분하며, 숫자가 클수록 분위가 높음.
3) 각 고용형태 변화 유형 내에서 2017년 소득분위별 인원은 동일함.

22. '갑'국 표본의 2017년 고용형태에서 사업가와 피고용자가 각각 5,000명일 때, 위 <표>를 근거로 한 <보기>의 설명 중 옳은 것만을 모두 고르면?

<보 기>

ㄱ. 2017년 사업가에서 2018년 피고용자로 고용형태가 변화된 사람 중에서 2018년에 소득 1분위에 속하는 사람은 모두 210명이다.
ㄴ. 2018년 고용형태가 사업가인 사람은 6,000명이다.
ㄷ. 2017년 피고용자에서 2018년 사업가로 고용형태가 변화된 사람 중에서 2017년 소득 2분위에서 2018년 소득분위가 높아진 사람은 모두 90명이다.
ㄹ. 동일한 표본에 대해, 2017년에서 2018년 고용형태 변화 비율과 같은 비율로 2018년에서 2019년 고용형태가 변화된다면 2019년 피고용자의 수는 2018년에 비해 감소한다.

① ㄱ, ㄴ
② ㄷ, ㄹ
③ ㄱ, ㄴ, ㄷ
④ ㄱ, ㄷ, ㄹ
⑤ ㄴ, ㄷ, ㄹ

23. 위 <표>를 근거로 한 <보기>의 설명 중 옳은 것만을 모두 고르면?

<보 기>

ㄱ. 2017년 소득 1분위이면서 2018년 소득분위가 2017년 소득분위보다 높아진 사람의 비율은, '사업가(2017년) → 사업가(2018년)' 유형이 '사업가(2017년) → 피고용자(2018년)' 유형보다 높다.
ㄴ. 2017년 소득 3분위이면서 2018년 소득분위가 2017년 소득분위보다 높아진 사람의 비율은, '피고용자(2017년)→사업가(2018년)' 유형이 '피고용자(2017년)→피고용자(2018년)' 유형보다 높다.
ㄷ. 고용형태 변화 유형 네 가지 중에서 2017년과 2018년 사이에 소득분위가 변동되지 않은 사람의 비율이 가장 높은 유형은 '사업가(2017년)→피고용자(2018년)'이다.
ㄹ. 고용형태 변화 유형 네 가지 중에서 2018년에 소득 5분위인 사람의 비율이 가장 높은 유형은 '사업가(2017년)→사업가(2018년)'이다.

① ㄱ, ㄷ
② ㄴ, ㄹ
③ ㄷ, ㄹ
④ ㄱ, ㄴ, ㄷ
⑤ ㄱ, ㄴ, ㄹ

24. 다음 <표>는 하진이의 10월 모바일 쇼핑 구매내역이다. 이에 대한 설명으로 옳은 것은? 18 (나) 33번

<표> 10월 모바일 쇼핑 구매내역

(단위: 원, 포인트)

상품	주문금액	할인금액	결제금액
요가용품세트	45,400	즉시할인 4,540 쿠폰할인 4,860	신용카드 32,700 + 포인트 3,300 = 36,000
가을스웨터	57,200	즉시할인 600 쿠폰할인 7,970	신용카드 48,370 + 포인트 260 = 48,630
샴푸	38,800	즉시할인 0 쿠폰할인 ( )	신용카드 34,300 + 포인트 1,500 = 35,800
보온병	9,200	즉시할인 1,840 쿠폰할인 0	신용카드 7,290 + 포인트 70 = 7,360
전체	150,600	22,810	127,790

※ 1) 결제금액(원) = 주문금액 − 할인금액

2) 할인율(%) = $\frac{\text{할인금액}}{\text{주문금액}} \times 100$

3) 1포인트는 결제금액 1원에 해당함.

① 전체 할인율은 15% 미만이다.
② 할인율이 가장 높은 상품은 '보온병'이다.
③ 주문금액 대비 신용카드 결제금액 비율이 가장 낮은 상품은 '요가용품세트'이다.
④ 10월 전체 주문금액의 3%가 11월 포인트로 적립된다면, 10월 구매로 적립된 11월 포인트는 10월 동안 사용한 포인트보다 크다.
⑤ 결제금액 중 포인트로 결제한 금액이 차지하는 비율이 두 번째로 낮은 상품은 '가을스웨터'이다.

25. 다음 <표>는 '갑'국의 인구 구조와 노령화에 대한 자료이다. 이에 대한 <보기>의 설명 중 옳은 것만을 모두 고르면? 18 (나) 38번

<표 1> 인구 구조 현황 및 전망

(단위: 천 명, %)

연도	총인구	유소년인구 (14세 이하)		생산가능인구 (15~64세)		노인인구 (65세 이상)	
		인구수	구성비	인구수	구성비	인구수	구성비
2000	47,008	9,911	21.1	33,702	71.7	3,395	7.2
2010	49,410	7,975	( )	35,983	72.8	5,452	11.0
2016	51,246	( )	( )	( )	( )	8,181	16.0
2020	51,974	( )	( )	( )	( )	9,219	17.7
2030	48,941	5,628	11.5	29,609	60.5	( )	28.0

※ 2020년, 2030년은 예상치임.

<표 2> 노년부양비 및 노령화지수

(단위: %)

구분 \ 연도	2000	2010	2016	2020	2030
노년부양비	10.1	15.2	( )	25.6	46.3
노령화지수	34.3	68.4	119.3	135.6	243.5

※ 1) 노년부양비(%) = $\frac{\text{노인인구}}{\text{생산가능인구}} \times 100$

2) 노령화지수(%) = $\frac{\text{노인인구}}{\text{유소년인구}} \times 100$

<보 기>

ㄱ. 2020년 대비 2030년의 노인인구 증가율은 55% 이상으로 예상된다.
ㄴ. 2016년에는 노인인구가 유소년인구보다 많다.
ㄷ. 2016년 노년부양비는 20% 이상이다.
ㄹ. 2020년 대비 2030년의 생산가능인구 감소폭은 600만 명 이상일 것으로 예상된다.

① ㄱ, ㄷ
② ㄴ, ㄷ
③ ㄴ, ㄹ
④ ㄱ, ㄴ, ㄷ
⑤ ㄴ, ㄷ, ㄹ

약점 보완 해설집 p.158

해커스PSAT 7급+민경채 PSAT 17개년 기출문제집 자료해석

회독용 답안지

답안지 활용 방법

1. 문제 풀이 시 답안 체크를 함께 하면서 실전 감각을 높이시기 바랍니다.
2. 채점 시 O, △, X로 구분하여 채점하시기 바랍니다. (O: 정확하게 맞음, △: 찍었는데 맞음, X: 틀림)

학습한 회차: ______________________ 맞힌 개수 / 전체 개수 : _____ / 25 O: _____개, △: _____개, X: _____개

1	① ② ③ ④ ⑤	6	① ② ③ ④ ⑤	11	① ② ③ ④ ⑤	16	① ② ③ ④ ⑤	21	① ② ③ ④ ⑤
2	① ② ③ ④ ⑤	7	① ② ③ ④ ⑤	12	① ② ③ ④ ⑤	17	① ② ③ ④ ⑤	22	① ② ③ ④ ⑤
3	① ② ③ ④ ⑤	8	① ② ③ ④ ⑤	13	① ② ③ ④ ⑤	18	① ② ③ ④ ⑤	23	① ② ③ ④ ⑤
4	① ② ③ ④ ⑤	9	① ② ③ ④ ⑤	14	① ② ③ ④ ⑤	19	① ② ③ ④ ⑤	24	① ② ③ ④ ⑤
5	① ② ③ ④ ⑤	10	① ② ③ ④ ⑤	15	① ② ③ ④ ⑤	20	① ② ③ ④ ⑤	25	① ② ③ ④ ⑤

학습한 회차: ______________________ 맞힌 개수 / 전체 개수 : _____ / 25 O: _____개, △: _____개, X: _____개

1	① ② ③ ④ ⑤	6	① ② ③ ④ ⑤	11	① ② ③ ④ ⑤	16	① ② ③ ④ ⑤	21	① ② ③ ④ ⑤
2	① ② ③ ④ ⑤	7	① ② ③ ④ ⑤	12	① ② ③ ④ ⑤	17	① ② ③ ④ ⑤	22	① ② ③ ④ ⑤
3	① ② ③ ④ ⑤	8	① ② ③ ④ ⑤	13	① ② ③ ④ ⑤	18	① ② ③ ④ ⑤	23	① ② ③ ④ ⑤
4	① ② ③ ④ ⑤	9	① ② ③ ④ ⑤	14	① ② ③ ④ ⑤	19	① ② ③ ④ ⑤	24	① ② ③ ④ ⑤
5	① ② ③ ④ ⑤	10	① ② ③ ④ ⑤	15	① ② ③ ④ ⑤	20	① ② ③ ④ ⑤	25	① ② ③ ④ ⑤

학습한 회차: ______________________ 맞힌 개수 / 전체 개수 : _____ / 25 O: _____개, △: _____개, X: _____개

1	① ② ③ ④ ⑤	6	① ② ③ ④ ⑤	11	① ② ③ ④ ⑤	16	① ② ③ ④ ⑤	21	① ② ③ ④ ⑤
2	① ② ③ ④ ⑤	7	① ② ③ ④ ⑤	12	① ② ③ ④ ⑤	17	① ② ③ ④ ⑤	22	① ② ③ ④ ⑤
3	① ② ③ ④ ⑤	8	① ② ③ ④ ⑤	13	① ② ③ ④ ⑤	18	① ② ③ ④ ⑤	23	① ② ③ ④ ⑤
4	① ② ③ ④ ⑤	9	① ② ③ ④ ⑤	14	① ② ③ ④ ⑤	19	① ② ③ ④ ⑤	24	① ② ③ ④ ⑤
5	① ② ③ ④ ⑤	10	① ② ③ ④ ⑤	15	① ② ③ ④ ⑤	20	① ② ③ ④ ⑤	25	① ② ③ ④ ⑤

학습한 회차: ______________________ 맞힌 개수 / 전체 개수 : _____ / 25 O: _____개, △: _____개, X: _____개

1	① ② ③ ④ ⑤	6	① ② ③ ④ ⑤	11	① ② ③ ④ ⑤	16	① ② ③ ④ ⑤	21	① ② ③ ④ ⑤
2	① ② ③ ④ ⑤	7	① ② ③ ④ ⑤	12	① ② ③ ④ ⑤	17	① ② ③ ④ ⑤	22	① ② ③ ④ ⑤
3	① ② ③ ④ ⑤	8	① ② ③ ④ ⑤	13	① ② ③ ④ ⑤	18	① ② ③ ④ ⑤	23	① ② ③ ④ ⑤
4	① ② ③ ④ ⑤	9	① ② ③ ④ ⑤	14	① ② ③ ④ ⑤	19	① ② ③ ④ ⑤	24	① ② ③ ④ ⑤
5	① ② ③ ④ ⑤	10	① ② ③ ④ ⑤	15	① ② ③ ④ ⑤	20	① ② ③ ④ ⑤	25	① ② ③ ④ ⑤

학습한 회차: ______________________ 맞힌 개수 / 전체 개수 : _____ / 25 O: _____개, △: _____개, X: _____개

1	① ② ③ ④ ⑤	6	① ② ③ ④ ⑤	11	① ② ③ ④ ⑤	16	① ② ③ ④ ⑤	21	① ② ③ ④ ⑤
2	① ② ③ ④ ⑤	7	① ② ③ ④ ⑤	12	① ② ③ ④ ⑤	17	① ② ③ ④ ⑤	22	① ② ③ ④ ⑤
3	① ② ③ ④ ⑤	8	① ② ③ ④ ⑤	13	① ② ③ ④ ⑤	18	① ② ③ ④ ⑤	23	① ② ③ ④ ⑤
4	① ② ③ ④ ⑤	9	① ② ③ ④ ⑤	14	① ② ③ ④ ⑤	19	① ② ③ ④ ⑤	24	① ② ③ ④ ⑤
5	① ② ③ ④ ⑤	10	① ② ③ ④ ⑤	15	① ② ③ ④ ⑤	20	① ② ③ ④ ⑤	25	① ② ③ ④ ⑤

자르는 선

회독용 답안지

답안지 활용 방법

1. 문제 풀이 시 답안 체크를 함께 하면서 실전 감각을 높이시기 바랍니다.
2. 채점 시 O, △, X로 구분하여 채점하시기 바랍니다. (O: 정확하게 맞음, △: 찍었는데 맞음, X: 틀림)

학습한 회차: ____________________ 맞힌 개수 / 전체 개수 : _____ / 25 O: _____개, △: _____개, X: _____개

1	① ② ③ ④ ⑤	6	① ② ③ ④ ⑤	11	① ② ③ ④ ⑤	16	① ② ③ ④ ⑤	21	① ② ③ ④ ⑤
2	① ② ③ ④ ⑤	7	① ② ③ ④ ⑤	12	① ② ③ ④ ⑤	17	① ② ③ ④ ⑤	22	① ② ③ ④ ⑤
3	① ② ③ ④ ⑤	8	① ② ③ ④ ⑤	13	① ② ③ ④ ⑤	18	① ② ③ ④ ⑤	23	① ② ③ ④ ⑤
4	① ② ③ ④ ⑤	9	① ② ③ ④ ⑤	14	① ② ③ ④ ⑤	19	① ② ③ ④ ⑤	24	① ② ③ ④ ⑤
5	① ② ③ ④ ⑤	10	① ② ③ ④ ⑤	15	① ② ③ ④ ⑤	20	① ② ③ ④ ⑤	25	① ② ③ ④ ⑤

학습한 회차: ____________________ 맞힌 개수 / 전체 개수 : _____ / 25 O: _____개, △: _____개, X: _____개

1	① ② ③ ④ ⑤	6	① ② ③ ④ ⑤	11	① ② ③ ④ ⑤	16	① ② ③ ④ ⑤	21	① ② ③ ④ ⑤
2	① ② ③ ④ ⑤	7	① ② ③ ④ ⑤	12	① ② ③ ④ ⑤	17	① ② ③ ④ ⑤	22	① ② ③ ④ ⑤
3	① ② ③ ④ ⑤	8	① ② ③ ④ ⑤	13	① ② ③ ④ ⑤	18	① ② ③ ④ ⑤	23	① ② ③ ④ ⑤
4	① ② ③ ④ ⑤	9	① ② ③ ④ ⑤	14	① ② ③ ④ ⑤	19	① ② ③ ④ ⑤	24	① ② ③ ④ ⑤
5	① ② ③ ④ ⑤	10	① ② ③ ④ ⑤	15	① ② ③ ④ ⑤	20	① ② ③ ④ ⑤	25	① ② ③ ④ ⑤

학습한 회차: ____________________ 맞힌 개수 / 전체 개수 : _____ / 25 O: _____개, △: _____개, X: _____개

1	① ② ③ ④ ⑤	6	① ② ③ ④ ⑤	11	① ② ③ ④ ⑤	16	① ② ③ ④ ⑤	21	① ② ③ ④ ⑤
2	① ② ③ ④ ⑤	7	① ② ③ ④ ⑤	12	① ② ③ ④ ⑤	17	① ② ③ ④ ⑤	22	① ② ③ ④ ⑤
3	① ② ③ ④ ⑤	8	① ② ③ ④ ⑤	13	① ② ③ ④ ⑤	18	① ② ③ ④ ⑤	23	① ② ③ ④ ⑤
4	① ② ③ ④ ⑤	9	① ② ③ ④ ⑤	14	① ② ③ ④ ⑤	19	① ② ③ ④ ⑤	24	① ② ③ ④ ⑤
5	① ② ③ ④ ⑤	10	① ② ③ ④ ⑤	15	① ② ③ ④ ⑤	20	① ② ③ ④ ⑤	25	① ② ③ ④ ⑤

학습한 회차: ____________________ 맞힌 개수 / 전체 개수 : _____ / 25 O: _____개, △: _____개, X: _____개

1	① ② ③ ④ ⑤	6	① ② ③ ④ ⑤	11	① ② ③ ④ ⑤	16	① ② ③ ④ ⑤	21	① ② ③ ④ ⑤
2	① ② ③ ④ ⑤	7	① ② ③ ④ ⑤	12	① ② ③ ④ ⑤	17	① ② ③ ④ ⑤	22	① ② ③ ④ ⑤
3	① ② ③ ④ ⑤	8	① ② ③ ④ ⑤	13	① ② ③ ④ ⑤	18	① ② ③ ④ ⑤	23	① ② ③ ④ ⑤
4	① ② ③ ④ ⑤	9	① ② ③ ④ ⑤	14	① ② ③ ④ ⑤	19	① ② ③ ④ ⑤	24	① ② ③ ④ ⑤
5	① ② ③ ④ ⑤	10	① ② ③ ④ ⑤	15	① ② ③ ④ ⑤	20	① ② ③ ④ ⑤	25	① ② ③ ④ ⑤

학습한 회차: ____________________ 맞힌 개수 / 전체 개수 : _____ / 25 O: _____개, △: _____개, X: _____개

1	① ② ③ ④ ⑤	6	① ② ③ ④ ⑤	11	① ② ③ ④ ⑤	16	① ② ③ ④ ⑤	21	① ② ③ ④ ⑤
2	① ② ③ ④ ⑤	7	① ② ③ ④ ⑤	12	① ② ③ ④ ⑤	17	① ② ③ ④ ⑤	22	① ② ③ ④ ⑤
3	① ② ③ ④ ⑤	8	① ② ③ ④ ⑤	13	① ② ③ ④ ⑤	18	① ② ③ ④ ⑤	23	① ② ③ ④ ⑤
4	① ② ③ ④ ⑤	9	① ② ③ ④ ⑤	14	① ② ③ ④ ⑤	19	① ② ③ ④ ⑤	24	① ② ③ ④ ⑤
5	① ② ③ ④ ⑤	10	① ② ③ ④ ⑤	15	① ② ③ ④ ⑤	20	① ② ③ ④ ⑤	25	① ② ③ ④ ⑤

자르는 선

회독용 답안지

답안지 활용 방법

1. 문제 풀이 시 답안 체크를 함께 하면서 실전 감각을 높이시기 바랍니다.
2. 채점 시 O, △, X로 구분하여 채점하시기 바랍니다. (O: 정확하게 맞음, △: 찍었는데 맞음, X: 틀림)

학습한 회차: ______________________ 맞힌 개수 / 전체 개수 : _____ / 25 O: _____개, △: _____개, X: _____개

1	① ② ③ ④ ⑤	6	① ② ③ ④ ⑤	11	① ② ③ ④ ⑤	16	① ② ③ ④ ⑤	21	① ② ③ ④ ⑤
2	① ② ③ ④ ⑤	7	① ② ③ ④ ⑤	12	① ② ③ ④ ⑤	17	① ② ③ ④ ⑤	22	① ② ③ ④ ⑤
3	① ② ③ ④ ⑤	8	① ② ③ ④ ⑤	13	① ② ③ ④ ⑤	18	① ② ③ ④ ⑤	23	① ② ③ ④ ⑤
4	① ② ③ ④ ⑤	9	① ② ③ ④ ⑤	14	① ② ③ ④ ⑤	19	① ② ③ ④ ⑤	24	① ② ③ ④ ⑤
5	① ② ③ ④ ⑤	10	① ② ③ ④ ⑤	15	① ② ③ ④ ⑤	20	① ② ③ ④ ⑤	25	① ② ③ ④ ⑤

학습한 회차: ______________________ 맞힌 개수 / 전체 개수 : _____ / 25 O: _____개, △: _____개, X: _____개

1	① ② ③ ④ ⑤	6	① ② ③ ④ ⑤	11	① ② ③ ④ ⑤	16	① ② ③ ④ ⑤	21	① ② ③ ④ ⑤
2	① ② ③ ④ ⑤	7	① ② ③ ④ ⑤	12	① ② ③ ④ ⑤	17	① ② ③ ④ ⑤	22	① ② ③ ④ ⑤
3	① ② ③ ④ ⑤	8	① ② ③ ④ ⑤	13	① ② ③ ④ ⑤	18	① ② ③ ④ ⑤	23	① ② ③ ④ ⑤
4	① ② ③ ④ ⑤	9	① ② ③ ④ ⑤	14	① ② ③ ④ ⑤	19	① ② ③ ④ ⑤	24	① ② ③ ④ ⑤
5	① ② ③ ④ ⑤	10	① ② ③ ④ ⑤	15	① ② ③ ④ ⑤	20	① ② ③ ④ ⑤	25	① ② ③ ④ ⑤

학습한 회차: ______________________ 맞힌 개수 / 전체 개수 : _____ / 25 O: _____개, △: _____개, X: _____개

1	① ② ③ ④ ⑤	6	① ② ③ ④ ⑤	11	① ② ③ ④ ⑤	16	① ② ③ ④ ⑤	21	① ② ③ ④ ⑤
2	① ② ③ ④ ⑤	7	① ② ③ ④ ⑤	12	① ② ③ ④ ⑤	17	① ② ③ ④ ⑤	22	① ② ③ ④ ⑤
3	① ② ③ ④ ⑤	8	① ② ③ ④ ⑤	13	① ② ③ ④ ⑤	18	① ② ③ ④ ⑤	23	① ② ③ ④ ⑤
4	① ② ③ ④ ⑤	9	① ② ③ ④ ⑤	14	① ② ③ ④ ⑤	19	① ② ③ ④ ⑤	24	① ② ③ ④ ⑤
5	① ② ③ ④ ⑤	10	① ② ③ ④ ⑤	15	① ② ③ ④ ⑤	20	① ② ③ ④ ⑤	25	① ② ③ ④ ⑤

학습한 회차: ______________________ 맞힌 개수 / 전체 개수 : _____ / 25 O: _____개, △: _____개, X: _____개

1	① ② ③ ④ ⑤	6	① ② ③ ④ ⑤	11	① ② ③ ④ ⑤	16	① ② ③ ④ ⑤	21	① ② ③ ④ ⑤
2	① ② ③ ④ ⑤	7	① ② ③ ④ ⑤	12	① ② ③ ④ ⑤	17	① ② ③ ④ ⑤	22	① ② ③ ④ ⑤
3	① ② ③ ④ ⑤	8	① ② ③ ④ ⑤	13	① ② ③ ④ ⑤	18	① ② ③ ④ ⑤	23	① ② ③ ④ ⑤
4	① ② ③ ④ ⑤	9	① ② ③ ④ ⑤	14	① ② ③ ④ ⑤	19	① ② ③ ④ ⑤	24	① ② ③ ④ ⑤
5	① ② ③ ④ ⑤	10	① ② ③ ④ ⑤	15	① ② ③ ④ ⑤	20	① ② ③ ④ ⑤	25	① ② ③ ④ ⑤

학습한 회차: ______________________ 맞힌 개수 / 전체 개수 : _____ / 25 O: _____개, △: _____개, X: _____개

1	① ② ③ ④ ⑤	6	① ② ③ ④ ⑤	11	① ② ③ ④ ⑤	16	① ② ③ ④ ⑤	21	① ② ③ ④ ⑤
2	① ② ③ ④ ⑤	7	① ② ③ ④ ⑤	12	① ② ③ ④ ⑤	17	① ② ③ ④ ⑤	22	① ② ③ ④ ⑤
3	① ② ③ ④ ⑤	8	① ② ③ ④ ⑤	13	① ② ③ ④ ⑤	18	① ② ③ ④ ⑤	23	① ② ③ ④ ⑤
4	① ② ③ ④ ⑤	9	① ② ③ ④ ⑤	14	① ② ③ ④ ⑤	19	① ② ③ ④ ⑤	24	① ② ③ ④ ⑤
5	① ② ③ ④ ⑤	10	① ② ③ ④ ⑤	15	① ② ③ ④ ⑤	20	① ② ③ ④ ⑤	25	① ② ③ ④ ⑤

자르는 선

회독용 답안지

답안지 활용 방법

1. 문제 풀이 시 답안 체크를 함께 하면서 실전 감각을 높이시기 바랍니다.
2. 채점 시 O, △, X로 구분하여 채점하시기 바랍니다. (O: 정확하게 맞음, △: 찍었는데 맞음, X: 틀림)

학습한 회차: ____________ 맞힌 개수 / 전체 개수 : _____ / 25 O: _____개, △: _____개, X: _____개

1	① ② ③ ④ ⑤	6	① ② ③ ④ ⑤	11	① ② ③ ④ ⑤	16	① ② ③ ④ ⑤	21	① ② ③ ④ ⑤
2	① ② ③ ④ ⑤	7	① ② ③ ④ ⑤	12	① ② ③ ④ ⑤	17	① ② ③ ④ ⑤	22	① ② ③ ④ ⑤
3	① ② ③ ④ ⑤	8	① ② ③ ④ ⑤	13	① ② ③ ④ ⑤	18	① ② ③ ④ ⑤	23	① ② ③ ④ ⑤
4	① ② ③ ④ ⑤	9	① ② ③ ④ ⑤	14	① ② ③ ④ ⑤	19	① ② ③ ④ ⑤	24	① ② ③ ④ ⑤
5	① ② ③ ④ ⑤	10	① ② ③ ④ ⑤	15	① ② ③ ④ ⑤	20	① ② ③ ④ ⑤	25	① ② ③ ④ ⑤

학습한 회차: ____________ 맞힌 개수 / 전체 개수 : _____ / 25 O: _____개, △: _____개, X: _____개

1	① ② ③ ④ ⑤	6	① ② ③ ④ ⑤	11	① ② ③ ④ ⑤	16	① ② ③ ④ ⑤	21	① ② ③ ④ ⑤
2	① ② ③ ④ ⑤	7	① ② ③ ④ ⑤	12	① ② ③ ④ ⑤	17	① ② ③ ④ ⑤	22	① ② ③ ④ ⑤
3	① ② ③ ④ ⑤	8	① ② ③ ④ ⑤	13	① ② ③ ④ ⑤	18	① ② ③ ④ ⑤	23	① ② ③ ④ ⑤
4	① ② ③ ④ ⑤	9	① ② ③ ④ ⑤	14	① ② ③ ④ ⑤	19	① ② ③ ④ ⑤	24	① ② ③ ④ ⑤
5	① ② ③ ④ ⑤	10	① ② ③ ④ ⑤	15	① ② ③ ④ ⑤	20	① ② ③ ④ ⑤	25	① ② ③ ④ ⑤

학습한 회차: ____________ 맞힌 개수 / 전체 개수 : _____ / 25 O: _____개, △: _____개, X: _____개

1	① ② ③ ④ ⑤	6	① ② ③ ④ ⑤	11	① ② ③ ④ ⑤	16	① ② ③ ④ ⑤	21	① ② ③ ④ ⑤
2	① ② ③ ④ ⑤	7	① ② ③ ④ ⑤	12	① ② ③ ④ ⑤	17	① ② ③ ④ ⑤	22	① ② ③ ④ ⑤
3	① ② ③ ④ ⑤	8	① ② ③ ④ ⑤	13	① ② ③ ④ ⑤	18	① ② ③ ④ ⑤	23	① ② ③ ④ ⑤
4	① ② ③ ④ ⑤	9	① ② ③ ④ ⑤	14	① ② ③ ④ ⑤	19	① ② ③ ④ ⑤	24	① ② ③ ④ ⑤
5	① ② ③ ④ ⑤	10	① ② ③ ④ ⑤	15	① ② ③ ④ ⑤	20	① ② ③ ④ ⑤	25	① ② ③ ④ ⑤

학습한 회차: ____________ 맞힌 개수 / 전체 개수 : _____ / 25 O: _____개, △: _____개, X: _____개

1	① ② ③ ④ ⑤	6	① ② ③ ④ ⑤	11	① ② ③ ④ ⑤	16	① ② ③ ④ ⑤	21	① ② ③ ④ ⑤
2	① ② ③ ④ ⑤	7	① ② ③ ④ ⑤	12	① ② ③ ④ ⑤	17	① ② ③ ④ ⑤	22	① ② ③ ④ ⑤
3	① ② ③ ④ ⑤	8	① ② ③ ④ ⑤	13	① ② ③ ④ ⑤	18	① ② ③ ④ ⑤	23	① ② ③ ④ ⑤
4	① ② ③ ④ ⑤	9	① ② ③ ④ ⑤	14	① ② ③ ④ ⑤	19	① ② ③ ④ ⑤	24	① ② ③ ④ ⑤
5	① ② ③ ④ ⑤	10	① ② ③ ④ ⑤	15	① ② ③ ④ ⑤	20	① ② ③ ④ ⑤	25	① ② ③ ④ ⑤

학습한 회차: ____________ 맞힌 개수 / 전체 개수 : _____ / 25 O: _____개, △: _____개, X: _____개

1	① ② ③ ④ ⑤	6	① ② ③ ④ ⑤	11	① ② ③ ④ ⑤	16	① ② ③ ④ ⑤	21	① ② ③ ④ ⑤
2	① ② ③ ④ ⑤	7	① ② ③ ④ ⑤	12	① ② ③ ④ ⑤	17	① ② ③ ④ ⑤	22	① ② ③ ④ ⑤
3	① ② ③ ④ ⑤	8	① ② ③ ④ ⑤	13	① ② ③ ④ ⑤	18	① ② ③ ④ ⑤	23	① ② ③ ④ ⑤
4	① ② ③ ④ ⑤	9	① ② ③ ④ ⑤	14	① ② ③ ④ ⑤	19	① ② ③ ④ ⑤	24	① ② ③ ④ ⑤
5	① ② ③ ④ ⑤	10	① ② ③ ④ ⑤	15	① ② ③ ④ ⑤	20	① ② ③ ④ ⑤	25	① ② ③ ④ ⑤

자르는 선

2026 대비 최신개정판

해커스PSAT 7급+민경채 PSAT 17개년 기출문제집 자료해석

개정 3판 1쇄 발행 2025년 9월 8일

지은이	김용훈
펴낸곳	해커스패스
펴낸이	해커스PSAT 출판팀
주소	서울특별시 강남구 강남대로 428 해커스PSAT
고객센터	1588-4055
교재 관련 문의	gosi@hackerspass.com 해커스PSAT 사이트(psat.Hackers.com) 1:1 문의 게시판
학원 강의 및 동영상강의	psat.Hackers.com
ISBN	979-11-7404-064-0 (13320)
Serial Number	03-01-01

한국사능력검정시험 **1위*** **해커스!**

해커스 한국사능력검정시험 교재 시리즈

* 주간동아 선정 2022 올해의 교육 브랜드 파워 온·오프라인 한국사능력검정시험 부문 1위

빈출 개념과 **기출 분석**으로
기초부터 문제 해결력까지
꽉 잡는 기본서

해커스 한국사능력검정시험
한권합격 심화 [1·2·3급]

스토리와 **마인드맵**으로 **개념잡고!**
기출문제로 **점수잡고!**

해커스 한국사능력검정시험
2주 합격 심화 [1·2·3급] 기본 [4·5·6급]

시대별/회차별 기출문제로
한 번에 합격 달성!

해커스 한국사능력검정시험
시대별/회차별 기출문제집 심화 [1·2·3급]

개념 정리부터 **실전**까지!
한권완성 기출문제집

해커스 한국사능력검정시험
한권완성 기출 500제 기본 [4·5·6급]

빈출 개념과 **기출 선택지**로
빠르게 합격 달성!

해커스 한국사능력검정시험
초단기 5일 합격 심화 [1·2·3급]
기선제압 막판 3일 합격 심화 [1·2·3급]

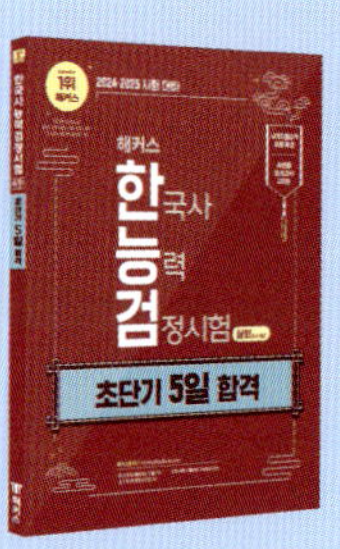

2026 대비 최신개정판

해커스PSAT

7급+민경채

PSAT

17개년 기출문제집 자료해석

약점 보완 해설집

해커스PSAT

해커스PSAT

7급+민경채

PSAT

17개년 기출문제집 자료해석

약점 보완 해설집

해커스

취약 유형 공략 포인트

기출문제 풀이 후 취약 유형 분석표를 통해 본인의 취약한 유형을 파악하고, 취약한 유형은 유형별 공략 포인트를 확인하여 다시 복습해보세요.

자료비교

유형 1 **곱셈 비교형**	곱셈 비교형은 식을 간단히 정리하는 연습을 해야 합니다. 또한 직접 식을 구성하고 계산하여 정오를 판단하지 말고, 선택지나 〈보기〉의 대소 비교 방향을 식 구성에 반영한 후에 정오를 판단하는 것이 실수를 줄이는 데 도움이 됩니다. 유형 공략 포인트 해당하는 자료의 수치를 확인하고, 수치가 3자리 수 이상인 경우 유효숫자를 설정한다. A×B와 C×D 형태로 식을 구성하고, 수치 간 크기나 증가율을 비교하여 풀이한다. 곱셈 비교 시에는 서로 다른 방향으로 증가율을 비교해야 하고, 곱셈식을 구체적으로 비교하기 전에 식을 최대한 간소화한다.
유형 2 **분수 비교형**	분수 비교형은 식을 간단히 정리하는 연습을 해야 합니다. 또한 분자와 분모의 대소를 비교하여 기준을 설정한 후, 증가율 비교 또는 차이 값 비교를 통해 대소를 판단합니다. 곱셈 비교와 마찬가지로 선택지나 〈보기〉의 대소 비교 방향을 식 구성에 반영한 후 정오를 판단하는 것이 실수를 줄이는 데 도움이 됩니다. 유형 공략 포인트 해당하는 자료의 수치를 확인하고, 수치가 4자리 수 이상인 경우 유효숫자를 설정한다. $\frac{A}{B}$와 $\frac{C}{D}$ 형태로 식을 구성하고, 수치 간 크기나 증가율을 비교하여 풀이한다.
유형 3 **반대해석형**	자료 구성과 계산 정도에 따라 난도가 높더라도 반대해석을 적용하여 선택지나 〈보기〉를 판단하면 계산 과정이 단순해지므로 익숙해지도록 연습해 두어야 합니다. 따라서 전체가 각 개별 항목의 합인 구조 또는 비율의 합이 100%인 자료가 제시되었을 때, 특정 비율을 묻는 경우 여사건 확률을 반대해석하여 도출한 다음 판단하도록 연습합니다. 유형 공략 포인트 전체 항목이 여러 가지 항목의 합으로 구성되었다면, 선택지나 〈보기〉에서 전체 대비 특정 항목의 비율을 묻고 있는지 체크한다. 50%, 80%, 75%인 정형화된 비중을 묻는 경우에는 1배, 4배, 3배 등 배수 관계로 전환하거나 특정 항목의 반대 항목의 비율을 활용하여 문제를 풀이한다.

자료판단

유형 4 **단순 판단형**	복잡한 식의 계산을 요구하지 않기 때문에 일부만 판단해서 선택지나 〈보기〉에서 정오를 판단할 수 있는 것부터 해결합니다. 판단이 쉽다보니 실수하지 않도록 꼼꼼히 풀이합니다. 유형 공략 포인트 자료의 수치를 단순히 비교하는 선택지나 '증감방향'과 같은 키워드가 포함된 〈보기〉를 먼저 검토한다.
유형 5 **매칭형**	제시된 조건이나 정보 중 비교 항목, 수식어 등의 키워드를 파악하여 한 항목을 특정하거나 계산이 단순한 것을 먼저 풀이하여야 합니다. 이때 자료의 제목과 단위를 토대로 자료의 속성을 파악하고, 각주에서 추가로 식이 주어지는 경우 반드시 체크합니다. 또한 조건 검토 순서를 바꿔 시간을 단축할 수 있는 효율적인 접근 방법이 있는지 찾는 연습을 합니다. 유형 공략 포인트 제시된 조건 중 '가장', '몇 번째' 등의 키워드가 포함된 조건부터 확인한다. 또한 두 가지 항목을 비교하는 조건보다 구체적인 배수 또는 비율을 언급하는 조건을 우선적으로 검토한다. 이후 정답이 될 수 없는 항목을 제거하는 방식으로 선택지를 소거하면 풀이 시간을 단축할 수 있다.
유형 6 **빈칸형**	빈칸이 포함된 자료가 제시되었을 때, 선택지나 〈보기〉에서 빈칸과 관련된 것이 무엇인지 빠르게 구분하고 계산을 최소화하는 연습을 해야 합니다. 먼저 빈칸의 개수를 대략적으로 체크하고, 빈칸이 너무 많다면 후순위로 풀이하는 것도 좋은 방법입니다. 유형 공략 포인트 선택지나 〈보기〉 중 빈칸을 고려하지 않아도 판단이 가능한 내용을 먼저 풀이하고, 나머지 선택지나 〈보기〉 중에서도 빈칸의 수치를 직접 도출해야 하는 것보다 간접적으로도 비교할 수 있는 것을 먼저 검토한다. 빈칸의 개수가 적거나 계산이 간단하다면 자료의 빈칸을 먼저 채운 후 풀이한다.
유형 7 **각주 판단형**	각주에서 새로운 정보가 제시되므로 확실히 확인하고, 만약 수식이 2개 이상이라면 이를 정리하여 수식 간 어떤 관계가 있는지 체크해야 합니다. 특히 분수 형태의 식이 주어진 경우에는 분모와 분자에 공통인 항목이 포함되어 있는지 반드시 확인합니다. 유형 공략 포인트 동그라미나 밑줄 등으로 선택지나 〈보기〉의 키워드 및 자료의 각주를 체크한다. 각주에 여러 개의 식이 제시되는 경우 각각의 식에 공통적으로 포함된 요소와 차이가 나는 요소를 구분하여 체크하고, 차이가 나는 요소를 중심으로 문제에 접근한다. 구체적인 수치가 제시되지 않고 계산이 간단한 것을 먼저 풀이하고, 수치가 구체적이고 계산이 복잡한 것은 후순위로 풀이한다. 각주에 '단', '다만' 등의 표현이 제시된 경우, 문제를 풀이하는 중요한 단서가 될 수 있으므로 주목한다.

유형 8 **조건 판단형**	조건에 새로운 식이 제시되는 경우가 있으므로 선택지나 〈보기〉의 질문에 맞게 식을 재정리하여야 합니다. 조건이 너무 복잡해서 짧은 시간에 이해하기 힘든 경우 해당 문제를 후순위로 풀이하는 것이 시간을 효율적으로 관리하는 좋은 방법이 됩니다. 유형 공략 포인트 발문에서 묻는 것이 무엇인지 반드시 동그라미나 밑줄 등으로 체크한다. 조건 자체를 이해하지 않더라도 자료만 가지고 판단할 수 있는 선택지나 〈보기〉를 먼저 해결하고, 구체적인 수치를 도출해야 한다면 이를 역으로 조건의 공식에 직접 대입한다. 조건을 통해 여러 항목을 계산하여 비교해야 하는 경우, 일반적으로 공통점보다 차이점 위주로 물어볼 가능성이 높으므로 차이점에 주목한다. 조건에 '단', '다만' 등의 표현이 제시된 경우, 문제를 풀이하는 중요한 단서가 될 수 있다.

자료검토·변환

유형 9 **보고서 검토·확인형**	보고서검토·확인형은 전체 유형 중 가장 난도가 낮은 유형 중 하나이므로, 반드시 맞힐 수 있도록 합니다. 보고서의 전반적인 내용을 이해하기보다는 제시된 보고서와 선택지나 〈보기〉에서 제시되는 자료가 서로 매칭되는지를 중점적으로 검토하는 연습이 필요합니다. 유형 공략 포인트 자료의 제목과 유사한 키워드가 선택지나 〈보기〉에서 제시되는 경우, 차이가 나는 부분에 동그라미나 밑줄 등으로 표시한다. 시점을 언급하는 키워드는 반드시 시작 시점과 종료 시점을 체크한다. 보고서 작성 시 사용된 자료가 있는지 표나 그래프를 통해 파악하는 문제의 경우, 선택지나 〈보기〉의 키워드가 보고서에 포함되어 있는지 확인한다. 추가로 필요한 자료를 찾는 문제의 경우, 제시된 자료의 내용이 보고서에 포함되지 않아 도출될 가능성이 없는 내용 또는 보고서에 처음 등장한 내용이 선택지나 〈보기〉의 키워드로 제시되어 있는지 확인한다.
유형 10 **표-차트 변환형**	표-차트 변환형은 풀이 시간을 고려하여 전략적으로 접근해야 합니다. 표의 수치를 재구성하여 변형한 선택지나 〈보기〉는 풀이 시간 소요가 크므로 후순위로 검토하되, 판단이 용이한 선택지나 〈보기〉를 우선적으로 검토하는 연습이 필요합니다. 유형 공략 포인트 제목·단위를 비교하여 표와 단위가 동일한 선택지나 〈보기〉부터 풀이하고, 제시된 표의 수치를 재구성한 자료 중 계산이 많은 선택지나 〈보기〉는 후순위로 풀이한다.

자료이해

유형 11 **평균 개념형**	평균의 기본적인 특성이나 가평균의 개념, 편차의 합 등 풀이에 필요한 이론적인 부분을 빠르고 정확하게 활용하기 위해서는, 제시되는 기초적인 이론을 숙지하고 반복하여 해당 이론을 적용해 문제를 푸는 연습이 필요합니다. 유형 공략 포인트 평균의 원리를 묻는 경우, 추가적인 설명 없이 '평균' 자체만 언급한다면 산술평균이고, 가중치가 직접 제시되거나 수치의 기준이 서로 다르다면 가중평균이다. 평균의 단순 비교를 요구하는 경우, 평균의 구체적인 수치를 구하지 않고 종합으로 비교하거나 편차의 합은 0이라는 원리를 활용하여 대략적으로 비교한다. 구체적인 평균의 수치를 묻는 경우, 가평균 또는 편차의 합은 0이라는 원리를 활용하여 평균 수치를 파악한다.
유형 12 **분산·물방울형**	분산·물방울형 차트가 제시되는 경우, 제시된 항목의 의미와 항목 간 상관관계를 빠르게 파악하는 연습이 필요합니다. 또한 선택지의 패턴이 정형화되어 있는 편이므로 그래프의 항목 간 비율이나 합, 차를 파악하는 방식을 숙지하는 것이 좋습니다. 유형 공략 포인트 그래프의 X축과 Y축, 원이 나타내는 항목이 무엇인지 체크하고, 분산형 차트라면 Y = X인 보조선을 그린다. 그래프의 X축과 Y축에 나타나는 항목이 두 가지라면 분산형 차트이고, X축과 Y축 항목 외에 평면인 원으로 항목(Z)이 나타난다면 물방울 차트이다.
유형 13 **최소여집합형**	PSAT 시험에서 빈번하게 출제되는 중요 유형이나, 관련 이론을 숙지해야 해결할 수 있습니다. '~중', '반드시', '적어도', '최소한' 등과 같은 키워드가 있을 경우, $A+B-U=A-B^C=B-A^C$ 등의 공식을 활용하는 연습을 합니다. 유형 공략 포인트 실수 자료가 제시된 경우에는 합계가 동일한지 확인하고, 비율 자료가 제시된 경우에는 수치의 전체 합이 100%인지 확인한다. 이때 자료의 전체 항목이 동일한 경우에만 최소여집합을 활용할 수 있으므로 합계의 기준과 방향을 정확히 파악한다. '~중에는', '반드시', '적어도' 등의 표현이 있는 선택지나 〈보기〉를 찾아, 키워드 '~중'을 기준으로 앞에 언급된 항목을 A, 뒤에 언급된 항목을 B로 설정한다. A에 해당하는 부분이 B를 제외한 나머지보다 큰지 확인하고, B를 제외한 나머지가 모두 A라면 A에서 B를 제외한 나머지의 차이는 반드시 B에 해당함을 적용한다.

모바일 자동 채점 및 성적 분석 서비스

7급 2025년 기출문제

PSAT 전문가의 총평

- 순수 자료 비교인 곱셈 비교와 분수 비교 자체를 묻는 문제가 6문제 출제되어 전체의 20% 이상을 차지하고 있습니다.
- 매칭형이 3문제, 빈칸형이 3문제, 각주 판단형이 6문제, 조건 판단형이 2문제로, 자료판단에서 14문제가 출제되어 전체의 50% 이상을 차지하였습니다.
- 보고서 검토·확인형이 2문제 출제되었으나 그동안 꾸준히 출제된 추가로 필요한 자료를 찾는 유형이 출제되지 않았고 대신 보고서 작성 시 사용되지 않은 자료를 찾는 유형이 2문제 출제되었습니다. 표-차트 변환형도 출제되지 않아 2022년과 더불어 출제되지 않은 유이한 연도입니다. 전체적으로 자료검토·변환형 문제가 총 2문제로 비중이 하락하였습니다. 또한 평균 개념형에서는 출제가 되지 않았으나 분산·물방울형 1문제, 최소여집합형 1문제가 출제되어 자료이해에서 2문제가 출제되었습니다.
- 세트문제는 22~23번으로 기존의 기출과 동일한 20번 대에 출제되었고 빈칸형과 곱셈 비교형으로 세트문제 2문제당 5분 정도 소요되는 난도로 출제되었습니다.
- 전체적인 난이도는 '중' 정도로 출제되었으며 2023년 7급 기출과 비슷한 난이도로 출제되었습니다. 1~15번 문제는 평이한 수준이었으나 16번 이후 문제 중 다소 체감 난도가 까다로운 문제가 다수 출제되었으며 특히 상대적으로 고난도라고 볼 수 있는 20번대 문제를 해결해야 고득점이 가능하였다고 볼 수 있습니다. 실력이 좋은 상위권은 특별하게 어려운 문제가 없어 90점 이상 고득점을 할 수 있지만 중상위권 이하에 포함된 수험생은 이를 극복하지 못했다면 80점대에 머물렀을 가능성이 높습니다. 즉 80점 정도를 받기에는 큰 어려움은 없는 난도지만 90점 이상 받기에는 까다로운 난도라고 평가할 수 있습니다.

정답

p.25

1	④	조건 판단형	6	③	단순 판단형	11	①	각주 판단형	16	⑤	매칭형	21	①	빈칸형
2	④	분수 비교형	7	①	매칭형	12	②	분수 비교형	17	②	빈칸형	22	⑤	빈칸형
3	⑤	보고서 검토·확인형	8	③	매칭형	13	①	분산·물방울형	18	②	최소여집합형	23	②	곱셈 비교형
4	④	보고서 검토·확인형	9	③	각주 판단형	14	③	분수 비교형	19	⑤	빈칸형	24	①	조건 판단형
5	②	각주 판단형	10	③	각주 판단형	15	⑤	분수 비교형	20	④	곱셈 비교형	25	③	각주 판단형

취약 유형 분석표

유형별로 맞힌 문제 개수와 정답률, 틀린 문제 번호, 풀지 못한 문제 번호를 적고 나서 취약한 유형이 무엇인지 파악해 보세요. 그 후 약점 보완 해설집 p.2 [취약 유형 공략 포인트]에서 약점 보완 학습법을 확인하고, 틀린 문제와 풀지 못한 문제를 다시 한번 풀어보세요.

유형		맞힌 문제 개수	정답률	틀린 문제 번호	풀지 못한 문제 번호
자료비교	곱셈 비교형	/2	%		
	분수 비교형	/4	%		
	반대해석형	-	-		
자료판단	단순 판단형	/1	%		
	매칭형	/3	%		
	빈칸형	/4	%		
	각주 판단형	/5	%		
	조건 판단형	/2	%		
자료검토·변환	보고서 검토·확인형	/2	%		
	표 - 차트 변환형	-	-		
자료이해	평균 개념형	-	-		
	분산·물방울형	/1	%		
	최소여집합형	/1	%		
TOTAL		/25	%		

해설

1 조건 판단형 난이도 하 정답 ④

문제풀이 핵심 포인트
2번과 3번의 배점이 동일하므로 이를 토대로 계산하여 답을 도출한다.

풀이

배점과 결과를 고려한 점수를 도출하면 아래와 같다.
- 갑: 10 + 30 + 30 = 70점
- 을: 30 + 40 = 70점
- 병: 20 + 15 + 40 = 75점
- 정: 20 + 30 + 15 + 20 = 85점
- 무: 10 + 15 + 15 + 40 = 80점

따라서 종합점수가 가장 높은 선수는 정이다.

실전에선 이렇게!

경험상 1번부터 이러한 콘셉트의 문제를 푸는 것은 좋은 생각이 아니다. 난도에 비해 시간이 오래 소요되었다면 2턴으로 넘겨 풀이한다.

2 분수 비교형 난이도 하 정답 ④

문제풀이 핵심 포인트
<보기>에서 묻는 연도 매칭만 올바르게 하면 특별히 어려운 부분은 없는 평이한 문제이므로 정확한 시각화를 통해 답을 도출한다.

풀이

ㄱ. (O) 2018년 교원 1인당 원아수는 13.7명으로 10명 이상이다.

ㄴ. (×) 2017년 대비 2018년 유치원수는 427개에서 430개로 증가한 반면 원아수는 44,009명에서 42,324명으로 감소하였다. 따라서 전년 대비 증감 방향은 유치원수와 원아수가 매년 동일하지 않다.

ㄷ. (O) 원아수는 2017년 44,009명에서 2023년 34,777명으로 약 21% 감소하였다. 따라서 2017년 대비 2023년 원아수는 20% 이상 감소한다.

실전에선 이렇게!

ㄱ. 모든 연도에서 원아수는 교원수의 10배 이상이다.
ㄷ. 유효숫자를 설정하면 2017년은 440, 2023년은 348이고 감소폭은 92이므로 440의 20%인 88보다 크다. 따라서 20% 이상 감소했다고 쉽게 판단 가능하다.

3 보고서 검토·확인형 난이도 하 정답 ⑤

문제풀이 핵심 포인트
사용되지 않은 자료를 찾는 유형이므로 선지 제목의 키워드를 먼저 체크한 후 〈보고서〉에서 언급되지 않은 자료를 찾는다.

풀이

① (O) 2023년 '갑'시의 지역별 인구는 세 번째 문단의 마지막 문장인 인구 100명당 민원건수를 작성하는 데 사용되었다.

② (O) 2023년 '갑'시의 분야별 민원건수 비중은 두 번째 문단에 언급되어 있다.

③ (O) 2023년 '갑'시 민원의 상위 10대 키워드는 네 번째 문단에 언급되어 있다.

④ (O) 2023년 '갑'시의 지역별 민원건수는 세 번째 문단에 언급되어 있다.

⑤ (×) 2022년 대비 2023년 '갑'시의 민원건수 증가 및 감소 분야는 언급되지 않고 있다.

4 보고서 검토·확인형 난이도 하 정답 ④

문제풀이 핵심 포인트
사용되지 않은 자료를 찾는 유형이므로 선지 제목의 키워드를 먼저 체크한 후 〈보고서〉에서 언급되지 않은 자료를 찾는다.

풀이

① (O) 2020~2024년 공적개발원조에 대해 알고 있다는 응답자 비율은 첫 번째 문단 두 번째 문장에 언급되어 있다.

② (O) 2024년 공적개발원조 규모에 대한 의견은 두 번째 문단에 언급되어 있다.

③ (O) 2024년 공적개발원조 제공에 대한 찬반조사 결과는 첫 번째 문단 네 번째 문장에 언급되어 있다.

④ (×) 2024년 공적개발원조 관련 교육 경로에 대한 선호도(중복 응답)는 언급되고 있지 않다.

⑤ (O) 2024년 공적개발원조 관련 정보를 접한 경로는 첫 번째 문단 세 번째 문장에 언급되어 있다.

5 각주 판단형 난이도 하 정답 ②

문제풀이 핵심 포인트
빈칸으로 제시된 B의 실제 발전량과 C의 최대 발전량을 먼저 도출한 후 각주에서 제시된 이용률의 구조를 통해 분수비교하여 답을 도출한다.

풀이

빈칸을 채우면 B의 실제 발전량은 7,000, C의 최대 발전량은 9,000이다. 따라서 이용률이 높은 순서부터 나열하면 A가 4,000 / 5,000 = 80.0%, B가 7,000 / 9,000 ≒ 77.8%, D가 9,000 / 12,000 = 75.0%, C가 6,000 / 9,000 ≒ 66.7%이다.

실전에선 이렇게!

선지가 순서나열형으로 구성되어 있으므로 가장 높은 원자력발전소가 A VS B인지 또는 가장 낮은 원자력발전소가 C VS D인지 우선적으로 선택하여 판단한다. 또한 정확하게 나눠떨어지는 A, D는 80과 75로 구체적 수치를 도출하여 판단하고 근사치인 C는 2/3인 66.7, B는 7/9이므로 1 - (7/9)로 반대 해석하여 (100 - 22.2)%로 판단한다.

6 단순 판단형 난이도 하 정답 ③

문제풀이 핵심 포인트
점수를 기호화 하여 판단하는 문제이므로 점수가 높은 경우를 계산할 때 0점을 나타내는 기호를 세어 판단한다.

풀이

① (×) '단맛'으로 원두를 비교할 때 가장 높은 점수를 받은 원두는 5점인 인도네시아 만델링으로 아프리카 지역이 아닌 아시아 지역의 원두이다.
② (×) 르완다 AB+ 원두는 '향' 평가점수가 2점으로 '단맛' 평가점수인 3점보다 낮다. 따라서 아프리카 지역의 원두 중 '향' 평가점수가 '단맛' 평가점수보다 높지 않은 원두가 있다.
③ (O) 아메리카 지역은 '바디감'으로 원두를 비교할 때 도미니카 AA가 1점으로 가장 낮은 점수를 받았고 '향'으로 원두를 비교할 때도 역시 2점으로 가장 낮은 점수를 받았다.
④ (×) 아시아 지역은 '산미'로 원두를 비교할 때 인도네시아 토리자가 5점으로 가장 높은 점수를 받은 원두지만 종합 평가점수는 18점으로 인도 몬순드 말리바의 20점보다 낮다. 따라서 종합 평가점수도 가장 높지는 않다.
⑤ (×) 각 지역에서 종합 평가점수가 가장 높은 원두의 종합 평가점수는 아시아 지역의 인도 몬순드 말리바가 20점, 아메리카 지역의 페루 HB GRADE1이 20점이지만 아프리카 지역의 짐바브웨 AA+가 21점으로 모두 같지 않다.

실전에선 이렇게!

⑤ 종합점수를 비교할 때 만점이 5점이므로 만점 기준으로 몇 점이 부족한지 판단한다. 인도 몬순드 말리바가 -5점, 아메리카 지역의 페루 HB GRADE1이 -5점이고 아프리카 지역의 짐바브웨 AA+가 -4점이므로 모두 같지 않다는 것을 쉽게 판단할 수 있다.

7 매칭형 난이도 하 정답 ①

문제풀이 핵심 포인트
〈대화〉를 통해 A~E 중 갑에 해당하는 업체 1개를 고르는 문제이므로 소거법을 이용하여 답을 도출한다.

풀이

- 류 주무관의 첫 번째 대화에서 제안개요 평가항목 점수가 14점 이상이라고 하였으므로 10점인 C는 갑이 될 수 없다. → 선지 ③ 제거
- 류 주무관의 두 번째 대화에서 제안업체 일반현황의 평가항목 점수는 최소 기준인 20점 이상이었고 두 세부항목 간 점수 차이도 10점 미만이었다고 하였으므로 16점 차이가 나는 D는 갑이 될 수 없다. → 선지 ④ 제거
- 류 주무관의 마지막 대화에서 사업수행계획의 평가항목 점수는 총점의 50% 이상이라고 하였으므로 32/68 < 50%인 B와 34/76 < 50%인 E는 갑이 될 수 없다. → 선지 ②, ⑤ 제거

따라서 갑에 해당하는 업체는 A이다.

8 매칭형 난이도 하 정답 ③

문제풀이 핵심 포인트
〈조건〉이 4개가 주어지는 일반적인 형태의 문제가 아니므로 3개만 주어진 조건 중 어떤 조건을 먼저 검토해야 하는지 판단하여 답을 도출한다.

풀이

- 첫 번째 조건에서 '강사 만족도'가 '교육환경 만족도'보다 높은 기관은 발명청과 세무청이라고 하였으므로 A 또는 D는 발명청과 세무청이다. → 선지 ① 제거
- 세 번째 조건에서 '참여자'는 문화청이 자료청보다 많다고 하였으므로 선지 구조상 B와 C를 비교하여 참여자가 더 많은 C가 문화청, B가 자료청이 된다. → 선지 ②, ④ 제거
- 두 번째 조건에서 '내용 만족도'는 자료청 B가 세무청보다 높다고 하였으므로 세무청은 D(3.6)가 된다. → 선지 ⑤ 제거

따라서 정답은 ③이다.

9 각주 판단형 난이도 중 정답 ③

문제풀이 핵심 포인트
모든 〈보기〉가 각주에서 주어지는 전력자급률의 분수구조 또는 구분항목 간 분수비교를 묻고 있기 때문에 최대한 간단한 비교를 하는 〈보기〉부터 검토한다.

풀이

ㄱ. (×) 수도권 소비량 214.8은 전국 소비량 547.9의 40%인 219.2보다 작다.
ㄴ. (O) 전력자급률은 A지역이 33.9 / 17.3 ≒ 196.0%로 수도권 144.4 / 214.8 ≒ 67.2%의 2배인 134.4% 이상이다.
ㄷ. (O) C지역 발전량과 D지역 발전량의 합은 222.0 + 80.3 = 302.3으로 전국 발전량 594.7의 50%인 297.35 이상이다.
ㄹ. (×) 전력자급률은 B지역이 114.1 / 92.9 ≒ 122.8%, C지역이 222.0 / 151.2 ≒ 146.8%, D지역이 80.3 / 71.7 ≒ 112.0%로 모두 150% 이상이 되지 못한다.

실전에선 이렇게!

ㄱ. 수도권이 40% 이상이 되려면 비수도권이 60% 이하여야 하므로 수도권 215의 절반 수준인 108을 더한 값 323이 비수도권 333보다 커야 옳은 보기가 된다.
ㄹ. 전력자급률이 150% 이상이 되려면 발전량이 소비량의 1.5배 이상이 되어야 하므로 발전량과 소비량의 차이가 상대적으로 작은 D지역을 판단하여 틀린 보기로 빠르게 처리할 수 있다.

10 각주 판단형 난이도 하 정답 ③

문제풀이 핵심 포인트
2020년을 기준으로 한 지수문제이므로 기준점을 토대로 판단하여 답을 도출한다.

풀이

ㄱ. (○) 2020년 이후 '저위기술산업군' 출하지수는 2021년 증가한 다음 2022년 이후 매년 감소하고 있다. 따라서 2020년 이후 출하지수의 연도별 증감 방향이 '저위기술산업군'과 동일한 산업군은 '중저위기술산업군'뿐이다.

ㄴ. (×) 중저위기술산업군의 2023년 재고지수는 96.4로 2024년 재고지수 97.5보다 작기 때문에 기준연도를 2024년으로 변경한다면 2023년 중저위기술산업군의 재고지수는 100보다 작아진다. 따라서 모든 산업군별 재고지수는 매년 각각 100 이상이 되지 않는다.

ㄷ. (○) 재고율이 매년 100% 이상이 되려면 재고지수 ≥ 출하지수 관계가 성립되어야 한다. 따라서 '고위기술산업군'뿐이다.

실전에선 이렇게!

ㄱ. 증감 방향 판단 시 2020년부터 검토해야 함을 놓치지 않아야 한다.
ㄷ. 고위기술산업군을 제외한 나머지 산업군은 모든 연도에서 재고지수는 100 미만, 출하지수는 100 이상이다. 따라서 재고율이 100% 미만이 된다.

11 각주 판단형 난이도 중 정답 ①

문제풀이 핵심 포인트
순위가 제시된 자료이므로 〈표〉에서 제시한 전체 순위와 〈보기〉에서 묻는 순위의 범주를 정확히 비교하여 문제를 풀이한다.

풀이

ㄱ. (○) 순위 8위 이내 국가 중 승률이 0.5 이하인 국가는 잉글랜드(0.43)와 스페인(0.46) 2개이다.

ㄴ. (×) 1위인 브라질부터 9위인 우루과이까지 평균 승점을 순서대로 나열하면 2.17, 2.01, 1.80, 1.88, 1.79, 1.59, 1.64, 1.89, 1.49로 순위가 높은 국가일수록 평균 승점이 높지 않다.

ㄷ. (×) 경기수 중 무승부 경기수의 비중은 독일이 0.19로 잉글랜드 0.30보다 작다.

실전에선 이렇게!

ㄱ. 순위 8위 이내 국가를 판단하는 보기임을 정확히 체크해야 한다. 실수로 9위까지 판단한다면 우루과이도 포함되기 때문에 3개라고 하여 틀린 보기로 체크하는 실수를 할 수 있다.
ㄷ. 독일은 0.2 미만, 잉글랜드는 0.2 이상으로 쉽게 판단 가능하다.

12 분수 비교형 난이도 하 정답 ②

문제풀이 핵심 포인트
각 선지의 (가), (나), (다)에 들어갈 항목 또는 연도는 둘 중 하나인 택1 구조이므로 제시된 자료의 모든 항목 또는 연도를 검토하기보다 선지에 제시된 항목 위주로 판단한다.

풀이

(가) 2024년 민간부문과 공공부문 구매실적의 합은 하이브리드차 16,044대, 전기차 19,840대이다. 따라서 가장 큰 차종은 전기차이다.

(나) 전기차 구매실적 대비 수소차 구매실적 비율은 공시대상기업집단이 73 / 8,771 ≒ 0.83%, 시내버스운송사업자가 8 / 399 ≒ 2.01%이다. 따라서 가장 높은 업종구분은 시내버스운송사업자이다.

(다) 하이브리드차의 공공부문 구매실적은 정책 시행 시작연도인 2019년부터 매년 증가하여 2022년에 3,422대로 최대가 되었다.

실전에선 이렇게!

(나) 전기차의 수치가 수소차에 비해 크기 때문에 반대해석하여 수소차 대비 전기차 비율이 가장 낮은 업종을 판단한다. 전기차가 수소차의 몇 배 정도인지를 기준으로 판단한다면 시내버스운송사업자는 50배에 미치지 못하지만 공시대상기업집단은 50배를 훨씬 상회한다.

13 분산·물방울형 난이도 중 정답 ①

문제풀이 핵심 포인트
생존지수의 식이 각주로 주어졌으므로 온도지수(x)와 습도지수(y) 간 관계식을 도출하여 판단한다.

풀이

온도지수를 x, 습도지수를 y라고 하여 생존지수 식을 설정하면 $3x + 2y$가 된다. 주의는 150 이상 300 미만이므로 $150 \leq 3x + 2y < 300$을 정리하여 평면상 범위를 도출한다. 위 부등식을 정리하면 $y \geq -1.5x + 75$와 $y < -1.5x + 150$이다. 이를 평면에 도해하면 아래와 같다.

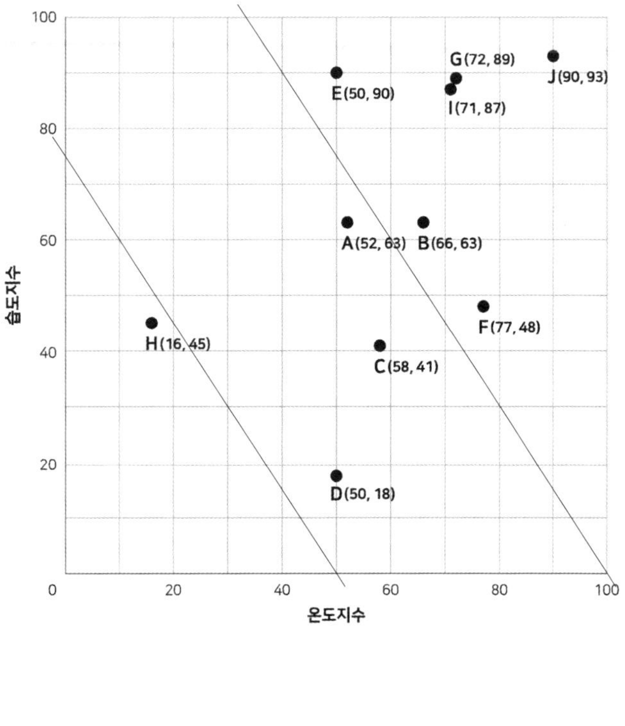

따라서 주의인 배양기는 A, C, D이다.

14 분수 비교형 난이도 중

정답 ③

문제풀이 핵심 포인트

〈보고서〉 전체 내용보다 선지를 구분하여 답을 도출할 근거가 포함된 두 번째 문단의 내용 위주로 판단하여 답을 도출한다.

풀이

- 두 번째 문단 첫 번째 문장 '대통령표창'과 '국무총리표창'은 포상분야 및 포상인원이 각각 매년 증가하였다고 하였으므로 대통령표창이 2023년 12개에서 2024년 9개로 감소한 ②와 2023년과 2024년 모두 9개로 동일한 ④는 답이 될 수 없다. → 선지 ②, ④ 제거
- 두 번째 문단 두 번째 문장 특히 '국무총리표창'의 포상분야는 2024년이 2022년 대비 20% 이상 증가하였다고 하였으므로 2022년 25개에서 2024년 28개로 3개 증가하여 20% 미만 증가한 ①은 답이 될 수 없다. → 선지 ① 제거
- 두 번째 문단 마지막 문장 2024년 정부포상을 포상분야 1개당 포상인원이 많은 표창부터 순서대로 나열하면 '장관표창', '국무총리표창', '대통령표창' 순이다 라고 하였으므로 국무총리표창 141 / 36 ≒ 3.9보다 대통령표창 27 / 6 = 4.5가 더 큰 ⑤는 답이 될 수 없다. → 선지 ⑤ 제거

따라서 정답은 ③이다.

실전에선 이렇게!

선지를 구성하는 수치가 모두 다르게 구성된 것은 아니기 때문에 차이가 나는 항목 위주로 판단한다. 예를 들어 두 번째 문단 두 번째 문장을 판단할 때 ④와 ⑤의 수치가 동일하기 때문에 ①과 ④, ⑤를 동시에 판단한다.

15 분수 비교형 난이도 중

정답 ⑤

문제풀이 핵심 포인트

보고서 일치 부합 패턴의 분수비교 문제이므로 〈보고서〉 내용 중 비율을 묻는 문장 위주로 판단하여 답을 도출한다.

풀이

ㄱ. (×) 2024년 '갑'국의 행정기관위원회는 총 590개이고, 이중 행정위원회가 40개라고 하였으므로 40 / 590 ≒ 6.8%인데 7.3%로 표시한 ㄱ은 틀린 그림이다.

ㄴ. (O) 부처 소속 행정기관위원회는 2020년 이후 매년 전체 행정기관위원회의 80% 이상을 차지한 것으로 나타났다고 하였으므로 옳은 그림이다.

ㄷ. (×) 2024년 행정기관위원회의 회의 개최 횟수를 살펴보면 4회 이상 회의를 개최한 행정기관위원회는 전체 행정기관위원회의 절반에도 미치지 못했다고 하였는데 4회 이상 회의를 개최한 행정기관위원회는 300개로 전체 590개의 절반 이상이다.

ㄹ. (O) 예산이 5천만 원을 초과한 행정기관위원회는 93개로 전체 행정기관위원회 590개의 20%인 118개에 미치지 못했고 예산이 미편성된 행정기관위원회 336개는 전체 행정기관위원회 590개의 55%인 324.5개를 넘었다.

실전에선 이렇게!

ㄴ. 전체 중 부처의 비중이 80% 이상이 되려면 대통령과 국무총리 합이 차지하는 비중은 20% 이하가 되어야 한다. 따라서 부처의 수치가 대통령과 국무총리 합의 4배 이상이 되는지 판단한다. 2020년 이후 대통령과 국무총리의 합은 매년 90 미만이고 부처는 매년 90의 4배인 360 이상이므로 옳은 그림이다.

16 매칭형 난이도 중

정답 ⑤

문제풀이 핵심 포인트

선지에 제시된 5개 국가만 골라내어 소거법으로 답을 도출한다.

풀이

- 첫 번째 조건에서 2023년 A국 전체 중고차 수출량에서 '갑'국으로의 중고차 수출량이 차지하는 비중은 10% 이하라고 하였으므로 전체 약 50만 중 15만 이상으로 10% 이상의 비중을 차지하는 리비아는 답이 될 수 없다. → 선지 ① 제거
- 두 번째 조건에서 A국 전체 중고차 수출량에서 '갑'국으로의 중고차 수출량이 차지하는 비중은 2023년이 2022년보다 크다고 하였으므로 13.4%에서 6.1%로 감소한 요르단과 4.0%에서 3.1%로 감소한 타지키스탄은 답이 될 수 없다. → 선지 ②, ④ 제거
- 세 번째 조건에서 2021년 대비 2022년 A국에서 '갑'국으로의 중고차 수출량 증가율이 20%라고 가정할 때 2021년 A국에서 '갑'국으로의 중고차 수출량은 튀르키예가 21,689 / 1.2 ≒ 18,074대, 키르기스스탄이 13,741 / 1.2 ≒ 11,451대이다. 따라서 2021년 A국에서 '갑'국으로의 중고차 수출량이 12,000대 이하인 키르기스스탄은 답이 될 수 없다. → 선지 ③ 제거

따라서 정답은 ⑤이다.

실전에선 이렇게!

- 두 번째 조건에서 전체 대비 비중이 2022년 대비 2023년에 증가하려면 약 30만에서 약 50만으로 20만 정도 증가하여 66.7% 정도 증가한 A국 전체보다 더 크게 증가해야 한다. 따라서 수출량이 감소한 요르단과 12,000에서 16,000 미만으로 4,000 미만 증가하여 증가율이 33.3% 미만인 타지키스탄은 비중이 감소하였다는 것을 판단할 수 있다.
- 세 번째 조건을 검토 전 첫 번째와 두 번째 조건을 먼저 검토했다면 선지가 ③, ⑤ 두 개만 남기 때문에 택1 구조로 볼 때 두 국가 중 2022년 수출액이 더 많은 튀르키예가 답이 되어야 한다.

17 빈칸형 난이도 중

정답 ②

문제풀이 핵심 포인트

빈칸으로 제시된 시가화 면적을 구체적으로 도출하는 선지는 후순위로 두고 이를 분수비교로 판단할 수 있는 선지부터 검토하여 답을 도출한다.

풀이

① (O) '도로 연장'당 '도로 면적'은 A지역이 0.011로 D지역 0.009보다 크다.

② (×) B지역의 '도로 연장'은 '갑'시 '도로 연장'의 330 / 1,352 ≒ 24.4%로 25% 이상이 아니다.

③ (O) '도로율'이 가장 낮은 지역은 22.2인 C지역이고 '시가화 면적'이 26.13으로 가장 크다.

④ (O) D지역의 '시가화 면적'은 9.83km²로 10km² 이하이다.

⑤ (O) '갑'시의 '시가화 면적'은 61.60km²로 50km² 이상이다.

실전에선 이렇게!

② B의 도로 연장인 330을 기준으로 다른 지역의 편차를 도출하면 A는 −7, C는 +112, D는 −73임을 알 수 있다. 즉 편차의 합이 +이므로 '갑'시의 A~D지역 도로 연장 평균은 330보다 크다는 것을 알 수 있다. 따라서 평균보다 작은 B가 '갑'시 전체에서 차지하는 비중은 25% 미만임을 알 수 있다.

③ 시가화 면적은 도로 면적/도로율이므로 도로율이 가장 낮은 C지역의 도로 면적은 5.80으로 가장 크기 때문에 빈칸을 도출하지 않고도 시가화 면적이 가장 크다는 것을 판단할 수 있다.

④ 유효숫자로 식을 구성하면 235/239이므로 10보다 작음을 쉽게 판단할 수 있다.

18 최소여집합형 난이도 중

정답 ②

문제풀이 핵심 포인트

전체 건수가 동일하고 분류기준이 피해유형과 조명종류 2가지로 구분하여 제시된 자료이므로 최소여집합 포인트를 체크하여 이를 위주로 판단한다.

풀이

① (×) 장식조명 민원건수가 전년 대비 증가한 해는 2022년과 2023년이지만 전광판조명 민원건수는 2022년에 전년 대비 감소한다.

② (O) 2023년 공간조명으로 인한 민원건수는 829건이고 수면방해 민원건수는 1,107건이다. 따라서 전자를 A, 후자를 B, 전체(U)가 1,844이므로 최소여집합 식을 적용하면 A + B − U = 829 + 1,107 − 1,844 = 92이다. 따라서 2023년 공간조명으로 인한 수면방해 민원건수는 92건 이상이다.

③ (×) 2021년 전체 민원건수 중 수면방해 민원건수의 비중은 2,096 / 2,577 ≒ 81.3%로 85% 이상이 아니다.

④ (×) 눈부심 민원건수의 전년 대비 증가율은 2024년이 17.1%지만 2022년이 58.1%로 더 높다. 따라서 2024년이 가장 높지 않다.

⑤ (×) 2021년에는 전광판조명이 장식조명보다 많지만 2022년 이후에는 전광판조명보다 장식조명이 더 많다. 따라서 매년 조명종류의 민원건수 순위는 동일하지 않다.

실전에선 이렇게!

② 829 + 1,107 ≥ 1,844 + 92가 성립하는지 판단한다.

③ 반대해석하여 나머지 유형의 합이 전체의 15% 이하인지 검토하면 어림산하여 쉽게 판단 가능하다.

19 빈칸형 난이도 상

정답 ⑤

문제풀이 핵심 포인트

누적 물동량을 참고하여 월별 물동량을 판단하거나 월별 물동량을 참고하여 누적 물동량을 판단하여 빈칸을 정확히 채운 다음 답을 도출한다.

풀이

물동량과 누적 물동량 간 관계를 통해 빈칸을 채우면 아래와 같다.

구분 / 월	물동량	누적 물동량
1	273	273
2	229	(502)
3	( )	( )
4	( )	(1,088)
5	282	1,370
6	280	1,650
7	287	(1,937)
8	(285)	2,222
9	307	2,529
10	300	(2,829)
11	312	3,141
12	(320)	3,461

ㄱ. (×) 8월 물동량 285는 7월 물동량 287보다 적다.

ㄴ. (O) 1월 물동량 273 대비 12월 물동량 320은 47 증가하여 증가율은 17.2%로 15% 이상이다.

ㄷ. (O) 2023년 월평균 물동량은 12월 누적 물동량 3,461을 12로 나눈 값인 288.4이다. 2023년 월평균 물동량보다 물동량이 확실하게 많은 달은 9, 10, 11, 12월 4개이다. 4월의 누적 물동량 1,088과 2월의 누적 물동량 502의 차이인 586은 3월과 4월의 물동량 합이기 때문에 3월과 4월 중 1개는 586 / 2 = 293 이상이다. 따라서 총 5개 이상이다.

20 곱셈 비교형 난이도 중

정답 ④

문제풀이 핵심 포인트

〈그림〉의 A 예산액 비중이 〈표〉에 구체적인 수치로 제시되어 있으므로 이를 연결한 다음 대략적인 예산액을 판단하여 답을 도출한다.

풀이

ㄱ. (O) 2018~2023년 동안 공공기관 예산액 중 B의 예산액 비중은 +1.6, +2.5, +1.8, +2.1, +2.0으로 매년 1%p 이상 증가하였다.

ㄴ. (×) 2023년 A는 사업비 654가 출연금 260의 3배인 780 이상이 아니다.

ㄷ. (O) A의 일반관리비 중 인건비가 차지하는 비중은 2021년 66.5%, 2022년 64.5%, 2023년 62.8%로 2021~2023년 동안 A는 매년 인건비가 일반관리비의 60% 이상이다.

ㄹ. (O) '갑'국의 예산액을 도출하면 2021년 902 / 0.261 ≒ 3,456이고 2022년 1,079 / 0.248 ≒ 4,351이다. C의 예산액은 2021년 3,456 × 0.334 ≒ 1,154억 원이고 2022년 4,351 × 0.305 ≒ 1,327억 원이므로 2022년 C의 예산액은 전년 대비 증가하였다.

실전에선 이렇게!

ㄴ. 출연금 260이 주어졌기 때문에 260의 3배인 780을 사업비 빈칸에 대입하여 합계가 대략적으로 도출되는지 확인한다.
ㄷ. 인건비가 차지하는 비중이 60% 이상이 되려면 경비가 차지하는 비중이 40% 이하가 되어야 하므로 경비 × 1.5 ≦ 인건비의 관계가 만족하는지 검토한다.
ㄹ. C의 예산식을 유효숫자로 구성하면 2021년은 (902 × 334) / 261이고 2022년은 (1,079 × 305) / 248이다. 분모는 261에서 248로 감소한 반면 분자인 곱셈식은 902에서 1,079로 +177 증가하여 10% 이상 증가율을, 305에서 334는 +29 증가하여 10% 미만의 증가율을 보이기 때문에 분자는 증가한 것으로 판단할 수 있다. 따라서 C의 예산액은 전년 대비 증가하였음을 구체적인 수치를 도출하지 않고 판단 가능하다.

21 빈칸형 난이도 중 정답 ①

문제풀이 핵심 포인트
〈보고서〉의 내용은 2024학년도 현황이고 〈그림〉은 2025학년도 현황 및 전년 대비 증감폭을 제시하고 있으므로 이를 연결하여 빈칸에 들어갈 값을 도출한다.

풀이

· A: 2025학년도 전체 응시원서 접수 인원이므로 보고서의 2024학년도 응시원서 접수 인원 504,588명을 이용하여 도출한다. 각주 1)에 따라 빈칸의 수치는 2024학년도 대비 2025학년도 증가폭으로 볼 수 있기에 응시 인원은 +18,616, 미응시 인원은 -534이므로 응시원서 접수 인원은 +18,616 - 534 = +18,082명이 전년 대비 증가한 셈이다. 따라서 A에 들어갈 값은 504,588 + 18,082 = 522,670이다.
· D: 미응시 인원 중 재학생의 2024학년도 대비 2025학년도 증감인원의 크기이다. 보고서에서 2024학년도 응시원서 접수 인원 중 재학생은 326,646명이고 응시 인원 중 재학생은 287,502명이라고 하였으므로 미응시 인원 중 재학생은 326,646 - 287,502 = 39,144명이다. 그림에서 2025학년도 미응시 인원 중 재학생은 38,188명이므로 D에 들어갈 값은 38,188 - 39,144 = -956이다.

따라서 정답은 ①이다.

실전에선 이렇게!

선지에 A와 D 수치가 직접 제시되어 있으므로 일의 자리 숫자 차이를 통해 계산을 줄여서 답을 도출한다.

22 빈칸형 난이도 상 정답 ⑤

문제풀이 핵심 포인트
평균이 주어진 문제이므로 편차의 합이 0 또는 1~5주 합계를 도출하여 빈칸에 들어갈 수치를 가늠한 다음 답을 도출한다.

풀이

ㄱ. (×) 냉동 고등어 가격의 전주 대비 증감 방향은 A도매점이 증가, 감소, 증가, 증가지만 B소매점은 증가, 감소, 감소, 증가이다. 따라서 동일하지 않다.
ㄴ. (O) 냉장 수산물은 고등어, 오징어 둘 뿐이다. A도매점의 냉장 수산물 중 1주 가격 대비 3주 가격 증감률은 고등어가 15 / 77 ≒ 19.5%이고 오징어가 30 / 165 ≒ 18.2%로 고등어가 가장 크다. B소매점의 냉장 수산물 중 1주 가격 대비 3주 가격 증감률은 고등어가 6 / 117 ≒ 5.1%이고 오징어가 4 / 267 ≒ 1.5%로 고등어가 가장 크다. 따라서 냉장 수산물 중 1주 가격 대비 3주 가격 증감률이 가장 큰 어종은 고등어로 동일하다.
ㄷ. (O) 냉동 갈치의 1~5주 합은 A도매점이 65,000, B소매점이 70,000이다. 1~5주 합에서 주어진 1~3주 합을 빼면 4~5주 합이 도출되는데 A도매점이 29,700, B소매점이 25,500이다. 따라서 4주 또는 5주 둘 중 하나는 A도매점이 29,700 / 2 = 14,850원 이상이고 B소매점은 25,500 / 2 = 12,750원 이상이다. 따라서 A도매점이 B소매점보다 주별 냉동 갈치 가격이 높은 주가 있다.

23 곱셈 비교형 난이도 중 정답 ②

문제풀이 핵심 포인트
A도매점과 B소매점의 수산물별 가격 차이를 먼저 도출한 다음 각 요리사의 구매 수산물 양을 곱해 비교한다.

풀이

A도매점에서 〈표 3〉의 수산물을 동일하게 구매한다면 각 요리사의 총 구매액은 갑은 88,600원, 을은 96,200원, 병은 81,000원, 정은 69,000원, 무는 57,000원이다. 따라서 B소매점 대비 A도매점의 총 구매액 감소폭은 갑이 85,600원, 을이 90,300원, 병이 80,900원, 정이 72,600원, 무가 64,300원이다. 즉 을이 가장 큰 폭으로 감소하는 요리사이다.

실전에선 이렇게!

5주의 각 어종별 B소매점 대비 A도매점 가격 차이는 냉장 고등어가 7,400원, 냉장 오징어가 12,100원, 냉동 명태가 3,800원이다. 또한 동일 어종 내에서 가장 적은 양을 구매한 요리사 기준으로 편차를 작성하여 각 어종별 편차에 가격차이를 곱해 더한 값(십의자리 이하 버림)을 도출하면 아래 표와 같다.

수산물 \ 요리사		갑	을	병	정	무
어종	상태					
고등어	냉장	1	0	2	2	2
오징어	냉장	3	4	2	1	0
명태	냉동	0	0	0	1	2
편차×가격차이의 합		437	484	390	307	224

24 조건 판단형 난이도 상

정답 ①

문제풀이 핵심 포인트

각 부문별 변환점수가 가장 높은 국가를 체크하여 해당 부문의 배점을 확인한 후 정답을 도출한다.

풀이

ㄱ. (O) '전문가 평가' 부문 배점은 70점으로 '논문'과 '특허' 부문 배점 합 30점의 2배 이상이다.

ㄴ. (×) 독일의 '논문' 부문 원점수만 50점 증가한다면 원점수가 112점이 되어 논문 부문 원점수가 가장 높은 국가인 중국의 767점 대비 약 0.15의 비율이다. 따라서 논문 변환점수는 $0.15 \times 10 = 1.5$가 되어 독일의 기술점수는 51.0이 된다. 따라서 프랑스 51.1보다 높아지지 않는다.

ㄷ. (×) '논문'과 '특허' 부문 배점이 서로 바뀐다면, 기술점수는 이스라엘이 $0.4 + 0.3 + 53.2 = 53.9$이고 대만이 $1.2 + 0.1 + 53.9 = 55.2$로 이스라엘보다 대만이 더 높다.

실전에선 이렇게!

ㄴ. 프랑스와 독일의 기술점수 차이가 0.8이므로 논문 부문 변환점수가 0.8인 독일의 변환점수가 0.8보다 크게 증가해야 프랑스의 기술점수를 넘을 수 있다. 독일 원점수 62일 때 변환점수가 0.8이므로 원점수가 50점 증가한다면 변환점수는 0.8보다 작게 증가한다.

25 각주 판단형 난이도 상

정답 ③

문제풀이 핵심 포인트

순위가 제시된 문제이므로 각 소득그룹별 최하위 국가의 GII 순위를 체크하여 답을 도출한다.

풀이

ㄱ. (O) GII 순위가 1위인 스위스보다 낮고 11위인 중국보다 높은 국가는 GII 순위가 2~10위인 국가들이므로 고소득 국가 순위 2~10위인 국가와 일치한다. 따라서 모두 고소득그룹 국가이다.

ㄴ. (O) GII 순위 41위 태국부터 50위 브라질까지 10개 국가 중 중상소득 국가인 41위 태국과 50위 브라질, 그리고 중저소득 국가인 44위 베트남을 제외하면 고소득그룹 국가 수는 7개이다.

ㄷ. (×) 133개 국가 중 110위인 마다가스카르보다 GII 순위가 낮은 국가 수는 23개이다. 이 중 저소득 국가는 저소득 국가 그룹 내 순위 3~10위인 8개 국가이므로 마다가스카르보다 GII 순위가 낮으면서 저소득그룹이 아닌 국가 수는 14개가 아닌 15개이다.

ㄹ. (O) 중상소득그룹과 중저소득그룹을 중소득그룹으로 묶으면, 중소득그룹 순위는 중국(11), 말레이시아(33), 튀르키예(37), 불가리아(38), 인도(39), 태국(41), 베트남(44), 브라질(50), 세르비아(52), 필리핀(53) 순으로 필리핀의 중소득그룹 내 순위는 10위이다.

모바일 자동 채점 및 성적 분석 서비스

7급 2024년 기출문제

PSAT 전문가의 총평

· 순수 자료 비교인 곱셈 비교와 분수 비교 자체를 묻는 문제가 6문제 출제되어 전체의 20% 이상을 차지하고 있습니다.
· 매칭형이 2문제, 빈칸형이 2문제, 각주 판단형이 4문제, 조건 판단형이 2문제로 자료판단에서 10문제가 출제되어 전체의 40%를 차지하였습니다.
· 보고서 검토·확인형이 3문제 출제되어 역대 7급 기출 중 가장 많이 출제되었고 표-차트 변환형도 1문제 출제되어 자료검토·변환형 문제가 총 4문제로 전체의 10% 이상을 차지하고 있습니다. 또한 평균 개념형 2문제, 분산·물방울형 1문제가 출제되어 자료이해에서 3문제가 출제되었습니다.
· 세트문제는 20~21번으로 기존의 기출과 동일한 20번 대에 출제되었고 분수 비교형과 표-차트 변환형으로 세트문제 2문제당 4분 30초 정도 소요되는 난이도로 출제되었습니다.
· 전체적인 난이도는 '하' 정도로 출제되었으며 2022년 7급 기출과 비슷한 난이도로 출제되었습니다. 이러한 점 때문에 상대적으로 3분 이상 소요되는 문항의 수가 4문제 정도에 불과하였고 나머지 문제 역시 2분 이내로 해결 가능한 난도 중 이하 수준의 문제가 대부분이어서 시간 관리가 수월했을 것으로 봅니다. 실제로도 80점 이상 받기에 큰 어려움은 없는 난이도라고 평가할 수 있습니다.

정답

p.41

1	④	각주 판단형	6	④	조건 판단형	11	④	단순 판단형	16	⑤	빈칸형	21	④	표-차트 변환형
2	①	평균 개념형	7	③	보고서 검토·확인형	12	③	각주 판단형	17	①	각주 판단형	22	①	빈칸형
3	⑤	보고서 검토·확인형	8	②	매칭형	13	③	단순 판단형	18	④	각주 판단형	23	③	분수 비교형
4	⑤	조건 판단형	9	②	분수 비교형	14	②	분수 비교형	19	②	분수 비교형	24	④	분산·물방울형
5	⑤	보고서 검토·확인형	10	②	분수 비교형	15	①	매칭형	20	①	분수 비교형	25	⑤	평균 개념형

취약 유형 분석표

유형별로 맞힌 문제 개수와 정답률, 틀린 문제 번호, 풀지 못한 문제 번호를 적고 나서 취약한 유형이 무엇인지 파악해 보세요. 그 후 약점 보완 해설집 p.2 [취약 유형 공략 포인트]에서 약점 보완 학습법을 확인하고, 틀린 문제와 풀지 못한 문제를 다시 한번 풀어보세요.

유형		맞힌 문제 개수	정답률	틀린 문제 번호	풀지 못한 문제 번호
자료비교	곱셈 비교형	-	-		
	분수 비교형	/6	%		
	반대해석형	-	-		
자료판단	단순 판단형	/2	%		
	매칭형	/2	%		
	빈칸형	/2	%		
	각주 판단형	/4	%		
	조건 판단형	/2	%		
자료검토·변환	보고서 검토·확인형	/3	%		
	표 - 차트 변환형	/1	%		
자료이해	평균 개념형	/2	%		
	분산·물방울형	/1	%		
	최소여집합형	-	-		
TOTAL		/25	%		

해설

1 각주 판단형 난이도 하 정답 ④

문제풀이 핵심 포인트
각주에 주어진 치명률 식을 통해 환자 수 대비 사망자 수의 분수비교로 판단한다.

풀이

A는 5.3%, B는 5.0%, C는 4.0%, D는 6.0%, E는 4.5%로 가장 높은 도시는 'D'이고 가장 낮은 도시는 'C'이다.

실전에선 이렇게!

먼저 치명률이 가장 높은 도시 후보인 A와 D를 비교한 다음 나머지 B, C, E를 비교한다.

2 평균 개념형 난이도 하 정답 ①

문제풀이 핵심 포인트
각 구별 공사 건수와 평균 공사비가 주어졌으므로 각 구별 총 공사비를 도출하여 전체 공사 건수인 9건으로 나눠 도출한다.

풀이

A구의 공사 건수는 3건이고 평균 공사비는 30억 원이므로 총 공사비는 90억 원이다. A구와 B구의 공사 건수 합은 7건이고 평균 공사비는 22억 원이므로 A구와 B구의 총 공사비는 154억 원이다. 따라서 B구의 총 공사비는 154 − 90 = 64억 원이다. A구와 C구의 공사 건수 합은 5건이고 평균 공사비는 34억 원이이므로 A구와 C구의 총 공사비는 170억 원이다. 따라서 C구의 총 공사비는 170 − 90 = 80억 원이다.
이를 근거로 계산한 2023년 A~C구 전체 공사의 공사 건수 합은 9건이고 공사비 합은 90 + 64 + 80 = 234억 원이므로 평균 공사비는 26억 원이다.

실전에선 이렇게!

빈칸으로 제시된 B와 C의 평균 공사비를 도출하지 않고 답을 구할 수 있다. 즉 A + B, B + C, A + C에 주어진 정보를 더하면 2(A + B + C)이므로 각 그룹별 공사비는 154, 144, 170억 원이므로 이를 모두 더한 값을 공사 건수 합인 18건으로 나눠주면 동일하게 26억 원이 도출된다.

3 보고서 검토·확인형 난이도 하 정답 ⑤

문제풀이 핵심 포인트
선지 제목의 키워드를 체크하여 보고서에서 언급되지 않은 내용을 체크하여 답을 도출한다.

풀이

- 보고서 두 번째 문장 '문화예술교육 수강 경험이 있는 응답자가 가장 많이 수강한 상위 5개 분야는 기타를 제외하고 영화, 사진, 음악, 공예, 미술 순이었다.'고 하였으므로 선지 ①은 사용된 자료이다.
- 보고서 세 번째 문장 '문화예술교육 수강자의 평균 지출 비용은 38만 8천 원이었는데, 연령대별로는 40대가 48만 4천 원으로 가장 많았다.'고 하였으므로 선지 ②는 사용된 자료이다.
- 보고서 네 번째 문장 '또한 문화예술교육 수강자의 동반자 유형 구성을 살펴보면, '혼자(동반자 없음)' 수강한 비율은 50% 이상이었고, '친구 및 연인'과 함께 수강한 비율은 18.4%였다.'고 하였으므로 선지 ③은 사용된 자료이다.
- 보고서 다섯 번째 문장 '문화예술교육 인지 경로는 '인터넷 검색'이 33.2%로 가장 높았고, 다음으로 '주변 지인'이 19.0%였다.'고 하였으므로 선지 ④는 사용된 자료이다.

따라서 보고서를 작성하는 데 사용되지 않은 자료는 ⑤이다.

4 조건 판단형 난이도 중 정답 ⑤

문제풀이 핵심 포인트
정보에 주어진 감척지원금 식의 구조를 분석하여 〈표〉에서 주어진 항목을 연결하여 답을 도출한다.

풀이

어선별 감척지원금은 아래와 같다.

- A: 170 + (60 × 3) + (6 × 5 × 6) = 530백만 원
- B: 350 + (80 × 3) + (8 × 5 × 6) = 830백만 원
- C: 200 + (150 × 3) + (10 × 5 × 6) = 950백만 원
- D: 50 + (40 × 3) + (3 × 5 × 6) = 260백만 원

따라서 산정된 감척지원금이 가장 많은 어선은 'C'이고, 가장 적은 어선은 'D'이다.

5 보고서 검토·확인형 난이도 하 정답 ⑤

문제풀이 핵심 포인트
주어진 〈표〉와 〈정보〉를 통해 〈보고서〉 내용 중 작성할 수 없는 내용을 〈보기〉에서 골라 답을 도출한다.

풀이

ㄱ. (O) 첫 번째 문장과 두 번째 문장에서 ['갑'국의 주택 수는 2022년 1,813만 호에서 2023년 1,853만 호로 2.2% 증가하였다. 개인소유 주택 수는 2022년 1,569만 호에서 2023년 1,597만 호로 1.8% 증가하였다.]고 하였으므로 2019~2023년 '갑'국 주택 수 및 개인소유 주택 수가 추가로 필요하다.

ㄴ. (O) 세 번째 문단 후단 [~, 가구 주택소유율은 2022년 56.3%에서 2023년 56.0%로 감소하였다.]고 하였고 〈표〉에서 주택소유 가구 수가 제시되었기 때문에 '2022년과 2023년 '갑'국 가구 수'가 추가로 제시된다면 〈정보〉의 식을 통해 주택소유율을 작성할 수 있다.

ㄷ. (O) 네 번째 문단 [2023년 지역별 가구 주택소유율을 살펴보면, 상위 3개 지역은 A(64.4%), B(63.0%), C(61.0%)로 나타났다.]고 하였으므로 2023년 '갑'국 지역별 가구 주택소유율 상위 3개 지역이 추가로 필요하다.

6 조건 판단형 난이도 중

정답 ④

문제풀이 핵심 포인트

〈평가방법〉에 주어진 조건을 토대로 〈표〉에 제시된 전투기의 평가항목별 점수를 부여하여 도출한다.

풀이

각 전투기의 평가항목별 점수를 도출하면 아래와 같다.

평가항목 \ 전투기	A	B	C	D	E
최고속력	5	1	3	2	4
미사일 탑재 수	4	5	2	3	1
항속거리	4	1	2	3	5
가격	1	4	3	5	2
공중급유	1	1	0	1	0
자체수리	0	1	0	1	1
계	15	13	10	15	13

따라서 평가항목 점수의 합은 A와 D가 15점으로 동점이기 때문에 둘 중 가격이 더 낮은 D가 '갑'국이 구매할 전투기이다.

실전에선 이렇게!

최고속력~가격 평가항목은 점수가 1~5점으로 부여되고 공중급유와 자체수리는 가능 여부에 따라 점수가 1점 또는 0점으로 구분되므로 역순인 아래에서 위로 점수를 산정한다.

7 보고서 검토·확인형 난이도 하

정답 ③

문제풀이 핵심 포인트

〈표〉에 제시된 내용 중 〈보고서〉에 누락된 내용이 〈보기〉에 제시되었다면 추가로 필요한 자료이다.

풀이

- 여섯 번째 문장 [한편, 운전자가 배달대행이나 퀵서비스 시장에 진입하기 위해서는 이륜자동차 구입 비용이 소요되는데, 신차와 중고차 구입 각각에서 배달대행이 퀵서비스보다 평균 구입 비용이 높았다.]고 하였으므로 ㄷ. 배달대행 및 퀵서비스 시장 진입을 위한 이륜자동차 평균 구입 비용이 추가로 필요하다.
- 일곱 번째 문장 후단에서 [~, 월평균 근로일수도 배달대행이 퀵서비스보다 3일 이상 많은 것으로 나타났다.]고 하였으므로 ㄹ. 월평균 근로일수가 추가로 필요하다.

따라서 제시된 〈표〉 이외에 〈보고서〉를 작성하기 위해 추가로 필요한 자료는 ㄷ, ㄹ이다.

8 매칭형 난이도 하

정답 ②

문제풀이 핵심 포인트

주요 10개 업종 중 7개는 이미 알려진 업종이므로 이를 이용해서 A~C를 올바르게 매칭하여 답을 도출한다.

풀이

- 첫 번째 정보에서 '중소기업' 특허출원건수가 해당 업종 전체 기업 특허출원건수의 90% 이상인 업종은 '연구개발', '전문서비스', '출판'이라고 하였으므로 출판을 제외하면 A는 15.0%, B는 96.0%, C는 94.3%이므로 '연구개발'과 '전문서비스'는 B 또는 C이다. → 선지 ①, ④, ⑤ 제거
- 세 번째 정보에서 특허출원기업당 특허출원건수는 '연구개발'이 '전문서비스'보다 많다고 하였으므로 B와 C를 비교하면 B는 2.9, C는 1.7로 B가 더 많다. 따라서 '연구개발'은 B, '전문서비스'는 C이므로 정답은 ②이다.

9 분수 비교형 난이도 중

정답 ②

문제풀이 핵심 포인트

〈표 1〉에서 짜장면 가격과 가격지수가 동시에 주어졌으므로 가격지수를 통해 가격의 상대적인 크기를 판단한다.

풀이

① (×) 짜장면 가격지수가 80.0이면 짜장면 가격은 5,276 × 0.8 ≒ 4,221원이므로 4,000원 이하가 아니다.

② (O) 짜장면 가격은 2018년 5,011원에서 2023년 6,361원으로 26.9% 상승하여 20% 이상 상승하였다.

③ (×) 2018년에 비해 2023년 판매단위당 가격이 2배 이상인 짜장면 주재료 품목은 2,250원에서 6,000원으로 약 2.7배인 양파와 4,000원에서 15,000원으로 약 3.8배인 청오이 2개이다.

④ (×) 2020년에 식용유 1,800mL, 밀가루 2kg, 설탕 2kg의 가격 합계는 13,220원으로 15,000원 이상이 아니다.

⑤ (×) 매년 판매단위당 가격이 상승한 짜장면 주재료 품목은 하나도 없다.

실전에선 이렇게!

① 가격지수 100이 5,000원일 때 80.0인 가격지수에 해당하는 가격이 4,000원이다. 따라서 2020년 가격지수 100이 5,276원으로 5,000원 이상이기 때문에 지수가 80.0이면 4,000원 이상이다.

② 2018년 가격지수 95.0에서 2023년 가격지수 120.6이 되었기 때문에 계산할 필요 없이 당연히 20% 이상 상승했다고 판단할 수 있다.

④ 각 품목의 판매단위 2배 합을 묻고 있으므로 식용유, 밀가루, 설탕의 판매단위당 가격 합이 7,500원 이상인지 여부로 판단할 수 있다.

10 분수 비교형 난이도 하

정답 ②

문제풀이 핵심 포인트

A, B, C의 연도를 정확하게 매칭하여 각 빈칸에 해당하는 내용을 도출한다.

풀이

- A: 참여 자치 단체 수의 증감방향은 증가, 감소, 증가, 증가, 감소, 증가이고 어린이 수의 증감방향 역시 증가, 감소, 증가, 증가, 감소, 증가이므로 A에 들어갈 내용은 어린이다. 학부모 수의 증감방향은 증가, 감소, 감소, 감소, 감소, 감소이다.
- B: 운영 횟수당 교육 참여 어린이 수는 2021년이 61,380 / 39 ≒ 1,574로 2020년 58,680 / 35 ≒ 1,677보다 적었다.

· C: 자원봉사자당 교육 참여 어린이 수는 2019년 55,780 / 2,989 ≒ 18.7이 2017년 10,265 / 2,083 ≒ 4.9보다 많았다.

따라서 A~C에 해당하는 내용을 바르게 연결한 것은 ②이다.

11 단순 판단형 난이도 하 정답 ④

문제풀이 핵심 포인트

자료에 제시된 숫자의 개수가 많기 때문에 연도와 월을 정확히 매칭하여 답을 도출한다.

풀이

ㄱ. (×) 3분기 국제선 지연편수는 2021년 11 + 61 + 46 = 118편에서 2022년 83 + 111 + 19 = 213편으로 100편 이상 증가하지 않았다.

ㄴ. (O) 2023년 9월의 결항편수는 국내선 1,351편이 국제선 437편의 3배인 1,311편 이상이다.

ㄷ. (O) 매년 1월과 3월에는 국제선과 국내선 모두 0편이므로 항공편 결항이 없었다.

12 각주 판단형 난이도 중 정답 ③

문제풀이 핵심 포인트

각주에 제시된 2개의 분수식을 구성하는 분모와 분자에 해당하는 구분 항목을 〈표〉에서 정확하게 확인 후 답을 도출한다.

풀이

① (O) 취업률은 A계열이 500 / 800 = 62.5%로 B계열 57.1%보다 높다.

② (O) C계열의 진학률은 40 / 500 = 8.0%이므로 진로 미결정 비율은 B계열 35.8%가 C계열 52.0%보다 낮다.

③ (×) 진학자 수만 계열별로 20%씩 증가한다면 전체 진학자 수는 180명이 되므로 전체의 진학률은 180 / 2,000 = 9%로 10% 이상이 되지 못한다.

④ (O) 취업자 수만 계열별로 10%씩 증가한다면 전체 취업자 수는 1,210명이 되므로 전체의 취업률은 1,210 / 2,000 = 60.5%로 60% 이상이 된다.

⑤ (O) C계열의 진학률은 ②번에서 도출한 바와 같이 8.0%이므로 진학률은 A~C계열 중 C계열이 가장 높다.

실전에선 이렇게!

② '진로 미결정 비율(%) = 100 - (취업률 + 진학률)'이므로 진로 미결정 비율이 더 낮다는 것은 취업률과 진학률 합이 더 높다는 것이므로 취업률 + 진학률은 B계열이 C계열보다 높은지 판단한다.

③, ④ 각 계열별 동일한 비율로 증가한다면 전체 또한 같은 비율로 증가하기 때문에 계열별 비율 증가 변화를 판단하기보다 전체의 비율 증가로 판단한다.

⑤ 전체 진학률이 7.5%이고 A의 진학률은 이와 같은 7.5%, B의 진학률은 이보다 낮은 7.1%이므로 C의 진학률이 무조건 7.5%보다 커야 한다.

13 단순 판단형 난이도 하 정답 ③

문제풀이 핵심 포인트

〈표〉에서 제시된 월의 순서는 12월 이후 1월의 순환구조로 이루어졌으므로 이러한 점을 고려하여 답을 도출한다.

풀이

① (O) '촉성' 재배방식에서 정식이 가능한 달의 수는 오이가 12월과 1월 2개로 고추 12월의 1개보다 많다.

② (O) 고추의 파종 가능 시기와 정식 가능 시기의 차이는 촉성의 경우 2개월, 반촉성의 경우 3개월, 그리고 조숙, 보통, 억제는 모두 2개월로 1개월 이상이다. 따라서 고추의 각 재배방식에서 파종 가능 시기와 정식 가능 시기의 차이는 1개월 이상이다.

③ (×) 정식과 수확이 모두 가능한 달의 수는 오이와 고추 모두 2, 4, 5, 6월 4개로 동일하다.

④ (O) 고추의 경우, 수확이 가능한 재배방식의 수는 7월이 4개로 가장 많다.

⑤ (O) 오이의 재배방식 중 수확이 가능한 달의 수는 '보통'이 3개로 가장 적다.

14 분수 비교형 난이도 하 정답 ②

문제풀이 핵심 포인트

단순 비교 선지가 많은 문제이므로 간단하게 판단할 수 있는 ①, ④, ⑤ 선지부터 검토하는 전략도 고려해 볼만 하다.

풀이

① (×) '김' 면허어업 건수는 2022년 880건에서 2023년 812건으로 감소하여 매년 증가하지 않는다.

② (O) '굴'과 '새고막'의 면허어업 건수 합은 2019년 52.4%, 2020년 50.7%, 2021년 50.9%, 2022년 50.7%, 2023년 53.9%로 매년 전체의 50% 이상이다.

③ (×) '바지락' 면허어업 건수의 전년 대비 증가율은 2020년 17 / 570 ≒ 3.0%가 2022년 6 / 576 ≒ 1.0%보다 높다.

④ (×) '미역' 면허어업 건수는 2023년 678건이 2020년 920건보다 적다.

⑤ (×) 2023년에 면허어업 건수가 전년 대비 증가한 양식 품목은 새고막 1개이다.

실전에선 이렇게!

② 굴과 새고막 합의 2배가 전체 이상인지 판단한다.

③ 전년 대비 증가율의 분자인 전년 대비 증가폭은 17인 2020년이 6인 2022년보다 크고 분모인 기준년도 건수는 2020년이 570으로 2022년 576보다 작기 때문에 쉽게 판단할 수 있다.

15 매칭형 난이도 중 정답 ①

문제풀이 핵심 포인트

A~E국 중 우리나라에 해당하는 1개의 국가를 고르는 문제이므로 〈보고서〉 내용을 해석하면서 소거법으로 답을 도출한다.

풀이

- 네 번째 문장에서 '2021년부터 충청남도 서산과 당진에 있는 바이오매스 발전소에 캐나다산 목재펠릿을 공급하면서 캐나다산 목재펠릿 수입이 증가하여 2022년 캐나다산 목재펠릿 수입량은 2019년 대비 30배 이상이 되었다.' 고 하였으므로 2019년 캐나다산 수입량 11천 톤의 30배인 330천 톤보다 작은 E국은 제외한다. → 선지 ⑤ 제거
- 다섯 번째 문장에서 '또한, 2022년에는 유럽 시장에 수출길이 막힌 러시아산 목재펠릿의 수입량이 크게 증가하여 2022년 기준 러시아산이 우리나라 목재펠릿 수입량 2위를 차지하였다.'고 하였으므로 러시아산이 2위가 아닌 B(3위), D(3위)는 제외한다. → 선지 ②, ④ 제거
- 여섯 번째 문장에서 '인도네시아산 목재펠릿 수입량은 2019년 이후 꾸준히 증가해 2022년에는 말레이시아산 목재펠릿 수입량을 추월하였다.'고 하였으므로 2022년 인도네시아산 수입량이 말레이시아산 수입량보다 많은 A가 우리나라가 된다. → 선지 ③ 제거

따라서 A~E국 중 우리나라에 해당하는 국가는 ①이다.

16 빈칸형 난이도 중 정답 ⑤

문제풀이 핵심 포인트
빈칸의 수가 적고 채우는 시간이 적게 걸리기 때문에 빈칸을 모두 채우고 문제를 풀어도 좋은 선택이 될 수 있다.

풀이

ㄱ. (×) 2021년 '전통공예시설'은 10개소이고 2019년 '한옥숙박시설'은 1개소이다. 2022년의 경우 '전통공예시설'은 전년 대비 감소했지만 '한옥숙박시설'은 전년과 동일한 0개소이므로 전년 대비 증감 방향이 매년 같지 않다.

ㄴ. (O) 전체 공공한옥시설 중 '문화전시시설'의 비율은 2017년 29.6%, 2018년 29.6%, 2019년 35.7%, 2020년 36.7%, 2021년 35.3%, 2022년 35.3%로 매년 20% 이상이다.

ㄷ. (O) 2022년 '주거체험시설'은 5개소이다. 2020년 대비 2022년 공공한옥시설의 유형별 증가율은 '주거체험시설' 2 / 3 ≒ 66.7%가 '주민이용시설' 2/6≒33.3%의 2배이다.

ㄹ. (O) '한옥숙박시설'이 '주거체험시설'보다 많은 해는 2017년(2 > 0)과 2018년(2 > 0)뿐이다.

실전에선 이렇게!

ㄴ. '문화전시시설'의 5배 수치가 전체 이상인지 판단한다.
ㄷ. 증가율을 분수로 나타내면 2/3과 1/3이므로 2배인지 쉽게 판단 가능하다.

17 각주 판단형 난이도 중 정답 ①

문제풀이 핵심 포인트
각주로 제시된 분수식의 비중과 분모가 주어졌으므로 분자인 최저개발국 직접투자 규모를 묻는 선지의 경우에는 곱셈비교로 판단한다.

풀이

① (O) 최저개발국 직접투자 규모는 2023년 76,466 × 1.7% ≒ 1,300백만 달러로 2015년 31,205 × 2.8% ≒ 874백만 달러보다 크다.

② (×) 최저개발국 직접투자 비중은 2020년 1.6%에서 2021년 1.9%로 증가하였다.

③ (×) 2018년 최저개발국 직접투자 규모는 40,657 × 1.8% ≒ 732백만 달러, 즉 7억 3,200만 달러이므로 10억 달러 이상이 아니다.

④ (×) 해외직접투자 규모는 2022년 57,299백만 달러에서 2023년 76,466백만 달러로 33.4% 증가하여 전년 대비 40% 이상 증가하지 않았다.

⑤ (×) 2017년에 해외직접투자 규모는 전년 대비 증가했지만 최저개발국 직접투자 비중은 2.0%에서 1.4%로 감소하였다.

실전에선 이렇게!

① 유효숫자를 설정해서 곱셈비교로 비교하면 해외직접투자 규모는 2023년 764가 2015년 312의 2배 이상이고 최저개발국 직접투자 비중은 2015년 28이 2022년 17의 2배 미만이므로 최저개발국 직접투자 규모는 2023년이 2015년보다 크다.
③ 40,657백만 달러는 406억 5,700만 달러이므로 400억 달러의 2% 수준이 8억 달러임을 고려하면 10억 달러 이상이 되지 못함을 쉽게 판단할 수 있다.
④ 유효숫자로 판단하면 2022년 573에서 2023년 765로 192만큼 증가하였으므로 40% 이상 증가하지 못했다고 쉽게 판단할 수 있다. (500의 40%인 200과 비교한다.)

18 각주 판단형 난이도 상 정답 ④

문제풀이 핵심 포인트
순위 자료가 제시되었으므로 주어진 가장 낮은 순위인 5위 브랜드의 E를 기준으로 6위 이하 항목을 판단한다.

풀이

ㄱ. (×) 1~5위 브랜드 가맹점 수 합은 44,493개이고 '갑'국의 전체 편의점 가맹점 수가 5만 개이므로 6위 이하 브랜드 가맹점 수 합은 5,507개이다. 6위 이하 브랜드 가맹점 수는 5위인 E의 787개보다 적기 때문에 5위 크기를 기준으로 6위 이하의 가맹점 수 최솟값을 도출하면 5,507 / 787 ≒ 7.0이므로 '갑'국의 전체 편의점 가맹점 수가 5만 개라면 편의점 브랜드 수는 1~5위 5개와 6위 이하 7개 이상으로 최소 12개이다.

ㄴ. (O) A~E 중, 가맹점당 매출액이 가장 큰 브랜드는 B이고 전체 가맹점 매출액의 합 역시 14,593 × 603,529 ≒ 8,807,298,697천 원으로 가장 크다.

ㄷ. (O) 전체 가맹점 면적의 합은 해당 브랜드 전체 가맹점 매출액의 합을 가맹점 면적당 매출액으로 나눠서 비교한다. A~E 중, 해당 브랜드 전체 가맹점 면적의 합은 E가 28,513m^2로 가장 작다.

실전에선 이렇게!

ㄱ. 6위 이하 합 5,507이 787의 9배보다 작기 때문에 최소 14개가 아니라고 판단할 수 있다.
ㄴ. B는 가맹점당 매출액이 가장 많고 가맹점 수는 A 다음인 두 번째로 많기 때문에 A와 곱셈비교를 하면 A는 147 × 584, B는 146 × 603이므로 B가 A보다 많다는 것을 쉽게 판단할 수 있다.
ㄷ. 가맹점 수와 가맹점당 매출액을 곱한 다음 이를 가맹점 면적당 매출액으로 나눠서 판단하는 구조지만 E의 가맹점 수가 4위인 D의 20% 미만으로 나머지 브랜드에 차이가 크게 나므로 구체적으로 계산하지 않고 판단 가능하다.

19 분수 비교형 난이도 중

정답 ②

문제풀이 핵심 포인트

선지 ①을 제외하면 나머지 모든 선지가 분수비교를 통해 도출해야 하므로 계산의 정도가 낮은 선지 위주로 판단하여 답을 도출한다.

풀이

① (×) C와 E를 비교하면 '연간소각실적'은 E가 C보다 많지만 '관리인원'은 C가 E보다 많기 때문에 '연간소각실적'이 많은 소각시설일수록 '관리인원'이 많지 않다.

② (○) '시설용량' 대비 '연간소각실적' 비율은 E가 265.3으로 가장 높다.

③ (×) '연간소각실적'은 163,785톤인 A가 104,176톤인 D의 1.5배인 156,264 이상이다.

④ (×) C의 '시설용량' 750은 전체 '시설용량' 2,898의 30%인 869.4 이상이 되지 못한다.

⑤ (×) 각주에서 시설용량은 1일 가동 시 소각할 수 있는 최대량이라고 하였으므로 B의 2023년 가동 일수는 12,540 / 48 ≒ 261일 이상이다. 따라서 250일 미만이 아니다.

실전에선 이렇게!

③ 유효숫자로 판단하면 D는 104이고 1.5배는 104의 절반인 52를 더한 156과 같기 때문에 A인 164와 대소비교를 쉽게 할 수 있다.

④ C가 750이기 때문에 전체의 30% 이상이 되려면 전체가 2,500 이하여야 한다.

⑤ 48 × 250 = 12 × 1,000 = 12,000보다 12,540이 더 크기 때문에 250일 미만이 아님을 알 수 있다.

20 분수 비교형 난이도 중

정답 ①

문제풀이 핵심 포인트

자릿수가 다른 수치끼리 분수비교를 해야 하는 선지가 대부분이므로 유효숫자를 설정하여 판단한다.

풀이

① (×) 2023년 식량작물 생산량의 전년 대비 감소율은 A지역 전체 6.8%가 '갑'국 전체 2.8%보다 높다.

② (○) 2019년 대비 2023년 A지역 식량작물의 생산량 증감률은 미곡이 6.5%, 맥류가 25.6%, 잡곡이 2.7%, 두류가 11.1%, 서류가 20.1%로 맥류가 가장 크다.

③ (○) A지역 전체 식량작물 생산 면적 중 미곡이 차지하는 비중은 2019년 62.1%, 2020년 60.4%, 2021년 60.9%, 2022년 60.9%, 2023년 61.7%로 미곡은 매년 A지역 전체 식량작물 생산 면적의 절반 이상을 차지한다.

④ (○) 2023년 A지역 식량작물 중 생산 면적당 생산량은 미곡이 5.0, 맥류가 2.1, 잡곡이 4.9, 두류가 1.8, 서류가 6.4로 서류가 가장 많다.

⑤ (○) A지역 전체 식량작물 생산량과 A지역 전체 식량작물 생산 면적의 전년 대비 증감 방향은 각각 증가, 감소, 증가, 감소로 매년 균일하게 증감을 반복하고 있기 때문에 같다.

실전에선 이렇게!

① 유효숫자로 판단하면 A지역 전체는 237에서 221로 16감소하였고 갑국 전체는 446에서 433으로 13감소하였으므로 감소율의 분자인 증감폭이 더 크고 분모인 2022년 수치가 더 작은 A지역 전체가 갑국 전체보다 높다.

② 맥류를 기준으로 20% 이상인 항목은 서류뿐이므로 서류와 비교하여 판단한다.

③ 미곡의 2배 수치가 A지역 전체 이상인지 판단한다.

21 표-차트 변환형 난이도 중

정답 ④

문제풀이 핵심 포인트

제시된 자료의 수치를 그대로 표시한 그림부터 찾아 판단한다면 답을 도출하는 시간을 줄일 수 있다.

풀이

ㄴ. (×) 2021년 잡곡과 두류의 생산량을 바꿔서 잘못 표시하였다.

22 빈칸형 난이도 상

정답 ①

문제풀이 핵심 포인트

각주 식을 통해 빈칸에 포함될 수치를 구체적으로 도출하기 보다 <표 2>에서 제시되는 각 수준의 지수 범위를 통해 대략적으로 판단한다.

풀이

① (×) 지방소멸위험지수가 0.5 이상 1.0 미만인 경우 지방소멸위험 수준이 '주의'이므로 여기에 해당되는 동은 A, B, D, J, L과 1,272 / 2,300 ≒ 0.55인 E도 포함된다. 따라서 지방소멸위험 수준이 '주의'인 동은 6곳이다.

② (○) '20~39세 여성 인구'는 3,365 × 0.88 ≒ 2,961명인 B동이 3,421명인 G동보다 적다.

③ (○) 지방소멸위험지수는 E가 0.55, I가 1.55, K가 0.48이므로 지방소멸위험지수가 가장 높은 동은 I이다. I동의 '65세 이상 인구' 2,656명은 '총인구' 23,813명의 10%인 2,381.3 이상이다.

④ (○) '총인구'가 가장 많은 동인 K는 지방소멸위험지수가 0.48로 가장 낮다.

⑤ (○) 지방소멸위험 수준이 '보통'인 동은 C, F, G, H이고 이 들의 '총인구' 합은 29,204 + 16,792 + 19,163 + 27,146 = 92,305명으로 90,000명 이상이다.

실전에선 이렇게!

① 주의는 0.5 이상 1.0 미만이므로 65세 이상 인구가 20~39세 여성인구보다 많으면서 동시에 20~39세 여성 인구의 2배 수치가 65세 이상 인구 이상인 동이 추가로 있는지 확인한다.

② 20~39세 여성인구는 G동이 3,421명이고 이는 B동의 65세 이상 인구인 3,365명보다 많다. B동의 지방소멸위험지수가 1보다 작은 0.88이기 때문에 계산하지 않고도 판단할 수 있다.

③ 괄호를 제외하면 지방소멸 위험지수는 G동이 1.39로 가장 높고 이보다 더 높은 동을 나머지 빈칸 중에 찾는다면 유일한 후보자는 I뿐이기 때문에 I가 1.5 초과인지 판단한다.

23 분수 비교형 난이도 하

정답 ③

문제풀이 핵심 포인트

분수의 비율을 묻는 경우 비율 쪼개기(예를 들어 15%를 구할 때 10%와 5%를 각각 구해서 비교)를 하거나 비율을 배수구조로 변환하여 반대해석으로 답을 도출한다.

풀이

① (×) 전체 처리실적 중 '매립'의 비율은 291 / 2,270 ≒ 12.8%로 15% 이상이 아니다.

② (×) 재활용의 경우 처리실적은 '공공'이 403만 톤으로 '위탁'의 870만 톤보다 적다.

③ (O) 각 처리주체에서 '매립'의 비율은 '공공'이 286 / 1,143 ≒ 25.0%로 '자가' 의 1 / 21 ≒ 4.8%보다 높다.

④ (×) 처리주체가 '위탁'인 생활계 폐기물 중 '재활용'의 비율은 870 / 1,106 ≒ 78.7%로 75% 이상이다.

⑤ (×) '소각' 처리 생활계 폐기물 중 '공공'의 비율은 447 / 565 ≒ 79.1%이므로 90% 이상이 아니다.

실전에선 이렇게!

③ 자가의 매립과 합의 수치에 각각 100을 곱해서 공공과 비교하면 공공은 286/1,143이고 자가는 100/2,100이므로 공공이 자가보다 높다는 것을 쉽게 판단할 수 있다.

④ 재활용 870이 나머지 합 236의 3배 이하인지 판단한다.

⑤ 반대해석하여 자가와 위탁의 합인 118이 전체인 565의 10% 이하인지 판단한다.

24 분산·물방울형 난이도 상

정답 ④

문제풀이 핵심 포인트

〈그림〉에서 각 연도별 상위 5개 시도를 제시하고 있으므로 여기에 포함되지 않은 시도는 5위 시도를 기준으로 판단한다.

풀이

㉠ (O) 2023년 처리 건수 상위 5개 시도는 경기, 서울, 경남, 경북, 부산이다. 2022년 대비 2023년 처리건수는 경기가 약 1,600건에서 2,100건으로 증가, 서울이 약 720건에서 1,370건으로 증가, 경남이 약 450건에서 840건으로 증가, 경북이 약 390건에서 680건으로 증가, 부산은 6위 이하에서 5위로 순위 상승하였다.

㉡ (O) 2023년 처리 건수가 가장 많은 시도는 경기이고 2023년 인용 건수는 약 375건 정도이다. 2022년 인용률이 가장 높은 시도는 울산이고 울산의 처리건수는 2022년 상위 5위에 포함되지 못했기 때문에 5위인 인천의 약 350보다 작다. 따라서 울산의 2022년 인용건수는 약 350의 50.9%로 대략적으로 178건 정도이다. 따라서 2023년 경기의 인용건수 약 375건은 2022년 울산의 인용 건수인 178의 1.5배 이상이다.

㉢ (×) 2020년부터 2022년까지 인용률이 매년 감소한 시도는 부산과 전남 2개이므로 2020년부터 2023년까지 인용률이 매년 감소한 시도는 최대 2개이므로 3개가 될 수 없다.

실전에선 이렇게!

㉠ 경기, 서울, 경남의 경우에는 2022년 점의 위치를 기준으로 2023년 점의 위치가 우상방에 위치하기 때문에 처리건수가 증가했다고 쉽게 판단할 수 있다.

㉡ 2023년 경기의 인용건수는 350건 이상이 확실하다. 2022년 인천의 처리건수는 확실하게 350건보다 적기 때문에 울산은 이보다 더 적으면서 처리율이 약 50%임을 감안한다면 인용건수는 1.5배 이상이 확실하다고 판단할 수 있다.

25 평균 개념형 난이도 상

정답 ⑤

문제풀이 핵심 포인트

각 직급별 임직원 수가 모두 짝수이므로 각주 3)에서 제시한대로 중간값은 가장 중앙에 있는 2인의 평균값임을 이용해서 답을 도출한다.

풀이

ㄱ. (O) 공장 관리직의 임직원 수는 4명이므로 각 분위당 인원은 1명씩이다. 따라서 최저인 15,000원을 받는 1분위 인원 1명과 30,000원을 받는 3분위 인원 1명을 알 수 있고 중간값 25,000원을 통해 2분위에 속한 인원 1명이 받는 시간당 임금은 20,000원임을 알 수 있다. 따라서 전체 평균이 25,000원이므로 공장 관리직의 '시간당 임금' 최고액은 35,000원이다.

ㄴ. (O) 본사 임원은 8명이므로 각 분위당 인원은 2명씩이다. 임금이 낮은 임직원부터 순서대로 1~8번이라고 가정하면 1번은 24,000원이고 8번은 55,000원이다. Q1이 25,600원이므로 이는 2번의 시간당 임금임을 알 수 있고 Q3가 48,000원이므로 6번이 48,000원임을 알 수 있다. 중간값이 48,000원이고 이는 4번과 5번의 평균이 되어야 하는데 집단의 분위 자체가 시간당 임금 순서이므로 6번이 48,000원인 상황에서 4번과 5번의 평균이 48,000원이 되기 위해서는 4번과 5번 모두 48,000원이 되어야 한다. 따라서 '시간당 임금'이 같은 본사 임원은 4, 5, 6번이 48,000원으로 3명 이상이다.

ㄷ. (O) ㄴ에서 도출한 대로 1번은 24,000원, 2번은 25,600원, 4번부터 6번은 모두 48,000원, 8번이 55,000원이다. 40,000원 이상인지 묻고 있으므로 3번은 2번과 같은 25,600원, 7번 역시 6번과 같은 48,000원으로 최솟값을 설정해서 판단하면 본사 임원의 '시간당 임금' 평균은 40,275원으로 40,000원 이상이다.

ㄹ. (×) '시간당 임금'이 23,000원 이상인 공장관리직의 경우 2명, 본사 임원은 8명이다. 공장 생산직의 임직원 수는 52명이므로 각 분위당 인원은 13명씩이다. 중앙값인 23,500원이므로 3분위와 4분위 인원 26명은 시간당 임금이 23,000원 이상이다. 마찬가지로 본사 직원의 임직원 수는 36명이므로 각 분위당 인원은 9명이다. 중앙값이 23,500원이므로 역시 3분위와 4분위 인원 18명은 시간당 임금이 23,000원 이상이다. 따라서 '시간당 임금'이 23,000원 이상인 임직원은 2 + 8 + 26 + 18 = 54명 이상이므로 50명 미만이 아니다.

실전에선 이렇게!

ㄷ. 40,000원을 기준으로 편차를 도출하면 1번 – 16,000원, 2번 14,400원, 4~6번 각 + 8,000원, 8번 + 15,000원으로 3번과 7번을 제외한 편차의 합은 + 8,600원이다. 3번과 7번을 각각 최솟값으로 가정하여 40,000원 기준 편차를 도출하면 각각 – 14,400원과 + 8,000원이므로 1~8번 편차 합의 최솟값은 + 8,600 – 14,400 + 8,000 = + 2,200으로 0보다 크다. 따라서 평균은 40,000원 이상임을 판단할 수 있다.

7급 2023년 기출문제

모바일 자동 채점 및
성적 분석 서비스

PSAT 전문가의 총평

- 2023년도 7급 PSAT 자료해석 영역의 난도는 2022년 기출에 비해 좀 더 까다로운 수준이고, 2021년과 비슷한 난도로 보입니다. 다만 2021년 문제는 사고력을 요하는 문제가 많았던 반면, 2023년 기출은 빈칸형 문제와 세밀한 계산을 요구하는 문제의 출제 비중이 높아 전체적으로 시간을 많이 소모하는 문제 때문에 체감 난도가 높았을 것입니다. 수험생 실력이 대체적으로 상향평준화되는 상황 등을 고려해서 조심스럽게 판단해 보면, 개인적으로는 작년에 비해 직렬별로 컷이 3~4점 정도는 상승할 수 있다고 보입니다.
- 출제 패턴을 보면 기존의 민경채, 5급 공채 그리고 7급 공채에서 출제되었던 패턴의 문제가 대부분이었습니다. 전체적으로 자주 출제되었던 유형이 대부분이었으며 발문 역시 크게 색다른 문제는 없었습니다. 입지 조건을 묻는 1번 문제는 5급 공채에서 이보다 훨씬 고난도 형태로 두 번 정도 출제되었기 때문에 쉽게 해결할 수 있었을 것이고, 빈칸형 문제는 작년에 비해 비중이 늘어 8문제(2, 10, 14, 16, 17, 18, 21, 23번)나 출제되었습니다. 매칭형 문제가 1문제(22번)로 작년에 4문제나 출제되었던 것에 비하면 그 비중이 줄었습니다. 다소 까다로운 각주 판단형(3번)과 조건 판단형(1, 4, 11, 12, 20, 25번) 역시 7문제 출제되어 작년 5문제에 비해 비중이 약간 증가하였습니다. 추가로 필요한 자료를 찾는 문제는 작년과 동일하게 1문제(5번) 출제되었고 작년에 출제되지 않았던 고난도 유형인 표-차트 변환형 문제가 1문제(13번) 출제되었습니다. 전체적으로 1턴에 풀면 시간 소모가 컸을법한 8, 11, 13, 15, 25번과 빈칸형 문제 8문항을 잘 넘겼다면 나머지 절반에 가까운 문제에 대한 시간관리가 어렵지는 않았을 것입니다.
- 전체적인 난이도는 '중' 정도로 출제되었으며 직렬별로 차이가 있지만 80점 이상을 받아야 합격할 수 있는 난도라고 평가할 수 있습니다.

정답

p.57

1	①	조건 판단형	6	④	분수 비교형	11	③	조건 판단형	16	④	빈칸형	21	③	빈칸형
2	③	빈칸형	7	①	분수 비교형	12	④	조건 판단형	17	④	빈칸형	22	①	매칭형
3	②	각주 판단형	8	①	분수 비교형	13	⑤	표-차트 변환형	18	④	빈칸형	23	③	빈칸형
4	③	조건 판단형	9	②	분산·물방울형	14	③	빈칸형	19	②	분수 비교형	24	④	단순 판단형
5	⑤	보고서 검토·확인형	10	⑤	빈칸형	15	⑤	분산·물방울형	20	①	조건 판단형	25	②	조건 판단형

취약 유형 분석표

유형별로 맞힌 문제 개수와 정답률, 틀린 문제 번호, 풀지 못한 문제 번호를 적고 나서 취약한 유형이 무엇인지 파악해 보세요. 그 후 약점 보완 해설집 p.2 [취약 유형 공략 포인트]에서 약점 보완 학습법을 확인하고, 틀린 문제와 풀지 못한 문제를 다시 한번 풀어보세요.

유형		맞힌 문제 개수	정답률	틀린 문제 번호	풀지 못한 문제 번호
자료비교	곱셈 비교형	-	-		
	분수 비교형	/4	%		
	반대해석형	-	-		
자료판단	단순 판단형	/1	%		
	매칭형	/1	%		
	빈칸형	/8	%		
	각주 판단형	/1	%		
	조건 판단형	/6	%		
자료검토·변환	보고서 검토·확인형	/1	%		
	표 – 차트 변환형	/1	%		
자료이해	평균 개념형	-	-		
	분산·물방울형	/2	%		
	최소여집합형	-	-		
TOTAL		/25	%		

해설

1 조건 판단형 난이도 하 정답 ①

문제풀이 핵심 포인트
입지조건을 모두 만족하는 후보지 1곳을 고르는 문제이므로 조건을 하나씩 검토하면서 소거법으로 답을 도출한다.

풀이

- 첫 번째 조건에서 나들목에서부터 거리가 6km 이내인 장소라고 하였으므로 E는 제외한다.
- 두 번째 조건에서 역에서부터 거리가 8km 이내인 장소라고 하였으므로 B는 제외한다.
- 세 번째 조건에서 지가가 30만 원/m^2 미만인 장소라고 하였으므로 D는 제외한다.
- 네 번째 조건에서해발고도가 100m 이상인 장소라고 하였으므로 C는 제외한다.

따라서 남은 선지 ① A가 정답이다.

2 빈칸형 난이도 하 정답 ③

문제풀이 핵심 포인트
선지가 구체적인 수치로 제시되어 있으므로 빈칸에 들어갈 수치를 직접 도출해서 계산한다.

풀이

4월 7일 진료의사 수는 합계 143에서 나머지 날짜의 합을 더해 뺀 20명이다. 따라서 진료의사 1인당 진료환자 수는 580/20 = 29명이 된다.

3 각주 판단형 난이도 하 정답 ②

문제풀이 핵심 포인트
주어진 육로수입량 비중 식은 전체비이므로 이를 상대비로 전환하여 답을 도출한다.

풀이

육로수입량 비중은 콩 0.7%, 건고추 1.5%, 땅콩 6.2%, 참깨 2.2%, 팥 3.9%로 땅콩이 가장 크다.

실전에선 이렇게!

육로수입량 비중의 식을 구성하는 분모와 분자에 농산물별 육로수입량이 공통으로 포함되어 있으므로 상대비인 육/(해+공)의 비율이 가장 큰 농산물로 판단한다. 해상과 항공에 비해 육로의 수입량은 5가지 농산물 모두 2천대로 큰 차이가 없기 때문에 해상과 항공의 합이 가장 작은 땅콩의 상대비가 가장 크다는 것을 쉽게 파악할 수 있다.

4 조건 판단형 난이도 하 정답 ③

문제풀이 핵심 포인트
비교대상끼리 동일한 가중치를 기준으로 편차를 통해 대소비교를 한다.

풀이

공공정책 홍보경력이 있는 홍보업체의 인지도를 도출하면 A는 66만 명, C는 68만 명, F는 51만 명이므로 인지도가 가장 높은 C가 선정된다.
공공정책 홍보경력이 없는 홍보업체의 인지도를 도출하면 B는 72만 명, D는 68만 명, E는 64만 명이므로 인지도가 가장 높은 B가 선정된다.
따라서 선정되는 업체는 B, C이므로 정답은 ③이다.

실전에선 이렇게!

미디어채널 구독자 수의 가중치가 0.4이고 SNS 팔로워 수의 가중치가 0.6이므로 미디어채널 구독자 수:SNS 팔로워 수 = 2:3으로 가중치를 간단히 한 후 홍보경력 유, 무에 따라 각 그룹별로 최솟값 기준 편차를 도출하여 비교하면 아래와 같다.

- 공공정책 홍보경력이 있는 홍보업체

구분 홍보업체	미디어채널 구독자 수(2)	SNS 팔로워 수(3)	편차× 가중치 합
A	+40	+5	95
C	0	+35	105
F	+10	0	20

- 공공정책 홍보경력이 없는 홍보업체

구분 홍보업체	미디어채널 구독자 수(2)	SNS 팔로워 수(3)	편차× 가중치 합
B	+100	0	200
D	0	+60	180
E	+20	+40	160

5 보고서 검토·확인형 난이도 하 정답 ⑤

문제풀이 핵심 포인트
〈표〉에서 제시하는 내용은 특허 출원 건수의 연도별 국내 출원과 국외 출원만 제시되어 있으므로 이 외의 내용이 〈보고서〉에 등장하는 경우 해당 내용을 〈보기〉에서 찾아 추가로 필요한 자료임을 확인한다.

풀이

ㄴ. (O) 두 번째 문단 두 번째 문장에서 '2013~2022년 국외 출원 특허 건수를 대상 국가별로 살펴보면, 미국에 출원한 특허가 매년 가장 많았다.'고 하였으므로 이를 작성하기 위해서는 ㄴ. '갑'국 국방연구소의 국외 출원 대상 국가별 특허 출원 건수가 추가로 필요하다.

ㄷ. (O) 세 번째 문단 첫 번째 문장에서 '2013~2022년 '갑'국 국방연구소는 2015년에만 상표권을 출원하였으며, 그 중 국외 출원은 없었다.'고 하였으므로 이를 작성하기 위해서는 ㄷ. '갑'국 국방연구소의 연도별 상표권 출원 건수가 추가로 필요하다.

ㄹ. (O) 세 번째 문단 두 번째 문장에서 '또한, 2016년부터 2년마다 1건씩 총 4건의 실용신안을 국내 출원하였다.'고 하였으므로 이를 작성하기 위해서는 ㄹ. '갑'국 국방연구소의 연도별 실용신안 출원 건수가 추가로 필요하다.

6 분수 비교형 난이도 중

정답 ④

문제풀이 핵심 포인트

구분 항목으로 제시된 연구개발 세액감면액을 중심으로 GDP 대비 비중과 연구개발 총지출액 대비 비중이 주어졌으므로 이를 토대로 GDP나 연구개발 총지출액 크기를 나타내는 식을 구성하여 답을 도출한다.

풀이

ㄱ. (×) GDP는 연구개발 세액감면액을 GDP 대비 연구개발 세액감면액 비율로 나눈 값이므로 C는 2,104/0.13≒161,846,154백만 달러이고 E는 6,547/0.13≒503,615,385백만 달러이므로 GDP는 C국이 E국보다 작다.

ㄴ. (O) 연구개발 총지출액은 연구개발 세액감면액을 연구개발 총지출액 대비 연구개발 세액감면액 비율로 나눈 값이므로 A가 7,269,618백만 달러, B가 44,094,737백만 달러, C가 2,581,595백만 달러, D가 4,064,030백만 달러, E가 15,814,010백만 달러이다. 따라서 B국이 가장 크다.

ㄷ. (O) GDP 대비 연구개발 총지출액 비율은 연구개발 총지출액 대비 연구개발 세액감면액 비율을 GDP 대비 연구개발 세액감면액 비율로 나눈 값이므로 A국 4.02%가 B국 2.46%보다 높다.

실전에선 이렇게!

ㄱ. C와 E의 GDP 대비 연구개발 세액감면액 비율이 0.13%로 같기 때문에 연구개발 세액감면액이 더 큰 E의 GDP가 C보다 더 크다.

ㄴ. B는 연구개발 총지출액 식의 분자에 해당하는 연구개발 세액감면액이 12,567로 가장 크고 분모에 해당하는 연구개발 총지출액 대비 연구개발 세액감면액 비율이 2.85로 가장 작기 때문에 다른 국가에 비해 연구개발 총지출액이 가장 크다.

ㄷ. GDP 대비 연구개발 총지출액 비율은 A가 0.20/4,97, B가 0.07/2.85이다. 이를 정리해서 분수 비교하면 A 20/497이 B 7/285에 비해 분자는 2배 이상, 분모는 2배 미만 증가했기 때문에 A가 B보다 더 크다.

7 분수 비교형 난이도 중

정답 ①

문제풀이 핵심 포인트

연도가 10개나 주어진 양이 많은 자료이므로 항목과 연도를 정확하게 매칭하여 답을 도출한다.

풀이

㉠ (O) 2014년부터 2022년까지 매년 전체 농지 면적은 농업진흥지역 면적의 2배 이상이므로 매년 농업진흥지역 면적은 전체 농지 면적의 50% 이하이다.

㉡ (×) 2016년, 2017년, 2021년의 농업진흥지역 면적은 전년대비 증가하였다.

㉢ (×) 농업진흥지역 면적에서 밭 면적이 차지하는 비중은 2013년 14.6/91.5≒16.0%이므로 2013년 이후 매년 15% 이하가 아니다.

실전에선 이렇게!

㉢ 2013년 비중은 146/915이므로 15%에 해당하는 150/1,000과 분수 비교하면 15% 이상이라는 것을 쉽게 판단할 수 있다.

8 분수 비교형 난이도 중

정답 ①

문제풀이 핵심 포인트

선지별로 방문객 수 변화에 차이가 없기 때문에 매출액 변화를 토대로 뉴스 기사를 판단한다.

풀이

· 세 번째 문장에 따르면 농촌체험마을은 2020년 방문객 수와 매출액이 2019년에 비해 75% 이상 감소하였다.
  → 매출액으로 비교하면 선지 ①, ③, ⑤는 12,280에서 3,030으로 75.3% 감소하였고 선지 ②, ④는 12,320에서 3,180으로 74.2% 감소하였으므로 선지 ②, ④는 삭제한다.

· 네 번째 문장에 따르면 농촌민박도 2020년 방문객 수와 매출액이 전년과 비교하여 30% 이상 줄어들었다.
  → 매출액으로 비교하면 선지 ①, ③은 98,932에서 67,832로 31.4% 감소하였고 선지 ⑤는 96,932에서 70,069으로 27.7% 감소하였으므로 선지 ⑤는 삭제한다.

· 다섯 번째 문장에 따르면 문장 농촌융복합사업장은 2020년 방문객 수와 매출액이 전년과 비교해 줄어든 비율이 농촌체험마을보다는 작았다.
  → 매출액으로 비교하면 선지 ①은 6,109에서 1,827로 70.1% 감소하였고 선지 ③은 6,309에서 1,290으로 79.5% 감소하였으므로 농촌체험마을 75.3%보다 높은 ③은 삭제한다. 따라서 정답은 ①이다.

실전에선 이렇게!

구분항목별로 매출액이 감소하는 경우는 각각 2가지뿐이다. 따라서 매칭형 문제 중 택1 구조에서 접근하는 방식으로 해결한다면 세 번째 문장의 75% 이상을 검토한 후 네 번째 문장을 검토할 때 30% 이상 감소한 경우는 98,932 → 67,832와 96,932 → 70,069중 감소율이 더 큰 98,932 → 67,832의 경우이고 네 번째 문장에서 감소율이 더 작은 것을 검토할 때에도 6,109 → 1,827과 6,309 → 1,290 중 감소율이 더 작은 6,109 → 1,827의 경우가 답이 된다.

9 분산·물방울형 난이도 중

정답 ②

문제풀이 핵심 포인트

분산형차트이므로 기울기를 통해 x축과 y축 항목의 비율을 판단한다.

풀이

ㄱ. (O) 2021년 수출량은 농산물 350 → 400, 축산물 150 → 250, 수산물 100 → 200으로 각각 전년 대비 증가하였다.

ㄴ. (×) 농림축수산물 총수입량은 2020년 1,050천만 톤에서 2021년 850천만 톤으로 감소하였다.

ㄷ. (O) 수출량 대비 수입량 비율은 2020년과 2021년 임산물이 모두 2.0으로 가장 높다.

ㄹ. (×) 2021년 수출량은 전년 대비 축산물이 150에서 250으로 100만큼 증가하여 100/150≒66.7%의 증가율을 보이고 있지만 수산물은 100에서 200으로 100만큼 증가하여 100/100≒100%의 증가율을 보이고 있기 때문에 축산물보다 수산물이 더 높다.

실전에선 이렇게!

ㄱ. 임산물은 제외하고 판단하여야 하는 점을 반드시 체크한다.

ㄷ. 그림에서 수출량 대비 수입량 비율이 가장 높은 항목은 기울기가 가장 큰 항목으로 판단한다.

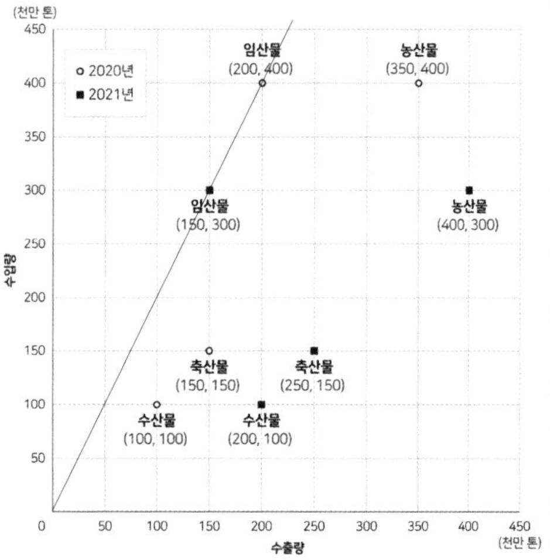

10 빈칸형 난이도 중

정답 ⑤

문제풀이 핵심 포인트

항목과 수치가 많고 빈칸을 채워야 하는 유형이기 때문에 빈칸을 채우지 않고 판단할 수 있는 항목을 먼저 판단하거나, 빈칸을 채우지 않고도 간접적으로 판단할 수 있는 항목 위주로 판단하여 답을 도출한다.

풀이

ㄱ. (×) 연도별 전체 발생 건수 상위 2개 연도인 1405년 74건과 1406년 59건의 발생 건수 합 133건은 하위 2개 연도인 1408년 23건과 1404년 29건의 발생 건수 합 52건의 3배인 156건 이상이 되지 못한다.

ㄴ. (O) 먼저 '우박'은 1405년에 9건으로 가장 많이 발생했다. 1406년 '큰 비'의 발생건수는 21건이므로 '큰 비' 역시 1405년에 27건으로 가장 많이 발생하였다.

ㄷ. (O) 큰비는 1401~1418년 동안의 발생 건수 합이 234건이다. 따라서 1401~1418년 동안의 발생 건수 합 상위 5개 유형은 '천둥번개' 83건, '큰 비' 234건, '벼락' 96건, '우박' 76건, '짙은 안개' 64건이다.

ㄹ. (O) 1402년 '짙은 안개'의 발생 건수는 15건으로 가장 많고 1408년 '짙은 안개'의 발생 건수는 7건으로 역시 가장 많다.

실전에선 이렇게!

ㄷ. '큰 비'를 제외하고 상위 5개 유형으로 언급한 유형 중 '짙은 안개'가 가장 적다. 나머지 유형 중 가장 많은 '가뭄 및 홍수'가 57건이므로 큰 비가 57건보다 많은지 대략적으로 판단하면 구체적인 합계 수치를 도출하지 않고도 판단 가능하다.

11 조건 판단형 난이도 중

정답 ③

문제풀이 핵심 포인트

계산형 문제이므로 위원장이 1명이고 위원이 2명이라는 공통사항을 체크해서 차이가 나는 부분 위주로 비교한다.

풀이

(가) 1급지에서 개최되고 위원장 1인과 위원 2인이 참석하며, 회의시간이 1시간인 전체위원회 소위

→ 위원(장) 안건검토비는 전체위원회 소위이므로 250 + 200 × 2 = 650천 원이고 회의시간이 1시간이므로 회의참석비는 150 × 3 = 450천 원이며 교통비는 1급지이므로 12 × 3 = 36천 원으로 총지급액은 1,136천 원이다.

(나) 2급지에서 개최되고 위원장 1인과 위원 2인이 참석하며, 회의시간이 3시간인 조정위원회 전체회의

→ 위원(장) 안건검토비는 조정위원회 전체회의이므로 200 + 150 × 2 = 500천 원이고 회의시간이 3시간이므로 회의참석비는 200 × 3 = 600천 원이며 교통비는 2급지이므로 16 × 3 = 48천 원이므로 총지급액은 1,148천 원이다.

(다) 3급지에서 개최되고 위원장 1인과 위원 2인이 참석하며, 회의시간이 1시간인 전문위원회

→ 위원(장) 안건검토비는 전문위원회이므로 200 + 150 × 2 = 500천 원이고 회의시간이 1시간이므로 회의참석비는 150 × 3 = 450천 원이며 교통비는 3급지이므로 25 × 3 = 75천 원이므로 총지급액은 1,025천 원이다.

(라) 4급지에서 개최되고 위원장 1인과 위원 2인이 참석하며, 회의시간이 4시간인 기타 위원회

→ 위원(장) 안건검토비는 기타위원회이므로 150 + 100 × 2 = 350천 원이고 회의시간이 4시간이므로 회의참석비는 200 × 3 = 600천 원이며 교통비는 4급지이므로 30 × 3 = 90천 원이므로 총지급액은 1,050천 원이다.

따라서 총 지급액이 가장 큰 회의는 1,148천 원인 (나)이고 세 번째로 큰 회의는 1,050천 원인 (라)이다.

실전에선 이렇게!

선지에서 경우의 수를 고려하면 가장 큰 회의부터 도출해야 하고, (나)와 (라)만 비교하면 선지를 지울 수 있기 때문에 먼저 두 회의부터 비교하여 답이 될 수 있는 선지를 좁혀 나간다.

12 조건 판단형 난이도 중 정답 ④

문제풀이 핵심 포인트

정보에서 주어진 영향력 지수와 기술력 지수의 식을 정리한 다음 필요한 수치만 가지고 이를 토대로 답을 도출한다.

풀이

해당 출원인의 영향력 지수 = $\frac{\text{해당 출원인의 피인용도 지수}}{\text{IT 분야 전체 등록특허의 피인용도 지수}}$이므로 이를 도출하면 $\frac{\frac{\text{해당 출원인의 등록특허 피인용 횟수의 합}}{\text{해당 출원인의 등록특허 수}}}{\frac{\text{IT 분야 전체의 등록특허 피인용 횟수의 합}}{\text{IT 분야 전체의 등록특허 수}}}$이 된다.

IT 분야 전체의 등록특허 수는 직접 제시되지 않은 고정된 값이고 IT 분야 전체의 등록특허 피인용 횟수의 합은 204건이므로 결국 해당 출원인의 영향력 지수는 $\frac{\text{해당 출원인의 피인용도 지수}}{\text{IT 분야 전체 등록특허의 피인용도 지수}}$를 204로 나눈 값이다.

결국 해당 출원인의 영향력 지수의 크기는 해당 출원인의 피인용도 지수의 크기로 결정되므로 선택지에서 주어진 항목만 비교하면 A는 14, D는 16, E는 19.5이다. 따라서 영향력 지수가 가장 큰 출원인은 E이므로 선지 ①, ②, ③은 삭제된다.

해당 출원인의 기술력 지수 = 해당 출원인의 영향력 지수 × 해당 출원인의 등록특허 수이므로 이는 해당 출원인의 피인용도 지수 × 해당 출원인의 등록특허 수의 크기로 비교할 수 있다.

선지에서 남은 항목만 비교하면 B는 24, C는 26이므로 가장 작은 출원인은 B가 된다. 따라서 정답은 ④이다.

실전에선 이렇게!

영향력 지수 판단 시 분모인 IT 분야 전체 등록특허의 피인용도 지수는 모든 특허 출원인이 공통이므로 이를 고려하지 않고 해당 출원인의 피인용도 지수 크기로 비교할 수 있다. 또한 기술력 지수 판단 시 피인용도 지수의 분모가 해당 출원인의 등록특허 수이므로 결국 해당 출원인의 등록특허 피인용 횟수의 합 크기로 비교할 수 있다.

13 표 - 차트 변환형 난이도 중 정답 ⑤

문제풀이 핵심 포인트

표의 수치가 그대로 적용된 선지 ②를 빠르게 비교한 후 비율을 묻는 선지 순으로 판단한다.

풀이

⑤ (O) 2022년의 경우 〈표〉에서 양자내성암호는 754백만 원으로 양자통신 723백만 원보다 많지만 그림에서는 양자내성암호가 29.2%로 양자통신 31.4%보다 작게 표시되어 있으므로 옳지 않다.

실전에선 이렇게!

선지 ③과 ⑤처럼 구성비 혹은 비중 그래프는 실제 수치와 비교하여 비중이 큰 순서가 일치하는지 먼저 검토한다.

14 빈칸형 난이도 중 정답 ③

문제풀이 핵심 포인트

빈칸의 수가 3개로 적은 편이고 빈칸을 구체적으로 채워야 해결할 수 있는 〈보기〉가 대부분이므로 선지에서 요구하는 빈칸의 수치를 도출하여 답을 해결한다.

풀이

ㄱ. (O) 흰불나방은 2022년에 증가, 솔잎혹파리는 2021년에 증가, 참나무시들음병은 2022년에 1,487건으로 증가했기 때문에 2019~2022년 발생면적이 매년 감소한 병해충은 '솔껍질깍지벌레'뿐이다.

ㄴ. (O) 2018년 전체 병해충 발생면적은 80,565ha이므로 전체 병해충 발생면적이 전년 대비 증가한 해는 2018년뿐이다.

ㄷ. (×) 2019년 '솔잎혹파리' 발생면적은 32,531ha로 2022년 '참나무시들음병' 발생면적 1,487ha의 30배인 44,610ha 이상이 되지 못한다.

ㄹ. (×) 2021년 대비 2022년 병해충 발생면적은 '참나무시들음병'이 1,240에서 1,487로 19.9% 증가하였고 '흰불나방'은 28,522에서 32,627로 14.4% 증가하여 2022년 병해충 발생면적의 전년 대비 증가율은 '참나무시들음병'이 '흰불나방'보다 높다.

실전에선 이렇게!

ㄴ. 2018년 전체 합을 도출하지 않고 병해충 항목별로 2017년 대비 증감폭을 도출하여 판단한다. 흰불나방은 −3,729, 솔잎혹파리는 +3,269, 솔껍질깍지벌레는 +3,675, 참나무시들음병은 −97로 증가폭이 감소폭보다 크기 때문에 전년에 비해 증가했다고 판단할 수 있다.

15 분산·물방울형 난이도 중 정답 ⑤

문제풀이 핵심 포인트

체질량지수가 X축 항목인 신장^2 대비 Y축 항목인 체중의 비율이므로 기울기를 그려서 판단한다.

풀이

① (O) '저체중'으로 분류된 학생의 수는 2022년이 B와 C 2명으로 2017년 C 1명보다 많다.

② (O) A~H학생 체중의 평균은 2017년 67kg에서 2022년 77.375kg으로 15.5% 증가하여 10% 이상 증가하였다.

③ (O) 2017년과 2022년에 모두 '정상'으로 분류된 학생은 A와 D 2명이다.

④ (O) 2017년과 2022년 신장의 차이가 가장 큰 학생은 신장2의 차이가 가장 큰 학생이므로 0.39차이인 A이다.

⑤ (×) 2022년 A~H학생의 체질량지수 중 가장 큰 학생은 기울기가 가장 큰 G이고 가장 작은 학생은 기울기가 가장 작은 C이다. G와 C의 체질량 지수를 비교하면 107/3.24가 51/2.89의 2배인 102/2.89보다 큰 지 확인한다. 분수 비교형로 판단하면 107/324는 102/289보다 분자는 5만큼 크고 분모는 39만큼 크기 때문에 분자는 10% 미만 차이, 분모는 10% 이상 차이가 나기 때문에 G가 C의 2배보다 작다.

실전에선 이렇게!

20에 해당하는 선과 25에 해당하는 선을 그리면 아래와 같다.

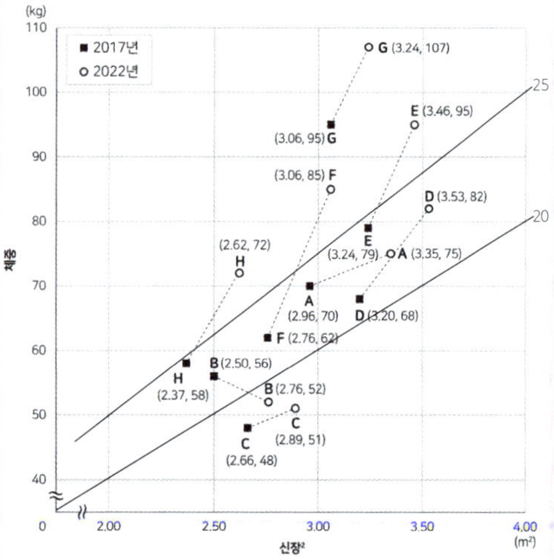

① 저체중은 20 미만이므로 20 선분 하단에 위치한 학생이 이에 해당한다.
③ 정상은 20 이상 25 미만이므로 20 선분과 25 선분 사이에 있는 학생이 이에 해당한다.

16 빈칸형 난이도 중 정답 ④

문제풀이 핵심 포인트

빈칸의 수는 2개로 적은 편이고 ㄴ을 검토하지 않는다면 굳이 채울 필요가 없으므로 빈칸을 직접 묻지 않는 나머지 〈보기〉부터 검토하여 답을 도출한다.

풀이

ㄱ. (O) 스마트농업의 연구과제당 정부연구비는 2016년이 약 161백만 원으로 가장 많다.

ㄴ. (O) 전체 정부연구비는 '자동화설비기기'가 174,142백만 원, '융합연구'가 154,847백만 원으로 '자동화설비기기'가 가장 많다.

ㄷ. (×) 2022년 스마트농업 정부연구비의 전년 대비 증가율은 2021년 72,138백만 원에서 2022년 90,332백만 원으로 25.2% 증가했지만 2019년 스마트농업 정부연구비의 전년 대비 증가율은 2018년 46,221백만 원에서 2019년 63,493백만 원으로 37.4% 증가했다. 따라서 전년 대비 증가율이 가장 높은 해는 2022년이 아니다.

ㄹ. (O) 2019년 대비 2022년 정부연구비 증가율은 '데이터기반구축'이 71.9%, '자동화설비기기'가 23.7%, '융합연구'가 48.0%로 데이터기반구축이 가장 높다.

실전에선 이렇게!

ㄱ. 유일하게 2016년의 정부연구비는 연구과제 수의 150배 이상이다. 즉 연구과제 수의 백의 자리에 15배를 한 다음, 정부연구비의 만의 자리와 천의 자리 숫자와 비교하면 된다. 예를 들어 2016년은 연구과제 수의 백의 자리 2에 15배를 한 수치가 30이고, 정부연구비의 만의 자리와 천의 자리 숫자는 34이므로 150배 이상임을 알 수 있다.

ㄷ. 2022년과 2019년 모두 전년 대비 증가폭이 약 17,000과 18,000으로 그 차이가 10% 이내로 크지 않은 반면, 전년 대비 증가율의 분모에 해당하는 2021년과 2018년의 수치가 50% 이상 차이가 나기 때문에 전년 대비 증가율은 2019년이 더 큼을 알 수 있다.

ㄹ. 데이터 기반 구축이 유일하게 50% 이상의 증가율을 보이고 있다.

17 빈칸형 난이도 중 정답 ④

문제풀이 핵심 포인트

빈칸을 직접 채우지 않고 간접적으로 판단하여 〈보기〉의 정오를 판단할 수 있는 선지부터 검토한다.

풀이

ㄱ. (×) 국비 지원금액 대비 지방비 지원금액 비율은 '주택 복구'가 1,800/5,200≒0.35이고 '생계안정 지원'이 660/1,320=0.5이므로 '주택 복구'가 가장 높은 지원항목이 아니다.

ㄴ. (O) 산림청의 국비 지원금액은 33,008천만 원이고 산림시설복구 국비 지원금액은 32,594천만 원이다. 만약 산림시설 복구를 제외한 나머지 지원항목의 국비 지원금액 22,464천만 원이 모두 산림청 지원금액이라고 하더라도 그 차이인 33,008−22,464=10,544천만 원, 즉 1,054억 4천만원은 최소 산림청의 '산림시설 복구' 지원금액이므로 1,000억 원 이상이다.

ㄷ. (×) 국토교통부의 지원금액은 9,010천만 원이고 이는 전체 국비 지원금액 55,058의 9,010/55,058≒16.4%로 20% 이상이 되지 못한다.

ㄹ. (O) 전체 지방비 지원금액 합은 12,592천만 원으로 '상·하수도 복구' 국비 지원금액 10,930천만 원보다 크다.

실전에선 이렇게!

ㄴ. 산림청의 국비 지원금액 33,008천만 원을 A, 산림시설복구 국비 지원금액 32,594천만 원을 B, 전체 국비 지원금액 55,058천만 원을 U라고 하고 A+B−U≥10,000천만 원(1,000억 원) 이상인지 판단한다.

18 빈칸형 난이도 중

정답 ④

문제풀이 핵심 포인트
합격률을 비교하는 것은 분수 비교이므로 유효숫자를 사용해서 판단할 수 있지만 구체적인 수치의 대소 비교는 정확히 도출하여 비교한다.

풀이

① (×) 2종 면허 응시자 수 42,469명은 1종 면허 응시자 수 29,507의 2배인 59,014명 이상이 되지 못한다.

② (×) 전체 합격률은 44,012/71,976≒61.1%이므로 60% 이상이다.

③ (×) 1종 보통 면허 합격률 15,346/24,388≒62.9%는 2종 보통 면허 합격률 26,289/39,312≒66.9%보다 낮다.

④ (○) 1종 면허 남자 응시자 수는 28,191명으로 2종 면허 남자 응시자 수 28,139명보다 많다.

⑤ (×) 1종 대형 면허 여자 합격률 4/50=8%는 2종 소형 면허 여자 합격률 1/5=20%보다 낮다.

19 분수 비교형 난이도 중

정답 ②

문제풀이 핵심 포인트
분수 비교 선지 판단 시 유효숫자를 사용하여 비교한다.

풀이

ㄱ. (○) 국방비가 가장 많은 국가 A의 국방비가 A~E국 국방비 합에서 차지하는 비중은 8,010/9,711≒82.5%로 80% 이상이다.

ㄴ. (×) 인구 1인당 GDP는 B국 13,899/4,722≒29,435달러가 C국 16,652/5,197≒32,042달러보다 작다.

ㄷ. (×) C와 E를 비교하면 국방비는 E가 더 많지만 GDP 대비 국방비 비율은 E가 C보다 더 높다. 따라서 국방비가 많은 국가일수록 GDP 대비 국방비 비율이 높지 않다.

ㄹ. (○) 군병력 1인당 국방비는 A국 8,010/133≒602,256달러가 D국 320/17≒188,235달러의 3배 이상이다.

실전에선 이렇게!

ㄱ. A가 80% 이상이 되려면 B~E의 국방비 합이 전체에서 차지하는 비중은 20% 이하가 되어야 한다. 따라서 A가 나머지 합의 4배 이상이면 옳은 선지이므로 B~E의 합이 대략적으로 2,000 미만인지 판단한다.

ㄴ. 분수 비교로 판단하면 B의 139/472와 C의 166/520을 비교한다. 분자는 139에서 166으로 27만큼 차이가 나므로 약 20% 정도 증가율의 차이이고, 분모는 472에서 520으로 48만큼 차이가 나므로 약 10% 정도 증가율 차이이다. 따라서 B보다 C가 더 크다는 것을 어렵지 않게 판단할 수 있다.

ㄷ. C와 E의 GDP 대비 국방비 비율을 비교할 때 GDP는 약 2배 차이가 나지만 GDP는 50% 미만 차이가 나기 때문에 분자는 비슷한 반면 분모는 2배 정도 차이가 난다고 판단할 수 있다. 따라서 C가 E보다 GDP 대비 국방비 비율이 높다고 어렵지 않게 판단 가능하다.

20 조건 판단형 난이도 상

정답 ①

문제풀이 핵심 포인트
5억 원 미만 또는 50억 원 이상인 경우에는 요율만 고려하면 되지만, 5억 원 이상 50억 원 미만인 경우에는 요율과 기초액까지 고려해야 한다는 점을 체크하여 비교한다.

풀이

ㄱ. (○) 대상액이 10억 원인 경우, 안전관리비는 '일반건설공사(을)'이 10억 원×1.99%+550만 원=2,540만 원이고 '중건설공사'가 10억 원×2.35%+540만 원=2,890만 원이므로 전자가 후자보다 적다.

ㄴ. (×) 대상액이 4억 원인 경우, 안전관리비는 '일반건설공사(갑)'은 4억 원×2.93%=1,172만 원이고 '철도·궤도신설공사'는 4억 원×2.45%=980만 원이므로 차이는 192만 원이다.

ㄷ. (×) '특수 및 기타 건설공사' 안전관리비는 대상액이 100억 원인 경우가 100억 원×1.27%=1억 2,700만 원이고 대상액이 10억 원인 경우는 10억 원×1.20%+325만 원=1,525만 원이다. 따라서 10배 이상이 되지 못한다.

실전에선 이렇게!

ㄴ. 대상액이 4억 원으로 동일하므로 두 금액의 차이가 200만 원 이상이 되려면 요율의 차이가 0.5%p 이상이어야 한다. 두 요율의 차이는 2.93-2.54=0.49%p이므로 틀린 선지이다.

21 빈칸형 난이도 중

정답 ③

문제풀이 핵심 포인트
빈칸의 수가 2개로 적은 편이기 때문에 선지에서 요구하는 빈칸의 수치를 채워서 답을 도출한다.

풀이

ㄱ. (×) 제20대 선거에서 투표소 수는 '아주'가 68개소로 '중동' 21의 4배인 84개소 이상이 되지 못한다.

ㄴ. (×) 유럽의 투표율은 25,629/32,591≒78.6%이므로 제20대 선거에서 투표율이 가장 높은 지역은 중동 83.0%이고 가장 낮은 지역은 미주 68.7%이므로 두 지역의 투표율 차이는 14.3%p로 15%p 이상이 되지 못한다.

ㄷ. (○) 제20대 선거에서 투표소당 선거인 수는 '미주'가 73,381/62≒1,184명으로 '유럽'의 32,591/47≒693명보다 많다.

ㄹ. (○) 제20대 선거와 제19대 선거의 선거인 수 차이가 큰 지역부터 순서대로 나열하면 '아주' 33,096명, '미주' 21,756명, '유럽' 10,012명, '중동' 2,852명, '아프리카' 832명 순이다.

실전에선 이렇게!

ㄴ. 유럽의 투표율이 80%에 미치지 못한다는 것을 어렵지 않게 판단할 수 있기 때문에 가장 큰 지역이 아니라는 것을 구체적으로 도출하지 않고도 파악할 수 있다.

ㄷ. 미주와 유럽을 비교하면 선거인 수는 2배 이상 차이가 나고 투표소 수는 2배 미만 차이가 나기 때문에 쉽게 판단할 수 있다.

ㄹ. 19대 선거의 선거인 수를 구체적으로 도출한 다음 20대 선거인 수와 차이를 구체적으로 판단해야 하므로 실전에서는 건드리지 않아야 한다.

22 매칭형 난이도 중 정답 ①

문제풀이 핵심 포인트

매칭형 문제이므로 경우의 수가 적은 가장 또는 두 번째를 언급하는 〈조건〉부터 검토한다.

풀이

- 다섯 번째 〈조건〉에서 2020년과 2021년의 해양사고 인명피해 인원 차이는 D가 5명으로 가장 많기 때문에 '화재폭발'은 D이다. → 선지 ②, ⑤ 삭제
- 두 번째 〈조건〉에서 2020년 해양사고 발생 건수 대비 인명피해 인원의 비율은 E가 79/203≒0.39로 가장 높고 B가 25/108≒0.23으로 두 번째로 높다. 따라서 '전복'은 B이다. → 선지 ③ 삭제
- 세 번째 〈조건〉에서 해양사고 발생 건수는 매년 '충돌'이 '전복'인 B의 2배 이상이라고 하였으므로 2020년 108인 B의 2배인 216보다 작은 E는 '충돌'이 되지 못한다. 따라서 정답은 ①이다.

23 빈칸형 난이도 중 정답 ③

문제풀이 핵심 포인트

빈칸을 채워야 풀 수 있는 선지가 대부분이므로 가장 적게 채우고도 해결 가능한 선지부터 검토한다.

풀이

빈칸을 채우면 아래와 같다.

유형 / 연도	승차거부	정류소 정차 질서문란	부당요금	방범등 소등 위반	사업구역 외 영업	기타	전체
2017	-1,566	1,110	125	1,001	123	241	4,166
2018	1,694	701	301	-879	174	382	4,131
2019	1,991	1,194	441	825	554	349	5,354
2020	717	1,128	51	769	2,845	475	-5,985
2021	130	355	40	1,214	1,064	484	-3,287
2022	43	193	268	-1,262	114	187	2,067

① (×) 위법행위 단속건수 상위 2개 유형은 2017년이 '승차거부'와 '정류소 정차 질서문란'이지만 2018년이 '승차거부'와 '방범등 소등위반'으로 같지 않다.

② (×) '부당요금' 단속건수 대비 '승차거부' 단속건수 비율은 2017년이 1,566/125≒12.5지만 2020년이 717/51≒14.1로 더 높다.

③ (O) 전체 단속건수는 2020년이 5,985건으로 가장 많다.

④ (×) 전체 단속건수 중 '방범등 소등위반' 단속건수가 차지하는 비중은 2020년 12.8%에서 2021년 36.9%, 2022년 61.1%로 증가하고 있다.

⑤ (×) 2017년 '승차거부' 단속건수 1,566건은 2022년 '방범등 소등위반' 단속건수 1,262건보다 많다.

실전에선 이렇게!

④ 방범등 소등위반 건수는 2021년과 2022년이 비슷하지만 전체 건수는 3,287건에서 2,067건으로 감소하였으므로 그 비중은 증가한다고 쉽게 판단할 수 있다.

24 단순 판단형 난이도 하 정답 ④

문제풀이 핵심 포인트

가격의 비교를 묻는 단순 판단형이므로 실수없이 맞혀야 하는 문제이다.

풀이

① (×) 휘발유와 경유의 가격 차이가 가장 큰 정유사는 4월은 D이지만 5월과 6월은 B로 매월 같지 않다.

② (×) 4월에 모든 정유사의 휘발유 가격보다 경유 가격이 더 높기 때문에 낮은 정유사는 0개이다.

③ (×) 5월 휘발유 가격이 가장 높은 정유사는 C이고 5월 경유 가격이 가장 높은 정유사는 D이므로 같지 않다.

④ (O) 각 정유사의 경유 가격은 매월 높아졌다. 6월의 경유 가격은 모두 2,000원을 상회하므로 4월에 비해 5월의 경유 가격이 상승했는지만 체크해서 판단하면 된다.

⑤ (×) 5월과 6월 가격 차이는 A(154 < 162), B(133 < 135), D(127 < 129) 정유사의 경우 경유가 휘발유보다 크지만, C(139 > 128)의 경우 경유가 휘발유보다 작다.

25 조건 판단형 난이도 상 정답 ②

문제풀이 핵심 포인트

〈정보〉에서 주어진 4월 유류세는 원가의 50%이고 부가가치세는 원가와 유류세를 합한 금액의 10%이므로 4월의 가격은 1.65원가이다. 즉, 4월의 원가는 가격을 1.65로 나눈 값이므로 이를 토대로 답을 도출한다.

풀이

ㄱ. (×) 5월 B의 휘발유 유류세가 원가의 40%라면, 유류세는 0.4원가이고 부가가치세는 0.1(원가+유류세)이므로 가격은 1.54원가가 된다. 따라서 5월 B의 휘발유 원가가 1,300원/L 이상이면 가격은 1,300×1.54=2,002원 이상이 되어야 하지만 5월의 휘발유 가격은 1,849원/L이므로 원가는 1,300원/L 미만임을 알 수 있다. 1,300원의 50%는 650원이므로 1,300원의 1.5배는 1,950원이다. 따라서 1,950원으로 판단해도 1,849원이 더 작기 때문에 틀린 선지임을 보다 쉽게 도출할 수 있다.

ㄴ. (O) 4월 C의 경유 원가는 1,806/1.65≒1,095원/L이다. 5월 C의 경유 원가가 전월인 4월과 같다면, 1,095원/L이고 만약 5월 C의 경유 유류세가 600원/L 이상이면 가격은 1,695×1.1≒1,865원 이상이 되어야 한다. 실제 5월 C의 경유 가격은 1,885원/L이므로 유류세가 600원/L 이상임을 판단할 수 있다.

ㄷ. (×) 4월 D의 경유 원가는 1,827/1.65≒1,107원/L이므로 유류세는 이의 50%인 약 554원이다. 6월 D의 경유 유류세가 4월과 같은 금액이고 6월 D의 경유 유류세가 원가의 50% 이상이라면 원가는 1,107원/L 이하가 되어야 하고 유류세가 554원/L이므로 가격은 1.1(1,107+554)=1,827원/L 이하가 되어야 한다. 하지만 실제 6월 D의 경유 가격은 2,024원이므로 옳지 않다. 4월 유류세가 원가의 50%이므로 6월 D의 경유 유류세가 원가의 50% 이상이라면 6월의 가격은 4월의 가격 이하가 되어야 한다.

모바일 자동 채점 및
성적 분석 서비스

7급 2022년 기출문제

PSAT 전문가의 총평

- 2022년 7급 PSAT 시험은 시간표 및 시험 구성이 변경되어 오후에 진행되었으며, 처음으로 언어논리와 상황판단 영역을 동시에 치르기도 했습니다. 따라서 집중력 유지와 시험 운영 전략이 점수에 많은 영향을 미쳤을 것입니다.
- 난도가 높아 5급 PSAT와 크게 다르지 않은 시험으로 평가받았던 2021년 7급 PSAT 시험과 달리, 2022년에는 민간경력자 PSAT에 준하는 난도로 출제되었습니다. 출제 유형이 기존 5급이나 민간경력자 PSAT와 유사해지면서, 이미 2021년 PSAT 시험과 모의평가 등을 접한 경험이 있는 대부분의 수험생에게는 체감 난도가 낮았습니다. 따라서 2021년 시험을 기준으로 준비했던 많은 수험생들이 당황했을 것으로 보이며, 일부 고난도 문항의 정답 여부 등이 결과에 중요한 영향을 미쳤을 것으로 보입니다. 실제 평균 과락률도 전년에 비해 절반 수준인 것으로 나타났으며, 80점 이상 고득점자와 90점 이상 최상위권도 큰 폭으로 증가하였습니다.
- 2022년 7급 PSAT 응시율은 65%를 기록했습니다. 약 33,400명이 원서 접수를 하고 실제 응시자는 약 21,700명으로 조사되어, 지원자의 30% 가량은 본시험에 응시하지 않은 것으로 나타났습니다.

정답

p.73

1	①	빈칸형	6	①	분수 비교형	11	②	빈칸형	16	②	매칭형	21	③	각주 판단형
2	⑤	분수 비교형	7	④	평균 개념형	12	③	매칭형	17	②	각주 판단형	22	⑤	최소여집합형
3	④	보고서 검토·확인형	8	①	분수 비교형	13	③	조건 판단형	18	⑤	조건 판단형	23	①	매칭형
4	①	분수 비교형	9	⑤	매칭형	14	⑤	분수 비교형	19	③	분산·물방울형	24	④	각주 판단형
5	②	매칭형	10	④	보고서 검토·확인형	15	④	각주 판단형	20	①	빈칸형	25	②	빈칸형

취약 유형 분석표

유형별로 맞힌 문제 개수와 정답률, 틀린 문제 번호, 풀지 못한 문제 번호를 적고 나서 취약한 유형이 무엇인지 파악해 보세요. 그 후 약점 보완 해설집 p.2 [취약 유형 공략 포인트]에서 약점 보완 학습법을 확인하고, 틀린 문제와 풀지 못한 문제를 다시 한번 풀어보세요.

유형		맞힌 문제 개수	정답률	틀린 문제 번호	풀지 못한 문제 번호
자료비교	곱셈 비교형	–	–		
	분수 비교형	/5	%		
	반대해석형	–	–		
자료판단	단순 판단형	–	–		
	매칭형	/5	%		
	빈칸형	/4	%		
	각주 판단형	/4	%		
	조건 판단형	/2	%		
자료검토·변환	보고서 검토·확인형	/2	%		
	표 – 차트 변환형	–	–		
자료이해	평균 개념형	/1	%		
	분산·물방울형	/1	%		
	최소여집합형	/1	%		
TOTAL		/25	%		

해설

1 빈칸형 난이도 하 정답 ①

문제풀이 핵심 포인트

비경제활동인구는 15세 이상 인구와 경제활동인구의 차이이고, 취업자는 경제활동인구와 실업자의 차이이다.

풀이

· A는 15세 이상 인구 증감폭 중 경제활동인구 증감폭을 제외한 수치이므로 -1만 5천 = +3만 + A를 만족하는 값을 도출하면 된다. 따라서 A에 들어갈 수치는 -4만 5천이다.

· B는 경제활동인구 중 실업자 인구를 제외한 수치이므로 175만 7천에서 6만 1천을 제한 169만 6천이다.

2 분수 비교형 난이도 하 정답 ⑤

문제풀이 핵심 포인트

청구인과 피청구인 유형이 내국인인지 외국인인지 구분하여 판단한다.

풀이

ㄱ. (O) 청구인이 내국인인 특허심판 청구건수는 2018년 2,859건에서 2019년 1,154건으로 59.6% 감소하였다. 따라서 전년 대비 감소율은 50% 이상이다.

ㄴ. (O) 2021년 피청구인이 내국인인 특허심판 청구건수 893건은 피청구인이 외국인인 특허심판 청구건수 259건의 3배인 777건 이상이다.

ㄷ. (O) 2017년 내국인이 외국인에게 청구한 특허심판 청구건수 270건은 2020년 외국인이 외국인에게 청구한 특허심판 청구건수 230건보다 많다.

3 보고서 검토·확인형 난이도 하 정답 ④

문제풀이 핵심 포인트

〈보고서〉의 내용 중 각 선지와 관련된 부분을 정확하게 찾아 판단한다.

풀이

④ (×) 〈보고서〉의 두 번째 문단 마지막 문장에서 2018년 이후 예식장과 결혼상담소의 사업자 수도 각각 매년 감소하는 것으로 나타났다고 하였지만, 자료에서는 2018년 대비 2019년 예식장 사업자 수가 증가하므로 〈보고서〉의 내용에 부합하지 않는다.

4 분수 비교형 난이도 하 정답 ①

문제풀이 핵심 포인트

회차별 위원의 수는 16명으로 모두 동일하므로 동의한 위원을 묻더라도 상대적으로 적은 부동의한 위원의 수를 세어 판단한다.

풀이

ㄱ. (O) 24~26차 회의의 심의안건에 모두 동의한 위원은 기획재정부장관, 보건복지부장관, 여성가족부장관, 국토교통부장관, 해양수산부장관, 문화재청장으로 6명이다.

ㄴ. (×) 심의안건에 부동의한 위원 수는 24회차 5명, 25회차 6명, 26회차 4명으로 매 회차 증가한 것은 아니다.

ㄷ. (×) 각주 1에서 위원의 수는 16명이므로 $\frac{2}{3}$ 이상이 동의하려면 11명 이상이 동의해야 한다. 하지만 ㄴ에서 검토했듯이, 25회차는 6명이 부동의하였고 동의한 의원의 수는 10명이므로 심의안건은 의결되지 못하였음을 알 수 있다.

5 매칭형 난이도 하 정답 ②

문제풀이 핵심 포인트

〈보고서〉의 내용에 부합하는 도시는 1개뿐이므로 첫째~넷째 특징에 부합하지 않는 도시를 소거법으로 제거하면서 답을 도출한다.

풀이

· 첫째, 1990년대 이후 모든 시기에서 자본금액 1천만 원 미만 창업 건수가 자본금액 1천만 원 이상 창업 건수보다 많다고 하였으므로 2010년대 1천만 원 미만(16건)이 1천만 원 이상(17건)보다 적은 C는 제외한다.

· 둘째, 자본금액 1천만 원 미만 창업 건수와 1천만 원 이상 창업 건수의 차이는 2010년대가 2000년대의 2배 이상이므로 2010년대 차이(77건)가 2000년대 차이(39건)의 2배 미만인 D는 제외한다.

· 셋째, 2020년 이후 전체 창업 건수는 1990년대 전체 창업 건수의 10배 이상이므로 2020년 이후가 889건으로 1990년대 209건의 10배 미만인 A와, 2020년 이후가 247건으로 1990년대 30건의 10배 미만인 D는 제외한다.

· 넷째, 2020년 이후 전체 창업 건수 중 자본금액 1천만 원 이상 창업 건수의 비중은 3% 이상이므로 전체(253건) 중 1천만 원 이상(7건)이 3% 미만인 E는 제외한다.

따라서 〈보고서〉의 내용에 부합하는 도시는 B이다.

실전에선 이렇게!

가장 간단한 첫째 특징부터 판단한 다음, 차이가 '2배 이상인지' 묻는 둘째 특징보다 단순히 '10배 이상 차이가 나는지' 묻는 셋째 특징을 먼저 검토한다면 A와 D를 한 번에 제외할 수 있으므로 검토 시간을 줄일 수 있다.

6 분수 비교형 난이도 중

정답 ①

문제풀이 핵심 포인트

〈표 2〉는 합계가 함께 제시되었지만 〈표 1〉은 1~3등급만 제시되었기 때문에 가공비용 판단 시 등급을 정확하게 연결하여 도출한다.

풀이

ㄱ. (O) A 지역의 3등급 쌀 가공비용 100×25=2,500천 원은 B 지역의 2등급 현미 가공비용 97×25=2,425천 원보다 크다.

ㄴ. (×) 1등급 현미 전체의 가공비용 105×106=11,130천 원은 2등급 현미 전체 가공비용 97×82=7,954천 원의 2배인 15,908천 원 이상이 아니다.

ㄷ. (×) 3등급 쌀과 3등급 보리의 가공단가가 각각 90천 원/톤, 50천 원/톤으로 변경될 경우, 지역별 가공비용 총액 감소폭은 A가 25×(−10)+7×(−5)=−285천 원, B가 55×(−10)+5×(−5)=−575천 원, C가 20×(−10)+2×(−5)=−210천 원이므로 가장 작은 지역은 A가 아니라 C이다.

실전에선 이렇게!

ㄱ. A 지역의 3등급 쌀 가공량과 B 지역의 2등급 현미 가공량은 25톤으로 동일하므로 가공단가가 더 큰 쌀의 가공비용이 더 크다.

ㄴ. 식을 설정하여 105×106이 97×82×2=97×164보다 큰지 곱셈 비교로 판단한다.

ㄷ. C 지역 3등급 쌀과 보리의 가공량이 A, B 지역에 비해 각각 가장 적기 때문에 감소폭 역시 가장 작다고 판단한다.

7 평균 개념형 난이도 하

정답 ④

문제풀이 핵심 포인트

등급별 배점 차이가 작은 평가항목부터 나열하면 편익<피해액<재해발생위험도이다.

풀이

ㄱ. (O) '재해발생위험도' 점수가 높은 지역부터 순서대로 나열하면 '을(25)', '갑(17)', '병(10)'이고 우선순위가 높은 지역부터 순서대로 나열하면 역시 '을(39)', '갑(38)', '병(32)'이다.

ㄴ. (×) 우선순위가 가장 높은 지역 '을'과 가장 낮은 지역 '병'의 '피해액' 점수 차이는 12−6=6점으로 '재해발생위험도' 점수 차이 25−10=15점보다 작다.

ㄷ. (O) '피해액' 점수와 '재해발생위험도' 점수의 합은 '갑'이 32점, '을'이 31점, '병'이 22점으로 '갑'이 가장 크다.

ㄹ. (O) '갑'지역의 '편익' 등급이 B로 변경되면, 점수가 2점 상승하고 우선순위는 '을(39)'보다 '갑(40)'이 더 높아지므로 우선순위가 가장 높은 지역은 '갑'이 된다.

실전에선 이렇게!

ㄱ. 갑과 병의 경우 등급이 A, B, C로 하나씩 있는 점이 동일하지만 '편익'에 비해 '재해발생위험도'의 배점이 높기 때문에 이를 가중치로 보아 대략적으로 합의 크기를 판단할 수 있다.

ㄴ. '피해액'의 경우 등급별 배점 차이가 3점이므로 2개 등급의 배점 차이는 6점이고, '재해발생위험도'의 경우 등급별 배점 차이가 최소 7점이므로 2개 등급의 배점 차이는 7점 이상이다.

8 분수 비교형 난이도 하

정답 ①

문제풀이 핵심 포인트

연도별 막대그래프 자료이므로 동일한 사료 유형을 판단할 때 막대그래프 색이 동일한 것끼리 비교한다.

풀이

ㄱ. (O) 2017~2021년 동안의 특허 출원건수 합은 '식물기원'이 58건, '동물기원'이 42건, '미생물효소'가 40건으로 가장 작은 사료 유형은 '미생물효소'이다.

ㄴ. (×) 2019년 특허 출원건수는 '식물기원'이 9건, '동물기원'이 11건으로 연도별 전체 특허 출원건수 대비 각 사료 유형의 특허 출원건수 비율은 '식물기원(9/29)'보다 '동물기원(11/29)'이 더 높다. 따라서 연도별 전체 특허 출원건수 대비 각 사료 유형의 특허 출원건수 비율은 '식물기원'이 매년 가장 높다는 것은 옳지 않은 설명이다.

ㄷ. (×) 2021년 특허 출원건수의 전년 대비 증가율은 '식물기원'이 (13/12)×100≒108%, '동물기원'이 (5/10)×100=50%, '미생물효소'가 (9/8)×100=112.5%이므로 가장 높은 사료 유형은 '식물기원'이 아닌 '미생물효소'이다.

실전에선 이렇게!

ㄱ. 2019년을 제외하고 매년 특허 출원건수가 가장 많은 식물기원의 합이 사실상 가장 크다고 판단한 후 동물기원과 미생물효소를 연도별 차이값으로 비교한다. 동물기원−미생물효소 값은 2017년이 +3, 2018년이 −3, 2019년이 +2, 2020년이 +2, 2021년이 −2이므로 차이값의 합은 +2이다. 따라서 동물기원이 미생물효소보다 많기 때문에 미생물효소의 합이 가장 작다고 판단할 수 있다.

ㄷ. 2021년 특허 출원건수가 전년 대비 2배 이상 증가한 식물기원과 미생물효소를 비교할 때, 2배 초과분만 분수식으로 판단하면 식물기원은 1/24, 미생물효소는 1/8이므로 미생물효소가 더 높다는 것을 빠르게 판단할 수 있다.

9 매칭형 난이도 하

정답 ⑤

문제풀이 핵심 포인트

지역의 수가 많이 제시된 〈표〉이므로 A, B, C를 판단할 때 신중히 체크하여 답을 도출한다.

풀이

- 2020년 빈집 수가 전년 대비 증가한 지역은 서울특별시, 부산광역시, 광주광역시, 전라북도, 전라남도, 경상남도로 총 6개 지역이다. 따라서 [A]에 들어갈 수치는 '6'이다.
- 전년대비 빈집비율의 증가폭은 광주광역시가 7.5%에서 7.7%로 0.2%p이고, 전라북도가 12.6%에서 12.9%로 0.3%p 이므로 전년 대비 빈집비율이 가장 큰 폭으로 증가한 지역인 [B]에 들어갈 지역은 '전라북도'이다.
- 빈집비율이 가장 높은 지역과 가장 낮은 지역의 빈집비율 차이는 2019년 전라남도 15.5와 서울특별시 3.2의 차이인 12.3이고 2020년 역시 전라남도 15.2와 서울특별시 3.2의 차이인 12.0이다. 따라서 [C]에 들어갈 단어는 '감소'이다.

10 보고서 검토·확인형 난이도 하 정답 ④

문제풀이 핵심 포인트

〈표〉만 가지고는 〈보고서〉의 내용을 작성할 수 없는 〈보기〉를 선별하여 추가로 필요한 자료로 골라낸다.

풀이

ㄱ. (O) 〈보고서〉의 첫 번째 문단 두 번째 문장 '오후돌봄교실의 경우 2021년 기준 전체 초등학교의 98.9%가 참여하고 있다.'를 작성하기 위해서는 '연도별 오후돌봄교실 참여 초등학교 수 및 참여율'이 추가로 필요하다.

ㄴ. (O) 〈보고서〉의 세 번째 문단 첫 번째 문장 '19시를 넘는 늦은 시간까지 이용하는 학생 비중은 11.2%에 불과하다.'를 작성하기 위해서는 '2021년 저녁돌봄교실 이용학생의 이용시간별 분포'가 추가로 필요하다.

ㄷ. (×) 〈보고서〉의 세 번째 문단 두 번째 문장 '2021년 현재 저녁돌봄교실 이용학생은 1~2학년이 8,570명으로 전체 저녁돌봄교실 이용학생의 83.7%를 차지한다.'는 내용은 〈표 1〉에 제시된 저녁돌봄교실의 1학년과 2학년 학생 수 및 비율을 합하여 도출할 수 있으므로 '2021년 저녁돌봄교실 이용학생의 학년별 분포'는 추가로 필요하지 않다.

ㄹ. (O) 〈보고서〉의 네 번째 문단 '초등돌봄교실 담당인력은 돌봄전담사, 현직교사, 민간위탁업체로 다양하다. 담당인력 구성은 돌봄전담사가 10,237명으로 가장 많고, 다음으로 현직교사 1,480명, 민간위탁업체 565명 순이다. 그중 돌봄전담사는 무기계약직이 6,830명이고 기간제가 3,407명이다.'를 작성하기 위해서는 '2021년 초등돌봄교실 담당인력 현황'이 추가로 필요하다.

11 빈칸형 난이도 중 정답 ②

문제풀이 핵심 포인트

직접 제시된 연도는 2016~2020년이지만 각주에서 다음 연도 이월 건수를 언급하고 있으므로 2021년의 전년 이월 건수를 고려해야 한다.

풀이

ㄱ. (O) 2017년 '심판대상'은 323건이고 2018년 '전년 이월'은 90건이다. 따라서 '심판대상' 중 '전년 이월'의 비중은 2018년 (90/258)×100≒34.9%가 2016년 (96/322)×100≒29.8%보다 높다.

ㄴ. (×) 다음 연도로 이월되는 건수가 가장 많은 연도는 100건인 2016년이 아니라 131건인 2020년이다.

ㄷ. (O) 2017년 이후 '해당 연도 접수' 건수가 전년 대비 증가한 연도는 2019년과 2020년이다. 2019년은 168건에서 204건으로 36건 증가하였으므로 증가율은 21.4%이고 2020년은 204건에서 252건으로 48건 증가하였으므로 증가율은 23.5%이다. 따라서 2017년 이후 '해당 연도 접수' 건수의 전년 대비 증가율이 가장 높은 연도는 2020년이다.

ㄹ. (×) '재결' 건수는 2019년이 186건으로 가장 적고 '해당 연도 접수' 건수는 2018년이 168건으로 가장 적다.

실전에선 이렇게!

ㄱ. 분수 비교 시 분모가 분자의 3배를 넘는지 여부로 판단할 수 있다.
ㄷ. 36/168과 48/204을 분수 비교할 때, 분자는 36에서 48로 12만큼 1/3의 증가율을 보이고 분모는 168에서 204로 36만큼 1/4 미만의 증가율을 보이고 있으므로 분자의 증가율이 분모의 증가율보다 높다. 따라서 2020년의 증가율이 더 높음을 빠르게 판단할 수 있다.

12 매칭형 난이도 중 정답 ③

문제풀이 핵심 포인트

해양포유류 부류는 A~D로 4가지가 제시되었지만 선지는 A, B 둘뿐이므로 선지 구성을 활용하여 답을 도출한다.

풀이

- 〈보고서〉의 두 번째 문단에서 멸종우려종 중 '고래류'가 차지하는 비중은 80% 이상이라고 하였으므로 가장 많은 D가 '고래류'임을 알 수 있다. 이에 따라 선지 ①, ②가 제외된다.
- 〈보고서〉의 두 번째 문단에서 '해달류 및 북극곰'은 9개의 지표 중 멸종우려종 또는 관심필요종(LC)으로만 분류된 것으로 나타났다고 하였으므로 B가 '해달류 및 북극곰'임을 알 수 있다. 이에 따라 선지 ④가 제외된다.
- 〈보고서〉의 세 번째 문단에서 '해달류 및 북극곰'과 '해우류'는 자료부족종(DD)으로 분류된 종이 없다고 하였으므로 '해우류'는 C임을 알 수 있다. 이에 따라 선지 ⑤가 제외된다.

따라서 A는 '기각류'이고 B는 '해달류 및 북극곰'이다.

13 조건 판단형 난이도 상 정답 ③

문제풀이 핵심 포인트

(가)와 (나)를 판단할 때 가장 낮은 대여요금을 제공하지 못할 가능성이 있는 운영사를 골라내야 하므로 잠금해제료를 기본요금으로 간주하고 분당대여료를 사용요금으로 간주하여 식을 세운 후 답을 도출한다.

풀이

- 2022년 1월 기준 대여시간이 1분일 때 A는 200원, B는 400원, C는 870원, D는 1,660원으로 A가 가장 낮고, 대여시간이 10분일 때 A는 2,000원, B는 1,750원, C는 1,950원, D는 2,200원으로 B가 가장 낮으며, 대여시간이 100분일 때 A는 20,000원, B는 15,250원, C는 12,750원, D는 7,600원으로 D가 가장 낮다. 따라서 2022년 1월 기준 대여요금제에 따르면, 운영사 C는 이용자의 대여시간이 몇 분이더라도 해당 대여시간에 대해 운영사 A~D 중 가장 낮은 대여요금을 제공하지 못하므로 (가) 에 들어갈 운영사는 'C'이다.
- 운영사 C가 2월부터 잠금해제 이후 처음 5분간 분당대여료를 면제하는 것으로 대여요금제를 변경하면 대여시간이 10분일 때 A는 2,000원, B는 1,750원, C는 1,350원, D는 2,200원으로 C가 가장 낮기 때문에 2022년 2월 기준 대여요금제에 따르면 운영사 B는 이용자의 대여시간이 몇 분이더라도 해당 대여시간에 대해 운영사 A~D 중 가장 낮은 대여요금을 제공하지 못한다. 따라서 (나) 에 들어갈 운영사는 'B'이다.
- 이에 운영사 B는 3월부터 분당대여료를 50원 인하하는 것으로 대여요금제를 변경하였고 그 결과 대여시간이 20분일 때, 3월 기준 대여요금제로 산정된 공유킥보드 대여요금은 B가 250+100×20=2,250원이고 C가 750+120×15=2,550이므로 차이는 300원이다. 따라서 (다) 에 들어갈 수치는 '300'이다.

실전에선 이렇게!

잠금해제료가 없지만 분당대여료가 가장 높은 A와, 잠금해제료가 가장 높지만 분당대여료가 가장 낮은 D는 대여시간에 따라 가장 낮은 대여요금을 제공할 가능성이 있다. 이를 파악했다면 (가)에 들어갈 운영사는 C이고 (나)에 들어갈 운영사는 B라는 것을 어렵지 않게 판단할 수 있다.

14 분수 비교형 난이도 중

정답 ⑤

문제풀이 핵심 포인트
증가율 또는 감소율 판단 시 6%와 같은 세밀한 비율은 후순위로 판단하고, 50%나 20%와 같이 일의 자리가 0인 비율을 우선적으로 판단한다.

풀이

① (O) 2021년 전체 학생 수는 532만 명으로 전년보다 감소하였지만, 사교육비 총액은 23조 4천억 원으로 전년의 19.4조 원 대비 20.6% 증가하였다.
② (O) 사교육의 참여율과 주당 참여시간도 전년 대비 증가하였다.
③ (O) 2021년 전체 학생의 1인당 월평균 사교육비 36.7만 원은 전년의 30.2만 원 대비 21.5% 증가하였고, 사교육 참여학생의 1인당 월평균 사교육비 또한 45.0만 원에서 48.5만 원으로 전년 대비 7.8% 증가하였다.
④ (O) 2021년 전체 학생 중 월평균 사교육비를 20만 원 미만 지출한 학생의 비중은 20만 원 미만의 각 구간에서 모두 전년 대비 감소하였고, 60만 원 이상 지출한 학생의 비중은 17.4%에서 21.8%로 전년 대비 증가하였다.
⑤ (×) 2021년 방과후학교 지출 총액은 4,434억 원으로 2019년 8,250억 원 대비 약 46.3% 감소하여 50% 이상 감소하지 않았다.

실전에선 이렇게!

⑤ 50% 이상 감소하려면 2021년의 지출 총액은 2019년 8,250억 원의 절반인 4,125억 원 이하가 되어야 한다.

15 각주 판단형 난이도 중

정답 ④

문제풀이 핵심 포인트
5년마다 조사한 자료가 제시되었으므로 주어지지 않은 연도를 묻는 선택지에 유의하여 답을 도출한다.

풀이

① (×) 5년마다 조사한 자료이므로 2000년 이후 중학교 여성 교장 비율이 매년 증가하는지는 판단할 수 없다.
② (×) 각주 2에서 학교당 교장은 1명이므로 초등학교 수는 초등학교 교장의 수로 판단한다. 초등학교 수는 2020년이 2,418/0.403=6,000개로 1980년의 117/0.018=6,500개보다 적다.
③ (×) 고등학교 전체 교장 수는 1985년이 1,500명, 1990년이 1,600명이다. 따라서 고등학교 남성 교장 수는 1985년에 1,500-60=1,440명으로 1990년의 1,600-64=1,536명보다 적다.
④ (O) 1995년 초등학교 수 5,842개는 같은 해 중학교 수와 고등학교 수의 합인 2,382+1,737=4,118개보다 많다.
⑤ (×) 초등학교 여성 교장 수는 2020년이 2,418명으로, 2000년 490명의 5배인 2,450명 이상이 되지 못한다.

실전에선 이렇게!

② 2020년 2,418/40.3과 1980년 117/1.8을 비교할 때, 분모의 소수점을 뺀 다음 분자가 분모의 몇 배가 되는지 판단한다. 2020년은 6배, 1980년은 6배 이상이다.
③ 고등학교 남성 교장 수는 1985년이 (60/4)×96, 1990년이 (64/4)×96이므로 결국 분모는 96/4로 동일하다. 따라서 분자인 여성 교장 수가 더 많은 1990년의 남성 교장수가 더 많음을 빠르게 판단할 수 있다.

16 매칭형 난이도 하

정답 ②

문제풀이 핵심 포인트
〈보고서〉의 내용에 부합하는 지역은 1개뿐이므로, 부합하지 않는 지역을 소거법으로 제거하면서 답을 도출한다.

풀이

· TV 토론회 전에는 B 후보자에 대한 지지율이 A 후보자보다 10%p 이상 높게 집계되었으므로 차이가 10%p 미만인 마 지역(36-29=7)은 제외한다.
· TV 토론회 후 '지지 후보자 없음'으로 응답한 비율이 줄었으므로 A지지율과 B지지율 합이 늘어야 한다. 따라서 A지지율과 B지지율 합이 줄어든 다 지역(90 → 73)은 제외한다.
· A 후보자에 대한 지지율 증가폭이 B 후보자보다 큰 것으로 나타났으므로 A 후보자는 감소(-4)하고 B후보자는 증가(+8)한 라 지역은 제외한다.
· TV 토론회 후 두 후보자간 지지율 차이가 3%p 이내에 불과하므로 4%p 차이인 가 지역은 제외한다.

따라서 〈보고서〉의 내용에 해당하는 지역은 '나'이다.

17 각주 판단형 난이도 중

정답 ②

문제풀이 핵심 포인트
도입률의 분자와 고도화율의 분모가 업종별 스마트시스템 도입 업체 수로 동일한 점을 체크하여 답을 도출한다.

풀이

ㄱ. (O) 스마트시스템 도입 업체 수는 '자동차부품'이 766×35.1%≒269개로 가장 많다.
ㄴ. (×) 고도화율이 가장 높은 업종은 '항공기부품'이지만 스마트시스템 고도화 업체 수는 '금속제조(1,275×0.282×0.153≒55대)'가 '항공기부품(95×0.370×0.284≒10대)'보다 더 많다.
ㄷ. (O) 업체 수 대비 스마트시스템 고도화 업체 수는 도입률과 고도화율의 곱으로 도출한다. 따라서 면적이 가장 넓은 업체인 '항공기 부품'이 업체 수 대비 스마트시스템 고도화 업체 수가 가장 높다.
ㄹ. (×) 도입률이 가장 낮은 업종은 '식품바이오'이고 고도화율이 가장 낮은 업종은 '금형주조도금'이다.

실전에선 이렇게!

ㄱ. 도입률은 자동차부품이 가장 높기 때문에 업체 수가 자동차부품보다 많은 기계장비, 소재, 금속제조와 곱셈 비교한다.

18 조건 판단형 난이도 중

정답 ⑤

문제풀이 핵심 포인트
〈정보〉에서 주어진 정지시거의 식을 구성하는 항목 중 〈표〉에 직접 제시된 항목을 중심으로 정리하여 답을 도출한다.

풀이

정지시거는 반응거리+제동거리이므로 먼저 반응거리를 도출한다. 반응거리는 운행속력×반응시간이므로 B는 40, C는 32, D는 48, E는 28이다. 제동거리는 운행속력의 제곱값을 마찰계수와 중력가속도의 곱에 2배를 한 값으로 나눈 것이므로 이를 정리하면 0.1은 200, 0.2는 100, 0.4는 50, 0.8은 25이다. 따라서 운전자별 정지시거를 정리하면 아래와 같다.

운전자	맑은 날 정지시거[m]	비 오는 날 정지시거[m]
A	90	240
B	90	140
C	57	82
D	98	148
E	78	128

실전에선 이렇게!

제동거리의 분모를 구성하는 중력가속도 g가 10으로 일정하고 이에 2배를 하면 20이다. 운행속력은 모든 운전자가 20이므로 제동거리는 결국 운행속력/마찰계수로 정리할 수 있다.

19 분산·물방울형 난이도 ㊤ 정답 ③

문제풀이 핵심 포인트

전년비의 분자와 평년비의 분자가 2020년 어획량으로 동일한 점을 체크하여 식을 정리한 다음 답을 도출한다.

풀이

ㄱ. (O) 2019년 어획량은 2020년 어획량/전년비로 도출할 수 있다. 고등어는 2020년 어획량이 가장 많고 전년비는 광어 다음으로 작기 때문에 광어와 분수 비교하면 전년비는 약 2배 차이가 나고 어획량은 10배 이상 차이가 난다. 따라서 8개 어종 중 2019년 어획량이 가장 많은 어종은 고등어이다.

ㄴ. (×) 2019년 어획량이 해당 어종의 2011~2020년 연도별 어획량의 평균보다 적으려면 전년비가 평년비보다 커야 한다. 조기의 경우 평년비가 전년비보다 크기 때문에 2019년 어획량은 2011~2020년 연도별 어획량의 평균보다 많다.

ㄷ. (O) 갈치의 2020년 평년비는 120 이상이므로 2020년 어획량은 2011년~2020년 연도별 어획량 평균보다 20% 이상 더 많다. 따라서 2021년 갈치 어획량이 2020년과 동일하다면 2021년 갈치 어획량도 2011~2020년 연도별 어획량 평균보다 20% 더 많을 것이기 때문에 이를 더해서 2011~2021년 연도별 어획량의 평균을 도출하면 2011~2020년 연도별 어획량의 평균보다 크다.

20 빈칸형 난이도 ㊤ 정답 ①

문제풀이 핵심 포인트

〈보기〉에서 필요한 빈칸을 먼저 채우거나 빈칸을 채우지 않아도 판단할 수 있는 〈보기〉부터 검토한다.

풀이

ㄱ. (O) '수영'기록이 한 시간 이하인 선수는 종합기록 순위 1, 2, 6위 선수이고 이들의 'T2'기록은 2:47, 1:48, 2:56으로 모두 3분 미만이다.

ㄴ. (O) 종합기록 순위 9위 선수의 종합기록은 9:48:07이다. 따라서 종합기록 순위 2~10위인 선수 중, 종합기록 순위가 한 단계 더 높은 선수와의 '종합'기록 차이가 1분 미만인 선수는 6위(5위와 44초 차이), 7위(6위와 32초 차이), 10위(9위와 11초 차이)로 3명뿐이다.

ㄷ. (×) 종합기록 순위 3~5위의 국적이 모두 대한민국이고 이 중 달리기 3등의 기록은 3:21:53이다. 종합기록 순위 6위와 7위 선수의 달리기 기록이 더 짧기 때문에 '달리기'기록 상위 3명의 국적은 모두 대한민국이 아니다.

ㄹ. (×) '수영'기록은 종합기록 순위 1위인 선수가 0:48:18, 종합기록 순위 6위인 선수가 0:52:01, 종합기록 순위 2위인 선수가 0:57:44이고, 이어 종합기록 순위 10위인 선수가 1:02:28로 4위이다. '수영'기록과 'T1'기록의 합산 기록 역시 종합기록 순위 1위인 선수가 0:51:01, 종합기록 순위 6위인 선수가 0:55:29, 종합기록 순위 2위인 선수가 1:00:11이고, 이어 종합기록 순위 10위인 선수가 1:05:57로 4위이다. 따라서 순위가 동일하다.

실전에선 이렇게!

ㄱ. T2기록이 2:14로 3분 미만이므로 5위 선수의 '수영'기록을 계산하지 않더라도 정오를 판단할 수 있다.

21 각주 판단형 난이도 ㊥ 정답 ③

문제풀이 핵심 포인트

매출액 크기 비교를 묻고 있으므로 매출액 자체를 구하기보다는 매출액에 관한 식으로 정리하여 비교한다.

풀이

매출액=제조원가/제조원가율이다. 제조원가율은 〈표〉에 직접 제시된 항목이므로 제조원가만 도출하면 된다. 제조원가는 고정원가/고정원가율 또는 변동원가/변동원가율이고, 〈표〉에 고정원가가 주어졌으므로 변동원가율을 통해 고정원가율을 도출한다. 고정원가율은 100−변동원가율이므로 A는 60%, B는 40%, C는 60%, D는 80%, E는 50%이다. 따라서 제조원가는 A는 100,000원, B는 90,000원, C는 55,000원, D는 62,500원, E는 20,000원이다. 마지막으로 제조원가를 제조원가율로 나누면 매출액이 도출되며, A는 400,000원, B는 300,000원, C는 약 183,333원, D는 625,000원, E는 200,000원이므로 가장 작은 제품은 'C'이다.

구분 / 제품	고정원가(원)	변동 원가율(%)	고정 원가율(%)	제조원가(원)	제조 원가율(%)	매출액(원)
A	60,000	40	60	100,000	25	400,000
B	36,000	60	40	90,000	30	300,000
C	33,000	40	60	55,000	30	183,333
D	50,000	20	80	62,500	10	625,000
E	10,000	50	50	20,000	10	200,000

실전에선 이렇게!

매출액에 관한 식으로 정리하면 매출액 = 고정원가/(고정원가율×제조원가율)이므로, 고정원가율을 도출한 다음 식을 정리해서 간단히 비교한다. A는 60/150, B는 36/120, C는 33/180, D는 50/80, E는 10/50이므로 유일하게 비율이 20% 미만인 C가 가장 작음을 빠르게 판단할 수 있다.

22 최소여집합형 난이도 중

정답 ⑤

문제풀이 핵심 포인트

합계가 동일한 자료가 2개 이상 주어진 경우 최소여집합 판단을 묻는 선지가 나올 가능성이 높기 때문에 이를 선제적으로 검토하여 답을 도출한다.

풀이

ㄱ. (O) 방위산업의 국내 매출액이 가장 큰 연도는 2020년이고, 방위산업 총매출액 중 국외 매출액 비중 역시 11.5%로 가장 작다.

ㄴ. (O) '기타'를 제외하고, 2018년 대비 2020년 매출액 증가율은 '탄약'이 2.5%로 가장 낮다.

ㄷ. (×) 2020년 방위산업의 기업유형별 종사자당 국외 매출액은 대기업이 0.61억 원으로 중소기업 0.17억 원의 4배인 0.68억 원 이상이 되지 못한다.

ㄹ. (O) 2020년 '항공유도' 분야의 매출액은 49,024억 원이고 대기업의 국내 매출액은 119,586억 원이다. 만약 대기업의 국내 매출액을 제외한 나머지 합인 대기업 국외 매출액과 중소기업 총매출액의 합 16,612 + 17,669 = 34,281억 원 모두 '항공유도' 분야라고 가정하더라도 49,024 - 34,281 = 14,743억 원은 '항공유도' 분야이면서 동시에 대기업 국내 매출액의 최솟값이 된다. 따라서 2020년 '항공유도' 분야 대기업 국내 매출액은 14,500억 원 이상이다.

실전에선 이렇게!

ㄱ. 〈표 1〉에서 대략적으로 국내 매출액은 2020년이 13만 이상으로 가장 크다는 것을 판단했다면, '총매출액 중 국외 매출액 비중'인 전체비 대신 '국내 매출액 대비 국외 매출액 비율'인 상대비로 2020년의 비중이 가장 작다는 것을 쉽게 판단할 수 있다.

ㄹ. 2020년 49,024(항공유도) + 119,586(대기업 국내) - 153,867(전체) = 14,743 ≥ 14,500인지 판단한다.

23 매칭형 난이도 중

정답 ①

문제풀이 핵심 포인트

'가장'이라는 키워드가 포함된 두 번째 문단의 세 번째 문장과 네 번째 문장부터 검토한다. 또한 두 번째 문단 첫 번째 문장에서 '항공유도'는 A, C, D 중 하나이므로 B와 E는 제외하고 판단한다.

풀이

- 2018년 대비 2020년 방위산업 분야별 매출액은 모두 증가하였으나 종사자 수는 '통신전자', '함정', '항공유도' 분야만 증가하고 나머지 분야는 감소한 것으로 나타났다고 하였으므로, 2018년 대비 2020년 종사자 수가 증가한 A, C, D가 '통신전자', '함정', '항공유도' 중 하나임을 알 수 있다.
- 2018~2020년 동안 매출액과 종사자 수 모두 매년 증가한 방위산업 분야는 '통신전자'뿐이고, '탄약'과 '화생방' 분야는 종사자 수가 매년 감소하였다고 하였으므로, 2018~2020년 동안 매출액과 종사자 수 모두 매년 증가한 D가 '통신전자'임을 알 수 있다. 이에 따라 선지 ④가 제외된다.
- 특히, '기동' 분야는 2018년 대비 2020년 매출액 증가율이 방위산업 분야 중 가장 높았지만 종사자 수는 가장 많이 감소하였다고 하였으므로, 2018년 대비 2020년 종사자 수가 445명으로 가장 많이 감소한 E가 '기동'임을 알 수 있다. 이에 따라 선지 ⑤가 제외된다.
- 2018년 대비 2020년 '함정' 분야 매출액 증가율은 방위산업 전체 매출액 증가율보다 낮았으나 종사자 수는 방위산업 분야 중 가장 많이 증가하였다고 하였으므로, 2018년 대비 2020년 종사자 수가 527명으로 가장 많이 증가한 C가 '함정'임을 알 수 있다. 이에 따라 선지 ③이 제외된다.

24 각주 판단형 난이도 상

정답 ④

문제풀이 핵심 포인트

이산화탄소 총배출량이 가장 적은 국가부터 순서를 정하면 되므로 이산화탄소 총배출량을 구체적으로 구하지 말고 식을 정리하여 비교한다.

풀이

이산화탄소 총배출량은 1인당 이산화탄소 배출량과 총인구의 곱이므로 총인구를 도출하여 〈표〉에 제시된 1인당 이산화탄소 배출량을 이용해 접근한다. 총인구 = (국내총생산/1인당 국내총생산)이므로 A는 3.26억 명, B는 1.27억 명, C는 0.52억 명, D는 13.93억 명이다. 여기에 1인당 이산화탄소 배출량을 곱하면 이산화탄소 총배출량이 도출되며, 이는 A가 54.18톤CO_2eq., B가 11.51톤CO_2eq., C가 6.40톤CO_2eq., D가 97.49톤CO_2eq.임을 구할 수 있다. 따라서 총배출량이 적은 순서대로 나열하면 C, B, A, D이다.

실전에선 이렇게!

이산화탄소 총배출량 식으로 접근하면 (1인당 이산화탄소 배출량×국내총생산)/1인당 국내총생산이므로 이를 유효숫자 3자리로 정리하면 A는 (205×166)/628, B는 (50×91)/393, C는 (16×124)/314, D는 (136×70)/98이므로 분모의 수치를 비슷하게 맞춰서 비교한다.

25 빈칸형 난이도 상

정답 ②

문제풀이 핵심 포인트

빈칸의 수치를 판단할 때 자릿수가 큰 수치부터 더해서 비교해야 시간을 줄일 수 있다.

풀이

ㄱ. (O) 전체 급속충전기 수 대비 '다중이용시설' 급속충전기 수의 비율은 2019년이 48.3%, 2020년이 54.4%, 2021년이 59.0%로 매년 증가한다.

ㄴ. (×) 2021년 '공공시설' 급속충전기 수는 3,752대로 '주차전용시설'과 '쇼핑몰' 급속충전기 수의 합인 1,275 + 2,701 = 3,976대보다 적다.

ㄷ. (O) 급속충전기 수를 도출하면 2019년 '휴게소'는 475대, 2021년 '주유소'는 1,051대이다. '기타'를 제외하고, 2019년 대비 2021년 급속충전기 수의 증가율은 '주유소'가 740.8%로 가장 크다.

ㄹ. (×) 2019년 급속충전기 수는 '휴게소' 475대가 '문화시설' 757대보다 적다.

7급 2021년 기출문제

모바일 자동 채점 및
성적 분석 서비스

PSAT 전문가의 총평

· 2021년은 국가직 7급 공채 시험에 PSAT가 처음 도입된 해로, 기존 PSAT 시험에서 볼 수 없던 유형의 문제들이 출제됨에 따라 체감 난도 또한 높았습니다. 언어논리 영역의 체감 난도가 특히 높아, 7급 PSAT 첫 시험의 첫 영역부터 당황했다는 수험생들이 많았습니다. 실제 난도 역시 2020년 인사혁신처 모의평가보다 높았으며, 5급 PSAT보다는 낮고 민간경력자 PSAT보다는 높았습니다. 영역별로 난도의 차이는 있어, 언어논리의 법조문 문제, 자료해석의 복잡한 계산 문제 등 고난도 문제에 얼마나 잘 대처했는지에 따라 당락이 결정된 것으로 보입니다.

· 2021년 국가직 7급 1차 PSAT 응시율은 약 63.5%로, 지원자 약 38,900명 중 약 24,700명이 실제 응시한 것으로 나타났습니다. 이는 전년 대비 소폭 하락한 수치인데, PSAT가 처음 도입되면서 지원자가 증가하며 이탈자도 함께 늘어난 것으로 보입니다.

정답

p.89

1	②	보고서 검토·확인형	6	③	매칭형	11	③	조건 판단형	16	①	빈칸형	21	②	평균 개념형
2	⑤	보고서 검토·확인형	7	④	평균 개념형	12	③	분수 비교형	17	④	매칭형	22	②	평균 개념형
3	②	분수 비교형	8	⑤	빈칸형	13	④	분수 비교형	18	③	빈칸형	23	⑤	조건 판단형
4	①	빈칸형	9	⑤	분수 비교형	14	①	분수 비교형	19	③	조건 판단형	24	①	표 - 차트 변환형
5	④	각주 판단형	10	②	매칭형	15	③	분수 비교형	20	④	각주 판단형	25	⑤	빈칸형

취약 유형 분석표

유형별로 맞힌 문제 개수와 정답률, 틀린 문제 번호, 풀지 못한 문제 번호를 적고 나서 취약한 유형이 무엇인지 파악해 보세요. 그 후 약점 보완 해설집 p.2 [취약 유형 공략 포인트]에서 약점 보완 학습법을 확인하고, 틀린 문제와 풀지 못한 문제를 다시 한번 풀어보세요.

유형		맞힌 문제 개수	정답률	틀린 문제 번호	풀지 못한 문제 번호
자료비교	곱셈 비교형	-	-		
	분수 비교형	/6	%		
	반대해석형	-	-		
자료판단	단순 판단형	-	-		
	매칭형	/3	%		
	빈칸형	/5	%		
	각주 판단형	/2	%		
	조건 판단형	/3	%		
자료검토·변환	보고서 검토·확인형	/2	%		
	표 - 차트 변환형	/1	%		
자료이해	평균 개념형	/3	%		
	분산·물방울형	-	-		
	최소여집합형	-	-		
TOTAL		/25	%		

해설

1 보고서 검토·확인형 난이도 중 정답 ②

문제풀이 핵심 포인트
추가로 이용한 자료를 찾는 문제이므로 〈보고서〉의 내용 중 표만 가지고 작성할 수 없는 부분이 〈보기〉에 제시되어 있는지 판단한 후 답을 도출한다.

풀이

ㄱ. (O) 〈보고서〉의 두 번째 문단 두 번째 문장 '교통사고 사망자 수는 2015년 이후 매년 줄어들었고, 특히 2018년에 전년 대비 11.2% 감소하였다.'를 작성하기 위해서는 '연도별 전국 교통사고 사망자 수'가 추가로 필요하다.

ㄷ. (O) 〈보고서〉의 두 번째 문단 첫 번째 문장 '전국 안전사고 사망자 수는 2015년 이후 매년 감소하다가 2018년에는 증가하였다.'를 작성하기 위해서는 '연도별 전국 안전사고 사망자 수'가 추가로 필요하다.

실전에선 이렇게!

〈보고서〉의 첫 번째 문단과 세 번째 문단 모두 2019년 현황을 언급하고 있으므로 해당 연도의 내용을 담고 있지 않은 ㄴ, ㄹ은 추가로 필요한 자료가 아니다.

2 보고서 검토·확인형 난이도 하 정답 ⑤

문제풀이 핵심 포인트
〈표〉의 내용을 그대로 〈보고서〉에서 설명하는 수준의 문제이므로 밑줄 친 부분을 중심으로 해석하여 답을 도출한다.

풀이

① (O) '소말리아 임무단'은 2007년 1월부터 현재 시점인 2021년 5월까지 유일하게 14년 이상 활동한 임무단이다. 따라서 평화유지활동 중 가장 오랜 기간 동안 활동하였다.

② (O) '코모로 선거감시 지원 임무단'은 유일하게 6개월 미만 활동하여 가장 짧은 기간 동안 활동하였다.

③ (O) 아프리카연합이 현재까지 평화유지활동을 위해 파견한 임무단의 총규모는 27,001명으로 25,000명 이상이다.

④ (O) 수단에서 '수단 임무단', '다르푸르 지역 임무단'이 활동하였고 코모로에서는 '코모로 선거감시 지원 임무단', '코모로 치안 지원 임무단'이 활동하여 각각 2개의 임무단이 활동하였다.

⑤ (×) 2007년 10월 기준 평화유지활동을 수행 중이었던 임무단은 '수단 임무단', '소말리아 임무단', '코모로 치안 지원 임무단', '다르푸르 지역 임무단'으로 총 4개이다.

3 분수 비교형 난이도 중 정답 ②

문제풀이 핵심 포인트
〈그림 1〉에 GDP 대비 두 가지 비율이 주어져 있고 〈그림 2〉에 GDP가 주어져 있으므로 이를 연계하여 국가채무 및 적자성채무를 도출할 수 있다.

풀이

ㄱ. (O) 국가채무는 2014년에 1,323×29.7%≒393조 원이고 2020년에 1,741×36.0%≒626조 원이다. 따라서 2020년 국가채무 약 626조 원은 2014년 국가채무인 393조 원의 1.5배인 589.5조 원 이상이다.

ㄴ. (×) GDP 대비 금융성채무 비율은 (GDP 대비 국가채무 비율) - (GDP 대비 적자성채무 비율)이다. 2019년에 35.7 - 20.0 = 15.7%이고 2020년에 36.0 - 20.7 = 15.3%로 감소하였으므로 매년 증가하는 것은 아니다.

ㄷ. (O) 적자성채무는 2018년 1,563×18.3%≒286조 원, 2019년 1,658×20.0%≒332조 원, 2020년 1,741×20.7%≒360조 원으로 2019년부터 300조 원 이상이다.

ㄹ. (×) 금융성채무가 매년 국가채무의 50% 이상이 되려면 적자성채무가 매년 국가채무의 50% 이하가 되어야 한다. 즉 매년 (GDP 대비 적자성채무 비율)/(GDP 대비 국가채무 비율)≦50%인지 판단하면 되고, 2020년의 경우 20.7/36.0으로 50% 이상이므로 금융성채무가 매년 국가채무의 50% 이상인 것은 아니다.

실전에선 이렇게!

ㄴ. 2019년 대비 2020년 GDP 대비 국가채무 비율은 0.3%p 증가했지만 GDP 대비 적자성채무 비율은 0.7%p 증가하였으므로 이 둘의 차이인 GDP 대비 금융성채무 비율은 감소하였다고 판단할 수 있다.

ㄹ. (GDP 대비 적자성채무 비율)×2≦(GDP 대비 국가채무 비율)이 매년 성립하는지 판단한다.

4 빈칸형 난이도 하 정답 ①

문제풀이 핵심 포인트
문제의 난도는 낮지만 빈칸이 많은 문제이므로 빈칸을 쉽게 채워서 판단할 수 있는 〈보기〉부터 검토한 후 답을 도출한다.

풀이

주어진 〈표〉의 빈칸을 채우면 다음과 같다.

(단위: 가구)

이사 전 / 이사 후	소형	중형	대형	합
소형	15	10	(5)	30
중형	(0)	30	10	(40)
대형	5	10	15	(30)
계	(20)	(50)	(30)	100

ㄱ. (O) 주택규모가 이사 전 '소형'에서 이사 후 '중형'으로 달라진 가구는 0으로 없다.

ㄴ. (O) 이사 전후 주택규모가 동일한 가구 수는 60가구이므로 이사 전후 주택규모가 달라진 가구 수는 40가구이다. 따라서 전체 가구 수 100가구의 40%를 차지하므로 50% 이하이다.

ㄷ. (×) 주택규모가 '대형'인 가구 수는 이사 전이 30가구로 이사 후 30가구와 동일하다.

ㄹ. (×) 이사 후 주택규모가 커진 가구 수는 15가구이고 이사 후 주택규모가 작아진 가구 수는 25가구이므로 전자가 후자보다 적다.

실전에선 이렇게!

빈칸을 채우지 않아도 판단 가능한 ㄴ부터 검토 후, 빈칸을 하나만 채우면 판단 가능한 ㄷ을 검토한다.

5 각주 판단형 난이도 하 정답 ④

문제풀이 핵심 포인트

폐기처리 직전에 거쳐야 하는 공정은 재작업뿐만 아니라 검사도 포함해서 판단해야 하며 조립공정 직전에 거쳐야 하는 공정은 성형뿐만 아니라 재작업도 포함된다.

풀이

'혼합'공정에 1,000kg이 투입되면 '성형'공정에 직진율이 1.0인 1,000kg이 전달된다. 이 중 직진율이 0.1인 100kg만큼 '재작업'공정에 전달되고, 다시 이 중 직진율이 0.5인 50kg이 '폐기처리'공정에 전달된다. '성형'공정의 1,000kg 중 직진율이 0.9인 900kg은 '조립'공정에 전달되고, '재작업'공정의 100kg 중 직진율이 0.5인 50kg 역시 '조립'공정에 전달된다. 즉, 950kg 모두 '검사'공정에 전달되며, 이 중 직진율이 0.2인 190kg이 '폐기처리'공정에 전달된다. 따라서 '폐기처리'공정에 전달되는 재료의 총량은 50 + 190 = 240kg이다.

6 매칭형 난이도 상 정답 ③

문제풀이 핵심 포인트

국가명을 알 수 없는 것을 B~F 중에서 골라내야 하므로 A, G, H를 제외하고 판단한다.

풀이

- 두 번째 〈조건〉에 따라, '연강수량'이 세계평균 807mm보다 많은 국가인 A, B, D, G, H 중 '1인당 이용가능한 연수자원총량'이 가장 적은 국가인 A가 대한민국이다.
- 다섯 번째 〈조건〉에 따라, '1인당 이용가능한 연수자원총량'이 많은 국가부터 나열하면 E, G, 러시아, F, 미국, H이므로 H가 프랑스이다.
- 첫 번째 〈조건〉에 따라, '연강수량'이 세계평균 807mm의 2배인 1,614mm 이상인 B와 G가 일본 또는 뉴질랜드임을 알 수 있다.
- 세 번째 〈조건〉 에 따라, '1인당 연강수총량'이 세계평균 16,427m^3/인의 5배인 82,135m^3/인 이상인 국가를 '연강수량'이 많은 국가부터 나열하면 G, E, F이므로 뉴질랜드는 G, 캐나다는 E, 호주는 F이다. 이를 첫 번째 〈조건〉과 연결하면 B는 일본이 된다. 이에 따라 선지 ①, ④, ⑤는 제외된다.
- 네 번째 〈조건〉에 따라, '1인당 이용가능한 연수자원총량'이 영국보다 적은 국가인 A, C, D 중 '1인당 연강수총량'이 세계평균의 25%인 4,106.75m^3/인 이상인 국가는 C(4,530m^3/인)이다. 이에 따라 C가 중국임을 알 수 있고, 선지 ②는 제외된다.

따라서 국가명을 알 수 없는 것은 D이다.

실전에선 이렇게!

- 첫 번째 〈조건〉 판단 시 '연강수량'이 많은 2개 국가를 고르면 된다.
- 네 번째 〈조건〉을 마지막으로 판단한다면, C와 D 중 더 많은 국가를 고르면 된다.

7 평균 개념형 난이도 중 정답 ④

문제풀이 핵심 포인트

평균을 묻는 경우 편차의 합은 0이라는 원리를 이용하여 답을 도출한다.

풀이

ㄱ. (O) 80점을 기준으로 편차를 도출하면 +10, +5, -20, +15, -5이고 이를 모두 더한 편차의 합은 (+)이므로 국어 평균 점수는 80점 이상이다.

ㄴ. (×) '을'과 '정'을 비교하면 국어는 '을'이 +10, 영어는 '무'가 +15, 수학은 '무'가 +30이므로 '무'가 '을'보다 +35점이 더 높다. 따라서 3개 과목 평균 점수가 가장 높은 학생과 가장 낮은 학생의 평균 점수 차이는 10점 이하가 아니다.

ㄷ. (O) 국어, 영어, 수학 점수에 각각 0.4, 0.2, 0.4의 가중치를 부여했으므로 국어와 수학 점수를 합하고 영어는 점수의 절반만 계산하여 풀이한다. '갑'은 210점, '을'은 197.5점, '병'은 195점, '정'은 227.5점, '무'는 225점이다. 따라서 국어, 영어, 수학 점수에 각각 0.4, 0.2, 0.4의 가중치를 곱한 점수의 합이 가장 큰 학생은 '정'이다.

ㄹ. (O) '병'의 성별이 주어지지 않은 상황에서 남학생 '갑'과 '무'의 수학 평균 점수는 87.5점이고 여학생 '을'과 '정'의 수학 평균 점수는 85점이다. '병'의 수학 점수가 85점이므로 '병'이 남학생이라고 해도 평균은 85점보다 높고 '병'이 여학생이라면 동일하므로 '갑'~'무'의 성별 수학 평균 점수는 남학생이 여학생보다 반드시 높다.

8 빈칸형 난이도 중 정답 ⑤

문제풀이 핵심 포인트
비중 19.9%와 31.3%를 판단할 때 각각 약 20%, 약 33.3%로 보고 분수 형태로 변환하여 답을 도출한다.

풀이

ㄱ. (O) 2023년 인공지능반도체 비중은 325/2,686≒12.1%이므로 매년 증가한다.

ㄴ. (O) 2027년 시스템반도체 시장규모는 1,179/0.313≒3,767억 달러이므로 2021년 2,500억 달러보다 1,000억 달러 이상 증가한다.

ㄷ. (O) 2025년 시스템반도체 시장규모는 657/0.199≒3,302억 달러이다. 또 2022년 대비 2025년의 시장규모 증가율은 인공지능반도체가 {(657-185)/185}×100≒255%이고 시스템반도체가 {(3,301-2,310)/2,310}×100≒ 42.9%이므로 5배 이상이다.

실전에선 이렇게!

ㄱ. 2023년 인공지능반도체 비중이 10%는 넘지만 15%는 넘지 못한다는 점만 판단하면, 구체적으로 빈칸의 수치를 도출하지 않고도 정오를 판단할 수 있다.

ㄴ. 2027년 인공지능반도체 비중이 31.3%이므로 전체의 1/3인 33.3%보다 작다. 이 점을 활용하여, 2027년 시스템반도체 시장규모는 인공지능반도체 시장규모의 3배보다 크므로 1,179×3이 2,500+1,000=3,500억 달러 이상인지 비교한다.

ㄷ. 2025년 인공지능반도체 비중이 19.9%로 전체의 1/5인 약 20%이므로 시스템 반도체 시장규모는 인공지능반도체의 약 5배인 657×5≒3,300억 달러로 판단한다.

9 분수 비교형 난이도 중 정답 ⑤

문제풀이 핵심 포인트
〈표〉의 형태가 짝표이므로 출발 지역과 도착 지역이 동일한 지역 내 화물 이동을 묻는 〈보기〉를 우선적으로 검토한다.

풀이

ㄱ. (O) 도착 화물보다 출발 화물이 많은 지역은 A, B, D 3개이다.

ㄴ. (×) 지역 내 이동 화물은 C지역이 30개로 가장 적고 도착 화물은 D지역이 355개로 가장 적다.

ㄷ. (O) 지역 내 이동 화물을 제외할 때, 출발 화물과 도착 화물의 합은 C지역이 687개로 가장 작고 출발 화물과 도착 화물의 차이도 15개로 가장 작다.

ㄹ. (O) 도착 화물은 G가 1,465개로 가장 많고 출발 화물 중 지역 내 이동 화물의 비중도 (359/1,294)×100≒27.7%로 가장 크다.

실전에선 이렇게!

ㄹ. 출발 화물 중 지역 내 이동 화물의 비중을 비교할 때 G지역의 지역 내 이동 화물의 4배가 출발 화물보다 많기 때문에 25% 이상이다. 따라서 비교 대상이 되는 지역이 4배 이상이 되는지 판단한다.

10 매칭형 난이도 중 정답 ②

문제풀이 핵심 포인트
대화 형태의 〈보고서〉 매칭형 문제이지만 키워드 '가장'을 찾아 판단하면 쉽게 답을 도출할 수 있다.

풀이

- 갑의 첫 번째 〈대화〉에서 A~D는 대전, 세종, 충북, 충남 중 하나임을 알 수 있다.
- 을의 첫 번째 〈대화〉에서 4개 지자체 중 세종을 제외한 3개 지자체에서 4월 4일 기준 자가격리자가 전일 기준 자가격리자보다 늘어났다고 했고, 4월 4일 기준 자가격리자가 전일 기준 자가격리자보다 늘어나려면 신규인원에서 해제인원을 뺀 값이 0보다 커야 한다. 신규인원에서 해제인원을 뺀 값은 A가 900+646-560-600>0, B가 70+52-195-33<0, C가 20+15-7-5>0, D가 839+741-704-666>0이므로 B는 세종이다. 이에 따라 선지 ④가 소거된다.
- 을의 두 번째 〈대화〉에서 대전, 세종, 충북은 모니터링 요원 대비 자가격리자의 비율이 1.8 이상이라고 했으므로 세종인 B를 제외하고 A, C, D의 값을 구한다. 모니터링 요원 대비 자가격리자의 비율은 C가 (1,147+141)/196≒6.6, D가 (9,263+7,626)/8,898≒1.9로 1.8 이상이므로 1.8 미만인 A는 충남이다. 이에 따라 선지 ①, ③이 소거된다.
- 갑의 세 번째 〈대화〉에서 자가격리자 중 외국인이 차지하는 비중이 4개 지자체 가운데 대전이 가장 높다고 했으므로 A, B를 제외하고 C, D의 값을 구한다. 자가격리자 중 외국인이 차지하는 비중은 C가 (141/1,288)×100≒10.9%, D가 (7,626/16,889)×100≒45.2%이므로 대전은 D이다. 이에 따라 선지 ⑤가 소거된다.

따라서 C에 해당하는 지자체는 충북, D에 해당하는 지자체는 대전이다.

실전에선 이렇게!

'가장'이라는 키워드가 포함된 갑의 세 번째 〈대화〉부터 풀이하면 선지 ①, ③, ⑤가 소거되고, 이후 을의 첫 번째 〈대화〉를 풀이하면 선지 ④가 소거되어 정답을 바로 도출할 수 있다. 이 경우, 을의 두 번째 〈대화〉를 분석하지 않아도 되기 때문에 문제풀이 시간을 단축할 수 있다. 갑의 세 번째 〈대화〉에 따른 계산이 다소 복잡하더라도 수치상 대전은 A 또는 D임을 알 수 있으며, A와 D를 비교할 때 분수 비교의 기법 중 전체비와 상대비를 이용하면 763/926인 D가 780/978인 A보다 크다는 것을 쉽게 판단할 수 있다.

11 조건 판단형 난이도 상 정답 ③

문제풀이 핵심 포인트
선지가 순서 나열형이므로 정확한 수치를 계산하기보다는 식을 정리한 다음 어림수로 빠르게 비교한다.

풀이

월간 출근 교통비는 {출근 1회당 대중교통요금-(기본 마일리지+추가 마일리지)×($\frac{\text{마일리지 적용거리}}{800}$)}×월간 출근 횟수이므로 이에 따라 갑~병의 〈조건〉 및 월간 출근 교통비를 정리하면 다음과 같다.

구분	갑	을	병
출근 1회당 대중교통요금(원)	3,200	2,300	1,800
기본 마일리지(원)	450	350	250
추가 마일리지(원)	200	-	100
마일리지 적용거리(m)	800	800	600
월간 출근 횟수(회)	15	22	22
월간 출근 교통비(원)	38,250	42,900	33,825

따라서 월간 출근 교통비가 많은 사람부터 나열하면 을, 갑, 병 순이다.

실전에선 이렇게!

식을 정리하면 갑은 2,550×15, 을은 1,950×22, 병은 약 1,560×22이므로 곱셈 비교로 판단할 수 있다.

12 분수 비교형 난이도 상

정답 ③

문제풀이 핵심 포인트

<그림 1>과 <그림 2> 모두 상위 15개국 현황이 제시되어 있으므로 16위 이하 회원국은 15위 수치보다 작다는 점을 이용하여 답을 도출한다.

풀이

ㄱ. (O) 국민총소득 대비 공적개발원조액 비율이 UN 권고 비율보다 큰 국가는 룩셈부르크, 노르웨이, 스페인, 덴마크, 영국 5개국이다. 이 중 룩셈부르크는 <그림 1>에 제시되지 않았지만 나머지 4개국의 합만 더해도 19.4+4.3+2.7+2.5=28.9십억 달러로 250억 달러 이상이다.

ㄴ. (O) 공적개발원조액 상위 5개국의 공적개발원조액 합은 33.0+24.1+19.4+12.0+11.7=100.2십억 달러이다. 상위 15개국 소계는 137.5십억 달러이고 나머지 14개국은 15위 한국보다 작기 때문에 2.5×14=35십억 달러보다 작다. 따라서 개발원조위원회 29개 회원국 공적개발원조액 합은 137.5+35=172.5십억 달러보다 작기 때문에 공적개발원조액 상위 5개국의 공적개발원조액 합 100.2십억 달러는 개발원조위원회 29개 회원국 공적개발원조액 합의 50% 이상이다.

ㄷ. (×) 독일의 국민총소득은 24.1/0.0061≒3,951십억 달러이다. 독일이 공적개발원조액만 30억 달러 증액하면 27.1십억 달러가 되므로 독일의 국민총소득 대비 공적개발원조액 비율은 0.0685%이고, 이는 UN 권고 비율인 0.70% 이상이 되지 못한다.

실전에선 이렇게!

ㄷ. 비율의 수치가 너무 낮아 판단하기 힘들다면, 24.1/0.61≒40으로 보아 27.1/40>0.7이 되는지 검토한다.

13 분수 비교형 난이도 상

정답 ④

문제풀이 핵심 포인트

연속적인 전년 대비 변화율을 고려하여 판단할 때 5% 미만인 경우에는 합산하여 답을 도출한다.

풀이

ㄱ. (O) 2020년 오리 생산액은 1,327십억 원=1.327조 원이고 2020년 대비 2021년 생산액 변화율이 -5.58%이므로 2021년 '오리' 생산액 전망치는 1.327×0.9442≒1.253조 원으로 1.2조 원 이상이다.

ㄴ. (×) 2021년 '돼지' 생산액 전망치는 7,119×0.9609≒6,841십억 원이고, 같은 해 '농업' 생산액 전망치 50,052×1.0077≒50,437십억 원의 15% 수준인 약 7,565십억 원 이상이 되지 못하므로 옳지 않은 설명이다.

ㄷ. (O) '축산업' 중 전년 대비 생산액 변화율 전망치가 2022년보다 2023년이 낮은 세부항목은 우유와 오리 2개이다.

ㄹ. (O) 2020년 생산액 대비 2022년 생산액 전망치의 증감폭은 '재배업'이 30,270에서 30,597로 약 327십억 원이고 '축산업'이 19,782에서 19,853으로 약 70십억 원이므로 옳은 설명이다.

실전에선 이렇게!

ㄱ. 1.327조 원 기준 5.58% 감소하였으므로, 쉽게 계산하려면 이보다 수치를 살짝 높여 1.4조 원으로 판단한다. 1.4의 6%는 0.084이고, 이를 1.327에서 빼도 1.327-0.084>1.2이므로 옳은 선택지라고 판단할 수 있다.

ㄴ. 2021년 농업 생산액 전망치는 2020년보다 증가하므로 5만 이상이고, 돼지는 오히려 감소하고 있으므로 2020년 수치인 5만의 15%인 7,500을 기준으로 보더라도 옳지 않다는 것을 쉽게 판단할 수 있다.

ㄹ. 증가율이 5% 미만인 아주 작은 수치이므로 2021년과 2022년의 증가율을 더해 이를 2020년 대비 2022년 증가율로 간주해도 된다. 재배업은 1.5-0.42=1.08%, 축산업은 -0.34+0.7=0.36%으로 2020년 대비 2022년 증가율은 재배업이 축산업보다 높고, 2020년 재배업 생산액이 축산업 생산액보다 더 많기 때문에 증감폭 역시 재배업이 축산업보다 크다고 판단할 수 있다.

14 분수 비교형 난이도 중

정답 ①

문제풀이 핵심 포인트

회원수의 단위가 그림별로 다르므로 이를 일치시켜 판단하고, 구좌수는 자릿수가 많으므로 유효숫자를 설정하여 비교한다.

풀이

① (×) 장기저축급여 가입 회원 수는 744,733명으로, 전체 회원 85.2만 명의 약 87.4%이므로 85% 이상이다.

② (O) 공제제도별 자산 규모 구성비에서 장기저축급여가 27.3조 원으로 전체의 64.5%를 차지하고 있다. 따라서 공제제도의 총자산 규모는 27.3/0.645≒42.3조 원이므로 40조 원 이상이다.

③ (O) 자산 규모 상위 4개 공제제도는 장기저축급여, 퇴직생활급여, 목돈급여, 분할급여이고 4개 공제제도의 가입 회원 수 합은 744,733+40,344+55,090+32,411=872,578명이다. 전체 회원 수는 85.2만 명이므로 적어도 그 차이인 20,578명은 2개의 공제제도에 가입한 회원 수가 된다.

④ (O) 충청의 장기저축급여 가입 회원 수 61,850명은 15개 지역 평균 장기저축급여 가입 회원 수 744,733/15≒49,649명보다 많다.

⑤ (O) 공제제도별 1인당 구좌 수는 장기저축급여가 449,579,295/744,733≒603.7구좌로 분할급여 2,829,332/32,411≒87.3의 5배인 436.5구좌 이상이다.

실전에선 이렇게!

① 유효숫자만 설정하여 나타내면 744/852이므로 이를 반대해석하여 108/852≥15%인지 판단한다. 852의 10%인 85.2와 5%인 42.6의 합은 127.8이고, 108은 이보다 작으므로 옳지 않다는 것을 알 수 있다.
② 장기저축급여가 27.3조 원으로 전체의 64.5%를 차지하고 있기 때문에 이를 66.7%, 즉 전체의 약 2/3이라고 바꿔서 생각해본다. 따라서 나머지 1/3을 더하면 전체 금액이 되므로 대략 27.3+13.5>40이다. 실제로는 66.7%가 아니라 64.5%이므로 이보다 더 큰 금액임을 판단할 수 있다.
④ 충청의 회원 수는 6만 명 이상이고 15개 지역이므로 전체 가입 회원 수가 90만 명 미만이라면 옳은 선지가 된다.

15 분수 비교형 난이도 중

정답 ③

문제풀이 핵심 포인트

〈보고서〉의 분량이 많으므로 〈보고서〉의 내용을 그대로 나타낸 선지부터 검토하여 답을 도출한다.

풀이

① (O) 2018년 기준 광고사업체의 매체 광고비 규모는 11조 362억 원(64.1%), 매체 외 서비스 취급액은 6조 1,757억 원(35.9%)으로 조사됐다는 내용과 일치한다.
② (O) 인터넷매체 취급액은 3조 8,804억 원으로 전년 3조 6,406억 원 대비 (2,398/36,406)×100≒6.6% 증가했다. 이 중 특히 모바일 취급액은 14,735억 원에서 17,796억 원으로 (3,061/14,735)×100≒20.8% 증가하여 전년 대비 20% 이상 증가하였다.
③ (×) 간접광고(PPL) 취급액은 1,108억 원에서 1,270억 원으로 (162/1,108)×100≒14.6% 증가하여 전년 대비 14% 이상 증가하였다. 하지만 지상파TV와 케이블TV 간 비중의 격차는 45.1－39.2＝5.9%p로 5%p 이하가 아니다.
④ (O) 2018년 기준 광고 사업체 취급액은 17조 2,119억 원으로, 전년 16조 4,133억 원 대비 4.9% 증가했고, 광고사업체당 취급액 역시 22.7억 원에서 23.7억 원으로 증가했다. 업종별로 살펴보면 광고대행업이 6조 6,239억 원으로 전체 취급액의 38.5%를 차지했고, 취급액의 전년 대비 증가율은 온라인광고대행업이 16.9%로 가장 높다.
⑤ (O) 매체 광고비 중 방송매체 취급액은 4조 266억 원으로 가장 큰 비중을 차지하고 있으며, 그 다음으로 인터넷매체, 옥외광고매체, 인쇄매체 순으로 나타났다는 내용과 일치한다.

실전에선 이렇게!

③ 지상파TV와 케이블TV 간 비중은 2018년 간접광고 취급액 1,270억 원이 공통분모이므로 비중 차이 5%p를 구할 때 1,270억 원의 5%인 63.5억 원을 기준으로 두 매체의 취급액 차이가 이를 넘지 못하는지 판단한다.

16 빈칸형 난이도 상

정답 ①

문제풀이 핵심 포인트

2020년 연간 교통사고 건수가 주어지지 않았으므로 월별 평균치를 토대로 판단한다.

풀이

ㄱ. (O) 월별 교통사고 사상자는 가장 적은 달은 492명인 1월로, 사상자가 가장 많은 8월 841명의 60%인 504.6명 이하이다.
ㄴ. (O) 1~12월 동안 월별 사상자는 교통사고 건수의 2배 이상이다. 따라서 2020년 교통사고 건당 사상자는 1.9명 이상이다.
ㄷ. (×) '안전거리 미확보'가 사고원인인 교통사고 건수는 전체의 22.9%로 '중앙선 침범'이 사고원인인 교통사고 건수가 전체의 3.4%이므로 7배 이상이 되지 못한다.
ㄹ. (×) 2020년 총 교통사고 건수는 3,218건이고 이 중 사고원인이 '안전운전의무 불이행'인 비중은 65.3%이므로 교통사고 건수는 3,218×0.653≒2,101건으로 2,000건 이하가 아니다.

실전에선 이렇게!

ㄹ. 〈그림 3〉에서 '안전운전의무 불이행'의 비중은 전체의 65.3%로 약 2/3이다. 만약 전체 건수가 3,000건이라면 '안전운전의무 불이행' 건수는 약 2,000건이 된다. 〈그림 2〉에서 가평균을 이용하여 월별 평균 교통사고 건수를 도출하면 260건 이상이다. 따라서 전체 건수는 3,120건 이상이고 2/3는 2,080건이므로 2,000건 이상이라고 판단할 수 있다.

17 매칭형 난이도 중

정답 ④

문제풀이 핵심 포인트

발문에서 빈칸에 들어갈 수 있는 가능한 값을 묻고 있으므로 〈정보〉의 내용에 부합하지 않는 항목을 지우는 소거법으로 답을 도출한다.

풀이

- 첫 번째 〈정보〉에 따라, (가)는 A의 83.8, C의 65.7, F의 69.5 중 가장 작은 65.7보다 클 수 없다. 이에 따라 선지 ⑤가 제외된다.
- 두 번째 〈정보〉에 따라, 주택노후화율이 가장 높은 지역은 33.7%인 I지역이므로 (나)는 I를 제외한 시가화 면적 비율이 가장 낮은 E의 20.7보다 더 작아야 한다. 이에 따라 선지 ①이 제외된다.
- 세 번째 〈정보〉에 따라, 10만 명당 문화시설수가 가장 적은 지역은 3.1개인 B이고 10만 명당 체육시설수가 네 번째로 많아야 하므로 (다)는 세 번째로 많은 I의 119.2보다는 작고 F의 114.0보다는 커야 한다. 이에 따라 선지 ②가 제외된다.
- 네 번째 〈정보〉에 따라, (라)는 92.5보다 커야 하므로 선지 ④만 가능함을 알 수 있다.

18 빈칸형 난이도 중

정답 ③

문제풀이 핵심 포인트

빈칸의 수치를 직접 도출해야 판단 가능한 <보기>는 시간이 오래 걸리므로 빈칸을 직접 묻지 않는 <보기>를 먼저 판단하고 이후 빈칸을 간접적으로 묻는 <보기>를 검토한다.

풀이

ㄱ. (O) 2019년 수도권대학 기숙사의 수용률은 (119,940/676,479)×100 ≒18.2%이다. 2019년 대비 2020년 대학유형별 기숙사 수용률은 국공립대학(26.7 → 26.8)보다 사립대학(20.8 → 21.0)이 0.2%p 더 큰 폭으로 증가하였고 비수도권대학(25.5 → 25.5)보다 수도권대학(17.7 → 18.2)이 0.5%p 더 큰 폭으로 증가하였다.

ㄴ. (×) 기숙사 수용가능 인원은 국공립대학이 102,906명에서 102,025명으로 881명 감소하여, 전년 대비 800명 이상 증가한 것이 아니라 800명 이상 감소하였다. 또한 사립대학은 251,261명에서 252,497명으로 1,236명 증가하였기 때문에 전년 대비 1,400명 이상 감소하지 않았다.

ㄷ (×) 전체 대학 196개교 중 기숙사비 카드납부가 가능한 대학은 47개교로 약 24%이다. 따라서 37.9%에 불과하였다는 설명은 옳지 않다.

ㄹ. (O) 카드납부가 가능한 공공기숙사는 0개교이고, 현금분할납부가 가능한 공공기숙사도 사립대학 9개교이므로 옳은 설명이다.

실전에선 이렇게!

ㄱ. 수도권대학의 수용가능인원은 증가한 반면 재학생 수는 감소하였으므로 수용률은 증가하였다. 따라서 수용률의 변화가 없는 비수도권대학보다 수도권 대학의 수용률이 더 큰 폭으로 증가했다고 쉽게 판단할 수 있다.

19 조건 판단형 난이도 상

정답 ③

문제풀이 핵심 포인트

발문에서 2020년 기본 연봉의 합을 묻고 있지만, <조건>에서 매년 각 직원의 기본 연봉은 변동이 없다고 했으므로 각 직원이 해당 연도에 어떤 등급을 받았는지만 판단한다.

풀이

첫 번째 <조건>에서 기본 연봉은 변동이 없다고 했으므로 각 직원의 기본 연봉을 도출한다. 갑은 2018~2020년 동안 매년 성과급이 다르므로 2018년에 S, 2019년에 A, 2020년에 B를 받았음을 알 수 있다. 이때 성과등급 S는 인원 수가 1명이므로 갑 이외에 2018년에 성과등급 S를 받은 직원은 없다. 이에 따라 병의 2018년 성과등급은 A이므로 2020년 성과등급도 A이며, 2019년 성과등급은 B이다. 을은 2018년 대비 2019년에 성과급이 4배 증가했으므로 2019년 성과등급 S를 받은 직원이 을임을 알 수 있다. 무는 성과급이 매년 동일하므로 성과등급은 매년 B이다. 정과 기는 남은 인원 수를 고려하면 B, B, A 또는 A, A, S 중 하나이다.

구분	2018	2019	2020
갑	12.0 S	6.0 A	3.0 B
을	5.0 B	20.0 S	5.0 B
병	6.0 A	3.0 B	6.0 A
정	6.0 B	6.0 B	12.0 A
무	4.5 B	4.5 B	4.5 B
기	6.0 A	6.0 A	12.0 S

따라서 '가'부서의 직원별 기본 연봉은 갑~기 순서대로 60백만 원, 100백만 원, 60백만 원, 120백만 원, 90백만 원, 60백만 원이므로 2020년 기본 연봉의 합은 490백만 원이다.

20 각주 판단형 난이도 상

정답 ④

문제풀이 핵심 포인트

500m³ 이상(L)만 지역등급 Ⅰ~Ⅳ별로 기준이 나누어져 있고, 50m³ 이상 500m³ 미만(M)과 50m³ 미만(S)은 지역등급과 무관하게 기준이 동일하다는 점에 착안하여 판단한다.

풀이

ㄱ. (O) 생물학적 산소요구량 기준이 '5mg/L 이하'인 경우는 1일 하수처리용량이 500m³ 이상(L)이면서 동시에 지역등급이 Ⅰ 또는 Ⅱ등급뿐이다. 따라서 지역등급 Ⅰ과 Ⅱ인 지역 중에서 L인 지역을 찾으면 5개이다. 따라서 방류수의 생물학적 산소요구량 기준이 '5mg/L 이하'인 하수처리장 수는 5개이다.

ㄴ. (×) 1일 하수처리용량 500m³ 이상(L)인 하수처리장 수는 14개이고 1일 하수처리용량 50m³ 미만(S)인 하수처리장 수는 10개이므로 1.5배 이상이 되지 못한다.

ㄷ. (O) Ⅱ등급 지역에서 방류수의 총인 기준이 '0.3mg/L 이하'인 하수처리장은 1일 하수처리용량이 500m³ 이상(L)인 2개 지역이므로 이들의 1일 하수처리용량 합은 최소 1,000m³가 된다.

ㄹ. (O) 방류수의 총질소 기준이 '20mg/L 이하'인 하수처리장 수는 1일 하수처리용량이 50m³ 미만인 지역(S)을 제외한 나머지이다. 따라서 1일 하수처리용량이 50m³ 미만인 지역(S)이 총 10개이므로 방류수의 총질소 기준이 '20mg/L 이하'인 하수처리장 수는 전체 36개 중 10개를 제외한 26개이다. 방류수의 화학적 산소요구량 기준이 '20mg/L 이하'인 하수처리장 수는 ㄱ에서 도출한 것과 사실상 동일한 5개이므로 5배 이상이 된다.

21 평균 개념형 난이도 상

정답 ②

문제풀이 핵심 포인트

종합점수인 평균이 제시되어 있기 때문에 편차의 합은 0이라는 원리를 이용하여 답을 도출한다.

풀이

주어진 <표>의 빈칸을 채우면 다음과 같다.

(단위: 점)

직원 \ 평가자	A	B	C	D	E	종합점수
갑	91	87	(86↓)	89	95	89.0
을	89	86	90	88	(91↑)	89.0
병	68	76	( )	74	78	( )
정	71	72	85	74	(86↑)	77.0
무	71	72	79	85	(83)	78.0

ㄱ. (O) '을'의 종합점수가 89점이므로 88, 89, 90점에 대한 평균임을 판단할 수 있다. 따라서 86점과 E에 대한 점수를 제외하여야 하므로 '을'에 대한 직무평가 점수는 평가자 E가 91점 이상으로 가장 높다.

ㄴ. (×) C에게 받은 점수가 68점 미만이라면 종합점수×3은 최소 68+74+76이고, 78점 초과라면 종합점수×3은 최대 74+76+78이다. 따라서 이 둘의 차이는 10점이므로 종합점수는 10/3 차이가 난다. 따라서 '병'의 종합점수로 가능한 최댓값과 최솟값의 차이는 5점 이상이 되지 못한다.

ㄷ. (×) 평가자 C의 '갑'에 대한 직무평가 점수가 '갑'의 종합점수 89점보다 높다면 '갑'의 종합점수는 89, 90, 91점 또는 89, 91, 92~94점 또는 89, 91, 95점의 평균이 된다. 즉 어떤 경우라도 평균이 89점이 될 수 없다. 따라서 평가자 C의 '갑'에 대한 직무평가 점수는 '갑'의 종합점수 89점보다 높지 않다.

ㄹ. (O) ㄱ에서 판단한 바와 같이 '을'의 경우 B, E가 제외된다. '갑'의 경우 종합점수가 89점이고 이는 87, 89, 91점에 대한 평균임을 알 수 있으므로 역시 C, E가 제외된다. A와 D가 제외될 상황만 판단해 보면, '정'의 경우 종합점수가 77점이므로 만약 E가 71점 미만이라면 71, 72, 74점에 대한 평균인데 이는 불가능하므로 71점이 최솟값임을 알 수 있다. 따라서 A가 제외되어야 한다. 마지막으로 '무'의 경우 종합점수가 78점인데 만약 E가 86점 이상이면 72, 79, 85점에 대한 평균이 되고, 이는 78점 기준으로 한 편차의 합이 0이 되지 않아 불가능하다. 따라서 D가 제외되어야 한다. 즉 '갑'~'무'의 종합점수 산출 시, 부여한 직무평가 점수가 한 번도 제외되지 않은 평가자는 없다.

22 평균 개념형 난이도 하 정답 ②

문제풀이 핵심 포인트

제시된 자료가 많지만 <보기>에서 묻는 내용이 복잡하거나 변환된 내용은 아니므로 정확하게 찾아서 판단한다.

풀이

ㄱ. (×) '월평균 지상 10m 기온'이 가장 높은 달이 7월이고 '월평균 지표면 온도'가 가장 높은 달이 8월인 도시는 A와 D 2개 도시이다.

ㄴ. (O) 2월의 '월평균 지상 10m 기온'이 영하인 도시는 B를 제외한 A, C, D, E이고 이 중 '월평균 지표면 온도'가 영상인 도시는 C와 E이다.

ㄷ. (O) A~E 도시 중 1월의 '월평균 지표면 온도'는 D가 −2.7°C로 가장 낮다. D의 도시의 설계적설하중은 0.8kN/m²로 5개 도시 평균 설계적설하중 0.9kN/m²보다 작다.

ㄹ. (×) 설계기본풍속이 두 번째로 큰 도시 E는 8월의 '월평균 지상 10m 기온'도 A~E 도시 중 25.7°C인 B와 25.4°C인 A에 이어 세 번째로 높다.

실전에선 이렇게!

ㄷ. 0.8을 기준으로 편차를 도출하면 −0.3, −0.3, −0.1, +1.2로, 이들의 합은 +0.5이다. 즉 5개 도시 평균 설계적설하중은 0.8kN/m²보다 크다는 것을 판단할 수 있다.

23 조건 판단형 난이도 중 정답 ⑤

문제풀이 핵심 포인트

발문에서 설계적설하중의 크기를 묻는 것이 아니라 설계적설하중의 증가 폭 크기를 묻는다는 점에 유의하여 답을 도출한다.

풀이

- 단계 1에 따라 각 도시의 설계적설하중을 50% 증가시키면 A와 B는 0.75kN/m², C는 1.05kN/m², D는 1.2kN/m², E는 3.0kN/m²가 된다.
- 단계 2에 따라 '월평균 지상 10m 기온'이 영하인 달이 3개 이상인 도시는 A, D, E이고 해당 도시의 단계 1에 의해 산출된 값을 40% 증가시키면 A는 1.05kN/m², D는 1.68kN/m², E는 4.2kN/m²가 된다.
- 단계 3에 따라 설계기본풍속이 40m/s 이상인 도시 B, E만 단계 1~2를 거쳐 산출된 값을 20% 감소시키면 B는 0.6kN/m², E는 3.36kN/m²이다.
- 단계 4에 따라 단계 1~3을 거쳐 산출된 값을 수정된 설계적설하중으로 하고, 1.0kN/m² 미만인 B는 0.6이 아닌 1.0kN/m²으로 한다.

따라서 증가폭은 A +0.55, B +0.5, C +0.35, D +0.88, E +1.36으로, 두 번째로 큰 도시는 D이고 가장 작은 도시는 C이다.

24 표-차트 변환형 난이도 상 정답 ①

문제풀이 핵심 포인트

<표 3>에 전년대비 증가 현황이 주어져 있으므로 2017년 수치를 도출할 때 이를 근거로 판단해야 한다.

풀이

① (×) <표 3>은 2018년 피해유형별 접수 건수만 제시되어 있고, 전년 대비 증가 현황은 합계만 주어졌기 때문에 <표 2>에서 판단해야 한다. 실제로는 <표 3>에서 2017년 접수 건수(국적항공사 638−36=602, 외국적항공사 486−7=479)를 도출하여 반영해야 한다. 그래프에서 '기타'가 0.99로 표시되어 있으나, <표 3>에서 국적항공사의 '기타'유형 피해구제 접수 건수인 7.64×602와 외국적항공사의 '기타'유형 피해구제 접수 건수인 7.72×479를 비교하면 국적항공사가 더 크기 때문에 외국적항공사 대비 국적항공사의 비는 1.0보다 커야 한다.

② (O) <표 3>에서 2018년 합계와 전년 대비 증가를 통해 2017년 국적항공사별 피해구제 접수 건수를 도출할 수 있다. 태양항공부터 각각 140, 108, 29, 37, 41, 133, 51, 63건이고 전체 602건에서 항공사가 차지하는 비중은 그래프의 수치와 동일하다.

③ (O) 선지 ①과 마찬가지로 <표 2>의 국적항공사 비율에 602건을 곱해서 도출하면 그래프의 수치와 동일하다.

④ (O) <표 1>에서 저비용항공사의 국내선과 국제선 운송실적 전체를 합해서 증가율을 도출하면 그래프의 수치와 동일하다.

⑤ (O) <표 1>에서 대형항공사의 국내선과 국제선 운송실적 합계를 도출할 수 있고, <표 3>에서 대형항공사의 피해구제 접수 건수를 도출하여 비를 나타내면 그래프의 수치와 동일하다.

실전에선 이렇게!

① 그래프는 <표 2>의 외국적항공사의 피해구제 접수 건수 비율 대비 국적항공사의 피해구제 접수 건수 비율의 비를 나타낸 것이다. 실제 2017년 피해 유형별 외국적항공사의 피해구제 접수 건수 대비 국적항공사의 피해구제 접수 건수 비를 도출하면 취소환불 위약금이 1.46, 지연 결항이 1.03, 정보제공 미흡이 0.97, 수하물 지연 파손이 1.28, 초과판매가 0.22, 기타가 1.24이다.

⑤ 운송실적의 단위가 <표 1>의 단위인 천 명이 아닌 백만 명이라는 점을 고려하여 판단한다.

25 빈칸형 난이도 상

정답 ⑤

문제풀이 핵심 포인트

검거율 식을 토대로 표의 빈칸을 최소로 채워 판단할 수 있는 <보기>부터 검토한다.

풀이

ㄱ. (O) 2011~2020년 연평균 산불 건수는 473.7건으로 500건 이하이다.

ㄴ. (O) 산불 건수는 2017년이 692건으로 가장 많고 2012년이 197건으로 가장 적다. 2017년의 검거율은 44.1%로, 2012년의 검거율 37.1%보다 높다.

ㄷ. (×) 산불건수는 성묘객 실화가 9건으로 논밭두렁 소각 49건보다 더 적지만, 검거율은 성묘객 실화 66.7%보다 논밭두렁 소각 91.8%가 더 높다.

ㄹ. (O) <표 1>에서 2020년 전체 산불 건수는 620건이다. 입산자 실화 건수는 217건으로 전체 산불 건수 620건의 35%이다.

실전에선 이렇게!

ㄱ. 500을 기준으로 2011년부터 편차를 도출하면 -223, -303, -204, -8, +123, -109, +192, -4, +153, +120으로 편차의 합은 (-)이다. 따라서 500건 이하이다.

ㄴ. 검거율 식으로 분수 비교를 하면 73/197과 305/692의 비교이므로 40%를 기준으로 판단한다.

ㄹ. 620의 35%를 구할 때 비율 쪼개기를 해서 (30+5)%로 도출한다. 30%는 186이고 5%는 31이므로 합은 217이 된다.

모바일 자동 채점 및
성적 분석 서비스

7급 2020년 모의평가

PSAT 전문가의 총평

전반적으로 모든 영역이 문항 형태와 유형 측면에서 5급이나 민간경력자 PSAT와 유사하게 출제되었습니다. 모의평가 문제는 2019년 7급 PSAT 예시문제를 반영하여 출제되었으나, 자주 출제되던 유형이 아닌 유형의 문제들을 섞어 고난도 문항을 구성하였습니다. 또한 전반적으로 실무 소재가 많이 활용되어 출제된 만큼, 해당 소재나 관련 유형에 익숙해질 필요가 있습니다.

정답

p.105

1	⑤	보고서 검토·확인형	6	②	조건 판단형	11	④	매칭형	16	②	빈칸형	21	④	매칭형
2	①	평균 개념형	7	③	곱셈 비교형	12	③	빈칸형	17	⑤	빈칸형	22	①	조건 판단형
3	①	분수 비교형	8	②	빈칸형	13	③	곱셈 비교형	18	⑤	빈칸형	23	③	분수 비교형
4	⑤	각주 판단형	9	①	각주 판단형	14	④	조건 판단형	19	⑤	빈칸형	24	③	보고서 검토·확인형
5	④	각주 판단형	10	③	표-차트 변환형	15	①	각주 판단형	20	④	분수 비교형	25	②	분수 비교형

취약 유형 분석표

유형별로 맞힌 문제 개수와 정답률, 틀린 문제 번호, 풀지 못한 문제 번호를 적고 나서 취약한 유형이 무엇인지 파악해 보세요. 그 후 약점 보완 해설집 p.2 [취약 유형 공략 포인트]에서 약점 보완 학습법을 확인하고, 틀린 문제와 풀지 못한 문제를 다시 한번 풀어보세요.

유형		맞힌 문제 개수	정답률	틀린 문제 번호	풀지 못한 문제 번호
자료비교	곱셈 비교형	/2	%		
	분수 비교형	/4	%		
	반대해석형	-	-		
자료판단	단순 판단형	-	-		
	매칭형	/2	%		
	빈칸형	/6	%		
	각주 판단형	/4	%		
	조건 판단형	/3	%		
자료검토·변환	보고서 검토·확인형	/2	%		
	표-차트 변환형	/1	%		
자료이해	평균 개념형	/1	%		
	분산·물방울형	-	-		
	최소여집합형	-	-		
TOTAL		/25	%		

해설

1 보고서 검토·확인형 난이도 하 정답 ⑤

문제풀이 핵심 포인트
보고서 일치부합 문제이므로 단순 수치 비교로 판단 가능한 선지 ②, ④, ⑤부터 검토해서 정답을 빠르게 도출한다.

풀이

① (O) D 축제의 경우 취업자 수와 고용인 수가 각각 130명, 41명으로 가장 적고, 고용인 1인당 취업자 수는 3.2명으로 가장 많으므로 〈보고서〉의 세 번째 문단에 부합하는 자료이다.

② (O) 5대 축제의 관람객 만족도를 보면, 먹거리 만족도가 72점, 69점, 58점으로 매년 떨어지고 있고 2019년에는 살거리 만족도도 60점으로 2018년 63점보다 낮으므로 〈보고서〉의 첫 번째 문단에 부합하는 자료이다.

③ (O) 관람객 1인당 총지출액에서 숙박비의 비중은 C 축제가 46.5%로 유일하게 40%를 초과하여 가장 높고, 먹거리 비용의 비중은 E 축제가 74.0%로 유일하게 70%를 초과하여 가장 높으므로 〈보고서〉의 세 번째 문단에 부합하는 자료이다.

④ (O) A 축제는 관람객 수 8점, 인지도 13점, 콘텐츠 영역 20점으로 B 축제 관람객 수 5점, 인지도 11점, 콘텐츠 영역 13점보다 높은 점수를 받았으나 경제적 효과 영역에서는 B 축제 15점보다 낮은 11점을 받았으므로 〈보고서〉의 첫 번째 문단에 부합하는 자료이다.

⑤ 50대 이상은 TV가 아닌 현수막을 통해 정보를 획득한 관람객 수가 가장 많으므로 〈보고서〉의 두 번째 문단에 부합하지 않는 자료이다.

실전에선 이렇게!
① 고용인 1인당 취업자 수를 비교할 때, D 축제는 고용인 수가 취업자 수의 3배 이상이므로 다른 축제가 3배 이상이 되는지 판단한다.

2 평균 개념형 난이도 하 정답 ①

문제풀이 핵심 포인트
평균은 편차의 합이 0이라는 성격을 이용하여 답을 도출한다.

풀이

- A와 C의 판매량은 같으므로 C의 판매량도 95이다.
- B와 D의 판매량이 같으므로 평균과의 편차를 X라고 하여 평균 70을 기준으로 편차를 도출하면 A = +25, B = X, C = +25, D = X, E = X - 23, F = -27이고 이를 모두 더하면 2X만 남게 된다.
- 따라서 평균의 편차 합 2X = 0이 되어야 하므로 B = D = 70이고 E는 47이다.

3 분수 비교형 난이도 하 정답 ①

문제풀이 핵심 포인트
연도별 전체 사고건수가 동일하고, 기준이 '원인'과 '사용처'로 다른 2개의 〈표〉가 제시된 문제이므로 이를 연결하여 정답을 도출한다.

풀이

ㄱ. (O) '공급자 취급부주의'는 2015년 23건에서 2019년 29건으로 6건 증가하였고 '시설미비'는 18건에서 24건으로 역시 6건 증가하였다. 증가폭이 동일하고 2015년 수치는 '공급자 취급부주의'가 더 크기 때문에 2015년 대비 2019년 사고건수의 증가율은 '공급자 취급부주의'가 '시설미비'보다 작다.

ㄴ. (O) '주택'과 '차량'의 연도별 사고건수 증감방향은 증가, 감소, 증가, 증가로 서로 같다.

ㄷ. (×) 2016년에는 사고건수 기준 상위 2가지 원인은 '사용자 취급부주의'와 '시설미비'로 합이 61건이므로 전체 120건의 절반 이상이다. 따라서 2016년에는 사고건수 기준 상위 2가지 원인에 의한 사고건수의 합이 나머지 원인에 의한 사고건수의 합인 59건보다 많다.

ㄹ. (×) 2017년 사고건수 118건 중 '주택' 39건이 차지하는 비중은 39/118로 35%인 35/100보다 작다. 따라서 전체 사고건수에서 '주택'이 차지하는 비중이 매년 35% 이상인 것은 아니다.

실전에선 이렇게!
ㄹ. 2017년의 경우 '주택' 39건의 3배인 117건은 전체 118건보다 작다. 따라서 전체의 1/3인 33.3%보다도 작다.

4 각주 판단형 난이도 중 정답 ⑤

문제풀이 핵심 포인트
각주에서 까다로운 등급 조건을 제시하고 있으므로, 등급을 직접 묻지 않는 선지 ①, ②, ③ 위주로 우선 판단한다.

풀이

① (O) 2015~2019년 A와 B 지역의 총질소(Total - N)의 연간 증감방향은 감소, 증가, 감소, 감소로 매년 동일하다.

② (O) B 지역은 해조류 군집 출현종수가 2015년 102개에서 2016년 77개로 25개 감소하였고 해양 저서동물 출현종수는 2015년 90개에서 2016년 73개로 17개 감소하였다. 감소율 20%를 기준으로 판단하면, 2016년 B 지역은 해조류 군집 출현종수의 전년대비 증감률이 해양 저서동물 출현종수의 전년대비 증감률보다 크다.

③ (O) 2019년에 해양 저서동물 출현종수가 가장 많은 지역은 304개인 D이고, 총질소(Total - N)가 0.07로 가장 낮은 지역도 D이다.

④ (O) 2015년에 해양수질 1등급 요건인 DO 7.50mg/L 이상, COD 1.00mg/L 이하, Total - N 0.30mg/L 이하를 모두 만족하는 지역은 DO가 7.51mg/L, COD가 0.96mg/L, Total - N이 0.20mg/L인 D뿐이다.

⑤ (×) C 지역의 경우 2015년과 2016년의 COD가 각각 2.35mg/L, 2.29mg/L로 2등급 기준인 COD 2.00mg/L 이하를 만족하지 못한다. 따라서 A와 C 지역의 해양수질이 2015년부터 2017년까지 2등급으로 일정하다는 것은 옳지 않은 설명이다.

5 각주 판단형 난이도 중

정답 ④

문제풀이 핵심 포인트

각주 1과 2를 연결하면 결국 공급예비율은 {(전력공급능력/최대전력수요) - 1}×100이므로 공급예비율의 크기는 전력공급능력/최대전력수요의 비율 크기로 판단 가능하다.

풀이

① (×) 공급예비력은 2018년 2월이 8,793 - 7,879 = 914만 kW로 2019년 8월 9,240 - 8,518 = 722만 kW보다 크다.

② (×) 공급예비율은 2018년 2월 (879/788)×100이 2019년 8월 (924/852)×100보다 높다.

③ (×) 2월에 2018년은 증가, 2019년은 감소로 2019년 1~12월 동안 최대전력수요의 월별 증감방향은 2018년과 동일하지 않다.

④ (O) 해당 연도 1~12월 중 최대전력수요가 가장 큰 달과 가장 작은 달의 최대전력수요 차이는 2018년 2월(7,879) - 5월(6,407)이 2019년 8월(8,518) - 4월(6,577)보다 작다.

⑤ (×) 2019년 최대전력수요의 전년동월 대비 증가율은 1월이 7,780만 kW에서 8,297만 kW로 약 500만 kW 증가하여 10% 미만의 증가율을 보이고 있지만 8월은 7,692만 kW에서 8,518만 kW로 800만 kW 이상 증가하여 10% 이상의 증가율을 보이고 있다. 따라서 2019년 최대전력수요의 전년동월 대비 증가율이 가장 높은 달은 1월이 아니다.

실전에선 이렇게!

② 분자 증가율<분모 증가율로 빠르게 정오 판단이 가능하다.

6 조건 판단형 난이도 중

정답 ②

문제풀이 핵심 포인트

위험인자별 평가점수를 매길 때 경사길이나 토심은 수치가 클수록 평가점수가 높고 경사도는 낮을수록 평가점수가 높다는 점을 체크하여 답을 도출한다.

풀이

〈평가 방법〉의 점수를 간단히 정리하면 다음과 같다.

지역 / 위험인자	A	B	C	D	E
경사길이(m)	2	3	2	1	0
모암	1	1	3	2	3
경사위치	1	2	1	3	2
사면형	0	3	2	3	1
토심(cm)	3	2	1	2	1
경사도(°)	1	3	2	1	0
계	8	13	11	12	7

따라서 산사태 위험점수가 가장 높은 지역은 B이고 가장 낮은 지역은 E이다.

7 곱셈 비교형 난이도 상

정답 ③

문제풀이 핵심 포인트

선지의 그래프는 이용자 수를 나타내므로 〈보고서〉에서 이용자 변화가 나타나는 부분을 집중적으로 판단하여 답을 도출한다.

풀이

① (×) 〈보고서〉의 두 번째 문단에 따르면 메뉴 가격에 변동이 없을 경우, 일반식 이용자와 특선식 이용자의 수가 모두 2018년 12월에 비해 감소한다. 그래프에서 '메뉴 가격 변동 없음'의 일반식 이용자는 1,220명으로 2018년 12월의 1,210명보다 많으므로 내용에 부합하지 않는다.

② (×) 〈보고서〉의 세 번째 문단에 따르면 특선식 가격만을 1,000원 인상하여 7,000원으로 할 경우, 특선식 이용자 수는 2018년 7월 이후 최저치 이하로 감소한다. 그래프에서 '특선식만 1,000원 인상'의 특선식 이용자는 890명으로, 2018년 7월 이후 최저치인 8월의 885명보다 많으므로 내용에 부합하지 않는다.

③ (O) 메뉴 가격에 변동이 없을 경우, 특선식 이용자 수가 940명, 일반식 이용자 수가 1,200명이므로 2018년 12월에 비해 감소한다. 또한 특선식만 1,000원 인상할 경우, 특선식 이용자 수는 880명으로 2018년 7월 이후 최저치 이하로 감소하고 총 매출액은 880×7 + 1,260×4 = 11,200천 원이므로 2018년 10월 총매출액 이상으로 증가한다. 일반식 가격만을 1,000원 인상할 경우, 일반식 이용자 수는 1,030명으로 2018년 12월 일반식 이용자 수 대비 10% 이상 감소한다. 따라서 〈표〉와 〈보고서〉의 내용에 부합한다.

④ (×) 〈보고서〉의 세 번째 문단에 따르면 특선식 가격만을 1,000원 인상하여 7,000원으로 할 경우, 가격 인상의 영향 등으로 총매출액은 2018년 10월 이상으로 증가할 것으로 예측된다. 2018년 10월의 특선식 총 매출액은 5,874천 원이고, '특선식만 1,000원 인상'의 특선식 총 매출액은 870×7 = 6,090천 원으로 216천 원만큼 증가한다. 반면 2018년 10월의 일반식 총 매출액은 1,244×4이고, '특선식만 1,000원 인상'의 일반식 총 매출액은 1,180×4로 256천 원만큼 감소하므로 내용에 부합하지 않는다.

⑤ (×) 〈보고서〉의 마지막 문단에 따르면 일반식 가격만을 1,000원 인상하여 5,000원으로 할 경우, 일반식 이용자 수는 2018년 12월 대비 10% 이상 감소하며, 특선식 이용자 수는 2018년 10월보다 증가하지는 않으리라 예측된다. 그래프에서 '일반식만 1,000원 인상'의 일반식 이용자는 1,090명이고, 이는 2018년 12월 1,210명의 10%인 121명을 제외한 1,089명보다 많으므로 내용에 부합하지 않는다.

실전에선 이렇게!

이용자 수의 변화를 묻는 내용부터 참고하여 선지 ①, ②, ⑤를 제외하면 선지 ③, ④가 남게 된다. 이 경우 특선식 가격 인상 시 이용자 수는 선지 ③이 선지 ④보다 일반식과 특선식 모두 더 많기 때문에, 총매출액 증가 여부를 도출하지 않고 판단할 수 있다.

8 빈칸형 난이도 중 정답 ②

문제풀이 핵심 포인트
1분은 100초가 아닌 60초이므로 분과 초를 더할 때 각각 더해서 시간을 비교하면 쉽게 판단할 수 있다.

풀이

ㄱ. (○) 출발 후 6km 지점을 먼저 통과한 선수부터 나열하면 A가 29분 100초, C가 31분 127초, D가 33분 150초, B가 33분 169초로 A - C - D - B 순이다.

ㄴ. (×) B의 구간별 기록 중 '분'만 모두 더하면 53분이므로 완주 기록이 60분 이상이 되려면 '초'를 모두 더했을 때 7분 이상, 즉 420초 이상이어야 한다. B는 298초이므로 B의 10km 완주기록은 60분 이상이 아니다.

ㄷ. (○) 0~1km 구간에서 B는 C보다 56초 빨리 달렸지만 1~2km 구간에서 C는 B보다 15초 빨리 달렸고 2~3km 구간에서도 C는 B보다 32초 빨리 달렸다. 3~4km 구간 역시 C는 B보다 1분 3초 빨리 달렸으므로 3~4km 구간에서 B는 C에게 추월당한다.

ㄹ. (×) A가 10km 지점을 통과한 순간은 51분 52초이다. D는 10km 지점을 통과한 순간이 57분 23초이므로 9km 지점을 통과한 순간은 52분 8초, 8km 지점을 통과한 순간은 46분 57초이다. 따라서 A가 10km 지점을 통과한 순간인 51분 52초에 D는 7~8km 구간이 아닌 8~9km 구간을 달리고 있다.

실전에선 이렇게!

ㄴ. 총 10개 구간이므로 완주 기록이 60분 이상이 되려면 구간별로 평균 기록이 6분 이상이 되어야 한다. 따라서 6분을 기준으로 편차를 도출하면 -16초, -18초, -10초, +18초, +14초, +3초, -12초, -21초, -27초, -57초로 편차의 합은 (-)이다. 따라서 평균적으로 6분 이상이 되지 못한다.

9 각주 판단형 난이도 중 정답 ①

문제풀이 핵심 포인트
한국의 가정용, 산업용 전기요금은 100kWh당 각각 $120, $95이고 전기요금 지수가 각각 75, 95이므로 OECD 평균은 각각 $160, $100인 점을 판단하여 답을 도출한다.

풀이

ㄱ. (○) 산업용 전기요금은 일본이 $160로 가장 비싸고 가정용 전기요금은 독일이 $203로 가장 비싸다.

ㄴ. (○) OECD 평균 전기요금은 가정용이 $160로 산업용 $100의 1.5배 이상이다.

ㄷ. (×) 미국의 경우 가정용 전기요금 지수가 77로, 75인 한국보다 전기요금이 비싸지만 산업용 전기요금 지수는 67로 95인 한국보다 비싸지 않다.

ㄹ. (×) 일본은 산업용 전기요금이 $160로 가정용 전기요금 138×1.6 = $220.8보다 비싸지 않다.

10 표 - 차트 변환형 난이도 상 정답 ③

문제풀이 핵심 포인트
〈표〉의 수치를 그대로 나타낸 선지 ①과 차이로 나타낸 선지 ②를 우선적으로 검토한다.

풀이

그래프에서 2018년 공기업의 여성 비율이 25.0%인데 〈표 2〉에서 공기업 전체 9,070명 중 여성 2,087명은 25%가 되지 못한다.

실전에선 이렇게!

여성×4 = 전체가 성립하는지 확인한다.

11 매칭형 난이도 중 정답 ④

문제풀이 핵심 포인트
'가장'이라는 키워드가 포함된 두 번째 〈조건〉부터 판단한 후 선택지의 구성을 참고하여 소거법으로 답을 도출한다.

풀이

- 두 번째 〈조건〉에서 기관별 전체 심사결과 중 '관련없음'의 비중은 문화청이 가장 크다고 했으므로 문화청은 D이다. 이에 따라 선지 ①, ③은 제외된다.
- 세 번째 〈조건〉에서 '각하' 건수는 과학청이 혁신청보다 많다고 했지만, 남은 선택지 중 과학청>혁신청을 만족하는 조합은 A>B, C>B, C>A 모두 가능하다.
- 첫 번째 〈조건〉에서 우주청의 전체 심사결과 중 '관련없음'의 비중은 혁신청의 전체 심사결과 중 '관련없음'의 비중보다 작다고 했으므로 우주청<혁신청을 만족하지 않는 조합인 A(33/45)가 혁신청, B(77/97)가 우주청인 선지 ⑤는 제외된다. 이때 75%인 3/4을 기준으로 비교하면 빠르게 판단할 수 있다.
- 네 번째 〈조건〉에서 '관련없음' 대비 '관련있음' 건수의 비는 과학청이 우주청보다 높다고 했으므로 A(8/33)<C(99/350)를 판단하면 선지 ④가 정답이다. A와 C를 비교할 때, 분자는 20% 이상 증가하고 분모는 10% 미만 증가하므로 A보다 C가 크다는 것을 빠르게 알 수 있다.

12 빈칸형 난이도 상 정답 ③

문제풀이 핵심 포인트
식비가 〈그림 1〉의 세로축, 〈그림 2〉의 가로축 변수로 나타나 있으므로 이를 연결하여 판단한다.

풀이

① (×) 의복비는 가구 A가 30 또는 40만 원으로 가구 B의 10만 원보다 크다.

② (×) 의복비가 0원인 가구는 I, J로 2곳 이상이다.

③ (O) 주거비가 40만 원 이하인 가구는 A, B, C이고, 의복비의 경우 A가 30 또는 40만 원, B가 10만 원, C가 30만 원으로 모두 10만 원 이상이다.

④ (×) 식비 하위 3개 가구는 B, G, L이고 의복비의 합은 B가 10만 원, G가 10만 원, L이 30만 원이다. 따라서 합은 50만 원이다.

⑤ (×) K가구의 필수생활비가 130만 원이라면 식비 80만 원과 주거비 70만 원의 합 150만 원보다 작다. 따라서 식비가 80만 원이면서 필수생활비가 130만 원인 가구는 K가 아니다. K는 필수생활비가 150 또는 160만 원이다.

실전에선 이렇게!

② 〈그림 1〉의 식비+주거비와 〈그림 2〉의 필수생활비가 같은 가구를 찾아 판단한다.

13 곱셈 비교형 난이도 중

정답 ③

문제풀이 핵심 포인트

ㄷ을 제외하면, 구체적인 항공기 수를 도출하는 것이 아닌 항공기 수를 비교하는 〈보기〉가 대부분이므로 곱셈식을 구성하여 비교한 후 답을 도출한다.

풀이

ㄱ. (O) 이륙 중에 인적오류로 추락한 항공기 수는 400×55%=220대이다. 따라서 착륙 중에 원인불명으로 추락한 항공기 수 120×15%=18대의 12배인 216대 이상이다.

ㄴ. (×) 비행 중에 원인불명으로 추락한 항공기 수와 착륙 중에 기계결함으로 추락한 항공기 수는 42대로 동일하다.

ㄷ. (×) 비행 중에 인적오류로 추락한 항공기 수는 280×40%=112대이고, 이륙 중에 기계결함으로 추락한 항공기 수는 400×15%=60대이므로 52대 더 많다.

ㄹ. (O) 기계결함으로 추락한 항공기 수는 400×15%=60대, 280×25%=70대, 120×35%=42대로 총 172대이다. 따라서 추락사고가 발생한 항공기 수 800대 중 172대가 차지하는 비중은 21.5%로 20% 이상이다.

실전에선 이렇게!

ㄱ. 이륙 중에 인적오류로 추락한 항공기 비중은 50×55%이고 착륙 중에 원인불명으로 추락한 항공기 비중은 15×15%이다. 따라서 50×55≥15×15×12가 성립하는지 판단한다.

ㄴ. 비행 중에 원인불명으로 추락한 항공기 비중은 35×15%이고 착륙 중에 기계결함으로 추락한 항공기 비중은 15×35%이므로 35×15=15×35가 성립하는지 판단한다.

ㄷ. 800대 중 56대 더 많다는 의미는 7%p 더 많다는 의미로 접근할 수 있다. 비행 중에 인적오류로 추락한 항공기 비중은 35%×40%=14%이고, 이륙 중에 기계결함으로 추락한 항공기 비중은 50%×15%=7.5%이므로 7%p가 아니라 6.5%p 더 많다.

ㄹ. 기계결함으로 추락한 항공기 비중은 50×15%=7.5%, 35×25%=8.75%, 15×35%=5.25%로 전체의 21.5%이다.

14 조건 판단형 난이도 하

정답 ④

문제풀이 핵심 포인트

비행 또는 촬영의 경우 날씨가  또는 이어야 하므로 날씨가 인 1일, 4일, 14일을 제외하고 판단한다.

풀이

ㄱ. (O) 비행이 '허가'인 날 중 지자기지수가 5 미만이고 풍속이 10 미만인 날은 3일, 8일, 10일, 11일, 12일, 15일로 비행에 적합한 날은 총 6일이다.

ㄴ. (×) 촬영이 '허가'인 날 중 지자기지수가 10 미만이고 풍속이 5 미만인 날은 3일, 8일, 12일, 15일로 촬영에 적합한 날은 총 4일이다.

ㄷ. (O) 항공촬영에 적합한 날은 비행과 촬영이 모두 적합한 날인 3일, 8일, 12일, 15일로 총 4일이다.

15 각주 판단형 난이도 상

정답 ①

문제풀이 핵심 포인트

산림경영단지 면적이 가장 넓은 곳을 묻고 있으므로 각주 4의 분모에서 산림경영단지 면적을 찾아 이에 관한 식으로 정리하여 답을 도출한다.

풀이

- 면적이 가장 넓은 산림경영단지를 도출하려면 각주 4를 이용해서 임도 길이/임도 밀도 식으로 만들어야 한다. 임도 밀도는 〈표〉에 주어져 있고 임도 길이는 각주 1에서 작업임도 길이+간선임도 길이이다. 간선임도 길이는 주어져 있고 각주 2와 3을 연결하면 결국 작업임도 비율+간선임도 비율=100%이다. 따라서 임도 길이 전체는 간선임도 길이/(100%−작업임도 비율)×100으로 도출할 수 있다.
- 임도 길이/임도 밀도를 구하면 A=100/15, B=50/10, C=50/20, D=40/10, E=100/20이다.

따라서 면적이 가장 넓은 산림경영단지는 A이다.

16 빈칸형 난이도 하

정답 ②

문제풀이 핵심 포인트

빈칸을 채우지 않고 판단할 수 있는 〈보기〉 ㄱ부터 검토한 후, 빈칸 채우는 것을 최소화하는 〈보기〉를 골라 답을 도출한다.

풀이

주어진 〈표〉의 빈칸을 채우면 다음과 같다.

(단위: 명)

권역 \ 정답	A	B	C	D	E	합
가	48	(9)	0	1	7	65
나	2	(3)	(23)	0	0	(28)
기타	55	98	2	1	4	160
전체	105	110	25	2	11	253

ㄱ. (O) E 정당 전체 당선자 중 '가' 권역 당선자가 차지하는 비중은 7/11로 60% 이상이다.

ㄴ. (×) 당선자 수의 합은 '가' 권역이 65명으로 '나' 권역 28명의 3배 이상이 되지 못한다.

ㄷ. (O) C 정당 전체 당선자 중 '나' 권역 당선자가 차지하는 비중은 23/25 (=92/100)으로 A 정당 전체 당선자 중 '가' 권역 당선자가 차지하는 비중 48/105의 2배인 96/105 이상이다.

ㄹ. (×) B 정당 당선자 수는 '나' 권역이 3명으로 '가' 권역 9명보다 적다.

17 빈칸형 난이도 ㊤

정답 ⑤

문제풀이 핵심 포인트

가중치가 동일한 영역을 묶어서 판단한다.

풀이

① (O) 종합순위 1위 미국의 '성과' 영역 순위는 2위이고 원점수는 54.8점이다. 따라서 1위는 54.8점보다 높을 것이라 추측할 수 있고, 이는 한국의 '성과' 영역 원점수 6.7점의 8배인 53.6점보다 크다. 따라서 종합순위가 한국보다 낮은 국가 중에 '성과' 영역 원점수가 한국의 8배 이상인 국가가 있다고 판단할 수 있다.

② (O) 종합순위 3~10위 국가의 종합점수 합은 307.63점으로 320점 이하이다.

③ (O) 종합순위 2위 중국의 '환경' 영역 순위는 28위이다. 따라서 소프트웨어 경쟁력 평가대상 국가는 적어도 28개국 이상이 된다고 판단할 수 있다.

④ (O) 가중치가 '활용' 영역과 더불어 0.25로 가장 큰 '혁신' 영역의 원점수보다 높은 '환경' 영역과 비교하면, 환경은 62.9×0.15=9.435점이고 혁신은 41.5×0.25=10.375점으로 '혁신' 영역이 더 높다. 따라서 한국은 5개 영역점수 중 '혁신' 영역점수가 가장 높다.

⑤ (×) 일본의 '활용' 영역 원점수 57.2점이 중국의 '활용' 영역 원점수인 73.6점으로 같아지면 16.4점이 상승하게 된다. 가중치가 0.25이므로 종합점수는 16.4/4=4.1점 상승하게 되고, 일본의 종합점수는 41.48+4.1 =45.58점으로 중국의 종합점수 47.04점보다 여전히 작기 때문에 국가별 종합순위가 바뀌지 않는다.

실전에선 이렇게!

② 4~5위는 3위 41.48점을 넘지 못하고, 8~10위 역시 7위 38.12점을 넘지 못하므로 41.48×3+38.12×4+38.35=124.44+152.48+38.35= 315.27점을 넘지 못한다는 것을 판단할 수 있다.

18 빈칸형 난이도 ㊥

정답 ⑤

문제풀이 핵심 포인트

G의 피해액을 도출하거나 제시된 수치를 비율로 재구성해야 판단이 가능한 선지인 ①, ②, ③을 후순위로 두고 선지 ④, ⑤부터 판단한다.

풀이

① (O) G 지역의 피해액은 약 580억 원으로 전국 피해액 1,872억 원의 35%인 약 655억 원 이하이다.

② (O) 주요 7개 지역을 합친 지역의 1인당 피해액은 185,589,158/27,125,891≒6,842원이므로 전국의 1인당 피해액보다 많다. 따라서 주요 7개 지역을 합친 지역의 1인당 피해액은 나머지 전체 지역의 1인당 피해액보다 크다.

③ (O) D 지역과 F 지역을 합친 지역의 1인당 피해액은 약 22,316원이고 전국 1인당 피해액 3,617원의 5배 이상이다.

④ (O) 피해밀도는 A 지역이 2,726.6원/km^2로 B 지역 283.2원/km^2의 9배 이상이다.

⑤ (×) 피해밀도를 계산하면 D 지역은 422.0원/km^2이고, B 지역은 283.2원/km^2로 더 낮음을 알 수 있다. 따라서 주요 7개 지역 중 피해밀도가 가장 낮은 지역은 D 지역이 아니라 B 지역이다.

실전에선 이렇게!

① G 지역이 전국의 35% 이하라면 나머지 지역의 합은 65% 이상이 되어야 한다. 35%를 약 33.3%, 65%를 약 66.7%로 보면 결국 나머지 지역의 합에 1.5배를 한 수치가 전국보다 크면 옳은 선택지임을 판단할 수 있다. 나머지 지역의 합은 126십억 원 이상이고 1.5배는 189십억 원 이상이므로 전국의 수치인 약 187십억 원을 초과한다.

④ 피해액은 거의 비슷하지만 행정면적은 B 지역이 A 지역의 9배 이상이므로 피해밀도는 A 지역이 B 지역의 9배 이상임을 알 수 있다.

⑤ 피해밀도 식을 분수 비교하면 D 지역은 712/168, B 지역은 288/102이므로 D 지역이 B 지역보다 더 작음을 빠르게 비교할 수 있다.

19 빈칸형 난이도 ㊤

정답 ⑤

문제풀이 핵심 포인트

샘플 수를 일종의 가중치로 간주한 다음 항복강도의 합격률을 이용하여 SD500의 샘플 수를 도출한다.

풀이

(단위: 개)

구분 \ 종류		SD400	SD500	SD600	전체
샘플 수		35	(40)	25	(100)
평가항목별 합격률	항복강도	35	38	23	96
	인장강도	35	40	22	(97)
최종 합격률		35	(38)	21	(94)

① (×) SD500의 샘플 수를 x라고 하면 $35+0.95x+25\times0.92=(60+x)\times0.96$이다. $58-60\times0.96=0.01x=0.4$이므로 $x=40$개이다.

② (×) 인장강도 평가에서 합격한 SD600 샘플은 22개이고 항복강도 평가에서 합격한 SD600 샘플은 23개이다. 그러나 최종 합격한 샘플 개수는 21개이므로 인장강도 평가에서 합격한 SD600 샘플 모두가 항복강도 평가에서 합격한 것은 아니라는 것을 알 수 있다.

③ (×) 항복강도 평가에서 불합격한 SD500 샘플 수는 2개이다.

④ (×) 최종 불합격한 전체 샘플 수는 6개이다.

⑤ (O) 항복강도 평가에서 불합격한 SD600 샘플 수는 최종 불합격한 SD 500 샘플 수와 2개로 같다.

실전에선 이렇게!

① 항복강도 전체를 기준으로 종류별 합격률 차이가 +4, −1, −4이므로 이를 샘플 수와 곱해서 합이 0이 되는 x를 찾으면 된다. 따라서 $+140-x-100=0$이므로 $x=40$이다.

20 분수 비교형 난이도 중 정답 ④

문제풀이 핵심 포인트

생산량과 소비량 각각 상위 8개국 현황만 제시되어 있으므로 상위 8개국을 제외한 나머지 국가의 비중은 100%에서 8개국 계의 구성비를 뺀 수치이다.

풀이

ㄱ. (O) 2015년 와인 생산량 상위 8개국 중 와인 소비량이 생산량보다 많은 국가는 미국 1개이다.

ㄴ. (O) 2015년 와인 생산량 상위 8개국만 와인 생산량이 각각 10%씩 증가했다면 21,335+2,133.5≒23,400천 L이고 상위 8개국을 제외한 나머지 국가의 와인 생산량은 25.1%이므로 21,335×1/3≒7,100천 L이다. 따라서 30,000천 L 이상이었을 것이다.

ㄷ. (O) 2015년 중국 와인 소비량은 1,600천 L이고, 이는 같은 해 세계 와인 생산량 21,335×4/3≒28,447천 L의 6%인 1,706.8천 L 미만이다.

ㄹ (×) 2013년 스페인 와인 생산량 3,720/0.82≒4,536천 L는 같은 해 영국 와인 소비량 1,290/1.016≒1,270천 L의 3배 이상이다.

실전에선 이렇게!

ㄱ. 소비량 상위 8개국에 포함되지 못한 칠레, 호주, 남아프리카 공화국의 소비량은 8위 스페인의 소비량 1,000천 L보다 작다고 판단하여 비교한다.

21 매칭형 난이도 중 정답 ④

문제풀이 핵심 포인트

〈보고서〉에서 직접 언급되는 업종은 제외하여 소거법으로 답을 도출한다.

풀이

- A: 영업이익이 가장 많은 업종은 선용품공급업이다.
- B: 영업이익률이 10%를 초과하는 업종은 하역업이다.
- C: 사업체당 매출액이 부산항 해운항만산업 전체 232,119/4,511≒51.5억 원보다 적은 업종은 대리중개업, 항만부대업, 선용품공급업, 수리업이고 이 중 사업체당 영업이익이 3억 원을 초과하는 것은 항만부대업뿐이다.
- D: 사업체당 영업비용과 사업체당 매출액은 각각 수리업이 15.7억 원, 17.3억 원으로 모두 가장 적다.

따라서 A~D의 사업체 수 합은 65+323+1,413+478=2,279개이다.

22 조건 판단형 난이도 상 정답 ①

문제풀이 핵심 포인트

발문에서 재사용 또는 폐기까지 소요된 비용을 묻고 있으므로 오염도 측정 단계에서 폐기되거나 치수 단계까지 거쳐 재사용되는 제품 위주로 판단한다.

풀이

- A는 오염도가 12이므로 소요되는 비용은 오염도 측정(5천 원) 비용뿐이다. 반면 C와 D는 오염도 측정 후 강도 측정(10천 원) 이상이 추가되므로 비용이 가장 적은 제품은 A이다.
- B는 오염도 측정(5천 원) 2회, 세척(5천 원) 1회, 강도 측정(10천 원) 3회, 열가공(50천 원) 2회, 치수 측정(2천 원) 3회, 치수 확대(20천 원) 2회로 소요되는 비용은 총 191천 원이다. C는 오염도 측정(5천 원) 1회, 강도 측정(10천 원) 1회, 치수 측정(2천 원) 4회, 치수 확대(20천 원) 3회로 소요되는 비용은 총 83천 원이다. 따라서 비용이 가장 많은 제품은 B이다.

실전에선 이렇게!

비용이 가장 적은 제품은 오염도 측정과정에서 폐기되는 제품이므로 오염도가 10을 초과하는 제품부터 검토한다.

23 분수 비교형 난이도 중 정답 ③

문제풀이 핵심 포인트

〈그림 2〉는 인구 10만 명당 사망자 수이고 선택지의 인구 단위는 '백만 명'과 '인구 1만 명당 교통사고 건수'이므로 단위 변환에 유의하여 답을 도출한다.

풀이

- 2013년 인구는 (10,246/21.8)×10만 명=47백만 명이다.
- 2019년 인구 1만 명당 교통사고 건수를 구하려면 먼저 인구를 도출해야 한다. 인구는 (4,284/8.4)×10만 명=51백만 명이다. 따라서 인구 1만 명당 교통사고 건수는 (331,500/51백 만)×10,000이므로 65건이다.

실전에선 이렇게!

$\dfrac{331,500}{\dfrac{4,284}{8.4}\times 10만}\times 1만=\dfrac{\dfrac{331,500}{1}}{\dfrac{428,400}{84}}=\dfrac{3,315\times 84}{4,284}=65$와 같은 번분수 형태로 정리한다.

24 보고서 검토·확인형 난이도 하 정답 ③

문제풀이 핵심 포인트

〈보고서〉 작성 시, 제시된 〈그림〉과 〈표〉만 가지고 도출할 수 없는 항목이 추가로 필요한 항목이 된다.

풀이

ㄱ. (O) 〈보고서〉의 첫 번째 문단 두 번째 문장 '2017년 한국은 중국을 밀어내고 수주량 1위를 차지했는데, 이는 2012년 중국에 1위 자리를 내어준 이후 6년 만이다.'를 작성하기 위해 추가로 필요한 자료는 '2010~2017년 세계 조선업 수주량의 국가별 점유율'이다.

ㄹ. (O) 〈보고서〉의 세 번째 문단 첫 번째 문장 '2017년 국내 대형 조선사는 해양플랜트 수주량 증가에 힘입어 실적이 개선되고 있다.'를 작성하기 위해 추가로 필요한 자료는 '2010~2017년 국내 조선사 규모별 해양플랜트 수주량'이다.

25 분수 비교형 난이도 중 정답 ②

문제풀이 핵심 포인트

〈표 1〉의 빈칸을 채우지 않고 판단할 수 있는 〈보기〉부터 검토하여 답을 도출한다.

풀이

2013년 수주량 및 수주잔량, 전년대비 증가율을 도출하면 아래와 같다.

구분 연도	수주량	전년대비 증가율	수주잔량	전년대비 증가율
2013	1,840		3,356	
2014	1,286	(-30.1)	3,302	-1.6
2015	1,066	(-17.1)	3,164	-4.2
2016	221	(-79.3)	2,043	(-35.4)
2017	619	(180.1)	1,761	-13.8

ㄱ. (×) 〈표 1〉의 각주에 해당 연도 건조량 = 전년도 수주잔량 + 해당 연도 수주량 - 해당 연도 수주잔량임이 주어졌으므로, 이를 활용하여 2014~ 2016년의 건조량을 구하면 다음과 같다.

- 2014년 건조량 = 3,356 + 1,286 - 3,302 = 1,340만 톤
- 2015년 건조량 = 3,302 + 1,066 - 3,164 = 1,204만 톤
- 2016년 건조량 = 3,164 + 221 - 2,043 = 1,342만 톤

따라서 2014~2016년 중 국내 조선업 건조량이 가장 적은 해는 2016년이 아닌 2015년이다.

ㄴ. (O) 2014~2016년 동안은 수주량이 매년 감소했으나 2017년에는 전년대비 2배 이상 증가하였다. 따라서 2014년 이후 국내 조선업 수주량의 전년대비 증감률이 가장 큰 해는 2017년이다.

ㄷ. (O) 2014년 이자보상배율이 1 미만인 국내 조선기자재업체 수는 중형 35×25.7% ≒ 9개가 대형 20×15% ≒ 3개의 3배이다.

ㄹ. (×) 이자보상배율이 1 미만인 국내 조선기자재업체 수의 2015년 대비 2016년 증감폭은 중형이 35×(34.3 - 17.1) = 35×17.2%p ≒ 6이고, 소형의 경우 96×(38.5 - 28.1) = 96×10.4%p ≒ 10이므로 이자보상배율이 1 미만인 국내 조선기자재업체 수의 2015년 대비 2016년 증감폭이 가장 큰 기업규모는 중형이 아닌 소형이다.

민경채 2021년 기출문제

모바일 자동 채점 및
성적 분석 서비스

PSAT 전문가의 총평

· 2021년 기출은 15문항이 7급 공채와 동일하게 출제되었으므로, 중복 문항을 제외한 나머지 10문항에 대해 분석해 보면, 순수 자료비교인 곱셈 비교와 분수 비교 자체를 묻는 문제가 3문제 출제되었고 모두 난도 중 이하라서 어렵지 않게 해결할 수 있다.
· 빈칸형이 3문제, 조건 판단형이 1문제 출제되었고 역시 모두 중 이하의 난도로 어렵지 않게 해결 가능하다.
· 보고서 검토·확인형이 1문제 출제되었고 난도 하로 출제되어 쉽게 답을 도출할 수 있다.
· 10문제에 대한 난이도는 중하 정도로 출제되었다.

정답

p.123

1	⑤	빈칸형	6	③	보고서 검토·확인형	11	②	보고서 검토·확인형	16	③	매칭형	21	③	조건 판단형
2	⑤	단순 판단형	7	⑤	빈칸형	12	⑤	보고서 검토·확인형	17	④	평균 개념형	22	③	분수 비교형
3	④	분수 비교형	8	②	분산·물방울형	13	②	분수 비교형	18	⑤	빈칸형	23	④	분수 비교형
4	②	분수 비교형	9	④	조건 판단형	14	①	빈칸형	19	⑤	분수 비교형	24	①	분수 비교형
5	①	분수 비교형	10	①	빈칸형	15	④	각주 판단형	20	②	매칭형	25	③	분수 비교형

취약 유형 분석표

유형별로 맞힌 문제 개수와 정답률, 틀린 문제 번호, 풀지 못한 문제 번호를 적고 나서 취약한 유형이 무엇인지 파악해 보세요. 그 후 약점 보완 해설집 p.2 [취약 유형 공략 포인트]에서 약점 보완 학습법을 확인하고, 틀린 문제와 풀지 못한 문제를 다시 한번 풀어보세요.

유형		맞힌 문제 개수	정답률	틀린 문제 번호	풀지 못한 문제 번호
자료비교	곱셈 비교형	–	–		
	분수 비교형	/9	%		
	반대해석형	–	–		
자료판단	단순 판단형	/1	%		
	매칭형	/2	%		
	빈칸형	/5	%		
	각주 판단형	/1	%		
	조건 판단형	/2	%		
자료검토·변환	보고서 검토·확인형	/3	%		
	표 – 차트 변환형	–	–		
자료이해	평균 개념형	/1	%		
	분산·물방울형	/1	%		
	최소여집합형	–	–		
TOTAL		/25	%		

해설

1 빈칸형 난이도 하 정답 ⑤

문제풀이 핵심 포인트
빈칸이 하나이므로 전체를 도출하여 판단한다.

풀이

ㄱ. (O) 부산보다 사업비가 많은 지역은 경기, 강원, 충북, 충남, 전북, 전남, 경북, 경남으로 총 8개이다.

ㄴ. (O) 사업비 상위 2개 지역은 강원과 경남이고 이 2개 지역의 사업비 합은 420+440=860억 원이다. 사업비 하위 4개 지역은 세종, 인천, 울산, 제주이고 이 4개 지역의 사업비 합은 0+80+120+120=320억 원이다. 따라서 전자는 후자의 2배 이상이다.

ㄷ. (O) 전체 사업비는 4,000억 원이고 사업비가 전체 사업비의 10% 이상인 지역은 강원과 경남 2개이다.

2 단순 판단형 난이도 하 정답 ⑤

문제풀이 핵심 포인트
〈보고서〉의 내용을 순차적으로 해석하면서 〈표〉의 내용과 일치하지 않는 부분을 찾아 답으로 도출한다.

풀이

⑤ (×) 마지막 문장에서 수출은 제주권이 보합이므로 동남권 감소를 제외한 모든 권역이 증가가 아니다.

3 분수 비교형 난이도 하 정답 ④

문제풀이 핵심 포인트
분수 비교를 묻는 ㄹ을 제외한 나머지 〈보기〉를 빠르게 검토한 후, 답이 될 수 없는 선지를 지워나가면서 판단한다.

풀이

ㄱ. (O) 여성 건국훈장 포상 인원은 2014년부터 2, 3, 4, 8, 11명으로 매년 증가한다.

ㄴ. (×) 2018년 건국훈장 포상 인원은 150명으로 대통령 표창 인원 154명보다 적다. 따라서 매년 건국훈장 포상 인원은 전체 포상 인원의 절반 이상이 아니다.

ㄷ. (O) 남성 애국장 포상 인원과 남성 애족장 포상 인원의 차이는 2014년부터 40, 61, 26, 57, 38명이다. 따라서 남성 애국장 포상 인원과 남성 애족장 포상 인원의 차이가 가장 큰 해는 2015년이다.

ㄹ. (O) 건국포장 포상 인원 중 여성 비율이 가장 낮은 해인 2017년에는 대통령표창 포상 인원 중 여성 비율도 가장 낮다.

4 분수 비교형 난이도 하 정답 ②

문제풀이 핵심 포인트
〈그림〉에서 구성비가 주어졌으므로, 비율을 판단하기 쉬운 항목을 토대로 답을 도출한다.

풀이

A의 경우 기타가 전체의 10.2%이므로 기타×10≒합계를 만족하는 항목을 골라낸다. 수입 664×10<43,513, 사전검증 3,586×10≒35,173, 환급 101×10<6,857이므로 사전검증이 된다.

B의 경우 역시 기타가 전체의 21.7%이므로 기타×5≒합계를 만족하는 항목을 골라낸다. 화물 3,107×5≒14,339이고 환급 101×5<6,857이므로 화물이 된다.

5 분수 비교형 난이도 중 정답 ①

문제풀이 핵심 포인트
전년도 순위가 괄호로 주어졌으므로 〈보기〉에서 묻는 시점을 정확하게 매칭하여 판단한다.

풀이

ㄱ. (O) 2020년 상위 10개 스포츠 구단 중 전년보다 순위가 상승한 구단은 C, D, E, I 4개이고 순위가 하락한 구단은 F, H, J 3개이다. 따라서 순위가 상승한 구단이 순위가 하락한 구단보다 많다.

ㄴ. (O) 2020년 상위 10개 스포츠 구단 중 미식축구 구단은 A, G, I이고 가치액 합은 58+40+37=135억 달러이다. 농구 구단은 C, D, E이고 가치액 합은 45+44+42=131억 달러이다. 따라서 미식축구 구단 가치액 합은 농구 구단 가치액 합보다 크다.

ㄷ. (×) 미식축구 중 전년 대비 가치액 상승률이 가장 큰 구단은 I이지만 20% 미만이다. E의 경우 전년 대비 가치액 상승률이 20% 초과이므로 2020년 상위 10개 스포츠 구단 중 전년 대비 가치액 상승률이 가장 큰 구단의 종목은 미식축구가 아니라 농구이다.

ㄹ. (×) 2019년 10위 구단이 주어지지 않았지만 2019년 9위 33억 달러와 11위 31억 달러 사이의 가치액이므로 가치액 증감폭으로 비교할 수 있다. 0, 0, +6, +8, +9, −1, +3, −2, +6↓, −2이므로 증감폭의 합은 (+)이다. 따라서 연도별 상위 10개 스포츠 구단의 가치액 합은 2019년이 2020년보다 작다.

6 보고서 검토·확인형 난이도 하

정답 ③

문제풀이 핵심 포인트

추가로 필요한 자료를 찾는 유형이므로 〈표〉에 드러나지 않는 항목이 〈보기〉에서 주어지는 경우 추가로 필요한 자료로 판단해서 답을 도출한다.

풀이

· 두 번째 문단 첫 번째 문장 '전공계열별로 희망직업을 선택한 동기를 살펴보면 이공계열과 의약/교육/예체능계열의 경우 '전공분야'라고 응답한 비율이 각각 50.3%와 49.9%였고, 인문사회계열은 그 비율이 33.3%였다.'
→ ㄷ. 전공계열별 희망직업 선택 동기 구성비가 추가로 필요

· 두 번째 문단 두 번째 문장 '전공계열별 희망직업의 선호도 분포를 분석한 결과, 인문사회계열은 '경영', 이공계열은 '연구직', 그리고 의약/교육/예체능계열은 '보건·의료·교육'에 대한 선호도가 가장 높았다.'
→ ㄴ. 전공계열별 희망직업 선호도 분포가 추가로 필요

7 빈칸형 난이도 중

정답 ⑤

문제풀이 핵심 포인트

각주의 식을 토대로 빈칸을 채워서 선지에서 묻는 항목을 판단한다.

풀이

① (×) 숫자 정렬과 유전체 분석을 비교하면 명령어 수는 유전체 분석이 더 많고 수행시간은 숫자 정렬이 더 길다. 따라서 명령어 수가 많은 프로그램일수록 수행시간이 길지 않다.

② (×) CPI가 가장 낮은 프로그램은 양자 컴퓨팅(0.44)이고 기준시간은 영상 압축이 22,163으로 가장 길다.

③ (×) 수행시간은 인공지능 바둑이 10,490/18.7 > 500으로 내비게이션 500보다 길다.

④ (×) 기준시간은 내비게이션이 가장 짧지만 클럭 사이클 수는 양자 컴퓨팅이 290으로 가장 적다. 따라서 기준시간이 짧은 프로그램일수록 클럭 사이클 수가 적지 않다.

⑤ (O) 성능지표가 가장 낮은 프로그램은 내비게이션(14.0)이다.

8 분산·물방울형 난이도 중

정답 ②

문제풀이 핵심 포인트

〈그림 1〉~〈그림 3〉까지 모두 X축이 산불 발생건수로 동일하므로 이를 기준으로 삼아 비교하여 판단한다.

풀이

ㄱ. (O) 산불 발생건당 피해면적은 〈그림 3〉에서 가장 높은 곳에 위치한 J지역이 가장 크다.

ㄴ. (×) 산불 발생건당 피해재적은 〈그림 2〉의 기울기이므로 B지역이 아닌 J지역이 가장 크고 E지역이 아닌 G지역이 가장 작다.

ㄷ. (O) 산불 발생건당 피해액은 〈그림 1〉의 기울기가 가장 큰 D지역이 가장 크고 기울기가 가장 작은 B지역이 가장 작다.

ㄹ. (×) 산불 피해면적은 〈그림 3〉의 면적이므로 H지역이 아닌 A지역이 가장 크고 E지역이 가장 작다.

9 조건 판단형 난이도 중

정답 ④

문제풀이 핵심 포인트

〈정보〉에서 주어진 내용을 순차적으로 판단하여 가~다에 들어갈 수치를 범위값으로 판단하여 답을 도출한다.

풀이

· B지역에서 타워크레인 작업제한 조치가 한 번도 시행되지 않은 '월'은 3개라고 하였으므로 순간 풍속이 15 미만인 월을 찾으면 1, 2, 12월이다. 따라서 (가)에 들어갈 수치는 15.0 미만이다.

· 매월 C지역의 최대 순간 풍속은 A지역보다 높고 D지역보다 낮다고 하였으므로 (나)에 들어갈 수치는 21.5~32.7이다.

· E지역에서 '설치' 작업제한 조치는 매월 시행되었고 '운전' 작업제한 조치는 2월과 11월 2개 '월'을 제외한 모든 '월'에 시행되었으므로 (다)에 들어갈 수치는 15.0~20.0이다.

따라서 가~다를 큰 것부터 순서대로 나열하면 나-다-가 순이다.

10 빈칸형 난이도 중

정답 ①

문제풀이 핵심 포인트

빈칸의 수가 적기 때문에 선지에서 빈칸에 들어갈 비율을 묻는 경우 이를 도출하여 판단한다.

풀이

① (×) 2015년 프랑스의 전체 발전량 568.5TWh중 원자력 발전량 437.4TWh의 비중은 437.4/568.5≒77.0%로 75% 이상이다.

② (O) 영국의 전체 발전량 중 신재생 에너지 발전량의 비중은 2010년 6.2%이므로 2015년에 2010년 대비 15%p 이상 증가하려면 15.0+6.2=21.2% 이상인지 확인하면 된다. 2015년 영국의 전체 발전량 중 신재생 에너지 발전량의 비중은 80.9/339.1≒23.8%이므로 15%p 이상 증가하였다.

③ (O) 2010년 석탄 발전량은 미국 1,994.2TWh가 일본 309.5TWh의 6배인 1,857TWh 이상이다.

④ (O) 2010년 대비 2015년 전체 발전량이 증가한 국가는 독일뿐이라는 것을 〈표〉의 전체 수치를 통해 쉽게 판단할 수 있다.

⑤ (O) 2010년 대비 2015년 각 국가에서 신재생 에너지의 발전량은 모두 증가했다는 것을 〈표〉의 수치를 통해 쉽게 판단할 수 있다. 2015년 미국의 신재생 에너지 비중은 7.7%이고 영국의 신재생 에너지 비중은 23.8%이므로 비중 역시 모두 증가하였다.

실전에선 이렇게!

① 유효숫자로 판단하면 437/568≥75%인지 묻고 있으므로 131/568≤25%이다. 따라서 131×4≤437이 성립하는지 판단한다.
② 80.9/339.1이 약 22.2%인 2/9 이상인지 판단한다.
⑤ 미국의 경우 2010년 대비 2015년 전체 발전량은 감소, 신재생 에너지는 증가했기 때문에 비중이 증가했다고 판단할 수 있고, 영국의 경우도 마찬가지로 2010년 대비 2015년 전체 발전량은 감소, 신재생 에너지는 증가했기 때문에 비중이 증가했다고 판단할 수 있다.

11 보고서 검토·확인형 난이도 중 정답 ②

문제풀이 핵심 포인트

추가로 이용한 자료를 찾는 문제이므로 〈보고서〉의 내용 중 표만 가지고 작성할 수 없는 부분이 〈보기〉에 제시되어 있는지 판단한 후 답을 도출한다.

풀이

ㄱ. (O) 〈보고서〉의 두 번째 문단 두 번째 문장 '교통사고 사망자 수는 2015년 이후 매년 줄어들었고, 특히 2018년에 전년 대비 11.2% 감소하였다.'를 작성하기 위해서는 '연도별 전국 교통사고 사망자 수'가 추가로 필요하다.

ㄷ. (O) 〈보고서〉의 두 번째 문단 첫 번째 문장 '전국 안전사고 사망자 수는 2015년 이후 매년 감소하다가 2018년에는 증가하였다.'를 작성하기 위해서는 '연도별 전국 안전사고 사망자 수'가 추가로 필요하다.

실전에선 이렇게!

〈보고서〉의 첫 번째 문단과 세 번째 문단 모두 2019년 현황을 언급하고 있으므로 해당 연도의 내용을 담고 있지 않은 ㄴ, ㄹ은 추가로 필요한 자료가 아니다.

12 보고서 검토·확인형 난이도 하 정답 ⑤

문제풀이 핵심 포인트

〈표〉의 내용을 그대로 〈보고서〉에서 설명하는 수준의 문제이므로 밑줄 친 부분을 중심으로 해석하여 답을 도출한다.

풀이

① (O) '소말리아 임무단'은 2007년 1월부터 현재 시점인 2021년 5월까지 유일하게 14년 이상 활동한 임무단이다. 따라서 평화유지활동 중 가장 오랜 기간 동안 활동하였다.

② (O) '코모로 선거감시 지원 임무단'은 유일하게 6개월 미만 활동하여 가장 짧은 기간 동안 활동하였다.

③ (O) 아프리카연합이 현재까지 평화유지활동을 위해 파견한 임무단의 총규모는 27,001명으로 25,000명 이상이다.

④ (O) 수단에서 '수단 임무단', '다르푸르 지역 임무단'이 활동하였고 코모로에서는 '코모로 선거감시 지원 임무단', '코모로 치안 지원 임무단'이 활동하여 각각 2개의 임무단이 활동하였다.

⑤ (×) 2007년 10월 기준 평화유지활동을 수행 중이었던 임무단은 '수단 임무단', '소말리아 임무단', '코모로 치안 지원 임무단', '다르푸르 지역 임무단'으로 총 4개이다.

13 분수 비교형 난이도 중 정답 ②

문제풀이 핵심 포인트

〈그림 1〉에 GDP 대비 두 가지 비율이 주어져 있고 〈그림 2〉에 GDP가 주어져 있으므로 이를 연계하여 국가채무 및 적자성채무를 도출할 수 있다.

풀이

ㄱ. (O) 국가채무는 2014년에 1,323×29.7%≒393조 원이고 2020년에 1,741×36.0%≒626조 원이다. 따라서 2020년 국가채무 약 626조 원은 2014년 국가채무인 393조 원의 1.5배인 589.5조 원 이상이다.

ㄴ. (×) GDP 대비 금융성채무 비율은 (GDP 대비 국가채무 비율) - (GDP 대비 적자성채무 비율)이다. 2019년에 35.7 - 20.0 = 15.7%이고 2020년에 36.0 - 20.7 = 15.3%로 감소하였으므로 매년 증가하는 것은 아니다.

ㄷ. (O) 적자성채무는 2018년 1,563×18.3%≒286조 원, 2019년 1,658×20.0%≒332조 원, 2020년 1,741×20.7%≒360조 원으로 2019년부터 300조 원 이상이다.

ㄹ. (×) 금융성채무가 매년 국가채무의 50% 이상이 되려면 적자성채무가 매년 국가채무의 50% 이하가 되어야 한다. 즉 매년 (GDP 대비 적자성채무 비율)/(GDP 대비 국가채무 비율)≦50%인지 판단하면 되고, 2020년의 경우 20.7/36.0으로 50% 이상이므로 금융성채무가 매년 국가채무의 50% 이상인 것은 아니다.

실전에선 이렇게!

ㄴ. 2019년 대비 2020년 GDP 대비 국가채무 비율은 0.3%p 증가했지만 GDP 대비 적자성채무 비율은 0.7%p 증가하였으므로 이 둘의 차이인 GDP 대비 금융성채무 비율은 감소하였다고 판단할 수 있다.

ㄹ. (GDP 대비 적자성채무 비율)×2≦(GDP 대비 국가채무 비율)이 매년 성립하는지 판단한다.

14 빈칸형 난이도 하 정답 ①

문제풀이 핵심 포인트

문제의 난도는 낮지만 빈칸이 많은 문제이므로 빈칸을 쉽게 채워서 판단할 수 있는 〈보기〉부터 검토한 후 답을 도출한다.

풀이

주어진 〈표〉의 빈칸을 채우면 다음과 같다.

(단위: 가구)

이사 후 \ 이사 전	소형	중형	대형	합
소형	15	10	(5)	30
중형	(0)	30	10	(40)
대형	5	10	15	(30)
계	(20)	(50)	(30)	100

ㄱ. (O) 주택규모가 이사 전 '소형'에서 이사 후 '중형'으로 달라진 가구는 없다.

ㄴ. (O) 이사 전후 주택규모가 동일한 가구 수는 60가구이므로 이사 전후 주택규모가 달라진 가구 수는 40가구이다. 따라서 전체 가구 수 100가구의 40%를 차지하므로 50% 이하이다.

ㄷ. (×) 주택규모가 '대형'인 가구 수는 이사 전이 30가구로 이사 후 30가구와 동일하다.

ㄹ. (×) 이사 후 주택규모가 커진 가구 수는 15가구이고 이사 후 주택규모가 작아진 가구 수는 25가구이므로 전자가 후자보다 적다.

실전에선 이렇게!

빈칸을 채우지 않아도 판단 가능한 ㄴ부터 검토 후, 빈칸을 하나만 채우면 판단 가능한 ㄷ을 검토한다.

15 각주 판단형 난이도 하

정답 ④

문제풀이 핵심 포인트

폐기처리 직전에 거쳐야 하는 공정은 재작업뿐만 아니라 검사도 포함해서 판단해야 하며 조립공정 직전에 거쳐야 하는 공정은 성형뿐만 아니라 재작업도 포함된다.

풀이

'혼합'공정에 1,000kg이 투입되면 '성형'공정에 직진율이 1.0인 1,000kg이 전달된다. 이 중 직진율이 0.1인 100kg만큼 '재작업'공정에 전달되고, 다시 이 중 직진율이 0.5인 50kg이 '폐기처리'공정에 전달된다. '성형'공정의 1,000kg 중 직진율이 0.9인 900kg은 '조립'공정에 전달되고, '재작업'공정의 100kg 중 직진율이 0.5인 50kg 역시 '조립'공정에 전달된다. 즉, 950kg 모두 '검사'공정에 전달되며, 이 중 직진율이 0.2인 190kg이 '폐기처리'공정에 전달된다. 따라서 '폐기처리'공정에 전달되는 재료의 총량은 50+190=240kg이다.

16 매칭형 난이도 상

정답 ③

문제풀이 핵심 포인트

국가명을 알 수 없는 것을 B~F 중에서 골라내야 하므로 A, G, H를 제외하고 판단한다.

풀이

- 두 번째 〈조건〉에 따라, '연강수량'이 세계평균 807mm보다 많은 국가인 A, B, D, G, H 중 '1인당 이용가능한 연수자원총량'이 가장 적은 국가인 A가 대한민국이다.
- 다섯 번째 〈조건〉에 따라, '1인당 이용가능한 연수자원총량'이 많은 국가부터 나열하면 E, G, 러시아, F, 미국, H이므로 H가 프랑스이다.
- 첫 번째 〈조건〉에 따라, '연강수량'이 세계평균 807mm의 2배인 1,614mm 이상인 B와 G가 일본 또는 뉴질랜드임을 알 수 있다.
- 세 번째 〈조건〉 에 따라, '1인당 연강수총량'이 세계평균 16,427m^3/인의 5배인 82,135m^3/인 이상인 국가를 '연강수량'이 많은 국가부터 나열하면 G, E, F이므로 뉴질랜드는 G, 캐나다는 E, 호주는 F이다. 이를 첫 번째 〈조건〉과 연결하면 B는 일본이 된다. 이에 따라 선지 ①, ④, ⑤는 제외된다.
- 네 번째 〈조건〉에 따라, '1인당 이용가능한 연수자원총량'이 영국보다 적은 국가인 A, C, D 중 '1인당 연강수총량'이 세계평균의 25%인 4,106.75m^3/인 이상인 국가는 C(4,530m^3/인)이다. 이에 따라 C가 중국임을 알 수 있고, 선지 ②는 제외된다.

따라서 국가명을 알 수 없는 것은 D이다.

실전에선 이렇게!

- 첫 번째 〈조건〉 판단 시 '연강수량'이 많은 2개 국가를 고르면 된다.
- 네 번째 〈조건〉을 마지막으로 판단한다면, C와 D 중 더 많은 국가를 고르면 된다.

17 평균 개념형 난이도 중

정답 ④

문제풀이 핵심 포인트

평균을 묻는 경우 편차의 합은 0이라는 원리를 이용하여 답을 도출한다.

풀이

ㄱ. (O) 80점을 기준으로 편차를 도출하면 +10, +5, −20, +15, −5이고 이를 모두 더한 편차의 합은 (+)이므로 국어 평균 점수는 80점 이상이다.

ㄴ. (×) '을'과 '정'을 비교하면 국어는 '을'이 +10, 영어는 '무'가 +15, 수학은 '무'가 +30이므로 '무'가 '을'보다 +35점이 더 높다. 따라서 3개 과목 평균 점수가 가장 높은 학생과 가장 낮은 학생의 평균 점수 차이는 10점 이하가 아니다.

ㄷ. (O) 국어, 영어, 수학 점수에 각각 0.4, 0.2, 0.4의 가중치를 부여했으므로 국어와 수학 점수를 합하고 영어는 점수의 절반만 계산하여 풀이한다. '갑'은 210점, '을'은 197.5점, '병'은 195점, '정'은 227.5점, '무'는 225점이다. 따라서 국어, 영어, 수학 점수에 각각 0.4, 0.2, 0.4의 가중치를 곱한 점수의 합이 가장 큰 학생은 '정'이다.

ㄹ. (O) '병'의 성별이 주어지지 않은 상황에서 남학생 '갑'과 '무'의 수학 평균 점수는 87.5점이고 여학생 '을'과 '정'의 수학 평균 점수는 85점이다. '병'의 수학 점수가 85점이므로 '병'이 남학생이라고 해도 평균은 85점보다 높고 '병'이 여학생이라면 동일하므로 '갑'~'무'의 성별 수학 평균 점수는 남학생이 여학생보다 반드시 높다.

18 빈칸형 난이도 중

정답 ⑤

문제풀이 핵심 포인트

비중 19.9%와 31.3%를 판단할 때 각각 약 20%, 약 33.3%로 보고 분수 형태로 변환하여 답을 도출한다.

풀이

ㄱ. (O) 2023년 인공지능반도체 비중은 325/2,686≒12.1%이므로 매년 증가한다.

ㄴ. (O) 2027년 시스템반도체 시장규모는 1,179/0.313≒3,767억 달러이므로 2021년 2,500억 달러보다 1,000억 달러 이상 증가한다.

ㄷ. (O) 2025년 시스템반도체 시장규모는 657/0.199≒3,302억 달러이다. 또 2022년 대비 2025년의 시장규모 증가율은 인공지능반도체가 {(657−185)/185}×100≒255%이고 시스템반도체가 {(3,301−2,310)/2,310}×100≒ 42.9%이므로 5배 이상이다.

실전에선 이렇게!

ㄱ. 2023년 인공지능반도체 비중이 10%는 넘지만 15%는 넘지 못한다는 점만 판단하면, 구체적으로 빈칸의 수치를 도출하지 않고도 정오를 판단할 수 있다.

ㄴ. 2027년 인공지능반도체 비중이 31.3%이므로 전체의 1/3인 33.3%보다 작다. 이 점을 활용하여, 2027년 시스템반도체 시장규모는 인공지능반도체 시장규모의 3배보다 크므로 1,179×3이 2,500+1,000=3,500억 달러 이상인지 비교한다.

ㄷ. 2025년 인공지능반도체 비중이 19.9%로 전체의 1/5인 약 20%이므로 시스템 반도체 시장규모는 인공지능반도체의 약 5배인 657×5≒3,300억 달러로 판단한다.

19 분수 비교형 난이도 중

정답 ⑤

문제풀이 핵심 포인트

〈표〉의 형태가 짝표이므로 출발 지역과 도착 지역이 동일한 지역 내 화물 이동을 묻는 〈보기〉를 우선적으로 검토한다.

풀이

ㄱ. (O) 도착 화물보다 출발 화물이 많은 지역은 A, B, D 3개이다.

ㄴ. (×) 지역 내 이동 화물은 C지역이 30개로 가장 적고 도착 화물은 D지역이 355개로 가장 적다.

ㄷ. (O) 지역 내 이동 화물을 제외할 때, 출발 화물과 도착 화물의 합은 C지역이 687개로 가장 작고 출발 화물과 도착 화물의 차이도 15개로 가장 작다.

ㄹ. (O) 도착 화물은 G가 1,465개로 가장 많고 출발 화물 중 지역 내 이동 화물의 비중도 (359/1,294)×100≒27.7%로 가장 크다.

실전에선 이렇게!

ㄹ. 출발 화물 중 지역 내 이동 화물의 비중을 비교할 때 G지역의 지역 내 이동 화물의 4배가 출발 화물보다 많기 때문에 25% 이상이다. 따라서 비교대상이 되는 지역이 4배 이상이 되는지 판단한다.

20 매칭형 난이도 중

정답 ②

문제풀이 핵심 포인트

대화 형태의 〈보고서〉 매칭형 문제이지만 키워드 '가장'을 찾아 판단하면 쉽게 답을 도출할 수 있다.

풀이

- 갑의 첫 번째 〈대화〉에서 A~D는 대전, 세종, 충북, 충남 중 하나임을 알 수 있다.
- 을의 첫 번째 〈대화〉에서 4개 지자체 중 세종을 제외한 3개 지자체에서 4월 4일 기준 자가격리자가 전일 기준 자가격리자보다 늘어났다고 했고, 4월 4일 기준 자가격리자가 전일 기준 자가격리자보다 늘어나려면 신규인원에서 해제인원을 뺀 값이 0보다 커야 한다. 신규인원에서 해제인원을 뺀 값은 A가 900+646−560−600>0, B가 70+52−195−33<0, C가 20+15−7−5>0, D가 839+741−704−666>0이므로 B는 세종이다. 이에 따라 선지 ④가 소거된다.
- 을의 두 번째 〈대화〉에서 대전, 세종, 충북은 모니터링 요원 대비 자가격리자의 비율이 1.8 이상이라고 했으므로 세종인 B를 제외하고 A, C, D의 값을 구한다. 모니터링 요원 대비 자가격리자의 비율은 C가 (1,147+141)/196≒6.6, D가 (9,263+7,626)/8,898≒1.9로 1.8 이상이므로 1.8 미만인 A는 충남이다. 이에 따라 선지 ①, ③이 소거된다.
- 갑의 세 번째 〈대화〉에서 자가격리자 중 외국인이 차지하는 비중이 4개 지자체 가운데 대전이 가장 높다고 했으므로 A, B를 제외하고 C, D의 값을 구한다. 자가격리자 중 외국인이 차지하는 비중은 C가 (141/1,288)×100≒10.9%, D가 (7,626/16,889)×100≒45.2%이므로 대전은 D이다. 이에 따라 선지 ⑤가 소거된다.

따라서 C에 해당하는 지자체는 충북, D에 해당하는 지자체는 대전이다.

실전에선 이렇게!

'가장'이라는 키워드가 포함된 갑의 세 번째 〈대화〉부터 풀이하면 선지 ①, ③, ⑤가 소거되고, 이후 을의 첫 번째 〈대화〉를 풀이하면 선지 ④가 소거되어 정답을 바로 도출할 수 있다. 이 경우, 을의 두 번째 〈대화〉를 분석하지 않아도 되기 때문에 문제풀이 시간을 단축할 수 있다. 갑의 세 번째 〈대화〉에 따른 계산이 다소 복잡하더라도 수치상 대전은 A 또는 D임을 알 수 있으며, A와 D를 비교할 때 분수 비교의 기법 중 전체비와 상대비를 이용하면 763/926인 D가 780/978인 A보다 크다는 것을 쉽게 판단할 수 있다.

21 조건 판단형 난이도 상

정답 ③

문제풀이 핵심 포인트

선지가 순서 나열형이므로 정확한 수치를 계산하기보다는 식을 정리한 다음 어림수로 빠르게 비교한다.

풀이

월간 출근 교통비는 {출근 1회당 대중교통요금−(기본 마일리지+추가 마일리지)×($\frac{\text{마일리지 적용거리}}{800}$)}×월간 출근 횟수이므로 이에 따라 갑~병의 〈조건〉 및 월간 출근 교통비를 정리하면 다음과 같다.

구분	갑	을	병
출근 1회당 대중교통요금(원)	3,200	2,300	1,800
기본 마일리지(원)	450	350	250
추가 마일리지(원)	200	-	100
마일리지 적용거리(m)	800	800	600
월간 출근 횟수(회)	15	22	22
월간 출근 교통비(원)	38,250	42,900	33,825

따라서 월간 출근 교통비가 많은 사람부터 나열하면 을, 갑, 병 순이다.

실전에선 이렇게!

식을 정리하면 갑은 2,550×15, 을은 1,950×22, 병은 약 1,560×22이므로 곱셈 비교로 판단할 수 있다.

22 분수 비교형 난이도 상 정답 ③

문제풀이 핵심 포인트

〈그림 1〉과 〈그림 2〉 모두 상위 15개국 현황이 제시되어 있으므로 16위 이하 회원국은 15위 수치보다 작다는 점을 이용하여 답을 도출한다.

풀이

ㄱ. (O) 국민총소득 대비 공적개발원조액 비율이 UN 권고 비율보다 큰 국가는 룩셈부르크, 노르웨이, 스페인, 덴마크, 영국 5개국이다. 이 중 룩셈부르크는 〈그림 1〉에 제시되지 않았지만 나머지 4개국의 합만 더해도 19.4+4.3+2.7+2.5=28.9십억 달러로 250억 달러 이상이다.

ㄴ. (O) 공적개발원조액 상위 5개국의 공적개발원조액 합은 33.0+24.1+19.4+12.0+11.7=100.2십억 달러이다. 상위 15개국 소계는 137.5십억 달러이고 나머지 14개국은 15위 한국보다 작기 때문에 2.5×14=35십억 달러보다 작다. 따라서 개발원조위원회 29개 회원국 공적개발원조액 합은 137.5+35=172.5십억 달러보다 작기 때문에 공적개발원조액 상위 5개국의 공적개발원조액 합 100.2십억 달러는 개발원조위원회 29개 회원국 공적개발원조액 합의 50% 이상이다.

ㄷ. (×) 독일의 국민총소득은 24.1/0.0061≒3,951십억 달러이다. 독일이 공적개발원조액만 30억 달러 증액하면 27.1십억 달러가 되므로 독일의 국민총소득 대비 공적개발원조액 비율은 0.0685%이고, 이는 UN 권고 비율인 0.70% 이상이 되지 못한다.

실전에선 이렇게!

ㄷ. 비율의 수치가 너무 낮아 판단하기 힘들다면, 24.1/0.61≒40으로 보아 27.1/40>0.7이 되는지 검토한다.

23 분수 비교형 난이도 상 정답 ④

문제풀이 핵심 포인트

연속적인 전년 대비 변화율을 고려하여 판단할 때 5% 미만인 경우에는 합산하여 답을 도출한다.

풀이

ㄱ. (O) 2020년 오리 생산액은 1,327십억 원=1.327조 원이고 2020년 대비 2021년 생산액 변화율이 -5.58%이므로 2021년 '오리' 생산액 전망치는 1.327×0.9442≒1.253조 원으로 1.2조 원 이상이다.

ㄴ (×) 2021년 '돼지' 생산액 전망치는 7,119×0.9609≒6,841십억 원이고, 같은 해 '농업' 생산액 전망치 50,052×1.0077≒50,437십억 원의 15% 수준인 약 7,565십억 원 이상이 되지 못하므로 옳지 않은 설명이다.

ㄷ. (O) '축산업' 중 전년 대비 생산액 변화율 전망치가 2022년보다 2023년이 낮은 세부항목은 우유와 오리 2개이다.

ㄹ. (O) 2020년 생산액 대비 2022년 생산액 전망치의 증감폭은 '재배업'이 30,270에서 30,597로 약 327십억 원이고 '축산업'이 19,782에서 19,853으로 약 70십억 원이므로 옳은 설명이다.

실전에선 이렇게!

ㄱ. 1.327조 원 기준 5.58% 감소하였으므로, 쉽게 계산하려면 이보다 수치를 살짝 높여 1.4조 원으로 판단한다. 1.4의 6%는 0.084이고, 이를 1.327에서 빼도 1.327-0.084>1.2이므로 옳은 선택지라고 판단할 수 있다.

ㄴ. 2021년 농업 생산액 전망치는 2020년보다 증가하므로 5만 이상이고, 돼지는 오히려 감소하고 있으므로 2020년 수치인 5만의 15%인 7,500을 기준으로 보더라도 옳지 않다는 것을 쉽게 판단할 수 있다.

ㄹ. 증가율이 5% 미만인 아주 작은 수치이므로 2021년과 2022년의 증가율을 더해 이를 2020년 대비 2022년 증가율로 간주해도 된다. 재배업은 1.5-0.42=1.08%, 축산업은 -0.34+0.7=0.36%으로 2020년 대비 2022년 증가율은 재배업이 축산업보다 높고, 2020년 재배업 생산액이 축산업 생산액보다 더 많기 때문에 증감폭 역시 재배업이 축산업보다 크다고 판단할 수 있다.

24 분수 비교형 난이도 중 정답 ①

문제풀이 핵심 포인트

회원수의 단위가 그림별로 다르므로 이를 일치시켜 판단하고, 구좌수는 자릿수가 많으므로 유효숫자를 설정하여 비교한다.

풀이

① (×) 장기저축급여 가입 회원 수는 744,733명으로, 전체 회원 85.2만 명의 약 87.4%이므로 85% 이상이다.

② (O) 공제제도별 자산 규모 구성비에서 장기저축급여가 27.3조 원으로 전체의 64.5%를 차지하고 있다. 따라서 공제제도의 총자산 규모는 27.3/0.645≒42.3조 원이므로 40조 원 이상이다.

③ (O) 자산 규모 상위 4개 공제제도는 장기저축급여, 퇴직생활급여, 목돈급여, 분할급여이고 4개 공제제도의 가입 회원 수 합은 744,733+40,344+55,090+32,411=872,578명이다. 전체 회원 수는 85.2만 명이므로 적어도 그 차이인 20,578명은 2개의 공제제도에 가입한 회원 수가 된다.

④ (O) 충청의 장기저축급여 가입 회원 수 61,850명은 15개 지역 평균 장기저축급여 가입 회원 수 744,733/15≒49,649명보다 많다.

⑤ (O) 공제제도별 1인당 구좌 수는 장기저축급여가 449,579,295/744,733≒603.7구좌로 분할급여 2,829,332/32,411≒87.3의 5배인 436.5구좌 이상이다.

실전에선 이렇게!

① 유효숫자만 설정하여 나타내면 744/852이므로 이를 반대해석하여 108/852≥15%인지 판단한다. 852의 10%인 85.2와 5%인 42.6의 합은 127.8이고, 108은 이보다 작으므로 옳지 않다는 것을 알 수 있다.

② 장기저축급여가 27.3조 원으로 전체의 64.5%를 차지하고 있기 때문에 이를 66.7%, 즉 전체의 약 2/3이라고 바꿔서 생각해본다. 따라서 나머지 1/3을 더하면 전체 금액이 되므로 대략 27.3+13.5>40이다. 실제로는 66.7%가 아니라 64.5%이므로 이보다 더 큰 금액임을 판단할 수 있다.

④ 충청의 회원 수는 6만 명 이상이고 15개 지역이므로 전체 가입 회원 수가 90만 명 미만이라면 옳은 선지가 된다.

25 분수 비교형 난이도 중 정답 ③

문제풀이 핵심 포인트
〈보고서〉의 분량이 많으므로 〈보고서〉의 내용을 그대로 나타낸 선지부터 검토하여 답을 도출한다.

풀이

① (O) 2018년 기준 광고사업체의 매체 광고비 규모는 11조 362억 원(64.1%), 매체 외 서비스 취급액은 6조 1,757억 원(35.9%)으로 조사됐다는 내용과 일치한다.

② (O) 인터넷매체 취급액은 3조 8,804억 원으로 전년 3조 6,406억 원 대비 (2,398/36,406)×100≒6.6% 증가했다. 이 중 특히 모바일 취급액은 14,735억 원에서 17,796억 원으로 (3,061/14,735)×100≒20.8% 증가하여 전년 대비 20% 이상 증가하였다.

③ (×) 간접광고(PPL) 취급액은 1,108억 원에서 1,270억 원으로 (162/1,108)×100≒14.6% 증가하여 전년 대비 14% 이상 증가하였다. 하지만 지상파TV와 케이블TV 간 비중의 격차는 45.1－39.2＝5.9%p로 5%p 이하가 아니다.

④ (O) 2018년 기준 광고 사업체 취급액은 17조 2,119억 원으로, 전년 16조 4,133억 원 대비 4.9% 증가했고, 광고사업체당 취급액 역시 22.7억 원에서 23.7억 원으로 증가했다. 업종별로 살펴보면 광고대행업이 6조 6,239억 원으로 전체 취급액의 38.5%를 차지했고, 취급액의 전년 대비 증가율은 온라인광고대행업이 16.9%로 가장 높다.

⑤ (O) 매체 광고비 중 방송매체 취급액은 4조 266억 원으로 가장 큰 비중을 차지하고 있으며, 그 다음으로 인터넷매체, 옥외광고매체, 인쇄매체 순으로 나타났다는 내용과 일치한다.

실전에선 이렇게!

③ 지상파TV와 케이블TV 간 비중은 2018년 간접광고 취급액 1,270억 원이 공통분모이므로 비중 차이 5%p를 구할 때 1,270억 원의 5%인 63.5억 원을 기준으로 두 매체의 취급액 차이가 이를 넘지 못하는지 판단한다.

모바일 자동 채점 및 성적 분석 서비스

민경채 2020년 기출문제

PSAT 전문가의 총평

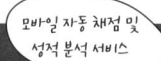

- 순수 자료비교인 곱셈 비교와 분수 비교 자체를 묻는 문제가 6문제 출제되어 전체의 20% 이상 비중을 차지하고 있습니다.
- 매칭형이 1문제, 빈칸형이 2문제, 각주 판단형이 2문제, 조건 판단형이 3문제로 자료판단에서 총 8문제가 출제되어 전체의 30% 이상 비중을 차지하였습니다. 특히 빈칸형 24번과 각주 판단형 17번이 중상 이상의 난도로 까다롭게 출제되었습니다.
- 보고서 검토·확인형이 3문제, 표-차트 변환형이 2문제 출제되어 자료검토·변환에서 총 5문제가 출제되었습니다. 이는 역대 민경채 기출문제 중 가장 높은 비중으로 출제된 것입니다. 5문항 모두 중 이하의 난도로 까다롭지 않게 출제되었습니다.
- 난도 상 문항은 25번으로 1문항이지만 중상 난도의 문항까지 합하면 4문항 정도를 해결하기 어려웠을 것입니다. 위 문항들만 후순위로 접근했다면 시간관리가 어렵지 않았을 것으로 보입니다.
- 전체적인 난이도는 '중상' 정도로 출제되었으며 2019년 기출과 비교하면 체감 난도는 비슷한 수준입니다. 7급 공채 합격생 기준 64점 이상을 받을 수 있는 난도라고 평가할 수 있습니다.

정답

p.139

1	④	보고서 검토·확인형	6	⑤	분산·물방울형	11	③	보고서 검토·확인형	16	②	보고서 검토·확인형	21	③	분수 비교형
2	③	조건 판단형	7	①	분수 비교형	12	④	단순 판단형	17	③	각주 판단형	22	②	평균 개념형
3	④	분수 비교형	8	②	표-차트 변환형	13	⑤	표-차트 변환형	18	②	조건 판단형	23	①	단순 판단형
4	①	분수 비교형	9	②	곱셈 비교형	14	⑤	빈칸형	19	③	단순 판단형	24	⑤	빈칸형
5	⑤	조건 판단형	10	④	각주 판단형	15	④	매칭형	20	①	분산·물방울형	25	④	분수 비교형

취약 유형 분석표

유형별로 맞힌 문제 개수와 정답률, 틀린 문제 번호, 풀지 못한 문제 번호를 적고 나서 취약한 유형이 무엇인지 파악해 보세요. 그 후 약점 보완 해설집 p.2 [취약 유형 공략 포인트]에서 약점 보완 학습법을 확인하고, 틀린 문제와 풀지 못한 문제를 다시 한번 풀어보세요.

유형		맞힌 문제 개수	정답률	틀린 문제 번호	풀지 못한 문제 번호
자료비교	곱셈 비교형	/1	%		
	분수 비교형	/5	%		
	반대해석형	–	–		
자료판단	단순 판단형	/3	%		
	매칭형	/1	%		
	빈칸형	/2	%		
	각주 판단형	/2	%		
	조건 판단형	/3	%		
자료검토·변환	보고서 검토·확인형	/3	%		
	표 – 차트 변환형	/2	%		
자료이해	평균 개념형	/1	%		
	분산·물방울형	/2	%		
	최소여집합형	–	–		
TOTAL		/25	%		

해설

1 보고서 검토·확인형 난이도 하 정답 ④

문제풀이 핵심 포인트

<보기>의 제목에 제시된 키워드를 중심으로 <보고서>의 내용과 비교하여 사용된 자료를 판단한다.

풀이

ㄱ. (○) 첫 번째 문장에서 '2019년 회계부정행위 신고 건수는 모두 64건으로 2018년보다 29건 감소하였다.'고 하였으므로 ㄱ. 회계부정행위 신고 현황이 <보고서> 작성을 위해 사용된 자료이다.

ㄴ. (○) 세 번째 문장에서 '2019년 회계부정행위 신고 건수는 전년 대비 31.2% 감소하였지만 2013년부터 2016년까지 연간 최대 32건에 불과하였던 점을 감안하면 2017년 11월 포상금 규정 개정 전보다 여전히 높은 수준이었다.'고 하였으므로 ㄴ. 연도별 회계부정행위 신고 건수 추이(2013~2016년)이 <보고서> 작성을 위해 사용된 자료이다.

ㄷ. (○) 두 번째 문장 '회계부정행위 신고에 대한 최대 포상금 한도가 2017년 11월 규정 개정 후에는 1억 원에서 10억 원으로 상향됨에 따라 회계부정행위 신고에 대한 사회적 관심이 증가하여 2018년에는 신고 건수가 전년 대비 크게 증가(111.4%)하였다.'고 하였으므로 ㄷ. 회계부정행위 신고에 대한 최대 포상금 규정이 <보고서> 작성을 위해 사용된 자료이다.

2 조건 판단형 난이도 하 정답 ③

문제풀이 핵심 포인트

항목별 공사비의 합이 가장 작은 공법을 판단하여 해당 공법의 기간을 더해 정답을 도출한다.

풀이

<조건>에 따라 총공사비를 최소로 하려면 토공사는 C공법(13억 원), 골조공사는 E공법(59억 원), 마감공사는 H공법(86억 원)을 사용하여야 하고 총공사 기간은 3+14+7=24개월이다.

3 분수 비교형 난이도 하 정답 ④

문제풀이 핵심 포인트

장학금 유형과 학기의 분류가 많은 자료이므로 정확하게 매칭하여 답을 도출한다.

풀이

ㄱ. (×) 2017~2019년 동안 매학기 장학생 수가 증가하는 장학금 유형은 존재하지 않는다.

ㄴ. (○) 2018년 1학기에 비해 2018년 2학기에 장학생 수와 장학금 총액이 모두 증가한 장학금 유형은 A, C, D, E로 총 4개이다.

ㄷ. (×) 2019년 2학기 장학생 1인당 장학금은 B 70/20≒3.5백만 원보다 A 372/104≒3.6백만 원이 더 많다.

ㄹ. (○) E장학금 유형에서 2019년 1학기에 장학생 수는 2,188명, 장학금 총액은 2,379백만 원으로 각각 가장 많은 학기이다.

4 분수 비교형 난이도 중 정답 ①

문제풀이 핵심 포인트

매출액, 목표매출액, 직원수의 수치가 단순하기 때문에 해당 항목 수치 간 배수 관계로 <보기>에서 묻는 것을 판단한다.

풀이

ㄱ. (○) 직원 1인당 매출액은 D가 유일하게 3억 원을 초과하는 3.3억 원으로 가장 많다.

ㄴ. (○) 목표매출액 달성률은 C가 유일하게 90% 이상인 90%로 가장 높다.

ㄷ. (×) 지점 매출액이 5개 지점 매출액의 평균 71/5≒14.2억 원을 초과하는 지점은 B, C로 2곳이다.

ㄹ. (×) 5개 지점의 매출액이 각각 20%씩 증가한다면 71×1.2=85.2억 원이므로 전체 매출액은 전체 목표매출액 90억 원을 초과하지 못한다.

실전에선 이렇게!

ㄷ. 5개 지점 매출액의 평균을 초과하는 지점이 3곳이라면 평균은 3번째로 매출액이 많은 E의 12보다 작아야 한다. A부터 E 순으로 12기준 편차를 판단하면 −2, +9, +6, −2, 0이므로 편차의 합은 +11이다. 즉 12+11/5가 실제 평균이므로 3곳이 아니라는 것을 판단할 수 있다.

ㄹ. 목표매출액 90억 원과 매출액 71억 원의 차이가 19억 원이므로 71억 원의 20%는 19억 원보다 작기 때문에 초과하지 못한다고 판단할 수 있다.

5 조건 판단형 난이도 중 정답 ⑤

문제풀이 핵심 포인트

주어진 <조건>을 토대로 빈칸에 들어갈 수치의 최대 또는 최소를 판단한다.

풀이

첫 번째 <조건>에서 1, 3라운드에는 각각 5발을 발사하고, 2, 4, 5라운드에는 각각 8발을 발사했으므로 각 참가자의 라운드별 적중 횟수를 정리하면 아래와 같다.

참가자 \ 라운드	1	2	3	4	5
A	1	( )	3	3	( )
B	2	5	5	1	1
C	( )	5	4	( )	5

두 번째 <조건>에서 각 참가자의 라운드별 적중 횟수는 최소 1발부터 최대 5발까지라고 하였고, 세 번째 <조건>에서 참가자별로 1발만 적중시킨 라운드 횟수는 2회 이하라고 하였다. A의 총적중 횟수 최솟값을 도출하려면 2, 5라운드에서 1발 또는 2발이어야 하고, C의 총적중 횟수 최댓값을 도출하려면 1, 4라운드에서 모두 5발이어야 한다. 이에 따라 A의 총적중 횟수의 최솟값은 1+1+3+3+2=10, C의 총적중 횟수의 최댓값은 5+5+4+5+5=24발이므로 차이는 14이다.

6 분산·물방울형 난이도 하 정답 ⑤

문제풀이 핵심 포인트

X축이 초미세먼지 농도, Y축이 연령표준화사망률, 지역 우측 수치가 초미세먼지로 인한 조기사망자수이므로 이를 정확하게 체크하여 판단한다.

풀이

ㄱ. (×) 초미세먼지로 인한 조기사망자수는 1,763명인 서울보다 2,352명인 경기도가 더 많다.

ㄴ. (×) 경기도는 서울보다 연령표준화사망률도 높고 초미세먼지로 인한 조기사망자수도 많다.

ㄷ. (O) 초미세먼지 농도가 가장 낮은 지역은 강원도이고 초미세먼지로 인한 조기사망자수는 443명으로 충청북도의 403명보다 많다.

ㄹ. (O) 연령표준화사망률은 대구가 25명/10만 명 이상으로 부산의 25명/10만 명 이하보다 높지만 초미세먼지로 인한 조기사망자수는 대구가 672명으로 부산의 947명보다 적다.

7 분수 비교형 난이도 중 정답 ①

문제풀이 핵심 포인트

연도 순서가 역순임을 확인하여 정확히 항목을 체크한 후 답을 도출한다.

풀이

① (O) 경기의 5톤 미만 어선 수는 2018년 1,703척에서 2019년 1,583척으로 120척 감소하였기 때문에 10% 미만이다.

② (×) 세종의 '1톤 미만' 어선 수는 2018년 7척에서 2019년 8척으로 전년보다 증가했다.

③ (×) 2018년 인천의 경우 '1톤 이상 2톤 미만'부터 '4톤 이상 5톤 미만'까지 톤급이 증가할수록 어선 수가 355, 184, 191, 177척으로 증감을 반복하고 있다.

④ (×) '1톤 이상 2톤 미만' 어선 수의 순위를 나열하면 2019년은 전남, 경남, 부산, 충남 순이므로 네 번째이다.

⑤ (×) 2018년 '1톤 미만' 어선 수 대비 '3톤 이상 4톤 미만' 어선 수의 비는 인천 191/147≒1.3보다 제주 335/142≒2.4가 더 높다.

실전에선 이렇게!

⑤ 인천의 경우 '1톤 미만' 어선 수에 비해 '3톤 이상 4톤 미만' 어선 수는 2배를 넘지 못하지만 제주의 경우 '1톤 미만' 어선 수에 비해 '3톤 이상 4톤 미만' 어선 수가 2배를 초과한다.

8 표-차트 변환형 난이도 중 정답 ②

문제풀이 핵심 포인트

〈표〉에 제시된 수치를 그대로 적용한 그래프인 선지 ②, ③, ⑤부터 검토하여 답을 빠르게 도출한다.

풀이

② (×) 〈표〉에 제시된 유상거래 최저 가격은 2011년이 10원/kg이지만, 그림에서는 2011년이 10원/kg이 아닌 40원/kg으로 잘못 표시되어 있다.

9 곱셈 비교형 난이도 중 정답 ②

문제풀이 핵심 포인트

자료의 양이 많기 때문에 제단각을 통해 자료의 범위를 판단한 후 선지에서 묻는 항목을 정확하게 매칭한다.

풀이

① (O) 남녀 각각 연령대가 높을수록 탈모 증상 경험자의 비율도 높다는 것을 〈표 1〉에서 쉽게 판단할 수 있다.

② (×) 탈모 증상 경험자 중 탈모 증상 완화 시도 방법으로 미용실 탈모 관리를 받았다고 한 응답자의 수는 남성 214×4.2%≒9명으로 여성 115×11.3%≒13명보다 적다.

③ (O) 탈모 증상 경험자의 연령대가 낮을수록 탈모 증상 완화를 시도하지 않은 응답자의 비율이 낮기 때문에 탈모 증상 경험자의 연령대가 낮을수록 탈모 증상 완화를 시도한 응답자의 비율이 높다.

④ (O) 탈모 증상 경험자 329명 중 부모의 탈모 경험이 있다고 한 응답자 236명의 비율은 236/329≒71.7%이므로 70% 이상이다.

⑤ (O) 부모의 탈모 경험이 없다고 한 응답자는 93명 모두 탈모 증상이 심각하다고 하였다면 응답자 중 탈모 증상이 심각하다고 한 응답자 중 부모의 탈모 경험이 있다고 한 응답자는 150-93=57명 이상이 된다.

실전에선 이렇게!

② 남성 214×4.2와 여성 115×11.3을 곱셈 비교로 판단하면 11.3은 4.2의 2배 이상이지만 214는 115의 2배 미만이다.

⑤ 응답자 중 탈모 증상이 심각하다고 한 응답자 150명을 A, 부모의 탈모 경험이 있다고 한 응답자 236명을 B, 전체 329명을 U라고 해서 A+B-U ≥57이 성립하는지 판단한다.

10 각주 판단형 난이도 중 정답 ④

문제풀이 핵심 포인트

각주의 수식이 복잡하게 주어졌지만 실제 식을 구성하는 수치는 간단하기 때문에 분수식을 정확하게 세팅하여 답을 도출한다.

풀이

ㄱ. (O) 도입처가 서울대공원인 반달가슴곰의 자연적응률 5/7≒71.4%는 자연출산 반달가슴곰의 자연적응률 39/46≒84.8%보다 낮다.

ㄴ. (×) 전체 자연출산 반달가슴곰 46개체 중 폐사한 5개체가 차지하는 비율이 10% 이상이므로 자연출산 반달가슴곰의 생존율은 90%를 넘지 못한다.

ㄷ. (O) 반달가슴곰의 폐사율은 자연출산 5/46≒10.9%가 증식장출산 1/8=12.5%보다 낮다.

ㄹ. (O) 도입처가 북한, 중국, 서울대공원인 반달가슴곰 6마리 모두 자연사라고 하더라도 도입처가 러시아인 반달가슴곰 중 폐사원인이 '자연사'인 개체는 최소 9-7=2개체이다.

실전에선 이렇게!

ㄱ. 도입처가 서울대공원인 반달가슴곰의 자연적응률 5/7의 분자와 분모에 각각 7배를 하면 35/49이므로 이는 자연출산 반달가슴곰의 자연적응률 39/46보다 분자도 작고 분모도 크기 때문에 자연적응률이 더 낮다고 판단할 수 있다.
ㄷ. 반달가슴곰의 폐사율의 분모와 분자의 배수 관계를 판단하면 자연출산은 분모 46이 분자 5의 9배 이상이고 증식장출산은 분모 8이 분자의 8배이므로 전자가 후자보다 낮다고 판단할 수 있다.
ㄹ. 도입처가 러시아인 반달가슴곰 9개체를 A, 폐사원인이 '자연사'인 반달가슴곰 8개체를 B, 폐사 전체 15개체를 U라고 한 다음 A+B−U≥2가 성립하는지 판단한다.

11 보고서 검토·확인형 난이도 하

정답 ③

문제풀이 핵심 포인트

선지의 제목에 제시된 키워드를 중심으로 〈보고서〉의 내용을 체크하면서 사용된 자료를 소거법으로 판단하여 답을 도출한다.

풀이

① (○) 두 번째 문단의 내용을 작성하기 위해 2016~2017년 국내 드론 활용 분야별 사업체수 현황을 사용하였다.
② (○) 첫 번째 문단의 내용을 작성하기 위해 2013년과 2018년 세계 드론 시장 점유율 현황을 사용하였다.
③ (×) 2015~2017년 국내 드론 산업 관련 민간 R&D 기업규모별 투자 현황은 〈보고서〉의 내용에 드러나있지 않다.
④ (○) 세 번째 문단의 내용을 작성하기 위해 2015~2017년 국내 드론 산업 관련 기술 분야별 정부 R&D 예산 비중 현황을 사용하였다.
⑤ (○) 두 번째 문단의 내용을 작성하기 위해 2013~2017년 국내 드론 활용 산업의 주요 관리 항목별 현황을 사용하였다.

12 단순 판단형 난이도 하

정답 ④

문제풀이 핵심 포인트

만족도와 응답인원을 단순하게 비교하는 문제이므로 실수하지 않도록 체크하여 답을 도출한다.

풀이

ㄱ. (×) 응답인원이 많은 순서대로 학년을 나열하면 4, 3, 1, 2학년 순이지만 '시설'과 '기자재' 항목의 교육 만족도가 높은 순서대로 학년을 나열할 때 1, 2, 4, 3학년 순이다.
ㄴ. (○) 항목별로 교육 만족도가 높은 순서대로 학년을 나열할 때, 시설과 기자재는 1, 2, 4, 3학년 순이다.
ㄷ. (×) 학년이 높아질수록 항목별 교육 만족도가 높아지는 항목은 존재하지 않는다.
ㄹ. (○) 각 학년에서 교육 만족도는 '전공'이 유일하게 3.90 이상으로 각각 가장 높다.

13 표-차트 변환형 난이도 중

정답 ⑤

문제풀이 핵심 포인트

〈표〉에 제시된 수치를 그대로 적용한 그래프인 선지 ①과 차이를 묻는 선지 ④를 빠르게 검토한 후 증감률을 묻는 선지 ⑤ 순서대로 검토한다.

풀이

⑤ (×) 2017년 대비 2018년 1인 1일당 식물성 단백질 섭취량의 증감률은 B 지역이 10g에서 30g으로 3배 증가하여 200%의 증가율을 나타내고 있다. 따라서 300%라고 표시하였기 때문에 틀린 선지이다.

14 빈칸형 난이도 중

정답 ⑤

문제풀이 핵심 포인트

빈칸이 1개이기 때문에 2019년 케이블PP를 묻는 〈보기〉인 ㄷ을 검토하지 않는다면 굳이 빈칸을 채우지 않고도 답을 도출할 수 있다.

풀이

ㄱ. (×) 2017~2019년 동안 모바일 광고매출액의 전년 대비 증가율은 2017년 27.8%, 2018년 24.7%, 2019년 19.9%로 매년 30%를 넘지 못한다.
ㄴ. (×) 2017년의 경우, 방송 매체 중 지상파TV 광고매출액이 차지하는 비중 40.2%는 온라인 매체 중 인터넷(PC) 광고매출액이 차지하는 비중 36.0%보다 크다.
ㄷ. (○) 2019년 케이블PP의 광고매출액은 15,008억 원이므로 매년 감소한다.
ㄹ. (○) 2016년 대비 2019년 광고매출액 증감률은 모바일이 약 2배로 가장 크다.

실전에선 이렇게!

ㄱ. 2018년 모바일 광고매출액이 4만 이상이므로 2019년의 전년 대비 증가율이 30% 이상이려면 증가폭은 최소 12,000 이상이어야 한다.
ㄴ. 유효숫자로 판단하면 방송 매체 중 지상파TV 광고매출액이 차지하는 비중은 155/386이고 온라인 매체 중 인터넷(PC) 광고매출액이 차지하는 비중은 191/477이다. 분자와 분모 차이를 분수로 설정하면 36/91이고 이는 155/386보다 작기 때문에 155/386이 191/477보다 큰 비중이다.

15 매칭형 난이도 중

정답 ④

문제풀이 핵심 포인트

〈조건〉 중 경우의 수가 적은 순서를 제시하는 정보부터 판단한다.

풀이

- 세 번째 〈조건〉에서 부동산 압류건수가 큰 값부터 순서대로 나열하면 C−A−B−서부청−D−동부청이고, 자동차 압류건수가 큰 값부터 순서대로 나열하면 C−B−서부청−A−D−동부청이다. 따라서 순서가 동일한 지방청은 C, D, 동부청이므로 C와 D가 각각 남부청 또는 중부청이다. 선지 배열상 D는 남부청이고 C는 중부청이 된다. 이에 따라 D가 북부청인 선지 ②, ③과 B가 중부청인 선지 ⑤는 삭제된다.

· 두 번째 <조건>에서 남부청과 북부청의 부동산 압류건수는 각각 2만 건 이하라고 했으므로 남은 선지 중 ④의 B가 북부청인지 검토한다. B는 15%이므로 2만 건 이하이기 때문에 B가 북부청이 된다. 따라서 정답은 ④로 도출된다.

16 보고서 검토·확인형 난이도 하 정답 ②

문제풀이 핵심 포인트

자료에서 직접 제시되지 않은 항목이 <보고서>에서 언급되는 경우 해당 항목이 <보기>에 있다면 추가로 필요한 자료로 판단하여 답을 도출한다.

풀이

ㄱ. (O) <보고서> 첫 번째 단락 네 번째 문장에서 '~, 2002년부터 2017년까지 국세 대비 국세청세수의 비율은 매년 증가 추세를 보인다.'고 했으므로 ㄱ. 2003~2016년의 국세 및 국세청세수가 추가로 필요하다.

ㄷ. (O) <보고서> 첫 번째 단락 두 번째 문장에서 '세목별로는 소득세(76.8조 원), 부가가치세(67.1조 원), 법인세(59.2조 원) 순으로 높다.'고 하였고 이어서 세 번째 문장에서는 '세무서별로 살펴보면 세수 1위는 남대문세무서(11.6조 원), 2위는 수영세무서(10.9조 원)이다.'라고 했으므로 ㄷ. 2017년의 세무서별·세목별 세수 실적이 추가로 필요하다.

17 각주 판단형 난이도 중 정답 ③

문제풀이 핵심 포인트

경제적 중요도에 따라 분류를 하여 <보기>를 판단해야 하기 때문에 중요도 개수가 작은 항목을 묻는 <보기>를 먼저 판단한다.

풀이

ㄱ. (×) 경제적 중요도가 S인 노린재목, 딱정벌레목, 벌목, 파리목, 나비목 중 '갑'국에서 종의 수가 세 번째로 많은 분류군은 1,886종인 노린재목이 아니라 2,791종인 벌목이다.

ㄴ. (O) 경제적 중요도가 A인 메뚜기목, 총채벌레목, 풀잠자리목 중 '을'국에서 종의 수가 두 번째로 많은 분류군은 176종인 총채벌레목이다.

ㄷ. (O) 경제적 중요도가 C인 무시류, 고시류, 강도래목, 털이목, 이목, 부채벌레목, 밑들이목, 벼룩목, 날도래목 중 '갑'국의 분류군별 종 다양성이 가장 낮은 분류군은 (4/2,800)≒0.1%인 털이목이다.

ㄹ. (×) 경제적 중요도가 S인 노린재목, 딱정벌레목, 벌목, 파리목, 나비목 중 '병'국의 분류군별 종 다양성이 10% 이상인 분류군은 노린재목(11,300/90,000), 벌목(17,400/125,000), 파리목(18,000/120,000)으로 3개이다.

실전에선 이렇게!

ㄷ. 종 다양성의 식을 구성하는 분모인 전체가 분자인 갑의 몇 배가 되는지 판단하여 도출한다. 털이목은 700배이므로 가장 배수가 크기 때문에 분류군별 종 다양성이 가장 낮다.

18 조건 판단형 난이도 중 정답 ②

문제풀이 핵심 포인트

가중치가 동일한 평가 항목끼리 묶어서 점수를 판단한다.

풀이

ㄱ. (O) 각 사업의 6개 평가 항목 원점수의 합은 A사업과 B사업이 480점으로 같다.

ㄴ. (×) '공적 가치'에 할당된 가중치의 합인 0.5는 '참여 여건'에 할당된 가중치의 합인 0.2보다 크고, '사업적 가치'에 할당된 가중치의 합인 0.3보다도 크다.

ㄷ. (O) 각 사업의 최종 점수는 A사업이 83점, B사업이 81점이므로 A사업을 신규 사업으로 최종 선정한다.

ㄹ. (×) '정부정책 지원 기여도' 가중치와 '수익창출 기여도' 가중치를 서로 바꾼 각 사업의 최종 점수는 A사업이 81점, B사업이 83점이 되어 B 사업을 신규 사업으로 최종 선정하게 된다.

실전에선 이렇게!

ㄱ. 원점수가 A사업과 B사업 모두 70점 2개, 80점 2개, 90점 2개로 같기 때문에 더하지 않고도 합이 같다고 판단할 수 있다.
ㄷ. 가중치가 동일한 평가항목끼리 편차로 비교하면 0.3가중치는 A가 +10점 더 높고 0.2가중치는 동일하며 0.1가중치는 B가 +10점 더 높기 때문에 A의 최종점수가 더 크다는 것을 구체적인 점수 도출 없이 판단할 수 있다.
ㄹ. 가중치가 동일한 평가항목끼리 편차로 비교하면 0.3가중치는 B가 +10점 더 높고 0.2가중치는 동일하며 0.1가중치는 A가 +10점 더 높기 때문에 B의 최종점수가 더 크다.

19 단순 판단형 난이도 하 정답 ③

문제풀이 핵심 포인트

연도별로 국가브랜드 상위 10개국의 순위가 다르게 주어졌으므로 11위 이하 순위의 국가를 고려해서 판단한다.

풀이

[A]: 2016~2019년 이미지 분야 및 실체 분야 국가브랜드 순위를 살펴보면, 미국의 이미지 분야 순위는 매년 [상승]하고 있다.
→ 선지 ④, ⑤ 삭제

[B]: 2019년 이미지 분야 순위 상위 10개국 중 2019년 이미지 분야 순위와 실체 분야 순위의 차이는 [프랑스]가 5위로 가장 크다.
→ 선지 ① 삭제

[C]: 2017년 이미지 분야 순위 상위 10개국 중 2016년에 비해 2017년 이미지 분야 순위가 상승한 국가는 독일, 캐나다, 미국, 스위스, 이탈리아, 호주로 총 [6]개국이다.

따라서 정답은 ③이다.

20 분산·물방울형 난이도 중

정답 ①

문제풀이 핵심 포인트

X축 항목인 발생가능성 지수와 Y축 항목인 영향도의 관계를 묻는 경우 X = Y의 보조선을 통해 판단한다.

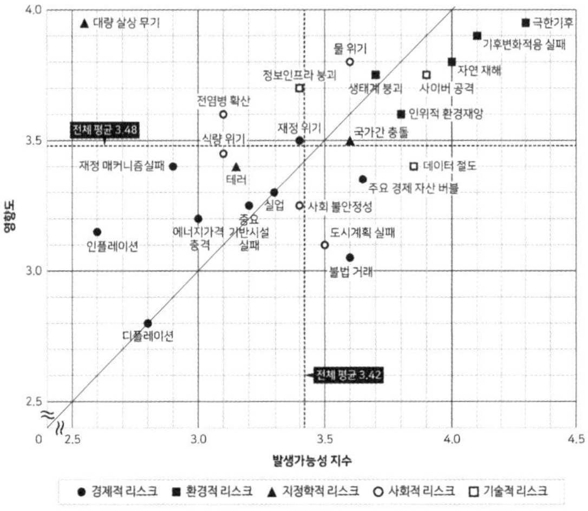

풀이

① (×) 발생가능성 지수 대비 영향도의 비가 1 이상이 되려면 Y/X ≥ 1이므로 Y ≥ X인 보조선 상단에 위치해야 한다. 생태계 붕괴를 제외한 모든 환경적 리스크는 보조선 하단에 위치하고 있으므로 발생가능성 지수 대비 영향도의 비는 1 이상이 아니다.

② (O) 영향도와 발생가능성 지수의 차이가 가장 큰 글로벌 리스크는 보조선과의 수직거리가 가장 큰 '대량 살상 무기'이다.

③ (O) 영향도 대비 발생가능성 지수의 비가 1 이하려면 X/Y ≤ 1이므로 X ≤ Y인 보조선 상단에 위치하는지 확인한다. 따라서 '에너지가격 충격'의 영향도 대비 발생가능성 지수의 비는 1 이하이다.

④ (O) 영향도와 발생가능성 지수가 각각의 '전체 평균' 이하인 경제적 리스크의 수는 6개이고 영향도나 발생가능성 지수가 각각의 '전체 평균' 이상인 경제적 리스크의 수는 0개이다.

⑤ (O) 모든 환경적 리스크는 영향도와 발생가능성 지수가 각각의 '전체 평균' 이상이다.

실전에선 이렇게!

④ 전체 평균 선이 교차하는 지점을 기준으로 좌하방에 위치한 점의 개수와 우상방에 위치한 점의 개수를 비교한다.

④ 전체 평균 선이 교차하는 지점을 기준으로 환경적 리스크가 모두 우상방에 위치하고 있는지 확인한다.

21 분수 비교형 난이도 중

정답 ③

문제풀이 핵심 포인트

분수 비교 시 분자와 분모의 증가율 비교를 통해 대소를 판단한다.

풀이

① (O) 멸종위기종으로 '포유류'만 10종을 추가로 지정한다면, 전체 멸종위기종 중 '포유류'의 비율은 30/274이므로 10% 이상이다.

② (O) 각 분류에서 멸종위기종 중 멸종위기 I 급의 비율은 '무척추동물'과 '식물'이 12.5%로 동일하다.

③ (×) 각 분류의 멸종위기종에서 5종씩 지정을 취소한다면, 전체 멸종위기종 중 '조류'의 비율은 63/264≒23.9%에서 58/229≒25.3%로 증가한다.

④ (O) 각 분류에서 멸종위기종 중 멸종위기 II 급의 비율은 '조류' 49/63≒77.8%가 '양서·파충류' 6/8 = 75%보다 높다.

⑤ (O) '포유류'를 제외한 모든 분류에서 각 분류의 멸종위기 II 급 종 수는 멸종위기 I 급의 종 수보다 많기 때문에 '포유류'를 제외한 모든 분류에서 각 분류의 멸종위기종 중 멸종위기 II 급의 비율은 각 분류의 멸종위기종 중 멸종위기 I 급의 비율보다 높다.

실전에선 이렇게!

③ 조류는 63에서 5만큼 감소하기 때문에 감소율이 10% 미만이지만 전체는 264에서 35만큼 감소하기 때문에 감소율이 10% 이상이다. 즉 조류의 증가율이 전체의 증가율보다 크기 때문에 전체 중 조류의 비율은 증가한다고 판단할 수 있다.

22 평균 개념형 난이도 중

정답 ②

문제풀이 핵심 포인트

전체 점수와 남녀 점수가 동시에 주어진 자료이므로 편차를 통해 가중치를 판단하여 가중평균 원리로 답을 도출한다.

풀이

① (O) 〈표〉에서 쉽게 확인 가능하다. 모든 연령대에서 '업무 만족도'보다 '인적 만족도'가 높다.

② (×) 호남청과 충청청을 비교하면 '업무 만족도'가 높은 지방청일수록 '인적 만족도'도 높지 않다는 것을 알 수 있다.

③ (O) 〈표〉에서 쉽게 확인 가능하다. 응답자의 연령대가 높을수록 '업무 만족도'와 '인적 만족도'가 모두 높다.

④ (O) 각각 경인청이 가장 높다. 따라서 '업무 만족도', '인적 만족도', '시설 만족도'의 합이 가장 큰 지방청은 경인청이다.

⑤ (O) 전체와 남자 격차보다 전체와 여자 격차가 더 작다. 따라서 남자 응답자보다 여자 응답자가 많다. 실제로 업무는 3:5, 인적은 2:4, 시설은 1:0이지만 소수점 아래 셋째 자리에서 반올림한 값이라는 점을 고려해야 한다.

23 단순 판단형 난이도 중

정답 ①

문제풀이 핵심 포인트

〈그림〉에서 근로장려금이 일정한 구간을 기준으로 자녀의 수와 가구별 총급여액의 관계를 판단한다.

풀이

ㄱ. (O) 2018년 총급여액이 900~1,300만 원 구간의 자녀 1인인 가구의 2019년 근로장려금은 140만 원으로 일정하므로 2018년 총급여액이 1,000만 원이고 자녀가 1명인 가구의 2019년 근로장려금은 140만 원이다.

ㄴ. (×) 2018년 총급여액이 600~800만 원 구간의 무자녀 가구는 2019년 근로장려금이 70만 원으로 일정하므로 2018년 총급여액이 800만 원 이하인 무자녀 가구는 2018년 총급여액이 많을수록 2019년 근로장려금도 많지는 않다.

ㄷ. (O) 2018년 총급여액이 2,200만 원이고 자녀가 3명 이상인 가구의 2019년 근로장려금은 70만원 미만이고, 2018년 총급여액이 600만 원이고 자녀가 1명인 가구의 2019년 근로장려금은 70만 원 이상이다.

ㄹ. (×) 2018년 총급여액이 2,000만 원인 가구의 경우, 자녀가 3인 이상이라면 근로장려금이 동일하므로 자녀가 많을수록 2019년 근로장려금이 많지 않다.

24 빈칸형 난이도 상 정답 ⑤

문제풀이 핵심 포인트

각 차수별 찬성과 반대 인원을 경우의 수를 통해 판단하여 답을 도출한다.

풀이

먼저 빈칸에 들어갈 수치를 도출하면 1차 조사에서 반대한 사람은 70명, 2차 조사에서 반대한 사람은 40명, 3차 조사에서 반대한 사람은 52명이다. 또한 2차 조사에서 찬성한 60명 중 3차 조사에서 반대한 사람은 16명이고 2차 조사에서 반대한 40명 중 3차 조사에서 찬성한 사람은 4명, 3차 조사에서 반대한 사람은 각각 36명이다.

① (×) 각주 1에서 1~3차 조사에 응답한 사람은 모두 같다고 하였고, 1차 조사에서 100명이 응답하였으므로 3차도 동일하다. 따라서 3차 조사에 응답한 사람은 130명 이상이 아니다.

② (×) 2차 조사에서 반대한다고 응답한 40명 중 3차 조사에서도 반대한다고 응답한 사람은 3차 조사에서 찬성으로 의견을 바꾼 4명을 제외한 36명이다.

③ (×) 2차 조사에서 찬성한다고 응답한 사람 중 3차 조사에서 반대한다고 응답한 사람은 3차 조사 역시 찬성인 44명을 제외한 16명이다.

④ (×) 1차 조사에서 반대한다고 응답한 사람 중 3차 조사에서 찬성한다고 응답한 사람은 다시 2차 조사에서 찬성한다고 응답한 사람과 반대한다고 응답한 사람으로 나눌 수 있다. 1차 조사에서 반대한다고 응답한 70명 중 2차 조사에서 찬성한다고 응답한 사람은 40명이고 2차 조사에서 찬성한다고 응답한 사람 중 3차 조사에서 반대한다고 응답한 16명이 모두 여기에 포함된다면 최소 24명이 1차 반대, 2차 찬성, 3차 찬성한 사람이다. 1차 조사에서 반대한다고 응답한 70명 중 2차 조사에서 반대한다고 응답한 사람은 30명이고 2차에서 반대한 40명 중 3차에도 반대한 36명에 모두 포함된다면 1차 반대, 2차 반대, 3차 반대한 사람은 한 명도 없게 된다. 따라서 1차 조사에서 반대한다고 응답한 사람 중 3차 조사에서 찬성한다고 응답한 사람은 45명 이상이 아니라 24명 이상이다.

⑤ (O) 1~3차 조사에서 한 번도 의견을 바꾸지 않은 사람은 모두 찬성과 모두 반대 2가지 경우이다. 먼저 1차 찬성 30명 중 20명은 2차 역시 찬성이고 이 중 16명이 모두 반대하더라도 최소 3명은 모두 찬성한 최소 인원이다. 마찬가지로 1차 반대 70명 중 30명은 2차 반대이고 이 중 4명이 모두 찬성하더라도 최소 26명은 모두 반대한 최소 인원이다. 따라서 1~3차 조사에서 한 번도 의견을 바꾸지 않은 사람은 30명 이상이다.

25 분수 비교형 난이도 상 정답 ④

문제풀이 핵심 포인트

증가율을 묻는 경우 분수 비교로 식을 구성하여 비교한 다음 답을 도출한다.

풀이

① (×) 이병 월급은 2012년 81,700원에서 2020년 408,100원으로 6배 미만 증가했기 때문에 500% 이상 증액된 것이 아니다.

② (×) 상병 월급은 2012년 97,800원에서 2016년 178,000원으로 2배 미만 증가했지만 2020년에는 488,200원으로 2016년 178,000원 대비 2배 이상 증가하였다.

③ (×) 단팥빵의 경우 2012년 600원에서 2016년 1,000원으로 400원 인상되어 66.7%의 인상률을 보이고 있지만 2020년 1,400원은 2016년 1,000원에 비해 40% 증가하였기 때문에 전자가 후자보다 높다.

④ (O) 일병이 한 달 월급만을 사용하여 군내매점에서 140개의 단팥빵을 구매하고 남은 금액은 2012년이 88,300 − (600 × 140) = 4,300원이고, 2016년이 161,000 − (1,000 × 140) = 21,000원이다.

⑤ (×) 병장이 한 달 월급만을 사용하여 군내매점에서 구매할 수 있는 햄버거의 최대 개수는 2020년이 540,900/3,500 ≥ 154.5로 154개이고, 2012년이 108,300/2,400 ≥ 45.125로 45개이므로 3배 이상이다.

실전에선 이렇게!

① 500% 이상 증액되었다는 것은 6배 이상 증가된 것이므로 배수로 판단한다.

④ 2016년과 2012년 일병의 월급 차이는 161,000 − 88,300 = 72,700원이고 단팥빵 140개의 가격 인상분은 140 × 400 = 56,000원이므로 단팥빵 구매하고 남은 금액은 72,700 − 56,000 ≥ 15,000원이 된다.

⑤ 분수 비교 식을 구성하여 1,083/24 × 3 ≥ 5,409/35가 성립하는지 판단한다. 위 식을 1,083/8 ≥ 5,409/35로 정리해서 판단하면 분자는 5배 이상, 분모는 5배 미만이므로 옳지 않다는 것을 확인할 수 있다.

모바일 자동 채점 및 성적 분석 서비스

민경채 2019년 기출문제

PSAT 전문가의 총평

- 순수 자료비교인 곱셈 비교와 분수 비교 자체를 묻는 문제가 6문제 출제되어 전체의 20% 이상 비중을 차지하고 있습니다.
- 매칭형이 2문제, 빈칸형이 2문제, 각주 판단형이 2문제, 조건 판단형이 5문제 출제되어 자료판단에서 총 11문제가 출제되어 전체의 40% 이상 비중을 차지하였습니다. 특히 각주 판단형 24번을 비롯해서 조건 판단형 21, 23, 25번이 중상 이상의 난도로 까다롭게 출제되었습니다.
- 보고서 검토·확인형이 2문제, 표 - 차트 변환형이 1문제 출제되어 자료검토·변환에서 총 3문제가 출제되었고 이 중 보고서 검토·확인형 2문항은 모두 쉽게 출제되었지만 표 - 차트 변환형은 난도 상으로 까다롭게 출제되었습니다.
- 상대적으로 난도가 높은 문제는 3, 24번이지만 까다로운 중상 난도의 문항까지 합하면 8문항이 출제되어 시간관리에 어려움이 있었을 것입니다.
- 전체적인 난이도는 '중상' 정도로 출제되었으며 2018년 기출과 비교하면 난도가 대폭 상향되었습니다. 전체적으로 7급 공채 합격생 기준 64점 이상을 받을 수 있는 난도라고 평가할 수 있습니다.

정답

p.155

1	④	보고서 검토·확인형	6	⑤	평균 개념형	11	⑤	표 - 차트 변환형	16	③	빈칸형	21	④	조건 판단형
2	③	분산·물방울형	7	①	최소여집합형	12	④	분수 비교형	17	①	조건 판단형	22	③	각주 판단형
3	④	표 - 차트 변환형	8	①	빈칸형	13	①	분수 비교형	18	②	분수 비교형	23	③	조건 판단형
4	②	단순 판단형	9	⑤	분수 비교형	14	②	매칭형	19	③	분수 비교형	24	②	각주 판단형
5	⑤	평균 개념형	10	①	매칭형	15	③	곱셈 비교형	20	②	조건 판단형	25	⑤	조건 판단형

취약 유형 분석표

유형별로 맞힌 문제 개수와 정답률, 틀린 문제 번호, 풀지 못한 문제 번호를 적고 나서 취약한 유형이 무엇인지 파악해 보세요. 그 후 약점 보완 해설집 p.2 [취약 유형 공략 포인트]에서 약점 보완 학습법을 확인하고, 틀린 문제와 풀지 못한 문제를 다시 한번 풀어보세요.

유형		맞힌 문제 개수	정답률	틀린 문제 번호	풀지 못한 문제 번호
자료비교	곱셈 비교형	/1	%		
	분수 비교형	/5	%		
	반대해석형	-	-		
자료판단	단순 판단형	/1	%		
	매칭형	/2	%		
	빈칸형	/2	%		
	각주 판단형	/2	%		
	조건 판단형	/5	%		
자료검토·변환	보고서 검토·확인형	/1	%		
	표 - 차트 변환형	/2	%		
자료이해	평균 개념형	/2	%		
	분산·물방울형	/1	%		
	최소여집합형	/1	%		
TOTAL		**/25**	**%**		

해설

1 보고서 검토·확인형 난이도 하

정답 ④

문제풀이 핵심 포인트

구체적으로 수치를 도출하지 않고 〈보고서〉 내용 중 〈표〉에 드러나지 않은 항목을 〈보기〉에서 선택하여 답을 도출한다.

풀이

ㄱ. (O) 〈보고서〉의 세 번째 단락 첫 번째 문장에서 '~국회 국민청원건수는 16대 이후로 감소하고 있다. ~'고 언급하고 있으므로 ㄱ. 국회 국민청원건수가 추가로 필요하다.

ㄷ. (O) 〈보고서〉의 두 번째 단락에서 상임위원회당 처리 법안수를 언급하고 있는데 〈표〉에 처리 법안수는 제시되어 있으므로 ㄷ. 국회 상임위원회수가 추가로 필요하다.

ㄹ. (O) 〈보고서〉의 첫 번째 단락에서 '~, 국회의원 1인당 50건 이상의 법안이 제출된 셈이다.'라고 언급하고 있고 발의 법안수는 〈표〉에 제시되어 있으므로 ㄹ. 국회의원수가 추가로 필요하다.

2 분산·물방울형 난이도 하

정답 ③

문제풀이 핵심 포인트

〈그림〉과 〈표〉에 국가별 인간개발지수가 함께 제시되고 있으므로 인간개발지수의 크기를 통해 해당 국가를 매칭하여 답을 도출한다.

풀이

ㄱ. (O) A국은 인간개발지수가 가장 작은 국가이기 때문에 0.722인 도미니카공화국이고, 인터넷 사용률은 52%로 60% 미만이다.

ㄴ. (×) B국은 인간개발지수가 0.762인 멕시코이고, C국은 인간개발지수가 0.794인 불가리아이다. GDP 대비 공교육비 비율은 멕시코 5.2%가 불가리아의 3.5%보다 높다.

ㄷ. (×) D국은 인간개발지수가 0.901인 대한민국이고, 최근 국회의원 선거 투표율 하위 3개국은 멕시코, 칠레, 불가리아이다.

ㄹ. (O) 1인당 GDP가 가장 높은 국가는 노르웨이이고, 노르웨이의 시민지식 평균점수는 유일하게 550점 이상으로 가장 높다.

실전에선 이렇게!

ㄷ. 최근 국회의원 선거 투표율 하위 3개국의 인간개발지수는 모두 0.9보다 작기 때문에 D국이 될 수 없다고 역으로 판단할 수도 있다.
ㄹ. 시민지식 평균점수가 가장 높은 국가는 인간개발지수도 가장 높기 때문에 0.949인 노르웨이로 1인당 GDP가 가장 많다고 판단할 수 있다.

3 표-차트 변환형 난이도 상

정답 ④

문제풀이 핵심 포인트

〈표〉의 수치가 그대로 적용된 선지 ①부터 검토하고 나머지 비율로 변환한 그래프를 판단할 때 〈표〉의 단위와 다르게 작성된 그래프가 있다면 이를 이어서 검토한다.

풀이

④ (×) 화재발생건수 대비 인명피해자수 비율이 모든 연도에서 40을 초과하기 때문에 옳지 않다는 것을 판단할 수 있다.

실전에선 이렇게!

④ 그래프의 화재발생건수 단위가 천 건이므로 〈표〉의 화재발생건수 수치에서 백의 자리를 모두 버리고 대략적으로 판단한다.

4 단순 판단형 난이도 하

정답 ②

문제풀이 핵심 포인트

수도권이 비수도권보다 지가변동률의 변화 양상이 더 큰 점을 고려하여 판단한다.

풀이

ㄱ. (×) 비수도권의 지가변동률은 2012년 1.47에서 2013년 1.30으로 하락하였다.

ㄴ. (O) 비수도권의 지가변동률이 수도권의 지가변동률보다 높은 연도는 2012년, 2013년, 2015년으로 3개이다.

ㄷ. (×) 전년대비 지가변동률 차이는 수도권의 경우 2018년이 1.8로 가장 크고 비수도권은 2017년이 1.0으로 가장 크다.

5 평균 개념형 난이도 중

정답 ⑤

문제풀이 핵심 포인트

〈그림〉의 성별 평균점수가 주어졌지만 전체 평균점수는 주어지지 않았다는 점을 체크하고 〈표〉에서는 누적 학생비율이라는 점을 파악하여 답을 도출한다.

풀이

① (×) 〈그림〉에서 쉽게 확인할 수 있듯이 '갑'국 남학생과 여학생의 평균점수 차이는 2018년이 1998년보다 작다.

② (×) 정확하진 않지만 판단 가능하다. '갑'국의 평균점수는 2018년이 605~606점이고 2014년 610~616점으로 전자가 후자보다 작다.

③ (×) G, H, I를 보면 2018년 주요 10개 국가는 '수월수준'의 학생비율이 높을수록 평균점수가 높지 않다는 것을 알 수 있다.

④ (×) '기초수준 미달'의 학생비율이 가장 높으려면 400점 이상의 비율이 가장 작아야 한다. 따라서 2018년 주요 10개 국가 중 '기초수준 미달'의 학생비율이 가장 높은 국가는 I국이 아니라 F국이다.

⑤ (○) '우수수준'은 550점 이상 625점 미만이므로 550점 이상 누적 학생비율에서 625점 이상 누적 학생비율을 빼면 된다. 따라서 2018년 '우수수준'의 학생비율은 D국이 67 - 34 = 33%로 B국 72 - 42 = 30%보다 높다.

6 평균 개념형 난이도 중 정답 ⑤

문제풀이 핵심 포인트

평균값을 구체적으로 묻는 ㄹ을 검토하지 않는다면 빠르게 답을 도출할 수 있는 문제이다.

풀이

ㄱ. (×) 2017년 대비 2018년 '전체 제조업계 내 순위'가 하락한 브랜드는 FO, XO, NI이고 이 중 XO는 2017년 대비 2018년 브랜드 가치평가액이 증가하였다.

ㄴ. (×) 2017년과 2018년의 브랜드 가치평가액 차이가 큰 순서를 나열하면 TO(31), BM(25), FO(22), BE(18)로 BE는 세 번째가 아닌 네 번째이다.

ㄷ. (○) 2017년 대비 2018년 '전체 제조업계 내 순위'와 '자동차업계 내 순위'가 모두 상승한 브랜드는 AU, HY 2개뿐이다.

ㄹ. (○) 연도별 '자동차업계 내 순위' 기준 상위 7개 브랜드 가치평가액 평균은 2018년 153.6억 달러가 2017년 143.3억 달러보다 크다.

실전에선 이렇게!

ㄴ. 차이를 판단할 때 절댓값으로 비교한다.

ㄹ. 2017년과 2018년 '자동차업계 내 순위' 1~6위는 동일하고 7위만 2017년은 XO, 2018년은 AU로 다르다. 각 순위별 2018 - 2017년 편차를 도출하면 1위 +38, 2위 +18, 3위 +25, 4위 +12, 5위 -22, 6위 +4, 7위 -4로 편차의 합은 (+)이다. 따라서 2018년이 2017년보다 크다는 것을 구체적으로 도출하지 않고도 판단할 수 있다.

7 최소여집합형 난이도 중 정답 ①

문제풀이 핵심 포인트

전체 합계가 같음을 확인하여 최소여집합 구조를 판단한 후 식을 구성하여 답을 도출한다.

풀이

① (×) 중규모와 대규모 가맹점 4,758개 모두 서울 지역이라고 가정하면 '서울' 지역 소규모 가맹점의 결제건수는 최소 142,248 - 4,758 = 137,490건이므로 137,000건 이상이 될 수도 있다.

② (○) 6대 광역시 가맹점의 결제건수 합은 148,323 - 142,248 ≥ 6,000건이다.

③ (○) 결제건수 대비 결제금액은 중규모가 4,426/3,476 ≒ 1.3으로 가장 작다.

④ (○) 가맹점수 대비 결제금액은 '대구'가 유일하게 300배 이상으로 가장 크다.

⑤ (○) 6대 광역시의 가맹점수 합은 전체 1,363개의 10%인 약 136개 미만이므로 전체 가맹점수에서 '서울' 지역 가맹점수 비중은 90% 이상이다.

실전에선 이렇게!

① 서울을 A, 소규모를 B, 전체를 U라고 하면 A + B - U ≤ 137,000인지 판단할 수 있다. 142,248 + 143,565 - 148,323 ≥ 137,000이므로 옳지 않다고 판단하면 된다.

③ 결제금액이 결제건수의 1.5배 미만인 가맹점 규모는 중규모가 유일하다.

8 빈칸형 난이도 중 정답 ①

문제풀이 핵심 포인트

〈표〉에 제시된 빈칸의 수치는 〈그림〉과 각주의 관계를 토대로 도출한다.

유형	구분 / 방송사	전체 시간대 만족도지수	전체 시간대 질평가지수	주시청 시간대 만족도지수	주시청 시간대 질평가지수
지상파	A	7.37	7.33	7.26	7.20
	B	7.22	7.05	7.23	7.01
	C	7.14	6.97	7.11	6.93
	D	7.32	7.16	7.41	7.23
종합편성	E	6.94	6.90	7.10	7.02
	F	7.75	7.67	7.94	7.88
	G	7.14	7.04	7.20	7.06
	H	7.03	6.95	7.08	7.00

풀이

ㄱ. (○) 위 정리된 표에서 알 수 있듯이 A~D 각각 전체 시간대와 주시청 시간대 모두 만족도지수가 질평가지수보다 높다.

ㄴ. (○) 위 정리된 표에서 알 수 있듯이 E~H 각각 질평가지수는 주시청 시간대가 전체 시간대보다 높다.

ㄷ. (×) D의 전체 시간대 시청자평가지수는 (7.32 + 7.16)/2 = 7.24이고 이는 주시청 시간대 시청자평가지수인 7.32보다 높다.

ㄹ. (×) 위 정리된 표에서 알 수 있듯이 만족도지수는 주시청 시간대가 전체 시간대보다 높은 방송사는 B, D, E, F, G, H이고 전체 시간대 시청자평가지수는 E 6.92, F 7.71, G 7.09, H 6.99이기 때문에 만족도지수는 주시청 시간대가 전체 시간대보다 높으면서 시청자평가지수는 주시청 시간대가 전체 시간대보다 낮은 방송사는 B 1개이다.

실전에선 이렇게!

ㄷ. D의 경우 전체 시간대는 7.16과 7.32의 산술평균인데 주시청 시간대는 7.32이므로 전체 시간대가 주시청 시간대보다 클 수 없다.

9 분수 비교형 난이도 중 정답 ⑤

문제풀이 핵심 포인트
<표>와 <그림 2>가 상담건수에 대한 자료이고 <그림 1>은 학생 수에 대한 자료이므로 이를 연계하여 답을 도출한다.

풀이

ㄱ. (×) 학년별 전체 상담건수 중 '상담직원'의 상담건수가 차지하는 비중은 2학년 97/1,229≒7.9%보다 3학년 107/1,082≒9.9%가 더 높다.

ㄴ. (O) '진로컨설턴트'의 상담건수 641건이 모두 진로상담이고 '상담직원'의 상담건수 414건이 모두 생활상담 또는 학업상담이라면, 교수가 상담하지 않은 진로상담건수는 641건이 된다. 전체 상담건수 중 진로상담 건수는 5,340건의 45%인 약 2,403건이므로 '교수'가 상담한 유형 4,285건 중 진로상담이 차지하는 비중은 (2,403 - 641)/4,285≒41.1%이므로 30% 이상이다.

ㄷ. (O) 상담건수가 많은 학년부터 순서대로 나열하면 4학년 1,723건, 1학년 1,306건, 2학년 1,229건, 3학년 1,082건 순이다.

ㄹ. (O) 1회 이상 상담 받은 학생수가 최소 한 번이라도 상담을 받은 학생 수이므로 <그림 1>의 학생 수 합인 3,826 + 496 + 174 = 4,496명이다. 따라서 4,600명 이하이다.

실전에선 이렇게!

ㄱ. 2학년과 3학년을 비교하면 분모인 전체 상담건수는 2학년이 크고 분자인 상담직원 상담건수는 3학년이 크기 때문에 간단하게 분수 비교할 수 있다.
ㄴ. 교수 상담건수의 30%는 4,285×30%≒1,286건이고 이는 전체 건수의 40%인 약 2,000건에 641건을 뺀 수치보다도 작기 때문에 30% 이상이라고 판단할 수 있다.

10 매칭형 난이도 중 정답 ①

문제풀이 핵심 포인트
선지에 A~E 모든 기업이 주어지지 않았으므로 선지의 배열을 참고해서 소거법으로 답을 도출한다.

풀이

- 세 번째 <보기>에서 A, B, C의 영업이익을 합쳐도 D의 영업이익보다 적다고 하였으므로 영업이익이 적은 3개 기업 '나' + '다' + '라'의 합보다 많은 기업은 '가' 뿐이다. 따라서 '가'는 D이고 '마'는 E이다. 이에 따라 '나' 또는 '라'가 D인 선지 ②, ④와 '라'가 E인 선지 ⑤가 삭제된다.
- 네 번째 <보기>에서 E는 B에 비해 직원 1인당 영업이익이 적다고 하였으므로 직원 1인당 영업이익이 가장 적은 '라'는 B가 될 수 없다. 선지 ③는 삭제된다.

따라서 정답은 ①이다.

11 보고서 검토·확인형 난이도 하 정답 ⑤

문제풀이 핵심 포인트
직접적인 근거로 활용되지 않은 자료를 찾는 문제이므로 <보고서>의 내용에 포함되지 않는 선지를 찾아 답으로 도출한다.

풀이

① (O) 두 번째 '자원봉사단체 등록 현황'에서 2017년 세종특별자치시에 등록된 자원봉사단체별 회원수 현황이 근거로 활용되었음을 알 수 있다.

② (O) 첫 번째 '자원봉사자 등록 현황'에서 2017년 세종특별자치시 인구 현황이 근거로 활용되었음을 알 수 있다.

③ (O) 첫 번째 '자원봉사자 등록 현황'에서 성별 구분을 하였고 세 번째 '연령대별 자원봉사자 등록 현황'에서 연령대별 구분을 하였으므로 2017년 세종특별자치시에 등록된 성별, 연령별 자원봉사자수 현황이 근거로 활용되었음을 알 수 있다.

④ (O) 네 번째 '자원봉사자 활동 현황'에서 2017년 세종특별자치시 연간 1회 이상 활동한 자원봉사자수 현황이 근거로 활용되었음을 알 수 있다.

⑤ (×) 다섯 번째 '자원봉사 누적시간대별 자원봉사 참여자수 현황'이 제시되어 있지만 이는 2017년 세종특별자치시 연령별, 1일 시간대별 자원봉사 참여자수 현황을 토대로 작성한 것이 아니므로 직접적인 근거로 활용되지 않은 자료이다.

실전에선 이렇게!

⑤ 다섯 번째 자료인 누적시간대별 자료는 자원봉사 참여자가 해당 조사기간까지 얼마나 많은 봉사활동을 하였는지에 대한 시간개념이지만 1일 시간대별 자원봉사 참여자수 현황은 하루를 24개 시간으로 나누어 해당 시간대에 자원봉사 참여자가 얼마나 되는지 제시된 자료이므로 관련성이 없다.

12 분수 비교형 난이도 중 정답 ④

문제풀이 핵심 포인트
~당 또는 비율을 묻는 선지가 다수이므로 분수 비교하여 답을 도출한다.

풀이

ㄱ. (O) 학과당 교원 수는 공립대학 354/40 > 8이고 사립대학 49,770/8,353 < 6이므로 공립대학이 사립대학보다 많다.

ㄴ. (O) 전체 대학 입학생 수에서 국립대학 입학생 수가 차지하는 비율은 78,888/355,772≒22.2%이므로 20% 이상이다.

ㄷ. (O) 공립대학은 입학생 수보다 졸업생 수가 많지만 국립대학은 입학생 수가 졸업생 수보다 많기 때문에 입학생 수 대비 졸업생 수의 비율은 공립대학이 국립대학보다 높다.

ㄹ. (×) 공립대학의 남성 직원 수 90명은 여성 직원 수 115명보다 적다.

실전에선 이렇게!

ㄴ. 분자인 국립대학 입학생 수의 5배는 전체 대학 입학생 수보다 많기 때문에 20% 이상인지 쉽게 판단할 수 있다.
ㄹ. 공립대학 직원 205명 중 여성 115명의 비중이 50%를 넘기 때문에 남성 직원 수보다 여성 직원 수가 더 많다고 판단할 수 있다.

13 분수 비교형 난이도 중 정답 ①

문제풀이 핵심 포인트

분수 비교 시 구체적인 계산을 최대한 줄이면서 기준을 세운 후 간단하게 비교한다.

풀이

ㄱ. (O) 매년 불법체류외국인 수는 10만 후반대의 수치이고 체류외국인 수는 100만 초반대의 수치이므로 전자는 후자의 10% 이상이다.

ㄴ. (×) 불법체류외국인 범죄건수의 전년대비 증가율은 2018년이 1,591건에서 2,033건으로 유일하게 20% 이상으로 가장 높지만 합법체류외국인 범죄건수의 전년대비 증가율은 2018년 (22,951 - 21,323)/21,323≒7.6%보다 2016년 (23,970 - 17,538)/17,538≒36.7%이 더 높다.

ㄷ. (×) 2017년은 체류외국인 범죄건수가 전년에 비해 감소했지만 불법체류외국인 범죄건수는 전년에 비해 증가했다.

ㄹ. (O) 체류외국인 범죄건수 중 합법체류외국인 범죄건수가 차지하는 비중은 2014년 87.8%, 2015년 90.2%, 2016년 94.0%, 2017년 93.1%, 2018년 91.9%로 매년 80% 이상이다.

실전에선 이렇게!

ㄹ. 매년 합법체류외국인수가 불법체류외국인수의 4배 이상이 되는지 판단한다.

14 매칭형 난이도 하 정답 ②

문제풀이 핵심 포인트

경우의 수가 적은 첫 번째 〈조건〉부터 판단하여 답을 도출한다.

풀이

· 첫 번째 〈조건〉에서 2010년 대비 2020년 자동차 온실가스 배출량 기준 감소율은 한국이 일본, 미국, 벨기에보다 높다고 했으므로 감소율이 가장 큰 국가는 한국이다. 〈그림〉에서 2010년 대비 2020년 하락 정도가 심한 A, B, C를 비교하면 A (172.0 - 113.0)/172.0≒34.3%, B (157.4 - 97.0)/157.4≒38.4%, C (144.0 - 93.0)/144.0≒35.4%이므로 감소율이 가장 높은 B가 한국이다. 이에 따라 선지 ①, ④, ⑤는 삭제된다. 또한 선지 배열을 참고로 D자리에 한국이 없으므로 A, B, C를 비교해 볼 수도 있다.

· 선지 ②, ③만 남은 상황에서 A는 미국, D는 일본으로 확정되었으므로 벨기에와 미국을 구분할 수 있는 세 번째 〈조건〉을 검토해야 한다. 2020년 자동차 온실가스 배출량 기준은 미국이 한국과 벨기에보다 높다고 했고, B가 한국, C가 벨기에임을 알 수 있다. 따라서 A는 미국, B는 한국, C는 벨기에, D는 일본이다.

실전에선 이렇게!

두 번째 〈조건〉에서 한국와 일본의 조합이 될 수 없는 선지 ①, ④를 지우고 나머지 ②, ③, ⑤ 중 세 번째 〈조건〉에서 벨기에가 가장 높은 선지 ③과 한국이 가장 높은 선지 ⑤를 지우면 선지 ②만 남기 때문에 소거법으로 도출할 수 있다.

15 곱셈 비교형 난이도 중 정답 ③

문제풀이 핵심 포인트

세부 항목의 예산을 직접 구체적으로 도출하지 말고 곱셈식으로 비교하여 답을 도출한다.

풀이

ㄱ. (×) '교육' 분야 예산은 135억 원×9.0% = 12.15억 원이므로 13억 원 미만이다.

ㄴ. (O) C 사업 예산 135×0.42×0.19≒10.8억 원은 D 사업 예산 135×0.19×0.51≒13.1억 원보다 적다.

ㄷ. (O) '경제복지' 분야 예산 135×0.30 = 40.5억 원은 B 사업과 C 사업예산의 합 135×0.42×(0.19+0.34)≒30.1억 원보다 많다.

ㄹ. (×) '도시안전' 분야 예산 135×0.19≒25.7억 원은 A - 2 사업 예산 135×0.42×0.47×0.48≒12.8억 원의 3배인 약 38.4억 원 미만이다.

실전에선 이렇게!

ㄱ. 9%를 묻는 〈보기〉이므로 비율 쪼개기를 해서 (10-1)%로 판단한다. 135의 10%는 13.5이고 이의 10%인 1는 1.35이므로 13.5 - 1.35 > 13 이상이 되는지 판단하면 정오를 쉽게 판단할 수 있다.

ㄴ. C 사업 예산 42×19와 D 사업 예산 19×51을 곱셈 비교로 판단하면 19가 공통이므로 C가 D보다 적다는 것을 쉽게 판단할 수 있다.

ㄷ. '경제복지' 분야 예산 30과 B 사업과 C 사업 예산의 합 42×(0.19+0.34) = 42×0.53을 비교하면 30 > 42×0.53이므로 전자가 후자보다 많다.

16 빈칸형 난이도 중 정답 ③

문제풀이 핵심 포인트

자료의 양이 많지만 빈칸의 수가 적기 때문에 빈칸에 들어갈 수치를 빠르게 도출하여 답을 판단한다.

풀이

① (O) 전체 족외혼 후비 수 92명은 전체 족내혼 후비 수 28의 3배인 84명 이상이다.

② (O) 몽골출신 후비 수는 충숙왕이 3명으로 가장 많다.

③ (×) 경종의 족내혼 후비 수는 4명이므로 태조부터 경종까지의 족내혼 후비 수의 합은 6명이고 문종부터 희종까지의 족내혼 후비 수의 합은 8명이므로 같지 않다.

④ (O) 태조의 후비 수 29명은 광종과 경종의 모든 후비 수의 합 7의 4배인 28명 이상이다.

⑤ (O) 경종의 족내혼 후비 수는 4명으로 충숙왕의 몽골출신 후비 수 3명보다 많다.

17 조건 판단형 난이도 상

정답 ①

문제풀이 핵심 포인트

지역을 묶는 방식에 따라 B 정당의 지지율이 달라지므로 전략적으로 B 정당의 국회의원이 가장 많이 선출되기 위한 비율의 합을 고려하여 답을 도출한다.

풀이

① (O) 각 선거구별로 정당지지율이 가장 큰 정당은 '가', '나', '바' 지역이 230%인 A 정당, '다', '라', '아' 지역이 130%인 B 정당, '마', '자', '차' 지역이 120%인 B 정당, '사', '카', '타' 지역이 130%인 B 정당이다. 따라서 B 정당에서 총 3명의 국회의원이 선출된다.

② (×) 각 선거구별로 정당지지율이 가장 큰 정당은 '가', '마', '자' 지역이 180%인 A 정당, '나', '바', '차' 지역이 160%인 A 정당, '다', '사', '카' 지역이 120%인 A 정당, '라', '아', '타' 지역이 190%인 B 정당이다. 따라서 B 정당에서 총 1명의 국회의원이 선출된다.

③ (×) 각 선거구별로 정당지지율이 가장 큰 정당은 '가', '나', '바' 지역이 230%인 A 정당, '다', '라', '사' 지역이 140%인 A 정당, '마', '자', '차' 지역이 120%인 B 정당, '아', '카', '타' 지역이 160%인 B 정당이다. 따라서 B 정당에서 총 2명의 국회의원이 선출된다.

④ (×) 각 선거구별로 정당지지율이 가장 큰 정당은 '가', '나', '다' 지역이 240%인 A 정당, '라', '아', '타' 지역이 190%인 B 정당, '마', '바', '자' 지역이 150%인 A 정당, '사', '카', '차' 지역이 140%인 C 정당이다. 따라서 B 정당에서 총 1명의 국회의원이 선출된다.

⑤ (×) 각 선거구별로 정당지지율이 가장 큰 정당은 '가', '마', '자' 지역이 180%인 A 정당, '다', '나', '바' 지역이 210%인 A 정당, '라', '아', '사' 지역이 140%인 B 정당, '차', '카', '타' 지역이 140%인 B 정당이다. 따라서 B 정당에서 총 2명의 국회의원이 선출된다.

실전에선 이렇게!

B 정당의 비율이 상대적으로 작은 지역은 가, 나, 다, 마, 바, 카 지역이므로 이들을 묶게 되면 나머지 지역의 조합은 상대적으로 B 정당 비율의 합이 크다. 따라서 위 6개 지역이 묶인 〈보기〉 ㄱ, ㄷ, ㄹ을 중심으로 검토한다.

18 분수 비교형 난이도 중

정답 ②

문제풀이 핵심 포인트

구체적인 수치 계산보다는 선지의 순서를 토대로 대략적인 비교를 통해 답을 도출한다.

풀이

- 법정 필요 교원수는 A 대학 900/22 > 40명, B 대학 30,000/19 > 1,578명, C 대학 13,300/20 = 665, D 대학 4,200/21 = 200, E 대학 18,000/20 = 900이다.
- 법정 필요 교원수를 충족시키기 위해 충원해야 할 교원수는 A 대학이 0명, B 대학이 1,579 − 1,260 ≒ 319명, C 대학이 665 − 450 = 215명, D 대학이 200 − 130 = 70명, E 대학이 900 − 860 = 40명이다.

따라서 충원해야 할 교원수가 많은 대학부터 순서대로 나열하면 B, C, D, E, A이다.

실전에선 이렇게!

B의 경우 19가 아닌 20으로 나눠 약 1,500명 정도로 보고 그 차이가 C보다 큰지 판단하면 계산을 줄일 수 있다. 또한 C의 경우 재직 교원 수 450에 20명을 곱한 9,000명까지 재학생 수를 충족시킬 수 있으므로 나머지 4,300명을 20으로 나눈 215로 도출할 수도 있다.

19 분수 비교형 난이도 중

정답 ③

문제풀이 핵심 포인트

비율을 구체적으로 비교하는 〈보기〉보다 〈표〉에 주어진 값을 직접 비교하는 〈보기〉부터 검토하여 답을 도출한다.

풀이

ㄱ. (O) 조사대상 공동주택의 실내 라돈 농도 평균값은 경기도 74.3이 서울특별시 66.5의 1.1배인 66.5 + 6.65 = 73.15 이상이다.

ㄴ. (×) 실내 라돈 농도의 평균값은 전라남도 85.7이 경기도 74.3보다 크지만 중앙값은 경기도 52.5가 전라남도 51.5보다 크다.

ㄷ. (O) 조사대상 공동주택 중 실내 라돈 농도가 실내 라돈 권고 기준치를 초과하는 공동주택의 비율이 5% 이상인 행정구역은 대전광역시 13.4%, 경기도 5.3%, 강원도 9.3%, 충청북도가 6.8%, 충청남도 10.3%, 전라북도 7.0%, 전라남도 5.6%, 경상북도 5.6%, 제주특별자치도 7.1%로 총 9곳이다.

실전에선 이렇게!

ㄷ. 5% 이상인지 판단할 때 조사대상 공동주택수가 200Bq/m^3 초과 공동주택수의 20배 미만인지 판단한다.

20 조건 판단형 난이도 중

정답 ②

문제풀이 핵심 포인트

〈판정기준〉은 시험체 강도의 평균과 기준강도를 기준으로 판단하므로 〈판정기준〉 두 번째 및 세 번째 조건을 먼저 판단하여 답을 구한다.

풀이

- A의 시험체 강도 평균은 (22.8 + 29.0 + 20.8)/3 = 24.2MPa로 기준강도 24 이상이다. 기준강도가 35MPa 이하이기 때문에 각 시험체 강도가 모두 기준강도 24에서 3.5를 뺀 20.5 이상이다. 따라서 합격이다.
- C의 시험체 강도 평균은 (36.9 + 36.8 + 31.6)/3 = 35.1MPa로 기준강도 35 이상이다. 기준강도가 35MPa 이하이기 때문에 각 시험체 강도가 모두 기준강도 35에서 3.5를 뺀 31.5 이상이다. 따라서 합격이다.
- E는 시험체 강도가 35MPa 초과이기 때문에 각 시험체 강도가 모두 기준강도 45의 90%인 40.5 이상이어야 하지만 시험체 1의 강도가 40.3이므로 불합격이다.

실전에선 이렇게!

평균을 비교할 때 편차의 합을 이용해서 판단한다. A의 경우 24를 기준으로 시험체와의 편차값은 -1.2, +5.0, -3.2이므로 편차의 합은 +0.2이기 때문에 평균은 기준강도 이상임을 판단할 수 있다. B의 경우 35를 기준으로 시험체와의 편차값은 +1.9, +1.8, -3.4이므로 편차의 합은 +0.3이기 때문에 역시 평균은 기준강도 이상임을 판단할 수 있다.

21 조건 판단형 난이도 상 정답 ④

문제풀이 핵심 포인트

〈조건〉에서 만족도가 70점 이상 80점 미만이면 제공횟수가 동일하므로 나머지 만족도에서 제공횟수에 변화가 있는 부분을 위주로 체크하고 비교한다.

풀이

연도 / 구분 / 메뉴	2017			2018			2019
	만족도	제공횟수	변화	만족도	제공횟수	변화	제공횟수
A	87	40	+10% (+4회)	75	44	동일	44
B	71	34	동일	72	34	동일	34
C	53	45	-20% (-9회)	35	36	-100% (-36회)	0
D	79	31	동일	79	31	동일	31
E	62	40	-10% (-4회)	77	36	동일	36
F	74	60	동일	68	60	-10% (-6회)	54
G	-	-		73	9	동일	9
H						42	42
전체	-	250		-	250		250

① (O) 메뉴 A~F 중 2017년 대비 2019년 제공횟수가 증가한 메뉴는 4회 증가한 A뿐이다.

② (O) 2018년 메뉴 G의 제공횟수는 9회이다.

③ (O) 2019년 메뉴 H의 제공횟수는 42회이다.

④ (×) 2018년과 2019년에 추가되는 G, H를 제외하면 2017년에 비해 2018년에 변화가 있는 메뉴는 A, C, E뿐이고, 2018년에 비해 2019년에 변화가 있는 메뉴는 C, F뿐이다. 이때 메뉴 A와 E는 2019년에 변화가 없으므로 2019년 메뉴 A와 E의 제공횟수는 사실상 2018년 메뉴 A와 E의 제공횟수를 비교하는 것과 동일하다. 따라서 2019년 메뉴 E의 제공횟수는 36회로 메뉴 A의 제공횟수 44보다 적다.

⑤ (O) 메뉴 A~G 중 2018년과 2019년 제공횟수의 차이는 C가 36회로 가장 크고 F가 6회로 두 번째로 크다.

22 각주 판단형 난이도 상 정답 ③

문제풀이 핵심 포인트

연도별 A, B 기업의 납품 엔진 및 변속기 개수를 아래와 같이 구한 다음 답을 도출한다.

구분 / 연도	엔진		변속기	
	A	B	A	B
2017	5,000	0	5,000	0
2018	3,000	4,500	7,000	500

풀이

① (×) A 기업의 엔진 납품 개수는 2018년이 3,000개로 2017년 5,000개의 60%이다.

② (×) 2018년 B 기업은 변속기 납품 개수가 500개로 엔진 납품 개수 4,500개의 500/4,500≒11.1%이다.

③ (O) '갑' 자동차회사가 납품받은 엔진과 변속기 납품액 합은 2017년 5,000×100+5,000×80=900,000만 원에 비해 2018년 7,500×90+7,500×75=1,237,500만 원으로 37.5% 증가하여 30% 이상 증가하였다.

④ (×) '갑' 자동차회사가 납품받은 변속기 납품 개수는 2018년 7,500개가 2017년 5,000개의 1.5배이므로 2배 이상이 되지 못한다.

⑤ (×) 각주 3에 의하면 매년 '갑' 자동차회사가 납품받는 엔진 개수는 변속기 개수와 같고 2018년 엔진의 납품 단가 90만 원/개보다 변속기 납품 단가 75만 원/개가 더 많기 때문에 굳이 계산하지 않더라도 2018년 A, B 기업의 엔진 납품액 합은 변속기 납품액 합보다 많다는 것을 어렵지 않게 판단할 수 있다.

23 조건 판단형 난이도 상 정답 ③

문제풀이 핵심 포인트

개편 전에는 3개의 자치구에 각각 2개의 행정동이 소속되지만 개편 후에는 2개의 자치구에 각각 3개의 행정동이 소속되는 구조이다.

풀이

① (O) F와 인접한 행정동은 C와 E이고 C는 '나'자치구이므로 F와 함께 '다' 자치구인 행정동은 E이다.

② (O) D와 인접한 행정동은 A, B, E이고 개편 후 E는 '마'자치구이므로 A, B, D가 자치구 '라'이다. 따라서 C, E, F가 자치구 '마'이기 때문에 C와 E는 개편 후 같은 자치구에 속한다.

③ (×) 선지 ①에서 검토했듯이 E와 F는 '다'자치구이기 때문에 B와 C가 '나'자치구가 되고 A와 D가 '가'자치구가 된다. 따라서 자치구 개편 전, 자치구 '가'의 인구 A+D=3,000명은 자치구 '나'의 인구 B+C=3,500명보다 적다.

④ (O) 선지 ②에서 검토했듯이 자치구 개편 후, 자치구 '라'의 인구 A+B+D=5,000명은 자치구 '마'의 인구 C+E+F=3,000명 보다 많다.

⑤ (O) 선지 ②, ③에서 검토했듯이 행정동 B는 개편 전 자치구 '나'에 속하고, 개편 후 자치구 '라'에 속한다.

24 각주 판단형 난이도 상

정답 ②

문제풀이 핵심 포인트

종목별 결승에서 승리하면 얻을 수 있는 승점은 단체 줄넘기가 가장 크고 제기차기가 가장 작다는 점을 체크하여 승점을 계산한다.

풀이

① (○) 다른팀 경기결과와 무관하게 법무팀은 모든 종목에서 결승전3 · 4위를 하여 종목별 승점합계가 가장 낮아 종합 우승을 할 수 없다.

② (×) 재무팀이 남은 경기 중 2종목에서 이기더라도 기획팀이 종합 우승을 할 수 있으려면 기획팀의 종목별 승점합계가 가장 높아야 하기 때문에 재무팀이 남은 경기 중 단체줄넘기 종목보다 승점이 낮은 족구와 피구 종목에서 이기고, 기획팀이 단체줄넘기와 제기차기 종목에서 이기는 경우이다. 이 경우 재무팀은 80 + 90 + 90 + 20 = 280점으로 기획팀 120 + 60 + 30 + 60 = 270점보다 높기 때문에 재무팀이 남은 경기 중 2종목에서 이기더라도 기획팀이 종합 우승을 할 수 있는 경우는 없다.

③ (○) 기획팀이 남은 경기에서 모두 지는 경우 재무팀의 종목별 승점합계는 120 + 90 + (90 또는 60) + 20 = 320점 또는 290점이다. 피구에서 인사팀이 우승하더라도 40 + 30 + 90 + 60 = 220점이므로 피구 경기 결과와 무관하게 재무팀이 우승한다.

④ (○) 재무팀이 남은 경기에서 모두 지는 경우 종목별 승점합계는 80 + 60 + 60 + 20 = 220점이다. 만약 제기차기 종목에서 인사팀이 기획팀을 이기면 종목별 승점합계는 인사팀이 160 + 60 = 220, 기획팀이 240 + 40 = 280으로 기획팀이 종합 우승을 하고, 인사팀과 재무팀은 승점합계가 같지만 각주 2에서 승점합계가 동일한 팀이 나올 경우, 단체줄넘기 종목의 순위가 높은 팀이 최종 순위가 높다고 하였으므로 단체줄넘기 종목의 순위가 더 높은 재무팀이 종합 준우승을 하게 된다.

⑤ (○) 인사팀이 남은 경기에서 모두 이기는 경우 종목별 승점합계는 40 + 30 + 90 + 60 = 220점이다. 기획팀과 재무팀이 단체줄넘기와 족구에서 결승전에 진출한 상황이므로 이 두 경기에서 종합 우승팀이 가져가는 최소승점은 170점이므로 기획팀과 재무팀이 현재 확보한 피구와 제기차기 승점의 합 70점과 80점을 고려하면 인사팀이 종합 우승을 할 수 있는 경우의 수는 존재하지 않는다.

25 조건 판단형 난이도 상

정답 ⑤

문제풀이 핵심 포인트

〈정보〉에서 주어진 '최대공급량'과 '최소요구량'을 동시에 고려하여 〈표〉의 빈칸에 들어갈 수치를 판단한다.

풀이

① (○) 청주 공장에서 부산 물류센터까지의 수송량은 200개이므로 옳은 설명이다.

② (○) 총 수송비용을 최소화할 때, 구미 공장에서 광주 물류센터까지의 수송량은 150개이므로 옳은 설명이다.

③ (○) 총 수송비용의 최소 금액은 구미 공장에서 대구와 광주 물류센터까지의 수송량이 각각 200개, 150개인 경우의 비용으로 (200 × 5) + (200 × 2) + (150 × 3) + (300 × 4) + (200 × 2) + (300 × 2) = 4,050천 원이다. 따라서 총 수송비용의 최소 금액은 405만 원이므로 옳은 설명이다.

④ (○) 구미 공장에서 서울 물류센터까지의 수송량은 0개이다. 따라서 구미 공장에서 서울 물류센터까지의 개당 수송비용이 7천 원에서 8천 원으로 증가해도 총 수송비용에 영향을 미치지 않으므로 옳은 설명이다.

⑤ (×) 청주 공장의 '최대공급량'이 500개, 부산 물류센터의 '최소요구량'이 400개이므로 청주 공장에서 부산 물류센터까지의 수송량은 400 - 200 = 500 - 300 = 200개이다. 이때 총 수송비용을 최소화하는 경우는 공장에서 물류센터까지의 수송량을 최소화하는 경우이고, 최소 수송량은각 물류센터의 '최소요구량'과 동일하다. 이에 따라 구미 공장에서 대구물류센터까지의 수송량은 200개, 구미 공장에서 광주 물류센터까지의 수송량은 150개임을 알 수 있다. 따라서 구미 공장의 '최대공급량'이 600개에서 550개로 줄어들어도 '최소요구량'이 동일하다면 각 공장에서 해당물류센터까지의 수송량은 변동이 없고, 총 수송비용의 최소 금액도 변동이 없으므로 옳지 않은 설명이다.

민경채 2018년 기출문제

PSAT 전문가의 총평

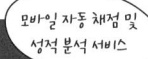

- 순수 자료비교인 곱셈 비교와 분수 비교 자체를 묻는 문제가 8문제 출제되어 전체의 30% 이상 비중을 차지하고 있습니다.
- 빈칸형이 2문제, 조건 판단형이 5문제 출제되었으며 매칭형과 각주 판단형은 출제되지 않았습니다. 자료판단에서 총 7문제가 출제되어 전체의 약 30% 정도 출제 비중을 차지하였습니다. 조건 판단형 19번과 25번을 제외하면 나머지 문항은 중 이하의 난도로 출제되었습니다.
- 보고서 검토·확인형이 1문제, 표－차트 변환형이 1문제 출제되어 자료검토·변환에서 총 2문제가 출제되었고 모두 중 난도로 출제되었습니다.
- 상대적으로 난도가 높은 문제는 19, 24, 25번 정도이며 중상 난도의 위 3문항을 잘 관리했다면 시간관리가 어렵지 않았을 것입니다.
- 전체적인 난이도는 '중' 정도로 출제되었으며 2017년 기출과 비교하면 전반적으로 비슷한 체감 난도를 보이고 있습니다. 전체적으로 7급 공채 합격생 기준 70점 이상을 받을 수 있는 난도라고 평가할 수 있습니다.

정답

p.171

1	②	단순 판단형	6	②	분수 비교형	11	②	곱셈 비교형	16	⑤	분산·물방울형	21	⑤	분수 비교형
2	⑤	빈칸형	7	①	곱셈 비교형	12	②	조건 판단형	17	①	곱셈 비교형	22	③	보고서 검토·확인형
3	⑤	표－차트 변환형	8	④	분수 비교형	13	④	단순 판단형	18	③	평균 개념형	23	②	조건 판단형
4	①	분수 비교형	9	⑤	조건 판단형	14	⑤	분수 비교형	19	①	조건 판단형	24	④	평균 개념형
5	①	단순 판단형	10	③	단순 판단형	15	④	단순 판단형	20	③	빈칸형	25	④	조건 판단형

취약 유형 분석표

유형별로 맞힌 문제 개수와 정답률, 틀린 문제 번호, 풀지 못한 문제 번호를 적고 나서 취약한 유형이 무엇인지 파악해 보세요. 그 후 약점 보완 해설집 p.2 [취약 유형 공략 포인트]에서 약점 보완 학습법을 확인하고, 틀린 문제와 풀지 못한 문제를 다시 한번 풀어보세요.

유형		맞힌 문제 개수	정답률	틀린 문제 번호	풀지 못한 문제 번호
자료비교	곱셈 비교형	/3	%		
	분수 비교형	/5	%		
	반대해석형	-	-		
자료판단	단순 판단형	/5	%		
	매칭형	-	-		
	빈칸형	/2	%		
	각주 판단형	-	-		
	조건 판단형	/5	%		
자료검토·변환	보고서 검토·확인형	/1	%		
	표-차트 변환형	/1	%		
자료이해	평균 개념형	/2	%		
	분산·물방울형	/1	%		
	최소여집합형	-	-		
TOTAL		/25	%		

해설

1 단순 판단형 난이도 하　정답 ②

문제풀이 핵심 포인트
〈보기〉에서 요구하는 습도와 제습기 항목을 정확하게 매칭하여 답을 도출한다.

풀이

ㄱ. (O) 습도가 70%일 때 연간소비전력량은 A가 790kWh으로 가장 적다.
ㄴ. (×) 각 습도에서 연간소비전력량이 많은 제습기부터 순서대로 나열하면, 습도 60%일 때는 D, E, B, C, A 순이고 습도 70%일 때는 E, D, B, C, A 순이므로 순서는 동일하지 않다.
ㄷ. (O) 습도가 40%일 때 제습기 E의 연간소비전력량 660kWh은 습도가 50%일 때 제습기 B의 연간소비전력량 640kWh보다 많다.
ㄹ. (×) E의 연간소비전력량은 습도가 80%일 때가 970kWh이고 40%일 때가 660kWh이므로 1.5배 이상이 되지 못한다.

2 빈칸형 난이도 하　정답 ⑤

문제풀이 핵심 포인트
빈칸을 채우지 않아도 해결 가능한 〈보기〉부터 검토한다.

풀이

ㄱ. (×) 소매가격이 200달러인 스마트폰은 B, C, G이다. B는 10점, C는 11점, G는 13점으로 소매가격이 200달러인 스마트폰 중 '종합품질점수'가 가장 높은 스마트폰은 C가 아닌 G이다.
ㄴ. (×) 소매가격이 가장 낮은 스마트폰은 H이지만 '종합품질점수'가 가장 낮은 스마트폰은 F이다.
ㄷ. (O) 통신사 각각에 대해서 해당 통신사 스마트폰의 '통화성능' 평가점수의 평균을 계산하여 통신사별로 비교하면 '병'이 5/3으로 가장 높다.
ㄹ. (O) 평가항목 각각에 대해서 스마트폰 A~I 평가점수의 합을 계산하여 평가항목별로 비교하면 '멀티미디어'가 26점으로 가장 높다.

3 표-차트 변환형 난이도 중　정답 ⑤

문제풀이 핵심 포인트
〈표〉를 그래프로 변환한 것을 검토하는 유형이므로 먼저 〈표〉에 제시된 수치가 그대로 반영된 선지의 그래프부터 확인한다.

풀이

① (O) 〈표〉의 연도별 A~F항공사 전체 공급석 및 탑승객 수를 그대로 나타냈으므로 〈표〉를 이용하여 작성한 그래프로 옳다.
② (O) 〈표〉의 항공사별·연도별 탑승객 수를 그대로 나타냈으므로 〈표〉를 이용하여 작성한 그래프로 옳다.
③ (O) 2017년 탑승객 수의 항공사별 구성비는 A가 (300/2,000)×100=15%, B가 (70/2,000)×100=3.5%, C가 (250/2,000)×100=12.5%, D가 (580/2000)×100=29%, E가 (480/2,000)×100=24%, F가 (320/2,000)×100=16%이므로 〈표〉를 이용하여 작성한 그래프로 옳다.
④ (O) 2016년 대비 2017년 항공사별 공급석 수 증가량은 A가 360-260=100만 개, B가 110-20=90만 개, C가 300-240=60만 개, D가 660-490=170만 개, E가 570-450=120만 개, F가 390-250=140만 개이므로 〈표〉를 이용하여 작성한 그래프로 옳다.
⑤ (×) 2017년 항공사별 잔여석 수는 A가 360-300=60만 개, B가 110-70=40만 개, C가 300-250=50만 개, D가 660-580=80만 개, E가 570-480=90만 개, F가 390-320=70만 개이므로 〈표〉를 이용하여 작성한 그래프로 옳지 않다.

실전에선 이렇게!
표-차트 변환형은 두 가지 항목을 하나의 그래프에 동시에 표시하는 경우 특정 수치를 서로 바꿔 오답을 구성하는 패턴이 자주 등장한다. 이 문제에서는 만약 2017년 수치를 계산했을 때 그 결괏값이 그래프와 다르다면, 그래프에 표시된 수치는 2016년에 해당하는 수치일 가능성이 높다.

4 분수 비교형 난이도 하　정답 ①

문제풀이 핵심 포인트
〈그림〉이 주어진 자료이므로 구체적인 증가율 판단 시 시각적인 판단을 근거로 답을 도출한다.

풀이

① (×) 투자액의 증가율은 2015년 대비 2016년이 2배 미만 증가했지만 2014년 대비 2015년이 3배 이상으로 더 높다. 따라서 전년대비 증가율은 2016년이 가장 높지 않다.
② (O) 투자건수의 전년대비 증가율은 2017년이 3/60=5%로 유일하게 10% 미만이다. 따라서 가장 낮다.
③ (O) 2012년과 2015년 투자건수의 합 33건은 2017년 투자건수 63건보다 작다.
④ (O) 투자액은 2016년이 390억 원으로 가장 크다.
⑤ (O) 선 그래프의 진행방향이 우상향이므로 투자건수는 매년 증가하였다는 것을 쉽게 판단할 수 있다.

5 단순 판단형 난이도 하　정답 ①

문제풀이 핵심 포인트
항목의 수가 많기 때문에 정확하게 체크하면서 개수를 센 다음 답을 도출한다.

풀이

① (O) 동일 종목에서, A국이 획득한 모든 메달 수와 B국이 획득한 모든 메달 수를 합하여 종목별로 비교하면, 15개 종목 중 스노보드가 9개로 가장 많다.
② (×) A국이 획득한 금메달 수는 14개이고 C국이 획득한 동메달 수는 11개이므로 같지 않다.
③ (×) A국이 루지, 봅슬레이, 스켈레톤 종목에서 획득한 모든 메달 수의 합은 11개로 C국이 크로스컨트리 종목에서 획득한 모든 메달 수 14개보다 적다.

④ (×) 메달을 획득한 종목의 수는 D국이 9개지만 B국은 11개로 더 많다.

⑤ (×) 획득한 은메달 수가 많은 국가부터 순서대로 나열하면 C가 14개, A가 10개, B와 D가 각각 8개로 A가 B보다 더 많다.

6 분수 비교형 난이도 중

정답 ②

문제풀이 핵심 포인트

<표 1>의 순위가 20위까지 제시되어 있으므로 전체 순위를 검토하는 선지는 시간이 오래 걸릴 확률이 높다. 따라서 일부 순위만 확인하는 선지 ⑤부터 접근한다.

풀이

① (O) 흥행순위 1~20위 내의 영화 중 한 편의 영화도 개봉되지 않았던 달은 2월이다. 2월의 국외제작영화 관객수는 6,282천 명으로 국내제작영화 관객수 8,900천 명보다 적으므로 옳은 설명이다.

② (×) 10월에 개봉된 영화 중 11위 썬더맨은 국외 제작영화로 흥행순위 1~20위 내에 포함되어 있으므로 옳지 않은 설명이다.

③ (O) 월별로 비교해도 되지만 국외제작영화 개봉편수가 가장 적은 달인 4월은 80편으로 국내제작영화 개봉편수가 50편으로 가장 많은 7월보다 많다. 따라서 국외제작영화 개봉편수는 국내제작영화 개봉편수보다 매달 많으므로 옳은 설명이다.

④ (O) 국외제작영화 관객수가 가장 많았던 달은 7월이고, 7월에 개봉된 영화 중 흥행순위 1~20위 내에 든 국외제작영화 개봉작은 거미인간과 슈퍼카인드 2편이므로 옳은 설명이다.

⑤ (O) 흥행순위가 1위인 버스운전사의 관객수는 12,100천 명으로 국내제작영화 전체 관객수 113,905천 명의 10% 이상이므로 옳은 설명이다.

실전에선 이렇게!

자료의 양이 많은 경우에는 세세하게 개별 비교를 하는 것보다 전체적인 수치의 흐름을 보면 빠르게 판단할 수 있다.

7 곱셈 비교형 난이도 중

정답 ①

문제풀이 핵심 포인트

주어진 비율 자체를 직접 비교하는 <보기>부터 검토한 후 구체적인 수치를 묻는 <보기>를 후순위로 검토한다.

풀이

ㄱ. (O) A지역 인구 중 도망노비를 제외한 사노비가 차지하는 비율은 솔거노비와 외거노비 비율 합이므로 조사년도 중 1720년이 28.5%로 가장 높다.

ㄴ. (O) A지역 사노비 수는 1774년 3,189×34.8%≒1,110명이 1720년 2,228×40.0%≒891명보다 많다.

ㄷ. (×) A지역 사노비 중 외거노비가 차지하는 비율은 1720년 10.0/40.0 =25%가 1762년 8.5/31.7≒26.8%보다 높다.

ㄹ. (×) A지역 인구 중 솔거노비가 차지하는 비율은 1774년과 1783년에는 직전 조사년도에 비해 높아졌다.

실전에선 이렇게!

ㄴ. 1774년은 1,000명 초과, 1720년은 1,000명 미만인지 판단한다.

ㄷ. 분자인 외거노비 비율에 비해 분모인 전체 비율의 배수가 클수록 사노비 중 외거노비가 차지하는 비율이 작다. 따라서 1720년은 정확히 4배, 1762년은 4배 미만이기 때문에 1762년이 더 높다.

8 분수 비교형 난이도 중

정답 ④

문제풀이 핵심 포인트

증감방향을 묻는 선지부터 검토하여 문제 풀이 시간을 단축한다.

풀이

① (O) 2017년 총지출 23.1/0.069≒334.8조 원은 300조 원 이상이다.

② (O) 2014년 'SOC 투자규모'의 전년대비 증가율은 4.9/20.5≒23.9%로 30% 이하이다.

③ (O) 'SOC 투자규모'의 전년대비 감소율은 2017년이 1.3/24.4≒5.3%로 유일하게 5%를 초과하여 가장 크다.

④ (×) 2014년에 비해 2015년의 경우 'SOC 투자규모'는 감소하는 반면 '총지출 대비 SOC 투자규모 비중'은 증가하고 있기 때문에 전년대비 증감방향이 매년 동일하지 않다.

⑤ (O) 2018년 'SOC 투자규모'의 전년대비 감소율이 2017년과 동일하다면 선지 ③에서 도출한 것처럼 약 5.3%이다. 따라서 2017년 대비 2018년 감소폭은 23.1×0.053≒1.2이다. 따라서 2018년 'SOC 투자규모'는 약 23.1－1.2＝21.9조 원으로 20조 원 이상이다.

실전에선 이렇게!

① 300조 원 기준 7%가 21조 원이므로 23.1조 원은 300조 원의 6.9% 이상이라고 판단할 수 있다.

② 증가폭인 4.9가 20의 30%인 6 이하인지 판단한다.

⑤ 2017년이 23.1조 원이므로 2018년이 20조 원 이상이 되려면 감소폭이 3.1조 원 이하인지 판단하면 된다.

9 조건 판단형 난이도 중

정답 ⑤

문제풀이 핵심 포인트

선지에 주어진 수치를 <조건>과 결합하여 소거법으로 답이 될 수 있는 경우의 수를 도출한다.

풀이

- 첫 번째 <조건>에 따라 '갑', '을', '병'의 배낭에 담긴 물품의 가격은 각각 다음과 같다.
  - 갑: B＋C＋D
  - 을: A(24,000)＋C
  - 병: B＋D＋E(16,000)
- 네 번째 <조건>에 따라 '병'의 배낭에 담긴 물품 가격의 합은 44,000원이므로 B＋D＝28,000원이다. 여기서 선지를 검토하여 B＋D가 28,000원이 아닌 선지 ①은 삭제한다.

· 세 번째 〈조건〉에 따라 배낭에 담긴 물품 가격의 합이 높은 사람부터 순서대로 나열하면 '갑', '을', '병' 순이므로 B + C + D > A(24,000) + C > B + D + E(16,000) 관계가 도출된다. 따라서 A(24,000) + C > B + D(28,000) + E(16,000) = 44,000이므로 C는 20,000원 초과이다. 따라서 선지 ②, ③, ④를 모두 삭제하면 답은 ⑤이다.

10 단순 판단형 난이도 하 정답 ③

문제풀이 핵심 포인트

연도 방향이 오른쪽에서 왼쪽으로 역방향이고 〈그림〉은 연도 방향이 위에서 아래로 순방향임을 체크하여 답을 도출한다.

풀이

ㄱ. (×) 중학교 여학생의 평균 키는 2013년 160.0에 비해 2014년 159.5로 감소하여 매년 증가하지 않았다.

ㄴ. (○) '학생비만율'은 각주에 따라 학생 중 비만학생(경도 비만 + 중등도 비만 + 고도 비만)의 구성비이므로 〈그림〉에서 판단하면 초·중·고 전체의 '학생비만율'은 2013년 14.7%, 2014년 14.8%, 2015년 15.0%, 2016년 15.6%, 2017년 16.5%로 매년 증가했다.

ㄷ. (×) 2013년 고등학교 남학생의 '학생비만율'은 판단할 수 없으므로 2017년과 비교할 수 없다.

ㄹ. (○) 2017년 '학생비만율'의 남녀 학생 간 차이는 초등학생이 17.4 - 11.7 = 5.7, 중학생이 18.5 - 13.8 = 4.7로 중학생이 초등학생보다 작다.

실전에선 이렇게!

ㄱ. 중학교 여학생 키는 2015~2017년 동안 159.8로 일정하기 때문에 매년 증가하지 않았다는 점을 쉽게 판단할 수 있다.

ㄴ. 초·중·고 전체의 '학생비만율'은 〈그림〉에서 연도별 100% - '비만아님'으로 도출할 수 있고 '비만 아님'의 비율이 매년 감소했으므로 초·중·고 전체의 '학생비만율'은 매년 증가했다는 것을 판단할 수 있다.

11 곱셈 비교형 난이도 중 정답 ②

문제풀이 핵심 포인트

곱셈 비교 원리와 평균의 편차를 이용한 원리를 토대로 구체적인 계산을 하지 않고 답을 도출한다.

풀이

ㄱ. (×) B국은 C국보다 GDP와 'GDP 대비 국가자산총액' 모두 크다.

ㄴ. (○) A국의 GDP 18,562십억 달러는 나머지 5개국 GDP의 합 14,767십억 달러보다 크다.

ㄷ. (×) 국가자산총액은 F국 1,404×828 = 11,625가 D국 2,650×522 = 13,833보다 작다.

실전에선 이렇게!

ㄴ. A국이 나머지 5개국 GDP의 합보다 크려면 18,562 / 5 ≒ 3,600을 기준으로 편차를 도출하여 그 합이 (-)가 되는지 확인한다. B국 +1,130과 F국 -2,196만 고려해도 편차의 합은 (-)이기 때문에 A국이 나머지 5개국 GDP의 합보다 크다는 것을 구체적으로 합하지 않고도 판단할 수 있다.

ㄷ. 곱셈 비교로 판단하면 2,650은 828의 3배 이상이지만 1,404는 522의 3배 미만이다.

12 조건 판단형 난이도 중 정답 ②

문제풀이 핵심 포인트

2~10의 자연수 중 10, 9, 8, 7이 최종적으로 들어갈 수치임을 고려하여 화살표 역순으로 빈칸을 채워 답을 도출한다.

풀이

· 첫 번째 〈조건〉에서 〈그림〉에서 2에서 10까지의 자연수는 ◯ 안에 한 개씩만 사용되고, 사용되지 않는 자연수는 없다고 하였으므로 화살표로 연결되지 않은 (다)는 소수인 7임을 알 수 있다.

· 두 번째 〈조건〉에서 2에서 10까지의 서로 다른 임의의 자연수 3개를 x, y, z라고 할 때, (x)→(y)는 y가 x의 배수임을 나타내고 화살표로 연결되지 않은 (z)는 z가 x, y와 약수나 배수 관계가 없음을 나타낸다고 하였으므로 10의 약수인 2가 (가)의 바로 아래 ◯ 안에 들어갈 숫자가 된다. 2의 배수는 4, 6, 8, 10이고 2와 3의 공통 배수인 6이 (나)에 들어갈 숫자가 된다. 따라서 (가)에 들어갈 숫자는 8이다.

나머지 숫자도 ◯를 모두 채우면 아래와 같다.

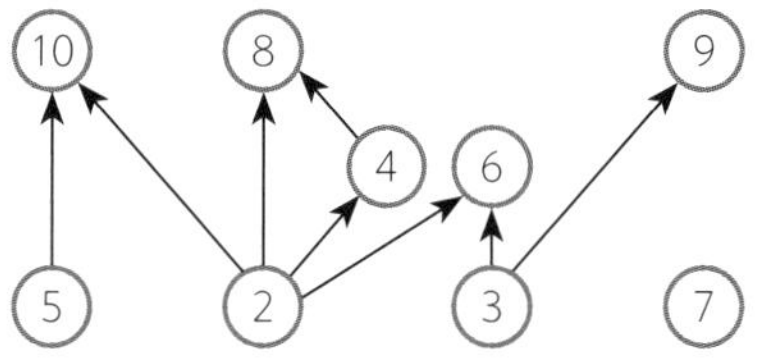

13 단순 판단형 난이도 중 정답 ④

문제풀이 핵심 포인트

흐림과 비의 기호가 검정색으로 헷갈릴 우려가 있기 때문에 맑음을 기준으로 판단한 후 흐림과 비는 우산의 손잡이 모양으로 구분하여 실수하지 않게 구분하여 답을 도출한다.

풀이

ㄱ. (×) 도시 A에서는 예측 날씨가 '비'인 날이 7.1, 7.4, 7.7, 7.8이지만 이 중 7.8은 실제 날씨가 '맑음'인 날이다.

ㄴ. (○) 도시 A~E 중 예측 날씨와 실제 날씨가 일치한 일수는 A가 6일, B가 7일, C가 5일, D가 4일, E가 3일로 B가 가장 많다.

ㄷ. (○) 7월 2일은 예측 날씨와 실제 날씨가 일치한 도시가 하나도 없기 때문에 7월 1~10일 중 예측 날씨와 실제 날씨가 일치한 도시 수가 가장 적은 날짜는 7월 2일이다.

14 분수 비교형 난이도 중

정답 ⑤

문제풀이 핵심 포인트

표의 구조상 재배면적이 위, 생산량이 아래에 배치되어 제시된 구조이므로 재배면적당 생산량과 같은 분수형태의 식을 구성할 때 분자와 분모 위치를 정확하게 고려하여 식을 세워 답을 도출한다.

풀이

① (×) 1931년 대비 1932년 재배면적은 미곡은 감소했지만 두류는 증가했기 때문에 1931~1934년 동안 재배면적의 전년대비 증감방향은 미곡과 두류가 동일하지 않다.

② (×) 1934년 생산량은 두류가 서류보다 적다.

③ (×) 1934년 재배면적은 잡곡 208천 정보가 서류 138의 2배인 276천 정보 이상이 되지 못한다.

④ (×) 1934년 재배면적당 생산량은 미곡 18,585/1,164≒16.0천 석보다 서류 2,612/138≒18.9천 석이 더 크다.

⑤ (O) 1933년 미곡과 맥류 재배면적의 합은 1,118+963=2,081천 정보이다. 1933년 곡물 재배면적 전체는 2,714천 정보이므로 2,081/2,714≒76.7%로 70% 이상이다.

15 단순 판단형 난이도 중

정답 ④

문제풀이 핵심 포인트

방사형 차트에서 기호를 판단할 때 헷갈릴 수 있으므로 정확하게 선을 따라 수치를 읽어가면서 판단한다.

풀이

① (×) 기술력 분야에서는 한국 4.2보다 프랑스의 5.0이 더 높다.

② (×) 성장성 분야에서 점수는 한국이 4.2로 가장 높지만 시장지배력 분야에서는 미국이 5.0으로 가장 높다.

③ (×) 브랜드파워 분야에서 각국이 획득한 점수의 최댓값은 4.3이고 최솟값은 1.1이므로 차이는 3.2이다.

④ (O) 미국이 4대 분야에서 획득한 점수의 합은 15.4로 프랑스가 4대 분야에서 획득한 점수의 합 14.9보다 크다.

⑤ (×) 시장지배력 분야의 점수는 일본 1.7이 프랑스 3.4보다 낮다.

실전에선 이렇게!

④ 분야별 미국과 프랑스의 차이를 도출하면 시장지배력 분야는 +1.6, 성장성 분야는 −0.9, 기술력 분야는 −0.8, 브랜드파워 분야는 +0.6으로 편차의 합은 +0.5로 미국이 프랑스보다 더 크다는 것을 알 수 있다.

16 분산·물방울형 난이도 중

정답 ⑤

문제풀이 핵심 포인트

에너지소비량을 묻는 경우 그래프의 면적으로 판단한다.

풀이

ㄱ. (×) 기업 A의 경우 2014년 0.25에서 2015년 0.30으로 에너지원단위가 증가하였다.

ㄴ. (O) 기업 A의 에너지소비량은 2014년 25, 2015년 90, 2016년 100, 2017년 140으로 매년 증가하였다.

ㄷ. (O) 2016년 에너지소비량은 기업 B 120이 기업 A 100보다 많다.

실전에선 이렇게!

ㄴ. 에너지소비량은 그림의 Y축 변수인 에너지원단위와 X축 변수인 매출액의 곱으로 도출할 수 있으므로 면적으로 판단한다.

ㄷ. 2016년 A와 B의 공통면적인 0.15×400을 제외한 나머지 면적을 칸 수로 판단하면 A는 8칸, B는 12칸이므로 A보다 B가 더 많다는 것을 시각적으로 판단할 수 있다.

17 곱셈 비교형 난이도 중

정답 ①

문제풀이 핵심 포인트

도소매가는 1kg당 가격이므로 무게를 다르게 묻는 선지의 경우에는 이를 고려하여 답을 도출한다.

풀이

ㄱ. (O) 2016년 '느타리' 1kg의 도매가는 1분기 5,779원, 2분기 6,752원, 3분기 7,505원, 4분기 7,088원으로 '팽이' 3kg의 도매가 1분기 5,658원, 2분기 5,181원, 3분기 5,394원, 4분기 6,348원에 비해 매 분기 높다.

ㄴ. (O) 2015년 '팽이'의 소매가는 1분기 3,136+373=3,509원/kg, 2분기 3,080−42=3,038원/kg, 3분기 3,080−60=3,020원/kg, 4분기 3,516−389=3,127원/kg으로 매분기 3,000원/kg 이상이다.

ㄷ. (×) 2015년 4분기 '새송이'의 소매가는 5,363−45=5,318원/kg이고, 2016년 1분기 '새송이'의 소매가는 5,233원/kg이므로 2016년 1분기 '새송이'의 소매가는 2015년 4분기에 비해 상승하지 않았다.

ㄹ. (×) 2016년 1분기 '느타리'의 소매가는 9,393원/kg으로 도매가의 1.5배인 5,779×1.5=8,668.5원/kg보다 크다.

실전에선 이렇게!

ㄱ. 1분기는 19, 2~3분기는 18, 4분기는 21을 기준으로 3배 곱한 값을 느타리의 앞 두자리 수치와 비교한다.

ㄴ. 2~4분기는 증가했기 때문에 2016년 도매가가 3,000원/kg 이상인지만 확인하면 된다.

ㄷ. 2016년 새송이의 소매가는 4분기가 1분기에 비해 100원/kg 이상 차이가 나고 2016년 4분기의 전년 동분기 대비 증가액은 45이므로 '새송이'의 소매가는 2015년 4분기에 비해 2016년 1분기에 상승했다고 판단할 수 있다.

18 평균 개념형 난이도 하

정답 ③

문제풀이 핵심 포인트

각주의 교정점수를 묻는 ㄷ이 최댓값과 최솟값을 제외한 세 가지 항목의 평균값이므로 평균 대신 합계로 비교 가능한 점을 체크한다. 또한 괄호 안의 값을 직접 채우지 말고 선지에서 요구하는 항목 위주로 간접적인 비교를 통해 해결한다.

풀이

ㄱ. (O) 면접관 중 범위는 B가 10 - 4 = 6점으로 가장 크므로 옳은 설명이다.

ㄴ. (×) '정'의 중앙값은 7점이고, '갑'의 중앙값은 6점이다. 따라서 응시자 중 중앙값이 가장 작은 응시자는 '갑'이므로 옳지 않은 설명이다.

ㄷ. (O) '병'의 교정점수는 32/4 = 8점이고, '갑'의 중앙값이 6점이므로 '갑'의 교정점수는 24/4 = 6점이므로 옳은 설명이다.

실전에선 이렇게!

ㄷ. '갑'과 '병'의 최댓값과 최솟값을 서로 제외하면 '갑'은 5, 6, 7이고 '병'은 8, 8, 8이다. 따라서 일대일로 보더라도 '갑'보다 '병'이 더 크다는 것을 알 수 있다.

19 조건 판단형 난이도 중 정답 ①

문제풀이 핵심 포인트

용어 정의에서 주어진 식을 그대로 판단하기보다 식을 변형해서 답을 도출한다.

풀이

ㄱ. (O) 원자재 무역수지가 적자면 수출액 < 수입액의 관계를 만족해야 하므로 2013년 수출액보다 수입액이 더 많음을 한국(2,015 < 3,232), 중국(5,954 < 9,172), 일본(2,089 < 4,760) 각각 판단한다.

ㄴ. (×) 한국의 소비재 수출액은 2000년 117에 비해 2013년 138로 21 증가하였으므로 50% 이상 증가하지 못하였다.

ㄷ. (×) 2013년 자본재 수출경쟁력은 일본이 한국보다 높은지 판단하려면 무역특화지수가 더 큰지 확인하면 된다. 일본은 (4,541 - 2,209)/(4,541 + 2,209) ≒ 0.35로 한국의 (3,444 - 1,549)/(3,444 + 1,549) ≒ 0.38보다 크다.

실전에선 이렇게!

ㄷ. 무역특화지수의 분모와 분자를 각각 수출액으로 나누면 $\frac{1-\frac{수입액}{수출액}}{1+\frac{수입액}{수출액}}$이 되므로 수입액/수출액 비율이 커질수록 $\frac{1-\frac{수입액}{수출액}}{1+\frac{수입액}{수출액}}$의 비율은 작아진다. 따라서 수입액/수출액 비율을 비교하면 일본 4,541/2,209보다 한국 3,444/1,549이 더 크기 때문에 무역특화지수는 일본보다 한국이 더 크다.

20 빈칸형 난이도 중 정답 ③

문제풀이 핵심 포인트

빈칸의 내용을 고려하지 않아도 판단할 수 있는 <보기>인 ㄱ과 ㄷ을 먼저 풀이한다.

풀이

ㄱ. (×) A국의 여성 평균소득과 남성 평균소득이 각각 1,000달러씩 증가하면 A국의 평균소득 격차지수는 9,000/17,000 ≒ 0.53이 된다. 따라서 평균소득 격차지수와 대학진학률 격차지수의 산술평균인 A국의 '간이 성평등지수'는 (0.53 + 1.00)/2 = 0.77로 0.80 미만이므로 옳지 않은 설명이다.

ㄴ. (×) B국의 여성 대학진학률이 85%이면 남성보다 여성의 대학진학률이 더 높은 것이 되므로 대학진학률 격차지수는 1.00이 된다. '간이 성평등지수'는 B국이 (0.60 + 1.00)/2 = 0.80으로 C국의 0.82보다 낮으므로 옳지 않은 설명이다.

ㄷ. (O) D국의 여성 대학진학률이 4%p 상승하면 11 + 4 = 15%가 되어 대학진학률 격차지수는 15/15 = 1.00이 된다. 따라서 D국의 '간이 성평등지수'는 평균소득 격차지수와 대학진학률 격차지수의 산술평균이므로 (0.70 + 1.00)/2 = 0.85로 0.80 이상이므로 옳은 설명이다.

실전에선 이렇게!

ㄱ. A국의 대학진학률 격차지수가 1.00인 상태에서 A국의 '간이 성평등지수'가 0.80 이상이 되려면 평균소득 격차지수가 0.60 이상이 되어야 한다. 즉, 9,000/17,000가 0.6 초과인지만 판단하면 된다. 이때 17의 60%는 10.2이므로 9/17는 60% 미만으로 평균소득 격차지수는 0.6을 초과하지 않음을 알 수 있다.

21 분수 비교형 난이도 중 정답 ⑤

문제풀이 핵심 포인트

전년대비 증가율을 배수로 변환하여 2017년 수치를 도출하여 판단한다.

풀이

① (O) 2018년 '팀 선수 평균 연봉'은 D팀이 5억 원으로 가장 많다.

② (O) 2017년 선수 인원수는 C팀이 8/1.333 ≒ 6명이고 D팀이 6/1.5 ≒ 9명이다. 따라서 2018년 전년대비 증가한 선수 인원수는 2명으로 동일하다.

③ (O) A팀의 '팀 선수 평균 연봉'은 2018년 3억 원이고 2017년은 (15/1.5)/(5/1.25) = 2.5억 원으로 전년대비 증가하였다.

④ (O) 2018년 선수 인원수가 전년대비 가장 많이 증가한 팀은 B팀으로 5명 증가하였고 총 연봉도 25/2.5 = 10억 원에서 25억 원으로 15억 원 증가하여 가장 많이 증가하였다.

⑤ (×) 2017년 총 연봉은 A팀 15/1.5 = 10억 원이 E팀 24/1.5 = 16억 원보다 적다.

실전에선 이렇게!

③ '팀 선수 평균 연봉'의 분자인 '총 연봉'의 증가율 50%가 분모인 '선수 인원수'의 증가율 25%보다 크기 때문에 '팀 선수 평균 연봉'은 전년대비 증가하였다.

⑤ A와 E의 전년대비 증가율이 동일하기 때문에 2018년 총 연봉이 더 많은 E가 A보다 2017년 총 연봉도 더 많다.

22 보고서 검토·확인형 난이도 중

정답 ③

문제풀이 핵심 포인트

〈표〉를 통해 도출할 수 없는 자료는 〈보고서〉 작성 시 추가로 필요한 자료이므로 이를 중심으로 〈표〉와 〈보고서〉를 확인한다.

풀이

ㄱ. (×) 2013~2015년 A~D국 전년대비 GDP 증가율을 토대로 2015년 대비 2016년 연구개발비가 증가했는지 판단할 수 없으므로 추가로 필요한 자료가 아님을 알 수 있다.

ㄴ. (O) 〈보고서〉의 첫 번째 문장에서 A~D국 모두 2015년에 비하여 2016년 연구개발비가 증가했지만, A국은 약 3% 증가에 불과하여 A~D국 평균 증가율인 6% 수준에도 미치지 못했다고 했고, 〈표〉에는 2016년 연구개발비만 제시되었으므로 '2015~2016년 연도별 A~D국 민간연구개발비'가 추가로 필요한 자료임을 알 수 있다.

ㄷ. (O) 〈보고서〉의 네 번째 문장에서 2014~2016년 동안 A국 민간연구개발에 대한 정부의 지원금액이 매년 감소하였다고 했고, 〈표〉에서는 2014~2016년의 정부연구개발 지원금액을 알 수 없으므로 '2013~2016년 연도별 A국 민간연구개발에 대한 정부의 지원금액'이 추가로 필요한 자료임을 알 수 있다.

ㄹ. (×) 2014~2015년 A~D국 전년대비 연구개발비 증가율을 토대로 2015년 대비 2016년 연구개발비가 증가했는지 판단할 수 없으므로 추가로 필요한 자료가 아님을 알 수 있다.

23 조건 판단형 난이도 중

정답 ②

문제풀이 핵심 포인트

가능한 인원수를 묻고 있기 때문에 〈근무지 이동 지침〉에 따라 가능하지 않은 조합을 소거법으로 삭제하면서 답을 도출한다.

풀이

〈근무지 이동 지침〉에 따라 별관 인원수는 40명을 넘지 못하기 때문에 선지 ⑤의 44명은 가능하지 않다.

또한 2개팀만 이동하며 1개 층당 최대 1개 팀만 이동하기 때문에 본관 2층+본관 3층 조합은 40명 초과로 역시 가능하지 않다. 따라서 본관 1층의 인사팀이 이동하지 않는다면 지원팀 또는 기획1팀 중 한 팀은 반드시 이동해야 하기 때문에 이동 후 본관 1층 인원수는 26명이 되어야 한다. 이에 따라 선지 ③, ④는 삭제된다.

마지막으로 남은 선지 ①과 ②의 별관 인원수가 각각 38명, 37명인데 본관 1층에서 이동한 16명을 제외한다면 본관 2층 또는 본관 3층에서 이동해야 하는 인원수는 22명 또는 21명이 되어야 한다. 22명인 팀은 존재하지 않기 때문에 21명인 기획2팀이 이동한 것을 알 수 있고 따라서 이동 후 인원수는 본관 2층이 27명, 본관 3층이 53명이다.

실전에선 이렇게!

〈근무지 이동 지침〉에 따라 별관 인원수가 40명을 넘는 선지 ⑤를 삭제한 후 나머지 지침에 따라 답을 도출한다.

24 평균 개념형 난이도 상

정답 ④

문제풀이 핵심 포인트

팀 인원수를 소금물의 양으로 두고 팀 평균점수를 소금물의 농도로 두어 가중평균 원리로 답을 도출한다.

풀이

먼저 A와 B의 평균이 각각 40, 60이므로 만약 A와 B의 인원수가 동일하다면 A와 B를 합한 평균이 50이어야 한다. 하지만 실제 A와 B를 합한 평균은 〈표 2〉에서 확인할 수 있듯이 52.5이다. 따라서 52.5를 기준으로 40과 60의 차이는 각각 12.5와 7.5이므로 A와 B의 인원 수 비중은 차이의 반대 값인 A : B = 7.5 : 12.5 = 3 : 5가 된다. 따라서 총 80명 중 A는 30명, B는 50명이다.

다음으로 B와 C의 평균은 각각 60과 90인데 둘을 합한 인원수가 120이므로 위에서 도출한 B의 인원수를 감안하면 C의 인원은 70명이 된다.

따라서 A와 C의 인원 수 합은 100명이고 인원 수 비중이 A : C = 3 : 7이므로 A와 C의 평균은 A의 40에서 7×5(35)만큼 높고 C의 90에서 3×5(15)만큼 낮은 75점이 된다.

25 조건 판단형 난이도 상

정답 ④

문제풀이 핵심 포인트

지거나 비기면 이동하지 않고 이긴 경우에만 이동한다는 점을 체크하여 경우의 수를 좁혀나가면서 답을 도출한다.

풀이

출발점을 기준으로 오른쪽은 +, 왼쪽은 −라고 하면 가위로 이기면 −3, 바위로 이기면 +1, 보로 이기면 +5라고 볼 수 있다.

5회차 종료 후 C는 출발점에 그대로 위치하는데 1~3회차 승리가 없기 때문에 가위, 바위, 보로 이겨서 다시 제자리로 돌아올 수 있는 경우의 수는 존재하지 않는다. 즉 C는 4~5회차 모두 지거나 비겨야 한다. 따라서 5회차 D의 기록(다)는 가위이다. 이에 따라 선지 ①, ②, ③은 삭제된다. D는 5회차 가위 승이기 때문에 −3이고 현재 위치 역시 출발점 기준 왼쪽으로 3m이기 때문에 4회차에서 D는 지거나 비겼다는 것을 알 수 있다. C와 D 모두 4회차에서 승리할 수 없는 경우는 C가 4회차 기록에서 보를 내어 모두 비기는 경우의 수만 존재하기 때문에 정답은 ④이다. 선지 ⑤처럼 C가 4회차 판정이 바위라면 C가 승이기 때문에 5회차 최종위치가 출발점이 될 수 없다.

실전에선 이렇게!

출발점 기준 이동한 참가자보다 출발점 위에 있는 C와 1~3회차에서 승리가 없는 D를 중심으로 판단하는 것이 답을 도출하기 용이하다.

모바일 자동 채점 및 성적 분석 서비스

민경채 2017년 기출문제

PSAT 전문가의 총평

- 순수 자료비교인 곱셈 비교와 분수 비교 자체를 묻는 문제가 6문제 출제되어 전체의 20% 이상 비중을 차지하고 있습니다.
- 매칭형이 2문제, 빈칸형이 4문제, 각주 판단형 4문제, 조건 판단형이 2문제로 자료판단에서 12문제가 출제되어 전체의 약 50% 정도 출제 비중을 차지하였습니다. 특히 매칭형 1문과 조건 판단형 1문의 경우 중상 정도의 난도로 쉽게 해결되지 않는 문제가 일부 출제되었습니다.
- 보고서 검토·확인형이 2문제, 표 - 차트 변환형이 1문제 출제되어 자료검토·변환에서 총 3문제가 출제되었고 이 중 표 - 차트 변환형 문항은 까다롭게 출제되었습니다.
- 상대적으로 난도가 높은 문제는 15, 19, 25번 정도이며 2016년 기출에 비해서 체감 난도는 까다로운 편이지만 나머지 문항은 모두 중 이하의 난도로서 위 3문항을 잘 관리했다면 시간관리가 어렵지 않았을 것입니다.
- 전체적인 난이도는 '중' 정도로 출제되었으며 2016년 기출과 비교하면 전반적으로 비슷한 체감 난도를 보이고 있습니다. 전체적으로 7급 공채 합격생 기준 70점 이상을 받을 수 있는 난도라고 평가할 수 있습니다.

정답

p.187

1	③	평균 개념형	6	②	빈칸형	11	④	각주 판단형	16	③	빈칸형	21	②	보고서 검토·확인형
2	③	빈칸형	7	④	분수 비교형	12	④	조건 판단형	17	④	단순 판단형	22	②	각주 판단형
3	⑤	보고서 검토·확인형	8	③	평균 개념형	13	②	분수 비교형	18	④	분수 비교형	23	②	각주 판단형
4	⑤	각주 판단형	9	⑤	분수 비교형	14	④	빈칸형	19	①	매칭형	24	①	분수 비교형
5	①	매칭형	10	⑤	단순 판단형	15	⑤	표 - 차트 변환형	20	①	분수 비교형	25	③	조건 판단형

취약 유형 분석표

유형별로 맞힌 문제 개수와 정답률, 틀린 문제 번호, 풀지 못한 문제 번호를 적고 나서 취약한 유형이 무엇인지 파악해 보세요. 그 후 약점 보완 해설집 p.2 [취약 유형 공략 포인트]에서 약점 보완 학습법을 확인하고, 틀린 문제와 풀지 못한 문제를 다시 한번 풀어보세요.

유형		맞힌 문제 개수	정답률	틀린 문제 번호	풀지 못한 문제 번호
자료비교	곱셈 비교형	/2	%		
	분수 비교형	/6	%		
	반대해석형	-	-		
자료판단	단순 판단형	/2	%		
	매칭형	/2	%		
	빈칸형	/4	%		
	각주 판단형	/4	%		
	조건 판단형	/2	%		
자료검토·변환	보고서 검토·확인형	/2	%		
	표-차트 변환형	/1	%		
자료이해	평균 개념형	/2	%		
	분산·물방울형	-	-		
	최소여집합형	-	-		
TOTAL		/25	%		

해설

1 평균 개념형 난이도 중 정답 ③

문제풀이 핵심 포인트
선지에서 특정 국가의 수치를 기준으로 평균을 비교하는 경우에는 편차의 합을 도출하여 (+)라면 더 크고, (-)라면 더 작다는 판단을 할 수 있다.

풀이

① (O) 삶의 만족도가 가장 높은 국가는 덴마크가 7.6점으로 가장 높고, 덴마크의 장시간근로자비율이 2.1%로 가장 낮으므로 옳은 설명이다.

② (O) 한국의 장시간근로자비율은 28.1%로 삶의 만족도가 가장 낮은 국가인 헝가리의 장시간근로자비율 2.7%의 10배 이상이므로 옳은 설명이다.

③ (×) 삶의 만족도가 한국보다 낮은 국가들은 에스토니아, 포르투갈, 헝가리이며 이들 국가의 장시간근로자비율은 각각 3.6%, 9.3%, 2.7%이고, 산술평균은 (3.6+9.3+2.7)/3=5.2%이다. 따라서 이탈리아의 장시간근로자비율인 5.4%보다 낮으므로 옳지 않은 설명이다.

④ (O) 여가·개인돌봄시간이 가장 긴 국가는 덴마크이고, 가장 짧은 국가는 멕시코이다. 이 두 국가의 삶의 만족도 차이는 7.6-7.4=0.2점으로 0.3점 이하이므로 옳은 설명이다.

⑤ (O) 장시간근로자비율이 미국보다 낮은 국가는 덴마크, 프랑스, 이탈리아, 에스토니아, 포르투갈, 헝가리이고, 이들 국가의 여가·개인돌봄시간은 덴마크가 16.1시간, 프랑스가 15.3시간, 이탈리아가 15.0시간, 에스토니아가 15.1시간, 포르투갈이 15.0시간, 헝가리가 15.0시간으로 모두 미국의 여가·개인돌봄시간 14.3시간보다 많으므로 옳은 설명이다.

2 빈칸형 난이도 하 정답 ③

문제풀이 핵심 포인트
빈칸을 채우지 않고도 판단할 수 있는 선지부터 골라서 판단하여 답을 도출한다.

풀이

① (×) 2010년 A 성씨의 전체 228가구는 1980년 80의 3배인 240가구 이상이 되지 못한다.

② (×) 경기의 A 성씨 가구는 2010년 64가구가 1980년 31의 3배인 93가구 이상이 되지 못한다.

③ (O) 2010년 A 성씨의 동 지역 인구 556명은 2010년 A 성씨의 면 지역 인구 53의 10배인 530명 이상이다.

④ (×) 1980년 A 성씨의 인구가 부산의 12명보다 많은 광역자치단체는 서울 122명, 인천 40명, 경기 124명으로 3곳이다.

⑤ (×) 1980년 대비 2010년의 A 성씨 인구 증가폭은 서울이 61명이고 경기가 92명이다.

실전에선 이렇게!

③ 〈표 1〉에만 빈칸이 있으므로 광역자치단체가 아닌 읍면동 지역의 인구를 비교하는 ③부터 판단한다.
④ 1980년 도 지역의 소계가 140명이고 경기와 충남의 인구 합이 129명이므로 나머지 빈칸의 합은 11명이기 때문에 부산의 12명보다 많은 지역이 될 수 없다는 점을 체크하여 정오를 판단한다.

3 보고서 검토·확인형 난이도 중 정답 ⑤

문제풀이 핵심 포인트
〈보고서〉 작성 시 직접 근거로 사용되지 않은 자료를 찾는 유형이므로 수치를 직접 계산할 필요가 없다는 점에 주의한다. 또한 하나의 〈보고서〉 문단에서 두 개 이상의 선지가 연결되기 때문에 이를 체크하여 답을 도출한다.

풀이

① (O) 〈보고서〉의 두 번째 단락에서 생활체육에 참여하지 않는 이유에 대해 '시설부족'이라고 응답한 비율이 30.3%라고 했고, '연도별 A시 시민의 생활체육 미참여 이유 조사결과'에서 2016년에 '시설부족'이라고 응답한 비율이 30.3%이므로 〈보고서〉의 내용을 작성하는 데 직접적인 근거로 활용된 자료이다.

② (O) 〈보고서〉의 첫 번째 단락에서 생활체육 참여실태 조사 결과 '전혀 하지 않음'이라고 응답한 비율이 51.8%, 주 4회 이상이라고 응답한 비율이 28.6%라고 했고, '2016년 A시 시민의 생활체육 참여 빈도 조사결과'에서 '전혀 하지 않음'이라고 응답한 비율이 51.8%, '주 4회 이상'이라고 응답한 비율이 28.6%이므로 〈보고서〉의 내용을 작성하는 데 직접적인 근거로 활용된 자료이다.

③ (O) 〈보고서〉의 세 번째 단락에서 2016년 북구의 인구가 445,489명, 동구의 인구가 103,016명이라고 했고, '2016년 A 시의 자치구·성별 인구'에서 북구 인구가 445,489명, 동구 인구가 103,016 명이므로 〈보고서〉의 내용을 작성하는 데 직접적인 근거로 활용된 자료이다.

④ (O) 〈보고서〉의 두 번째 단락에서 2016년 A시의 공공체육시설은 총 388개소로 B시, C시의 공공체육시설 수의 50%에도 미치지 못하는 수준이라고 했고, '2016년 도시별 공공체육시설 현황'에서 공공체육시설 수는 A시가 388개소, B시가 2,751개소, C시가 889개소이므로 〈보고서〉의 내용을 작성하는 데 직접적인 근거로 활용된 자료이다.

⑤ (×) 〈보고서〉의 세 번째 단락에서 2016년 A시 생활체육지도자의 자치구별 분포는 알 수 있지만, 2016년 생활체육지도자의 도시별 분포는 알 수 없으므로 〈보고서〉의 내용을 작성하는 데 직접적인 근거로 활용되지 않은 자료이다.

실전에선 이렇게!

선지의 키워드를 체크해서 〈보고서〉 내용과 비교한다. 이때 〈보고서〉에 나타나지 않은 키워드를 가진 선지가 정답일 확률이 높다. 비슷한 단어 등으로 판단에 혼동을 유발하는 함정에 유의한다.

4 각주 판단형 난이도 하 정답 ⑤

문제풀이 핵심 포인트
각주에 사고비용 식이 주어져 있지만 사고비용을 직접 묻는 선지는 ④ 하나이므로 이를 제외하고 나머지 선지를 판단하면 시간을 단축해서 답을 도출할 수 있다.

풀이

① (×) 터널길이는 A가 가장 길지만 사망자는 E가 가장 많다.
② (×) 화재규모는 A가 가장 크지만 복구기간은 B가 가장 길다.
③ (×) 복구기간은 C가 D보다 길지만 복구비용은 오히려 C보다 B가 더 크다.
④ (×) 사망자가 가장 많은 사고 E는 사고비용이 1,570억 원이지만 A는 복구비용만 해도 4,200억 원으로 더 크다.
⑤ (O) 사망자가 30명 이상인 사고인 B와 E를 제외하면 화재규모가 큰 순서는 A, D, C, F 순이고 복구비용 역시 A, D, C, F 순으로 크다.

실전에선 이렇게!

④ A와 E의 복구비용 차이는 3,000억 원 이상이지만 사망자 수는 200명 미만이므로 사망자에 대한 사고 비용은 1,000억 원 미만 차이가 난다.

5 매칭형 난이도 중 　정답 ①

문제풀이 핵심 포인트
'가장'이 포함된 마지막 〈조건〉부터 검토해서 시간을 줄여야 빠른 시간 내에 답을 도출할 수 있다.

풀이

· 네 번째 〈조건〉에서 2005년 대비 2015년 독신 가구 실질세부담률이 가장 큰 폭으로 증가한 국가는 포르투갈이라고 하였으므로 5.26%p 증가한 C가 포르투갈이 된다. 이에 따라 선지 ②, ④는 삭제된다.
나머지 선지 ①, ③, ⑤ 모두 A 또는 D가 캐나다 또는 벨기에이므로 첫 번째 〈조건〉은 검토할 필요가 없다.
· 두 번째 〈조건〉에서 2015년 독신 가구 실질세부담률이 전년대비 감소한 국가는 A, B, E이므로 A가 벨기에로 확정이 되고 그리스와 스페인은 B 또는 E이다. 선지 ⑤는 삭제된다.
· 세 번째 〈조건〉에서 스페인의 2015년 독신 가구 실질세부담률은 그리스의 2015년 독신 가구 실질세부담률보다 높다고 하였으므로 E(39.6)가 스페인, B(39.0)가 그리스이다.

6 빈칸형 난이도 하 　정답 ②

문제풀이 핵심 포인트
빈칸을 채우지 않고도 판단할 수 있는 〈보기〉부터 검토하여 답을 도출한다.

풀이

ㄱ. (O) 1451~1500년 홍수재해 발생건수는 8건이므로 홍수재해 발생건수는 총 72건이며, 분류기간별로는 1501~1550년에 37건으로 가장 많이 발생했다.
ㄴ. (×) 홍수재해는 1501~1550년 9월에도 1건 발생했다.
ㄷ. (O) 1501~1550년 가뭄재해 발생건수는 25건이므로 전체 가뭄재해 발생건수는 79건이다. 1월과 8~12월의 가뭄재해 발생건수 합은 6건이므로 10% 이하이다. 따라서 2~7월의 가뭄재해 발생건수는 전체 가뭄재해 발생건수의 90% 이상을 차지한다.
ㄹ. (×) 1501~1550년의 경우 가뭄재해 발생건수는 25건으로 홍수재해 발생건수 37건보다 적다.

7 분수 비교형 난이도 하 　정답 ④

문제풀이 핵심 포인트
증가율을 묻는 선지 ③보다 단순 차이를 묻는 선지 ④나 ⑤부터 접근한다.

풀이

① (O) 감면액은 국세가 지방세보다 매년 많다는 것을 쉽게 판단할 수 있다.
② (O) 감면율은 지방세가 국세보다 매년 높은 것을 쉽게 판단할 수 있다.
③ (O) 2008년 대비 2016년 징수액 증가율은 국세 78/138≒56.5%, 지방세 21/41≒51.2%로 국세가 지방세보다 높다.
④ (×) 국세 징수액과 지방세 징수액의 차이는 2016년이 216 - 62 = 154조 원으로 가장 크지만 국세 감면율과 지방세 감면율의 차이는 2013년이 32.7 - 15.6 = 17.1%p로 가장 크다.
⑤ (O) 국세 감면액과 지방세 감면액의 차이는 2014년 18조 원, 2015년 20조 원, 2016년 22조 원으로 매년 증가하고 있다.

실전에선 이렇게!

③ 지방세 증가율 식에서 분자와 분모에 각각 3배를 하면 63/123로 국세 78/138과 차이값 비교를 하면 63/123과 15/15의 비교이므로 국세가 더 높다는 것을 쉽게 판단할 수 있다.
④ 감면율 차이는 그림에서 시각적으로 그 폭이 가장 큰 해를 찾는 것으로 판단할 수 있다.

8 평균 개념형 난이도 중 　정답 ③

문제풀이 핵심 포인트
〈조건〉에서 산술평균이 구체적 수치로 주어졌으므로 이를 기준으로 편차의 합이 0인 원리를 이용하여 빈칸을 채운 다음 선지를 확인한다.

풀이

· 두 번째 〈조건〉에서 시험점수가 같은 학생은 A, E, F뿐이라고 했으므로 A = E = F = 9점이고 선지 ①, ②가 소거된다.
· 세 번째 〈조건〉에서 산술평균은 8.5점이고, A = E = F = 9점이므로 A, E, F의 편차 합은 1.5점이다. 즉 B, C, D와 산술평균과의 편차 합이 - 1.5점이 되어야 한다.
· 네 번째와 다섯 번째 〈조건〉에서 최댓값은 10점이고, 학생 D의 시험점수는 학생 C보다 4점 높기 때문에 선지 ③, ④, ⑤에 D를 추가로 고려하여 B, C, D를 차례로 나타내면 다음과 같다.
③ 8, 6, 10 평균과의 편차 합 = - 0.5 - 2.5 + 1.5 = - 1.5점
④ 10, 5, 9 평균과의 편차 합 = + 1.5 - 3.5 + 1.0 = - 1.5점
⑤ 10, 6, 10 평균과의 편차 합 = + 1.5 - 2.5 + 1.5 = - 0.5점
이때 D는 두 번째 〈조건〉에 따라 9점과 10점이 될 수 없으므로 선지 ④, ⑤가 제거되고, B와 C는 각각 8점, 6점임을 알 수 있다.
따라서 A가 9점, B가 8점, C가 6점이다.

실전에선 이렇게!

두 번째 〈조건〉을 검토한 다음 선지 ①, ②를 소거한다. 이후 나머지 선지를 확인할 때 다섯 번째 〈조건〉만 적용하여 D의 경우의 수를 도출하고, 첫 번째와 두 번째 〈조건〉을 확인하면 D의 점수가 9점이고(선지 ④), B와 D의 시험점수가 10점으로 같음을 알 수 있다(선지 ⑤). 이에 따라 시험점수가 같은 학생은 A, E, F뿐이라는 두 번째 〈조건〉에 위배됨을 알 수 있다.

9 분수 비교형 난이도 중 정답 ⑤

문제풀이 핵심 포인트
2002년 기준 지수자료이므로 선지의 내용이 비교 가능한지 여부부터 판단한다.

풀이

① (O) 2015년 3월의 식량 가격지수 173.8은 2014년 3월 213.8에 비해 17.8% 하락했기 때문에 15% 이상 하락했다.

② (O) 2014년 4월부터 2014년 9월까지 식량 가격지수는 211.5, 210.4, 208.9, 204.3, 198.3, 192.7로 매월 하락했다.

③ (O) 2014년 3월에 비해 2015년 3월 가격지수 하락폭은 육류 8.5, 낙농품 83.6, 곡물 39.1, 유지류 53.1, 설탕 66.1로 낙농품이 가장 크다.

④ (O) 육류 가격지수는 2014년 3월부터 8월까지 185.5, 190.4, 194.6, 202.8, 205.9, 212.0으로 매월 상승하다가 9월부터 211.0, 210.2, 206.4, 196.4, 183.5, 178.8, 177.0으로 매월 하락했다.

⑤ (×) 2002년 가격지수 대비 2015년 3월 가격지수의 상승률이 가장 낮은 품목은 육류(77.0%)가 아닌 유지류(51.7%)이다.

10 단순 판단형 난이도 중 정답 ⑤

문제풀이 핵심 포인트
〈그림〉에서 주어진 생존비율이 누적개념임을 체크하여 선지에서 묻는 시점별 생존비율을 판단한다.

풀이

① (×) 〈그림〉을 통해 창업교육 이수 여부에 따른 폐업 자영업자의 생존비율은 알 수 있지만, 단순히 창업교육을 이수한 폐업 자영업자 수와 창업교육을 미이수한 폐업 자영업자 수는 판단할 수 없다.

② (×) 창업교육을 미이수한 폐업 자영업자의 생존기간은 창업 후 5개월 이상 48개월 이하에서 창업교육을 이수한 폐업 자영업자의 생존기간보다 짧다.

③ (×) 창업교육을 이수한 폐업 자영업자와 창업교육을 미이수한 폐업 자영업자의 생존비율 차이는 창업 후 20개월에서 약 10%p차이로 창업 후 46개월에서 30%p 차이로 더 크다.

④ (×) 창업교육을 이수한 폐업 자영업자 중 생존기간이 32개월 이상인 자영업자의 비율은 약 44%이므로 50% 미만이다.

⑤ (O) 창업교육을 미이수한 폐업 자영업자 중 생존기간이 10개월인 폐업자영업자의 생존비율은 약 68%이다. 따라서 창업교육을 미이수한 폐업 자영업자 중 생존기간이 10개월 미만인 자영업자의 비율은약 100 − 68 = 32%로 20% 이상이다.

실전에선 이렇게!

② 그림에서 미이수 그래프가 이수 그래프보다 같거나 더 아래에 있으므로 미이수한 폐업 자영업자의 평균 생존기간은 창업교육을 이수한 폐업 자영업자의 평균 생존기간보다 길 수 없다.

11 각주 판단형 난이도 하 정답 ④

문제풀이 핵심 포인트
지역이 2가지 유형으로 구분되어 있으므로 지역 구분 없이 판단할 수 있는 〈보기〉부터 검토한다.

풀이

ㄱ. (O) 지분율 상위 4개 회원국인 중국, 인도, 러시아, 독일의 투표권 비율을 합하면 43.65%로 40% 이상이다.

ㄴ. (O) 중국을 제외한 지분율 상위 9개 회원국 중 지분율과 투표권 비율의 차이는 인도가 1.01%p로 유일하게 1%p 이상 차이가 나기 때문에 가장 크다.

ㄷ. (×) 지분율 상위 10개 회원국 중에서, A지역 회원국의 지분율 합은 49.85%로 B지역 회원국의 지분율 합 21.02의 3배인 63.06보다 작다.

ㄹ. (O) AIIB의 자본금 총액이 2,000억 달러일 때 독일(4.57%)과 프랑스(3.44%)가 AIIB에 출자한 자본금의 합이 160억 달러 이상이 되려면 지분율의 합이 8% 이상이 되는지 확인하면 된다.

12 조건 판단형 난이도 중 정답 ④

문제풀이 핵심 포인트
먼저 〈조건〉을 통해 빈칸의 평균값을 도출한 다음, 이를 변동계수 식에 대입하여 답을 도출한다.

풀이

〈조건〉에 따라 1인당 소비량인 평균에 대한 식을 세우면 A + B = 30.0, A + 12.0 = 2E, E = B + 6.0이다. 여기서 두 번째 식에 세 번째 식을 대입한 다음 첫 번째 식과 연립하면 A 20.0, B 10.0, E 16.0이 도출된다.

즉 A~E구의 변동계수는 다음과 같다.

A구: 5.0/20.0 = 25.0%

B구: 4.0/10.0 = 40.0%

C구: 6.0/30.0 = 20.0%

D구: 4.0/12.0 ≒ 33.3%

E구: 8.0/16.0 = 50.0%

따라서 변동계수가 3번째로 큰 구는 D이고, 4번째로 큰 구는 A이다.

13 분수 비교형 난이도 하 정답 ②

문제풀이 핵심 포인트
마약류는 3가지 항목의 합이므로 마약과 구분하여 항목을 정확하게 매칭한다.

풀이

① (×) 대마 단속 전체 건수 167건은 마약 단속 전체 건수 65의 3배인 195건 이상이 되지 못한다.

② (O) 수도권의 마약류 단속 건수 비중 합은 57.9%이므로 마약류 단속 전체 건수의 50% 이상이다.

③ (×) 마약 단속 건수가 없는 지역은 강원, 충북, 제주로 3곳이다.

④ (×) 향정신성의약품 단속 건수는 대구·경북 지역 138건이 광주·전남 지역 38의 4배인 152건 이상이 되지 못한다.

⑤ (×) 강원 지역은 향정신성의약품 단속 건수 35건이 대마 단속 건수 13의 3배인 39건 이상이 되지 못한다.

실전에선 이렇게!

⑤ 증가율을 도출하기 전 증감 현황부터 파악하여 감소한 경우가 있다면 그림과 일치하는지 체크하여 답을 빠르게 찾을 수 있다.

14 빈칸형 난이도 중

정답 ④

문제풀이 핵심 포인트

0점을 받은 항목 위주로 판단한다.

풀이

정책 \ 심사위원	A	B	C	D
가	●	●	◑	○
나	●	●	◑	●
다	◑	○	●	◑
라	(○)	●	◑	(○)
마	●	(●)	●	◑
바	◑	◑	◑	●
사	◑	◑	◑	●
아	◑	◑	●	(○)
자	◑	◑	(●)	●
차	(○)	●	◑	○
평균(점)	0.55	0.7	0.7	0.5

빈칸에 들어갈 점수를 채우고 난 다음 총점을 도출하면 아래와 같다.

가: 2.5　　바: 2.5
나: 3.5　　사: 2.5
다: 2.0　　아: 2.0
라: 1.5　　자: 3.0
마: 3.5　　차: 1.5

따라서 폐기할 정책은 다, 라, 아, 차이다.

15 표-차트 변환형 난이도 중

정답 ⑤

문제풀이 핵심 포인트

표를 그래프로 변환한 것을 검토하는 유형이므로 먼저 〈표〉에 제시된 수치가 그대로 반영된 선지의 그래프부터 검토하고, 수치가 비율로 재구성된 선지가 두 개인 경우에는 어림산으로 판단할 수 있는 선지부터 확인한다.

풀이

⑤ (×) 〈표〉에서 2016년 R&D 과제 건수의 전년대비 증가율은 '기업'과 '정부' 모두 감소하고 있어 증가율을 '+'로 나타낼 수 없으므로 〈표〉를 이용하여 작성한 그래프로 옳지 않다.

16 빈칸형 난이도 중

정답 ③

문제풀이 핵심 포인트

〈표〉의 구조가 짝표 형태이므로 대각선 방향으로 서로 바꿔서 승패를 판단한다.

풀이

① (O) B기준 A와의 전적이 6승 10패이므로 (가)에 들어갈 내용은 10-6-0이다.

② (O) B팀은 C, D, E와 상대전적이 모두 8승 8패로 승률 50%이고 A와 상대전적에서 승보다 패가 많기 때문에 B팀의 시즌 승률은 50% 이하이다.

③ (×) 시즌 승률이 50% 이상인 팀은 승리 경기수가 패배 경기수 이상인 팀이다. 따라서 40승 23패인 A와 33승 31패인 C로 2팀이다.

④ (O) E팀 기준 C팀과 전적이 6승 10패이기 때문에 C팀은 E팀을 상대로 승리한 경기가 10경기로 패배한 경기 6경기보다 많다.

⑤ (O) 시즌 전체 경기 결과 중 무승부는 A와 D의 1경기이다.

17 단순 판단형 난이도 중

정답 ④

문제풀이 핵심 포인트

6위 이하의 상품군의 순위는 직접 주어진 순위 중 가장 낮은 순위인 5위의 상품군을 기준으로 간접적으로 판단한다.

풀이

ㄱ. (O) 백화점, TV홈쇼핑 모두 셔츠 상품군의 판매수수료율이 1위를 차지하고 있어 전체 상품군 중 가장 높으므로 옳은 설명이다.

ㄴ. (×) 여성정장 상품군의 경우 판매수수료율은 백화점이 31.7%이고, TV홈쇼핑이 36.8%보다 작다는 것만 판단할 수 있으므로 구체적으로 비교할 수 없다. 모피 상품군의 판매수수료율 역시 백화점이 31.1%이고, TV홈쇼핑이 36.8보다 작다는 것만 판단할 수 있고 구체적으로 비교할 수 없으므로 옳지 않은 설명이다.

ㄷ. (O) 디지털기기 상품군의 판매수수료율은 TV홈쇼핑이 21.9%로 백화점 11.0%보다 더 높으므로 옳은 설명이다.

ㄹ. (O) 여행패키지 상품군의 판매수수료율은 TV홈쇼핑이 8.4%이고, 백화점은 20.8%이므로 옳은 설명이다.

실전에선 이렇게!

판매수수료율 하위 순위는 순위가 높을수록 판매수수료율이 낮고, 순위가 낮을수록 판매수수료율이 높다.

18 분수 비교형 난이도 중 정답 ④

문제풀이 핵심 포인트
공무원 채용 인원은 공개경쟁채용과 경력경쟁채용으로 구분되어 있으므로 이를 확실하게 체크하여 판단한다.

풀이

ㄱ. (○) 2016년에 공개경쟁채용을 통해 채용이 이루어진 공무원구분은 5급, 7급, 9급, 연구직 총 4개이다.

ㄴ. (○) 2016년 우정직 채용 인원은 599명으로 7급 채용 인원 1,148명의 절반인 574명보다 많다.

ㄷ. (×) 연구직은 공개경쟁채용 인원 17명이 경력경쟁채용 인원 357명보다 적다.

ㄹ. (○) 2017년부터 9급 공개경쟁채용 인원만을 전년대비 10%씩 늘리면 2018년 9급 공개경쟁채용 인원은 3,000+300+330=3,630명이다. 나머지 채용 인원은 2016년과 동일하게 유지하여 채용한다고 했으므로 2018년 전체 공무원 채용 인원 3,630+952+5,090=9,672명 중 9급 공개경쟁채용 인원 3,630명이 차지하는 비중은 3,630/9,672≒37.5%로 40% 이하이다.

19 매칭형 난이도 중 정답 ①

문제풀이 핵심 포인트
순서를 언급하는 네 번째 〈조건〉부터 검토하여 경우의 수를 좁히면서 답을 도출한다.

풀이

- 네 번째 〈조건〉에서 인장강도와 압축강도의 차가 두 번째로 큰 수종은 전나무라고 하였으므로 가장 큰 B 다음으로 큰 E가 전나무이다. → 선지 ②, ⑤ 삭제
- 첫 번째 〈조건〉에서 전단강도 대비 압축강도 비가 큰 상위 2개 수종은 낙엽송과 전나무라고 하였으므로 전나무인 E를 제외하고 선지를 고려하여 낙엽송이 C인지 확인한다. C의 전단강도 대비 압축강도 비는 정확히 7이고 E를 제외하면 이보다 큰 수종은 없기 때문에 C가 낙엽송이 된다. → 선지 ④ 삭제
- 두 번째 〈조건〉에서 휨강도와 압축강도 차가 큰 상위 2개 수종은 소나무와 참나무라고 하였으므로 선지를 고려하여 A가 소나무인지 확인한다. 휨강도와 압축강도 차가 큰 상위 2개 수종은 40 차이인 A와 54 차이인 B이므로 A가 소나무이다. 따라서 정답은 ①이다.

20 분수 비교형 난이도 중 정답 ①

문제풀이 핵심 포인트
순위 자료에서 직접 제시되지 않은 항목의 내용을 파악하는 경우 가장 순위가 낮은 항목을 기준으로 판단한다.

풀이

ㄱ. (○) 도시폐기물량지수의 분모에 해당하는 2012년 한국의 도시폐기물량은 동일하므로 2012년 해당 국가의 도시폐기물량지수만 비교한다. 2012년 도시폐기물량지수는 미국이 12.73이고, 일본의 도시폐기물량지수의 4배인 2.53×4=10.12 이상이므로 옳은 설명이다.

ㄴ. (×) 2011년 한국의 도시폐기물량은 1,786만 톤이고, 러시아의 도시폐기물량지수는 3.87이다. 2011년 러시아의 도시폐기물량은 1,786×3.87≒6,911.8만 톤으로 8,000만 톤 미만이므로 옳지 않은 설명이다.

ㄷ. (○) 스페인의 도시폐기물량은 2009년에 1,901×1.33≒2,528.3만 톤이고, 2012년에 상위 10위 이내에 포함되지 않았으므로 2012년 10위인 이탈리아의 도시폐기물량지수 1.4를 기준으로 판단하면 1,788×1.40≒2,503.2만 톤 미만임을 알 수 있다. 따라서 2012년 스페인의 도시폐기물량은 2009년에 비해 감소했으므로 옳은 설명이다.

ㄹ. (×) 도시폐기물량지수로 비교하면 2009~2011년 동안 영국의 순위는 터키의 순위보다 매년 높았으나 2012년에는 터키의 순위가 영국의 순위보다 더 높다. 따라서 영국의 도시폐기물량이 터키의 도시폐기물량보다 매년 많은 것은 아니므로 옳지 않은 설명이다.

실전에선 이렇게!

ㄱ. 동일연도 내에서 국가 간 도시폐기물량 비교 시 지수의 분모인 한국이 공통이므로 지수의 비교를 통해 도시폐기물량을 비교한다.
ㄴ. 2011년 한국의 도시폐기물량의 수치를 백의 자리에서 반올림하고, 러시아의 도시폐기물량이 한국의 4배라고 가정하면 1,800×4=7,200으로 8,000 미만임을 알 수 있다.

21 보고서 검토·확인형 난이도 중 정답 ②

문제풀이 핵심 포인트
자료에서 직접 제시된 항목은 추가로 필요한 자료에서 제외하여 답을 도출한다.

풀이

ㄱ. (○) 〈보고서〉 첫 번째 단락에서 미국의 환경 R&D 예산은 2002년부터 2011년까지 증가 추세에 있다고 했으므로 '2002년부터 2011년까지 미국의 전체 예산 및 환경 R&D 예산'은 〈보고서〉 작성을 위해 추가로 필요한 자료이다.

ㄴ. (×) 〈보고서〉에서 뉴질랜드는 언급되지 않으므로 '2002년부터 2011년까지 뉴질랜드의 부처별, 분야별 R&D 예산'은 〈보고서〉 작성을 위해 추가로 필요한 자료가 아니다.

ㄷ. (○) 〈보고서〉 다섯 번째 단락에서 2011년 대한민국 E부처의 환경 R&D 예산은 정부 부처 중 8위에 해당한다고 했으므로 '2011년 대한민국 모든 정부 부처의 부처별 환경 R&D 예산'은 〈보고서〉 작성을 위해 추가로 필요한 자료이다.

ㄹ. (×) 〈보고서〉에서 환경 R&D 예산에 관한 내용만을 다루고 있으므로 '2010년 대한민국 모든 정부 부처 산하기관의 전체 R&D 예산'은 〈보고서〉 작성을 위해 추가로 필요한 자료가 아니다.

실전에선 이렇게!

〈보고서〉에 우리나라 5개 부처 이외의 정보가 있으면 대한민국에 관한 자료가 추가로 필요하고, OECD 주요 국가의 2009년 이외의 정보가 있으면 OECD 주요 국가에 관한 자료가 추가로 필요하다.

22 각주 판단형 난이도 중

정답 ②

문제풀이 핵심 포인트

증감방향을 묻는 선지부터 해결하여 답이 될 수 없는 선지를 삭제한 다음 남은 〈보기〉 위주로 판단한다.

풀이

ㄱ. (O) 2013년 처리대상 건수는 2014년 전년이월 건수 2,403건과 2013년 처리건수 7,314건의 합인 9,717건이므로 처리대상 건수가 가장 적은 연도는 2016년이다. 처리율은 6,628/8,226≒80.6%이므로 75% 이상이다.

ㄴ. (×) 2014년 대비 2015년 취하 건수는 증가하지만 기각 건수는 감소하고 있다. 따라서 2013~2016년 동안 취하 건수와 기각 건수의 전년대비 증감방향은 동일하지 않다.

ㄷ. (×) 2013년 처리율은 7,314/9,717≒75.3%이므로 80% 이상이 되지 못한다.

ㄹ. (O) 인용률은 2012년 27.9%가 2014년 17.7%보다 높다.

실전에선 이렇게!

ㄱ. 75% 이상이라고 하였으므로 6,628건이 8,226 - 6,628 = 1,598건의 3배 이상인지 확인한다.

ㄷ. 80% 이상이라고 하였으므로 7,314건이 9,717 - 7,314 = 2,403건의 4배 이상인지 확인한다.

ㄹ. 인용률의 분모와 분자에 인용 건수가 공통으로 포함되어 있으므로 상대비인 인용 건수/(각하 건수 + 기각 건수)의 비율로 판단한다. 인용 건수는 2012년이 2014년보다 많고 (각하 건수 + 기각 건수)는 2012년이 2014년보다 적다. 따라서 인용 건수/(각하 건수 + 기각 건수)의 비율은 2012년이 2014년보다 높기 때문에 인용률 역시 2012년이 2014년보다 높다.

23 각주 판단형 난이도 중

정답 ②

문제풀이 핵심 포인트

의석점유율을 구체적으로 비교하는 〈보기〉보다 단순히 의석수의 변화를 묻는 〈보기〉부터 우선적으로 검토하여 답을 도출한다.

풀이

ㄱ. (O) 정당 D의 전국 지방의회 의석점유율은 2014년 61/669≒9.1%가 2010년 39/616≒6.3%보다 높다.

ㄴ. (×) 2010년에 비해 2014년 C의 전국 지방의회 의석수는 82석에서 38석으로 감소하였다.

ㄷ. (×) 2014년 비수도권 지방의회 의석수는 정당 B가 318 - 166 = 152석으로 정당 A의 252 - 63 = 189석 보다 적다.

ㄹ. (O) 정당 B의 수도권 지방의회 의석점유율은 2014년 166/238≒69.7%가 2010년 159/209≒76.1%보다 낮다.

실전에선 이렇게!

ㄹ. 수도권과 달리 전국의 경우에는 합이 제시되지 않았기 때문에 의석점유율을 도출할 때 상대비를 이용한다. 2010년은 159/50 > 3, 2014년은 166/72 < 3이므로 2010년이 2014년보다 높다는 것을 쉽게 판단할 수 있다.

24 분수 비교형 난이도 중

정답 ①

문제풀이 핵심 포인트

모든 선지가 분수 비교로 판단해야 하므로 구체적인 계산을 요하는 〈보기〉보다 대략적으로 비교할 수 있는 〈보기〉부터 검토한다.

풀이

ㄱ. (O) 지연율이 가장 낮은 항공사는 BK항공이 약 3.9%로 유일하게 5% 미만이다.

ㄴ. (O) 항공사별 총 지연 대수 중 항공기 정비, 기상 악화, 기타로 인한 지연 대수의 합이 차지하는 비중은 ZH항공이 67.6%로 가장 높다.

ㄷ. (×) 기상 악화로 인한 전체 지연 대수 605 중 EK항공과 JL항공의 기상 악화로 인한 지연 대수 합 214 + 147이 차지하는 비중은 50% 이상이다.

ㄹ. (×) 항공기 정비로 인한 지연 대수 대비 기상악화로 인한 지연 대수 비율은 EZ가 4미만, 8L이 9로 가장 높은 항공사는 EZ항공이 아니다.

실전에선 이렇게!

ㄴ. 반대해석하여 ZH항공사의 총 지연 대수 중 연결편 접속의 비중이 가장 작은지 판단하면 ZH만 유일하게 30%대이다.

25 조건 판단형 난이도 중

정답 ③

문제풀이 핵심 포인트

당해 연도 수강생 만족도에 따라 다음 연도 시급이 결정된다는 점에 유의하여 판단한다.

풀이

① (×) 강사 E의 2015년 수강생 만족도는 3.2로 인상률은 동결이다. 따라서 2016년 시급은 2015년 시급과 동일한 48,000원이다.

② (×) 2016년 강사 D의 수강생 만족도는 4.4로 5%인상이므로 2017년 시급을 계산하면 59,400 + 2,970 = 62,370원이지만 최대 60,000원을 넘을 수 없으므로 60,000원이다. 한편 강사 C의 수강생 만족도는 4.8로 10% 인상이므로 2017년 시급을 계산하면 54,600 + 5,460 = 60,060원이지만 역시 60,000원이다. 따라서 2017년 시급은 강사 D와 강사 C가 동일하다.

③ (O) 2016년과 2017년 시급 차이는 A가 55,000원의 5%, B가 45,000원의 5%, C는 5,400원, D는 600원, E는 0이므로 2016년과 2017년 시급 차이가 가장 큰 강사는 C이다.

④ (×) 강사 C의 2017년과 2016년 시급 차이는 2,600원이므로 2015년 시급 52,000원의 5%이다. 따라서 강사 C의 2015년 수강생 만족도 점수는 4.5점 미만이다.

⑤ (×) 2017년 강사 A의 시급은 55,000 + 2,750원이고 강사 B의 시급은 45,000 + 2,250원이다. 따라서 2017년 강사 A와 강사 B의 시급 차이는 10,000원이 아니다.

실전에선 이렇게!

② D는 6만 원 초과라는 것을 쉽게 판단할 수 있고 C는 6만 원이 되기 위해 54,600원에서 5,400원을 추가하면 되므로 54,600의 10%가 5,400원을 넘는지 판단한다.

⑤ 2016년 시급 차이가 10,000원이고 2017년 시급 증가분은 2016년 시급이 다르므로 서로 같지 않다는 점만 확인해도 틀린 선지라고 판단할 수 있다.

모바일 자동 채점 및 성적 분석 서비스

민경채 2016년 기출문제

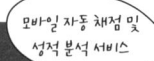

PSAT 전문가의 총평

- '자료비교'에 해당하는 곱셈 비교와 분수 비교 자체를 묻는 문제가 10문제 출제되어 전체의 약 40%에 해당하는 비중을 차지하고 있습니다.
- '매칭형'이 2문제, '빈칸형'이 2문제, '각주 판단형'이 4문제, '조건 판단형'이 3문제로 '자료판단'에서 11문제가 출제되었고 대부분 '중'의 난도로 쉽게 해결되지 않는 문제가 다수 출제되었습니다.
- '보고서 검토·확인형'과 '표 – 차트 변환형'은 출제되지 않았습니다.
- 상대적으로 난도가 높은 문제는 25번 문제 1개이지만 전체적으로 난도 '하' 문제의 비중이 매우 낮아 2011~2015년 시험에 비해 시간 관리에 어려움이 있어 점수가 낮을 것으로 보입니다.
- 전체적인 난도는 '중상' 정도로 출제되었으며 2015년 이전 시험에 비해 난도 '하' 수준인 문제가 대폭 줄고 난도 '중' 이상인 문제 비중이 80% 이상으로 매우 높았습니다. 7급 공채 합격생 기준 70점 이상을 받을 수 있는 난도라고 평가할 수 있습니다.

정답

p.203

1	①	분산·물방울형	6	④	각주 판단형	11	⑤	분수 비교형	16	③	분수 비교형	21	③	곱셈 비교형
2	②	각주 판단형	7	⑤	분수 비교형	12	③	조건 판단형	17	③	각주 판단형	22	②	조건 판단형
3	①	분수 비교형	8	③	빈칸형	13	⑤	조건 판단형	18	②	분수 비교형	23	⑤	최소여집합형
4	⑤	분산·물방울형	9	④	매칭형	14	②	매칭형	19	①	단순 판단형	24	①	분수 비교형
5	④	분수 비교형	10	②	각주 판단형	15	②	빈칸형	20	④	분수 비교형	25	①	곱셈 비교형

취약 유형 분석표

유형별로 맞힌 문제 개수와 정답률, 틀린 문제 번호, 풀지 못한 문제 번호를 적고 나서 취약한 유형이 무엇인지 파악해 보세요. 그 후 약점 보완 해설집 p.2 [취약 유형 공략 포인트]에서 약점 보완 학습법을 확인하고, 틀린 문제와 풀지 못한 문제를 다시 한번 풀어보세요.

유형		맞힌 문제 개수	정답률	틀린 문제 번호	풀지 못한 문제 번호
자료비교	곱셈 비교형	/2	%		
	분수 비교형	/8	%		
	반대해석형	-	-		
자료판단	단순 판단형	/1	%		
	매칭형	/2	%		
	빈칸형	/2	%		
	각주 판단형	/4	%		
	조건 판단형	/3	%		
자료검토·변환	보고서 검토·확인형	-	-		
	표-차트 변환형	-	-		
자료이해	평균 개념형	-	-		
	분산·물방울형	/2	%		
	최소여집합형	/1	%		
TOTAL		/25	%		

해설

1 분산·물방울형 [난이도 중] 정답 ①

문제풀이 핵심 포인트

분산형 차트이므로 가로축과 세로축 변수를 체크하여 답을 도출한다.

풀이

ㄱ. (O) 〈그림〉에서 1인당 GDP가 2만 달러 이상인 국가는 A~F까지 6개 국가이고 이들의 1인당 의료비지출액은 모두 1천 달러 이상이다.

ㄴ. (O) 1인당 의료비지출액이 가장 많은 국가는 A 3,500달러이고 가장 적은 국가는 J 500달러 미만이다. 따라서 1인당 의료비지출액이 가장 많은 국가와 가장 적은 국가의 1인당 의료비지출액 차이는 3천 달러 이상이다.

ㄷ. (×) 1인당 GDP가 가장 높은 국가는 E이고 가장 낮은 국가는 J이다. E와 J의 1인당 의료비지출액 차이가 2천 달러 이상이 되려면 세로축에서 4칸 이상 차이가 나야 하지만 〈그림〉에서 확인하면 그렇지 않다. 따라서 1인당 GDP가 가장 높은 국가와 가장 낮은 국가의 1인당 의료비지출액 차이는 2천 달러 이상이 되지 못한다.

ㄹ. (×) 1인당 GDP 상위 5개 국가는 A, B, C, E, F이고 이들의 1인당 의료비지출액 합은 약 11,500달러 이상이다. 1인당 GDP 상위 5개 국가의 1인당 의료비지출액 합이 1인당 GDP 하위 5개 국가의 1인당 의료비지출액 합의 5배 이상이 되려면 하위 5개 국가의 1인당 의료비지출액 합이 2,300달러 이하가 되어야 한다. 1인당 GDP 하위 5개 국가인 D, G, H, I, J의 1인당 의료비지출액 합은 최소 2,500달러 이상이다. 따라서 전자는 후자의 5배 이상이 되지 못한다.

실전에선 이렇게!

ㄴ. 세로축 1칸이 500달러 간격이므로 3천 달러 차이가 나는지 확인하려면 6칸 이상 차이가 나는지 검토한다.

2 각주 판단형 [난이도 중] 정답 ②

문제풀이 핵심 포인트

공식의 구조를 토대로 필요한 수치만 대입하여 도출한다.

풀이

먼저 평균등급의 분모는 과목별 이수단위의 합이다. 즉, 〈표 2〉에서 4과목의 이수단위 합을 더하면 11이다. 다음으로 과목별 등급에 과목별 이수단위를 곱하여 이를 모두 더하면 분자가 되는데 〈표 2〉의 과목별 이수인원 대비 석차를 통해 〈표 1〉에서 등급을 산출하면 된다. 과목석차 백분율을 도출하면 국어는 $\frac{270}{300}=90\%$로 8등급, 영어는 $\frac{44}{300}\fallingdotseq 14.7\%$로 3등급, 수학은 $\frac{27}{300}=9\%$로 2등급, 과학은 $\frac{165}{300}=55\%$로 5등급이다. 따라서 (과목별 등급×과목별 이수단위)의 합은 $(8\times3)+(3\times3)+(2\times2)+(5\times3)=52$이다. 따라서 $M=\frac{52}{11}$이므로 $4\leq M<5$이다.

실전에선 이렇게!

각 과목별 백분율을 도출하지 않고 모든 과목의 이수인원은 300명으로 동일하다는 점을 이용하면 석차만 3으로 나누어 판단할 수도 있다.

3 분수 비교형 [난이도 중] 정답 ①

문제풀이 핵심 포인트

제시된 〈표〉가 4개나 되므로 〈보고서〉 각 선지에서 묻는 내용이 어떤 자료에 있는지 빠르고 정확하게 매칭하여 판단한다.

풀이

ㄱ. (O) 〈표 1〉에서 2014년 '갑'국 국제협력단이 공여한 전체 공적개발원조액(이하 원조액)은 2013년 5,227억 8,300만 원(522,783백만 원)에서 530억 원 이상(10% 이상) 증가하여 5,805억 5,200백만 원(580,552백만 원)으로 5,800억 원을 상회하였다.

ㄴ. (O) 〈표 1〉에서 2013년과 2014년 '양자' 지원형태로 공여한 원조액이 매년 전체 원조액의 90% 이상이 되려면 '다자' 지원형태로 공여한 원조액이 10% 이하여야 한다. 따라서 옳은 선택지임을 확인할 수 있다.

ㄷ. (×) 〈표 2〉에서 지원분야별 원조액을 살펴보면 2013년 3위는 산업에너지이지만 2014년 3위는 공공행정으로 지원분야의 원조액 순위는 동일하지 않았다.

ㄹ. (O) 〈표 3〉에서 2013년에 비해 2014년에 원조액 전체에서 차지하는 비중이 낮아진 사업유형은 프로젝트, 연수생초청, 민관협력으로 3개였다.

ㅁ. (×) 〈표 4〉에서 2014년 중동의 원조액은 전년대비 감소하였다.

실전에선 이렇게!

ㄷ. 금액으로 판단해도 되지만 비중으로 판단하는 것이 수월하다.

4 분산·물방울형 [난이도 중] 정답 ⑤

문제풀이 핵심 포인트

물방울 차트 문제이므로 분산형 차트와 마찬가지로 축의 변수를 먼저 확인한 후 원의 크기를 나타내는 변수와 결합하여 판단한다.

풀이

① (O) 에너지사용량이 가장 많은 국가는 맨 위에 위치한 A국이고 가장 적은 국가는 맨 아래에 위치한 D국이다.

② (O) 1인당 에너지사용량은 인구(원의 면적) 대비 에너지사용량(세로축 높이)이다. C국과 D국은 인구인 원의 면적은 거의 같지만 C국이 D국보다 에너지사용량(세로축 높이)이 더 많기 때문에 1인당 에너지사용량은 C국이 D국보다 많다.

③ (O) GDP가 가장 낮은 국가는 맨 왼쪽에 위치한 D국이고 가장 높은 국가는 맨 오른쪽에 위치한 A국이다.

④ (O) 1인당 GDP는 인구(원의 면적) 대비 GDP(가로축 길이)이다. H국이 B국보다 원의 면적이 작고 GDP는 더 많다. 따라서 1인당 GDP는 H국이 B국보다 높다.

⑤ (×) 에너지사용량 대비 GDP는 원점과 각 원의 중심을 잇는 선분의 기울기가 작을수록 높다. 따라서 에너지사용량 대비 GDP는 A국이 B국보다 높다.

5 분수 비교형 난이도 중 정답 ④

문제풀이 핵심 포인트

순위 자료이므로 10위 이내에 포함되지 못한 항목을 고려하는 경우에는 10위 순위를 기준으로 판단한다.

풀이

ㄱ. (×) 2013년에 비해 2014년에 감귤 생산액 순위가 9위에서 10위로 떨어진 것은 옳은 설명이지만 감귤 생산액이 농축수산물 전체 생산액에서 차지하는 비중 역시 $\frac{8,108}{350,889}$≒2.3%에서 $\frac{9,065}{413,643}$≒2.2%로 감소하였다.

ㄴ. (O) 2012년에 비해 2013년 농축수산물 전체 생산액은 증가한 반면 쌀 생산액은 감소하였으므로 쌀 생산액이 농축수산물 전체 생산액에서 차지하는 비중은 감소하였다. 2013년에 비해 2014년 농축수산물 전체 생산액은 35만에서 41만으로 6만 정도 증가하여 10% 이상 증가한 반면, 쌀 생산액은 8만 5천에서 8만 6천으로 10% 미만 증가하였으므로 역시 쌀 생산액이 농축수산물 전체 생산액에서 차지하는 비중은 감소하였다. 따라서 쌀 생산액이 농축수산물 전체 생산액에서 차지하는 비중은 매년 감소하였다.

ㄷ. (×) 상위 10위 이내에 매년 포함된 품목은 쌀, 돼지, 소, 우유, 고추, 닭, 달걀, 감귤로 8개이다.

ㄹ. (O) 오리 생산액은 2012년에는 10위 이내에 포함되지 못하였으므로 5,324억 원 미만이고 2013년에는 10위인 6,490억 원, 2014년에는 7위인 1조 2,323억 원으로 매년 증가하였다.

실전에선 이렇게!

ㄱ. 유효숫자를 통해 $\frac{811}{351}$과 $\frac{907}{414}$을 비교하면 분모는 63 증가하여 증가율이 15% 이상이지만, 분자는 96 증가하여 증가율이 15% 미만이다. 따라서 분모의 증가율이 분자보다 더 높기 때문에 비중은 감소했다고 판단할 수 있다.

6 각주 판단형 난이도 중 정답 ④

문제풀이 핵심 포인트

사원은 각주 1에 따라 하나의 성과평가등급을 부여받게 되고, 이는 연봉인상률을 통해 판단할 수 있다. 또한 전년도 성과평가등급에 따른 연봉인상률에 의해 당해년도 연봉이 결정된다.

풀이

ㄱ. (×) 2013년 성과평가등급을 판단하려면 각 사원의 2013년 대비 2014년 연봉인상률을 검토해야 한다. A는 24,000천 원에서 28,800천 원으로 4,800천 원 상승하였으므로 연봉인상률이 20%인 성과평가등급 Ⅰ이다. B는 연봉이 동일하므로 연봉인상률이 0%인 성과평가등급 Ⅳ이다. C는 24,000천 원에서 25,200천 원으로 1,200천 원 상승하였으므로 연봉인상률이 5%인 성과평가등급 Ⅲ이다. 마지막으로 D는 25,000천 원에서 27,500천 원으로 2,500천 원 상승하였으므로 연봉인상률이 10%인 성과평가등급 Ⅱ이다. 따라서 2013년 성과평가등급이 높은 사원부터 순서대로 나열하면 A, D, C, B이다.

ㄴ. (O) 2015년에 A와 B가 동일한 성과평가등급을 받았는지 여부를 판단하려면 2015년 대비 2016년 연봉인상률이 동일한지 판단해야 한다. A는 34,560천 원에서 38,016천 원으로 3,456천 원 상승하였으므로 연봉인상률이 10%이고, B는 26,250천 원에서 28,875천 원으로 2,625천 원 상승하였으므로 역시 연봉인상률이 10%이다.

ㄷ. (O) 성과평가에서 Ⅰ등급을 받은 적이 있다면 연봉인상률이 20%인 적이 있다는 의미이다. C는 2015년 27,720천 원에서 2016년 33,264천 원으로 5,544천 원 증가하여 20% 증가하였기 때문에 2015년 성과평가에서 Ⅰ등급을 받았다.

ㄹ. (×) 성과평가에서 Ⅲ등급을 받은 적이 있다면 연봉인상률이 5%인 적이 있다는 의미이다. D는 2013년에 ㄱ에서 판단하였듯이 연봉인상률이 10%였고, 2014년과 2015년 연봉은 동일하며, 2015년 27,500천 원에서 2016년 30,250천 원으로 2,750천 원 증가하여 10% 증가하였다. 따라서 2013~2015년 동안 D는 성과평가에서 Ⅲ등급을 받은 적이 없다.

실전에선 이렇게!

ㄴ. 복잡한 숫자 판단을 해야 하므로 후순위로 판단한다.

7 분수 비교형 난이도 중 정답 ⑤

문제풀이 핵심 포인트

〈그림〉은 모두 상위 10개국이 제시된 순위 자료라는 점을 체크하여 답을 도출한다.

풀이

① (×) 미국인, 중국인, 일본인 방문객 수의 합은 2012년 6,171천 명으로 2002년 3,319천 명의 2배 이상이 되지 못한다.

② (×) 2002년 대비 2012년 미국인 방문객 수는 459천 명에서 662천 명으로 50% 미만의 증가율을 보이는 반면 말레이시아인 방문객 수는 83천 명에서 156천 명으로 50% 이상의 증가율을 보이고 있으므로 전자는 후자보다 낮다.

③ (×) 전체 외국인 방문객 중 중국인 방문객 비중은 2012년 $\frac{2,220}{9,795}$ < 30%이고 2002년 $\frac{539}{5,347}$≒10%이므로 전자는 후자의 3배 이상이 되지 못한다.

④ (×) 2002년 외국인 방문객 수 상위 10개국 중 2012년 외국인 방문객 수 상위 10개국에 포함되지 않은 국가는 캐나다 1개뿐이다.

⑤ (O) 인도네시아인 방문객 수는 2002년에는 상위 10개국에 포함되지 못하였으므로 67천 명 미만이고 2012년에는 124천 명이므로 적어도 124 − 67 = 57천 명 이상 증가한 것이 된다. 따라서 55,000명 이상 증가하였다고 판단할 수 있다.

8 빈칸형 난이도 중

정답 ③

문제풀이 핵심 포인트

2011년 구성비인 〈그림〉을 통해 〈표〉의 빈칸을 채울 수 있다.

풀이

ㄱ. (O) 먼저 〈그림〉과 〈표〉의 관계를 통해 2011년 잣나무의 원목생산량을 도출하면 14.8이다. 따라서 2006년 대비 2011년 원목생산량 증가율은 소나무 198%, 잣나무 106%, 전나무 12%, 낙엽송 179%, 참나무 112%로 소나무의 증가율이 가장 높다.

ㄴ. (×) '기타'를 제외하고 2006~2011년 동안 원목생산량이 매년 증가한 수종은 낙엽송, 참나무 2개이다.

ㄷ. (×) 2010년 참나무 원목생산량은 76.0으로 2010년 잣나무 원목생산량 12.8의 6배인 76.8 이상이 되지 못한다.

ㄹ. (O) 2009년 전체 원목생산량은 251.7이므로 이 중 소나무 원목생산량의 비중은 $\frac{38.6}{251.7}$≒15.3%이다. 따라서 23.1%인 2011년이 2009년보다 크다.

실전에선 이렇게!

ㄱ. 2006년 대비 2011년 소나무는 30.9에서 92.2로 약 3배 증가하였다. 잣나무를 제외한 나머지 수종은 모두 3배 미만 증가하였고 이 중 낙엽송이 3배 가까이 증가하였지만 소나무보다 증가율이 더 작기 때문에 최종적으로 잣나무와 비교한다. 잣나무 역시 만약 3배 이상 증가하려면 21만 m^3를 넘어야 하는데 〈그림〉에서 잣나무 비중 3.7% 크기는 소나무 비중 23.1% 크기의 20%를 넘지 못하므로 실제 원목생산량은 20만 m^3보다 적음을 판단할 수 있다. 따라서 '기타'를 제외하고 2006년 대비 2011년 원목생산량 증가율이 가장 큰 수종은 소나무이다.

ㄴ. 잣나무는 2008년에 감소하였으므로 괄호를 채우지 않더라도 판단할 수 있다.

ㄹ. 2009년 소나무의 원목생산량은 38.6으로 잣나무와 기타를 제외하면 가장 적은 수종이다. 잣나무를 제외하고 판단하면 기타를 포함해서 총 5가지 항목 중 소나무는 가장 작은 원목생산량 크기이므로 전체에서 차지하는 비중이 20% 미만이므로 2011년 23.1%보다 작다는 것을 알 수 있다.

9 매칭형 난이도 하

정답 ④

문제풀이 핵심 포인트

각주 3을 통해 청년층 정부신뢰율은 〈그림 1〉의 전체국민 정부신뢰율에서 〈그림 2〉의 청년층의 상대적 정부신뢰지수를 빼면 도출된다.

풀이

제시된 〈조건〉 모두 청년층의 상대적 정부신뢰율을 묻고 있으므로 먼저 이를 도출한 다음 판단하도록 한다. 청년층의 상대적 정부신뢰율은 A가 7.6%, B가 49.1%, C가 57.1%, D가 80.0%이다.

- 첫 번째 〈조건〉에서 청년층 정부신뢰율은 스위스가 그리스의 10배 이상이라고 했으므로 스위스는 D, 그리스는 A가 된다.
- 두 번째 〈조건〉에서 영국과 미국에서는 청년층 정부신뢰율이 전체국민 정부신뢰율보다 높다고 하였지만 첫 번째 〈조건〉을 검토했다면 나머지 B, C 중 하나가 각각 영국과 미국이므로 굳이 두 번째 〈조건〉을 검토할 필요가 없다.
- 세 번째 〈조건〉에서 청년층 정부신뢰율은 미국이 스위스보다 30%p 이상 낮다고 하였으므로 B와 C 중 미국을 만족하는 것은 B뿐이다. 따라서 C가 자동으로 영국이 된다.

10 각주 판단형 난이도 중

정답 ②

문제풀이 핵심 포인트

조사년도의 수가 많기 때문에 연도의 범위 및 매칭에 유의해서 검토한다.

풀이

ㄱ. (O) 1949~2010년 동안 직전 조사년도에 비해 도시수가 증가한 조사년도는 1949년, 1980년, 1990년, 1995년을 제외한 나머지 모든 연도이며 해당 연도에는 직전 조사년도에 비해 도시화율도 모두 증가하였다.

ㄴ. (×) 1949~2010년 동안 직전 조사년도 대비 도시인구 증가폭이 가장 큰 조사년도는 1960년으로 약 6백만 명 증가하였고 직전 조사년도 대비 도시화율 증가폭은 6.0%p이지만 1975년 증가폭 8.5%p보다는 작다.

ㄷ. (O) 전체인구는 도시화율 대비 도시인구이므로 전체인구가 처음으로 4천만 명을 초과한 조사년도는 1970년이다.

ㄹ. (×) 1955년 도시인구는 630만 명 정도이지만 도시수가 65개이므로 평균 도시인구는 10만 명 이상이 되지 못한다.

실전에선 이렇게!

ㄱ. 도시화율은 모든 기간을 보더라도 매 조사년도 증가하고 있다. 따라서 구체적으로 검토하지 않더라도 옳은 선지임을 판단할 수 있다.

ㄷ. 1970년의 경우 도시인구는 2천만 명을 초과하였고 이는 전체인구의 절반 미만이므로 전체인구가 4천만 명을 초과하였다고 쉽게 판단할 수 있다.

11 분수 비교형 난이도 하

정답 ⑤

문제풀이 핵심 포인트

〈표 1〉과 〈표 2〉는 등급별 합계가 동일한 자료이므로 이를 고려하여 판단한다.

풀이

ㄱ. (×) 경상지역 요양기관 중 1등급 요양기관의 비중 $\frac{16}{17}$>90%은 서울지역 요양기관 중 1등급 요양기관의 비중 $\frac{22}{29}$<90%보다 크다.

ㄴ. (O) 5등급 요양기관 중 서울지역 요양기관의 비중은 $\frac{4}{8}$=50%로서 2등급 요양기관 중 강원지역 요양기관의 비중 $\frac{2}{10}$=20%보다 크다.

ㄷ. (O) 1등급 '상급종합병원' 요양기관 수는 37개로 5등급을 제외한 '종합병원' 요양기관 수의 합 46-8=38개보다 적다.

ㄹ. (O) '상급종합병원' 요양기관 중 1등급 요양기관의 비중 $\frac{37}{42}$은 1등급 요양기관 중 '종합병원' 요양기관의 비중 $\frac{30}{67}$보다 크다.

12 조건 판단형 난이도 중 정답 ③

문제풀이 핵심 포인트
극한기후 발생지수의 식은 +1이 공통이고 분모와 분자에 −B가 공통으로 포함되기 때문에 이를 정리하여 판단하면 계산을 줄일 수 있다.

풀이

① (×) B는 최솟값인데 대설이 0이므로 산정식은 사실상 $4\times\frac{A}{C}+1$이 된다. 또한 극한기후 유형끼리 비교할 때 +1과 ×4는 공통이고 분모의 C 역시 최댓값인 폭염 16이 공통이므로 발생지수를 정확하게 묻지 않고 발생지수 크기만 비교한다면 당연히 발생일수가 많은 유형일수록 발생지수도 높게 된다. 따라서 발생지수가 가장 높은 유형은 발생일수가 16일로 가장 많은 폭염이다.

② (×) 호우의 발생지수는 $4\times\frac{3}{16}+1<2.00$이다.

③ (O) 대설과 강풍의 발생지수의 합은 $4+1+4\times\frac{1}{16}+1=(6+\frac{1}{4})$로 호우의 발생지수 $4\times\frac{3}{16}+1=(\frac{12}{16}+1)$보다 크다.

④ (×) 극한기후 유형별 발생지수의 평균이 3.00 이상이 되려면 발생지수의 합계가 15.00 이상이 되어야 한다. 일단 발생일수의 합이 25이고 발생지수 식이 $4\times\frac{A}{16}+1$이므로 $4\times\frac{25}{16}+1\geq15.00$을 만족해야 한다. $\frac{25}{4}<10$이므로 극한기후 유형별 발생지수의 평균은 3.00 이상이 되지 않는다.

⑤ (×) 폭염의 발생지수 5는 강풍의 발생지수 $4\times\frac{1}{16}+1$의 5배가 되지 않는다.

13 조건 판단형 난이도 중 정답 ⑤

문제풀이 핵심 포인트
〈표〉의 숫자 1을 중심으로 연결된 부서를 확인하여 답을 도출한다.

풀이

- 〈표 1〉의 '갑' 회사는 a부서만이 모든 부서와 연결되어 있으므로 (B)와 같은 형태의 그림이 되어야 한다.
- 〈표 2〉의 '을' 회사는 a부서는 2개의 부서와 연결되어 있고 b와 c부서는 3개의 부서와 연결되어 있으며 나머지 부서는 1개의 부서와 연결되어 있으므로 (C)와 같은 형태의 그림이 되어야 한다.
- 〈표 3〉의 '병' 회사는 모든 부서가 2개의 부서와 연결되어 있으므로 (A)와 같은 형태의 그림이 되어야 한다.

14 매칭형 난이도 중 정답 ②

문제풀이 핵심 포인트
매칭형 문제이므로 경우의 수가 적은 선지부터 검토하되 선지의 배열을 반드시 참고하여 답을 도출한다.

풀이

- 세 번째 〈조건〉에서 매출액이 가장 낮은 산업은 항공우주라고 하였으므로 F는 항공우주이다. → 선지 ③ 제거
- 두 번째 〈조건〉에서 의료와 석유화학의 부가가치액 합은 10대 미래산업 전체 부가가치액의 50% 이상이라고 하였고 선지 배열상 의료 또는 지식서비스 중 하나가 B, 철강 또는 석유화학 중 하나가 C가 된다. 전체 부가가치액은 23,638억 원이므로 의료와 석유화학의 합이 50% 이상이 되려면 B는 반드시 의료가 되어야 하며 석유화학은 C 또는 D 중 하나이다. → 선지 ④, ⑤ 제거
- 네 번째 〈조건〉에서 철강 업체수는 지식서비스 업체수의 2배라고 하였다. 선지 ①, ② 모두 E가 지식서비스이므로 E의 업체수 2의 2배인 4에 해당하는 D가 철강이 된다. 이에 따라 C는 석유화학이다. → 선지 ① 제거

따라서 B가 의료, C가 석유화학, E가 지식서비스이다.

15 빈칸형 난이도 하 정답 ②

문제풀이 핵심 포인트
빈칸을 채우지 않아도 판단 가능한 〈보기〉부터 검토한다.

풀이

ㄱ. (O) 온라인 도박 경험이 있다고 응답한 사람은 59+16+8=83명이다.

ㄴ. (×) 오프라인 도박에 대해, '경험은 없으나 충동을 느낀 적이 있음'으로 응답한 사람은 21+25+16=62명으로 전체 응답자 500명의 10%를 초과한다.

ㄷ. (O) 온라인 도박 경험이 있다고 응답한 사람 중 오프라인 도박 경험이 있다고 응답한 사람의 비중은 $\frac{8}{83}\fallingdotseq10\%$로 전체 응답자 중 오프라인 도박 경험이 있다고 응답한 사람의 비중 $\frac{16}{500}\fallingdotseq3\%$보다 크다.

ㄹ. (×) 온라인 도박에 대해, '경험이 없고 충동을 느낀 적도 없음'으로 응답한 사람은 250+21+2=273명으로 전체 응답자 500명의 50% 이상이다.

16 분수 비교형 난이도 중 정답 ③

문제풀이 핵심 포인트
전문가 자문회의를 읽기 전, 업무보고 자료 중 〈표〉의 내용과 일치하지 않는 것 위주로 검토한 다음 답을 도출한다.

풀이

ㄱ. (×), ㄴ. (O) 〈전문가 자문회의〉의 첫 번째 사무관 A의 발언에서 현행보다 20% 낮추어 '2.0kg/톤 이하'가 되므로 현행 기준은 '2.5kg/톤 이하'이다. 따라서 현행 유해물질 배출농도 허용기준 적용 시 총 4개 산업단지 중 가, 나, 라 3곳이 허용기준을 만족하게 된다.

ㄷ. (×), ㄹ. (O) 강화된 기준인 '2.0kg/톤 이하' 적용 시 총 4개 산업단지 중 가, 라 2곳이 배출농도 허용기준을 만족하게 된다.

17 각주 판단형 난이도 중 정답 ③

문제풀이 핵심 포인트
전·월세 전환율 식에 〈표〉의 수치를 대입해서 〈보기〉에서 묻는 것을 도출하지 말고 역으로 〈보기〉에서 주어진 수치를 적용해서 옳은지 여부를 판단하여 답을 도출한다.

풀이

ㄱ. (O) A의 전·월세 전환율이 6%일 때 전세금이 3억 5천만 원이 되는지 확인한다. 전세금이 35,000만 원이라면 월세보증금이 25,000만 원이고 월세 50만 원의 12배가 600만 원이므로 전·월세 전환율은 $\frac{600}{10,000}=6\%$가 되어 일치한다.

ㄴ. (×) B의 전·월세 전환율은 $\frac{720}{12,000}=6\%$이다.

ㄷ. (×) ㄱ과 마찬가지로 C의 전·월세 전환율이 3%일 때 월세보증금이 3억 6천만 원이 되는지 확인한다. 월세보증금이 36,000만 원이라면 전세금이 60,000만 원이고 월세 70만 원의 12배가 840만 원이므로 전·월세 전환율은 $\frac{840}{24,000}=3.5\%$이다. 따라서 C의 전·월세 전환율이 3%라면, 월세보증금은 3억 6천만 원이 아니다.

ㄹ. (O) ㄱ과 마찬가지로 E의 전·월세 전환율이 12%일 때 월세가 50만 원이 되는지 확인한다. 월세의 12배가 600만 원이라면 전세금이 58,000만 원이고 월세보증금이 53,000만 원이므로 전·월세 전환율은 $\frac{600}{5,000}=12\%$가 되어 일치한다.

18 분수 비교형 난이도 중

정답 ②

문제풀이 핵심 포인트

용어의 유사성에 주의한다. 또한 연도가 많이 등장하는 시계열 자료이므로 전체 연도를 검색하게끔 하는 <보기>보다 일부만 검토하면 되는 선지 위주로 판단한다.

풀이

ㄱ. (O) 부정적 키워드 검색 건수 대비 긍정적 키워드 검색 건수를 직접 비교해도 되지만 긍정적 키워드 검색 건수가 전체의 절반을 초과하는지 검토하는 것도 하나의 방법이다. 부정적 키워드 검색 건수에 비해 긍정적 키워드 검색 건수가 많았던 연도는 2001년, 2002년과 2007~2013년으로 9개 연도이다.

ㄴ. (×) '세대소통' 키워드의 검색 건수는 2013년에는 전년대비 감소하였다.

ㄷ. (O) 2001~2013년 동안 전년대비 전체 검색 건수 증가율이 가장 높은 해는 유일하게 2배 이상 증가한 2002년이다.

ㄹ. (×) 2002년 '세대소통'은 전년대비 2배 증가하였다. '세대갈등'의 경우 2001년 520건에 비해 2002년 912건은 2배 미만 증가하였으므로 2002년에 전년대비 검색 건수 증가율이 가장 낮은 키워드는 '세대소통'이 아닌 '세대갈등'이다.

19 단순 판단형 난이도 하

정답 ①

문제풀이 핵심 포인트

가로축 '약품 투입량'과 세로축 '오염물질 제거량' 변수 간 관계를 토대로 <보기>에서 쉽게 판단할 수 있는 것부터 확인하고 답을 도출한다.

풀이

ㄱ. (O) 세로축 눈금 기준으로 각 약품의 투입량이 20g일 때와 60g일 때를 비교하면, B와 C는 2칸을 초과하지만 A는 정확히 2칸으로 오염물질 제거량 차이가 가장 작다.

ㄴ. (O) 각 약품의 투입량이 20g일 때, 오염물질 제거량은 A가 35g으로 C 15g의 2배 이상이다.

ㄷ. (×) 오염물질 30g을 제거하기 위해 필요한 투입량이 가장 적은 약품은 30g인 B가 아니라 10g인 A이다.

ㄹ. (×) 약품 투입량이 30g일 때 B와 C의 오염물질 제거량 차이는 7g 이상인 10g이다.

20 분수 비교형 난이도 중

정답 ④

문제풀이 핵심 포인트

연도의 범위에 주의하여 판단한다.

풀이

ㄱ. (O) 2012년 개인단의 신규 안치건수는 738건으로 2009~2012년 개인단 신규 안치건수 합 895 + 738 = 1,633건의 50% 이하이다.

ㄴ. (O) 2009~2012년 신규 안치건수의 합은 관내가 2,514건으로 관외 663건보다 크다.

ㄷ. (O) 2012년 부부단 관내와 부부단 관외의 매출액이 2011년에 비해 각각 50%가 증가한 것이라면, 2011년 부부단 관내와 부부단 관외의 매출액은 각각 220,000만 원, 114,000만 원이다. 따라서 2009~2010년 매출액의 합은 부부단 관내가 323,900 − 220,000 = 103,900만 원으로 부부단 관외 291,800 − 114,000 = 177,800만 원보다 작다.

ㄹ. (×) 2009~2012년 4개 안치유형 중 신규 안치건수의 합이 가장 큰 안치유형은 부부단 관내가 아니라 개인단 관내이다.

실전에선 이렇게!

ㄱ. 2009~2011년 건수와 2012년 건수를 비교하면 관내와 관외 모두 2012년 건수가 각각 더 적기 때문에 50% 이하가 된다.

ㄴ. 개인단과 부부단 모두 비교해도 관내가 각각 크다.

ㄷ. 2009~2010년 합은 2009~2011년 합에서 2011년을 빼면 되므로 $323,900-\frac{330,000}{1.5}<291,800-\frac{171,000}{1.5}$이 성립하는지 판단한다.
$323,900-291,800<\frac{330,000}{1.5}-\frac{171,000}{1.5}$이고
이를 정리하면 $32,100<\frac{159,000}{1.5}$이므로 옳은 선지이다.

ㄹ. 2009~2011년과 2012년 각각 비교해도 모두 개인단 관내가 가장 크다.

21 곱셈 비교형 난이도 중

정답 ③

문제풀이 핵심 포인트

자료에서 구체적인 금액을 제시하고 있지 않기 때문에 각주를 토대로 <그림 1>과 <그림 2>의 100%를 구성하는 금액을 동일하게 가정하여 문제에 접근한다.

풀이

① (×) 전체 수입액 중 후원금 수입액이 차지하는 비중은 10%이고 전체 지출액 중 국내사업비 지출액에서 아동복지 지출액이 차지하는 비중은 40% × 0.45 = 18%이다. 따라서 전체 수입액 중 후원금 수입액은 국내사업비 지출액 중 아동복지 지출액보다 적다.

② (×) 국내사업비 지출액 중 아동권리지원 지출액 비중은 40%×0.27 = 10.8%이고 해외사업비 지출액 중 소득증대 지출액 비중은 50%×0.2 = 10%이므로 전자는 후자보다 많다.

③ (O) 국내사업비 지출액 중 아동복지 지출액 비중 40%×0.45 = 18%와 해외사업비 지출액 중 교육보호 지출액 비중 50%×0.54 = 27%의 합은 A 자선단체 전체 지출액의 45%이다.

④ (×) 해외사업비 지출액 중 식수위생 지출액은 A 자선단체 전체 지출액의 50%×0.05 = 2.5%로 2% 이상이다.

⑤ (×) A 자선단체 전체 수입액이 6% 증가하고 지역사회복지 지출액을 제외한 다른 모든 지출액이 동일하게 유지된다면 지출액 구성비가 106%가 되고 운영비 10%와 해외사업비 50%는 그대로이며 국내사업비 중 지역사회복지를 제외한 비율은 40%×0.84 = 33.6%이므로 10 + 50 + 33.6 = 93.6%이다. 따라서 나머지인 106 - 93.6 = 12.4%는 지역사회복지 지출액 비중이므로 원래 40%×0.16 = 6.4%의 2배 이상이 되지 못한다.

실전에선 이렇게!

⑤ 전체 수입액 증가폭 6에 해당하는 것은 모두 지역사회복지 지출액의 증가액이 되므로 6.4에서 6만큼 증가한 것과 동일하다. 따라서 2배 이상 증가한 것이 아니라고 판단할 수 있다.

22 조건 판단형 난이도 중

정답 ②

문제풀이 핵심 포인트

문제 해결에 필요한 핵심 정보는 갑과 을은 한 가지 경로로만 이동하였다는 점, 그리고 자동차의 최고속력은 200km/h라는 점이다.

풀이

① (×) '갑'이 B 지점에서 13:00 이전에 출발하였다면 A → B의 200km를 3시간 미만 걸려 이동한 것이고, B → C의 400km를 3시간 이상 걸려 이동한 것이 된다. 자동차의 최고속력은 200km/h이므로 만약 A → B의 200km를 4시간에 이동하고, B → C의 400km를 2시간에 이동하였다면 갑은 B 지점에서 14:00에 출발할 수도 있다. 따라서 주어진 정보만 가지고는 확실하게 판단할 수 없다.

② (O) '갑'이 B 지점에서 1시간 이상 머물렀다면 총 이동시간은 5시간 이하가 된다. A → C 구간의 거리가 600km이므로 평균속력은 120km/h이다. 따라서 '갑'이 B 지점에서 1시간 이상 머물렀다면 A → B 또는 B → C 구간에서 속력이 120km/h 이상인 적이 있다고 판단할 수 있다.

③ (×) '을'의 경우, B → C 구간의 평균속력 $\frac{400}{4}$ = 100km/h는 C → E 구간의 평균속력 $\frac{200}{2}$ = 100km/h와 동일하다.

④ (×) B → C 구간의 평균속력은 '을'이 100km/h이지만 '갑'의 평균속력은 B 지점 도착시각 및 출발시각을 알 수 없으므로 판단할 수 없다.

⑤ (×) B → C → E 구간은 600km이고 B → D → E 구간 역시 600km이다.

23 최소여집합형 난이도 중

정답 ⑤

문제풀이 핵심 포인트

제시된 〈표〉 모두 저수지 수 3,226개소를 관리기관별, 저수용량별, 제방높이별 기준에 따라 분류한 자료이므로 합계가 동일한 점을 토대로 답을 도출한다.

풀이

ㄱ. (×) 〈표 1〉에서 관리기관이 자치단체인 저수지 수는 2,230개소이고 〈표 3〉에서 제방높이가 '10 미만'인 저수지 수는 2,566개소이다. 만약 제방높이가 '10 이상'인 저수지 3,226 - 2,566 = 660개소가 모두 관리기관이 자치단체라면 적어도 2,230 - 660 = 1,570개소는 관리기관이 자치단체이고 제방높이가 '10 미만'인 저수지 수의 최솟값이 된다. 따라서 1,600개소 이상이 될 수 없다.

ㄴ. (O) 〈표 2〉에서 저수용량이 '10만 미만'인 저수지 수는 2,668개소로 전체 저수지 3,226개소의 $\frac{2,668}{3,226}$ ≒ 82.7%로 80% 이상이다.

ㄷ. (O) 〈표 1〉에서 관리기관이 농어촌공사인 저수지의 개소당 수혜면적 $\frac{69,912}{996}$ ≒ 70.2는 관리기관이 자치단체인 저수지의 개소당 수혜면적 $\frac{29,371}{2,230}$ ≒ 13.2의 5배 이상이다.

ㄹ. (O) 전체 저수지 총 저수용량은 707,612천 m^3(7억 761만 2천)이고 5% 이상을 차지하려면 일단 35,000천 m^3(3,500만) 이상이 되어야 한다. 저수용량이 '50만 이상 100만 미만'인 저수지의 저수용량 합은 정확하게 도출할 수 없지만 만약 '50만 이상 100만 미만'인 저수지 모두 저수용량이 50만이라고 가정하면 100개소이므로 저수용량이 '50만 이상 100만 미만'인 저수지의 저수용량 합은 최소 5,000만 m^3 이상이 된다. 따라서 저수용량이 '50만 이상 100만 미만'인 저수지의 저수용량 합은 전체 저수지 총 저수용량의 5% 이상이다.

24 분수 비교형 난이도 중

정답 ①

문제풀이 핵심 포인트

제시된 순위를 바탕으로 전체 항목의 개수를 추론하는 패턴의 문제이다. 따라서 6위 이하의 합을 토대로 5위보다 작은 공항의 수를 판단하여 답을 도출한다.

풀이

① (O) 2015년 '갑'국 전체 국제선 운항 횟수는 353,272회이다. 상위 5개 공항의 국제선 운항 횟수 합은 348,622회이므로 6위 이하의 국제선 운항 횟수의 합은 353,272 - 348,622 = 4,650회이다. 5위인 CJ의 운항 횟수가 3,567회이므로 6위인 공항은 3,567회 미만의 운항 횟수여야 한다. 따라서 $\frac{4,650}{3,567}$ > 1.xx이므로 6위 이하인 공항이 적어도 2개 이상이라고 판단할 수 있다. 따라서 2015년 국제선 운항 공항 수는 7개 이상이다.

② (×) 2015년 KP공항의 운항 횟수는 국제선 18,643회가 국내선 56,309회의 $\frac{1}{3}$ 이상이 되지 못한다.

③ (×) MA공항은 국내선 운항 횟수 상위 5개에 포함되지 못하였으므로 5위인 5,321회 미만이다. 전년대비 증가율은 229%로 가장 높지만 MA공항의 국내선 운항 횟수가 5,320회라고 하여도 2014년 운항횟수는 $\frac{5,320}{3.29}$ ≒1,617회로 증가폭은 5천 회 미만이다. 이에 반해 2위인 KP공항의 경우 2015년 국내선 운항 횟수가 56,309회이고 전년대비 증가율이 17.3%이므로 2014년 국내선 운항 횟수는 $\frac{56,309}{1.173}$≒48,004회로 증가폭은 약 8천 회 이상이다. 따라서 전년대비 국내선 운항 횟수가 가장 많이 증가한 공항은 MA공항이 아니다.

④ (×) 국내선 운항 횟수 상위 5개 공항의 국내선 운항 횟수 합은 153,168회로 전체 국내선 운항 횟수 167,040회의 90% 이상이다.

⑤ (×) 국내선 운항 횟수와 전년대비 국내선 운항 횟수 증가율 모두 상위 5개 안에 포함된 공항은 AJ공항, KP공항, TG공항이다.

25 곱셈 비교형 난이도 중

정답 ①

문제풀이 핵심 포인트

〈표 1〉에 환율이 주어져 있으므로 국가 간 음식을 비교할 때에는 환율을 적용하여 변환 후 비교해야 하지만 동일 국가 내에서의 음식은 음식가격 자체만으로도 비교가 가능하다.

풀이

ㄱ. (O) 원화 120,000원을 각 국가의 환율로 적용하면 A국은 100a이므로 5a의 햄버거를 20개, B국은 60b이므로 6b의 햄버거를 10개, C국은 600c이므로 40c의 햄버거를 15개, D국은 120d이므로 10d의 햄버거를 12개 구매할 수 있다. 따라서 원화 120,000원으로 가장 많은 개수의 햄버거를 구매할 수 있는 국가는 A국이다.

ㄴ. (O) B국에서 치킨 1마리 가격은 9b로 삼겹살 3인분 가격 3b×3과 동일하다.

ㄷ. (×) C국의 환율은 200원/c이고 삼겹살 가격은 30c이므로 삼겹살 4인분 가격은 120c가 되고 이는 원화로 환산하면 24,000원이 필요하다. A국의 환율은 1,200원/a이고 햄버거 가격은 5a이므로 햄버거 5개 가격은 25a가 되고 이는 원화로 환산하면 30,000원이다. 따라서 동일한 액수의 원화로 구매할 수 없다.

ㄹ. (×) D국 화폐 대비 원화 환율이 1,000원/d에서 1,200원/d로 상승하면, D국에서 원화 600,000원의 가치는 600d에서 500d로 하락한다. 즉, 20d의 치킨 1마리를 30마리에서 25마리 구매 가능하다. 따라서 D국 화폐 대비 원화 환율이 1,000원/d에서 1,200원/d로 상승하면, D국에서 원화 600,000원으로 구매할 수 있는 치킨의 마리 수는 30마리에서 25마리로 5마리 감소하므로 20% 미만 감소한다.

민경채 2015년 기출문제

모바일 자동 채점 및 성적 분석 서비스

PSAT 전문가의 총평

- '자료비교'에 해당하는 곱셈 비교와 분수 비교 자체를 묻는 문제가 9문제 출제되어 전체의 약 40%에 해당하는 비중을 차지하고 있습니다.
- '매칭형'이 1문제, '빈칸형'이 3문제, '각주 판단형'이 3문제, '조건 판단형'이 2문제로 '자료판단'에서 9문제가 출제되었고 모두 '중' 이하의 난도로 까다롭지 않게 출제되었습니다.
- '보고서 검토·확인형'은 2문제, '표 - 차트 변환형'이 1문제 출제되어 '자료검토·변환'에서 3문제가 출제되었고 난도 역시 낮은 편입니다.
- 상대적으로 난도가 높은 문제는 24번 문제이기 때문에 2014년 시험에 비해 난도가 다소 낮은 편입니다.
- 전체적인 난도는 '하' 정도로 출제되어 체감 난도가 낮은 편이며, 7급 공채 합격생 기준 90점 이상을 받을 수 있는 난도라고 평가할 수 있습니다.

정답

p.219

1	②	평균 개념형	6	④	곱셈 비교형	11	⑤	단순 판단형	16	④	분수 비교형	21	③	보고서 검토·확인형
2	②	빈칸형	7	②	분수 비교형	12	①	보고서 검토·확인형	17	③	표 - 차트 변환형	22	④	각주 판단형
3	④	분수 비교형	8	①	매칭형	13	④	빈칸형	18	⑤	빈칸형	23	⑤	조건 판단형
4	⑤	분수 비교형	9	③	분수 비교형	14	③	분수 비교형	19	④	분수 비교형	24	①	반대해석형
5	①	조건 판단형	10	①	각주 판단형	15	②	평균 개념형	20	⑤	각주 판단형	25	③	곱셈 비교형

취약 유형 분석표

유형별로 맞힌 문제 개수와 정답률, 틀린 문제 번호, 풀지 못한 문제 번호를 적고 나서 취약한 유형이 무엇인지 파악해 보세요. 그 후 약점 보완 해설집 p.2 [취약 유형 공략 포인트]에서 약점 보완 학습법을 확인하고, 틀린 문제와 풀지 못한 문제를 다시 한번 풀어보세요.

유형		맞힌 문제 개수	정답률	틀린 문제 번호	풀지 못한 문제 번호
자료비교	곱셈 비교형	/2	%		
	분수 비교형	/7	%		
	반대해석형	/1	%		
자료판단	단순 판단형	/1	%		
	매칭형	/1	%		
	빈칸형	/3	%		
	각주 판단형	/3	%		
	조건 판단형	/2	%		
자료검토·변환	보고서 검토·확인형	/2	%		
	표 - 차트 변환형	/1	%		
자료이해	평균 개념형	/2	%		
	분산·물방울형	-	-		
	최소여집합형	-	-		
TOTAL		/25	%		

해설

1 평균 개념형 난이도 하 정답 ②

문제풀이 핵심 포인트
방사형 차트이므로 〈그림 1〉과 〈그림 2〉의 선분으로 이루어진 면적을 기준으로 판단한다.

풀이

ㄱ. (O) 〈표 1〉에서 성과 점수가 가장 높은 과제는 '비용부담완화'가 5.12점이고 가장 낮은 과제는 '보육인력 전문성 제고'가 3.84점이다. 따라서 점수 차이는 5.12 - 3.84 > 1.00이므로 1.00점보다 크다.

ㄴ. (O) '보육인력 전문성 제고'의 성과 점수와 추진 필요성 점수의 차이는 3.84 - 3.70 = 0.14점이다. 이보다 격차가 작은 과제는 없다. 따라서 차이가 가장 작다.

ㄷ. (×) 6대 과제의 추진 필요성 점수 합은 4.15 + 3.36 + 3.64 + 3.70 + 3.42 + 3.49 = 21.76이다. 따라서 6대 과제의 추진 필요성 점수 평균은 약 3.63점이므로 3.70점을 넘지 못한다.

실전에선 이렇게!

ㄷ. 가평균을 이용하면 3.70을 기준으로 6대 과제별 추진 필요성 점수와의 차이는 각각 비용부담완화 +0.45, 맞춤형 보육서비스 제공 -0.34, 질 제고 및 균형 배치 -0.06, 보육인력 전문성 제고 0, 전달체계 효율화 -0.28, 효과적 지원체계 구축 -0.21이다. 이를 모두 더하면 0.45 - 0.34 - 0.06 - 0.28 - 0.21 < 0이므로 평균은 3.70을 넘지 못한다.

2 빈칸형 난이도 하 정답 ②

문제풀이 핵심 포인트
빈칸형 문제이므로 빈칸을 채우지 않고도 판단할 수 있는 〈보기〉부터 접근한다.

풀이

ㄱ. (O) 인용률은 심리·의결 건수가 적고 인용 건수가 많을수록 높다. 따라서 실제로 2013년과 비교대상이 되는 연도는 2010년뿐이다. 유효숫자를 설정하여 비교하면 2010년 $\frac{50}{30}$보다 2013년 $\frac{47}{24}$이 더 높다. 따라서 가장 높은 해는 2013년이다.

ㄴ. (×) 취하·이송 건수는 2011년과 2013년에는 전년대비 증가하였다.

ㄷ. (O) 각하 건수는 2011년 999건이고 2014년 1,975건이다. 따라서 가장 적은 해는 2011년이다.

ㄹ. (×) 2012년 → 2013년 → 2014년 접수 건수는 증가, 감소의 경향을 보이지만 심리·의결 건수는 정반대로 감소, 증가의 경향을 보이고 있다. 따라서 연도별 증감방향이 동일하지 않다.

실전에선 이렇게!

ㄷ. 2011년과 2014년 괄호를 제외하면 2012년 1,030건이 가장 작다. 따라서 2011년 각하 건수가 일단 1,000건을 넘는지부터 검토하는 것도 하나의 방법이다. 이 경우 2011년 각하 건수를 대략적으로 도출할 때 십의 자리 이하를 감안하지 않아도 인용과 기각 건수의 합은 27,900건 이상임을 알 수 있다. 따라서 각하 건수 999건을 도출하지 않아도 가장 적음을 알 수 있다.

3 분수 비교형 난이도 하 정답 ④

문제풀이 핵심 포인트
〈그림 1〉과 〈그림 2〉의 세로축 눈금 범위가 다르다는 점에 유의하여 판단한다.

풀이

㉠ (O) 〈표〉 3D 입체영상 분야의 경우 2000~2010년 3개국 전체 특허출원 건수 중 일본 특허출원 건수가 차지하는 비중은 $\frac{3,620}{5,655}$이므로 60% 이상이다.

㉡ (O) 연도에 주의한다. 〈그림 1〉에서 2000~2010년 현황이 주어져 있지만 ㉡의 경우 3D 입체영상 분야의 2007~2010년 동안 한국 특허출원 건수가 매년 미국 특허출원 건수를 초과하는지 묻고 있다. 따라서 4개 연도에만 한정해서 보면 옳은 선지이다.

㉢ (×) 〈그림 2〉 2009년 CG 분야에서 한국 특허출원 건수는 미국 특허출원 건수보다 많다.

㉣ (O) 〈그림 2〉 2000~2010년 동안 한국과 일본의 CG 분야 특허출원 건수의 차이는 2010년에 가장 작았다.

실전에선 이렇게!

ㄱ. 분모가 5,655보다 더 큰 6,000으로 생각해도 60%는 넘는다는 것을 쉽게 파악할 수 있다.

4 분수 비교형 난이도 중 정답 ⑤

문제풀이 핵심 포인트
〈표〉에 제시된 전체 연도는 2005~2012년이므로 선지에서 묻는 연도의 범위를 체크하여 답을 도출한다.

풀이

① (O) 연도의 범위에 주의한다. 영화 역시 2005년 이후로 해석하면 매년 증가하지 않았다. 2007년 이후로만 한정하여 보면 매출액이 매년 증가한 콘텐츠 유형은 영화뿐이다.

② (O) 2012년에 전년대비 매출액 증가율은 SNS가 3배 이상(300% 이상)이다. 이보다 큰 콘텐츠 유형은 존재하지 않는다.

③ (O) 영화 매출액은 매년 전체 매출액의 대략 50% 가까이 된다. 따라서 40% 이상이다.

④ (O) 2007, 2009, 2011년은 SNS만 감소, 2008년은 음원만 감소, 2010년은 게임만 감소하였다. 따라서 2006~2012년 동안 콘텐츠 유형별 매출액이 각각 전년보다 모두 증가한 해는 2012년뿐이다.

⑤ (×) 2010년의 경우 게임 매출액은 470백만 원으로 음원 매출액 302백만 원의 2배에 미치지 못한다.

5 조건 판단형 난이도 하

정답 ①

문제풀이 핵심 포인트

탄소포인트 지급 기준에서 항목별 포인트의 배수 관계를 판단하여 수치를 간소화한 다음 계산한다.

풀이

계산을 하면 A는 7,500, B는 17,500, C는 16,250, D는 10,000이다. 따라서 가장 많이 지급받는 가입자는 B이고 가장 적게 지급받는 가입자는 A이다.

하지만 이 문제는 아래와 같이 정리해서 해결할 수 있다. 먼저 탄소포인트 지급 기준을 보면 0을 제외하고 1,250의 배수로 이루어져 있다. 즉 다음과 같이 바꿔서 볼 수 있다.

에너지 사용량 감축률 / 에너지 사용유형	5% 미만	5% 이상 10% 미만	10% 이상
전기	0	4	8
수도	0	1	2
가스	0	2	4

또한 선지를 먼저 보면 가장 많이 지급받는 가입자는 B 또는 C이다. 따라서 먼저 B와 C를 비교하면 이 둘은 전기와 가스 감축률이 모두 각각 10% 이상이므로 지급받는 탄소포인트가 같다. 그렇다면 수도의 감축률이 더 높은 B가 C보다 탄소포인트를 더 많이 받게 됨을 파악할 수 있다.

이제 가장 적게 지급받는 가입자를 판단하면 B를 제외한 A, C, D 셋 중 하나이지만 C의 경우 B와 비교할 정도로 많이 지급받은 가입자이므로 실제로 A와 D만 비교한다. A와 D는 수도의 감축률이 둘 다 10% 이상으로 같고 전기는 D만 4, 가스는 A는 4, D는 2이므로 D보다 A가 더 적다. 따라서 계산하지 않아도 위와 같은 결론을 이끌어 낼 수 있다.

6 곱셈 비교형 난이도 하

정답 ④

문제풀이 핵심 포인트

문제에서 주는 정보를 정리한다. '갑'시의 남성 인구는 200명, 여성 인구는 300명이다. 또한 거주구역별 인구분포가 주어져 있으므로 주어진 〈표〉의 분포 비율을 실제 인구로 바꿔서 보면 간단해진다.

(단위: 명)

거주구역 / 성별	A	B	C	합
남성	30	110	60	200
여성	126	90	84	300
합	156	200	144	500

풀이

ㄱ. (×) A 구역 남성 인구는 30명으로 B 구역 여성 인구 90명의 3분의 1이다. 따라서 절반이 아니다.

ㄴ. (O) C 구역 인구는 144명으로 A 구역 인구 156명이 더 많다.

ㄷ. (×) C 구역은 여성 인구 84명보다 남성 인구 60명이 더 적다.

ㄹ. (O) B 구역 남성 인구는 110명이므로 이 중 절반인 55명이 C 구역으로 이주하면 C 구역 인구는 144 + 55 = 199명이다. 따라서 '갑'시 전체 인구 500명의 40%(200명) 이하이다.

실전에선 이렇게!

ㄱ. A 구역 남성 인구 비중 15%는 B 구역 여성 인구 비중 30%의 절반인데 '갑'시의 남녀 인구가 같지 않기 때문에 인구가 절반이 될 수 없다고 판단할 수 있다.

7 분수 비교형 난이도 중

정답 ②

문제풀이 핵심 포인트

등록노인의 수치를 비율로 판단할 때 유효숫자를 설정하여 비교한다.

풀이

ㄱ. (O) 전국의 노인복지관 중 A 지역의 노인복지관 비중은 $\frac{1,336}{4,377}$으로 30% 이상이고 전국의 자원봉사자 중 A 지역의 자원봉사자 비중은 $\frac{8,252}{30,171}$로 약 27%이다. 따라서 전국의 노인복지관, 자원봉사자 중 A 지역의 노인복지관, 자원봉사자의 비중은 각각 25% 이상이다.

ㄴ. (×) D의 경우 복지종합지원센터 1개소당 노인복지관 수가 $\frac{208}{2}$로 100개소 이상이다.

ㄷ. (O) A~I 지역 중 복지종합지원센터 1개소당 자원봉사자 수가 가장 많은 지역과 복지종합지원센터 1개소당 등록노인 수가 가장 많은 지역은 E로 동일하다.

ㄹ. (×) 노인복지관 1개소당 자원봉사자 수는 H 지역이 $\frac{2,185}{362}<7$이고 C 지역이 $\frac{970}{121}>8$이므로 H 지역보다 C 지역이 많다.

실전에선 이렇게!

ㄱ. $\frac{A\ 지역}{전국}\times 100 \geq 25\%$인지 판단하는 것이므로 A 지역×4 ≥ 전국인지 파악한다. 따라서 각각 전국의 노인복지관, 자원봉사자의 수가 A 지역의 노인복지관, 자원봉사자의 수의 4배 이하인지 확인하면 된다.

ㄷ. E 지역의 복지종합지원센터가 1개소이므로 A, C, F, I를 제외하고 나머지 지역 중 비교대상이 되려면 자원봉사자는 약 2,200명 이상, 등록노인은 약 120,000명 이상이 되어야 한다.

8 매칭형 난이도 중 정답 ①

문제풀이 핵심 포인트

〈조건〉에서 해외직구 전체를 묻는지, 목록통관을 묻는지 아니면 EDI 수입을 묻는지 정확하게 매칭하여 판단한다.

풀이

· 첫 번째 〈조건〉에서 2014년 중국 대상 해외직구 반입 전체 금액은 같은 해 독일 대상 해외직구 반입 전체 금액 80,171천 달러의 2배 이상이라고 하였으므로 이를 만족하는 것은 A뿐이다. → 선지 ④, ⑤ 제거

· 두 번째 〈조건〉에서 2014년 영국과 호주 대상 EDI 수입 건수 합은 같은 해 뉴질랜드 대상 EDI 수입 건수 108,282건의 2배인 약 216,000건보다 작아야 한다. 215,602건인 B는 영국 또는 호주가 될 수 없으므로 B는 일본, C와 D는 영국 또는 호주가 된다. → 선지 ③ 제거

· 세 번째 〈조건〉에서 2014년 호주 대상 해외직구 반입 전체 금액은 2013년 호주 대상 해외직구 반입 전체 금액 2,535천 달러의 10배 미만이라고 하였으므로 이를 만족하는 것은 D의 3,864천 달러이다. → 선지 ② 제거

따라서 A가 중국, B가 일본, C가 영국, D가 호주이다.

실전에선 이렇게!

첫 번째와 두 번째 〈조건〉을 검토하였다면 영국과 호주를 구별하면 되므로 일본에 관한 네 번째 〈조건〉은 굳이 검토하지 않아도 된다.

9 분수 비교형 난이도 하 정답 ③

문제풀이 핵심 포인트

〈표〉가 3개 주어졌으므로 제목과 항목을 위주로 자료 간 연계성을 판단한 후 답을 도출한다.

풀이

ㄱ. (×) 〈표 1〉 2013년 전체 로봇 시장규모 대비 제조용 로봇 시장규모의 비중은 $\frac{9,719}{15,000}$이므로 70% 미만이다.

ㄴ. (O) 〈표 1〉 2013년 전문 서비스용 로봇 평균단가 159.0천 달러는 제조용 로봇 평균단가 54.6천 달러의 3배 이하이다.

ㄷ. (O) 〈표 2〉와 〈표 3〉을 함께 검토해야 한다. 전문 서비스용의 하위 분야는 〈표 2〉에서 건설, 물류, 의료, 국방이므로 2013년 전체 로봇 R&D 예산 대비 전문 서비스용 로봇 R&D 예산의 비중은 〈표 3〉에서 13 + 3 + 22 + 12 = 50%이다.

ㄹ. (×) 개인 서비스용 하위 분야 중 교육의 로봇 시장규모는 2011년 436백만 달러에서 2012년 279백만 달러로 감소했다.

10 각주 판단형 난이도 중 정답 ①

문제풀이 핵심 포인트

$\frac{A}{A+B}$의 전체비 대소 비교는 $\frac{A}{B}$인 상대비 대소 비교로 판단 가능하다.

풀이

ㄱ. (O) 공급의무량은 2012년 770, 2013년 1,020, 2014년 1,560으로 매년 증가하고 있다.

ㄴ. (O) 2012년 대비 2014년 자체공급량의 증가율은 75에서 690으로 10배 미만 증가하였지만 2012년 대비 2014년 인증서구입량의 증가율은 15에서 160으로 10배 이상 증가하였다. 따라서 전자가 후자보다 더 작다.

ㄷ. (×) 공급의무량과 이행량의 차이는 2012년 770 - 90 = 680에 비해 2013년 1,020 - 450 = 570으로 감소하였다.

ㄹ. (×) 인증서구입량 대비 자체공급량의 비율이 매년 감소한다면 이행량에서 자체공급량이 차지하는 비중도 매년 감소하게 된다. 인증서구입량 대비 자체공급량의 비율은 2012년 $\frac{75}{15}$ = 5이지만 2013년 $\frac{380}{70}$ > 5로 증가한다.

실전에선 이렇게!

ㄱ. 공급의무량 = 공급의무율 × 발전량이므로 곱셈 비교로 파악하면 2013년 대비 2014년에는 공급의무율과 발전량 각각 증가하였기 때문에 공급의무량은 굳이 도출하지 않아도 증가하였다는 것을 알 수 있다. 2012년 대비 2013년의 경우 공급의무율은 1.4에서 2.0으로 40% 이상 증가하였고, 2013년에 비해 2012년에는 발전량이 51,000에서 55,000으로 10% 미만의 증가율을 보이고 있기 때문에 2012년 대비 2013년 공급의무량은 증가하였다고 판단할 수 있다.

11 단순 판단형 난이도 하 정답 ⑤

문제풀이 핵심 포인트

지역의 수가 10개 이상으로 많기 때문에 매칭할 때 실수하지 않도록 주의하여 답을 도출한다.

풀이

ㄱ. (×) PC 보유율이 네 번째로 높은 지역은 경기이지만 인터넷 이용률은 네 번째가 아니라 두 번째로 높다.

ㄴ. (O) 경남(72.0)보다 PC 보유율이 낮은 지역은 충남(69.9), 전북(71.8), 전남(66.7), 경북(68.8)이고 이들 지역의 인터넷 이용률 역시 모두 경남(72.5)의 인터넷 이용률보다 낮다.

ㄷ. (×) 울산의 인터넷 이용률은 85.0이고 인터넷 이용률이 가장 낮은 지역은 전남이 67.8이다. 67.8 × 1.3 = 88.14이므로 85.0보다 크다. 따라서 1.3배 이상이 되지 않는다.

ㄹ. (O) PC 보유율보다 인터넷 이용률이 높은 지역은 전북(71.8 < 72.2), 전남(66.7 < 67.8), 경남(72.0 < 72.5)이다.

실전에선 이렇게!

ㄷ. 67의 30%는 20.1이므로 67.8 + 20.1 > 85.0이다. 따라서 1.3배 이상이 되지 않는다고 판단할 수 있다.

12 보고서 검토·확인형 난이도 하 정답 ①

문제풀이 핵심 포인트

<보기>의 내용을 <표>를 통해서 알 수 있는 항목은 추가로 필요한 자료가 아니기 때문에 이를 제외하고 답을 도출한다.

풀이

- ~ 2007년 이후 기초·원천기술연구에 대한 투자규모의 지속적인 확대로 ~
  → ㄱ. 2007년 이후 우리나라 기초·원천기술연구 투자규모 현황이 추가로 필요하다.
- ~ 논문 1편당 평균 피인용횟수는 4.55회로 SCI 과학기술 논문 발표수 상위 50개 국가 중 32위를 기록 ~
  → ㄴ. 2009~2013년 연도별 SCI 과학기술 논문 발표수 상위 50개 국가의 논문 1편당 평균 피인용횟수가 추가로 필요하다.

13 빈칸형 난이도 하 정답 ④

문제풀이 핵심 포인트

괄호 안을 구체적으로 도출하지 않고 판단할 수 있는 <보기>부터 검토한다.

풀이

ㄱ. (×) 잠재적부담률이 가장 높은 국가는 E(67.5%)이지만 조세부담률은 C(38.5%)가 가장 높다.

ㄴ. (O) 공채의존도는 D가 15.8%로 가장 낮은 국가이고 국민부담률은 62.4%인 E에 이어서 52.0%로 두 번째로 높다.

ㄷ. (×) 사회보장부담률이 가장 높은 국가는 E이고 공채의존도가 가장 높은 국가는 A이다.

ㄹ. (O) 잠재적부담률은 B가 44.6%로 가장 낮은 국가이다.

실전에선 이렇게!

ㄱ. 잠재적부담률(%) = 국민부담률 + 재정적자 비율이므로 잠재적부담률이 56.0%인 C보다 국민부담률이 62.4%인 E가 당연히 더 높다. 또한 조세부담률 비교 시에도 37.8%인 E보다 49.3 - 10.8이 더 높다고 판단하면 된다.

ㄴ. D의 국민부담률을 도출하는 게 아닌 49.3%인 C보다 22.9 + 29.1의 합이 더 큰지 판단한다.

ㄷ. 사회보장부담률 비교 시 24.6%인 E와 A의 38.9 - 23.0을 대소비교 한다.

ㄹ. B의 잠재적 부담률을 47.7%인 A와 비교 시 34.7 + 9.9의 합과 비교한다.

14 분수 비교형 난이도 하 정답 ③

문제풀이 핵심 포인트

속성이 비율인 지수문제이므로 비교 가능한 경우와 비교할 수 없는 경우를 구분하여 답을 도출해야 한다. 즉, '가격지수' 자체를 묻는지 아니면 실제 '가격'을 묻는지 구별한다.

풀이

① (×) 아파트실거래가격지수는 각 지역의 1월 아파트 실거래 가격을 기준으로 작성된 수치이다. 즉 동일한 시기의 지역별 아파트 실거래 가격은 비교할 수 없다. 따라서 '가' 지역의 12월 아파트 실거래 가격은 '다' 지역의 12월 아파트 실거래 가격보다 높은지 판단할 수 없다.

② (×) 아파트실거래가격지수가 높다고 해서 아파트 실거래 가격이 높다는 보장이 없다. 이를 판단하려면 각 지역의 1월 아파트 실거래 가격이 별도로 주어져야 가능하다. 따라서 '나' 지역의 아파트 실거래 가격이 다른 두 지역의 아파트 실거래 가격보다 매월 높은지는 판단할 수 없다.

③ (O) 동일 지역의 월별 비교는 가능하다. '다' 지역의 1월 아파트실거래가격지수와 3월 아파트실거래가격지수가 같으므로 '다' 지역의 1월 아파트 실거래 가격과 3월 아파트 실거래 가격은 같다.

④ (×) '가' 지역의 7월 아파트실거래가격지수는 104.0이다. 이는 1월 아파트 실거래 가격보다 4% 높다는 의미이므로 '가' 지역의 1월 아파트 실거래 가격이 1억 원이면 '가' 지역의 7월 아파트 실거래 가격은 1억 4천만 원이 아니라 1억 4백만 원이다.

⑤ (×) 각 지역별로 2013년 7~12월 동안 아파트 실거래 가격이 매월 상승했는지 묻고 있으므로 비교 가능하다. '다' 지역의 경우 아파트실거래가격지수가 11월 103.0에서 12월 102.6으로 감소하였으므로 아파트 실거래 가격은 12월에 전월대비 하락하였다.

15 평균 개념형 난이도 하 정답 ②

문제풀이 핵심 포인트

평균을 비교할 때 개수가 같다면 합계로 비교 가능하고 이 경우에도 항목을 1대 1 대응하여 판단한다.

풀이

ㄱ. (O) 에탄올 주입량이 0.0g일 때 쥐 A~E 렘수면시간 평균은 79분이고 에탄올 주입량이 4.0g일 때 쥐 A~E 렘수면시간 평균은 33분이므로 2배 이상이다.

ㄴ. (×) 에탄올 주입량이 2.0g일 때 쥐 B와 쥐 E의 렘수면시간 차이는 60 - 39 = 21분이므로 20분 이상이다.

ㄷ. (O) 에탄올 주입량이 0.0g일 때와 에탄올 주입량이 1.0g일 때의 렘수면시간 차이는 A가 24분으로 가장 큰 쥐이다.

ㄹ. (×) 쥐 C는 에탄올 주입량이 2.0g에서 4.0g으로 많아지지만 렘수면시간은 40분에서 46분으로 증가한다.

실전에선 이렇게!

ㄱ. D, E는 0.0g일 때의 렘수면시간이 4.0g일 때의 각각 2배 이상이다. A의 0.0g일 때 렘수면시간 88분은 B의 4.0g일 때 렘수면시간 40분의 2배 이상이고, B의 0.0g일 때 렘수면시간 73분은 A의 4.0g일 때 렘수면시간 31분의 2배 이상이다. C의 경우 0.0g일 때의 렘수면시간이 4.0g일 때 렘수면시간의 2배에 살짝 미치지 못하지만 전체적으로 보면 충분히 2배 이상이라고 판단할 수 있다.

16 분수 비교형 난이도 중 정답 ④

문제풀이 핵심 포인트

단순 판단으로 해결할 수 있는 〈보기〉부터 검토하여 답을 도출한다.

풀이

ㄱ. (O) 2004~2013년 강풍 피해금액 합계는 661억 원으로 풍랑 피해금액 합계 702억 원보다 작다.

ㄴ. (O) 2012년 태풍 피해금액이 2012년 5개 자연재해 유형 전체 피해금액의 90% 이상이 되려면 나머지 호우~풍랑의 피해금액 합이 전체의 10% 이하가 되어야 한다. 2012년 5개 자연재해 유형 전체 피해금액은 9,620억 원이고 호우+대설+강풍의 합은 962억 원보다 작다. 따라서 전체 중 호우~풍랑의 피해금액 합이 차지하는 비중이 10% 이하이므로 전체 중 태풍 피해금액이 차지하는 비중은 90% 이상이다.

ㄷ. (×) 피해금액이 매년 10억 원보다 큰 자연재해 유형은 호우뿐만 아니라 대설도 해당된다.

ㄹ. (O) 피해금액이 큰 자연재해 유형부터 순서대로 나열하면 2010년과 2011년의 순서 모두 호우-태풍-대설-풍랑-강풍 순으로 동일하다.

17 표-차트 변환형 난이도 중 정답 ③

문제풀이 핵심 포인트

〈표〉에 제시된 수치가 그대로 반영된 선지의 그래프부터 검토한다.

풀이

①, ②, ④, ⑤ (O) 그래프 모두 〈표〉에 제시된 수치가 그대로 반영되어 있다.

③ (×) [건설공사 전체 수주액의 공종별 구성비]의 경우 토목과 건축이 반대로 표시되어 있다. 따라서 〈표〉를 이용하여 작성한 그래프로 옳지 않다.

18 빈칸형 난이도 중 정답 ⑤

문제풀이 핵심 포인트

빈칸형 문제이므로 괄호 안을 구체적으로 도출하지 않고 판단할 수 있는 선지부터 접근한다.

풀이

① (O) 각주에서 조례발의 주체는 단체장, 의원, 주민으로만 구성된다고 하였으므로 2012년 조례발의 건수 중 단체장발의 건수가 50% 이상이 되려면 의원과 주민 발의건수 합이 50% 이하가 되어야 한다. 즉 단체장≥의원+주민을 만족하는지 검토하면 되므로 751≥626+39이다. 따라서 2012년 조례발의 건수 중 단체장발의 건수가 50% 이상이다.

② (O) 먼저 2013년 의원발의 건수는 804건이므로 2011년 단체장발의 건수가 이보다 적은지 판단한다. 2011년 합은 1,149건이고 의원과 주민의 합이 486+35=521건이므로 2011년 단체장발의 건수는 1,149-521=628건이다. 따라서 2011년 단체장발의 건수는 2013년 의원발의 건수보다 적다.

③ (O) 2014년 주민발의 건수는 1,824-905-865=54건이므로 주민발의 건수는 매년 증가하고 있다.

④ (O) 2014년 의원발의 건수는 865건이고 2010년 924-550=374건과 2011년 486건의 합인 860건보다 많다.

⑤ (×) 2014년 조례발의 건수는 1,824건이고 2012년 조례발의 건수는 1,416건이므로 1.5배 이상이 되지 못한다.

실전에선 이렇게!

② 2013년 의원발의 건수가 804건이므로 1,149-(486+35)가 대략 800을 넘을 수 있는지부터 판단한다.
③ 1,824와 905+865=1,770의 차이값이 51보다 큰지 정도로 판단한다.
⑤ 2014년 1,824건이 2012년 조례발의 건수의 1.5배 이상이 되려면 2012년은 대략 1,200건보다 적어야 한다. 1,800=1,200+600을 생각한다. 751+626+39는 대략적으로 판단해도 1,200건보다 많다.

19 분수 비교형 난이도 중 정답 ④

문제풀이 핵심 포인트

분수 비교를 할 때 구체적 값을 도출하려 하지 말고 기준을 설정하여 비교한다.

풀이

ㄱ. (O) 2010년 한국과 인도의 섬유수출액 차이는 241-126=115억 달러이므로 100억 달러 이상이다.

ㄴ. (O) 2010년 세계 전체의 섬유수출액은 약 6,000억 달러이고 2006년은 3,540억 달러이다. 따라서 2010년 세계 전체의 섬유수출액은 2006년의 2배 이하이다.

ㄷ. (×) 2010년 한국 원단수출액은 90억 달러에서 110억 달러로 20억 달러 증가하였으므로 전년대비 증가율은 $\frac{2}{9}$≒22.2%이고 의류수출액은 14억 달러에서 16억 달러로 2억 달러 증가하였으므로 전년대비 증가율은 $\frac{1}{7}$≒14.3%이다. 따라서 그 차이는 10%p 미만이다.

ㄹ. (O) 2010년 중국의 의류수출액은 1,542억 달러로 세계 전체 의류수출액 3,515억 달러의 50% 이하이다.

실전에선 이렇게!

ㄴ. 2010년 세계 전체의 섬유수출액은 $\frac{126}{2.1}$으로 60이고 2006년은 $\frac{177}{5.0}$로 30을 넘는다.

ㄹ. 중국×2≦세계 전체를 만족하는지 판단한다.

20 각주 판단형 난이도 중 정답 ⑤

문제풀이 핵심 포인트

빈칸을 구체적으로 도출하여 비교해야 하는 〈보기〉는 가급적 가장 나중에 판단하고 분수 비교로 쉽게 판단할 수 있는 〈보기〉부터 검토한다.

풀이

ㄱ. (×) 출석의무자 수는 B지방법원이 737명으로 A지방법원 774명보다 적다.

ㄴ. (×) 실질출석률은 E지방법원이 $\frac{115}{174}$≒66.1%로 C지방법원 $\frac{189}{343}$≒55.1%보다 높다.

ㄷ. (O) D지방법원의 출석률은 $\frac{57}{191}$≒29.8%로 25% 이상이다.

ㄹ. (O) A~E지방법원 전체 소환인원에서 A지방법원의 소환인원이 차지하는 비율은 $\frac{1,880}{4,947}$≒38.0%이므로 35% 이상이다.

실전에선 이렇게!

ㄴ. 분모인 출석의무자 수는 약 2배 가까이 차이나지만 분자는 2배에 한참 미치지 못한다. 따라서 E 대비 C의 분모증가율이 분자증가율보다 크기 때문에 실질출석률인 분수는 E가 C보다 크다.

ㄷ. 25%=$\frac{25}{100}$=$\frac{50}{200}$이므로 $\frac{57}{191}$은 $\frac{50}{200}$보다 크다. 따라서 25% 이상이라고 쉽게 판단 가능하다.

ㄹ. 단순히 계산하려면 A~E지방법원 전체 소환인원을 일단 더해야 한다. 위와 같이 계산하지 않고 35% 수치의 특징을 토대로 판단해 보자. 35%는 33.3%로 본다면 65%는 66.7%로 볼 수 있다. 즉 A~E지방법원 전체 소환인원에서 A지방법원의 소환인원이 차지하는 비율이 35%(33.3%) 이상이 되려면 A~E지방법원 전체 소환인원에서 B~E지방법원 소환인원의 합이 차지하는 비율은 65%(66.7%) 이하가 되어야 한다. 전체 중 33.3% 이상은 $\frac{1}{3}$ 이상을 의미하고 66.7% 이하는 $\frac{2}{3}$ 이하를 의미한다. 이를 정리하면 A×2≥B~E의 합을 만족하는지 도출하면 좀 더 간단해진다. A는 1,880명이고 이의 2배는 3,760명이다. B~E의 합은 대략 더해도 약 3,000명이다. 따라서 A~E지방법원 전체 소환인원에서 A지방법원의 소환인원이 차지하는 비율은 35% 이상이라고 판단할 수 있다.

21 보고서 검토·확인형 난이도 중 정답 ③

문제풀이 핵심 포인트

〈보고서〉의 내용을 작성하는 데 직접적인 근거로 활용되지 않은 자료를 찾는 문제이므로 추가로 필요한 자료를 찾는 문제와 유사하게 검토한다. 즉, 수치를 직접 계산할 필요가 없다는 점에 주의하여 답을 도출한다.

풀이

- 첫 번째 문단에서 2014년 수도권과 지방을 언급하고 있으므로 ①이 근거로 사용되었고 다시 2011~2013년 각 연도별 현황 역시 언급하고 있으므로 ②가 근거로 사용되었다.
- 두 번째 문단에서 아파트와 아파트외를 언급하므로 ④가 근거로 사용되었고 세 번째 문단에서 공공부문과 민간부문을 언급하므로 ⑤가 근거로 사용되었다.
- 네 번째 문단 역시 규모별로 소형, 중형, 대형을 언급하므로 ⑤를 근거로 작성되었다.

따라서 직접적인 근거로 활용되지 않은 자료는 ③이다.

22 각주 판단형 난이도 중 정답 ④

문제풀이 핵심 포인트

각주가 3개나 주어져 있으므로 〈표〉에서 직접 제시된 항목을 체크한 후 체크되지 않은 항목을 중점적으로 〈보기〉를 검토한다.

풀이

ㄱ. (O) 주택수=주택보급률×가구수이고 주택보급률과 가구수 각각 매년 증가하고 있으므로 주택수 역시 매년 증가하고 있다.

ㄴ. (×) 2003년 주택을 두 채 이상 소유한 가구수가 2002년보다 증가하였는지 판단할 수 없다.

ㄷ. (O) 2001~2004년 동안 1인당 주거공간의 전년대비 증가율은 2001년이 $\frac{3.4}{13.8}$≒24.6%로 유일하게 20%를 초과하여 가장 큰 해이다.

ㄹ. (O) 2004년 주거공간 총면적은 1,224,129천 m^2이고 2000년 주거공간 총면적 594,769.5천 m^2의 2배 이상이다.

실전에선 이렇게!

ㄴ. 주택보급률이 상승하였다고 해서 주택을 두 채 이상 소유한 가구수가 증가하였다고 판단하면 안 된다. 주택보급률은 단순히 가구수 대비 주택수의 현황만 알려주고 있기 때문이다. 즉, 주택보급률이 증가한 것은 가구수에 비해 '주택'의 비율이 증가한 것이지 주택을 두 채 이상 소유한 '가구수'가 증가한 것이 아니다.

ㄷ. 증가폭으로 간단하게 판단할 수 있다. 증가율 식 구조 자체가 기준연도가 분모, 증가폭이 분자가 된다. 1인당 주거공간은 2000년 이후 매년 증가하고 있으므로 2001년의 기준연도인 2000년 수치가 가장 작고 증가폭은 가장 크므로 증가율이 가장 큰 해라고 판단하면 된다.

ㄹ. 2000년의 경우 10,167×58.5이므로 60만을 넘을 수 있는지부터 검토한다. 60만은 10,000×60.0이므로 곱셈 비교하면 2000년 10,167×58.5는 10,000×60.0보다 작다. 2004년 12,995×94.2는 60만의 2배를 넘는다면 옳은 〈보기〉가 된다. 120만은 12,000×100이므로 12,995×94.2와 곱셈 비교하면 2004년은 120만을 넘는다. 따라서 2배 이상이라고 판단할 수 있다.

23 조건 판단형 난이도 중

정답 ⑤

문제풀이 핵심 포인트

A가 상수로 주어지고 C와 E가 같다는 점에 주목하여 C, E가 함께 있는 항목부터 검토하면 의외로 빠르게 답을 파악할 수 있다.

풀이

- 두 번째 〈정보〉에서 A는 15,000개/월이고 C와 E는 동일하다. 그렇다면 A, C, E가 언급되어 있는 정보부터 검토한다.
- 네 번째 〈정보〉에서 E는 3월에 20% 초과생산량이 발생하였다고 하였으므로 3월 총생산량 22,000은 C의 기본생산량과 E의 1.2배 기본생산량의 합이다. 즉, C와 E의 기본생산량을 x라고 하면 $x+1.2x=22,000$이 되고 $x=10,000$이다. 따라서 C = E = 10,000개/월이다. 3월을 도출할 때 네 번째 〈정보〉를 놓쳤다면 C = E = 11,000개/월로 잘못 판단하게 된다. 그렇게 되면 오답이 도출될 수밖에 없다.
- 1월에 B와 C가 참여하여 총생산량이 23,000개가 되었으므로 B는 13,000개/월이 된다.
- 2월에 B와 D가 참여하여 총생산량이 17,000개가 되었지만 손실비가 0.5이다. 즉 각주에서 해당월 총생산량 = 해당월 '생산 참여기업의 월 생산량'의 합 × (1 - 손실비)라고 주어졌으므로 2월 총생산량은 B와 D 기본생산능력의 절반에 해당하는 값이다. 이에 따라 B + D = 34,000개가 되므로 D = 21,000개/월이다.

따라서 기본생산능력이 가장 큰 기업은 D이고 세 번째로 큰 기업은 B가 된다.

24 반대 해석형 난이도 중

정답 ①

문제풀이 핵심 포인트

순위 자료이므로 직접 제시되지 않은 항목은 5위의 수치를 기준으로 판단한다.

풀이

① (O) 2013년 10월 스마트폰 기반 웹 브라우저는 상위 5종 전체의 비중이 94.39%이다. 이는 다시 말하면 상위 5종을 제외한 나머지 스마트폰 기반 웹 브라우저가 차지하는 비중의 합이 100.00 - 94.39 = 5.61%라는 의미와 같다. 5위인 인터넷 익스플로러의 이용률이 1.30%이므로 6위 이하는 1.30%보다 더 작아야 한다. 즉, 5.61을 1.30으로 나누면 4.xx정도 되므로 상위 5종과 4.xx에 해당하는 5종이 최소한 더 존재하게 된다. 따라서 2013년 10월 전체 설문조사 대상 스마트폰 기반 웹 브라우저는 10종 이상이라고 확실하게 판단할 수 있다.

② (×) 2014년 1월 이용률 상위 5종 웹 브라우저 중 PC 기반 이용률 순위와 스마트폰 기반 이용률 순위는 크롬이 3위로 일치한다.

③ (×) PC 기반 이용률 상위 5종 웹 브라우저의 이용률 순위는 2013년 10월, 11월, 2014년 1월의 경우 동일하지만 2013년 12월의 경우 크롬이 파이어폭스보다 더 높다.

④ (×) 스마트폰 기반 이용률 상위 5종 웹 브라우저 중 2013년 10월과 2014년 1월 이용률의 차이가 2%p 이상인 것은 크롬뿐만 아니라 오페라(6.91 - 4.51 ≥ 2%p)도 해당된다.

⑤ (×) 2013년 10월 스마트폰 기반 이용률 상위 3종 웹 브라우저 이용률의 합은 55.88 + 23.45 + 6.91 = 86.24%로 90% 미만이다.

실전에선 이렇게!

① 인터넷 익스플로러 1.30보다 더 작아야 하므로 4에 해당하는 4가지 종류와 0.xx에 해당하는 1가지가 추가로 더 존재하게 된다. 따라서 상위 5종을 제외하면 5.61%에서 존재할 수 있는 종류 수의 최솟값은 5가지(4.xx)가 된다.

⑤ 상위 5종 전체 94.39%에서 4위 크롬 6.85%만 빼도 90%를 넘지 못한다는 것을 쉽게 파악할 수 있다.

25 곱셈 비교형 난이도 중

정답 ③

문제풀이 핵심 포인트

1648년이 기준인 지수자료이므로 특정연도의 지역 인구 비교 시 1648년 수치와 연도별 인구지수의 곱셈 구조로 판단한다.

풀이

ㄱ. (×) 1648년 전라 지역 인구는 432천 명(28.2%)이다. 1753년 강원의 인구지수가 724이므로 1753년 강원 지역 인구는 1648년 54천 명(3.5%)의 7.24배가 된다. 따라서 28.2>3.5×7.24이므로 1753년 강원 지역 인구는 1648년 전라 지역 인구보다 적다.

ㄴ. (O) 인구 감소율을 묻고 있으므로 〈표 2〉의 지수 감소율만으로 판단할 수 있다. 평안의 1789년 대비 1837년 인구지수는 888에서 584로 감소하여 30% 이상의 인구 감소율을 보이고 있다. 나머지 지역 중 이보다 큰 지역은 존재하지 않는다.

ㄷ. (O) 1864년 경상 지역의 인구는 1648년 425천 명(27.7%)의 3.58배인 1,521.5천 명으로 가장 많다.

ㄹ. (×) 전체 인구 대비 경기 지역 인구의 비중과 함경 지역 인구의 비중을 묻고 있지만 경기와 함경 모두 전체 인구가 분모로 공통적이다. 따라서 1904년 경기 지역 인구가 함경 지역 인구보다 많은지 판단하면 된다. 1904년 경기 지역 인구는 1648년 81천 명(5.3%)의 8.31배이고 1904년 함경 지역 인구는 1648년 69천 명(4.5%)의 10.87배이다. 곱셈 비교하면 5.3×831 vs 4.5×1,087이다. 53은 45보다 8만큼 크기 때문에 20% 미만($\frac{8}{45}$)이지만 1,087은 831보다 256만큼 크기 때문에 30% 이상($\frac{256}{831}$)이다. 따라서 1904년 전체 인구 대비 경기 지역 인구의 비중은 함경 지역 인구의 비중보다 작다.

실전에선 이렇게!

ㄴ. 감소율이 가장 큰 지역을 묻고 있으므로 한성과 경기처럼 증가한 지역은 비교 대상에서 제외하고 판단해야 한다.

ㄷ. 먼저 1648년 경상보다 인구가 많은 전라와 비교한다. 인구는 비슷하지만 인구지수는 전라 251보다 경상 358이 상대적으로 더 크므로 1864년 인구는 일단 전라보다는 경상이 많다. 나머지 지역은 1648년 경상 인구의 관계와 1864년 인구지수의 관계를 토대로 곱셈 비교하여 판단할 수 있다.

모바일 자동 채점 및 성적 분석 서비스

민경채 2014년 기출문제

PSAT 전문가의 총평

- '자료비교'에 해당하는 곱셈 비교와 분수 비교 자체를 묻는 문제가 9문제 출제되어 전체의 약 40%에 해당하는 비중을 차지하고 있습니다.
- '매칭형'이 1문제, '빈칸형'이 1문제, '조건 판단형'이 4문제로 '자료판단'에서 6문제가 출제되었고 대부분 '중' 이하의 난도로 까다롭지 않게 출제되었습니다.
- '보고서 검토·확인형'은 1문제, '표-차트 변환형'이 2문제 출제되어 '자료검토·변환'에서 3문제가 출제되었고 난도 역시 낮은 편입니다.
- 상대적으로 난도가 높은 문제는 9, 24, 25번이며 2011~2013년 시험에 비해 난도가 다소 높은 편이라 기존 기출에 비해 점수가 낮을 것으로 보입니다.
- 전체적인 난도는 '중하' 정도로 출제되었으며 2013년 이전 기출에 비해 난도 '하'인 문제가 줄고 난도 '중' 이상인 문제 비중이 높았습니다. 전체적으로 7급 공채 합격생 기준 80점 이상을 받을 수 있는 난도라고 평가할 수 있습니다.

정답

p.235

1	②	매칭형	6	②	조건 판단형	11	④	조건 판단형	16	④	보고서 검토·확인형	21	⑤	조건 판단형
2	④	단순 판단형	7	④	단순 판단형	12	⑤	빈칸형	17	①	단순 판단형	22	②	조건 판단형
3	⑤	분수 비교형	8	③	분수 비교형	13	②	평균 개념형	18	①	표-차트 변환형	23	③	평균 개념형
4	③	표-차트 변환형	9	⑤	분수 비교형	14	①	분수 비교형	19	②	분수 비교형	24	③	분수 비교형
5	④	분수 비교형	10	②	분수 비교형	15	③	분수 비교형	20	⑤	단순 판단형	25	①	분산·물방울형

취약 유형 분석표

유형별로 맞힌 문제 개수와 정답률, 틀린 문제 번호, 풀지 못한 문제 번호를 적고 나서 취약한 유형이 무엇인지 파악해 보세요. 그 후 약점 보완 해설집 p.2 [취약 유형 공략 포인트]에서 약점 보완 학습법을 확인하고, 틀린 문제와 풀지 못한 문제를 다시 한번 풀어보세요.

유형		맞힌 문제 개수	정답률	틀린 문제 번호	풀지 못한 문제 번호
자료비교	곱셈 비교형	-	-		
	분수 비교형	/9	%		
	반대해석형	-	-		
자료판단	단순 판단형	/4	%		
	매칭형	/1			
	빈칸형	/1	%		
	각주 판단형	-	-		
	조건 판단형	/4	%		
자료검토·변환	보고서 검토·확인형	/1	%		
	표 - 차트 변환형	/2	%		
자료이해	평균 개념형	/2	%		
	분산·물방울형	/1	%		
	최소여집합형	-	-		
TOTAL		/25	%		

1 매칭형 난이도 하

정답 ②

문제풀이 핵심 포인트

확정 가능한 정보부터 검토하여 답을 도출한다.

풀이

- 네 번째 〈정보〉에서 가능 가동시간이 가장 긴 공장은 D이므로 인천은 D이다. → 선지 ①, ④ 제거
- 세 번째 〈정보〉에서 실가동률이 $\frac{3}{4}$으로 동일한 공장은 A와 B이므로 순서에 관계없이 A 또는 B는 서울 또는 부산이 된다. 이에 따라 C는 광주이다. → 선지 ⑤ 제거
- 두 번째 〈정보〉에서 부산과 광주(C)의 실제 가동시간 합은 서울과 인천(D)의 실제 가동시간 합보다 작으므로 A는 서울이 되어야 하고 B는 부산이 되어야 한다. 즉, 부산 + 광주(150 + 250) < 서울 + 인천(300 + 300)이 성립하므로 정답은 ②이다. 만약 서울이 B이고 부산이 A라면 300 + 250 > 150 + 300이 되므로 옳지 않다.

2 단순 판단형 난이도 하

정답 ④

문제풀이 핵심 포인트

어떤 심사위원의 선호에 따르더라도 채택될 수 없는 D와 상대적으로 높은 순위를 받은 B를 중점적으로 검토하여 답을 도출한다.

풀이

ㄱ. (O) A 안건과 C 안건이 상정되면 A 안건에 투표하는 심사위원은 을뿐이지만 C 안건에 투표하는 심사위원은 갑과 병이므로 다수결에 의해 C 안건이 채택된다.

ㄴ. (O) B 안건은 병 심사위원의 1순위이고 갑과 을 심사위원에게는 각각 2순위이다. 또한 갑 심사위원의 1순위와 을 심사위원의 1순위가 C와 A로 각각 다르기 때문에 어떠한 다른 안건과 함께 상정되어도 B 안건은 항상 채택된다.

ㄷ. (×) C 안건은 갑 심사위원에게만 1순위이다. 또한 을과 병 심사위원의 B 안건 선호순위보다 C 안건의 선호순위가 더 낮다. 따라서 C 안건이 상정되어 채택되는 경우는 A와 C, C와 D 안건이 함께 상정되는 2가지 경우뿐이다.

ㄹ. (O) D 안건은 을과 병 심사위원에게 각각 4순위이고 갑 심사위원에게는 3순위이다. 따라서 갑 심사위원의 4순위인 갑과 함께 상정한다고 해도 채택되지 못한다. 즉, 어떠한 다른 안건과 함께 상정되어도 항상 채택되지 못한다.

3 분수 비교형 난이도 하

정답 ⑤

문제풀이 핵심 포인트

교지면적과 교사면적의 용어가 혼동될 가능성이 있으므로 선택지에서 묻는 항목을 정확하게 체크하여 답을 도출한다.

풀이

① (O) 원아 1인당 교지면적은 사립이 13.2로 공립 6.1의 2배 이상이다.

② (O) 유치원당 교사면적이 가장 큰 유형부터 순서대로 나열하면 사립(806.4), 국립(562.5), 공립(81.2) 순이다.

③ (O) 국립의 경우 유치원당 교지면적 255.0이 유치원당 교사면적 562.5보다 작은 유일한 유치원 유형이다.

④ (O) 유치원당 교지면적은 사립 1,478.4가 국립 255.0의 약 5.8배로 5.5배 이상이고 유치원당 교사면적은 사립 806.4가 국립 562.5의 약 1.43배로 1.4배 이상이다.

⑤ (×) 유치원당 교지면적은 국립 255.0이 사립 1,478.4보다 작지만 원아 1인당 교사면적은 국립 7.5가 사립 7.2보다 크다. 유치원당 '교지'면적이지만 원아 1인당 '교지'면적이 아니라 원아 1인당 '교사'면적이므로 주의해야 한다.

실전에선 이렇게!

④ 배수 관계를 묻는 정도가 5.5배, 1.4배로 수치가 복잡하므로 검토하지 말고 넘어가야 한다.

4 표-차트 변환형 난이도 중

정답 ③

문제풀이 핵심 포인트

곡물에 비해 채소의 조사단위가 일정한 경향을 보이기 때문에 채소를 나타낸 선지 위주로 검토한다.

풀이

③ (×) 무의 1kg당 금일가격은 8,500/15≒566.7원이다. 채소의 조사단위가 무를 제외한 모든 채소는 10이라는 점에 착안해야 한다.

5 분수 비교형 난이도 하

정답 ④

문제풀이 핵심 포인트

〈표 1〉과 〈표 2〉의 지역 배열순서가 다르다는 점에 주의하여 답을 도출한다.

풀이

ㄱ. (O) 논 가뭄 피해면적은 전남이 59,953으로 가장 크고, 밭 가뭄 피해면적 역시 33,787로 가장 크다.

ㄴ. (×) 논 가뭄 피해 발생기간이 가장 긴 지역과 밭 가뭄 피해 발생기간이 가장 긴 지역은 같다.

ㄷ. (O) 전체 논 재배면적 대비 전체 논 가뭄 피해면적 비율은 $\frac{147,890}{1,145,095}$으로 15% 이하이다.

ㄹ. (O) 밭 재배면적 대비 밭 가뭄 피해면적 비율은 경북 $\frac{16,702}{152,137}$가 경남 $\frac{6,756}{72,686}$보다 크다. 10%를 넘는지 기준으로 판단한다.

실전에선 이렇게!

ㄷ. $\frac{148}{1,145}$로 본다면 1,145의 10%는 약 114, 5%는 약 57이므로 합은 114 + 57 = 171이 된다. 이는 148보다 큰 수치이므로 15% 이하라고 판단할 수 있다.

6 조건 판단형 난이도 중 정답 ②

문제풀이 핵심 포인트

3가지 항아리의 단계별 물의 남은 양을 차례대로 도출한다.

풀이

단계 \ 항아리	15L 항아리	10L 항아리	4L 항아리
초기 상태	15	5	0
1단계	11	5	4
2단계	6	10	4
3단계	10	10	0
4단계	10	6	4
5단계	14	6	0
6단계	15	5	0

따라서 모든 단계를 완료한 후 10L 항아리에 남은 물의 양은 5L이다.

7 단순 판단형 난이도 하 정답 ④

문제풀이 핵심 포인트

〈표〉에 제시된 항목을 통해 직접 판단할 수 있는 것과 판단할 수 없는 항목을 구별한다.

풀이

㉠ (×) 수도권과 전국의 인구밀도를 판단하려면 인구뿐만 아니라 면적이 주어져야 한다.

㉡ (×) 1인당 주택면적을 판단하려면 주택 수 이외에 주택면적이 추가로 제시되어야 한다.

㉢ (×) 제조업 생산액과 서비스업 생산액이 추가로 주어져야 판단할 수 있다.

㉣ (O) 전국과 수도권 인구가 제시되어 있고 전국과 수도권의 금융대출액이 제시되어 있기 때문에 1인당 금융대출액을 파악할 수 있다.

㉤ (×) 4년제 대학 수 이외에 4년제 대학 재학생 수가 제시되어야 한다.

8 분수 비교형 난이도 하 정답 ③

문제풀이 핵심 포인트

〈표〉에 직접 드러나지 않는 항목을 묻는 경우 각주의 식을 토대로 반대해석하여 답을 도출한다.

풀이

① (×) 2010년 연구개발비의 공공부담 비중은 2009년에 비해 감소하였다.

② (×) 인구 만 명당 연구개발비의 전년대비 증가폭은 2010년 671백만 원이지만 2007년은 798백만 원이다. 따라서 2010년이 가장 많이 증가한 해는 아니다.

③ (O) 인구 = $\frac{\text{연구개발비}}{\text{인구 만 명당 연구개발비}}$이므로 '갑'국 인구는 2009년 $\frac{37,929}{7,781}$, 2010년 $\frac{43,855}{8,452}$이다. 2009년에 비해 2010년 분모의 증가폭은 700 미만이므로 분모 증가율은 10% 미만이지만, 분자의 증가폭은 5,000을 넘기 때문에 분자 증가율은 10% 이상이다. 즉, 분모의 증가율보다 분자의 증가율이 더 크므로 2009년에 비해 2010년 인구는 증가하였다.

④ (×) 전년대비 연구개발비 증가액은 2009년에 3,431십억 원이지만 2008년 3,197십억 원으로 더 작다. 따라서 2009년이 가장 작은 해는 아니다.

⑤ (×) 연구개발비의 전년대비 증가율은 9.9%인 2009년이 가장 작지만 연구개발비의 민간부담 비중은 2006년이 75.7%로 가장 크다. 따라서 연구개발비의 전년대비 증가율이 가장 작은 해와 연구개발비의 민간부담 비중이 가장 큰 해는 서로 다르다.

실전에선 이렇게!

② 2009년 대비 2010년 증가폭은 700 미만이지만 2006년 대비 2007년 증가폭은 700을 넘는다.
③ 비율 5를 기준으로 본다면 2009년은 5 미만, 2010년은 5를 넘는다.
⑤ 연구개발비 = 공공부담 연구개발비 + 민간부담 연구개발비이므로 연구개발비의 민간부담 비중이 가장 크려면 공공부담 비중이 가장 작아야 한다. 따라서 공공부담 비중이 24.3%로 가장 작은 2006년이 민간부담 비중이 가장 크게 된다.

9 분수 비교형 난이도 상 정답 ⑤

문제풀이 핵심 포인트

〈표〉에 제시된 항목을 변형하여 〈보기〉에서 요구하는 항목을 식으로 구성하여 답을 도출한다.

풀이

ㄱ. (×) 제조업 생산액 = $\frac{\text{식품산업 생산액}}{\text{제조업 생산액 대비 식품산업 생산액 비중}}$이므로 2012년 제조업 생산액은 $\frac{43,478}{12.22}$이고 2001년 제조업 생산액은 $\frac{27,685}{17.98}$이다. 수치를 간소화하여 어림산 후 비교하여 2012년 제조업 생산액은 $\frac{43}{12} = \frac{129}{36}$, 2001년 제조업 생산액은 $\frac{28}{18} = \frac{56}{36}$이라고 하면 129는 56의 4배 이상이 되지 않는다.

ㄴ. (×) 2009년의 전년대비 증가율은 2008년 39,299에서 2009년 44,441로 5,142 증가한 반면, 2011년의 전년대비 증가율은 2010년 38,791에서 2011년 44,448로 5,657 증가하였다. 따라서 식품산업 매출액의 전년대비 증가율은 2009년보다 2011년이 더 크다.

ㄷ. (O) GDP 대비 제조업 생산액 비중 = $\frac{\text{식품산업 생산액}}{\text{GDP}}$

$= \frac{\frac{\text{식품산업 생산액}}{\text{GDP}}}{\frac{\text{식품산업 생산액}}{\text{제조업 생산액}}} = \frac{\text{GDP 대비 식품산업 생산액 비중}}{\text{제조업 생산액 대비 식품산업 생산액 비중}}$이 된다.

GDP 대비 제조업 생산액 비중은 2012년 $\frac{3.42}{12.22}$이고, 2007년 $\frac{3.40}{13.89}$이다. 2012년이 2007년보다 분자인 GDP 대비 식품산업 생산액 비중은 더 크고 분모인 제조업 생산액 대비 식품산업 생산액 비중이 더 작기 때문에 GDP 대비 제조업 생산액 비중은 2012년이 2007년보다 크다.

ㄹ. (O) GDP = $\frac{\text{식품산업 생산액}}{\text{GDP 대비 식품산업 생산액 비중}}$이다. 2008년 '갑'국 GDP는 $\frac{\text{36,650십억 원}}{3.57\%} = \frac{\text{36조 6,500억 원}}{0.0357} = \frac{\text{366,500조 원}}{357}$이므로 1,000조 원 이상이 된다.

10 분수 비교형 난이도 중 정답 ②

문제풀이 핵심 포인트

지수가 제시된 자료이므로 비율의 성격임을 토대로 비교할 수 있는 것과 판단할 수 없는 것을 구별하여 답을 도출한다.

풀이

ㄱ. (O) 2012년 11월에 비해 2013년 11월 7개 도시 모두에서 아파트 평균 전세가격이 상승하였다는 의미는 2013년 11월 전세가격 지수가 100보다 크다는 것과 동일하다. 각주 3에서 아파트는 소형, 중형, 대형으로만 구분된다고 하였고, 〈표〉의 모든 도시의 모든 면적별 전세가격 지수가 100을 넘기 때문에 2012년 11월에 비해 2013년 11월 7개 도시 모두에서 아파트 평균 전세가격이 상승하였다고 판단할 수 있다.

ㄴ. (×) 중형 아파트의 2012년 11월 대비 2013년 11월 평균 전세가격 상승액이 가장 큰 도시가 대구인지 주어진 자료만 가지고는 판단할 수 없다.

ㄷ. (O) 전세수급 동향 지수 = (부족 응답비율 - 충분 응답비율) + 100이므로 전세수급 동향 지수가 100을 넘는다면 부족 응답비율 - 충분 응답비율 > 0이 됨을 의미한다. 모든 도시에서 전세수급 동향 지수가 100을 넘기 때문에 각 도시에서 아파트 전세공급 상황에 대해 '부족'이라고 응답한 공인중개사는 '충분'이라고 응답한 공인중개사보다 많다.

ㄹ. (×) 응답비율의 합은 부족 + 적당 + 충분 = 100%이므로 만약 광주의 공인중개사 중 60% 이상이 광주의 아파트 전세공급 상황에 대해 '부족'이라고 응답했다면 적당의 비율이 0%라고 가정하여도 충분의 응답비율은 최대 40%이다. 따라서 광주의 전세수급 동향 지수는 이 경우 120 이상이 되어야 하지만 101.3이므로 부족이라고 응답한 비율이 60% 이상이 아님을 판단할 수 있다.

실전에선 이렇게!

ㄴ. 대구의 2013년 11월 전세가격 지수가 126.7로 가장 크지만 이를 통해서 알 수 있는 것은 대구의 2012년 11월 평균 전세가격에 비해 상대적으로 2013년 11월 평균 전세가격이 높다는 것만 파악 가능하다. 도시별로 실제 평균 전세가격 상승액을 파악하려면 실제 평균 전세가격이 주어지거나 도시 간 전세가격을 비교할만한 기준이 추가로 제시되어야만 판단 가능하다.

11 조건 판단형 난이도 하 정답 ④

문제풀이 핵심 포인트

〈정보〉에 주어진 확률을 정리하여 발문에서 묻는 항목을 도출한다.

풀이

먼저 전체 가족상담건수는 180건이므로 첫 번째 〈정보〉에 의해 상반기 가족상담건수는 30%인 54건이고, 하반기 가족상담건수는 70%인 126건이 된다. 두 번째 〈정보〉에서 일반상담가에 의한 가족상담의 40%가 상반기이므로 120건 중 40%인 48건이고, 하반기는 60%인 72건이다.

따라서 2013년 하반기 전문상담가에 의한 가족상담건수는 54건이 된다.

시기 / 상담가 유형	상반기 (30% = 54건)	하반기 (70% = 126건)
일반상담가(120건)	48	72
전문상담가(60건)	6	54

12 빈칸형 난이도 중 정답 ⑤

문제풀이 핵심 포인트

선지에서 직접적으로 묻는 빈칸 위주로 채워가면서 답을 도출한다.

풀이

① (×) 산업 신기술검증 전체비용은 2012년 2,648천만 원에 비해 2013년 1,677천만 원으로 감소하고 있다. 따라서 매년 증가한 것은 아니다.

② (×) 2012년 서류검증 건수는 725건으로 현장검증 건수 852건보다 적다. 따라서 매년 서류검증 건수는 현장검증 건수보다 많지 않다.

③ (×) 서류검증 건당 비용은 2008년 $\frac{54}{755}$이지만 2012년 $\frac{102}{725}$이므로 2012년에 비해 2008년에 더 작다. 따라서 2008년이 가장 크지는 않다.

④ (×) 2011년 현장검증 비용은 1,704천만 원이므로 전년에 비해 현장검증 비용이 감소한 연도는 2013년 1개이다.

⑤ (O) 전년에 비해 현장검증 건수가 감소한 2010년(650 → 630)과 2013년(852 → 760)에는 전년에 비해 서류검증 건수가 2010년(691 → 765), 2013년(725 → 812) 각각 증가하였다.

실전에선 이렇게!

① 산업 신기술검증 전체비용 = 서류검증 + 현장검증으로 이루어지므로 합을 구해서 도출할 것이 아니라 서류검증과 현장검증의 증감폭 비교로 판단한다. 서류검증의 비용(102 → 68)과 현장검증의 비용(2,546 → 1,609) 모두 감소하였으므로 전체비용 역시 감소하였다고 판단하면 된다.
② 산업 신기술검증 전체건수 = 서류검증 + 현장검증이므로 전체건수 중 서류검증이 차지하는 비중이 절반을 넘는다면 현장검증보다 많게 된다. 2012년 전체 1,577건 중 서류검증 725건은 절반에 미치지 못하므로 현장검증 건수보다 적다고 판단하면 된다.
③ 건당 비용은 건수나 비용을 직접 묻는 다른 선택지와 달리 비율을 도출해야 하므로 가장 후순위로 판단한다. 또한 서류검증의 건수나 비용의 괄호를 먼저 채우려고 하지 말고 2011~2013년 수치 중 2008년보다 건수는 적으면서 비용이 많은 연도가 있는지 먼저 확인하여 판단한다.

13 평균 개념형 난이도 중 정답 ②

문제풀이 핵심 포인트
경우의 수를 판단하여 풀이하는 문제이다.

풀이

① (×) 전체 응답자 113명 중 20~25세 응답자 53명이 차지하는 비율은 50% 미만이다.

② (O) 26~30세 응답자 51명 중 4회 이상 방문한 응답자는 7명이므로 비율은 15% 미만이다.

③ (×) 응답자의 1인당 평균 방문횟수 = $\frac{\text{전체 방문횟수}}{\text{응답자의 수}}$이다.
31~35세 방문횟수 구간의 최솟값(1회×3명 + 2회×4명 + 4회×2명)과 최댓값(1회×3명 + 3회×4명 + 5회×2명)을 고려하면 전체 방문횟수는 19~25회 사이이다. 31~35세 응답자는 9명이고 응답자의 1인당 방문횟수의 범위는 $\frac{19}{9}$~$\frac{25}{9}$이므로 응답자의 1인당 평균 방문횟수는 2회를 넘는다.

④ (×) 전체 응답자 113명 중 직업이 학생인 응답자는 49명, 공무원인 응답자는 2명이므로 51명이다. 따라서 비율은 50% 이상이 되지 않는다.

⑤ (×) 전체 응답자 113명 중 20~25세인 응답자는 53명이고 전문직 응답자는 7명이다. 제시된 〈표〉의 정보만 가지고는 20~25세인 전문직 응답자가 몇 명인지 정확하게 판단할 수 없다.

실전에선 이렇게!

② 51명이므로 50명 기준으로 10%는 5명, 5%는 2.5명이므로 8명 미만이라면 15% 미만이 된다.

14 분수 비교형 난이도 중 정답 ①

문제풀이 핵심 포인트
〈그림 2〉에서 전월대비 증가율은 시각적으로 판단한다.

풀이

① (×) 전국 월별 영상회의 개최건수는 4월 61건에서 5월 96건으로 35건 증가하여 5월의 전월대비 증가율은 $\frac{35}{61}$로 60%를 넘지 못한다. 이에 비해 2월 68건에서 3월 114건으로 46건 증가하여 3월의 전월대비 증가율은 $\frac{46}{68}$으로 60%를 넘는다. 따라서 전월대비 증가율은 5월이 3월보다 낮기 때문에 5월이 가장 높지는 않다.

② (O) 전국 월별 영상회의 개최건수를 분기별로 비교하면 3/4분기에 314건으로 가장 많다.

③ (O) 영상회의 개최건수는 전남이 442건으로 가장 많은 지역이다.

④ (O) 9월 개최건수는 120건이고 인천과 충남이 모든 영상회의를 9월에 개최했다면 54 + 65 = 119건 개최한 셈이 된다. 따라서 나머지 1개 지역이 9월에 영상회의를 개최하였으므로 모두 3개이다.

⑤ (O) 강원, 전북, 전남의 영상회의 개최건수의 합은 76 + 93 + 442 = 611건으로 전국 영상회의 개최건수 1,082의 50% 이상이다.

실전에선 이렇게!

② 3/4분기인 7~9월의 건수를 더하여 다른 분기와 비교하지 말고 월별로 하나하나 비교하여 누가 더 많은지 파악한다.
⑤ 합계가 1,082이므로 절반은 541건이다. 3개 지역의 대략적인 합이 541건을 넘는지 판단한다.

15 분수 비교형 난이도 중 정답 ③

문제풀이 핵심 포인트
가격 = $\frac{\text{유지비}}{\text{비율}}$이므로 식을 구성하여 답을 도출한다.

풀이

① (×) B의 연간유지비는 450만 원이고 D의 연간유지비는 255만 원이므로 B는 D의 2배 이상이 되지 않는다.

② (×) 가격은 A $\frac{322}{8.0}$이지만 B $\frac{450}{7.5}$보다 더 낮다. 따라서 가격이 가장 높은 전산장비는 적어도 A가 아니다.

③ (O) 가격은 F가 $\frac{100}{3.0}$으로 단위를 감안하지 않고 수치로만 판단하면 F의 가격은 약 33(약 3,333만 원)이다. 나머지 A~E는 모두 40을 넘기 때문에 가격이 가장 낮은 전산장비는 F이다.

④ (×) C의 가격은 $\frac{281}{7.0}$ ≒ 40이고 E의 가격은 $\frac{208}{4.0}$ ≒ 50이다. 따라서 C보다 E의 가격이 더 높다.

⑤ (×) 먼저 A를 제외하고 연간유지비가 높은 전산장비부터 차례대로 나열하면 B, C, D, E, F 순이다. 하지만 가격은 선지 ④에서 판단하였듯이 C보다 E가 더 높다.

16 보고서 검토·확인형 난이도 하 정답 ④

문제풀이 핵심 포인트

〈보고서〉 작성 시 활용되지 않는 자료를 찾는 문제는 해당 수치가 정확한지 검토할 필요가 없으므로 선지의 키워드 중심으로 판단한다.

풀이

- 보고서 첫 번째 문단 두 번째 문장 '국내 자동차 등록대수는 매년 꾸준히 증가하여~'
  → ① 연도별 국내 자동차 등록현황
- 보고서 첫 번째 문단 세 번째 문장 '운송수단별 수송분담률에서도~'
  → ③ 2008년 국내 운송수단별 수송분담률
- 보고서 첫 번째 문단 마지막 문장 '한편 2008년 자동차 1대당 인구는~'
  → ⑤ 2008년 국가별 자동차 1대당 인구
- 보고서 세 번째 문단 두 번째 문장 '2007년 기준으로 국내 대기오염물질 배출량 중~'
  → ② 2007년 국내 주요 대기오염물질 배출량

17 단순 판단형 난이도 하 정답 ①

문제풀이 핵심 포인트

선지에서 묻는 연도가 2011년인지 2012년인지 〈그림〉의 연도와 정확하게 연결하여 답을 도출한다.

풀이

ㄱ. (O) 페이스북의 이용률은 2011년(93%)과 2012년(91%) 모두 가장 높다.

ㄴ. (O) 소셜미디어 이용률 상위 5개 순위는 2011년 페이스북, 유튜브, 트위터, 링크트인, 구글플러스 순이지만 2012년 페이스북, 유튜브, 트위터, 구글플러스, 링크트인 순으로 다르다.

ㄷ. (×) 2011년에 비해 2012년 이용률의 증가폭은 구글플러스 13%p보다 유튜브 17%p가 더 높다.

ㄹ. (O) 2011년에 비해 2012년 이용률이 감소한 소셜미디어는 페이스북 1개이다. 2011년이 진한 음영의 막대그래프이고 2012년이 흰색 막대그래프임에 유의하도록 한다.

ㅁ. (×) 2011년 이용률이 50% 이상인 소셜미디어는 페이스북뿐이다. 2012년 이용률이 50% 이상인 소셜미디어가 유튜브와 페이스북이다.

18 표-차트 변환형 난이도 중 정답 ①

문제풀이 핵심 포인트

짝표 유형이므로 출발지와 도착지를 정확하게 매칭하여 답을 도출한다.

풀이

① (×) 출발지 기준으로 인천 → 경기는 23.0이 아닌 0.7이고 서울 → 경기는 78.4가 아닌 0.6이다.

19 분수 비교형 난이도 중 정답 ②

문제풀이 핵심 포인트

단순 수치 비교를 묻는 〈보기〉 위주로 검토해서 답을 빠르게 도출한다.

풀이

ㄱ. (O) 11개 전통 건축물을 공포양식별로 구분하면 다포양식은 숭례문, 문묘 대성전, 창덕궁 인정전, 화엄사 각황전, 무량사 극락전, 덕수궁 중화전으로 6개, 주심포양식은 봉정사 화엄강당, 장곡사 상대웅전 2개, 익공양식은 관덕정, 남원 광한루, 창의문 3개이다.

ㄴ. (×) 11개 전통 건축물의 기둥 지름은 남원 광한루와 창의문이 최소 1.40척이지만 최대는 2.00척(창덕궁 인정전)이 아니라 2.20척(무량사 극락전)이다.

ㄷ. (×) 11개 전통 건축물의 부연은 폭이 최소 0.25척(관덕정), 최대 0.55척(남원 광한루)이고 높이는 최소 0.30척(관덕정), 최대 0.60척(창덕궁 인정전, 화엄사 각황전, 장곡사 상대웅전)으로 옳지만 남원 광한루의 부연 폭과 높이가 0.55척으로 동일하여 모든 건축물의 부연 높이가 폭보다 큰 것은 아니다.

ㄹ. (O) 기둥 지름 대비 부연 폭의 최솟값은 무량사 극락전이 $\frac{0.35}{2.20}≒0.16$이고 최댓값은 남원 광한루가 $\frac{0.55}{1.40}≒0.39$이다. 따라서 0.15보다 크고 0.40보다 작다.

20 단순 판단형 난이도 하 정답 ⑤

문제풀이 핵심 포인트

대학 졸업생을 묻는지 아니면 산업체 고용주를 묻는지, 그리고 보유도를 묻는지 중요도를 묻는지 정확하게 매칭하여 답을 도출한다.

풀이

① (O) 대학 졸업생의 보유도와 중요도 간의 차이는 '국제적 감각'이 0.9로 가장 크고 산업체 고용주의 보유도와 중요도 간의 차이 역시 '국제적 감각'이 1.2로 가장 크다.

② (O) 대학 졸업생 설문결과에서 중요도가 가장 높은 학습성과 항목은 '실험능력(4.1)'이다.

③ (O) 산업체 고용주 설문결과에서 중요도가 가장 높은 학습성과 항목은 '기본지식(4.2)'이다.

④ (O) 대학 졸업생 설문결과에서 보유도가 가장 낮은 학습성과 항목은 '시사지식(2.6)'이다.

⑤ (×) 학습성과 항목 각각에 대해 대학 졸업생 보유도와 산업체 고용주 보유도 차이는 '실무능력'이 4.1 - 3.6 = 0.5인 반면 '직업윤리'가 4.0 - 3.1 = 0.9로 더 크다. 따라서 차이가 가장 큰 학습성과 항목은 '실무능력'이 아니다.

실전에선 이렇게!

① 보유도와 중요도의 차이를 도출할 때 대학 졸업생과 산업체 고용주 모두 차이가 1.0 가까이 나기 때문에 일의 자리 숫자가 변하는 학습성과 항목 위주로 비교한다면 좀 더 간단하게 파악할 수 있다.

21 조건 판단형 난이도 중 정답 ⑤

문제풀이 핵심 포인트

평가점수를 비교할 때 군이 비교하지 않아도 되는 공통 항목을 확인하여 이를 제외하고 비교한다.

풀이

먼저 가장 낮은 묘목부터 확인한다. 선택지 구성상 가장 낮은 묘목은 A 또는 D이고 둘 다 병해충 감염여부가 '감염'으로 동일하므로 활착률 + $\frac{뿌리길이}{줄기길이}$의 관계를 살펴보면 A는 $0.7+\frac{5}{3}$이고 D는 $0.9+\frac{2}{3}$이다. A와 D의 활착률 차이는 D가 0.2 더 크지만 $\frac{뿌리길이}{줄기길이}$ 차이는 D보다 A가 1.0 더 크다. 따라서 묘목의 건강성 평가점수는 A가 D보다 더 크므로 가장 낮은 묘목은 D가 된다.

선택지 구성상 두 번째로 높은 묘목은 C 또는 E이지만, 가장 높은 묘목까지 고려해야 하므로 B, C, E를 각각 비교한다. B, C, E 모두 병해충 감염여부가 '비감염'으로 동일하므로 B, C, E의 활착률 + $\frac{뿌리길이}{줄기길이}$의 관계를 확인하면 다음과 같다.

- B : $0.7+\frac{3}{4}=1.45$
- C : $0.7+1=1.7$
- E : $0.8+\frac{2}{3}≒1.47$

위 결과에 따라 C가 가장 높고 E가 두 번째로 높다. $\frac{뿌리길이}{줄기길이}$는 B가 E보다 $\frac{3}{4}-\frac{2}{3}<0.1$ 더 크지만 활착률은 E가 B보다 0.1 더 크다. 따라서 묘목의 건강성 평가점수가 두 번째로 높은 묘목은 E이다.

22 조건 판단형 난이도 중 정답 ②

문제풀이 핵심 포인트

☆, △, □, ○ 중 3개의 숫자는 2, 3, 5 중 하나이므로 이를 이용하여 답을 도출한다.

풀이

- A의 수익률은 상반기보다 하반기에 높다. → ☆△□ < ☆○△
  따라서 △ < ○임을 알 수 있다.
- B의 수익률은 하반기보다 상반기에 높다. → □☆○ > □△☆
  따라서 ☆ > △임을 알 수 있다.
- C의 수익률은 상반기보다 하반기에 높다. → ○□☆ < ○△☆
  따라서 □ < △임을 알 수 있다.

이를 정리하면 □ < △ < ☆ 또는 □ < △ < ○이므로 적어도 □을 나타내는 숫자가 가장 작은 자연수임을 알 수 있다. 선택지 ①, ③이 제거되기 때문에 △는 2 또는 3이고 □는 1 또는 2가 된다.

수익률 중 가장 높은 값은 532이므로 532가 될 수 있는 것은 A의 하반기 또는 C의 하반기이다. 이 중 위 대소관계를 만족하는 조합은 A의 하반기이므로 △ = 2, □ = 1이 된다. 될 수 있는 기호 모양의 조합은 ☆○△, □☆○, ○△☆ 셋 중 하나이고 △는 2 또는 3이고 □는 1 또는 2가 되어야 하므로 일단 □☆○는 532가 가능하지 않다. 또한 만약 ○△☆가 532라면 △ > ☆가 되므로 □ < △ < ☆ 관계가 어긋난다. 이에 따라 ☆○△ = 532가 된다.

따라서 △는 2, □는 1이다.

23 평균 개념형 난이도 중 정답 ③

문제풀이 핵심 포인트

군인수 비중이 동일한 소속끼리 묶어서 판단한다.

풀이

① (O) 2013년 12월에 1인당 월지급액이 모두 동일한 액수만큼 증가한다면, 전월대비 1인당 월지급액 증가율은 11월 1인당 월지급액이 100,000원으로 가장 적은 해병대가 가장 높다.

② (O) 2013년 12월에 1인당 월지급액이 해군 10%, 해병대 12% 증가한다면, 해군의 전월대비 월지급액 증가분 120,000×0.1 = 12,000원과 해병대의 전월대비 월지급액 증가분 100,000×0.12 = 12,000원은 같다.

③ (×) 2013년 11월 '갑'국 전체 군인의 1인당 월지급액은 (105,000 + 125,000)×0.3 + (120,000 + 100,000)×0.2 = 113,000원이다.

④ (O) 2013년 11월 육군, 해군, 공군의 월지급액을 모두 합하면 105×30 + 120×20 + 125×30 = 9,300으로 해병대 월지급액 100×20 = 2,000의 4배 이상이다.

⑤ (O) 2013년 11월 공군과 해병대의 월지급액 차이는 375 − 200 = 175로 육군과 해군의 월지급액 차이 315 − 240 = 75의 2배 이상이다.

실전에선 이렇게!

① 증가폭이 동일하다면 증가율은 분모가 작을수록 크다.

③ 군인수 비중이 같은 육군과 공군, 해군과 해병대를 묶어서 판단하면 육군+공군은 60%가 되고 1인당 월지급액 평균은 115,000원이다. 해군+해병대는 40%가 되고 1인당 월지급액 평균은 110,000원이다. 따라서 전체 군인의 1인당 월지급액은 115,000원이 될 수 없고 구체적으로 가중평균을 이용해서 도출하면 113,000원임을 판단할 수 있다.

24 분수 비교형 난이도 중 정답 ③

문제풀이 핵심 포인트

각주의 의미를 정확하게 파악하여 판단 가능한 항목과 판단 불가능한 항목을 구별한다.

풀이

① (×) 승인 품목이 하나 이상인 국가가 모두 120개인지 정확하게 판단할 수 없다. 승인 국가 수 항목의 합이 120개인 상황에서 1개 국가에서 2가지 이상의 품목을 승인한다면 필연적으로 승인 품목이 하나 이상인 국가는 120개 미만이 되기 때문이다.

② (×) 전세계에서 200개 승인되었고 국내에서 92개 승인되었다 하더라도 국외에서 108개 품목이 승인되었는지는 주어진 정보만 가지고는 판단할 수 없다. (전세계 승인 품목≠국내 승인 품목+국외 승인 품목)

③ (O) 각주에서 전세계 승인 품목은 국내 승인 품목을 포함한다고 되어 있으므로 전세계 승인 품목 200개 중 국내에서 승인된 92개 품목을 제외하면 전세계 승인 품목 중 국내에서 승인되지 않은 품목의 비율은 $\frac{180}{200}$로 50% 이상이 된다.(전세계 승인품목=국내 승인 품목+국내에서 승인되지 않은 품목)

④ (×) 면화의 국내 승인 품목은 B유형과 A유형이 9개로 같다.

⑤ (×) 면화와 감자의 전세계 승인 품목은 각각 B유형이 10개, 0개로 20개 이상이 되지 않는다.

실전에선 이렇게!

① 1개 국가에서 오로지 1개 품목만을 승인한다는 가정이 추가로 주어진다면 옳은 선지가 될 수 있다.

25 분산·물방울형 난이도 상

정답 ①

문제풀이 핵심 포인트

분산형 차트이므로 보조선을 이용하여 X축과 Y축 항목의 크기를 비교한다.

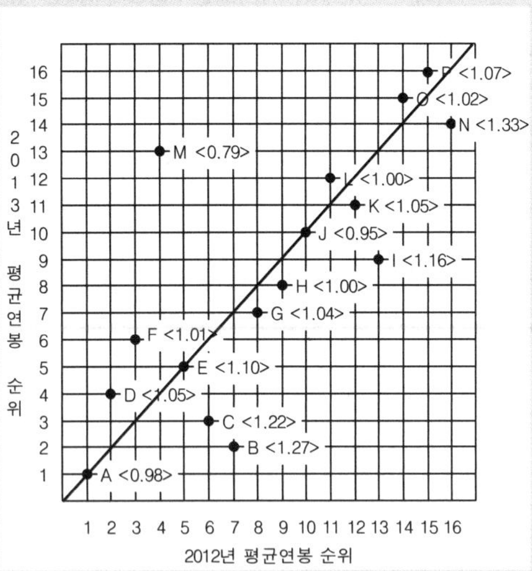

풀이

ㄱ. (O) 순위가 상승하였다는 의미는 순위 숫자가 작아졌다는 의미와 같다. 2012년 순위와 2013년 순위가 같은 보조선을 그어 보조선 우하방에 존재하는 기업이 2012년에 비해 2013년 평균연봉 순위가 상승한 기업이다. 따라서 B, C, G, H, I, K, N으로 7개이다.

ㄴ. (O) 평균연봉비가 1 미만이면서 작을수록 2012년 평균연봉 대비 2013년 평균연봉의 감소율이 크다. 2012년 대비 2013년 평균연봉 순위 하락폭이 가장 큰 기업은 M(4위 → 13위)이고 평균연봉비가 0.79로 가장 작기 때문에 평균연봉 감소율도 가장 크다.

ㄷ. (×) 평균연봉비가 클수록 2012년 평균연봉 대비 2013년 평균연봉의 증가율이 크다. 2012년 대비 2013년 평균연봉 순위 상승폭이 가장 큰 기업은 B(7위 → 2위)이고 평균연봉비는 B<1.27>보다 N<1.33>이 더 크기 때문에 B의 평균연봉 증가율이 가장 크지 않다.

ㄹ. (×) 평균연봉비가 1.0을 넘는 기업은 2012년 대비 2013년 평균연봉이 증가한 기업이고, 평균연봉비가 1.0 미만인 기업은 2012년 대비 2013년 평균연봉이 감소한 기업이다. A기업은 평균연봉비가 0.98로 2012년에 비해 2013년 평균연봉이 감소한 기업이지만 평균연봉 순위는 2012년과 2013년이 동일하다.

ㅁ. (×) M의 경우 2012년 평균연봉 순위는 4위지만 2013년에는 13위이므로 10위 이내에 있지 않다.

모바일 자동 채점 및 성적 분석 서비스

민경채 2013년 기출문제

PSAT 전문가의 총평

- '자료비교'에 해당하는 곱셈 비교와 분수 비교 자체를 묻는 문제가 8문제 출제되어 전체의 약 30%에 해당하는 비중을 차지하고 있습니다.
- '매칭형'이 3문제, '빈칸형'이 1문제, '조건 판단형'이 3문제로 '자료판단'에서 7문제가 출제되었고 이 중 25번을 제외하면 나머지 문항은 '중' 이하의 난도로 까다롭지 않게 출제되었습니다.
- '보고서 검토·확인형'은 1문제, '표 - 차트 변환형'이 2문제 출제되어 '자료검토·변환'에서 3문제가 낮은 난도로 출제되었습니다.
- 전체적인 난도는 '하' 수준으로 출제되었으며 특히 '단순 판단형' 문제가 6, 11, 14, 16, 21번으로 5문제 출제되어 체감 난도가 낮은 편입니다. 전체적으로 7급 공채 합격생 기준 90점 이상을 받을 수 있는 난도라고 평가할 수 있습니다. 또한 상대적으로 난도가 높은 문제는 25번밖에 없기 때문에 2011년 및 2012년 시험에 비해 난도가 훨씬 낮아 고득점이 가능한 문제 구성입니다.

정답

p.251

1	②	분수 비교형	6	①	단순 판단형	11	③	단순 판단형	16	②	단순 판단형	21	①	단순 판단형
2	②	매칭형	7	⑤	분수 비교형	12	③	곱셈 비교형	17	⑤	분수 비교형	22	③	표 - 차트 변환형
3	⑤	표 - 차트 변환형	8	③	조건 판단형	13	③	곱셈 비교형	18	④	최소여집합형	23	①	조건 판단형
4	①	매칭형	9	①	분수 비교형	14	④	단순 판단형	19	⑤	분수 비교형	24	②	분산·물방울형
5	④	빈칸형	10	②	분수 비교형	15	②	매칭형	20	④	보고서 검토·확인형	25	④	조건 판단형

취약 유형 분석표

유형별로 맞힌 문제 개수와 정답률, 틀린 문제 번호, 풀지 못한 문제 번호를 적고 나서 취약한 유형이 무엇인지 파악해 보세요. 그 후 약점 보완 해설집 p.2 [취약 유형 공략 포인트]에서 약점 보완 학습법을 확인하고, 틀린 문제와 풀지 못한 문제를 다시 한번 풀어보세요.

유형		맞힌 문제 개수	정답률	틀린 문제 번호	풀지 못한 문제 번호
자료비교	곱셈 비교형	/2	%		
	분수 비교형	/6	%		
	반대해석형	-	-		
자료판단	단순 판단형	/5	%		
	매칭형	/3	%		
	빈칸형	/1	%		
	각주 판단형	-	-		
	조건 판단형	/3	%		
자료검토·변환	보고서 검토·확인형	/1	%		
	표 - 차트 변환형	/2	%		
자료이해	평균 개념형	-	-		
	분산·물방울형	/1	%		
	최소여집합형	/1	%		
TOTAL		/25	%		

해설

1 분수 비교형 난이도 하

정답 ②

문제풀이 핵심 포인트

전년대비 증가율이 100% 이상이라는 표현은 전년대비 2배 이상이라고 판단하여 답을 도출한다.

풀이

ㄱ. (○) 2005년 이후 2, 4, 7, 9로 매년 증가하고 있다.

ㄴ. (×) 순항, 착륙, 상승, 접근 순이다.

ㄷ. (○) 비율을 합하면 37.9+29.4=67.3%이다.

ㄹ. (×) 2006년 4건, 2007년 7건, 2008년 9건으로 매년 증가율은 100% 미만이다.

2 매칭형 난이도 하

정답 ②

문제풀이 핵심 포인트

〈보기〉 중 '가장'이라는 키워드를 포함한 정보부터 검토하여 답을 도출한다.

풀이

- 두 번째 〈보기〉에서 2007년 대비 2010년 특허출원 건수가 가장 큰 폭으로 감소한 국가는 B(52천 건 감소)이다. 이에 따라 B가 일본이므로 선지 ③, ④, ⑤가 제거된다.
- 세 번째 〈보기〉에서 2007년 이후 상표출원 건수가 매년 감소한 국가는 D이므로 D가 한국이다.

따라서 A가 미국, B가 일본, C가 중국, D가 한국이다.

3 표-차트 변환형 난이도 하

정답 ⑤

문제풀이 핵심 포인트

〈표〉의 행정구역 순서와 행정구역도의 시계방향 순서가 같다는 점을 이용해서 비교한다.

풀이

⑤ (×) 승용차 1대당 통행발생량 = $\frac{\text{승용차 통행발생량}}{\text{승용차 보유대수}}$이므로 동구가 3.33, 중구가 3.29, 서구가 3.26, 유성구가 2.84, 대덕구가 2.94가 된다.

4 매칭형 난이도 하

정답 ①

문제풀이 핵심 포인트

〈표〉에 직접 제시된 세목을 제외하고 〈보기〉의 내용을 검토하여 답을 도출한다.

풀이

- 첫 번째 〈보기〉에서 표에 직접 제시되어 있는 전화세와 증여세를 제외하면 1989년 징수세액이 5,000억 원보다 적은 세목은 A, B, D이다.
  → A, B 또는 D가 상속세, 자산재평가세 또는 증권거래세이므로 C가 부가가치세이다. 이에 따라 선지 ②, ④가 제거된다.
- 두 번째 〈보기〉에서 1989년에 비해 1999년에 징수세액이 10배 이상 증가한 세목은 A와 B이다.
  → 첫 번째 〈보기〉와 연계해서 보면 D가 증권거래세임을 알 수 있으므로 선지 ⑤가 제거된다.
- 세 번째 〈보기〉에서 표에 직접 제시되어 있는 법인세, 소득세, 증여세와 앞에서 도출한 부가가치세(C), 증권거래세(D)를 제외하면 1999년에 비해 2009년에 징수세액이 증가한 세목은 A이고, A가 상속세임을 알 수 있다.

따라서 A가 상속세, B가 자산재평가세, C가 부가가치세, D가 증권거래세이다.

5 빈칸형 난이도 중

정답 ④

문제풀이 핵심 포인트

지워진 부분을 채우지 않고도 판단할 수 있는 선지부터 검토한 후 지워진 부분을 묻는 선지는 후순위로 검토한다.

풀이

날짜	음원차트					평균 순위	순위합
	A	B	C	D	E		
3월 24일	7(↑)	6(↑)	2(↑)	4(↑)	2(↑)	4.2	21
3월 25일	6(↑)	2(↑)	2(-)	2(↑)	1(↑)	2.6	13
3월 26일	7(↓)	6(↓)	5(↓)	6(↓)	5(↓)	5.8	29
3월 27일	7(-)	□(↑)	□(□)	7(↓)	5(-)	6.0	30

① (×) 평균 순위가 가장 높았던 날은 3월 25일이지만 C음원차트의 순위는 전일과 동일하였다.

② (×) 3월 24일의 5개 음원차트별 순위의 합은 21이므로 A와 C음원차트의 순위 합은 9이다. 3월 25일 C음원차트의 순위가 전일과 동일한 2위이므로 3월 24일 C음원차트의 순위 역시 2위이다. 따라서 3월 24일 A음원차트의 순위는 7위이다.

③ (×) 5개 음원차트별 순위가 전일대비 모두 하락한 날은 3월 26일로서 평균 순위가 5.8이지만 3월 27일의 평균 순위가 6.0으로 더 낮다.

④ (○) 3월 27일 A와 E음원차트는 전일과 순위가 동일하므로 각각 7, 5위이다. 5개 음원차트별 순위의 합이 30이므로 B와 C음원차트의 순위 합은 11이 된다. B음원차트는 전일대비 순위가 상승하였으므로 순위 숫자는 5 이하이고 C음원차트의 순위 숫자는 6 이상이다. 따라서 C음원차트의 순위는 반드시 하락한 것이 된다.

⑤ (×) 3월 25일에는 전일에 비해 평균 순위가 상승하였다.

6 단순 판단형 난이도 하 정답 ①

문제풀이 핵심 포인트

실질 성장률이 제시된 자료이므로 성장률을 계산할 필요 없이 직접 비교가 가능하다.

풀이

① (O) 2004년 대비 2005년 실질 성장률은 서울(1.0 → 2.2), 부산(0.6 → 3.0), 광주(1.5 → 6.5)로 모두 2배 이상이다.

② (×) 2004년 실질 성장률이 가장 높은 도시는 울산(4.3)이지만 2005년에는 광주(6.5)가 가장 높다.

③ (×) 부산의 경우 2000년 대비 2001년 실질 성장률이 증가하였다.

④ (×) 2002년 대비 2003년 실질 성장률이 5%p 이상 감소한 도시는 서울, 인천, 광주, 울산으로 총 4개이다.

⑤ (×) 2000년 실질 성장률이 가장 높은 도시는 광주지만, 2007년 실질 성장률이 가장 낮은 도시는 대전이다.

7 분수 비교형 난이도 중 정답 ⑤

문제풀이 핵심 포인트

증가율 또는 증가폭이 유난히 크거나 작은 해를 중심으로 검토한다.

풀이

① (×) 2010년에는 2009년에 비해 마늘 생산량이 감소하였다.

② (×) 단위 재배면적당 양파 생산량은 2009년 274,336/3,289≒83.4에서 2010년 309,538/4,500≒68.8로 감소하였다.

③ (×) 2011년 울산의 양파 재배면적은 160ha이고, 〈그림〉에서 2010년 동남권의 양파 재배면적이 4,500ha이므로 울산은 344ha가 된다. 따라서 2011년에는 전년에 비해 울산의 양파 재배면적이 감소하였다.

④ (×) 2010년에는 양파 재배면적이 마늘 재배면적보다 더 크다.

⑤ (O) 2011년 동남권의 단위 재배면적당 마늘 생산량은 15이고 2011년 동남권의 마늘 재배면적은 5,000이므로 마늘 생산량은 75,000톤이 된다.

실전에선 이렇게!

② 2010년에는 2009년에 비해 양파 생산량의 증가율(약 $\frac{3}{27}$)보다 양파 재배면적의 증가율(약 $\frac{12}{33}$)이 더 크다. 따라서 2009년 대비 2010년 단위 재배면적당 양파 생산량은 감소하였다.

8 조건 판단형 난이도 중 정답 ③

문제풀이 핵심 포인트

빈칸을 채우지 않아도 되는 선지부터 검토 후 빈칸을 채워야 하는 선지는 평가점수의 가중치를 토대로 차이값으로 판단한다.

풀이

① (O) '자'의 평가점수는 75+90+(95×2)+20=375점이고 '가'의 평가점수는 80+90+(95×2)+40=400점으로 가장 높다.

② (O) '라'의 성실성점수는 70점이므로 '다'의 60점보다는 높고 '마'의 80점보다는 낮다.

③ (×) '아'의 성실성점수는 85점이므로 '라'보다 더 크다.

④ (O) 평가점수가 350점 이상인 지원자가 S등급이므로 '가'(400점), '사'(355점), '아'(375점), '자'(375점) 총 4명이다.

⑤ (O) '차'의 현재 평가점수는 290점이고 체력점수를 5점 더 받으면 평가점수가 10점 올라간다. 따라서 A등급(300점 이상 350점 미만)이 된다.

실전에선 이렇게!

① '자'와 '가'의 성실성점수와 체력점수가 같고 창의성점수와 최종학위점수는 '자'보다 '가'가 더 높기 때문에 '자'의 평가점수를 도출하지 않더라도 '가'보다 낮다는 것을 판단할 수 있다.

9 분수 비교형 난이도 중 정답 ①

문제풀이 핵심 포인트

〈보기〉 ㄷ 판단 시 자동차와 비슷한 광학·정밀기기와 비교한다.

풀이

ㄱ. (O) 모든 품목에서 각각 증가하였다.

ㄴ. (O) 기계류, 광학·정밀기기, 플라스틱제품, 전기·전자 총 4개 품목이다.

ㄷ. (×) 1991년 대비 2010년 A항만 수출액은 자동차가 537백만 달러에서 14,873백만 달러로 증가하였지만 광학·정밀기기가 335백만 달러에서 11,415백만 달러로 증가율이 더 크다. (증가율 30배 기준으로 판단)

ㄹ. (×) 플라스틱제품의 A항만 처리 분담률은 1991년 93.8%에서 2010년 49.6%로 약 $\frac{93.8-49.6}{93.8}\times100≒47.1$% 감소하였다.

10 분수 비교형 난이도 중 정답 ②

문제풀이 핵심 포인트

〈표〉의 연도가 연속적으로 주어지지 않은 점을 고려하여 판단할 수 없는 항목을 구분한다.

풀이

① (×) '주거시설' 유형의 에너지 효율화 시장규모는 2010년 5.7억 달러에서 2011년 6.4억 달러로 약 12.3% 증가하였다.

② (O) 2015년 전체 에너지 효율화 시장규모 78.5억 달러 중 '사무시설' 유형 21.7억 달러가 차지하는 비중은 $\frac{21.7}{78.5}\times100≒27.6$%이다.

③ (×) 2016~2019년의 자료가 제시되어 있지 않으므로 매년 추세는 알 수 없는 내용이다.

④ (×) 2011년 전체 에너지 효율화 시장규모는 46.0억 달러이고 '산업시설' 유형은 23.9억 달러이므로 50% 이상이다.

⑤ (×) 2010년 대비 2020년 '산업시설' 유형은 20.8억 달러에서 82.4억 달러로 약 4배(정확히는 4배 미만) 증가할 것으로 예상되지만 '공공시설' 유형의 경우 2.5억 달러에서 10.0억 달러로 정확히 4배 증가할 것으로 예상된다. 따라서 가장 높을 것으로 전망되는 유형은 '공공시설'이다.

실전에선 이렇게!

① 2011년 6.4에서 2012년 7.2로 0.8만큼 증가하였으므로 증가율의 크기는 8/64 = 1/8인 12.5%임을 수치 구조를 통해 쉽게 판단할 수 있다.

11 단순 판단형 난이도 하

정답 ③

문제풀이 핵심 포인트

〈그림 2〉는 단순한 막대그래프인 반면, 〈그림 1〉은 선그래프이므로 구체적인 수치보다는 그래프의 간격으로 판단한다.

풀이

① (O) 〈그림 1〉에서 쉽게 확인 가능하다.

② (O) 미혼녀 인원수는 2007년 29,659명, 2006년 14,720명이다.

③ (×) 미혼녀와 미혼남 인원수 차이는 2006년 11,695명이고 2007년 11,634명이다. 따라서 2배 이상이 되지 않는다.

④ (O) 공무원 수는 9,644명, 변호사 수는 3,888명이다.

⑤ (O) 회계사 수는 5,315명, 승무원 수는 2,580명이다.

실전에선 이렇게!

③ 2006년에 비해 2007년 미혼남 증가폭은 15,000명 정도이고 미혼녀 역시 15,000명 정도이므로 미혼녀와 미혼남 인원수 차이가 비슷하다고 판단할 수 있다.

12 곱셈 비교형 난이도 중

정답 ③

문제풀이 핵심 포인트

매출액 100을 1로 바꾸면 1분기 비중×0.5+2·3분기 비중의 합+4분기 비중×2=연매출액의 크기로 판단할 수 있다.

풀이

2011년 연매출액을 도출하면 다음과 같다.

- A: $50\times0.1+100\times0.1+100\times0.30+200\times0.15=75$
- B: $50\times0.2+100\times0.2+100\times0.20+200\times0.40=130$
- C: $50\times0.3+100\times0.2+100\times0.25+200\times0.15=90$
- D: $50\times0.4+100\times0.5+100\times0.25+200\times0.30=155$

따라서 가장 많은 영업팀은 D이고 가장 적은 영업팀은 A이다.

실전에선 이렇게!

분기별 비중의 크기는 4분기를 제외하면 D가 가장 크기 때문에 B와 비교하여 더 큰 항목을 고르고 역시 3분기를 제외하면 A가 가장 작기 때문에 C와 비교하여 더 작은 항목을 골라 답으로 확정한다.

13 곱셈 비교형 난이도 하

정답 ③

문제풀이 핵심 포인트

분수 비교나 곱셈 비교를 할 때 구체적인 계산보다 기준점 이하 또는 이상을 판단해서 답을 도출한다.

풀이

① (×) 1월의 학부모 학교폭력 신고 건수는 330건이고, 학생 본인의 신고 건수는 168건이다. 따라서 2배 미만이다.

② (×) 학부모의 신고 건수는 2월 510.4건, 3월 991.2건으로 증가하고 있다.

③ (O) 전월대비 학교폭력 신고 건수 증가율은 3월이 약 118%로 가장 높다.

④ (×) 학생 본인의 신고 건수는 1월이 168건, 4월이 2,124건으로 10% 미만이다.

⑤ (×) 제시된 자료는 모두 학교폭력 신고 건수에 관한 것이다. 따라서 학교폭력 발생 건수가 매월 증가하고 있는지는 알 수 없는 내용이다.

실전에선 이렇게!

② 3월의 전체 신고 건수는 2월에 비해 2배 이상 증가하였지만 학부모 신고 비율은 2월 기준 3월에 비해 2배 이상 크지 않기 때문에 학부모 신고 건수는 2월에 비해 3월에 증가하였다고 쉽게 판단할 수 있다.

③ 3월이 유일하게 전월대비 2배 증가하였다.

④ 학생 본인의 신고 건수는 4월이 3,600건의 59%인데 50%라고 해도 1,800건이고 이의 10%는 180건이다. 1월의 경우 600의 28%인데 이는 600의 30%인 180건보다 작기 때문에 구체적으로 계산하지 않고도 10% 이상이 되지 못한다는 것을 확인할 수 있다.

14 단순 판단형 난이도 하

정답 ④

문제풀이 핵심 포인트

〈그림 1〉과 〈그림 2〉의 가로축과 세로축의 눈금이 다르다는 점을 체크하면서 비교한다.

풀이

ㄱ. (×) 평균 연령은 남자 국가대표선수의 경우 테니스가 역도보다 높지만 여자 국가대표선수의 경우에는 역도가 테니스보다 높다.

ㄴ. (×) 평균 신장은 남자 국가대표선수의 경우 축구가 역도보다 크지만 여자 국가대표선수의 경우에는 역도가 축구보다 크다.

ㄷ. (×) 축구의 경우 남자 국가대표선수의 평균 연령은 약 22세(24세 미만)이지만 여자 국가대표선수의 경우 24세 이상이다.

ㄹ. (O) 종목별로 남자가 여자보다 각각 크다.

15 매칭형 난이도 하

정답 ②

문제풀이 핵심 포인트

단순한 매칭형 문제이므로 실수하지 않도록 체크하면서 답을 도출한다.

풀이

1991년 이후 인구자연증가율이 매년 감소한 나라는 '보스니아 헤르체고비나'이고(아랍에미리트는 1994년과 1996년에 전년대비 불변) 1999년 출생률이 가장 높은 나라는 '아프가니스탄'이 49.7명이다. 또한 1991년 이후 출생률이 매년 감소한 나라는 '아랍에미리트'와 '보스니아 헤르체고비나'이다.

16 단순 판단형 난이도 하

정답 ②

문제풀이 핵심 포인트

요일별 참여시간의 합이 주어지지 않았기 때문에 유형별 참여시간을 묻는 선지부터 검토한 후 참여시간의 합을 비교하는 선지를 판단해야 한다면 증감폭으로 비교하여 답을 도출한다.

풀이

① (○) 토요일 남편의 참여시간이 가장 많았던 양육활동유형은 정서활동이 73분으로 가장 많다.

② (×) 아내의 총 양육활동 참여시간은 금요일 663분에서 토요일 763분으로 증가하였다.

③ (○) 남편의 양육활동 참여시간은 금요일에는 총 46분이었고, 토요일에는 총 140분이었다.

④ (○) 금요일에 아내는 식사 199분, 정서 128분, 가사 110분, 외출 70분 순으로 양육활동 참여시간이 많았다.

⑤ (○) 아내의 양육활동유형 중 금요일에 비해 토요일에 참여시간이 가장 많이 감소한 것은 교육활동으로서 4분 감소하였다.

실전에선 이렇게!

② 참여시간의 합으로 비교하는 것보다 유형별 참여시간 증감폭을 비교하여 감소여부를 판단한다. 즉, 아내는 금요일에 비해 토요일에 참여시간의 변화가 있는 유형을 체크하면 식사 +35분, 가사 -2분, 정서 +33분, 취침 +5분, 배설 +3분, 외출 +31분, 의료 -1분, 교육 -4분으로 증감폭의 합은 +100을 구체적으로 도출하지 않고도 +라는 점을 쉽게 판단할 수 있기 때문에 반드시 증가했다고 볼 수 있다.

17 분수 비교형 난이도 하

정답 ⑤

문제풀이 핵심 포인트

단순 수치를 확인하는 선지를 먼저 검토한 후 비율을 묻는 선지를 후순위로 검토한다.

풀이

① (○) 시설노후 71건, 수격압 98건으로 2가지이다.

② (○) 회주철 수도관의 총 파손 건수 334건이 덕타일주철 수도관의 총 파손 건수 232건보다 많다.

③ (○) 주철 수도관의 파손원인별 파손 건수에서 '자연재해' 파손 건수가 2건으로 가장 적다.

④ (○) 주철 수도관의 '시설노후' 파손 건수가 주철 수도관의 총 파손 건수에서 차지하는 비율은 (176/566)×100≒31.1%로 30% 이상이다.

⑤ (×) 회주철 수도관의 '보수과정 실수' 파손 건수가 회주철 수도관의 총 파손 건수에서 차지하는 비율은 (43/334)×100≒12.9%로 10% 이상이다.

18 최소여집합형 난이도 중

정답 ④

문제풀이 핵심 포인트

전체 원목 벌채량을 3가지 벌채 유형으로 구분한 후 이용된 비율과 미이용된 비율로 세분화하였으므로 곱셈 비교하여 판단한다.

풀이

① (×) 447 > 399이므로 원목 벌채량 중 목재로 미이용된 양이 목재로 이용된 양보다 많았다.

② (×) 목재로 이용된 원목 중 '숲가꾸기 벌채'로 얻은 것은 157.41만 m^3이고 '수확 벌채'로 얻은 것은 203.52만 m^3이다.

③ (×) 보드로 이용된 원목의 양은 219.45만 m^3이다.

④ (○) '수확 벌채'로 얻은 원목의 양은 203.52만 m^3이고 목재로 이용된 399만 m^3 중 보드용으로 이용되지 않은 45%는 179.55만 m^3이므로 최소 '수확 벌채'로 얻은 원목 중 203.52 - 179.55 = 23.97만 m^3가 보드용으로 이용되었다.

⑤ (×) '피해목 벌채'로 얻은 원목 중 목재로 미이용된 양은 12.75만 m^3이다.

실전에선 이렇게!

② 곱셈 비교하면 숲가꾸기 벌채는 583×27이고 수확벌채는 212×96이다. 96은 27의 3배 이상이지만 583은 212의 3배 미만이다. 따라서 583×27 < 212×96으로 판단할 수 있다.

③ 수확벌채 212×96이 목재로 이용된 것 중 보드용으로 이용되지 않은 399×45보다 큰지 판단한다.

19 분수 비교형 난이도 하

정답 ⑤

문제풀이 핵심 포인트

비율 판단 시 구체적인 계산을 하지 말고 선지에서 제시하는 비율을 기준으로 판단한다.

풀이

① (×) 2001년에는 전년에 비해 감소하였다. 따라서 매년 증가하지 않았다.

② (×) 2006년 298개소에서 2008년 350개소로 약 17.4% 증가하였다. 따라서 20% 미만이다.

③ (×) 2010년 전국 직장어린이집 수는 401개소이고, 인천이 26개소이므로 약 6.5%이다. 따라서 5% 이상이다.

④ (×) 전년대비 증가율이 10% 이상인 연도는 2003년과 2006년이다.

⑤ (○) 2010년 서울과 경기 지역 직장어린이집 수의 합은 204개소이므로 약 50.9%이다. 따라서 절반 이상이다.

20 보고서 검토·확인형 난이도 하 정답 ④

문제풀이 핵심 포인트

<표>에 직접 표시되지 않은 내용을 <보고서>에서 언급할 때 해당 내용이 <보기>에 제시된 경우 이를 답으로 골라낸다.

풀이

- <보고서> 두 번째 문단 두 번째 문장 '서울지역에서는 도봉세무서의 세수 규모가~'
  → ㄷ. 2009년 서울 소재 세무서별 세수 규모가 필요하다.
- <보고서> 세 번째 문단 문장 전단 '국세청 세입은 1966년 ~ 약 2,200배 증가하였으며'
  → ㄱ. 1966~2009년 연도별 국세청 세입액이 필요하다.
- <보고서> 세 번째 문단 문장 후단 '전국 세무서 수는 ~ 감소하였다.'
  → ㄹ. 1966~2009년 연도별 전국 세무서 수가 필요하다.

따라서 정답은 ④이다.

21 단순 판단형 난이도 하 정답 ①

문제풀이 핵심 포인트

<보고서>의 내용과 선지의 자료를 하나씩 매칭하며 검토한다.

풀이

① (×) 1995년과 2007년 도시근로자가구당 월평균 교통비지출액 비중의 차이는 소득 10분위가 14.6 - 10.3 = 4.3%p, 소득 1분위가 8.7 - 7.0 = 1.7%p 차이가 나므로 소득 10분위가 소득 1분위보다 크다.

22 표-차트 변환형 난이도 중 정답 ③

문제풀이 핵심 포인트

표-차트 변환형 문제는 표에서 제시된 수치를 그대로 나타낸 그림부터 판단한다.

풀이

③ (×) 국가별 흡연율은 남자와 여자의 인구 구성비율을 알아야 판단할 수 있다. 주어진 표를 가지고는 나타낼 수 없는 그림이다. 선지 ③의 그래프는 남녀비율을 1:1로 계산한 것이다.

23 조건 판단형 난이도 하 정답 ①

문제풀이 핵심 포인트

'일반' 유형인 아동은 24개월 초과 시 모두 10만 원으로 동일하고 12개월 이하인 경우 '일반'과 '농어촌' 유형 모두 20만 원으로 동일하므로 차이가 나는 부분 위주로 비교하여 답을 도출한다.

풀이

양육수당 지급조건을 정리하면 A: 15, B: 17.7, C: 20, D: 20.5, E: 10, F: 10, H: 10, I: 20이고, '나'가 37.7, '마'가 30, '다'가 20.5, '라'가 20, '가'가 15이다.

따라서 2012년 5월분의 양육수당이 많은 가구부터 순서대로 바르게 나열한 것은 '나-마-다-라-가'이다.

실전에선 이렇게!

세 번째 조건인 90일 이상 체류조건에 의해 아동 G를 제외하고 판단한다.

24 분산·물방울형 난이도 하 정답 ②

문제풀이 핵심 포인트

각주의 식이 제시되는 경우 간단하게 정리하여 풀이한다.

풀이

ㄱ. (○) 가격 괴리율의 식을 정리하면 다음과 같다.

해당 월 가격괴리율(%) = $(\frac{\text{해당 월 시장가격}}{\text{해당 월 이론가격}} - 1) \times 100$

따라서 $\frac{\text{해당 월 시장가격}}{\text{해당 월 이론가격}}$이 1보다 큰 달이 가격 괴리율이 0% 이상이 되므로 원점에서 뻗어 나온 45°의 직선보다 상단에 위치한 달이 이에 해당한다.

ㄴ. (×) 전월대비 이론가격이 증가한 달은 3월, 4월이다.

ㄷ. (○) 전월대비 가격 괴리율이 증가한다는 의미는 $\frac{\text{해당 월 시장가격}}{\text{해당 월 이론가격}}$의 기울기가 전월에 비해 커진다는 의미와 같다. 따라서 2월, 5월, 7월이 이에 해당한다.

ㄹ. (×) 전월대비 시장가격이 가장 큰 폭으로 증가한 달은 5월이다. 6월은 가장 큰 폭으로 하락한 달이다.

25 조건 판단형 난이도 상 정답 ④

문제풀이 핵심 포인트

소득세산출액을 직접 계산하지 말고 누가 더 많은 소득을 내는지 차이가 나는 부분을 중점적으로 비교하면서 답을 도출한다.

풀이

〈소득세 결정기준〉에 따른 소득세산출액을 도출하면 다음과 같다.

- A: 50 + 400 + 750 + 1,000 + 750 = 2,950만 원
- B: 50 + 400 + 750 + 2,000 + 1,250 = 4,450만 원
- C: 50 + 400 + 750 + 2,000 = 3,200만 원
- D: 50 + + 400 + 750 + 2,000 + 1,250 + 750 = 5,200만 원

따라서 가장 많은 사람은 D이고, 가장 적은 사람은 A이다.

실전에선 이렇게!

과세표준과 금융소득세 부과기준이 되는 금융소득을 정리하면 아래와 같다.

개인	근로소득세 부과기준으로서 과세표준	금융소득세 부과기준으로서 금융소득
A	15,000	5,000
B	25,000	0
C	20,000	0
D	25,000	5,000

따라서 금융소득과 과세표준이 가장 많은 D가 소득세산출액도 가장 많다. 선지 ①, ②, ③을 제외한 남은 선지 ④, ⑤에 따라 가장 적은 사람을 비교하면 A는 C에 비해 금융소득세 5,000×0.15만큼 더 많고 C는 A에 비해 근로소득세 5,000×0.2만큼 더 많기 때문에 둘 중 더 적은 사람은 A가 된다.

모바일 자동 채점 및 성적 분석 서비스

민경채 2012년 기출문제

PSAT 전문가의 총평

- '자료비교'에 해당하는 '곱셈 비교형'과 '분수 비교형'이 7문제 출제되어 전체의 약 30%에 해당하는 비중을 차지하고 있습니다.
- '매칭형'이 1문제, '각주 판단형'이 4문제, '조건 판단형'이 2문제로 '자료판단'에서 7문제가 출제되었고, 이 중 '각주 판단형'의 난도는 '중' 이상으로 까다롭게 출제되었으나 나머지 문제는 '중' 이하의 난도로 까다롭지 않게 출제되었습니다.
- '보고서 검토·확인형'은 2문제, '표 – 차트 변환형'이 1문제 출제되어 '자료검토·변환'에서 3문제가 출제되었고, 난도 역시 낮은 편입니다.
- 상대적으로 난도가 높은 문제는 9번, 24번, 25번으로 3문제가 출제되어 시간 관리가 어렵지 않아 대부분의 문제를 해결할 수 있습니다.
- 전체적인 난도는 '하' 수준으로 출제되었으며 특히 단순 판단형 문제가 1, 3, 7, 17, 22번으로 5문제 출제되어 체감 난도가 낮은 편입니다. 전체적으로 7급 공채 합격생 기준 90점 이상을 받을 수 있는 난도라고 평가할 수 있습니다.

정답

p.269

1	①	단순 판단형	6	③	분수 비교형	11	③	표 – 차트 변환형	16	④	분산·물방울형	21	⑤	매칭형
2	①	보고서 검토·확인형	7	④	단순 판단형	12	③	평균 개념형	17	②	단순 판단형	22	①	단순 판단형
3	④	단순 판단형	8	②	분수 비교형	13	②	보고서 검토·확인형	18	④	곱셈 비교형	23	②	각주 판단형
4	③	분수 비교형	9	⑤	각주 판단형	14	⑤	분산·물방울형	19	③	분수 비교형	24	⑤	조건 판단형
5	②	분수 비교형	10	⑤	각주 판단형	15	②	조건 판단형	20	④	각주 판단형	25	①	분수 비교형

취약 유형 분석표

유형별로 맞힌 문제 개수와 정답률, 틀린 문제 번호, 풀지 못한 문제 번호를 적고 나서 취약한 유형이 무엇인지 파악해 보세요. 그 후 약점 보완 해설집 p.2 [취약 유형 공략 포인트]에서 약점 보완 학습법을 확인하고, 틀린 문제와 풀지 못한 문제를 다시 한번 풀어보세요.

유형		맞힌 문제 개수	정답률	틀린 문제 번호	풀지 못한 문제 번호
자료비교	곱셈 비교형	/1	%		
	분수 비교형	/6	%		
	반대해석형	-	-		
자료판단	단순 판단형	/5	%		
	매칭형	/1	%		
	빈칸형	-	-		
	각주 판단형	/4	%		
	조건 판단형	/2	%		
자료검토·변환	보고서 검토·확인형	/2	%		
	표-차트 변환형	/1	%		
자료이해	평균 개념형	/1	%		
	분산·물방울형	/2	%		
	최소여집합형	-	-		
TOTAL		/25	%		

해설

1 단순 판단형 난이도 하 정답 ①

문제풀이 핵심 포인트
그래프의 수치를 검토하는 것보다 세로축의 폭 - 수심비 눈금으로 시각적인 판단을 한다.

풀이

ㄱ. (O) 옳은 설명이다.

ㄴ. (×) 1983년과 1993년의 폭 - 수심비 차이가 가장 큰 측정지점은 5.5km 지점이다.

ㄷ. (×) 1983년 폭 - 수심비 최댓값과 최솟값의 차이가 300보다 크게 되려면 적어도 최댓값이 300을 넘어야 한다. 하지만 모든 측정지점에서 1983년의 폭 - 수심비는 300을 넘지 못한다.

2 보고서 검토·확인형 난이도 하 정답 ①

문제풀이 핵심 포인트
〈보고서〉의 길이가 짧은 경우 각 선택지 내용을 모두 검토하지 않기 때문에 직접 언급되는 내용을 빠르게 찾아 비교한다.

풀이

① (×) 2009년에는 19세 이상 성인 남성의 현재흡연율이 전년에 비해 감소하고 있다. 따라서 틀린 선지이다.

3 단순 판단형 난이도 하 정답 ④

문제풀이 핵심 포인트
주어진 자료 순서대로 〈보고서〉의 내용과 매칭하여 답을 도출한다.

풀이

· A는 매우 불만족과 약간 불만족의 합이므로 0.2 + 0.7 = 0.9이다.
· B는 유일하게 여성이 더 높은 안내정보서비스이다.
· C는 '음식', '쇼핑', '안내정보서비스' 부문에서 가장 높은 만족도를 보이는 50대 이상이다.
· D는 '재미있다'의 여성과 남성의 점수가 거의 같은 반면 '독특하다'의 경우 여성의 점수가 더 높다.

따라서 A가 '0.9%', B가 '안내정보서비스', C가 '50대 이상', D가 '독특하다'이다.

4 분수 비교형 난이도 중 정답 ③

문제풀이 핵심 포인트
〈보고서〉의 내용과 주어진 자료의 내용을 올바르게 매칭하여 답을 도출한다.

풀이

㉠ (O) 〈그림 1〉에 따르면 12.0억의 50%는 6.0억이므로 2014년의 18.5억과 비교하면 50% 이상 증가할 것으로 전망된다.

㉡ (O) 〈그림 2〉에서 쉽게 확인 가능하다.

㉢ (×) 〈표〉와 〈그림 2〉에 따르면 2014년 미국 소셜광고 시장 규모는 55.9억 달러이고 같은 해 세계 소셜광고 시장 규모는 119.0억 달러이다. 따라서 미국 소셜광고 시장 규모는 세계 소셜광고 시장의 50% 이상을 차지하지 못한다. 미국 소셜광고 시장 규모의 2배 값은 세계 소셜광고 시장보다 작다.

㉣ (O) 〈표〉에서 쉽게 확인 가능하다.

㉤ (O) 〈표〉에 따르면 71%에서 67%로 시장 점유율이 4%p 감소할 전망이다.

5 분수 비교형 난이도 중 정답 ②

문제풀이 핵심 포인트
단순 비교 선지부터 검토한 후 비율이나 감소율을 묻는 선지 순으로 검토하여 답을 도출한다.

풀이

① (O) 〈표〉에서 쉽게 확인 가능하다.

② (×) 20대 여성취업자는 2010년 1,946천 명에서 2011년 1,918천 명으로 28천 명 감소하였다. 따라서 (28/1,946)×100≒1.4%이므로 3% 이상 감소하지 않았다.

③ (O) 유일하게 2011년만 50대 여성취업자가 20대 여성취업자보다 많다.

④ (O) 2007~2010년의 전년대비 증감폭을 묻고 있으므로 2006~2010년의 수치를 확인해야 한다. 전년대비 증감폭은 2007년부터 2010년까지 120천 명, 48천 명, 102천 명, 142천 명이므로 2010년이 가장 크다.

⑤ (O) 전체 여성취업자 중 50대 여성취업자가 차지하는 비율은 2011년 $\frac{2,051}{10,091}$이고 2005년 $\frac{1,407}{9,526}$이므로 20%를 기준으로 판단하면 2011년이 2005년보다 더 높다.

6 분수 비교형 난이도 중 정답 ③

문제풀이 핵심 포인트
여성과 남성의 기대수명 순위가 일치하지 않은 점을 고려하여 판단한다.

풀이

① (×) 한국 남성의 기대수명은 2003년 73.9세에서 2009년 76.8세로 2.9세 증가하였다. 73.9세의 5% 이상이 되려면 3.7세 이상(3.695세) 증가해야 한다.

② (×) 2009년의 경우, 일본 남성의 기대수명은 79.6세이고 일본 여성의 기대수명은 86.4세이다. 86.4세의 90%는 77.76세이므로(87의 90%는 78.3) 일본 남성의 기대수명은 일본 여성의 기대수명의 90%를 넘는다.

③ (O) 2009년 여성과 남성의 기대수명이 모두 상위 5위 이내인 OECD국가는 일본과 스위스이다. 따라서 총 2개 국가이다.

④ (×) 2006년과 2009년 한국 여성의 기대수명 차이는 83.8 - 82.4 = 1.4세이고 2006년과 2009년 한국 남성의 기대수명 차이는 76.8 - 75.7 = 1.1세이다. 따라서 여성의 기대수명 차이가 남성의 기대수명 차이보다 더 크다.

⑤ (×) 2009년 스위스 여성과 스웨덴 여성의 기대수명 차이는 84.6 - 83.4 = 1.2세이고 두 나라 남성의 기대수명 차이는 79.9 - 79.4 = 0.5세이다. 따라서 전자가 후자보다 크다.

실전에선 이렇게!

① 5%를 판단할 때 일의 자리를 버린 다음 절반으로 나누면 쉽게 판단할 수 있다.

7 단순 판단형 난이도 하 정답 ④

문제풀이 핵심 포인트

사회기여방식 중 급여방식이 동일한 항목이 존재하므로 이를 체크하면서 판단한다.

풀이

① (O) 기여비례급여는 퇴직준비금식(싱가포르, 말레이시아, 인도, 인도네시아)과 강제가입식(칠레, 멕시코, 아르헨티나, 페루, 콜롬비아) 두 종류가 있다. 따라서 총 9개 국가이다.

② (O) 삼원체계로 분류된 국가는 모두 비부담 방식을 도입하고 있다. 따라서 이스라엘, 라트비아, 덴마크, 캐나다로 4개 국가이다.

③ (O) 일원체계로 분류된 국가의 수는 17개이고 이원체계로 분류된 국가의 수 역시 17개로 동일하다.

④ (×) 보충급여를 도입한 국가의 수는 14개고 소득비례급여를 도입한 국가의 수는 26개이다. 따라서 후자가 더 많다.

⑤ (O) 정액급여를 도입한 국가의 경우, 일원체계로 분류된 국가의 수는 2개이고 이원체계로 분류된 국가의 수는 5개이다. 따라서 전자가 후자보다 적다.

8 분수 비교형 난이도 중 정답 ②

문제풀이 핵심 포인트

주어진 자료의 양이 많기 때문에 선지에서 묻는 내용을 〈표〉와 올바르게 매칭하여 답을 도출한다.

풀이

① (O) 〈표 3〉에 따르면 참여어업인은 매년 증가하였다.

② (×) 〈표 2〉에 따르면 2005년 전체 참여공동체는 122개소이고 이 중 전남지역 참여공동체는 32개소이므로 전체에서 전남지역이 차지하는 비율은 (32/122)×100≒26.2%이다. 따라서 30% 이하이다.

③ (O) 〈표 2〉에 따르면 인천의 2004년 대비 2011년 참여공동체 증가율은 6개소에서 43개소로 약 7배 정도 증가하였다. 충북지역을 제외하고, 인천보다 증가율이 낮은 지역은 없다.

④ (O) 〈표 1〉에 따르면 2006년 이후 각 어업유형에서 참여공동체는 매년 증가하였다.

⑤ (O) 〈표 2〉에 따르면 참여공동체가 많은 지역부터 나열하면, 충남지역의 순위는 2009년과 2010년 모두 4위로 동일하다.

9 각주 판단형 난이도 상 정답 ⑤

문제풀이 핵심 포인트

각 국가는 나머지 세 국가와 한 경기씩 총 세 경기를 하였으므로 국가별로 '승+무+패'의 합은 3이 되어야 하고 1조의 총 승수=총 패수=4가 되어야 하며 득점 총합과 실점 총합 역시 같아야 한다.

풀이

빈칸을 채워 넣으면 아래와 같다.

구분	승	무	패	득점	실점	승점
A국	0	(1)	2	1	4	1
B국	(1)	1	(1)	3	5	(4)
C국	1	(1)	1	3	(2)	(4)
D국	(2)	1	0	4	0	(7)

먼저 각국의 '승+무+패'의 합이 3이어야 하므로 A국은 1무 2패(승점 1), C국은 1승 1무 1패(승점 4), D국은 2승 1무(승점 7)가 된다. 이에 따라 B국은 1승 1무 1패(승점 4)가 된다. 또한 득점과 실점의 총합이 동일해야 하므로 C국의 실점은 2점이 된다. 따라서 선지 ⑤는 옳지 않다.

10 각주 판단형 난이도 중 정답 ⑤

문제풀이 핵심 포인트

〈그림〉의 2007년 이전 수치는 검토 시 필요 없는 정보이기 때문에 삭제한 후 판단한다.

풀이

① (O) A: 2008년 식료품·비주류음료 소비지출은 100,000×14.11/100 = 14,110억 원이다.

② (O) B: 2009년 주거·수도·광열 소비지출은 120,000×9.81/100 = 11,772억 원이다.

③ (O) C: 2010년 계수 차이는 13.86 - 10.07 = 3.79%p이다.

④ (O) D: 2011년 총소비지출은 (20,300/10.15)×100 = 200,000억 원이다.

⑤ (×) E: 2011년 식료품·비주류음료 소비지출은 200,000×14.18/100 = 28,360억 원이다.

11 표 - 차트 변환형 난이도 중 정답 ③

문제풀이 핵심 포인트

〈표〉의 수치를 그대로 옮긴 선지부터 판단한다.

풀이

2007년 법정제재 건수의 방송사별 구성비가 〈표〉에 제시된 방송사별 제재 건수 그대로 표시되어 있다. 2007년 전체 방송사별 제재 건수의 총합이 90건이므로 선지 ③은 옳지 않다.

12 평균 개념형 난이도 중 정답 ③

문제풀이 핵심 포인트
점수를 받은 학생수의 분포가 5점을 기준으로 대칭 구조인 점을 파악하여 답을 도출한다.

풀이

ㄱ. (O) 5점을 기준으로 5점 미만인 학생 수의 합과 5점 초과인 학생 수의 합이 같다.

ㄴ. (×) 4~6점을 받은 학생 수는 43명이고 전체 학생 수는 55명이므로 (43/55)×100≒78.2%이다. 따라서 86% 미만이다.

ㄷ. (×) 학급의 체육점수 산술평균은 $\frac{275}{55}=5$이고 전체 학생이 받은 체육점수 중 최고점 9점과 최저점 1점을 제외하고 구한 산술평균 역시 $\frac{265}{53}=5$이다. 따라서 양자의 산술평균 값은 같다.

ㄹ. (O) 학급에서 가장 많은 학생(23명)이 받은 체육점수는 5점이다.

13 보고서 검토·확인형 난이도 하 정답 ②

문제풀이 핵심 포인트
선지의 제목 키워드를 중심으로 해당 내용이 〈보고서〉에 포함되어 있는지 판단하여 답을 도출한다.

풀이

국내 IPTV 서비스 가입자 수는 〈보고서〉에 나타나 있지만 국내 IPTV 서비스 매출액은 〈보고서〉에 직접적으로 드러나 있지 않다.

14 분산·물방울형 난이도 하 정답 ⑤

문제풀이 핵심 포인트
수요예측 오차는 가로축 항목과 세로축 항목의 차이이므로 보조선에 가까울수록 작다는 점을 토대로 판단한다.

풀이

① (×) 수요예측 오차가 가장 작은 제품유형은 보조선과 가장 가까운 E이다.

② (×) I와 J만 보더라도 그렇지 않음을 알 수 있다. 실제수요는 I가 더 크지만 수요예측 오차는 J가 더 작다.

③ (×) 수요예측치가 가장 큰 제품유형은 J이고 실제수요는 I가 가장 크다.

④ (×) 실제수요가 3,000개를 초과한 제품유형은 E, F, G, H, I, J로 총 6개이고 이는 전체 제품유형 수 10개의 60%이므로 50% 이상이다.

⑤ (O) 실제수요가 3,000개 이하인 제품유형은 A, B, C, D이고 이들은 모두 보조선 우하방에 위치하므로 각각 수요예측치가 실제수요보다 크다.

15 조건 판단형 난이도 하 정답 ②

문제풀이 핵심 포인트
입장료 차이에 따른 선호도의 격차는 1.0점, 2.5점이고, 사우나 유무에 따른 선호도의 격차는 1.6점이다.

풀이

① 7.7점
② 5.7점
③ 6.3점
④ 4.7점
⑤ 3.8점

따라서 세 번째로 큰 조합은 ②이다.

16 분산·물방울형 난이도 하 정답 ④

문제풀이 핵심 포인트
점의 위치를 토대로 정확한 값을 읽을 수 없기 때문에 눈금선을 기준으로 수치를 판단한다.

풀이

① (×) 1인당 GDP가 가장 낮은 국가는 S이고 자살률은 T가 가장 낮다.

② (×) 1인당 GDP가 4만 달러 이상인 국가는 K뿐이고 K의 자살률은 10명을 넘는다.

③ (×) 자살률이 가장 높은 국가는 A(20명 이상)이고 가장 낮은 국가는 T(5명 이하)이다. 이 두 국가의 자살률 차이는 15명 이상이다.

④ (O) 자살률이 가장 높은 국가는 A이고 A의 1인당 GDP는 1만 5천 달러에서 2만 달러 사이이다. 자살률이 두 번째로 높은 국가는 B이고 B의 1인당 GDP는 3만 달러 가까이 된다. 따라서 A의 1인당 GDP는 B의 1인당 GDP의 50% 이상이다.

⑤ (×) C국보다 자살률과 1인당 GDP가 모두 낮은 국가는 G, H, I, O, S로 5개이고 C국보다 자살률과 1인당 GDP가 모두 높은 국가는 B뿐이다. 따라서 같지 않다.

실전에선 이렇게!

④ B의 1인당 GDP가 3만 달러 가까이 되지만 만약 3만 달러라고 하더라도 50%는 1만 5천 달러가 된다. 즉 B의 1인당 GDP의 50%는 1만 5천 달러를 넘지 못한다고 판단할 수 있다.

17 단순 판단형 난이도 하 정답 ②

문제풀이 핵심 포인트
항목의 점수를 정확히 읽을 수 없기 때문에 눈금선을 기준으로 수치를 판단한다.

풀이

① (×) C 음료는 8개 항목 중 '쓴맛'보다 '단맛'의 점수가 더 높다.

② (O) '용기디자인'의 점수는 A 음료가 4점 이상으로 가장 높고, C 음료가 2점 미만으로 가장 낮다.

③ (×) B 음료는 A 음료보다 '쓴맛'과 '단맛' 2개 항목에서 더 높은 점수를 받고 있다. 따라서 A 음료는 6개 항목에서 B 음료보다 각각 높은 점수를 받았다.

④ (×) B 음료가 D 음료보다 점수가 큰 항목은 '단맛'과 '쓴맛'이다. 이 두 가지를 제외한 나머지 항목은 모두 D 음료가 B 음료보다 크다. B 음료의 '단맛'과 '쓴맛' 항목 점수는 각각 D 음료의 '신맛'과 '향기' 항목과 비슷하다. 따라서 소비자평가 결과의 항목별 점수의 합은 B 음료보다 D 음료가 더 크다는 것을 판단할 수 있다.

⑤ (×) A~D 음료 간 '색'의 점수는 A가 가장 높지만 '단맛'의 점수는 B와 C가 A보다 더 높다.

실전에선 이렇게!

③ 총 8개 항목이므로 반대해석하여 A 음료는 B 음료보다 1개 항목에서 낮은 점수를 받았는지 검토한다.

18 곱셈 비교형 난이도 중 정답 ④

문제풀이 핵심 포인트

각주 식을 변형하여 연간 관중 수 = 관중수용률×연간 경기장 수용규모임을 도출하여 곱셈 비교로 답을 도출한다.

풀이

① (×) 2008년과 2009년의 축구의 연간 관중 수를 비교하면 40,574×28.7 VS 37,865×29.0이다. 29.0은 28.7보다 1% 더 높은 수치이지만 40,574는 37,865보다 5% 이상 큰 수치이다. 따라서 40,574×28.7이 37,865×29.0보다 큰 수치이므로 2009년 축구의 연간 관중 수는 2008년에 비해 감소하였다.

② (×) 2011년 관중수용률은 농구가 야구보다 더 낮다.

③ (×) 관중수용률이 매년 증가한 종목은 야구와 축구 2개이다.

④ (O) 2009년 배구의 연간 관중 수는 4,843×30.4이고 핸드볼의 연간 관중 수는 2,756×43.8이다. 43.8은 30.4의 1.4배 정도이지만 4,843은 2,756의 1.6배를 넘는다. 따라서 4,843×30.4가 2,756×43.8보다 더 큰 수이므로 2009년 연간 관중 수는 배구가 핸드볼보다 많다.

⑤ (×) 2007~2011년 동안 연간 경기장 수용규모의 전년대비 증감 방향을 묻고 있으므로 2006~2011년 추세를 비교해야 한다. 농구의 연간 경기장 수용규모는 2007년에 전년대비 증가하는 반면 핸드볼의 경우에는 감소하고 있으므로 동일하지 않다.

19 분수 비교형 난이도 중 정답 ③

문제풀이 핵심 포인트

2011년 : 2010년 = 80% : 20%의 의미는 2011년 수치가 2010년의 4배라는 의미와 같다.

풀이

〈그림 1〉과 〈그림 2〉를 통해 2010~2011년 변리사 전체 특허출원 건수가 45건이고 이 중 20%인 9건이 2010년, 80%인 36건이 2011년 특허출원 건수가 된다. 〈그림 3〉에서 변리사 A의 전체 특허출원 건수가 30건이고 이 중 20%인 6건이 2010년, 80%인 2011년이 24건이다. 따라서 변리사 B의 2010년 특허출원 건수는 3건, 2011년 특허출원 건수는 12건이 되므로 4배가 된다.

실전에선 이렇게!

〈그림 2〉의 A+B 전체 연도별 구성비와 〈그림 3〉의 A 구성비가 동일하므로 B의 연도별 구성비 역시 동일해야 한다.

20 각주 판단형 난이도 중 정답 ④

문제풀이 핵심 포인트

증감계수에 100을 곱하면 증가율 식과 같아지므로 이를 배수로 전환해서 답을 도출한다.

풀이

증감계수 식에 100을 곱하면 증가율이 되므로 이를 다시 배수로 전환하여 판단하면 증감계수 1.0은 전 분기에 비해 100% 증가(2배)했다는 의미와 같고, 증감계수 0.5는 전 분기에 비해 50% 증가(1.5배)했다는 의미와 같으며, 증감계수 -0.5는 전 분기에 비해 50% 감소(0.5배)했다는 의미와 같다. 또한 증감계수 3.0은 전 분기에 비해 300% 증가(4배)했다는 의미와 같다.

따라서 A는 4, 8, 12, 6이 되고 B는 6, 9, 4.5, 9가 되며 C는 2, 1, 4, 8이 된다. 즉, 4사분기 매출액이 큰 순서대로 나열하면 B, C, A가 된다.

21 매칭형 난이도 하 정답 ⑤

문제풀이 핵심 포인트

확정 가능한 〈보기〉부터 검토하여 〈보기〉의 내용을 충족하지 못하는 선지를 하나씩 제거하면서 답을 도출한다.

풀이

- 첫 번째 〈보기〉에서 위험물보관소와 임야는 D 또는 F가 된다.
- 세 번째 〈보기〉에서 위험물보관소와 선박은 D 또는 E가 된다.
- 첫 번째와 세 번째 〈보기〉를 통해 위험물보관소는 D, 임야는 F, 선박은 E가 된다. 이에 따라 선지 ①, ③, ④가 제거되며, C는 차량임을 알 수 있다.

- A가 사무실인지 주택인지 판단해야 하므로 두 번째 〈보기〉는 검토할 필요가 없다. 두 번째 〈보기〉에서는 사무실과 주택은 A 또는 B가 된다고 제시되어 있다.
- 네 번째 〈보기〉에서 주택과 차량(C)의 합은 사무실보다 적다고 하였으므로 주택이 A가 된다.

따라서 A가 주택, C가 차량, F가 임야이다.

22 단순 판단형 난이도 하 　　정답 ①

문제풀이 핵심 포인트

연도별 건수의 합이 100.0%인 〈표〉이므로 비중 자체를 묻는 〈보기〉인지 실제 건수를 묻는 〈보기〉인지 구분하여 판단한다.

풀이

ㄱ. (○) 2011년 비대면거래의 각 항목을 비교해보면 CD/ATM 건수 비중은 2009년 대비 0.2%p 감소, 텔레뱅킹 건수 비중은 2009년 대비 0.2%p 감소, 인터넷뱅킹 건수 비중은 2009년 대비 1.9%p 증가하고 있다. 따라서 비대면거래 건수 비중은 2011년에 2009년 대비 1.5%p 증가하였다.

ㄴ. (×) 각 연도별로 금융서비스 전체 업무처리 건수가 주어져 있지 않으므로 2008~2011년 동안 대면거래 건수를 비교할 수 없다.

ㄷ. (○) 2007~2011년 동안 매년 비대면거래 중 텔레뱅킹 업무처리 건수의 비중이 가장 낮으므로 업무처리 건수가 가장 적은 제공방식 역시 텔레뱅킹이다.

ㄹ. (×) 대면거래 금액은 알 수 없다.

23 각주 판단형 난이도 중 　　정답 ②

문제풀이 핵심 포인트

화물차 1대당 비율이 A, B, C로 주어졌으므로 비율이 아닌 실제 수치를 묻는 선지에 유의하여 답을 도출한다.

풀이

ㄱ. (○) 2008년 화물차 1대당 월평균 에너지 사용량(A)이 가장 적은 분야는 용달화물(761)이다.

ㄴ. (×) 화물운송실적은 알 수 없다. 전체 화물차 대수가 주어져야 알 수 있다.

ㄷ. (○) 2010년 화물차 1대당 월평균 에너지 효율성(C)은 일반화물(27.2), 개별화물(11.1), 용달화물(4.1)이다.

ㄹ. (×) 화물차 1대당 월평균 에너지 효율성(C)이 매년 증가한 분야는 하나도 없다.

24 조건 판단형 난이도 상 　　정답 ⑤

문제풀이 핵심 포인트

평균이 주어진 경우 평균과 항목의 편차를 통해 빈칸에 들어갈 값을 도출한다.

풀이

ㄱ. (×) 8거래일의 일별 주가는 4~7거래일의 일별 주가와 8거래일의 5일이동평균 차이를 이용하면 쉽게 도출된다. 8거래일의 5일이동평균 7,790과의 차이는 4거래일 −70, 5거래일 −10, 6거래일 +30, 7거래일 +40이므로 8거래일을 제외한 차이값의 합은 −10이 된다. 즉, 8거래일의 일별 주가는 8거래일의 5일이동평균 7,790+10=7,800원이 된다. 따라서 일별 주가는 거래일마다 상승하고 있지 않다.

ㄴ. (○) 7거래일의 5일이동평균을 도출할 때 6거래일의 5일이동평균을 참고로 하면 쉽게 도출된다. 즉, 2거래일의 일별 주가와 7거래일의 일별 주가만큼 차이가 난다는 점을 이용하면 된다. 7,830−7,590=240이므로 평균치는 $\frac{240}{5}$=48만큼 차이가 난다. 따라서 7거래일의 5일이동평균은 7,706+48=7,754가 되므로 5거래일 이후 5일이동평균은 거래일마다 상승하고 있다.

ㄷ. (○) 4거래일의 일별 주가가 직전거래일 대비 100원으로 가장 많이 상승하였다.

ㄹ. (○) 5거래일 이후 해당거래일의 일별 주가와 5일이동평균 간의 차이를 비교하려면 일별 주가의 증가폭보다 5일이동평균의 증가폭이 더 크면 거래일마다 감소하였다고 판단할 수 있다. 일별 주가의 증가폭은 +40, +10, −30이고 5일이동평균의 증가폭은 +54, +48, +36이다. 따라서 차이는 거래일마다 감소하고 있다.

25 분수 비교형 난이도 상 　　정답 ①

문제풀이 핵심 포인트

〈그림 2〉는 〈그림 1〉의 산업별 구분 중 서비스업 투자건수를 실제 금액으로 표시해 놓은 자료이므로 이를 연계하여 답을 도출한다.

풀이

① (○) 외국기업 국내 투자건수를 도출하려면 〈그림 1〉의 서비스업 투자건수 비율과 〈그림 2〉의 서비스업 투자건수를 이용해야 한다. 외국기업의 국내 투자건수는 2010년 $\frac{687}{0.687}$=1,000이고 2009년 $\frac{680}{0.659}$>1,000이므로 2010년은 2009년보다 적다.

② (×) 2008년 외국기업의 국내 서비스업에 대한 투자건수가 572건이고 산업에서 차지하는 비중은 67.8%이다. 따라서 농·축·수산·광업의 비중이 5.9%이므로 외국기업의 농·축·수산·광업에 대한 투자건수는 서비스업의 10%에도 미치지 못하게 된다. 즉, 60건 미만이다.

③ (×) 외국기업 국내 투자건수 중 제조업이 차지하는 비율은 2010년에 감소하였다.

④ (×) 외국기업 국내 투자건수 중 각 산업이 차지하는 비율의 순위는 2009년에 다르다.

⑤ (×) 외국기업의 국내 서비스업 투자건당 투자금액은 2009년에 비해 2010년에 감소하고 있다.

모바일 자동 채점 및 성적 분석 서비스

민경채 2011년 기출문제

PSAT 전문가의 총평

- '자료비교'에 해당하는 '곱셈 비교형'과 '분수 비교형'이 12문제 출제되어 전체의 약 50%에 해당하는 비중을 차지하고 있습니다.
- '매칭형'이 2문제, '빈칸형'이 2문제, '각주 판단형'이 1문제, '조건 판단형'이 1문제로 '자료판단'에서 6문제가 출제되었지만, 난도는 '중' 이하로 까다롭지 않게 출제되었습니다.
- '보고서 검토·확인형'은 2문제, '표-차트 변환형'이 2문제 출제되어 '자료검토·변환'에서 4문제가 출제되었고, 특히 난도가 가장 낮은 '보고서 검토·확인형'이 2문제 출제되었기 때문에 확실히 맞혀야 합니다.
- 상대적으로 난도가 높은 문제는 24번과 25번으로 2문제 정도 출제되었고, 시간 관리가 어렵지 않아 대부분의 문제를 해결할 수 있습니다.
- 전체적인 난도는 '하' 수준으로 출제되었으며 23번까지 출제된 문제 중 난도 '중' 이하의 문제에 대한 정답률에 따라 고득점도 가능합니다. 따라서 7급 공채 합격생 기준 90점 이상을 받을 수 있는 난도라고 평가할 수 있습니다.

정답

p.285

1	④	분산·물방울형	6	④	분수 비교형	11	①	빈칸형	16	②	분수 비교형	21	③	분수 비교형
2	①	빈칸형	7	④	분수 비교형	12	③	분수 비교형	17	⑤	분수 비교형	22	④	각주 판단형
3	②	표-차트 변환형	8	⑤	분수 비교형	13	④	조건 판단형	18	②	분산·물방울형	23	③	분수 비교형
4	⑤	분수 비교형	9	①	분산·물방울형	14	③	분수 비교형	19	④	보고서 검토·확인형	24	②	분수 비교형
5	②	분수 비교형	10	③	매칭형	15	⑤	보고서 검토·확인형	20	①	매칭형	25	①	표-차트 변환형

취약 유형 분석표

유형별로 맞힌 문제 개수와 정답률, 틀린 문제 번호, 풀지 못한 문제 번호를 적고 나서 취약한 유형이 무엇인지 파악해 보세요. 그 후 약점 보완 해설집 p.2 [취약 유형 공략 포인트]에서 약점 보완 학습법을 확인하고, 틀린 문제와 풀지 못한 문제를 다시 한번 풀어보세요.

유형		맞힌 문제 개수	정답률	틀린 문제 번호	풀지 못한 문제 번호
자료비교	곱셈 비교형	-	-		
	분수 비교형	/12	%		
	반대해석형	-	-		
자료판단	단순 판단형	-	-		
	매칭형	/2	%		
	빈칸형	/2	%		
	각주 판단형	/1	%		
	조건 판단형	/1	%		
자료검토·변환	보고서 검토·확인형	/2	%		
	표 - 차트 변환형	/2	%		
자료이해	평균 개념형	-	-		
	분산·물방울형	/3	%		
	최소여집합형	-	-		
TOTAL		**/25**	**%**		

해설

1 분산·물방울형 난이도 하 정답 ④

문제풀이 핵심 포인트
분산형 그래프의 특성을 파악하여 기울기 및 보조선과 거리를 파악한다.

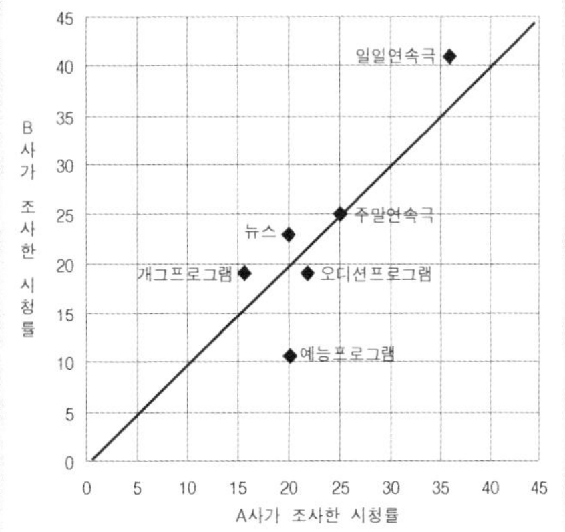

풀이

ㄱ. (×) B사가 조사한 일일연속극 시청률은 40% 이상이다.

ㄴ. (O) A사가 조사한 시청률과 B사가 조사한 시청률 간의 차이가 가장 큰 것은 위 그림에서 보조선과 가장 거리가 멀리 떨어진 예능프로그램이다.

ㄷ. (×) B사의 조사결과가 A사의 조사결과보다 높으려면 보조선 좌상방에 위치해야 한다. 오디션프로그램의 시청률은 보조선의 우하방에 위치해 있다.

ㄹ. (×) 주말연속극의 시청률은 A사의 조사결과와 B사의 조사결과가 25%로 서로 같다.

ㅁ. (O) 쉽게 판단 가능하다.

2 빈칸형 난이도 중 정답 ①

문제풀이 핵심 포인트
〈표〉에 주어진 식을 토대로 항목 간 규칙성을 파악한다.

풀이

구분 \ 연도		1차 년도	2차 년도	3차 년도	4차 년도
이자비용(A)[=(전년도 E)×0.1]		-	900	(930)	(963)
액면이자(B)		-	600	600	600
사채 발행 차금	상각액(C) [=(당해년도 A)-(당해년도 B)]	-	300	(330)	(363)
	미상각잔액(D) [=(전년도 D)-(당해년도 C)]	3,000	2,700	(2,370)	(2,007)
사채장부가액(E) [=(전년도 E)+(당해년도 C)]		9,000	9,300	(9,630)	9,993

① (×) 3차년도의 사채장부가액은 96.3억 원이다. 따라서 96억 원 이상이 된다.

② (O) 3차년도, 4차년도의 상각액은 각각 330, 363백만 원이므로 전년도 대비 매년 증가한다.

③ (O) 3차년도, 4차년도의 이자비용은 각각 930, 963백만 원이므로 전년도 대비 매년 증가한다.

④ (O) 3차년도, 4차년도의 미상각잔액은 각각 2,370, 2,007백만 원이므로 전년도 대비 매년 감소한다.

⑤ (O) 사채장부가액의 식을 살펴보면 금년의 사채장부가액은 전년도 사채장부가액과 당해년도 상각액의 합으로 이루어지므로 사채장부가액 증가액은 당해년도 상각액과 동일하다.

3 표-차트 변환형 난이도 중 정답 ②

문제풀이 핵심 포인트
각주에서 새롭게 정의되는 용어의 의미를 정확하게 이해하여 그래프의 제목을 중점적으로 검토한다.

풀이

그래프 ①, ③, ④는 〈표〉의 수치가 그대로 적용된 선지이다. 그래프 ⑤는 한국 여자의 암 발생률 합계인 241.6명 중 암의 종류별 구성비를 재구성하여 원그래프로 나타낸 선지이다. 그래프 ②는 '국가별 여성 유방암 발생자 수'를 나타낸 것이다. 하지만 〈표〉에서 제시되고 있는 자료는 암 발생률 현황이고 각주에서 암 발생률의 정의는 '특정기간 동안 해당 집단의 인구 10만 명당 새롭게 발생한 암 환자 수'라고 하고 있다. 따라서 판단할 수 없는 선지이다. 만약 그래프 ②가 새롭게 발생한 암 환자수를 나타낸 그래프라고 하여도 국가별 인구를 알 수 없기 때문에 역시 판단할 수 없다.

4 분수 비교형 난이도 하 정답 ⑤

문제풀이 핵심 포인트
단순 수치판단을 묻는 〈보기〉 위주로 판단하여 답을 빠르게 도출한다.

풀이

ㄱ. (×) 2010년에 실업자 훈련인원은 전년대비 증가하지만 실업자 훈련지원금은 감소하고 있다.

ㄴ. (O) 훈련지원금 총액은 2009년 10,256억 원으로 1조 원을 넘어 최고치를 기록하였다.

ㄷ. (×) 2006년 대비 2010년 실업자 훈련인원은 102천 명에서 304천 명으로 약 200% 증가하였고(약 3배 증가) 실업자 훈련지원금은 3,236억 원에서 4,362억 원으로 (1,126/3,236)×100≒34.8% 증가하고 있다. 따라서 실업자 훈련인원의 증가율은 실업자 훈련지원금 증가율의 7배를 넘지 못한다.

ㄹ. (O) 옳은 설명이다.

ㅁ. (O) 1인당 훈련지원금은 훈련인원이 적을수록, 훈련지원금이 많을수록 커지게 된다. 매년 훈련지원금은 비슷하지만 훈련인원은 실업자보다 재직자가 10배 이상 많다. 따라서 1인당 훈련지원금은 매년 실업자가 재직자보다 많다.

실전에선 이렇게!

ㄷ. 〈보기〉를 판단할 때 위와 같이 계산해서 비교하지 않는다. 계산을 정확하게 하지 않아도 우리가 알 수 있는 것은 실업자 훈련인원의 증가율이 3배를 넘지 못한다는 것이다. 즉, 증가율이 200%에 미치지 못한다. 또한 실업자 훈련지원금은 어림산하면 증가율이 30%대라는 것을 짐작할 수 있다. 즉, 실업자 훈련지원금의 증가율을 30%라고 하여도 7배는 210%이니 실업자 훈련인원의 증가율을 200%라고 하여도 7배 미만이 된다. 따라서 ㄷ이 옳지 않다고 판단할 수 있다.

5 분수 비교형 난이도 하 정답 ②

문제풀이 핵심 포인트

자료에 직접 주어지지 않은 항목은 반대해석하여 판단한다.

풀이

ㄱ. (×) 회원기금원금은 2007년에 감소하고 있다.

ㄴ. (O) 공제회의 회원 수가 가장 적은 해는 2008년 159,398명이고 목돈수탁원금도 6,157억 원으로 가장 적다.

ㄷ. (×) 2010년에 회원급여저축총액 37,952억 원에서 회원급여저축원금 26,081억 원이 차지하는 비중은 50% 이상이다. 따라서 누적이자총액이 차지하는 비중은 50% 미만이 된다.

ㄹ. (O) 1인당 평균 계좌 수가 가장 많은 해는 2010년으로 70.93개이고 회원기금원금도 38,720억 원으로 가장 많다.

6 분수 비교형 난이도 하 정답 ④

문제풀이 핵심 포인트

저농약 신규 인증 중단 이후 = 2007년 이후, 저농약 인증 폐지 전 = 2009년 이전으로 수정하여 시점을 판단한다.

풀이

① (×) 저농약 신규 인증을 중단한 2007년 이후 친환경 농산물 총생산량은 2008년과 2010년에 증가하고 있다.

② (×) 저농약 인증 폐지연도인 2009년 이전에 저농약 농산물 생산량 18,550백 톤은 친환경 농산물 총생산량 50,955백 톤의 절반 미만을 차지하고 있다.

③ (×) 2007년에 무농약 농산물 생산량 14,345백 톤은 친환경 농산물 총생산량 40,940백 톤의 50% 미만을 차지하였다.

④ (O) 2005년 이후 전년에 비해 친환경 농산물 총생산량이 처음으로 감소한 시기는 저농약 인증이 폐지된 해인 2009년이다.

⑤ (×) 2005년 이후 전년에 비해 무농약 농산물 생산량의 증가폭이 가장 큰 시기는 2010년 약 16,600백 톤이다.

7 분수 비교형 난이도 하 정답 ④

문제풀이 핵심 포인트

성별 인원수가 연령별로 100명씩이므로 백분율처럼 판단할 수 있다.

풀이

ㄱ. (O) 양성평등정책에 찬성하는 비율은 30세 미만 여성 90%, 30세 이상 여성 60%이므로 전자가 후자보다 더 높다.

ㄴ. (O) 양성평등정책에 찬성하는 비율은 30세 이상 여성이 60%, 30세 이상 남성이 48%이므로 전자가 후자보다 더 높다.

ㄷ. (×) 양성평등정책에 찬성하는 비율의 성별 차이는 여성 75% - 남성 63% = 12%p이고 연령별 차이는 30세 미만 84% - 30세 이상 54% = 30%p이므로 전자보다 후자가 더 크다.

ㄹ. (O) 전체 남성의 수는 200명이고 이 중 찬성하는 남성은 126명이므로 남성의 절반 이상이 양성평등정책에 찬성하고 있다.

8 분수 비교형 난이도 하 정답 ⑤

문제풀이 핵심 포인트

〈그림〉에 비해 간단한 〈표〉를 위주로 판단할 수 있는 〈보기〉부터 검토한다.

풀이

ㄱ. (O) 2008년 이후 전체교통사고 발생건수는 220, 214, 213천 건으로 매년 감소하고 있다.

ㄴ. (×) 2010년 음주교통사고 발생건수는 30천 건으로 2006년 25천 건에 비해 5천 건 증가하였다. 즉 20% 증가하였으므로 30% 미만이다.

ㄷ. (O) 전체교통사고 발생건수 중 음주교통사고 발생건수의 비중은 분모인 전체교통사고 발생건수가 낮을수록 분자인 음주교통사고 발생건수가 높을수록 높아진다. 2010년은 전체교통사고가 가장 적고 음주교통사고는 2007년에 비해 두 번째로 많다. 따라서 2007년 $\frac{31}{240}$과 2010년 $\frac{30}{213}$ 중 2010년이 더 크므로 전체교통사고 발생건수 중 음주교통사고 발생건수의 비중은 2010년에 가장 높다.

ㄹ. (O) 2010년 음주교통사고의 분기별 발생건수는 3사분기(7, 8, 9월)에 가장 많았다.

실전에선 이렇게!

ㄷ. 10%를 기준으로 판단하면 240은 213보다 10% 이상 큰 숫자지만 31은 30보다 10% 이상 큰 숫자가 아니라고 판단한다.

ㄹ. 분기별 발생건수 합으로 비교하는 것보다 월별 비교로 빠르게 판단한다.

9 분산·물방울형 난이도 중

정답 ①

문제풀이 핵심 포인트
물방울 차트이므로 총자산 대비 당기순이익의 비율인 기울기 판단을 묻는 <보기> 위주로 검토하여 답을 도출한다.

풀이

ㄱ. (O) 직원 1인당 총자산은 직원수가 적을수록, 총자산이 많을수록 커진다. 각주 2에서 직원수는 한국씨티은행보다 국민은행이 6배 많지만 총자산은 6배가 되지 않는다. 따라서 직원 1인당 총자산은 한국씨티은행이 국민은행보다 많다.

ㄴ. (O) 총자산순이익률($=\frac{\text{당기순이익}}{\text{총자산}}$)은 원점과 각 은행을 나타내는 원의 중심좌표를 이은 선분의 기울기로 판단할 수 있다. 따라서 기울기가 가장 낮은 하나은행이 총자산순이익률도 가장 낮고, 기울기가 가장 높은 외환은행이 총자산순이익률도 가장 높다.

ㄷ. (×) 직원 1인당 당기순이익은 직원수가 적을수록, 당기순이익이 많을수록 커진다. 신한은행은 외환은행보다 직원수가 많지만 당기순이익이 더 적다. 따라서 직원 1인당 당기순이익은 외환은행이 신한은행보다 많다.

ㄹ. (×) 당기순이익이 가장 많은 은행은 우리은행이지만, 가장 적은 은행은 하나은행이다.

10 매칭형 난이도 하

정답 ③

문제풀이 핵심 포인트
경우의 수가 적은 확실한 정보부터 검토하여 선지를 지워나가면서 답을 도출한다.

풀이

- <보고서> 두 번째 문장 후단: '다' 기관은 경제 성장률을 6개 기관 중 가장 높게 전망하였다.
  → 경제 성장률이 가장 높은 기관은 F이므로 선지 ②, ④는 제거된다.
- <보고서> 두 번째 문장 전단: '마' 기관은 '나' 기관보다 민간소비 증가율이 0.5%p 더 높을 것으로 전망하였으며
  → 민간소비 증가율이 0.5%p 차이가 나는 관계는 E-A 또는 E-B밖에 없다. 이때 E는 '나' 기관이므로 선지 ③이 정답이 된다.

11 빈칸형 난이도 하

정답 ①

문제풀이 핵심 포인트
빈칸을 채우지 않아도 판단할 수 있는 선지부터 검토한다.

풀이

① (×) 국내 지식산업센터 수는 324개이고 개별입지에 조성되어 있는 지식산업센터 수는 175개이므로 60% 미만이다. 전국이 300개라고 해도 60% 이상이 되려면 180개 이상이 되어야 한다.

② (O) 수도권(서울, 인천, 경기)의 지식산업센터 수는 278개이고 이는 전국 합계 324개의 80%를 넘는다.

③ (O) 경기지역의 지식산업센터는 계별입지에 100개, 개획입지에 33개 조성되어 있다.

④ (O) 동남권(부산, 울산, 경남)의 지식산업센터 수는 27개이고 대경권(대구, 경북)의 지식산업센터 수는 6개이므로 4배 이상이다.

⑤ (O) 울산광역시뿐이다.

12 분수 비교형 난이도 하

정답 ③

문제풀이 핵심 포인트
전체 합을 비교 시 더해서 비교하지 말고 각 항목별 격차로 비교한다.

풀이

ㄱ. (×) 완치된 전체 남성 환자수는 41명, 완치된 전체 여성 환자수는 43명이다. 격차로 보면 A는 남자가 +1, B는 여자가 +2, C는 남자가 +2, D는 여자가 +3이므로 총합은 여자가 +2이다.

ㄴ. (O) 네 가지 약물 중 완치된 환자수가 많은 약물부터 나열하면 B(26), D(23), A(21), C(14)이다. 이 경우 역시 12+14>10+13>11+10>8+6으로 비교한다.

ㄷ. (O) '다' 질병의 경우 완치된 환자수가 37명으로 가장 많다. 약물 A, C, D 모두 '다' 질병이 가장 많고 B 역시 '나'와 가장 많다. 따라서 환자수 합 역시 '다'가 가장 많다.

ㄹ. (×) 전체 환자수는 120명이고 이 중 약물 D를 투여 받고 완치된 환자수는 23명이다. 따라서 비율은 25%를 넘지 못한다.

13 조건 판단형 난이도 하

정답 ④

문제풀이 핵심 포인트
생소한 용어가 나오더라도 당황하지 말고 <표>에 주어진 항목과 <정보>에서 설명하는 항목을 연결하여 판단한다.

풀이

ㄱ. (O) 2000~2004년 동안 '갑'의 전년대비 소득변화율과 X 재화의 전년대비 구매량 변화율이 모두 (+)이므로 소득과 X 재화 구매량은 각각 매년 증가하였다.

ㄴ. (O) 2001년 '갑'의 X 재화의 전년대비 구매량 증가율은 100.0%이고 전년대비 소득증가율은 50.0%이다.

ㄷ. (×) 2004년에 X 재화의 소득탄력성은 $\frac{11.1}{20.0}$이므로 0보다는 크지만 1보다는 작다. 따라서 '갑'에게 사치재가 아닌 정상재이다.

ㄹ. (O) 2006년에 X 재화의 소득탄력성이 (-)이므로 계산하지 않아도 '갑'에게 열등재임을 알 수 있다.

14 분수 비교형 난이도 중 정답 ③

문제풀이 핵심 포인트

항목의 수치가 증가하고 있지만 증가폭 자체가 감소하면 증가율은 감소하게 된다.

풀이

① (O) 총어업생산량의 전년대비 증가율은 2007년 $\frac{24.3}{303.2}$이고 2008년 $\frac{8.6}{327.5}$이다. 따라서 2007년이 2008년보다 크다.

② (O) 내수면어업만 매년 증가하고 있다.

③ (×) 2009년 총양식어획량 520백만 마리에서 조피볼락 254백만 마리가 차지하는 비율은 50% 미만이다.

④ (O) 기타 어류를 제외하고, 2009년 양식어획량이 전년대비 감소한 어종인 조피볼락(-9.3%), 감성돔(-23.9%), 참돔(-17.8%), 농어(-6.7%) 중 감소율이 가장 작은 어종은 농어이다.

⑤ (O) 기타 어류를 제외하고, 양식어획량이 많은 어종을 순서대로 나열하면, 2005년의 순서와 2009년의 순서 모두 〈표〉의 순서와 동일하다.

실전에선 이렇게!

① 증가폭은 2007년에 비해 2008년이 작다. 따라서 총어업생산량은 증가하고 있지만 증가폭이 감소했기 때문에 증가율은 감소하고 있다고 판단할 수 있다.

③ 50% 이상인지 묻고 있기 때문에 254×2≥520이 성립하는지 검토한다.

④ 감소율의 크기를 분수로 나타내면 조피볼락(26/280), 감성돔(11/46), 참돔(8/45), 농어(1/15)이고 분모가 분자 기준 배수가 클수록 분수는 작기 때문에 15배로 가장 큰 농어의 감소율이 가장 작다.

15 보고서 검토·확인형 난이도 하 정답 ⑤

문제풀이 핵심 포인트

그래프의 제목을 토대로 〈보고서〉에서 언급되지 않는 항목을 판단한다.

풀이

〈보고서〉의 내용 순서가 그래프 ①, ②, ③, ④ 순서대로 나타나 있다. 그러나 ⑤의 [2011년 2월 내국인의 해외 출국현황]은 〈보고서〉의 내용과 아무런 관련이 없다.

16 분수 비교형 난이도 중 정답 ②

문제풀이 핵심 포인트

연도별 비교 〈보기〉는 〈그림〉으로, 은행별 비교 〈보기〉는 〈표〉에서 확인한다.

풀이

ㄱ. (O) 2008년 총자산 대비 이자수익 비율은 A은행이 2.9%, B은행이 6.1%이므로 A은행은 B은행의 절반에 미치지 못한다.

ㄴ. (×) 2008년 시중은행의 총자산 대비 비이자수익 비율은 7.2-5.2 =2.0%p이다. 또한 A은행의 총자산 대비 비이자수익 비율은 5.2-2.9 =2.3%p이다. 따라서 2008년 총자산 대비 비이자수익 비율은 A은행이 시중은행 평균을 상회한다.

ㄷ. (×) A은행의 영업수익은 2007년 123.6천억 원에서 2008년 133.4천억 원으로 9.8천억 원 증가하였다. 즉, 2008년의 전년대비 증가율은 $\frac{9.8}{123.6}$ ×100이므로 10%를 넘지 못하고 있다.

ㄹ. (O) A은행은 영업수익에서 이자수익이 차지하는 비중이 2004년 51.1%에서 2008년 55.3%로 4.2%p 증가하였다.

17 분수 비교형 난이도 중 정답 ⑤

문제풀이 핵심 포인트

분수 비교 시 감소율로 판단하는 것이 어렵다면 반대 방향으로 증가율을 판단하여 정답을 도출한다.

풀이

ㄱ. (×) 전체 공익근무요원 수 중 기타 기관에 복무하는 공익근무요원 수가 차지하는 비중은 2008년에 비해 2009년에 감소하였다.

ㄴ. (O) 일치한다.

ㄷ. (O) 정부산하단체에 복무하는 공익근무요원 수는 2004년 6,135명이고 2009년 4,194명이다. 약 2,000명 감소하였으므로 30% 이상 감소하였다.

ㄹ. (O) 기타 기관을 제외하고, 2005년 공익근무요원 수의 전년대비 감소율은 지방자치단체 -23.8%, 정부산하단체 -20.5%이다. 따라서 지방자치단체의 감소율이 더 크다.

실전에선 이렇게!

ㄹ. 〈그림〉에서 2005년 지방자치단체의 비율만 유일하게 전년대비 감소하였으므로 지방자치단체의 전년대비 감소율이 전체 합계의 감소율보다 크다. 반면, 2005년 중앙정부기관과 정부산하단체는 비율이 각각 전년대비 증가하였기 때문에 전체 감소율보다 작다. 따라서 전년대비 감소율이 가장 큰 복무기관은 지방자치단체이다.

18 분산·물방울형 난이도 하 정답 ②

문제풀이 핵심 포인트

한 평면에서 두 가지 속성이 모두 높으려면 우상방에 위치해야 한다.

풀이

㉠, ㉢ (×) 가격적정성은 민간업체를 농협보다 선호하였지만 품질은 민간업체보다 농협을 선호하였다.

㉤ (×) 위생안전성은 개인 납품업자보다 도매시장에서 더 낮은 선호도를 보이고 있다.

19 보고서 검토·확인형 난이도 ⓗ 정답 ④

문제풀이 핵심 포인트

<표>에 없는 내용이 <보고서>에 언급되는 경우 추가로 필요한 항목을 <보기>에서 판단한다.

풀이

- <보고서> 첫 번째 문단의 두 번째 문장 전단에서 '이 기간 동안 국제 유가와 천연가스 가격상승이 예측되어 장기적으로 에너지 수요를 다소 둔화시키는 요인으로 작용하겠으나,'
  → ㄱ. 1990~2035년 국제 유가와 천연가스 가격 현황 및 전망
- <보고서> 첫 번째 문단의 두 번째 문장 후단에서 '비OECD 국가들의 높은 경제성장률과 인구증가율로 인해 세계 에너지 수요 증가율은 높은 수준을 유지할 것이다.'
  → ㄴ. 1990~2035년 국가별 경제성장률 현황 및 전망
  ㄷ. 1990~2035년 국가별 인구증가율 현황 및 전망

20 매칭형 난이도 ⓗ 정답 ①

문제풀이 핵심 포인트

경우의 수가 적은 확정 가능한 <보기>부터 검토하고 선지 배열을 활용한다.

풀이

- 두 번째 <보기> '2010년 대비 2030년에 전체 석유수요 증가규모가 가장 큰 지역은 중국이다.'
  → 중국은 A(선지 ④, ⑤ 삭제)
- 첫 번째 <보기> '인도와 중동의 2010년 대비 2030년 전체 석유수요 증가규모는 동일하다.'
  → 인도 또는 중동이 B 또는 C(선지 ③ 삭제)
- 네 번째 <보기> '2010년 대비 2030년에 교통부문의 석유수요 증가규모가 해당 지역 전체 석유수요 증가규모의 50%인 지역은 중동이다.'
  → 중동이 C

따라서 A가 중국, B가 인도, C가 중동, D가 남미이다.

21 분수 비교형 난이도 ⓢ 정답 ③

문제풀이 핵심 포인트

2010년의 전년대비 증가율을 판단할 때 전년대비 증감면적이 분자가 되므로 이를 토대로 분모인 2009년 면적을 가늠하여 판단한다.

풀이

ㄱ. (×) 2010년 외국인 소유 토지면적이 가장 큰 경기(38,999)와 두 번째로 큰 전남(38,044)을 비교하면 2009년 외국인 소유 토지면적은 경기 37,855, 전남 37,916이다. 따라서 2009년 외국인 소유 토지면적이 가장 큰 지역은 전남이다.

ㄴ. (○) 2010년 외국인 소유 토지면적의 전년대비 증가율을 비교해 보면 서울이 10% 정도 증가했고 나머지 지역 중 10% 가까이 증가한 지역은 없다. 따라서 전년대비 증가율이 가장 큰 지역은 서울이다.

ㄷ. (×) 2010년에 외국인 소유 토지면적이 가장 작은 지역은 대구(1,492)이고 2009년 외국인 소유 토지면적이 가장 작은 지역은 대전(1,473)이다.

ㄹ. (○) 가장 큰 지역은 전남(37,916), 두 번째는 경기(37,855), 세 번째는 경북(29,153)이다.

22 각주 판단형 난이도 ⓢ 정답 ④

문제풀이 핵심 포인트

각주에 분수식이 여러 개인 경우 공통적으로 들어가는 부분을 체크하여 식을 정리한 다음 <보기>를 판단한다.

풀이

ㄱ. (○) 보육시설 공급률과 보육시설 이용률은 분모가 영유아 인구수로 같으므로 그 차이는 결국 $\frac{\text{보육시설 정원} - \text{보육시설 현원}}{\text{영유아인구수}}$이다. 따라서 A 지역의 보육시설 공급률과 보육시설 이용률의 차이는 $\frac{35}{512} \times 100 < 10\%$p이다.

ㄴ. (○) 영유아 인구수가 10만 명(100천 명) 이상인 지역 중 보육시설 공급률이 50% 미만인 지역은 A와 B 2곳이다.

ㄷ. (×) 영유아 인구수가 가장 많은 지역 E의 보육시설 이용률은 $\frac{283}{726} \times 100$이고 가장 적은 지역 J의 보육시설 이용률은 $\frac{25}{35} \times 100$이다. J의 보육시설 이용률은 70%를 조금 넘는 수치이고($\frac{1}{7} \fallingdotseq 14.2$이므로) E의 보육시설 이용률은 30%를 넘는다(40%에 가까운 수치). 따라서 E와 J의 보육시설 이용률 차이는 40%p 미만이다.

ㄹ. (○) C 지역의 보육시설 공급률이 50%라고 가정하면 보육시설 정원은 43천 명이고 보육시설 정원충족률은 $\frac{35}{43} \times 100 \geq 80\%$이 된다.

23 분수 비교형 난이도 ⓢ 정답 ③

문제풀이 핵심 포인트

짝표 형태의 자료이므로 전출부서의 합계는 맨 오른쪽, 전입부서의 합계는 맨 아래쪽의 수치를 토대로 판단한다.

풀이

ㄱ. (○) 전출한 직원보다 전입한 직원이 많은 팀은 A, B, C, F이고 이들 전입 직원수의 합은 57명이다. 따라서 기업 내 전체 전출·입 직원수 75명에서 차지하는 비중은 $\frac{57}{75} \times 100 > 70\%$가 된다. 80의 70%가 56이므로 57은 75의 70%를 당연히 넘는다.

ㄴ. (×) 직원이 가장 많이 전출한 팀은 E팀(20명)이고 E팀에서 전출한 직원의 30%인 6명은 직원이 가장 많이 전입한 팀인 A팀에 배치되었다.

ㄷ. (×) 식품 사업부에서 외식 사업부로 전출한 직원수는 18명이고 외식 사업부에서 식품 사업부로 전출한 직원수는 25명이다. 따라서 전자보다 후자가 더 많다.

ㄹ. (O) 동일한 사업부 내에서 전출·입한 직원수는 17 + 15 = 32명이고, 이는 기업 내 전체 전출·입 직원수 75명의 50% 미만이다.

24 분수 비교형 난이도 상

정답 ②

문제풀이 핵심 포인트

〈표 2〉와 〈표 3〉에 제시된 항목이 〈표 1〉의 어느 항목과 관련이 있는지 판단하여 답을 도출한다.

풀이

㉠ (O) 옳은 설명이다.

㉡ (×) 2010년 전체 의약품 특허출원 4,719건 중 기타 의약품 특허출원은 1,220건이므로 30% 미만이다.

㉢ (O) 2010년 원료의약품 특허출원 500건 중 다국적기업 특허출원이 103건이므로 20% 이상이다.

㉣ (×) 11%를 $\frac{22}{200}$로 판단하면 안 된다. 〈표 2〉와 〈표 3〉의 제목 간 차이점을 파악하여야 하는데, 〈표 2〉는 의약품별 특허출원 중 다국적기업 출원 현황이고 〈표 3〉은 다국적기업의 완제의약품 특허출원 중 다이어트제 출원 현황이 아닌 '완제의약품 특허출원 중 다이어트제 출원 현황'이다. 따라서 판단할 수 없는 내용이다. 최대 11%라고 묻는다면 옳은 내용이다.

25 표-차트 변환형 난이도 상

정답 ①

문제풀이 핵심 포인트

그래프의 구체적인 수치를 계산하기 전 증감 여부를 판단하여 소거법으로 답을 도출한다.

풀이

- 7월과 8월의 단순이동평균의 차이는 판매고 1월 330과 7월 438의 차이이므로 꺾은선 그래프는 증가하는 형태가 되어야 한다. → 선지 ⑤ 제거
- 8월과 9월의 단순이동평균 차이 역시 판매고 2월 410과 8월 419의 차이이므로 역시 소폭 증가하여야 한다. → 선지 ② 제거
- 9월과 10월의 단순이동평균 차이는 판매고 3월 408과 9월 374의 차이이므로 소폭 감소해야 한다. → 선지 ④ 제거
- 10월과 11월의 단순이동평균 차이는 판매고 4월 514와 10월 415의 차이이므로 감소해야 하고, 사실상 선지 ①, ③만 남은 상태에서 둘 다 하락하는 형태이므로 수치로 정확하게 판단하지 않는다면 굳이 검토할 필요는 없다. 11월과 12월의 단순이동평균 차이는 판매고 5월 402와 11월 451의 차이이므로 증가해야 하므로 선지 ①의 그래프와 같은 형태가 되어야 한다.

5급 기출 재구성 모의고사

모바일 자동 채점 및 성적 분석 서비스

정답

p.303

1	①	조건 판단형	6	③	분수 비교형	11	②	분수 비교형	16	④	매칭형	21	①	분수 비교형
2	③	빈칸형	7	①	분수 비교형	12	④	분수 비교형	17	③	분산·물방울형	22	④	각주 판단형
3	②	분수 비교형	8	⑤	분수 비교형	13	④	조건 판단형	18	②	조건 판단형	23	⑤	각주 판단형
4	②	각주 판단형	9	④	각주 판단형	14	①	분수 비교형	19	①	분산·물방울형	24	③	각주 판단형
5	④	매칭형	10	②	보고서 검토·확인형	15	③	분수 비교형	20	④	각주 판단형	25	⑤	빈칸형

취약 유형 분석표

유형별로 맞힌 문제 개수와 정답률, 틀린 문제 번호, 풀지 못한 문제 번호를 적고 나서 취약한 유형이 무엇인지 파악해 보세요. 그 후 약점 보완 해설집 p.2 [취약 유형 공략 포인트]에서 약점 보완 학습법을 확인하고, 틀린 문제와 풀지 못한 문제를 다시 한번 풀어보세요.

유형		맞힌 문제 개수	정답률	틀린 문제 번호	풀지 못한 문제 번호
자료비교	곱셈 비교형	-	-		
	분수 비교형	/9	%		
	반대해석형	-	-		
자료판단	단순 판단형	-	-		
	매칭형	/2	%		
	빈칸형	/2	%		
	각주 판단형	/6	%		
	조건 판단형	/3	%		
자료검토·변환	보고서 검토·확인형	/1	%		
	표 - 차트 변환형	-	-		
자료이해	평균 개념형	-	-		
	분산·물방울형	/2	%		
	최소여집합형	-	-		
TOTAL		/25	%		

해설

1 조건 판단형 난이도 상 정답 ①

문제풀이 핵심 포인트
화살표 방향으로 한번만 이동하여 균등하게 정산이 되어야 하는 점을 파악하여 답을 도출한다.

풀이

창호는 40만 원, 영숙은 120만 원을 지출하였고 기오는 56만 원(140원/홍콩달러×4,000홍콩달러)을 지출하였으므로 총 경비는 216만 원이 된다. 이를 네 명이 동일하게 분담하려면 1인당 분담금액은 54만 원씩이다. 따라서 준희는 영숙에게 54만 원(A)을 주고 창호는 기오에게 2만 원(B), 영숙에게 54－40－2＝12만 원(C)을 주면 정산이 완료된다.

2 빈칸형 난이도 중 정답 ③

문제풀이 핵심 포인트
표에서 거리와 속력이 주어졌으므로 시간은 거리/속력으로 도출할 수 있다.

풀이

ㄱ. (×) 전체 구간 주행 시간은 전체 구간 거리를 전체 구간 평균 속력으로 나누면 도출되지만, 자동차별 전체 구간 평균 속력은 주어져 있지 않기 때문에 구간별 거리/평균 속력으로 구간별 주행 시간을 모두 도출해서 더해야 한다. 이를 소수점 셋째 자리까지 구해보면 '갑'은 2.456으로 약 2.5시간, '을'은 2.460으로 약 2.5시간, '병'은 약 2.4시간으로 전체 구간 주행 시간은 '병'이 가장 짧다.

ㄴ. (O) 전체 구간 주행 연료비는 '갑'이 18,000원, '을'이 22,950원, '병'이 15,000원으로 '을'이 가장 많고 '병'이 가장 적다.

ㄷ. (O) 전체 구간은 240km로 '갑', '을', '병'이 모두 동일하다. 즉, 주행 거리가 동일하다면 연료 소모량이 적을수록 주행 연비가 높다. 따라서 연료 소모량이 가장 적은 '병'이 전체 구간 주행 연비는 가장 높고, 연료 소모량이 가장 많은 '갑'이 전체 구간 주행 연비는 가장 낮다.

ㄹ (×) '갑'의 A→B 구간 주행 연비는 100/7.0≒14.3km/L이고, '을'의 B→C 구간 주행 연비는 50/3.0(＝100/6.0)≒16.7km/L이므로 전자보다 후자가 높다.

실전에선 이렇게!

ㄱ. 구간별 거리는 모두 동일하므로, 각 구간별 평균 속력이 작다면 구간별 주행 시간은 길게 된다. 따라서 '갑'과 '병'을 비교하면 A→B 구간에서 '갑'보다 '병'의 평균 속력이 크고 나머지 구간은 모두 동일하므로 전체 구간 주행 시간은 '병'보다 '갑'이 더 길다고 쉽게 판단할 수 있다.

ㄴ. 연료 소모량과 연료비의 곱셈 비교이므로 유효숫자 3자리로 설정해서 식을 구성하면 '갑'은 180×100, '을'은 135×175, '병'은 100×150이므로 '병'은 '갑'과 '을'보다 각각 더 작다는 것을 쉽게 비교할 수 있다. 이후 '갑'과 '을'의 분수 비교만 하면 된다. 180과 175는 거의 차이가 없고, 100과 135는 100기준 35% 증가율이므로 '갑'보다 '을'이 더 크다.

3 분수 비교형 난이도 하 정답 ②

문제풀이 핵심 포인트
비교 대상이 되는 항목 중 가장 작은 항목의 증가폭이 가장 큰 경우 증가율이 가장 높다.

풀이

ㄱ. (O) 2009년 IT산업 생산규모인 322.0조 원의 1.15배는 370.3조 원이다. 따라서 그보다 큰 385.4조 원은 전년대비 15% 이상 증가한 수치임을 판단할 수 있다.

ㄴ. (×) 2010년 융합서비스는 전년대비 생산규모 증가율이 $\frac{1.4}{7.4}\times100≒18.9\%$로 정보통신서비스 중 가장 높았지만, 정보통신서비스에서 차지하는 생산규모 비중은 가장 작다. 숫자가 가장 작은 항목의 증가폭이 가장 큰 경우 증가율이 가장 높다.

ㄷ. (O) 2006~2010년 동안 매년 정보통신기기 생산규모가 큰 순서대로 나열하면 전자부품, 통신기기, 응용기기, 음향기기, 정보기기 순이다.

ㄹ. (×) 응용기기의 경우 2009년에는 2008년에 비해 생산규모가 감소하였다.

실전에선 이렇게!

ㄱ. 322의 10%는 32.2이고 5%는 16.1이므로 15%는 48.3이다. 꼼꼼하게 계산하지 않아도, 322＋32＋16＜385임을 어렵지 않게 판단할 수 있다.

4 각주 판단형 난이도 중 정답 ②

문제풀이 핵심 포인트
〈표 1〉의 역량은 세로방향으로 제시된 반면 〈표 2〉의 역량은 가로방향으로 제시되었기 때문에 구성원과 작업을 정확하게 매칭하여 답을 도출한다.

풀이

① (O) '갑'팀 구성원 중 D작업을 수행할 수 있는 '가'는 의사소통, 기술활용, 변화관리 역량을 지니고 있기 때문에 G작업도 수행할 수 있다.

② (×) A와 F의 차이는 의사소통과 변화관리 유무이다. '갑'팀 구성원 중 A작업을 수행할 수 있는 '나'는 F작업을 수행하기 위한 모든 역량을 보유하고 있으므로 기존 보유 역량 외에 '의사소통' 역량이 추가로 필요하지 않다.

③ (O) '갑'팀 구성원 중 E작업을 수행할 수 있는 '나'의 경우 '의사소통' 역량이 없으므로 D, F, G를 수행할 수 없고, '대인관계' 역량이 없으므로 A, B를 수행할 수 없으며 '문화이해' 역량이 없으므로 B도 수행할 수 없다. 따라서 E 이외에 다른 작업을 수행할 수 없다.

④ (O) '갑'팀 구성원 중 B작업을 수행할 수 있는 '다'의 경우 '의사소통'과 '변화관리' 역량은 보유하고 있기 때문에 '기술활용' 역량을 추가로 보유하면 G작업을 수행할 수 있다.

⑤ (O) '갑'팀 구성원 중 C작업을 수행하기 위한 '문제해결'과 '자원관리' 역량을 동시에 지니고 있는 사람은 없다.

5 매칭형 난이도 하 정답 ④

문제풀이 핵심 포인트

보고서 매칭형 문제이므로 경우의 수가 적은 정보부터 검토하고, 답을 도출하는 데 있어 필요하지 않은 부분은 과감하게 생략하면서 검토한다.

풀이

- 첫 번째 문단 두 번째 문장에서 '가'지진과 '나'지진의 규모는 동일하나 '가'지진에 의한 사망자 수가 '나'지진에 의한 사망자 수의 4배 이상이었다고 했으므로, (나, 가)의 조합이 될 수 있는 것은 (C, D) or (B, E)이다. 이에 따라 선지 ①, ②는 제외된다.
- 두 번째 문단 첫 번째 문장에서 '다'지진은 '가'지진보다 지진의 규모가 크지만 사망자 수와 부상자 수는 각각 적게 발생하였다고 했으므로 '다'는 C임을 알 수 있다. 이에 따라 선지 ③은 제외되며, '라'와 '마'가 A 또는 F 중 무엇인지만 판단하면 된다.
- 세 번째 문단 첫 번째 문장에서 동일한 국가에서 발생한 '라'지진과 '마'지진의 경우, 지진의 규모는 '마'지진이 크다고 했으므로 '라'는 A이고, '마'는 F가 된다.

6 분수 비교형 난이도 중 정답 ③

문제풀이 핵심 포인트

<표>에 제시된 수치의 천의 자리 이하를 버림으로써 유효숫자 3자리로 식을 설정한 다음 분수 비교로 답을 도출한다.

풀이

① (O) 2010년 '비공개기록물 공개 재분류 사업' 대상 전체 기록물은 2,702,653건이고 이 중 다시 비공개로 재분류된 건수는 1,404,083건이므로 절반인 2,702,653×0.5≒1,350,000건 이상임을 판단할 수 있다.

② (O) 30년 경과 비공개기록물 중 전부공개로 재분류된 기록물 건수는 33,012건이고, 30년 경과 비공개기록물 중 '개인 사생활 침해' 사유에 해당하여 비공개로 재분류된 기록물 건수는 46,298건이므로 전자가 후자보다 적다.

③ (×) 30년 경과 비공개기록물 중 공개로 재분류된 기록물의 비율은 $\frac{1,079,690}{1,199,421}$≒0.9이고 30년 미경과 비공개기록물 중 비공개로 재분류된 기록물의 비율은 $\frac{1,284,352}{1,503,232}$≒0.85이므로 전자가 후자보다 높다.

④ (O) 재분류 건수가 많은 것부터 순서대로 나열하면, 30년 경과 비공개기록물은 부분공개(1,046,678건), 비공개(119,731건), 전부공개(33,012건) 순이고 30년 미경과 비공개기록물은 비공개(1,284,352건), 전부공개(136,634건), 부분공개(82,246건) 순이다.

⑤ (O) 30년 경과 비공개기록물 중 '국민의 생명 등 공익침해'와 '개인 사생활 침해' 사유에 해당하여 비공개로 재분류된 기록물 건수의 합은 54,329+46,298=100,627건이고 '비공개기록물 공개 재분류 사업' 대상 전체 기록물은 2,702,653건이므로 $\frac{54,329+46,298}{2,702,653}$×100≒3.7%이다.

실전에선 이렇게!

③ 유효 숫자를 잡아서 비교하면 $\frac{108}{120}$과 $\frac{128}{150}$의 비교이다. 즉 90%를 기준으로 이를 넘는지 넘지 못하는지 판단한다.

⑤ 270만 건의 5%를 넘으려면 적어도 13만 건 이상이 되어야 한다.

7 분수 비교형 난이도 상 정답 ①

문제풀이 핵심 포인트

<표 1>은 여성 의원 '수'가 직접 제시된 자료이지만 <표 2>는 여성 의원 수가 아닌 여성 의원 '비율'이 제시된 자료라는 점에 유의한다.

풀이

ㄱ. (O) 2012년 A국 전체 의원은 1,111명이다. 이 중 여성 의원의 비율이 15% 이하가 되려면 166명 이하가 되어야 한다. 비례대표 의원 중 여성 의원 수는 185×42.2%≒78명, 지역구 의원 중 여성 의원 수는 926×8.0%≒74명이므로 약 152명이다. 따라서 2012년 A국 전체 의원 중 여성 의원의 비율은 15% 이하이다.

ㄴ. (O) 2008년 정당별 지역구의원 중 여성 의원 비율은 '기타'를 제외하면 '라' 정당이 약 14%이다. '다' 정당보다 높은 것은 쉽게 판단 가능하고, 지역구 의원 51명과 여성 의원 7명을 각각 4배하여 '가'와 '나' 정당과 비교하면 역시 '라' 정당이 더 높은 것을 쉽게 판단할 수 있다.

ㄷ. (×) '가' 정당 여성 의원 비율은 비례대표의원 유형의 경우 2008년 $\frac{21}{44}$×100≒47.7%에서 2012년 41.2%로 감소하였지만, 지역구의원 유형의 경우에는 2008년 $\frac{16}{230}$×100≒7.0%에서 2012년 7.2%로 증가하였다.

ㄹ. (×) '가' 정당의 경우 2012년 여성 지역구의원 수는 16명으로 2008년과 동일하다.

실전에선 이렇게!

ㄱ. A국 전체 의원이 약 1,100명이므로 15% 이하가 되려면 165명을 넘지 못하면 된다. 비례대표 여성 의원 수와 지역구 여성 의원 수는 각각 185×42.2%, 926×8.0%이므로 80명을 넘지 못한다. 따라서 합하여도 165명 이하임을 빠르게 판단할 수 있다.

ㄷ. 먼저 비례대표의원 유형의 경우, $\frac{22}{44}$가 50%라는 점에서 $\frac{21}{44}$은 50%에 근접하는 40% 후반의 수치이므로 41.2%로 감소하였다고 판단하면 된다. 한편 지역구의원 유형의 경우 23×7=161이므로 $\frac{16}{230}$이 7%를 넘지 못한다는 점을 고려하면 증가하였다고 판단할 수 있다.

ㄹ. 각주 2에서 비율은 소수점 둘째 자리에서 반올림한 값이라고 하였으므로 <표 1>의 '가' 정당 지역구 의원 여성 16명을 전체 230명으로 나누면 약 7%이다. 사람 수는 소수점이 존재할 수 없으므로 2008년과 2012년이 동일함을 판단할 수 있다. 나머지 정당도 마찬가지로 판단가능하다. '나' 정당은 242명의 12.4%이므로 21명보다는 많다는 것을 알 수 있으며, '다' 정당은 2명에서 6명으로 증가하고 '라' 정당은 7명에서 58명×13.8%=약 8명으로 증가함을 어렵지 않게 판단할 수 있다.

8 분수 비교형 난이도 하 정답 ⑤

문제풀이 핵심 포인트

감소폭이 가장 크다고 해서 감소율이 반드시 큰 것은 아니고, 반대로 감소율이 가장 크다고 해서 감소폭 역시 반드시 큰 것은 아니기 때문에 감소율과 감소폭의 관계를 정확히 판단하여 답을 도출한다.

풀이

① (×) '있음'으로 응답한 비율이 가장 작은 침해유형은 2013년 '목적 외 이용'이지만 2014년은 '주민등록번호 도용'이다. 따라서 2013년과 2014년의 순서는 동일하지 않다.

② (×) 2014년 '개인정보 무단수집'을 '있음'으로 응답한 비율은 44.4%이고 '개인정보 미파기'를 '있음'으로 응답한 비율은 22.7%이므로 2배 이상이 되지 않는다.

③ (×) 2014년 '있음'으로 응답한 비율의 전년대비 감소폭은 '과도한 개인정보 수집'이 44.6 - 31.3 = 13.3%p로 '개인정보 무단수집' 59.7 - 44.4 = 15.3%p보다 더 작다.

④ (×) '개인정보 유출'의 경우 '모름'으로 응답한 비율은 2013년 29.0%에서 2014년 27.7%로 감소하였다.

⑤ (O) 2014년 '있음'으로 응답한 비율의 전년대비 감소율은 '주민등록번호 도용'이 $\frac{28.8-17.1}{28.8} \times 100 ≒ 40.6\%$로 가장 크다. 이보다 더 큰 증가율을 보이는 항목은 없다. 선지 ③에서 판단하였듯이, 감소폭은 '주민등록번호 도용' 11.7%p보다 '개인정보 무단수집' 15.3%p가 더 크지만 감소율은 반대이다. 감소폭과 감소율의 관계를 생각하면서 접근한다.

9 각주 판단형 난이도 중 정답 ④

문제풀이 핵심 포인트

각주에서 주어진 식을 구성하는 항목 중 〈표〉에서 직접 제시한 항목을 체크하여 유효무수율과 부정사용률에 관한 식으로 변형하여 답을 도출한다.

풀이

각주의 식을 통해 유효무수율과 부정사용률을 도출하면 아래 표와 같다.

도시	유수율	무수율	누수율	계량기 불감수율	수도사업 용수량 비율	유효 무수율	부정 사용률
A	94.2	5.8	5.4	0.1	0.0	0.4	0.3
B	91.6	8.4	3.6	4.5	0.3	4.8	0.0
C	90.1	9.9	4.5	2.3	0.1	5.4	3.0
D	93.4	6.6	4.3	2.0	0.1	2.3	0.2
E	93.8	6.2	4.2	1.9	0.1	2.0	0.0
F	92.2	7.8	5.1	2.6	0.1	2.7	0.0
G	90.9	9.1	5.1	3.8	0.1	4.0	0.1
H	94.6	5.4	2.6	2.3	0.2	2.8	0.3

① (O) 유효무수율은 A가 0.4%로 가장 낮은 도시지만 누수율은 5.4%로 가장 높다.

② (O) 유수율이 가장 낮은 도시는 90.1%인 C이고 부정사용률은 3.0%이다. 유수율이 세 번째로 높은 도시는 93.8%인 E이고 부정사용률은 0%이다. 따라서 전자는 후자보다 부정사용률이 높다.

③ (O) 무수율과 부정사용률의 차이는 G가 9.0%로 가장 높다.

④ (×) 계량기 불감수율은 B가 4.5%로 가장 높은 도시지만 유효무수율은 4.8%로 C의 5.4%보다 낮다.

⑤ (O) 부정사용률은 C가 3.0%로 가장 높은 도시이고 무수율도 9.9%로 가장 높다.

실전에선 이렇게!

③ 무수율과 부정사용률의 차이를 정리하면 누수율+계량기 불감수율+수도사업 용수량 비율의 합이다.

10 보고서 검토·확인형 난이도 하 정답 ②

문제풀이 핵심 포인트

〈표〉의 제목과 항목을 꼼꼼히 보고, 〈보고서〉에 처음으로 언급되거나 제시된 〈표〉만 가지고 판단할 수 없는 부분이 추가로 필요한 자료이다.

풀이

- 〈보고서〉 세 번째 문단 첫 번째 문장에서 '박사학위 취득자 중 취업자의 고용형태를 살펴보면, 여성 취업자 중 비정규직 비율은 75% 이상이었다.'고 하였으나, 주어진 〈그림〉과 〈표〉만으로는 여성 취업자의 비정규직 비율을 파악할 수 없다. 따라서 [ㄱ. 박사학위 취득자 중 취업자의 성별 고용형태]가 추가로 필요하다. 이에 따라 선지 ①, ③은 제외된다.
- 〈보고서〉 세 번째 문단 두 번째 문장에서 '전공계열별로는 인문계열의 비정규직 비율이 가장 높고 ~ '라고 하였으나, 주어진 〈그림〉과 〈표〉만으로는 인문계열의 비정규직 비율을 파악할 수 없다. 따라서 [ㄷ. 박사학위 취득자 중 취업자의 전공계열별 고용형태]가 추가로 필요하다. 이에 따라 선지 ④, ⑤가 제외된다.
- 〈보고서〉 네 번째 문단 두 번째 문장에서 '정규직 취업자의 직장유형을 기타를 제외하고 평균 연봉이 높은 것부터 순서대로 나열하면 민간기업, 민간연구소, 공공연구소, 대학, 정부·지자체 순이었다. 또한, 비정규직 내에서도 직장유형별 평균 연봉의 편차가 크게 나타났다.'고 하였으나, 주어진 〈그림〉과 〈표〉만으로는 정규직 취업자와 비정규직 취업자의 고용형태별 평균 연봉을 판단할 수 없다. 따라서 [ㄹ. 박사학위 취득자 중 취업자의 고용형태별, 직장유형별 평균 연봉]이 추가로 필요하다.

11 분수 비교형 난이도 상 정답 ②

문제풀이 핵심 포인트

〈표 1〉과 〈표 2〉에서 제시된 자료를 바탕으로 〈보기〉에서 묻는 항목의 식을 구성하여 답을 도출한다.

풀이

ㄱ. (×) 실업분야 공공복지예산은 실업분야의 GDP 대비 공공복지예산 비율×GDP이므로 먼저 GDP를 도출해야 한다. GDP는 직접 제시된 항목이 아니므로 〈표 1〉의 공공복지예산과 〈표 2〉의 GDP 대비 공공복지예산 비율을 통해 도출 가능하다. 2011년 한국의 GDP = $\frac{111{,}090\text{십억 원}}{8.34\%}$이므로 약 1,332조 140억 원이 된다. 따라서 2011년 한국의 실업분야 공공복지예산은 1,332조 140억 원×0.27≒3,596십억 원으로 3조 5,960억 원이다. 즉, 4조 원 미만이다.

ㄴ. (O) 한국의 공공복지예산 중 보건분야 예산이 차지하는 비중은 $\frac{\text{보건분야 예산}}{\text{공공복지예산}} = \frac{\text{GDP 대비 보건분야 예산}}{\text{GDP 대비 공공복지예산}}$으로 판단 가능하다. 2010년에 $\frac{3.74}{8.32}$, 2011년에 $\frac{3.73}{8.32}$, 2012년에 $\frac{3.76}{9.06}$이므로 매년 감소하고 있다.

ㄷ. (O) 각 연도별 한국의 노령분야 공공복지예산과 가족분야 공공복지예산을 비교하고 있으므로 노령분야의 GDP 대비 공공복지예산 비율과 가족분야의 GDP 대비 공공복지예산 비율로 비교 가능하다. 따라서 매년 한국의 노령분야 공공복지예산은 가족분야 공공복지예산의 2배 이상이다.

ㄹ. (×) 2009~2012년 동안 OECD 주요국 중 GDP 대비 공공복지예산 비율이 가장 높은 국가는 프랑스이고 가장 낮은 국가는 한국이다. 2011년에는 전년대비 한국의 비율은 증가하는 반면 프랑스의 비율은 감소하기 때문에 비율 차이는 전년대비 감소하게 된다.

실전에선 이렇게!

ㄱ. 먼저 GDP를 도출해서 계산하기보다는 식을 정리해 본다. 2011년 한국의 실업분야 공공복지예산 = 실업분야의 GDP 대비 공공복지예산 비율 × $\frac{\text{공공복지예산}}{\text{GDP 대비 공공복지예산 비율}}$이 된다. 따라서 $\frac{111{,}090\text{십억 원}}{8.34\%} \times 0.27\% =$ 111조 900억 원 $\times \frac{27}{834}$이다. $\frac{27}{834}$은 $\frac{1}{30}$보다 더 작은 수치이고, 공공복지예산도 120조 원을 넘지 못하므로 한국의 실업분야 공공복지예산은 4조 원 미만이라는 것을 어렵지 않게 판단할 수 있다.

12 분수 비교형 난이도 중 정답 ④

문제풀이 핵심 포인트

어떤 항목을 먼저 검토하는지에 따라 풀이 시간이 달라지기 때문에 '3분의 2'를 판단하는 ㄴ을 '1.4배, 12%'를 판단해야 하는 ㄷ보다 먼저 검토해야 한다.

풀이

ㄱ. (O) 〈표 1〉에서 해수 비율은 97.468%이다.

ㄴ. (O) 담수의 3분의 2 이상이 빙하, 만년설이 되려면 지하수와 지표수의 합이 담수의 3분의 1 이하가 되어야 한다. 따라서 〈표 1〉에서 (지하수+지표수)×2<빙설을 만족하는지 확인한다. 0.801×2<1.731이므로 옳은 내용이다.

ㄷ. (×) 〈표 2〉에 따르면 한국의 연평균 강수량 1,245mm는 세계평균 880mm의 1.4배 이상이다. 하지만 한국의 1인당 강수량 2,591mm은 세계평균 19,635mm의 12% 이상이다.

ㄹ. (O) 〈표 3〉에서 한국의 1인당 물사용량은 395ℓ/일로, 독일(132ℓ/일)의 2.5배인 264(132의 2배)+66(132의 절반)=330ℓ/일 이상이며, 프랑스(281ℓ/일)의 1.4배인 281+112.4(281의 40%)=393.4ℓ/일 이상이다.

실전에선 이렇게!

ㄷ. 19,635mm의 12% 미만인지 묻고 있으므로, 계산하기 편하게 19,635보다 좀 더 큰 20,000에 0.12를 곱해보자. 2,400보다 2,591이 더 크다는 것은, 세계 평균 강수량이 20,000mm일 때도 한국이 세계 평균의 12% 이상이므로 실제 세계 평균 강수량 19,635mm의 12%를 당연히 넘게 된다.

13 조건 판단형 난이도 상 정답 ④

문제풀이 핵심 포인트

1차 고객기관은 '자체활용'만 하는 기관과 개인고객 또는 2차 고객기관에게 '제공'만 하는 기관 두 종류로 구분된다는 점에 유의하여 답을 도출한다.

풀이

먼저 〈조건〉을 간략히 정리한다.

- 첫 번째 〈조건〉에 따르면 1차 고객기관은 자체활용 기관 또는 개인고객 또는 2차 고객기관에게 제공하는 기관 두 종류로 구분된다는 것을 알 수 있다.
- 두 번째 〈조건〉에 따르면 1차 고객기관 중 25%인 150개는 공공데이터를 자체활용만 한다. 따라서 개인고객 또는 2차 고객기관에 공공데이터를 제공하는 1차 고객기관은 450개이다.
- 세 번째 〈조건〉에 따르면 1차 고객기관 중 50%인 300개는 2차 고객기관에게 공공데이터를 제공하고, 1차 고객기관 중 60%인 360개는 개인고객에게 공공데이터를 제공한다. 여기서 주의해야 할 점은 2차 고객기관에 공공데이터를 제공하는 300개 기관과 개인고객에게 공공데이터를 제공하는 360개 기관의 합은 공공데이터를 자체활용만 하는 기관 150개를 제외한 공공데이터를 제공하는 기관 450개보다 많다는 점이다.
- 네 번째 〈조건〉에 따르면 2차 고객기관 중 30%인 90개는 공공데이터를 자체활용만 하고, 70%인 210개는 개인고객에게 공공데이터를 제공한다.
- 다섯 번째 〈조건〉에 따르면 1차 고객기관으로부터 공공데이터를 제공받지 않는 2차 고객기관은 없다.

ㄱ. (O) 개인고객에게 공공데이터를 제공하는 기관의 수는 1차 고객기관이 360개로 2차 고객기관의 210개보다 크다.

ㄴ. (O) 공공데이터를 자체활용만 하는 기관의 수는 1차 고객기관이 150개로 2차 고객기관의 90개보다 크다.

ㄷ. (O) 1차 고객기관 중 공공데이터를 자체활용하는 150개를 제외하고 공공데이터를 제공하는 기관 450개 중 2차 고객기관에 공공데이터를 제공하는 기관은 300개이다. 따라서 1차 고객기관 중 개인고객에게'만' 공공데이터를 제공하는 기관의 수는 450−300=150개이므로 1차 고객기관 600개의 25%가 된다.

ㄹ. (×) 1차 고객기관 중 개인고객에게'만' 공공데이터를 제공하는 기관의 수는 ㄷ에서 도출하였듯이 150개이고, 1차 고객기관 중 2차 고객기관에게 '만' 공공데이터를 제공하는 기관의 수는 450−360=90개이다. 따라서 70%인 63개 이상 더 크지 않다.

14 분수 비교형 난이도 중 정답 ①

문제풀이 핵심 포인트

비중을 판단할 때, 어떤 수치를 기준으로 비율이 구성되는지 분명하게 판단한다.

풀이

〈보고서〉 세 번째 문단의 '개인소유 토지의 57.1%를 차지하고 있는 외국국적 교포의 토지소유면적'이 '외국인소유 토지의 57.1%를 차지하고 있는 외국국적 교포의 토지소유면적'으로 바뀐다면 〈보고서〉에 부합하는 자료가 될 수 있다. 실제로 개인 소유 토지 중 외국국적 교포의 토지 소유면적이 차지하는 비중은 90%를 넘는다.

15 분수 비교형 난이도 중 정답 ③

문제풀이 핵심 포인트
각주의 식을 구성하는 항목이 복잡한 요소이므로 식을 정리하여 완벽히 이해한 후 답을 도출한다.

풀이

ㄱ. (O) 약물 복용횟수가 1회인 경우의 기형발생률은 0.32%이고, 0회인 경우의 기형발생률은 0.30%이다. 따라서 0.02%p 차이가 난다.

ㄴ. (×) 1.62%는 약물 복용횟수 0회, 1회, 2회인 경우의 기형발생률을 단순히 더한 값이다(0.3+0.32+1.0). 약물 복용횟수가 2회 이하인 경우의 기형발생률은 각주 2)에 따라 (96/29,300)×100으로 도출해야 한다.

ㄷ. (×) 기형발생률은 약물 복용횟수가 2회일 때 1%, 3회일 때 3%, 5회일 때 5%이다. 따라서 증가폭이 2%p로 동일하다. 또한 약물 복용횟수가 5 이상인 경우에는 판단할 수 없다.

ㄹ. (O) 기형발생 오즈(odds)는 약물 복용횟수가 4회인 경우 $\frac{5}{95}$이고 2회인 경우 $\frac{1}{99}$이므로 5배 이상 높다.

16 매칭형 난이도 중 정답 ④

문제풀이 핵심 포인트
매칭형 문제이므로 '가장'이라는 키워드가 포함된 〈조건〉부터 검토한다.

풀이

- 첫 번째 〈조건〉에서 '갑'~'정'국 중 전체 기업수 대비 서비스업 기업수의 비중이 가장 큰 국가는 '갑'국이라고 하였으므로, 〈표〉를 통해 서비스업/전체의 비중을 판단한다. (제조업+기타)를 묶어서 접근하면 이는 상대비로 판단할 수 있고, 결국 서비스업/전체의 비중이 가장 큰 국가는 서비스업/(제조업+기타)의 비중이 가장 큰 국가와 동일하다. 따라서 서비스업의 수가 가장 많고 (제조업+기타)의 합이 가장 작은 D국이 '갑'국이 된다. 이에 따라 선지 ①, ③은 제외된다.
- 두 번째 〈조건〉에서 '정'국은 '을'국보다 제조업 기업수가 많다고 하였으므로 A는 '정'국이 될 수 없다. 이에 따라 선지 ⑤가 제외된다.
- 세 번째 〈조건〉에서 '을'국은 '병'국보다 전체 기업수는 많지만 GDP는 낮다고 하였으므로 선지 ②, ④를 고려하여 〈그림〉에서 판단하면 '을'국은 B, '병'국은 A이다.

따라서 A~D에 해당하는 국가를 바르게 나열하면 병, 을, 정, 갑이다.

17 분산·물방울형 난이도 중 정답 ③

문제풀이 핵심 포인트
수출입액 항목의 괄호 안 비율은 각 연도별 전체 수출입액에 대한 비율이다. 즉, 비율 자료가 제시된 경우 합 100%가 어떻게 구성되는지 판단한다.

풀이

ㄱ. (×) 아시아에 대한 수출입액의 비율만 보면 88.4%에서 89.8%로 1.4%p 증가하였다고 착각할 수 있다. 수출입액 자체의 증감 현황을 묻고 있으므로 3,259,630억 원에서 2,996,677억 원으로 감소하였다고 판단하여야 한다.

ㄴ. (O) 모든 지역에서 감소하고 있다.

ㄷ. (×) 2011년 '가'국의 유럽에 대한 수출액은 전년대비 67,648억 원에서 60,911억 원으로 6,737억 원 감소하였다. 따라서 전년대비 5.9% 감소한 것이 아니라 약 10% 감소한 것이 된다.

ㄹ. (O) 〈그림 2〉의 프랑스를 제외한 비율의 합이 85.9%이므로 2011년 '가'국의 유럽에 대한 전체 수출입액 중 수출입액 상위 5개국이 차지하는 수출입액의 비중은 85.0% 이상이다.

ㅁ. (×) 2011년 '가'국의 네덜란드에 대한 수입액 대비 수출액 비율은 전년에 비해 증가하였다. 원점과 네덜란드를 잇는 선분의 기울기가 감소하면 수입액 대비 수출액 비율은 증가하고, 수출액 대비 수입액 비율이 감소한다.

18 조건 판단형 난이도 상 정답 ②

문제풀이 핵심 포인트
소독효율의 A 개체수는 100으로 일정하고, 각 시점의 간격은 1시간으로 동일하다.

풀이

ㄱ. (×) 실험시작 후 2시간이 경과한 시점은 C에서 측정한 소독효율 값이다. 이는 약 $\frac{91}{5}$마리/kg이고 1시간이 경과한 시점에서 B의 소독효율은 $\frac{80}{2.8}$마리/kg이다. 따라서 소독효율은 B가 C보다 더 높다. 이는 정확하게 계산하지 않고 20을 기준으로 대략적으로 검토해도 판단 가능하다.

ㄴ. (O) 식의 숫자를 대입해서 비교하려 하지 말고, 식의 구조를 고려하여 판단한다. A의 개체수는 일정한 상황에서 D는 F에 비해 개체수가 적고 누적주입량 역시 적다. 따라서 소독효율 식의 분자가 D가 더 큰 반면 분모는 더 작기 때문에 당연히 소독효율은 F가 D보다 낮다.

ㄷ. (×) 역시 식의 구조를 고려하여 판단한다. 구간 소독속도 식의 분모를 보면 두 측정 시점 사이의 시간이므로 B~C 구간과 E~F 구간의 시간은 1시간으로 동일하다. 결국 B~C 구간과 E~ F 구간의 개체수 차이가 클수록 소독속도 역시 크게 되므로, 구간 소독속도는 B~C 구간이 E~F 구간보다 높다.

실전에선 이렇게!

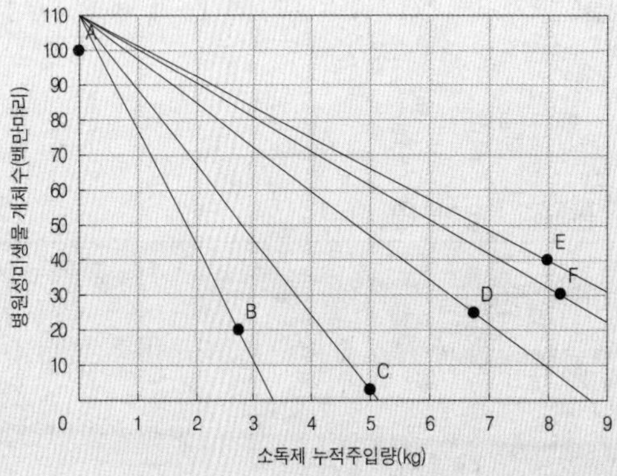

소독효율은 그림에서 선분의 기울기로 판단할 수 있다. 병원성미생물 개체수를 Y, 소독제 누적주입량을 X, 소독효율을 A로 하여 소독효율 식을 재구성하면 A=(100-Y)/X이므로 이를 정리하면 Y=-AX+100이 된다. 즉 Y축 절편 100을 지나면서 기울기가 -A인 선분을 평면에 그렸을 때 기울기가 가장 큰 선분이 소독효율 역시 가장 높다. 즉, 소독효율은 기울기가 큰 B, C, D, F, E 순으로 높다.

19 분산·물방울형 [난이도 중] 정답 ①

문제풀이 핵심 포인트

아래 그림에서 회색 음영인 부분을 제외하면 금융업과 통신업 기준과 무관하게 Ⅰ~Ⅳ유형을 일관되게 판단할 수 있으므로 회색 음영에 포함된 부분에 유의하여 답을 도출한다.

풀이

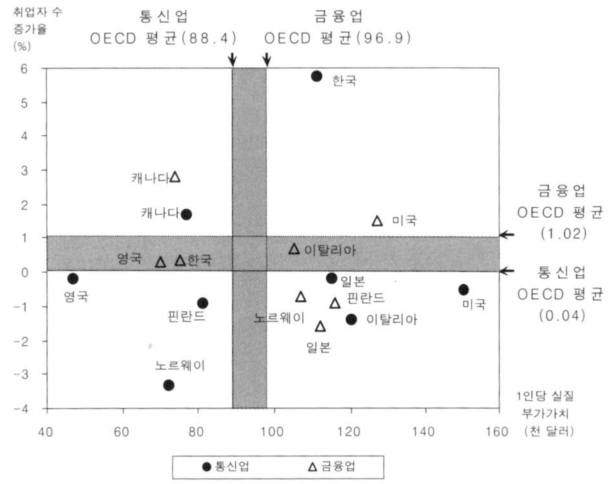

ㄱ. (O) 한국과 일본의 통신업의 경우, 1인당 실질부가가치가 통신업의 OECD 평균보다 각각 높게 나타나려면 한국과 일본의 통신업 표식(검은 원)이 각각 실선 우측에 위치해야 한다.

ㄴ. (O) 한국의 통신업의 1인당 실질부가가치와 취업자 수 증가율이 각각 금융업의 1인당 실질부가가치와 취업자 수 증가율보다 크려면 한국의 통신업 표식(검은 원)이 한국의 금융업 표식(세모)보다 우상방에 위치해야 한다.

ㄷ. (×) 통신업의 제Ⅲ유형에 속한 국가의 수는 영국, 핀란드, 노르웨이로 3개이고, 금융업의 제Ⅳ유형에 속한 국가의 수는 이탈리아, 노르웨이, 일본, 핀란드로 4개이다.

ㄹ. (O) 통신업 유형과 금융업 유형이 동일한 국가는 캐나다(Ⅱ유형), 영국(Ⅲ유형), 이탈리아(Ⅳ유형), 일본(Ⅳ유형)으로 4개이다.

ㅁ. (×) 금융업에서 미국의 1인당 실질부가가치는 대략 120~130천 달러 사이이고 캐나다의 1인당 실질부가가치는 대략 70~80천 달러 사이이다. 따라서 금융업에서 미국의 1인당 실질부가가치는 캐나다의 1인당 실질부가가치에 비해 2배 이상이 되지 않는다.

20 각주 판단형 [난이도 상] 정답 ④

문제풀이 핵심 포인트

〈조건〉을 매도 시와 매수 시에 내야하는 비용으로 바꿔 정리한다.

풀이

ㄱ. (×) 매도 시에는 '주식거래 비용'이 들고, 매수 시에는 '주식매매 수수료'만 든다는 점을 감안하면, 갑이 동일한 양을 매수한 다음 전량 매도하는 경우 주식거래 총 비용 = 2×주식매매 수수료 + 증권거래세이다. 증권사 수수료 역시 주식매매 수수료의 일종이므로 주식거래 비용의 합에서 증권사 수수료가 차지하는 비중은 $(0.1840\times2)/(0.3+0.1949\times2)\fallingdotseq\frac{0.37}{0.69}\geq50\%$이다.

ㄴ. (O) 2005년의 주식매매 수수료율이 0.1655%이므로 1,000만 원 주식을 매수하면 수수료는 16,550원이다.

ㄷ. (×) 금융투자협회는 2008년과 2011년이 동일하다.

ㄹ. (O) 2011년에 '갑'이 주식을 매도할 때 '갑'에게 부과되는 주식거래 비용에서 유관기관 수수료가 차지하는 비중은 $\frac{0.054}{0.3+0.0993}=54/3{,}993\leq2\%$이다.

21 분수 비교형 [난이도 하] 정답 ①

문제풀이 핵심 포인트

표에 직접 주어진 구분항목을 비교하는 ㄹ부터 판단하여 답 고르는 시간을 단축한 다음 반드시 검토해야 할 보기만 판단하여 답을 도출한다.

풀이

ㄱ. (O) '배터리 용량'당 '차량가격'은 A가 112.9, B가 64.9, C가 156.9, D가 131.1, E가 77.5로 C가 가장 높다.

ㄴ. (O) '차량가격'이 가장 낮은 전기차는 B이고 '완충시간' 대비 '배터리 용량'의 비율도 77.4 / 392 ≒ 0.197로 유일하게 0.2미만으로 가장 낮다.

ㄷ. (×) '완충시 주행거리' 대비 '완충시간'의 비율은 D가 420 / 447 ≒ 0.94로 E의 2배인 504 / 524 ≒ 0.96보다 작다.

ㄹ. (×) A의 차량가격은 B보다 높지만 A의 배터리용량은 B보다 작다. 따라서 '차량가격'이 높을수록 '배터리 용량'이 크지는 않다.

22 각주 판단형 [난이도 상] 정답 ④

문제풀이 핵심 포인트

2017년 고용형태에서 사업가와 피고용자가 각각 5,000명이라고 하였으므로 〈표 1〉을 통해 Ⅰ. 사업가(2017년) → 사업가(2018년) 4,000명, Ⅱ. 사업가(2017년) → 피고용자(2018년) 1,000명, Ⅲ. 피고용자(2017년) → 피고용자(2018년) 3,500명, Ⅳ. 피고용자(2017년) → 사업가(2018년) 1,500명임을 도출한다.

풀이

구분		2019년 사업가	2019년 피고용자	합계(명)
2018년	사업가	4,400(80%)	1,100(20%)	5,500
	피고용자	1,350(30%)	3,150(70%)	4,500
합		5,750명	4,250명	-

ㄱ. (O) 각주 3)에서 각 고용형태 변화 유형 내에서 2017년 소득분위별 인원은 동일하다고 하였으므로, 2017년 사업가에서 2018년 피고용자로 고용형태가 변화된 사람 1,000명 중에서 2017년 기준 각 분위별 사람 수는 200명으로 모두 동일하다. 따라서 2018년에 소득 1분위에 속하는 사람은 $(200\times70\%)+(200\times25\%)+(200\times5\%)+(200\times5\%)+(200\times0\%)=210$명이다. 2017년 소득분위별 인원은 동일하므로 공통인 200명에 2018년 분위별 비율합인 105%를 곱해서 바로 도출 가능하다.

ㄴ. (×) 2018년 고용형태가 사업가인 사람은 Ⅰ. 사업가(2017년) → 사업가(2018년)인 4,000명과 Ⅳ. 피고용자(2017년) → 사업가(2018년)인 1,500명을 합한 5,500명이다.

ㄷ. (O) 2017년 피고용자에서 2018년 사업가로 고용형태가 변화된 사람 1,500명 중에서 2017년 소득 2분위는 300명이다. 2017년 소득 2분위에서 2018년 3~5분위로 소득분위가 높아진 사람은 20 + 5 + 5 = 30%이므로 300×0.3 = 90명이다.

ㄹ. (O) 동일한 표본에 대해, 2017년에서 2018년 고용형태 변화비율과 같은 비율로 2018년에서 2019년 고용형태가 변화된다면 2019년 피고용자의 수는 4,250명으로 2018년 4,500명에 비해 감소한다.

23 각주 판단형 난이도 상 정답 ⑤

문제풀이 핵심 포인트
〈보기〉에서 묻는 상황이 〈표 2〉에 주어진 네 가지 유형 중 어느 유형에 해당하는지 정확히 매칭하여 답을 도출한다.

풀이

ㄱ. (O) 2017년 소득 1분위이면서 2018년 소득분위가 2017년 소득분위보다 높아진 사람의 비율은 '사업가(2017년) → 사업가(2018년)' 유형(I)이 35.0 + 10.0 + 10.0 + 5.0 = 60%로, '사업가(2017년) → 피고용자(2018년)' 유형(II) 30.0 + 0.0 + 0.0 + 0.0 = 30%보다 높다.

ㄴ. (O) 2017년 소득 3분위이면서 2018년 소득분위가 2017년 소득분위보다 높아진 사람의 비율은 '피고용자(2017년) → 사업가(2018년)' 유형(IV)이 20.0 + 5.0 = 25%로, '피고용자(2017년) → 피고용자(2018년)' 유형(III) 15.0 + 0.0 = 15%보다 높다.

ㄷ. (×) 고용형태 변화 유형 네 가지 중에서 2017년과 2018년 사이에 소득분위가 변동되지 않은 사람의 비율은 '사업가(2017년) → 피고용자(2018년)' 유형(II) 70.0 + 5.0 + 50.0 + 50.0 + 75.0보다 '피고용자(2017년) → 피고용자(2018년)' 유형(III) 85.0 + 65.0 + 60.0 + 65.0 + 75.0이 더 높다.

ㄹ. (O) 고용형태 변화 유형 네 가지 중에서 2018년에 소득 5분위인 사람의 비율은 '사업가(2017년) → 사업가(2018년)' 유형(I)이 5.0 + 5.0 + 10.0 + 25.0 + 80.0으로 가장 높다.

24 각주 판단형 난이도 상 정답 ③

문제풀이 핵심 포인트
할인금액은 즉시할인과 쿠폰할인으로 구분되고 결제금액은 신용카드와 포인트로 구분되므로 선택지에서 묻는 항목을 정확히 매칭하여 판단한다.

풀이

① (×) 전체 할인율은 (22,810/150,600) × 100 ≒ 15.1%이므로 15% 이상이다.

② (×) '보온병'의 할인율은 (1,840/9,200) × 100 = 20%이지만 '요가용품세트'의 할인율은 (9,400/45,400) × 100 ≒ 20.7%로 할인율이 더 높다. 따라서 '보온병'의 할인율이 가장 높지는 않다.

③ (O) 주문금액 대비 신용카드 결제금액의 비율은 '요가용품세트'가 (32,700/45,400) × 100 ≒ 72.0%, '가을스웨터'가 (48,370/57,200) × 100 ≒ 84.6%, '샴푸'가 (34,300/38,800) × 100 ≒ 88.4%, '보온병'이 (7,290/9,200) × 100 ≒ 79.2%이므로 '요가용품세트'가 가장 낮다.

④ (×) 10월 전체 주문금액 150,600원의 3%는 4,518원이므로 적립된 11월 포인트는 4,518 포인트이다. 10월 동안 사용한 포인트는 3,300 + 260 + 1,500 + 70 = 5,130 포인트이므로, 10월 구매로 적립된 11월 포인트는 10월 동안 사용한 포인트보다 작다.

⑤ (×) 결제금액 중 포인트로 결제한 금액이 차지하는 비율은 '요가용품세트'가 (3,300/36,000) × 100 ≒ 9.2%, '가을스웨터'가 (260/48,630) × 100 ≒ 0.5%, '샴푸'가 (1,500/35,800) × 100 ≒ 4.2%, '보온병'이 (70/7,360) × 100 ≒ 0.9%이다. 따라서 결제금액 중 포인트로 결제한 금액이 차지하는 비율이 두 번째로 낮은 상품은 '가을스웨터'가 아니라 '보온병'이다.

실전에선 이렇게!

① 주문금액 15만 원의 15%가 22,500원이고, 600원의 15%가 90원에 불과하다는 점을 고려하면 22,810원은 15% 이상이라고 판단할 수 있다.
② '요가용품세트'의 주문금액은 45,400원이므로 이의 20%는 9,080원이다. 따라서 9,400원은 20% 이상이라고 판단할 수 있다.
③ '요가용품세트'의 경우, 주문금액 45,400원의 80%는 36,000원 이상이므로 신용카드 결제금액의 비율은 주문금액의 80% 미만이라는 것을 알 수 있다. 따라서 비율이 80% 이상인 '가을스웨터'와 '샴푸'를 제외하고, 보온병이 80%에 근접하는 비율이라는 것을 도출하여 비교한다.
⑤ 1% 이상인 요가용품세트와 샴푸를 제외하고 1% 미만인 보온병과 가을스웨터를 비교하면 어렵지 않게 판단 가능하다.

25 빈칸형 난이도 상 정답 ⑤

문제풀이 핵심 포인트
각주에서 노년부양비와 노령화지수만 주어졌기 때문에 이를 통해 생산인구 또는 유소년인구를 판단하여 답을 도출한다.

풀이

ㄱ. (×) 직관적으로 문제를 해결하려면 2030년 노인인구를 대략적으로 도출해서 접근한다. 총인구와 유소년인구, 생산가능인구가 주어져 있으므로 2030년 노인인구는 대략 13,700천 명이다. 따라서 노인인구는 2020년 9,219천 명의 55%인 약 4,600 + 460 = 5,060천 명 미만 증가하여 2030년 13,700천 명이 되었으므로 증가율은 55% 이상이 되지 못한다.

ㄴ. (O) 노인인구와 유소년인구의 관계를 알려주는 항목은 각주 2에 제시된 노령화지수이다. 2016년에는 노령화지수가 119.3%로, 100%를 넘기 때문에 당연히 노인인구가 유소년인구보다 많다.

ㄷ. (O) 2016년 노년부양비를 판단하려면 2016년 생산가능인구수 또는 구성비 항목이 필요하므로 이를 도출해본다. 2016년 노령화 지수가 119.3%로 120%에 가까운 비율이라는 점을 이용하면, 노인인구:유소년인구 = 6:5이다. 2016년 노인인구의 구성비가 17.7%로 약 18%이기 때문에 유소년인구는 약 15%이다. 따라서 생산가능인구의 구성비는 약 67%이고, 이렇게 본다면 2016년 노년부양비는 $\frac{16}{67}$으로 20% 이상이라고 판단할 수 있다. 반대로 접근해보면, 노인인구 구성비가 16%이므로 노년부양비가 20% 이상이 되려면 생산가능인구의 구성비가 80%이하가 되어야 한다. 만약 생산가능인구의 구성비가 80%를 초과한다면, 필연적으로 유소년인구의 구성비가 4% 미만이 되므로 유소년인구와 노인인구의 상대적인 비율을 나타내는 노령화지수가 400%를 초과하게 된다. 실제 노령화 지수는 119.3%이므로 노년부양비는 20% 이상이라고 어렵지 않게 판단할 수 있다.

ㄹ. (O) 2030년 생산가능인구가 29,609천 명으로 주어져 있으므로 2020년 생산가능인구가 35,609천 명 이상이 되는지 판단해본다. 2020년 생산가능인구를 도출하려면 노년부양비 25.6%와 노인인구 9,219천 명을 이용하면 된다. 각주 1을 변형하면 생산가능인구 = $\frac{노인인구}{노년부양비}$가 되므로 2020년 생산가능인구는 36,000천 명을 넘는다고 쉽게 판단할 수 있다. 따라서 2020년 대비 2030년의 생산가능인구 감소폭은 600만 명 이상일 것으로 예상된다. 25.6%를 약 $\frac{1}{4}$로 생각하면 9,219×4>36,000이므로 쉽게 판단할 수 있다.

Note

Note